茌平县
人民代表大会志

《茌平县人民代表大会志》编纂委员会　编

方志出版社
Publishing House of Local Records

图书在版编目（CIP）数据

茌平县人民代表大会志 / 《茌平县人民代表大会志》编纂委员会编. -- 北京 ： 方志出版社，2016.12
ISBN 978-7-5144-2299-3

Ⅰ. ①茌… Ⅱ. ①茌… Ⅲ. ①地方各级人民代表大会 -- 工作状况 -- 茌平县 Ⅳ. ①D624.524

中国版本图书馆CIP数据核字（2016）第320525号

茌平县人民代表大会志

编　　者：《茌平县人民代表大会志》编纂委员会
责任编辑：张颢

出 版 人：冀祥德
出 版 社：方志出版社
地址　北京市朝阳区潘家园东里9号（国家方志馆4层）
邮编　100021
网址　http：//www.fzph.org
发　　行：方志出版社发行中心
电话（010）67110500
经　　销：各地新华书店
印　　刷：山东麦德森文化传媒有限公司

开　　本：889×1194　　1/16
印　　张：51.75
字　　数：948千字
版　　次：2016年12月第1版　　2016年12月第1次印刷
印　　数：0001～2000册

ISBN 978-7-5144-2299-3　　定价：280.00元

《茌平县人民代表大会志》编纂委员会

主　　任：尹海波

副 主 任：张丽华　赵希亮　丁洁卉　靳明华

委　　员：邵　益　王建国　孙纳新　杨　敏

乌艳昕　张树刚　邹尚武　孙新珍

张海峰　韩士信　王　琳

办公室主任：邵　益（兼）

《茌平县人民代表大会志》编审人员

主　　审：尹海波

主　　编：赵希亮　丁洁卉

执行主编：王建国

编　　辑：

邵　益	孙纳新	杨　敏	乌艳昕
张树刚	张成宪	赵本祥	侯守仁
刘　勇	王同军	臧克义	武治江
娄存宾	杨　军	薛雁飞	白维生
张金迎	张殿鳌	陶维琴	王海杰
郦洪山	邹翠平	项玉强	初秋晖
贾清振	薛光灿	丁　勇	韩尚杰
贾继忠	郭　霞	姜云强	孙国立
刘　山	梁　蕾	宋题铭	商　可
史奎华			

序

《茌平县人民代表大会志》经全体编纂人员的共同努力，历时两载，数易其稿，终于付梓。

人民代表大会制度是我国的根本政治制度。《茌平县人民代表大会志》以丰富的内容，翔实的史料，如实记述了茌平县人民代表大会制度从过渡期、雏形期、暂停期、恢复期到完善期五个阶段的历史发展轨迹。特别是1981年设立人大常委会的30多年来，茌平县历届人民代表大会及其常务委员会，始终坚持以经济建设为中心，以加强民主法制为己任，在中共茌平县委领导下，依法履行职权，不断探索前进。60多年来，我们始终坚持党的领导、人民当家作主和依法治国贯穿于人大工作始终，紧紧围绕党和国家中心工作，审议、决定本行政区域内的重大事项，依法对“一府两院”实施法律监督和工作监督，选举任免国家机关工作人员，联系和指导乡镇人大工作，认真受理和转办、督办代表议案、建议、批评和意见及人民群众来信来访，组织代表开展活动，努力加强自身建设，不断探索每个历史时期人大工作的新路子，充分发挥了地方国家权力机关的职能作用。一部《茌平县人民代表大会志》充分体现了人民代表大会制度是党领导人民当家作主的最好的政权组织形式，反映了人民代表大会制度的风雨历程，也证明了坚持完善和发展人民代表大会制度的重要性。

《茌平县人民代表大会志》的编纂，始终遵循“求真务实，去粗取精，以史为鉴，与时俱进”的原则，按照志书的编写要求，认真负责地组织编纂工作。它的问世为我们总结过去，把握现在，探索未来，将带来积极的影响，起到“前有所考，后有所鉴，承上启下，开创新篇”的作用。

回顾过去，以史为鉴；展望未来，任重道远。昨天已成历史，未来还须努力。新的形势和任务对人大及其常委会工作提出了更高要求。我们要按照总结、继承、完善、提高的原则，深入学习贯彻习近平总书记系列重要讲话精神，紧紧围绕“五位一体”总体布局和“四个全面”战略布局，坚持“作风引领、团结实干、争先进位、科学发展”的总体思路，推进人民代表大会制度理论和实践创新，提升人大工作水平。我相信，我县的人大工作一定会在新的历史起点上，续写出更加绚丽多彩的篇章。

茌平县人大常委会主任

2016年12月

倾听百姓呼声
反映社情民意

张琳 丙申年冬月

中共茌平县委书记张琳题词

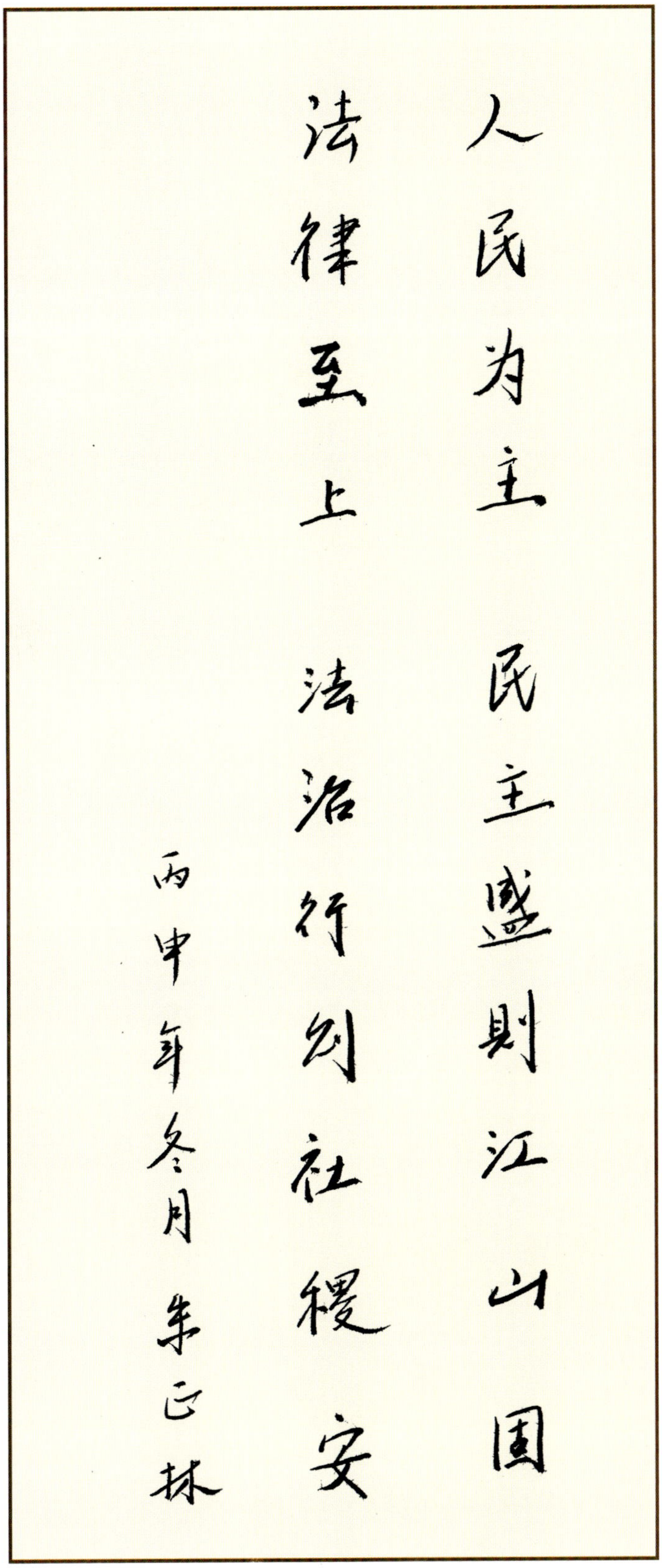

茌平县人民政府县长朱正林题词

1958年7月16日，中共中央副主席、全国人大常务委员会委员长刘少奇（中）到茌平县博平镇二刘村与村民座谈

2005年7月3日，中共中央政治局常委、全国人大常委会委员长吴邦国（左）到茌平县信发铝电集团视察

1998年2月18日，中共中央政治局委员、国务院副总理姜春云（右二）由中共中央政治局委员、中共山东省委书记吴官正（右四）陪同，到茌平县视察农业、农村工作

2006年9月1日，中共中央政治局委员，第十一届全国人大常委会副委员长、党组副书记、中华全国总工会主席王兆国（右）到茌平县信发铝电集团调研

2009年2月，农业部部长孙政才（前排右一）到茌平县视察农业工作

2013年4月17日，全国人大常委会法制工作委员会副主任信春鹰（后排右二）一行到茌平县开展立法调研

2007年5月19日，山东省委书记李建国（中）到茌平县信发集团视察工作

2003年3月2日，中共山东省委书记、省人大常委会主任张高丽（右一）到茌平县调研

2009年2月6日，中共山东省委书记、省人大常委会主任姜异康（前排右一）到茌平县小杨屯村进行调研

1997年10月21日，山东省人大常委会主任赵志浩（前）到茌平县查看城市基础设施建设和冯官屯镇大蒜基地

2001年10月，中共山东省委副书记陈建国（左三）到茌平县考察工业项目

1997年10月26日，中共山东省委副书记李文全（左二）到茌平县热电厂视察

2013年8月20日，山东省人大常委会副主任宋远方（左二）到茌平县调研

2013年9月4日，山东省人大常委会委员、教科文卫委员会主任委员王文升（右二）率执法检查组到茌平县检查《义务教育法》贯彻实施情况

2013年6月25日，山东省人大常委会委员、财经委主任委员杜昌祚（前排左一）到茌平县就《山东省地方税收保障条例》贯彻实施情况进行执法检查

2013年10月15日，山东省人大常委会委员、城环资委主任委员杨焕彩到茌平县视察城镇化建设工作

2014年4月14日，聊城市人大常委会第一副主任汪文耀（左一）到茌平县博平镇调研

2016年12月30日，聊城市人大常委会第一副主任李吉增（前排右三）到茌平县督导县乡人大代表换届选举工作

2016年12月30日，中共茌平县委书记张琳参加茌平县第十八届县人大代表换届选举投票

2016年10月14日，茌平县人民政府代县长朱正林（右三）到人大常委会征求人大常委对政府工作的意见

2015年2月，茌平县首次全县人大工作会议召开

1994年4月1日，茌平县第十三届人民代表大会第二次会议召开

2003年1月22日，茌平县第十五届人民代表大会第一次会议召开

2016年3月6日，茌平县第十七届人民代表大会第五次会议召开

2015年4月24日，茌平县第十七届人大常委会第二十一次会议召开

2015年5月22日，《茌平县人民代表大会志》编纂工作启动仪式

2016年12月23日，《茌平县人民代表大会志》征求意见座谈会

2015年11月11日，茌平县人大常委会法官履职评议启动仪式

2015年11月11日，法官履职评议投票现场

2015年8月4日，茌平县人大常委会《食品安全法》执法检查动员会

2015年8月4日，茌平县人大常委会食品安全检查现场

2016年6月13日，茌平县人大常委会“大交通”工作专项监督会议

2016年6月13日，“大交通”工作专项视察现场

2016年8月17日，视察行政审判工作会议

2016年4月27日，茌平县人大机关“两学一做”学习教育工作动员会

2016年5月12日，广州市第十一、十二届人大常委会副主任潘庆楮（右一）由聊城市人大常委会副主任孙菁（右四）陪同到茌平县交流学习

2016年3月6日，茌平县第十七届人大常委会主任尹海波向宪法宣誓

2016年6月16日，茌平县第十七届人大常委会第三十次会议为新任茌平县人民政府副县长、县公安局局长王志刚颁发任命书

茌平县第九届人大常委会主任黄遵尧

茌平县第十届人大常委会主任梁子英

茌平县第十一届人大常委会主任马怀进

茌平县第十二届人大常委会主任徐宝琪

茌平县第十三、十四届人大常委会主任司文瞻

茌平县第十五届人大常委会主任侯军

茌平县第十五届人大常委会第一副主任孙新建

茌平县第十六届人大常委会主任任晓旺

茌平县第十六届人大常委会第一副主任徐莹

茌平县第十七届人大常委会主任陈秀兴

茌平县第十七届人大常委会第一副主任、主任尹海波

茌平县第九届人大常委会全体同志

茌平县第十届人大常委会全体同志

茌平县第十一届人大常委会全体同志

茌平县第十二届人大常委会全体同志

茌平县第十七届人大常委会全体成员

茌平县第十二届人大常委会机关全体工作人员

茌平县第十四届人大常委会机关全体工作人员

茌平县第十七届人大常委会机关全体工作人员

茌平县第十五、十六届人大常委会主任、副主任

茌平县第十七届人大常委会主任、副主任

中共茌平县委书记马骏与第十七届人大常委会主任、副主任合影

2016年6月5日，茌平县人大机关工作人员及乡镇人大主席北戴河培训

全国十一省县乡人大工作座谈会在桂林召开，茌平县人大常委会代表山东省出席会议

山东省乡镇人大工作座谈会在茌平县召开

《茌平县人民代表大会志》编审人员合影

凡 例

一、本志以马列主义、毛泽东思想、邓小平理论、“三个代表”重要思想、科学发展观和习近平总书记系列讲话精神为指导，坚持辩证唯物主义和历史唯物主义的立场、观点和方法，本着略古详今，立足当代，实事求是的原则，全面客观地记述茌平县人民代表大会制度的建立、发展和逐步走向完善的历史和现状，力求资料性、科学性、思想性的统一。

二、本志上限为1949年10月1日中华人民共和国成立，下限至2016年12月。

三、本志采用述、记、志、传、图、表、录等体裁，以志为主。结构采用章、节、目等层次。首设概述、大事记、主体部分设各界人民代表会议，历届人民代表大会，历届人大常委会，乡镇（街道）人民代表大会；后设人物、附录，横排纵写，纵横结合。行文采用规范的语体文、记述体。全书共设4章44节，其中概述、大事记、人物、附录均不设章次。

四、本志记述范围以茌平县、博平县人民代表大会为主，乡镇人民代表大会为辅。涉及政区、机构、各级政府、职务称谓、会议（大会）届次等均以当时的历史习惯称呼为准。首次出现采用为当时的全称，再出现时写简称或惯称。志中“全县”的“县”指茌平县或博平县，视具体内容而定；“全市”的“市”均指聊城市；“全省”的“省”均指山东省。

五、人物收录范围为县历届常委会主任、第一副主任、副主任。坚持“生不立传”原则，只介绍简历。对人名一律直书其名，不冠职务。

六、本志资料来源于茌平县档案局、已出版的党史、县志以及采访、知情人提供的资料、图片等，使用时不注明出处。

七、本志行文采用第三人称。时间采用公元纪年，用阿拉伯数字书写。计量单位为保持历史原貌，保留历史文献中的市制单位，其余均使用法定计量单位。

八、为突出特点，将有些突出特点的条目突破其逻辑关系予以升格。

目 录

第三章 历届人大常委会

第四章　乡（镇）人民代表大会

人　物

附　录

概 述

概 述

茌平县人民代表大会制度自1949年10月1日至今分别经历了过渡期、雏形期、暂停期、恢复期、完善期五个阶段。每一阶段记录了不同时期茌平县人民代表大会制度的历史发展轨迹。

一

茌平县人民代表大会制度的过渡期。中华人民共和国成立时就确立了国家的政权制度是人民代表大会制度，但由于新中国成立初期实行普选的条件还不具备，根据《中国人民政治协商会议共同纲领》，“在普选的地方各级人民代表大会召开之前，由各界人民代表会议逐步地代行人民代表大会的职权”的规定和中共中央华北局《关于建立村、区、县三级代表大会和各界人民代表会议的决定》，按照中共平原省委和中共聊城地委关于召开各界人民代表会议的指示精神，茌平县于1949年11月28日召开第一届各界人民代表会议，会议代表来自党、政、军、工、农、妇、教、医等各界人士，通过推举、选派、邀请等方式产生。茌平县各界人民代表会议行使以下职权：听取县人民政府工作报告，并进行讨论，提出批评和建议；向政府反映人民的意见和要求，讨论并建议有关县政兴革事宜；向人民传达并解释县各界人民代表会议决议案，并协助县人民政府动员人民推行之。从召开茌平县第一届各届人民代表会议至1954年7月2日召开茌平县人民代表大会第一次会议期间，茌平县各界人民代表会议，经历了五届6次会议。会议先后听取和讨论了全县有关尽快恢复发展生产、农业互助合作、安定社会、抗美援朝、宣传婚姻法、“三反五反”、贯彻执行国家在过渡时期的总路线、总任务、增产节约等方面的报告，并通过相应决议。

茌平县各界人民代表会议休会期间，设立茌平县各界人民代表会议常务委员会，由会议选举主席一人、副主席若干人及委员若干人组成。县各界人民代表会议每次会议都能及时召开，保证了党的方针政策的落实，人民政权得以巩固，团结全县各界人民完成这一时期的各项任务发挥了重要作用。因此，茌平县各界人民代表会议是茌平县人民代表大会的重要过渡形式。

二

茌平县人民代表大会制度的雏形期。1954年7月茌平县第一届人民代表大会第一次会议召开为标志。1953年起，我国开始了经济建设的第一个五年计划，进入了大规模、有计划的经济建设时期。人民群众的组织程度和觉悟程度有了很大提高，建立人民代表大会的时机已经成熟。根据中央人民政府委员会通过的《中华人民共和国全国人民代表大会和地方各级人民代表大会组织法》的规定和中共聊城地委关于对基层普选及召开县乡人民代表大会的部署，1954年起，第一次由选民直接选举乡人民代表大会代表组成乡人民代表大会，再由乡级人民代表大会等额选举茌平县人民代表大会代表。1954年7月2日，茌平县第一届人民代表大会第一次会议召开，标志着人民代表大会制度在茌平县正式建立。自此至1966年“文化大革命”前，茌平县人民代表大会共召开了五届16次会议，其中第一届人民代表大会召开了6次会议，第二、第四届各召开了3次会议，第三、第五届各召开了2次会议。按照1954年颁布的《中华人民共和国地方各级人民代表大会和地方各级人民委员会组织法》规定的职权范围，听取审议县人民委员会和县人民法院的工作报告，审查批准预算和决算报告，并作出相应决议；选举县人民委员会组成人员，选举县人民法院院长，选举省人民代表大会代表。代表认真审议发表意见、提出提案。做到按时换届选举，按法定程序举行会议，保证中国共产党的方针、政策和国家的中心任务在茌平县行政区域内的贯彻落实，这是人民代表大会制度建立的初步发展时期。

三

茌平县人民代表大会制度的暂停期。茌平县第七届人民代表大会自1967年3月至1978年4月实际任期11年。自这届代表大会开始的11年期间，茌平县组织机构受到严重的冲击和破坏，人民的权利受到了严重的剥夺，人民代表大会停止了一切活动。1967年3月，茌平县革命委员会成立，取代了人民代表大会和县人民委员会的职权，人民代表大会制度因此中断。

四

茌平县人民代表大会制度的恢复期。党的十一届三中全会总结历史经验，吸取“文化大革命”的沉痛教训，确立了发展社会主义民主，健全社会主义法制，使民主制度化、法制化的战略方针。1978年3月5日，第五届全国人民代表大会第一次会议通过的宪法第三十七条规定，“地方各级革命委员会，即地方各级人民政府，是地方各级人民代表大会的执行机关，是地方各级行政机关”。根据1978年《关于县第八届人代会有关问题的几点意见》一文中所提，“根据上级指示，我们县‘文化大革命’中建立的革命委员会是一届政权。因此，这次召开县人代会，应作为第八届”。1978年5月召开第八届人民代表大会第一次会议，这次会议是粉碎“江青反革命集团”、“文化大革命”结束后，根据宪法规定和山东省委、聊城地委的指示，经县委研究决定召开的。自此人民代表大会制度逐步恢复。

五

茌平县人民代表大会制度的完善期。1981年12月茌平县第九届人民代表大会第一次会议召开，选举产生了茌平县人大常委会，这标志着茌平县人民代表大会制度逐步完善的开始。1979年7月1日，五届全国人大二次会议通过了《关于修正〈中华人民共和国宪法〉若干规定的决议》和《中华人民共和国地方各级人民代表大会和地方各级人民政府组织法》《中华人民共和国全国人民代表大会和地方各级人民代表大会选举法》。1982年12月，五届全国人大五次会议通过了新《中华人民共和国宪法》，此后，四次通过宪法修正案，选举法进行了五次修正，地方组织法进行了四次修正，1992年4月，代表法组织实施。宪法和法律对完善人民代表大会制度做出了一系列规定：县级以上地方各级人民代表大会设立常务委员会，扩大地方人大及其常委会的职权，完善行使职权的程序，直接选举人大代表的程序扩大到县一级，实行差额选举人大代表，城乡按相同人口比例选举人大代表，逐步完善人大代表的选举制度，规定人大代表的权利和义务，改进地方国家机关领导人员的选举，健全各级国家政权机关。根据宪法和法律规定，1981年12月，召开了第九届人民代表大会第一次会议，选举产生了茌平县人民代表大会常务委员会（以下简称县人大常委会），县人民政府县长、副县长。同时，将县革命委员会更改为县人民政府，选举产生了县人民法院院长和县人民检察院检察长。县人大常委会是本级人民代表大会的常设机关，是地方国家权力机关的组成部分，对本级人民代表大会负责并报告工作，依法行使地方组织法规定的职权，它的产生有力地加强地方国家权力机关对本级国家行政机关、审判机关和检察机关的法律监督和工作监督。县人大常委会的设立，为人民代表大会制度的健全发展提供了法律、制度、组织上的保证，使人民代表大会制度进入新的发展时期。从此次会议起，茌平县人民代表大会及其常委会，依法履行宪法和法律赋予的职权，全县人大工作不断开拓创新，取得新进展。

从1981年12月至2016年3月，茌平县历经第九届至第十七届人民代表大会，共举行34次会议，其中第九届至第十二届人大每届任期3年；第十二届至第十七届每届任期5年。

地方各级人民代表大会会议是人大行使职权的最主要的、基本的形式。茌平县人民代表大会自第九届一次会议以来，每次会议均能依法如期召开，会议按法律规定程序进行，由人大常委会负责筹备召集会议，每次会议先举行预备会议，选举主席团和秘书长，通过本次会议的议程和其他准备事项的决定。会议在主席团的主持领导下，认真履行法律赋予人大的职权，民主程度不断提高，较好地发挥了人大的职能作用。在监督工作方面，认真听取和审议县人民政府、县人大常委会、县人民法院、县人民检察院工作报告，以代表团为单位进行审议，代表畅所欲言，各抒己见，提出了大量的议案、建议、批评和意见，最后大会作出相应决议。在讨论决议重大事项方面，审查批准县"六五""七五""八五""九五""十五""十一五""十二五""十三五"计划（规划）纲要，审查批准年度国民经济和社会发展计划及财政预算和决算，并作出相应决议，动员全县人民为完成计划（规划）实现目标而奋斗。选举本级国家机关领导人员和上一级人民代表大会代表，是历届人大一次会议的重要议程，坚持党的领导，依法不断改进和完善选举工作程序，保障代表的民主权利，尊重选举人的意志，较好地完成历次换届和届中的补选工作。每次人民代表大会召开之前，县人大常委会都组织代表进行会前集中视察或开展代表联系选民活动，使代表充分了解各方面情况，听取人民群众意见、反映和要求，酝酿议案、建议、批评和意见，做好出席会议的准备，以提高会议质量，充分发挥人大代表参加行使国家权力的职能作用。

县人民代表大会成立60多年来，虽然历经曲折，但自党的十一届三中全会以来，从恢复到逐步发展和完善，在全县政治、经济和社会生活中发挥了重要作用。

茌平县人民代表大会常务委员会自设立以来，历经9届。35年来，在中共茌平县委的领导下，围绕党在各个时期的中心任务和全县工作大局，认真行使宪法和法律赋予的职权，讨论决定本行政区域重大事项，监督"一府两院"工作，任免本级国家机关工作人员，发挥人大代表作用，积极探索，开拓进取，做了大量富有成效的工作。

依法行使重大事项决定权。县人大常委会每年注重围绕大局科学谋划开展工作，选择若干事关全局的重大事项和群众切身利益、社会普遍关注的重大问题，有计划地安排听取和审议"一府两院"的专项工作报告，作出相应决议、决定或提出审议意见。常委会还先后审议批准第一至第六个"五年法制宣传教育"规划，就依法治县、实行执法责任制、预算外资金管理、城市规划、普及九年义务教育、生态建设等重大事项适当作出决议和决定。自1981年设立县人大常委会以来，共举行常委会会议235次，作出决议、决定324项（条）。这些决议、决定既代表和维护了全县人民的根本利益，又很好地贯彻和体现了县委的决策，促进了全县经济长期平稳较快发展和社会稳定，实现了人民意志和党委意图的统一。

依法行使监督权。县人大常委会认真行使宪法和法律赋予的监督职权，听取和审议"一府两院"专项工作报告是监督工作基本的、主要的形式，常委会不断改进监督工作思路，拓展监督渠道，增强监督实效，有计划地开展执法检查、视察、专项调研、旁听法院审理案件等活动。2013年，启动"督办函"治理黑校车。2015年，聘请"特邀咨询员"专题监督食品安全，同年，初次启动任职法官履职评议。2016年，进行"大交通"专题监督活动。1993年在聊城地区率先开展了代表评议工作。组织人大代表对执法部门和乡镇街道基层执法部门进行评议，对政府部门和"两院"实行执法责任制，对选举和任命干部进行述职评议，为全区代表评议工作积累了宝贵的经验。2012年起至今，连年对政府部门进行年度工作评议，并将评议结果信函至其上级主管部门。《中华人民共和国各级人民代表大会常务委员会监督法》施行后，县人大常委会在每年审查批准决算的同时，听取和审议县政府提出的审计机关关于上一年度预算执行和其它财政收支的审计工作报告。2011年3月实行规范性文件备案审查制度。此外，还通过督办人大代表议案、建议，接待和处理人民群众来信来访等多种形式开展监督活动。

依法行使人事任免权。茌平县人大常委会在人事任免工作中，逐步完善任免办法，坚持把党管干部原则同依法行使人事任免职权统一起来，把对党负责、对人民负责一致起来，严格按照规定程序，充分发扬民主，通过任前对拟任人员资格审查、法律知识考试、任前供职，颁发任命书、2016年开始启动新任命国家机关工作人员向宪法宣誓活动、任职人员向人大常委会述职接受评议，使人事任免工作更加完善。自设立县人大常委会以来，依法任免国家机关工作人员1625人次，有效地增强了被任命干部的法律意识、公仆意识、廉洁勤政意识，实现了任免权与监督权的统一。

茌平县人大常委会始终把做好代表工作当做人大的基础性工作，制定完善了代表学习培训、代表联系选民、代表视察、代表议案和建议办理等制度。建立代表履职档案，并狠抓了制度的贯彻落实。先后开展了代表联系选民月、代表议政日、评选“五好代表”和“优秀代表小组”、评选优秀代表建议、在电视台开办“代表风采”栏目等活动，激励代表积极履行职责，在各自岗位上发挥模范带头作用。建立了代表小组活动室，开通了网站，完善代表履职平台。县人大常委会坚持给代表订阅《人民权利报》《山东人大工作》等报刊，邀请代表列席常委会会议，常委会领导分片召开代表座谈会集中联系代表，吸收代表参加人大常委会组织的视察、检查、专项调研、评议等活动，加深了与代表的联系，使代表更好地了解上级人大和本级人大常委会的工作情况，更好地行使职权，发挥作用。

加强对乡（镇）人大工作的指导。县人大常委会设立后，人大在闭会期间的工作步入了经常化、制度化、规范化的轨道。但乡镇人大开展经常性工作仍是空白。为适应形势需要，1987年7月在乡镇设立人大工作联络处，1989年改为乡（镇）人大主席团办公室，负责处理乡（镇）人大闭会期间的日常工作。地方组织法第三次修订后，1996年，设乡（镇）人大主席、副主席。县人大常委会坚持经常性为乡（镇）人大提供学习资料，定期召开乡（镇）人大工作会议、培训会、座谈会、经验交流会，组织乡（镇）人大工作人员外出考察学习，指导开展评议基层执法部门活动，分期分批邀请乡（镇）人大主席列席县人大常委会会议，指导乡（镇）人大依法完成历次换届选举工作任务和召开人代会，健全和完善各项工作制度，有力地推动了全县人大工作的深入开展。

茌平县历届人大常委会，始终把自身建设摆在重要位置，贯穿于人大工作的全过程。狠抓常委会和机关的思想建设、组织建设和制度建设，为履行好各项职权提供了有力保障。在各项建设中，思想建设是做好人大工作的重要保证，历届人大常委会都十分注重常委会组成人员和机关干部的政治学习、法律和人大业务知识的学习，坚持理论联系实际，科学化拓宽和创新人大工作思路，着力推动了人大工作与时俱进。在组织建设方面，设立人大常委会之后，经县委批准及时建立了人大常委会党组，保证了党的领导。常委会组成人员由设立时期的13人，增加到十七届的27人，与职权的行使相适应。人大常委会工作机构设置，随形势的发展和改革需要，不断调整充实，从最初设立时只有1个办公室，到十七届已经发展为“一室一科五委”，即办公室、老干科、法工委、代表联络工委、财经工委、预算审查工委、教科文卫工委，并且办公条件逐步改善。在制度建设方面，历届人大常委会结合茌平县的政治、经济和社会发展实际，制定和修订完善了常委会各项议事规则工作制度，加强了学习型、服务型、创新型机关建设，完善机关各项工作制度，注重转变工作作风，进一步密切了同人大代表和人民群众的联系，常委会工作效率和工作水平不断提高。

60多年来，茌平县人大及其常委会的工作虽然取得了一定成绩和积累了一些经验，但与宪法和法律的要求，与党和人民的期望相比，还有一定差距。主要是监督的实效性需要进一步增强；代表工作尚在深度和广度上扩展；自身建设还需进一步强化。对于这些问题，在今后的工作中认真加以研究和解决。

展望未来，新的历史发展时期赋予各级人大新的任务。茌平县人大及其常委会决心认真学习和全面贯彻党的十八届五中全会精神，坚持党的领导，人民当家做主，依法治国有机统一，围绕中心，服务大局，强化监督，有序检查，优化环境，关注民生，依法履职，为推进茌平县民主法治建设，全面建成小康社会做出新的更大贡献。

茌平县县情

茌平县县情

茌平，秦嬴政二十六年（前221年），因县境在茌山之平陆故名。位于山东省西部，为聊城市所辖。地处北纬36° 22′ ～36° 45′ 和东经115° 54′ ～116° 24′ 之间。东临齐河县（属德州市），西靠东昌府区、临清市，南接东阿县、东昌府区，北连高唐县。东西46.30公里，南北43.50公里，总面积1103.36平方公里。2016年辖振兴、信发、温陈3个办事处；乐平铺、博平、冯官屯、韩屯、杜郎口、菜屯、贾寨、胡屯、肖庄、洪官屯10个镇；杨官屯1个乡；共计732个行政村，980个自然村，总人口55.92万人（2015年数据）。

茌平县地处黄河冲积平原，平均海拔高度32.5米。最高点在洪官屯镇摆渡口村北，海拔35米；最低点在王老苗圃，海拔26.5米。地势由西南向东北缓倾，自然坡降为1/7000。历史上，黄河多次在境内改道、决口，大量悬浮物反复沉积，逐渐形成了微度起伏的岗、坡、洼相间地貌。茌平县为海河流域，依干、支流关系和流域界限分为徒骇河、马颊河两大水系。属温带大陆性季风气候，四季分明，温度适宜，光照充足，热量充沛，无霜期长。形成了“春季多风，夏热多雨，秋爽多旱，冬季干寒”的气候特点。

茌平县生物资源种类较多。主要粮油作物有小麦、玉米、谷子、大豆、高粱、地瓜、棉花、花生、油菜等20余种。全县蔬菜品种有十大类78个品种。木本植物有46科、140多种，草本植物有67科、120余种。动物资源有40余种、200多个品种。茌平县物华天宝，名优特产众多。圆铃大枣，品质上佳，蜚声中外。1985年，茌平被林业部定为“大枣生产基地县”，2004年被林业部命名为“中国圆铃枣之乡”。莱阳“茌梨”，因源于茌平故名，与烟台苹果、肥城桃并誉天下。黄花菜，栽培历史2000余年。白莲藕，有千年栽培历史，博平南莲藕池曾为上等贡品。乐平镇被省列为“万亩无公害蔬菜生产基地”，冯屯镇被评为“中国大蒜产业十强乡镇”。2010年茌平县成为“全国百强县”。2016年茌平县跃居百强县第70位。

茌平历史悠久，早在新石器时代就有人类在此聚居耕种。夏、商属兖州。周属齐国。秦行郡县制，置茌平县，属东郡，治茌平（今韩集乡高垣墙村）。汉袭秦制，属兖州部东郡。新始建国（9年）改茌平县为功崇县。东汉建武元年（25年）改功崇县为茌平县，属兖州部济北国。三国时为魏地，属冀州部平原郡。晋、南北朝治鼓城（今乐平铺镇土城村），属济州部平原国。后魏属济州部平原郡。北齐并入聊城县。隋初复置茌平县，治兴利镇（今杜郎口镇杜郎口村），属贝州清河郡；隋末并入聊城县。唐武德四年（621年）析聊城县复治茌平县，属河北道博州博平郡。唐贞观元年（627年）并入聊城县。宋建炎四年（1130年）复置茌平县，治今县城，属山东西路博州。元属东昌路。明、清属东昌府。民国3年（1914年）属东临道，民国14年（1925年）属东昌道，民国17年（1928年）属山东省，民国26年（1937年）属山东省第六行政督查专员公署。民国29年（1940年）1月，建立茌平县抗日民主政府，属鲁西区第四专员公署。民国30年（1941年）9月，属晋冀鲁豫边区政府第十九（运东）专员公署。民国32年（1943年）1月，改属晋冀鲁豫边区政府第十六（泰运）专员公署。民国34年（1945年）5月，改属晋冀鲁豫行署第一（泰运）专员公署。民国35年（1946年）11月，改属冀鲁豫行署第六专员公署。民国38年（1949年）8月属平原省聊城地区行政督察专员公署。1952年11月平原省撤销，改属山东省聊城专区专员公署。1956年3月，茌平、博平县合并为茌平县。1958年1月属聊城地区行政督查专员公署，1959年9月属聊城专员公署，1967年3月属聊城地区革命委员会，1978年属聊城地区行政公署，1997年8月属聊城市至今。1956年3月以前，茌平县、博平县分设。

春秋战国时，博平县境属齐西鄙地。公元前201年（汉高祖六年）置博平县，治博陵（今肖庄乡王菜瓜村西古城址）。因县境广博平坦而得名博平，属东郡。王莽建新朝，改博平县为嘉睦县。公元25年（东汉建武元年）复称博平县。三国为魏地，属冀州部平原郡。晋属平原国，420年（南朝宋永初九年）属魏郡。534年（东魏天平元年）属平原郡。582年（隋开皇二年）属毛州。607年（大业二年）属清河郡，620年（唐武德三年）属博州，643年（贞观十七年）并入聊城县。684年（嗣圣元年）复置博平县。742年（天宝元年）属博平郡，997年（宋至道三年）属河北东路博州。1037年（景祐四年），徙治宽河镇（今博平）。1127年（金天会五年）属山东西路博州，1266年（蒙古至元三年）属东昌路，1368年（明洪武元年）属东昌府。清因之。1914年属东临道，1925年属东昌道，1928年属山东省，1946年属冀鲁豫行署第六专员公署，1949年属平原省聊城专员公署，1952年11月属山东省聊城专员公署。1956年3月并入茌平县。

茌平县文化遗址众多。新石器时代的教场铺遗址，为全国重点文物保护单位。有省级重点文物保护单位3处，市级重点文物保护单位7处，各类文化遗址60余处。中国社会科学院“中华五千年文明起源”的重大课题，将黄河下游探源的重点放在茌平县。

茌平县人杰地灵。春秋时期，晋公子重耳逃亡齐国，齐桓公热情接纳，居于博陵（今茌平县肖庄镇王菜瓜），为其筑“望晋台”，并与联姻，重耳得以休养生息，终成霸业。战国时期，淳于髡、鲁仲连与孟子、荀子同列。此后，又有盛唐宰相马周，北宋九经状元孙奭，宋代医学大家成无已，明朝状元、礼部尚书朱之蕃，清朝翰林、康熙帝师王曰高，皆为茌平先贤，名列中华青史。

鸦片战争以来，茌平历史愈显伟烈。太平天国北伐军，在茌平冯官屯壮烈殉难；义和团运动，在茌平扩大发展；孙中山组织同盟会，茌平有会员；“五四”运动，茌平有呼应；土地革命战争时期，茌平有鲁西最早的袁楼党支部；抗日战争时期，茌平有闻名全国的“张楼英雄村”；解放战争时期，茌平儿女参军支前，血洒疆场。新时期，茌平还有“全国劳模”张学信、张国忠两面旗帜。一部近现代史，茌平功绩昭彰。

进入21世纪，茌平全县政治安定，经济发展，社会和谐，人民安居乐业。历届县委、县政府在邓小平理论、“三个代表”重要思想、科学发展观和习近平总书记系列讲话精神的指导下，把握“四个全面”战略布局和“五位一体”的总体布局，站在发展的高度，科学决策，准确定位，大胆改革、抢抓机遇，自我加压，争创一流，积极适应并引领新常态，使茌平县人民自贫穷迈向富裕，由落后逐步崛起，从封闭走向开放，城乡居民的生活水平逐步向“小康”迈进。经验告诉我们，要走符合茌平县实际的发展道路，必须坚持党的基本路线，解放思想，实事求是，与时俱进，开拓创新；必须坚持以人为本，始终要把实现好、维护好、发展好广大人民群众的根本利益作为一切工作的出发点和落脚点；必须坚持全面协调可持续发展，繁荣社会各项事业。茌平人民勤劳俭朴，勇于创新，建立了辉煌的业绩。全县人民将在县委、县政府的正确领导下，承前启后，继往开来，立足茌平优势，解放思想，与时俱进，敢于创新，善于突破，为进一步建设富裕、文明、和谐的新茌平而努力奋斗！

大事记

大事记

1949年

8月20日　平原省建立，茌平、博平县属平原省聊城专署。

11月28日　茌平县首届各界人民代表会议召开，出席代表222人，历时6天。代县长宋瑞斋作政府工作报告。

12月9日　博平县首届各界人民代表会议召开，出席代表275人，历时6天。副县长徐宝琛作政府工作报告。县委副书记、县长贾振铎报告了今冬明春的工作计划草案。

1950年

5月14日　茌平县第二届各界人民代表会议召开，出席代表295人，历时4天。会议中心议题：传达省政府生产政策，总结前段工作，讨论并通过下步生产计划，制定会议制度及代表联系制度。

5月23日　博平县第二届第一次各界人民代表会议召开，出席代表219人。会议的中心议题是传达上级有关生产方面的政策，发动群众，恢复生产。

11月4日　博平县第二届第二次各界人民代表会议召开，出席代表219人。会议听取并审议通过1950年冬季生产计划，商讨秋季征收工作。

1951年

3月　博平县第三届各界人民代表会议召开。会议商讨如何发展经济和提高产品质量，明确只有提高生产技术，才能增加经济效益。会议选举了常务委员会领导成员。

11月11日　茌平县第三届各界人民代表会议召开。出席代表221名，会议讨论研究了救灾措施，并对今冬明春的农业生产作了安排。会议选举徐刚为常务委员会主席，韩雁北、赵华林为副主席。

1952年

2月24日　博平县第四届各界人民代表会议召开，出席代表226人。会议提出增加生产、厉行节约，抗美援朝，大力宣传《中华人民共和国婚姻法》。会议选举贾振铎为常务委员会主席，孔华轩、仝伯厘为副主席。

6月21日　茌平县第四届各界人民代表会议召开，出席代表233人，历时3天。大会做出深入贯彻党的方针政策，开展爱国生产运动等问题的决议。

11月　平原省撤销。茌平、博平县隶属山东省聊城地区至今。

1953年

3月2日　茌平县第五届各界人民代表会议召开，出席代表211人。县委书记司黎明作《关于政治形势的报告》，县长徐刚作《1953年生产任务的报告》，宣传部部长李秀清作《关于宣传贯彻婚姻法运动月的报告》，武装部部长张庆云作《关于民兵建团政策的报告》。会议通过《关于加强农业基本建设的决议》及有关决议。

同日　博平县第五届第一次各界人民代表会议召开，出席代表228人。县委书记田坡作《关于目前形势与任务的报告》。

7月15日　博平县第五届第二次各界人民代

表会议召开，出席代表186人。会议听取审议并通过政府工作报告，讨论通过冬季工作意见。

1954年

6月30日 博平县第一届人民代表大会第一次会议召开，出席代表212人。会议讨论了《宪法》草案，对夏季生产、农业合作化、夏粮收购等问题作出决议。会议选举解方（女）、张天虎和李全臣为山东省第一届人民代表大会的代表。

7月2日 茌平县第一届人民代表大会第一次会议召开，出席代表236人，历时4天。会议讨论了《宪法》草案。选举了县长和副县长，选举李平、李广源、黄金凤（女）为出席山东省人民代表大会代表。

11月5日 茌平县召开第一届人民代表大会第二次会议。

会议听取并讨论县政府5个月来的工作，布置了冬季工作。会议对秋征秋购、深入贯彻总路线、开展互助合作社运动等工作作出决议。

1955年

2月10日 茌平县第一届人民代表大会第三次会议召开。代表们听取并审议通过人民委员会工作报告，讨论通过1955年生产计划，最后大会形成决议。会议选举肖道明为县长，周振东为副县长。

6月29日 茌平县第一届人民代表大会第四次会议召开，出席代表159人，历时4天。代表们听取审议并通过《政府工作报告》；讨论通过了下步工作意见；商讨统购包销方案并作出相应的决议。

12月26日 茌平县第一届人民代表大会第五次会议召开，历时3天。李平传达山东省第一届第三次代表大会决议；县长肖道明作关于《为四年超额完成五年农业生产计划而奋斗的报告》；大会听取山东省第一届人民代表大会代表黄金凤（女）、李广源作关于以农业生产、互助合作、统购统销、治安镇反为主要内容的报告。

1956年

3月6日 经国务院批准，撤销博平县制，博平县所属大部分行政区划归茌平县，同时茌平县第六区（琉璃寺）划归高唐县。茌平县设9个区。

10月17日 茌平县（茌平县、博平县合县后统称茌平县）第一次人民代表大会第六次会议召开，出席代表354人，历时6天。会议听取审议并通过县长肖道明作的《关于1956年上半年的工作报告》；县委书记车一民作的《关于目前国内外形势和当前任务的报告》；听取审议并通过副县长杨荣轩作的《关于开展冬季农副业生产运动，争取完成和超额完成第一个五年计划的建议的报告》。

1957年

1月14日 茌平县第二届人民代表大会第一次会议召开，出席代表240人，历时6天。会议听取讨论并通过县人民委员会工作报告、茌平县1957年工作计划；选举张建新为县长，杨荣轩、米国斌、窦和卿、岳洛峰为副县长，选举人民委员会委员和法院院长。

11月13日 茌平县第二届人民代表大会第二次会议召开，出席代表262人，历时5天。代表们听取审议并通过政府工作报告；听取县委副书记李秀清作的《关于政治形势的报告》。

1958年

1月 茌平县进行撤区并乡，全县将9个区划分为城关、赵官屯、丁块、广平、韩集、三十里铺、郝集、杜郎口、望鲁店、冯官屯、胡屯、韩官屯、鹅屯、菜屯、贾寨、洪官屯、杨官屯、冯营、徐官屯、博平、温陈21个乡，各乡建立了党委、政府，全县各乡下辖1010个村。

2月25日 茌平县第二届第三次人民代表大会召开，出席会议的代表239人，列席代表6人，会议审议通过了县人委向大会做的政府工作报告，县人委关于调整农业社和生产队组织的工作方案，会议还听取了提案审查委员会关于提案处理情况的报告。

5月30～6月2日 茌平县第三届人民代表大会第一次会议于1958年5月30日在茌平县城召开，6月2日闭幕，历时4天。第三届人民代表大会有代表330人，出席这次会议的代表285人。共收到提案179件。会议主要审议通过县长张建新作的《关于县人民委员会的工作报告》，听取茌平县委书记徐德辅作的政治报告，讨论了关于1958年～1962年手工业建设的初步规划和关于农业税制改革和粮食征购工作的方案；大会选举张建新为县长，杨荣轩、米国彬、岳洛峰为副县长，选举县人民委员19名，选举县人民法院院长李亦民和出席省第二届人民代表大会代表黄金凤（女）、李全臣、王升阳、晓山（女）。

7月16日 中共中央副主席、全国人大常务委员会委员长刘少奇及其夫人王光美，在中共山东省委第一书记舒同等人的陪同下，乘车路经茌平到寿张县视察。因徒骇河博平大桥更换水泥桥墩尚未完工，刘少奇等在二刘村头作短暂停留并与该村回乡知青座谈。后再桥墩上铺上板子，由村民将汽车一辆辆抬过河去。刘少奇向村民们深深致谢。

9月 成立人民公社，全县21个乡划为11处人民公社：城关公社、杜郎口公社、三十里铺公社、冯官屯公社、广平公社、胡屯公社、韩屯公社、杨官屯公社、博平公社、贾寨公社、菜屯公社。

10月27日 茌平县选出的人民代表黄金凤（女）、李全臣、王升阳赴济南出席山东省第二届人民代表大会。

12月29日 经国务院批准，东阿县撤销建制，东阿县党、政、军、群领导机关及所属铜城、高集、陈集、牛角店、顾官屯5个公社并入茌平。时茌平县辖16个人民公社，114个协作区，501个生产大队3383个生产队1407个村庄154721户626423人，总耕地175万亩。徐德辅任聊城地委工业交通部副部长、地委委员、阳谷县委第一书记。毕玉琦任茌平县委第一书记，张建新任聊城县长，原东阿县县长魏公相任茌平县长。

1960年

1月1日 茌平县第三届人民代表大会第二次会议于1960年1月1日在茌平县城举行，1月4日闭幕，历时4天。收到代表提案147件。代表听取审议了县长魏公相所作的《关于1959年政府工作总结和1960年工作任务的报告》，大会总结了1959年县人民委员会的工作，审议通过1960年的工作任务。

1961年

4月1～5日 茌平县第四届人民代表大会第一次会议于1961年4月1日在茌平县人民委员会会议室召开，大会历时5天，于4月5日下午结束。本届人民代表大会的代表共450人（其中妇女代表114人），出席本次人民代表大会的代表396人。大会听取了茌平县委书记处书记杨培贞所作的关于目前形势的报告；听取讨论县长刘镜涛所作的人民委员会工作报告；听取陈雪舫所作的法院工作报告；大会选举刘镜涛为县长，耿兴华、米国彬、武中景、翟继尧、岳洛峰、陈月波为副县长，选举县人民委员会委员22人，选举陈雪舫为人民法院院长；这次大会共收到提案543件，大会组织有关部门37人直接和代表见面，对代表提案进行解答；通过了大会决议。

6月 茌平县第四届人民代表大会第二次会议于1961年6月在茌平县县城召开。大会听取了县长刘镜涛作的《人民委员会的工作报告》，办理了代表提案，人民代表大会宣告结束。

1962年

3月5日　茌平县第四届人民代表大会第三次会议于1962年3月5日在茌平县城召开。大会听取了县长刘镜涛作的《关于茌平县人民委员会的工作》报告。大会最后形成决议。会后，各位代表分赴各地，宣传贯彻大会精神，开展全县性的“生产自救，度过灾荒”的生产自救活动。

1963年

9月27～10月1日　茌平县第五届人民代表大会第一次会议于1963年9月27日在茌平县城举行。大会历时5天，10月1日闭幕。出席这次代表大会的代表251人，收到代表提案303件。大会听取和审议副县长耿兴华所作的《茌平县人民委员会工作报告》，副县长岳洛峰所作的《关于茌平县1962年财政预算和1963年财政预算（草案）的报告》，张风鳌所作的《关于茌平县人民法院工作报告》，提案审查委员会《关于提案审查结果的报告》；选举席广师为县长，耿兴华、胡廷端、岳洛峰为副县长，选举茌平县人民委员会的委员17名，选举张风鳌为县人民法院院长；选举出席山东省第三届人民代表大会代表有晓山（女）、王汉卿、王升阳、李全臣4人；作出大会决议。

1964年

7月6～9日　茌平县第五届人民代表大会第二次会议于1964年7月6日举行，大会历时4天，7月9日闭幕。代表听取和审议副县长胡廷端所作的《茌平县人民委员会工作报告》，听取了《关于茌平县1963年财政预算和1964年财政预算的报告》，大会补选赵传三为副县长，通过大会决议。县长席广师致闭幕词。

1966年

5月　茌平县第六届人民代表大会第一次会议于1966年5月1日在茌平县城召开，出席这次会议的人大代表275人。会议听取县委书记王秀山所作的《关于目前形势的报告》，审议通过了《县人民委员会工作报告》和《关于1965年财政预算和1966年财政预算的报告》。还听取了关于法院工作的报告、代表资格审查报告、王玉林代表《关于民兵工作》的发言、李承明代表《关于突出政治大学毛主席著作》的发言、田冰如代表《关于妇女工作》的发言、刘国梅代表关于青年工作的发言。会议选举席广师为县长，弓煦德、胡廷端、烟朋友、岳金英（女）为副县长，选举人民委员会委员18名。

1967年

3月　县工人、农民、学生等造反组织夺取县委、县人委权利。于1967年3月17日在茌平东风会堂召开大会（后被认为第七届人民代表大会），建立有群众、干部、军人代表参加的“三结合”茌平县革命委员会。

会议宣读《茌平县革命委员会成立宣言》，发表《茌平县革命委员会告全县人民书》，宣读了茌平县革命委员会第一号通知，公布《关于茌平县成立革命委员会生产指挥部的通知》、《关于公布茌平县文化革命小组成员的通知》，以特殊方式组成了茌平县革命委员会，履行原县委、县人委的一切职权。

1968年

2月　根据中央指示精神，茌平县公检法实行军事管制，建立公检法军事管制领导小组。

5月11日　经山东省革命委员会批准，县革委会改组，孙树森仍为主任，高春魁、烟朋友、孔祥功为副主任。40名委员中，军队、干部代表各占20%，群众占60%。

1969年

11月 经中共山东省革委核心领导小组批准，建立中共茌平县革命委员会核心领导小组。县革委会主任孙树森、刘传友先后任组长，高春魁、袁耀明、王秀山、赵捷升、曲相升、孙继昌先后任副组长。

1970年

1～4月 县、区、社及县直各单位革命委员会，通过贯彻落实党中央关于解决山东问题的“批示”和“十条”，对各级革委会进行调整。

1971年

2月 茌平县区划调整。撤销11个区及所属的54个公社，建立城关、赵官屯、丁块、广平、韩集、三十里铺、郝集、杜郎口、王老、冯官屯、胡屯、韩官屯、菜屯、贾寨、洪官屯、杨官屯、肖庄、博平、温陈19处人民公社。

1972年

10月29日 中共茌平县第四届代表大会召开，选举刘传友为书记王秀山、王武文、魏忠浩、高春魁为副书记，茌平县委恢复，县革委党的核心领导小组终止，但县革委会同时存在。

1973年

4月 公检法恢复，军管组撤销。

1975年

1月13日 广平公社张家楼人张士忠，作为全国人大代表出席全国第四届人民代表大会。历任民兵连长、支部书记、广平公社革委会副主任。1972年11月被选为中共聊城地委委员。

1976年

1月 管春梅任中共茌平县委书记兼县革委主任。

1978年

5月 茌平县第八届人民代表大会第一次会议于1978年5月1日在茌平县招待所举行。出席这次大会的代表593人。会上学习了新《宪法》及华国锋在全国人大上的政府工作报告；审议通过了茌平县革委会工作报告，建设大寨县规划的报告。会议以无记名投票方式进行选举，管春梅当选为革委会主任，王宪章、姜维村、张国忠、赵传三、张希胜、刘国芳、赵焕之为副主任。选举县革委会委员55名。马墨汉当选为法院院长，汪培杰当选为检察院检察长。

1979年

2月5日 为贯彻落实中共中央十一届三中全会及省委工作会议精神，茌平县召开6000人大会，历时16天并作出了相关决定。

1980年

2月 全国五届人大第十三次会议作出《关于县级直接选举工作问题的决定》。从此县级人大代表一律由选民直接投票选举。

1981年

12月10日　茌平县第九届人民代表大会第一次会议召开。出席本届人民代表大会的代表是由选民直接选举共237人，出席这次大会的代表222人。全体政协委员和部分部、委、办、局的负责同志列席会议。

这次大会根据《中华人民共和国地方各级人民代表大会和地方各级人民政府组织法》的规定，设立茌平县人民代表大会常务委员会为正式常设机构。选举常务委员会主任、副主任和委员；茌平县革命委员会改名为茌平县人民政府；选举人民政府的县长、副县长，县人民法院院长，县人民检察院检察长。黄尊尧当选为茌平县人大常务委员会主任，韩全庆、贾克礼、赵传三、马汝学、程学彦当选为副主任，孙贺庆、李风章、陈守仁、张玉明、张国忠、杜金芳（女）、傅昭慈（女）当选为委员。梁子英当选茌平县人民政府县长，马怀进、丁诺、陈盛昌、宋茂林、徐宝琪当选为副县长。选举张友芳为茌平县人民法院院长，选举汪培杰为茌平县人民检察院检察长。

1982年

11月　县委副书记、县人大主任黄遵尧接任茌平县委书记。

1983年

1月20日　茌平县第九届人民代表大会第二次会议于1983年1月20日在茌平县城招待所举行。出席这次大会的代表共237人。省人大代表和全体政协委员及各委、办、局的主要负责同志列席会议。会议听取了《政府工作报告》《人大常委会工作报告》及财政、法院、检察院工作报告并通过相应决议。大会选举傅昭慈（女）、张国忠、张印之、丁诺为出席省第六届人民代表大会的代表。

1984年

3月　徐士高任茌平县委书记，孙宗安任代县长。

7月　撤销19处公社，设立22个乡（镇）。茌平镇、赵官屯乡、丁块乡、广平乡、韩集乡、乐平铺镇、郝集乡、杜郎口乡、孙桥乡、王老乡、冯官屯镇、胡屯乡、韩官屯乡、张营乡、菜屯镇、贾寨乡、洪官屯乡、杨官屯乡、大桑乡、肖庄乡、博平镇、温陈乡。

9月23～25日　召开茌平县第十届人民代表大会第一次会议，出席代表241人。会议审议通过了人大、政府、财政、法院、检察院工作报告；大会选举梁子英为人大常委会主任，刘国芳、马怀进、商孝俊、赵传三、赵焕之、潘日茂为副主任。选举孙宗安为县长，徐宝琪、姜维村、王传斌、宫富瀛为副县长，选举张友芳为县人民法院院长，任培杰为县人民检察院检察长。

1985年

12月4～5日　召开茌平县第十届人民代表大会第二次会议，出席代表241人。会议中心议题是：听取和审议人大常委会、县政府、财政、法院、检察院工作报告。会议提出要进一步解放思想，立志改革，在调整农村产业结构、发展乡镇企业中，要着重解决供需矛盾和提高经济效益，切实贯彻绝不放松粮食生产、积极发展多种经营的方针。乡镇、村组、联合体、个体户4路进军，保证茌平在1980年的基础上，提前于1990年翻两番。大会还对打击严重经济犯罪活动、推动教育体制改革、保护妇女儿童的合法权益等提出要求。

1986年

6月3～4日　召开茌平县第十届人民代表大

会第三次会议，出席代表198人。会议的中心议题是：审议通过了《茌平县国民经济和社会发展第七个五年计划（草案）》（1986年～1990年），审议了人大、政府、财政、法院、检察院的工作报告。

9月29日　茌平县第十届人大常委会召开第十三次会议。县人大常委会副主任商孝俊、马怀进、赵传三、赵焕之、潘日茂及常委委员共10人出席会议，副县长姜维村、县联社副主任王希珍、人大常委会办公室副主任李文政列席会议。会议学习了中发〔1986〕18号文件；听取副县长姜维村《关于县第十届人大三次会议代表议案办理进展情况汇报》；听取县人大常委会代表联络科《关于第十届人大第二次会议代表议案办理情况的汇报》；听取县联社副主任王希珍受县政府委托所作的《关于1985年棉花收购情况和1986年棉花收购意见的汇报》；通过了人事任免事项。

1987年

4月11～13日　召开茌平县第十一届人大一次会议，出席代表207人。大会听取并审议了孙宗安所作的《在党的正确路线指引下，团结奋斗，继续把茌平经济建设推向前进》的报告。会议还听取了人大、财政、法院、检察院的工作报告。会议选举马怀进为县人大常委会主任，商孝俊、汪培杰、刘西俊、贾法俊、迟会孝、邹庆诰为副主任。选举常委会委员12人；选举孙宗安为县长，徐宝琪、王传斌、孙素青（女）、宫富瀛为副县长。选举李泽明为县人民法院院长，马庆云为县人民检察院检察长。

4月20日　茌平县第十一届人大常委会召开第一次会议。会议由县人大常委会主任马怀进主持。副主任商孝俊、汪培杰、刘西俊、贾法俊、迟会孝、邹庆诰及常委会委员共19人出席会议。县人大办公室主任白观荣列席会议。会议学习《中华人民共和国地方各级人民代表大会和地方各级人民政府组织法》，明确了人大常委会性质、地位和任务；学习全国人大常委会《关于加强法制教育维护安定团结的决定》，作出茌平县人大常委会关于学习贯彻全国人大常委会《决定》的决议；讨论通过了县人大常委会1987年工作要点。

6月2～3日　茌平县人大常委会副主任商孝俊、贾法俊、周庆华、邹庆浩及委员宋庆成，在县政府及有关部门负责人陪同下对《中华人民共和国土地管理法》的贯彻实施情况进行视察。视察组深入乐平铺镇、王老乡和温陈乡的温庄村、史胡村，通过听取汇报、实地察看、走访座谈等形式了解情况。

8月14日　茌平县第十一届人大常委会召开各乡、镇人大工作联络处主任、副主任会议。县人大常委会主任马怀进主持会议，县委书记徐士高到会作重要讲话。会议学习《中华人民共和国宪法》《地方组织法》及党的有关文件；县人大常委会副主任商孝俊讲了工作意见。副主任汪培杰、刘西俊、贾法俊、迟会孝、邹庆诰，委员宋庆成、裴光泽、张友芳及各乡（镇）人大工作联络处主任、副主任，人大机关科室负责人参加会议。

9月9日　全国人大常委会委员徐运北，在原行署副专员耿善亭、地委统战部原部长许继善陪同下，到茌平视察经济建设情况。先后在冯官屯镇、胡屯乡陶集村视察镇办企业和农业生产。县人大主任马怀进随行中汇报了茌平几年来的发展过程。徐运北作为鲁西北特委组织部部长于1937年11月曾到过茌平，50年的巨变让老领导甚感欣慰。

10月22日　山东省人大常委会主任李振在聊城地委书记曹学亮陪同下到茌平视察。上午县委书记徐士高、县人大主任马怀进陪同参观了冯屯镇徐庄养鸡厂。李振说："徐庄的鸡养得很好，如果全县农村都和徐庄一样，农民的收入会大幅度提高。徐庄能办到，其他村也能办到。"下午，徐士高汇报了茌平县的发展情况，马怀进汇报了县人大工作。

11月3日　茌平县第十一届人大常委会召

开第五次会议。会议由县人大常委会副主任商孝俊主持。副主任汪培杰、刘西俊、贾法俊、迟会孝、邹庆诰及常委委员共15人出席会议。县人大常委会科室负责人列席会议。会议学习了党的十三大会议精神；审议通过了关于进一步宣传、贯彻、执行《山东省保护妇女儿童合法权益的若干规定》的决议；审议通过了《关于组织县人大代表视察的试行办法》。

1988年

1月2～5日 茌平县第十一届人大二次会议召开，出席会议代表199人。会议审议了孙宗安所作的《茌平县政府工作报告》。会议审议了人大、财政、法院、检察院的工作报告。会议选举马怀进、张国忠、张宗乾、傅昭慈、王科三为省七届人代会代表。

1月25～26日 茌平县第十一届人大常委会召开各乡（镇）人大联络处工作会议。会议由县人大常委会副主任商孝俊、汪培杰主持。副主任贾法俊、迟会孝、邹庆诰及委员宋庆成、张友芳、裴光泽及各乡（镇）人大工作联络处正、副主任，县人大机关各科室负责人参加会议。会议听取各乡镇人大工作联络处主任关于前段工作情况的汇报，互相交流开展人大工作的经验；学习了省、地领导关于做好人大工作的重要讲话和地委、县委、县人大常委会的有关文件。商孝俊代表县人大常委会讲工作意见，县委书记徐士高出席大会并作重要讲话。

3月24日 茌平县冯官屯镇党委书记、全国第七届人大代表徐法水，出席全国第七届人大一次会议。

7月2日 茌平县第十一届人大常委会召开第九次会议。会议由县人大常委会主任马怀进、副主任商孝俊主持。副主任汪培杰、刘西俊、贾法俊、迟会孝、邹庆诰及常委会委员共15人出席会议。县政府副县长郭金铸、县人民检察院检察长马庆云及县政府办公室、县教育局、县人大常委会科室负责人列席会议。会议听取审议县政府副县长郭金铸所作的关于茌平县教育工作情况的汇报，作出茌平县人大常委会关于《全面发展教育事业为经济建设服务》的决议；通过《茌平县人大常委会关于加强同人民代表联系的试行办法》；听取并审议县政府办公室副主任付士泉同志受县政府委托所作的关于县人大常委会第七次会议《决议》和县政府〔1988〕23号文件落实情况的汇报；会议同意任命了由检察长马庆云提请任命的人民检察院部分干部。

9月29日 茌平县第十一届人大常委会召开第十次会议。会议由县人大常委会副主任商孝俊主持。人大常委会主任马怀进，副主任汪培杰、刘西俊、贾法俊、迟会孝及常委会委员共16人出席会议。县政府副县长徐宝琪、县人民法院院长李泽明、县人民检察院检察长马庆云及县政府办公室、县人大常委会科室负责人列席会议。会议传达了中央工作会议精神；听取审议政府副县长徐宝琪所作的关于茌平县工农业生产活动情况及根据地区三干会议精神，进一步发展茌平农村经济计划、措施的汇报，作出《茌平县人大常委会关于进一步发展茌平农村经济的决议》；听取审议县人民检察院检察长马庆云所作的关于打击经济犯罪工作情况汇报。

12月16日 茌平县第十一届人大常委会召开各乡（镇）人大联络处正、副主任会议。会议由县人大常委会副主任商孝俊主持。常委会主任马怀进、副主任汪培杰、贾法俊及机关科室负责人出席会议。会议传达贯彻了地区人大工作会议精神，进一步学习地委、县委负责人关于加强人大常委会的地位及职能，充分发挥国家权力机关作用的重要讲话；听取各乡（镇）人大联络处主任的工作汇报，交流了经验。汪培杰代表县人大常委会讲了关于乡、镇人大联络处一年来的工作情况和今后工作意见。马怀进、商孝俊分别讲话。

12月23日 茌平县第十一届人大常委会召开第十一次会议。会议由县人大常委会主任马怀进、副主任商孝俊主持。副主任汪培杰、刘西俊、贾法俊、迟会孝、邹庆诰及常委会委员共16人出席会议。会议传达地区人大工作会议和县人大工作会议精神；听取并审议法院、检察院关于执法大检查的情况汇报；听取并审议经委、物价局关于税收、财务、物价大检查的情况汇报；通过了人民法院干部任免事宜。

1989年

1月11日　茌平县第十一届人大常委会召开第十二次会议。会议由县人大常委会主任马怀进、副主任商孝俊主持。副主任汪培杰、刘西俊、贾法俊、迟会孝、邹庆诰及常委委员共17人出席会议，县人大常委会科室负责人列席会议。会议以无记名投票的方式一致选举王乐泉为山东省第七届人民代表大会代表。

3月27日　茌平县第十一届人大常委会召开第十三次会议。会议由县人大常委会主任马怀进、副主任商孝俊主持。副主任汪培杰、刘西俊、贾法俊、邹庆诰及常委会委员共16人出席会议，县人大常委会科室负责人列席会议。会议按照《中华人民共和国地方各级人民代表大会和地方各级人民政府组织法》的规定，决定于1989年4月2日召开茌平县第十一届人民代表大会第三次会议。会议听取讨论并修改县人大常委会工作报告（草案）。讨论并决定第三次代表大会的会期、参加大会的人员、大会议程和指导思想。

4月2～5日　茌平县第十一届人大三次会议召开，出席代表193人。会议审议了《政府工作报告》和《茌平县1989年国民经济和社会发展计划（草案）的报告》以及人大、财政、法院、检察院的工作报告。

4月5日　茌平县第十一届人大常委会召开第十四次会议。会议由县人大常委会主任马怀进、副主任商孝俊主持。副主任汪培杰、刘西俊、贾法俊、迟会孝、邹庆诰及常委会委员共18人出席会议。县人民法院院长李泽明和人大常委会各科室负责人列席会议。会议以无记名投票方式决定任命了国家机关工作人员。

6月5日　茌平县第十一届人大常委会召开第十五次会议。会议由县人大常委会主任马怀进主持。副主任汪培杰、刘西俊、贾法俊、迟会孝、邹庆诰及常委会委员共16人出席会议。县政府副县长徐宝琪、办公室主任付士泉及人大常委会各科室负责人列席会议。会议学习李鹏、杨尚昆在首都党政军干部大会上的重要讲话，彭真在各民主党派负责人座谈会上的讲话，收听、收看了中共中央、国务院告全体共产党员和全国人民书。会议听取审议政府副县长徐宝琪所作的《关于春季生产情况和三夏生产工作安排意见的汇报》。

7月27日　山东省人大常委会副主任肖寒和省审计局局长于延昊等3人，在地区人大工委主任郑衍柱、地区人大工委办公室主任翟广兴和县人大主任马怀进的陪同下，视察王老乡小杨屯村。全国劳动模范、小杨屯村党支部书记张国忠汇报了全村推行立体种植，发展农村经济，群众生活迅速提高的做法，副主任肖寒给予充分肯定。

7月30日　山东省委书记姜春云，省人大常委会主任李振及省委常委、秘书长马仲才等一行12人，在地委副书记、专员郑义堂及县委、县人大负责人陪同下到王老乡小杨屯村和胡屯乡视察。

8月16日　茌平县第十一届人大常委会召开第十六次会议。会议由县人大常委会主任马怀进主持。副主任汪培杰、刘西俊、贾法俊、迟会孝、邹庆诰及常委会委员共15人出席会议。县政府副县长王传斌、县政府棉办主任陈瑞秀及人大常委会各科室负责同志列席会议。会议学习省委书记姜春云、省人大常委会李振主任等领导同志到茌平县视察小杨屯村和胡屯乡时的重要讲话；听取并审议县政府副县长王传斌所作的关于上半年农业生产情况和下半年农业生产安排特别是种植改革学小杨屯和胡屯经验的汇报；通过了关于大力推广小杨屯种植模式走间作套种路子的决议。

10月14日　全国人大常委会委员、宗教委员会委员李学智，在省人大常委会委员于培宽、地区人大工委主任郑衍柱、副主任张震及县人大主任马怀进、副县长徐宝琪陪同下，参观个体养鸡户刘元河和冯屯镇小徐庄村的养鸡场，并到小徐庄原村党支部书记、时任冯屯镇党委书记徐法水家中做客，所到之处听取了各单位负责人的介绍。

10月25日　茌平县第十一届人大常委会召开第十七次会议。会议由县人大常委会主任马怀进、副主任商孝俊主持。副主任汪培杰、刘西俊、贾法俊、迟会孝、邹庆诰及常委会委员共15人出席会议。县人民法院院长李泽明，县人民检察院检察长马庆云及县人大常委会机关各科室的负责人列席会议。会议学习江泽民《在庆祝中华人民共和国成立四十周年大会上的讲话》；听取审议县人民检察院检察长马庆云所作的《关于打击经济犯罪的情况汇报》；通过了人事任免事项。

11月24日　茌平县第十一届人大常委会召开第十八次会议。会议由县人大常委会主任马怀进、副主任商孝俊主持。副主任汪培杰、刘西俊、贾法俊、迟会孝、邹庆诰及常委会委员共18人出席会议。县人大常委会机关各科室的负责人列席会议。会议学习江泽民总书记《在党的十三届五中全会上的讲话》；一致通过《茌平县人大常委会关于任命茌平县选举委员会组成人员的决定》；通过《茌平县选举委员会关于1990年县、乡两级人大换届选举工作安排意见》。

12月8～17日　山东省第七届人大代表王科三及驻茌平省人大代表马怀进、傅昭慈、张宗乾对茌平县的工作进行视察。主要视察了1989年国民经济和社会发展计划，财政预算的执行情况，惩治腐败、清理整顿公司的情况，农业生产和群众普遍关心的其他问题。县委书记孙宗安，副书记王启让，县政府副县长徐宝琪、宫富瀛参加座谈。

1990年

1月4日　茌平县第十一届人大常委会召开第十九次会议，任命董金刚为茌平县人民政府副县长、代县长。孙宗安不再兼任县长职务。

2月20日　茌平县第十一届人大常委会召开第二十次会议。会议由县人大常委会主任马怀进、副主任商孝俊主持。副主任汪培杰、刘西俊、贾法俊、迟会孝、邹庆诰及常委会委员共15人出席会议。县人大常委会机关各科室的负责同志列席会议。会议传达17号地委、地人大工委召开的选举工作座谈会精神，学习了中共中央〔1990〕1号、2号文件和徐祥之在全区选举工作座谈会上的讲话，通报了茌平县目前选举工作的进展情况。会议还通过决定，任命王林华为茌平县人民政府副县长。

3月20日　茌平县第十一届人大常委会召开第二十一次会议。会议由县人大常委会主任马怀进、副主任商孝俊主持。副主任汪培杰、刘西俊、贾法俊、迟会孝、邹庆诰及常委会委员共18人出席会议。县人大常委会机关各科室的负责人列席会议。会议决定，于1990年4月1日召开茌平县第十二届人民代表大会第一次会议；听取、讨论并修改县十一届人大常委会工作报告（草案）；听取审议十二届人大一次会议的日程、议程、指导思想和参加会议的人员。

4月1～4日　茌平县召开第十二届人大一次会议。出席代表300人。会议听取审议并通过了代县长董金刚所作的政府工作报告和十一届人大主任马怀进所作的人大常委会工作报告及财政、法院、检察院工作报告。会议选举徐宝琪为县人大常委会主任，马庆云、汪培杰、贾法俊、迟会孝、田冲、常修歧为人大常委会副主任；选举董金刚为县长，王传斌、王林华、乌以祥、刘安荣为副县长，选举李泽明为县人民法院院长，韩宪宏为县人民检察院检察长。

4月17日　茌平县第十二届人大常委会召开第一次会议。会议由县人大常委会主任徐宝琪、副主任马庆云主持。县人大常委会副主任汪培杰、贾法俊、迟会孝、田冲、常修歧及常委会委员共19人出席会议，七届全国人大代表徐法水及县人大机关科室负责人列席会议。会上，委员们学习中共中央〔1990〕1号、2号文件，《中华人民共和国宪法》《中华人民共和国地方各级人民代表大会和地方各级人民政府组织法》，省七届人大三次会议宣传贯彻提纲；审议通过茌平县第十二届人民代表大会代表资格审查委员会主任委员、副主任委员和委员；审议通过茌平县人大常委会1990年工作要点；会议邀请七届全国人大代表徐法水介绍了七届全国人大三次会议的盛况。

5月17日 经县委研究同意，徐宝琪任县人大常委会党组书记；马庆云、汪培杰任县人大常委会党组副书记；贾法俊、迟会孝、常修歧、白观荣任县人大常委会党组成员。

6月2日 茌平县人大常委会副主任田冲、常修歧，政协主席孙素青，在政府副县长乌以祥，县环保局张福来、吕坤岭、孙永诚的陪同下，对少年儿童教育和环境保护工作进行了视察。

7月5日 茌平县第十二届人大常委会召开第二次会议。会议由县人大常委会主任徐宝琪，副主任马庆云、汪培杰分别主持。县人大常委会副主任贾法俊、迟会孝、田冲、常修歧及常委会委员共17人出席会议，副县长王传斌、粮食局局长袁庆宗及县人大机关科室负责人列席会议。会议根据《地方组织法》有关规定，任命县人民政府、县人民法院、县人民检察院和人大机关人员；传达地区人大工作会议精神；听取和审议县政府关于1990年棉花生产情况汇报和县粮食局关于夏粮收购准备工作情况的汇报。

7月25日 茌平第十二届县人大常委会向县政府、法院、检察院组成人员和人大机关工作人员共134人颁发任命书。县人大常委会主任徐宝琪向被任命人员提出希望和要求，县委书记孙宗安、县长董金刚分别代表县委、县政府作了重要讲话。

8月6～7日 茌平县人大常委会在县招待所召开全县乡（镇）人大工作座谈会。县人大常委会主任、副主任、机关负责人、各乡（镇）人大主席团常务主席、主席团办公室主任、副主任及县直各代表组组长参加会议。人大常委会副主任贾法俊传达了中共中央关于加强党同人民群众联系的决定和江泽民同志的重要讲话；副主任常修歧传达省人大主任李振在全省人大代表工作座谈会上的讲话及县委〔1989〕36号文件。县委书记孙宗安代表县委讲话，县人大常委会主任徐宝琪总结发言。会议期间，孙宗安、孙东平、司文瞻到会看望。

10月6日 茌平县第十二届人大常委会召开第三次会议。会议由县人大常委会副主任汪培杰主持。人大常委会主任徐宝琪、副主任马庆云、贾法俊、迟会孝、田冲、常修歧及常委会委员共16人出席会议，县政府副县长王传斌、乌以祥，部分乡镇人大主席团负责人及县人大常委会机关各科室的负责同志列席会议。会议学习《中华人民共和国国旗法》和《中华人民共和国行政诉讼法》；听取审议王传斌所作的《关于今年秋种工作及有关情况的汇报》；听取审议乌以祥所作的《关于今年棉花收购工作的汇报》；人事任免事项。

10月27～28日 茌平县人大常委会主任徐宝琪、县长董金刚和副县长王传斌带领机关人员先后在王老、温陈召开部分省、县、乡三级人大代表参加的座谈会。代表分别来自东部涝洼地段和西部受灾较严重的乡镇。会议主要听取代表对今冬农田水利基本建设，下年棉花生产及当前棉花收购工作的意见。

12月20～22日 驻聊城地区的全国人大代表、驻茌平的省人大代表，在地区人大工委副主任王宪章及茌平县县委、人大、政府领导人陪同下，就茌平县1990年经济发展计划和财政预算执行情况、《中华人民共和国行政诉讼法》执行情况和开展依法行政年活动的情况、廉政建设和纠正行业不正之风的情况、农业情况和当前人民群众普遍关心的其他问题，先后视察了王老乡小杨屯、冯屯镇、郝集乡双营、茌平镇大李庙、县毛巾厂、热电厂、味精厂等单位。

12月26日 茌平县第十二届人大常委会召开第四次会议。会议由县人大常委会主任徐宝琪，副主任马庆云、汪培杰、贾法俊分别主持。人大常委会副主任迟会孝、田冲、常修歧及常委会委员共16人出席会议，县政府副县长王林华、县政协副主席李盛奎、县人民法院院长李泽明、县人民检察院检察长韩宪宏、县公安局局长范福泉、县教育局局长梁久勤及县人大常委会科室负责人、县直代表组组长、各乡（镇）人大主席团列席会议。会议听取审议并通过副县长王林华关于城镇中小学校舍改造情况的汇报；听取审议县政府办公室关于县十二届人民代表大会第一次会议代表提案办理情况的汇报；听取审议县人民法院院长李泽明关于审判、执行情况和行政诉讼法贯彻执行情况的汇报；听取审议人民检察院检察长韩宪宏关于打击经济犯罪工作情况汇报；听取审议公安局局长范福泉关于社会治安综合治理工作情况汇报。会议传达贯彻地区人大代表经验交流会议精神，部署了召开县人大工作经验交流会的准备工作。会议还通过人事任免事项。

1991年

3月23日 茌平县第十二届人大常委会召开第五次会议。会议由县人大常委会主任徐宝琪，副主任马庆云主持。人大常委会副主任汪培杰、迟会孝、田冲及常委会委员共15人出席会议。人大常委会机关各科室的负责人列席会议。会议通过关于召开县十二届人民代表大会第二次会议的决定；听取关于县十二届人民代表大会第二次会议筹备工作情况的汇报；原则通过县十二届人大第二次会议议程和常委会工作报告；审议通过《茌平县人大常委会关于贯彻落实全国人大常委会关于减轻社会治安综合治理的决定的决议》；人事任免事项。

4月2日 茌平县第十二届人大常委会在招待所召开全县人大工作经验交流会。全县人大代表、各乡镇政工书记、人大主席团办公室主任参加会议。

4月3～5日 茌平县第十二届人大二次会议召开。出席代表292人。会议听取并审议通过县长董金刚所作的《政府工作报告》、人大主任徐宝琪所作的《人大工作报告》、计委负责人所作的《关于我县国民经济和社会发展第八个五年计划及十年规划的报告》及财政、法院、检察院工作报告和议案审查报告。会议号召全县人民“在县委和县政府的领导下，更加紧密地团结在以江泽民同志为核心的党中央周围，在党的十三届七中全会的精神指引下，万众一心，奋发努力，励精图治，为顺利实现国民经济和社会发展的第二步宏伟战略目标努力奋斗，沿着具有中国特色社会主义道路乘胜前进”。

5月24～27日 全国人大常委会委员徐运北在聊城地区人大工委李跃亭、张振玉的陪同下到茌平视察工作。看望了小杨屯村党支部书记张国忠，在王老乡北辛村和干部群众进行了座谈；视察胡屯乡陶集村，听取村支部书记王建喜的汇报；听取副县长王传斌、县委常委宫富瀛关于农村经济发展情况和县直工业、乡镇企业发展情况的汇报；听取县财政局局长杨瑞华关于利税分流试点情况的汇报；视察乐平镇“夏棉间春棉，一年两季棉，每亩三百斤，产值一千二百元”的中棉12号高产试验方的生长情况。

6月6日 茌平县第十二届人大常委会召开第六次会议。会议由县人大常委会副主任马庆云主持。人大常委会主任徐宝琪、副主任汪培杰、贾法俊、迟会孝、田冲、常修歧及常委会委员共15人出席会议。政府副县长王传斌、王林华，计划生育委员会主任李长顺，司法局局长岳承祥、卫生局副局长孟凡金、人大常委会机关科室负责人和部分乡（镇）的人大主席团负责人列席会议。会议传达七届全国人大四次会议和省七届人大四次会议精神；听取审议县政府关于三夏生产安排意见和计划生育工作情况的汇报，作出《茌平县人大常委会关于深入贯彻〈山东省计划生育条例〉的决议》；听取审议县司法局局长岳承祥受政府委托所作的《关于第二个五年普法规划及实施意见的汇报》，作出《茌平县人大常委会关于在全体公民中进行第二个五年法制宣传教育的决议》。

7月12日 山东省人大常委会副主任严庆清

率省人大常委会委员李本钧、凤存安，计生委副主任潘洪增等6人组成的视察团到茌平对《山东省计划生育条例》的贯彻实施情况进行视察。聊城地区人大工委主任郑衍柱，副主任张伯衡，行署副专员张锡九，县委书记孙宗安，县人大常委会主任徐宝琪，副主任常修歧，县政府副县长王林华陪同活动。视察组听取县委书记孙宗安关于茌平县贯彻落实《山东省计划生育条例》情况的汇报；视察了博平镇、温陈乡的计划生育工作。

7月24日　茌平县人大常委会组织部分县人大代表在乐平镇进行视察工作。活动的指导思想是：以党的十三届七中全会和江泽民总书记的“七一”讲话精神为指针，在各级党委领导下，充分发挥人大联系代表和人民群众的主梁道作用，围绕党的中心工作，监督、支持各级政府努力完成茌平县经济发展计划和县人民代表大会提出的农业生产任务，以夺取秋季棉花、粮食丰收的实际行动，支援灾区人民的抗灾斗争。县人大常委会主任徐宝琪，副主任马庆云、汪培杰、贾法俊、迟会孝、常修歧，县政府副县长王传斌及人大机关科室负责人参加视察。

8月10日　茌平县第十二届人大常委会召开第七次会议。会议由县人大常委会副主任马庆云主持。人大常委会主任徐宝琪，副主任汪培杰、贾法俊、迟会孝、田冲、常修歧及常委会委员共17人出席会议。政府副县长刘安荣、财政局局长杨瑞华、教育局局长梁久勤，人大机关科室负责人及部分乡（镇）人大主席团负责同志列席会议。会议听取审议县政府关于开展打击拐卖妇女儿童犯罪活动情况的汇报；听取审议杨瑞华受县政府委托所作的1991年上半年茌平县财政预算执行情况汇报；听取审议梁久勤受县政府委托所作的关于实施《中华人民共和国义务教育法》情况及《茌平县人民政府关于实施五年制义务教育意见》的汇报。会上还通过了人事任免事项。

8月12～14日　茌平县人大常委会副主任汪培杰带领人大代表联络科和办公室的人员，分别对大桑、肖庄、贾寨等7个乡（镇）的人大工作活动情况进行了检查。

9月1日　《茌平县人民政府关于实施五年义务教育的意见》经县十二届人大常委会第七次会议通过，开始在全县实施。

9月12～13日　山东省人大常委会副主任王树芳、省人大农经委常务副主任李庆鸿等一行8人，在聊城地区人大工委主任郑衍柱、代表联络处副处长郭庆宏的陪同下到茌平检查指导工作。检查组听取茌平县人大常委会主任徐宝琪、副主任马庆云的工作汇报，视察了王老乡小杨屯村农业生产情况，听取全国劳模张国忠的汇报。

9月14～15日　由山东省人大常委会委员、教科文卫工作委员会副主任向克为组长的6人视察组，在聊城地区人大工委副主任张伯衡和地区教育局负责人陪同下，对茌平县《中华人民共和国义务教育法》的贯彻实施情况进行视察。县委书记孙宗安，县人大常委会主任徐宝琪、副主任常修歧，县政府副县长王林华陪同活动。

9月30日　茌平县第十二届人大常委会召开第八次会议。会议由县人大常委会副主任马庆云主持。人大常委会主任徐宝琪、副主任汪培杰、贾法俊、迟会孝、田冲、常修歧及常委会委员共17人出席会议。县土管局局长朱运强、县联社副主任王希珍和人大机关科室负责人列席会议。会议听取审议县土管局受县政府委托所作的《关于我县土地管理工作情况的汇报》；听取审议县供销社受县政府委托所作的《关于棉花收购工作情况的汇报》及人事任免事项。

11月12日　茌平县第十二届人大常委会召开第九次会议。会议由县人大常委会副主任马庆云主持。人大常委会主任徐宝琪、副主任汪培杰、贾法俊、迟会孝、田冲、常修歧及常委会委员共17人出席会议。县政府办公室主任白先明，县检察院检察长韩宪宏，县公安局党委书记田胜利及人大各科室负责人列席会议。会议听取审议县检察院检察长韩宪宏所作的《关于打击经济犯罪情况的汇报》；县公安局党委书记田胜利受县政府委托所作的《关于开展反盗窃斗争工作情况的汇报》；县政府办公室主任白先明受县政府委托所作的《茌平县人民政府关于县十二届人大第二次会议以来代表提案办理情况的汇报》；学习《山东省农民负担管理条例》。会议补选一名省七届人大代表，通过了人事任免事项。

1992年

1月8日　茌平县第十二届人大常委会召开第十次会议。会议由县人大常委会副主任马庆云主持。人大常委会主任徐宝琪、副主任汪培杰、贾法俊、迟会孝、田冲、常修歧及常委会委员共14人出席会议。省人大代表马怀进、张宗乾，县政府副县长王传斌，计委主任刘晓涵，农委主任房本林，县联社主任张延题、副主任王希珍及人大机关科室负责人列席会议。会议听取审议计委主任刘晓涵受县政府委托所作的关于茌平县1991年国民经济和社会发展计划执行情况的汇报；听取审议农委主任房本林受县政府委托所作的1991年农民负担情况的汇报；听取审议县社副主任王希珍关于棉花收购及物资兑现、返还情况的汇报及人事任免事项。

1月8～11日　茌平县人大常委会组织驻茌平省人大代表和部分县人大代表，对县直部分企业及乡（村）进行视察。

3月10日　茌平县第十二届人大常委会召开第十一次会议。会议由县人大常委会副主任马庆云主持。人大常委会主任徐宝琪，副主任汪培杰、贾法俊、迟会孝、常修歧及常委会委员共11人出席会议。县政府副县长王传斌，县民政局局长韩玉明，县农业局副局长李相伟，各乡（镇）人大主席团负责人、县财政局有关同志及县人大机关科室负责人列席会议。会议学习中共中央〔1992〕2号文件，通过县人大常委会1992年工作要点；决定了县第十二届人民代表大会第三次会议的召开时间和建议议程；听取审议县农业局副局长李相伟受县政府委托所作的关于落实《山东省农民负担管理条例》具体措施的汇报；听取审议民政局局长韩玉明受县政府委托所作的关于扶贫工作的汇报。

3月31～4月3日　茌平县第十二届人大三次会议召开。出席代表287人。会议听取并审议通过了政府工作报告、人大工作报告和计委、财政、法院、检察院的工作报告及《茌平县小康目标教育实施规划（草案）》等。会议号召全县人民“要坚定不移地贯彻执行党的基本路线，进一步解放思想，加快改革步伐，集中精力发展经济，振兴科技。在讲求实效的前提下调动一切积极因素，争取全县的经济发展得更快、更好。要全面落实党在农村的基本政策，大力发展高产高效农业，全面振兴农村经济。要面向市场，调整工业结构，加强企业管理，推进技术进步，促进工业生产持续增长”。会议还对精神文明建设、搞好思想教育、健全民主与法制、计划生育等问题提出了要求。

4月27～29日　茌平县人大常委会组织部分委员、代表和农委、农业局的负责同志对杜郎口、胡屯、大桑3个乡的9个村进行《农民负担费用和劳务管理条例》及《山东省农民负担管理条例》的贯彻实施情况进行视察。通过听取汇报，深入村、户调查研究，基本摸清了农民负担的真实情况和原因。

5月16日　茌平县第十二届人大常委会召开第十二次会议。会议由县人大常委会副主任马庆云主持。县人大常委会主任徐宝琪、副主任贾法俊、迟会孝、田冲、常修歧及常委会委员共16人出席会议。县政府副县长王传斌，县法院院长李泽明及人大机关各科室负责人列席会议。会议听取审议县法院院长李泽明所作的《关于执行工作大会战情况和意见的汇报》；听取审议县政府副县长王传斌所作的《关于三夏生产安排意见的汇报》；会议还通过了有关人事任免事项。

8月3日　茌平县第十二届人大常委会召开第十三次会议。会议由县人大常委会副主任马庆云主持。人大常委会主任徐宝琪，副主任汪培杰、贾法俊、迟会孝、田冲及常委会委员共15人出席会议。“一府两院”的负责人、各乡（镇）人大主席和县人大常委会机关各科室的负责人列席会议。会议听取审议县政府关于农民负担监督管理工作开展情况的汇报；关于《中华人民共和国企业法》贯彻实施情况的汇报和依法治村工作开展情况的汇报；审议批准《茌平县人民政府优抚对象抚恤优待办法》，通过了人事任免事项。

10月13日　茌平县第十二届人大常委会召开第十四次会议。会议由县人大常委会主任徐宝琪主持。副主任马庆云、汪培杰、贾法俊、迟会孝、田冲、常修歧及常委会委员共16人出席会议。县人大机关科室负责人列席会议。会议传达全省各级人大换届选举工作会议精神，学习有关文件，讨论通过《茌平县人大常委会关于县、乡人民代表大会进行换届选举的决定》；批准《茌平县选举委员会关于1993年县、乡两级人大换届选举工作安排意见》，通过县选举委员会、乡镇选举委员会和县直选举指导组组成人员名单。

12月19日　茌平县第十二届人大常委会召开第十五次会议。会议由县人大常委会副主任马庆云主持。县人大常委会主任徐宝琪、副主任汪培杰、贾法俊、迟会孝、常修歧及常委会委员共15人出席会议。县直有关部门、乡镇选举委员会、县人大常委会各科室主要负责人列席会议。会议听取审议县政府关于社会治安情况的汇报；关于打假工作情况的汇报。会议还通过了人事任免事项。

1993年

3月8～12日　茌平县第十三届人大一次会议召开。出席代表297名。会议听取并审议通过齐炳文所作的《政府工作报告》、徐宝琪所作的《茌平县人大常委会工作报告》和计委、财政、法院、检察院所作的工作报告。听取并审议通过《关于减轻农民负担的决议》。会议选举司文瞻为县人大常委会主任，张兴义、迟会孝、张宝海、田冲、李泽明、金庆岱为副主任；选举齐炳文为政府县长，乌以祥、杨忠平、王林华、刘安荣、苏本生为副县长；郑宝光为县法院院长，宋士高为县检察院检察长。

3月24日　茌平县第十三届人大常委会召开第一次会议。会议由县人大常委会主任司文瞻、副主任张兴义主持。县人大常委会副主任迟会孝、张宝海、田冲、李泽明、金庆岱及常委会委员共18人出席会议。县委副书记宋玉山、县政府副县长刘安荣、县法院院长郑宝光、县检察院检察长宋士高及部分乡（镇）人大主席团负责人和人大机关全体人员列席会议。会议学习有关人大工作的法律、法规和工作制度，传达省委〔1993〕4号文件和中办国办关于减轻农民负担的紧急通知；通过关于石传林等任免职务的决定和县第十届人民代表大会代表资格审查委员会组成人员。

4月7日　茌平县第十三届人大常委召开第二次会议。会议由县人大常委会主任司文瞻主持。县人大常委会副主任张兴义、迟会孝、李泽明、金庆岱及常委会委员共14人出席会议。县政府副县长乌以祥、县建委主任宋宝锁及人大机关全体人员列席了会议。会议审议批准《关于茌平县城市规划、建设、房屋拆迁有关规定》，原则通过了县人大常委会关于自身建设的规定、县人大常委会会议制度、主任会议制度、人事任免暂行办法、监督工作暂行办法、视察暂行办法。

4月15日　经县委研究同意，任命司文瞻为县人大常委会党组书记；张兴义、迟会孝任县人大常委会党组副书记；张宝海、李泽明、金庆岱、白观荣任县人大常委会党组成员。

5月24日　茌平县第十三届人大常委会召开第三次会议。会议由县人大常委会副主任张兴义主持。县人大常委会主任司文瞻、副主任迟会孝、张宝海、田冲、李泽明及常委会委员共15人出席会议。会上学习了山东省《农民负担管理条例》和地委〔1993〕21号文件，听取审议县政府关于减轻农民负担情况的汇报，关于三夏生产准备工作情况的汇报和纪念“6•5”世界环境日安排情况的汇报，通过了人事任免事项。

6月2～3日　茌平县人大常委会组织驻县直全体委员对县委、县政府《关于加快改革开放与经济发展的试点方案》的传达贯彻与分解落实情况及“1155”工程的实施情况深入到乡（镇）部分工厂、企事业单位进行视察。

7月24日　茌平县第十三届人大常委会召开第四次会议。会议由县人大常委会副主任迟会孝主持。县人大常委会主任司文瞻，副主任张兴义、张宝海、田冲、李泽明、金庆岱及常委会委员共17人出席会议。县政府副县长刘安荣，县法院院长郑宝光，县检察院检察长宋士高，县公安局局长范福泉，县水利局局长杨光录，县卫生局局长窦曰让及部分县人大代表、部分乡镇人大主席团主席，县人大机关委室负责人列席会议。会上学习副委员长田纪云在省、自治区、直辖市人大常委会负责人座谈会上的重要讲话和全国人大常委会组成人员守则。听取审议县政府关于社会治安情况的汇报，防汛工作情况汇报和关于《中华人民共和国食品卫生法》执行情况的汇报。会议还通过了人事任免事项。

8月25日　茌平县第十三届人大常委会召开第五次会议。会议由县人大常委会主任司文瞻主持。县人大常委会副主任张兴义、迟会孝、张宝海、田冲、李泽明、金庆岱及常委会委员共15人出席会议。县人大机关委室负责人列席会议。会议通过《关于组织全县人大代表评议“一府两院”职能部门工作的决定》；《关于听取“一府两院”拟任职人员述职报告的决定》；《茌平县人大常委会组成人员守则》和《关于在全县人大代表中开展“为改革开放试点县建设建功立业活动”的意见》。

10月14日　茌平县第十三届人大常委会召开第六次会议。会议由县人大常委会副主任张宝海主持。县人大常委会主任司文瞻、副主任张兴义、迟会孝、田冲、李泽明及常委会委员共16人出席会议。县法院院长郑宝光、县检察院检察长宋士高、县政府办公室主任白先明、县财政局局长杨瑞华、县经委副主任孙成吉及县人大机关委室负责人列席会议。会议听取审议县政府关于1993年1～9份财政预算执行情况的汇报；关于县十三届人民代表大会第一次会议代表提案办理情况的汇报；听取审议县检察院关于打击经济犯罪和反腐败斗争情况的汇报；县打假办公室关于1993年1～8月份“打假”活动情况的汇报；人事任免事项。

12月1日　由聊城地区人大工委、地区环保局、地区林业局、地区法制局组成的8日环保执法检查组到茌平检查指导环保工作。检查组听取副县长任树栋关于环境保护执法情况的工作汇报，并检查了县化肥厂、造纸厂、味精厂、电厂、药材公司第一门市部、博平冷库6个单位贯彻实施《环境保护法》《野生动物保护法》的情况。

1994年

1月3日　茌平县第十三届人大常委会召开第七次会议。会议由县人大常委会副主任张兴义主持。县人大常委会主任司文瞻、副主任迟会孝、张宝海、田冲、李泽明、金庆岱及常委会委员共18人参加会议。县政府副县长王林华、县法院院长郑宝光、县检察院检察长宋士高及县人大机关委室负责人列席会议。会议根据县长齐炳文、县法院院长郑宝光的提请，决定任免28名政府组成人员和县人民法院审判人员。

1月7～9日　驻茌的山东省八届人大代表张敬涛、司文瞻、徐法水、张国忠、傅昭慈对茌平的各项工作进行视察。省八届人大代表、聊城地工委主任李朝琪参加视察，茌平县人大副主任张兴义，县人民政府副县长刘安荣陪同视察。

3月10日　茌平县第十三届人大常委会召开第八次会议。会议由县人大常委会主任司文瞻主持。县人大常委会副主任张兴义、迟会孝、张宝海、田冲、李泽明、金庆岱及常委会委员共17人出席会议。县法院院长郑宝光及县人大机关委室负责人列席会议。会议审议通过《茌平县人大常委会关于召开茌平县第十三届人民代表大会第二次会议的决定》，原则通过了大会的有关事项；审议通过《茌平县人大常委会1994年度工作要点》；审议通过《关于奖励1993年度先进代表小组和优秀人大代表的决定》。会议还通过了人事任免事项。

3月26日　茌平县第十三届人大常委会召开第九次会议。会议由县人大常委会主任司文瞻主持。县人大常委会副主任张兴义、张宝海、田冲、李泽明、金庆岱及常委会委员共16人出席会议，县人大机关委室负责人列席会议。会议有两项议题：一是向常委会汇报县十三届人大二次会议的筹备情况；二是人事任免事项。

4月1～4日　茌平县第十三届人大二次会议召开。出席代表281人。会议听取并审议通过县长齐炳文所作的政府工作报告、县人大主任司文瞻所作的人大工作报告和计委、财政、法院、检察院的工作报告。会议号召全县人民在邓小平建设有中国特色的社会主义理论和党的基本路线指引下，在上级党委和茌平县委的领导下，同心同德、埋头苦干，不断坚持和完善人民代表大会制度，夺取改革开放试点县建设的更大胜利。

4月4日　茌平县人大常委会副主任张宝海带领机关委、室负责人在贾寨乡召开部分乡（镇）人大主席团主席座谈会。会上，各乡（镇）就县、乡人大代表贯彻人代会决议、为试点县建设建功立业等情况进行了交流。

5月5～6日　茌平县人大常委会组织18名县人大代表对《环境保护法》的贯彻执行情况进行视察。

5月20～21日　山东省人大常委会主任李振等一行8人，在地委书记陈延明、行署专员王曙光、地区人大工委主任李朝琪等陪同下，到茌平检查指导工作。听取县委书记董金刚关于茌平改革开放、基础设施建设、工农业生产及人大工作情况的汇报。看望全国劳模张国忠，实地考察王老、胡屯、韩屯等乡的棉花生产和麦田管理，视察了县味精厂、热电厂和城区基础设施建设。

6月11日　茌平县第十三届人大常委会召开第十次会议。会议由县人大常委会副主任李泽明主持。县人大常委会主任司文瞻，副主任张兴义、迟会孝、张宝海、田冲、金庆岱及常委会委员共17人出席会议。县人民政府副县长郭德功、县人民法院院长郑宝光、县人民检察院、县政府办公室、县农委、县公安局、县司法局、县教委负责人及县人大各委室负责人列席会议。会议听取并审议县政府关于1～5月份茌平县社会治安工作汇报；关于棉花生产和三夏生产及减轻农民负担工作情况的汇报；关于“二五”普法工作情况的汇报；关于《中华人民共和国教师法》宣传贯彻情况的汇报；县人民法院关于经济审判工作的汇报。会议还通过了人事任免事项。

7月15日　山东省人大人事代表工作室主任朱广新、副主任杜忠臣、方兴和一行8人在聊城地区人大工委主任李朝琪、副主任许桂英陪同下到茌平检查指导工作。县人大常委会主任司文瞻汇报了被省人大人事代表工作室确定为工作联系点一年来的人大工作、全县经济发展和抗灾防汛的工作情况及下半年工作打算。会后到小杨屯村看望全国劳模、省人大代表张国忠。

8月12～13日　茌平县人大常委会与县政府共同组织实施，并抽调卫生局、农业局、工商局、物价局、技术监督局等执法部门部分人员组成18人的检查组，对茌平县城和博平镇各肉类供应市场、门店进行一次食品卫生执法监督检查。根据检查内容分成两组，分别负责检查肉类供应市场和屠宰、加工、储藏等。两天时间共检查生肉摊27处，熟肉摊17处，生鸡收购点6处，肉类屠宰、加工厂点5处，储藏冷库4处。通过这次执法监督检查，基本摸清全县畜牧业发展和城乡集市肉类市场供应的基本情况。

8月13日　县人大召开人大代表建功立业活动经验交流会。自1993年以来，县人大常委会在全县1636名县、乡两级人大代表中开展为改革开放试点县建功立业活动，至此评选出数十名“优秀人大代表”和“先进代表小组”。会上有7名县、乡人大代表作典型经验介绍，被评为“人大代表的榜样”的省人大代表张国忠就如何当好代表作了报告。地区人大工委副主任许桂英出席会议并作重要讲话。

8月18日　茌平县第十三届人大常委会召开第十一次会议。会议由县人大常委会主任司文瞻、副主任张兴义主持。县人大常委会副主任张宝海、田冲、李泽明及常委会委员共14人出席会议。县人民政府副县长杨忠平、法院院长郑宝光、检察院检察长宋士高、政府有关部门的负责人及县人大机关委室负责人列席会议。会议听取审议县政府关于县第十三届人民代表大会第二次会议以来代表提案办理情况的汇报；关于夏粮征购工作情况的汇报和《食品卫生法》《药品管理法》执行情况的汇报；听取审议县人民检察院关于打击经济犯罪工作情况的汇报。会议还通过了人事任免事项，原则通过了县人大常委会关于人民代表大会制度建立四十周年纪念活动安排意见和组织人大代表评议乡镇政府及职能部门工作的通知。

9月25～26日　山东省人大常委会副主任马仲才一行6人，在地委书记陈延明、副书记侯继唐、地区人大工委副主任许桂英等的陪同下到茌平视察。马仲才听取茌平县工作情况汇报，察看了县化肥厂葵二酸项目、县味精有限公司、县吉星冷却器制造有限公司，山东玉皇葡萄酒有限公司、县肉联厂、县造纸厂、县热电厂、县毛巾厂、县仲嘉变电器材有限公司和王老乡小杨屯村。马仲才对茌平工作给予肯定，并对今后进一步深化改革、扩大开放、加快发展提出了指导性意见。

10月28日　茌平县第十三届人大常委会召开第十二次会议。会议由县人大常委会副主任金庆岱主持。县人大常委会主任司文瞻，副主任张兴义、迟会孝、张宝海、李泽明及常委会委员共15人出席会议。县人民法院院长郑宝光、县人民检察院检察长宋士高、县政府有关部门负责人及县人大机关委室负责人列席会议。会议听取并审议县财政局局长杨瑞华受县政府委托所作的《1～9月份财政预算执行情况汇报》；听取并审议县公安局党委书记范福泉受县政府委托所作的《关于全县“严打”斗争及公安队伍建设情况的汇报》；听取并审议县审计局局长徐公正受县政府委托所作的《审议工作情况汇报》。会议原则通过了《茌平县人大常委会关于乡镇人民代表大会主席团工作的若干规定》和《县直评议工作实施方案》。

11月29日　茌平县第十三届人大常委会召开第十三次会议。县人大常委会副主任张兴义、迟会孝、张宝海、李泽明、金庆岱及常委会委员共13人出席会议，人大机关各委室负责人列席会议。

会议通过县政府提请任免的干部并对近期的县直评议工作进行了研究和部署。

11月中旬～12月中旬　茌平县开展对一府两院职能部门和有关单位评议活动。政府、法院、检察院41个职能部门和单位，根据依法行政、本职工作、廉政建设、职业道德、服务党的中心工作等内容向县人大代表会议述职，人大代表对各职能部门进行评议，然后以无记名投票的方式评出茌平一中、人事局、财政局等人民代表信任单位12个，重点整改单位4个。

1995年

3月10日　茌平县第十三届人大常委会召开第十四次会议。县人大常委会主任司文瞻、副主任张兴义、迟会孝、张宝海、金庆岱及常委会委员共14人出席会议。县人民检察院检察长宋士高、县人民法院副院长于吉奎、县人民政府办公室副主任张建国列席会议。会议审议通过《茌平县人大常委会关于召开县十三届人大三次会议的决定》；审议通过提交县十三届人大三次会议预备会议审议通过的茌平县第十三届人民代表大会第三次会议议程（草案）、主席团和秘书长名单（草案）、常务主席名单（草案）、列席人员名单（草案）、特邀人员名单（草案）；审议通过《茌平县人大常委会关于补选代表的决定》；通过了人事任命事项。

3月11日　茌平县第十三届人大常委会召开第十五次会议。县人大常委会主任司文瞻，副主任张兴义、迟会孝、张宝海、金庆岱及常委会委员共15人出席会议。县政府副县长许立全、县政府有关部门负责人及县人大机关委室负责人列席会议。会议审议通过《茌平县人大常委会关于接受齐炳文辞去县长职务请求的决定》《茌平县人大常委会关于许立全任职的决定》；分别听取并审议县政府关于县医院、县石油公司、县工商局整改工作情况的汇报；审议通过《茌平县人大常委会关于奖励1994年先进代表小组和优秀人大代表的决定》。

3月28～31日　茌平县召开县第十三届人大三次会议，出席代表292人。会议听取并审议通过代县长许立全所作的政府工作报告，人大主任司文瞻的人大工作报告，听取并审议通过计委、财政局、法院、检察院的工作报告。会议选举许立全为政府县长。会议授予张国忠“人民代表的榜样”称号，授予成作舟等31人“优秀人民代表”称号；授予茌平镇城关选区等25个代表小组为“先进代表小组”称号。

4月22日　茌平县第十三届人大常委会召开第十六次会议。县人大常委会主任司文瞻，副主任张兴义、张宝海、李泽明、金庆岱及委员共13人出席会议。县政府副县长乌以祥、刘海贵，县人民检察院检察长宋士高、县人民法院副院长于吉奎、县政府有关部门负责人及县人大机关委室负责人列席会议。会议听取并审议县三路指挥部刘晓涵受县政府委托所作的《关于三路建设情况的汇报》；审议通过《茌平县实施〈山东省建设工程招标投标管理条例〉办法》。会议还通过了人事任免事项。

5月3日　山东省人大常委会副主任、教科文卫委员会主任苗枫林带领省人大视察组一行15人到茌平视察，对茌平县《中华人民共和国农业法》贯彻执行情况进行检查。县委书记齐炳文、县人大主任司文瞻、县长许立全等陪同视察。视察组听取茌平关于《农业法》贯彻执行情况的汇报，参观部分企业，察看茌平龙山文化遗址，考察杜郎口乡农业生产和科技推广情况，并深入农户进行座谈。视察中苗枫林详细询问了茌平加强农业基础地位、保护和利用耕地、减轻农民负担、科技兴农等方面的情况，对茌平近几年所作的工作给予充分肯定。

5月31日　茌平县第十三届人大常委会召开第十七次会议。县人大常委会副主任张兴义、迟会孝、张宝海、李泽明、金庆岱及委员共13人出席会议。县政协副主席李盛奎，县人民法院院长郑宝光，县人民检察院检察长宋士高，县委、县政府有关部门负责人及县人大机关委室负责人列席会议。会议听取并审议县农委副主任卢长忠受县政府委托所作的《关于减轻农民负担工作情况的汇报》；讨论通过《茌平县人大常委会关于在“一府两院”及有关部门实行执法责任制的实施方案》和《茌平县人大常委会关于依法治县的决议》。会议还通过了人事任免事项。

8月1日　茌平县第十三届人大常委会召开第十八次会议。县人大常委会主任司文瞻，副主任张兴义、迟会孝、张宝海、李泽明及委员共11人出席会议。县政府副县长王林华、县人民检察院检察长宋士高、县人民法院副院长曹曰廷、县政府有关部门负责人及县人大机关委室负责人列席会议。会议传达学习副委员长田纪云在浙江视察时的讲话；听取并审议县政府《关于县十三届人大三次会议代表提案办理情况的汇报》；听取并审议县政府《关于〈食品卫生法〉贯彻执行情况的汇报》；审议通过《茌平县人大常委会关于听取副县长述职报告的决定》，会议还就今后如何进一步提高常委会议事质量进行了广泛深入的讨论。

10月18日　茌平县第十三届人大常委会召开第十九次会议。县人大常委会主任司文瞻，副主任张兴义、迟会孝、张宝海、李泽明、金庆岱及委员共13人出席会议。县人大机关委室负责人和部分工作人员列席会议。会议审议通过《茌平县人大常委会关于曾庆梅任职的决定》。

11月17日 茌平县第十三届人大常委会召开第二十次会议。县人大常委会主任司文瞻，副主任张兴义、迟会孝、张宝海、田冲、李泽明、金庆岱及委员共14人出席会议。县人大机关委室负责人和部分工作人员列席会议。县政府副县长刘安荣、县法院院长郑宝光和财政、金融、税务、农业、工商、审计、教育等部门负责人及人大机关委室负责人列席会议。会议听取并审议县工商局局长张怀成受县政府委托所作的《关于县商业城执法整改工作情况的汇报》；听取并审议县财政局局长杨瑞华受县政府委托所作的《关于1995年1～10月份财政预算执行情况的汇报》；听取并审议县农委主任石传林受县政府委托所作的《关于1995年全县秋种工作和多种经营发展情况的汇报》；听取并审议县教委主任吕文涛受县政府委托所作的《关于教育法贯彻执行情况的汇报》；听取并审议人民银行茌平县支行行长刘其生所作的《关于人民银行法和商业银行法等金融法律法规贯彻执行情况的汇报》；审议通过《茌平县人大常委会关于乡镇人大进行换届选举的决定》；审议通过《茌平县人大常委会关于1996年乡镇人大换届选举工作安排意见》；审议通过《乡镇人大换届选举代表分配方案》；审议通过《各乡镇选举委员会主任、副主任名单》。会议还通过了人事任免事项。

1996年

1月24日 茌平县第十三届人大常委会召开第二十一次会议。县人大常委会主任司文瞻、副主任张兴义、迟会孝、李泽明、金庆岱及委员共12人出席会议。有关被任免人员及人大机关委室负责人列席会议。会议听取全县乡镇人大换届选举情况的汇报；审议通过《茌平县人大常委会关于召开县十三届人大四次会议的决定》；听取评议工作情况的汇报。会议还通过了人事任免事项。

2月6日 茌平县第十三届人大常委会召开第二十二次会议。会议由县人大常委会主任司文瞻主持，副主任张兴义、迟会孝、张宝海、李泽明、金庆岱及常委会委员共15人出席会议。会议听取审议县政府提请通过的《茌平县土地管理暂行办法》《茌平县国有土地使用权出让和转让暂行办法》《茌平县土地估价管理暂行办法》和《茌平县国有在县城规划区实行统一征地的暂行规定》。会议通过了这几项办法和规定。

3月15日 茌平县第十三届人大常委会召开第二十三次会议。县人大常委会主任司文瞻，副主任张兴义、迟会孝、张宝海、田冲、金庆岱及常委委员共15人出席会议。县法院院长郑宝光、县检察院检察长宋士高、政府有关部门负责人及人大机关委室负责人列席会议。会议审议通过《茌平县关于依法治县的五年规划》，讨论决定了县十三届人大四次会议的有关事宜。

3月25～28日 茌平县召开县第十三届人大三次会议，出席代表292人。会议听取并审议通过政府、计委、财政局、人大、法院、检察院的工作报告。会议号召各位代表和全体机关工作人员，要讲政治、讲正气、顾大局、讲奉献，恪尽职守，廉洁奉公，扎扎实实地做好本职工作，为尽快把茌平县建设成为富裕、文明的现代化城市做出新的贡献。

3月28日 茌平县第十三届人大常委会召开第二十四次会议。县人大常委会主任司文瞻，副主任张兴义、迟会孝、张宝海、田冲、李泽明、金庆岱及常委会委员共18人出席会议。县委组织部门负责人、县人大机关各委室负责人列席会议。会议审议并一致通过《茌平县人大常委会关于樊庆锡任职的决定》。

4月 茌平县人大常委会主任司文瞻，作为山东省唯一代表出席全国人大在桂林召开的11省（区）乡镇人大工作座谈会并介绍经验。9月，全省乡镇人大工作座谈会在茌平召开。

4月17～25日 茌平县人大常委会有关人员，会同县政府、卫生局组成16人的检查组就《药品管理法》的贯彻执行情况进行执法检查。

共查各类单位204个，药品生产企业2处，药品经营企业12处，医疗单位23处，监督检查覆盖率100%。行政村卫生室155处，个体开业诊所13处。共查出假劣药品和不合格药品28个品种，取缔无证医6处，罚款21000余元。

5月15～17日 茌平县人大常委会举办为期3天的乡镇人大主席培训班。县委副书记葛保忠到会祝贺并作重要讲话。与会人员先后学习《宪法》《地方组织法》《山东省实施〈代表法〉办法》《山东省乡镇人大工作若干规定》等法律法规，山东省人大人事代表工作室副主任杜忠臣来茌授课并对乡镇人大工作提出了希望和要求。县人大常委会主任司文瞻要求人大主席创造性地开展工作，努力把乡（镇）人大工作推上一个新水平。

5月24日 茌平县第十三届人大常委会召开第二十五次会议。县人大常委会主任司文瞻，副主任张兴义、迟会孝、田冲、李泽明、金庆岱及委员共13人出席会议。县政府副县长王林华、刘安荣、苏本生、刘海贵，县政协副主席李盛奎，县政府有关部门负责人及人大机关委室负责人列席会议。会议听取并审议县政府副县长刘海贵所作的《关于茌平县土地管理暂行办法》等4个规范性文件修改情况的汇报，并通过了上述文件；听取并审议县政府副县长苏本生所作的《关于农民负担监督管理工作的汇报》；听取并审议县政府副县长王林华所作的《关于“普九”工作的汇报》；听取并审议县政府副县长刘安荣所作的《关于全县社会治安及“严打”斗争情况的汇报》；审议通过《茌平县人大常委会关于公检法大要案报告制度》。会议还通过了人事任免事项。

6月5～7日 茌平县人大常委会组织部分县人大代表对16个乡镇贯彻落实《义务教育法》及“普九”进展情况进行视察。

8月8日 茌平县第十三届人大常委会召开第二十六次会议。县人大常委会主任司文瞻，副主任张兴义、迟会孝、张宝海、田冲、李泽明、金庆岱及委员共16人出席会议。县长许立全、县政协副主席李盛奎、县政府有关部门负责人及人大机关委室负责人列席会议。会议听取并审议审计局局长徐公正受县政府委托所作的《茌平县1995年度本级预算执行情况和其他财政收支的审计工作报告》；听取并审议环保办副主任张凤英受县政府委托所作的《关于环保法贯彻执行情况的汇报》；听取并审议司法局局长潘思东受县政府委托所作的《关于“二五”普法工作情况的汇报》；听取并审议检察院副检察长崔德贵所作的《关于1～7月份反贪工作情况的汇报》。县人大法工委主任高廷桐受主任会议委托，向本次会议作《茌平县人大常委会关于深入开展第三个五年普法的决议（草案）》、《茌平县人大常委会关于听取审议被任命干部述职报告的决定（草案）》和《1996年度县级人大代表评议“一府两院”行政执法部门实施方案（草案）》的说明。通过表决，通过了以上决定和实施方案。

9月7～8日 全国人大常委会执法检查组到茌平视察工作。以全国人大常委会委员、法律委员会主任委员薛驹，副主任委员蔡诚，委员孙琬钟为正、副组长的执法检查组在省人大常委会副主任兼法制委员会主任委员郭松年、地区领导杜九西等陪同下，对茌平县学习贯彻《全国人大常委会关于加强社会治安综合治理的决定》的情况进行检查。检查组先后听取县委副书记、县长许立全，县委副书记韩更大的汇报，并深入到茌平镇、丁庄村和热电厂进行视察。检查组对茌平县社会治安综合治理工作所取得的成绩给予充分肯定。

9月14～15日 茌平县人大常委会部分组成人员、驻县城部分人大代表和政协委员对全县的综合治理工作进行视察。

10月8～10日 茌平县人大教科文卫工作委员会组织有关部门对全县各单位《中华人民共和国档案法》的执法情况进行检查。

10月14日 茌平县人大常委会组织部分常委会组成人员对技术监督局贯彻执行《计量法》《标准化法》《产品质量法》的情况进行视察。

10月17日 茌平县人大常委会组织县直部分人大代表对县属工业企业进行视察。通过听取汇报、实地考察，肯定成绩提出了建议。常委会主任司文瞻，副主任张兴义、迟会孝、李泽明、田冲参加视察。

10月23～24日 茌平县人大法制工作委员会组织部分人大代表及相关部门对《山东省消防管理办法》的贯彻执行情况进行视察。

10月24日 茌平县第十三届人大常委会召开第二十七次会议。县人大常委会主任司文瞻，副主任张兴义、迟会孝、张宝海、田冲、李泽明、金庆岱及委员共12人出席会议。县政府副县长杨忠平、王林华，县政协副主席李盛奎及县法院、检察院、县政府有关部门负责人及人大机关委室负责人列席会议。会议审议并通过《茌平县"科技兴茌"规划（1996—1998）》和《茌平县科技发展规划（1996—2010）》；听取审议县政府《关于1～9月份财政预算执行情况及预算外资金管理情况的汇报》；通过了人事任免事项。

10月25日 茌平县人大常委会视察了博平镇改革开放试点工作并主持召开座谈会。

11月4日 茌平县第十三届人大常委会召开第二十八次会议。县人大常委会主任司文瞻，副主任张兴义、迟会孝、张宝海、田冲、李泽明、金庆岱及委员共12人出席会议。县人大有关委室负责人列席会议。会议表决通过《茌平县人大常委会关于祁传月等任免职务的决定》。

12月24～25日 茌平县第十三届人大常委会召开第二十九次会议。县人大常委会主任司文瞻，副主任张兴义、迟会孝、张宝海、田冲、李泽明、金庆岱及委员共14人出席会议。会议听取审议县政府副县长、县人民法院院长、县人民检察院检察长及政府序列21个行政执法部门领导人的述职报告。经过评议，决定授予李庚申等13人"1996年度人民优秀公仆"称号。会议还通过了人事任免事项。

1997年

1月9日 茌平县第十三届人大常委会召开第三十次会议。县人大常委会主任司文瞻、副主任张兴义、迟会孝、张宝海、田冲、李泽明、金庆岱及委员共14人出席会议。县政府副县长王林华，县政协副主席李盛奎及县法院、检察院、政府有关部门负责人和县人大机关委室负责人列席会议。会议决定县第十三届人民代表大会第五次会议于1997年1月下旬举行；会议听取审议县政府关于茌平县1997年国民经济计划草案；作出关于批准茌平县人民政府提请审议的《茌平县爱国卫生监督管理暂行规定》《茌平县城市绿化管理暂行规定》的决定。

1月20～23日 茌平县第十三届人大五次会议召开，出席代表284人。会议先后听取并审议通过了政府、计委、财政局、人大、法院、检察院的工作报告。

3月21日 茌平县第十三届人大常委会召开第三十一次会议。县人大常委会主任司文瞻，副主任张兴义、张宝海、田冲、金庆岱及委员共12人出席会议。县人大机关委室负责人列席会议。会议通过关于毕思春任职的决定；关于授予孟宪井等"茌平县名誉公民"称号的决定。

4月8日 为纪念《中华人民共和国全国人民代表大会和地方各级人民代表大会代表法》颁布实施五周年，茌平县人大常委会在县招待所举办代表法知识竞赛。60余名县、乡人大代表参加，县人大常委会主任司文瞻，副主任张兴义、张宝海、金庆岱到场祝贺并讲话。

4月15～16日 茌平县人大教科文卫工作委员会会同县政府、卫生局等相关单位对《食品安全法》执行情况进行执法检查。

4月16日 茌平县第十三届人大常委会召开第三十二次会议。县人大常委会主任司文瞻，副主任张兴义、迟会孝、张宝海、田冲、金庆岱及委员共13人出席会议。县政府副县长杨忠平及县法院、检察院、财政局的负责人和县人大机关委室负责人列席会议。会议审议并通过《茌平县人大常委会1997年工作要点》，听取并审议县财政局局长杨瑞华受县政府委托所作的《关于茌平县1997年财政预算（草案）》；通过了人事任免事项。

6月5日　茌平县第十三届人大常委会召开第三十三次会议。县人大常委会主任司文瞻，副主任迟会孝、张宝海、田冲、李泽明、金庆岱及委员共12人出席会议。县政府副县长苏本生及县法院、县检察院、县公安局、县建委、县审计局、县农委的负责人和县人大机关委室负责人列席会议。会议听取并审议了县建委主任朱林富受县政府委托所作的《茌平县城建工作汇报》；听取并审议县农委经管科科长王剑锋受县政府委托所作的《茌平县关于减轻农民负担工作的情况汇报》；听取并审议县公安局局长韩明忠受县政府委托所作的《关于1～5月份全县治安情况的汇报》；听取并审议县审计局党组书记付士全受县政府委托所作的《茌平县审计局关于对茌平县1996年度本级预算执行情况和其他财政收支的审计工作报告》。

8月14日　茌平县第十三届人大常委会召开第三十四次会议。县人大常委会主任司文瞻，副主任张兴义、迟会孝、张宝海、田冲、李泽明、金庆岱及委员共14人出席会议。县政府副县长刘安荣、苏本生，县人武部政委左青山及县法院、县检察院、县政府办、县农委、县科委的负责人和县人大机关委室负责人列席会议。会议听取并审议县农委副主任卢长忠受县政府委托所作的《关于减轻农民负担检查情况的汇报》；听取并审议县人武部政委左青山所作的《关于〈国防法〉贯彻执行情况的汇报》；审议并通过县政府提请审议的《茌平县涉案物品估计管理暂行办法（草案）》；听取并审议县科委主任宋希伟受县政府委托所作的《关于〈科技进步法〉贯彻执行情况的汇报》；听取并审议县检察院检察长宋士高所作的《关于打击经济犯罪和自身队伍建设情况的汇报》；通过县人大常委会关于评选“优秀公仆”的实施办法，作出评选“优秀公仆”决定；听取并审议县政府办公室副主任姚洪泉所作的《关于十三届人大五次人代会提案办理情况的汇报》。会议还通过了人事任免事项。

10月21日　山东省人大常委会主任赵志浩到茌平检查指导工作。赵志浩一行听取县委书记齐炳文的工作汇报，参观了茌平县的城市基础设施建设和冯屯镇大蒜基地。

10月24日　茌平县第十三届人大常委会召开第三十五次会议。县人大常委会主任司文瞻，副主任张兴义、迟会孝、张宝海、李泽明、金庆岱及委员共11人出席会议。县政府副县长王林华、郭德功，县法院、县检察院、县财政局、县地税局、县国税局、县卫生局、县计生委的负责人及县人大机关委室负责人列席会议。会议听取并审议县财政局局长杨瑞华受县政府委托所作的《1997年1～9月份财政预算执行情况》的汇报；听取并审议县卫生局副局长付以才受县政府委托所作的《关于行业作风整顿管理情况》的汇报；听取并审议县计生委主任刘善温受县政府委托所作的《1997年计划生育工作情况》的汇报；听取并审议县法院院长郑宝光所作的《茌平县人民法院工作汇报》；审议通过《关于任命茌平县选举委员会组成人员的通知》《关于任命乡镇选举工作指导组正副组长的决定》《关于任命县直选举工作指导组正副组长的决定》。会议还通过了人事任免事项。

12月10日　茌平县第十三届人大常委会召开第三十六次会议。县人大常委会主任司文瞻，副主任张兴义、迟会孝、田冲、李泽明、金庆岱及委员共13人出席会议。县人大机关委室负责人列席会议。会议听取县人大副主任张兴义介绍的全县换届选举工作情况；表决通过《代表名额分配方案（草案）》及《茌平县人大常委会关于1998年县人民代表大会换届选举的决定》。会议还通过了人事任免事项。

12月22日　茌平县第十三届人大常委会召开第三十七次会议。县人大常委会主任司文瞻、副主任张兴义、迟会孝、田冲、李泽明、金庆岱及委员共14人出席会议。县人大机关委室负责人列席会议。会议通过汪文耀任茌平县人民政府副县长、于树杰挂职茌平县人民政府副县长的决定，表决通过李泽明任资格审查委员会主任委员的决定。

同日　茌平县第十三届人大常委会召开第三十八次会议。县人大常委会主任司文瞻，副主任张兴义、迟会孝、田冲、李泽明、金庆岱及委员共14人出席会议。县人大机关委室负责人列席会议。会议通过任命汪文耀为茌平县人民政府代理县长的决定。

1998年

1月6日　茌平县第十三届人大常委会召开第三十九次会议。县人大常委会副主任张兴义、迟会孝、田冲、李泽明、金庆岱及委员共14人出席会议。县委组织部及县人大机关委室负责人列席会议。会议通过关于任命侯军为县政府副县长的决定。

1月22日　茌平县第十三届人大常委会召开第四十次会议。县人大常委会主任司文瞻、副主任张兴义、迟会孝、田冲、李泽明、金庆岱及委员共17人出席会议。原县人大副主任张宝海、人大法工委原主任祁传月、县财政局及县人大机关委室负责人列席会议。会议通过关于召开县第十四届人民代表大会第一次会议的决定；听取财政局局长杨瑞华汇报的1997年全县财政执行情况；讨论通过了1997年人大常委会工作报告。

2月15日　茌平县十四届人民代表大会第一次会议在茌平县招待所召开。会议通过茌平县第十四届人民代表大会第一次会议主席团、秘书长名单，议案审查委员会名单，通过茌平县第十四届人民代表大会第一次会议议程。茌平县第十三届人大常委会副主任张兴义主持会议并作大会筹备工作报告。

2月16日　茌平县第十四届人民代表大会第一次会议开幕。

会议听取审议茌平县人民政府代县长汪文耀作的《政府工作报告》。茌平县人大常委会主任司文瞻代表茌平县第十三届人大常委会作《茌平县人大工作报告》，向大会报告茌平县十三届人大常委会的工作。会议审查批准了县计划委员会主任宋宝锁作的《茌平县1997年国民经济和社会发展计划执行情况与1998年国民经济和社会发展计划的报告》、县财政局局长杨瑞华作的《茌平县1997年财政预算执行情况和1998年财政预算（草案）报告》；听取和审议了县人民法院院长郑宝光作的《茌平县人民法院工作报告》；县人民检察院检察长宋士高作的《茌平县人民检察院工作报告》。会议通过上述报告，并作出相应决议。

大会采取无记名投票方式，选举产生了茌平县第十四届人大常委会主任、副主任、委员；茌平县人民政府县长、副县长；茌平县人民法院院长、茌平县人民检察院检察长；以及出席聊城市第十三届人民代表大会代表。

2月25日　茌平县第十四届人大常委会第一次会议在县招待所举行。县人大常委会主任司文瞻，副主任徐法水、迟会孝、田冲、李泽明、王长山及委员共20人出席会议。原人大常委会副主任张兴义、金庆岱及县人大机关委室负责人列席了会议。

刘平主任领学了常委会的职权、职责及有关的法律法规，各位常委踊跃发言，畅谈十三届人大常委会的工作及今后五年的打算。会议通过了十四届人大代表资格审查委员会主任委员、副主任委员和委员名单。

5月17日　茌平县第十四届人大常委会第二次会议在县招待所召开。会议审议通过了《茌平县人大常委会1998年工作要点》、《茌平县人大常委会议事规则》和《茌平县人大常委会任免办法》，会议还通过了人事任免事项。县委副书记、副县长侯军代表县委、县政府向被任命人员提出了要求，县人大常委会主任司文瞻作了重要讲话，并就近期人大工作讲了意见。

7月14日 茌平县第十四届人大常委会第三次会议在县招待所召开。会议听取审议公检法三部门上半年工作及社会治安综合治理情况的汇报；听取审议《关于十四届一次人代会以来代表提案办理情况的汇报》、《关于减轻农民负担工作情况的汇报》和《关于对茌平县1997年度预算执行和其它财政收支情况的审计工作汇报》；还通过了人事任免事项。

9月4日 茌平县第十四届人大常委会第四次会议在县招待所举行。会议听取审议县政府关于《1988年1～6月份财政预算执行情况的报告》和关于“普九”成果巩固的报告；审议通过县人大常委会关于评议、检查县直执法部门及其落实执法责任制情况的意见、关于乡镇人大评议行政执法部门和政府组成人员的指导意见；会议还通过了人事任免事宜。

11月11日～12日 茌平县第十四届人大常委会第五次会议在县招待所举行。

根据茌人发〔1998〕11号文件的规定，本次会议重点听取了县公安局等9部门的述职报告。常委会组成人员结合会前开展的执法检查情况，对9部门的工作分组进行了评议。县人大常委会主任司文瞻在讲话中要求各被评部门认真对待常委会评议意见，积极落实整改措施；副县长杨忠平代表县政府要求被评议部门虚心接受县人大常委会的监督，抓紧解决常委会评议意见提出的问题，并将落实情况及时向人大和政府汇报。会议还通过了人事任免事项，通过了关于乡镇人大换届工作有关事宜。

1999年

1月15日 茌平县第十四届人大常委会第六次会议在县招待所举行。会议听取和审议县十四届二次人民代表大会筹备工作有关事项，通过茌平县人大常委会关于召开茌平县第十四届人民代表大会第二次会议的决定；会议还通过了人事任免事宜。

3月8日 茌平县十四届人民代表大会第二次会议在茌平县招待所召开。会议通过茌平县第十四届人民代表大会第二次会议主席团、秘书长名单，议案审查委员会名单，通过茌平县第十四届人民代表大会第二次会议议程。茌平县第十四届人大常委会副主任李泽明主持会议并作大会筹备工作报告。

3月9日 茌平县第十四届人民代表大会第二次会议开幕。

会议听取审议茌平县人民政府县长汪文耀作的《政府工作报告》。茌平县人大常委会主任司文瞻代表茌平县第十四届人大常委会作《茌平县人大工作报告》，向大会报告茌平县十四届人大一次会议以来的工作。会议审查批准了县计划委员会主任林家生作的《茌平县1998年国民经济和社会发展计划执行情况与1999年国民经济和社会发展计划的报告》、县财政局局长杨瑞华作的《茌平县1998年财政预算执行情况和1999年财政预算（草案）报告》；听取和审议了县人民法院院长郑宝光作的《茌平县人民法院工作报告》；县人民检察院检察长宋士高作的《茌平县人民检察院工作报告》。会议一致通过上述报告，并作出相应决议。

大会采取无记名投票方式，补选两名茌平县第十四届人大常委会副主任；补选一名茌平县人民政府副县长。

3月16日 茌平县第十四届人大常委会第七次会议在县招待所举行。会议听取和审议县人民政府关于全县农业及农村工作的汇报和减轻学生负担情况的汇报。

4月4日 茌平县第十四届人大常委会第八次会议在县招待所举行。会议听取审议县政府关于全县土地延包和农村产业结构调整及小麦生产情况的汇报；审议通过《茌平县1999年财政预算安排情况》；审议通过《茌平县人大常委会1999年工作要点》。

5月25～26日 县人大常委会主任司文瞻、副主任王林华、李泽明、王长山，部分县人大代表重点视察了茌平镇、王老乡、乐平镇、广平乡、博平镇、胡屯乡、冯屯镇、温陈乡的个体私营经济发展情况。通过听取工作汇报，召开座谈会，察看现场等形式，详细了解询问了个体私营企业发展情况、存在的问题和建议。副县长朱学东和工商行政管理局、乡镇企业局的负责同志陪同视察。驻乡镇的部分县人大代表参加了所在地的视察。

7月6日　茌平县第十四届人大常委会第九次会议在县委招待所举行。会议听取审议县政府关于茌平县第六届村委会换届选举工作情况汇报、茌平县1999年度夏粮征购情况汇报、茌平县1999年上半年减轻农民负担工作情况的汇报、茌平县1999年度防汛工作情况汇报、关于《计生条例》贯彻实施情况汇报、1999年我县社会治安综合治理情况汇报。审议通过了《茌平县1999—2000年度依法治县的实施意见》。

9月9日　茌平县第十四届人大常委会第十次会议在县委招待所举行。会议听取审议《茌平县人民县政府1998年茌平县预算执行和其他财政收支的审计工作报告》、县政府关于县十四届人大二次会议以来代表建议办理情况的汇报；县人民检察院检察长宋士高所作的《茌平县人民检察院1999年1至9月份反贪污贿赂工作情况的汇报》；县人民法院院长郑宝光所作的《茌平县人民法院今年以来执行工作的汇报》。讨论并通过了《茌平县关于1999年度乡镇人大代表评议同级政府组成人员及行政执法部门的指导意见》与《茌平县关于1999年度评议行政执法部门的实施意见》。会议还通过了人事任免事项。

11月15日　茌平县第十四届人大常委会第十一次会议在县委招待所举行。会议听取审议县政府关于1999年1至10月份预算执行情况汇报、茌平县工业发展情况汇报、茌平县一九九九年城建工作汇报，审议通过《茌平县县城管理若干规定》。会议还选举贾少勇同志为聊城市第十四届人民代表大会代表。

2000年

1月5日　茌平县第十四届人大常委会第十二次会议在县招待所举行。会议审议通过茌平县人大常委会关于召开茌平县第十四届人民代表大会第三次会议的决定，并审议通过了茌平县人大常委会工作报告讨论稿。

1月24日　茌平县十四届人民代表大会第三次会议在茌平县招待所召开。会议通过县第十四届人民代表大会第三次会议主席团、秘书长名单，议案审查委员会名单，通过茌平县第十四届人民代表大会第三次会议议程。茌平县第十四届人大常委会副主任李泽明主持会议作预备会议讲话。

1月25日　茌平县第十四届人民代表大会第三次会议开幕。会议听取审议茌平县人民政府县长汪文耀作的《政府工作报告》。茌平县人大常委会主任司文瞻代表茌平县第十四届人大常委会作《茌平县人大工作报告》，向大会报告茌平县十四届人大二次会议以来的工作。会议审查批准了县计划委员会主任林家生作的《茌平县1999年国民经济和社会发展计划执行情况与2000年国民经济和社会发展计划的报告》、县财政局局长杨瑞华作的《茌平县1999年财政预算执行情况和2000年财政预算（草案）报告》；听取和审议了县人民法院院长郑宝光作的《茌平县人民法院工作报告》；县人民检察院检察长宋士高作的《茌平县人民检察院工作报告》。会议一致通过上述报告，并作出相应决议。

4月14日　茌平县第十四届人大常委会第十三次会议在县招待所举行。会议审议通过茌平县人民政府2000年县级财政预算方案》和《茌平县人大常委会2000年工作要点》。

7月11日　茌平县第十四届人大常委会第十四次会议在县招待所举行。会议听取审议县政府关于2000年上半年社会治安综合治理情况的汇报、《食品卫生法》落实情况汇报、2000年上半年减轻农民负担工作情况汇报以及十四届人大三次会议以来代表建议办理情况的汇报。会议还选举任命宋秋玲、殷立泉同志为县政府副县长。

8月25日 茌平县第十四届人大常委会第十五次会议在县委招待所举行。会议集体学习《代表法》有关章节；听取县人民法院关于县人大代表某人阻挠法院干警执法的情况汇报，审议通过《茌平县人大常委会关于对县级人大代表某人拒不执行人民法院已经发生法律效力的判决造成严重后果而许可拘留的决定》。

9月14日 茌平县第十四届人大常委会第十六次会议在县招待所举行。会议听取审议《茌平县人民政府关于一九九九年度茌平县预算执行和其他财政收支情况的审计工作报告》、县政府关于关于《义务教育法》贯彻执行情况的汇报、县人民检察院2000年1至8月份反贪工作情况汇报》；会议还通过人事任免事项。

11月16日 茌平县第十四届人大常委会第十七次会议在县招待所举行。会议听取审议县政府关于2000年1～10月份预算执行情况的汇报、关于全县农业产业结构调整情况的汇报、社会保障工作情况的汇报、县人民法院关于开展审判工作情况的汇报；会议还通过《茌平县人大常委会关于2000年度对县人大常委会任命干部进行述职评议的实施方案》及人事任免事项。

2001年

1月12日 茌平县第十四届人大常委会第十八次会议在县招待所举行。会议听取审议县政府关于全县司法工作情况的汇报和计生工作情况的汇报；依法增补一名市人大代表。

1月22日 茌平县第十四届人大常委会第十九次会议在县招待所举行。会议采用无记名投票的方式，补选侯军为聊城市第十三届人民代表大会代表；任命侯军为茌平县人民政府代县长；李云哲为茌平县人民检察院副检察长代检察长。

1月30日 茌平县第十四届人大常委会第二十次会议于在县招待所举行。会议依法进行人事任免事宜，免去李云哲县人民检察院副检察长、代检察长职务，任命邵景良为县人民检察院副检察长、代检察长。

1月31日 茌平县第十四届人大常委会第二十一次会议在县招待所举行。会议听取了县人大关于县人代会筹备情况的汇报；传达了市委有关会议精神；依法进行人事任免事宜，选举孙光木、白立新为茌平县人民政府副县长。

2月3日 茌平县十四届人民代表大会第四次会议在茌平县招待所召开。会议通过县第十四届人民代表大会第四次会议主席团、秘书长名单，议案审查委员会名单，通过茌平县第十四届人民代表大会第四次会议议程。茌平县第十四届人大常委会副主任李泽明主持会议并作大会筹备工作报告。

同日 茌平县第十四届人大常委会第二十二次会议在县招待所举行。会议通过人事任免事宜，根据王立军同志的辞呈报告，通过县人大常委会关于接受王立军辞去人大常委会委员职务请求的决定。

2月4日 茌平县第十四届人民代表大会第四次会议开幕。会议听取审议茌平县人民政府代县长侯军作的《政府工作报告》。报告回顾“九五”时期茌平县人民政府的主要工作，提出“十五”时期政府工作任务和工作重点。茌平县人大常委会主任司文瞻代表茌平县第十四届人大常委会作《茌平县人大工作报告》，向大会报告茌平县十四届人大三次会议以来的工作。会议审查批准了县计划委员会主任林家生作的《茌平县2000年国民经济和社会发展计划执行情况与2001年国民经济和社会发展计划的报告》、县财政局局长杨瑞华作的《茌平县2000年财政预算执行情况和2001年财政预算（草案）报告》；听取和审议了县人民法院院长郑宝光作的《茌平县人民法院工作报告》；县人民检察院副检察长、代检察长邵景良作的《茌平县人民检察院工作报告》。会议一致通过上述报告，并作出相应决议。

3月28日 茌平县第十四届人大常委会第

二十三次会议在县招待所举行。会议听取审议《茌平县2001年财政预算（草案）》；通过《茌平县人大常委会关于批准2001年财政预算报告的决定》。

5月9日 茌平县第十四届人大常委会第二十四次会议在县招待所举行。会议听取审议县政府关于全县消防安全工作情况的汇报、计生工作整改情况的汇报、人事工作整改情况的汇报；传达了市委有关会议精神；会议依法进行人事任免事项。

7月26日 茌平县第十四届人大常委会第二十五次会议在县招待所举行。会议听取审议县政府关于茌平县农村税费改革进展情况的汇报、关于《食品卫生法》贯彻实施情况的汇报、关于消防安全落实情况的汇报、关于前段严打整治斗争情况的汇报、关于十四届人大四次会议以来代表建议办理情况的汇报；会议还通过人事任免事项。

10月19日 茌平县第十四届人大常委会第二十六次会议在县招待所举行。会议听取审议县政府关于《茌平县2001年1～9月份财政预算执行情况的报告》，并作出相应决议；会议还通过人事任免事项。

11月20日 茌平县第十四届人大常委会第二十七次会议在县招待所举行。会议听取审议县人民检察院关于执法监督工作情况的汇报；听取审议县人民法院关于审判监督情况的汇报；听取审议县政府关于《茌平县2001—2005年依法治县规划（草案）》，并作出相应决议。

11月30日 茌平县第十四届人大常委会第二十七次会议在县招待所举行。会议听取了邵景良所作的《关于提请停止执行某人茌平县第十四届人民代表大会代表职务的报告》及立案纠正书。会议经过表决通过了《茌平县人大常委会关于许可对某人暂停执行代表职务的决定》，通过了《茌平县人大常委会关于2002年乡镇人民代表大会换届选举的决定》。

12月26日 茌平县第十四届人大常委会第二十八次会议在县招待所召开。 会议听取审议县政府委关于茌平县2000年预算执行和其他财政收支情况的审计工作报告；听取审议县人大关于对乡镇换届前三阶段情况的通报；会议还通过人事任免事项。

12月30日 茌平县第十四届人大常委会第二十九次会议在县招待所召开。会议听取审议县人民检察院关于提请停止执行某人茌平县第十四届人民代表大会代表职务的报告及立案纠正书，表决通过了茌平县人大常委会关于许可对某人暂停执行代表职务的决定。

2002年

1月28日 茌平县第十四届人大常委会第三十次会议在县招待所召开。会议审议县十四届五次人民代表大会有关事项，通过茌平县人大常委会关于召开茌平县第十四届人民代表大会第五次会议的决定。

2月2日 茌平县第十四届人大常委会第三十一次会议在县招待所召开。会议听取审议县人民检察院《关于提请对县人大代表某人采取逮捕措施的报告》，表决通过茌平县人大常委会《关于许可对某人采取逮捕措施的决定》。

同日 茌平县十四届人民代表大会第五次会议在茌平县招待所召开。会议通过县第十四届人民代表大会第五次会议主席团、秘书长名单，议案审查委员会名单，通过茌平县第十四届人民代表大会第五次会议议程。茌平县第十四届人大常委会副主任李泽明主持会议并作预备会议讲话。

2月3日 茌平县第十四届人民代表大会第五次会议开幕。

会议听取审议茌平县人民政府县长侯军作的《政府工作报告》。茌平县人大常委会主任司文瞻代表茌平县第十四届人大常委会作《茌平县人大工作报告》，向大会报告茌平县十四届人大四次会议以来的工作。会议审查批准了县计划委员会主任林家生作的《茌平县2001年国民经济和社会发展计划执行情况与2002年国民经济和社会发展计划的报告》、县财政局局长王彪作的《茌平县2001年财政预算执行情况和2002年财政预算（草案）报告》；听取和审议了县人民法院院长郑宝光作的《茌平县人民法院工作报告》；县人民检察院院长邵景良作的《茌平县人民检察院工作报告》。会议一致通过上述报告，并作出相应决议。

4月17日 茌平县第十四届人大常委会第三十二次会议在县招待所召开。会议听取审议茌平县2002年财政预算；听取审议茌平县人大常委会2002年工作要点；并通过了相应决议。

7月10日 茌平县第十四届人大常委会第三十三次会议在县招待所召开。会议听取审议县政府关于社会保障工作情况汇报、关于基本医疗保险工作情况的工作汇报、关于增加农民收入的工作汇报、关于建立土地储备制度的工作汇报、关于十四届人大五次会议以来代表建议办理情况的汇报。县人民检察院检察长邵景良向常委会会议汇报了全市监察机关职务犯罪侦查工作会议精神；会议还通过了人事任免事项。

12月12日 茌平县第十四届人大常委会第三十四次会议在县招待所召开。会议听取审议县人民代表大会换届选举有关工作情况的汇报；通过茌平县人大常委会关于2003年县人民代表大会换届选举的决定；会议还通过人事任免事项。

2003年

1月22日 茌平县十五届人民代表大会第一次会议在茌平县招待所召开，历时3天。

会议通过县第十五届人民代表大会第一次会议主席团、秘书长名单，议案审查委员会名单，通过茌平县第十五届人民代表大会第一次会议议程。

会议听取审议茌平县人民政府县长任晓旺作的《政府工作报告》。茌平县人大常委会主任司文瞻代表县第十四届人大常委会作《茌平县人大工作报告》。会议审议批准县发展计划局局长林家生作的《茌平县2002年国民经济和社会发展计划执行情况与2003年国民经济和社会发展计划的报告》、县财政局局长王彪作的《茌平县2002年财政预算执行情况和2003年财政预算（草案）报告》；听取和审议县人民法院代院长任永生作的《茌平县人民法院工作报告》；人民检察院院长邵景良作的《茌平县人民检察院工作报告》。会议一致通过上述报告，并作出相应决议。

大会采取无记名投票方式，选举产生茌平县第十五届人大常委会主任、副主任、委员；茌平县人民政府县长、副县长；茌平县人民法院院长、茌平县人民检察院检察长；出席聊城市第十四届人民代表大会代表。

3月20日 茌平县第十五届人大常委会第一次会议在县招待所召开。会议组织学习《中华人民共和国地方各级人民代表大会和地方各级人民政府组织法》《茌平县人大常委会议事规则》和《茌平县人大常委会人事任免办法》，听取并审议通过《茌平县人大常委会关于加强自身建设的决定》《关于设立县十五届人大常委会代表资格审查委员会的决定》及《茌平县人大常委会2003年工作要点》。

4月19日 茌平县第十五届人大常委会第二次会议在县招待所召开。会议听取并审议茌平县2003年财政预算（草案）的报告。

4月25日 茌平县第十五届人大常委会第三次会议在县招待所召开。

5月28日 茌平县第十五届人大常委会第四次会议在县招待所召开。

9月30日 茌平县第十五届人大常委会第五次会议在县招待所召开。会议听取审议了县政府关于茌平县2003年1～8月份预算执行情况的汇报及县政府关于茌平县“非典”防治工作情况的汇报。任命王兴文为县卫生局局长，刘祎为茌平县人民检察院检察员。

11月7日 山东省人大常委会副主任邵桂芳在聊城市委书记郭兆信陪同下到茌平检查指导工作。茌平县委副书记、县长任晓旺、人大常委会第一副主任孙新建等陪同参观中兴碳素有限责任公司、信发希望铝业有限公司和华信铝业有限公司等企业，听取全国劳模、信发热电有限责任公司董事长张学信对企业情况的介绍。

12月24日　茌平县第十五届人大常委会第六次会议在县招待所召开。会议通过对县直18个科局的评议意见，评议大会上对评议结果进行了宣读。

2004年

1月20日　茌平县第十五届人大常委会第七次会议在县招待所召开。会议听取县人大常委会工作报告（草案）并通过关于召开县十五届人民代表大会第二次会议的决定。

2月8日　茌平县十五届人民代表大会第二次会议在茌平县招待所召开，历时3天。

会议通过县第十五届人民代表大会第二次会议主席团、秘书长名单，议案审查委员会名单，通过茌平县第十五届人民代表大会第二次会议议程。

会议听取审议茌平县人民政府县长任晓旺作的《政府工作报告》。茌平县人大常委会第一副主任孙新建代表县第十五届人大常委会作《茌平县人大工作报告》。会议审议批准县发展计划局局长赵希亮作的《茌平县2003年国民经济和社会发展计划执行情况与2004年国民经济和社会发展计划的报告》、县财政局局长王彪作的《茌平县2003年财政预算执行情况和2004年财政预算（草案）报告》；听取和审议县人民法院院长任永生作的《茌平县人民法院工作报告》；县人民检察院院长邵景良作的《茌平县人民检察院工作报告》。会议一致通过上述报告，并作出相应决议。

4月30日　茌平县第十五届人大常委会第八次会议在县招待所召开。会议听取审议县政府关于茌平县2004年财政预算收支情况的汇报。

6月29日　茌平县第十五届人大常委会第九次会议在县招待所召开。会议学习了宪法修正案，听取审议县政府关于茌平县劳动保障工作汇报及国土保护工作汇报，审议并通过县人大常委会评议办法。

9月7日　茌平县第十五届人大常委会第十次会议在县招待所召开。会议听取并审议县政府所作的《关于茌平县2003年度预算执行和其他财政收支情况的审计工作报告》《关于2004年1～8月份财政预算执行情况的汇报》、县检察院所作的《茌平县检察院2004年上半年工作情况汇报》。

12月21日　茌平县人大常委会第十一次会议在县检察院六楼会议室召开。会议听取各评议调查组的汇报，举手表决通过关于授予王彪等15人“优秀人民公仆”称号的决定。

2005年

1月21日　茌平县第十五届人大常委会第十二次会议在县招待所召开。会议听取县人大常委会工作报告（草案）并通过关于召开县十五届人民代表大会第三次会议的决定。

1月22日　茌平县十五届人民代表大会第三次会议在茌平县招待所召开，历时3天。

会议通过县第十五届人民代表大会第三次会议主席团、秘书长名单，议案审查委员会名单，通过茌平县第十五届人民代表大会第三次会议议程。

会议听取审议茌平县人民政府县长任晓旺作的《政府工作报告》。茌平县人大常委会第一副主任孙新建代表县第十五届人大常委会作《茌平县人大工作报告》。会议审查批准县发展计划局局长林家生作的《茌平县2004年国民经济和社会发展计划执行情况与2005年国民经济和社会发展计划的报告》、县财政局局长王彪作的《茌平县2004年财政预算执行情况和2005年财政预算（草案）报告》；听取和审议县人民法院院长任永生作的《茌平县人民法院工作报告；县人民检察院院长邵景良作的《茌平县人民检察院工作报告》。会议一致通过上述报告，并作出相应决议。

4月5日　茌平县第十五届人大常委会第十三次会议在县招待所召开。会议听取并审议通过县人民政府所作《关于2005年全县财政预算安排总的情况的汇报》《关于茌平县城市总体规划(2003—2020年)修编方案的报告。

6月6日 茌平县第十五届人大常委会第十四次会议在县委三楼会议室召开。任命张雪廷为茌平县人民政府副县长。

7月3日 中共中央政治局常委、全国人大常委会委员长吴邦国，全国人大常委会副委员长兼秘书长盛华仁，在山东省委书记、省人大常委会主任张高丽，聊城市委书记、市人大常委会主任郭兆信，市委副书记、市长张秋波陪同下到茌平信发铝电集团视察。茌平县委书记、人大常委会主任侯军，县委副书记、县长任晓旺，县人大常委会第一副主任孙新建陪同活动。

8月16日 茌平县第十五届人大常委会第十五次会议在县委三楼会议室举行。会议听取审议县人民法院院长任永生所作的《关于茌平县人民法院2005年上半年工作情况的汇报》、听取县人民检察院检察长邵景良所作的《关于茌平县人民检察院2005年上半年工作情况的汇报》，以及县财政局局长王彪受县政府委托作的《关于茌平县2005年1～6月份财政预算执行情况的汇报》。任命于延华为茌平县信发办事处人大工作办公室主任。

9月23日 茌平县第十五届人大常委会第十六次会议在县委三楼会议室举行。会议听取并审议县审计局局长李林军所作的《关于茌平县审计局2004年度预算执行情况和其他财政收支情况的审计报告》。任命殷广国任茌平县公安局局长。免去张金忠茌平县公安局局长职务。

11月17日 茌平县第十五届人大常委会第十七次会议在县招待所三楼会议室召开。会议听取并审议县法院副院长付士全、贾惠、韩晓忠、孙吉祥所作的述职工作报告；听取县人民检察院副检察长田跃进、李守祥所作的述职工作报告。

2006年

1月18日 茌平县第十五届人大常委会第十八次会议在县招待所召开。

1月21日 茌平县第十五届人大常委会第十九次会议在县委三楼会议室召开。会议听取并表决通过十五届人民代表大会第四次会议日程，十五届人民代表大会第四次会议议程。

1月22日 茌平县十五届人民代表大会第四次会议在茌平县招待所召开，历时3天。

会议通过县第十五届人民代表大会第四次会议主席团、秘书长名单，议案审查委员会名单，通过茌平县第十五届人民代表大会第四次会议议程。

会议听取审议茌平县人民政府县长任晓旺作的《政府工作报告》。茌平县人大常委会第一副主任孙新建代表县第十五届人大常委会作《茌平县人大工作报告》。会议审议批准县发展计划局局长林家生作的《茌平县2005年国民经济和社会发展计划执行情况与2006年国民经济和社会发展计划的报告》、县财政局局长王彪作的《茌平县2005年财政预算执行情况和2006年财政预算（草案）报告》；听取和审议县人民法院院长任永生作的《茌平县人民法院工作报告》；县人民检察院院长邵景良作的《茌平县人民检察院工作报告》。会议一致通过上述报告，并作出相应决议。

3月7日 茌平县第十五届人大常委会第二十次会议在县招待所三楼会议室召开。会议听取并审议县政府所作《关于茌平县2006年全县财政预算总的工作情况的汇报》《关于生态县建设及（茌平县生态县建设规划）编制工作情况的汇报》。

5月31日 茌平县第十五届人大常委会第二十一次会议在县招待所三楼会议室召开。会议听取并审议县政府、教育局、司法局、水务局、农业局、对外经贸合作局、计划生育局、审计局、环保局、建设局负责人所做的工作汇报。

8月11日 茌平县第十五届人大常委会第二十二次会议在县招待所三楼会议室召开。会议听取并审议县人民政府所作茌平县2005年财政预算执行情况和其他财政收支情况的审计工作报告；茌平县财政局2006年1～6月份财政预算执行情况的报告。任命马思民任茌平县人大代表联络工作委员会主任。

9月1日 中共中央政治局委员、全国人大常委会副委员长、中华全国总工会主席王兆国，中华全国总工会副主席、书记处第一书记孙春兰，中华全国总工会研究室主任李滨生，山东省委书记、省人大常委会主任张高丽，省委常委、秘书长杨传升，省委常委、省总工会主席柏继民，省人大常委会副主任陈延明，聊城市委书记、市人大常委会主任郭兆信，市委副书记、市长张秋波陪同下先后视察茌平信发铝电集团 、茌平信发职工之家。王兆国还专程到企业困难职工家中，仔细了解困难职工患病、就医及生活等方面的情况，并带来了慰问金和慰问品。茌平县委书记、县人大常委会主任侯军，县委副书记、县长任晓旺，县人大常委会第一副主任孙新建等陪同活动。

10月17日 茌平县第十五届人大常委会第二十三次会议在县招待所三楼会议室召开。会议听取并审议县人民政府所作茌平县财政局关于2006年财政预算调整方案的报告；茌平县政府关于茌平县2006—2010年依法治县规划的报告。任命宋希勇为茌平县劳动与社会保障局局长、罗风之为茌平县监察局局长。

2007年

1月20日 茌平县第十五届人大常委会第二十四次会议在县招待所三楼会议室召开。会议听取县人大常委会工作报告（草案）并通过关于召开县十五届人民代表大会第五次会议的决定。

1月22日 茌平县十五届人民代表大会第五次会议在茌平县招待所召开，历时3天。

会议通过县第十五届人民代表大会第五次会议主席团、秘书长名单，议案审查委员会名单，通过茌平县第十五届人民代表大会第五次会议议程。

会议听取审议茌平县人民政府代县长王伟华作的《政府工作报告》。茌平县人大常委会第一副主任孙新建代表县第十五届人大常委会作《茌平县人大工作报告》。会议审议批准县发展计划局局长林家生作的《茌平县2006年国民经济和社会发展计划执行情况与2007年国民经济和社会发展计划的报告》、县财政局局长王彪作的《茌平县2006年财政预算执行情况和2007年财政预算（草案）报告》；听取和审议县人民法院代院长王文振作的《茌平县人民法院工作报告》；县人民检察院院长邵景良作的《茌平县人民检察院工作报告》。会议一致通过上述报告，并作出相应决议。

本次会议另有选举任务，选举茌平县第十五届人民代表大会常务委员会主任1名，副主任2名；选举县人民政府县长1名，副县长1名；选举县人民法院院长1名。

2月13日 茌平县第十五届人大常委会第二十五次会议在县招待所三楼会议室召开。补选王伟华为聊城市第十四届人民代表大会代表。

3月22日 茌平县第十五届人大常委会第二十六次会议在县委三楼会议室召开。会议听取并审议县人民政府所作茌平县关于2007年财政预算的报告。接受初士锋辞去茌平县十五届人大常委会委员职务

10月22日 茌平县第十五届人大常委会第三十次会议在县委三楼会议室召开。会议听取并审议通过茌平县选举工作委员会关于2007年全县人大换届选举工作安排意见。

2008年

1月20日 茌平县第十六届人大常委会第一次会议在茌平县委四楼会议室召开。会议通过茌平县人大常委会议事规则；茌平县人大常委会关于加强自身建设的决定；茌平县人民代表大会代表建议、批评和意见办理工作方法及十六届人大代表资格审查委员会主任委员、副主任委员、委员名单。

会议听取审议茌平县人民政府县长王伟华作的《政府工作报告》。茌平县人大常委会第一副

主任孙新建代表县第十五届人大常委会作《茌平县人大工作报告》。会议审议批准县发展计划局局长赵希亮作的《茌平县2007年国民经济和社会发展计划执行情况与2008年国民经济和社会发展计划的报告》、县财政局局长王彪作的《茌平县2007年财政预算执行情况和2008年财政预算（草案）报告》；听取和审议县人民法院院长王文振作的《茌平县人民法院工作报告；县人民检察院院长邵景良作的《茌平县人民检察院工作报告》。会议一致通过上述报告，并作出相应决议。

大会采取无记名投票方式，选举产生茌平县第十六届人大常委会主任、副主任、委员；茌平县人民政府县长、副县长；茌平县人民法院院长、茌平县人民检察院检察长；出席聊城市第十五届人民代表大会代表。

2月2日　茌平县第十六届人大常委会第二次会议在茌平县委四楼会议室召开。会议听取并审议通过茌平县政府所做《茌平县2008年财政预算的报告》。

5月7日　聊城市人大常委会副主任、城乡建设环境保护委员会主任尹慧芹率领市人大城乡建设保护委员会委员一行8人到茌平就贯彻落实人防法律法规情况进行专题视察调研。市人防办、民防局领导班子全体成员及茌平县委书记、人大常委会主任任晓旺，县人大常委会第一副主任徐莹，人大常委会副主任贾占信，政府副县长肖德刚陪同活动。

视察组一行听取茌平县人民政府关于贯彻落实《人民防空法》的情况汇报。通过视察，视察组对茌平县认真贯彻落实《人民防空法》取得的成绩给予充分肯定，同时就新形势下如何更好地深入贯彻落实人防法律法规，提高依法行政能力，大力推进防灾防灾“两防一体”、地上地下建设“两建同步”、应急救援、平战结合协调发展以及按规定配齐、配全、配强县级人防机构和人员等问题提出了要求和建议。

5月20日　茌平县第十六届人大常委会第三次会议在茌平县委四楼会议室召开。

7月3日　茌平县第十六届人大常委会第四次会议在茌平县委四楼会议室召开。会议审议并通过《茌平县人大常委会批准县政府关于对县工业用地布局进行调整报告的决议》；《茌平县人大常委会关于贯彻落实中共茌平县委十一届四次全委会议精神的决议》和《茌平县人大常委会2008年评议工作实施方案》。

9月3日　茌平县第十六届人大常委会第五次会议在茌平县委四楼会议室召开。会议听取并审议通过茌平县政府所做《关于调整茌平县2008年财政预算的报告》。听取《今年气象工作情况》和《今后茌平气象事业发展规划》的汇报。

9月5日　全国人大代表专题调研组一行20余人在山东省委委员、省人大常委会委员、省总工会常务副主席吕明辰的带领下来茌平，对中小学校园安全工作进行专题调研。市委副书记、市长林峰海出席座谈会并致辞，市人大常委会第一副主任申长海、副市长刘继恩、茌平县县委书记、人大常委会主任任晓旺，人大常委会第一副主任徐莹，人大常委会副主任王金玉，副县长曹志程陪同活动。全国人大代表先后到茌平县杜郎口中学、实验高中、实验小学新校区、第三中学等中小学校进行现场调研。调研组对茌平县经济社会发展取得的成绩给予充分肯定。

10月30日　茌平县第十六届人大常委会第六次会议在茌平县委四楼会议室召开。免去刘君之人民监督员职务。

12月11日　茌平县第十六届人大常委会第七次会议在县委三楼会议室召开。会议听取并审议通过公安局、卫生局、人事局、教育局、民政局、水务局、环保局7个单位的工作汇报。

12月23日　茌平县第十六届人大常委会第八次会议在县委三楼会议室召开。会议审议并通过《茌平县人大常委会关于召开茌平县第十六届人民代表大会第二次会议的决定》；听取并审议通过县政府办公室、计划局、计生局、监察局、土管局、交通局、劳动局、经贸局、外经贸局、司法局、统计局、科技局、文化局13个单位的工作汇报。对26个垂直部门进行无记名投票评议。

12月30日 茌平县第十六届人大常委会第九次会议在县委三楼会议室召开。会议听取并审议通过《关于补选县第十六届人民代表大会代表资格的审查报告》；听取并审议通过县十六届人大二次会议特邀、列席人员名单；听取并审议通过人大常委会工作报告。

12月30日 茌平县第十六届人大常委会第十次会议在县委三楼会议室召开。会议以无记名投票的方式，选举任命陈秀兴为茌平县人民政府代县长。

2009年

1月7日 茌平县十六届人民代表大会第二次会议在茌平县招待所召开，历时3天。

会议通过县第十六届人民代表大会第二次会议主席团、秘书长名单，议案审查委员会名单，通过茌平县第十六届人民代表大会第二次会议议程。

会议听取审议茌平县人民政府代县长陈秀兴作的《政府工作报告》。茌平县人大常委会第一副主任徐莹代表县第十六届人大常委会作《茌平县人大工作报告》。会议审议批准县发展计划局局长赵希亮作的《茌平县2008年国民经济和社会发展计划执行情况与2009年国民经济和社会发展计划的报告》、县财政局局长王彪作的《茌平县2008年财政预算执行情况和2009年财政预算（草案）报告》；听取和审议县人民法院院长王文振作的《茌平县人民法院工作报告》；县人民检察院院长邵景良作的《茌平县人民检察院工作报告》。会议一致通过上述报告，并作出相应决议。

大会选举陈秀兴为茌平县人民政府县长；选举刘先斌、于洪民为茌平县第十六届人民代表大会常务委员会委员。

2月12日 茌平县人大常委会举行2008年度人大代表评议工作总结暨表彰大会。茌平县人大常委会第一副主任徐莹，县人大常委会副主任刘继军、何其平、贾占信、王金玉，2008年度列入代表评议对象的54个部门主要负责人，各乡乡人大主席团主席、政工书记和未列入评议对象的科局主要负责人参加会议。

县人大常委会副主任刘继军宣读《茌平县人大常委会关于授予人口与计划生育局等三十个单位荣誉称号的决定》。县人大常委会第一副主任徐莹，副主任刘继军、何其平、贾占信、王金玉为获得“人民信得过单位”颁奖。

3月4日 茌平县第十六届人大常委会第十二次会议在县委三楼会议室召开。

会议审议并通过《茌平县人大常委会关于批准茌平县人民政府2009年财政预算的决议》、县政府关于茌平县环城水系及景观建设工程筹资方案的报告、《茌平县人大常委会关于批准〈茌平县人民政府关于茌平县环城水系及景观建设工程筹资方案的报告〉的决议》、《茌平县人大常委会关于表彰“人民信任单位”、“人民满意单位”和“优秀人民公仆”的决定》、《茌平县人大常委会2009年工作要点》。

3月23日 茌平县第十六届人大常委会第十三次会议在县委三楼会议室召开。

会议听取并审议通过县政府关于变更茌平县环城水系及景观建设工程筹资方案的报告。

4月27日 茌平县第十六届人大常委会第十四次会议在县委三楼会议室召开。会议听取并审议县政府关于2011年上半年财政预算执行情况的报告；县政府关于2011年上半年审计工作情况的报告；县政府关于2011年上半年教育工作情况的报告。任命张明任茌平县财政局局长。韩千鹏任茌平县审计局局长。免去王彪茌平县财政局局长职务；刘善温茌平县审计局局长职务；史明芳茌平县人大常委会财经委副主任职务。

7月3日 茌平县第十六届人大常委会第十五次会议在县委三楼会议室召开。会议听取并审议县政府关于2011年上半年农业、卫生工作情况的报告。

8月26日 山东省人大常委会执法检查小组茌平检查指导团到茌平调研民营经济发展情况，

茌平县县委书记、人大主任任晓旺，县人大常委会第一副主任徐莹，副主任何其平、贾占信、王金玉陪同活动。检查组先后到维斯德尔铝业、华信碳素、信发铝制品、信发希望、鲁环散热器、信通铝业、信源铝业、澳富源建材进行调研。

8月28日　茌平县第十六届人大常委会第十六次会议在县委三楼会议室召开。会议听取并审议县审计局、县环保局两位局长所做的2009年上半年工作情况汇报，进行了人事任免项。

9月1日　聊城市人大常委会农村流转体系调研组到茌平县视察农村流转体系工作。调研组由聊城市人大常委会副主任刘新忠、市人大常委会副秘书长、农委主任委员秦新义、市人大农委副主任委员张新同、市人大农委委员张爱英、市人大常委会内务司法工作室主任张书清、市政府副秘书长、农办主任李西郊、市人大常委会农业与农村工作室副主任任振鲁、市工商局副调研员王成锋、市人大常委会办公室科长刘强组成。茌平县县委书记、人大主任任晓旺，县人大常委会第一副主任徐莹，县农业局局长乌以强参加会议。在听取完茌平县农村流转体系工作汇报后，调研组组长、聊城市人大常委会副主任刘新忠作重要讲话。会后，调研组先后到信乐味精、小杨屯村、冯屯大蒜协会、联华超市进行专题调研。

9月4日　聊城市部分人大代表视察茌平县教育工作。茌平县委书记、县人大常委会主任任晓旺，县人大常委会第一副主任徐莹，县政府副县长曹志程参加会议。代表先后对杜郎口曹庄小学、杜郎口中学、冯屯中学、山东政法希望小学、三中、实验小学进行视察。

9月5～6日　山东省人大常委会组织山东省选举全国人大代表、省政协副主席栗甲一行26人到杜郎口中学就中小学校园安全问题进行专题调研。茌平县县委书记、县人大常委会主任任晓旺，县长王伟华、县人大第一副主任徐莹副主任王金玉、副县长肖德刚陪同活动。

10月29日　聊城市人大常委会《中华人民共和国劳动法》执法检查组，到茌平县进行检查。执法检查组由聊城市人大常委会党组副书记、副主任郭秀华，市人大财经委主任委员、常委会副秘书长孔祥民，市人大财经委副主任委员刘东玲，市人大财经委副主任委员刘敏，市人大财经委委员、常委会财经工作室主任刘善华，市民营经济发展局局长李光路，市人大常委会财经工作室副主任李沛森，市人力资源和社会保障局副局长伦炜，市经济和信息化委员会副调研员赵松俭，市人力资源和社会保障局政策法规科科长郭东华，市人大常委会办公室科长刘强组成。茌平县人大常委会第一副主任徐莹，县人大常委会副主任王金玉及县人社局、县经信委、县总工会、县国资委、县民营经济发展局、县公安局、县住建委、县工商局、县安监局、县商务局、县工商联等有关部门和单位的主要负责人参加会议。茌平县人大常委会就贯彻实施《劳动法》工作情况、取得的主要成绩以及存在的主要问题和建议进行工作汇报，会后执法检查组先后到仲嘉变电公司、金号织业、鲁环公司、信发热电厂开展执法视察活动。

12月9日　茌平县第十六届人大常委会第十七次次会议在县委三楼会议室召开。会议听取茌平县人民政府关于人大代表议案答复的汇报；审议人大工作报告（草案）；提出第十六届人民代表大会第三次会议建议议程；提出第十六届人民代表大会第三次会议主席团和秘书长建议名单；通过第十六届人民代表大会第三次会议特邀人员名单；通过第十六届人民代表大会第三次会议列席人员名单；做出关于召开人代会的决定。

12月26日　茌平县十六届人民代表大会第三次会议在茌平县正泰东方大酒店召开，历时3天。出席会议应到代表233人，实到代表222人，县政协八届三次会议的全体委员、非代表县级领导干部、县直各部门负责人列席会议。

会议通过县第十六届人民代表大会第三次会议主席团、秘书长名单，三案审查委员会名单，通过茌平县第十六届人民代表大会第三次会议议程。

会议听取审议茌平县人民政府县长陈秀兴作

的《政府工作报告》。

茌平县人大常委会第一副主任徐莹代表县第十六届人大常委会作《茌平县人大工作报告》。会议审查批准县发展计划局局长赵希亮作的《茌平县2009年国民经济和社会发展计划执行情况与2010年国民经济和社会发展计划的报告》、县财政局局长张明作的《茌平县2009年财政预算执行情况和2010年财政预算（草案）报告》；听取和审议县人民法院院长王文振作的《茌平县人民法院工作报告》；县人民检察院院长邵景良作的《茌平县人民检察院工作报告》。会议一致通过上述报告，并作出相应决议。

2010年

3月16日　茌平县第十六届人大常委会第十八次会议在县委三楼会议室召开。

会议听取并审议《茌平县2010年财政预算（草案）》；审议通过《茌平县人大常委会关于批准茌平县人民政府2010年财政预算的决定》；《茌平县人大常委会2010年工作要点（草案）》。

3月31日　茌平县人大常委会规范性文件备案审查工作会议在县委五楼会议室召开。“一府两院”政工负责人及各乡（镇、街道）人大主席（主任）参加会议。人大常委会副主任何其平主持会议，副主任贾占信宣读规范性文件备案审查工作规定及意见，第一副主任徐莹做重要讲话。

4月28日　聊城市人大常委会副主任尹慧芹率全市“创模”工作检查组到茌平县检查指导工作。县委书记、县人大常委会主任任晓旺，县委副书记、县长陈秀兴，县委副书记、信发集团董事长张学信，县人大常委会第一副主任徐莹，县委常委、副县长许兰岭陪同活动。市“创模”检查组一行先后检查齐鲁味精污水治理、烟气脱硫、粉煤灰制砖项目，信乐味精污水处理项目，信发希望铝业烟气脱硫工程，县污水处理厂管理运行和二期工程及中水回用工程建设情况，实地察看茌中河出境口断面水质，听取信发集团推行节能减排、发展循环经济的做法和经验。

5月21日　聊城市人大常委会副主任郭秀华带领市人大常委会执法检查组，到茌平县视察指导食品安全工作。县委书记、县人大常委会主任任晓旺，县委副书记、县长陈秀兴，县人大常委会第一副主任徐莹，县人大副主任王金玉，副县长曹志程陪同活动。市执法检查组一行先后到联华超市、正泰东方大酒店、小杨屯鸭业集团、冯屯镇大蒜基地及新农村建设施工现场，查看食品生产、经营和安全状况，了解履行食品安全责任的落实情况。

5月25日　茌平县第十六届人大常委会第十九次会议在县委三楼会议室召开。会议听取并审议通过《茌平县2008—2030年城市规划报告》；学习茌平籍飞行员冯思广烈士精神。

8月10日　茌平县第十六届人大常委会第二十次会议在县委三楼会议室召开。

会议听取并审议县政府关于2010年上半年财政预算执行情况的报告；县政府关于2010年上半年计划工作情况的报告；县政府关于2011年上半年审计工作情况的报告；县政府关于城中区改造安置房建设项目资金的报告。

11月24日　茌平县第十六届人大常委会第二十一次会议在县委三楼会议室召开。会议听取并审议通过《茌平县人大常委会2010年度评议工作实施方案（讨论稿）》；茌平县人大常委会关于贯彻实施《山东省各级人民代表大会常务委员会规范性文件备案审查规定（讨论稿）》的意见。任命李彦荣任茌平县人民法院行政审判庭庭长；王保军任茌平县人民法院执行局执行一庭庭长；赵庆震任茌平县人民法院审判员。

12月31日　茌平县第十六届人大常委会第二十二次会议在县委三楼会议室召开。会议审议人大工作报告（草案）；提出第十六届人民代表大会第四次会议建议议程；提出第十六届人民代表大会第四次会议主席团和秘书长建议名单；通过第十六届人民代表大会第四次会议特邀人员名单；通过第十六届人民代表大会第四次会议列席人员名单；作出关于召开人代会的决定。补选殷守来为聊城市第十五届人大代表。

2011年

1月12日 茌平县第十六届人民代表大会第四次会在茌平县正泰东方大酒店召开，历时3天。会议通过县第十六届人民代表大会第四次会议主席团、秘书长名单，议案审查委员会名单，通过茌平县第十六届人民代表大会第四次会议议程。

会议听取审议茌平县人民政府县长陈秀兴作的《政府工作报告》。茌平县人大常委会第一副主任徐莹代表县第十六届人大常委会作《茌平县人大工作报告》。

会议审查批准县发展计划局局长赵希亮作的《茌平县2010年国民经济和社会发展计划执行情况与2011年国民经济和社会发展计划的报告》、县财政局局长张明作的《茌平县2010年财政预算执行情况和2011年财政预算（草案）报告》；听取和审议县人民法院院长王文振作的《茌平县人民法院工作报告》；县人民检察院院长邵景良作的《茌平县人民检察院工作报告》。会议一致通过上述报告，并作出相应决议。

4月12日 茌平县第十六届人大常委会第二十三次会议在县委三楼会议室召开。

任命刘奎忠任人民政府副县长；崔永涛任茌平县人民法院审判员、民事审判一庭副庭长。

审议并通过《茌平县人大常委会关于批准茌平县人民政府2011年财政预算的决定》《茌平县人大常委会2011年工作要点（草案）》《茌平县人大常委会关于表彰2010年度“优秀单位”的决定》。

7月25日 茌平县第十六届人大常委会第二十四次会议在县委三楼会议室召开。

会议听取并审议县政府关于2011年上半年财政预算执行情况的报告；县政府关于2011年上半年审计工作情况的报告；县政府关于2011年上半年教育工作情况的报告。

9月21日 茌平县第十六届人大常委会第二十五次会议在县委三楼会议室召开。

任命尹守全任茌平县检察院副检察长；免去田跃进茌平县检察院副检察长职务。

会议听取并审议通过“五五”普法工作；县人大常委会副主任王金玉传达学习刘延东调研杜郎口中学讲话。

10月11日 山东省人大常委会委员王天瑞率省人大常委会视察组到茌平县视察指导保障性安居工程建设情况。聊城市人大常委会副主任张同村，县委书记、县人大常委会主任任晓旺，县人大常委会第一副主任徐莹，县委常委、县委办公室主任王琦，县人大常委会副主任贾占信，副县长张雪廷陪同活动。王天瑞一行实地察看了茌平县安康小区、安居康城等保障性住房建设现场。

11月17日 聊城市人大常委会秦新义副秘书长一行7人，到茌平县视察《中华人民共和国农业机械化促进法》贯彻落实情况。市农机局局长张燕、茌平县人大副主任何其平、茌平县政府副县长尹海波陪同视察。视察组首先到茌平县三和农机专业合作社进行实地察看，随后在县农机局召开座谈会，听取聊城市农机部门的工作汇报。

11月24日 茌平县第十六届人大常委会第二十六次会议在县委三楼会议室召开。会议审议并通过县乡换届选举委员会主任、副主任的决定、县乡两级人民代表大会换届选举的决定、县乡换届选举委员会组成人员的决定、县乡换届选举工作的意见。

11月29日 茌平县第十六届人大常委会第二十七次会议在县委三楼会议室召开。

12月27日 茌平县第十六届人大常委会第二十八次会议在县委三楼会议室召开。

会议听取并审议县政府关于2011年上半年财政预算执行情况的报告；县政府关于2011年上半年审计工作情况的报告；县政府关于2011年上半年教育工作情况的报告。

会议审议并通过《人大县乡两级换届选举工作报告》；《茌平县第十七届人民代表大会资格

审查报告》；审议人大工作报告（草案）；提出第十六届人民代表大会第四次会议建议议程；提出第十六届人民代表大会第四次会议主席团和秘书长建议名单；通过第十六届人民代表大会第四次会议特邀人员名单；通过第十六届人民代表大会第四次会议列席人员名单；做出关于召开人代会的决定。

2012年

1月11日　茌平县十七届人民代表大会第一次会议在茌平县正泰东方大酒店召开。会议审议通过政府工作报告、计划、财政报告、人大常委会工作报告以及两院工作报告。选举产生茌平县第十七届人大常委会主任、副主任、委员、茌平县人民政府县长、副县长、茌平县人民法院院长、茌平县人民检察院检察长、以及聊城市第十六届人民代表大会代表。

1月14日　茌平县第十七届人大常委会第一次会议在正泰二楼大会议室召开，选学《组织法》第二章第八条；审议通过《茌平县第十七届人大常委会议事规则》；依法进行人事任免事项。

2月10日　茌平县人大常委会召开乡镇（街道）人大主席（主任）工作会议，安排部署本年度人大工作事宜。

3月9日　茌平县人大常委会组织代表到教育部门调研“校舍安全”工作开展情况，并召开专项座谈会。

3月23日　茌平县第十七届人大常委会第二次会议在县委四楼会议室召开，听取审议发改局关于全县重点项目进展情况的汇报、财政局关于茌平县2012年财政预算（草案）的报告，审议批准茌平县2012年全县财政预算。

3月29日　全市人大城乡建设环境保护工作联席会在我县召开。市人大常委会副主任张同村出席会议并讲话。县委书记、县人大常委会主任陈秀兴出席会议并致辞。县人大常委会第一副主任尹海波出席会议并做了题为《统筹城乡发展，提升新型城镇化水平》的发言。县委常委、县委办公室主任王琦，县人大常委会副主任张丽华、赵希亮、丁洁卉、靳明华出席会议。

4月9日　市人大常委会第一副主任汪文耀到我县就城市建设工作进行调研。汪文耀一行察看了环城水系、尚庄遗址等我县部分城建项目建设情况，详细了解了城市管理、建设规划执行等情况。县委书记、县人大常委会主任陈秀兴，县委副书记、县长雷霞，县人大常委会第一副主任尹海波，县委常委、县委办公室主任王琦陪同活动。

5月9日　茌平县人大常委会组织代表到劳动局、卫生局调研医保工作开展情况，并针对我县新农合、新城合以及职工保险状况召开座谈会。

5月10日　茌平县人大常委会专项听取《关于茌平县第十七届人大一次会议建议、批评和意见办理情况的报告》。

5月22日　安徽省长丰县人大常委会副主任王传法一行，来我县交流《食品安全法》监督工作情况，县人大常委会副主任丁洁卉陪同活动。

6月21日　省人大常委会委员、省人大城环委主任委员矫学柏来我县调查研究。矫学柏一行先后参观了我县高端产业聚集区、文体中心、金牛湖观光景观区、信发化工等经济社会建设重点项目，听取了相关情况介绍。市人大常委会第一副主任汪文耀、市人大常委会副主任张同村、县委书记、县人大常委会主任陈秀兴，县委常委、县委办公室主任王琦，县人大常委会副主任张丽华、靳明华陪同活动。

6月26日　茌平县第十七届人大常委会第三次会议在县委四楼会议室召开，审议通过全县城市建设工作、中小企业工作、招商工作的工作报告；审议通过《茌平县人大常委会关于组织开展2012年度“服务民生、凝聚共识”暨代表联系选民活动实施方案》、《茌平县人大常委会关于开展人大代表“同心协力、共谋发展、促进和谐、维护稳定”活动的实施方案》、《茌平县人大常委会关于设立县十七届人大常委会代表资格审查委员会的决定》；传达《茌平县人大常委会副主任联系常委及联系乡镇（街道）人大工作分工》；依法进行人事任免事项。

6月29日　茌平县人大常委会在电业局五楼会议室召开茌平县第十七届人大代表“一培训、两活动”工作会议。会议邀请了山东省人大常委会人事代表工委副主任马效东同志，开展《代表法》专题培训。会议同时传达了《中共茌平县委转发茌平县人大常委会<关于组织开展2012年度“服务民生、凝聚共识”暨代表联系选民活动的实施方案>和<关于开展人大代表“同心协力、共谋发展、促进和谐、维护稳定”活动的实施方案>的通知》，223名人大代表参加了会议。

7月25日　市人大常委会第一副主任汪文耀来我县调研高端产业集聚区建设情况。县委书记、县人大常委会主任陈秀兴，县委副书记、县长雷霞，县人大常委会第一副主任尹海波、县委常委、办公室主任王琦陪同活动。

8月4日　茌平县人大启动乡镇（街道）人大“五个一”活动，即每个乡镇（街道）召开一次代表座谈会；举行一次代表与选民见面会；撰写一篇有深度的调研报告；推出一名优秀的代表典型；提出一份有价值的意见建议。会议决定由常委会各副主任领队，带领常委深入到各自联系的乡镇（街道）进行了调研和座谈。

9月3日　茌平县人大常委会在县委四楼会议室召开“三思三讲”解放思想大讨论专题会议。深入贯彻学习《中共茌平县委关于开展“三思三讲”解放思想大讨论活动的意见》。

9月4日　市人大常委会副主任刘新东率视察组来我县视察城乡低保工作，实地视察了县保障性住房建设现场和城乡低保规范化建设工作，并亲切慰问了城乡低保户，深入了解我县城乡低保指标落实工作开展情况。县委书记、县人大常委会主任陈秀兴，县人大常委会第一副主任尹海波陪同活动。

9月5日　茌平县第十七届人大常委会第四次会议在县委四楼会议室召开，审议通过金牛湖景区开发建设、全县重点项目的工作报告；依法进行人事任免事项。

9月24日　鞍山市人大常委会来我县调研素质教育工作情况，到杜郎口中学进行了实地视察和参观，并就有关问题交流了意见。县人大常委会副主任丁洁卉陪同活动。

10月15日　茌平县人大常委会在对全县校车安全工作进行了充分调研的情况下，为打击和治理“黑校车”，首次采用“督办函”的方式，督促县政府及有关部门加强落实。

11月22日　市人大常委会副主任孙菁来我县就防震减灾工作进行执法检查，先后来到振兴街道八一社区，正泰领秀苑小区、县实验小学、县人民广场、金牛湖和城市规划展览馆等地，实地了解我县地震安全工程建设和防震减灾科普宣传教育开展情况，并召开专题座谈会，听取我县贯彻实施防震减灾“一法一条例”情况汇报。县委书记、县人大常委会主任陈秀兴，县人大常委会第一副主任尹海波，县人大常委会副主任丁洁卉，副县长宋永刚陪同活动。

11月26日　市人大常委会第一副主任汪文耀，市人大常委会副主任、市总工会主席王改真，市人大常委会副主任孙菁、张同村，市人大常委会秘书长满庆富来我县视察土地综合整治项目。县委书记、县人大常委会主任陈秀兴，县委副书记、县长雷霞，县委常委、县委办公室主任王琦，县人大常委会副主任靳明华，副县长宋永刚陪同活动。

12月19日　市人大常委会原副主任尹慧芹等市人大代表来我县视察城建、工业重点项目建设工作，实地查看了我县城市规划展览馆、金牛湖观光景观区、信发化工、经开正泰中小企业创业园、冯屯镇金号家纺工业园等城建、工业重点项目建设现场。县委书记、县人大常委会主任陈秀兴、县委副书记许兰岭、县人大大常委会第一副主任尹海波、县委常委、县委办公室主任王琦、县人大常委会副主任张丽华、赵希亮、丁洁卉、靳明华陪同活动。

12月28日　茌平县第十七届人大常委会第五次会议在县委四楼会议室召开，审议通过

《2012年人大常委会工作报告》、《茌平县人大常委会关于评选优秀县人大代表的实施意见》以及《茌平县人大常委会2012年度评议工作实施方案》，作出召开茌平县第十七届人民代表大会第二次会议的决定。

2013年

1月5日　市人大常委会副主任、市总工会主席王改真来我县走访慰问全国劳动模范和企业困难职工。县委书记、县人大常委会主任陈秀兴，县委副书记许兰岭，县委常委、县委办公室主任王琦，县政协党组副书记、县总工会主席白若华陪同活动。

1月8日　茌平县第十七届人大常委会第六次会议在县委四楼会议室召开，审议通过县政府关于全县教育工作情况的工作报告；审议通过县政府关于全县环境保护情况的工作报告。

1月14日　茌平县十七届人民代表大会第二次会议在茌平县正泰东方大酒店召开，历时两天半，223名代表出席会议。会议审议通过政府工作报告、计划、财政报告、人大常委会工作报告以及法检两院工作报告。

3月12日　茌平县第十七届人大常委会第七次会议在县委四楼会议室召开，审议通过全县交通工作开展情况的工作报告；审议通过全县公路工作开展情况的工作报告；审议讨论《茌平县人大常委会2013年工作要点（征求意见稿）》；依法进行人事任免事项。

4月5日　省人大常委会原副主任陈延明来我县调研经济社会发展情况。市人大常委会第一副主任汪文耀，市委常委、副市长李希信，县委书记、县人大常委会主任陈秀兴，县委副书记、县长雷霞，县委副书记许兰岭，县委副书记、全国人大代表、全国劳模、信发集团董事局主席张学信，县委常委、县委办公室主任王琦陪同活动。

4月16日　茌平县第十七届人大常委会第八次会议在县委四楼会议室召开，审议通过《茌平县人大常委会2013年工作要点（草案）》；审议通过《茌平县2013年财政预算》；审议通过《茌平县人大常委会关于批准茌平县人民政府2013年财政预算的决定》；审议通过县政府关于全县新开工项目情况的的工作报告；依法进行人事任免事项。

4月17日　全国人大常委会法制工作委员会副主任信春鹰一行在省人大常委会委员、法工委主任温守信的陪同下来我县进行调研。信春鹰一行深入到信发集团华兴公司和信发化工等企业进行实地考察和座谈，陈秀兴介绍了我县经济社会发展情况，相关企业汇报了落实企业环境保护责任情况。市委副书记、市长王忠林，市人大常委会副主任刘新东，副市长白志坚，市政府秘书长李友渔，县委书记、县人大常委会主任陈秀兴、县委副书记、县长雷霞，县人大常委会第一副主任尹海波、县委常委、县委办公室主任王琦陪同活动。

5月17日　茌平县第十七届人大常委会第九次会议在县委四楼会议室，审议通过《茌平县人大常委会代表资格审查委员会关于提请暂时停止某人茌平县第十七届人民代表大会代表职务的报告》并听取相关情况说明。

6月3日　茌平县第十七届人大常委会第十次会议在县委四楼会议室召开，审议通过县政府关于全县安全生产情况的工作报告；审议通过《茌平县人大常委会关于批准山东省茌平县第一中学融资租赁项目的决定》并听取相关情况说明；依法进行人事任免事项。

6月25日　全国人大淘汰落后产能调研组来我县调研。调研组先后察看了我县城市规划展览馆、信发化工和金号家纺工业园，听取了全国人大代表、全国劳模、县委副书记、信发集团董事局主席张学信关于信发集团发展循环经济和产业集群的情况汇报。省经信委党组书记、主任郭述禹，市委书记、市人大常委会主任林峰海，市委常委、副市长侯军，市委常委、市委秘书长李吉增，县委书记、县人大常委会主任陈秀兴，县委副书记、县长雷霞，县委常委、县委办公室主任王琦，副县长肖德刚陪同活动。

6月25日　省人大常委会委员、财经委主任委员杜昌祚率省人大财经委调研组来我县就《山东省地方税收保障条例》贯彻实施情况进行执法检查。市人大常委会副主任、市总工会主席王改真，县委书记、县人大常委会主任陈秀兴，县人大常委会第一副主任尹海波，县人大常委会副主任赵希亮，科技副县长杨立军陪同活动。

6月18日　省文明办主任刘宝莅来我县调研精神文明工作，市人大常委会副主任孙菁、市文明办主任杜洋华、县委书记、县人大常委会主任陈秀兴、县委副书记、县长雷霞、县人大常委会第一副主任尹海波、副主任丁洁卉陪同活动。

7月15日　全县人大代表建议、政协委员提案交办工作会议召开。县委副书记、县长雷霞出席会议并讲话。县政协主席徐莹，县人大常委会第一副主任尹海波出席会议，并分别介绍了政协九届二次会议和县十七届人大二次会议以来，政协委员提案和人大代表建议工作情况，就进一步做好今年的代表、委员建议、提案办理工作，讲了意见和要求。县人大常委会副主任靳明华，县政协副主席王彪出席会议。

7月24日　市人大执法检查组对我县贯彻实施《中华人民共和国体育法》和《山东省全民健身条例》情况进行执法检查。县委书记、县人大常委会主任陈秀兴，县人大常委会第一副主任尹海波，县委常委、县委办公室主任王琦，县人大常委会副主任丁洁卉，副县长曹志程陪同活动。

8月6日　市人大常委会副主任刘新东带领视察组对我县实施妇女儿童发展“十二五”规划情况进行视察。县委书记、县人大常委会主任陈秀兴，县委副书记许兰岭，县人大常委会第一副主任尹海波，县委常委、县委办公室主任王琦，县人大常委会副主任丁洁卉，县经济开发区管委会主任李泽潜陪同活动。

8月20日　省人大常委会副主任宋远方来我县调研，实地察看了县高端产业聚集区、振兴街道吴官屯社区、县城市规划展览馆、金牛湖景观区和冯屯纺织工业园。市委副书记、市长王忠林，市人大常委会第一副主任汪文耀，县委书记、县人大常委会主任陈秀兴，县委副书记、县长雷霞，县人大常委会第一副主任尹海波，县委常委、县委办公室主任王琦，县人大常委会副主任靳明华，县高端产业聚集区服务中心党组书记刘健陪同调研。

9月4日　省人大常委会委员、教科文卫委员会主任委员王文升率执法检查组在市人大常委会第一副主任汪文耀的陪同下来我县检查《义务教育法》贯彻实施情况。市人大常委会副主任孙菁，副市长白志坚，县委书记、县人大常委会主任陈秀兴，县委副书记、县长雷霞，县人大常委会第一副主任尹海波，县委常委、县委办公室主任王琦，县人大常委会副主任丁洁卉，副县长曹志程陪同活动。

9月12日　茌平县第十七届人大常委会第十一次会议在县委四楼会议室召开，会前视察了县120急救中心和肖庄生态园旅游项目建设情况，会上审议通过县政府关于全县人口和计划生育工作情况的报告；审议通过县政府关于全县医疗卫生工作情况的报告；审议通过县政府关于全县文化旅游工作情况的报告；依法进行人事任免事项。

10月15日　省人大常委会委员、城环资委主任委员杨焕彩率领省人大视察组在市人大常委会副主任张同村、副市长白志坚的陪同下来我县视察城镇化建设工作。县委书记、县人大常委会主任陈秀兴，县委副书记、县长雷霞，县人大常委会第一副主任尹海波，县委常委、副县长景志国，县委常委、县委办公室主任王琦，县人大常委会副主任靳明华陪同活动。

11月1日　省人大城乡建设与环资保护委副主任委员张秋波来我县调研，实地参观了县高端产业聚集区、金牛湖景区、信发集团6*60万发电机组项目建设现场、金号纺织工业园和县城市规划展览馆。市委书记、市人大常委会主任林峰海，市政协主席金维民，我县县委书记、县人大常委会主任陈秀兴，县委副书记、县长雷霞，县政协主席徐莹，县人大常委会第一副主任尹海波参加调研活动。

11月14日　市人大常委会副主任张同村带领市人大城环委委员到我县视察《土地管理法》贯彻落实情况。县委书记、县人大常委会主任陈秀兴，县委副书记、县长雷霞，县人大常委会第一副主任尹海波，县委常委、县委办公室主任王琦，县人大常委会副主任靳明华，副县长宋永刚陪同活动。

12月9日　聊城市委常委、市直机关工委书记蔡同民、聊城军分区原司令员步伟利、市人大原副主任郭秀华、尹慧芹等带领部分市人大代表来我县调研经济社会发展情况。县委书记、县人大常委会主任陈秀兴，人大常委会第一副主任尹海波、副主任靳明华、县经济开发区党工委书记李光、县高端产业聚集区发展服务中心党委书记、主任刘健陪同活动。

12月24日　茌平县第十七届人大常委会第十二次会议在县委五楼会议室召开，审议通过《2013年人大常委会工作报告（讨论稿）》；审议通过《茌平县人大常委会2013年度评议工作实施方案》；作出关于召开第十七届人民代表大会第三次会议的决定；提出主席团和秘书长建议名单、特邀人员名单、列席人员名单；审议通过《茌平县人大常委会代表资格审查委员会关于暂停某人茌平县十七届人大代表职务的提请报告》；依法通过人事任免事项。

2014年

1月3日　茌平县第十七届人大常委会第十三次会议在县委四楼会议室召开，审议通过《茌平县人大常委会代表资格审查委员会关于补选茌平县第十七届人民代表大会代表资格的审查报告》；作出《茌平县人大常委会关于接受时书东、张爱英辞职的决定》；作出《茌平县人大常委会关于补选聊城市第十六届人大代表的决定》；依法通过人事任免事项。

1月5日　茌平县十七届人民代表大会第三次会议在茌平县正泰东方大酒店召开，历时两天半，225名代表出席会议。会议审议通过政府工作报告、计划、财政报告、人大常委会工作报告以及法检两院工作报告。

3月13日　市委书记、市人大常委会主任林峰海率领驻聊全国人大代表来我县视察调研。常委会陪同视察组一行先后视察了信发集团“上大压小”等重点项目建设现场，听取了全国人大代表、全国劳模、县委副书记、信发集团董事局主席张学信有关信发集团新上项目和企业发展运营情况的汇报。

3月18日　茌平县人大常委会在县委五楼会议室，召开中共茌平县人大常委会党组暨机关关于深入开展党的群众路线教育实践活动动员会。

4月11日　茌平县第十七届人大常委会第十四次会议在县委五楼会议室召开，会前，视察郝集高端产业聚集区新开工工业项目建设情况，会上，审议通过县政府关于两个开发区发展情况的工作报告；审议通过《茌平县人大常委会2014年工作要点》；下发人大常委会办公室《关于2013年度人大代表评议“一府两院”及垂直部门的情况通报》和《关于组织开展全县人大系统优秀调研论文评选活动的通知》。

4月14日　市人大常委会第一副主任汪文耀就党的群众路线教育实践活动来我县博平镇调查研究，听取基层党员干部群众对市人大常委会及机关工作的意见建议。市人大常委会秘书长李文禄，县委书记、县人大常委会主任陈秀兴，县人大常委会第一副主任尹海波，县委常委、组织部长殷守来，县人大常委会副主任赵希亮陪同调研。

4月15号　市人大常委会副主任、市总工会主席王改真来我县就党的群众路线教育实践活动进行调研，并召开座谈会征求意见。县委书记、县人大常委会主任陈秀兴陪同活动县委常委、县委办公室主任王琦，县人大常委会副主任张丽华、赵希亮、丁洁卉、靳明华参加座谈。

4月17日 市人大常委会第一副主任汪文耀到博平镇刘坦村调研指导党的群众路线教育实践活动。市人大常委会秘书长李文禄，县委书记、县人大常委会主任陈秀兴，市教育局局长哈宝泉，市水利局局长栾居军，市交通运输局局长高洪岩，县人大常委会第一副主任尹海波，县委常委、县委办公室主任王琦，县人大常委会副主任赵希亮陪同调研。

5月19日 市人大常委会副主任张同村带领调研组到我县视察调研重点项目和城镇化建设工作。常委会陪同调研组一行先后深入到我县郝集高端产业聚集区、金牛湖观光景观区、博平镇滨河新城等重点工业项目和城镇化建设现场，实地了解了我县重点工业项目建设和城镇化工作推进情况。县委书记、县人大常委会主任陈秀兴，人大常委会第一副主任尹海波、副主任靳明华陪同活动。

5月27日 全县人大代表建议、政协委员提案交办工作会议召开。县委副书记、县长雷霞出席会议并讲话。县政协主席徐莹，县人大常委会第一副主任尹海波出席会议，并分别介绍了政协九届三次会议和县十七届人大三次会议以来，政协委员提案和人大代表建议工作情况，就进一步做好今年的代表、委员建议、提案办理工作，讲了意见和要求。县人大常委会副主任靳明华出席会议。

5月28日 茌平县第十七届人大常委会第十五次会议于在县委五楼会议室召开，听取审议《茌平县2014年财政预算安排说明》；审议通过《茌平县人大常委会关于批准茌平县人民政府2014年县级财政预算的决定》；下发《茌平县人大常委会2014年工作要点》和《茌平县人大常委会2014年监督工作计划》；依法通过人事任免事项。

6月4日 市人大原副主任、市关工委副主任荣向林来我县就关心下一代工作进行调查研究。常委会陪同调研组一行先后来到县实验小学、信发集团和金牛湖观光景观区等地，听取了有关情况介绍，并就关心下一代工作进行了座谈。县委书记、县人大常委会主任陈秀兴，人大常委会第一副主任尹海波、副主任赵希亮陪同活动。

6月18日 省人大常委会委员、教科文卫委员会副主任委员安世银率领调研组来我县调研全民健身事业发展情况。常委会陪同调研组一行先后视察了县城市规划展览馆、金牛湖观光景观区、县文体中心，详细了解我县全民健身事业发展、全民健身活动开展等情况。

7月3日 茌平县第十七届人大常委会第十六次会议在县委四楼会议室召开，审议通过茌平县人民检察院关于对县人大代表某人采取强制措施的提请报告，并听取相关情况说明；审议通过茌平县人大常委会关于许可检察机关对县十七届人大代表某人采取法律规定的强制措施的决定。

7月24日 市人大常委会副主任张同村带领部分市人大常委会委员来我县视察交通重点项目建设工作，并对今年农村公路养护情况进行调研。常委会陪同视察组实地视察了滨河路建设现场、济聊一级路建设现场和茌大路养护现场，详细了解我县交通重点项目建设及农村公路养护工作情况。县委书记、县人大常委会主任陈秀兴，人大常委会第一副主任尹海波、副主任靳明华陪同活动。

8月7日 市人大常委会副主任孙菁来我县调研学前教育工作。常委会陪同调研组一行实地查看了博平中心幼儿园，温陈中心幼儿园，县实验幼儿园新园区建设现场和正泰新世纪幼儿园，详细了解我县学前教育事业发展基本情况、学前教育机构师资情况、学前教育发展面临的困难和问题等。县委书记、县人大常委会主任陈秀兴，人大常委会第一副主任尹海波、副主任丁洁卉陪同活动。

8月7日 县人大常委会党组召开党的群众路线教育实践活动专题民主生活会。省委统战部七处主任科员、省市联合督导组成员李静同志、县直第三督导组全体成员到会指导。5名常委会党组成员全部参加，县人大常委会副主任张丽华列席会议。

8月27日　省人大法制委员会副主任委员程辉率调研组来我县就《山东省老年人权益保障条例（修订草案）》进行立法调研。常委会陪同调研组一行来到我县博平千岛生态疗养示范基地进行实地调研，陈秀兴书记详细介绍了我县经济社会发展情况和老年人保障工作情况。市人大常委会副主任刘新东、县委书记、县人大常委会主任陈秀兴，县委副书记、人大常委会第一副主任尹海波、副主任丁洁卉陪同活动。

9月4日　茌平县十七届人大常委会第十七次会议在县委四楼会议室召开，会议审议通过县人民法院关于人民陪审员工作、基层法庭建设情况以及队伍建设情况的工作报告；审议通过县人民检察院关于反贪污腐败工作情况、基层检察室建设情况以及队伍建设情况的工作报告；审议通过《茌平县人民代表大会代表守则》；依法通过人事任免事项。

9月24日　市人大常委会第一副主任汪文耀来我县走访慰问孤寡老人和百岁老人。市人大常委会秘书长李文禄，县委书记、县人大常委会主任陈秀兴，县委副书记、县长雷霞，县委副书记朱正林，县人大常委会第一副主任尹海波，县委常委、县委办公室主任王琦，县经济开发区管委会主任李泽潜陪同活动。

10月21日　茌平县人大常委会在县委五楼会议室，召开中共茌平县人大常委会党组暨机关关于深入开展党的群众路线教育实践活动总结大会。

10月27日　市人大常委会第一副主任汪文耀率督导组来我县督导村“两委”换届选举工作。市人大常委会秘书长李文禄参加活动。县委书记、县人大常委会主任陈秀兴，县委常委、组织部长殷守来，县委常委、县委办公室主任王琦陪同活动。

11月13日　茌平县十七届人大常委会第十八次会议在县委五楼会议室举行，会议审议通过县政府关于全县人力资源和社会保障、教育、食品药品监督管理工作开展情况的工作报告；审议通过《茌平县人大常委会2014年度评议工作实施方案》和《茌平县人民代表大会常务委员会委员守则》，并依法进行人事任免事项。

12月16日　市人大常委会第一副主任汪文耀率督导组来我县督导村“两委”换届选举工作。市委常委、聊城军分区政委宋铁平，市人大常委会秘书长李文禄，县委副书记、县长雷霞，县人大常委会第一副主任尹海波，县委常委、组织部长殷守来陪同活动。

2015年

1月16日　市人大常委会副主任、市总工会主席王改真来我县走访慰问全国劳动模范和企业困难职工。县委书记、县人大常委会主任陈秀兴，县委副书记朱正林，县人大常委会第一副主任尹海波，县委常委、县委办公室主任王琦，县政协党组副书记、县总工会主席白若华陪同活动。

2月4日　全县人大工作会议在茌平宾馆国际会议室隆重召开。县委书记、县人大常委会主任陈秀兴出席会议并讲话，县委副书记、县长雷霞主持会议，县政协主席徐莹出席会议，县委副书记朱正林传达了《中共茌平县委关于进一步加强和改进人大工作的意见》，县人大常委会党组书记、第一副主任尹海波总结了我县人大工作的实践经验，并对下步工作讲了具体意见。

3月10日　茌平县十七届人大常委会第十九次会议在县委五楼会议室举行。会议审议通过有关人员的辞职请求、代表补选和资格审查事项，作出关于召开第十七届人民代表大会第四次会议的决定，审议通过特邀、列席人员名单和《2014年人大工作报告（讨论稿）》，并依法进行人事任免事项。

3月11日　茌平县第十七届人大常委会第二十次会议在县委四楼会议室召开。会议审议通过茌平县公安局关于对县十七届人大代表某人采取强制措施的提请报告，并听取相关情况说明；审议通过茌平县人大常委会关于许可公安机关对县十七届人大代表某人采取法律规定的强制措施的决定》。

3月13日　茌平县十七届人民代表大会第四次会议在茌平县正泰东方大酒店召开，历时3天，213名代表出席会议。

会议审议通过政府工作报告、计划、财政报告、人大常委会工作报告以及两院工作报告，并依法补选郝彬为人大常委会委员。

4月8日　全县人大代表建议、政协委员提案交办工作会议召开。县委副书记、县长雷霞出席会议并讲话。县政协主席徐莹，县人大常委会第一副主任尹海波出席会议，并分别介绍了政协九届四次会议和县十七届人大四次会议以来，政协委员提案和人大代表建议工作情况，就进一步做好今年的代表、委员建议、提案办理工作，讲了意见和要求。县人大常委会副主任靳明华出席会议。

4月24日　茌平县十七届人大常委会第二十一次会议在县委四楼会议室举行。会议审议通过《茌平县人大常委会2015年工作要点》、《茌平县2015年全县财政预算》和《茌平县人大常委会关于进一步加强和改进宣传工作的意见》，并依法进行人事任免事项。

5月7日　省人大常委会财经委副主任委员王同生在市人大常委会副主任白志坚的陪同下，带领调研组来我县就《山东省循环经济条例（草案）》开展立法调研。王同生一行先后深入信发华宇氧化铝有限公司、信发科技开发有限公司赤泥处理现场等地，详细了解企业的生产经营以及在赤泥处理和资源重复利用等方面的情况。县委书记、县人大常委会主任陈秀兴，县人大常委会第一副主任尹海波，县委常委、县委办公室主任王琦，县人大常委会副主任赵希亮陪同活动。

5月22日　茌平县人大常委会在县委5楼会议室举行《茌平县人民代表大会志》编纂工作启动仪式。县人大常委会党组书记、第一副主任尹海波出席会议并讲话；县人大副主任张丽华、赵希亮、丁洁卉、靳明华；县人大机关全体人员；有关部门负责同志以及各乡镇（街道）人大主席（主任）参加会议。

5月22日　茌平县人大常委会召开茌平县人大常委会党组及机关“三严三实”专题教育动员大会，常委会党组书记、第一副主任尹海波作“践行‘三严三实’要求，推进人大工作创新发展”的专题教育党课辅导报告。

6月5日　茌平县人大常委会召开人大纪律作风工作会。县人大党组副书记、副主任赵希亮同志主持会议，全体党员干部参加会议，县纪检组负责同志出席会议并讲话。

6月27日　茌平县十七届人大常委会第二十二次会议在县委四楼会议室举行。会议审议通过《茌平县人民政府关于茌平县农村信用合作联社银行化改革实施方案的提请报告》；作出《茌平县人大常委会关于同意茌平县农村信用合作联社银行化改革实施方案的决定》。

7月3日　省人大常委会委员、城环资委主任委员杨焕彩带领省人大立法调研组来我县就土地综合整治工作开展情况进行调查研究，实地察看了冯官屯镇前张社区、后寨村和业官屯村土地综合整治项目现场，详细了解我县土地综合整治工作开展情况。市人大常委会副主任张同村，市人大城环委主任委员蒋玉尚，市国土资源局局长靳凤莲，县委书记、县人大常委会主任陈秀兴，县人大常委会第一副主任尹海波陪同活动。

7月21日　茌平县人大常委会理论学习中心组举行“三严三实”专题教育第一专题集中研讨。县人大常委会党组书记、第一副主任尹海波主持研讨并讲话，副主任赵希亮、丁洁卉、靳明华参加研讨，副主任张丽华列席会议。

8月4日　茌平县人大常委会组织部分县人大常委会委员、市、县人大代表组成执法检查组，聘请具有多年食品安全监管工作经验的专业人员担任特聘咨询员，对我县《中华人民共和国食品安全法》的执法情况进行执法检查。

8月24日 茌平县人大常委会在县委四楼会议室召开

“三严三实”专题教育开门征求意见座谈会。县人大常委会党组书记、第一副主任尹海波主持会议并讲话，部分县人大常委会委员、部分市县乡人大代表参加会议。

8月27日 茌平县人大常委会理论学习中心组举行“三严三实”专题教育第二专题集中研讨。县人大常委会党组书记、第一副主任尹海波主持研讨并讲话，副主任赵希亮、丁洁卉、靳明华参加研讨，副主任张丽华列席会议。

9月1日 茌平县第十七届人大常委会第二十三次会议在县委四楼会议室召开。会议审议通过县政府关于全县农业工作开展情况的工作报告，审议通过《茌平县人大常委会关于对县人民法院部分法官开展履职评议的实施方案》和通过《茌平县人大常委会〈食品安全法〉执法检查情况报告》，并依法进行人事任免事项。

9月8日 市委常委、统战部长、市直机关工委书记蔡同民带领部分市人大代表来我县视察。县委书记、县人大常委会主任陈秀兴，县人大常委会第一副主任尹海波，县委常委、组织部长殷守来，县委常委、宣传部长、统战部长鲍世利陪同视察。

9月16日 东营市人大常委会第一副主任陈泽浦带领住东营市省人大代表团来我县调查研究。代表团一行实地视察了信发集团“上大压小”项目建设现场，听取了相关情况介绍。市人大常委会副主任白志坚、孙菁，副市长郭建民，县委书记、县人大常委会主任陈秀兴，县人大常委会第一副主任尹海波陪同活动。

10月29日 县人大常委会在县委四楼会议室，召开《茌平县人民代表大会志》编纂工作调度会。会议认真听取了编纂工作各小组负责人和各乡镇（街道）街道相关负责同志的编纂进度情况汇报，积极征求与会人员的意见建议，进一步研究和解决编纂工作中存在的困难和问题。丁洁卉副主任就目前编纂工作的进度、存在的问题以及下一步的工作重点作了专题分析和部署，尹海波做重要讲话。

11月10日 茌平县人大常委会对全县物业管理工作开展了专项视察并召开座谈会。县人大常委会副主任靳明华带队视察并讲话，部分县人大代表、县住建局、市政公用事业管理局、物价局、电业局、供热公司和自来水公司相关负责人参加会议。

11月11日 茌平县十七届人大常委会第二十四次会议在县委四楼会议室召开。会议审议通过《县政府关于十七届人大四次会议代表意见建议办理情况的报告》，开展市人大代表向原选区述职事项，并依法进行任免事项。

11月11日 茌平县人大2015年度法官履职评议大会在县委五楼会议室召开。县人大常委会党组书记、第一副主任尹海波，副主任张丽华、赵希亮、丁洁卉、靳明华出席会议。会议特别邀请了市、县人大代表共计84人，参加对本次被评议的8名法官的民主测评。县人民法院院长黄鸿义、县人民检察院检察长隋军和各乡镇（街道）人大主席（主任）列席会议。

11月13日 聊城市人大常委会副主任白志坚率调研组来我县调研县乡人大工作情况。调研组一行先后到振兴街道和乐平镇人大办公室视察和调研，并在县委四楼会议室召开座谈会。茌平县人大常委班子成员、有关委室负责同志以及部分乡镇人大负责同志参加会议。

11月17日 茌平县人大常委会理论学习中心组举行“三严三实”专题教育第三专题集中研讨。县人大常委会党组书记、第一副主任尹海波主持研讨并讲话，副主任赵希亮、丁洁卉、靳明华参加研讨，副主任张丽华列席会议。

12月10日 省政府原副省长郭兆信率驻聊全国、省人大代表在市人大常委会副主任白志坚的陪同下来我县视察社会养老服务业发展情况。县委书记马骏，县人大常委会党组书记、第一副主任尹海波，县委常委、县委办公室主任王琦，科技副县长杨立军陪同活动。

12月16日 聊城市人大常委会副主任朱加云带领农业与农村委员会一行对茌平县精致农业、农民专业合作社和农产品质量安全生产工作进行视察。茌平县人大党组书记、第一副主任尹海波陪同活动。

12月29日 茌平县十七届人大常委会第二十五次会议在县委四楼会议室召开。会议审议通过《茌平县人民政府关于变更我县财政预算的报告》、《茌平县人民政府关于我县政府债务限额的报告》、《茌平县人民政府2015年度审计工作报告》和《茌平县人大常委会2015年度法官履职评议工作报告》，书面传达《茌平县人大常委会乡镇（街道）评议工作指导意见》，审议通过代表资格审查及有关人员辞职事项，通报本届常委会委员出席历次常委会情况；并依法进行任免事项。

2016年

1月8日 县人大常委会党组在县委四楼会议室召开"三严三实"专题教育专题民主生活会。县人大常委会党组书记、第一副主任尹海波主持会议，副主任赵希亮、丁洁卉、靳明华出席会议，副主任张丽华列席会议。

2月14日 茌平县十七届人大常委会第二十六次会议在县委四楼会议室召开。会议审议通过有关人员辞职事项；和代表补选事项。

2月29日 茌平县十七届人大常委会第二十七次会议在县委五楼会议室召开。会议依法进行选举任免事项，审议通过关于召开第十七届人民代表大会第五次会议的决定，审议通过特邀和列席人员名单，审议讨论2015年人大常委会工作报告讨论稿。

3月4日 茌平县十七届人民代表大会第五次会议在茌平县正泰东方大酒店召开，历时3天，205名人大代表出席会议。会议审议通过十三五规划纲要、政府工作报告、计划、财政报告、人大常委会工作报告以及两院工作报告，并依法选举尹海波为人大常委会主任。

3月6日 茌平县人大常委会举行新当选的县人大常委会主任尹海波向宪法宣誓仪式。宣誓仪式由中共茌平县委书记马骏主持，县人大常委会副主任张丽华、赵希亮、丁洁卉、靳明华以及其他县人大常委会组成人员参加宣誓仪式。

4月7日 茌平县人大常委会对我县污水处理工作进行视察。县人大常委会副主任靳明华带队，县人大城环工作主要负责同志和部分人大代表参加活动。

4月19日 全国人大环资委主任委员陆浩率队来我县调研循环经济工作，实地视察了信发盛基赤泥处理厂。省人大常委会副主任宋远方，市委书记、市人大常委会主任徐景颜，市人大常委会第一副主任李吉增等领导同志随行。县人大常委会主任尹海波，县委常委、办公室主任王琦，县人大常委会副主任靳明华等县领导陪同活动。

4月27日 茌平县人大常委会在县委四楼会议室召开"两学一做"学习教育工作动员大会。县人大常委会主任、党组书记尹海波，副主任赵希亮、丁洁卉、靳明华出席会议，县人大全体党员干部参加会议，副主任张丽华列席会议。

5月12日 茌平县十七届人大常委会第二十八次会议在县委四楼会议室召开。会议审议通过了《茌平县人大常委会2016年度工作要点》、《茌平县人民政府关于提请审议批准县城市综合开发建设投资有限公司发行企业债券的议案》、《茌平县人大常委会关于开展"双联双室"活动的实施方案》以及《茌平县人大常委会关于第一届全县人大宣传工作评选结果的通知》。

5月12日 广州市人大常委会调研组在广州市人大制度研究会常务副会长，广州市第十一、十二届人大常委会副主任潘庆楮的带领下，来我县调研循环经济发展情况。省人大工作理论研究会副秘书长张力、省人大办公厅调研员刘世忠、聊城市人大常委会副主任孙菁、市人大常委会副秘书长王鲁、市人大城环委工作室副主任任振鲁、市人大常委会研究室副主任葛锐等省、市领导陪同活动。我县人大常委会主任、党组书记尹海波、副主任丁洁卉、办公室主任邵益陪同活动。

5月27日　茌平县十七届人大常委会第二十九次会议在县委五楼会议室召开。会议听取审议了《茌平县人民政府关于茌平县2016年全县财政预算（草案）的工作报告》、《茌平县人民政府关于全县“六五普法”、依法治县情况的工作报告》、《茌平县人民政府关于〈食品安全法〉执法检查整改情况的工作报告》并作出相应决定，并审议通过了有关人员辞职及代表资格审查事项。

5月30～6月5日　茌平县人大常委会组织部分机关干部及全体乡镇（街道）人大主席（主任），赴全国人大北戴河培训基地参加培训。

6月6日　茌平县人大代表建议、政协委员提案交办工作会议召开。县委副书记、县长雷霞出席会议并讲话。县政协主席徐莹，县人大常委会主任尹海波出席会议，并分别介绍了政协九届五次会议和县十七届人大五次会议以来，政协委员提案和人大代表建议工作情况，就进一步做好今年的代表、委员建议、提案办理工作，讲了意见和要求。县人大常委会副主任靳明华出席会议。

6月13日　茌平县人大常委会开展“大交通”建设专项监督活动，并召开座谈会。县人大常委会主任、党组书记尹海波，县人大常委会副主任张丽华、丁洁卉、靳明华、部分人大代表以及县交通、城建、公共事业管理、执法、交警等部门有关负责同志参加会议。

6月16日　上午，茌平县十七届人大常委会第三十次会议在县委四楼会议室召开。会议审议通过茌平县人民政府关于我县产业园区建设情况的工作报告，并依法进行了人事任免事项。下午，县人大机关联合县政协机关在县委五楼会议室召开“两学一做”专题学习报告会。

6月26日　在建党95周年来临之际，按照全县“两学一做”学习教育的安排部署，县人大常委会党组书记、主任尹海波赴肖庄田庄村讲党课，党课题目为《深入开展“两学一做”，巩固强化“战斗堡垒”》。

7月26日　茌平县十七届人大常委会第三十一次会议在县委五楼会议室召开。会议审议通过了茌平县撤县设区有关事宜；审议通过了茌平县人民政府关于茌平县2015年财政决算（草案）和2016年上半年财政预算执行情况的工作报告；审议通过了茌平县人民政府关于调整茌平县政府债务限额和新增政府性债券使用情况的工作报告；还依法进行了任免事项。

7月29日　聊城市人大农业与农村委员会在市人大常委会副主任李志华的带领下，来我县调研农机化创新发展情况。调研组一行专程来到茌平县乐平镇德丰源农机专业合作社，进行实地考察和调研。茌平县委副书记、县长雷霞，县委副书记朱正林，县人大常委会党组书记、主任尹海波，县人大常委会副主任赵希亮陪同活动。

8月17日　茌平县人大常委会开展行政审判工作专项监督活动，并召开座谈会。茌平县人大常委会全体班子成员、部分人大常委、部分人大代表、乡镇（街道）人大主席（主任）以及作为行政应诉方的县公安局、县法制办、县司法局、工商局、县住建局、县国土资源局、县行政执法局、县信访局、县公共事业局等部分行政部门负责人参加会议。

9月2日　茌平县十七届人大常委会第三十二次会议在县委四楼会议室召开。会议审议通过了茌平县人民政府关于提请审议批准茌平县2016年棚户区改造项目贷款融资的议案；审议通过了茌平县人民政府关于提请审议批准大班额项目的议案；审议通过了茌平县人民政府关于2015年度县级预算执行和其他财政收支情况的审计工作报告；审议通过了有关代表资格审查事项。

9月5日　山东省人大常委会委员、教科文卫委员会主任委员骆宝臻率调研组来我县开展“三小”食品立法调研。山东省人大教科文卫委员会副主任委员夏季亭，省人大常委会委员、教科文卫委员会委员于联华、仪平策，省食药监局副局长陈耕参加调研。聊城市人大常委会副主任孙菁、茌平县人大常委会主任尹海波、副主任丁洁卉、县人民政府副县长、公安局长王志刚、县食药局局长韩道玲陪同活动。

10月14日　茌平县第十七届人大常委会第三十三次会议在县委四楼会议室召开。县人大常委会主任尹海波出席会议并讲话。县人大常委会副主任张丽华、赵希亮、丁洁卉、靳明华出席会议。县委副书记朱正林，县委常委、副县长景志国，县人民法院院长黄鸿义列席会议。会议审议通过茌平县人大常委会代表资格审查委员会关于雷霞、王巍同志代表资格的审查报告；通过举手表决的方式通过雷霞、王巍同志的辞呈报告。会议听取中共茌平县委关于朱正林同志任职的通知，审议通过茌平县人大常委会主任会议关于提请朱正林同志为茌平县人民政府副县长、代理县长职务的报告。经过无记名投票，任命朱正林同志为茌平县人民政府副县长、代县长，随后举行了宪法宣誓仪式，朱正林面向国徽庄严宣誓。

10月22日　聊城市人大常委会副主任孙菁带领市人大视察组来茌平县视察基本公共卫生服务情况。市卫生计生委党委书记、主任刘德勇，县委书记马骏，县人大常委会主任尹海波，县人大常委会副主任丁洁卉，副县长李恩陪同活动。孙菁一行先后查看了郝集医院、崔韩中心卫生室、茌平第三人民医院，了解我县公共卫生服务工作方面的基本情况。

11月16日　茌平县第十七届人大常委会第三十四次会议在县委五楼会议室召开。县人大常委会主任尹海波出席会议并讲话，县人大常委会副主任张丽华、赵希亮、丁洁卉、靳明华出席会议及其他常委共20人参加会议。县委常委、县政府副县长景志国、县人民法院院长黄鸿义、县人民检察院检察长隋军、各乡镇（街道）人大主席（主任）列席会议。会议学习传达市、县两级党委转发的人大党组关于县乡换届选举的重要文件；审议通过换届选举有关工作的若干决定；审议通过了《茌平县2015—2020年依法治县规划》和《茌平县第七个五年普法规划》，并作出了相应决议；依法进行了任免事项。

11月24日　茌平县人大常委会组织召开县选举委员会第一次会议，县选委会主任尹海波出席会议并讲话，选委会副主任殷守来、景志国、靳明华以及选委会其他成员出席会议，审议通过《茌平县县乡两级人大换届选举工作日程安排》。

12月2日　茌平县人大常委会组织召开县选举委员会第二次会议，县选委会主任尹海波出席会议并讲话，选委会副主任殷守来、靳明华以及选委会其他成员出席会议，审议通过《茌平县选举委员会关于茌平县县、乡人民代表大会代表选举日的决定》、《茌平县选举委员会关于县人大代表划分的意见》。

12月6日　茌平县人大常委会分组对各乡镇、街道对选民登记工作情况进行督导。

12月14日　茌平县第十七届人大常委会第三十五次会议在县委四楼会议室召，县人大常委会主任尹海波出席会议并讲话。县人大常委会副主任张丽华、赵希亮、丁洁卉、靳明华出席会议及其他常委共19人参加会议。县政府副县长曹志程、县人民法院院长黄鸿义、县人民检察院检察长隋军、列席会议。会议审议通过个别代表辞职及资格审查事项，听取了县人民检察院关于首批员额检察官履行法律报备程序的说明，还依法进行了任免事项，任命宋静同志为茌平县人民政府副县长，并举行了向宪法宣誓仪式。

同日　茌平县人大常委会组织召开县选举委员会第三次会议，县选委会主任尹海波出席会议并讲话。选委会副主任张亚、靳明华以及选委会其他成员出席会议，审议通过了《茌平县选举委员会关于变更茌平县县、乡人民代表大会代表选举日的决定》、《茌平县选举委员会关于县级人大代表名额分配方案》。

12月23日　茌平县人大常委会在茌平宾馆二楼召开《茌平县人民代表大会志》征求意见座谈会。县人大常委会主任尹海波出席会议并讲话，县人大常委会副主任张丽华、赵希亮、丁洁卉、靳明华出席会议，马怀进、司文瞻、孙新建等原人大常委会老领导参加会议。

同日 茌平县人大常委会组织召开县选举委员会第四次会议，县选委会主任尹海波出席会议并讲话。选委会副主任景志国、靳明华以及选委会其他成员出席会议，审议通过了《茌平县换届选举正式代表候选人名单》、《茌平县选民直接选举人大代表选举办法》。

12月28日 茌平县人大常委会分组对各乡镇、街道选举日前的准备工作情况进行督导。

12月29日 茌平县第十七届人大常委会第三十六次会议在县委四楼会议室召开，审议通过选举委员会有关成员辞职事项；审议通过了县人民政府关于预算调整事项的报告、关于债务限额和新增政府性债券使用情况的报告、关于茌平县中医院病房楼建设银行贷款还本付息资金列入财政预算的申请报告。

12月30日 聊城市人大常委会第一副主任李吉增到茌平县督导县乡人大代表换届选举工作。

同日 12月30日是茌平县第十八届县人大代表换届选举日，选民到所在地区进行投票。

第一章
各界人民代表会议

第一章 各界人民代表会议

1945年，茌平县全境解放，建立了茌平县人民民主政府。1947年，茌平县进行了土地改革运动。1948年8月7日，华北临时人民代表大会在河北省石家庄电影院开幕，出席代表542人，会议选举产生了华北人民政府委员会，董必武为主席，薄一波、蓝公武、杨秀峰为副主席。茌平县人民民主政府县长崔方亭作为代表参加了本次会议。华北临时人民代表大会为召开全国人民代表大会进行了一次民主政治协商的尝试，是全国人民代表大会的前奏。

茌平县、博平县是老解放区，新中国成立时，土地改革和政党建党工作已经结束，进行政权建设已具备条件。1949年10月，中共中央华北局作出《关于建立村、区、县三级人民代表大会和各界人民代表会议的决定》，中共聊城地委对中共中央华北局和中共平原省委关于召开县各界人民代表会议的指示非常重视，研究决定，聊城地区所辖县、区要在1949年12月底前完成这一工作。茌平县于1949年11月28日召开第一届各界人民代表会议。博平县于1949年12月9日召开第一届各界人民代表会议。1956年3月，茌平县、博平县合并为茌平县。

1949年12月2日，中央人民政府颁布《县各界人民代表会议组织通则》规定，各界人民代表会议前期是联系群众、帮助政府推行政策的协议机关，经省人民政府批准，后期代行人民代表大会的职权。

县各界人民代表会议代表的产生，是在中国共产党茌平县委员会的领导下，由党、政、军、工、农、妇、教、医等方面实行推举或选派。名额分配根据各界人数的多少分配。党政机关的代表由领导人充任；农民代表由村民大会或农民代表会议推选；各人民团体和文教、医疗卫生等系统的代表，由本单位选派；社会民主人士（包括民间艺人、开明士绅）由县政府邀请。代表的确定，根据工农联盟为基础尽量照顾各界，注重代表性和广泛性。

县各界人民代表会议代表的任期：县各界人民代表会议未代行县人民代表大会职权以前，代表可每次推选，但连选得连任，从代行县人民代表大会职权时起，每届人民代表会议的任期为一年，连选得连任。

县各界人民代表会议的职权：听取县人民政府的工作报告，讨论并提出批评和建议。向县人民政府反映人民的意见和要求，讨论并建议县大政方针；向人民传达并解释县各界人民代表会议决议案，并协助人民政府动员人民推行之。

县各届人民代表会议休会期间，设常务委员会，由会议选举主席一人，副主席及委员若干人组成。其职权：提出建议，联系代表，协商并提出对政府的建议，负责下届各界人民代表会议的准备工作。

1949年中华人民共和国刚刚成立时，许多革命工作还刚开始。各种社会改革工作和国民经济恢复工作还没有完成。群众还没有充分发动起来，召开普选的人民代表大会的条件还不成熟。因此，采取召开各界人民代表会议的形式来团结与发动人民群众参加政权的管理和建设工作。采取这种过渡形式，即人民代表会议逐步代行人民代表大会的职权，为实现普选的人民代表大会创造条件。

茌平县各界人民代表会议从1949年11月至1954年7月，历时5年，共召开5届6次代表会议。茌平县第四届第二次各界人民代表会议是代行人民代表大会职权的会议。大会于1952年11月4日在茌平县城召开，与会代表259人。

博平县各界人民代表会议从1949年12月至1953年7月，历时近4年，共召开5届9次代表会议。博平县第四届各界人民代表会议第三次会议是第一次代行人民代表大会职权的会议。大会于1952年11月8日在博平县城召开，与会代表279人，代表来自23个界别。

1954年7月2日召开普选的茌平县第一届人民代表大会后，各界人民代表会议制度终止。

第一节 代表的产生

选举办法 1949年至1953年，茌平县、博平县各界人民代表会议的代表，实行选举与邀请相结合的办法产生。

各界人民代表大会筹备委员会规定：中国共产党党员占代表总数的1/3，左翼人士占代表总数的1/3，不反动的右翼人士约占代表总数的1/3，邀请代表占少数。代表名额由选举委员会按区、乡人口分配，代表是经过区、乡政府及有关部门协商推荐，并经县各界人民代表大会选举产生。各党、团、行政机关及部队的代表则按名额自行选派，开明人士代表由县人民政府邀请。党政机关的代表由领导人充任；农民代表由村民大会或农民代表会议推选；各人民团体和文教、医疗卫生等系统的代表，由本单位选派；社会民主人士（包括民间艺人、开明士绅）由县人民政府邀请。代表的确定，根据工农联盟为基础尽量照顾各界，既确保各界代表条件合格，又照顾代表的广泛性，首先保证党的优秀干部当选，其次要保证建设社会主义的积极分子当选。

代表资格 新中国成立后，对县各界人民代表会议的代表资格规定为：凡年满18周岁的公民，赞成《中国人民政治协商会议共同纲领》者，除精神病患者及被依法剥夺公权者外，不分民族、阶级、性别、信仰，均可当选为代表。

一、茌平县历次各界人民代表会议代表名额的分配

茌平县第一届各界人民代表会议代表名额分配方案

茌平县第一届各界人民代表会议代表确定原则：以工农联盟为基础，采取选举与邀请相结合（邀请代表只占极少数），共确认出席会议的代表222人，来自各个界别。

其中县委代表9人；政府代表13人；农村代表53人；教育界代表23人；学生代表7人；青年代表23人；商界代表36人；医务界代表19人；少数民族代表（回民）5人；民兵代表16人；烈军工属代表7人；民间艺人代表2人；士绅代表9人。

茌平县第二届各界人民代表会议代表名额分配方案

茌平县第二届各界人民代表会议代表确定原则：以工农联盟为基础的原则，采取选举与邀请相结合（邀请代表只占极少数）的，共确认出席会议的代表295人，代表来自16个界别。

茌平县第三届各界人民代表会议代表名额分配方案

茌平县第三届各界人民代表会议代表确定原则：以工农联盟为基础的原则，采取选举与邀请相结合（邀请代表只占极少数），共确认出席会议的代表221人。

茌平县第四届各界人民代表会议代表名额分配方案

茌平县第四届各界人民代表会议第一次会议代表确定原则：以工农联盟为基础的原则，采取选举与邀请相结合（邀请代表只占极少数），共确认出席会议的代表267人。

茌平县第四届各界人民代表会议第二次会议代表确定原则：以工农联盟为基础的原则，采取选举与邀请相结合（邀请代表只占极少数），共确认出席会议的代表259人。

茌平县第五届各界人民代表会议代表名额分配方案

茌平县第五届各界人民代表会议代表确定原则：以工农联盟为基础的原则，采取选举与邀请相结合（邀请代表只占极少数），共确认出席会议的代表211人。

茌平县出席平原省第一届各界人民代表会议代表

1950年12月25日

李德昌	男	37岁	茌平县张李庄
赵兰英	女	24岁	茌平县粽子马
蒋宗魁	男	54岁	茌平六区琉璃寺人

二、博平县历次各届人民代表会议代表名额的分配

博平县第一届各界人民代表会议代表名额分配方案

博平县第一届各界人民代表会议代表确定原则：以工农联盟为基础的原则，采取选举与邀请相结合（邀请代表只占极少数），共确认出席会议的代表202人。

代表来自各个界别，其中农民代表75人；妇女代表19人；商业代表11人；青年代表18人；士绅代表12人；医疗界代表4人；教育界代表20人；区域代表7人；工人代表1人，其他界别代表15人。

大会选举产生主席团。主席团由15人组成。负责大会工作。

博平县第二届各界人民代表会议代表名额分配方案

博平县第二届各界人民代表会议代表确定原则：以工农联盟为基础的原则，采取选举与邀请相结合（邀请代表只占极少数），共确认出席会议的代表219人。

博平县第三届各界人民代表会议代表名额分配方案

博平县第三届各界人民代表会议代表确定原则：以工农联盟为基础的原则，采取选举与邀请相结合（邀请代表只占极少数），共确认出席会议的代表193人。

博平县第四届第一次各界人民代表会议代表名额分配方案

博平县第四届第一次各界人民代表会议代表确定原则：以工农联盟为基础的原则，采取选举与邀请相结合（邀请代表只占极少数），共确认出席会议的代表226人。

博平县第四届第二次各界人民代表会议代表名额分配方案

博平县第四届第二次各界人民代表会议代表确定原则：以工农联盟为基础的原则，采取选举与邀请相结合（邀请代表只占极少数），共确认出席会议的代表233人。

博平县第四届第三次各界人民代表会议代表名额分配方案

博平县第四届第三次各界人民代表会议代表确定原则：以工农联盟为基础的原则，采取选举与邀请相结合（邀请代表只占极少数），共确认出席会议的代表279人。

博平县第四届各界人民代表会议第三次会议是第一次代行人民代表大会职权的会议。大会于1952年11月3日至11月14日在博平县城召开。到会代表279人，来自23个界别。其中妇女代表45人，占代表总数的6.2%。

博平县第五届各界人民代表会议代表名额分配方案

博平县第五届各界人民代表会议代表确定原则：以工农联盟为基础的原则，采取选举与邀请相结合（邀请代表只占极少数），共确认出席会议的代表228人。

博平县出席平原省第一届各界人民代表会议代表
1950年12月25日

谢惠玉	男	30岁	博平县谢庄
仝伯厘	男	60岁	博平县贾庄
贾振铎	男	35岁	博平县西街
胡全孝	男	49岁	博平县邢胡刘村
康赵氏	女	36岁	博平二区康庄

第二节 历次各界人民代表会议

历次各界人民代表会议都是结合每个时期的中心工作召开的，为政治协商性质，未行使权力机关职能。会前，县政府与各界人民代表会议常务委员会协商起草报告（草案），并将报告（草案）于会前15天发给代表，让代表根据报告（草案）在群众中酝酿讨论，收集群众意见，为开好代表会议做充分准备。每次会议充分发扬民主，广泛听取代表意见、建议，会议所形成的决议，反映广大人民群众的意见和要求。选举出常务委员会和出席省各界人民代表会议代表。会后，各界代表把决议传达到群众中去，推动各项工作的开展。

一、茌平县历次各界人民代表会议

茌平县各界人民代表会议，从1949年11月至1954年7月，历时5年，共召开5届代表会议。

茌平县第一届各界人民代表会议，1949年11月28日在县城老党校召开，出席代表222人。会议的中心议题：听取审议县长宋瑞斋所作的政府工作报告，听取审议今后工作方针与任务；审议并通过茌平县首届代表会议决议。

为宣传贯彻首届代表会议决议，县长宋瑞斋发布茌平县政府训令。

茌平县第一届各界人民代表会议常务委员会名单

主　席：宋瑞斋

副主席：韩雁北　安玉山

委　员：孟兆铎　崔化余　刘承义

景桂香（女）　周忠山

赵兰英（女）　张　青（女）

茌平县第二届各界人民代表会议，1950年5月14日至5月17日在茌平县城举行，历时4天。出席代表295人，代表来自16个界别。会议中心议题：传达省政府生产政策，总结前段工作，讨论并通过下步生产计划，制定会议制度及代表联系制度。

茌平县第三届各界人民代表会议，1951年11月11日在茌平县城召开，出席代表221人。会议讨论通过八项决议：继续深入开展抗美援朝爱国主义教育运动；开展爱国增产节约运动；提高社会生产力；贯彻“依率计征、依法减免”政策；加强政权建设；镇压反革命；加强文化、教育、卫生工作；宣传《婚姻法》。

茌平县第四届第一次各界人民代表会议，1952年6月21日在县城召开，出席代表267人。会议中心议题：听取并审议政府工作报告及上届会议决议执行情况；宣传贯彻中央提出的“增加生产、厉行节约、支援中国人民志愿军”的总方针。大会收到代表议案466件。

茌平县第四届第二次各界人民代表会议，1952年11月4日在县城召开，参加会议代表259人。此次会议代行人民代表大会职权，选举县长、副县长、政府委员；听取并审议县长徐刚所作的政府工作报告、副县长肖道明所作的《关于查田、定产、秋征、屯运工作报告》《乡、镇地方财政实施办法》的报告。会议收到代表议案262件。

茌平县第五届各界人民代表会议，1953年3月2日在茌平县城召开，出席代表211人。会议听取并讨论县委书记司黎明所作的《关于政治形势的报告》、县长徐刚所作的《1953年生产任务的报告》、宣传部部长李秀清所作《关于宣传贯彻婚姻法运动月的报告》、武装部部长张庆云所作《关于民兵建团政策的报告》。会议通过《关于加强农业基本建设的决议》及有关决议。

茌平县各界人民代表会议常务委员会主席、副主席一览表

表1-1

姓名	职务	任职时间	届次	
宋瑞斋	主　席	1949.11.28	第一届	
韩雁北	副主席	1949.11.28	第一届	
安玉山	副主席	1949.11.28	第一届	
宋瑞斋	主　席	1950.5.14	第二届	
韩雁北	副主席	1950.5.14	第二届	
赵华林	副主席	1950.5.14	第二届	
徐　刚	主　席	1951.11.11	第三届	
韩雁北	副主席	1951.11.11	第三届	
赵华林	副主席	1951.11.11	第三届	
徐　刚	主　席	1952.6.21	第四届	
韩雁北	副主席	1952.6.21	第四届	
赵华林	副主席	1952.6.21	第四届	
徐　刚	主　席	1953.3.2	第五届	
赵华林	副主席	1953.3.2	第五届	

二、博平县历次各界人民代表会议

博平县各界人民代表会议，从1949年12月至1953年7月，历时4年，共召开5届代表会议。

博平县第一届第一次各界人民代表会议，1949年12月9日在博平县城城隍庙召开，出席代表202人。会议选举15人组成主席团，负责大会的工作。会议听取并审议副县长徐宝琛所作的政府工作报告；听取县委副书记贾振铎对今冬明春施政方针的建议。会议期间收到代表议案71件，分别进行了解答。

博平县第二届第一次各界人民代表会议，1950年5月23日在县城召开，参加会议的代表219人。会议主题是：发动群众，恢复生产；保障人权、地权，安定社会秩序；减轻人民负担，转变干部作风。提出今后工作方针是：团结各阶层人民，全力开展大生产运动，正确贯彻党的各项方针政策，完成全年的增产任务。

博平县第二届第二次各界人民代表会议，

1950年11月4日在博平县城召开，会议代表219人，特邀代表14人，列席代表35人。会议听取并审议通过1950年冬季生产计划，商讨秋季征收工作。收到代表议案235件，大会主席团分别作了解答。

博平县第三届各界人民代表会议，1951年3月在博平县城举行。会议商讨如何发展经济和提高产品质量，明确只有提高生产技术，才能增加经济效益。选举产生各界人民代表会议常务委员会。会议收到议案138件，分别进行了解答。

博平县第四届第一次各界人民代表会议，1952年2月24日在县城召开，出席会议代表226人，特邀代表19人。会议听取并审议通过政府工作报告和春季工作建议，传达平原省第二届人民代表会议决议，提出1952年的任务是：增加生产，厉行节约。会议收到代表议案136件，大会主席团分别作了解答。选举各界人民代表会议常委会主席、副主席和常务委员。

博平县第四届第一次各界人民代表会议常务委员会

主　席：贾振铎

副主席：孔华轩　仝伯厘

委　员：徐德辅　郭　峰（女）

郭盛录　徐宝玺

赵连明　刘干臣

王同良　谢玉牒

蒋顺明　康赵氏（女）

胡全孝　董子乾

秦寿卿　任子纯

李运强　孔迪光

张　敏　于秀华

姚兰义　董悦廷

程法武　袁恒绪

李秀英　庞金贵

博平县第四届第二次各界人民代表会议，1952年6月21日至6月23日在县城举行。出席代表233人，代表来自19个界别。会议听取县长孔华轩所作的《关于上次会议决议执行情况和救灾情况的报告》；县委书记徐德辅所作的《关于目前形势和今后任务》的报告；传达秋征结算政策。会议收到代表议案234件，分别由各部门进行解答。会议选举了各界人民代表会议常务委员会主席、副主席和常务委员。

博平县第四届第二次各界人民代表会议常务委员会

主　席：孔华轩

副主席：徐德辅　仝伯厘

委　员：邵博廷　郭　峰（女）

岳博如　郭盛录

赵连明　刘干臣

王同良　谢玉牒

蒋顺明　胡全孝

董子乾　秦寿卿

任子纯　张　敏

董悦廷　程法武

袁恒绪　李秀英（女）

李继明　袁振居

舒洪祥　窦克俭

陶连功

博平县第四届第三次各界人民代表会议，1952年11月8日召开，与会代表279人，代表来自23个界别。会议听取并审议通过县长孔华轩所作的政府工作报告、副县长杨荣轩所作的《关于县、乡两级财政管理及1952年财政决算和1953年财政预算的报告》。会议代行人民代表大会职能，选举了县长、副县长。会议收到议案427件，议案审议委员会对代表议案一一进行了解答。

博平县第五届第一次各界人民代表会议，1953年3月2日在博平县城召开，出席代表228人。会议听取县委书记田坡所作的《关于目前形势与任务》的报告。提出继续深入开展抗美援朝运动，搞好农业建设，有计划地完成社会改革。会议收到代表议案267件，议案审议委员会分别进行了解答。

博平县第五届第二次各界人民代表会议，1953年7月15日在县城举行，出席代表186人。会议听取审议并通过政府工作报告，讨论通过冬季工作意见。会议收到代表议案143件，由议案审议委员会分别进行解答。

博平县各界人民代表会议常务委员会主席、副主席一览

表1-2

姓名	职务	任职时间	届次
贾振铎	主　席	1949.12.9	第一届
仝伯厘	副主席	1949.12.9	第一届
贾振铎	主　席	1950.5.14	第二届
仝伯厘	副主席	1950.5.14	第二届
贾振铎	主　席	1951.3	第三届
孔华轩	副主席	1951.3	第三届
仝伯厘	副主席	1951.3	第三届
贾振铎	主　席	1952.2.24	四届一次
孔华轩	副主席	1952.2.24	四届一次
仝伯厘	副主席	1952.2.24	四届一次
孔华轩	主　席	1952.6.21	四届二次
徐德辅	副主席	1952.6.21	四届二次
仝伯厘	副主席	1952.6.21	四届二次
杨荣轩	主　席	1953.3.2	第五届
孔华轩	副主席	1953.3.2	第五届
仝伯厘	副主席	1953.3.2	第五届

第二章
历届人民代表大会

第二章 历届人民代表大会

茌平县人民代表大会是县级国家权力机关，在本行政区域内，保证宪法、法律、行政法规和上级人民代表大会及其常务委员会决议的遵守和执行；保证国家计划和国家预算的执行；审议和批准本行政区域内的国民经济和社会发展计划、预算以及执行情况的报告；讨论决定本行政区域内的政治、经济、教育、科学、文化、卫生、环境和资源保护、民政、民族工作的重大事项；选举本级国家机关领导人员和上一级人大代表；听取和审议本级人大常委会工作报告；听取和审议本级人民政府、人民法院、人民检察院（以下简称“一府两院”）工作报告。

根据1953年1月中央人民政府通过的《关于召开全国人民代表大会及地方各级人民代表大会的决议》，决定召开由人民群众采用普选方法产生的地方各级人民代表大会。按照1953年2月中央人民政府委员会通过的《中华人民共和国全国人民代表大会及地方各级人民代表大会选举法》（以下简称《选举法》）的规定，1954年7月2日，在普选的基础上召开了茌平县第一届人民代表大会第一次会议，标志着人民代表大会制度在茌平县正式建立。

依照1954年第一届全国人民代表大会通过的《中华人民共和国宪法》和《中华人民共和国地方各级人民代表大会及地方各级人民委员会组织法》（以下简称《宪法》《地方组织法》）的规定，茌平县人民代表大会每届任期两年，自1954年至1966年，共经历6届，举行了17次会议。

在1955年2月第一届人民代表大会第三次会议上，根据《中华人民共和国地方各级人民代表大会及地方各级人民委员会组织法》，茌平县人民政府改称茌平县人民委员会。同时，经县委研究恢复和调整了人民委员会党组。

“文化大革命”期间，以人民代表大会制度为标志的民主政治遭到严重破坏。1967年3月，茌平县革命委员会成立。同年，各公社革命委员会相继成立，茌平县地方各级人民代表大会的制度没有执行。1967年3月17日，召开茌平县“无产阶级革命造反派”代表会议召开（列为茌平县第七届代表大会）。1976年10月粉碎了“江青反革命集团”，拨乱反正，平反冤假错案。《中华人民共和国地方各级人民代表大会和地方各级人民政府组织法》和《宪法》重新修定，茌平县人民代表大会制度得到恢复和健全。

根据1978年《宪法》修正案、1979年《中华人民共和国地方各级人民代表大会和地方各级人民政府组织法》第二条规定，1981年12月，茌平县第九届人民代表大会依法设立人民代表大会常务委员会。县人大常委会是地方国家权力机关，人大常委会按照《宪法》第104条之规定：讨论、决定本行政区域内各方面工作的重大事项；监督本级人民政府、人民法院和人民检察院的工作；撤销本级人民政府不适当的决定和命令；撤销下一级人民代表大会不适当的决议；依照法律规定的权限决定国家机关工作人员的任免；在本级人民代表大会闭会期间，罢免和补选上一级人民代表大会的个别代表。

从1978年到2015年12月，茌平县历经 10届人民代表大会，共召开38次会议。其中第八届至第十二届人民代表大会，每届任期3年；自第十三届人民代表大会起，每届任期5年。

根据《地方组织法》的规定，县级人民代表大会每年至少举行一次。会议期间，代表依法对本级人民政府各方面的工作提出议案，建议、批评和意见。

第一节 人大代表的选举

1954年起，县级人民代表大会代表由民主选举产生。民主选举的方式有两种，一种是由选民直接选举产生，这种选举叫直接选举；一种是由下一级人民代表大会选举产生，这种选举叫间接选举。选举县级人民代表大会代表，不同历史时期采取不同的选举方式。1966年以前，茌平县第一届至第六届人民代表大会，按照1953年中央人民政府颁布的《中华人民共和国全国人民代表大会和地方各级人民代表大会选举法》的规定，由乡镇（公社）人民代表大会采用等额方式间接选举产生，由乡（公社）人民代表大会民主选举县人民代表大会代表，候选人名额与当选代表人数相等。第八届县人民代表大会代表经民主协商选举产生。第九届人民代表大会起的历届人民代表大会代表的选举，按照1979年及以后几次重新修订的《选举法》和《山东省县乡两级人民代表大会选举实施细则》的规定，由选民采取差额的方式直接选举产生。选举县人大代表，由本级选举委员会主持领导并组织实施。

代表选出后，经县人民代表大会或人大常委会代表资格审查委员会依照《选举法》的规定进行资格审查，确认代表资格有效。

新中国成立以来历次选举，县、乡（公社）都成立选举委员会，下设办公室，进行选举宣传教育，审查选民资格，指导各基层单位搞好选民登记，划分选区，选举代表。乡镇范围内，以大队或自然村为单位划分选区，每个选区按选民居住情况，分若干选民小组进行选举，县城机关、学校、部队、企事业单位由县选举委员会统一划分选区。代表的产生，按照《选举法》规定，首先自下而上地酝酿提名，再自上而下地征求意见，确定候选人名单。最后，各选区以无记名投票的方式选举代表。

《地方组织法》和《选举法》规定，全国人民代表大会代表，省、自治区、直辖市、设区的市人民代表大会的代表，由下一级人民代表大会选举，驻茌平县的山东省第九届人民代表大会以前的历届省人大代表，由县级人民代表大会选举产生；山东省第九届至第十二届人民代表大会代表由聊城市人民代表大会选举产生。

代表资格 1981年，县人民代表大会的代表资格规定为：年满18周岁的中华人民共和国公民，除精神病患者和依法被剥夺政治权利的人外，不分民族、种族、性别、职业、家庭出身、宗教信仰、教育程度、财产状况和居住期限，都有选举权和被选举权。

一、历届县人民代表大会代表的选举

茌平县第一届人民代表大会代表的选举

（选举资料缺失）

茌平县第二届人民代表大会代表的选举

（选举资料缺失）

茌平县第三届人民代表大会代表的选举

根据全国人民代表大会第四次会议关于1958年选举工作的决议与全国人大常委会关于1958年选举工作的决定及山东省1958年选举工作指示精神，茌平县制订了1958年选举工作计划并成立选举委员会，组织领导本届选举工作。全县21个乡，345个农业生产合作社，101994户，总人口418296人，选民男性117316人，女性119469人，共计236785人。对地、富、反革命分子和其他坏分子进行剥夺选举权利，合计2348人。各乡成立选举委员会并组建办事机构，负责本乡的选举工作，按照选举工作的时间、方法、步骤和要求，认真开展划分选区、宣传发动、选民登记和选民资格审查。本届换届选举工作于1958年3月开始到5月底全部结束。全县共选举乡人大代表1386人，乡人民委员会委员331人。选民参选人数占选民总数的95%。第三届乡人民代表大会第一次会议选举产生出席茌平县第三届人民代表大会代表330人。其中民主人士30人，占9.1%；党员174人，占52.7%；妇女76人，占23%；工商界25人，占7.57%；文教界26人，占7.88%；医务界18人，占5.45%，农民153人，占46.4%，并选出人民陪审员168人。

茌平县第四届人民代表大会代表的选举

根据《宪法》第57条和第63条规定，县、乡人民代表大会每届任期两年，地方各级人民委员会每届任期同本届人民代表大会任期的规定和国务院、省人委指示，第四届基层选举工作应于1960年下半年举行。由于遭受特大自然灾害，经上级批准，推迟到1961年3月底前完成。茌平县人民委员会制订了选举计划，1961年2月2日成立茌平县选举委员会及选举工作办公室，组织领导本届选举工作。全县选举工作从1961年2月开始，2月底完成了基层选举，3月20日全部结束。全县共选出乡人大代表3876人，当选代表中党员2133人，占55%；贫农2324人，占59.9%；妇女999人，占25.8%。有选举权307317人，实际参加选举266954人，选民参选人数占选民总数的86.9%。第四届县、乡人民代表大会第一次会议选举产生出席茌平县第四届人民代表大会代表450人。

茌平县选举委员会组成人员名单（1961年2月2日）

主　席：刘镜涛

委　员：许　光　耿兴华　岳洛峰
　　　　程学彦　王同良　翟继尧
　　　　景会普　刘常风　陈伯臣
　　　　苏景云　黄晋三　陈雪舫

办公室主任：耿兴华

办公室副主任：景会普　周子光

茌平县第五届人民代表大会代表的选举

根据《宪法》《组织法》的规定和上级指示以及县人民委员会会议决议，茌平县人民委员会制订了选举工作计划，1962年12月29日成立选举委员会及选举工作办公室，组织领导本届选举工作，第五届基层选举工作于1962年12月开始至1963年5月上旬全部结束。全县共划分792个选区，登记选民204916人，剥夺选举权利2391人，实际参加选举的选民188802人，占选民总数的92.1%。共选举出乡人大代表4965人，当选代表中党员1781人，占35.9%；妇女829人，占16.7%；贫农3875人，占78%。第五届县、乡人民代表大会第一次会议选举产生出席茌平县第五届人民代表大会代表275人。

茌平县选举委员会组成人员名单（1962年12月29日）

主　席：席广师

委　员：刘湘庭　岳洛峰　弓熙德
　　　　岳崇俭　马秀明　张延水
　　　　刘长风　张保群　崔蜀才
　　　　程学彦　周子光　谢吉惠

办公室主任：翟永温　周子光

茌平县第六届人民代表大会代表的选举

1965年8月26日，茌平县人民委员会下发茌民字99号文《茌平县人民委员会关于建立选举委员会的通知》，为加强第六届县、社人民代表大会代表的选举，根据省人民委员会鲁民字130号通知中第四条指示，建立选举委员会，下设选举办公室。

选举委员会：

主　席：席广师

委　员：王秀山　汝作民　吴　英
　　　　张延水　田冰如　周子光
　　　　李然刚　李玉山　耿兴华
　　　　李德斌　程学彦　于　涛

茌平县选举办公室组成名单

主　任：赵焕之

副主任：李德斌（兼）

出席会议代表275人。其中妇女代表54人；县区干部代表43人；文教卫生代表32人；商业界代表18人；工人代表6人；农民代表122人。

茌平县第七届人民代表大会代表的选举

（“文化大革命”时期未选举）

十年“文化大革命”期间，茌平县人民代表大会停止了正常工作。

茌平县第八届人民代表大会代表的选举

茌平县第八届人民代表大会代表是根据《中华人民共和国宪法》规定，按照山东省委、聊城地委指示精神，参照省五届人大代表产生的办法和程序，按照民主集中制的原则，经过充分酝酿协商，选举产生，由各公社、县直各部门和人民解放军驻茌平部队选出的代表组成。各公社革委和县直部门领导班子，召开单位负责人会议，协商提出代表候选人，然后分别征求本公社本部门和候选人所在单位群众的意见，再召开公社革委、局领导班子扩大会，酝酿选举产生出席县第八届人民代表大会正式代表。人民解放军的代表由县人武部和驻茌部队参照上述办法产生。各公社人民代表大会，在做好准备工作的基础上，本着成熟一个召开一个的精神，选定适当时机召开。

县第八届人民代表大会代表的名额拟定为600人。代表的条件是：

1. 坚决拥护以英明领袖华国锋为首的党中央，拥护中国共产党的领导，忠于伟大的社会主义祖国，自觉学习马克思主义、列宁主义、毛泽东思想，努力为人民服务。

2. 代表的大多数应是阶级斗争、生产斗争、科学实验三大革命运动中的积极分子，在反对“四人帮”的斗争中表现较好，为群众信任的。

3. 本人历史清楚。

参照山东省第五届人大代表各方面的比例和省、地委指示精神，结合茌平县实际情况，经过协商、酝酿选举产生出席县第八届人代会代表607人。其中产业工人代表79人，占13%；农民代表288人，占47.6%；其他劳动人民代表32人，占4.9%；解放军代表7人，占1.2%；革命干部代表111人，占18.5%；知识分子代表84人，占13.8%；爱国人士代表6人，占1%。

茌平县第九届人民代表大会代表的选举

根据中华人民共和国全国人民代表大会五届二次会议制定的《选举法》《组织法》和《山东省县、社两级人民代表大会选举暂行实施细则》的规定，并结合茌平县具体情况，经县革命委员会研究，报经省人民代表大会常务委员会批准。1980年11月1日成立县选举委员会及办公室，11月下旬进行选民登记，根据《山东省县、社两级人民代表大会选举暂行实施细则》规定，结合全县46.3万人总人口数，确定本届人民代表大会代表名额为240人。从全县划分出的80个选区中选举产生。各选区按照“两法”的要求，充分发扬民主，经过三上三下，反复酝酿协商，采取直接选举和差额选举，以无记名投票方式，在全县263509名选民中，选出茌平县第九届人民代表大会正式代表224名。因不足原定代表总额，后又补选代表16名。在大会开幕之前，有4名代表因工作需要，调离茌平县，实有出席茌平县第九届人民代表大会正式代表236人。其具体情况是：干部代表69人，占29.2%；工人代表15人，占6.4%；农民代表132人，占55.9%，其中省劳动模范1人；知识分子代表18人，占7.6%；军队代表2人，占0.8%。从文化程度看，大专14人，占6%；中专10人，占4.2%；中学95人，占百分之40%；小学以下117名，占49.6%。从年龄看，35岁以下的42人，占17.8%；36岁至56岁的185人，占78.3%；56岁以上的9人，占4%。妇女代表45人，占19%；少数民族代表3人，占1.3%。

茌平县第十届人民代表大会代表的选举

茌平县第九届人民代表大会于1984年届满，应依法进行换届选举。1984年7月6日，县九届人大常委会召开第十五次会议，任命县选举委员会成员，成立县选举工作办公室，具体负责公社的换届选举工作。县九届人大常委会第十六次会议任命的各公社的选举委员会主任、副主任具体负责本乡（镇）的换届选举工作。

根据《中华人民共和国全国人民代表大会和地方各级人民代表大会选举法》《中华人民共和国地方各级人民代表大会和地方各级人民政府组织法》的规定，结合茌平县具体情况，确定县十届人民代表大会代表名额为241人。1984年8月30日为选举日。

全县共划分选区104个，登记选民297449人。各选区根据“两法”的要求，充分发扬民主，反复协商酝酿，确定正式代表候选人422名，通过差额选举和无记名投票的方式，选出县十届人大代表241名。其中，工、农代表135名，占代表总数的56%；干部代表56名，占23.2%；知识分子39

名，占16%；无党派爱国民主人士代表7名，占2.9%；少数民族代表2名，其他方面代表2名，均占适当比数。

代表中大专文化程度的25名，占代表总数的10.4%；中专29名，占12%；高中32名，占13.3%；初中78名，占32.4%；小学以下程度的77名，占32.6%。

代表中35岁以下的51名，占代表总数的21.2%；36岁至45岁的77名，占32%；46岁至55岁的86名，占35.7%；56岁以上的27名，占11.2%。

妇女代表48名，占代表总数的20%；党员代表134名，占55.6%。

茌平县第十一届人民代表大会代表的选举

茌平县第十届人民代表大会和各乡（镇）第二届人民代表大会是1984年选举产生，1987年4月任期届满，应依法进行换届选举。1986年12月16日，县十届人大常委会召开第十四次会议，讨论决定《换届选举工作意见》，任命县、乡选举委员会和换届选举工作办事机构。根据《中华人民共和国全国人民代表大会和地方各级人民代表大会选举法》《中华人民共和国地方各级人民代表大会和地方各级人民政府组织法》的规定，结合茌平县具体情况，经县选举委员会研究确定，县十一届人民代表大会代表名额为207人。1987年3月17日为选举日。

按照《换届选举工作意见》，整个换届选举工作是分四步进行的。一是建立机构、培训骨干；二是划分选区、登记选民；三是推荐代表候选人、选举代表；四是召开换届后第一次大会。全县共划分选区125个，1032个选点；登记选民308638人，占全县总人口488949人的63.1%；参加投票选举的288949人，占选民总数的93.6%；在选举代表过程中，依照法律，第一轮推荐县人民代表候选人825名，经过反复协商，推荐正式代表候选人338名，最后无记名投票选出县十一届人大代表207名，乡人大代表1281名。

207名县人大代表中：工农代表116名，占代表总数的56%；干部代表44名，占21.3%；知识分子代表45名，占21.7%；少数民族代表1名，占0.5%；爱国人士代表1名，占0.5%；党员代表101名，占48.8%；妇女代表39名，占18.8%。

代表中大中专文化程度的56名，占代表总数的27.1%；高初中文化程度的99名，占47.8%。

代表中35岁以下的42名，占代表总数的20.3%；36岁至45岁的72名，占34.8%；46岁至55岁的75名，占36.2%；56岁以上的18名，占8.7%。

茌平县选举委员会组成人员名单（1986年12月16日）

主　任：商孝俊

副主任：马怀进　赵传三　赵焕之

委　员：潘日茂　刘　伟　常修岐

杜长之　王兴文　彭彩莲

陶玉梅　陈广英　宋玉山

李盛奎　白观荣

办公室主任：白观荣

办公室副主任：刘　伟　周生达　杨家明

李文政　桑冠森

茌平县第十二届人民代表大会代表的选举

茌平县第十一届人民代表大会和各乡（镇）第三届人民代表大会于1990年任期届满，应依法进行换届选举。1989年11月24日，县十一届人大常委会召开第十八次会议，审议批准《茌平县选举委员会关于1990年县、乡两级人大换届选举工作安排意见》，明确在新形势下搞好县、乡换届选举的指导思想、目的要求和方法步骤，成立县、乡选举委员会及办公室。根据《山东省县、乡两级人民代表大会选举实施细则》第七条的规定，结合茌平县具体情况，确定县十二届人民代表大会代表名额为300名。1990年3月5日为选举日。

1989年12月初，人大常委会主持召开全县县、乡两级人大换届选举工作会议进行总体部署。换届选举工作分六步进行。一是建立机构、培训骨干；二是广泛宣传、思想发动；三是划分选区、登记选民；四是选举代表；五是搞好代表资格审查；六是开好换届后的第一次人民代表大会。

全县共划分选区133个，1062个选点；登记选民324667人，占全县总人口的63.43%；参加投票选举的308736人，占选民总数的95.08%。依法推荐县人大代表候选人1440名，是应选代表的4.8倍；乡人大代表候选人3542名，是应选代表的2.66倍。经过反复酝酿、讨论协商确定县正式代表候选人454名，比应选人数多51%；乡正式代表候选人1756名，比应选代表多32%。最后无记名投票选出县十二届人民代表大会代表300名，乡人大代表133名。

300名县人大代表中：工农代表183名，占61%；干部代表66名，占22%；知识分子代表46名，占15.3%；少数民族和其他方面代表5名，占1.7%。妇女代表62名，占20.7%；无党派人士88名，占29.3%。

代表中：大学、大专文化程度的31名，占10.3%；高中、中专文化程度的101人，占33.7%；初中文化程度的108人，占36%；小学文化程度的60人，占20%。

代表中：35岁以下的37人，占12.3%；36岁至55岁的224人，占74.7%；56岁以上的39人，占13%。

茌平县选举委员会组成人员名单（1989年11月24日）

主　任：商孝俊

副主任：汪培杰　贾法俊

委　员：常修歧　刘　伟　杜长之　白观荣　李文政　祁传月　李玉祥　李瑞芬　张兰苹　陈广英　白咸明　韩玉明　魏　雷

办公室主任：白观荣

办公室副主任：李文政　祁传月　潘思东　徐长寅

茌平县第十三届人民代表大会代表的选举

茌平县第十二届人民代表大会于1993年任期届满，应依法进行换届选举。1992年10月8日，县选举委员会根据《山东省县、乡两级人民代表大会选举实施细则》第七条的规定，结合茌平县实际情况，确定第十三届人民代表大会代表300名。

1993年3月5日为选举日。

在建立机构、思想发动、培训骨干的基础上，从1992年12月1日至1993年2月7日全县共划分136个选区，登记选民346807人，占总人口的62.9%，从2月8日至2月27日，各级选举组织充分发扬民主，提名推荐代表候选人1226名，是应选代表的4.1倍。经过反复酝酿协商，根据较多数选民的意见，确定正式代表候选人439名，比应选代表多46%。3月5日各选区采取差额选举的办法，315422名选民以无记名投票方式，选举产生茌平县第十三届人民代表大会代表300名。

300名县人大代表中：工农代表179名，占59.7%；干部代表69名，占23%；知识分子代表44名，占14.7%；少数民族和其他方面代表8名，占2.7%。妇女代表58名，占19.3%；无党派人士93名，占31%。

代表中：大学、大专文化程度的50名，占16.7%；高中、中专文化程度的131人，占43.7%；初中文化程度的78人，占26%；小学文化程度的41人，占13.7%。

代表中：35岁以下的47人，占15.7%；36岁至55岁的215人，占71.7%；56岁以上的38人，占12.7%。

茌平县选举委员会组成人员名单（1992年10月13日）

主　任：徐宝琪

副主任：孙东平　马庆云　常修歧

委　员：刘　伟　张淑宾　李瑞芬　徐福元　成作舟　白观荣　李文政　祁传月　李庚申　韩玉明　杨瑞华　付士全　赵希贵　李玉祥　赵昌忠　陈广英　徐爱清

办公室主任：白观荣

办公室副主任：迟连运　李福信　郭金良

茌平县第十四届人民代表大会代表的选举

茌平县第十四届人民代表大会代表的选举工

作从1997年12月8日开始，至1998年1月底结束。这次选举坚持“党委领导，人大主办，各方配合”的原则，宣传教育的工作扎实，富有成效。

到1997年年底，茌平县统计人口数为562559人，其中，依法登记选民364808人，选民数占总人口数的64.8%，选举日为1998年1月22日。

茌平县第十四届人民代表大会代表名额确定为233名，全县共划分选区125个，在初步提名代表候选人阶段，政党、团体、选民10人以上联名共提名代表候选人552名。经协商酝酿，根据较多数意见确定正式代表候选人370名，经投票选举共选出茌平县第十四届人大代表233人。其中：工农130人，占56%；干部68人，占29%；知识分子27人，占11.6 %；中共党员151人，占64.8%；妇女59人，占25.3%，少数民族1人。

茌平县选举委员会组成人员名单

（1997年10月24日县十三届人大常委会第35次会议通过）

主　任：张兴义

副主任：李泽明

委　员：王兴源　常　鸣　李瑞芬
赫金奎　郭金良　高恒民
郑宝光　宋士高　韩明忠
高廷桐　谷秀坤　李庚申
李泽贞　杨瑞华　杜长之
杨建坤　赵昌忠　姚美华
孙新珍

办公室主任：郭金良（兼）

茌平县第十五届人民代表大会代表的选举

按照宪法规定和全国、省、市人大及其常委会有关规定，茌平县县、乡两级人大代表换届选举工作于2002年12月13日开始，至2003年1月11日结束。

这次县乡人大代表换届选举工作共分三个阶段。2002年12月13日至20日为第一阶段，具体进行建立组织、宣传发动、培训骨干、划分选区、选民登记等工作；12月21日至12月26日为第二阶段，具体进行提名代表候选人，确立正式代表候选人等工作；2003年1月6日至1月11日为第三阶段，具体进行投票选举正式代表工作，1月11日为全县县、乡人大代表换届选举日。

2002年，茌平县总人口56.7万人，经选举委员会研究，全县共划分119个选区，其中农村选区102个，县直选区17个。本次换届选举共产生县级人大代表231人，乡镇人大代表949人。县级人大代表中：女性代表48人，占20.8%；少数民族代表2人，占0.87%；中共党员158人，占68.4%；工人农民117人，占50.6%；干部代表59人，占25.5%；知识分子代表42人，占18.2%。

本次县、乡两级人大代表换届选举工作，在党委的正确领导、人大常委会的精心组织下，本着充分发扬民主，严格依法办事的原则，各阶段工作有条不紊开展。通过宣传教育，选民的公民意识、民主与法律观念有了明显提高。新选出的人大代表年龄结构、文化结构较往届有了显著提升，换届选举工作取得圆满成功。

选举工作委员会组成人员名单

（2002年12月12日）

主　任：樊庆锡

副主任：郭金良　初士锋　高恒民
刘　华

委　员：（按姓氏笔画为序）
王长新　卢建军　朱子华
张　明　谷秀坤　杨建昆

办公室主任：高恒民（兼）

第十六届人民代表大会代表的选举

根据县第十五届人民代表大会常务委员会第三十次会议《关于茌平县人民代表大会换届选举的决定》，第十六届人民代表大会代表的选举工作从2007年10月20日开始，至2007年12月20日结束。经选举委员会研究，全县共划分118个选区，其中农村选区101个，县直选区17个。各选区在2007年12月20日组织选民投票。

茌平县总人口578109人，选民427160人，占总人口数的74%；参加投票的选民389176人，占选民总数的91%，其中委托投票13657人。投票选举结果，共选出县第十六届人民代表大会代表233名。其中：新代表126名，占代表总数的54%；工农代表126名，占代表总数的54%；知识分子代表36名，占代表总数的15.5%；干部代表70名，占总数的30%；妇女代表48名，占代表总数的20%；非党代表54名，占代表总数的23%；少数民族2人。

茌平县选举工作委员会组成人员

主　任：韩宪宏

副主任：王泽利　马思民　邵　益　韩　刚

委　员：谷玉坤　赵卫国　朱子华　李　昕　张　明　田跃进　张立平　张　青　靖志敏　牛跃峰　张建国　田兰州　郦洪山

办公室主任：马思民（兼）

茌平县第十七届人民代表大会代表的选举

按照宪法规定和中发〔2011〕4号、中办发〔2011〕14号及省委、市委有关规定，地方换届自下而上适当集中，党委换届在同级人大、政府、政协之前进行，统筹安排，逐步实现同级党委、人大、政府、政协同步换届。按照省委的总体部署和市人大常委会的决定，茌平县县、乡两级人大代表换届选举工作于2011年11月7日开始，至12月19日结束。

这次县、乡人大代表换届选举工作共分三个阶段。11月7日至11月28日为第一阶段，具体进行建立组织、宣传发动、培训骨干、划分选区、选民登记等工作；11月29日至12月11日为第二阶段，具体进行提名代表候选人，确立正式代表候选人等工作；12月12日至12月19日为第三阶段，具体进行投票选举正式代表工作。12月19日为全县县、乡人大代表换届选举日。

这次代表选举县、乡两级人大同步进行，全国首次实行城乡按相同人口比例选举人大代表。代表结构要求“两升一降一保证”，即工人、农民、专业技术人员和妇女代表的比例要比上一届有所提升，党政干部担任人大代表的比例比上一届有所降低，少数民族、归侨代表要按照法律规定予以保证。

茌平县14个乡、镇、办事处，共划分产生县级人大代表的选区107个；划分产生乡级人大代表的选区515个。2011年，全县总人口541870人，选民418409人，占总人口数的77.2%；参加投票的选民323327人，占选民总数的77.3%。本次换届选举共产生县级人大代表230名，产生乡级人大代表677名。县级人大代表比例构成中：中共党员代表196名，占85.21%；妇女代表42名，占18.3%；少数民族代表12名，占5.2%；工人农民代表97名，占42.2%；领导干部22名，占9.6%。

本次县、乡两级人大代表换届选举工作，在党委的正确领导、人大常委会的精心组织下，本着充分发扬民主，严格依法办事的原则，各阶段工作有条不紊开展。通过宣传教育，选民的意识、民主与法律观念有了明显提高；新选出的人大代表年龄结构、文化结构较往届有显著提升，换届选举工作取得圆满成功。

选举工作委员会组成人员名单
（2011年11月24日）

主　任：陈秀兴

副主任：徐　莹　殷守来　何其平

委　员：（按姓氏笔画为序）

王　冰　王泽利　齐　飞　吕晓霞　张立博　张　明　姚美华　胡振同　赵培荣　曹学平　崔梅荣

二、历届县人民代表大会代表的名单

茌平县第一届人民代表大会代表名单

（名单资料缺失）

茌平县第二届人民代表大会代表名单

（名单资料缺失）

茌平县第三届人民代表大会代表名单

表2-1

茌平县第三届人民代表大会代表名单（1958年）								
姓名	性别	年龄	界别	籍贯	家庭出身	本人成分	是否党团员	现任职务或职业
县干部（25人）								
赵崇德	男	41		定县牛村乡	贫农	农民	党员	第二政治委员
马冠英	男	56		茌平县城关乡马家坊	贫农	农民	党员	检察长
宗福轩	男	49		阳谷县正集乡陈庄村	中农	职员	党员	银行行长
胡风喜	男	37		陕西兰田县乡胡家村	贫农	雇工	党员	公安局局长
田冰茹	女	34		高唐县城关乡	贫农	工人		民政局副局长
米国彬	男	47		冠县北街乡	中农	学生	党员	副县长
胡廷端	男	39		阳谷县胡楼乡	贫农	农民	党员	合作部部长
陈月波	男	45		江苏省张店乡二里村	中农	学生	党员	粮局局长
陈北辰	男	40		山东阳谷县定水镇	中农	工人	党员	工会主席
岳洛锋	男	47		范县岳庄乡	中农	学生		副县长
刘绪寅	男	46		茌平县八仙庙村	富农	学生		公交局副局长
韩全庆	男	36		茌平县韩集乡	贫农	学生	党员	县府办公室主任
徐铁夆	男	42		冠县大苗刘村	中农	学生	党员	供销社主任
张建新	男	36		东阿县朱王山乡	贫农	学生	党员	县长
李桂亭	男	42		阳谷县李庄乡	贫农	农民		财政副局长
贾丽华	女	34		东阿县贾庄乡	贫农	农民	党员	妇联会副主任
迟允鹏	男	33		茌平县韩集乡	中农	学生	党员	计生科科长
桑子惠	男	51		东阿县宋庄乡	中农	学生	党员	宣传部部长
车一民	男	37		齐河县车屯乡	中农	学生	党员	县委书记
苏景云	男	28		武城县	中农	学生	党员	县青委书记
李亦民	男	59		长清县马集乡	中农	农民	党员	财政局局长
岳博如	男						党员	商业局长
李德生	男	45		茌平县冯营乡	中农	农民	党员	
徐德辅	男	35		茌平县胡屯乡	中农	学生	党员	县委书记
陈伟民	男	39		山东省齐河县赵官镇马集村	中农	学生	党员	茌平县供销社主任

续表

茌平县第三届人民代表大会代表名单（1958年）								
姓名	性别	年龄	界别	籍贯	家庭出身	本人成分	是否党团员	现任职务或职业
冯营乡（10人）								
林荣耀	男	53		茌平县郝集乡	中农	农民	党员	冯营乡乡长
赵景成	男	31		茌平县冯营乡赵庄村	贫农	农民		会计
冯玉平	女	19		茌平县冯营乡	贫农	工人	党员	技术股长
张学普	男	42		茌平县冯营乡	贫农	农民	党员	社长
郭连会	男	35		茌平县冯营乡	贫农	学生	党员	社支委
马西柱	男	45		茌平县冯营乡	贫农	农民		生产队长
朱正吉	男	41		茌平县冯营乡	贫农	农民	党员	计划股长
温淑莲	女	25		茌平县冯营乡	中农	农民		社长
张金凤	男	21		茌平县冯营乡	贫农	农民	党员	饲养员
刘会成	男	34		茌平县冯营乡	贫农	农民	党员	社保管
三十里铺乡（11人）								
孙绪法	男	40		高唐县江官屯村	中农	农民	党员	三十里铺乡长
崔玉桂	女	35		茌平县三十里铺乡	贫农	农民	党员	社长
田会友	男	29		茌平县三十里铺乡	中农	农民	党员	农计社社长
张金英	女	25		茌平县三十里铺乡	贫农	农民	党员	农计社社长
吴吉合	男	36		茌平县三十里铺乡	贫农	农民	党员	利民社副社长
张玉生	男	53		茌平县三十里铺乡	贫农	农民	党员	社委
张汉臣	男	37		茌平县三十里铺乡	贫农	农民	党员	团结社保征队队长
王效义	男	38		茌平县三十里铺乡	中农	农民	群众	无
孙立增	男	53		茌平县三十里铺乡	中农	农民	群众	民师
崔以盛	男	32		茌平县三十里铺乡	贫农	军人		团结社生产社长
张振成	男	56		茌平县三十里铺乡	贫农	农民	党员	饲养员
鹅屯乡（10人）								
杨兆银	男	38		茌平县赵官屯乡	中农	农民	党员	鹅屯乡乡长
宋秀珍	女	34		茌平县鹅屯乡	中农	农民	党员	社长
刘士芳	男	34		茌平县鹅屯乡	贫农	农民	党员	社支书
刘景昌	男	26		茌平县鹅屯乡	贫农	农民	党员	生产股长
穆春兰	女	50		茌平县鹅屯乡	贫农	农民	党员	保健员

续表

茌平县第三届人民代表大会代表名单（1958年）								
姓名	性别	年龄	界别	籍贯	家庭出身	本人成分	是否党团员	现任职务或职业
孟现良	男	28		茌平县鹅屯乡	贫农	农民	党员	信用社主任
刘俊德	男	54		茌平县鹅屯乡	贫农	农民		队长
高吉周	男	38		茌平县鹅屯乡	中农	农民		饲养员
阚金环	女	20		茌平县鹅屯乡	贫农	农民	团员	团支书
丁桂勤	女	20		茌平县鹅屯乡	贫农	农民	团员	生产股长
洪屯乡（10人）								
王先平	男	39		东阿县王海子乡	中农	学生	党员	乡委会乡长
刘俊山	男	41		茌平县洪屯乡	贫农	农民	党员	
范玉兰	女	20		茌平县洪屯乡	贫农	农民	党员	社长
张闫贵	男	28		茌平县洪屯乡	中农	农民	党员	生产队长
刘加柱	男	30		茌平县洪屯乡	贫农	农民	党员	社长
王金兰	男	25		茌平县洪屯乡	下中农	农民		技术员
马兴明	男	33		茌平县洪屯乡	中农	农民	党员	信用社主任
殷怀印	男	63		茌平县洪屯乡	中农	农民	群众	务农
黄梅荣	女	22		茌平县洪屯乡	中农	农民	团员	保健员
张学琴	女	18		茌平县洪屯乡	中农	农民		生产队长
医务界（19人）								
纪连营	男	52		茌平县三十里铺乡	中农	学生		区医药部医生
赵清云	男	60		茌平县丁块乡	贫农	农民		诊所医生
杨忠	男	37		茌平县城关乡	富农	中医		广平乡卫生所中医
袁秀轮	男	52		茌平县				医生
李西岐	男	52		聊城县城里	城市贫民	医务人员		卫生所医生
李振华	男	35		茌平县博平乡	中农	医务		卫生所所长
夏其修	男	58		茌平县城关乡	贫农			兽医站主任
许荣兴	男	39		茌平县	中农	医生		卫生院中医
杨时卿	男	66		寿张县	地主	医生		城关卫生所医生
林学榈	男	40		茌平县	富农	农民		兽医站主任
张春皋	男	67		茌平县博平乡	中农	学医		协会主任
张秀珍	女	27		云南省昆明市		学生		茌平县博平乡二院护士

续表

茌平县第三届人民代表大会代表名单（1958年）								
姓名	性别	年龄	界别	籍贯	家庭出身	本人成分	是否党团员	现任职务或职业
齐以奎	男	51		茌平县博平乡	中农	农民		兽医诊所主任
孟兆铎	男	57		茌平县杜郎口乡	中农	医生	党员	杜郎口乡卫生所所长
谷　云	男	45		茌平县胡屯乡	贫农	农民	党员	兽医所主任
蔡世兴	男	52		茌平县冯官屯乡	中农	农民		兽医主任
苑秀玥	女	36		茌平县郝集乡	贫农	农民	党员	诊所医务主任
李殿杰	男	66		茌平县	中农	学医		县二院医生
吕言喜	男		医务	茌平县菜屯乡	贫农	军人	党员	
城关乡（10人）								
张惠东	男	39		齐河县油坊乡	中农	农民	党员	城关乡乡长
黄金凤	女	39		茌平县城关乡	中农	农民	党员	副社长
郝殿魁	男	38		茌平县城关乡	贫农	农民	党员	农社支书
崔桂荣	女	18		茌平县城关乡	中农	农民		队长
张建阁	男	39		茌平县城关乡	贫农	农民	党员	副队长
赵　庚	男	27		茌平县城关乡	中农	农民	团员	技术股长
闫曰增	男	33		茌平县城关乡	贫农	农民	党员	社长会计
王希忠	男	38		茌平县城关乡	下中农	农民		保管员
薛乃亮	男	26		茌平县城关乡	富农	学生	党员	会计股长
刘玉英	女	19		茌平县城关乡	贫农	农民	团员	妇女队长
赵屯乡（10人）								
窦啟元	男	35		禹城县	中农	农民	党员	乡副书记
王秀岭	男	34		茌平县赵官屯乡	贫农	农民	党员	农社支书
吴金芝	女	27		茌平县赵官屯乡	贫农	农民	党员	农社妇女队长
吴秀清	女	25		茌平县赵官屯乡	贫农	农民	团员	副队长
杨存目	男	40		茌平县赵官屯乡	贫农	农民	群众	队长
李曰兰	女	21		茌平县赵官屯乡	中农	学生	团员	社长
赵松林	男	22		茌平县赵官屯乡	贫农	学生	党员	农社主任兼会计
吕先中	男	34		茌平县赵官屯乡	贫农	农民	党员	信用社主任
刁本正	男	55		茌平县赵官屯乡	中农	农民		队委
李昭杰	男	26		茌平县赵官屯乡	贫农	农民	党员	农社社长

续表

茌平县第三届人民代表大会代表名单（1958年）								
姓名	性别	年龄	界别	籍贯	家庭出身	本人成分	是否党团员	现任职务或职业
博平乡（10人）								
杨荣轩	男	30		东阿县八里堂乡	中农	学生	党员	乡书记
窦为连	女	30		茌平县博平乡	贫农	农民	党员	社支书
张天马	男	26		茌平县博平乡	下中农	农民	党员	社长
王玉兰	女	19		茌平县博平乡	贫农	农民	团员	妇女队长
窦曰友	男	26		茌平县博平乡	贫农	农民	党员	队长
赵其生	男	38		茌平县博平乡	贫农	农民	党员	技术股长
谢家栋	男	32		茌平县博平乡	贫农	农民	党员	信贷社主任
李长修	女	33		茌平县博平乡	贫农	农民		妇女队长
张善友	男	39		茌平县博平乡	下中农	农民		饲养员
芦长英	女	18		茌平县博平乡	贫农	农民	团员	民师
贾寨乡（11人）								
胥保贵	男	27		茌平县杨官屯乡	贫农	学生	团员	贾寨乡副乡长
郭才路	男	35		茌平县贾寨乡	中农	农民	党员	社长
郑连庆	男	56						
耿家庆	男	25		茌平县贾寨乡	贫农	学生	党员	社支书
王秀英	女	24		茌平县贾寨乡	中农	农民	团员	副社长
侯瑞昌	男	35		茌平县贾寨乡	贫农	农民		生产队小队长
袁兆来	男	21		茌平县贾寨乡	中农	学生	团员	技术员
吴永信	男	31		茌平县贾寨乡	中农	农民	党员	信用社主任
张战先	男	25		茌平县贾寨乡	贫农	农民		
王桂蘭	女	39		茌平县贾寨乡	中农	农民		
王怀方	男	35		茌平县贾寨乡	贫农	农民		农社股长
徐屯乡（10人）								
周庆立	男	29		茌平县韩屯乡	贫农	农民	党员	徐官屯乡长
刘文彬	男	40		茌平县徐屯乡	中农	农民	党员	社长
吴庆昌	男	33		茌平县徐屯乡	贫农	农民	党员	社支书
张秀英	女	26		茌平县徐屯乡	贫农	农民	党员	社长
杨素贞	女	35		茌平县徐屯乡	中农	农民		社长

续表

茌平县第三届人民代表大会代表名单（1958年）								
姓名	性别	年龄	界别	籍贯	家庭出身	本人成分	是否党团员	现任职务或职业
桑秀英	女	21		茌平县徐屯乡	中农	农民		生产队长
谭怀信	男	28		茌平县徐屯乡	下中农	农民	党员	小组长
袁本安	男	24		茌平县徐屯乡	中农	学生	党员	技术股长
常东英	女	24		茌平县徐屯乡	中农	农民	党员	信用社主任
袁秀峰	男	52		茌平县徐屯乡	贫农	农民		社内饲养股长
杜郎口乡（10人）								
张兆英	男	42		茌平县城关乡	贫农	农民	党员	乡副书记
马光平	男	48		茌平县杜郎口乡	贫农	农民	党员	社支书
王贵林	男	35		茌平县杜郎口乡	贫农	农民	党员	春晓一社社长
张光泰	男	50		茌平县杜郎口乡	中农	农民		利群二社技术员
刘占云	男	38		茌平县杜郎口乡	贫农	农民		利民一社会计
李纯宽	男	38		茌平县杜郎口乡	中农	农民		饲养员
周西会	男	39		茌平县杜郎口乡			党员	民生二社保管员
冯云梓	男	40		茌平县杜郎口乡	中农	农民	党员	信贷社主任
闫春岭	女	22		茌平县杜郎口乡	中农	学生	团员	农民
李乃坤	男	37		茌平县杜郎口乡	贫农	农民	党员	春晓四社支书
望鲁店（9人）								
徐长明	男	36		茌平县冯官屯乡	贫农	学生	党员	望鲁店乡副乡长
桑秀成	男	34		茌平县望店乡	贫农	农民		社支书
朱正魁	男	27		茌平县望店乡	下中农	农民	党员	会计股长
王孝兴	男	57		茌平县望店乡	贫农	农民	党员	社保管
李化堂	男	39		茌平县望店乡	贫农	农民	党员	信贷社主任
吴正英	女	32		茌平县望店乡	中农	农民		妇女队长
曹桂洪	女	35		茌平县望店乡	中农	农民		妇女队长
王秀荣	女	35		茌平县望店乡	中农	农民		妇女队长
史长贵	男	49		茌平县望店乡	中农	农民		农民
温陈乡（10人）								
窦和青	男	39		齐河县潘店乡	富农	学生	党员	温陈乡书记
谢以桂	女	31		茌平县温陈乡	贫农	农民	党员	社长

续表

茌平县第三届人民代表大会代表名单（1958年）								
姓名	性别	年龄	界别	籍贯	家庭出身	本人成分	是否党团员	现任职务或职业
赵金柱	男	43		茌平县温陈乡	贫农	农民	党员	社支书
刘桂荣	女	30		茌平县温陈乡	中农	农民	党员	农业社社长
薛其传	男	30		茌平县温陈乡	贫农	农民		队长
谢会贞	女	22		茌平县温陈乡	贫农	农民	团员	社长
莫尚臣	男	37		茌平县温陈乡	中农	农民	党员	信用社主任
郭全中	男	41		茌平县温陈乡	中农	农民	党员	农业社社长
傅美华	女	20		茌平县温陈乡	中农	农民	团员	社长
张宝申	男	35		茌平县温陈乡	贫农	农民	党员	
冯屯乡（11人）								
吴奎洪	男	41		茌平县冯屯乡	贫农	农民	党员	乡长
林光大	男	32		茌平县冯屯乡	贫农	农民	党员	社支书
谭明堂	男	45		茌平县冯屯乡	贫农	农民	民主	政治社长
焦红连	女	44		茌平县冯屯乡	贫农	农民	党员	社长
郭兰英	女	45		茌平县冯屯乡	贫农	农民	党员	妇女队长
曹庆端	男	48		茌平县冯屯乡	中农	农民		技术员
张士清	男	35		茌平县冯屯乡	贫农	农民		大社会计
董衍川	男	24		茌平县冯屯乡	贫农	学生	党员	经济社长
韩庆梓	男	38		茌平县冯屯乡	中农	学生	民主	信用社主任
姚香苓	女	19		茌平县冯屯乡	中农	农民	团员	妇女社长
韩秀歧	男			茌平县冯屯乡				
韩屯乡（16人）								
张敌江	男	34		茌平县胡屯乡	中农	学生	党员	韩屯乡乡长
李全臣	男	45		茌平县韩屯乡	贫农	农民		社长
芦风生	男	31		茌平县韩屯乡	贫农	农民	党员	社支书
杨连才	男	34		茌平县韩屯乡	下中农	农民		社长
刘庆庚	男	32		茌平县韩屯乡	贫农	军人	党员	生产队长
何秀英	女	18		茌平县韩屯乡	贫农	农民		生产队长
吴风兰	女	52		茌平县韩屯乡	下中农	农民		生产组长
李希英	女	19		茌平县韩屯乡	贫农	学生	团员	技术股长

续表

茌平县第三届人民代表大会代表名单（1958年）								
姓名	性别	年龄	界别	籍贯	家庭出身	本人成分	是否党团员	现任职务或职业
张淑英	女	42		茌平县韩屯乡	贫农	农民	党员	社长
李希岳	男	22		茌平县韩屯乡	贫农	学生	团员	会计
王曰庆	男	40		茌平县韩屯乡	中农	农民		饲养员
张凤敖	男	51		茌平县韩屯乡	中农	农民		
李爱芝	男	20		茌平县韩屯乡	中农	学生	团员	民校教师
孙协文	男	28		茌平县韩屯乡	贫农	转退军人	党员	信用社主任
陈金玉	男	38		茌平县韩屯乡	贫农	农民	党员	保管股长
高清富	男	22		茌平县韩屯乡	贫农	农民	党员	
韩集乡（10人）								
李恒堂	男	31		茌平县广平乡	中农	农民	党员	乡委书记
刘明道	男	41		茌平县韩集乡	贫农	农民	党员	社支
杨玉苓	女	30		茌平县韩集乡	中农	农民	党员	社委
刘端章	男	48		茌平县韩集乡	贫农	农民	群众	副队长
姜怀刚	男	39		茌平县韩集乡	中农	学生	党员	会计
赵敬堂	男	40		茌平县韩集乡	中农	农民	党员	代社主任
纪金玉	女	18		茌平县韩集乡	贫农	学生	团员	民师
仇子贵	男	34		茌平县韩集乡	中农	农民	党员	
杨运礼	男	35		茌平县韩集乡	贫农	农民	党员	队长
石连合	男	45		茌平县韩集乡	贫农	农民	党员	社长
广平乡（10人）								
孙庆海	男	37		茌平县广平乡	贫农	学生	党员	广平乡乡长
闫廷瑞	男	37		茌平县广平乡	中农	农民	党员	社长
尹绪英	女	36		茌平县广平乡	贫农	农民		社长
马平安	男	34		茌平县广平乡	贫农	农民		社长
于桂粉	女	20		茌平县广平乡	中农	学生	团员	
芦风英	女	43		茌平县广平乡	贫农	农民		妇女队专农
贾秀民	女	29		茌平县广平乡	中农	农民	党员	农民
刘泽洪	男	30		茌平县广平乡	中农	农民	党员	会计
窦绪芝	男	46		茌平县广平乡	贫农	农民	党员	饲养员

续表

茌平县第三届人民代表大会代表名单（1958年）								
姓名	性别	年龄	界别	籍贯	家庭出身	本人成分	是否党团员	现任职务或职业
张同海	男	38		茌平县广平乡	贫农	农民		林业股长和治安股长
胡屯乡（11人）								
王崇德	男	33		茌平县望鲁店乡	中农	农民	党员	胡屯乡乡长
刘法海	男	23		茌平县胡屯乡	贫农	农民		
田秀亮	男	24		茌平县胡屯乡	中农	学生	党员	社支书
邢邦春	男	28		茌平县胡屯乡	下中农	农民	党员	
赵保有	男	22		茌平县胡屯乡	贫农	学生	党员	社委
陶桂芝	女	19		茌平县胡屯乡	中农	学生	团员	会计员
徐義之	男	23		茌平县胡屯乡	中农	农民		农业社
韩美兰	女	20		茌平县胡屯乡	贫农	学生	团员	
刘秀英	女	19		茌平县胡屯乡	贫农	农民		生产组长
赵保富	男	34		茌平县胡屯乡	贫农	农民	党员	红星社社长
王凤义	男	50		茌平县胡屯乡	贫农	农民	党员	队长
菜屯乡（10人）								
袁恒绪	男	31		茌平县徐官屯乡	富农	学生		菜屯乡副乡长
邱长在	男	38		茌平县菜屯乡	中农	农民	党员	
时殿会	男	34		茌平县菜屯乡	贫农	农民	党员	社支书
时连贞	男	27		茌平县菜屯乡	贫农	农民		民主社社长
黄泊平	女	28		茌平县菜屯乡	中农	农民		生产组长
王保良	男	55		茌平县菜屯乡	贫农	农民	党员	社长
赵风歧	男	24		茌平县菜屯乡	中农	学生	党员	会计股长
庞守先	男	54		茌平县菜屯乡	贫农	农民	党员	饲养股长
张延彬	女	30		茌平县菜屯乡	中农	纺织		光明社社长
李其和	男	36		茌平县菜屯乡	贫农	农民	党员	信贷社主任
杨屯乡（9人）								
宋维仲	男	34		冠县城关乡	中农	农民		乡人委会乡长
任金玉	男	32		茌平县杨屯乡	贫农	农民	党员	社支书
谢吉法	男	22		茌平县杨屯乡	贫农	学生	党员	社长
曹风英	女	20		茌平县杨屯乡	贫农	学生	党员	信用社会计

续表

茌平县第三届人民代表大会代表名单（1958年）								
姓名	性别	年龄	界别	籍贯	家庭出身	本人成分	是否党团员	现任职务或职业
冯乐祥	男	38		茌平县杨屯乡	中农	农民	党员	农计
谢家成	男			茌平县杨屯乡	贫农	农民		农社社长
刘林芝	女	29		茌平县杨屯乡	贫农	纺织		社长
杨光荣	女	24		茌平县杨屯乡	贫农	学生	团员	社长
吉凤成	男	61		茌平县杨屯乡	贫农	农民	党员	社长
丁块乡（10人）								
徐秋运	男	30		聊城市徐宁乡	中农	学生	党员	乡长
吕存岐	男	35		茌平县丁块乡于村	下中农	农民	党员	社支书
赵兰英	女	32		茌平县丁块乡	贫农	农民		社长
沈玉英	女	42		茌平县丁块乡后李村	中农	农民		妇女队长
张连仲	男	33		茌平县丁块乡	贫农	农民	党员	农社会计股长
丁树海	男	44		茌平县丁块乡丁莫村	贫农	农民	党员	饲养员
赵树清	女	32		茌平县丁块乡	贫农	农民		社长
张英领	男	81		茌平县丁块乡东张村	贫农	农民	党员	
李连举	男	26		茌平县丁块乡	贫农	学生		农社支书
董长荣	男	28			下中农	农民	党员	社支书
郝集乡（10人）								
王声阳	男	35		茌平县城关乡西街村	贫农	商人	党员	郝集乡副乡长
殷德旺	男	44		茌平县郝集乡温家法村	贫农	农民	党员	社支书
杨霞光	女	41		茌平县郝集乡崔柚村	贫农	农民	党员	社长
孙槐英	女	37		茌平县郝集乡西吕村	中农	农民	党员	农民
张佃法	男	50		茌平县郝集乡陈庄村	贫农	农民	党员	技术员
郭庆臣	男	25		茌平县郝集乡王屯村	中农	农民	党员	会计股长
李培芹	男			茌平县郝集乡双庙村	中农	学生	党员	农业社会计股长
张金兰	女			茌平县郝集乡张庄村	中农	学生	党员	民师
赵兰英	女			茌平县郝集乡王营村	中农	农民	党员	妇女队长
管凤亭	男	24		茌平县郝集乡管庄村	中农	学生	党员	文教股长

续表

茌平县第三届人民代表大会代表名单（1958年）								
姓名	性别	年龄	界别	籍贯	家庭出身	本人成分	是否党团员	现任职务或职业
社会人士（9人）								
张吉绪	男	78	社会	茌平温陈齐营	富农	学生		务农
翟化禹	男	75	社会	茌平县望鲁店乡王楼	中农			乡人委会委员、调解主任
李伯平	男	73	社会	茌平县博平乡西街	贫农	商人		代销员
李子恩	男	51	回民	冠县西关	贫农	阿訇		清真寺阿訇
吴传鼎	男	56	社会	茌平县三十里铺乡南大吴	中农	农民		人委会委员
刘承义	男	62	社会	茌平县杜郎口八仙庙	中农	农民		务农
赵启端	男	68	社会	茌平县韩集乡贾赵	富农	学生		务农
白观政	男	53	社会	茌平县韩集乡大白庄	富农	农民		务农
桑士勋	男	67	社会	茌平县徐屯乡大桑庄	中农	学生		务农
其他（退放干部、工人、技术站）（8人）								
成殿午	男	27		茌平县洪屯乡成庄	贫农	贫农	党员	三里庄加工厂技术工人
李金元	男	23	工商界	故城县	中农	工人	团员	北关铁厂工人
张玉山	男	32		茌平县城关乡	下中农	工人		搬运站小队长
陈柏云	男	33		武城县	中农	农民		三里庄工人
刘永清	男	25		阳谷县	中农	学生		广平乡下放劳动
孙志金	男	25		齐河县	贫农	军人	团员	下放劳动
史言春	男	46		茌平县冯官屯石范庄	贫农	农民		务农
商晓凤	男	37		茌平县菜屯乡				技术副站长
文教界（28人）								
路对琪	男	39	文教	茌平县杨官屯乡米庄	中农	学生		胡屯完小校长
罗秀珍	女	23	教育界	高唐县琉璃乡罗村	贫农	军人	党员	广平完小教师
李翠峰	男	48	教育界	茌平县广平乡胡明宇村	富农	学生	民主人士	广平乡北张楼村教员
朱金凯	男	32	教育界	茌平县洪屯乡	中农	学生		贾寨乡耿张完小校长
王兰英	女	24	教育界	茌平县博平乡牛营村	中农	学生	党员	贾寨完小教师
孙秋如	男	45		东阿县	贫农	学生	党员	茌平县电影队队长
马怀新	男	47		齐河县	贫农	艺人	党员	胜利剧团副团长
李桂玉	男	36	教育界	茌平县杨屯乡	中农	学生		教育局教研室主任

续表

茌平县第三届人民代表大会代表名单（1958年）								
姓名	性别	年龄	界别	籍贯	家庭出身	本人成分	是否党团员	现任职务或职业
吴冠军	男	23	教育界	茌平县城关乡翟庄	中农	学生	团员	杨屯乡潘屯完小教员
王吉祥	男	35	教育界	茌平县杨屯乡郭王村	下中农			韩屯乡完小校长
李克顺	男	24	教育界	茌平县杨屯乡	贫农	学生	团员	杨屯完小教师
宁加喜	男	49	教育界	茌平县城关乡西关村	中农			赵官屯完小校长
王相鼎	男	46	教育界	茌平县杜郎口	中农	学生	国民党	茌平县一中教员
范子明	男	47	教育界	茌平县赵官屯王庄	中农	学生		赵官屯完小校长
王　清	男	34	教育界	茌平县	中农	农民		望鲁店乡朱庄
刘其智	男	39	教育界	茌平县杜郎口	中农	农民		望鲁店高小校长
郭文娟	女	33	教育界	泰安县	贫农	学生		城关镇教员
于法润	男	47	曲艺	茌平县博平乡	贫农	艺人		说唱艺人
梁久麟	男	41	教育界	茌平县三十里铺乡焦梁村	富农	学生	民主人士	茌平县机关夜校教导主任
靳淑荣	女	24	教育界	茌平县杜郎口	贫农	学生	党员	洪布赵庄小学初小教师
孙敬臣	男	58	教育界	茌平县杜郎口乡洪布赵	中农			曹庄小学教员
韩金荣	男	25	教育界	茌平县韩集乡韩集村	富农	学生		木梳刘小学校长
崔蜀材	男	62	教育界	茌平县郝集乡崔楼村	中农	学生		县一中校长
孙洪梅	女	20	教育界	清河县潘店乡	地主	学生	团员	冯屯乡张胡同教师
韩季英	男	68	教育界	茌平县菜屯乡韩营村	富农	学生	国民党	韩营完小校长
韩相英	男	44	教育界	茌平县菜屯乡韩营村	中农	学生		菜屯完小校长
彭采莲	女	21	教育界	茌平县博平乡博平村	中农	学生	团员	鹅屯乡八刘完小教师
孙润斋	男	39	教育界	茌平县温陈乡	富农	学生		博平乡北八里中心校长
工商界（25人）								
梁秀岐	男	44	工商界	茌平县贾寨乡	中农	商人		贾寨乡贾寨供销社
蒋余勉	男	36	工商界	聊城县米市街	中农	商人		茌平县粮局加工厂厂长
王若岐	男	57	工商界	茌平县城关乡王庄	中农	商人		县工商联委员
孙德海	男	37	工商界	茌平县城关乡李庙村	中农	商人		城关镇修配社社员

续表

茌平县第三届人民代表大会代表名单（1958年）								
姓名	性别	年龄	界别	籍贯	家庭出身	本人成分	是否党团员	现任职务或职业
刘吉三	男	46	工商界	茌平县城关乡北关村	中农	商人		北关建筑社主任
何庆友	男	41	工商界	茌平县博平乡何广村	贫农	商人	党员	北关铁业社主任
李振坤	男	47	工商界	茌平县博平乡中铺街	中农	商人		中铺街修配社主任
刘立维	男	47	工商界	高唐县琉璃乡绿瓦庙	贫农	商人	党员	博平基层供销社支出
吉风伦	男	54	工商界	茌平县博平乡	中农	商人		博平食品门市部职工
于光才	男	32	手工业	茌平县洪屯乡	中农	商人		洪屯乡于庄织罗底
陈延训	男	51	工商界	茌平县韩集乡陈庄	中农	商人		丁块乡三图李村供销社
张玉亭	男	30	工商界	茌平县韩集乡张桥村	贫农	商人		三十里铺基层供销社书记
常　振	男	45	工商界	茌平县城关乡	贫农	商人	党员	城关乡基层供销社支部书记
申永兴	男	61	工商界	林县东吴乡	中农	商人		工商联主任
崔庆刚	男	38	工商界	茌平县杜郎口乡武庄	中农	工人	党员	博平镇铁业社主任
张凤寅	男	38	工商界	茌平县杜郎口乡	中农	商人		茌平县北关木业社主任
庞承林	男	62	工商界	茌平县杜郎口乡	贫农	商人		杜郎口供销社业务员
宋长福	男	31	工商界	茌平县韩集乡蒋庄	中农	商人		广平乡饭店会计
张汝德	男	32	工商界	茌平县韩屯乡	中农	商人		胡屯乡供销社大刘点上
窦子生	男	49	工商界	茌平县马庄	中农	商人		城关供销社酱园经理
李桂生	男	56	工商界	故城县	中农			北关铁工厂股长
杨蕴才	男	46	工商界	茌平县郝集乡腰杨庄	贫农	商人		经销小贩
董廷坤	男	48	工商界	茌平县冯官屯	中农	商人		
康瑞泽	男	40	工商界	茌平县博平乡	中农	商人		博平北街百货门市经理
崔金枝	男	38	工商界	茌平县菜屯乡	贫农	商人		菜屯供销社加工坊技师

茌平县第四届人民代表大会代表名单

（名单资料缺失）

茌平县第五届人民代表大会代表名单

表2-2

茌平县第五届人民代表大会代表名单（1963年9月26日）								
姓名	性别	年龄	界别	籍贯	家庭出身	本人成分	是否党团员	现任职务或职业
席广师	男	48		聊城县席庙	中农	学生	党员	县长
王秀山	男	53		乐陵县韩集	中农	学生	党员	县委书记
胡廷端	男	48		阳谷县胡楼	贫农	学生	党员	副县长
耿兴华	男	55		聊城县杨集	贫农	学生	党员	副县长
岳洛峰	男	53		范县岳庄	中农	学生		副县长
程学彦	男	41		莘县东宋庄	贫农	学生	党员	公安局局长
弓熙德	男	42		范县弓庄	中农	学生	党员	宣传部部长
季承禄	男	46	供销	茌平县季古棚	中农	学生	党员	供销社主任
林光增	男	46		茌平县林辛庄	中农	学生	党员	宣传部副部长
刘常凤	女	33	工会	东阿县杨柳	贫农	学生	党员	妇联主席
张延水	男	31	青年	茌平县张胡同	中农	学生	党员	团县委副书记
马秀明	女	37		乐陵县王官刘庄	贫农	学生	党员	县监委副书记
陈月波	男	48		江苏省灌云县二里村	中农	学生	党员	机耕站站长
董银海	男	41	工业	冠县南庄	中农	农民	党员	工业局局长
赵焕之	男	39		茌平县三十里铺区贾赵村	中农	学生	党员	人委办公室主任
周子光	男	42		茌平县周庄	中农	学生	党员	民政局局长
宗富轩	男	44	商业	阳谷县陈庄	中农	学生	党员	商业局局长
谢国保	男	36		安徽省无为县小蒲草凹村	贫农	军人	党员	检察院检察长
张玉光	男	46		莘县马桥村	中农	学生		银行行长
李贵亭	男	48		阳谷县李庄	贫农	学生		财政局局长
景惠普	男	53		河北省大名县堤上村	贫农	学生	党员	税务局局长
吴魁红	男	52		茌平县乌胡同	中农	农民	党员	人事监察局局长
贾孟喜	男	36		茌平县贾寨	贫农	军人	党员	水利局副局长
张书会	男	36	文教	河北省衡水县北苏闸	贫农	学生	党员	文教局局长
刘绪寅	男	47		茌平县八仙庙	中农	学生		公路管理站站长
李运昌	男	38		茌平县洼李	中农	学生	党员	粮食局局长
谢吉惠	男	40		茌平县老官里	中农	农民	党员	农业局局长

续表

茌平县第五届人民代表大会代表名单（1963年9月26日）								
姓名	性别	年龄	界别	籍贯	家庭出身	本人成分	是否党团员	现任职务或职业
朱保成	男	46	卫生	东阿县扈庄	中农	学生	党员	卫生局局长
张保群	男	38	武装	河北省元氏县南褚庄	贫农	军人	党员	武装部部长
岳崇俭	男	32		寿张县徐岑	中农	学生	党员	统战部副部长
韩季英	男	77	文教	茌平县韩营	中农	学生		菜屯实小校长
王景文	男	51	文教	茌平县南庄	中农	学生		菜屯实小教师
王相鼎	男	52	文教	茌平县洪布赵	中农	学生		杜郎口区郝集实小教师
梁九林	男	45	文教	茌平县三十里铺区梁庄	富农	学生		三十里铺区北常实小校长
宁加喜	男	64	文教	城关公社西关	中农	学生		城关中心校教师
崔蜀才	男	64	文教	杜郎口区崔楼	中农	学生		城关中学副校长
张仰斋	男	64	文教	阳谷县桥下村	中农	学生		博平中学总务主任
孙润斋	男	42	文教	胡屯区沈官屯	中农	学生		胡屯区沈官屯中心校长
樊子明	男	54	文教	城关区赵王	中农	学生		吴官屯实小校长
韩相英	男	50	文教	菜屯区韩营	中农	学生		菜屯实小校长
孙秋如	男	51	文教	东阿县大店子	中农	学生	党员	茌平县电影队队长
张树楼	男	49	文教	河北省河间县	贫农	农民	党员	茌平县京剧团副团长
杨兆英	女	29	文教	博平区三教堂	中农	学生	党员	三十里铺区中心教导员
张道一	男	47	文教	广平区李振祥	贫农	学生		吴家所小学校长
韩金荣	男	31	文教	广平区韩集	富农	学生	党员	三十里铺实小教师
王清范	男	41	文教	琉璃寺区后屯	中农	学生	党员	冯屯中心校校长
吴殿文	男	44	文教	韩屯区还店	中农	学生	党员	还店小学教师
于茂元	男	43	文教	博平区大何庄	贫农	学生	党员	袁楼小学校长
王兰英	男	30	文教	博平区牛营	贫农	学生	党员	袁庄小学教师
张润斋	男	47	文教	菜屯区王麻子	中农	学生	党员	马围子小学教师
靳淑荣	男	31	文教	杜郎口区西曹庄	贫农	学生	党员	广播站播音员
于德润	男	51	文教	博平区大何庄	贫农	艺人	党员	大何庄说唱艺人
吕言喜	男	57	医务	菜屯区赵庄	贫农	军人	党员	防疫站站长
孟兆锋	男	63	医务	杜郎口区孟庄	中农	农民	党员	杜郎口卫生院院长
刘秀英	男	29	医务	韩屯区张桥	贫农	学生	党员	三十里铺区卫生院保健员
李振华	男	38	医务	博平区西街	中农	店员		胡屯区卫生院
张秀珍	女	33	医务	云南省昆明市	中农	学生		第二人民医院护士

续表

茌平县第五届人民代表大会代表名单（1963年9月26日）								
姓名	性别	年龄	界别	籍贯	家庭出身	本人成分	是否党团员	现任职务或职业
李殿杰	男	71	医务	杨官屯区后场	中农	医生		第二人民医院中医
杨时卿	男	67	医务	寿张县莲花池	地主	医生		第一人民医院医生
许隆兴	男	44	医务	冯屯区许坊	中农	医生		第一人民医院中医师
杨中翰	男	44	医务	城关区吴官屯	中农	学生		第一人民医院中医师
张春皋	男	72	医务	博平区十甲张	中农	学生		博平区卫生院中医
纪连瀛	男	54	医务	广平区纪庄	中农	医生		广平区卫生院中医
袁秀伦	男	60	医务	贾寨区袁庄	中农	医生		家寨区袁庄卫生所所长
李希岐	男	58	医务	聊城市北街	贫农	医生		杨屯区卫生院医生
杜学同	男	45	医务	三十里铺区杜庄	富农	农民		城关兽医站主任
韩秀生	男	36	医务	城关区北十里铺	中农	农民		冯屯区兽医站副主任
王和太	男	55	医务	贾寨区王庄	中农	农民		贾寨区兽医站兽医
齐以魁	男	52	医务	博平区齐庄	贫农	农民		博平区兽医站副主任
谷庆之	男	45	医务	胡屯区谷堂	中农	农民	党员	胡屯区兽医站副主任
桑士兰	女	23	商业	博平区西街	贫农	学生	党员	商业局营业员
常振宗	男	50	商业	冠县尹庄	中农	学生	党员	工商联副主任
郝金奎	男	34	供销	贾寨区郝庄	中农	农民		贾寨区供销社业务员
郭桂卿	女	35	供销	东阿县中屯	中农	学生		杨屯区供销社业务员
崔金元	男	42	供销	菜屯区崔营	中农	商人		菜屯区供销社业务员
乌东祥	男	55	供销	博平区顾庄	中农	商人	党员	杜郎口区供销社副主任
郎汝彬	男	31	供销	韩屯区郎营	贫农	学生	党员	胡屯区供销社主任
康瑞泽	男	46	供销	博平区中埔街	贫农	商人	党员	博平区供销社经理
吉风伦	男	59	商业	贾寨区小马	中农	商人	党员	博平区北街商人
张凤寅	男	43	工业	杜郎口区杜郎口	中农	工人	党员	茌平县木业社主任
孙安昌	男	40	供销	韩屯	中农	商人	党员	韩屯区供销社业务员
贾德业	男	35	供销	城关区贾庄	贫农	商人	党员	三十里铺区供销社会计
陈建训	男	51	供销	广平区陈庄	中农	农民	党员	广平区供销社业务员
宋长福	男	31	供销	广平区蒋庄	中农	农民	党员	广平区供销社采购员
董延坤	男	48	供销	冯屯区前董	中农	商人	党员	冯屯区供销社业务员
窦子生	男	57	供销	城关区马庄	中农	商人		城关区供销社营业员
蒋余勉	男	42	工业	城关旧米市街	中农	商人	党员	粮食局面粉厂副厂长

续表

茌平县第五届人民代表大会代表名单（1963年9月26日）								
姓名	性别	年龄	界别	籍贯	家庭出身	本人成分	是否党团员	现任职务或职业
李桂生	男	60	工业	河北省故县	中农	工人	党员	农具厂行政股长
于象庆	男	40	工业	胡屯区于庄	中农	工人		修配厂工会主席
李绪生	男	26	工业	城关区李孝堂	贫农	学生	团员	县木业社技术员
李艳明	女	27	邮电	即墨县桃村	工人	学生	党员	博平邮电支局话务员
张玉山	男	36	工人	茌平县城内西街	贫农	农民	党员	搬运站工人
臧洪昌	男	27	工业	韩屯区康孟庄	贫农	学生		农具厂车间主任
肖士昌	男	30	工业	聊城县赵庄	中农	农民		商业局副食厂工人
武家杭	男	41	工业	泰安市	贫农	工人		棉花加工厂技师
刘承义	男	68	社会人士	杜郎口区八仙庙	中农	农民		八仙庙农民
吴传鼎	男	60	社会人士	三十里铺区南大吴	中农	农民		南大吴农民
李伯平	男	77	社会人士	博平区西街	贫农	学生		西街农民
张汉儒	男	71	社会人士	三十里铺区三十里铺街	中农	学生		农民
孙敬臣	男	61	社会人士	杜郎口区洪布赵	中农	学生		农民
张继绪	男	73	社会人士	博平区齐营	富农	军人		农民
李翠峰	男	53	社会人士	广平区胡明宇	富农	学生		农民
闫吉河	男	67	社会人士	城关区高庄	中农	农民		农民
陈玉明	男	24	农民	城关公社西街	中农	学生	团员	西街大队会计
魏忠亭	男	47	农民	莒庄公社魏庄	贫农	农民	党员	魏庄大队书记
宋洪祥	男	46	农民	城关公社朱庄	中农	农民		朱庄大队长
赵松林	男	27	农民	吴官屯公社南八里	贫农	学生		南八里大队书记
李培杞	男	44	农民	赵屯公社尹庄	中农	农民		
孙方正	男	35	脱产干部	三十里铺区常海子	中农	学生		常海子书记
李光增	男	38	农民	洼李公社李德润	贫农	学生		
张文福	男	23	农民	吴屯公社张庄	贫农	学生	团员	公社团书记
李以民	女	30	农民	三里公社前林庄	中农	农民	党员	前林庄妇女主任

续表

茌平县第五届人民代表大会代表名单（1963年9月26日）								
姓名	性别	年龄	界别	籍贯	家庭出身	本人成分	是否党团员	现任职务或职业
刁玉喜	男	40	农民	葛庄公社周庄	贫农	农民	党员	周庄饲养员
于德礼	男	55	农民	城关公社刘庄	中农	农民		刘庄小队长
李玉英	女	36	农民	葛庄公社红庙	贫农	农民	党员	农民
田成尧	男	48	农民	洼李公社后吴	中农	农民		后吴大队长
唐文生	男	26	农民	城关公社大柳	贫农	学生		大柳技术员
刘玉英	女	24	农民	三里公社付庄	贫农	农民	团员	付庄妇女大队长
杨秀荣	男	25	农民	城关公社马坊	中农	农民		马坊小队保管
李望香	男	21	农民	赵屯公社赵东大队	贫农	学生	团员	赵东大队会计
李桂贞	男	42	农民	三里公社后曹庄	贫农	学生		后曹庄民师
兰好堂	男	43	脱产干部	招远县	贫农	工人	党员	城关区区长
杨希珍	男	43	农民	广平区草庙杨	中农	农民	党员	草庙杨大队书记
张文山	男	27	农民	广平区英马庄	中农	农民	党员	英马庄大队书记
李连举	男	31	农民	广平区李仓	贫农	学生	党员	李仓大队会计
张士才	男	35	农民	广平区李大炉	贫农	农民	党员	李大炉大队书记
纪同修	男	49	农民	广平区季古棚	贫农	农民	党员	季古棚大队书记
高庆群	男	26	农民	广平区三高	贫农	学生	党员	三高团书记
尹绪英	女	40	农民	广平区张楼	贫农	农民	党员	张楼妇女主任
赵兰成	男	38	农民	广平区焦集	贫农	农民		焦集小队副队长
姜桂梅	女	20	农民	广平区双庙魏公社姜庄	中农	农民		农民
杨玉苓	女	37	农民	广平区季古棚	贫农	农民	党员	农村保健员
马延英	女	25	农民	广平区焊机公社老户王	贫农	农民	团员	老户王小队保管
宋福喜	男	36	农民	韩集公社蒋庄	中农	农民		蒋庄技术员
董长荣	男	32	农民	范庄公社前董	贫农	农民	党员	前董民兵营长
张同海	男	38	农民	广平区张楼	贫农	农民	党员	农民
卢凤英	女	50	农民	广平区王油坊	贫农	农民	党员	王油坊妇女大队长
刘金玉	女	30	农民	广平区胡明宇庄	中农	农民		胡明宇庄妇女队长
吴光荣	男	34	脱产干部	东阿县鱼山区旧城村	中农	学生	党员	韩集公社副社长
杨荣庚	男	38	脱产干部	冯屯区郝家庙	中农	农民	党员	广平区区长

续表

茌平县第五届人民代表大会代表名单（1963年9月26日）								
姓名	性别	年龄	界别	籍贯	家庭出身	本人成分	是否党团员	现任职务或职业
吴士桂	男	41	脱产干部	三十里铺区吴四老庄	贫农	农民	党员	军王黄公社书记
李以山	男	34	农民	三十里铺区张小	贫农	学生	党员	张小大队副书记
侯桂英	女	27	农民	三十里铺区教场铺	贫农	农民	党员	教场铺妇女大队长
宋传良	男	42	农民	三十里铺区孙袁公社宋庄	中农	农民	党员	宋庄大队长
徐运清	女	27	农民	三十里铺区南街	中农	农民	团员	南街妇女大队长
吴怀芳	男	28	农民	三十里铺区北大吴村	中农	学生	团员	北大吴村团书记
韩名客	男	43	农民	三十里铺区柳树韩	中农	农民		柳树韩大队长
刘明道	男	47	农民	三十里铺区朱楼	贫农	农民	党员	朱楼大队书记
逯福英	女	27	农民	三十里铺区二十里铺	中农	农民	党员	二十里铺妇女大队长
王兰荣	女	60	农民	三十里铺区朱庄	中农	农民	党员	朱庄饲养员
孙吉春	男	31	农民	三十里铺区常海子	贫农	农民		常海子农业技术员
刘芝莲	女	25	农民	三十里铺区常杨	贫农	学生		常杨小队会计
杨秀英	女	34	农民	三十里铺区高庄	贫农	农民		农民
徐春兰	女	22	农民	三十里铺区大徐庄	贫农	学生	团员	大徐庄民校教师
路庆宜	男	27	农民	三十里铺区西路庄	中农	农民	党员	西路庄治保委员
常以香	男	58	农民	三十里铺区后常庄	贫农	农民	党员	后常庄饲养员
田冰如	女	39	脱产干部	高唐县田楼	中农	学生	党员	田楼副主任
刘其之	男	42	农民	杜郎口区西街	中农	学生	党员	西街大队会计
丁学金	男	29	农民	杜郎口区丁楼	贫农	农民	党员	丁楼大队队长
李承训	男	27	农民	杜郎口区双庙	中农	学生	党员	双庙民兵营长
冯云梓	男	44	农民	杜郎口区二十里铺	中农	农民	党员	二十里铺信贷社主任
郝存寅	男	31	脱产干部	城关区郝庄	中农	学生	党员	杜郎口区郝集公社社长
李承明	男	28	农民	杜郎口区双庙	贫农	农民	党员	双庙大队书记
杨霞光	女	46	农民	杜郎口区崔楼	贫农	农民	党员	公社妇女主任
王润兰	女	33	农民	杜郎口区吕庄	贫农	农民	党员	吕庄妇女大队长
朱桂英	女	28	农民	杜郎口区崔何庄	贫农	农民		崔何庄小队长
商期信	男	42	农民	杜郎口区南街	中农	农民		南街生产队长
刘兴洲	男	29	农民	杜郎口区郝集	贫农	学生	党员	郝集大队会计

续表

茌平县第五届人民代表大会代表名单（1963年9月26日）								
姓名	性别	年龄	界别	籍贯	家庭出身	本人成分	是否党团员	现任职务或职业
王金福	男	40	农民	杜郎口区王庄	贫农	农民		王庄大队长
李乃坤	男	42	农民	杜郎口区李寨村	贫农	农民	党员	李寨村大队书记
赵桂珍	女	20	农民	杜郎口区丁楼	贫农	学生		丁楼民师
李桂岑	男	57	农民	杜郎口区二十里铺	中农	农民		农民
傅玉英	女	27	农民	杜郎口区付庄	中农	农民	党员	付庄妇女队长
张建华	男	30	脱产干部	东阿县皋上村	贫农	学生	党员	杜郎口区区长
李风章	女	32	农民	冯屯区大辛庄	中农	农民	党员	大辛庄妇女大队长
董延典	男	36	农民	冯屯区马庄	贫农	农民	党员	马庄大队长
吴桂珍	女	44	农民	冯屯区薛店公社许坊	贫农	农民	党员	薛店公社妇女主任
赵洪功	男	45	脱产干部	高唐县姜庄	中农	农民	党员	大辛公社社长
张玉刚	男	47	农民	冯屯区望鲁店	中农	农民	党员	望鲁店大队书记
马成之	男	23	农民	冯屯区刘马庄	贫农	农民	党员	刘马庄公社团书记
张桂兰	女	21	农民	冯屯区张楼	贫农	农民	党员	张楼小队长
马金芳	女	26	农民	冯屯区范庄	贫农	农民		范庄大队长
王玉珍	女	30	农民	冯屯区马庄	贫农	农民	团员	马庄小队长
赵曰功	男	54	农民	冯屯区赵楼	中农	农民		赵楼饲养员
崔金臣	男	27	农民	冯屯区周皋	贫农	学生	团员	周皋大队会计
韩秀岐	男	43	农民	冯屯区武赵	贫农	农民		农民
朱连廷	男	53	农民	冯屯区大辛庄	贫农	农民		农民
李恒功	男	54	农民	冯屯区李庄	贫农	农民		农民
郭治国	男	41	脱产干部	菜屯区郭堤口	中农	农民	党员	菜屯区区长
李曰典	男	48	农民	胡屯区李市	贫农	农民	党员	李市大队书记
陶思明	男	46	农民	胡屯区陶桥	贫农	农民	党员	陶桥大队书记
张宝申	男	39	农民	胡屯区张楼	贫农	农民	党员	张楼大队书记
邢邦春	男	39	农民	胡屯区邢寺	贫农	农民	党员	邢寺大队队长
李和顺	男	35	脱产干部	博平区谢天贡	中农	学生		徐庄公社社长
郑胜林	男	26	农民	胡屯区徐家河口	贫农	农民	党员	公社团书记
高桂兰	女	22	农民	胡屯区东杨	贫农	学生	党员	公社妇女主任

续表

茌平县第五届人民代表大会代表名单（1963年9月26日）								
姓名	性别	年龄	界别	籍贯	家庭出身	本人成分	是否党团员	现任职务或职业
傅义山	男	30	农民	胡屯区刁庄	贫农	农民	党员	刁庄生产队长
张秀英	女	29	农民	胡屯区朱庄	中农	农民	党员	朱庄生产队长
陶景春	男	44	农民	胡屯区陶桥	贫农	农民		陶桥生产队长
王风督	男	38	农民	胡屯区马沙窝	中农	农民	党员	马沙窝大队长
刘连英	女	27	农民	胡屯区寺后刘	贫农	农民		农民
李会生	男	43	脱产干部	城关区张庄	中农	农民	党员	胡屯区区长
李长修	女	42	农民	博平区菜元张	贫农	农民	党员	公社妇女主任
刘建义	男	38	农民	博平区二刘	中农	学生	党员	二刘大队会计
李云荣	男	46	农民	博平区双庙	贫农	农民	党员	双庙饲养员
齐维东	男	37	农民	博平区齐庄	中农	农民	党员	齐庄大队长
张玉合	男	35	农民	东阿县陈集	中农	学生	党员	秘书
赵金柱	男	48	农民	博平区刘佩	贫农	农民	党员	刘佩大队书记
贾殿东	男	48	农民	博平区谭阁	贫农	农民	党员	谭阁大队书记
赵登峰	男	41	农民	博平区双庙	中农	农民	党员	信用社主任
毕福禄	男	32	农民	博平区刁楼	贫农	农民	党员	刁楼大队书记
赵兰英	女	37	农民	博平区粽子马庄	贫农	农民	党员	粽子马庄大队书记
石绍莲	女	25	医务	齐河县石围子	中农	学生	团员	博平刘坦卫生所所长
王素英	女	37	农民	博平区西杨庄	贫农	农民	党员	西杨庄妇女大队长
岳吉先	男	51	农民	博平区刘佩	中农	农民		农业技术员
李月郎	男	67	农民	博平区张岳	贫农	农民		农民
杭云秀	男	43	农民	博平区杭庄	贫农	农民	党员	杭庄大队长
夏曰周	男	39	农民	博平区史西大队	贫农	学生	党员	史西大队小队保管员
张化江	男	43	脱产干部	东阿县陈集	中农	农民	党员	博平区区长
李泽勤	男	36	农民	广平区大曲庄		农民	党员	杨屯区小赵公社书记
张兆荣	男	47	脱产干部	城关区石庄	贫农	农民	党员	杨屯区区长
赵文祥	男	25	农民	杨屯区潘官屯	贫农	学生	党员	潘官屯大队长
岳承友	男	39	脱产干部	博平区顾庄	贫农	农民	党员	杨屯区洪屯公社书记
马罗章	男	26	农民	杨屯区马围子	贫农	农民	团员	公社团书记

续表

茌平县第五届人民代表大会代表名单（1963年9月26日）								
姓名	性别	年龄	界别	籍贯	家庭出身	本人成分	是否党团员	现任职务或职业
李桂英	女	37	农民	杨屯区袁车庄	贫农	农民	党员	公社妇女主任
冯士禄	男	45	农民	杨屯区大冯	贫农	农民	党员	大冯大队书记
杨光荣	女	31	农民	杨屯区杨屯	贫农	农民	党员	杨屯大队书记
许成德	男	39	农民	杨屯区孙桥	中农	农民		孙桥生产队长
孟梅荣	女	49	农民	杨屯区毕庄	贫农	农民	党员	毕庄生产队长
李桂英	女	38	农民	杨屯区大辛	贫农	农民		大辛生产队长
赵西路	男	46	农民	杨屯区冯营	中农	农民		冯营饲养员
赫庆言	男	24	农民	杨屯区赫庄	贫农	农民	团员	赫庄小队保管
杜香玉	女	23	农民	杨屯区洪屯	贫农	农民		洪屯生产队长
胡呈珍	女	39	农民	杨屯区马厂胡	中农	农民		民师
于瑞安	男	45	脱产干部	杜郎口区陈庄	中农	工人	党员	贾寨区区长
刘家柱	男	32	农民	贾寨区圈刘	贫农	农民	党员	圈刘大队副书记
付兰英	女	46	农民	贾寨区贾寨	贫农	农民	党员	贾寨生产队长
曹凤英	女	45	农民	贾寨区后曹	贫农	学生	党员	后曹小队会计
高子功	男	47	脱产干部	莘县张瑞村	贫农	农民	党员	贾寨区白虎寺公社社长
王桂兰	女	50	农民	贾寨区芦吴	贫农	农民		芦吴保健员
吴桂兰	女	31	农民	贾寨区芦吴	中农	农民		芦吴妇女小队长
金殿会	男	45	农民	贾寨区张陈	贫农	农民		张陈生产队长
李风贵	男	35	农民	贾寨区梁庄	中农	学生	党员	梁庄大队书记
耿朝元	男	35	农民	贾寨区耿庄	中农	学生	党员	耿庄大队书记
袁立英	女	36	农民	贾寨区袁庄	贫农	农民	党员	袁庄妇女主任
袁春林	男	23	农民	贾寨区袁庄	中农	学生	党员	公社团书记
于凤坤	男	42	农民	贾寨区于庄	贫农	农民	党员	于庄大队书记
孟兆铸	男	33	脱产干部	东阿县孟庄	中农	农民		贾寨区袁庄公社社长
商思来	男	35	脱产干部	菜屯区樊庄	中农	农民	党员	菜屯区樊庄公社副社长
孙玉香	女	30	农民	菜屯区韩庄	贫农	农民	党员	韩庄团支书
王保良	男	58	农民	菜屯区周桥	贫农	农民	党员	周桥生产队长
崔春芳	女	21	农民	菜屯区崔庄	贫农	学生	团员	崔庄团支书

续表

茌平县第五届人民代表大会代表名单（1963年9月26日）								
姓名	性别	年龄	界别	籍贯	家庭出身	本人成分	是否党团员	现任职务或职业
魏宝兰	女	42	农民	菜屯区任庄	中农	农民		任庄妇女大队长
郭登玉	男	43	农民	菜屯区郭堤口	贫农	农民	党员	林场副书记
杨怀荣	女	40	农民	菜屯区王麻子	贫农	农民	党员	妇女大队长
孙长印	男	32	农民	菜屯区孙庄	贫农	农民	党员	菜屯区崔营公社副社长
郭万禄	男	40	农民	菜屯区郭堤口	中农	农民	党员	郭堤口大队队长
时殿富	男	35	农民	菜屯区冯庄	贫农	农民	党员	冯庄大队书记
窦玉珍	女	24	农民	菜屯区阚庄	贫农	农民	党员	公社妇女主任
李兆亮	男	28	农民	菜屯区菜屯	贫农	农民	团员	公社团书记
王英端	男	40	农民	菜屯区王麻子	贫农	农民	党员	王麻子大队书记
杨景辰	男	31	脱产干部	阳谷县七级区杨屯	中农	学生	党员	菜屯区副区长
张其江	男	41	农民	韩屯区张庙子	中农	学生	党员	韩屯区区长
孔祥兰	男	33	农民	齐河县赵官镇	中农	学生	党员	韩屯区
崔殿鳌	男	49	农民	韩屯区米庄	中农	学生	党员	米庄大队副书记
张素英	女	65	农民	韩屯区冯庄	贫农	农民	党员	冯庄大队妇女主任
姚秀英	女	35	农民	韩屯区还驾店	贫农	农民	党员	公社妇女主任
李金仓	男	38	农民	韩屯区清凉寺	贫农	农民	党员	清凉寺生产队长
孙良运	男	30	农民	韩屯区孙庄	中农	农民	团员	农民
张风鳌	男	64	农民	韩屯区魏庄	中农	农民		农民
杨朝国	男	19	农民	韩屯区泮堂	贫农	学生	团员	团支委
孟宪良	男	33	农民	韩屯区孟楼	贫农	农民	党员	孟楼大队书记
刘德运	男	19	农民	韩屯区八刘	中农	学生		八刘大队保健员
李全臣	男	50	农民	韩屯区韩屯	贫农	农民		
冯傅成	男	54	农民	韩屯区冯庄	中农	农民	党员	冯庄大队书记

茌平县第六届人民代表大会代表名单

（名单资料缺失）

茌平县第七届人民代表大会代表名单

（名单资料缺失）

十年“文化大革命”期间，茌平县人民代表大会停止了正常工作。

茌平县第八届人民代表大会代表名单

表2-3

姓名	性别	年龄	民族	政治面貌	家庭出身	代表性质	本人成分	籍贯	单位和职务
城关公社代表团（1978年4月22日）									
李广达	男	39	汉	中共党员	贫农	农民	农民	李孝堂大队	大队支部书记
宋凡辰	男	38	汉	中共党员	下中农	农民	学生	薛宋大队	大队支部书记
张玉青	女	40	汉	中共党员	贫农	农民	农民	红庙大队	大队妇女主任
曹尚成	男	63	汉	中共党员	贫农	农民	农民	后赵大队	大队党支部书记
魏振珂	男	41	汉	中共党员	贫农	农民	学生	魏庄大队	大队党支部书记
张如琢	男	47	汉	中共党员	贫农	农民	农民	雷庄大队	大队党支部书记
赵松林	男	42	汉	中共党员	贫农	农民	农民	南八里大队	大队党支部书记
张学芹	女	35	汉	中共党员	中农	农民	学生	西关大队	大队妇女主任
刘兆平	男	55	汉	中共党员	中农	农民	农民	三里大队	三里党支部书记
王仰廷	男	27	汉	群众	贫农	工人	学生	北八里大队	拖拉机站工人
任桂英	女	32	汉	群众	贫农	知识分子	学生	洪屯姜庄	南关小学教师
张义成	男	39	汉	群众	贫农	知识分子	学生	城关社前赵	朱王小学教师
晁岱金	男	34	汉	中共党员	中农	知识分子	学生	定陶县	卫生院副院长
周　岩	男	28	汉	团员	贫农	其他劳动人民	学生	冯屯社尹庄	供销社文书
杨藴珍	男	48	汉	群众	中农	农民	农民	城关社五里	五里大队会计
赵桂青	女	22	汉	中共党员	贫农	农民	学生	阎庄	阎庄妇女主任
邹尚山	男	45	汉	中共党员	贫农	农民	农民	北关	北关党支部书记
盛尚志	男	66	汉	中共党员	中农	农民	农民	葛庄	葛庄社员
逯云彩	男	49	汉	中共党员	贫农	农民	农民	何潘	何潘大队副书记
李兰英	女	30	汉	中共党员	中农	农民	农民	林周	林周妇女主任
赵田海	男	45	汉	群众	贫农	农民	农民	前赵大队	生产队长
林兰英	女	35	汉	群众	下中农	农民	农民	路庄大队	植棉组长
翟永庆	男	34	汉	群众	中农	农民	农民	尚庄大队	生产队长
马福增	男	57	回	群众	贫农	干部	农民	南关大队	革委委员
宋吉国	男	24	汉	群众	中农	干部	学生	朱王大队	生产队长
赵华林	男	64	汉	群众	中农	爱国人士	学生	南八里大队	退干
金庆岱	男	41	汉	中共党员	贫农	干部	学生	洪屯公社张陈	公社书记
谢家顺	男	54	汉	中共党员	贫农	干部	学生	杨屯公社大谢	公社组委

续表

姓名	性别	年龄	民族	政治面貌	家庭出身	代表性质	本人成分	籍贯	单位和职务
赵屯公社代表团									
常修岐	男	44	汉	中共党员	贫农	干部	学生	郝集	赵屯公社书记
陈庆明	男	43	汉	中共党员	中农	干部	学生	韩屯	赵屯公社命委副主任
陈秋成	男	49	汉	中共党员	下中农	农民	农民	赵屯花牛陈	大队书记
左培臣	男	42	汉	中共党员	贫农	农民	学生	赵屯左庄	大队民兵连长
吴瑞生	男	45	汉	中共党员	贫农	农民	农民	赵屯吴小	大队书记
吴庆斗	男	45	汉	中共党员	贫农	农民	农民	赵屯马沙	大队书记
饶顺序	男	47	汉	中共党员	中农	工人	学生	赵屯刁洼	赵屯农修厂工人
崔　刚	男	47	汉	群众	富农	知识分子	学生	城关西关	赵屯医院副院长
饶维喜	男	45	汉	群众	中农	知识分子	学生	赵屯刁洼	赵屯中学教师
韩相温	男	43	汉	中共党员	中农	其他劳动者	学生	冯屯武赵	赵屯采购站副站长
王金柱	男	51	汉	中共党员	贫农	农民	农民	赵屯翟庄	大队副书记
吴荣庆	男	42	汉	群众	贫农	农民	农民	赵屯后吴	生产队队长
杨玉信	男	47	汉	群众	中农	农民	农民	赵屯东一甲	生产队副队长
李泽木	男	58	汉	群众	贫农	农民	农民	赵屯赵东	大队护树员
袁金凤	女	21	汉	中共党员	贫农	农民	学生	赵屯泥王	大队妇女主任
牛培红	女	62	汉	群众	贫农	农民	农民	赵屯洼李	妇女队长
王兰英	女	26	汉	中共党员	下中农	农民	农民	赵屯杜陈	大队妇女主任
牛桂英	女	22	汉	中共党员	贫农	农民	学生	赵屯牛庄	大队妇女主任
丁块公社代表团									
徐宝琪	男	42	汉	中共党员	中农	干部	学生	胡屯	公社党委书记
阎庆祥	男	49	汉	中共党员	贫农	干部	学生	冯屯	公社革委副主任
张士才	男	49	汉	中共党员	贫农	农民	农民	田李	大队党支部书记
马如辰	男	49	汉	中共党员	下中农	农民	农民	马庄	大队党支部书记
李玉生	男	52	汉	中共党员	下中农	农民	农民	齐东	大队党支部副书记
刘加河	男	55	汉	中共党员	贫农	农民	农民	大赵	大队党支部书记
周大海	男	30	汉	中共党员	中农	农民	学生	玉范	大队党支部书记
王兰生	男	61	汉	中共党员	贫农	农民	农民	观上	大队党支部委员
李泽选	男	53	汉	中共党员	下中农	农民	学生	前李	大队党支部书记
张天春	男	45	汉	中共党员	下中农	农民	农民	范庄	生产队长
庄桂华	男	25	汉	群众	中农	农民	学生	王庙	赤脚医生

续表

姓名	性别	年龄	民族	政治面貌	家庭出身	代表性质	本人成分	籍贯	单位和职务
周长利	男	61	汉	中共党员	贫农	农民	学生	步庄	党支部书记
张广英	女	45	汉	中共党员	贫农	农民	农民	贾白	支委妇女主任
金同采	女	21	汉	群众	贫农	农民	学生	金楼	革委副主任
赵具洪	男	58	汉	群众	贫农	农民	农民	五里	生产队长
刘素平	女	28	汉	群众	贫农	其他劳动人民	学生	博平	供销社营业员
曹淑梅	女	36	汉	群众	贫农	知识分子	学生	东阿	医院护士
庄桂芳	女	21	汉	群众	下中农	工人	学生	王庙	拖拉机站工人
豆洪祥	男	42	汉	中共党员	中农	知识分子	学生	博平	丁块中学校长
广平公社代表团									
韩文兴	男	45	汉	中共党员	中农	干部	学生	聊城蒋屯	公社书记
豆兴山	男	51	汉	中共党员	贫农	干部	农民	卅铺大柳	管区书记
张士忠	男	42	汉	中共党员	贫农	农民	学生	张楼大队	大队书记
杨延祥	男	31	汉	中共党员	贫农	农民	学生	北街大队	一队队长
李傅洪	男	42	汉	中共党员	贫农	农民	学生	张善大队	大队书记
焦西明	男	42	汉	中共党员	贫农	知识分子	学生	焦集	胡宇中学负责人
赵秀玲	女	27	汉	群众	贫农	知识分子	学生	赵屯	双位中学教师
杨志贤	男	57	汉	群众	中农	知识分子	学生	河北省	广平医院医生
栾启庆	男	63	汉	群众	贫农	工人	农民	丁莫	广平拖拉机站工人
于风英	女	29	汉	群众	中农	劳动者	农民	东街	广平饭店服务员
房　美	女	32	汉	群众	中农	农民	学生	姜庄	大队会计
李香玉	女	22	汉	群众	下中农	农民	学生	李祥	大队植棉组长
记怀金	男	59	汉	群众	贫农	农民	农民	西街	西街四队队长
左俊峰	男	57	汉	群众	贫农	农民	农民	李海子	二队保管
李允生	男	59	汉	群众	贫农	农民	农民	大曲	社员
周傅会	男	70	汉	群众	贫农	农民	农民	周庄	社员
高庆祥	男	53	汉	中共党员	下中农	农民	农民	三高	大队书记
张西臣	男	48	汉	中共党员	贫农	农民	学生	张洪	大队书记
韩吉恒	男	44		中共党员	贫农	农民	农民	四韩	大队副书记
赵玉峰	男	32		中共党员	中农	农民	学生	焦集	大队书记
梁玉江	男	41	汉	中共党员	贫农	农民	农民	梁庄	大队书记
马文方	男	44	回	中共党员	下中农	农民	学生	尹马	大队书记

续表

姓名	性别	年龄	民族	政治面貌	家庭出身	代表性质	本人成分	籍贯	单位和职务
韩集公社代表团									
许子彬	男	44	汉	中共党员	中农	干部	学生	韩屯许桥	党委书记
刘永常	男	46	汉	中共党员	贫农	干部	学生	东阿古屯	管区书记
陶永庆	男	24	汉	中共党员	中农	农民	学生	陶海	陶海大队书记
王玉珠	男	43	汉	中共党员	贫农	农民	农民	后姜	大队书记
刘同海	男	46	汉	中共党员	中农	农民	学生	大白	大队书记
石连河	男	60	汉	中共党员	贫农	农民	农民	韩集石海子	大队贫协主任
贾仰明	男	60	汉	中共党员	贫农	农民	农民	贾赵	大队贫协主任
胡富录	男	61	汉	中共党员	贫农	农民	农民	门李	门李大队社员
高庆岳	男	42	汉	中共党员	中农	农民	农民	张庆雨	大队书记
庞洪端	男	42	汉	中共党员	贫农	农民	农民	大杨	大队书记
韩月英	女	32	汉	中共党员	贫农	农民	学生	曹庄	妇女主任
姜荣英	女	22	汉	群众	下中农	农民	学生	前姜	前姜大队副队长
韩宪明	男	34	汉	群众	贫农	农民	学生	西集	生产队长
王传祥	男	47	汉	群众	贫农	农民	农民	高墙	生产队长
李宗木	男	32	汉	中共党员	贫农	农民	学生	仇陶	大队会计
王桂平	女	24	汉	中共党员	贫农	农民	学生	王鄂	大队书记
曹风清	女	23	汉	群众	中农	其他劳动者	学生	东阿杨庄	供销社会计
袁玉春	男	39	汉	群众	贫农	知识分子	学生	韩集袁庄	公社医院医生
张惠英	女	38	汉	群众	中农	知识分子	学生	聊城县	贾赵小学教师
尹作印	男	46	汉	群众	中农	工人	农民	尹庄	公社农机厂
卅铺公社代表团									
张延君	男	44	汉	中共党员	中农	农民	农民	张李	公社副书记、管委主任
马玉英	女	50	汉	中共党员	贫农	农民	农民	杜庄	甄桥大队书记
明学峰	男	48	汉	中共党员	中农	农民	农民	北街	支部书记
王现英	女	57	汉	群众	贫农	农民	农民	前常	饲养员
梁久林	男	62	汉	群众	富农	爱国人士	学生	焦梁	退休教师
李风英	女	27	汉	中共党员	贫农	农民	农民	石李	妇女主任
石文明	男	38	汉	中共党员	贫农	干部	学生	广平南街	组织委员
马怀进	男	49	汉	中共党员	中农	干部	学生	广平马明智	公社书记

续表

姓名	性别	年龄	民族	政治面貌	家庭出身	代表性质	本人成分	籍贯	单位和职务
尉万喜	男	24	汉	团	中农	农民	学生	大尉	团支部书记
王成友	男	39	汉	群众	中农	知识分子	学生	卅铺南街	教师
杜正江	男	51	汉	中共党员	贫农	农民	农民	卅铺南街	大队书记
白合杰	男	45	回	群众	贫农	农民	农民	卅铺南街	娄庄大队长
尚连兴	男	44	汉	中共党员	贫农	农民	农民	尚庄	大队支部书记
吴吉彬	男	52	汉	中共党员	贫农	农民	农民	南大吴	大队支部书记
吴令远	男	73	汉	中共党员	贫农	农民	农民	吴思老	贫协主任
张桂英	女	31	汉	群众	下中农	农民	农民	崔徐	妇女队长
郭绪明	男	68	汉	中共党员	贫农	农民	农民	大崔	党支部副书记
张香成	男	24	汉	团	贫农	农民	农民	崔海子	团支书
孙宪皋	男	70	汉	群众	贫农	其他劳动人民	军人	高庄	职工
韩秀珍	女	48	汉	中共党员	贫农	农民	农民	李元	妇女主任
曹桂喜	男	39	汉	中共党员	贫农	知识分子	学生	郭庄学区	校长
郭春杰	男	32	汉	中共党员	上中农	知识分子	学生	卅铺医院	副院长
周庆月	男	41	汉	中共党员	贫农	产业工人	农民	教场铺	工人
郝集公社代表团									
马庆云	男	45	汉	中共党员	贫农	干部	学生	广平马明智	公社党委书记
王守义	男	51	汉	中共党员	贫农	干部	学生	望鲁店	公社贫协主任
柳长锋	男	32	汉	群众	贫农	工人	学生	张楼	公社农修厂工人
崔蜀材	男	80	汉	群众	中农	爱国人士	学生	崔楼	原一中副校长
周永弼	男	43	汉	群众	中农	知识分子	学生	郝西	双营联中教师
张之翰	男	44	汉	群众	富农	知识分子	学生	城关红庙	公社医院医生
朱焕喜	女	24	汉	群众	贫农	其他劳动人民	学生	东阿陈集朱庄	供销社出纳
王运田	男	57	汉	群众	贫农	农民	农民	佛堂	三队队长
田兴全	男	55	汉	群众	贫农	农民	农民	双营	一队队长
王金福	男	51	汉	群众	贫农	农民	农民	吉王刘	二队饲养员
刘其英	女	43	汉	中共党员	贫农	农民	农民	万庄	大队党支部委员
陈玉珍	女	36	汉	中共党员	贫农	农民	学生	韩庄	大队党支部委员
周淑英	女	40	汉	中共党员	贫农	农民	农民	常西	大队党支部委员
刘玉珍	女	41	汉	中共党员	贫农	农民	农民	腰庄	大队党支部委员

续表

姓名	性别	年龄	民族	政治面貌	家庭出身	代表性质	本人成分	籍贯	单位和职务
郭长祥	男	70	汉	中共党员	贫农	农民	农民	王营	大队贫协主任
张具銮	男	65	汉	中共党员	贫农	农民	农民	张楼	大队党支部副书记
杨存道	男	43	汉	中共党员	贫农	农民	学生	郝东	大队党支部书记
孙长山	男	56	汉	中共党员	贫农	农民	农民	丁堂大队	大队党支部书记
张兆庆	男	33	汉	中共党员	贫农	农民	学生	温坊	大队党支部书记
王孝阳	男	28	汉	中共党员	贫农	农民	学生	王兰廷	大队党支部书记
杨书亭	男	43	汉	中共党员	贫农	农民	学生	赵楼	大队党支部书记
杜郎口公社代表团									
刘曰臣	男	45	汉	中共党员	贫农	干部	学生	冯屯业屯	杜郎口公社书记
张习甲	男	28	汉	中共党员	下中农	干部	学生	王老杨屯	杜郎口公社组委
常绪胜	男	43	汉	中共党员	贫农	农民	学生	鲍庄	支部书记
张吉明	男	45	汉	中共党员	中农	农民	农民	董庄	支部书记
杜书明	男	43	汉	中共党员	贫农	农民	学生	北街	支部书记
张恒良	男	29	汉	中共党员	贫农	农民	学生	北街	三场副书记
元长忠	男	55	汉	群众	贫农	知识分子	医生	元庄	卫生院医生
丁建忠	男	45	汉	中共党员	中农	知识分子	学生	丁楼	中学教师
张传侦	女	46	汉	群众	中农	劳动人民	学生	章丘明水	粮所会计
张秀英	女	26	汉	中共党员	下中农	工人	学生	博平十甲张	农电站长
郑连英	女	22	汉	中共党员	贫农	农民	农民	武庄	三八打井队长
李茂印	男	60	汉	中共党员	下中农	农民	农民	丁楼	副书记
李月英	女	46	汉	中共党员	下中农	农民	农民	曹庄	支委妇女主任
孙德荣	男	31	汉	中共党员	中农	农民	学生	后赵	副书记
张玉兰	女	46	汉	中共党员	贫农	农民	农民	胡庄	支委妇女主任
冯召泮	男	41	汉	群众	中农	农民	农民	二十铺	小队保管员
元付前	男	46	汉	群众	贫农	农民	农民	元庄	小队代表
张曰广	男	70	汉	群众	贫农	农民	农民	张海子	小队保管
崔明云	男	58	汉	群众	贫农	农民	农民	崔何	小队队长
孙友成	男	99	汉	群众	下中农	农民	农民	前孙	小队队长
王老公社代表团									
李殿银	男	45	汉	中共党员	中农	干部	学生	东阿堤口	党委书记
张国忠	男	53	汉	中共党员	贫农	农民	农民	杨屯	大队书记

续表

姓名	性别	年龄	民族	政治面貌	家庭出身	代表性质	本人成分	籍贯	单位和职务
李风章	女	43	汉	中共党员	下中农	农民	农民	邢庄	大队书记
吕丕录	男	53	汉	中共党员	贫农	干部	农民	滨县吕前	公社党委成员
杜太镇	男	38	汉	群众	贫农	农民	学生	薛店	党支部书记
刘长英	女	52	汉	群众	贫农	农民	农民	高唐刘寺楚村	大队妇女副主任
李玉和	男	52	汉	群众	中农	农民	学生	高岭	大队会计
王礼根	男	23	汉	中共党员	贫农	农民	学生	菜元	大队书记
候庆成	男	37	汉	中共党员	贫农	农民	学生	庞庄	大队书记
栾昌武	男	45	汉	中共党员	下中农	农民	学生	栾庄	大队书记
杨长青	男	42	汉	中共党员	贫农	农民	学生	北辛	一队队长
王玉喜	女	23	汉	中共党员	贫农	学生	学生	韩辛	大队书记
杨允祥	男	28	汉	群众	下中农	学生	农民	刘集	生产队长
王德荣	男	61	汉	中共党员	中农	农民	农民	潘庄	大队副书记
孟兆奎	男	62	汉	中共党员	中农	知识分子	学生	孟庄	王老医院中医
曹庆英	男	46	汉	群众	中农	知识分子	学生	冯屯刘寨	前赵大队教师
张伦庆	男	28	汉	中共党员	中农	工人	学生	麦糠	社办工业组长
高银环	女	45	汉	群众	中农	其他劳动者	学生	河南阜阳	供销社会计股长
冯屯公社代表团									
王保常	男	56	汉	中共党员	贫农	农民	贫农	冯屯	王相大队支部副书记
戚兰亭	男	43	汉	中共党员	下中农	农民	农民	冯屯	马王大队支部书记
孙玉霞	女	21	汉	中共党员	贫农	农民	学生	冯屯	孙庄大队妇女主任
李风兰	女	49	汉	中共党员	贫农	农民	农民	冯屯	后寨大队第四生产队长
刘春红	女	24	汉	团员	贫农	农民	学生	冯屯	前寨大队妇女主任
杜金玉	女	22	汉	团员	中农	农民	学生	冯屯	金杜大队团支书
邹希玉	男	47	汉	群众	中农	农民	农民	冯屯	业屯大队第八生产队长
赵曰功	男	56	汉	群众	贫农	农民	农民	冯屯	三楼大队饲养员
单书芹	男	56	汉	群众	贫农	农民	农民	冯屯	逯店大队贫协主任
孙吾庆	男	31	汉	团员	中农	工人	农民	冯屯	冯屯砖瓦厂工人
马洪辰	男	35	汉	中共党员	下中农	农民	农民	冯屯	刘马支部书记
孙贞庆	男	34	汉	中共党员	贫农	农民	农民	冯屯	公社党委副书记
赵中海	男	68	汉	中共党员	贫农	农民	农民	冯屯	西封大队贫协主任

续表

姓名	性别	年龄	民族	政治面貌	家庭出身	代表性质	本人成分	籍贯	单位和职务
武文范	男	51	汉	中共党员	下中农	农民	农民	冯屯	武赵第五生产队长
王公建	男	38	汉	中共党员	贫农	农民	农民	冯屯	张良桥大队支书
徐长信	男	35	汉	中共党员	贫农	农民	农民	冯屯	徐排大队支部书记
史仰生	男	51	汉	中共党员	贫农	农民	农民	冯屯	范庄大队支书
张庆珠	男	41	汉	中共党员	下中农	农民	农民	冯屯	梁庄大队支书
王振海	男	48	汉	中共党员	中农	其他劳动人民	农民	冯屯	冯屯供销社职工
焦西营	男	41	汉	中共党员	中农	干部	学生	冯屯	冯屯粮所副所长
张兴义	男	41	汉	中共党员	中农	干部	学生	夏津	冯屯公社党委书记
肖桂秋	女	25	汉	团员	贫农	知识分子	学生	杜郎口	冯屯医院医师
卢亚南	女	38	汉	群众	城贫	知识分子	学生	济南	冯屯中学教师
高廷阶	男	40	汉	中共党员	下中农	知识分子	学生	大高	冯屯业屯学区教师
胡屯公社代表团									
高继顺	男	47	汉	中共党员	中农	干部	学生	肖庄席店	胡屯公社书记
邢玉生	男	47	汉	中共党员	中农	干部	学生	东阿刘集	公社公安员
陶思生	男	32	汉	中共党员	贫农	农民	学生	陶桥	大队党支部书记
娄丕瑞	男	40	汉	中共党员	贫农	农民	学生	娄庄	大队党支部书记
王玉荣	男	34	汉	中共党员	贫农	农民	学生	徐河口	大队党支部书记
于一中	男	46	汉	群众	革干	知识分子	学生	温陈吴胡同	公社卫生院医师
郭金生	男	51	汉	群众	贫农	其他劳动人民	学生	韩屯罗屯	供销社仓库保管
董光耀	男	36	汉	群众	中农	知识分子	学生	杜郎口丁楼	中学教师
罗庆之	男	37	汉	中共党员	贫农	知识分子	学生	罗庄	学区负责人
张克己	男	37	汉	中共党员	贫农	农民	学生	张二马	大队党支部书记
赵洪兴	男	38	汉	中共党员	下中农	农民	学生	古入赵	大队党支部书记
谷风贤	男	45	汉	中共党员	贫农	农民	农民	谷堂	生产队长
胡金红	女	43	汉	中共党员	贫农	农民	农民	朱庄	大队党支部副书记
于洪顺	男	55	汉	中共党员	贫农	农民	农民	南于	大队贫协主任
于景木	男	61	汉	中共党员	贫农	农民	农民	老管李	大队贫协主任
王秀武	男	58	汉	群众	贫农	农民	农民	陶集	大队饲养员
张文成	男	46	汉	群众	贫农	农民	农民	双营	双营大队队长
高桂兰	女	39	汉	中共党员	贫农	农民	农民	徐庄	大队妇女主任

续表

姓名	性别	年龄	民族	政治面貌	家庭出身	代表性质	本人成分	籍贯	单位和职务
薛传功	男	32	汉	中共党员	下中农	农民	学	胡屯	大队党支部书记
夏月凤	女	33	汉	群众	贫农	农民	学	大么王	植棉组长
刘文兰	女	34	汉	群众	贫农	农民	农民	大刘西	赤脚医生
李海庭	男	45	汉	中共党员	中农	农民	农民	李双西	生产队长
韩守庆	男	30	汉	群众	贫农	工人	学生	韩庄	拖拉机站工人
韩屯公社代表团									
李连红	女	30	汉	中共党员	贫农	知识分子	学生	丁块李庄	韩屯卫生院副院长
刘玉珍	男	56	汉	群众	中农	其他劳动人民	农民	罗西	信用社信贷员
张以香	男	37	汉	群众	中农	工人	农民	潘堂	拖拉机站驾驶员
何荣香	男	40	汉	群众	中农	知识分子	学生	何庄	韩屯中学教师
高广玉	男	38	汉	群众	中农	知识分子	学生	高庙子	韩屯中学教师
武殿文	男	59	汉	群众	下中农	农民	学生	后西	韩屯后西民办教师
李宪之	女	36	汉	中共党员	贫农	农民	农民	大碾李	韩屯大碾李支委
冯玉华	女	24	汉	群众	下中农	农民	学生	冯庄	冯庄大队副书记
李全香	女	49	汉	中共党员	贫农	农民	农民	韩屯	大队副书记
高士英	女	37	汉	中共党员	贫农	农民	学生	东刘	韩屯东刘支委
王希珍	男	44	汉	中共党员	贫农	干部	学生	郝集常杨	韩屯公社书记
刘吉友	男	56	汉	中共党员	贫农	农民	农民	张桥	张桥支部书记
王兆其	男	40	汉	中共党员	贫农	农民	学生	郗屯	郗屯支部书记
高玉明	男	37	汉	中共党员	贫农	农民	学生	高庙子	高庙子支部书记
郎金花	女	43	汉	中共党员	贫农	农民	农民	冯郎	冯郎支委
李士长	男	38	汉	中共党员	贫农	农民	农民	李灿然	李灿然支部书记
王风启	男	40	汉	中共党员	中农	农民	学生	后西	后西支部书记
袁保海	男	48	汉	中共党员	贫农	农民	农民	袁营	袁营五队队长
许文风	男	54	汉	群众	贫农	农民	农民	许桥	许桥一队保管
王教敏	男	30	汉	群众	下中农	农民	农民	王桥	王桥一队队长
梁怀祥	男	28	汉	群众	贫农	农民	农民	孙林	孙林六队队长
周广顺	男	34	汉	群众	贫农	农民	学生	大周	大周一队队长
孙协江	男	27	汉	中共党员	贫农	农民	学生	东孙	东孙支部书记
陈富生	男	41	汉	中共党员	中农	农民	学生	韩屯	支部书记

续表

姓名	性别	年龄	民族	政治面貌	家庭出身	代表性质	本人成分	籍贯	单位和职务
李桂玉	男	56	汉	中共党员	中农	干部	学生	杨屯李召安	革委副主任
菜屯公社代表团									
杨景辰	男	48	汉	中共党员	中农	干部	学生	阳谷杨屯	公社书记革委主任
何秀成	男	47	汉	中共党员	中农	干部	学生	韩屯何庄	公社组织干事
李爱兰	女	38	汉	中共党员	贫农	农民	农民	梁李	大队党支部书记
时殿富	男	51	汉	中共党员	贫农	农民	农民	堤口冯	大队党支部书记
任双业	男	39	汉	中共党员	贫农	农民	学生	任庄	大队党支部副书记
商思谟	男	37	汉	中共党员	中农	知识分子	学生	南海子	中学校长
韩相英	男	65	汉	群众	中农	知识分子	学生	后韩	联中教师
陶　秋	男	38	汉	群众	革干	知识分子	学生	济南南营	医院医师
娄西爱	男	45	汉	群众	中农	知识分子	农民	娄庄	供销社采购员
孙登仁	男	43	汉	群众	下中农	工人	学生	前韩	窑厂工人
黄入生	男	50	汉	中共党员	贫农	农民	农民	黄庄	大队党支部书记
商思来	男	51	汉	中共党员	下中农	农民	农民	北海子	大队党支部书记
商孝斗	男	44	汉	中共党员	中农	农民	农民	南海子	大队党支部书记
崔桂之	女	23	汉	中共党员	下中农	农民	学生	崔营	大队党支部书记
王金英	女	23	汉	群众	贫农	农民	学生	阚庄	大队青年书记
郗庆洪	男	40	汉	中共党员	贫农	农民	学生	杨槐	大队民兵连长
王兆茂	男	45	汉	中共党员	贫农	农民	学生	周桥	大队贫协主任
乔殿环	女	21	汉	群众	贫农	农民	学生	高青县	知青组长
刘桂香	女	56	汉	群众	贫农	农民	农民	孙庄	生产队妇女队长
李启发	男	68	汉	中共党员	贫农	农民	农民	菜屯	大队贫协副主任
商开冬	男	71	汉	中共党员	下中农	农民	农民	商石	大队贫协主任
张吉和	男	45	汉	群众	贫农	农民	农民	张贾	生产队长
肖庄公社代表团									
柳春皋	男	50	汉	中共党员	贫农	干部	农民	高唐卅里铺前屯	肖庄公社书记
师恩山	男	46	汉	中共党员	中农	干部	学生	河南台前工委	肖庄公社党委组委
李建功	男	44	汉	群众	下中农	知识分子	学生	皮李	肖庄公社皮李学区负责人
武金忠	男	31	汉	中共党员	贫农	知识分子	学生	菜屯武庄	肖庄卫生院医生
高立存	男	35	汉	群众	中农	工人	农民	席店	肖庄公社

续表

姓名	性别	年龄	民族	政治面貌	家庭出身	代表性质	本人成分	籍贯	单位和职务
张桂兰	女	21	汉	群众	贫农	其他劳动者	学生	博平南关	肖庄供销社
康瑞泽	男	57	汉	群众	中农	爱国人士	农民	康孟	康孟大队
许风图	男	39	汉	中共党员	贫农	农民	农民	许庄	许庄书记
李金元	男	29	汉	中共党员	贫农	农民	学生	后场	后场支部书记
李登海	男	69	汉	中共党员	贫农	农民	农民	算子李	算子李大队支部副书记
赵庆余	男	57	汉	中共党员	贫农	农民	农民	冯营	冯营贫协主任支部委员
田业东	男	36	汉	中共党员	贫农	农民	农民	田庄	田庄支部书记
王金泉	男	39	汉	中共党员	贫农	农民	农民	王麻子	王麻子支部书记
朱淑芹	男	22	汉	团员	中农	农民	学生	朱楼	朱楼团支书
豆玉珍	女	36	汉	中共党员	贫农	农民	农民	蒋庄	蒋庄支部书记
王吉堂	男	52	汉	中共党员	贫农	农民	农民	高营	高营支部副书记
刘申英	女	28	汉	中共党员	贫农	农民	农民	八刘	八刘大队妇女主任
赵月兰	男	43	汉	群众	贫农	农民	农民	赵宣	赵宣大队生产队长
李振强	男	53	汉	中共党员	贫农	农民	农民	皮李	皮李支部书记
刘秀申	男	38	汉	中共党员	贫农	农民	农民	席店	席店大队支部书记
杨兴俭	男	51	汉	群众	中农	农民	农民	朱启虎	朱启虎生产队长
冯永常	男	27	汉	中共党员	贫农	农民	学生	冯营	肖庄公社副书记
贾寨公社代表团									
石传林	男	31	汉	中共党员	下中农	干部	学生	韩集石海子	党委书记革委主任
范福泉	男	38	汉	中共党员	下中农	干部	学生	冯屯范庄	公安特派员
曲才绪	男	34	汉	群众	工商业者	知识分子	学生	青岛	卫生院医师
邢金阶	男	50	汉	群众	中农	知识分子	学生	邢胡刘	
贾志忠	男	30	汉	群众	中农	知识分子	学生	贾寨	
郎子芹	女	30	汉	中共党员	中农	其他劳动人民	学生	郎营	供销社副主任
穆玉桂	女	20	汉	团员	贫农	工人	学生	袁庄	农机厂轴承车间副主任
袁文开	男	41	汉	中共党员	贫农	农民	农民	袁庄	袁庄大队书记
邢富玉	男	42	汉	中共党员	中农	农民	农民	邢胡刘	邢胡刘大队书记
付德山	男	41	汉	中共党员	下中农	农民	农民	前付	前付大队书记

续表

姓名	性别	年龄	民族	政治面貌	家庭出身	代表性质	本人成分	籍贯	单位和职务
苗好生	男	41	汉	中共党员	下中农	农民	学生	苗庄	苗庄大队书记
梅成香	男	33	汉	中共党员	下中农	农民	学生	梅庄	梅庄大队书记
耿遵序	男	38	汉	中共党员	贫农	农民	学生	耿店	耿店大队书记
郭思臣	男	37	汉	中共党员	下中农	农民	学生	郭堤口	郭堤口大队书记
耿朝元	男	47	汉	中共党员	贫农	农民	农民	耿庄	耿庄大队书记
管清志	男	39	汉	中共党员	贫农	农民	学	耿张	耿张大队书记
张风英	女	37	汉	中共党员	贫农	农民	农民	贾寨	贾寨大队副书记妇女主任
袁文英	女	57	汉	中共党员	贫农	农民	农民	侯楼	侯楼妇女主任
房柱明	女	68	汉	中共党员	贫农	农民	农民	张名扬	张名扬社员
李曰俭	男	42	汉	群众	贫农	农民	农民	李楼	李楼生产队长
贾孟河	男	54	汉	群众	中农	农民	农民	贾贡庄	贾贡大队生产队长
谢克珍	男	45	汉	群众	中农	农民	农民	官赵庄	官赵二队生产队长
贾维见	男	45	汉	群众	贫农	农民	农民	贾庄	纪庄大队书记
洪屯公社代表团									
蒋保太	男	71	回	中共党员	中农	少数民族	农民	洪屯回民李	回民李大队治保主任
范泽之	男	45	汉	中共党员	贫农	农民	农民	老范	老范大队书记
张丙山	男	56	汉	中共党员	贫农	农民	农民	张陈	张陈大队贫协主任
朱庆珍	男	45	汉	中共党员	贫农	农民	农民	圈刘	圈刘大队书记
桑秀之	女	30	汉	中共党员	贫农	农民	学生	西于	西于大队副书记
房本红	男	44	汉	中共党员	贫农	农民	学生	朱屯	朱屯大队书记
孙淑芳	男	48	汉	中共党员	贫农	农民	农民	东梭	东梭大队书记
么金娥	女	24	汉	团员	贫农	农民	学生	公李	公李大队团支部副书记
吉风玉	男	65	汉	中共党员	贫农	农民	农民	小马	小马大队副书记
黄以坤	男	45	汉	群众	下中农	农民	学生	洪屯	洪屯第八队队长
耿振强	男	23	汉	团员	贫农	农民	农民	耿林	耿林大队三队保管
罗明山	男	29	汉	群众	贫农	农民	学生	官庄	官庄队长
于桂英	女	23	汉	团员	贫农	农民	学生	姜于	姜于团支部书记
谢沛华	男	35	汉	群众	中农	知识分子	学生	博平三里	洪屯医院医生
王玉连	女	41	汉	中共党员	贫农	知识分子	学生	韩屯	洪屯中学教师

续表

姓名	性别	年龄	民族	政治面貌	家庭出身	代表性质	本人成分	籍贯	单位和职务
刘坤之	女	44	汉	中共党员	中农	其他劳动人民	学生	聊城杨集	供销社业务员
公振江	男	24	汉	群众	中农	工人	学生	公李	洪屯铁厂工人
安寿祥	男	51	汉	中共党员	贫农	干部	学生	杜郎口大刘	洪屯公社革委副主任
胡言义	男	35	汉	中共党员	贫农	干部	学生	冯屯胡口	洪屯公社书记
杨屯公社代表团									
贾法俊	男	47	汉	中共党员	下中农	干部	学生	博平谭东	杨屯公社书记
王同生	男	51	汉	中共党员	贫农	干部	农民	王老薛店	杨屯粮所所长
刘春生	男	44	汉	中共党员	贫农	农民	农民	硷刘	硷刘支书
吴木春	男	40	汉	中共党员	下中农	农民	农民	八里	八里支书
桑子元	男	50	汉	中共党员	贫农	农民	农民	大桑	大桑副支书
宋吉奎	男	35	汉	群众	中农	工人	学生	宋庄	宋庄农修厂
郎以功	男	51	汉	中共党员	贫农	农民	农民	徐庄	徐庄支书
曹振普	男	45	汉	中共党员	贫农	农民	农民	宋庄	宋庄支书
于秀英	女	47	汉	中共党员	贫农	农民	农民	郎庄	郎庄支书
张立武	男	60	汉	中共党员	贫农	农民	农民	李召安	李召安副支书
刘立兰	女	38	汉	中共党员	贫农	农民	农民	西高	西高大队妇女主任
孙学荣	男	35	汉	群众	下中农	农民	学生	孙桥	孙桥大队生产队长
李金太	男	45	汉	中共党员	贫农	农民	农民	小桑	小桑大队生产队长
秦富生	男	31	汉	中共党员	贫农	农民	学生	初庄	初庄大队生产队长
谢兰贵	男	48	汉	中共党员	贫农	农民	农民	大谢	大谢大队生产队长
杨云红	女	23	汉	团员	贫农	农民	学生	杨前	杨前社员
朱成元	男	68	汉	群众	贫农	农民	农民	袁车	袁车社员
李丙申	男	38	汉	中共党员	贫农	知识分子	学生	小桑	小桑中学教师
张学英	女	41	汉	群众	中农	知识分子	学生	肖庄后冯	大桑联中
韩　平	女	30	汉	群众	中农	知识分子	学生	莱屯后韩	杨屯医院
姜泉林	男	55	汉	群众	中农	其他	学生	洪屯姜于	杨屯供销社
博平公社代表团									
杨兆田	男	49	汉	中共党员	贫农	干部	学生	莘县小杨家	博平公社党委书记
张凤林	男	55	汉	中共党员	贫农	干部	农民	冯屯盛楼	博平公社贫协主任
范兆奎	男	31	汉	群众	中农	知识分子	学生	洪屯老范	博平卫生院医生

续表

姓名	性别	年龄	民族	政治面貌	家庭出身	代表性质	本人成分	籍贯	单位和职务
邢永红	女	32	汉	群众	贫农	知识分子	学生	胡屯北田	博平西街完小教师
岳成禹	男	29	汉	中共党员	贫农	知识分子	学生	岳庄	八里联中教师
刘淑芹	女	41	汉	中共党员	贫农	其他	学生	何东	博平供销社营业员
谢双云	女	25	汉	群众	贫农	工人	学生	章丘县	博平机械厂
丁易庭	男	35	汉	中共党员	下中农	工人	学生	东八里	博平拖拉机站
何秀荣	男	42	汉	中共党员	贫农	农民	农民	任何	任何大队支部书记
齐维才	男	32	汉	中共党员	贫农	农民	学生	齐庄	齐庄生产队长
付丙芳	男	42	汉	群众	贫农	农民	农民	张匠	张匠一队队长
陈祖杰	女	31	汉	群众	中农	农民	学生	河北抚宁	二刘民办教师
池连海	男	31	汉	中共党员	贫农	农民	学生	东八里	大队民兵队长
何兆莲	女	39	汉	中共党员	下中农	农民	农民	杨庄	大队妇女主任
谢家常	男	43	汉	中共党员	贫农	农民	农民	北关	北关大队书记
付振义	男	34	汉	群众	贫农	农民	农民	季郭	大队民兵副连长
张振林	男	42	汉	群众	中农	农民	农民	张岳	张岳三队队长
张春亮	男	46	汉	群众	贫农	农民	农民	十甲张	十甲张三队队长
贾孟阁	男	61	汉	中共党员	贫农	农民	农民	西贾	大队贫协主任
郭以海	男	32	汉	中共党员	下中农	农民	学生	郭庄	郭庄大队书记
耿兴华	男	71	汉	中共党员	贫农	干部	农民	聊城杨集	原副县长
许庆山	男	39	汉	中共党员	贫农	农民	学生	何东	何东大队书记
袁效秀	男	64	汉	中共党员	下中农	农民	农民	袁楼	袁楼贫协主任
辛天才	男	52	汉	预备党员	贫农	农民	农民	辛庄	辛庄二队队长
张登友	男	52	汉	中共党员	下中农	农民	农民	菜张	菜张一队队长
王庆德	男	58	汉	中共党员	中农	农民	农民	中铺	中铺大队副书记
崔光庭	男	48	汉	中共党员	中农	农民	农民	西王	西王大队书记
赵永华	男	36	汉	中共党员	贫农	农民	农民	赵庄	赵庄大队书记
杜素梅	女	38	汉	中共党员	贫农	农民	学生	杜庄	杜庄大队妇女主任
肖春庆	男	44	汉	群众	中农	农民	学生	贾马	贾马五队队长
胡寿臣	男	48	汉	群众	下中农	农民	农民	高胡	高胡革委成员
温陈公社代表团									
索荣申	男	42	汉	中共党员	中农	工人	干部	齐河县	公社党委书记
薛成泉	男	37	汉	中共党员	中农	干部	农民	史胡	大队书记

续表

姓名	性别	年龄	民族	政治面貌	家庭出身	代表性质	本人成分	籍贯	单位和职务
冯尚忠	男	50	汉	中共党员	中农	干部	农民	张李	大队书记
付丙常	男	54	汉	中共党员	贫农	干部	农民	付集	大队贫协主任
耿玉生	男	53	汉	中共党员	贫农	农民	农民	大刁	大队书记
董学成	男	46	汉	群众	贫农	农民	工人	董庄	农修厂工人
白先明	男	42	汉	群众	中农	农民	干部	聊城于集	公社革委秘书
刘光相	男	31	汉	群众	贫农	农民	知识分子	史西	干韩联中教师
倪月华	女	28	汉	中共党员	市贫	农民	知识分子	济南	卫生院助产医师
柳爱芬	女	22	汉	群众	贫农	农民	其他劳动人民	高唐	供销社业务员
齐训珍	女	20	汉	团员	中农	农民	农民	齐庄	齐庄团支部副书记
夏曰水	男	32	汉	中共党员	贫农	工人	农民	史西	大队书记
魏长庆	男	54	汉	群众	贫农	农民	学生	杜庄	一队队长
孔凡义	男	43	汉	中共党员	中农	农民	学生	温庄	大队书记
乌东英	女	72	汉	群众	贫农	农民	农民	干韩	社员
栾清祥	男	33	汉	中共党员	中农	农民	学生	沈官屯	七队队长
刁本亮	男	43	汉	中共党员	贫农	农民	农民	刁宋	大队书记
刘延文	男	39	汉	中共党员	贫农	农民	学生	金李	二队队长
杨培强	男	46	汉	中共党员	贫农	农民	学生	杨庄	大队书记
杨玉珍	女	32	汉	群众	贫农	农民	学生	乌堂	妇女主任
工交代表团									
韩全庆	男	56	汉	中共党员	贫农	干部	农民	韩集	工办主任
徐墨芝	男	44	汉	中共党员	下中农	工人	学	胡屯	交通局副局长
马宪才	男	46	汉	中共党员	中农	干部	学	广平	工业局局长
兰好堂	男	56	汉	中共党员	贫农	干部	学生	招远县	电业局局长
邹清奎	男	54	汉	中共党员	贫农	干部	农民	莱阳县	物资局局长
曹丽华	女	25	汉	中共党员	中农	工人	学生	河北临西县	毛巾厂副书记
崔哲民	男	45	汉	中共党员	贫农	干部	农民	杜郎口	化肥厂总支副书记
曲曼华	女	35	汉	群众	富农	知识分子	学生	蓬莱县	糖酒厂技术员
何友法	男	33	汉	中共党员	贫农	知识分子	学生	博平	无线电厂技术员
于吉召	男	41	汉	群众	贫农	知识分子	学生	牟平县	化肥厂生产股长
李维安	男	37	汉	群众	中农	工人	学生	肖庄	造纸厂车间主任
岳春霞	女	24	汉	中共党员	下中农	工人	农民	胡屯	印刷厂工人

续表

姓名	性别	年龄	民族	政治面貌	家庭出身	代表性质	本人成分	籍贯	单位和职务
马希田	男	71	汉	中共党员	下中农	工人	学生	城关后曹	压锨厂工人
邱承训	男	52	汉	中共党员	贫农	工人	农民	杜郎口	木器厂工人
王振明	男	52	汉	中共党员	贫农	工人	手工业者	冯屯	压锨厂工人
李兴顺	男	69	汉	中共党员	下中农	工人	农民	韩屯	压锨厂工人
史树春	男	72	汉	群众	中农	工人	农民	冯屯	五金厂工人
陶玉荣	女	29	汉	群众	中农	工人	学生	胡屯	无线电厂工人
纪淑贞	女	38	汉	中共党员	贫农	工人	学生	崂山县	被服厂工人
王洪奎	男	40	汉	中共党员	贫农	工人	学生	胡屯	味精厂工人
牛子均	男	61	汉	群众	中农	工人	农民	赵屯	电器厂工人
步士海	男	33	汉	中共党员	下中农	工人	农民	丁块	砖瓦厂工人
刘秀兰	女	32	汉	中共党员	中农	工人	学生	胡屯	毛巾厂工人
林东臣	男	32	汉	中共党员	贫农	工人	学生	博平	毛巾厂工人
徐双芝	男	44	汉	中共党员	贫农	工人	学生	胡屯	毛巾厂炊事员
孙长泽	男	38	汉	中共党员	中农	工人	学生	齐河县	化肥厂工人
刘三来	男	32	汉	中共党员	中农	工人	学生	城关	造纸厂工人
姜德增	男	32	汉	中共党员	贫农	工人	学生	广平	食品厂工人
崔光明	男	38	汉	中共党员	贫农	工人	学生	城关	制药厂工人
王吉祥	男	35	汉	中共党员	贫农	工人	农民	冯屯	糖酒厂工人
陆明高	男	53	汉	中共党员	中农	干部	店员	海阳	机械局局长
孙新建	女	28	汉	中共党员	中农	干人	学生	城关	农机厂副厂长
贾玉春	男	37	汉	中共党员	下中农	工人	学生	博平	农机厂车间主任
米尚颂	男	25	汉	团员	中农	工人	学生	韩屯	农机厂工人
韩秀华	男	49	汉	中共党员	贫农	工人	工人	冯屯	拖修厂运输队长
杜长太	男	46	汉	中共党员	下中农	工人	农民	城关	拖修厂车间主任
郑敦祜	男	45	汉	群众	职员	知识分子	学生	广东	拖修厂生产股股长
王志强	女	25	汉	中共党员	中农	工人	学生	乐陵县	电业局政工负责人
万迪光	男	32	汉	群众	职员	知识分子	学生	湖南长沙	电业局技术员
孙宗江	男	42	汉	中共党员	中农	干部	学生	东阿	电厂厂长
张学信	男	31	汉	中共党员	下中农	工人	学生	郝集	电厂副厂长
杨长兰	男	45	汉	中共党员	贫农	工人	工人	禹城	电厂工人
刘朝元	男	47	汉	中共党员	中农	干部	军人	杨屯	交通局局长

续表

姓名	性别	年龄	民族	政治面貌	家庭出身	代表性质	本人成分	籍贯	单位和职务
李爱民	女	25	汉	中共党员	中农	工人	学生	齐河县	运输公司支委
蒋顺山	男	49	回	中共党员	贫农	工人	农民	聊城楼北	运输公司搬运副队长
尹占忠	男	39	汉	群众	中农	工人	农民	城关	运输公司汽车司机
薛立玉	男	45	汉	群众	贫农	工人	农民	博平	搬运二队工人
张庆茂	男	48	汉	中共党员	贫农	工人	农民	冯屯	县公路站班长
王渡民	男	56	汉	中共党员	中农	干部	学生	肥城	邮电局局长
吕洪梅	女	40	汉	中共党员	中农	工人	学生	高唐	菜屯邮电支局支局长
白玉珍	女	33	汉	中共党员	中农	工人	学生	卅里铺	邮电局话务副组长
王建温	男	43	汉	群众	中农	工人	学生	赵屯	韩屯邮电支局负责人
周忠海	男	20	汉	团员	中农	工人	学生	齐河县	邮电局机修员
杨金庆	男	27	汉	中共党员	贫农	工人	学生	临清	微波站汽车驾驶员
王彦庆	男	54	汉	中共党员	破落地主	干部	学生	莘县	基建局局长
王斯昆	男	49	汉	中共党员	贫农	工人	农民	城关	建筑公司副经理
慈成志	男	40	汉	群众	贫农	工人	学生	丁块	建筑公司队长
路良珍	男	47	汉	中共党员	下中农	干部	学生	长清县	公社工业局局长
财贸代表团									
陈盛昌	男	49	汉	中共党员	中农	干部	学生	王老	财办主任
吴伯平	男	59	汉	中共党员	中农	干部	工人	河北枣强	银行行长
谢吉惠	男	57	汉	中共党员	中农	干部	农民	胡屯	粮局局长
杜恕端	男	50	汉	中共党员	中农	干部	学生	杜郎口	县社主任
刘继德	男	51	汉	中共党员	贫农	干部	农民	莒县	商业局局长
周生达	男	49	汉	中共党员	中农	干部	学生	齐河县	财政局局长
胡树祥	男	52	汉	中共党员	下中农	干部	农民	肖庄	工商局局长
高维芝	女	38	汉	中共党员	贫农	其他劳动者	学生	聊城	银行会计
孙永和	男	53	汉	中共党员	下中农	工人	农民	胶县	面粉厂副厂长
刘泽青	男	26	汉	团员	革命干部	工人	学生	河南	油厂工人
孟立峰	男	29	汉	中共党员	贫农	其他劳动者	学生	王老	直属库支委
舒洪祥	男	53	汉	中共党员	贫农	干部	农民	贾寨	商业局书记
王兆庆	男	55	汉	中共党员	贫农	干部	农民	齐河县	煤建公司经理
韩风义	男	56	汉	中共党员	贫农	干部	农民	高唐	百货公司经理
唐文和	男	49	汉	中共党员	贫农	其他劳动者	农民	城关	百货公司保管员

续表

姓名	性别	年龄	民族	政治面貌	家庭出身	代表性质	本人成分	籍贯	单位和职务
王桂玉	女	23	汉	中共党员	贫农	其他劳动者	学生	东阿	药材公司营业员
岳秀英	女	41	汉	中共党员	贫农	其他劳动者	学生	博平	饮食公司会计
王金英	女	32	汉	中共党员	贫农	其他劳动者	学生	莒南县	副食公司营业员
王金芳	女	49	汉	群众	贫农	其他劳动者	商人	城关	合作副食店营业员
赵月群	男	26	汉	中共党员	贫农	工人	学生	韩屯	石油公司司机
谢克庆	男	31	汉	群众	中农	工人	学生	博平	副食厂工人
谢遵臣	男	27	汉	中共党员	贫农	工人	学生	博平	食品公司工人
胡廷会	男	62	汉	群众	下中农	工人	农民	阳谷县	煤建公司工人
赵绪惠	男	49	汉	中共党员	贫农	干部	学生	齐河	土产副经理
芦洪生	男	30	汉	中共党员	贫农	工人	学生	博平	生产副经理
康法平	男	40	汉	中共党员	贫农	其他劳动者	学生	肖庄	棉麻会计股长
李荣祥	男	46	汉	中共党员	贫农	干部	学生	博平	外贸经理
赵维路	男	32	汉	中共党员	贫农	工人	学生	城关	一绵厂保全员
王绍海	男	32	汉	中共党员	贫农	工人	农民	杨屯	二绵厂保全员
徐风印	男	47	汉	群众	贫农	工人	农民	赵屯	副食厂工人
董梅方	女	42	汉	群众	中农	其他劳动者	学生	高唐	旅社旅店会计
韩秀绵	女	41	汉	中共党员	中农	其他劳动者	学生	菜屯	政保股长
文教卫生代表团									
裴光泽	男	50	汉	中共党员	贫农	干部	学生	黑龙江	卫生局局长
于　涛	男	50	汉	中共党员	中农	干部	学生	杜郎口	文教局局长
任宪珠	男	48	汉	中共党员	贫农	干部	学生	巨野	广播局副局长
牛子坤	男	43	汉	中共党员	中农	知识分子	农民	茌平县	县二院副院长
杨吉昌	男	43	汉	中共党员	贫农	知识分子	学生	临西	茌平一中副书记
刘淑祥	女	36	汉	中共党员	贫农	知识分子	农民	东阿	公费办主任
杨立惠	男	38	汉	中共党员	上中农	知识分子	学生	东阿	防疫站医士
李长恒	男	45	汉	中共党员	贫农	知识分子	学生	高唐	皮防站医士
许启运	男	41	汉	群众	贫地主资本家	知识分子	学生	海阳县	县医院医师
韩宝义	男	45	汉	群众	贫农	知识分子	学生	北京	县医院医师
管俊青	女	42	汉	中共党员	中农	知识分子	农民	茌平县	县医院护士长
赵德昌	男	49	汉	群众	贫农	知识分子	学生	河北	县二院中药士

续表

姓名	性别	年龄	民族	政治面貌	家庭出身	代表性质	本人成分	籍贯	单位和职务
杨中汉	男	59	汉	群众	富农	爱国人士	农民	茌平县	县医院中医师
王建德	男	52	汉	群众	中农	爱国人士	学生	博平	文教局教研室主任
初世联	女	40	汉	群众	中农	知识分子	学生	博平	城关公社教师
王仁杰	男	60	汉	中共党员	中农	知识分子	学生	东阿	茌师范副校长
张洪福	男	35	汉	中共党员	贫农	知识分子	农民	温陈	茌影站副站长
杨存生	男	45	汉	中共党员	贫农	其他劳动人民	学生	城关	茌影站分队长
赵殿荣	男	44	汉	中共党员	贫农	知识分子	农民	齐河	茌京剧团演员
贾竞英	男	43	汉	群众	富农	知识分子	学生	韩集	卅铺中学教师
李林亭	男	37	汉	中共党员	中农	知识分子	学生	城关	茌文化馆馆员
刘厚安	男	30	汉	中共党员	贫农	知识分子	学生	禹城	卅铺中学教师
张亚军	女	37	汉	群众	贫农	知识分子	学生	河北	茌京剧团演员
贾富海	男	41	汉	中共党员	中农	知识分子	农民	贾寨	茌一中教师
李传信	男	42	汉	群众	中农	知识分子	学生	郝集	茌平师范教师
邹庆诰	男	44	汉	群众	地主	知识分子	农民	冯屯	博平中学教师
祁宗义	男	41	汉	群众	中农	知识分子	学生	齐河	茌一中教师
贾　敏	女	42	汉	中共党员	贫农	知识分子	学生	贾寨	二中副校长
李恒之	男	62	汉	中共党员	贫农	知识分子	学生	河南	文教局副局长
李圣奎	男	39	汉	中共党员	市贫	知识分子	农民	济南	县图书馆馆长
人武部代表团									
于学孟	男	52	汉	中共党员	贫农	军人	贫农	招远	县人武政委
周铭光	男	50	汉	中共党员	下中农	军人	工人	河北	人武部部长
王玉林	男	51	汉	中共党员	贫农	军人	学生	阳谷	人武部副部长
许万青	男	46	汉	中共党员	贫农	军人	学生	夏津	人武部政工科长
冯奎英	男	35	汉	中共党员	贫农	军人	学生	河北	人武部
贾克礼	男	53	汉	中共党员	中农	军人	中农	山西垣曲	人武部部长
王玉琢	男	30	汉	中共党员	中农	军人	中农	平阴县	县公安局中队长
县委机关代表团									
程学彦	男	57	汉	中共党员	贫农	干部	农民	莘县	县公安局局长
许光前	男	62	汉	中共党员	中农	干部	农民	东阿	县总工会主任
马墨汉	男	52	汉	中共党员	贫农	干部	农民	冠县	县法院院长
彭彩莲	女	41	汉	中共党员	中农	干部	学生	博平	县妇联会主任

续表

姓名	性别	年龄	民族	政治面貌	家庭出身	代表性质	本人成分	籍贯	单位和职务
宋怀成	男	53	汉	中共党员	贫农	干部	农民	胡屯	县贫协副主任
管春梅	男	54	汉	中共党员	贫农	干部	农民	惠民县	县委书记
郭思贤	男	42	汉	中共党员	中农	干部	学生	贾寨	县委副书记
张金贵	男	48	汉	中共党员	中农	干部	学生	齐河县	县委副书记
汝作民	男	53	汉	中共党员	中农	干部	学生	东阿	县委组织部长
商孝俊	男	51	汉	中共党员	中农	干部	学生	莱屯	县委宣传部部长
张长仁	男	45	汉	中共党员	贫农	干部	农民	郝集	县委办公室主任
桑士勤	男	42	汉	中共党员	下中农	干部	学生	杨屯	县委组织部副部长
丁先成	男	35	汉	中共党员	贫农	干部	学生	杜郎口	县团委书记
马汝学	男	54	汉	中共党员	中农	干部	农民	丁块	县防空办公室主任
谢国保	男	54	汉	中共党员	中农	干部	农民	安徽省	县知青办公室主任
王永森	男	50	汉	中共党员	下中农	干部	学生	平阴	县委党校副校长
马士义	男	55	汉	中共党员	下中农	干部	学生	范县	县直机关党委书记
王吉祥	男	55	汉	中共党员	下中农	干部	工人	杨屯	县招待所
陈俊杰	男	48	汉	群众	贫农	干部	农民	太安县	县书店经理
汪培杰	男	45	汉	中共党员	贫农	干部	学生	肥城县	县公安局副局长
县革委机关代表团									
王宪章	男	44	汉	中共党员	贫农	干部	学生	河南	县委副书记
赵焕之	男	53	汉	中共党员	中农	干部	学生	韩集	革办主任
杨培江	男	57	汉	中共党员	富农	干部	农民	东阿	计办主任
张　平	男	48	汉	中共党员	贫农	干部	学生	阳谷	科办主任
张化江	男	55	汉	中共党员	中农	干部	农民	东阿	农办主任
张风清	男	54	汉	中共党员	中农	干部	学生	孟村回族自治县	人事局局长
蔺立成	男	43	汉	中共党员	中农	干部	学生	聊城县	劳动局局长
岳洛峰	男	67	汉	中共党员	中农	干部	学生	范县	爱卫会主任
李德斌	男	51	汉	中共党员	贫农	干部	农民		体委主任
张文远	男	47	汉	中共党员	中农	干部	学生	齐河	计生办主任
马玉民	男	50	汉	中共党员	贫农	干部	学生	东阿	县革委副主任
姜维村	男	36	汉	中共党员	下中农	干部	学生	泰安县	县革委副主任
耿兴华	男		汉	群众		干部			

续表

姓名	性别	年龄	民族	政治面貌	家庭出身	代表性质	本人成分	籍贯	单位和职务
宋茂林	男	48	汉	中共党员	中农	干部	农民	长清县	农业局局长
王洪奎	男	32	汉	群众	贫农	知识分子	学生	广饶	农业局技术员
张九德	男	34	汉	中共党员	中农	知识分子	学生	阳谷	博平技术站站长
李绪纯	男	32	汉	中共党员	贫农	知识分子	学生	茌平	韩集技术站站长
胡长喜	男	35	汉	中共党员	贫农	工人	工人	茌平	原种厂副厂长
王吉生	男	35	汉	中共党员	贫农	工人	工人	茌平	原种厂工人
张友芳	男	48	汉	中共党员	贫农	干部	农民	郓城县	
李振之	男	43	汉	中共党员	中农	干部	学生	禹城县	气象站站长
刘景烈	男	51	汉	中共党员	贫农	干部	农民	杨屯	计量所所长
崔寿山	男	48	汉	中共党员	中农	干部	农民	杜郎口	幼儿园院长
烟朋友	男	47	汉	中共党员	贫农	干部	学生	河南	县委副书记
麻玉芝	女	32	汉	中共党员	中农	干部	学生	王老	县革委副主任
刘国芳	男	50	汉	中共党员	贫农	干部	农民	莱西	县革委副主任
赵传三	男	52	汉	中共党员	贫农	干部	农民	东阿	县革委副主任
张希圣	男	50	汉	中共党员	贫农	干部	学生		县革委副主任
刘吉功	男	32	汉	中共党员	中农	工人	学生	城关	良种场副厂长
徐秀品	女	39	汉	中共党员	贫农	知识分子	学生		农业局副股长
张学彦	男	45	汉	中共党员	贫农	干部	学生	博平	林业局局长
张吉孝	男	43	汉	群众	富农	知识分子	学生	菜屯	林业局技术员
王金友	男	39	汉	中共党员	中农	知识分子	学生	温陈	郝集林技术员
贾孟臣	男	45	汉	中共党员	贫农	工部	农民	菜屯	菜屯林场工人
胡湘立	男	38	汉	中共党员	贫农	工人	学生	博平	广平林场工人
张常宝	男	43	汉	群众	下中农	工人	农民	冯屯	王老苗圃工人
李恒堂	男	51	汉	中共党员	下中农	干部	农民	广平	水利局局长
王传斌	男	31	汉	中共党员	下中农	知识分子	学生	齐河	水利局工程股长
赵梦和	男	40	汉	中共党员	下中农	工人	学生	肖庄	水利制修厂副厂长
林庆旺	男	42	汉	群众	中农	工人	学生	冯屯	水利局机井队长
王克彬	男	51	汉	中共党员	下中农	干部	学生	王老	民政局局长
胡廷端	男	62	汉	中共党员	贫农	干部	农民	阳谷	原副县长

茌平县第九届人民代表大会代表名单

表2-4

茌平县第九届人民代表大会代表名单（1981年12月）									
姓名	性别	年龄	民族	政治面貌	家庭出身	代表性质	本人成分	籍贯	单位和职务
县直（18人）									
张玉鹏	男	45	汉	中共党员	下中农	军人	学生	临西县	县武装部政委
陈盛昌	男	52	汉	中共党员	中农	干部	学生	王老	县革命委员会副主任
李恒堂	男	55	汉	中共党员	下中农	干部	学生	广平	县水利局局长
杜恕端	男	52	汉	中共党员	中农	干部	学生	杜郎口	县外贸局局长
郑衍柱	男	50	汉	中共党员	贫农	干部	学生	齐河县	县委书记
刘国芳	男	53	汉	中共党员	贫农	干部	军人	莱西县	县革委会副主任
马宪才	男	48	汉	中共党员	中农	干部	学生	广平	县工业局局长
刘朝元	男	49	汉	中共党员	中农	干部	军人	杨屯	县交通局书记
孙贺庆	男	35	汉	中共党员	中农	知识分子	学生	冯屯	县工业局副局长、化肥厂书记
张恒道	男	45	汉	中共党员	上中农	科	学生	杜郎口	毛巾厂工程师、厂长
程学彦	男	60	汉	中共党员	贫农	干部	农民	莘县	县公安局局长
谢吉惠	男	59	汉	中共党员	中农	干部	农民	茌平县	县粮食局局长
汪培杰	男	47	汉	中共党员	贫农	干部	学生	肥城	检察院检察长
王秀青	女	45	汉	群众	贫农	工人	学生	齐河县	邮电局话务员
公玉荣	男	30	汉	群众	中农	工人	学生	洪屯	运输公司车辆厂工人
陈大忠	女	52	汉	群众	地主	知识分子	学生	锦石县	一中教师
杨中汉	男	61	汉	群众	中农	知识分子	小商	吴官屯	县医院医师
周铭光	男	53	汉	中共党员	下中农	军人	工人	河北省	县武装部部长
城关公社（16人）									
刘安荣	男	34	汉	中共党员	下中农	干部	学生	贾寨	公社管委主任、副书记
姜月谔	男	47	汉	中共党员	中农	干部	学生	高唐县	公社党委副书记
西运增	男	39	汉	中共党员	贫农	农民	农民	魏庄	魏庄大队书记
张玉清	女	43	汉	中共党员	贫农	农民	农民	红庙	红庙妇女主任
陈守仁	男	40	汉	中共党员	贫农	知识分子	学生	江苏省	中学书记
赵焕之	男	55	汉	中共党员	中农	干部	学生	韩集	县委常委革委会副主任、组织部长
卢凤明	男	50	汉	中共党员	贫农	干部	军人	博平	土产公司经理

续表

茌平县第九届人民代表大会代表名单（1981年12月）									
姓名	性别	年龄	民族	政治面貌	家庭出身	代表性质	本人成分	籍贯	单位和职务
李传银	男	56	汉	中共党员	贫农	农民	农民	李孝堂	李孝堂大队副书记
王桂喜	女	25	汉	中共党员	中农	农民	学生	赵王	赵王妇女主任
马文祥	男	42	回	群众	贫农	农民	农民	南关	南关保管员
刘兰英	女	31	汉	群众	贫农	工人	学生	卅铺	供销社保管员
孔祥兰	男	49	汉	中共党员	贫农	干部	学生	齐河县	公社管区书记
刘兆平	男	58	汉	中共党员	中农	农民	农民	三里	三里大队书记
李桂凤	女	24	汉	群众	贫农	农民	农民	李相武	李相武社员
马怀进	男	52	汉	中共党员	中农	干部	学生	广平	县委常委、纪委书记
曹尚城	男	66	汉	群众	贫农	农民	农民	后曹	后曹大队书记
赵屯（8人）									
常修歧	男	47	汉	中共党员	贫农	干部	学生	郝集	赵屯公社书记
孙永淮	男	41	汉	群众	干部	知识分子	学生	博平	农技站站长
刘庆常	男	36	汉	群众	中农	工人	学生	东阿县	农机站站长
张秀成	女	45	汉	中共党员	贫农	农民	农民	赵东	赵东大队副书记
李云秀	男	37	汉	群众	贫农	农民	农民	左庄	左庄副大队长
李守君	男	36	汉	中共党员	贫农	农民	学生	前张	前张大队书记
牛培红	女	67	汉	群众	贫农	农民	农民	洼李	洼李妇女主任
马清晨	男	54	汉	中共党员	中农	干部	学生	冠县	县委副书记
卅铺（13人）									
韩振南	男	47	汉	中共党员	贫农	干部	学生	冯屯	公社书记
朱智平	女	38	汉	中共党员	贫农	知识分子	学生	青岛	医院副院长
刘金玉	男	61	汉	中共党员	贫农	农民	农民	张李	张李副大队长
朱广三	男	35	汉	中共党员	下中农	农民	学生	朱庄	朱庄大队长
吴传普	男	53	汉	群众	贫农	农民	农民	南大吴	南大吴社员
贾立成	男	57	汉	中共党员	贫农	农民	农民	刘庆洪	刘庆洪大队长
商连兴	男	46	汉	中共党员	中农	农民	农民	尚庄	尚庄大队书记
常王氏	女	62	汉	群众	贫农	农民	农民	前常	前常社员
白合杰	男	47	汉	群众	贫农	农民	农民	南街	南街生产队长
吴怀喜	男	43	汉	中共党员	贫农	农民	农民	西路	西路大队书记
田同光	男	51	汉	中共党员	贫农	农民	农民	李园	李园大队书记

续表

茌平县第九届人民代表大会代表名单（1981年12月）									
姓名	性别	年龄	民族	政治面貌	家庭出身	代表性质	本人成分	籍贯	单位和职务
金庆岱	男	45	汉	中共党员	贫农	干部	学生	洪屯	县委委员、办公室主任
陶玉梅	女	41	汉	中共党员	下中农	干部	学生	临清	县妇联副主任
郝集（11人）									
孙克昌	男	42	汉	中共党员	贫农	干部	学生	冯屯	公社副书记、管委主任
杨存道	男	46	汉	中共党员	贫农	农民	学生	郝东	郝东大队书记
朱凤英	女	34	汉	中共党员	贫农	农民	农民	崔楼	崔楼妇女主任
高凤兰	女	23	汉	群众	中农	农民	学生	刘望山	刘望山妇女主任
张桂荣	女	35	汉	群众	中农	知识分子	学生	崔楼	教育知识分子
张兆庆	男	36	汉	中共党员	贫农	农民	学生	温坊	温坊大队书记
孙相海	男	52	汉	中共党员	贫农	农民	农民	南陈	南陈大队书记
姚延广	男	55	汉	中共党员	中农	农民	学生	姚庄	姚庄大队书记
张士元	男	44	汉	群众	中农	工人	学生		粮所防化员
傅昭慈	女	48	汉	群众	职员	知识分子	学生	肥城	县医院副主任医师
李凤英	女	21	汉	群众	贫农	农民	学生	后屯	后屯妇女主任
杜郎口（11人）									
王希珍	男	47	汉	中共党员	贫农	干部	学生	郝集	公社书记
张成信	男	36	汉	中共党员	贫农	干部	学生	城关	公社干事
李月英	女	48	汉	中共党员	下中农	农民	农民	曹庄	曹庄妇女主任
张继明	男	48	汉	中共党员	中农	农民	学生	董庄	董庄大队书记
刘曰臣	男	48	汉	中共党员	贫农	干部	学生	冯屯	县电管局局长
于明河	男	57	汉	群众	贫农	农民	农民	南曹	南曹大队长
张玉兰	女	49	汉	中共党员	贫农	农民	农民	胡庄	胡庄妇女主任
烟朋友	男	50	汉	中共党员	贫农	干部	学生	河南省	县委副书记
张林敬	男	26	汉	中共党员	中农	农民	学生	北街	北街生产队长
孙立杰	男	32	汉	群众		农民	学生	后赵	后赵社员
常绪胜	男	46	汉	中共党员	贫农	农民	农民	鲍庄	鲍庄大队书记
王老（9人）									
窦曰让	男	45	汉	中共党员	中农	干部	学生	博平	公社副书记、管委主任
周志相	男	47	汉	中共党员	中农	干部	学生	聊城	银行主任

续表

茌平县第九届人民代表大会代表名单（1981年12月）									
姓名	性别	年龄	民族	政治面貌	家庭出身	代表性质	本人成分	籍贯	单位和职务
张国忠	男	55	汉	中共党员	贫农	农民	农民	小杨屯	县委常委、小杨屯大队书记
杜长城	男	49	汉	群众	中农	农民	学生	薛店	大队技术员
刘曰河	男	39	汉	中共党员	贫农	农民	学生	菜刘	菜刘大队书记
李建亭	男	45	汉	群众	贫农	农民	学生	大吕	大吕大队会计
王成新	男	35	汉	群众	贫农	农民	学生	泮庄	泮庄副大队长
李凤章	女	48	汉	中共党员	贫农	农民	农民	邢庄	邢庄大队书记
杜金芳	女	30	回	群众	贫农	工人	学	茌南关	供销社会计
冯屯（13人）									
张兴义	男	44	汉	中共党员	中农	干部	学生	夏津	公社书记
何玉增	男	48	汉	中共党员	贫农	干部	学生	冯屯	校长
商孝俊	男	53	汉	中共党员	中农	农民	学生	菜屯	县委常委、宣传部部长
彭少君	男	26	汉	群众	中农	农民	学生	东封	东封会计
张玉虎	男	43	汉	群众	贫农	农民	学生	冯屯	前张会计
孙德昌	男	41	汉	群众	中农	干部	学生	孙庄	孙庄生产队长
王金荣	男	47	汉	群众	贫农	工人	学生	高唐县	银行会计
田洪木	男	53	汉	群众	贫农	农民	农民	张良桥	张良桥大队管委
徐长信	男	38	汉	中共党员	贫农	农民	学生	徐牌	徐牌大队书记
赵曰功	男	68	汉	群众	中农	农民	农民	三楼	三楼饲养员
王文功	男	53	汉	中共党员	贫农	农民	农民	业屯	业屯大队书记
徐法水	男	36	汉	中共党员	中农	农民	农民	徐庄	徐庄大队书记
侯秀芳	女	40	汉	中共党员	贫农	农民	农民	刘马	刘马副大队长
胡屯（14人）									
王广山	男	50	汉	中共党员	贫农	干部	学生	禹城	公社副书记、管委主任
张俊杰	男	36	汉	中共党员	中农	农民	学生	甄桥	甄桥大队书记
邢邦春	男	57	汉	中共党员	贫农	农民	学生	北田	北田副书记
刘文兰	女	36	汉	群众	贫农	农民	学生	大刘	大刘西卫生院工作人员
李广玉	男	38	汉	中共党员	中农	知识分子	学生	城关	教育局副股长
于以忠	男	48	汉	群众	干部	知识分子	学生	朱庄	卫生院医生

续表

茌平县第九届人民代表大会代表名单（1981年12月）									
姓名	性别	年龄	民族	政治面貌	家庭出身	代表性质	本人成分	籍贯	单位和职务
张业荣	男	44	汉	群众	贫农	农民	学生	南薛	南薛大队长
薛传芳	男	39	汉	中共党员	中农	农民	学生	胡屯	胡屯大队长
张金桂	男	51	汉	中共党员	中农	干部	学生	齐河县	县委副书记
朱保常	男	48	汉	中共党员	贫农	农民	农民	朱庄	朱庄大队长
白观龄	男	47	汉	中共党员	贫农	农民	农民	白庄	罗庄副书记
娄传厚	男	36	汉	中共党员	贫农	农民	农民	娄庄	娄庄大队长
张玉英	女	47	汉	中共党员	贫农	农民	农民	陶桥	陶桥妇女主任
刘富英	女	26	汉	群众	贫农	干部	学生	郝集	公社技术员
韩屯（11人）									
路良珍	男	47	汉	中共党员	贫农	干部	学生	长清	公社书记
张道三	男	44	汉	中共党员	贫农	干部	学生	丁块	公社副书记、管委主任
孙玉富	男	39	汉	中共党员	贫农	农民	学生	孙林	孙林大队副书记
刘庆云	男	27	汉	群众	贫农	农民	学生	罗庄	罗西治保主任
王子悦	男	47	汉	中共党员	中农	知识分子	学生	后东	中学校长
陈富生	男	45	汉	中共党员	下中农	干部	学生	韩屯	韩屯大队书记
梁玉兰	女	36	汉	群众	中农	工人	学生	南街	供销社营业员
冯吉华	女	23	汉	中共党员	贫农	农民	农民	冯庄	冯庄社员
李长仁	男	52	汉	中共党员	下中农	农民	农民	后西	后西大队副书记
闫振元	男	55	汉	群众	中农	农民	农民	郑庄	郑庄大队长
高连庆	男	37	汉	群众	贫农	农民	学生	清凉寺	清凉寺副大队长
菜屯（12人）									
张春耕	男	44	汉	中共党员	中农	干部	学生	前店东	公社副书记、管委主任
商思谟	男	38	汉	中共党员	贫农	知识分子	学生	常海子	中学校长
商孝常	男	55	汉	中共党员	贫农	农民	农民	西海子	西海子大队长
商孝斗	男	46	汉	中共党员	中农	农民	学生	南海子	南海子大队书记
孙常祥	男	45	汉	群众	贫农	农民	农民	赵庄	赵庄棉花技术员
孙玉平	女	34	汉	中共党员	贫农	农民	农民	商石	商石妇女主任
张成如	男	43	汉	中共党员	贫农	干部	学生	韩屯张庄	县委常委、县革委会副主任

续表

茌平县第九届人民代表大会代表名单（1981年12月）									
姓名	性别	年龄	民族	政治面貌	家庭出身	代表性质	本人成分	籍贯	单位和职务
商昌洪	男	60	汉	群众	中农	农民	农民	北海子	北海子队长
黄立祥	男	62	汉	群众	中农	农民	农民	黄庄	黄庄生产队长
时桂荣	女	39	汉	群众	贫农	农民	学生	菜屯	菜屯妇女主任
周俊青	女	26	汉	群众	中农	工人	学生	胡屯	供销社统计
时殿富	男	55	汉	中共党员	贫农	农民	农民	冯屯	冯庄大队书记
贾寨（11人）									
李长顺	男	46	汉	中共党员	贫农	干部	学生	博平	公社书记
石传林	男	34	汉	中共党员	下中农	干部	学生	石海子	林业局副局长
黄遵尧	男	53	汉	中共党员	贫农	知识分子	学生	大黄	县委副书记
高登弟	男	44	汉	群众	贫农	农民	学生	临清县	中学教师
侯申太	男	27	汉	群众		农民	学生	侯楼	侯楼团支部书记
刘思法	男	53	汉	中共党员	贫农	农民	农民	邢胡刘	邢胡刘大队副书记
任玉玲	女	45	汉	群众	贫农	农民	农民	前付	前付妇女主任
商桂香	女	34	汉	中共党员		农民	学生	郭堤口	郭堤口妇女主任
耿遵序	女	41	汉	中共党员	贫农	农民	学生	耿店	耿店大队书记
张富之	男	49	汉	中共党员	中农	知识分子	学生	张名杨	中学校长
于风兴	男	46	汉	中共党员	中农	干部	学生	洪屯	革委办公室主任
洪屯（10人）									
胡言义	男	35	汉	中共党员	贫农	干部	学生	冯屯胡口	公社党委书记
于学贵	男	47	汉	中共党员	贫农	干部	学生	杨屯河子于	公社副书记
刘玉焕	女	22	汉	群众	贫农	工人	学生	杨屯景庄	供销社营业员
赵风乐	男	44	汉	群众	贫农	知识分子	学生	洪屯	中学校长
孙书芳	男	51	汉	中共党员	贫农	农民	农民	东梭	东梭大队书记
黄以昆	男	46	汉	中共党员	贫农	农民	学生	洪屯	洪屯生产队长
冯学魁	男	47	汉	中共党员	贫农	农民	学生	圈刘	圈刘大队长
屠道昌	男	46	汉	中共党员	贫农	农民	农民	大段	大段大队书记
蒋保田	男	45	回	中共党员	贫农	农民	农民	回民李	回民李大队长
耿以庆	男	42	汉	中共党员	贫农	农民	学生	耿茂林	耿茂林大队会计
杨屯（11人）									
初吉红	男	50	汉	中共党员	中农	干部	学生		公社副书记

续表

茌平县第九届人民代表大会代表名单（1981年12月）									
姓名	性别	年龄	民族	政治面貌	家庭出身	代表性质	本人成分	籍贯	单位和职务
王保俊	男	41	汉	中共党员	贫农	干部	学生	菜屯	公社副书记
桑士民	男	38	汉	群众	中农	农民	学生	大桑	大桑小队会计
秦付荣	男	33	汉	中共党员	贫农	农民	学生	初庄	初庄大队书记
贾玉莲	女	29	汉	中共党员	中农	干部	学生	贾寨	公社妇联主任
李兆太	男	43	汉	中共党员	中农	工人	学生	杨屯	泮屯管区书记
胥保富	男	40	汉	中共党员	贫农	农民	学生	李召安	李召安大队书记
刘好明	男	44	汉	中共党员	贫农	知识分子	学生	洪屯	中学校长
刘春生	男	47	汉	中共党员	下中农	农民	农民	硷刘	硷刘大队书记
曹振谱	男	48	汉	中共党员	贫农	农民	农民	宋庄	宋庄大队书记
刘立兰	女	44	汉	中共党员	贫农	农民	农民	西高	西高妇女主任
肖庄（9人）									
苏丹士	男	42	汉	中共党员	贫农	干部	学生		公社书记
李洪魁	男	48	汉	中共党员	中农	干部	学生	胡屯	公社副书记、管委主任
徐学瑞	男	30	汉	群众	贫农	农民	学生	许庄	许庄副队长
窦玉珍	女	40	汉	中共党员	贫农	农民	农民	蒋庄	蒋庄大队书记
李振强	男	54	汉	中共党员	贫农	农民	农民	皮李	皮李大队书记
赵本贤	男	41	汉	群众	贫农	农民	农民	赵宣	赵宣大队会计
李登之	男	47	汉	中共党员	贫农	农民	农民	算子李	算子李大队书记
李秀兰	女	24	汉	群众	贫农	农民	农民	后场	后场妇女主任
张友芳	男	52	汉	中共党员	贫农	干部	学生	郓城	革委会农办主任
博平（15人）									
刘希俊	男	49	汉	中共党员	贫农	干部	学生	赵屯	公社书记
孙恒山	男	49	汉	中共党员	贫农	干部	学生	郝集	公社副书记、管委主任
刘忠木	男	35	汉	中共党员	贫农	干部	学生	肖庄	二刘管区书记、管委副主任
许庆山	男	42	汉	中共党员	贫农	农民	农民	何东	何东大队书记
李玉连	女	39	汉	群众	贫农	农民	学生	刘坦	刘坦妇女主任
梁子英	男	54	汉	中共党员	下中农	干部	学生	聊城	革委会副书记
袁东林	男	33	汉	中共党员	贫农	农民	学生	袁楼	袁楼生产队长

续表

茌平县第九届人民代表大会代表名单（1981年12月）									
姓名	性别	年龄	民族	政治面貌	家庭出身	代表性质	本人成分	籍贯	单位和职务
张天达	男	42	汉	中共党员	贫农	农民	学生	菜张	菜张书记
何秀荣	男	46	汉	中共党员	贫农	农民	学生	任何	任何大队书记
王同珠	男	43	汉	中共党员	中农	农民	农民	牛营	牛营大队书记
王桂青	女	45	汉	中共党员	贫农	农民	农民	西王	西王妇女主任
王令众	男	48	汉	中共党员	中农	知识分子	学生	韩屯	联合校校长
张玉莲	女	43	汉	中共党员	贫农	农民	农民	西街	西街大队书记
李明碑	男	43	汉	群众	下中农	农民	学生	南关	南关大队会计
苳梅芳	女	46	汉	群众	贫农	工人	学生	高唐县	旅社工人
温陈（11人）									
李庆昌	男	42	汉	中共党员	贫农	干部	学生	肖庄	公社书记
付成贤	男	47	汉	中共党员	贫农	农民	军人	付集	付集大队书记
徐宝琪	男	45	汉	中共党员	中农	干部	学生	胡屯	县革委会副主任
贾克礼	男	55	汉	中共党员	下中农	干部	军人	山西	县革委会常委、副主任
成文兴	男	52	汉	中共党员	贫农	农民	军人	姜堂	姜堂大队书记
王玉林	男	68	汉	中共党员	贫农	农民	农民	杨庄	杨庄大队书记
冯尚忠	男	52	汉	中共党员	中农	农民	农民	张李	张李大队书记
王金生	男	35	汉	群众	中农	农民	学生	史中	张贡管区会计网长
张保喜	男	33	汉	中共党员	中农	农民	学生	张楼	张楼大队书记
宋茂林	男	53	汉	中共党员	中农	干部	学生	长清	县革委会副主任
马汝学	男	58	汉	中共党员	中农	干部	农民	丁块	宣传部副部长
丁块（9人）									
朱运泉	男	46	汉	中共党员	贫农	干部	学生	胡屯	公社副书记、管委主任
闫学珠	男	44	汉	中共党员	下中农	干部	学生	观上	信用社副主任
姜维村	男	39	汉	中共党员	贫农	干部	学生	太安	革委会副主任
郭风英	女	23	汉	中共党员	中农	农民	学生	马庄	马庄妇女主任
王新增	男	57	汉	群众	贫农	农民	学生	观上	观上大队会计
沈金亭	男	60	汉	群众	贫农	农民	农民	郝庄	郝庄大队会计
李允传	男	51	汉	群众	贫农	农民	农民	前李	前李副大队长
张士才	男	51	汉	中共党员	贫农	农民	农民	田李	田李大队书记

续表

茌平县第九届人民代表大会代表名单（1981年12月）									
姓名	性别	年龄	民族	政治面貌	家庭出身	代表性质	本人成分	籍贯	单位和职务
纪昌民	男	40	汉	中共党员	下中农	农民	学生	纪庄	纪庄大队书记
广平（13人）									
迟会孝	男	41	汉	中共党员	中农	干部	学生	韩集	公社书记
杨延祥	男	34	汉	中共党员	中农	农民	学生	北街	北街大队副书记
丁诺	男	52	汉	中共党员	中农	干部	学生	禹城	革委会副主任
焦西林	男	45	汉	中共党员	贫农	农民	农民	焦集	焦集大队长
韩吉恒	男	46	汉	中共党员	贫农	农民	农民	四韩	四韩大队长
张成明	男	25	汉	群众	中农	农民	学生	张楼	北张楼团支部书记
王立民	男	44	汉	中共党员	中农	农民	学生	油坊	油坊大队长
王玉清	女	28	汉	群众	贫农	工人	学生	城关	粮所职工
刘菊香	女	27	汉	中共党员	贫农	知识分子	学生	卅铺	医院医生
王敦鱼	男	44	汉	中共党员	贫农	农民	农民	王楼	王楼大队长
金玉青	女	26	汉	群众	贫农	农民	农民	豆庄	豆庄妇女大队长
杜中年	男	55	汉	中共党员	贫农	农民	农民	双庙魏	双庙魏大队副书记
赵传三	男	56	汉	中共党员	贫农	干部	农民	东阿县	县革委会副主任
韩集（11人）									
刘官玉	男	49	汉	中共党员	贫农	干部	学生	大高	公社副书记、管委主任
张仁礼	男	52	汉	中共党员	下中农	干部	学生	赵屯	公社副书记
韩全庆	男	59	汉	中共党员	贫农	干部	农民	韩集	县革委会副主任
高亭泽	男	40	汉	中共党员	贫农	农民	学生	尹庄	尹庄大队书记
仇承魁	男	38	汉	群众	贫农	农民	农民	仇陶	仇陶副大队长
陶西良	男	33	汉	中共党员	贫农	农民	学生	石海子	石海子大队书记
赵亭风	男	40	汉	中共党员	贫农	农民	学生	贾赵	贾赵大队书记
姜胜君	男	38	汉	群众	贫农	农民	学生	吴庄	吴庄大队长
姜天荣	男	47	汉	中共党员	贫农	农民	学生	前姜	前姜大队书记
李庆祥	男		汉	中共党员	贫农	农民	农民	怪李	怪李大队书记
陈秀芝	女	41	汉	中共党员	中农	工人	学生	齐河县	供销社工人

茌平县第十届人民代表大会代表名单

（1984年8月30日）共241人

表2-5

姓名	性别	出生年月	民族	家庭出身	本人成分	文化程度	党派	参加工作时间	代表性质	籍贯	工作单位	现任职务
县直代表团（20人）												
薛晓霞	女	1964	汉	中农	学生	中专		1982.8	干部	胡屯乡	邮电局	会计
刘曰臣	男	1933	汉	贫农	学生	初中	党员	1949.7	干部	冯屯镇	电业公司	经理
徐士高	男	1934	汉	中农	学生	中专	党员	1953.12	干部	高唐县	茌平县委	书记
彭彩莲	女	1937	汉	下中农	学生	高中	党员	1955.10	干部	博平镇	县民政局	局长
徐瑞之	男	1947	汉	贫农	农民	初小		1975.12	工人	胡屯乡	火化场	工人
顾洪彬	男	1936	汉	贫农	学生	中专	党员	1955	干部	即墨	工业公司	副经理
韩明来	男	1942	汉	贫农	学生	大专	党员	1977.2	知识分子	东阿县	毛巾厂	厂长
于吉昭	男	1937	汉	贫农	学生	大专	党员	1964.8	知识分子	牟平	化肥厂	厂长
许瑞华	女	1952	汉	贫农	学生	高小		1967.9	工人	肖庄乡	印刷厂	工人
于立之	男	1952	汉	贫农	农民	高小		1965	工人	贾寨乡	压铩厂	工人
傅昭慈	女	1935	汉	社员	学生	大专	党员	1957.12	知识分子	肥城中姜村	县医院	副院长
赵风阁	男	1932	汉	中农	学生	大专		1952.7	知识分子	博平镇	县一中	教师
宋庆成	男	1930	汉	中农	学生	初中	党员	1946.4	干部	胡屯乡	农业局	局长
朱家良	男	1938	汉	中农	学生	中专		1953.9	知识分子	惠民县	水利局	副科长
贾方立	男	1938	汉	贫农	学生	高中	党员	1960.3	军人	东平县	人武部	部长
贾法俊	男	1931	汉	下中农	学生	初中	党员	1952	干部	博平镇	商业局	书记
梁子英	男	1928	汉	中农	学生	初中	党员	1943.7	干部	聊城	县人大	主任
刘西俊	男	1931	汉	下中农	学生	初中	党员	1947.7	干部	赵官屯乡	县供销社	书记
袁庆宗	男	1940	汉	下中农	学生	大专	党员	1964.9	干部	郝集乡	粮食局	局长
潘日茂	男	1936	汉	贫农	学生	大专		1963.9	知识分子	黄县	县医院	中医主任
茌平镇代表团（14人）												
申望才	男	1940	汉	贫农	农民	高小	党员		农民	茌平镇	何潘镇	大队书记
乌存魁	男	1929	汉	社员	学生	大学	党员	1949.2	知识分子	温陈乡	茌平镇农技站	站长
王长春	男	1932	汉	中农	学生	初中			农民	茌平镇	田庄	会计
王希政	男	1936	汉	社员	学生	初中		1954.7	知识分子	城关丁庄	城关中学	教师
杜金芳	女	1952	回	贫农	学生	高中	党员	1972.1	工人	茌平镇	供销社	

续表

姓名	性别	出生年月	民族	家庭出身	本人成分	文化程度	党派	参加工作时间	代表性质	籍贯	工作单位	现任职务
郭益民	男	1928	汉	贫农	学生	中师		1947	知识分子	天津市	城关中学	教师
李林凤	女	1943	汉			初中		1959	工人	北关	卫生院	护士长
杨知重	男	1935	汉	中农	学生	高中	党员	1956	干部	阳谷县	茌平县委	副书记
李明之	男	1945	汉	中农	学生	初中			农民	北关	北关大队	技术员
胡庆康	男	1934	汉	社员	学生	初中	党员		干部	茌平镇	镇政府	副镇长
田瑞香	女	1945	汉	下中农	学生	高小			农民	杜郎口乡	马坊大队	妇女主任
成作舟	男	1936	汉	贫农	学生	中专	党员	1959.7	干部		茌平镇政府	镇长
贾秀菊	女	1951	汉	贫农	学生	高小			农民	三里	三里管区	网长
王公祥	男	1953	汉	贫农	学生	初中			农民	茌平	三里管区	统计民政
洪屯乡代表团（9人）												
付丙山	男	1943	汉	贫农	农民	初中			农民	洪屯乡	洪屯乡	社员
刘合玉	男	1920	汉	贫农	农民	文盲			农民		圈刘大队	社员
蒋保田	男	1934	回	贫农	农民	小学	党员		农民		回民李村	大队长
汪培杰	男	1935	汉	贫农	学生	初中	党员	1949.3	学生	肥城	县检察院	检察长
李永芳	女	1941	汉	中农	学生	中师		1961.9	知识分子		姜庄小学	教师
贾　杰		1938	汉	贫农	学生	初中		1959.4	工人	贾寨乡	乡供销社	会计
苏以明	男	1946	汉	下中农	农民	初中	党员		农民		郭庄	支部书记
黄以坤	男	1934	汉	下中农	农民	高小	党员		农民	洪屯乡	洪屯	队长
张作江	男	1947	汉	贫农	学生	初中	党员	1972.2	工人	茌平县	洪屯乡政府	乡长
胡屯乡（13人）												
乌以祥	男	1945	汉	贫农	学生	初中	党员	1975	干部	茌平县	胡屯乡政府	副书记
张士河	男	1936	汉	贫农	农民	小学	党员		农民	胡屯乡	张二马大队	书记
韩守祥	男	1942	汉	中农	学生	初中			学生	胡屯乡	韩庄	会计
朱保常	男	1933	汉	下中农	农民	小学			农民	朱庄	朱庄	大队长
杨长河	男	1957	汉	中农	学生	初中			学生	茌平	乡政府	技术员
宋金红	女	1958	汉	贫农	学生	初中	党员		农民	戚庄	戚庄	计生员
邢帮春	男	1930	汉	贫农	农民	初小	党员		农民	胡屯乡	北田	副书记
夏兰义	男	1939	汉	贫农	学生	初中			农民	胡屯乡	陶桥	大队会计
张秀申	男	1937	汉	贫农	农民	初中	党员		农民	胡屯乡	苗庄大队	副书记
于一中	男	1930	汉	革命干部	学生	大学		1947.10	知识分子	胡屯乡	胡屯医院	院长

续表

姓名	性别	出生年月	民族	家庭出身	本人成分	文化程度	党派	参加工作时间	代表性质	籍贯	工作单位	现任职务
景万和	男	1937	汉	中农	学生	高中			农民	胡屯乡	景马大队	会计
张子序	男	1927	汉	中农	学生	小学	党员		农民	胡屯乡	李双西	
时明山	男	1935	汉	中农	学生	大专		1955.7	知识分子	肖庄乡	胡屯中学	教师
张营乡代表团（7人）												
范保生	男	1925	汉	贫农	农民	小学	党员		农民	张营乡	北孟	
王守明	男	1949	汉	贫农	学生	中师		1970.1	知识分子	张营乡	冯0学校	教师
高玉明	男	1941	汉	贫农	学生	初中	党员		农民	张营乡	高庙子大队	书记
芦潘林	男	1934	汉	下中农	学生	初中			农民	张营乡	0芦村	会计
李平邦	男	1954	汉	下中农	学生	高中	党员	1976	农民	贾寨苗庄	张营乡政府	乡长
谢淑平	女	1948	汉	贫农	学生	初中	党员		农民	张营乡	冯0	支委
王余才	男	1927	汉	中农	农民	文盲			农民	张营乡	后东	
杨屯乡代表团（7人）												
翟洪昌	男	1940	汉	中农	学生	中专	党员	1961.8	干部	博兴县	杨屯乡政府	乡长
李丙申	男	1940	汉	贫农	学生	中师	党员	1957.7	知识分子	大桑乡	杨屯中学	副校长
孙长河	男	1955	汉	下中农	学生	初中			农民	杨屯南孙	南孙	团支书
王传斌	男	1947	汉		学生	研究生	党员	1970.8	干部	齐河县	茌平县政府	副县长
谢吉振	男	1922	汉	贫农	农民	小学			农民	杨屯大谢	大谢	生产队长
刘立兰	女	1939	汉	贫农	农民	文盲	党员		农民	杨屯乡	西高	妇女主任
冯秀珍	女	1946	汉	贫农	农民	小学			农民	杨屯乡	郎庄	妇女主任
贾寨乡代表团（12人）												
刘干臣	男	1930	汉	中农	学生	初中	党员	1947.7	干部	贾寨乡	贾寨医院	支部书记
郭以迎	男	1945	汉	贫农	学生	中专	党员	1968.7	干部	大桑乡	贾寨乡政府	副乡长
王占中	男	1944	汉	贫农	学生	高中	党员	1965.7	干部	博平镇	贾寨乡政府	乡长
贾以选	男	1942	汉	中农	农民	小学	党员		农民	贾寨乡	后寨	
肖凤英	女	1953	汉	贫农	农民	小学			农民	贾寨乡	张洪	妇女主任
刘九思	男	1925	汉	贫农	农民	文盲			农民	贾寨乡	耿张	
张秀英	女	1937	汉	社员	学生	中师		1955	知识分子	肖庄乡	西寨小学	教师
邢富玉	男	1936	汉	中农	学生	高中	党员		农民		邢胡刘	支部书记
吴建堂	男	1929	汉	贫农	农民	小学			农民		杜沟大队	队长
侯以峰	男	1919	汉	贫农	农民	小学	党员		农民		侯楼	

续表

姓名	性别	出生年月	民族	家庭出身	本人成分	文化程度	党派	参加工作时间	代表性质	籍贯	工作单位	现任职务
耿遵绪	男	1939	汉	贫农	农民	高小	党员		农民		耿店	
冯开山	男	1933	汉	下中农	农民	高小			农民		冯庄	小队长
韩屯乡代表团（9人）												
王伯庆	男	1935	汉	贫农	学生	高小	党员		农民		韩屯乡	大队长
田吉昌	男	1951	汉	下中农	学生	高中			农民	韩屯乡	田庄大队	会计
郭长庭	男	1942	汉	中农	学生	小学			农民		郭芦高大队	队长
刘秀珍	女	1955	汉	中农	学生	大学	党员	1977.7	知识分子	博平镇	韩屯中学	教师
岳承祥	男	1938	汉	贫农	学生	中专	党员	1963.8	干部	博平镇	韩屯乡政府	乡长
李泽明	男	1941	汉	贫农	学生	初中	党员	1959.12	干部	茌平县	县法院	院长
张桂珍	女	1948	汉	贫农	农民	初中			农民	韩屯乡	李灿燃大队	
王广珍	男	1948	汉	中农	学生	小学			农民		王桥大队	
王保前	男	1950	汉	贫农	农民	高小			农民	韩屯	郗屯大队	队长
菜屯镇代表团（12人）												
栾吉魁	男	1925	汉	贫农	学生	初中		1954	干部	陶桥	菜屯医院	医师
谢宝臣	男	1953	汉	贫农	学生	高中	党员	1975.7	干部	温陈乡	菜屯镇政府	镇长
冯春生	男	1958	汉	贫农	农民	小学			农民	菜屯	菜屯	社员
王金贵	男	1928	汉	贫农	农民	高中			农民	菜屯	黄庄	社员
李凤英	女	1947	汉	贫农	学生	高中	党员		农民	菜屯	崔营大队	妇女主任
伦淑芹	女	1937	汉	贫农	农民	文盲	党员		农民	菜屯	前韩	
周庆华	男	1956	汉	贫农	学生	初中			农民	菜屯	周桥	苹果专业户
屠道云	男	1960	汉	贫农	学生	高小			工人	菜屯	供销社	保管
赵凌和	男	1921	汉	中农	学生	小学			农民	菜屯林场	林场	社员
韩相才	男	1941	汉	中农	学生	中师		1961.7	知识分子	菜屯后韩	联合校	辅导员
朱士彦	男	1944	汉	中农	学生	高中		1958	知识分子	贾寨乡	菜屯医院	医师
马清晨	男	1927	汉	中农	学生	初中	党员	1945.10	干部	冠县	茌平县委	副书记
大桑乡代表团（7人）												
许风图	男	1936	汉	贫农	学生	高小	党员	1956	干部	肖庄乡	大桑乡政府	乡长
刘春生	男	1936	汉	贫农	农民	小学			农民	大桑乡	碱刘	支书
许庆山	男	1939	汉	贫农	学生	高小	党员		农民	大桑乡	大河东	支书
许秀兰	女	1945	汉	贫农	学生	初中			农民	大桑秦庄	大桑管区	计生网长

续表

姓名	性别	出生年月	民族	家庭出身	本人成分	文化程度	党派	参加工作时间	代表性质	籍贯	工作单位	现任职务
王其坤	男	1951	汉	贫农	学生	初中			农民	大桑乡	大桑乡徐屯	
景永信	男	1919	汉	贫农	农民	小学			农民		大桑景庄	
曹广庆	男	1938	汉	社员	农民	中师		1958.8	知识分子		大桑中学	教师
肖庄乡代表团（10人）												
房本林	男	1938	汉	贫农	学生	中专	党员	1957.2	干部	洪屯乡	肖庄乡政府	乡长
许学笃	男	1934	汉	贫农	学生	小学	党员		农民	肖庄乡	许庄	副书记
豆玉珍	女	1941	汉	贫农	学生	小学	党员		农民	蒋庄	蒋庄	支书
赵本贤	男	1939	汉	贫农	学生	初中			学生			大队会计
康法领	男	1950	汉	贫农	农民	高小			农民	康孟	康孟	会计
许振江	男	1952	汉	贫农	学生	初中			农民	许寨	许寨	大队会计
刘玉平	男	1948	汉	下中农	学生	高中		1968	知识分子	博平镇	肖庄中学	教师
李长荣	男	1945	汉	下中农	学生	高小	党员		农民	朱启虎	朱启虎	民兵连长
李登海	男	1914	汉	贫农	农民	初小	党员		农民	算子李	算子李	支书
赵庆余	男	1922	汉	下中农	农民	初中	党员		农民	冯营	冯营	支书
郝集乡代表团（9人）												
孙宗安	男	1942	汉	中农	学生	大学	党员	1967.9	干部	莱阳	茌平县政府	县长
崔玉达	男	1944	汉	下中农	学生	初中	党员		农民	郝集崔楼	崔楼	支部书记
边绍江	男	1944	汉	下中农	学生	大专	党员		干部	齐河	郝集乡	书记
孙怀礼	男	1937	汉	中农	学生	大专		1959	知识分子	丁堂	郝集中学	教师
王春生	男	1961	汉	贫农	学生	高中		1976.5	工人	吉王刘	供销社	秘书
张志汉	男	1933	汉		学生	高中		1953.1	知识分子		乡卫生院	中医师
袁成代	男	1949	汉	贫农	学生	高中	党员		农民	郝集袁楼	袁楼	支部书记
刘桂英	女	1936	汉		学生	高中			农民	郝集郝东		
司桂荣	女	1944	汉	贫农	学生	初中			农民	郝集乡	双营	
孙桥乡代表团（7人）												
陶　勇	男	1953	汉	贫农	学生	高中	党员	1976.10	干部	胡屯乡	孙桥乡政府	乡长
翟殿山	男	1938	汉	下中农	农民	文盲	党员		农民	孙桥乡	翟庄大队	书记
孙相友	男	1951	汉		学生	初中			农民	孙桥乡	孙桥	社员
孙殿池	男	1948	汉	贫农	学生	高小	党员		农民	孙桥乡	孙桥	支书
邵清栋	男	1940	汉	中农	学生	中师		1963	知识分子	孙桥乡	丁楼中学	

续表

姓名	性别	出生年月	民族	家庭出身	本人成分	文化程度	党派	参加工作时间	代表性质	籍贯	工作单位	现任职务
刘玉珍	女	1935	汉	贫农	学生	初中	党员		农民	孙桥乡	腰庄大队	妇女主任
李培岭	男	1947	汉	中农	学生	初小			农民	孙桥乡	双庙大队	
博平镇代表团（13人）												
赵传三	男	1926	汉	贫农	农民	小学	党员	1943.5	干部	东阿姜楼	茌平县人大	副主任
王金良	男	1947	汉	贫农	学生	中师	党员	1968	干部	温陈乡	联合校	校长
谢家胜	男	1955	汉	贫农	农民	初中			农民	博平	罗庄	队长
王同珠	男	1938	汉	贫农	农民	初中	党员		农民	博平镇	牛营	支书
李玉莲	女	1941	汉	社员	学生	初中			农民	博平镇	刘坦	
赵玉峰	男	1946	汉	贫农	学生	高中	党员	1976.12	干部	广平乡	博平镇政府	副镇长
王长山	男	1942	汉	中农	学生	高中	党员		干部	茌平望店	博平镇政府	镇长
刘维汝	男	1936	汉	贫农	农民	初中	党员		农民	博平镇	二刘	支书
王希昶	男	1936	汉	贫农	学生	初中	党员		干部	临清市	博平银行办事处	副主任
刘　平	女	1961	汉			初中		1982.9	工人	大桑乡	供销社	营业员
宁风芹	女	1936	汉	资本家	学生	大专		1954.9	知识分子	济南市	博平二中	教师
沈福廷	男	1933	汉	中农	学生	大专	党员	1949.4	知识分子	高唐县	博平医院	院长
齐曰寅	男	1936	汉	中农	农民	初中	党员		农民	博平镇	北街	支书
乐平铺镇代表团（12人）												
马怀进	男	1930	汉	中农	学生	初中	党员	1947.3	干部	广平乡	茌平县政府	副县长
张文岭	男	1948	汉	中农	学生	中师	党员		干部	博平镇	乐平铺镇	镇长
周玉英	女	1940	汉	中农	学生	高中	党员	1970.1	知识分子	博平镇	乐平铺医院	
苗亚群	男	1930	汉	中农	学生	大学	党员	1947.1	知识分子	贾寨乡	县三中	校长
赵桂兰	女	1946	汉	中农	学生	初中		1971.5	工人	博兴	供销社	营业员
夏曰祥	男	1946	汉	中农	学生	初中	党员	1964.12	干部	茌平镇	四棉厂	副股长
朱召明	男	1955	汉			小学			农民	乐平铺镇	朱庄	管区统计
宋连菊	女	1936	汉	下中农	学生	小学			农民	乐平铺镇	大徐	妇女主任
明学峰	男	1930	汉	中农	农民	小学	党员		农民	乐平铺镇	北街	书记
吴怀玺	男	1937	汉	下中农	农民	初中	党员		农民	乐平西路	西路	书记
吴传艾	男	1933	汉	贫农	学生	小学	党员		农民	乐平铺镇	南大吴	书记
常传中	男	1933	汉	下中农	农民	高小	党员		农民	乐平铺镇	前常	

续表

姓名	性别	出生年月	民族	家庭出身	本人成分	文化程度	党派	参加工作时间	代表性质	籍贯	工作单位	现任职务
杜郎口乡代表团（8人）												
薛传玉	男	1940	汉	中农	学生	高中	党员	1966.10	干部	杜郎口乡	杜郎口乡	乡长
宫富瀛	男	1943	汉	社员	学生	大专	党员	1968.12	干部	夏津	茌平县政府	
高连英	女	1938	汉	中农	学生	中师	党员	1955.7	知识分子	后赵	杜郎口小学	副校长
孙立杰	男	1949	汉	社员	农民	初中		1975	农民		县文化馆	
东长旺	男	1949	汉	贫农	学生	初中		1975	农民	东周	县文化馆	
刘其武	男	1938	汉	中农	学生	初中			农民	杜郎口乡	东大刘	大队会计
张玉兰	女	1932	汉	贫农	农民		党员		农民	杜郎口乡	胡庄	妇女主任
常绪文	男	1938	汉	下中农	农民	小学			农民	杜郎口乡	鲍庄	小队会计
赵屯乡代表团（8人）												
吴清水	男	1935	汉	贫农	农民	初小			农民		赵西	队长
王子坤	男	1925	汉	中农	学生	中师		1946.2	知识分子		赵西小学	校长
贾德华	男	1921	汉	中农	农民	高小			农民		赵官屯乡	
刘国芳	男	1928	汉	贫农	学生	高小	党员	1945.6	干部	莱西县	茌平县人大	副主任
孙永淮	男	1936	汉	社员	学生	大学	党员	1962.9	干部	博平镇	赵屯乡	乡长
吴桂红	女	1949	汉	贫农	学生	中专	党员	1973.7	知识分子		卫生院	副院长
刘桂英	女	1958	汉	贫农	学生	高中			农民		赵屯乡	信贷员
杨希祥	男	1950	汉	下中农	学生	高中			农民		赵官屯乡	
广平乡代表团（12人）												
徐风彩	男	1947	汉	中农	学生	初中	党员	1965	干部		广平乡	乡长
金向阳	男	1940	汉	下中农	学生	大专		1965	知识分子	荣成	广平中学	教师
刘菊香	女	1951	汉			大学		1978	知识分子		广平医院	医师
贾泽生	男	1951	汉	中农	学生	高中	党员		农民		广平北贾	信贷员
王桂芬	女	1939	汉	贫农	学生	高小	党员		农民		广平三高	妇女主任
王利民	男	1936	汉	中农	学生	初中	党员		农民		王油坊	支书
纪圣祥	男	1953	汉	中农	农民	高中			农民		纪高	队长
韩吉恒	男	1935	汉	贫农	农民				农民		四韩	大队长
谢文臣	男	1940	汉	贫农	农民	高小	党员		农民		尹马	
李守端	男	1938	汉	贫农	农民	高小	党员		农民		广平乡	队长
杨四贵	男	1921	汉	下中农	农民				农民		北街	养鸡专业户

续表

姓名	性别	出生年月	民族	家庭出身	本人成分	文化程度	党派	参加工作时间	代表性质	籍贯	工作单位	现任职务
胡新华	男	1932	汉	中农	学生				干部		广平粮所	所长
韩集乡代表团（11人）												
赵焕之	男	1925	汉	中农	学生	初中	党员	1942.7	干部	韩集乡	县人大	副主任
赵庭风	男		汉	贫农	农民	学生	党员				贾赵	大队书记
仇永魁	男		汉									
王长福	男	1941	汉	贫农	学生	大专	党员	1965.11	干部	丁块乡	韩集乡	乡长
王广四	男		汉									
王传祥	男		汉									
李长明	男		汉									
姜天荣	男		汉									
姜胜军	男	1939	汉	贫农	农民	初中		1979	农民	韩集吴庄	吴庄	村委主任
魏绪英	女		汉									
崔美玲	女	1950	汉	下中农	学生	初中	党员	1972	工人	杜郎口乡	韩集供销社	代股长
冯屯镇代表团（12人）												
商孝俊	男	1928	汉	中农	学生	初中	党员	1947.1	干部	菜屯镇	县人大	副主任
张玉虎	男	1936	汉	中农	学生	小学			农民	冯屯镇	前张村	会计
王公文	男	1928	汉	贫农	农民	小学	党员		农民	冯屯镇	发屯大队	书记
李绪纯	男	1946	汉	贫农	学生	大学	党员	1973.8	农民	城关	冯屯镇	副书记
李玉功	男	1936	汉	贫农	学生	大专	党员	1959.8	知识分子	城关	冯屯中学	书记
马敏华	女	1956	汉	贫农	农民	初中	党员		农民	冯屯镇	朱庙	支部委员
肖桂秋	女	1952	汉	贫农	学生	中专	党员	1978.5	知识分子	杜郎口乡	冯屯医院	医师
王公建	男	1940	汉	贫农	农民	初中	党员		农民	冯屯镇	张良桥	书记
刘如清	男	1955	汉			中专		1974.5	干部	临清	微波站	副站长
邹尚菊	女	1962	汉			高中			农民	冯屯镇	前寨	幼儿教师
李云芳	男	1951	汉	中农	学生	初中		1970.9	干部	丁块乡	棉厂	厂长
史仰生	男	1934	汉	贫农	农民	小学	党员		农民	冯屯镇	范庄	支书
王老乡代表团（8人）												
宋玉山	男	1957	汉		学生	大专	党员	1975	干部	沂南	王老乡	乡长
陈子荣	男	1951	汉	下中农	学生	中专		1973	知识分子	城关	王老医院 医生	
李吉顺	男	1935	汉	下中农	学生	初中	党员	1956.2	干部	大吕	王老粮所	所长

续表

姓名	性别	出生年月	民族	家庭出身	本人成分	文化程度	党派	参加工作时间	代表性质	籍贯	工作单位	现任职务
张国忠	男	1926	汉	贫农	农民	初小	党员		农民	王老乡	小杨屯村	支书
夏庆增	男	1956	汉	贫农	学生	高中			农民		王老高龄	社员
潘思明	男	1947	汉	中农	学生	初中			农民	茌平	王老潘庄	代销员
李风章	女	1934	汉	贫农	农民	高小	党员		农民	王老乡	红办	副主任
李桂平	女	1933	汉	贫农	农民				农民	王老乡	庞庄	
丁块乡代表团（9人）												
王效泉	男	1947	汉	下中农	学生	高中	党员	1972.2	干部		丁块乡	乡长
姜维村	男	1941	汉	下中农	学生	初中	党员	1960.3	干部		县政府	副县长
白惠梅	女	1948	汉	中农	学生	初中			农民		田李大队	会计
李付才	男	1954	汉	中农	学生	初中			农民		前李大队	社员
李连举	男	1932	汉	贫农	学生	高中	党员		农民		丁块碱肥厂	书记
林东效	男	1952	汉	贫农	学生	初中	党员		干部		丁块供销社	经理
傅桂芳	女	1934	汉	中农	农民	小学			农民		丁块马庄	专业户
白玺栋	男	1932	汉	贫农	农民	文盲			农民		贾白	队长
曹子群	男	1946	汉			中专		1967.8	知识分子	博兴	丁块卫生院	院长
温陈乡代表团（12人）												
徐宝琪	男	1935	汉	贫农	学生	初中	党员	1956.4	干部	胡屯乡	县政府	副县长
孔祥宏	男	1953	汉	贫农	学生	初中	党员		农民	温陈	温庄	支书
李风明	男	1944	汉	贫农	学生	初中	党员		农民	温陈乡	史东	支书
曹培俭	男	1945	汉	贫农	学生	高中	党员		干部	郝集乡	温陈乡	乡长
杨成杰	男	1956	汉	贫农	学生	初中			农民		温陈乡	
李明华	男	1946	汉	贫农	学生	初中	党员		干部	肖庄乡	温陈乡	副书记
陈有荣	男	1933	汉	贫农	学生	初中	党员		干部	胡屯乡	温陈乡政府	民助
李秀清	女	1951	汉	贫农	农民	初中			农民	温陈乡	温陈乡	计生员
刘荣英	女	1953	汉	贫农	农民	文盲			农民	温陈乡		社员
张金成	男	1940	汉	下中农	学生	中师			农民	温陈乡	大张	会计
乌洪元	男	1957	汉	贫农	农民	初中	党员		农民	温陈乡	乌庄	支书
李树堂	男	1927	汉	中农	学生	大专		1954	知识分子	温陈乡	温陈医院	医师

茌平县第十一届人民代表大会代表名单

（1987年3月17日） 共207人

表2-6

姓名	性别	出生年月	民族	家庭出身	本人成分	文化程度	入党时间	参加工作时间	代表性质	籍贯	工作单位	现任职务
县直代表团(25人)												
徐士高	男	1934.10	汉	中农	学生	中专	1949.3	1950.10	干部	高唐县	茌平县委	书记
孙宗安	男	1940.10	汉	中农	学生	大学	1975.2	1967.9	干部	文登县	茌平县政府	县长
张兴义	男	1937.	汉	中农	学生	大专	1960.1	1958.	干部	夏津县	茌平县委办公室	主任
周生达	男	1929.6	汉	中农	学生	初中	1949.10	1944.6	干部	齐河县黄口村	县财政局	局长
袁庆宗	男	1939.12	汉	下中农	学生	大学	1970.8	1964.9	干部	郝集乡袁楼	县粮局	局长
李泽明	男	1941.6	汉	贫农	学生	初中	1962.2	1959.12	干部	赵屯乡尹庄	县法院	院长
彭彩莲	女	1937.7	汉	下中农	学生	高中	1958.12	1955.	干部	博平镇	县民政局	局长
汪培杰	男	1934.2	汉	贫农	学生	高中	1954.12	1949.3	干部	山东肥城	检察院	检察长
于吉昭	男	1937.8	汉	贫农	学生	大学	1978.6	1964.8	干部	山东牟平县上庄	化肥厂	厂长
王启让	男	1948.2	汉	中农	学生	大专	1974.10	1968.9	干部	冯屯镇马头王	县委	副书记
任之信	男	1934.	汉	贫农	学生	高中	1955.6	1952.7	干部	茌平镇任庄	制药厂	支部书记
宋庆成	男	1931.2	汉	中农	学生	初中	1947.4	1946.4	干部	胡屯乡胡庄	县农业局	局长
路良珍	男	1931.	汉	下中农	学生	初中	1953.9	1949.10	干部	山东长清	县交通局	局长
泮曰茂	男	1936.4	汉	下中农	学生	大专		1963.9	知	山东黄县	县医院	中医科主任
邹庆诰	男	1934.6	汉	地主	学生	大学	1986.8	1952.7	干部	冯屯镇后寨	县教育局	副局长
赵玉琦	男	1935. 2	汉	贫农	学生	大学	1956.11	1962.9	干部	洪屯乡	茌平一中	校长
邢同寅	男	1947.2	汉	贫农	学生	中专	1969.7	1968.3	干部	山东肥城	县人武部	部长
刘曰臣	男	1933.10	汉	贫农	学生	高中	1956.1	1949.7	干部	冯屯业官屯	电业公司	经理
张长仁	男	1933.4	汉	中农	学生	初中	1960.1	1950.7	干部	郝集乡东张	县建委	主任
刘西俊	男	1932.4	汉	下中农	学生	初中	1948.3	1947.7	干部	赵官屯乡大柳	县联社	党委书记
矫学柏	男	1949.3	汉	贫农	学生	大学	1973.1	1969.	干部	山东牟平	茌平县委	副书记
贾法俊	男	1931.7	汉	下中农	学生	初中	1960.2	1952.	干部	博平镇	茌平商业局	党组书记
顾鸿宾	男	1936.3	汉	贫农	学生	中专	1960.4	1955.1	干部	即墨县城关东街	工业公司	副经理
宫富瀛	男	1943.	汉	富农	学生	大学	1983.8	1968.12	干部	山东夏津县宫庄	县政府	副县长
韩明来	男	1942.7	汉	贫农	学生	大学	1977.	1968.12	干部	东阿县韩庄	毛巾厂	厂长

续表

姓名	性别	出生年月	民族	家庭出身	本人成分	文化程度	入党时间	参加工作时间	代表性质	籍贯	工作单位	现任职务
茌平镇代表团（11人）												
杜金芳	女	1951.11	回	贫农	学生	高小	1981.4	1972.1	职	茌平南关	城关供销社	仓库保管
郭益民	男	1928.2	汉	贫农	学生	中师		1947.8	知	天津市郭庄	城关中学	教师
李明之	男	1943.10	汉		学生	高中		1958.	农民	茌平镇北关		村治保委员
慈成凤	女	1942.	汉	中农	学生	中师		1964.6	知	丁块乡大慈	实验小学	教师
王公祥	男	1953.4	汉	贫农	学生	初中			农民	茌平镇后曹		管区统计
成作舟	男	1936.2	汉	贫农	学生	中专	1966.4	1959.7	干部	邹平县明集	茌平镇政府	党委副书记、镇长
申望才	男	1937.	汉	贫农	学生	初中	1966.	1954.	农民	茌平镇河泮		支部书记
张友芳	男	1930.11	汉	贫农	学生		1974.11	1945.9	干部	郓城县张营乡张庄	县法院	调研员
冯立强	男	1941.3	汉	贫农	学生	高中	1966.3		农民	茌平镇红庙		支部书记
胡庆康	男	1934.11	汉	中农	学生	初中	1980.7	1952.6	干部	杜郎口乡胡庄	茌平镇政府	副镇长
王其友	男	1939.11	汉	贫农	学生	高小			农民	茌平镇宋庄		村委委员
大桑乡代表团（6人）												
刘春生	男	1934.	汉	贫农	农	小学	1953.4		农民	大桑乡碱刘		支部书记
李平邦	男	1955.10	汉	中农	学生	高中	1975.8	1976.10	干部	贾寨乡崔庄	大桑乡	乡长
袁东林	男	1948.3	汉	下中农	农民	初中	1986.		农民	大桑乡袁楼	袁楼	生产组长
许庆山	男	1939.9	汉	贫农	农民	小学	1962.3		农民	大桑乡河东	河东	村支书记
袁慎英	女	1944.9	汉	中农	学生	高中		1964.	知	大桑乡袁楼	袁楼	民师
景永信	男	1915.	汉	贫农	农民	小学		1946.	农民	大桑乡景庄	景庄	农民
张营乡代表团（6人）												
芦潘林	男	1937.1	汉	中农	学生	高小		1964.	农民	张营司芦	张营司芦	大队副主任
张春河	男	1935.9	汉	中农	学生	初中	1956.6	1952.10	干部	博平十甲张	张营乡政府	乡长
高立申	男	1959.1	汉	贫农	学生	高中	1979.2	1978.3	农民	张营玉皇庙	玉皇庙	村支部书记
谢淑平	女	1950.	汉	中农	学生	高小	1978.10		农民	博平郭庄	冯庄	妇女主任
王云海	男	1935.9	汉	贫农	农民	小学	1959.4		农民	张营东刘	东刘	村支部书记
李曰金	男	1947.12	汉	中农	学生	中师		1985.7	知	韩屯潘堂	张营联合校	
广平乡代表团（9人）												
刘振录	男	1949.12	汉	中农	学生	大专	1974.12	1975.6	干部	孙桥乡吉王刘	广平乡	乡长

续表

姓名	性别	出生年月	民族	家庭出身	本人成分	文化程度	入党时间	参加工作时间	代表性质	籍贯	工作单位	现任职务
刘菊香	女	1954.8	汉	贫农	学生	大专	1974.12	1978.8	知	乐平铺镇杜庄	广平卫生院	医师
韩玉萍	女	1941.11	汉	富农	学生	大肄		1962.11	知	广平乡四韩	广平中学	教师
韩吉恒	男	1935.10	汉	贫农	农民	小学	1972.4	1953.	农民	广平乡四韩		
房　美	女	1946.1	汉	中农	学生	高中		1973.	农民	广平乡姜庄		
迟会孝	男	1941.7	汉	下中农	学生	初中	1961.11	1959.11	干部	韩集乡迟桥村	县林业局	局长
梁树德	男	1957.2	汉	下中农	学生	初中	1985.12	1975.	农民	广平乡颜庄		
纪怀岳	男	1956.	汉	贫农	农民	初中		1972.	农民	广平乡纪高村		
王立民	男	1936.3	汉	中农	学生	初中	1953.2	1949.8	农民	广平乡油坊村		
温陈代表团（8人）												
孔祥宏	男	1952.1	汉	贫农	学生	初中	1974.11		农民	温陈乡温庄	温庄	支部书记
付仕芳	男	1953.11	汉	贫农	学生	初中			农民	温陈乡付楼	付楼	村支书
孙兰芳	女	1940.10	汉	中农	学生	中师		1962.10	知	温陈乡姜堂	姜堂小学	教师
杨玉珍	女	1942.3	汉	贫农	学生	初中			农民	温陈乡乌堂	乌堂	妇女主任
孙学瑞	男	1952.9	汉	贫农	学生	初中			农民	温陈乡史东村	史东	村委主任
王洪祥	男	1948.4	汉	贫农	学生	初中	1975.1		农民	温陈乡刁宋村	刁宋	支部书记
徐宝琪	男	1935.3	汉	中农	学生	初中	1954.5	1956.	干部	胡屯乡徐河口	县政府	副县长
徐顺之	男	1949.7	汉	中农	学生	大专	1970.1	1969.3	干部	胡屯乡徐河口	温陈乡政府	乡长
郝集乡代表团（8人）												
马庆云	男	1933.2	汉	贫农	学生	初中	1954.1	1953.3	干部	广平马明智	县司法局	政法委书记兼司法局局长
张志汉	男	1931.5	汉	富农	医生	初中		1953.11	知	郝集乡袁楼	乡卫生院	医生
曹培成	男	1953.6	汉	贫农	学生	中专	1973.10	1970.10	农民	郝集双营	双营村	党支部书记
司志伦	男	1934.2	汉	贫农	学生	高小	1966.4	1962.3	农民	郝集东	郝东	支部副书记兼村主任
王桂玲	女	1953.3	汉	贫农	学生	初中		1969.1	农民	郝集西	郝西	卫生员兼计生网长
何好智	男	1938.1	汉	中农	学生	中师	1972.2	1959.7	干部	杜郎口何庄	郝集乡	副书记、乡长
王玉荣	男	1932.9	汉	贫农	农民	高小		1950.8	农民	郝集前屯西	前屯西	退休村干部
杨树成	男	1940.3	汉	中农	学生	大专		1962.8	知	郝集赵楼	郝集乡中学	中学教师

续表

姓名	性别	出生年月	民族	家庭出身	本人成分	文化程度	入党时间	参加工作时间	代表性质	籍贯	工作单位	现任职务
赵屯乡代表团（7人）												
王兰芳	女	1958.3	汉	下中农	学生	中师		1981.7	干部	赵屯乡泥王村	赵屯小学	教师
谢宝臣	男	1953.2	汉	贫农	学生	高中	1974.12	1975.7	干部	温陈乡杜陈村	赵屯乡政府	乡长
范承忠	男	1945.11	汉	贫农	农民	小学			干部	赵屯乡东一甲	东一甲	副主任
贾德华	男	1921.7	汉	中农	农民	高小			干部	赵屯乡贾庄	贾庄	生产队会计
王茂良	男	1938.3	汉	下中农	学生	高小	1966.3		干部	赵屯乡泥王村	泥王村	支部书记
邓洪庆	男	1938.7	汉	中农	学生	高小	1985.7		干部	赵屯乡邓庄	邓庄	支部书记
吴庆水	男	1935.	汉	贫农	农民	初小			干部	赵屯乡赵西村	赵西村	村委主任
孙桥乡代表团（6人）												
刘瑞林	男	1939.3	汉	中农	农民	高小			学生	孙桥乡曹庄	曹庄村	会计
杜德旺	男	1947.1	汉	贫农	干部	中专	1971.4	1976.10	学生	乐平铺南街	孙桥乡政府	乡长
刘玉珍	女	1937.2	汉	贫农	农民	初中	1958.8		农民	孙桥乡腰庄	腰庄村	支部副书记
李培岑	男	1949.10	汉	贫农	农民	高小			学生	孙桥乡双庙	双庙村	
周淑华	女	1940.2	汉	中农	农民	高中		1963.8	学生	孙桥乡丁堂	丁堂	教师
管立泮	男	1919.18	汉	中农	农民	文盲			农民	孙桥乡党管	党管	
洪屯乡代表团（8人）												
李永芳	女	1941.12	汉	中农	学生	中速师		1961.9	知	洪屯姜庄	姜庄小学	教师
贾　杰	女	1933.7	汉	贫农	学生	初中		1959.8	工人	贾寨乡贾寨村	洪屯供销社	会计
刘玉富	男	1937.8	汉	贫农	学生	高小	1953.11		农民	洪屯乡大辛村	大辛	党支部书记
苏以明	男	1946.10	汉	贫农	学生	初中	1976.10		农民	洪屯乡郭庄	郭庄	支部书记
吉学奎	男	1947.5	汉	贫农	农民	初中			农民	洪屯小马村		
裴广泽	男	1930.11	汉	雇农	农民	初中	1949.6	1947.10	干部	黑龙江呼兰县	县卫生局	调研员
桑士延	男	1945.2	汉	下中农	学生	初中	1966.6	1975.12	干部	大桑乡大桑村	洪屯乡	乡长
蒋顺富	男	1938.5	回	贫农	农民	小学			农民	洪屯乡回民李		
杨屯乡代表团（6人）												
李丙申	男	1940.11	汉	贫农	学生	中师	1975.4	1967.8	知	大桑乡小桑	杨屯中学	校长
李明华	男	1946.11	汉	下中农	学生	中专	1966.2		干部	肖庄乡后场	杨屯乡政府	乡长
孙长河	男	1956.8	汉	下中农	学生	初中			干部	杨屯乡南孙	南孙	团支部书记

续表

姓名	性别	出生年月	民族	家庭出身	本人成分	文化程度	入党时间	参加工作时间	代表性质	籍贯	工作单位	现任职务
毕玉香	女	1941.9	汉	贫农	农民	小学	1969.5		农民	杨屯乡小谢	小谢	妇女主任
谢吉册	男	1933.6	汉	中农	农民	初小			农民	杨屯乡大谢	大谢	生产队长
李克荣	女	1939.9	汉	贫农	学生	初中			农民	杨屯李召安	李召安	
韩屯乡代表团（8人）												
梁玉兰	女	1946.	汉	中农	学生	高小		1959.	工	韩屯乡韩屯街	韩屯供销社	生产部实物负责人
王伯庆	男	1937.12	汉	贫农	学生	高小	1955.9		农民	韩屯乡韩屯街		支部副书记
芦桂干	男	1936.5	汉	中农	农民	高小			农民	韩屯乡位庄		村委支书
张　平	男	1931.10	汉	贫农	学生	初中	1946.2	1951.8	干部	阳谷县张秋镇梨元	县科委	调研员
王曰其	男	1946.	汉	中农	学生	高小			农民	韩屯乡大碾李		村支书
李承源	男	1945.7	汉	贫农	学生	中专	1966.6	1964.9	干部	杨屯乡李召安	韩屯乡	乡长
陈兰湄	男	1937.4	汉	中农	学生	师专		1958.6	知	临清市小陈	韩屯中学	教师
张如功	男	1949.11	汉	贫农	农民	小学	1978.		农民	韩屯乡马杜村		支部书记
乐平铺代表团（10人）												
赵秀玉	女	1947.	汉	下中农	学生	初中	1966.	1966.	农民	乐平铺丁庄		妇女主任
窦友德	男	1945.9	汉	贫农	学生	中师	1971.2	1968.7	干部	博平镇窦马	乐平铺	副书记、镇长
朱兆明	男	1953.	汉	中农	农民	高小		1979.	农民	乐平铺朱庄		
明学峰	男	1929.	汉	中农	农民	初小	1947.	1947.	农民	乐平铺北街	乐平铺北街	支部书记
常风金	男	1944.12	汉	下中农	学生	初中	1966.3	1963.8	农民	乐平铺前常	前常	支部书记
吴怀臣	男	1934.12	汉	下中农	农民	初中		1957.	农民	乐平铺北吴		
吴怀玺	男	1937.4	汉	贫农	学生	初中	1971.2	1954.	农民	乐平铺西路	西路村	支部书记
马怀进	男	1930.7	汉	中农	学生	初中	1947.2	1947.2	干部	广平马明智	县人大常委会	副主任
刘传福	男	1940.12		贫农	学生	初中		1958.10	工人	郝集刘望山	乐平四棉厂	副厂长
周玉英	女	1940.		中农	学生	中专	1983.3	1963.8	知	王老周皋	乐平铺医院	医师
王老乡代表团（7人）												
吕绍泗	男	1935.2	汉	贫农	学生	中专	1960.10	1956.8	干部	高唐琉寺	王老乡	乡长
周　军	男	1963.12	汉	贫农	学生	中师		1986.7	知	胡屯周老	王老中学	教师
张国忠	男	1926.3	汉	贫农	农民	初小	1947.	1947.	农民	王老杨屯	王老杨屯	支部书记
夏庆增	男	1955.7	汉	贫农	学生	初中		1974.9	农民	王老高岑	王老高岑	农民
泮思于	男	1956.12	汉	贫农	学生	高中		1981.	中农	王老泮庄	泮庄	本村文书

续表

姓名	性别	出生年月	民族	家庭出身	本人成分	文化程度	入党时间	参加工作时间	代表性质	籍贯	工作单位	现任职务
赵以福	男	1932.5	汉	贫农	农民	初小	1958.	1958.	农民	王老薛东	薛东	支部书记
李桂平	女	1931.	汉	贫农	农民	文盲			农民	王老庞庄	庞庄	
贾寨乡代表团（10人）												
李永海	男	1952.7	汉	下中农	学生	中师	1982.12	1976.7	干部	杨屯乡潘屯	贾寨乡政府	副乡长
肖凤英	女	1953.	汉	贫农	农民	初小		1983.	农民	贾寨张洪	张洪	妇女主任
邢富玉	男	1936.	汉	中农	学生	高中	1958.	1953.	农民	贾寨邢胡刘	邢胡刘	村支部书记
郑天山	男	1951.3	汉	中农	学生	初中		1980.2	农民	贾寨郑庄	郑庄	村委主任
刘九思	男	1925.	汉	贫农	农民	文盲		1965.	农民	贾寨耿张	耿张	生产队长
郭以迎	男	1945.	汉	中农	学生	中专	1972.4	1968.7	干部	大桑乡郭庄	贾寨乡	乡长
常连荣	女	1951.	汉	贫农	农民	初中		1972.2	农民	贾寨耿店	耿店	妇女主任
王传斌	男	1947.2	汉	贫农	学生	大学	1976.1	1970.8	干部	齐河仁里	县政府	副县长
孟宪章	男	1930.10		贫农	学生	初中	1949.10	1952.7		聊城梁水镇	贾寨乡政府	调研员
贾桂玉	女	1963.		下中农	学生	中专		1982		贾寨	贾寨中学	教师
韩集乡代表团（9人）												
赵焕之	男	1925.10	汉	中农	学生	初中	1942.7	1942.7	干部	韩集乡贾赵	县人大	副主任
赵士田	男	1941.3	汉	贫农	学生	初中		1965	农民	韩集贾赵	贾赵	生产队长
张传停	男	1955.3	汉	贫农	学生	初中		1971	农民	韩集老户王村	老户王村	村委主任
邓乐庆	男	1949.8	汉	下中农	学生	初中		1970	农民	韩集张庄	张庄	村民委主任
李广义	男	1956.	汉	中农	学生	高中		1985	农民	韩集前李	前李	本村文书
姜圣军	男	1939.10	汉	贫农	农民	初中		1979	农民	韩集吴庄	吴庄	村委主任
王长富	男	1941.12	汉	贫农	学生	大专	1966.4	1965.11	干部	丁块乡小慈庄	韩集乡政府	乡长兼副书记
刘凤英	女	1943.	汉	贫农	学生	初中		1965	知	韩集蒋庄	韩集六二七小学	教师
崔美玲	女	1950.8	汉	下中农	学生	初中	1986.2	1972	工	杜郎口崔何庄	韩集供销社	代股长
丁块乡代表团（8人）												
白金栋	男	1932.2	汉	下中农	农民	高小			农民	丁块乡贾白村		
张高生	男	1932.6	汉	贫农	农民	初小	1971.6	1958.9	农民	丁块乡芦翟村	芦翟	村委副主任
李泽选	男	1925.7	汉	贫农	农民	初小	1947.6	1945.2	农民	丁块乡前李	前李村	支部书记
李泽祯	男	1942.6	汉	贫农	学生	中专	1965.12	1975.7	干部	赵屯乡赵东	丁块乡政府	乡长
张建平	女	1935.9	汉	贫农	农民	文盲	1973	1971.2	农民	丁块乡张会尚村	张会尚村	副书记

续表

姓名	性别	出生年月	民族	家庭出身	本人成分	文化程度	入党时间	参加工作时间	代表性质	籍贯	工作单位	现任职务
王加亮	男	1934.4	汉	贫农	学生	大专		1948.1	知	齐河桑梓店	县医院	内科主任
刘化祥	男	1932.4	汉	下中农	农民	初小	1965.6	1953.6	农民	丁块乡大赵	大赵村	支部书记
曹子群	男	1946.4	汉	贫农	学生	中专	1985.6	1966.9	知	博兴县	丁块卫生院	卫生院长
杜郎口代表团（7人）												
韩富印	男	1936	汉	贫农	学生	大学		1962.10	知	郓城县老陈庄	农业局	调研员
杜心芳	男	1946.6	汉	贫农	农民	初中			农民	杜郎口北街	杜郎口轧油厂	厂长
唐光印	男	1953.9	汉	下中农	学生	初中	1977.12		农民	杜郎口南李	南李	支部书记
孙立杰	男	1949	汉	贫农	学生	初中			工人	杜郎口后赵	乡文化站	站长
常绪胜	男	1933.12	汉	贫农	学生	初中	1958.12		农民	杜郎口鲍庄	鲍庄	支部书记
高连英	女	1938.9	汉	中农	学生	大专	1979.10	1955.10	知	齐河潘店北街	杜郎口小学	教导主任
薛传玉	男	1940.9	汉	中农	学生	高中	1962.4	1964.4	干部	胡屯薛庄	杜郎口乡	乡长
菜屯镇代表团（9人）												
李世魁	男	1948.12	汉	中农	学生	初中			农民	菜屯蜂李	蜂李	文书
宋茂林	男	1929.11	汉	中农	农民	初中	1953.4	1949.11	干部	长清孝李广里店村	县政协	副主席
吴凤巢	男	1948.1	汉	贫农	学生	高中	1965	1971	农民	贾寨乡	菜屯镇	副书记
孙玉平	女	1948	汉	贫农	农民	小学	1965.11	1969	农民	菜屯商石	商石村	妇女主任
周庆华	男	1957.11	汉	贫农	农民	初中			农民	菜屯周桥	周桥	
张梅英	女	1956.5	汉	中农	学生	初中		1981	农民	菜屯张贾	张贾村	妇女主任
时殿富	男	1928.5	汉	贫农	农民	高小	1949.1	1945	农民	菜屯冯庄	冯庄	支部书记
朱士彦	男	1944.6	汉	中农	学生	高中	1982.3	1958.8	干部	贾寨崔庄	菜屯分院	院长
樊正顺	男	1936.7	汉	中农	学生	初中		1952.8	干部	菜屯樊庄	菜屯供销社	副主任
胡屯乡代表团（10人）												
乌以祥	男	1945.10	汉	贫农	学生	中专	1964.12	1975.7	干部	温陈乡顾庄	胡屯乡	副书记、乡长
孙素青	女	1940.11	汉	贫农	学生	大专	1963.1	1961.7	干部	辽宁盖县沙岗乡	县政府	副县长
时明山	男	1935.8	汉	中农	学生	大专		1955.7	知	肖庄乡高营	胡屯中学	教师
于振月	男	1954.10	汉	贫农	学生	初小			农民	胡屯乡朱庄		村委主任
张业荣	男	1937.2	汉	贫农	学生	高小			农民	胡屯乡南寺村		村委主任

续表

姓名	性别	出生年月	民族	家庭出身	本人成分	文化程度	入党时间	参加工作时间	代表性质	籍贯	工作单位	现任职务
韩守祥	男	1941.5	汉	中农	学生	高小	1976.7		农民	胡屯乡韩庄		会计
于相明	男	1947.7	汉	贫农	学生	大专		1983.10	知	胡屯乡南于庄	胡屯乡卫生院	副院长
李清海	男	1933.5	汉	中农	学生	初中			农民	胡屯乡李石村		会计
于井彪	男	1954.3		中农	学生	高中			农民	胡屯乡北街		生产队长
李兆成	男	1955.5		下中农	学生	高中			农民	胡屯乡李明还		村委主任
博平镇代表团（11人）												
宁治勤	女	1934.9	汉	资本家	学生	大学		1954.9	知	济南市	茌平二中	教师
窦吉海	男	1951	汉	中农	学生	大专	1963.1	1974.2	知	博平镇窦堂村	博平镇中学	副校长
贾新芝	女	1955	汉	中农	学生	高中		1978	工人	博平供销社	博平批发部	会计
尹作新	男	1947.8	汉	中农	农民	高小	1965		农民	尹栾林	村党支部	书记
刘为儒	男	1935	汉	贫农	农民	初中	1965.2	1960	农民	二刘	村党支部	书记
秦光义	男	1937	汉	中农	农民	初中	1958.11		农民	博平杜庄	村党支部	书记
谭学儒	男	1942	汉	下中农	农民	初中			农民	谭西	本村	主任
赵传三	男	1925	汉	农贫	农民	高小	1943.5	1943.5	干部	东阿县广粮村	茌平县人大	副主任
谢家仁	男	1941		中农	学生	高小			农民	博平镇北街		会计
张朝付	男	1937		贫农	农民	初小			农民	博平镇尹刘		村副主任
徐凤彩	男	1947		中农	学生	中专	1966.3	1965.9	干部	乐平铺北街	博平镇	副书记、镇长
冯屯镇代表团（10人）												
邹西新	男	1943	汉	贫农	学生	初中		1964	农民	冯屯镇后寨	冯屯砖厂	会计
史爱华	女	1964.2	汉	贫农	学生	高中		1985.9	知	冯屯镇范庄	冯屯中学	教师
周长寅	男	1934.7	汉	中农	学生	初中		1955	知	冯屯镇周杨	冯屯武赵小学	教师
刘金兰	男	1946	汉	贫农	学生	初中	1967.10	1964.12	农民	冯屯镇前寨		支部书记
徐法水	男	1945.8	汉	中农	农民	高小	1974.12	1966	农民	冯屯镇徐庄	冯屯镇	党委副书记
史仰生	男	1927	汉	贫农	农民	小学	1960.10	1958	农民	冯屯镇范庄		支部书记
张玉虎	男	1937.4	汉	中农	学生	高小			农民	冯屯镇前张		会计
商孝俊	男	1927.8	汉	中农	学生	初中	1955.7	1947.11	干部	菜屯镇南海	县人大	党组副书记副主任
马敏华	女	1955.2		贫农	学生	初中	1982.10		农民	冯屯镇朱庄		妇女主任
何其春	男	1942.1		中农	农民	初中			农民	冯屯镇张良桥		副主任

姓名	性别	出生年月	民族	家庭出身	本人成分	文化程度	入党时间	参加工作时间	代表性质	籍贯	工作单位	现任职务
肖庄乡代表团（8人）												
李付贞	男	1954.11	汉	贫农	学生	高中			农民	肖庄乡算子李村		民兵连长
房本林	男	1938.5	汉	贫农	学生	中专	1955.10	1957.2	干部	洪屯朱官屯	肖庄乡	党委副书记、乡长
傅昭慈	女	1935.9	汉	贫农	学生	大专	1983.7	1957.12	知	山东肥城	茌平县医院	副院长
刘修章	男	1956.9	汉	贫农	学生	高中			农民	肖庄乡八刘		村委会会计
许学瑞	男	1953	汉	贫农	农民	高小			农民	肖庄乡许庄		社员
朱以良	男	1948	汉	中农	学生	初中			农民	肖庄乡朱启虎		会计
张付君	女	1942.3	汉	中农	学生	初中	1960.12	1959.7	干部	贾寨乡张名扬	肖庄乡	副乡长
李玉祥	男	1945.2	汉	贫农	学生	中专	1966.4	1970.2	知	肖庄乡李桥	肖庄卫生院	副院长

茌平县第十二届人民代表大会代表名单

（1990年3月5日）共300人

表2-7

姓名	性别	出生年月	民族	家庭出身	本人成分	文化程度	入党时间	参加工作时间	代表性质	籍贯	工作单位	现任职务
县直代表团(39人)												
孙宗安	男	1940.10	汉		学生	大学	1975.2	1967	干部	文登市	县委	县委书记
董金刚	男	1946.9	汉	贫农	学生	中专	1971.0	1963.12	干部	阳谷县	政府	代县长
孙东平	男	1943.8	汉		学生	大学	1971.11	1967.12	干部	冠县	县委	副书记
司文瞻	男	1942.3	汉		学生	中专	1964.4	1961.7	干部	日照市	县委	副书记
贾法俊	男	1933.7	汉	贫农	学生	初中	1960.5	1952.6	干部	茌平县	人大	副主任
刘西俊	男	1932.4	汉	贫农	学生	初中	1948.3	1947.7	干部	茌平县	人大	副主任
宫富瀛	男	1943.8	汉		学生	大学	1983.3	1968.12	干部	夏津县	政府	副县长
邢同寅	男	1947.2	汉	贫农	学生	中专	1969.8	1968.3	军人	聊城市	人武部	部长
刘晓涵	男	1934.11	汉	中农	学生	中专	1957.7	1954.7	干部	茌平县	计委	主任
王家亮	男	1934.4	汉	贫农	学生	大专		1949.1	知识分子	齐河县	县医院	内科副主任
慈成凤	女	1944	汉	中农	学生	中师		1964.7	知识分子	茌平县	实验小学	教师
于吉昭	男	1937.8	汉	贫农	学生	大学	1978.6	1964.8	知识分子	牟平县	化肥厂	厂长
韩富印	男	1937	汉	贫农	学生	大学		1962.10	知识分子	郓城县	兽医站	人大常委

续表

姓名	性别	出生年月	民族	家庭出身	本人成分	文化程度	入党时间	参加工作时间	代表性质	籍贯	工作单位	现任职务
刘曰臣	男	1933.10	汉	贫农	学生	初中	1956	1949.7	干部	茌平县	电业公司	党组书记
李泽明	男	1941.7	汉	贫农	学生	初中	1962.2	1959.10	干部	茌平县	法院	院长
顾鸿宾	男	1936.3	汉	贫农	学生	中专	1960.4	1955.1	干部	即墨县	工业公司	经理
崔维迎	男	1941.8	汉	贫农	学生	中专	1966.6	1963.6	干部	茌平县	商业局	局长
丁先成	男	1944.10	汉	贫农	学生	中专	1965	1964.8	干部	茌平县	物资公司	经理
高金道	男	1946.10	汉	下中农	学生	高中	1968.8	1963.11	干部	茌平县	造纸厂	书记厂长
张长仁	男	1933.4	汉	中农	学生	初中	1961.1	1950.7	干部	茌平县	建委	主任
周生达	男	1930.5	汉	中农	学生	初中	1949.1	1944.6	干部	齐河县	财政局	局长
宋兴贵	男	1933.10	汉	贫农	学生	初中	1954.6	1953.4	干部	茌平县	税务局	局长
韩明来	男	1942.7	汉	贫农	学生	大学	1977.2	1968.12	知识分子	东阿县	毛巾厂	厂长
梁久勤	男	1936.9	汉	中农	学生	大专	1971.2	1951.7	干部	茌平县	教育局	局长
田胜利	男	1949.9	汉	中农	学生	大学	1969.10	1968.6	知识分子	高唐县	公安局	党委书记
于风兴	男	1936.10	汉	中农	学生	大专	1966.6	1955.7	干部	茌平县	文化局	局长
张文杰	男	1953.4	汉	中农	学生	大专	1975.8	1972.11	干部	齐河县	县委办公室	主任
李德顺	男	1938.6	汉	贫农	学生	初小	1968.3	1970	工人	茌平县	机械厂	车间主任
周　敏	女	1949.7	汉	中农	学生	初中		1962	工人	茌平县	饮食公司	饭店主任
李立华	女	1955	汉	贫农	学生	初中		1974.12	工人	济南市	食品厂	车间副主任
岳好祥	男	1953.7	汉	贫农	学生	初中		1971.1	工人	茌平县	运输一公司	分队长
周庆方	男	1952.7	汉	贫农	学生	初中		1970.9	工人	茌平县	邮电局	机线室主任
刘庆华	男	1936	汉	中农	学生	初中	1976.4	1954.12	干部	东阿县	经委	书记
史仰岭	男	1944.10	汉	中农	学生	初中	1983.4	1959.9	工人	茌平县	面粉厂	副厂长
迟玉华	女	1950.8	汉	下中农	学生	高中		1966.9	工人	临清市	被服厂	副厂长
邹淑芹	女	1957.12	汉	贫农	学生	高中		1975.12	工人	烟台市	纺纱厂	操作员
赵克正	男	1958	汉	下中农	学生	中专		1983.7	工人	茌平县	水利局	工人

续表

姓名	性别	出生年月	民族	家庭出身	本人成分	文化程度	入党时间	参加工作时间	代表性质	籍贯	工作单位	现任职务
刘光春	男	1964.2	汉	中农	学生	高中		1981.8	工人	濮阳县	化肥厂	值班长
汪　涛	女	1948.11	汉	贫农	学生	中专	1975.7	1968.6	知识分子	临清市	卫生局	政工科长
茌平镇代表团（17人）												
杜金芳	女	1951.7	回	贫农	学生	高中	1980.4	1972.1	工人	茌平镇南关	镇供销社	会计
杨金岱	男	1943.7	汉	贫农	学生	高小	1971	1961	农民	茌平镇北关	北关	支部书记
闫金玉	女	1957.7	汉	贫农	学生	高中			农民	茌平镇闫庄	闫庄	幼儿教师
成作舟	男	1936.2	汉	贫农	学生	中专	1966.4	1959.7	干部	邹平县明集	镇政府	人大主席
刘安荣	男	1946.12	汉	下中农	学生	中专	1965.7	1965.9	干部	贾寨乡邢胡刘	镇政府	党委书记
贾秀菊	女	1954.2	汉	贫农	学生	初中		1970	农民	茌平镇三里	茌平县	计生干部
张其江	男	1962.9	汉	贫农	学生	中专		1982.7	知识分子	胡屯半天张	镇卫生院	中医师
李广达	男	1937.6	汉	贫农	学生	初中	1966.4		农民	茌平镇	李孝堂	支部书记
赵申林	男	1953.12	汉	中农	学生	初中		1976	农民	茌平镇南八里	南八里	文书
张顺之	男	1940.12	汉	下中农	学生	初师	1978.11		农民	茌平镇红庙	红庙	支部书记
吕长兰	女	1948.12	汉	贫农	农民	小学			农民	茌平镇焦庄	焦庄	妇女主任
张庆山	男	1937.4	汉	贫农	农民	小学	1979.10		农民	茌平镇大李	大李	村委主任
韩传江	男	1953.4	汉	中农	学生	高小		1960.1	农民	茌平镇齐韩	齐韩	副主任
申望才	男	1936.9	汉	贫农	学生	初中	1965.3		农民	茌平镇何潘	何潘	
罗聚庭	男	1949.12	汉	下中农	学生	中专	1971.3	1968.10	干部	东阿县	镇政府	
崔克文	男	1946.7	汉	贫农	学生	高中	1972.4		农民	茌平镇林庄		
陈民昌	男	1957.8	汉	贫农	学生	中师		1977.7	知识分子	陈庄	魏庄小学	校长

续表

姓名	性别	出生年月	民族	家庭出身	本人成分	文化程度	入党时间	参加工作时间	代表性质	籍贯	工作单位	现任职务
赵屯乡代表团（9人）												
王兰芳	女	1957.8	汉	下中农	学生	中师		1981.7	知识分子	赵西	赵东小学	教师
吴清水	男	1935.12	汉	贫农	农民	高小	1988.7		农民	赵西	村委会	主任
范承忠	男	1945.11	汉	贫农	农民	初小			农民	东一甲	村委会	主任
刘兴远	男	1937.8	汉	中农	学生	中师	1975.5	1952.9	干部	郝集乡土刘	乡政府	乡长
贾德华	男	1921.11	汉	中农	学生	小学		1953	农民	贾庄	村小组	会计
邓洪庆	男	1940.7	汉	中农	学生	高中	1984.5		农民	邓庄	村支部	书记
周春芳	女	1956.7	汉	贫农	学生	初中			农民	姜刘	农民	
朱名仁	男	1936.3	汉	中农	学生	初中	1956.2	1952.1	干部	东阿陈集	乡人大	主席
常修歧	男	1934.12	汉		学生	初中	1958.12	1951.7	干部	郝集齐常	县人事局	局长
广平乡代表团（14名）												
迟会孝	男	1940.12	汉	下中农	学生	初中	1961.7	1960.1	干部	韩集乡迟桥	县人大	副主任
姜学礼	男	1950.4	汉	贫农	学生	初中	1970	1969.2	干部	韩集乡前姜	广平乡政府	代乡长
马怀峰	男	1943.5	汉	中农	学生	中专	1966.1	1960.4	干部	广平乡马明智	乡人大	主席
张洪英	女	1943.10	汉	中农	学生	中师	1987.10	1963.2	农民	丁莫村	乡联合校	辅导员
韩吉恒	男	1934	汉	贫农	农民	小学	1971.4		农民	四韩村	四韩	支部副书记
杨泗胜	男	1930.12	汉	贫农	农民	小学	1951.10	1945	农民	本街	本街	
张文岭	男	1941.11	汉	下中农	学生	高中	1965.7	1963	农民	东街	东街	村委主任
李香英	女	1959.8	汉	贫农	学生	高中	1977.8		农民	纪高	纪高	妇女主任
张树强	男	1958.8	汉	中农	学生	初中			农民	南楼村	南楼	村委主任
马思彬	男	1951.11	汉	下中农	学生	初中	1971.1	1970	农民	尹马村	尹马	支部书记
房　美	女	1949	汉	贫农	学生	高中			农民	姜庄	姜庄	妇女主任
梁风尚	男	1942.2	汉	贫农	学生	中专	1965.3	1964	农民	梁庄	梁庄	支部书记

续表

姓名	性别	出生年月	民族	家庭出身	本人成分	文化程度	入党时间	参加工作时间	代表性质	籍贯	工作单位	现任职务
王孝江	男	1952.11	汉	中农	学生	初中	1981		农民	麻庄	麻庄	支部书记
王立民	男	1936.5	汉	中农	学生	初中	1953.10	1953.4	农民	油坊	油坊	支部书记
韩集乡代表团（13人）												
赵士田	男	1941.4	汉	贫农	学生	初中			农民	韩集乡贾赵	生产小组	组长
刘自安	男	1944.3	汉	贫农	学生	初中	1966.5	1965	农民	大白	村委会	主任
尉士宽	男	1941.10	汉	贫农	学生	初中	1976.7	1959.10	干部	乐平镇大尉	乡人大	主席
徐庆江	男	1942.9	汉	贫农	学生	中专	1971.2	1953.6	干部	丁块乡	乡政府	乡长
姜天荣	男	1932	汉	贫农	学生	小学	1954		农民	前姜	党支部	书记
张金英	女	1952	汉	贫农	学生	小学			农民	季古棚	妇委会	主任
刘汝坤	男	1953.5	汉	贫农	学生	高中	1975.7	1980.5	农民	高庄	村委会	主任
张传廷	男	1956.3	汉	贫农	学生	初中	1987.7	1971	农民	老户王	村委会	主任
李士昌	男	1957.4	汉	贫农	学生	高中	1989	1987	农民	大杨	党支部	书记
韩传军	男	1945.9	汉	下中农	学生	初中		1965	农民	东集	党支部	书记
白观荣	男	1935.7	汉	贫农	学生	初中	1955.1	1953.6	干部	大白	县人大办公室	主任
张月华	女	1959.7	汉	中农	学生	高中		1977.5	工人	张庄	乡供销社	保管
刘凤英	女	1944.12	汉	贫农	学生	高中		1965	知识分子	蒋庄	小学	教师
博平镇代表团（16人）												
邹庆诰	男	1934.5	汉	地主	学生	大学	1986.8	1952.7	知识分子	茌平县	县人大	副主任
赵玉峰	男	1946.7	汉	下中农	学生	中专	1971	1965	干部	广平乡焦集	镇政府	副书记
贾美岭	男	1933.12	汉	贫农	学生	大专	1956.6	1956.6	干部	东贾	镇人大	常务主席
谭学儒	男	1943.4	汉	下中农	学生	初中			农民	谭西	谭西	村委主任
尹作新	男	1947	汉	贫农	农民	初中	1966	1965	农民	尹栾	尹栾	支部书记
王玉兰	女	1940.9	汉	下中农	农民	小学	1975.4	1957	农民	东八里	东八里	妇女主任

续表

姓名	性别	出生年月	民族	家庭出身	本人成分	文化程度	入党时间	参加工作时间	代表性质	籍贯	工作单位	现任职务
杨立惠	男	1938.10	汉	中农	学生	中专	1966	1961.9	知识分子	庙杨	茌平二院	党支部书记
张秀兰	女	1938.11	汉	中农	学生	中专		1963.6	工人		二棉厂	化验员
贾新芝	女	1954	汉	贫农	学生	高中		1981	工人	北街	镇供销社	会计
刘为道	男	1934.12	汉	中农	学生	初中		1954.2	农民	东街	镇联合校	
宁志芹	女	1934.9	汉	中农	学生	大学		1954.9	知识分子	济南市	茌平二中	教师
杨兆伦	男	1941	汉	贫农	学生	高中	1966	1962	农民	刘坦	博平镇	管区副书记
谢家仁	男	1942.2	汉	中农	农民	高小			农民	北街	北街	村文书
刘为汝	男	1936.10	汉	贫农	农民	初中	1955.6	1952	农民	二刘	二刘	村委主任
窦吉海	男	1943.2	汉	中农	学生	专科	1971.7	1969.2	知识分子	窦堂	镇中学	校长
秦光义	男	1938.2	汉	中农	农民	初中	1958.11	1956	农民	杜庄	杜庄	支部书记
丁块乡代表团（11人）												
李兴廷	男	1950.10	汉		农民	初中	1989.12		农民	芦仓村		乡科协委员
张荣桂	男	1949.8	汉	贫农	学生	小学	1981.6		农民	南北张	南北张	村支部书记
冯爱英	女	1956	汉	贫农	学生	初中			农民	马庄	马庄村	妇女主任
董曰夏	男	1936.6	汉	贫农	学生	中专	1970.9	1961.9	干部	前董	乡人大	主席
张高升	男	1929.10	汉	贫农	农民	高小	1983.5		农民	芦翟		
刘金岱	男	1943	汉	中农	学生	高小	1966.6	1959	农民	王庙	王庙村	支部书记
刘化祥	男	1934	汉	贫农	学生	小学	1981	1952	农民	大赵	大赵	支部书记
许庆余	男	1940.3	汉	贫农	学生	高中	1966.1	1963.1	知识分子	许刘	乡中学	校长
杨立国	男	1945.12	汉	贫农	学生	中专	1966.3	1965.9	干部	孙桥乡腰庄	乡政府	乡长
汪培杰	男	1933	汉	贫农	学生	初中	1954.12	1949.3	干部	肥城	县人大	副主任
李泽选	男	1926	汉	下中农	农民	初小	1948	1947	农民	前李	前李	

续表

姓名	性别	出生年月	民族	家庭出身	本人成分	文化程度	入党时间	参加工作时间	代表性质	籍贯	工作单位	现任职务
温陈乡代表团（12人）												
王兴文	男	1955.3	汉	中农	学生	大专	1975.12	1979.7	干部	张营	乡政府	代乡长
郭兆月	男	1938.9	汉	贫农	军人	高小	1961.7	1957.11	干部	温陈	乡人大	主席
徐宝琪	男	1935.3	汉			初中	1954.5	1954.11	干部	胡屯徐河口	县政府	副县长
冯新荣	女	1968.11	汉	贫农	学生	初中			农民	温陈		
李金香	男	1946.2	汉	贫农	学生	初中			农民	温陈	沈东村	主任
谢吉余	男	1947.5	汉	中农	农民	高小	1988.10		农民	温陈	金李村	书记
孔祥宏	男	1953	汉	贫农	农民	初中	1974.10		农民	温陈	温庄村	书记
朱延富	男	1954.12	汉	中农	学生	高中	1976.10	1972	农民	温陈	姜堂村	书记
王洪祥	男	1948.4	汉	贫农	学生	初中	1975.1		农民	温陈	刁宋村	书记
李树棠	男	1927.5	汉	中农	学生	大专	1987.12	1954.5	知识分子	大李	温陈医院	主治中医师
孙兰芳	女	1940.12	汉	中农	学生	中师		1962.10	知识分子	姜堂	小学	教师
陈春兰	女	1940.2	汉	中农	学生	高中		1958.8	知识分子	付楼	温陈中学	教师
胡屯乡代表团（14人）												
张阳梅	女	1955.10	汉	贫农	学生	高中		1978.6	工人	张庙村	联合校	教师
李庆海	男	1935.7	汉	贫农	学生	小学		1964.6	农民	李石村	李石村	文书
刘学山	男	1951.8	汉	贫农	学生	初中	1975.1	1970.6	农民	河西刘	乡政府	管区副主任
韩守祥	男	1941.5	汉	贫农	学生	高小	1985.12	1964.5	农民	韩庄	韩庄	小组文书
吴存玉	女	1943.11	汉	贫农	学生	初中	1966.5		农民	寺后刘	寺后刘	妇女主任
王树林	男	1944.4	汉	贫农	学生	高小	1971.8	1965.8	农民	王九村	王九	支部书记
娄桂芳	女	1940.5	汉	贫农	学生	初中	1975.5	1970.6	农民	大刘东	大刘东	文书
陈爱芳	男	1941.6	汉	贫农	学生	小学	1966.1	1960.2	农民	陈刘村	陈刘村	支部书记
李兆成	男	1956.10	汉	贫农	学生	初中		1981.3	农民	李明还村	李明还村	村委主任
于相民	男	1949.8	汉	中农	学生	大专	1986.10	1973.4	知识分子	南于街	乡卫生院	副院长

续表

姓名	性别	出生年月	民族	家庭出身	本人成分	文化程度	入党时间	参加工作时间	代表性质	籍贯	工作单位	现任职务
田文庚	男	1943.10	汉	中农	学生	中专	1982.10	1961.7	知识分子	北田村	中学	副校长
谢遵凯	男	1933.10	汉	贫农	学生	初中	1953.10	1956.10	干部	韩屯乡	乡人大	主席
邹庆荣	男	1955.2	汉	贫农	学生	大专	1979.12	1975.7	干部	冯屯镇后唐	乡政府	副书记
乌以祥	男	1945.10	汉		学生	中专	1964.12	1975.7	干部	温陈乡顾庄	乡政府	党委书记
乐平镇代表团（14人）												
马怀进	男	1930.7	汉		学生	初中			干部	广平乡马明智	县人大	主任
王效泉	男	1947.11	汉	下中农	学生	高中	1971.6	1971.6	干部	广平乡麻庄	镇政府	副书记
李洪荣	男	1936.5	汉	中农	学生	中专	1961.6	1958.9	干部	乐平镇北街	镇人大	主席
马春梅	女	1959.10	汉	贫农	学生	中专		1983.8	知识分子	大马	镇医院	护士
明学峰	男	1929.10	汉	中农	农民	小学	1947	1947	农民	北街	北街	支部书记
赵桂英	女	1933.10	汉	贫农	农民	高小			农民	小马	小马	妇女主任
常风金	男	1944.12	汉	下中农	学生	初中	1966.3	1963.8	农民	前常	前常	支部书记
赵秀玉	女	1947.1	汉	下中农	学生	初中		1966	农民	丁庄	丁庄	妇女主任
陶长华	男	1943.5	汉	贫农	学生	初中		1960.10	农民	教北村	教北村	村文书
孔兰英	女	1948.4	汉	贫农	学生	小学	1966	1965	农民	瓦刀刘	瓦刀刘	妇女主任
朱召明	男	1953	汉	下中农	学生	初中		1979	农民	朱庄	朱庄	
田金代	男	1945.5	汉	贫农	农民	小学		1984.11	农民	二十铺	二十铺	村委主任
吴怀玺	男	1927.3	汉	贫农	农民	初中	1971.1	1956	农民	西路	西路	支部书记
吴桂英	女	1951.11	汉	贫农	农民	文盲			农民	大徐	大徐	
孙桥乡代表团（8人）												
王春岭	男	1952.11	汉	贫农	学生	初中	1976.7	1971.1	干部	茌平县城关	乡政府	乡长
王西廷	男	1939.10	汉	下中农	学生	初中	1965.10	1959.11	干部	茌平镇田庄	乡人大	主席

续表

姓名	性别	出生年月	民族	家庭出身	本人成分	文化程度	入党时间	参加工作时间	代表性质	籍贯	工作单位	现任职务
刘玉珍	女	1937.2	汉	贫农	学生	初中	1958.8	1955.10	农民	腰庄	腰庄村	支部副书记
周淑华	女	1949.2	汉	中农	学生	高中	1987.2	1963.8	知识分子	丁堂	小学	教师
翟殿山	男	1939.2	汉	下中农	学生	中专	1966.3	1966	农民	翟庄	翟庄村	支部书记
丁学臣	男	1954	汉	贫农	学生	初中	1982.2	1972	农民	孙桥乡	丁楼村	支部书记
孙士荣	男	1952.1	汉	中农	学生	初中	1989	1973	农民	孙桥乡	赵实村	村委主任
李培岭	男	1948.4	汉	贫农	学生	高小			农民	孙桥乡	双庙村	
杜郎口乡代表团（10人）												
刘桂英	女	1944.10	汉	贫农	学生	高中	1988.12	1963.6	知识分子	西大刘	联合校	教师
宋茂林	男	1925.11	汉		学生	高小	1953.4	1949.11	干部	长清县广里店	县政协	主席
田文举	男	1951.5	汉	下中农	学生	大专	1975.12	1972.10	干部	胡屯	乡政府	乡长
王传政	男	1943.3	汉	中农	学生	高小	1957.1	1950.6	干部	齐河县仁里	乡人大	主席
刘成道	男	1938.10	汉	中农	学生	初中	1958.10		农民	东大刘	东大刘	支部书记
李西山	男	1950.2	汉	贫农	学生	初中		1977.4	农民	李寨	李寨	村委主任
陈德利	男	1953.9	汉	贫农	学生	高小	1974.1	1973	农民	北陈	北陈	支部书记
常绪胜	男	1933.9	汉	贫农	学生	初中	1957		农民	鲍庄	鲍庄	支部书记
杜心芳	男	1944.6	汉	贫农	学生	初中			其他	北街	造纸厂	厂长
唐光印	男	1949.9	汉	下中农	学生	初中	1976		农民	南里	南里	支部书记
王老乡代表团（10人）												
杨运祥	男	1946.5	汉	中农	农民	初小			农民	刘集村	刘集村	村委副主任
刘长安	男	1949.4	汉	贫农	学生	初中	1983.10	1966.5	农民	大吕村	大吕村	支部书记
陈学忠	男	1953.12	汉	中农	学生	大专	1981.4	1975.8	干部	郝集乡常杨	王老乡党委	副书记

续表

姓名	性别	出生年月	民族	家庭出身	本人成分	文化程度	入党时间	参加工作时间	代表性质	籍贯	工作单位	现任职务
王兆亮	男	1956.2	汉	中农	学生	大专	1985.6	1975.7	知识分子	菜屯	乡中学	副校长
张国忠	男	1926.9	汉	贫农	农民		1947.6	1947.6	农民	小杨屯	小杨屯	支部书记
董延海	男	1960.8	汉	贫农	学生	初中		1985	农民	唐洼	唐洼	组长
李桂荣	女	1953.10	汉	贫农	学生	小学			农民	望鲁店	望鲁店	农民
刘玉瑞	男	1948	汉	贫农	学生	中专	1970.8	1972.2	干部	茌平镇付庄	乡人大	主席
杜长林	男	1936.8	汉	中农	农民	初中	1956	1954	农民	薛店	薛店	支部书记
王凤英	女	1960.2	汉	贫农	农民	初中			农民	薛店	薛店	社员
冯屯镇代表团（16人）												
张玉芳	女	1965.1	汉	贫农	学生	高中		1985.9	知识分子	张楼	镇中学	教师
周长银	男	1934	汉	中农	学生	初中		1955	工人	周杨	联合校	教师
单秀英	女	1949.6	汉	贫农	农民	高小	1965	1965	农民	大高	大高	妇女主任
王存山	男	1934	汉	贫农	学生	高小	1958	1966	农民	冯屯镇	经委	副主任
赵吉华	男	1954.10	汉	贫农	学生	高中	1983.8	1972.8	农民	王刘	王刘	村文书
张恒香	男	1948.12	汉	贫农	学生	初中	1967	1987.9	农民	张楼	张楼	支部书记
李恒荣	男	1952.6	汉	贫农	学生	高中	1976	1975	农民	李庄	孙庄	支部书记
初吉山	男	1945.6	汉	贫农	学生	初中	1966.3	1965	干部		镇人大	主席
马秀之	男	1954.3	汉	中农	学生	高中	1983	1975	工人	刘马	综合加工厂	厂长
何其春	男	1942.1	汉	中农	学生	初中		1961.6	农民	张良桥	张良桥	副主任
陈加明	男	1941.12	汉	贫农	学生	中专	1959	1959	干部	茌平镇丁庄	镇政府	镇长
马敏华	女	1956.1	汉	贫农	学生	高中	1983.10	1974.1	农民	朱庙	计生办	网长
商孝俊	男	1927.8	汉	中农	学生	初中	1955.7	1947.1	干部	茌平县	县人大	副主任
金希东	男	1955.6	汉	中农	学生	高中		1980.5	农民	金杜	金杜	民兵连长
王金力	男	1963.6	汉	贫农	学生	高中			农民	王相	王相	村委主任
史仰生	男	1927.12	汉	贫农	学生	高小	1959	1952	农民	范庄	范庄	支部书记

续表

姓名	性别	出生年月	民族	家庭出身	本人成分	文化程度	入党时间	参加工作时间	代表性质	籍贯	工作单位	现任职务
郝集乡代表团（11人）												
曹培成	男	1953.6	汉	贫农	学生	高中	1973.10	1970.10	其他	双营	双营	支部书记、纸厂厂长
崔维芳	女	1957.3	汉	下中农	学生	高中		1977.3	知识分子	佛堂	王营小学	主任教师
冯海亭	男	1953.11	汉	下中农	学生	大专	1975.10	1976.9	干部	贾寨乡苗庄	郝集乡	副书记
赫曰祥	男	1936.11	汉		学生	中专		1956.8	干部	乐平镇赫庄	乡人大	主席
张兆魁	男	1947.4	汉	中农	学生	高中			农民	南张	南张	村委副主任
潘太和	男	1937.11	汉	下中农	学生	高中	1966.5	1956.6	干部	东阿县牛角店	乡人大	人大副主任
马庆云	男	1933.2	汉	贫农	学生	初中	1955.1	1953.3	干部	广平乡马明智	县检察院	检察长
孔祥功	男	1943.9	汉	贫农	学生	高小	1966.1		农民	英布刘	英布刘	支部书记
司志伦	男	1934.2	汉	贫农	学生	高小	1966.4	1962.3	农民	郝东村	郝东村	村委会主任
王桂岭	女	1953.10	汉	贫农	学生	初中			农民	郝西村	乡政府	计生网长
张志汉	男	1931.5	汉	富农	学生	初中		1953.11	知识分子	袁楼村	乡卫生院	医生
大桑乡代表团（8人）												
李平邦	男	1955.10	汉	中农	学生	大专	1975.3	1976.10	干部	贾寨乡崔庄	乡政府	乡长
赫光哲	男	1932.5	汉	贫农	农民	高小			农民	赫庄	赫庄	小组组长
冯树岭	男	1944.9	汉	贫农	学生	中专	1966.2	1966.3	干部	胡屯乡官庄	乡人大	主席
刘春生	男	1934.2	汉	贫农	农民	初小	1953.3	1949.2	农民	硷刘	硷刘	支部书记
孙振霞	女	1953.4	汉	中农	学生	初中		1980	农民	孙桥	乡计生办	网长
袁慎英	女	1943.12	汉	中农	学生	初中		1964	知识分子	袁楼	袁楼中学	教师
许庆山	男	1939.9	汉	贫农	学生	初中	1962.3	1956.4	农民	何东	何东	支部书记

续表

姓名	性别	出生年月	民族	家庭出身	本人成分	文化程度	入党时间	参加工作时间	代表性质	籍贯	工作单位	现任职务
袁慎彬	男	1962.3	汉	中农	学生	初中		1981	农民	袁楼	袁楼	团支书
洪屯乡代表团（11人）												
付以安	男	1945	汉	贫农	农民	小学			农民	小宋	小宋	村委主任
王电军	女	1954	汉	贫农	学生	初中			其他	姜于	姜于	植棉大户
苏以明	男	1944	汉	贫农	学生	高中	1981.1		农民	郭庄	郭庄	支部书记
胡志峰	男	1946	汉	贫农	学生	中专	1972	1966	干部	胡屯乡胡口	乡政府	乡长
吉文贵	男	1948	汉	贫农	学生	初中	1981.1		农民	小马	小马	支部书记
成永喜	男	1949	汉	贫农	学生	高中	1983.1		农民	成庄	成庄	支部书记
蒋顺富	男	1929	回	贫农		初小			其他	回民李	回民李	村委副主任
田　冲	男	1940.1	汉			大学		1965.8	知识分子	阳谷县张秋镇	县医院	外科主任、政协副主席
李荣芳	女	1942	汉	贫农	学生	中专	1986		知识分子	姜庄	联合校	教师
贾奎杰	男	1935	汉	贫农		初中	1958.1	1954	干部	贾寨乡前寨	洪屯乡人大	主席
杨方德	男	1938.12	汉	贫农	学生	初小	1977.1	1966	工人	官庄	乡银行	主任
肖庄乡代表团（12人）												
田芳青	女	1953.8	汉	贫农	学生	中师	1975		知识分子	算子李	算子李	妇女主任
傅昭慈	女	1935.9	汉	贫农	学生	大学	1983.7		知识分子	肥城	茌平县医院	副院长
马庆庭	男	1938.11	汉	贫农	农民	高小	1961.4		农民	冯营村	冯营村	村委主任
高化昌	男	1937.6	汉	下中农	学生	中速师	1966.4	1957.12	干部	小高村	乡人大	主席
刘修章	男	1955.9	汉	贫农	学生	高中			农民	八刘	八刘村	文书
王玉香	女	1960.4	汉	贫农	学生	初中			农民	蒋庄村	蒋庄村	
高化富	男	1938.9	汉	下中农	学生	初中	1970.7		农民	小高村	联合校	工会主席

续表

姓名	性别	出生年月	民族	家庭出身	本人成分	文化程度	入党时间	参加工作时间	代表性质	籍贯	工作单位	现任职务
孙秀岩	男	1947	汉	贫农	学生	中专	1971	1964	干部	临清市	三棉厂	厂长
侯尚明	男	1945.8	汉	下中农	学生	中专	1965.7	1960.10	干部	贾寨乡侯楼	乡政府	乡长
许庆国	男	1949.11	汉	贫农	农民	高小	1966.6		农民	许寨	许寨村	主任
朱以良	男	1943.10	汉	贫农	学生	初中	1987.2	1970	农民	朱庄	朱庄	主任
许学瑞	男	1954	汉	贫农	学生	高小		1973	农民	许庄	许庄	民兵连长
贾寨乡代表团（14人）												
王传斌	男	1947.1	汉		学生	研究生	1976.1	1970.8	干部	齐河仁里大王	县政府	副县长
谢家荣	男	1945.4	汉	下中农	学生	高中	1966.3	1965.8	干部	罗庄	贾寨乡政府	乡长
梅成志	男	1940	汉	下中农	学生	初中	1975		农民	梅庄	梅庄村委	主任
杨天岭	男	1942.9	汉	贫农	学生	高中	1960.3	1965.2	农民	袁庄	袁庄村委	主任
邢富玉	男	1937.8	汉	中农	学生	高中	1958.11		农民	邢胡刘	邢胡刘村	支部书记、县人大常委
郭立义	男	1954.5	汉	贫农	学生	高中	1988.12		工人	郭口	面粉厂	厂长
贾志忠	男	1948.10	汉	中农	学生	中专	1982.3	1968.12	知识分子	西寨	联合校	校长
崔世通	男	1944.11	汉	下中农	学生	中专	1966.3	1965.8	工人	崔庄	乡人大	主席
常连荣	女	1950.2	汉	贫农	学生	初中		1985.2	农民	耿店	耿店村	妇女主任
张国兴	男	1945.2	汉	下中农	学生	初中		1980.2	农民	耿张	耿张村	村文书
肖凤英	女	1954.3	汉	贫农	学生	初中		1986	农民	张洪	张洪村	妇女主任
侯桂生	男	1945.2	汉	中农	学生	初中		1972	农民	侯楼	侯楼村	村委主任
肖占起	男	1950.10	汉	中农	学生	初中		1969	农民	肖庄村	肖庄村	村委主任
贾桂玉	女	1960.2	汉	贫农	学生	中专		1985.2	知识分子	贾贡	乡中学	教师

续表

姓名	性别	出生年月	民族	家庭出身	本人成分	文化程度	入党时间	参加工作时间	代表性质	籍贯	工作单位	现任职务
韩屯代表团（11人）												
张习甲	男	1950.4	汉	下中农	学生	初中	1971.3	1972.1	干部	王老乡小杨屯	韩屯乡政府	乡长
王保同	男	1937.9	汉	下中农	学生	中专	1965.12	1959.7	干部	小屯	乡人大	主席
张如功	男	1949.8	汉	贫农	农民	初小	1978.8	1973.1	农民	马杜	党支部	书记
刘光孟	男	1962	汉	贫农	学生	高中		1989	农民	棉布刘	村委会	主任
王伯庆	男	1937.12	汉	贫农	学生	高小	1955.9	1954	农民	韩屯街	党支部	副书记
陈金功	男	1947.7	汉	中农	学生	高小		1978	农民	小屯	村小组	组长
梁玉兰	女	1946	汉	中农	学生	高小		1959.7	工人	韩屯街	供销社门市	负责人
孙乐生	男	1952.7	汉	中农	学生	高中	1976.9	1974	其他	韩屯街	鑫峰实业公司	总经理
陈兰湄	男	1937.4	汉	社员	学生	师专		1958.6	知识分子	临清市小陈	乡中学	教师
张本利	男	1956.7	汉	贫农	学生	初中	1988.7	1983.1	农民	张桥	村委会	主任
郎桂芝	女	1950.5	汉	贫农	学生	初中		1980.1	农民	魏庄	村妇委会	主任
菜屯镇代表团（13人）												
李爱兰	女	1941.7	汉	贫农	学生	高小	1958.12	1955.11	干部	高庄	镇人大	主任
王林华	男	1947.7	汉		学生	大专	1966.12	1964.8	干部	冠县	茌平县委	常委、宣传部部长
商海红	女	1972.1	汉	贫农	学生	初中			农民	南海子	南海子	农民
王广木	男	1947.5	汉	贫农	农民	初中	1971.3	1964.3	农民	闫庄	闫庄	管区副书记
张恒良	男	1949.4	汉	贫农	学生	大专	1977	1980.12	农民	杜郎口乡北街	菜屯镇政府	镇长
侯吉贵	男	1947.7	汉	中农	学生	初中		1966.1	农民	冯庄	冯庄	会计
宋景云	男	1934.2	汉	贫农	学生	初师		1952.7	知识分子	后韩村	联合校	教师
樊正顺	男	1937	汉	下中农	学生	高中		1950	工人	樊庄	镇供销社	副主任
池宗旺	男	1926	汉	贫农	农民	高小	1946	1946	农民	崔营村	崔营村	支部书记
韩金臣	男	1936.12	汉	贫农	学生	中专		1958	农民	后韩村	后韩村	会计

续表

姓名	性别	出生年月	民族	家庭出身	本人成分	文化程度	入党时间	参加工作时间	代表性质	籍贯	工作单位	现任职务
赵长佣	男	1939.1	汉	下中农	学生	初中	1960.11	1958.12	干部	韩屯乡马里	镇人大	主席
李兆友	男	1928.7	汉	贫农	农民	小学	1946.10	1946	农民	菜屯村	菜屯村	支部书记
徐翠萍	女	1943	汉	贫农	农民	初中	1964.10	1962	农民	任庄	任庄	妇女主任
张营乡代表团（8人）												
卢畔林	男	1933.4	汉	下中农	学生	初中		1954	农民	司芦村	司芦村	村委主任
高广玉	男	1941.12	汉	中农	学生	高中	1979.11	1964.9	干部	高苗子村	张营乡人大	主席
姜桂章	男	1950.2	汉	中农	学生	中专	1975.10	1976	干部	广平乡姜庄	张营乡政府	乡长
袁保江	男	1937.12	汉	贫农	农民	高小	1966	1955	农民	袁营村	袁营村	支部书记
刘甲海	男	1954.9	汉	下中农	学生	高中	1972.12	1973.2	农民	东刘村	东刘村	支部书记
崔玉美	女	1948.7	汉	下中农	学生	高中		1971.3	知识分子	张营村	张营中学	教师
谢淑平	女	1949	汉	贫农	学生	初中	1977.7	1970	农民	冯庄村	冯庄村	计生网长
王凤岐	男	1938	汉	贫农	学生	初中	1971	1958	农民	后西村	后西村	支部书记

茌平县第十三届人民代表大会代表名单

（1993年3月5日）共300人

表2-8

姓名	性别	出生年月	民族	家庭出身	本人成分	文化程度	入党时间	参加工作时间	代表性质	籍贯	工作单位	现任职务
县直代表团(43人)												
王加亮	男	1934.4	汉	贫农	学生	大专		1949.1	知识分子	齐河县	县医院	内科主任
傅昭慈	女	1935.9	汉		学生	大学	1983.7	1957.12	知识分子	肥城	县医院	副院长
胡言义	男	1944.8	汉	贫农	学生	中专	1967.4	1965.12	干部	冯屯镇	粮食局	副局长
李泽明	男	1941.7	汉		学生	初中	1962.2	1959.12	干部	赵屯乡	县人大	副主任
索兴举	男	1934.4	汉	下中农	学生	初中	1954.4	1950.12	干部	东阿县	公安局	政委
周庆芳	男	1952.7	汉	贫农	学生	初中		1970.9	干部	温陈乡	邮电局	机线班班长

续表

姓名	性别	出生年月	民族	家庭出身	本人成分	文化程度	入党时间	参加工作时间	代表性质	籍贯	工作单位	现任职务
张学信	男	1947.10	汉	下中农	学生	大专	1966.6	1962.10	干部	郝集乡	热电厂	书记兼厂长
郑宝光	男	1955.2	汉		学生	中专	1978.2	1976.8	干部	高唐县	法院	院长
崔维平	男	1946.11	汉	下中农	学生	大学	1975.3	1970.8	干部	杜郎口	电业公司	经理
乌以祥	男	1944.10	汉		学生	中专	1964.12	1975.7	干部	温陈乡	政府	副县长
时明涛	男	1963.8	汉		学生	高中		1981.10	干部	肖庄乡	机械厂	工人
宋其金	男	1953.11	汉	中农	学生	初中		1978.3	干部	胡屯乡	化肥厂	值班长
于吉昭	男	1937.2	汉	贫农	学生	大学	1978.6	1964.8	干部	山东牟平	化肥厂	厂长
邢同寅	男	1947.3	汉	贫农	学生	中专	1969.6	1968.4	干部	聊城市	县人武部	部长
董金刚	男	1947.9	汉	贫农	学生	中师	1971.1	1968.12	干部	阳谷县	县委	书记
殷庆太	男	1950.10	汉	中农	学生	大专	1975.11	1968	干部	高唐县	县委办公室	主任
司文瞻	男	1942.3	汉		学生	大专	1965.9	1961.9	干部	山东日照	县人大	主任
迟玉华	女	1950.3	汉		学生	高中		1970.1	干部	临清市	服装厂	副厂长
顾洪宾	男	1936.3	汉		学生	中专	1960.4	1955.1	干部	即墨市	工业公司	经理
李福信	男	1947.9	汉	贫农	学生	大专	1969.12	1968.3	干部	丁块乡	县人大	副科长
邹淑芹	女	1956.1	汉	贫农	学生	中专		1975.12	工人	烟台市	纺纱厂	工人
高成祥	男	1948.8	汉	中农	学生	大专	1970.6	1968.8	干部	杜郎口	县社	副主任
王兆琪	男	1938.8	汉	中农	学生	初中	1958.11	1976.11	干部	韩屯乡	外经委	书记
宋士高	男	1947.8	汉	中农	学生	中专	1975.1	1967.7	干部	东阿宋楼	检察院	检察长
杨瑞华	男	1946.7	汉	中农	学生	大专	1976.7	1968.12	干部	博平镇	财政局	党组书记兼局长
贾法俊	男	1937.7	汉	贫农	学生	初中	1960.2	1952.8	干部	博平镇	县人大	原副主任
崔维迎	男	1941.8	汉	贫农	学生	大专	1966	1963.5	干部	郝集乡	商业局	局长
周　敏	女	1950	汉	中农	学生	初中		1962	工人	茌平镇	饮食公司	工人
刘晓涵	男	1934.11	汉	中农	学生	中专	1957.1	1954.7	干部	温陈乡	县计委	主任
李庚申	男	1944.11	汉	贫农	学生	中专	1965.7	1964.8	干部	温陈乡	人事局	局长
齐炳文	男	1949.1	汉		学生	大专	1971.7	1963.8	干部	东阿县	县政府	县长
杨新宪	男	1954	汉	贫农	学生	初中		1972.12	工人		第二汽运公司	工人

续表

姓名	性别	出生年月	民族	家庭出身	本人成分	文化程度	入党时间	参加工作时间	代表性质	籍贯	工作单位	现任职务
孙素青	女	1940.11	汉		学生	大专	1963.7	1961.7	干部	辽宁盖县	政协	主席
梁久勤	男	1936.9	汉	中农	学生	大专	1971	1951.7	干部	乐平镇	教育局	局长
张　静	女	1968.8	汉	中农	学生	大专		1988.8	干部	茌平镇	县实验中学	教师
窦曰让	男	1937.4	汉	中农	学生	初中	1955.12	1956.4	知识分子	茌平镇	卫生局	局长兼党组书记
金庆岱	男	1937.11	汉	贫农	学生	大专	1957.1	1955.9	干部	洪屯乡	县人大	副主任
齐维东	男	1944.9	汉	中农	学生	中专		1963.3	干部	博平镇	兽药厂	副厂长
周莉萍	女	1964.7	汉	贫农	学生	初中		1982.1	工人	即墨县	毛巾厂	工人
韩明来	男	1942.7	汉	贫农	学生	大学	1976	1968.7	干部	东阿县	毛巾厂	厂长
李丽华	女	1955.6	汉	贫农	学生	初中		1974.12	干部	济南市天桥区	食品厂	车间副主任
高金道	男	1946.10	汉	下中农	学生	高中	1968.8	1963.11	工人	孙桥乡	造纸厂	党总支书记兼厂长
杨立峰	男	1946.10	汉	下中农	学生	中专	1966.3	1964.12	干部	东阿县	味精厂	党总支书记兼厂长
张营乡代表团8人												
崔玉美	女	1948.7	汉	下中农	学生	高中		1971.3	知识分子	张营村	张营中学	教师
袁保江	男	1937.12	汉	贫农	农民	高小	1966	1955	农民	袁营村	袁营村	支部书记
卢泮林	男	1933.4	汉	下中农	学生	初中		1954	农民	司芦村	司芦村	村委主任
路运生	男	1951.9	汉	贫农	学生	中专	1974.6	1969.12	干部	茌平镇	张营乡	党委副书记、乡长
刘甲海	男	1954.9	汉	下中农	学生	高中	1972.12	1973.2	农民	东刘村	东刘村	支部书记
高广玉	男	1941.12	汉	中农	学生	高中	1979.11	1964.9	干部	高庙子村	张营乡	人大主席
王风歧	男	1938	汉	中农	学生	初中	1971	1958	农民	后西村	后西村	支部书记
谢淑萍	女	1949	汉	贫农	学生	初中	1977.7	1970	农民	冯庄村	冯庄村	计生网长
冯屯镇代表团16人												
张兴义	男	1937.5	汉	贫农	学生	大专	1960.1	1958.7	干部	夏津	县人大	副主任
金西东	男	1955.6	汉	中农	学生	高中		1980.6	农民	金杜	金杜	民兵连长
张志明	男	1952.3	汉	下中农	学生	初中	1976.3	1970	农民	梁庄	梁庄	村民
史仰生	男	1930	汉	贫农	学生	高小	1959	1952	农民	范庄	前张	管区副书记
初吉山	男	1945.6	汉	贫农	学生	初中	1966.3	1965	干部	大桑	镇人大	主席

续表

姓名	性别	出生年月	民族	家庭出身	本人成分	文化程度	入党时间	参加工作时间	代表性质	籍贯	工作单位	现任职务
武文合	男	1951	汉	下中农	学生	初中	1984.4	1970	农民	武赵村	武赵村	支部书记
周忠山	男	1950.11	汉	下中农	学生	初中	1977.5	1968	农民	周杨	周杨	支部书记
徐法水	男	1946.7	汉	贫农	学生	初中	1974.12	1984.7	工部	徐庄	茌平县委	副书记
马敏华	女	1956.1	汉	贫农	学生	高中	1983.10	1974.1	农民	朱庙	镇计生办	网长
王连海	男	1953.8	汉	中农	学生	高中	1974.11	1971	农民	业屯	业屯	支部书记
于国安	男	1953	汉	贫农	学生	大专	1982.7	1975	干部	广平乡	镇政府	党委副书记
张光武	男	1958	汉	贫农	学生	高中	1984.4	1966	农民	红庙	镇毛巾厂	厂长
马秀之	男	1954.3	汉	中农	学生	高中	1983	1975	工部	刘马	镇综合厂	厂长
周长利	男	1952	汉	贫农	学生	高中	1984.1	1980	农民	前寨	前寨	支部书记
赵廷增	男	1956.4	汉	中农	学生	高中	1986.6	1975.10	农民	西封	西封	支部书记
薛兰英	女	1953.11	汉	中农	学生	高中	1976	1992	农民	安庙	安庙	妇女主任
郝集代表团11人												
马庆云	男	1933.2	汉	贫农	学生	初中	1954.1	1953.3	干部	广平乡	县人大	原副主任
迟广西	男	1952.6	汉	贫农	学生	中专	1975.10	1975.7	干部	韩集乡	郝集乡	党委副书记、乡长
潘太和	男	1937.6	汉	下中农	学生	高中	1966.5	1954.6	干部	东阿县	郝集乡	人大主任
王桂玲	女	1953.10	汉	贫农	学生	初中		1967	农民	郝西村	郝集乡	计生站长
孔祥功	男	1943.9	汉	贫农	学生	高小	1966.1		农民	英布刘	英布刘	党支部书记
张志汉	男	1933.7	汉	富农	学生	高中		1953.1	知识分子	袁楼	乡医院	中医师
张明亮	男	1947.6	汉	贫农	学生	中专	1969.7	1968.3	干部	广平乡	乡人大	主席
崔维芳	男	1957.3	汉	下中农	学生	高中		1977.3	知识分子	佛堂	王营小学	主任、教师
司志孔	男	1949.4	汉	贫农	学生	初中			农民	郝东	郝东	眼科医生
温立海	男	1950.4	汉	贫农	学生	高中	1969.10	1968.4	农民	邓九公	邓九公	医生
张兆魁	男	1974.4	汉	中农	学生	初小		1969	农民	南张	南张	村委主任
杜郎口乡代表团10人												
刘成道	男	1938.3	汉	贫农	学生	高小		1955.8	农民	东刘	东刘村	支部书记
宋玉山	男	1956.3	汉	贫农	学生	大学	1980.12	1975.12	干部	沂南县	茌平县委	副书记
陈德利	男	1953.12	汉	贫农	学生	高中	1973.12	1972	农民	北陈	杜郎口乡	管区书记
唐光印	男	1952	汉	贫农	学生	初中	1975	1970	农民	南李	杜郎口乡	管区书记

续表

姓名	性别	出生年月	民族	家庭出身	本人成分	文化程度	入党时间	参加工作时间	代表性质	籍贯	工作单位	现任职务
常绪胜	男	1933.12	汉	贫农	学生	高小	1958.12	1948	农民	鲍庄	鲍庄	退休支部书记
白若华	男	1963.7	汉	中农	学生	大专	1986.11	1985.7	干部	高唐县	杜口乡	乡长、副书记
杜心芳	男	1945.10	汉	贫农	学生	初中		1978.1	工部	北街	板纸厂	厂长
张殿龙	男	1941.11	汉	贫农	学生	中专	1975.3	1963.8	干部	平阴县	杜口乡人大	乡人大主席
张兰英	女	1958.10	汉	贫农	学生	高中	1991.3	1992.2	工部	杜郎口乡	板纸厂	妇女主任
高俊英	女	1963.5	汉	中农	学生	大专		1981.7	知识分子	前孙	乡中学	教师
赵屯乡代表团9人												
常修歧	男	1934.12	汉		学生	初中	1958.12	1951.7	干部	郝集乡	县人大	原副主任
马献民	男	1956.7	汉	贫农	学生	大专	1989	1972.12	干部	广平乡	赵屯乡	党委副书记、乡长
齐传胜	男	1945.7	汉	贫农	学生	中专	1971.4	1976.9	干部	郝集乡	赵屯乡	人大主席
邓洪庆	男	1944	汉	中农	学生	高中	1987.6		农民	邓庄村	本村	支部书记
王兰芳	女	1958.6	汉	下中农	学生	中师		1980	知识分子	赵西村	本村	小学教师
吴庆水	男	1933	汉		农民	初中	1988		农民	赵西村	本村	支部书记
贾德华	男	1922	汉		农民	初小			农民	贾庄村	本村	小组会计
杨玉清	男	1945	汉	贫农	农民	初中			农民	后屯村	本村	村委主任
周春芳	女	1958	汉		学生	初中			农民	姜刘村	本村	务农
胡屯代表团14人												
张习甲	男	1950.4	汉	下中农	学生	中专	1971.3	1972.1	干部	王老	胡屯乡镇府	党委副书记、乡长
陈春香	女	1972.6	汉	贫农	学生	初中		1986	知识分子	陈刘	本村	幼儿教师
朱林远	男	1952	汉	贫农	学生	初中		1992	农民	朱庄	本村	村主任
苗桂荣	女	1960	汉	贫农	学生	初中		1990	农民	张庙	乡计生站	计生网长
周富岭	男	1953.8	汉	中农	学生	初中		1988	农民	周小村	本村	村会计
李清海	男	1934.5	汉	中农	农民	初中		1954	农民	李石	本村	会计网长
杨富增	男	1940	汉	贫农	学生	初中	1961.5	1958	干部	温陈	乡人大	人大主任
王树林	男	1945.10	汉	贫农	学生	初中	1972.8	1965.6	农民	王九	本村	支部书记
范留泉	男	1945.7	汉	下中农	学生	大专	1966.3	1978	干部	冯屯	乡人大	人大主席
娄桂芳	女	1942.10	汉	贫农	学生	高小	1975.10	1973	农民	大刘东	本村	村会计

续表

姓名	性别	出生年月	民族	家庭出身	本人成分	文化程度	入党时间	参加工作时间	代表性质	籍贯	工作单位	现任职务
景云阳	男	1963.3	汉	中农	学生	高中		1990.11	农民	景马	本村	村会计
田文庚	男	1943.10	汉	中农	学生	中专	1982.10	1961.7	知识分子	北田	乡中学	校长
韩守祥	男	1940.6	汉	贫农	学生	初中	1991	1958	农民	韩庄	本村	小队会计
于相明	男	1949	汉	中农	学生	大专	1986.10	1973	知识分子	南于	乡医院	院长
贾寨乡代表团14人												
张宝海	男	1942.12	汉	贫农	学生	大学	1966.3	1962.12	干部	博平镇	县人大	副主任
侯法海	男	1948.5	汉	贫农	农民	初中	1976.5		农民	侯楼村	本村	支部书记
刘立法	男	1947.3	汉	贫农	学生	大专	1966.7	1970.4	干部	邢胡刘村	贾寨乡	经委主任
陈淑兰	女	1953.8	汉	贫农	学生	中专		1976.1	知识分子	贾寨乡	贾寨乡联合校	少先队辅导员
胡宗法	男	1945.8	汉	贫农	学生	中专	1966.4	1980.12	知识分子	肖庄乡	贾寨乡卫生院	医师
苗恒云	男	1943.4	汉	贫农	农民	高小	1960.1	1958	农民	苗庄村	本村	支部书记
贾志忠	男	1948.10	汉	中农	学生	中师	1983.2	1968.12	知识分子	贾寨乡	贾寨中学	校长
贾明卫	男	1964.5	汉	中农	学生	高中		1982.5	干部	贾寨村	贾寨劳协	秘书
郑天红	男	1948.2	汉	下中农	学生	初中		1991.12	农民	郑庄村	本村	主持村工作
冯淑英	女	1948.5	汉	贫农	学生	高小	1976.4	1963	农民	韩刘村	邢胡刘	妇女主任
付孟江	男	1945.6	汉	贫农	学生	大专	1982.8	1963.2	干部	临清市康圣庄乡	贾寨人大主席团	主席
刘君之	男	1955.3	汉	贫农	学生	大专	1975.10	1975.2	干部	大桑乡	贾寨乡	党委副书记、乡长
郭宪英	女	1958	汉	贫农	学生			1972	农民	郭堤口	贾寨乡	计生网长
安纪新	男	1954	汉	中农	学生	初中	1976.5	1973.1	农民	梁庄	贾寨乡	村委主任
广平乡代表团14人												
迟会孝	男	1940.12	汉	下中农	学生	初中	1961.7	1959.12	干部	韩集	县人大	副主任
马怀峰	男	1942.5	汉	中农	学生	中专	1965	1960.4	干部	广平	广平人大	主席
泮思东	男	1953.9	汉	贫农	学生	大专	1976.4	1971.12	干部	王老	广平乡党委	副书记、乡长
李香荣	女	1959.8	汉	贫农	学生	高中	1977.8		农民	纪高	本村	妇女主任
梁树德	男	1957.2	汉	贫农	学生	高中	1985.12	1976.1	农民	颜庄	本村	党支部书记

续表

姓名	性别	出生年月	民族	家庭出身	本人成分	文化程度	入党时间	参加工作时间	代表性质	籍贯	工作单位	现任职务
韩吉恒	男	1936	汉	贫农	农民		1971	1951	农民	四韩	本村	支部副书记
杨泗胜	男	1931.11	汉	贫农	农民	小学	1951	1945	农民	北街	本村	离休干部
张文岭	男	1942.11	汉	贫农	学生	高中	1966	1965	农民	东街	本村	副书记、村委会主任
梁风尚	男	1942.9	汉	贫农	学生	中专	1966.6	1964	农民	梁庄	本村	支部书记
房　美	女	1946	汉	贫农	学生	高中		1963	农民	姜庄村	本村	文书
马思彬	男	1951.12	汉	下中农	学生	初中	1971	1970	农民	尹马	本村	支部书记
王孝江	男	1953.11	汉	中农	学生	初中	1982		农民	麻庄	本村	支部书记
王立民	男	1936.8	汉	中农	学生	初中	1953.10	1952.3	农民	油坊村	本村	支部书记
王玉清	女	1952.5	汉	贫农	学生	中专	1981.4	1970	工人	茌平北关村	广平粮所	所长
乐平镇代表团14人												
马春梅	女	1959.10	汉	贫农	学生	中专		1982.8	知识分子	小马	乡卫生院	医生
白观荣	男	1935.7	汉	贫农	学生	初中	1956.1	1953.6	干部	韩集	县人大	办公室主任
宋连菊	女	1935.12	汉	中农	农民	初小	1987.1	1958	农民	大徐	大徐	妇女主任
朱学东	男	1957.8	汉	下中农	学生	大专	1981.10	1976.6	干部	肖庄	乐平镇	副书记、镇长
明学峰	男	1928	汉	下中农	学生	初小	1947.7	1945	农民	北街	本村	支部书记
陶长华	男	1944.5	汉	贫农	农民	初中		1961	农民	教东	本村	文书
吴延富	男	1951.12	汉	下中农	学生	初中	1987	1979	农民	大吴	南关	文书
赵秀玉	女	1948	汉	下中农	学生	初中	1967.3	1966	农民	丁庄	本村	妇女主任
马思林	男	1945.10	汉	中农	农民	初中	1978.8	1967	农民	小马	本村	文书
石光金	男	1952.8	汉	贫农	农民	初中		1973	农民	石李	本村	村委主任
吴怀生	男	1934.11	汉	贫农	农民	初小	1959.1	1958	农民	北关	本村	支部书记
吴怀玺	男	1937.2	汉	贫农	农民	初中	1971.2	1955	农民	西路	本村	支部书记
刘振生	男	1947.3	汉	下中农	干部	中专	1967.8	1965.12	干部	孙桥	乐平人大	主席
朱兆明	男	1953.11	汉	下中农	农民	初中		1979	农民	朱庄	朱庄	民政主任

续表

姓名	性别	出生年月	民族	家庭出身	本人成分	文化程度	入党时间	参加工作时间	代表性质	籍贯	工作单位	现任职务
王老乡代表团9人												
张国忠	男	1926.9	汉	贫农	农民		1947.6	1947.6	农民	小杨屯	小杨屯	支部书记
刘玉瑞	男	1948	汉	贫农	学生	高中	1970.8	1972.2	干部	茌平镇	乡人大	主席
李桂荣	女	1952.6	汉	贫农	农民	小学			农民	望店前	本村	务农
祁传月	男	1942.12	汉		学生	大专	1966.6	1964.12	干部	王老乡	县人大	法制科长
王风英	女	1960.2	汉	贫农	农民	初中			农民	王店	本村	务农
刘培哲	男	1964.7	汉	下中农	学生	大专	1986.7	1985.7	干部	东阿县	乡政府	党委副书记
杨运祥	男	1950.4	汉	下中农	农民	初中			农民	刘集	本村	务农
张发财	男	1942.10	汉	贫农	学生	中师	1974.2	1964.9	知识分子	杜郎口	王老联校	校长
赵东于	男	1949.3	汉	贫农	学生	初中			农民	大吕村	本村	村委副主任
肖庄乡代表团12人												
李连华	男	1956.12	汉	贫农	学生	高中	1975.6	1974	农民	皮李村	本村	支部书记
孙秀岩	男	1947	汉	贫农	学生	中专	1971	1964	工人	临清	三棉厂	厂长
慈成风	女	1944	汉	贫农	学生	中师		1964.6	知识分子	丁块	实验小学	教师
班维奎	男	1964.5	汉	贫农	学生	初中	1990.7		农民	班庄	本村	党支部书记
樊廷刚	男	1955.4	汉	下中农	学生	中专	1983.8	1980.1	工人	菜屯	肖庄供销社	主任
李保全	男	1956.3	汉	中农	学生	初中	1988.10	1985	农民	后场	后场	支部书记
张春姐	女	1950.2	汉	中农	学生				农民	冯营	本村	妇女主任
张学峰	男	1954.7	汉	下中农	学生	大专	1977.12	1975.8	干部	贾寨乡	乡政府	党委副书记、乡长
高化昌	男	1937.7	汉	下中农	学生	中专	1966.4	1957	干部	小高庄	乡人大	主席
朱忠山	男	1956.3	汉	贫农	学生	初中			农民	朱楼村	本村	村委主任
刘修章	男	1955.8	汉	贫农	学生	高中			农民	八刘村	本村	
冯长贵	男	1945	汉	贫农	学生	初中	1966		农民	后冯	本村	支部书记
大桑乡代表团8人												
冯树岭	男	1944.9	汉	下中农	学生	中专	1966.3	1964	干部	洪屯	大桑乡	人大主席
郭士会	男	1955.2	汉	贫农	学生	大专	1985.8	1974.9	知识分子	大桑	大桑	校长
许庆山	男	1939.9	汉	贫农	农民	初中	1962.3	1956.4	农民	大桑	何东	支部书记
孙振霞	女	1953.4	汉	中农	学生	初中		1986.2	农民	大桑	乡计生办	网长

续表

姓名	性别	出生年月	民族	家庭出身	本人成分	文化程度	入党时间	参加工作时间	代表性质	籍贯	工作单位	现任职务
刘桂才	男	1948.1	汉	下中农	学生	中专	1966.4	1975.5	干部	贾寨	大桑乡	党委副书记
刘春生	男	1934.2	汉	贫农	农民	初小	1958.3	1949.2	农民	碱刘	本村	支部书记
谢淑华	女	1954.8	汉	贫农	农民	初中		1989	农民	成庄	本村	妇女主任
刘风道	男	1952.6	汉	贫农	农民	初中		1970	农民	邓桥	本村	队长
韩屯乡代表团10人												
郗巧云	女	1951.11	汉		学生	中师			知识分子	菜屯镇	韩屯中学	教师
陈洪英	男	1953.3	汉	贫农	学生	初中	1984.1		农民	韩屯村	鑫峰实业公司	总经理
李玉顺	男	1952.5	汉	中农	学生	初中	1986.7		农民	马李村	本村	支部书记
王立军	女	1944.4	汉	中农	学生	大学	1989.7	1968.12	知识分子	海洋县	茌平一中	教师
陈金功	男	1947.7	汉	中农	学生	初中	1992.9		农民	郗屯村	本村	村民小组长
张明玉	男	1947.9	汉	中农	学生	中专	1968.7	1964.9	干部	肖庄乡	韩屯乡	人大主席
张如功	男	1950.10	汉	贫农	农民	小学	1978.3		农民	马杜村	本村	支部书记
周庆江	男	1953.7	汉	贫农	学生	大专	1975.3	1974.3	干部	胡屯乡	韩屯乡	党委副书记、乡长
刘光梦	男	1962.3	汉	中农	学生	高中	1991.11		农民	棉布刘村	本村	村委主任
王佰庆	男	1938.6	汉	贫农	学生	小学	1955.9		农民	韩屯村	乡敬老院	院长
杨屯乡代表团8人												
冯若英	男	1945.10	汉	贫农	学生	初中	1966.3	1966	农民	大冯	本村	村委主任
李文生	男	1939.12	汉	中农	学生	中师		1957.7	知识分子	李招安	杨屯联合校	业务辅导员
桑聊生	男	1954.9	汉	中农	学生	中专	1977	1970	干部	杜郎口	杨屯乡	党委副书记兼乡长
李圣法	男	1956.4	汉	贫农	学生	高中			工人	李先明	村制板厂	厂长
马　玲	女	1945.3	汉	贫农	农民	高小	1992.10	1989.10	农民	大谢	本村	妇女主任
泮来栋	男	1947.5	汉	贫农	农民	高小	1966.6	1982	农民	泮西	本村	支部书记
李仲第	男	1943.10	汉	贫农	学生	初中	1966.7	1961	农民	李招安	本村	支部书记
孙金群	男	1943.2	汉	下中农	学生	初中	1965.10	1960.8	干部	袁车	杨屯乡	人大主席
孙桥乡代表团8人												
丁学臣	男	1954	汉	贫农	学生	初中	1982.2	1972	农民	丁楼	本村	支部书记
艾华勤	男	1956.1	汉	贫农	学生	大专	1983.5	1975.12	干部	齐河	孙桥乡	党委副书记

续表

姓名	性别	出生年月	民族	家庭出身	本人成分	文化程度	入党时间	参加工作时间	代表性质	籍贯	工作单位	现任职务
刘瑞林	男	1939.6	汉	中农	学生	初中		1959	农民	曹庄	本村	村会计
刘玉珍	女	1937	汉	贫农	学生	初中	1958.8	1955.10	农民	腰庄	本村	支部副书记
李培岭	男	1948.4	汉	贫农	学生	高小			农民	双庙	本村	村民
刘兆俊	男	1946.7	汉	贫农	学生	大专	1966.4	1964.12	干部	乐平铺	孙桥乡	人大主席
翟殿山	男	1939.2	汉	贫农	学生	初中	1966.3	1966	农民	翟庄	本村	退休支部书记
周淑华	女	1940.2	汉	中农	学生	高中	1987.2	1963.8	知识分子	丁堂	本村小学	教师
博平镇代表团16人												
贾占信	男	1955.10	汉	贫农	学生	中专	1975.12	1979.12	干部	贾寨乡	博平镇	党委副书记、镇长
董万友	男	1938.3	汉	下中农	学生	中专	1972.4	1963.8	干部	温陈乡	博平镇	人大主席
朱金山	男	1952.12	汉	贫农	学生	大专	1975.3	1974.5	干部	肖庄乡	县纪检委	书记
刘庆华	男	1936.6	汉		学生	初中	1976.4	1954.12	干部	东阿县	县经委	书记
谢家仁	男	1942.2	汉	中农	学生	高小		1961	农民	博平镇	博平北街	会计网长
张秀芳	女	1938.11	汉	中农	学生	中专		1963.6	工人	平原县	二棉厂	化验员
贾新芝	女	1955.7	汉	贫农	学生	高中		1975.10	工人	博平镇	博平供销社	营业员
陈茂华	男	1937.10	汉		学生	中专			知识分子	聊城市	茌平二中	教师
杨兆伦	男	1941	汉	贫农	学生	高中	1966.3	1961	农民	博平刘坦	博平计生站	站长
秦光义	男	1938	汉	中农	学生	初中	1959	1956	农民	杜庄村	本村	支部书记
刘维道	男	1935.6	汉	贫农	学生	初中		1954	知识分子	南街	联合校	辅导员
王玉兰	女	1940.9	汉	贫农	农民	初小	1958.9	1957	农民	东街	本村	妇女主任
窦吉海	男	1950.3	汉	中农	学生	大学	1971.7	1969.2	知识分子	窦堂村	镇中学	校长
贾文龙	男	1951.4	汉		农民	初中		1987	农民	东贾村	本村	生产组会计
杨立惠	男	1938.9	汉	上中农	学生	中专	1966	1961.9	干部	东阿县	茌平第二医院	书记
谭学儒	男	1943.4	汉	贫农	农民	初中		1958	农民	谭西村	本村	村委主任
温陈乡代表团12人												
王洪祥	男	1948.4	汉	贫农	学生	初中	1975.1	1965	农民	刁宋	本村	支部书记
齐训勇	男	1971.3	汉	中农	学生	高中		1984.3	农民	齐庄	史东	团委书记
徐宝琪	男	1935.3	汉	中农	学生	初中	1954.5		干部	胡屯乡	县人大	原主任

续表

姓名	性别	出生年月	民族	家庭出身	本人成分	文化程度	入党时间	参加工作时间	代表性质	籍贯	工作单位	现任职务
郭兆月	男	1938.9	汉	贫农	学生	初中	1961.7	1957.11	干部	广平乡	乡人大	主席
孔祥宏	男	1952.1	汉	贫农	学生	初中	1974.11	1968.8	农民	温庄	本村	支部书记
王兴文	男	1955.4	汉	中农	学生	大学	1975.12	1974.12	干部	张营乡	乡政府	党委副书记、乡长
石秋红	女	1957.8	汉	贫农	学生	高中		1973	知识分子	广平乡	乡联合校	教师
孙兰芳	女	1939.8	汉	中农	学生	中师		1962.2	知识分子	姜堂	乡联合校	教师
谢吉余	男	1948.5	汉	贫农	农民	初中	1988.10	1968	农民	金李村	本村	支部书记
马秀风	女	1950	汉	中农	学生	高中			农民	大刁汽校	本村	会计
耿守乾	男	1949.11	汉	中农	学生	高中		1973	工人	宋刘	农修厂	厂长
朱延富	男	1956.12	汉	中农	学生	高中	1976.10	1972.12	农民	姜堂	乡造纸厂	厂长
茌平镇代表团16人												
成作舟	男	1936.2	汉	贫农	学生	中专	1966.4	1959.7	干部	邹平县	茌平镇	人大主席团主席
邢玉印	男	1949	汉	中农	学生	中专	1975.12	1974.8	干部	聊城蒋官屯	茌平镇	党委副书记、镇长
李广达	男	1940.10	汉	贫农	学生	高小	1965.10	1962.2	农民	李孝堂	本村	支部书记
杨金岱	男	1946	汉	贫农	学生	高中	1971	1962	农民	北关	本村	支部书记
王玉祥	男	1963	汉	贫农	学生	高中		1990	农民	齐韩	本村	村委副主任
申望才	男	1936.9	汉	贫农	学生	初中	1966.3	1956.1	农民	何泮	本村	支部书记
孙新东	男	1959.9	汉	贫农	学生	初中			农民	十里	本村	第二组组长
葛兆旺	男	1950.11	汉	贫农	学生	初中	1971.8		农民	魏庄	本村	支部书记
张文福	男	1942.11	汉	贫农	学生	高中	1976.9	1963.8	知识分子	郝张	茌平镇联合校	校长
张其江	男	1962.3	汉	贫农	学生	中专			知识分子	胡屯	镇卫生院	医师
赵森林	男	1953.12	汉	下中农	农民	初中		1976.6	农民	南八里	本村	会计
贾秀菊	女	1953.2	汉	贫农	农民	中专		1970	农民	三里村	本村	计生网长
杜金芳	女	1952.10	回	贫农	学生	高中	1981.4	1972.1	少数民族	南关村	城关供销社	代管股长
张庆山	男	1939.8	汉	贫农	学生	初小	1976.5		农民	大李村	本村	支部书记
张顺之	男	1948.12	汉	下中农	学生	中专	1978.7		农民	红庙村	本村	支部书记
吕长兰	女	1949.1	汉	贫农	农民	初中			农民	焦庄	本村	妇女主任

续表

姓名	性别	出生年月	民族	家庭出身	本人成分	文化程度	入党时间	参加工作时间	代表性质	籍贯	工作单位	现任职务
丁块乡代表团11人												
刘金岱	男	1943.11	汉	中农	农民	小学	1967.4		农民	王庙	本村	支部书记
石文明	男	1941.6	汉	贫农	学生	大专	1960	1959.1	干部	广平	丁块人大	主任
李长廷	男	1963.12	汉	下中农	学生	高中	1989.4	1987	农民	齐东	本村	文书
张立祥	男	1951.11	汉	贫农	学生	初中	1972.12	1974.1	干部	步庄	乡政府	党委副书记、乡长
陈爱荣	男	1952.2	汉	贫农	学生	中专	1971.11	1976.7	干部	胡屯	丁块乡人大	主席
张天旺	男	1962.12	汉	下中农	学生	高中		1980	农民	范庄	本村	村委主任
张荣贵	男	1949.8	汉	农民	学生	高小	1982.6		农民	南北张	本村	支部书记
冯爱英	女	1956.10	汉	下中农	学生	初中		1974.5	农民	马庄	乡计生站	副站长
刘化祥	男	1939.8	汉	下中农	农民	小学	1981.11	1988	农民	大赵	大赵村	支部书记
汪培杰	男	1933.1	汉	革命家庭	学生	高中	1954.1	1949.3	干部	肥城	县人大	原副主任
许庆余	男	1940.3	汉	贫农	学生	高中	1966.1	1963	知识分子	许刘	乡中学	校长
韩集乡代表团13人												
姜圣军	男	1940.3	汉	中农	农民	高小		1976	农民	吴庄	本村	村委主任
刘自安	男	1945.3	汉	中农	农民	初中	1965.6	1965.6	农民	大白村	本村	村委主任
迟连运	男	1953.9	汉	贫农	学生	大专	1973.10	1970.12	干部	迟桥	县人大	办公室副主任
张宝玉	男	1960.7	汉	中农	学生	高中	1982.7	1979	农民	张徐	本村	支部书记
赵士田	男	1940.6	汉	贫农	农民	高小			农民	韩集乡	贾赵村	村小组长
张传廷	男	1956.3	汉	贫农	学生	初中	1987.7		农民	老户王	本村	支部书记
李士昌	男	1956.7	汉	下中农	学生	高中	1987.7	1984.6	农民	大扬	本村	支部书记
张月华	女	1959.7	汉	中农	学生	高中		1977.6	工人	张庄	乡供销社	职工
刘凤英	女	1944	汉	贫农	学生	高中		1965	知识分子	蒋庄	六二七中学	教师
孙怀栋	男	1957.6	汉	下中农	学生	大专	1976.6	1979.12	干部	茌平县	韩集乡政府	党委副书记
陶长申	男	1945.2	汉	贫农	学生	中专	1966.4	1964.12	干部	乐平镇	韩集乡	人大主席
张金英	女	1952	汉	贫农	学生	初中			农民	韩集乡	季古棚村	妇女主任
李广仁	男	1955	汉	贫农	学生	高中	1975		农民	韩集乡	前李村	支部书记

续表

姓名	性别	出生年月	民族	家庭出身	本人成分	文化程度	入党时间	参加工作时间	代表性质	籍贯	工作单位	现任职务
洪屯乡代表团11人												
田　冲	男	1940.1	汉	贫农	学生	大学		1965.8	干部	阳谷县	县人大	副主任
傅以安	男	1948.6	汉	贫农	农民	初中	1990.12	1982.3	农民	小宋	本村	支部书记
苏以明	男	1943.9	汉	贫农	学生	初中	1976.10	1971.7	农民	郭庄	本村	支部书记
吉文贵	男	1954.8	汉	上中农	学生	初中	1977.4	1982.3	农民	小马	本村	支部书记
成永喜	男	1953.10	汉	下中农	学生	高中	1976.3	1970.2	农民	成庄	本村	支部书记
李荣芳	女	1941.1	汉	中农	学生	中专	1985.5	1961.7	知识分子	聊城	乡联合校	教师
杜秀英	女	1951.4	汉	贫农	学生	初中			农民	洪屯乡	老范	农民
杨方德	男	1938.3	汉	贫农	学生	中专	1977.1	1961.7	干部	官庄	洪屯银行	营业所长
刘金阳	男	1939.5	汉	贫农	学生	高小	1966.3	1956	农民	前辛杨	本村	支部书记
张观录	男	1957.11	汉	下中农	学生	大专	1983.8	1978.12	干部	韩集乡	乡政府	党委副书记、乡长
袁智德	男	1947.10	汉	贫农	学生	中专	1983.4	1968.7	干部	洪屯乡	乡人大	主席
菜屯镇代表团13人												
王光木	男	1947.5	汉	贫农	农民	初中	1971.3	1964.3	农民	闫庄	本村	管区副书记、支部书记
赵长佣	男	1939.1	汉	下中农	学生	高小	1960.11	1958.12	干部		菜屯镇	镇人大主席
候继贵	男	1947.7	汉	中农	学生	初中		1964.1	农民	冯庄	本村	组会计
李爱兰	女	1941.7	汉	贫农	农民	高小	1958.12	1955.11	干部	高庄	菜屯镇	镇人大主任
黄淑华	女	1963.5	汉	中农	学生	高中			知识分子	黄庄	南海子村	教师
郭金良	男	1959.12	汉	贫农	学生	大专	1979.12	1976.12	干部	温陈	县人大	办公室副主任
李永海	男	1952.7	汉	贫农	学生	大专	1987.12	1976.8	干部	杨屯	菜屯镇	党委副书记、镇长
徐翠平	女	1966.3	汉	贫农	学生	初中	1966		农民	任庄	本村	妇女主任
李德生	男	1945.2	汉	贫农	农民	初小	1966	1963	农民	菜屯村	本村	支部书记
商广友	男	1963.6	汉	贫农	学生	高中		1981.1	农民	北海子	镇供销社	会计
闫均民	男	1969	汉	下中农	学生	高中		1987	工人	阳谷县	镇银行	会计
池宗旺	男	1926	汉	贫农	农民	小学	1946	1946	农民	崔营村	本村	支部书记
韩金辰	男	1936.12	汉	贫农	学生	中专		1958.7	农民	后韩村	本村	会计

茌平县第十四届人民代表大会代表名单

（1998年2月15日）共230人

表2-9

姓名	性别	年龄	民族	本人成分	文化程度	代表性质	工作单位	职务
县直代表团(27人)								
许立全	男	42	汉	学生	研究生	干部	中共茌平县委	地委委员、县委书记
司文瞻	男	55	汉	学生	大学	干部	茌平县人大常委会	主任
汪文耀	男	43	汉	学生	大学	干部	茌平县人民政府	县委副书记、代县长
孙素青	女	57	汉	学生	大学	干部	茌平县政协	政协主席
张学信	男	50	汉	学生	大学	知识分子	茌平县热电厂	县委副书记、热电集团书记、经理
侯　军	男	34	汉	学生	大专	干部	茌平县人民政府	县委副书记、副县长
哈广和	男	41	汉	学生	大专	军人	茌平县人武部	部长
杨立蜂	男	51	汉	学生	大学	知识分子	茌平县味精总厂	党委书记、厂长
高金道	男	51	汉	学生	大专	知识分子	茌平县造纸总厂	党委书记、厂长
郑宝光	男	43	汉	学生	大专	干部	茌平县人民法院	院长
宋士高	男	50	汉	学生	大专	干部	茌平县检察院	检察长
李庚申	男	53	汉	学生	中专	干部	茌平县人事局	党组书记、局长
刘元照	男	51	汉	学生	中专	干部	茌平县水利局	党组书记
朱林富	男	47	汉	学生	大学	干部	茌平县城乡建设委员会	党组书记、主任
杨瑞华	男	51	汉	学生	大学	干部	茌平县财政局	局长
刘先斌	男	35	汉	学生	大学	知识分子	茌平县毛巾厂	党委书记、厂长
杨秀桂	女	45	汉	学生	大专	干部	茌平县妇联	主任
林家生	男	44	汉	学生	大学	干部	茌平县供销合作社	党委书记
栾淑丽	女	48	汉	学生	大专	工人	茌平县饮食服务公司	会计科长
赵洪臣	男	37	汉	学生	大专	工人	茌平县面粉厂	厂长
明学富	男	44	汉	学生	大专	知识分子	茌平县卫生局	党委书记、局长
吕文涛	男	53	汉	学生	大学	知识分子	茌平县教育委员会	党委书记、主任
李　平	女	26	汉	学生	中专	工人	茌平县造纸总厂一分厂	工人
赵春喜	女	46	汉	学生	大学	知识分子	茌平县人民医院	水儿科主任
许吉责	女	48	汉	学生	高中	工人	茌平县热电厂	工人
韩桂玉	女	25	汉	学生	大专	工人	茌平县化肥厂	工人
袁素英	女	33	汉	学生	大学	知识分子	茌平一中	教师

续表

姓名	性别	年龄	民族	本人成分	文化程度	代表性质	工作单位	职务
茌平镇代表团(14人)								
迟会孝	男	57	汉	学生	初中	干部	茌平县人大常委会	副主任
马春生	男	48	汉	学生	中专	干部	茌平镇人大	人大主席
张俊之	男	34	汉	学生	大学	干部	茌平镇人民政府	镇长
宋凡臣	男	55	汉	学生	中专	农民	茌平镇宋庄村	党支部书记
杜金芳	女	43	回	学生	高中	少数民族	城关供销社	副主任
张顺之	男	44	汉	学生	中专	农民	茌平镇政府土管所	副所长
刘绪良	男	45	汉	学生	初中	农民	茌平镇林庄村	农民
张庆山	男	58	汉	学生	初中	农民	茌平镇大李庙村	党支部书记
杨金岱	男	52	汉	学生	高中	农民	茌平镇北关村	党支部书记
葛兆旺	男	47	汉	学生	大专	农民	茌平镇魏庄村	党支部书记
樊培成	男	46	汉	学生	初中	农民	茌平镇赵王村	组长
马海珍	女	39	汉	学生	中师	知识分子	茌平镇曹庄村中心小学	校长
吕光文	男	53	汉	学生	小学	农民	茌平镇雷庄村	治保主任
贾秀菊	女	{d	汉	学生	中专	农民	茌平镇阎三里	计生网长
博平镇代表团（15人）								
金庆岱	男	60	汉	学生	大专	干部	茌平县人大常委会	副主任
姜耀民	男	55	汉	学生	中专	干部	博平镇人大	人大主席
何其平	男	42	汉	学生	大专	干部	博平镇政府	镇长
杨兆伦	男	57	汉	农民	高中	农民	博平镇刘坦村	党支部书记
孟庆山	男	43	汉	农民	高中	农民	博平镇中铺街	党支部书记
李爱红	女	27	汉	农民	高中	农民	博平镇牛营村	妇女主任计生网长
秦光义	男	60	汉	农民	扔中	农民	博平镇杜庄村	管区副书记
张保玉	男	44	汉	农民	高中	农民	博平镇董张村	党支部书记
尹玉喜	女	43	汉	农民	初中	农民	博平镇西八里村	妇女主任
付艳平	女	34	汉	农民	高中	农民	博平镇后王村	妇女主任
谢加仁	男	55	汉	农民	小学	农民	博平镇北街	会计
贾文龙	男	45	汉	农民	初中	农民	博平镇东贾村	会计
谭学儒	男	56	汉	学生	小学	农民	博乎镇谭西村	会计
孙　强	男	37	汉	学生	中专	工人	茌平县第二人民医院	检验科主任
杨秀清	女	32	汉	学生	中师	知识分子	博平镇联合校	教师

续表

姓名	性别	年龄	民族	本人成分	文化程度	代表性质	工作单位	职务
冯屯镇代表团（12人）								
张兴义	男	60	汉	学生	大专	干部	茌平县人大常委会	副主任
孙贞庆	男	54	汉	学生	中专	干部	冯屯镇人大	人大主席
商　华	男	31	汉	学生	大学	干部	冯屯镇政府	镇长
赵廷增	男	40	汉	学生	高中	农民	冯屯镇西封村	党支部书记
王连海	男	43	汉	学生	高中	农民	冯屯镇业屯村	党支部书记
周长利	男	44	汉	学生	初中	农民	冯屯镇前寨村	党支部书记
张志明	男	44	汉	学生	高中	农民	冯屯镇梁庄村	党支部书记
王淑敏	女	22	汉	学生	大学	知识分子	冯屯镇中学	教师
王振国	男	29	汉	学生	中专	工人	冯屯镇冯屯纱厂	工人
马敏华	男	40	汉	学生	初中	农民	冯屯镇朱庙村	妇女主任
辛风增	男	48	汉	学生	初中	农民	冯屯镇林辛村	农民
乐平铺镇代表团（11人）								
杜爱玲	女	52	汉	学生	初中	农民	冯屯镇金杜村	妇女主任
贾乾业	男	47	汉	学生	大专	干部	乐乎镇人大	人大主席
崔洪生	男	42	汉	学生	中专	干部	乐乎镇政府	镇长
何道旺	男	41	汉	学生	高中	农民	乐平镇梨园管区	管区书记
马思林	男	52	汉	农民	初小	农民	乐平镇小马村	党支部书记
李兰清	男	43	汉	学生	高中	农民	乐平镇张李村	党支部书记
姜守玉	男	44	汉	学生	高中	农民	乐平镇北街村	党支部书记
吴臣远	男	45	汉	学生	高中	农民	乐平镇南关村	党支部书记
郭延良	男	43	汉	学生	中专	农民	乐平镇郭赵村	党支部书记
马春梅	女	37	汉	学生	中专	知识分子	乐平镇卫生院	护士
曹玉风	女	34	汉	学生	高中	农民	乐平镇大尉村	妇女主任
杜正兰	女	30	汉	学生	初中	农民	乐平镇教北村	妇女主任
杜郎口镇代表团（8人）								
李泽明	男	56	汉	学生	中专	干部	茌平县人大常委会	副主任
王衍龙	男	5i	汉	学生	中专	干部	杜郎口镇人大	人大主席
田维江	男	40	汉	学生	大专	干部	杜郎口镇政府	镇长
杜心芳	男	52	汉	学生	大专	工人	杜郎口镇板纸厂	厂长
唐光印	男	45	汉	学生	初中	农民	杜郎口镇南李村	党支部书记

续表

姓名	性别	年龄	民族	本人成分	文化程度	代表性质	工作单位	职务
张兰英	女	30	汉	学生	初中	农民	杜郎口镇北街村	妇女主任
崔维生	男	47	汉	学生	初中	农民	杜郎口镇崔河村	农民
高俊英	女	34	汉	学生	大专	知识分子	杜郎口镇前孙村	教师
菜屯镇代表团（10人）								
冯金英	男	50	汉	学生	中专	干部	菜屯镇人大	人大主席
吴光军	男	40	汉	学生	大专	干部	荣屯镇政府	镇长
商思成	男	49	汉	农民	初中	农民	菜屯镇西海子村	党支部书记
孙相武	男	45	汉	学生	高中	农民	菜屯镇月庄村	党支部书记
王光木	男	50	汉	农民	高中	农民	菜屯镇阚庄村	党支部书记
李德生	男	52	汉	农民	初中	农民	菜屯镇菜屯	党支部书记
姜月同	男	28	汉	学生	大专	知识分子	菜屯镇中学	教务副主任
黄淑华	女	34	汉	学生	初中	农民	菜屯镇南海子村	妇女主任
黄淑英	女	29	汉	学生	初中	农民	菜屯镇韩庄村	妇女主任
刘春荣	女	39	汉	学生	高中	农民	菜屯镇伦徐村	养鸡专业户
丁块乡代表团（9人）								
李福信	男	50	汉	学生	大专	干部	茌平县人大财经工委	主任
陈爱荣	男	47	汉	学生	中专	干部	丁块乡人大	人大主席
王乐思	男	37	汉	学生	大专	干部	丁块乡政府	乡长
许玉荣	女	48	汉	学生	初中	农民	丁块乡后李村	妇女主任
徐公文	男	51	汉	学生	初中	农民	丁块乡贾仓村	党支部书记
赵洪海	男	45	汉	学生	大专	农民	丁块乡马庄村	党支部书记
李兴顺	男	44	汉	学生	初中	农民	丁块乡芦仓村	党支部书记
张金山	男	51	汉	学生	初中	农民	丁块乡芦翟村	党支部书记
张清芬	女	51	汉	学生	初中	农民	丁块乡前石村	村委文书、妇女主任
韩集乡代表团（9人）								
桑学金	男	50	汉	学生	中专	干部	韩集乡人大	人大主席
徐长林	男	43	汉	学生	大专	干部	韩集乡政府	乡长
韩传云	男	39	汉	农民	大专	农民	韩集乡东集村	党支部书记
陶玉洪	男	52	汉	农民	初中	农民	韩集乡陶海子村	党支部书记
王传营	男	37	汉	农民	大专	农民	韩集乡高墙村	支部书记

续表

姓名	性别	年龄	民族	本人成分	文化程度	代表性质	工作单位	职务
刘自安	男	51	汉	农民	初中	农民	韩集乡大白村	村委主任
李广仁	男	42	汉	农民	高中	农民	韩集乡前李村	党支部书记
李莲瑞	女	33	汉	农民	高中	农民	韩集乡高墙村	妇女主任
张　受	女	27	汉	学生	大专	知识分子	韩集乡中学	教师
肖庄代表团(10人)								
潘福存	男	53	汉	学生	中专	干部	肖庄乡人大	人大主席
白立新	男	31	汉	学生	大学	干部	肖庄乡政府	乡长
尹序斌	男	47	汉	学生	高中	工人	肖庄乡供电站	站长
李长荣	男	52	汉	学生	初中	农民	肖庄乡朱启虎村	党支部书记
李连华	男	40	汉	学生	大学	农民	肖庄乡皮李村	党支部书记
班为奎	男	33	汉	学生	高中	农民	肖庄乡班庄村	党支部书记
李保全	男	43	汉	学生	大专	农民	肖庄乡后场村	党支部书记
刘申英	女	50	汉	学生	初中	农民	肖庄乡八刘村	妇女主任
蒋绍银	男	49	汉	学生	初中	农民	肖庄乡蒋庄村	党支部书记
田玉芹	女	39	汉	学生	高中	农民	肖庄乡算子李村	妇女主任
温陈乡代表团（9人）								
张惠祥	男	47	汉	学生	大专	干部	温陈乡人大	人大主席
王志刚	男	41	汉	学生	大专	干部	温陈乡政府	乡长
王洪祥	男	48	汉	农民	大专	农民	温陈乡刁宋村	党支部书记
孔祥宏	男	46	汉	农民	大专	农民	温陈乡温庄村	党支部书记
谢吉余	男	49	汉	农民	大专	农民	温陈乡金李村	党支部书记
孙洪臣	男	36	汉	农民	大专	农民	温陈乡陈庄村	党支部书记
石秋红	女	39	汉	学生	中专	知识分子	温陈乡小学	教师
李荣菊	女	40	汉	学生	高中	农民	温陈乡齐庄村	妇女主任
耿守乾	男	47	汉	农民	高中	农民	温陈乡配件厂	厂长
胡屯乡代表团（11人）								
范留泉	男	52	汉	学生	大学	干部	胡屯乡人大	人大主席
李合祥	男	40	汉	学生	大专	干部	胡屯乡政府	乡长
玉树林	男	48	汉	学生	初中	农民	胡屯乡王久村	党支部书记
吴爱青	女	51	汉	学生	高中	农民	胡屯乡营坊村	党支部书记
李付昌	男	43	汉	学生	高中	工人	胡屯乡经委	经委副主任

续表

姓名	性别	年龄	民族	本人成分	文化程度	代表性质	工作单位	职务
宋金城	男	47	汉	学生	大专	农民	胡屯乡宋庄村	党支部书记
于相明	男	48	汉	学生	大学	知识分子	胡屯乡医院	院长
周长茂	男	43	汉	学生	初中	农民	胡屯乡周小村	党支部书记
朱林奎	男	37	汉	学生	高中	农民	胡屯乡朱庄村	村委主任
苗桂荣	女	37	汉	学生	高中	工人	胡屯乡手套厂	技术员
薛晓菊	女	32	汉	学生	大专	知识分子	胡屯乡中学	教师
贾寨乡代表团（11人）								
徐法水	男	51	汉	学生	中专	干部	中共茌平县委	原县委副书记
孙书智	男	51	汉	学生	中专	干部	贾寨乡人大	人大主席
尹海波	男	34	汉	学生	大专	干部	贾寨乡政府	乡长
刘前章	男	37	汉	学生	高中	知识分子	贾寨乡中心医院	院长
贾同生	男	42	汉	农民	大专	农民	贾寨乡西寨村	党支部书记
于琚之	男	50	汉	农民	初中	农民	贾寨乡纸坊头村	党支部书记
耿加坤	男	38	汉	农民	初中	农民	贾寨乡耿=庄村	党支部书记
侯法海	男	49	汉	农民	初中	农民	贾寨乡候楼村	党支部书记
贾之庆	男	56	汉	农民	初中	农民	贾寨乡贾庄村	党支部书记
付春英	女	36	汉	学生	大专	知识分子	贾寨乡中学	教师
刘保姐	女	39	汉	农民	高中	农民	贾寨乡苗庄村	妇女主任
王老乡代表团（8人）								
张国忠	男	72	汉	农民	小学	农民	王老乡小杨屯村	党支部书记
刘　平	男	54	汉	学生	初中	干部	茌平县人大教科文卫工委	主任
张永行	男	51	汉	学生	中专	干部	王老乡人大	人大主席
刘志华	男	31	汉	学生	大学	干部	王老乡政府	乡长
季同生	男	47	汉	农民	初中	农民	王老季庄村	党支部书记
田玉华	女	41	汉	学生	视中	农民	王老乡联合校	教师
赵东于	男	48	汉	学生	初中	农民	王老乡大吕村	农民
张秀芳	女	35	汉	学生	高中	农民	王老乡小王楼村	妇女主任
洪屯乡代表团（9人）								
王兴源	男	47	汉	学生	大学	干部	县委组织部	副部长
袁智德	男	50	汉	学生	中专	干部	洪屯乡人大	人大主席

续表

姓名	性别	年龄	民族	本人成分	文化程度	代表性质	工作单位	职务
张玉林	男	34	汉	学生	大专	干部	洪屯乡政府	乡长
吕景山	男	50	汉	农民	初中	农民	洪屯乡大马村	党支部书记
付以安	男	49	汉	农民	初中	农民	洪屯乡小宋村	党支部书记
成永喜	男	44	汉	学生	大专	农民	洪屯乡成庄村	党支部书记
李孟田	男	42	汉	学生	大专	知识分子	洪屯乡中学	校长
杜秀英	女	45	汉	农民	初中	农民	洪屯乡老范村	农民
孙成良	男	50	汉	农民	初中	农民	洪屯乡东梭村	村委主任
韩屯乡代表团（9人）								
高恒民	男	42	汉	学生	中专	干部	茌平县人大代表联络工委	主任
杨光成	男	46	汉	学生	大专	干部	韩屯乡人大	人大主席
卢玉良	男	45	汉	学生	大专	干部	韩屯乡政府	乡长
李玉顺	男	43	议	学生	初中	农民	韩屯乡袋子李村	党支部书记
李玉琢	男	52	汉	学生	初中	农民	韩屯乡北街村	党支部书记
张传海	男	48	汉	学生	高中	农民	韩屯乡张庄村	党支部书记
孟庆良	男	49	汉	学生	中专	农民	韩屯乡孟楼村	村委主任
陈洪顺	男	40	汉	学生	大专	工人	韩屯乡面粉厂	厂长
冯秀平	女	22	汉	学生	大专	知识分子	韩屯乡联合校	教师
郝集乡代表团（9人）								
殷庆太	男	47	汉	学生	大专	干部	中共茌平县委	副书记
张丙顺	男	45	汉	学生	大学	干部	郝集乡人大	人大主席
王长坡	男	42	汉	学生	大学	干部	郝集乡政府	乡长
张东杰	男	29	汉	学生	中专	知识分子	郝集乡医院	医师
张兆庆	男	48	汉	学生	初中	农民	郝集乡温坊村	党支部书记
温立海	男	47	汉	学生	大专	农民	郝集乡邓九公村	党支部书记
张奔兰	女	27	汉	学生	初中	农民	郝集乡彭庄村	村民
张兆奎	男	47	汉	学生	初中	农民	郝集乡南张村	村委主任
崔维芳	女	40	汉	学生	中专	知识分子	郝集乡佛堂村	教师
张营乡代表团（5人）								
郭金良	男	38	汉	学生	大专	干部	茌平县人大办公室	主任
李玉海	男	52	汉	学生	中专	干部	张营乡人大	人大主席
赵希亮	男	34	汉	学生	大专	干部	张营乡政府	乡长

续表

姓名	性别	年龄	民族	本人成分	文化程度	代表性质	工作单位	职务
冯传风	男	51	汉	学生	大专	农民	张营乡冯庄村	党支部书记
翟桂英	女	55	汉	学生	小学	农民	张营乡冯郎村面粉厂	厂长
大桑乡代表团（6人）								
王长山	男	55	汉	学生	大学	干部	中共茌平县委党校	党支部书记
任圣明	男	45	汉	学生	中专	干部	大桑乡人大	人大主席
齐以春	男	43	汉	学生	大专	干部	大桑乡政府	乡长
郭士会	男	43	汉	学生	大专	知识分子	大桑乡中学	校长
谢淑华	女	44	汉	学生	初中	农民	大桑乡成庄村	妇女主任
刘风道	男	46	汉	学生	中专	农民	大桑乡邓桥村	计生主任
赵屯乡代表团（8人）								
田　冲	男	58	汉	学生	大学	干部	茌平县人大常委会	副主任
马思民	男	38	汉	学生	犬专	干部	赵屯乡人大	人大主席
王　琦	男	33	汉	学生	大学	干部	赵屯乡政府	乡长
牛培庆	男	47	汉	学生	初中	农民	赵屯乡米庄村	党支部书记
夏好富	男	39	汉	学生	初中	农民	赵屯乡十里村	党支部书记
王其新	男	43	汉	学生	初中	农民	赵屯乡大柳村	党支部书记
王兰芳	女	39	汉	学生	中专	知识分子	赵屯乡赵西村	教师
贾立新	女	30	汉	学生	高中	农民	赵屯乡前吴村	妇女主任
杨屯乡代表团（6人）								
迟连运	男	44	汉	学生	大专	干部	杨屯乡党委	党委书记
程曰才	男	49	汉	学生	大专	干部	杨屯乡人大	人大主席
徐　莹	女	31	汉	学生	大学	干部	杨屯乡政府	乡长
泮来栋	男	47	汉	学生	高中	农民	杨屯乡泮西村	党支部书记
冯若英	男	52	汉	学生	初中	农民	杨屯乡大冯村	党支部书记
李仲弟	男	54	汉	学生	初中	农民	杨屯乡李召安村	党支部书记
孙桥乡代表团（5人）								
王立军	女	53	汉	学生	大专	知识分子	茌平一中	教师
刘承荣	男	50	汉	学生	中专	干部	孙桥乡人大	人大主席
董廷路	男	44	汉	学生	大专	干部	孙桥乡政府	乡长
孙庆路	男	46	汉	学生	初中	农民	孙桥乡赵石村	村委主任
刘瑞林	男	57	汉	农民	初中	农民	孙桥乡曹庄村	农民

续表

姓名	性别	年龄	民族	本人成分	文化程度	代表性质	工作单位	职务
广平乡代表团（11人）								
张立成	男	50	汉	学生	中专	干部	广平乡人大	人大主席
李风春	男	44	汉	学生	大专	干部	广平乡政府	乡长
杨延祥	男	40	汉	农民	高小	农民	广平乡北街村	党支部书记
马思彬	男	46	汉	学生	初中	农民	广平乡殷马村	党支部书记
房　美	女	51	汉	学生	高中	农民	广平乡姜庄村	妇女主任
李香荣	女	38	汉	学生	高中	农民	广平乡纪高村	妇女主任
梁树德	男	40	汉	学生	高中	农民	广平乡颜庄村	党支部书记
丁述春	男	43	汉	学生	初中	农民	广平乡丁莫村	党支部书记
王孝江	男	45	汉	学生	初中	农民	广平乡麻庄村	党支部书记
初慧民	女	38	汉	学生	大学	知识分子	广平乡中学	教师
徐秦军	男	47	汉	学生	高中	农民	广平乡张家楼村	村委主任

茌平县第十五届人民代表大会代表名单

（2003年1月22日）共218人

表2-10

茌平县第十五届人民代表大会代表名册						
姓名	现任（或原任）职务	性别	年龄	民族	住址	党派
县直代表团(29)人						
侯　军	茌平县县委书记	男	40	汉	茌平县委	中共党员
任晓旺	茌平县政府副县长、代县长	男	43	汉	茌平县人民政府	中共党员
殷庆太	茌平县县委副书记	男	52	汉	茌平县委	中共党员
孙新建	茌平县政府副县长	女	53	汉	茌平县人民政府	中共党员
张学信	茌平县县委副书记、信发热电集团书记、董事长	男	56	汉	信发热电集团	中共党员
杨立峰	茌平县齐鲁味精集团书记、董事长	男	57	汉	齐鲁味精集团	中共党员
林家生	茌平县发展计划局局长	男	50	汉	茌平县发展计划局	中共党员
邵景良	茌平县检察院检察长	男	45	汉	茌平县检察院	中共党员
张金忠	茌平县公安局局长	男	40	汉	茌平县公安局	中共党员
任永生	茌平县人民法院院长	男	48	汉	茌平县法院	中共党员
何其平	茌平县水务局局长	男	48	汉	茌平县水务局	中共党员
徐子兴	茌平县农业局局长	男	50	汉	茌平县农业局	中其党员

续表

茌平县第十五届人民代表大会代表名册						
姓名	现任（或原任）职务	性别	年龄	民族	住址	党派
王乐思	茌平县联社主任	男	42	汉	茌平县县联社	中共党员
刘先斌	茌平县金号织业有限公司董事长	男	39	汉	茌平金号织业有限公司	中共党员
李泽潜	茌平信诚纸业有限公司董事长	男	34	汉	茌平信诚纸业有限公司	中共党员
姜立亭	茌平县公路局局长	男	42	汉	茌平县公路局	中共党员
梁宝忠	茌平县交通局局长	男	52	汉	茌平县交通局	中共党员
明学富	茌平县卫生局局长	男	48	汉	茌平县卫生局	中共党员
刘明国	茌平县华鲁制药有限公司董事长	男	46	汉	茌平华鲁制药有限公司	中共党员
汪　旗	茌平县计生局规统科副科长	女	45	汉	茌平县计生局	非党
龚秀丽	茌平一中教师	女	39	汉	茌平一中	非党
王兴源	茌平县教育局局长	男	52	汉	茌平县教育局	中共党员
哈广和	茌平县人武部部长	男	46	汉	茌平县人武部	中共党员
邹庆荣	茌平县地税局局长	男	47	汉	茌平县地税局	中共党员
周正侠	茌平县建设银行衍长	男	37	汉	茌平县建设银行	中共党员
朱林富	茌平县建设局局长	男	51	汉	茌平县建设局	中共党员
王　彪	茌平县财政局局长	男	42	汉	茌平县财政局	中共党员
赵洪臣	茌平县面粉厂厂长	男	42	汉	茌平县面粉厂	中共党员
王玉敏	茌平县副食综合楼经理	女	48	汉	茌平县副食综合楼	非党
茌平镇代表团(22)人						
杨忠平	茌平县人大副主任	男	56	汉	茌平县人大	中共党员
迟会孝	茌平县人大副主任	男	62	汉	茌平县人大	中共党员
袁庆华	茌平镇人大主席	男	40	汉	茌平镇政府	中共党员
秦生春	茌平镇镇长	男	37	汉	茌平镇政府	中共党员
王其新	茌平镇大柳村支部书记	男	51	汉	茌平镇大柳村	中共党员
夏好富	茌平镇南十里村支部书记	男	45	汉	茌平镇南十里村	中共党员
牛培庆	茌平镇米庄村支部书记	男	54	汉	茌平镇米庄村	中共党员
李光宏	茌平县第三医院医生	男	43	回	茌平县第三医院	非党
王传林	茌平镇北八里村支部书记	男	62	汉	茌平镇北八里村	中共党员
杨秀红	茌平镇联合校教师	女	37	汉	茌平镇联合校	非党
滕志华	茌平镇党委副书记、齐韩村支部	男	48	汉	茌平镇齐韩村	中共党员
吕光文	茌平镇雷庄村治保主任	男	58	汉	茌平镇雷庄村	非党

续表

茌平县第十五届人民代表大会代表名册						
姓名	现任（或原任）职务	性别	年龄	民族	住址	党派
王庆玉	茌平镇北关村委会主任	男	52	汉	茌平镇北关建筑公司	中共党员
王秀菊	茌平镇中学教师	女	40	汉	茌平镇中学	中共党员
孔祥华	茌平镇丁庄村支部书记	男	53	汉	茌平镇丁庄村	中共党员
梁新华	茌平镇赵东村计生专职主任	女	30	汉	茌平镇赵东村	非党
宋吉国	茌平镇朱王村支部书记	男	48	汉	茌平镇朱王村	中共党员
吴光路	茌平镇赵西村村委主任	男	41	汉	茌平镇赵西村	非党
宋凡臣	茌平镇宋庄村支部书记	男	60	汉	茌平镇宋庄村	中共党员
杨淑军	茌平镇科技园技术员	女	32	汉	茌平镇政府	中共党员
张祥柱	茌平镇信用社主任	男	39	汉	茌平镇信用社	中共党员
刘希忠	茌平镇兴安建筑公程有限公司经理	男	36	汉	兴安建筑工程有限公司	中共党员
博平镇代表团(19)人						
王长山	茌平县人大副主任	男	60	汉	茌平县人大	中共党员
马思民	博平镇人大教科文卫主任	男	44	汉	茌平县人大	中共党员
李玉忠	博平镇人大主席	男	41	汉	博平镇政府	中共党员
邹尚普	博平镇镇长	男	41	汉	博平镇政府	中共党员
肖广风	聘任党委副书记、厂长	男	50	汉	博平镇政府、棉纺厂	中共党员
贾天兵	博平镇信用社主任	男	38	汉	博平镇信用社	中共党员
董建忠	博平镇财政所所长	男	31	汉	博平镇政府	中共党员
孙　强	茌平县二院检验科主任	男	41	汉	茌平县二院	非党
杨兆伦	博平镇刘坦村支部书记	男	62	汉	博平镇刘坦村	中共党员
郭式会	博平镇大桑中学校长	男	47	汉	博平镇大桑中学	中共党员
孟庆山	博平镇中铺村支部书记	男	49	汉	博平镇中铺街村	非党
杨秀清	博平镇联合校教师	女	37	汉	博平镇联合校	非党
李爱红	博平镇计生专职主任	女	31	汉	博平镇牛营村	非党
尹作新	博平镇尹栾村支部书记	男	56	汉	博平镇尹栾村	中共党员
庄荣菊	博平镇任何村支部书记	女	54	汉	博平镇任何村	中共党员
林东华	博平镇袁楼村支部书记	男	54	汉	博平镇袁楼村	中共党员
张保玉	博平镇菜张村支部书记	男	49	汉	博平镇菜张村	中共党员
付艳平	博平镇后王村计生专职主任	女	38	汉	博平镇后王村	非党
刘风道	博平镇邓桥村村委副主任	男	50	汉	博平镇邓桥村	菲党

续表

茌平县第十五届人民代表大会代表名册						
姓名	现任（或原任）职务	性别	年龄	民族	住址	党派
乐平镇代表团(19)人						
徐法水	茌平县人大副主任	男		汉	茌平县人大	中共党员
刘士贵	茌平县人事局局长	男		汉	茌平县人事局	中共党员
孙长友	乐平镇人大主席	男	42	汉	乐平镇政府	中共党员
张淑滨	乐平镇镇长	男	40	汉	乐平镇政府	中共党员
马思荣	乐平镇中学校长	男	46	汉	乐平镇中学	中共党员
张东杰	乐平镇郝集卫生院院长	男	34	汉	乐平镇郝集卫生院	中共党员
姜守玉	乐平镇北街支部书记	男	48	汉	乐平镇北街	中共党员
马爱霞	乐平镇南街计生专职主任	女	30	汉	乐平镇南街	非党
吴立新	乐平镇刘庆洪村农民	女	34	汉	乐平镇刘庆洪村	非党
吴怀新	乐平镇南吴村农民	男	37	汉	乐平镇南吴村	非党
张兆奎	乐平镇东张村农民	男	55	汉	乐平镇东张村	非党
姚曰雪	乐平镇姚庄村文书	男	58	汉	乐平镇姚庄村	非党
崔玉林	乐平镇崔楼村支部书记	男	39	汉	乐平镇崔楼村	中共党员
崔维芳	乐平镇佛堂村民师	女	45	汉	乐平镆佛堂村	非党
张兆庆	乐平镇温坊村支部书记	男	48	汉	乐平镇温坊村	中共党员
常守成	乐平镇后常村支部书记	男	56	汉	乐平镇后常村	中共党员
郭延良	乐平镇郭赵村支部书记	男	48	汉	乐平镇郭赵村	中共党员
路怀菊	乐平镇军王黄村支部副书记	女	55	汉	乐平镇军王黄村	中共党员
路运山	乐平镇西路村农民	男	40	汉	乐平镇西路村	非党
杜郎口镇代表团(11)人						
李泽明	茌平县人大副主任	男		汉	茌平县人大	中共党员
田　冲	茌平县人大副主任	男		汉	茌平县人大	非党
孙祖昌	杜郎口镇人大主席	男	39	汉	茌平县人大	中共党员
何兰华	杜郎口镇镇长	男	36	汉	茌平实验中学	中共党员
靳春明	杜郎口镇曹庄村支部书记	男	36	汉	杜郎口镇曹庄村	中共党员
李培禹	杜郎口镇苇子园村支部书记	男	48	汉	杜郎口镇苇子园村	中共党员
高俊英	杜郎口镇中学教师	女	39	汉	杜郎口镇中学	非党
杜新芳	杜郎口镇板纸厂厂长	男	54	汉	杜郎口镇北街	中共党员
孙士荣	杜郎口镇赵实村村委主任	男	51	汉	杜郎口镇赵实村	中共党员

续表

茌平县第十五届人民代表大会代表名册						
姓名	现任（或原任）职务	性别	年龄	民族	住址	党派
张兰英	杜郎口镇面粉厂厂长	女	44	汉	杜郎口镇北街	非党
唐光印	杜郎口镇南李村支部书记	男	48	汉	杜郎口镇南李村	中共党员
韩屯镇代表团(13)人						
孙乐生	茌平县民政局局长	男	50	汉	茌平县民政局	中共党员
姜桂章	茌平县计生委主任	男	52	汉	茌平县计生局	中共党员
梁树新	韩屯镇人大主席	男	41	汉	韩屯镇政府	中共党员
孙大兴	韩屯镇镇长	男	36	汉	韩屯镇政府	中共党员
马立新	茌平县恒达公司董事长	男	36	汉	茌平县恒达公司	中共党员
尹绪申	韩屯镇北孟村支部书记	男	49	汉	韩屯镇北孟村	中共党员
王金华	韩屯镇联合校教导主任	女	39	汉	韩屯镇联合校	非党
陈洪顺	茌平鑫峰面粉厂厂长	男	45	汉	茌平鑫峰面粉厂	中共党员
高曰山	韩屯镇郭芦高村支部书记	男	61	汉	韩屯镇郭芦高村	中共党员
许吉孔	韩屯镇许桥村支部书记	男	46	汉	韩屯镇许桥村	中共党员
宋保峰	茌平恒源制造公司技术员	男	36	汉	茌平恒源制造公司	非党
翟桂英	韩屯镇张营面粉厂厂长	女	60	汉	韩屯镇张营面粉厂	非党
杨明泉	韩屯镇潘堂村支部书记	男	51	汉	韩屯镇潘堂村	中共党员
冯屯镇代表团(19)人						
张国忠	全国劳模、小杨屯支部书记	男	78	汉	冯屯镇小杨屯村	中共党员
王林华	茌平县人大副主任	男	56	汉	茌平县人大	中共党员
郭金良	茌平县人大办公室主任	男	43	汉	茌平县人大	中共党员
王吉廷	冯屯镇人大主席	男	40	汉	冯屯镇政府	中共党员
张道恒	冯屯镇镇长	男	37	汉	冯屯镇政府	中共党员
邹　炜	冯屯镇中学教师	女	38	汉	冯屯镇中学	非党
高建林	冯屯镇联合校校长	男	45	汉	冯屯镇联合校	中共党员
赵廷增	冯屯镇西封村支部书记	男	46	汉	冯屯镇西封村	中共党员
王启玉	冯屯镇马王村支部书记	男	59	汉	冯屯镇马王村	中共党员
董振生	冯屯镇王老村支部书记	男	37	汉	冯屯镇王老村	中共党员
吉大忠	冯屯镇徐庄村村委主任	男	47	汉	冯屯镇徐庄村	非党
杜先振	冯屯镇王子占村村委主任	男	54	汉	冯屯镇王子占村	非党
张秀芳	冯屯镇小王楼村妇女主任	女	40	汉	玛屯镇小王楼村	非党

续表

茌平县第十五届人民代表大会代表名册						
姓名	现任（或原任）职务	性别	年龄	民族	住址	党派
孟祥云	冯屯镇刘集村村委主任	男	56	汉	冯屯镇刘集村	非党
龚桂芝	冯屯镇贺庄村村委主任	男	38	汉	冯屯镇贺庄村	非党
张志明	冯屯镇梁庄村支部书记	男	50	汉	冯屯镇梁庄村	中共党员
杜存山	冯屯镇金杜村支部书记	男	53	汉	冯屯镇金杜村	中共党员
董金梅	冯屯镇后唐村妇女主任	男	33	汉	冯屯镇后唐村	非党
马东来	冯屯镇刘马村支部书记	男	37	汉	冯屯镇刘马村	中共党员
菜屯镇代表团(10)人						
朱金山	茌平县纪委书记	男		汉	茌平县纪委	中共党员
程东宏	茌平县人大财经委主任	男		汉	茌平县人大	中共党员
胡长彬	菜屯镇人大主席	男	36	汉	菜屯镇政府	中共党员
梁　斌	菜屯镇镇长	男	39	汉	菜屯镇政府	中共党员
黄圣江	菜屯镇黄庄村村委会主任	男	54	汉	菜屯镇黄庄村	非党
商思成	菜屯镇西海子村支部书记、主任	男	55	汉	菜屯镇西海子村	中共党员
孙相武	菜屯镇孙庄村支部书记、主任	男	51	汉	菜屯镇孙庄村	中共党员
梁东文	菜屯镇梁李村村委会主任	男	55	汉	菜屯镇梁李村	非党
黄淑华	菜屯镇南海子村妇女主任	女	40	汉	菜屯镇南海子村	中共党员
樊海娥	菜屯镇中心小学教师	女	25	汉	菜屯镇中心小学	非党
杨屯乡代表团(10)人						
王希忠	茌平县政府县长助理、办公室主任	男	51	汉	茌平县政府办公室	中共党员
谢可信	茌平县纪委副书记	男	51	汉	中共茌平县纪委	中共党员
卢洪明	杨屯乡人大主席	男	38	汉	茌平县杨屯乡人大	中共党员
曹国芝	杨屯乡乡长	男	42	汉	杨屯乡政府	中共党员
李月恩	杨屯乡中学校长	男	46	汉	茌平县杨屯中学	中共党员
袁丕祥	杨屯乡杨前村支部书记	男	32	汉	杨屯乡杨前村	中共党员
李仲弟	杨屯乡李召安村支部书记	男	59	汉	杨屯乡李召安村	中共党员
柳长贤	杨屯乡袁庄村支部书记	男	51	汉	杨屯乡袁庄村	中共党员
肖建国	杨屯乡派出所所长	男	30	汉	茌平县公安局	中共党员
冯克明	杨屯乡小冯村支部书记	男	50	汉	杨屯乡小冯村	中共党员
胡屯乡代表团(10)人						
冯海亭	茌平县政府副县长	男	49	汉	茌平县人民政府	中共党员

续表

茌平县第十五届人民代表大会代表名册						
姓名	现任（或原任）职务	性别	年龄	民族	住址	党派
初士锋	茌平县县委组织部副部长	男	40	汉	茌平县县委组织部	中共党员
白成峰	胡屯乡人大主席	男	40	汉	茌平县胡屯乡政府	中共党员
李　恩	胡屯乡乡长	男	37	汉	茌平县胡屯乡政府	中共党员
宋锦程	胡屯乡宋庄村支部书记	男	50	汉	茌平县胡屯乡宋庄村	中共党员
岳好俊	胡屯乡卫生院院长	男	42	汉	茌平县胡屯乡卫生院	中共党员
于洪奎	胡屯乡吴杨村村委主任	男	54	汉	茌平县胡屯乡吴杨村	中共党员
朱林奎	胡屯乡朱庄村支部书记	男	42	汉	茌平县胡屯乡朱庄村	中共党员
吴爱青	胡屯乡营坊村支部书记	女	56	汉	茌平县胡屯乡营坊村	中共党员
娄桂芳	胡屯乡大刘东村支部书记	女	60	汉	茌平县胡屯乡大刘东村	中共党员
韩集乡代表团(10)人						
乌以祥	茌平县政协主席	男	57	汉	茌平县政协	中共党员
刘继军	茌平信发铝业董事长	男	38	汉	茌平县信发铝业	非党
冯恒国	韩集乡人大主席	男	39	汉	茌平县政协家属院	中共党员
翟春杰	韩集乡乡长	男	37	汉	茌平县财局	中共党员
宋义全	韩集乡蒋庄村支部书记	男	39	汉	韩集乡蒋庄村	中共党员
张家海	韩集张会所村支部书记	男	49	汉	韩集张会所村	中共党员
姜学岭	韩集乡前姜村支部书记	男	52	汉	韩集乡前姜村	中共党员
王传营	韩集乡高墙村支部书记	男	42	汉	韩集乡高墙村	中共党员
刘建平	韩集乡中学教师	女	29	汉	韩集乡中学	非党
刘　敏	韩集乡中学教师	女	26	汉	韩集乡中学	非党
贾寨乡代表团(10)人						
高洪岩	茌平县县委副书记、副县长	男	36	汉	茌平县人民政府	中共党员
张吉峰	贾寨乡人大主席	男	37	汉	贾寨乡政府	中共党员
曹吉祥	贾寨乡乡长	男	38	汉	贾寨乡政府	中共党员
穆广才	贾寨乡袁庄村主任	男	42	汉	贾寨乡袁庄村	非党
侯法海	贾寨乡侯楼村支部书记	男	52	汉	贾寨乡侯楼村	中共党员
贾同生	贾寨乡西寨村支部书记	男	45	汉	贾寨乡西寨村	中共党员

续表

茌平县第十五届人民代表大会代表名册						
姓名	现任（或原任）职务	性别	年龄	民族	住址	党派
付春英	贾寨乡中学教师	女	41	汉	贾寨乡中学	非党
苗新华	贾寨乡地税分局会计	女	43	汉	贾寨乡卫生院	非党
安纪新	贾寨乡梁庄村支部书记	男	48	汉	贾寨乡梁庄村	中共党员
于琚之	贾寨乡纸坊头村支部书记	男	54	汉	贾寨乡纸坊头村	中共党员
广平乡代表团(11)人						
韩宪宏	茌平县政法委书记	男	49	汉	茌平县政法委	中共党员
赵志勇	广平乡人大主席	男	36	汉	广平乡人大	中共党员
王春乾	广平乡乡长	男	42	汉	广平乡政府	中共党员
慈成峰	广平乡财所所长	男	30	汉	广平乡政府	中共党员
梁兰芹	广平乡梁庄村支部书记	男	40	汉	广平乡梁庄村	中共党员
李香荣	广平乡纪高村农民	女	47	汉	广平乡纪高村	非党
许庆军	广平乡工商所所长	男	44	汉	广平乡工商所	非党
丁述春	广平乡丁莫村支部书记	男	48	汉	广平乡丁莫村	中共党员
梁树德	广平乡颜庄村支部书记	男	44	汉	广平乡颜庄村	中共党员
芦秀珍	广平乡王楼村农民	女	46	汉	广平乡王楼村	中共党员
班荣娟	广平乡北街村妇女主任	女	37	汉	广平乡北街村	非党
温陈乡代表团(18)人						
樊庆锡	茌平县人大副主任	男	55	汉	茌平县武装部	中共党员
刘培哲	温陈乡党委书记	男	38	汉	茌平县财局	中共党员
高恒民	茌平县人大人事代表室主任	男	46	汉	茌平镇政府	中共党员
陶梦华	温陈乡人大主席	男	36	汉	茌平镇西关村	中共党员
李　光	温陈乡乡长	男	31	汉	温陈乡政府	中共党员
王　峰	温陈乡派出所所长	男	33	汉	茌平县公安局	中共党员
荆秀芬	温陈乡万庄村计生专职主任	女	44	汉	温陈乡万庄村	非党员
李兴顺	温陈乡芦仓村支部书记	男	48	汉	温陈乡芦仓村	中共党员
谢吉余	温陈乡金李村支部书记	男	55	汉	温陈乡金李村	中共党员
贾曰春	温陈乡贾白村支部书记	男	54	汉	温陈乡贾白村	中共党员
谢文丽	温陈乡联合校教师	女	23	汉	温陈乡中学	非党

续表

茌平县第十五届人民代表大会代表名册						
姓名	现任（或原任）职务	性别	年龄	民族	住址	党派
张淑芹	温陈乡丁块中学教师	女	35	汉	温开乡丁块中学	非党
庄秀菊	温陈乡黄庄村计生专职主任	女	42	汉	温陈乡黄庄村	非党
孔祥宏	温陈乡温庄村党支部书记	男	51	汉	温陈乡温庄村	中共党员
赵洪海	温陈乡马庄村支部书记	男	45	汉	温陈乡马庄村	中共党员
张金山	温陈乡芦翟村支部书记	男	56	汉	温陈乡芦翟村	中共党员
张金宝	温陈乡中学教师	男	31	汉	温陈乡中学	非党
王洪祥	温陈乡刁宋村支部书记	男	53	汉	温陈乡刁宋村	非党
肖庄乡代表团(10)人						
司文瞻	茌平县人大主任	男	61	汉	茌平县人大	中共党员
王伟华	茌平县县委副书记	女	39	汉	茌平县委	中共党员
贾建国	肖庄乡党委书记	男	44	汉	肖庄乡政府	中共党员
曹德河	肖庄乡人大主席	男	39	汉	肖庄乡人大	中共党员
李宝光	肖庄乡乡长	男	37	汉	肖庄乡政府	中共党员
李连华	肖庄乡皮李村支部书记	男	45	汉	肖庄乡皮李村	中共党员
冯长芹	肖庄乡冯营村支部书记	男	40	汉	肖庄乡冯营村	中共党员
李彩胜	肖庄乡李桥村支部书记	男	38	汉	肖庄乡李桥村	中共党员
窦玉珍	肖庄乡蒋庄支部书记	男	61	汉	肖庄乡蒋庄村	中共党员
班维奎	肖庄乡班庄支部书记	男	39	汉	肖庄乡班庄村	中共党员
洪屯乡代表团(10)人						
宋士高	茌平县人大副主任	男	55	汉	茌平县人大	中共派员
邵　益	茌平县人大法工委主任	男	37	汉	茌平县人大	中共党员
翟长更	洪屯乡人大主席	男	45	汉	聊城市东昌府柳园豆营居委	中共党员
曹培省	洪屯乡乡长	男	38	汉	洪屯乡政府	中共党员
成永喜	洪屯乡成庄村支部书记	男	50	汉	洪屯乡成庄村	中共党员
孙成良	洪屯乡东梭村支部书记	男	55	汉	洪屯乡东梭村	中共党员
王东华	洪屯乡中学教师	女	32	汉	洪屯乡中学	非党
胡立祥	洪屯乡回民李村教师	男	50	汉	洪屯乡回民李村	非党
蒋秀玉	洪屯乡回民李村教师	女	35	回	洪屯乡回民李村	非党
陈秋营	洪屯乡张陈村支部书记	男	40	汉	洪屯乡张陈村	中共党员

茌平县第十六届人民代表大会名单

（2007年12月17日） 共230人

表2-11

茌平县第十六届人民代表大会代表名单					
姓　名	性别	年龄	民族	党派	现任（或原任）职务
县直代表团（29人）					
任晓旺	男	47	汉	党员	中共茌平县委书记茌平县人大常委会主任
王伟华	女	43	汉	党员	中共茌平县委副书记、茌平县人民政府县长
张学信	男	60	汉	党员	山东信发集团董事长
徐　莹	女	41	汉	党员	茌平县县委常委、茌平县人民政府副县长
刘怀军	男	45	汉	党员	人武部部长
杨立军	男	44	汉	党员	茌平县科技副县长、县经贸局党组书记
王文振	男	50	汉	党员	茌平县人民法院院长
邵景良	男	49	汉	党员	茌平县人民检察院检察长
殷广国	男	46	汉	党员	茌平县公安局党委书记、局长
赵希亮	男	44	汉	党员	县发展计划局局长、党组书记
王志刚	男	51	汉	党员	茌平县林业办主任
刘志华	男	41	汉	党员	茌平县水务局党组书记、局长
耿伯成	男	49	汉	党员	茌平县民营局党组书记、局长
曹培省	男	43	汉	党员	茌平县环保局党组书记、局长
靳明华	男	44	汉	党员	茌平县建设局党组书记、局长
罗　志	男	47	汉	党员	茌平县粮食局局长
翟春杰	男	42	汉	党员	茌平县商业总公司党委书记、总经理
张庆军	男	43	汉	党员	茌平县供销联社副书记、副主任
刘先斌	男	44	汉	党员	山东金号织业有限公司董事长、总经理
杨立峰	男	61	汉	党员	山东齐鲁味精集团党委书记
于洪民	男	53	汉	党员	茌平鲁环汽车散热器有限公司党委书记、董事长
李泽潜	男	40	汉	党员	山东信成纸业有限公司董事长
张观禄	男	50	汉	党员	茌平县交通局党组书记、局长
邵　岩	男	42	汉	非党	茌平县医院副院长
邹尚普	男	46	汉	党员	茌平县县长助理、县人口计生局党组书记、局长
张玉林	男	44	汉	党员	茌平县教育局局长
常　鸣	男	52	汉	党员	茌平县文化体育旅游局党组书记、局长

续表

茌平县第十六届人民代表大会代表名单					
姓　名	性别	年龄	民族	党派	现任（或原任）职务
宋韶山	男	44	汉	党员	茌平县国税局局长
伍永青	男	44	汉	党员	茌平县农村信用合作联社党委书记、理事长
韩屯镇代表团（13人）					
殷庆太	男	57	汉	党员	县政协主席
孙乐生	男	54	汉	党员	县人大副主任
贾国峰	男	44	汉	党员	韩屯镇党委书记
闫　杰	男	36	汉	党员	韩屯镇党委副书记、镇长
焦延光	男	41	汉	党员	韩屯镇人大主席
马立新	男	42	汉	党员	茌平县恒达纺织有限责任公司董事长
宋保峰	男	42	汉	非党	茌平县恒源机械厂厂长
刘建忠	男	37	汉	党员	韩屯镇工商所所长
王保金	男	46	汉	党员	韩屯镇罗东村支部书记
许吉孔	男	47	汉	党员	韩屯镇许桥村支部书记
尹绪申	男	49	汉	党员	韩屯镇北孟村支部书记
翟桂英	女	67	汉	非党	韩屯镇冯郎村农民
王春英	女	44	汉	非党	韩屯镇西仓村农民
博平镇代表团（19人）					
何其平	男	52	汉	党员	县人大副主任
杨　敏	女	28	汉	党员	县人大教科文卫工委副主任
刘艾新	男	35	汉	党员	博平镇党委书记
陈　峰	男	34	汉	党员	博平镇党委副书记、镇长
李玉忠	男	46	汉	党员	博平镇人大主席
薛　梅	女	42	汉	党员	博平镇地税分局长
孙　强	男	47	汉	非党	县二院化验室主任
孟庆元	男	54	汉	非党	博平镇清源棉纺厂厂长
秦淑玲	女	53	汉	党员	博平镇郭东村支部书记
尹作新	男	60	汉	党员	博平镇尹栾村支部书记
杨兆伦	男	66	汉	党员	博平镇刘坦村支部书记
刘步训	男	47	汉	非党	博平镇岔口村村委主任

续表

茌平县第十六届人民代表大会代表名单					
姓　名	性别	年龄	民族	党派	现任（或原任）职务
毛思波	男	39	汉	党员	博平镇毛庄村支部书记
肖广凤	男	59	汉	党员	博平镇华博密度板厂长
陈全岭	男	59	汉	非党	博平镇建筑公司经理
王　峰	男	38	汉	党员	博平镇派出所所长
张海荣	男	38	汉	非党	博平镇牛胡村计生专职干部
孙丽平	女	45	汉	非党	博平镇袁楼村计生专职干部
桑仁岭	男	60	汉	党员	博平镇大桑村支部书记
肖庄乡代表团（10人）					
朱金山	男	54	汉	党员	茌平县委原副书记
郭金良	男	48	汉	党员	茌平县委综治办主任
李宝光	男	42	汉	党员	肖庄乡党委书记
赵　鹏	男	34	汉	党员	肖庄乡党委副书记、乡长
王秀清	女	37	汉	党员	肖庄乡人大主席
李连华	男	45	汉	党员	肖庄乡土管所所长
刘修章	男	51	汉	非党	肖庄乡八刘村村委会主任
田玉芹	女	52	汉	非党	肖庄乡算子李村村委会主任
班维奎	男	44	汉	党员	肖庄乡班庄村村委会主任
胡丕岭	男	38	汉	党员	肖庄乡马场胡村村委会主任
胡屯乡代表团（10人）					
冯海亭	男	54	汉	党员	县政协主席
常秀清	女	45	汉	党员	县纪委副书记
张　雷	男	33	汉	党员	胡屯乡政府乡长
董秀丽	女	43	汉	党员	胡屯乡人大主席
王希庆	男	43	汉	非党	茌平县双丰热交换器有限公司经理
于兆先	男	43	汉	党员	胡屯乡卫生院院长
朱林奎	男	47	汉	党员	胡屯乡朱庄村支部书记
王金良	男	43	汉	非党	胡屯乡大磨王村主任
于洪奎	男	58	汉	党员	胡屯乡吴杨村支部书记
周长茂	男	53	汉	非党	胡屯乡周老村主任

续表

茌平县第十六届人民代表大会代表名单					
姓　名	性别	年龄	民族	党派	现任（或原任）职务
贾寨乡代表团（10人）					
许兰岭	男	44	汉	党员	茌平县委常委、副县长
赵培荣	女	45	汉	党员	茌平县妇联主任
胡振同	男	45	汉	党员	贾寨乡党委书记
王　尚	男	34	汉	党员	贾寨乡党委副书记、乡长
张吉峰	男	41	汉	党员	贾寨乡人大主席
侯法海	男	55	汉	党员	贾寨乡侯楼村支部书记
穆广才	男	47	汉	党员	贾寨乡袁庄村支部书记
安纪新	男	53	汉	非党	贾寨乡梁庄村村民
贾同生	男	50	汉	非党	贾寨乡西寨村村民
张秋红	女	44	汉	非党	贾寨乡官赵村村民
洪官屯乡代表团（10人）					
王泽利	男	37	汉	党员	县组织部副部长
邵　益	男	42	汉	党员	茌平县人大法工委主任
李　光	男	36	汉	党员	洪屯乡党委书记
张殿广	男	40	汉	党员	洪屯乡党委副书记、乡长
杨传刚	男	42	汉	党员	洪屯乡人大主席
宋吉斌	男	35	汉	党员	洪屯乡农信社主任
成永喜	男	54	汉	党员	洪屯乡成庄村支部书记
陈秋营	男	46	汉	党员	洪屯乡张陈村支部书记
孙成良	男	57	汉	党员	洪屯乡东梭村支部书记
蒋秀玉	女	39	回	非党	洪屯乡回民李村农民
冯官屯镇代表团（17人）					
白文儒	男	45	汉	党员	茌平县组织部部长
张国忠	男	80	汉	党员	冯屯镇小杨屯村支部书记
李　恩	男	41	汉	党员	冯屯镇党委书记
王　巍	男	38	汉	党员	冯屯镇党委副书记、镇长
张金元	男	42	汉	党员	冯屯镇人大主席
刘长城	男	38	汉	党员	冯屯镇小杨屯鸭业集团总经理
杜存山	男	57	汉	党员	冯屯镇金杜村支部书记

续表

茌平县第十六届人民代表大会代表名单					
姓　名	性别	年龄	民族	党派	现任（或原任）职务
孙连三	男	58	汉	党员	冯屯镇李庄村支部书记
邬凤莲	女	29	汉	党员	冯屯镇计生站站长
张玉平	女	45	汉	非党	冯屯镇前寨村计生主任
马相英	女	37	汉	非党	冯屯镇高岭村计生主任
张淑桐	女	29	汉	非党	冯屯镇联合校教师
赵廷增	男	51	汉	党员	冯屯镇西王村支部书记
马东来	男	44	汉	非党	冯屯镇刘马村村民
孟祥云	男	60	汉	党员	冯屯镇刘集村支部书记
刘金三	男	59	汉	非党	冯屯镇邢庄村村民
邹尚庆	男	55	汉	非党	冯屯镇土管所所长
广平乡代表团（11人）					
梁保忠	男	55	汉	党员	茌平县人大常委会副主任
赫金奎	男	51	汉	党员	县委办公室常务副主任
曲　军	男	43	汉	党员	广平乡党委书记
宋　静	女	32	汉	党员	广平乡党委副书记、乡长
杨桂英	女	42	汉	党员	广平乡人大主席
慈成峰	男	35	汉	非党	广平乡财所所长
于爱玉	男	42	汉	非党	广平乡供电所所长
王维岩	男	45	汉	非党	广平乡王楼村村委会主任
周长明	男	50	汉	党员	广平乡周公村党支部书记
丁述春	男	53	汉	党员	广平乡丁莫村支部书记
曲乐孝	男	47	汉	党员	广平乡大曲村支部书记
乐平镇代表团（19人）					
刘士贵	男	54	汉	党员	县人大副主任
马思民	男	48	汉	党员	县人大代表联络工委主任
秦生春	男	42	汉	党员	乐平镇党委主任
刘　健	男	38	汉	党员	乐平镇党委副书记、镇长
迟尚民	男	41	汉	党员	乐平镇人大主席
姜守玉	男	54	汉	党员	乐平镇北街村支部书记
马爱霞	女	35	汉	非党	乐平镇南街村计生主任

续表

茌平县第十六届人民代表大会代表名单					
姓　名	性别	年龄	民族	党派	现任（或原任）职务
吴怀新	男	42	汉	非党	乐平镇南大吴村农民
吴立新	女	38	汉	非党	乐平镇刘庆洪村计生主任
常守成	男	60	汉	党员	乐平镇后常村支部书记
张兆庆	男	64	汉	党员	乐平镇温坊村支部书记
梁兆岗	男	38	汉	非党	乐平镇焦梁村农民
王兆同	男	43	汉	党员	乐平镇王少田村支部书记
胡　霞	女	30	汉	非党	乐平镇军王皇村农民
赵承兴	男	48	汉	党员	乐平镇郝东村支部书记
崔维芳	男	54	汉	非党	乐平镇佛堂村教师
张念金	男	55	汉	非党	乐平镇张楼村个体企业主
曹茂华	男	44	汉	党员	乐平镇双营村支部书记
杨延华	男	43	汉	党员	乐平镇第二中医院院长
温陈乡代表团（16人）					
孙新建	女	55	汉	党员	县人大常委会第一副主任
韩　刚	男	29	汉	党员	县人大办公室主任
范兆强	男	41	汉	党员	温陈乡党委书记
张立冉	男	41	汉	党员	温陈乡乡长
陶孟华	男	41	汉	党员	温陈乡人大主席
肖建国	男	35	汉	党员	温陈乡派出所所长
韩艳华	女	30	汉	非党	温陈联合校业务辅导员
焦绪亮	男	36	汉	党员	温陈卫生院院长
赵洪海	男	50	汉	党员	温陈乡马庄村支部书记
李兴顺	男	54	汉	党员	温陈乡芦仓村支部书记
杜玉山	男	56	汉	党员	温陈乡杜陈村支部书记
张金山	男	60	汉	党员	温陈乡芦翟村支部书记
李金风	女	45	汉	非党	华远钢构副总经理
张保常	男	48	汉	党员	温陈乡张楼村主任
胡宪德	男	54	汉	非党	温陈乡史胡村村委委员
谢遵建	男	46	汉	非党	温陈乡大刁村主任

续表

茌平县第十六届人民代表大会代表名单					
姓　名	性别	年龄	民族	党派	现任（或原任）职务
菜屯镇代表团（10人）					
徐文华	男	43	汉	党员	县纪委书记
程东宏	男	47	汉	党员	县人大财经委主任
杨国华	男	38	汉	党员	菜屯镇党委书记
迟曙光	男	36	汉	党员	菜屯镇党委副书记、镇长
李凤余	男	41	汉	党员	菜屯镇人大主席
李灵芝	女	40	汉	非党	菜屯镇后韩村妇女主任
高金英	女	34	汉	非党	菜屯镇中学教师
李德生	男	59	汉	党员	菜屯镇菜屯村支部书记
张高虎	男	39	汉	非党	菜屯镇周桥村村委主任
梁东文	男	57	汉	党员	菜屯镇梁李村支部书记
韩集乡代表团（10人）					
刘继军	男	42	汉	非党	山东信发铝电集团总经理
孙纳新	男	39	汉	党员	县人大办公室副主任
商同顺	男	37	汉	党员	韩集乡党委书记
潘　勇	男	36	汉	党员	韩集乡党委副书记、乡长
张国明	男	43	汉	党员	韩集乡人大主席
刘桂英	女	44	汉	非党	韩集乡仇陶村计生主任
韩传云	男	51	汉	党员	韩集乡东集村村委主任
宋义全	男	43	汉	党员	韩集乡蒋庄村村委主任
杨玉才	男	50	汉	党员	韩集乡沙杨村村委主任
韩宪梅	女	40	汉	非党	韩集乡孟尝君酒厂工会主席
杜郎口镇代表团（11人）					
贾占信	男	53	汉	党员	茌平县人大常委会副主任
史明芳	女	50	汉	党员	县人大财经委副主任
李学忠	男	43	汉	党员	杜郎口镇党委书记
庞顺汉	男	41	汉	党员	杜郎口镇党委副书记、镇长
史献华	男	42	汉	党员	杜郎口镇人大主席
杜卫东	男	42	汉	党员	茌平县方兴纸业有限公司总经理
唐光印	男	51	汉	党员	杜郎口镇南李村支部书记

续表

茌平县第十六届人民代表大会代表名单					
姓　名	性别	年龄	民族	党派	现任（或原任）职务
张兰英	女	49	汉	非党	杜郎口镇北街村民（医师）
高俊英	女	44	汉	非党	杜郎口中学教师
靳春明	男	39	汉	党员	杜郎口镇曹庄村支部书记
常传华	男	41	汉	党员	杜郎口镇鲍庄村支部书记兼主任
杨屯乡代表团（9人）					
王希忠	男	56	汉	党员	茌平县人大常委会副主任
王建国	男	42	汉	党员	茌平县人大代表联络工委副主任
李一功	男	44	汉	党员	杨屯乡党委书记
毛永和	男	42	汉	党员	杨屯乡党委副书记、乡长
孙丙祥	男	42	汉	党员	杨屯乡人大主席
王兴军	男	35	汉	党员	杨屯乡派出所所长
邓东荣	男	55	汉	党员	杨屯乡邓庄村支部书记
张振国	男	30	汉	党员	杨屯乡信用社主任
耿传东	男	35	汉	非党	杨屯乡袁庄村企业
信发办事处代表团（11人）					
许泽英	男	45	汉	党员	茌平县委副书记
王　琦	男	42	汉	党员	开发区党工委书记
杜贾林	男	43	汉	党员	开发区党工委副书记、管委会主任
杨长菊	女	46	汉	党员	茌平县实验小学校长
于延华	男	50	汉	党员	信发街道人大办公室主任
许玉平	女	43	汉	党员	信发街道人大办公室副主任
李　军	男	37	汉	党员	公安局信发派出所所长
曹洪涛	男	35	汉	非党	茌平县嘉艺装饰材料有限公司总经理
宋　伟	男	26	汉	非党	信泰新型建材有限公司
薛玉才	男	40	汉	党员	信发办事处路庄支部书记
张茂海	男	42	汉	非党	信发办事处薛村村委副主任
振兴办事处代表团（17人）					
韩宪宏	男	53	汉	党员	县人大副主任
王金玉	男	52	汉	党员	县人大副主任

续表

茌平县第十六届人民代表大会代表名单					
姓 名	性别	年龄	民族	党派	现任（或原任）职务
王传峰	男	42	汉	党员	振兴街道办事处党委书记
郭美忠	男	42	汉	党员	振兴办事处主任
袁庆华	男	45	汉	党员	振兴办事处
杨秋生	男	35	汉	党员	振兴财政所所长
杨淑君	女	37	汉	非党	振兴农技站站长
刘希忠	男	41	汉	非党	正泰集团董事长
张祥柱	男	44	汉	党员	茌平信用社主任
明瑞华	男	34	汉	党员	赵官屯卫生院院长
孔祥华	男	58	汉	党员	丁庄村党支部书记
邵连路	男	40	汉	非党	路通有限公司董事长
夏好富	男	50	汉	党员	十里村党支部书记
牛培庆	男	59	汉	党员	米庄村党支部书记
李广宏	男	48	回	非党	城关医院医师
吴光禄	男	46	汉	党员	赵西村党支部书记
宋吉国	男	53	汉	党员	朱王村党支部书记

茌平县第十七届人民代表大会代表名单
（2012年1月12日） 共230人

表2-12

茌平县第十七届人民代表大会代表名单					
姓名	性别	出生年月	民族	党派	工作单位及职务
振兴代表团（39名）					
陈秀兴	男	1965.3	汉	党员	茌平县委书记、茌平县人大常委会主任
雷 霞	女	1970.9	汉	党员	茌平县委副书记、茌平县人民政府县长
尹海波	男	1963.7	汉	党员	茌平县人大常委会第一副主任
张立民	男	1963.4	汉	党员	茌平县经贸局党组书记、局长
乌以强	男	1963.11	汉	党员	茌平县农业局党组书记、局长
刘志华	男	1966.12	汉	党员	茌平县水务局党组书记、局长
张宗军	男	1967.7	汉	党员	茌平县林业办公室党组书记、主任
李廷海	男	1963.9	汉	党员	茌平县城市管理行政执法局党组书记、局长

续表

茌平县第十七届人民代表大会代表名单					
姓名	性别	出生年月	民族	党派	工作单位及职务
韩千鹏	男	1961.7	汉	党员	茌平县审计局党组书记、局长
罗　志	男	1959.7	汉	党员	茌平县粮食局党组书记、局长
翟春杰	男	1965.7	汉	党员	茌平县商业总公司党组书记、局长
史吉岭	男	1956.5	汉	党员	山东信发木业有限公司董事长
邵　岩	男	1965.1	汉	非党	茌平县人民医院院长
邹尚普	男	1961.1	汉	党员	茌平县人口计生局党组书记
张玉林	男	1963.8	汉	党员	茌平县教育局党组书记、局长
胡振同	男	1962.9	汉	党员	茌平县民政局党组书记、局长
李祥文	男	1970.9	汉	党员	茌平县人民武装部部长
孙长民	男	1970.4	汉	党员	茌平县地税局党组书记、局长
孟庆军	男	1963.11	汉	党员	茌平县工商行政管理局党组书记、局长
司胜利	女	1972.1	汉	党员	中国银行股份有限公司茌平支行行长
郭美忠	男	1965.1	汉	党员	振兴街道办事处党委书记
侯勇刚	男	1971.7	汉	党员	振兴街道办事处党委副书记、办事处主任
赵本祥	男	1970.2	汉	党员	振兴街道办事处人大办公室主任
刘希忠	男	1968.1	汉	党员	聊城市正泰房地产集团董事长兼总经理
孙作晶	男	1972.9	汉	非党	振兴街道办事处科技副主任
杨淑珍	女	1964.9	汉	党员	振兴街道办事处西关社区社区书记
孙淑香	女	1979.1	汉	党员	振兴街道办事处社区书记
赵　彬	男	1973.4	汉	党员	茌平现代物流有限公司董事长
郝　彬	男	1967.11	汉	党员	茌平县农村信用合作联社理事长
张建华	男	1963.4	汉	党员	振兴街道办事处林庄村支部书记
邵连路	男	1965.12	汉	非党	茌平县路通煤炭有限公司董事长
王观英	女	1968.12	汉	党员	茌平县万和通运输有限公司董事长
李东伟	男	1964.6	汉	党员	茌平宏鑫纺织有限公司董事长、总经理
贵新华	男	1954.1	汉	党员	振兴街道办事处南关村支部书记
明瑞华	男	1973.2	汉	党员	振兴街道赵屯卫生院院长
李广宏	男	1960.1	回	党员	振兴街道办事处卫生社区服务中心业务院长
杨西江	男	1959.6	汉	党员	振兴街道办事处吴官屯社区支部书记
李连昌	男	1959.2	汉	党员	振兴街道办事处赵东村支部书记、主任

续表

茌平县第十七届人民代表大会代表名单					
姓名	性别	出生年月	民族	党派	工作单位及职务
崔岩忠	男	1962.7	汉	党员	振兴街道办事处大崔村支部书记
信发代表团（23名）					
张学信	男	1947.1	汉	党员	茌平县委副书记、信发集团董事长
殷守来	男	1966.3	汉	党员	茌平县委常委、组织部部长
李　光	男	1970.6	汉	党员	茌平经济技术开发区党工委书记
李泽潜	男	1968.6	汉	党员	茌平经济技术开发区党工委副书记、管委会主任
刁培昌	男	1965.6	汉	党员	茌平县公安局党组书记、局长
隋　军	男	1963.6	汉	党员	茌平县人民检察院党组书记、检察长
黄鸿义	男	1969.6	汉	党员	茌平县人民法院党组书记、院长
杨立峰	男	1946.1	汉	党员	山东齐鲁味精集团党组书记
张庆军	男	1963.1	汉	党员	茌平县供销合作社、联合社党委书记、理事会主任
张道恒	男	1965.9	汉	党员	茌平县交通运输局党组书记、局长
胡　静	女	1971.8	汉	党员	茌平县委宣传部副部长、县广播电视局局长
张成宪	男	1970.7	汉	党员	信发街道办事处人大办公室主任
王世龙	男	1984.1	汉	非党	山东新大地铝业有限公司总经理
于洪民	男	1954.4	汉	党员	茌平鲁环汽车散热器有限公司总经理
赵以生	男	1950.1	汉	党员	山东嘉鑫换热器有限公司总裁、党支部书记
王吉荣	男	1974.12	汉	非党	茌平县公安局信发派出所所长
宋　伟	男	1982.1	汉	非党	茌平县信泰新型建材有限公司总经理
杨华胜	男	1971.1	汉	党员	信发街道办事处李相武村党支部书记
许玉平	女	1964.7	汉	党员	信发街道办事处人大办公室副主任
孙新东	男	1960.9	汉	党员	信发街道办事处北十里村党支部书记
慈明月	男	1972.8	汉	非党	茌平经济技术开发区财政分局局长
王益民	男	1965.1	汉	党员	茌平经济技术开发区党工委副书记
范恩增	男	1965.4	汉	非党	茌平瑞丰汽车零部件有限公司董事长
洪屯代表团（11人）					
丁洁卉	女	1967.8	汉	党员	茌平县人大常委会副主任
王泽利	男	1970.12	汉	党员	茌平县委组织部副部长
张殿广	男	1968.7	汉	党员	洪屯乡党委书记
姜栋梁	男	1974.2	汉	党员	洪屯乡党委副书记、乡长

续表

茌平县第十七届人民代表大会代表名单					
姓名	性别	出生年月	民族	党派	工作单位及职务
白维生	男	1970.11	汉	党员	洪屯乡人大主席
于国华	男	1976.1	汉	党员	洪屯卫生院院长
孙作明	男	1959.12	汉	非党	茌平县恒信铝业公司董事长兼总经理
黄以岸	男	1954.6	汉	党员	洪屯乡洪屯村党支部书记
陈秋营	男	1961.12	汉	党员	洪屯乡张陈村党支部书记
蒋秀玉	女	1968.2	回	党员	洪屯乡回民李村幼儿教师
成永喜	男	1953.1	汉	党员	洪屯乡成庄村党支部书记
杨屯代表团（9人）					
王金玉	男	1955.9	汉	党员	茌平县人大常委会副主任
郭金良	男	1960.1	汉	党员	茌平县综治办主任
赵卫国	男	1971.2	汉	党员	杨屯乡党委书记
刘　芝	女	1975.11	汉	党员	杨屯乡党委副书记、乡长
张金迎	男	1970.2	汉	党员	杨屯乡人大主席
耿传东	男	1968.1	汉	党员	杨屯乡袁庄村支部书记
郭　军	男	1970.1	汉	党员	茌平县信用联社杨屯信用社主任
袁培祥	男	1966.11	汉	党员	杨屯乡杨前村支部书记
冯克强	男	1977.1	汉	党员	杨屯乡小冯村支部书记
杜郎口代表团（12人）					
贾占信	男	1955.1	汉	党员	茌平县人大常委会副主任
王建国	男	1965.2	汉	党员	茌平县人大老干部科科长
庞顺汉	男	1966.3	汉	党员	杜郎口镇党委书记
杨光达	男	1974.7	汉	党员	杜郎口镇党委副书记、镇长
韩长兴	男	1968.3	汉	党员	杜郎口镇人大主席
高俊英	女	1963.5	汉	党员	杜郎口中学业务副校长
赵传成	男	1959.1	汉	党员	杜郎口镇丁楼村支部书记、主任
常传华	男	1966.1	汉	党员	杜郎口镇鲍庄村支部书记
杜卫东	男	1965.1	汉	党员	茌平县方兴纸业有限责任公司总经理
张兰英	女	1958.1	汉	党员	杜郎口镇北街村乡村医生
唐光印	男	1956.8	汉	党员	杜郎口镇南李村支部书记、主任
林　涛	男	1978.1	汉	党员	茌平县福林建材厂总经理

续表

茌平县第十七届人民代表大会代表名单					
姓名	性别	出生年月	民族	党派	工作单位及职务
胡屯代表团（11人）					
冯海亭	男	1953.11	汉	党员	茌平县政协主席
张怀芳	女	1973.9	汉	党员	茌平县检察院工会主席
张　雷	男	1974.1	汉	党员	胡屯镇党委书记
孔志勇	男	1974.4	汉	党员	胡屯镇党委副书记、镇长
刘　勇	男	1970.2	汉	党员	胡屯镇人大主席
于洪奎	男	1949.7	汉	党员	胡屯镇吴杨村支部书记
于兆先	男	1964	汉	党员	胡屯镇卫生院院长
曹国芝	男	1972.1	汉	党员	茌平县兴国棉纺有限公司副总经理
张振国	男	1973.4	汉	非党	胡屯镇信用社主任
王保红	女	1973.3	汉	党员	胡屯镇韩庙村支部书记、主任
张怀国	男	1975.3	汉	党员	茌平县信力达木业董事长
韩屯代表团（14人）					
张丽华	女	1966.12	回	非党	茌平县人大常委会副主任
孙纳新	男	1968.8	汉	党员	茌平县人大教科文卫主任
闫　杰	男	1971.7	汉	党员	韩屯镇党委书记
商程鹏	男	1970.1	汉	党员	韩屯镇党委副书记、镇长
王同军	男	1970.12	汉	党员	韩屯镇人大主席
王富刚	男	1949.7	汉	党员	韩屯镇西仓村支部书记
王兴军	男	1973.1	汉	党员	韩屯镇派出所所长
甄庆国	男	1967.4	汉	党员	韩屯镇韩东村支部书记
宋保峰	男	1967.5	汉	非党	山东省茌平县恒源机械制造有限公司总经理
李金虎	男	1958.2	汉	党员	山东省茌平县金鑫化工有限公司经理
刘建忠	男	1970.5	汉	党员	韩屯镇工商所所长
张洪喜	女	1968.1	汉	非党	韩屯镇张庄村会计兼计生主任
郎庆华	男	1974.1	汉	党员	韩屯镇冯郎村支部书记
丁庆成	男	1965.2	汉	党员	韩屯镇后西村支部书记
肖庄镇代表团（11人）					
靳明华	男	1962.4	汉	党员	茌平县人大常委会副主任
张树刚	男	1976.4	汉	非党	茌平县人大财经工委副主任

续表

茌平县第十七届人民代表大会代表名单					
姓名	性别	出生年月	民族	党派	工作单位及职务
赵　鹏	男	1973.8	汉	党员	肖庄镇党委书记
王克森	男	1975.8	汉	党员	肖庄镇党委副书记、镇长
臧克义	男	1971.6	汉	党员	肖庄镇人大主席
李连友	男	1963.12	汉	党员	肖庄镇皮里村支部书记
田庆珍	男	1957.1	汉	党员	肖庄镇田庄村支部书记
田玉芹	女	1955.6	汉	党员	肖庄镇算子李村支部书记
刘德见	男	1960.4	汉	党员	肖庄镇八刘村支部书记
魏生辉	男	1974.11	汉	党员	肖庄镇财政所所长
公玉民	男	1974.11	汉	党员	肖庄镇派出所所长
贾寨乡代表团（11人）					
许兰岭	男	1963.3	汉	党员	茌平县委副书记
赵培荣	女	1963.1	汉	党员	茌平县妇联主席
耿振平	男	1969.1	汉	党员	贾寨乡党委书记
刘成俊	男	1973.7	汉	党员	贾寨乡党委副书记、乡长
娄存宾	男	1972.11	汉	党员	贾寨乡人大主席
刘传仓	男	1983.4	汉	非党	贾寨乡邢胡刘村主任
张秋红	女	1967.8	汉	非党	贾寨乡官赵村计生主任
侯法海	男	1951.9	汉	党员	贾寨乡侯楼村支部书记
贾同生	男	1957	汉	党员	贾寨乡贾寨西村
郑兰庆	男	1973.12	汉	党员	贾寨乡财所所长
耿遵珠	男	1966.2	汉	党员	贾寨乡耿店村支部书记
菜屯代表团（11人）					
邓　丽	女	1968.12	汉	党员	茌平县委常委、纪委书记
程东宏	男	1960.7	汉	党员	茌平县人大财经工委主任
迟曙光	男	1970.9	汉	党员	菜屯镇党委书记
孙良峰	男	1971.7	汉	党员	菜屯镇党委副书记、镇长
武治江	男	1970.7	汉	党员	菜屯镇人大主席
张高虎	男	1967.4	汉	党员	菜屯镇周桥村支部书记
梁东文	男	1948.8	汉	党员	菜屯镇梁李村支部书记
李德生	男	1945.2	汉	党员	菜屯镇菜屯村支部书记

续表

茌平县第十七届人民代表大会代表名单					
姓名	性别	出生年月	民族	党派	工作单位及职务
李玲芝	女	1965.11	汉	党员	菜屯镇后韩村妇女主任
石吉星	男	1970.9	汉	党员	菜屯镇商石村支部书记
高金英	女	1972.12	汉	非党	菜屯镇中学教师
冯屯代表团（19人）					
张雪廷	男	1965.6	汉	党员	茌平县委常委、县政府副县长
焦艳珠	女	1968.6	汉	党员	茌平县招待所党组书记、所长
王　巍	男	1969.1	汉	党员	冯屯镇党委书记
韩　刚	男	1976.6	汉	党员	冯屯镇党委副书记、镇长
张国忠	男	1926.3	汉	党员	冯屯镇小杨屯总支书记
薛雁飞	女	1973.1	汉	党员	冯屯镇人大主席
刘金三	男	1955.12	汉	党员	冯屯镇邢庄支部书记
马敏华	女	1958.1	汉	非党	冯屯镇朱庙村企业经理
刘长城	男	1969.5	汉	党员	冯屯镇小杨屯村支部副书记
王连海	男	1953.8	汉	党员	冯屯镇业屯村支部书记
杜存山	男	1950.1	汉	党员	冯屯镇金杜村支部书记
孙连三	男	1948.12	汉	党员	冯屯镇李王村支部书记
赵廷增	男	1956.4	汉	党员	冯屯镇西封村支部书记
赵其峰	男	1968.4	汉	党员	冯屯镇薛东支部书记
史文东	男	1968.1	汉	党员	冯屯镇史河村支部书记
薛　梅	女	1965.9	汉	党员	冯屯地税分局局长
池秀芬	女	1964.8	汉	非党	冯屯中学校长
马东来	男	1967.12	汉	党员	冯屯镇刘马村支部书记
孟祥云	男	1955.2	汉	党员	冯屯镇刘集村支部书记
博平代表团（21人）					
何其平	男	1955.5	汉	党员	茌平县人大常委会副主任
杨　敏	女	1973.2	汉	党员	茌平县人大联络工委主任
吕晓霞	女	1969.8	汉	党员	茌平县总工会副主席
陈　峰	男	1972	汉	党员	博平镇党委书记

续表

茌平县第十七届人民代表大会代表名单					
姓名	性别	出生年月	民族	党派	工作单位及职务
胡立朕	男	1979	汉	党员	博平镇副书记、镇长
张殿鳌	男	1967.9	汉	党员	博平镇人大主席
薛兴亮	男	1967.1	汉	党员	博平镇法庭庭长
石秀云	女	1965.5	汉	党员	博平镇中学校长
赵昌来	男	1968	汉	非党	博平地税中心所所长
温秀芬	女	1972.8	汉	党员	博平派出所所长
肖广凤	男	1952.1	汉	党员	博平镇鑫鼎木业公司总经理
孟庆元	男	1953.12	汉	非党	博平镇清元棉纺有限公司董事长
陈全岭	男	1948.12	汉	非党	博平镇兴博建筑公司总经理
杨兆伦	男	1941.11	汉	党员	博平镇刘坦村支部书记
桑仁岭	男	1947	汉	党员	博平镇大桑村支部书记
毛思波	男	1971.9	汉	党员	博平镇毛庄支部书记
齐以奎	男	1956	汉	党员	博平镇北街支部书记
于庆水	男	1953.4	汉	党员	博平镇于庄村支部书记
秦淑玲	女	1952.9	汉	党员	博平镇郭东村支部书记
张海荣	女	1969	汉	非党	博平镇牛胡村计生主任
孙丽平	女	1963.4	汉	非党	博平镇袁楼村计生主任
乐平代表团（21人）					
赵希亮	男	1963.8	汉	党员	茌平县人大常委会副主任
邵　益	男	1965.5	汉	党员	茌平县人大法工委主任
马思民	男	1959.12	汉	党员	茌平县信访局局长
王际胜	男	1969.8	汉	党员	乐平镇党委书记
秦光勇	男	1972.2	汉	党员	乐平镇党委副书记、镇长
侯守仁	男	1967.12	汉	党员	乐平镇人大主席
吴立新	女	1968.2	汉	非党	乐平镇刘庆洪村计生主任兼妇女主任
李晓青	女	1964.8	汉	非党	乐平镇后王屯计生主任兼妇女主任
王兆同	男	1963.5	汉	党员	乐平镇王少田村支部书记
马爱霞	女	1972.1	汉	非党	乐平镇南街村计生主任

续表

茌平县第十七届人民代表大会代表名单					
姓名	性别	出生年月	民族	党派	工作单位及职务
王秀仁	男	1964.4	汉	党员	乐平镇小王村支部书记
明瑞成	男	1960.3	汉	党员	乐平镇北街村支部书记
崔维芳	女	1957.3	汉	党员	乐平联合校教师
梁兆岗	男	1969.12	汉	党员	乐平镇焦梁村支部书记
张念贵	男	1965.6	汉	党员	乐平镇东张楼村主任
曹茂华	男	1964.12	汉	党员	乐平镇双营村支部书记
王　巍	男	1983.8	汉	非党	山东晨新汽车配件有限公司总经理
张红霞	女	1977.1	汉	非党	乐平镇农民
王　明	男	1968.11	汉	党员	乐平镇联合校校长
赵承兴	男	1958.3	汉	党员	乐平镇郝东村支部书记
张念金	男	1953.9	汉	非党	乐平镇能通木业董事长
温陈代表团（17人）					
徐　莹	女	1966.6	汉	党员	茌平县政协主席
乌艳昕	女	1973.8	汉	非党	茌平县人大办公室副主任
张立冉	男	1966.11	汉	党员	温陈办事处党委书记
杨延华	男	1972.12	汉	党员	温陈办事处党委副书记、主任
杨　军	男	1968.1	汉	党员	温陈办事处人大办公室主任
陶孟华	男	1966.5	汉	党员	温陈办事处正科级干部
李兴顺	男	1953.2	汉	党员	温陈办事处芦仓村主任
焦绪亮	男	1971.1	汉	党员	温陈办事处卫生院院长
贾国盛	男	1970.1	汉	非党	温陈办事处财政所所长
刘兆新	男	1963.9	汉	非党	温陈办事处大赵村主任
韩艳华	女	1976.3	汉	党员	温陈联合校副校长
赵洪海	男	1953.9	汉	党员	温陈办事处马庄村主任
肖建国	男	1972.1	汉	非党	温陈派出所所长
杜玉山	男	1949.7	汉	党员	温陈办事处杜陈村主任
谢遵建	男	1960.7	汉	非党	温陈办事处大刁村主任
李金凤	女	1963.1	汉	非党	茌平县华远钢构有限公司经理
张保常	男	1958.1	汉	党员	温陈办事处张楼村主任

三、驻茌平县历届全国人大代表名单

全国第四届人民代表大会代表名单（1975年 共1人）

表2-13

姓名	现任（或原任）职务	性别	出生年月	民族	籍贯	学历	政治面貌
张士忠	张楼村党支部书记	男		汉族	山东茌平		中共党员

全国第七届人民代表大会代表名单（1988年 共1人）

表2-14

姓名	现任（或原任）职务	性别	出生年月	民族	籍贯	学历	政治面貌
徐法水	山东省茌平县冯屯镇党委书记、县委常委	男	1946．7	汉族	山东茌平	初中	中共党员

全国第十届人民代表大会代表名单（2003年 共1人）

表2-15

姓名	现任（或原任）职务	性别	出生年月	民族	籍贯	学历	政治面貌
张学信	山东信发集团董事长、党委书记	男	1947．7	汉族	山东茌平	大学	中共党员

全国第十一届人民代表大会代表名单（2008年 共1人）

表2-16

姓名	现任（或原任）职务	性别	出生年月	民族	籍贯	学历	政治面貌
张学信	山东信发集团董事长、党委书记	男	1947．7	汉族	山东茌平	大学	中共党员

全国第十二届人民代表大会代表名单（2013年 共1人）

表2-17

姓名	现任（或原任）职务	性别	出生年月	民族	籍贯	学历	政治面貌
张学信	山东信发集团董事长、党委书记	男	1947．7	汉族	山东茌平	大学	中共党员

四、驻茌平县历届山东省人大代表名单

平原省第一届各界人民代表会议代表名单（1950年 共8人）

表2-18

姓名	性别	出生年月	民族	党派	工作单位（拟任）及职务
李德昌	男	1913	汉	党员	茌平县张李庄
赵兰英	女	1926	汉	党员	茌平县粽子马
蒋宗魁	男	1896	汉	党员	茌平六区琉璃寺人

续表

姓名	性别	出生年月	民族	党派	工作单位（拟任）及职务
谢惠玉	男	1920	汉	党员	博平县谢庄
贾振铎	男	1915	汉	党员	博平县西街
胡全孝	男	1901			博平县邢胡刘村
康赵氏	女	1914			博平二区康庄
仝伯厘	男	1890			博平县贾庄

山东省第一届人民代表大会代表名单（1954年 共6人）

表2-19

姓名	性别	出生年月	民族	籍贯	工作单位（拟任）及职务
李广源	男	1930	汉	茌平县	茌平联社木业生产合作社生产组长
李　平	女	1920	汉	上海市	山东省民主青年联合会副秘书长、山东省中苏友好协会理事
解　方	男	1900	汉	博平县	山东省政治协商委员会副主席
张天虎	男	1931	汉	博平县	青年团博平县委员会委员、菜园张农业合作社社长、省劳动模范
李全臣	男	1913	汉族	博平县	韩屯乡人民政府委员、韩屯农业合作社社长
黄金凤	女	1925	汉	茌平县	三里乡人民政府副乡长、乡妇代会主任、何三里农业生产合作社副社长

山东省第二届人民代表大会代表名单（1958年 共3人）

表2-20

姓名	性别	出生年月	民族	籍贯	工作单位（拟任）及职务
王升阳	男	1925	汉	茌平县	茌平县杜郎口公社副社长
李全臣	男	1913	汉	茌平县	茌平县韩屯大队长
黄金凤	女	1925	汉	茌平县	何三里生产大队大队长

山东省第三届人民代表大会代表名单（1963年 共4人）

表2-21

姓名	性别	民族	出生年月	籍贯	党派	现任职务
晓　山	女		1922	河北宁津		省妇联副主席
李全臣	男	汉	1913	茌平县		茌平县韩屯生产队队长
王升阳	男	汉	1925	茌平县		茌平县杜郎口公社副社长
王汉卿	男		1908	山东沂水		杜郎口供销社主任

山东省第四届人民代表大会代表

十年“文化大革命”期间，茌平县人民代表大会停止了正常工作。1973年10月，山东省革命委员会以山东省第四届人民代表大会名义，酝酿选举了山东省出席第四届全国人民代表大会代表107名，这次会议称历史上的山东省第四届人民代表大会。各县没有选举省四届人大代表。

山东省第五届人民代表大会代表（1978年共5人）

表2-22

姓名	性别	民族	出生年月	籍贯	文化程度	现任职务
韩保义	男	汉	1933	北京东城区	大专	县医院医师
魏振珂	男					
张国忠	男	汉	1926.3	茌平王老乡	初小	小杨屯村党支部书记
张士忠	男	汉		茌平张楼		支部书记
陶玉荣	女					

山东省第六届人民代表大会代表（1983年共4人）

表2-23

姓名	性别	民族	出生年月	籍贯	文化程度	现任职务
傅昭慈	女	汉	1935.9	山东肥城县	大学	县医院副主任医师
张国忠	男	汉	1926.3	茌平王老乡	初小	小杨屯村党支部书记
张印之	男	汉	1937	茌平博平	初小	养殖专业户
丁　诺	男	汉	1929	禹城	大学	县政府副县长

山东省第七届人民代表大会代表（1988年共5人）

表2-24

姓名	性别	民族	出生年月	籍贯	文化程度	现任职务
马怀进	男	1930.7	汉	茌平广平乡	初中	县人大常委会主任
张国忠	男	1926.3	汉	茌平王老乡	初小	小杨屯村党支部书记
张宗乾	男	1951.11	汉	茌平杜郎口	初中	县毛巾厂设计室主任
傅昭慈	女	1935.9	汉	山东肥城县	大学	县人民医院副院长
王科三	男					

1991年11月12日，县十二届人大常委会举行第九次会议，根据中共省委推荐，选举王怀远为省七届人民代表大会代表。

山东省第八届人民代表大会代表（1993年共5人）

表2-25

姓名	性别	民族	出生年月	籍贯	文化程度	现任职务
张敬涛	男	汉	1950.6	山东沂水县	大专	聊城地委副书记、行署副专员
司文瞻	男	汉	1942.3	山东日照市	大专	原县委副书记县人大主任候选人
徐法水	男	汉	1946.8	茌平冯屯镇	初中	县委副书记兼冯屯镇党委书记
张国忠	男	汉	1926.3	茌平王老乡	初小	县政协副主席、人大常委会委员、小杨屯村党支部书记
傅昭慈	女	汉	1935.9	山东肥城县	大学	县人民医院副院长、县人大常委会委员

山东省第九届人民代表大会代表（1998年共2人）

表2-26

姓名	现任（或原任）职务	性别	出生年月	民族	籍贯	学历	政治面貌
汪文耀	中共茌平县委副书记、县长	男	1954.8	汉	山东临清	大学	中共党员
杨立峰	山东三九味精有限公司董事长兼党委书记	男	1946.1	汉	山东东阿	大学	中共党员

山东省第十届人民代表大会代表（2003年共3人）

表2-27

姓名	现任（或原任）职务	性别	出生年月	民族	籍贯	学历	政治面貌
王伟华	茌平县县委副书记	女	1964.9	汉	山东临清	大学	中共党员
杨立峰	山东三九味精有限公司董事长兼党委书记	男	1946.1	汉	山东东阿	大学	中共党员
刘继军	茌平信发铝业董事长	男	1965.7	汉	山东茌平	大专	非党

山东省第十一届人民代表大会代表（2008年共3人）

表2-28

姓名	现任（或原任）职务	性别	出生年月	民族	籍贯	学历	政治面貌
王伟华	茌平县委副书记、县长	女	1964.9	汉族	山东临清	大学	中共党员
刘继军	山东华信铝业有限公司总经理	男	1965.7	汉族	山东茌平	大专	非党
杨立峰	原山东三九味精有限公司董事长兼党委书记	男	1946.1	汉族	山东东阿	大学	中共党员

山东省第十二届人民代表大会代表（2013年共3人）

表2-29

姓名	现任（或原任）职务	性别	出生年月	民族	籍贯	学历	政治面貌
雷　霞	茌平县委副书记、县长	女	1970.9	汉族	山东阳谷	研究生	中共党员
张　刚	山东信源铝业有限公司总经理	男	1981.1	汉族	山东茌平	大学	非党
刘先斌	山东金号织业有限公司董事长	男	1963.12	汉族	山东茌平	大学	中共党员

五、茌平县选出的历届聊城市人大代表名单

聊城市第十三届人民代表大会代表名单（1988年）

表2-30

姓名	现任（或原任）职务	性别	出生年月	民族	籍贯	学历	政治面貌
丁学启	茌平县孙桥乡丁楼村建材厂厂长	男	1955.4	汉	山东茌平	中专	非党
王树林	茌平县胡屯乡王久村党支部书记	男	1949.7	汉	山东茌平	初中	中共
尹秀凤	茌平县人民医院副院长、主治医生	女	1953.12	汉	山东茌平	大学	中共
石传林	茌平县农委党委书记	男	1947.5	汉	山东茌平	中专	中共
史吉岭	茌平县钢板网厂厂长	男	1956.5	汉	山东茌平	大专	中共
冯淑英	茌平县贾寨乡邢胡刘村妇女主任	女	1948.5	汉	山东茌平	高小	中共
司文瞻	茌平县人大常委会主任	男	1942.3	汉	山东日照	函授大学	中共
吕玉环	聊城烟草分公司工人	女	1950.5	汉	山东冠县	初中	非党
庄桂明	茌平县丁块乡王庙村村委文书	男	1948.10	汉	山东茌平	高中	非党
刘金殿	茌平县赵官屯乡水产站站长	男	1948.10	汉	山东茌平	高中	非党
刘继孟	中共聊城地委党校副校长	男	1945.9	汉	山东临清	大学	中共
刘振录	茌平县计生委党组书记	男	1949.12	汉	山东茌平	大专	中共
许立全	地委委员、中共茌平县委书记	男	1955.5	汉	山东聊城	研究生	中共
孙洪臣	茌平县温陈乡陈庄村党支部书记	男	1960.3	汉	山东茌平	大专	中共
杜存山	茌平县冯屯镇金杜村党支部书记	男	1950.10	汉	山东茌平	中专	中共
杜建中	聊城地区财政局局长	男	1940.11	汉	山东阳谷	大专	中共
李长荣	茌平县肖庄乡朱启虎村党支部书记	男	1945.1	汉	山东茌平	初中	中共
李金豹	茌平县韩屯化工厂厂长	男	1953.6	汉	山东茌平	高中	中共
李春莲	茌平县洪屯乡回民李村妇女主任	女	1950.3	回	山东茌平	初中	非党

续表

姓名	现任（或原任）职务	性别	出生年月	民族	籍贯	学历	政治面貌
杨光祥	茌平县广平乡政府工人	男	1962.6	汉	山东茌平	中专	中共
杨瑞华	茌平县财政局局长	男	1946.7	汉	山东茌平	大专	中共
吴臣远	茌平县乐平镇南大吴村党支部书记	男	1952.7	汉	山东茌平	高中	中共
谷风柱	茌平县畜牧局党组书记	男	1955.12	汉	山东茌平	大学	中共
汪文耀	中共茌平县委副书记、县长	男	1954.8	汉	山东临清	大学	中共
宋保锁	茌平县计划委员会主任	男	1953.4	汉	山东茌平	大专	中共
张立平	茌平县法院政治协理员、审判员	女	1961.8	汉	山东夏津	大学	中共
张兆奎	茌平县郝集乡南张村村委主任	男	1950	汉	山东茌平	初中	非党
张金兰	茌平县菜屯镇菜屯村党支部委员、妇女主任	女	1948.1	汉	山东茌平	初中	中共
张国忠	茌平县冯屯镇小杨屯村党支部书记	男	1926.3	汉	山东茌平	小学	中共
张俊之	茌平县茌平镇政府镇长	男	1963.8	汉	山东茌平	研究生	中共
张春禄	中共聊城地委委员、地纪委书记	男	1945.5	汉	山东聊城	大学	中共
张竞放	聊城地区博物馆副馆长	男	1952.8	汉	山东聊城	大学	民盟
陈希君	茌平县板纸厂党支部书记	男	1954.8	汉	山东茌平	大专	中共
郑衍柱	原地区人大工委主任、党组书记	男	1932.3	汉	山东齐河	初中	中共
侯继唐	聊城地区人大工委主任、党组书记	男	1938.11	汉	山东阳谷	大学	中共
俞　前	聊城地区地级机关党委书记	女	1944.2	汉	山东阳谷	大学	中共
姜曰民	茌平县博平镇人大主席	男	1943.1	汉	山东茌平	中专	中共
徐　莹	茌平县杨屯乡政府乡长	女	1966.6	汉	山东茌平	大学	中共
徐法水	茌平县人大常委会副主任	男	1946.8	汉	山东茌平	中专	中共
殷庆湘	聊城地区人大工委委员、办公室主任	男	1947.8	汉	山东东阿	大专	中共
常振花	茌平县二中教师	女	1964.10	汉	山东茌平	大专	非党
梁宝忠	茌平县交通委员会党委书记	男	1950.11	汉	山东茌平	大学	中共
董金刚	聊城地区行署副专员	男	1947.9	汉	山东阳谷	中专	中共
韩宪增	茌平县孟尝君酒厂厂长	男	1963.9	汉	山东茌平	大专	中共
程曰仓	茌平县大桑乡周庄村村委主任	男	1952.10	汉	山东茌平	高中	非党
翟桂英	茌平县张营乡面粉厂厂长	女	1942.5	汉	山东茌平	高小	非党

聊城市第十四届人民代表大会代表名单（2003年）

表2-31

姓名	现任（或原任）职务	性别	出生年月	民族	籍贯	学历	政治面貌
于长安	聊城市公安局党委书记、局长	男	1950.11	汉	山东临沭	大学	中共
尹慧芹	聊城市政府市长助理、党组成员	女	1950.8	汉	山东莘县	大专	中共
布占祥	聊城市政协副主席	男	1945.11	汉	山东阳谷	大学	中共
时书东	聊城市人大办公室主任	男	1963.12	汉	山东冠县	大学	中共
张春禄	聊城市委副书记、纪委书记	男	1945.5	汉	山东聊城	大专	中共
郑衍柱	原地区人大工委主任、党组书记	男	1932.3	汉	山东齐河	初中	中共
殷庆湘	聊城市人大副秘书长	男	1947.8	汉	山东齐河	大专	中共
殷德荣	聊城市对外经贸合作局局长、党组书记	男	1946.11	汉	安徽来安	大学	中共
董金刚	聊城市政府副市长	男	1947.9	汉	山东阳谷	中专	中共
韩明武	聊城市政府市长助理、党组成员	男	1946.8	汉	山东冠县	大专	中共
侯　军	中共茌平县委书记	男	1963.7	汉	山东莘县	研究生	中共
任晓旺	茌平县人民政府代县长、县委副书记	男	1960.7	汉	山东聊城	大学	中共
司文瞻	茌平县人大常委会主任	男	1942.3	汉	山东日照	函授大学	中共
乌以祥	茌平县政协主席	男	1945.10	汉	山东茌平	中专	中共
周文明	茌平县委常委、县委办公室主任	男	1964.11	汉	山东东昌府	大学	中共
白文儒	茌平县委常委、组织部部长	男	1961.12	汉	山东聊城	大学	中共
徐法水	茌平县人大常委会副主任	男	1946.11	汉	山东茌平	中专	中共
孙新建	茌平县人民政府副县长	女	1950.9	汉	山东茌平	大专	中共
张俊之	茌平县委党校常务副校长	男	1963.8	汉	山东茌平	研究生	中共
张国忠	茌平县冯屯镇小杨屯村党支部书记	男	1926.3	汉	山东茌平	小学	中共
王　彪	茌平县财政局局长	男	1961.7	汉	山东茌平	研究生	中共
尹秀凤	茌平县人民医院副院长、特检科主任	女	1953.12	汉	山东茌平	大学	中共
史吉岭	大地铝化有限公司董事长	男	1956.8	汉	山东茌平	大专	中共
刘庆涛	茌平县天韵黑陶艺术发展公司总经理	男	1964.1	汉	山东茌平	大专	中共
刘金殿	水产养殖专业户	男	1948.10	汉	山东茌平	高中	非党
刘前章	茌平县贾寨卫生院院长	男	1964.6	汉	山东茌平	大学	中共
孙洪臣	茌平县温陈乡陈庄村党支部书记	男	1960.3	汉	山东茌平	大专	中共
杜存山	茌平县冯屯镇金杜村党支部书记	男	1950.10	汉	山东茌平	中专	中共
李金豹	茌平县韩屯化工厂厂长	男	1952.6	汉	山东茌平	高中	中共

续表

姓名	现任（或原任）职务	性别	出生年月	民族	籍贯	学历	政治面貌
李福昌	茌平县胡屯乡面粉厂厂长	男	1964.9	汉	山东茌平	初中	中共
李德禄	茌平县肖庄乡算子李村党支部书记	男	1946.2	汉	山东茌平	初中	中共
杨光祥	茌平县广平乡土地管理所所长	男	1963.6	汉	山东茌平	大专	中共
邹尚普	茌平县乐平镇党委书记	男	1961.10	汉	山东茌平	大学	中共
宋保锁	茌平县环保局局长、党组书记	男	1955.4	汉	山东茌平	大专	中共
初继信	茌平县电业局杨屯供电所所长	男	1964.11	汉	山东茌平	中专	非党
张立平	茌平县法院协理员、纪检组长	女	1961.8	汉	山东夏津	大学	中共
张宏伟	茌平县博平镇中学教师	女	1968.9	汉	山东茌平	大专	非党
张金兰	茌平县菜屯镇菜屯村党支部委员、妇女主任	女	1948.1	汉	山东茌平	初中	中共
张洪霞	茌平县乐平镇计生办工人	女	1977.1	汉	山东茌平	大专	非党
张淑滨	茌平县韩屯乡党委书记	男	1963.5	汉	山东沂南	大专	中共
陈希君	茌平县板纸厂党支部书记	男	1954.8	汉	山东茌平	大专	中共
林家生	茌平县计划发展局局长	男	1953.10	汉	山东茌平	大学	中共
赵培荣	茌平县温陈乡党委副书记	女	1963.1	汉	山东茌平	大学	中共
徐子兴	茌平县农业局局长、党组书记	男	1952.8	汉	山东茌平	大学	中共
蒋保同	茌平县洪屯乡回民李村党支部书记	男	1943.12	回	山东茌平	初中	中共
韩宪增	茌平县孟尝君酒厂厂长	男	1963.9	汉	山东茌平	大专	中共

聊城市第十五届人民代表大会代表名单（2008年）

表2-32

姓名	现任（或原任）职务	性别	出生年月	民族	籍贯	学历	政治面貌
王启让	聊城市人大常委会副主任	男	1948.1	汉族	山东茌平	大专	中共党员
王　强	聊城职业技术学院院长	男	1961.11	汉族	山东菏泽	研究生	中共党员
尹慧芹	聊城市人大常委会副主任、党组成员	女	1950.8	汉族	山东莘县	大专	中共党员
时书东	聊城市人大常委会副秘书长	男	1963.11	汉族	山东冠县	研究生	中共党员
张春禄	原聊城市人大常委会第一副主任	男	1945.5	汉族	山东聊城	大专	中共党员
张爱英	聊城市农业委员会经管处副主任	女	1969.1	汉族	山东莘县	本科	非党
郑衍柱	原聊城地区人大联络组组长、党组书记、工委主任	男	1932.3	汉族	山东齐河	高小	中共党员
郭秀华	聊城市政府副市长	男	1953.3	汉族	山东高唐	本科	中共党员
董金刚	聊城市政府副市长	男	1949.9	汉族	山东阳谷	中专	中共党员

续表

姓名	现任（或原任）职务	性别	出生年月	民族	籍贯	学历	政治面貌
潘太银	聊城市人大常委会副主任	男		汉族			中共党员
任晓旺	茌平县委书记、县人大常委会主任	男	1960.7	汉族	山东聊城	大学	中共党员
王伟华	茌平县委副书记、县长	女	1964.9	汉族	山东临清	大学	中共党员
孙新建	原茌平县人大常委会第一副主任	女	1950.9	汉族	山东茌平	大专	中共党员
许泽英	茌平县委副书记	男	1962.9	汉族	山东聊城	大学	中共党员
白文儒	茌平县委常委、组织部长	男	1961.12	汉族	山东聊城	大学	中共党员
徐　莹	茌平县人大常委会第一副主任	女	1965.7	汉族	山东茌平	研究生	中共党员
殷庆太	原茌平县政协主席	男	1950.12	汉族	山东高唐	大学	中共党员
王文振	茌平县人民法院院长	男	1957.5	汉族	山东聊城	大学	中共党员
王传峰	茌平县振兴街道办事处党委书记	男	1965.1	汉族	山东茌平	大学	中共党员
张国忠	茌平县小杨屯村支部书记	男	1926.3	汉族	山东茌平	小学	中共党员
于素平	山东信乐味精有限公司总经理	女	1963.2	汉族	山东茌平	大学	非党
付立华	茌平县维斯德尔铝业有限公司总经理	男	1972.11	汉族	山东茌平	大专	非党
刘　健	茌平县乐平镇镇长	男	1969.2	汉族	山东茌平	大学	中共党员
刘　强	山东齐鲁味精集团总经理	男	1961.1	汉族	山东齐河	大学	中共党员
刘庆涛	山东省茌平县燃气公司董事长	男	1964.1	汉族	山东茌平	大专	中共党员
杜存山	茌平县冯屯镇金杜村支部书记	男	1950.1	汉族	山东茌平	中专	中共党员
刘明国	茌平县华鲁制药董事长	男	1957.9	汉族	山东茌平	大专	中共党员
刘君之	茌平县土管局局长	男	1956.8	汉族	山东茌平	大专	中共党员
张　刚	山东信源铝业有限公司总经理	男	1981.1	汉族	山东茌平	大学	非党
刘前章	茌平县贾寨中心医院院长	男	1964.6	汉族	山东茌平	大学	中共党员
蒋立勇	茌平县洪屯乡回民李支部书记	男	1973.2	回族	山东茌平	中专	中共党员
王秀清	茌平县肖庄乡人大主席	女	1970.9	汉族	山东茌平	大学	中共党员
单海波	茌平一中校长	男	1964.6	汉族	山东茌平	大学	中共党员
邵景良	茌平县检察院检察长	男	1958.5	汉族	山东聊城	大学	中共党员
杜贾林	茌平县开发区主任	男	1963.9	汉族	山东茌平	大学	中共党员
贾　启	山东华宇氧化铝有限公司总经理	男	1970.9	汉族	山东茌平	大学	中共党员
宋　静	茌平县广平乡乡长	女	1975.3	汉族	山东聊城	研究生	中共党员
史吉岭	茌平县信发木业总经理	男	1956.5	汉族	山东茌平	大学	中共党员
陈希君	茌平县方兴纸业公司总经理	男	1954.8	汉族	山东茌平	大专	中共党员
谢遵华	聊城市中联实业有限公司总经理	男	1970.5	汉族	山东茌平	大学	非党

续表

姓名	现任（或原任）职务	性别	出生年月	民族	籍贯	学历	政治面貌
李金豹	茌平县鲁华化工有限公司总经理	男	1952.6	汉族	山东茌平	高中	中共党员
丁洁卉	茌平县卫生局局长	女	1967.8	汉族	山东茌平	研究生	中共党员
付德军	茌平县圣康食品公司总经理	男	1975.9	汉族	山东茌平	大学	非党
李福昌	茌平县胡屯乡经委主任	男	1954.1	汉族	山东茌平	初中	中共党员
黄淑华	茌平县菜屯南海子村支部书记	女	1963.8	汉族	山东茌平	中专	中共党员
韩宪增	茌平县孟尝君酒业公司总经理	男	1963.9	汉族	山东茌平	大专	中共党员

聊城市第十六届人民代表大会代表名单（2013年）

表2-33

姓名	现任（或原任）职务	性别	出生年月	民族	籍贯	学历	政治面貌
马保杰	聊城市委组织部常务副部长	男	1962.4	汉族	山东冠县	本科	中共党员
马爱忠	聊城市水利局局长	男	1956.4	汉族	山东茌平	本科	中共党员
王改真	聊城市委常委、市总工会主席	女	1956.1	汉族	山东冠县	研究生	中共党员
尹慧芹	聊城市人大常委会副主任、党组成员	女	1950.8	汉族	山东莘县	大专	中共党员
史兆奎	聊城市委党校常务副校长	男	1956.2	汉族	山东聊城	本科	中共党员
时书东	聊城市人大常委会副秘书长	男	1963.11	汉族	山东冠县	研究生	中共党员
张爱英	聊城市农业委员会经管处副主任	女	1969.1	汉族	山东莘县	本科	非党
郑衍柱	原聊城地区人大联络组组长、党组书记、工委主任	男	1932.3	汉族	山东齐河	高小	中共党员
郭秀华	聊城市人大常委会副主任	男	1953.3	汉族	山东高唐	本科	中共党员
郭　剑	聊城市人大常委会副秘书长	男	1958.1	汉族	山东冠县	本科	中共党员
蔡同民	聊城市委常委、市政府副市长	男	1956.6	回族	山东莘县	本科	中共党员
陈秀兴	茌平县委书记、县人大常委会主任	男	1965.3	汉族	山东冠县	研究生	中共党员
雷　霞	茌平县委副书记、县长	女	1970.9	汉族	山东阳谷	研究生	中共党员
冯海亭	茌平县政协原主席	男	1953.11	汉族	山东茌平	大学	中共党员
许兰岭	茌平县委副书记	男	1963.3	汉族	山东高唐	研究生	中共党员
殷守来	茌平县委常委、组织部部长	男	1966.3	汉族	山东莘县	大学	中共党员
王　琦	茌平县委常委、县委办公室主任	男	1963.3	汉族	山东茌平	大学	中共党员
尹海波	茌平县人大第一副主任	男	1963.7	汉族	山东茌平	大学	中共党员
黄鸿义	茌平县人民法院院长	男	1967.5	汉族	山东冠县	大学	中共党员
隋　军	茌平县人民检察院检察长	男	1963.6	汉族	山东文登	大学	中共党员

续表

姓名	现任（或原任）职务	性别	出生年月	民族	籍贯	学历	政治面貌
李泽潜	茌平经济技术开发区管委会主任兼信发街道党委副书记、办事处主任	男	1968.6	汉族	山东聊城	大学	中共党员
于素平	山东信乐味精有限公司总经理	女	1963.2	汉族	山东茌平	大学	非党
付立华	茌平县维斯德尔铝业有限公司总经理	男	1972.11	汉族	山东茌平	大专	非党
邬美忠	茌平县振兴街道办事处党委书记	男	1963.1	汉族	山东茌平	研究生	中共党员
刘　健	茌平县郝集工业园工程师	男	1969.2	汉族	山东茌平	大学	中共党员
刘　健	山东华鲁制药有限公司董事长	男	1985.7	汉族	山东茌平	大学	中共党员
刘　强	山东齐鲁味精集团总经理	男	1961.1	汉族	山东齐河	大学	中共党员
刘庆涛	山东省拉贝骊酒业有限公司总经理	男	1964.1	汉族	山东茌平	大专	中共党员
刘先斌	山东金号织业有限公司董事长	男	1963.12	汉族	山东茌平	大学	中共党员
刘洪涛	聊城天龙集团有限公司总经理	男	1980.8	汉族	山东聊城	大学	非党
杜存山	茌平县冯屯镇金杜村支部书记	男	1950.1	汉族	山东茌平	中专	中共党员
李一功	茌平县国土资源局局长	男	1963.2	汉族	山东茌平	大专	中共党员
李富昌	茌平县胡屯面粉厂厂长	男	1954.1	汉族	山东茌平	高中	中共党员
张　刚	山东信源铝业有限公司总经理	男	1981.1	汉族	山东茌平	大学	非党
张　明	茌平县财政局局长	男	1967.1	汉族	山东茌平	大学	中共党员
张圣余	茌平县韩屯镇明富面粉厂厂长	男	1977.2	汉族	山东茌平	中专	非党
张国忠	茌平县冯屯镇小杨屯村支部书记	男	1926.3	汉族	山东茌平	小学	中共党员
陈　峰	茌平县博平镇党委书记	男	1972.1	汉族	山东茌平	大专	中共党员
单海波	茌平一中校长	男	1964.6	汉族	山东茌平	大学	中共党员
郎玉民	茌平县贾寨乡卫生院院长	男	1962.1	汉族	山东茌平	大专	非党
赵荣涛	茌平县供电公司经理	男	1968.4	汉族	山东茌平	研究生	中共党员
贾　启	山东华宇氧化铝有限公司总经理	男	1970.9	汉族	山东茌平	大学	中共党员
黄淑华	茌平县菜屯南海子村支部书记	女	1963.8	汉族	山东茌平	中专	中共党员
崔其升	茌平县杜郎口镇中学校长	男	1962.11	汉族	山东茌平	大专	中共党员
蒋立勇	茌平县洪屯回民李村支部书记	男	1973.2	回族	山东茌平	中专	中共党员
谢遵华	聊城市中联实业有限公司总经理	男	1970.5	汉族	山东茌平	大学	非党

第二节 茌平县第一届人民代表大会

茌平县第一届人民代表大会任期为1954年7月至1956年10月，任期2年零3个月。任期内共举行6次会议，审议各项报告10项，通过决议64项。审理代表议案970余件。选举出席山东省第一届人民代表大会代表3人。

第一次会议

茌平县第一届人民代表大会第一次会议，1954年7月2日在茌平县城召开。会议应出席代表250人，实际出席代表236人。列席12人。

会议的主要议题：审议并批准1954年茌平县人民委员会工作报告；讨论《中华人民共和国宪法（草案）》；选举出席山东省第一届人民代表大会代表。

会议议程：1.审议政府工作报告；2.讨论当前方针任务；3.传达讨论《宪法》；4.选举出席山东省第一届人民代表大会的代表；5.解答议案。

会议期间，代表认真听取了政府工作报告。大会号召全体代表以主人翁的姿态，对政府工作多提宝贵意见，代表们经过审议，通过政府工作报告。

政府工作摘要：入夏以来，根据上级对防汛防旱的指示精神，县人民政府随即组成防汛防旱指挥部，并设办公室进行工作。7月12日，召开各区农助会议作传达布置。

大会选举李平、李广源、黄金凤（女）为出席山东省第一届人民代表大会代表。

第二次会议

茌平县第一届人民代表大会第二次会议，1954年11月5日至11月10日在茌平县城召开，历时5天。会议应到代表250人，实际出席会议的代表219人，其中男性代表195人，女性代表24人。

会议的中心议题：总结检查5个月来的工作；解决统购统销工作中的认识问题；在社会主义三大改造完成的基础上，部署今冬全县工作；提高一定解放台湾的思想认识和决心。

大会形成11条决议。

第三次会议

茌平县第一届人民代表大会第三次会议于1955年2月10日在茌平县城召开。

会议的中心议题是：听取并审议人民委员会工作报告。讨论通过1955年生产计划，最后大会形成决议。

与会代表选举了县长、副县长、人民法院院长。

选举结果

县　长：肖道明

副县长：周振东　米国斌　杨荣轩

大会共收到代表议案329件，其中建议性的代表议案有284件，占整个议案数的四分之三以上，充分说明全县人民群众管理国家政治事务的积极性高涨。

茌平县第一届人民代表大会第三次会议代表议案解答政法类25件，农田水利19件，财政经济42件，文教卫生11件，党群团14件，代表小组讨论议案解答6件。议案共329件。内有建议性的284件，占整个议案的四分之三以上，这充分证明全县人民群众管理国家政治的积极性大有提高。

第四次会议

茌平县第一届人民代表大会第四次会议，1955年6月29日至7月2日在茌平县城召开。会议应到代表252人，因故缺席的代表93人，实际出席代表159人，列席代表15人。

大会的中心议题是：听取审议茌平县人民委员会工作报告，提出讨论并通过今后工作意见。提出讨论并通过统购统销工作方案。作出相应的决议。

大会收到代表议案201件，建议性的议案有44件，起到了监督政府工作，推动干部作风转变的作用。

第五次会议

茌平县第一届人民代表大会第五次会议于1955年12月26日至12月28日在茌平县城举行，历时3天。

大会预备会议，提请大会通过主席团名单。

主席团名单：

朱新运　荆桂香　马平安　李光溪
李　平　韩秀歧　崔蜀才　李孟春
翟化禹　吴传鼎　刘成义　李斗亭
赵庆云　肖道明　李秀清

大会的议程是：大会主席李秀清致开幕词，山东省第一届人民代表大会代表李平传达省第一届第三次代表大会决议。听取和审议县长肖道明所作《关于为四年超额完成五年农业生产计划》的报告，听取山东省第一届人民代表大会代表黄金凤、李广源作关于以农业生产、互助合作、统购统销、治安镇反为主要内容的下乡视察报告。

第六次会议

茌平县第一届人民代表大会第六次会议于1956年10月17日至10月21日在茌平县城召开。

此次会议是茌平县与博平县合县统称茌平县后召开的第一次人民代表大会。茌平县、博平县合县后代表共计503人，划归高唐、聊城两县代表35人，死亡以及调动未补选的30人，应到代表人数438人，因故未参加的代表84人，实到代表354人。

大会的中心内容是：听取并讨论县长肖道明所作的《1956年上半年政府工作报告》；听取茌平县委书记车一民所作《关于目前国内外形势和当前任务》的报告；听取讨论并通过副县长杨荣所作《关于开展冬季农副业生产运动，争取完成与超额完成第一个五年计划的建议》的报告。这些报告均通过讨论和大会代表发言形成决议。

大会历时5天，收到代表议案390件，有354件在大会期间得到了解答与处理。

第三节　博平县第一届人民代表大会

博平县第一届人民代表大会自1954年6月至1956年2月，任期为1年零8个月，任期内共举行5次会议，审议有关工作报告，通过各项决议，选出出席省人代会的代表3人。

第一次会议

博平县第一届人民代表大会第一次会议，1954年6月30日在博平县城召开，参加会议代表212人。

会议听取审议并通过《博平县人民政府工作报告》和博平县夏征夏购方案；传达讨论《中华人民共和国宪法（草案）》；选举解方（女）、张天虎、李全臣为出席山东省第一届人民代表大会的代表。

第二次会议

博平县第一届人民代表大会第二次会议，1954年11月5日至11月9日在县城召开，出席代表182人，列席代表16人。

代表们听取审议并通过副县长杨荣轩《关于博平县人民政府（7月至10月）工作报告》；听取县委书记徐德辅作的《关于目前形势和任务的报告》；大会商讨秋征秋购和冬季工作；省人大代表张天虎传达省首届人民代表大会决议。县长郭盛禄致闭幕词。

第三次会议

（会议资料缺失）

第四次会议

博平县第一届人民代表大会第四次会议，1955年6月22日至6月24日召开。出席大会的代表共213人。因病因事缺席代表37人。

会议的中心议题：县人民委员会汇报半年工作；布置人民委员会1955年麦征麦购及第三季度粮食统销工作方案；补选代表7名。

大会收到代表议案190条，经系统整理合并为103条。

第五次会议

博平县第一届人民代表大会第五次会议，1955年10月18日至10月21日召开。大会代表共250人，出席会议的代表204人，缺席46人。

大会的中心议题：总结汇报1955年人民委员会工作；总结1955年人民法院工作；讨论审议《1956年、1957年农业生产及合作化》；汇报1955年的征集工作；选举人民委员会县长、副县长、委员、人民法院院长；补选17名代表。

大会选举郭盛录为县长，杨荣轩为副县长，徐德辅、黄遵尧、李德久、仝伯厘、袁素春（女）、谢玉礫、张风鳌、韩季英、于中天、商孝俊、黄绍宇、何庆有、贾丽华（女）为人民委员会委员。

大会收到议案188件。

第四节 茌平县第二届人民代表大会

茌平县第二届人民代表大会任期为1957年1月至1958年2月，任期1年零1个月。任期内共举行3次会议。

第一次会议

茌平县第二届人民代表大会第一次会议于1957年1月14日至1月19日在茌平县党校召开，历时5天。出席会议的代表240人。

会议的中心议题是：审议批准上届人民委员会的工作报告；审议批准1957年工作计划；选举本届人民委员会县长、副县长、委员。

第二次会议

茌平县第二届人民代表大会第二次会议，1957年11月13日至11月17日在茌平县城召开，历时5天。

茌平县第二届人民代表大会的代表共330人。实际出席这次会议代表262人。大会共收到代表议案293件。

大会的中心议题是：听取审议茌平县人民委员会（人民政府）的工作报告，提出今后的工作意见。

大会的主要内容是：听取审议并通过县长张建新所作的《关于1957年工作报告》；听取讨论茌平县委书记李秀清所作的《关于政治形势的报告》；听取法院院长张裕民所作的《关于法院情况的报告》；人民委员会副主任景惠普代表大会秘书处汇总议案处理情况。县委书记李秀清代表大会主席团提名茌平县人民委员会委员名单，大会补选茌平县委统战部部长翟吉尧，茌平县供销社副主任陈伟民为茌平县人民委员会委员。

第三次会议

茌平县第二届人民代表大会第三次会议于1958年2月25日在茌平县城召开。

出席这次人民代表大会的代表239人，列席代表6人，共收到代表议案179件。

大会的主要内容是：听取并审议通过茌平县人民委员会工作报告。审议通过批准县人民委员会关于调整农业社和生产队组织的工作方案。听取县第二届人民代表大会第三次会议审议委员会关于议案整理情况的汇报。最后大会形成决议。

第五节 茌平县第三届人民代表大会

茌平县第三届人民代表大会任期为1958年5月至1961年4月，实际任期2年零11个月。任期内共举行会议2次，审议议题6项，听取和审议各项报告3个，通过决议6项，代表提案326件。

第一次会议

茌平县第三届人民代表大会第一次会议于1958年5月30日在茌平县城召开，6月2日闭幕，历时4天。第三届人民代表大会有代表330人，出席这次会议的代表285人。共收到提案179件。

大会的中心议题是：总结上届人民委员会以来的工作；决定1958年全县工农业生产“大跃进”规划；选举本届人民委员会组成人员、县人民法院院长，选举出席山东省第二届人代会代表。

县长张建新作《关于县人民委员会的工作》报告，报告指出茌平县人民委员会在党的领导下进行的整风运动和反右派斗争，农业生产大跃进以及其他各项工作都取得了伟大成绩。肯定了整风为统帅、农业生产为中心，结合做好工业建设、农税改革、粮食收购以及文教卫生，财政经济等各项工作的方针，号召全县人民团结一致，坚决贯彻执行毛主席提出的“鼓足干劲，力争上游，多快好省地建设社会主义”的总路线。会议听取茌平县委书记徐德辅的政治报告，讨论了关于1958—1962年手工业建设的初步规划和关于农业税制改革和粮食征购工作的方案。

代表们对各项报告开展了讨论，肯定一年来的政府工作成绩，提出建议和意见，通过县长张建新所作的人民委员会工作报告，并作出相应的决议。会议通过无记名投票的选举方式，选举产生本届人民委员会委员、县长、副县长、县人民法院院长。圆满地完成大会的各项任务。

选举结果

县　长：张建新

副县长：杨荣轩　米国彬　岳罗锋

人民委员会委员：

徐德辅　韩全庆　陈伟民　陈月波
苏景云　韩季英　田冰如（女）
崔蜀才　吴传鼎　纪连营　马平安
刘家柱　张延彬　杨光荣　李德全
刘成义　许隆兴　蒋余勉　贾丽华（女）
李亦民　黄金凤（女）　李全臣
王升阳　晓　山（女）

县人民法院院长：李亦民

出席省第二届人民代表大会代表名单：

黄金凤　李全臣　王升阳　晓　山

第二次会议

茌平县第三届人民代表大会第二次会议于1960年1月1日在茌平县城举行，1月4日闭幕，历时4天。收到代表提案147件。

大会的中心议题是：总结1959年县人民委员会的工作，审议通过1960年的工作任务。

会议期间，代表们认真听取审议县长魏公相所作的《关于1959年政府工作总结和1960年工作任务的报告》。报告指出：在上级党的领导下，高举“总路线、大跃进、人民公社”三面旗帜，在1958年跃进的基础上，1959年取得了辉煌的成就。（1）农业生产：全年粮食总产量（包括大豆、薯类）达28925万公斤，较1958年增长23.3%，完成年度计划的95.5%；单产为214.25公斤，比1958年增加54.25公斤；棉花总产皮棉453万公斤，为1958年的105.4%，完成年度计划的71.9%，单产为25公斤，比1958年增加6公斤；花生总产量362.5万公斤，比1958年增加62.5万公斤，完成年度计划的71.4%，单产125.5公斤，比1958年增加81.5公斤。随着农业生产的“大跃进”，林、牧、副、渔多种经济也得到全面迅速的发展。全县大小型林场37处，造林96538亩，植树6700万株；畜牧方面由1958年的55000头增长至15万头；养殖水面15000亩，养鱼6400万尾；各种经营收入6451万元，农副业总产值17717万元。（2）工业生产：工业总产值2702.5万元，比1958年增长212%。在以工农业生产为中心的前提下，财政贸易、交通运输、文教卫生、民政科学等事业都取得了飞跃发展。会议提出了1960年的工作目标：农业生产：保证粮食作物单产400公斤，小麦单产150公斤，争取200公斤，棉花亩产皮棉100公斤，油料单产350公斤。为实现这一目标，一是搞好水利建设、养猪积肥、改良土壤；二是做好田间管理；三是植树造林；四是发展多种经济和副业生产。工业生产：继续贯彻四为、三就、二主、一自的地方工业方针，坚持大小七洋并举，大洋为纲，小土为主的工业发展原则。1960年全县工业总值达到5080万元，为1959年产值的228%，其中县营工业比1959年产值增长300%，公社工业产值比1959年增长150%。

大会充分发扬民主，形成第二次会议决议。圆满完成大会各项任务。

第六节 茌平县第四届人民代表大会

茌平县第四届人民代表大会任期为1961年4月至1963年9月，实际任期2年零5个月。任期内举行会议3次。

第一次会议

茌平县第四届人民代表大会第一次会议于1961年4月1日在茌平县人民委员会会议室召开，大会历时5天，于4月5日下午结束。本届人民代表大会的代表共450人（其中妇女代表114人），出席本次人民代表大会的代表396人。

大会的主要议题是：听取茌平县委书记处书记杨培贞所作的关于目前形势的报告；听取讨论县长刘镜涛所作的人民委员会工作报告；听取陈雪舫所作的法院工作报告；选举产生茌平县人民委员会委员、县长、副县长；补选茌平县人民法院院长。解答人民代表提案；通过了大会决议。

人民委员会工作报告总结了第三届人民代表大会以来的工作，提出1961年的工作目标。报告指出：第三届人民代表大会以来，茌平县遭受了两年的自然灾害，农业生产中粮食、棉花等作物遭遇严重减产，畜牧、副业产量均有减少，并且以农产品为原料的轻工业也都受到影响，给人民生活造成很大困难。工业生产由于贯彻“一整套两条腿走路”方针，得到连续跃进，并大力支援了农业生产和水利建设。文教和卫生工作得到较大发展：中学（包括师范）由1957年的5处发展至1960年的20处，小学由1957年的718处发展到1960年的804处；卫生工作1958年全县共有医院3处，1960年发展到19处。经过全县人民坚持不懈的斗争，目前灾情已大有好转，但是由于灾情严重，还需要我们继续艰苦深入细致扎实地工作。

1961年，我们的任务是：再接再厉，争取在较短的时间内战胜灾荒，克服困难，把农村的不好形势全部转变过来，争取1961年农业达到应有的丰收。为完成这一任务，我们要做好以下几项工作：一是以生产救灾工作为中心，树立以农业为基础的思想，认真贯彻执行党中央的政策，特别是关于农村人民公社十二条政策，积极采取有效措施，从实际出发，走群众路线，切实解决劳力、畜力、工具、种子、肥料、水利、资金等实际问题；二是发动群众、组织力量、大办农业、大办粮食、争取丰收；三是继续发展工业生产，大力支援农业；四是做好财贸工作，改善某些商品的供应情况，保证市场稳定；五是做好交通运输工作，为生产救灾和农业生产提供运力保障；六是做好文教、卫生、科学技术等工作，更好地为工农业生产服务；七是大办民兵，加强民兵建设；八是深入开展整风运动，帮助干部提高政治思想水平，改进工作方法和工作作风。

会议期间，全体代表以主人翁的态度，认真审查人民委员会的工作报告，提出很多宝贵建议；在充分发扬民主的基础上，全体代表以严肃认真的态度选出县人民委员会委员22人、选出县长1人，副县长6人。这次大会共收到提案543件，大会组织有关部门37人直接和代表见面，基本做到案案有着落，事事有交代。

选举结果

县　长：刘境涛

副县长：耿兴华　米国彬　武中景
　　　　翟继尧　岳洛峰　陈月波

人民委员会委员：

徐　光　吉丙先　刘常凤（女）　周子光

李德全　苏景云　田冰如（女）

姜各卿（女）　吴桂兰（女）

杨光荣（女）　蒋余勉　黄晋三

刘家柱　于广四　王玉礼　刘成义

吴传鼎　崔蜀才　纪连营　周木舟

许隆兴　陈雪舫

县人民法院院长：陈雪舫

主席团成员、秘书长名单：

耿兴华

秘书长：翟继尧

代表资格审查委员会：

主席委员：陈北辰

议案审查委员会：

主任委员：刘长风

第二次会议

茌平县第四届人民代表大会第二次会议于1961年6月在茌平县县城召开。

大会听取人民委员会的工作报告，处理代表提案。

第三次会议

茌平县第四届人民代表大会第三次会议于1962年3月5日在茌平县城召开。

大会听取茌平县人民委员会的工作报告。报告指出：自1961年6月本县第四届人民代表大会第二次会议后，全县遭受了历史上前所未有的大涝灾。从1960年8月至1961年6月遭受长达11个月的长期干旱，从1961年7月至1961年年底连续降雨47次。为前所未有的特大自然灾害，农业遭受严重减产。灾害不仅给全县人民生产和生活上造成极大困难，而且对全县各项工作带来很多不利条件，这半年来的工作一直是在不断地与自然灾害作斗争的情况下进行的。全县人民坚定不移地贯彻执行“生产自救”方针，积极开展生产自救运动，在国家和兄弟地区的关怀和支援下，通过雨后排水抢救，发动群众抢种，全民动员收拾柴草，采集替代食品。入冬后开展生活安排大排查和疾病治疗等生产生活自救工作，扭转了局面。1962年是争取实现中央提出的国民经济建设七年至十年长远计划的关键年，全县的任务是：抓思想鼓干劲、抓生活促生产，抓好春耕，大力发展农业，全年指标是粮食总产7275万公斤；棉花总产84万公斤，花生总产119万公斤；芝麻总产10万公斤。为确保上述任务的实现，要做好以下几项工作：一是抓思想鼓干劲，继续深入开展社会主义教育树立搞好生产的信心和决心；二是抓生活促生产，帮助困难队，坚持对困难户的定期检查和包干制度，加强疾病治疗做好传染病预防工作，并搞好粮食运输和计划用粮工作；三是落实以小队为基础，分配包干，按劳分配加照顾的三项政策；四是加强组织领导，狠抓困难单位。

大会最后形成决议，生产自救，度过灾荒。会后，各位代表分赴各地，宣传贯彻大会精神，开展全县性的生产自救活动。

第七节　茌平县第五届人民代表大会

茌平县第五届人民代表大会任期为1963年9月至1966年5月，实际任期2年零8个月。任期内举行会议2次，审议议题6项，听取和审议各项报告6个，通过决议66项，代表提案656件，选举出参加山东省第三届人民代表大会的代表4名。

第一次会议

茌平县第五届人民代表大会第一次会议于

1963年9月27日在茌平县城举行。大会历时5天，10月1日闭幕。出席这次代表大会的代表251人，收到代表提案303件。

这次大会的中心议题是：听取和审议上届人民委员会的工作报告，审议1962年财政决算和通过1963年财政预算的报告；听取和审议县人民法院的工作报告；选举本届茌平县人民委员会的委员、县长、副县长、县人民法院院长；选举出席山东省第三届人民代表大会代表；通过本届人民代表大会的决议。

会议上，代表们听取副县长耿兴华所作的《茌平县人民委员会工作报告》，副县长岳洛峰所作的《关于茌平县1962年财政决算和1963年财政预算（草案）》的报告，张风鳌所做的《关于茌平县人民法院工作报告》，提案审查委员会《关于提案审查结果的报告》。报告后，代表们开展了认真的讨论，审议并通过各项报告，并作出相应的决议。县人民委员会报告总结了一年半的政府工作，提出今后的工作建议。报告指出，一年多来全县人民在党中央和毛主席的领导下，战胜自然灾害，克服各种困难，开展生产自救、增产运动，在农业生产和各项工作上取得巨大成绩。（1）农业生产：粮食总产达到4595.5万公斤，比1961年增长2.5倍；棉花22.5万公斤，增长7倍；油料17.4万公斤，增长1.8倍；小麦总产达到2750万公斤，比去年增长2.2倍。同时，社员生活水平也有了显著提高，生产力得到较快恢复发展，防旱排涝能力有所增强。（2）财贸部门供应生产工具53万件，运输工具5000多辆，农药67.5万公斤，化肥41万公斤，耕畜1960头，票证供应物资由50多种下降至12种，保证了人民生活的基本需要。（3）文教系统：经过中小学的调整精简，提高了教学质量和升学率，向农业战线输送了大批知识青年，恢复和发展了民办教育和业务教育；对基层卫生组织进行整顿，提高医务人员的政治觉悟和医疗技术，积极开展群众性的预防运动，保证人民健康。会议提出发展农业生产五年规划：到1967年，粮食面积缩小到80万亩，单产提高到125公斤，总产1亿公斤；棉花由13万亩扩大到30万亩，亩产皮棉25公斤，总产750万公斤，比今年预计增长3倍，除去自留棉，向国家交售1420万斤，换回的现金，每户合到140元；花生由1万亩扩大到8万亩，单产150公斤，总产1200万公斤，比1963年增长16倍；以粮、棉、油为中心，带动林、牧、副、渔全面发展。到1967年，每人占有粮250公斤，钱100元，两户3头猪，10只鸡，60%的土地机耕化，30%的土地水利化。1964年的工作目标为：粮田82万亩，单产100公斤，总产8600万公斤；棉花24万亩，单产17.5公斤，总产420万公斤；花生4万亩，单产100公斤，总产400万公斤。为达到这个目标，要做好如下几方面工作：继续深入进行社会主义教育，提高全县人民的阶级觉悟；继续学习“六十”条，认真贯彻执行党在农村的方针政策；继续贯彻勤俭办社、民主办社方针，改善经营管理；搞好征购分配和生产救灾工作；从上到下，发动群众，对1963年的农业生产进行一次全面总结；充分发扬民主，走好群众路线；政府各部门，围绕农业生产，积极搞好业务工作。

会议以无记名投票的方式，选举产生本届人民委员会委员、县长、副县长、县人民法院院长和出席山东省第三届人民代表大会的代表4名。

选举结果

县　长：席广师

副县长：耿兴华　胡廷端　岳洛峰

人民委员会委员：

王秀山　张保群　张延水　周子光

李成禄　李贵亭　田冰如（女）

刘家柱　杨光荣（女）　张风鳌

崔蜀才　樊子明　许隆兴　纪连营

蒋余勉　刘成义　吴传鼎

县人民法院院长：张风鳌

出席省第三届人大代表：

晓　山（女）王汉卿　王升阳　李全臣

主席团成员名单：

田冰如　刘承以　蔡余勉　席广师

胡廷端　李承禄　崔蜀才　许隆兴
纪连营　岳洛峰　张启江　张保群
刘家柱　刘常风　王秀山　赵焕之
李承明　耿兴华　樊子明　张风鳌

代表资格审查委员会名单：

主任委员：程学彦

委员：周子光　吕言喜　李承明　杨光荣

议案审查委员会名单：

主任委员：谢吉惠

委员：孟兆居　宋洪祥　王英瑞　杨兆英

预决算审查委员会名单：

主任委员：景惠普

委员：李贵亭　李运昌　吴传鼎　朱宝成

第二次会议

茌平县第五届人民代表大会第二次会议于1964年7月6日举行，大会历时4天，7月9日闭幕。

这次大会的中心议题是：听取和审议人民委员会的工作报告，审议1963年财政预算和通过1964年财政预算的报告，通过大会决议。

会议上，代表们听取副县长胡廷端所作的《茌平县人民委员会工作报告》，听取《关于茌平县1963年财政预算和1964年财政预算（草案）》的报告。县人民委员会报告总结了五届一次人代会以来的政府工作和今后6个月的工作建议。报告指出：过去的8个月中，通过开展社会主义教育和"五反"运动，帮助人民群众划清了敌我界限，巩固了贫下中农优势，提高了生产积极性，转变了基层干部工作作风，党政机关人员也受到一次奉公守法、全心全意为人民服务的教育。同时，推动茌平县农业生产面貌发生了显著变化：治理10万余亩涝洼地，修建大量的水利工程，增强了防洪抗涝能力，保证了农业丰收；工业交通、财贸和文教工作都得到发展。今后6个月的目标是：在小麦丰收的基础上，开展一个全县秋季增产竞赛运动，争取实现和超额完成全年生产计划。围绕秋季增产竞赛要做好以下几方面工作：继续深入开展社会主义教育运动，围绕秋季增产运动，搞好全民思想发动；进一步开展比学赶帮运动，加强劳动管理；进一步改进机关工作，支持农业生产；以高标准要求搞好田间管理；搞好水利建设，预防旱涝灾害；建立专业积肥队伍，大抓肥料；搞好多种经营，促进发展。

报告结束后，代表们进行认真的讨论，审议并通过各项报告，大会作出相应的决议。7月9日下午，县长席广师向大会解释说明副县长因工作调动补选的意见，经大会主席团讨论，提名赵传三为副县长人选，代表进行酝酿并选举通过。大会由县长席广师致闭幕词。

主席团成员、秘书长名单：

王秀山　杨光荣　赵传三　刘家柱
周子光　李承明　岳洛峰　蒋余勉
岳重俭　纪连营　胡廷端　席广师
耿兴华　徐永兴　张保群　张其江
崔蜀才　赵焕之　樊子明　张风鳌
李承禄

大会秘书长：赵焕之

第八节　茌平县第六届人民代表大会

茌平县第六届人民代表大会自1966年5月至1967年3月实际任期10个月。届内举行会议1次，审议议题4项，听取和审议各项报告6个，通过决议1项。

第一次会议

茌平县第六届人民代表大会第一次会议于1966年5月1日至4日在茌平县招待所召开，会期4天。出席会议的代表275人。大会秘书处分设：秘书股、行政股、总务股、文印股。

大会的中心议题是：听取和审议茌平县人民委员会工作报告；审议茌平县1965年财政决算和1966年财政预算（草案）的报告；听取和审议县人民法院工作报告；选举本届人民委员会委员、

县长、副县长、县人民法院院长。

4月30日上午召开茌平县第六届人民代表大会第一次会议预备会。会上听取由李然纲代表县选举委员会所作的关于茌平县第六届人民代表大会筹备情况的报告；讨论通过主席团名单；召开主席团会议；通过大会秘书长，副秘书长名单、代表资格审查委员会名单、预决算审查委员会名单、主席团轮流值日名单。

茌平县第六届人民代表大会第一次会议于4月30日上午开幕。中共茌平县委书记王秀山作关于形势的报告；听取县委副书记、县长席广师所作的关于人民委员会工作的报告，报告总结了1965年的工作情况：全县人民在党中央及各级党和政府的领导下，高举毛泽东思想红旗，以阶级斗争、两条道路斗争为纲，在农业生产、工业生产、财政、教育等工作上取得了很大成绩。（1）农业单产和总产比1964年分别增长41.5%和16.7%。（2）工业生产，超额完成全年计划，产品增加，质量提高。（3）财贸工作，农副产品收购总值比1964年增长26.1%；市场情况日趋繁荣，上市物资增多，价格稳定。（4）教育工作，全县共建农业中学49处，耕读小学733处，入校学生共达23462人，加上全日制学校，入校儿童占适龄儿童的90.8%。（5）卫生工作，服务重点转向农村。建立农村医疗室401个，培训不脱产的防疫员3042名，疟疾发病率比1964年下降66.5%，人口出生率比1964年下降10.1‰。报告提出1966年的工作任务：贯彻“备战、备荒、为人民”的第三个五年计划工作方针，高举毛泽东思想伟大红旗，以阶级斗争和两条道路斗争为纲，三大革命一起抓，攻克1.4亿公斤粮食，25.6万担棉花两个“高地”，使农、林、牧、副各方面都有更大发展，实现地委“三双一不”的要求。

会议还听取审议了副县长胡廷端所作的关于茌平县1965年财政决算和1966年财政预算（草案）的报告、李玉山所作的法院工作报告；李然纲所作的代表资格审查报告。会议还听取王玉林代表关于民兵工作的发言；李承明代表关于突出政治大学毛主席著作的发言；田冰如代表关于妇女工作的发言；刘国梅代表关于青年工作的发言。经代表讨论，大会审议通过了各项报告，并作出相应决议。

会议采取联合提名和单独提名相结合的方式，选举产生本届人民委员会委员、县长、副县长、县人民法院院长。当选副县长烟朋友致辞，副县长弓煦德致闭幕词，大会于1966年5月4日闭幕。

选举结果

县　长：席广师

副县长：弓煦德　胡廷端　烟朋友　岳金英

委　员：王秀山　吴　英　林光增　彭彩莲

宋茂娟　杨光荣　许光乾　马新英

徐翠平　张风鳌　崔蜀才　樊子明

许隆兴　董延坤　纪连盈　岳洛峰

韩相英　朱忠信

县人民法院院长：李玉山

主席团成员、秘书长、副秘书长名单：

主席团成员（共31人）

王秀山　席广师　弓煦德　胡廷端　烟朋友

岳洛峰　彭彩莲　吴　英　谢玉牒　崔蜀才

李承明　杨光荣　董延坤　李然纲　林光增

王永申　张风鳌　宋来荣　汝作民　朱忠信

岳金英　赵焕之　王吉孔　张建华　王青云

马宪才　林东成　路广友　李国范　马怀进

王朝聚

秘书长：赵焕之

副秘书长：景惠普

代表资格审查委员会名单：

耿兴华　谢国保　李然纲　汝作民

王传印　王兰英　武家行

财政预决算审查委员会名单：

景惠普　龚曰东　林光增　胡廷端

李国范　张国忠　李运昌

第九节 茌平县第七届人民代表大会

茌平县第七届人民代表大会自1967年3月至1978年4月，实际任期11年。自这次大会开始的11年期间，茌平县组织机构受到严重的冲击和破坏，人民的权利受到了严重的剥夺，人民代表大会停止了一切活动。这一阶段，没有召开人民代表大会，由革命委员会代行政府职责。根据1978年3月五届全国人大一次会议通过的宪法第37条规定“地方各级革命委员会，即地方各级人民政府是地方各级人民代表大会的执行机关，是地方各级行政机关”的表述，县革命委员会作为一届政权。

第一次会议

茌平县第七届人民代表大会第一次会议于1967年3月17日在茌平县东风会堂召开。这次大会的目的是“无产阶级革命造反派”夺取茌平县委、县人民委员会的党、政、财、文大权。

会上宣读了《茌平县革命委员会成立宣言》；发表《茌平县革命委员会告全县人民书》；宣读茌平县革命委员会第一号通知；公布《关于茌平县成立革命委员会生产指挥部的通知》《关于公布茌平县文化革命小组成员的通知》；建立了由革命军人、革命干部、革命群众代表组成的“三结合”的茌平县革命委员会。县人武部部长孙树森被选为主任，袁耀明、高春魁、金庆岱、王毓林、朱桂成为副主任。选举常委31名。县革命委员会下设政治部、生产指挥部和办公室。县革命委员会成立后，各系统原常设机构被迫取消。3月16日，召开“无产阶级革命派”代表大会，军队支左人员和造反组织的代表参加大会，历时32天，改组了茌平县革命委员会。

第十节 茌平县第八届人民代表大会

根据1978年《关于县第八届人代会有关问题的几点意见》一文中所提，“根据上级指示，我们县文化大革命中建立的革命委员会是一届政权。因此，这次召开县人代会，应作为第八届”。这次会议是粉碎“江青反革命集团”、“文化大革命”结束后，根据宪法规定和山东省委、聊城地委的指示，经县委研究决定召开的。茌平县第八届人民代表大会自1978年5月至1981年12月，实际任期3年零7个月。任期内举行会议1次，审议议题2项，听取审议各项报告2个，通过决议2项。

出席山东省第五届人民代表大会代表名单：
韩保义　魏振珂　张国忠　张士忠　陶玉荣

第一次会议

茌平县第八届人民代表大会第一次会议于1978年5月1日在茌平县招待所举行。出席大会的代表607人。大会的中心议题是：学习新《宪法》、学习华国锋在五届全国人大会议上的政府工作报告；讨论审议茌平县革委会工作报告和建设大寨县规划的报告；选举茌平县革命委员会成员、县人民法院院长、县人民检察院检察长。组织参观，男代表参观电厂、化肥厂，女代表参观毛巾厂。大会秘书处分设秘书、组织、会务、宣传、卫生保卫5个组。

茌平县第八届人民代表大会第一次会议5月1日上午召开预备会，决定成立人代会党组，以代表团为单位召开党员会，建立党支部，进行党员教育。会议通过主席团名单、秘书长、副秘书长名单，通过代表资格审查委员会名单、会议议程，听取汝作民所作的代表资格审查报告。

茌平县第八届人民代表大会第一次会议于5月1日下午开幕。会议由县委副书记、县革委会副主任郭思贤致开幕词，听取县委书记、县革委会主任管春梅所作的《县革命委员会工作报告》。报告分析全县的革命生产形势，揭发批判“江青反革命集团”反革命修正主义路线的极右实质及其在全县的表现，总结了全县政权建设的经验教训。报告指出：经过无产阶级“文化大革命”，全县各条战线都发生了很大的变化，出现新的局面。农业学大寨、工业学大庆的群众运动蓬勃开展，出现新的跃进局面，通过狠抓农田基本建设，生产条件有很大改变，抵御自然灾害的能力大大增强，农用机械不断增加，农业用电从无到有。多种经营有较大的发展，到1977年，全县多种经营收入达2900万元。报告提出1978年的工作要求：粮食过“黄河”，总产17500万公斤。棉花单产20公斤，力争30公斤，总产88000担，力争132000担。花生、油菜总产1000万公斤。力争贡献粮食1500万公斤，棉花12万担。养猪力争上“纲要”，每户两头半。植树2000万棵，每人50棵。多种经营收入每人平均40元。工业总产值5000万元。为实现达到这一奋斗目标，做好以下几方面的工作：第一，大力宣传贯彻新时期的总任务和新宪法，建立起安定团结的良好秩序，促进各项社会主义事业的发展；第二，将揭露“江青反革命集团”的斗争进行到底；第三，加快步伐，高速度地把农业搞上去；第四，深入开展工业学大庆的群众运动搞好工业生产；第五，大力发展社会主义教育、科学、卫生、文化事业；第六搞好政权建设。

会议还听取了王宪章作的《茌平县1985年建成高标准大寨县的规划》的报告。会议期间代表们进行认真讨论，审议通过各项报告并作出相关决议。会上还学习新《宪法》、学习华国锋在五届全国人大上的政府工作报告。

选举结果

革委会主任：管春梅

副主任：王宪章　姜维村　张国忠　赵传三
　　　　张希圣　刘国芳　赵焕之

县人民法院院长：马墨汉

县人民检察院检察长：汪培杰

会议由烟朋友致闭幕词，大会于1978年5月4日闭幕。

主席团常务主席、秘书长、副秘书长名单：

管春梅　王宪章　郭思贤　张金贵　烟朋友
贾克礼　汝作民　张国忠　姜维村　赵传三
刘国芳　张希圣　赵焕之　商孝俊　张长仁
（以下按姓氏笔画为序）
丁先成　于学孟　马庆云　马怀进　马宪才
马裕民　马墨汉　王希珍　石传林　冯永常
冯奎英　吕洪梅（女）　刘曰辰　刘吉德
刘朝元　许子彬　许光前　李凤章（女）
李恒堂　李殿银　杨中汉　杨兆田　杨培江
杨景辰　吴伯平　宋怀成　宋茂林　张友芳
张兴义　徐盛昌　岳秀英（女）　金庆岱
周铭光　胡言义　胡廷端　柳春高　徐宝琪
徐墨之　高继舜　贾法俊　索荣申　耿兴华
常修歧　崔蜀才　曹尚城　曹力华（女）
谢吉惠　麻玉芝（女）　程学彦
彭彩莲（女）　韩文兴　韩全庆　蒋保太
裴光泽

秘书长：郭思贤

副秘书长：汝作民　商孝俊　赵焕之
　　　　　张长仁

各代表团团长、副团长名单：

城关代表团：团　长：金庆岱
　　　　　　副团长：曹尚城
杜郎口代表团：团　长：刘曰辰
　　　　　　副团长：常绪胜
郝集代表团：团　长：马庆云
　　　　　　副团长：王守义
卅铺代表团：团　长：马怀进
　　　　　　副团长：杜正江
韩集代表团：团　长：许子彬
　　　　　　副团长：刘永常
广平代表团：团　长：韩文兴
　　　　　　副团长：张士忠
赵屯代表团：团　长：常修歧
　　　　　　副团长：陈秋成
王老代表团：团　长：李殿寅
　　　　　　副团长：张国忠
冯屯代表团：团　长：张兴义
　　　　　　副团长：孙贞庆

胡 屯 代 表 团：团　长：高继舜
副团长：陶思胜
韩 屯 代 表 团：团　长：王希珍
副团长：李贵玉
菜 屯 代 表 团：团　长：杨景辰
副团长：李爱兰
贾 寨 代 表 团：团　长：石传林
副团长：袁文开
杨 屯 代 表 团：团　长：贾法俊
副团长：王同生
洪 屯 代 表 团：团　长：胡言义
副团长：安寿祥
肖 庄 代 表 团：团　长：柳春高
副团长：许风图
博 平 代 表 团：团　长：杨兆田
副团长：张风林
丁 块 代 表 团：团　长：徐宝琪
副团长：阎庆祥
温 陈 代 表 团：团　长：索荣申
副团长：冯尚志
工 交 代 表 团：团　长：韩全庆
副团长：徐墨之
财 贸 代 表 团：团　长：陈盛昌
副团长：吴伯平
文教卫生代表团：团　长：裴光泽
副团长：于　涛
解放军代表团：团　长：于学孟
副团长：周铭光
县委机关代表团：团　长：程学彦
副团长：许光前
革委机关代表团：团　长：杨培江
副团长：张化江

第八届人民代表大会党组名单

管春梅　王宪章　郭思贤　张金贵
烟朋友　贾克礼　汝作民　张国忠
刘国芳　张希圣　赵传三　赵焕之
商孝俊　张长仁

第八届人民代表大会代表团党支部成员名单

城关代表团党支部：书　记：金庆岱
副书记：曹尚城
支委：谢家顺　魏振珂　晁岱金
杜郎口代表团党支部：书　记：刘曰辰
副书记：常绪胜
支委：张习甲　张吉明　杜恕明
郝集代表团党支部：书　记：马庆云
副书记：王守义
支委：刘玉珍　杨存道　杨书廷
卅铺代表团党支部：书　记：马怀进
副书记：杜正江
支委：石文明　明学峰　尚连兴
韩集代表团党支部：书　记：许子彬
副书记：刘永常
支委：陶勇庆　王玉珠
广平代表团党支部：书　记：韩文兴
副书记：张士忠
支委：豆兴山　高庆祥　李传洪
赵屯代表团党支部：书　记：常修歧
副书记：陈秋成
支委：陈庆明　左培臣　吴瑞生
王老代表团党支部：书　记：李殿寅
副书记：张国忠
支委：李凤章　吕培录　杜太振
冯屯代表团党支部：书　记：张兴义
副书记：孙贞庆
支委：马洪臣　徐长信　史仰生
胡屯代表团党支部：书　记：高继舜
副书记：陶思胜
支委：邢玉生　娄陪端　王玉荣
韩屯代表团党支部：书　记：王希珍
副书记：李贵玉
支委：王兆歧　李连红　刘吉友
菜屯代表团党支部：书　记：杨景辰
副书记：李爱兰
支委：何秀成　时殿富　任双业
贾寨代表团党支部：书　记：石传林

副书记：袁文开
支委：范福全 邢富玉 郎子勤
杨屯代表团党支部：书 记：贾法俊
副书记：王同生
支委：刘春生 吴木春 桑子元
洪屯代表团党支部：书 记：胡言义
副书记：安寿祥
支委：朱庆珍 蒋保太 范泽之
肖庄代表团党支部：书 记：柳春高
副书记：许风图
支委：冯永常 师恩山 李登海
博平代表团党支部：书 记：杨兆田
副书记：张风林
支委：崔光廷 谢家常 贾孟阁
丁块代表团党支部：书 记：徐宝琪
副书记：阎庆祥
支委：张士才 马汝臣 李泽选
温陈代表团党支部：书 记：索荣申
副书记：冯尚志
支委：薛成全 付丙常 耿玉生
工交代表团党支部：书 记：韩全庆
副书记：徐墨之
支委：马宪才 兰好堂 邹清奎
财贸代表团党支部：书 记：陈盛昌
副书记：吴伯平
支委：谢吉惠 杜恕端 刘吉德
文教卫生代表团党支部：书 记：裴光泽
副书记：于 涛
支委：任宪珠 杨吉昌 牛子坤
解放军代表团党支部：书 记：于学孟
副书记：贾克礼
周铭光
县委机关代表团党支部：书 记：程学彦
副书记：许光前
支委：马默汉 宋怀成 彭彩莲
革委机关代表党团支部：书 记：杨培江
副书记：张化江
支委：李恒堂 宋茂林 张风清

第八届人民代表大会代表资格审查委员会名单
郭思贤 汝作民 张国忠 徐墨之
商孝俊 赵焕之 张长仁

第十一节 茌平县第九届人民代表大会

茌平县九届人民代表大会自1981年12月至1984年9月，任期2年零9个月。届内举行会议2次，审议议题10项，听取审议各项报告10个，通过决议10项，代表提案，建议、批评和意见291件。本届人民代表大会依法设立茌平县人大常委会。选举出席山东省第六届人民代表大会代表4人。

第一次会议

茌平县第九届人民代表大会第一次会议于1981年12月9日至12月13日在县招待所举行，会期5天。这次大会是在党的十一届三中全会方针指引下，全国人民同心同德，向着社会主义“四个现代化”宏伟目标胜利进军的大好形势下召开的。出席本届人民代表大会的代表222人。全体政协委员和部分部、委、办、局的负责人列席会议。

这次大会的主要议题是：听取、审议并批准县革命委员会的工作报告；听取、审议并批准县革命委员会关于1980年县财政决算和1981年县财政预算执行情况的报告；听取和审议县人民法院、县人民检察院的工作报告。根据《中华人民共和国地方各级人民代表大会和地方各级人民政府组织法》的规定，设立茌平县人民代表大会常务委员会，选举人大常务委员会的主任、副主任和委员；茌平县革命委员会改名为茌平县人民政府；选举县人民政府县长、副县长，选举县人民法院院长、县人民检察院检察长。

茌平县第九届人民代表大会第一次会议于12月9日上午召开预备会，会议听取县委副书记黄遵尧所作的关于《茌平县九届人民代表大会第一次会议筹备情况》的报告；选举大会主席团、秘书长；通过大会议程；通过代表资格审查委员会名单；通过提案审查委员会名单；通过选举办法；推选各代表团团长、副团长名单；召开代表资格审查委员会会议。下午召开主席团第一次会议，推选常务主席和主席团分组；决定大会副秘书长；通过代表资格审查报告；通过列席人员名单；通过大会日程。

12月10日上午茌平县第九届人民代表大会第一次会议开幕，茌平县委书记郑衍柱致开幕词，代表们听取赵焕之所作的《茌平县第九届人民代表大会代表资格审查报告》；县委副书记梁子英代表县革命委员会所作的《关于茌平县革命委员会工作报告》，报告指出十一届三中全会以来，茌平县出现了安定团结、生动活泼的政治局面。澄清了干部群众的思想理论是非，对毛泽东思想的历史地位有了正确的认识。与1978年相比，农业收入达到9809万元，增加4460万元，棉花产量增加28.33万担，社员人均分配增加72元，集体积累增加1300多万元，新中国成立以来第一次还清当年贷款，又归还陈贷151万元。1980年工业生产完成5420多万元，比1978年增长近1000万元，县社工业实际净盈利344.9万元，1978年增长51%。报告提出了下一步的工作任务：巩固稳定经济的成果，继续保持财政、信贷的收支基本平衡和物价的基本稳定，努力提高经济效益，要求工农业总产值的增长速度提高到4%，并在执行中力争超过，使国民经济的发展速度比1981年高一点。茌平县1982年的任务是在农业上，调整好粮食和棉花、农业和林牧副渔、积累和消费等比例关系，花大气力，重点抓好棉花，开创一个全面发展、五业兴旺的崭新局面。

会议还听取了财政局局长周生达所作的《关于1980年财政决算和1981年财政预算执行情况的报告》；张友芳所作的《茌平县人民法院工作报告》，检察院检察长汪培杰所作的《茌平县人民检察院工作报告》。经代表审议，会议批准各项报告，并作出相应决议。

在充分发扬民主的基础上，大会以无记名投票方式，选举产生茌平县第九届人民代表大会常务委员会主任、副主任、委员，选举产生茌平县人民政府县长、副县长、茌平县人民法院院长、县人民检察院检察长。

选举结果

茌平县人大常务委员会

主　任：黄遵尧

副主任：贾克礼　赵传三　韩全庆　程学彦　马汝学

委　员：孙贺庆　李风章　陈守仁　张玉鹏　张国忠　杜金芳（女）　傅昭慈（女）

茌平县人民政府

县　长：梁子英

副县长：马怀进　丁　诺　陈盛昌　宋茂林　徐宝琪

茌平县人民法院院长：张友芳

茌平县人民检察院检察长：汪培杰

第二次会议

茌平县第九届人民代表大会第二次会议于1983年1月20日至1月23日在茌平县招待所举行，会期4天。

县人大常委会提请县委批准，设立大会筹备委员会及办公室。县委书记、县人大常委会主任黄遵尧任筹备委员会主任，马清晨、贾克礼、赵焕之任副主任，贾克礼兼办公室主任，索荣申、金庆岱、于风兴、桑士勤任办公室副主任。办公室下设组织、秘书、宣传、后勤4个组。

出席这次大会的代表共236人。省人大代表和全体政协委员及各委、办、局的主要负责人列席会议。

这次会议主要议题为：听取审议县人大、政府、财政、计划、法院、检察院工作报告，选举出席山东省第六届人民代表大会代表。

茌平县第九届人民代表大会第二次会议于1月20日上午召开预备会议，县人大常委会副主任贾克礼报告了大会筹备情况，通过大会主席团成员、秘书长名单；通过大会议程；通过提案审查委员会主任委员、副主任委员、委员名单；通过增补代表资格审查委员会副主任委员名单；通过选举山东省第六届人民代表大会代表办法。召开党员代表会议，县委副书记马清晨代表县委作动员讲话。

茌平县第九届人民代表大会第二次会议于1983年1月21开幕，由人大常委会主任黄遵尧主持。

大会听取和审议茌平县人民政府副县长马怀进所作的《政府工作报告》。报告指出：一年以来，根据党中央、国务院和上级党委、政府的部署，在县委的直接领导下，政府工作坚持四项基本原则，进一步清除“左”的影响，继续贯彻国民经济调整的方针，大力加强社会主义物质文明和精神文明建设，整顿社会治安，打击经济领域和政治文化领域的犯罪活动，安定团结的政治局面更加巩固，国民经济稳步健康地向前发展。（1）农业生产：全年农业总产值按1980年不变价格计算达到2.16亿元，比1981年增长37%，比1978翻了一番多；粮食生产在面积减少的情况下，大大提高了单产，实现了总产的增加，其中夏粮一季总产实现0.71亿公斤，走出了以夏促秋保全年的新路子；多种经营继续保持较高的发展速度，按全地区统一口径计算，总收入达到6900万元，占农业总收入的37.1%，比上年增长25.2%，人均达到146.8元，比上年每人多收入23元。全年植树154万株，新扩林网面积2810亩，四旁植树114万株。同时农副产品加工业已达130个项目，总收入比上年增加80.3%。（2）工业生产：工业生产总值全年计划9677万元，实际完成9790万元，占计划的101.3%，比上年增长13.6%；产品质量不断提高；销售形势越来越好。县社工业企业盈亏相抵以后，全年利润计划304.5万元，实际净盈369万元，占计划的121%，比上年增长41%，百元产值提供利润率，比上年增长24.3%。交通运输和邮电、农电、机械等事业都有了新的发展，在支援工农业生产，服务人民生活方面发挥了比较好的作用。（3）市场形成了多条流通渠道，多种经济成分，多种经营方式并存的流通体制，积极发展了集体和个体商业，继续扩大农贸市场，国营商业开始实行按商品分工，城乡通开的新体制，促进了商品购进和销售的稳定增长，呈现出了物价稳定，市场繁荣，购销两旺的新局面。（4）教育、文化、卫生、体育事业：教育战线，加强教师队伍建设，努力改善办学条件，提高教学质量及整体升学率，从初中、高中专、大专院校各级都大大好于上年。文化事业发展较快，全县已建成和基本建成的公社文化中心10处，比上年增加6处，农村电影放映、图书阅览室、群众性文艺活动等都得到大力发展。卫生工作中加强了传染病、地方病的防治，疟疾等发病率比上年下降54.2%，整顿了医院管理，医疗、护理质量有了提高。民兵、公安、民政、地震、沼气、计量、气象、广播等各行各业都取得了新的进展。

1983年工作指标：粮食总产1.5亿公斤，棉花总产80万担，多种经营收入8000万元，工业总生产值达到1.3亿元，工农业总产值人均占有828元，社员分配达到300元。

会议听取县人大常委会副主任贾克礼所作的《人大常委员会工作报告》，这是人大历史中的首份报告。报告总结了一年来人大常委会的工作情况及下步工作打算：一、认真组织全县代表对宪法的学习、宣传和讨论。二、按时召开人大常委会，讨论决定一些重大事项。三、建立代表组织和代表联系制度，加强同人民代表的联系。此外还围绕党和政府的中心工作做了大量工作配合及探索。

会议还听取周生达作的《茌平县1982年财政决算》报告，张友芳作的《茌平县人民法院工作报告》，汪培杰作的《茌平县人民检察院工作报告》；赵传三作的关于《茌平县第九届人民代表大会第一次会议提案办理情况》的报告；审议通过茌平县1983年国民经济和社会发展计划；经代表讨论，大会通过各项报告并作出相关决议。大会还选举出席山东省第六届人民代表大会代表4名。

大会审议并批准以上各项报告，通过相应的决议。

出席山东省第六届人民代表大会代表

傅昭慈（女）　张国忠　张印之　丁　诺

主席团成员、秘书长名单：（按姓氏笔画为序）

马清晨　马汝学　王希珍　刘安荣　刘希俊
刘国芳　孙克昌　孙宗安　孙贺庆　陈守仁
迟会孝　杜少芳　杜金芳（女）　杨忠平
李风章　李长顺　李庆昌　李洪奎　张玉鹏
张兴义　张成如　张国忠　姜曰谔　胡言义
赵传三　赵焕之　贾克礼　徐庆江　常修歧
黄遵尧　商孝俊　程学彦　傅昭慈（女）
韩全庆　路良珍　穆登瑞

秘书长：贾克礼

列席人员名单：

一、各委、办、局负责人

（共42人　招集人：许兆印　张长仁）

许兆印　张长仁　张　平　桑宜震　翟士清
李玉山　索荣申　申跃鹤　谷强龙　林东成
陈养杰　彭彩莲　曲之顺　宋来荣　张学彦
周生达　舒洪祥　贾法俊　韩文兴　兰好堂
张万顺　胡树祥　赵志祥　刘德龙　张文元
黄兴远　裴广泽　李文正　杨名阁　邵建华
任宪珠　马全兴　谢家顺　王渡民　李振之
母洪亮　吴伯平　胡守民　张富友　傅士荣
周长运　王春亭

二、全体政协委员

第十二节　茌平县第十届人民代表大会

茌平县第十届人民代表大会任期为1984年9月至1987年4月。实际任期为2年7个月，共举行3次会议，审议议题16项，听取和审议各项报告16个，通过决议16项，收到代表提案377件。

第一次会议

茌平县第十届人民代表大会第一次会议于1984年9月22日至9月25日在县招待所举行，出席代表241人，列席人员115人，特邀人员18人。

1984年9月22日，茌平县第十届人民代表大会第一次会议预备会议举行。大会筹委会报告会议筹备工作情况，通过大会主席团、秘书长名单，通过县十届人大一次会议议程。

9月23日大会开幕。茌平县委书记徐士高致开幕词。

会议听取审议孙宗安代表县人民政府作的《政府工作报告》。报告回顾了第九届人代会以来政府的主要工作，提出下届政府工作的初步构想和今后的奋斗目标。报告指出：三年来，茌平县各级政府在党委的领导下，带领全县广大干部群众，深入贯彻执行党的十一届三中全会精神和十二大确定的方针，以经济建设为中心，大胆探索，立志改革，广泛开展了“五讲四美三热爱”活动，严厉打击各种刑事犯罪分子和经济犯罪活动，社会主义物质文明和精神文明建设都取得了可喜的成果，各项事业都有了新的发展。农业战线：因地制宜，调整农业内部结构，粮棉产量逐年提高。1982年，农业总产值达到2.05亿元，1983年在1978年1.7亿元的基础上提高了一大截，达到2.8亿元，增长率为178.1%，名列全省第五；1983年粮食总产1.6亿公斤，其中有14个乡（镇）增加百万公斤以上，5个乡镇增加150万公斤以上。全县耕亩单产达到550公斤，首次突破千斤关；棉花总产1982年57万担，单产46.8公斤，1983年总产77万担，比1981年增长35万担，人均贡献81公斤，名列全省第五。全县22个乡（镇），处处增产增收。其中有40个大队人均贡献皮棉150公斤以上，创历史最高纪录。1983年多种经营总收入达8000万元，比1982年增长66.5%，是1978年总收入的2.5倍。农村中出现一部分依靠发展商品生产致富的专业户、重点户和一批万元户和人均占有1500元以上的“小康户”、“尖子户”。工业战线：继续贯彻执行调整改革的方针，以提高经济效益为中心，有计划的地进行企业全面整顿，促进企业由生产型转变为生产经营型；加强市场调查，上新创新，企业素质提高。1983年全县工业总产值达1.3459亿元，增长134.7%，利润完成408万元，销售完成2609万元。1983年，乡镇企业完成产值1799万元，实现利润253.1万元；交通运输部门完成周转量1955万吨公里，全员劳动生产率达到8481元；邮电部门发挥了四化建设的枢纽作用，1983年报刊发行量达584万份。商业战线：贯彻中央放宽政策、搞活经济的方针，改革商业和供销体制，发展集体和个体商业，多种经营成分、多种流通渠道、多种经营方式和少环节的流通体制逐步形成。银行、信用社支农贷款增多；财政达到收支平衡，略有节余；文教、卫生、科技、计划生育等工作取得很大成绩。

根据十二大提出的总的奋斗目标和当前改革的精神，从茌平县实际出发，在经济建设上，总的目标为：在1980年的基础上，到1989年实现工农业总产值翻两番，并力争有所突破，工农业总产值确保实现8.4亿元，力争达到9亿元。其中粮棉产值2.5亿元，县属工业产值2亿元，多种经营产值2亿元，乡镇企业产值2亿元。加上人口增长的因素，工农业总产值人均占有1680元，力争突破1800元，实现小康水平，总产值每年增长7000万以上，人均年增长140元以上。同时，要努力建设社会主义精神文明，争取社会风气的根本好转；要以改革精神，加强政权建设，搞好政治工作。

县人大常委会副主任赵传三代表县第十届人大常委会作工作报告。报告指出：1981年12月13日，茌平县召开第九届人民代表大会，首次选举产生茌平县第九届人民代表大会常务委员会。三年来先后召开18次常委会会议，讨论审议县政治、经济、文化、教育、卫生等重大问题；做好对政府和“两院”的监督工作，依法决定任免了96名国家机关领导干部和工作人员；切实加强同人民代表的联系；努力做好代表议案的处理工作；加强人大常委会自身建设；做好县、乡两级人民代表大会的换届选举工作。

会议审查批准县财政局局长周生达《茌平县1983年县财政决算和1984年财政预算执行情况的报告》。听取审议县人民法院院长李泽明作的《茌平县人民法院工作报告》；县人民检察院检察长汪培杰作的《茌平县人民检察院工作报告》；会议一致通过上述报告，并作出相应决议。

大会采用无记名投票方式，选举产生茌平县第十届人大常委会主任、副主任和委员，县人民政府县长、副县长、法院院长、检察院检察长。

选举结果

茌平县人民代表大会常务委员会

主　任：梁子英

副主任：刘国芳　马怀进　商孝俊
　　　　赵传三　赵焕之　潘日茂

委　员：张国忠　韩守祥　贾方立
　　　　于吉昭　邢福玉　朱家良
　　　　傅昭慈（女）　杜金芳（女）

茌平县人民政府

县　长：孙宗安

副县长：姜维村　徐宝琪　王传斌　宫富瀛

茌平县人民法院

院　长：李泽明

茌平县人民检察院

检察长：汪培杰

县委副书记杨知重作关于选举工作的报告。

会议通过提案审查委员会主任委员姜维村作的《关于县十届人大一次会议代表提案审查情况的报告》。会议共收到代表提案167件。

县第十届人大常委会主任梁子英致闭幕词。

主席团、秘书长名单

主席团：（以姓氏笔画为序）

马清晨　马怀进　乌以祥　王传斌　王长福
王长山　王效泉　王占忠　贾方立　许风图
边绍江　孙宗安　孙永淮　刘国芳　陶　勇
成作舟　张国忠　张文岭　张作江　李绪纯
李平邦　杨知重　杜金芳（女）　宋玉山
岳承祥　潘日茂　房本林　徐士高　徐宝琪
徐凤彩　赵传三　赵焕之　姜维村　宫富瀛

韩守祥　梁子英　商孝俊　曹培俭　谢宝臣

翟洪昌　薛传玉

秘书长：杨知重

主席团常务主席名单

徐士高　孙宗安　杨知重　梁子英　马清晨

副秘书长名单

赵传三　张兴义　李盛奎　桑士勤　周生达

代表资格审查委员会主任委员、副主任委员、委员名单

主任委员：赵焕之

副主任委员：贾方立

委　　员：于吉昭　贾法俊　张国忠

提案审查委员会主任委员、副主任委员、委员名单

主任委员：姜维村

副主任委员：徐宝琪　宫富瀛

委　　员：彭彩莲（女）　朱家良

各代表团团长、副团长名单

茌平镇代表团　团　长：成作舟

　　　　　　　副团长：胡庆康

乐平镇代表团　团　长：张文岭

　　　　　　　副团长：苗亚群

郝集乡代表团　团　长：边绍江

　　　　　　　副团长：崔玉达

孙桥乡代表团　团　长：陶　勇

　　　　　　　副团长：刘玉珍（女）

杜口乡代表团　团　长：薛传玉

王老乡代表团　团　长：宋玉山

　　　　　　　副团长：张国忠

冯屯镇代表团　团　长：李绪纯

　　　　　　　副团长：李玉功

胡屯乡代表团　团　长：乌以祥

　　　　　　　副团长：张士河

韩屯乡代表团　团　长：岳承祥

　　　　　　　副团长：李泽明

张营乡代表团　团　长：李平邦

　　　　　　　副团长：高玉明

菜屯镇代表团　团　长：谢宝臣

　　　　　　　副团长：朱士彦

贾寨乡代表团　团　长：王占中

　　　　　　　副团长：郭以迎

洪屯乡代表团　团　长：张作江

　　　　　　　副团长：苏以明

杨屯乡代表团　团　长：翟洪昌

　　　　　　　副团长：李丙申

肖庄乡代表团　团　长：房本林

　　　　　　　副团长：赵庆余

大桑乡代表团　团　长：许风图

　　　　　　　副团长：刘春生

博平镇代表团　团　长：王长山

　　　　　　　副团长：赵玉峰

温陈乡代表团　团　长：曹培俭

　　　　　　　副团长：李明华

丁块乡代表团　团　长：王效泉

　　　　　　　副团长：曹子群

赵屯乡代表团　团　长：孙永淮

　　　　　　　副团长：王子坤

广平乡代表团　团　长：徐风彩

　　　　　　　副团长：胡新华　王利民

韩集乡代表团　团　长：王长福

　　　　　　　副团长：王广四

县　直代表团　团　长：贾方立

　　　　　　　副团长：贾法俊

列席人员名单

（各委、办、局计34人）

王兴文　孙新建（女）　陶玉梅（女）

韩允成　李盛奎　刘晓涵　马宪才　李洪录

魏绪太　李长顺　张长仁　马庆云　常修歧

张久芳　薛成喜　尹廷杰　路良珍　刘德荣

于风兴　吕文涛　刘孟昌　韩振南　宋庆成

迟会孝　孙振乾　张学彦　周生达　宋兴贵

张怀成　刘贵元　李长寅　傅瑞海　李安录

王学温

政协委员计81人

特邀代表名单

贾克礼　韩全庆　程学彦　马汝学　王启让

宋茂林 陈盛昌 耿兴华 岳洛峰 胡廷端
周振东 陈月波 马秀明（女） 张其成
白瑞玺 李超云 秦怀玉 马士义

第二次会议

茌平县第十届人民代表大会第二次会议于1985年12月4日至5日在县招待所举行，会期2天。出席代表241人，列席人员127人，特邀人员20人。

12月4日上午，茌平县第十届人民代表大会第二次会议预备会议举行。会议通过大会主席团、秘书长名单，通过县十届人大二次会议议程。

预备会议后大会开幕。县人大常委会主任梁子英致开幕词。

会议听取审议孙宗安代表县人民政府作的《政府工作报告》。报告对1984年9月第十届县人民代表大会第一次会议以来政府的主要工作做了评价，并展望1986年，提出政府工作的指导思想和今后的奋斗目标。报告指出：自十届一次会议以来，各级政府部门和全县人民代表一道，为全面开创社会主义现代化建设的新局面，进行了不懈的努力。两年来，茌平县各条战线都取得了令人鼓舞的新成就，形势的发展很好。农业战线主要特点是棉花大减，粮食和其他各业大增，增减相抵，略有增加。在棉田大面积压缩和自然灾害严重危重的情况下，粮食总产在1984年1.75亿公斤的基础上可达到2.3亿公斤，增长24%。其中夏粮创历史最高水平达到1.35亿公斤，人均占有300公斤。棉花在面积减少24万亩，并遭受雹、涝、持续低温等罕见的自然灾害影响下，仍获得较好收成，各项经济作物大幅度增加，花生产量比1984年增长9.4倍，红麻增长20倍。多种经营总产值1～10月份就完成了1.2亿元。猪、羊、长毛兔等家畜家禽饲养量大大增加。植树造林有了新突破，重点表现在大枣的栽植上。自春季来，全县已植树474万株，其中栽植大枣214万株，扩大枣粮间作面积20余万亩，枣树开沟200万米出苗200万株。鲜枣产量达到500万公斤。城乡人民生活水平有所提高，10月末城乡储蓄余额达到6796万元，比1984年同期增加1493万元。工业战线：1～10月份工业总产值完成1.56亿元，利润完成348万元，销售完成2700万元，分别比1984年同期增长15.3%、5.3%、33.4%。县办27个企业上半年全部消灭了亏损现象，是全区唯一无亏损企业的县。

乡（镇）企业有较快发展，全县现有乡（镇）企业（包括村办、联户办、个体办）2300多处，从业人员14000多人。1～10月份企业总产值完成5000万元。预计年底可达到5500万元，比1984年增长3.6%。

财政基本达到收支平衡，略有节余；商业、供销、粮食、银行等各部门的工作也都取得了较好的成绩。教育事业大发展，学校改貌成绩显著；计划生育，殡改工作提高到一个新水平；城建、交通部门为改变城乡落后面貌做了大量工作。

1986年是我国国民经济建设“七五”规划具体实施的第一年，根据赵紫阳的讲话精神和省地委领导的要求，茌平县农业总产值增长速度为7%，工业总产值增长速度为10%，乡（镇）企业产值要完成2750万元增长15%以上，村和村以下工业产值要完成3440万元，增长速度为19%。总的指导思想是：以改革为动力，以提高经济效益为前提，全面开创茌平县经济工作的新局面，促使县国民经济持续、稳定、协调地发展。实现这一目标，必须做好几方面的工作：1.农业生产方面，进一步搞好农村产业结构调整，坚决贯彻中央和省委的有关指示，正确处理“无农不稳”“无商不活”“无工不富”的关系，按照“绝不放松粮食生产，积极发展多种经营”的方针，进一步把农村产业结构调整工作做好。在种植业上，要坚持“保棉花，增粮食，大力扩种经济作物”的方针：要保证国家下达的1.95亿公斤的粮食生产计划，力争超过2.5亿公斤，其中夏粮总产要保证在1985年1.35亿公斤的基础上达到1.6亿公斤；棉花生产要保证完成地区分配茌平县45万亩的种植计划和国家订购60万担的任务；坚定不移地抓好大枣生产；大力发展黄花菜和椿粮间作。2.大力发展以村办、联户、个体办为主的乡镇企业，主攻方向是立足本地资源，面向农产品加工。3.交通方面，保证修好广平、洪屯、贾寨三条柏油路，力争完成莱屯和孙桥的两条，使全县的县乡公路全部柏油化，彻底解决行路难的问题。4.进一步抓好流通渠道的疏通工作，保证产品的销售和生产资料的供应工作，解决好群众买难卖难的问题。5.教育方面，遵照中央的有关指示精神，抓好中学的体制改革，根据县实际情况，重点抓好教学质量的提高和道德教育。

会议号召全县人民振作精神，同心同德、团结奋斗，再展宏图，把茌平县以经济建设为中心的社会主义现代化建设事业全面推向前进。

县人大常委会副主任商孝俊代表县第十届人大常委会作工作报告：自十届人大一次会议以来，共召开七次人大常委会。主要工作有：审议、决定全县重大事项，实施法律监督；依照法律程序，对81名工作人员任免；处理代表提案203件、520条，做好代表联络；深入调查研究，搞好视察活动。下步工作：发挥监督作用，审议决定重大事项；做好法制宣传，实施法律监督；搞好县、乡两级人民代表大会的换届选举；做好联系代表工作；加强自身建设。

会议审查批准县财政局局长周生达作的《关于1984年县财政决算和1985年财政预算执行情况的报告》。听取和审议县人民法院院长李泽明作的《茌平县人民法院工作报告》、县人民检察院检察长汪培杰作的《茌平县人民检察院工作报告》。会议一致通过上述报告，并作出相应决议。

会议通过提案审查委员会主任委员姜维村作的《关于县十届人大二次会议代表提案审查情况的报告》。会议共收到代表提案150件。

县长孙宗安致闭幕词。

主席团、秘书长名单

主席团：42人（以姓氏笔画为序）

马怀进　于吉昭　乌以祥　王长山　王长福
王占忠　王效泉　边绍江　许风图　成作舟
邢福玉　孙宗安　孙永淮　刘国芳　李平邦
宋玉山　张文岭　杜金芳（女）　张作江
张国忠　杨知重　潘日茂　岳承祥　房本林
赵传三　赵焕之　徐士高　徐宝琪　徐凤彩
贾方立　陶　勇　姜维村　宫富瀛　梁子英
韩守祥　曹培俭　商孝俊　谢宝臣　翟洪昌
傅昭慈（女）　薛传玉

秘书长：商孝俊

主席团常务主席名单

徐士高　孙宗安　梁子英　商孝俊　马怀进
赵传三　赵焕之　杨知重　潘日茂

副秘书长名单

赵焕之　张兴义　李文政　李盛奎　周生达
桑士勤

资格审查委员会主任委员、副主任委员、委员名单

主　任委　员：赵焕之
副主任委员：贾方立
委　　　员：于吉昭　贾法俊　张国忠

提案审查委员会主任委员、副主任委员、委员名单

主　任委　员：姜维村
副主任委员：徐宝琪　宫富瀛
委　　　员：彭彩莲（女）　朱家良

各代表团团长、副团长名单

茌平镇代表团　团　长：成作舟
　　　　　　　副团长：胡庆康
乐平镇代表团　团　长：张文岭
　　　　　　　副团长：苗亚群
郝集乡代表团　团　长：边绍江
　　　　　　　副团长：崔玉达
孙桥乡代表团　团　长：陶　勇
　　　　　　　副团长：刘玉珍（女）
杜口乡代表团　团　长：薛传玉
王老乡代表团　团　长：宋玉山
　　　　　　　副团长：张国忠
冯屯镇代表团　团　长：李绪纯
胡屯乡代表团　团　长：乌以祥
　　　　　　　副团长：张士河

韩屯乡代表团　团　长：岳承祥

张营乡代表团　团　长：李平邦

　　　　　　　副团长：高玉明

菜屯镇代表团　团　长：谢宝臣

　　　　　　　副团长：朱士彦

贾寨乡代表团　团　长：王占忠

　　　　　　　副团长：郭以迎

洪屯乡代表团　团　长：张作江

　　　　　　　副团长：苏以明

杨屯乡代表团　团　长：翟洪昌

　　　　　　　副团长：李丙申

肖庄乡代表团　团　长：房本林

　　　　　　　副团长：赵庆余

大桑乡代表团　团　长：许风图

　　　　　　　副团长：刘春生

博平镇代表团　团　长：王长山

　　　　　　　副团长：赵玉峰

温陈乡代表团　团　长：曹培俭

　　　　　　　副团长：李明华

丁块乡代表团　团　长：王效泉

　　　　　　　副团长：曹子群

赵屯乡代表团　团　长：孙永淮

　　　　　　　副团长：王子坤

广平乡代表团　团　长：徐凤彩

　　　　　　　副团长：胡新华

韩集乡代表团　团　长：王长福

　　　　　　　副团长：王广泗

县直代表团团长：贾方立　副团长：贾法俊

列席人员名单

各委、办、局负责人（35人）

召集人：马庆云

孙新建（女）　陶玉梅（女）　李盛奎

刘晓涵　马宪才　李洪录　魏绪太　李长顺

张长仁　马庆云　常修歧　张久芳　薛成喜

尹廷杰　路良珍　金庆岱　于风兴　吕文涛

刘孟昌　韩振南　宋庆成　迟会孝　孙振乾

张学彦　周生达　宋兴贵　张怀成　徐子彬

李长寅　傅瑞海　李安录　王学温　韩允成

王兴文　景淑平

政协委员计91人

召集人：杨知重

特邀代表名单

贾克礼　韩全庆　马汝学　程学彦　汝作民

矫学柏　陈盛昌　耿兴华　岳洛峰　胡廷端

周振东　陈月波　马秀明（女）　张其成

白瑞玺　李超云　秦怀玉　马士义　司文瞻

宋茂林

第三次会议

茌平县第十届人民代表大会第三次会议于1986年6月3日至6月4日在县招待所举行，会期2天。出席代表198人，列席人员38人，特邀24人。

6月3日上午，茌平县第十届人民代表大会第三次会议预备会议举行。会议通过大会主席团、秘书长名单，通过县十届人大三次会议议程。

预备会议后大会开幕。徐士高致开幕词。

会议听取审议孙宗安代表县人民政府作的《政府工作报告》。报告回顾了1985工作，提出1986年工作安排，并对“七五”规划予以说明。报告指出：1985年，茌平县各级政府在党委的领导下，带领全县广大干部群众，坚持改革、开拓前进、团结奋斗，夺取了各项工作的新胜利。“六五”期间茌平县的主要经济指标已超额完成，其形势正处于新中国成立以来最好的历史时期，主要标志是：农村经济持续、稳定、协调发展。1985年虽遇到各种自然灾害的侵袭，农业总产值仍达到2.205亿元，比“六五”规划的头一年增长67%。粮食总产达2.3亿公斤，比1984年增长29%，创县最高历史纪录。棉花45.6万担，花生917万公斤，是1984年的8倍。1985年，全县植树造林470万株，其中枣树240万株，扩大枣粮间作面积20余万亩，鲜枣产量500多万公斤，是1984年的5倍。杏、桃、梨等果品生产也有新的发展。饲养业发展迅速。全县多种经营专业户已发展到5800个，经济联合体5320个。乡（镇）企业已发展到2863个，从业人数达15220人，乡镇企业总产值完成6325万元，比1984年增长16%。全县农民人均纯收入达399元，开始由温饱型向富裕型发展。城市经济体制改革取得显著成效。全县工业总产值完成2.0659亿元，比1984年增长18%，利润完成452.8万元，增长2.6%，销售总额达3427万元，增长30.2%。1984年亏损大户毛巾厂和造纸厂扭亏增盈。财贸系统购销两旺，市场繁荣，教育事业、殡改工作也都有新的发展。

报告对“七五”规划予以说明，并根据赵紫阳的指示精神和茌平县实际情况，初步制定“七五”规划草案。总的概念是到“七五”规划末农业总产值达3.5亿元，工业总产值达3亿元，人均产值1300元，达到富裕型水平。

1986年是实施“七五”规划的第一年，也是最关键的一年。茌平县发展经济的指导思想是：以改革为动力，以提高经济效益为中心，依靠科技进步，加快智力开发，调整农村产业结构。根据这个思想，提出1986年目标：工农业总产值要完成4.33亿元，其中农业总产值要完成2.53亿元，比1985年增长15%，人均分配力争比1985年净增50元，工业总产值要完成1.8亿元。为实现目标，要做好几方面工作： 农业生产上，要牢固树立以农业为基础的思想，紧紧抓着粮棉生产不放；要进一步调整农村产业结构，正确处理无农不稳和无工不富的关系；要改变生产条件，提高科学种田水平；帮贫扶贫，走共同富裕的道路；努力减轻农民负担。工业战线要继续搞好以城市为重点的经济体制改革，结合各单位的实际，以提高经济效益为中心，以增强企业的活力和后劲为目的，努力探索企业发展的路子。流通领域要从服务于人民群众的生产、生活出发，搞好各方面服务。要搞好智力开发重视培养人才；建立良好的社会秩序和风气。

会议号召全县人民坚持改革、顽强拼搏，团结奋斗，再展宏图，圆满完成“七五”规划和1986年的各项战斗任务。

县人大常委会主任梁子英代表县第十届人大常委会作工作报告。报告指出自十届人大二次会议以来，主要工作有：围绕经济建设审议决定重大事项；组织代表视察，深入调查研究；依照法律程序，做好人事任免；加强自身建设。下步工作：狠抓普法宣传教育；搞好调查研究工作；办理代表提案，做好代表联络；进一步加强自身建设；搞好县、乡两级人民代表大会的换届选举。

会议审查批准《茌平县国民经济和社会发展第七个五年（1986—1990年）计划（草案）的报告》和县财政局局长周生达作的《茌平县1985年财政决算和1986年财政预算（草案）的报告》。听取和审议县人民法院院长李泽明作的《茌平县人民法院工作报告》；县人民检察院检察长汪培杰作的《茌平县人民检察院工作报告》；会议一致通过上述报告，并作出了相应决议。

会议通过提案审查委员会主任委员姜维村作的关于县十届人大三次会议代表提案审查情况的审查报告。会议共收到代表提案60件。

县人大常委会副主任商孝俊致闭幕词。

主席团、秘书长名单

主席团：43人（以姓氏笔画为序）

马怀进　于吉昭　乌以祥　王长山　王长福
王占忠　王效泉　边绍江　许风图　成作舟
邢福玉　孙宗安　孙永淮　朱家良　刘国芳
刘西俊　李平邦　李绪纯　宋玉山　张文岭
杜金芳（女）　张作江　张国忠　杨知重
潘日茂　岳承祥　房本林　赵传三　赵焕之
徐士高　徐宝琪　徐凤彩　陶　勇　姜维村
宫富瀛　梁子英　韩守祥　曹培俭　商孝俊
谢宝臣　翟洪昌　傅昭慈（女）　薛传玉

秘书长：商孝俊（兼）

主席团常务主席名单

徐士高　孙宗安　梁子英　商孝俊　马怀进
赵传三　赵焕之　潘日茂　杨知重

副秘书长名单

赵焕之　张兴义　李文政　李盛奎　周生达
桑士勤　张文元

资格审查委员会主任委员、委员名单

主任委员：赵焕之

委　　员：于吉昭 贾法俊 张国忠

提案审查委员会主任委员、副主任委员、委员名单

主 任委 员：姜维村

副主任委员：徐宝琪 宫富瀛

委　　　员：彭彩莲（女）朱家良

各代表团团长、副团长名单

茌平镇代表团　团　长：成作舟
　　　　　　　副团长：胡庆康

乐平镇代表团　团　长：张文岭
　　　　　　　副团长：苗亚群

郝集乡代表团　团　长：边绍江
　　　　　　　副团长：崔玉达

孙桥乡代表团　团　长：陶　勇
　　　　　　　副团长：刘玉珍

杜口乡代表团　团　长：薛传玉
　　　　　　　副团长：高连英（女）

王老乡代表团　团　长：宋玉山
　　　　　　　副团长：张国忠

冯屯镇代表团　团　长：李绪纯

胡屯乡代表团　团　长：乌以祥
　　　　　　　副团长：张士河

韩屯乡代表团　团　长：岳承祥
　　　　　　　副团长：王保乾

张营乡代表团　团　长：李平邦
　　　　　　　副团长：高玉明

菜屯镇代表团　团　长：谢宝臣
　　　　　　　副团长：朱士彦

贾寨乡代表团　团　长：王占忠
　　　　　　　副团长：郭以迎

洪屯乡代表团　团　长：张作江
　　　　　　　副团长：苏以明

杨屯乡代表团　团　长：翟洪昌
　　　　　　　副团长：李丙申

肖庄乡代表团　团　长：房本林
　　　　　　　副团长：赵庆余

大桑乡代表团　团　长：许风图
　　　　　　　副团长：刘春生

博平镇代表团　团　长：王长山
　　　　　　　副团长：赵玉峰

温陈乡代表团　团　长：曹培俭
　　　　　　　副团长：郭兆月

丁块乡代表团　团　长：王效泉
　　　　　　　副团长：曹子群

赵屯乡代表团　团　长：孙永淮
　　　　　　　副团长：王子坤

广平乡代表团　团　长：徐凤彩
　　　　　　　副团长：胡新华　王利民

韩集乡代表团　团　长：王长福
　　　　　　　副团长：王广泗

县　直代表团　团　长：刘西俊
　　　　　　　副团长：宋庆成　刘曰臣

列席人员名单

各委、办、局负责人（38人）

召集人：马庆云

孙新建（女）　陶玉梅（女）　李盛奎
刘晓涵　马宪才　李洪录　魏绪太　李长顺
张长仁　马庆云　常修歧　张久芳　薛成喜
尹廷杰　路良珍　金庆岱　于风兴　吕文涛
刘孟昌　韩振南　迟会孝　孙振乾　张学彦
周生达　宋兴贵　张怀成　徐子彬　李长寅
付瑞海　李安录　王学温　王兴文　许兆印
张春耕　彭华荣　孙恒山　赵志祥　李庆昌

特邀代表名单

矫学柏　司文瞻　陈盛昌　孙素青　景淑平
宋茂林　贾克礼　韩全庆　马汝学　程学彦
汝作民　耿兴华　岳洛峰　胡廷端　陈月波
周振东　马秀明（女）　张其成　白瑞玺
李超云　马士义　秦怀玉　王建德　谷魁友

第十三节 茌平县第十一届人民代表大会

茌平县第十一届人民代表大会任期为1987年

4月至1990年4月。实际任期为3年，共举行3次会议，审议议题21项，听取审议各项报告21个，通过决议18项，收到代表提案381件。选举出席山东省第七届人民代表大会代表5名。

第一次会议

茌平县第十一届人民代表大会第一次会议于1987年4月10日至4月13日在县招待所举行，会期4天。出席代表207人，列席人员41人，特邀人员23人。

4月10日下午，茌平县第十一届人民代表大会第一次会议预备会议举行。县人大常委会副主任马怀进主持。

马怀进作大会筹备工作情况报告，通过县第十一届人大第一次会议主席团、秘书长名单和提案审查委员会名单，通过县十一届人大一次会议议程。

4月11日上午，茌平县第十一届人民代表大会第一次会议开幕。茌平县委书记徐士高致开幕词。

会议听取审议孙宗安代表县人民政府作的《政府工作报告》。报告回顾了第十届人代会以来政府的主要工作，提出“七五”规划的设想和1987年的主要任务。报告指出：三年来，在各级党委、政府的领导下，全县人民发扬艰苦奋斗的精神，坚持改革，发展了茌平县安定团结的大好形势，促进了国民经济持续、稳定、协调地发展。主要表现在： 1.农村经济稳定发展，速度与效益相应增长。1986年农业总产值达到2.6亿元，粮食生产达2.9亿公斤，创历史最好水平，全县人均占有粮食600公斤，人均占有量居全省第七位、全区第一位，提前超过国家“七五”规划的到2000年人均占有千斤粮的目标。1984年棉花总产创历史最高纪录，达92.88万担。1986年在有计划地缩减棉田面积后棉花总产仍达52.21万担，全县棉花收购投放资金比上年增加1700多万元，人均增加38元，户均156元。全县造林面积15.9万亩，三年新造幼林11万亩。1986年被评为全国平原绿化先进县。2.工业在改革和调整中发展顺利。1986年工业总产值完成1.96亿元，比1983年增长45%，年递增率为12%。其中县直纯工业产值完成5500万元，比1983年增长66%，年递增率为18.4%，在全区处于领先地位。三年来，工业企业向省地县申报技术改造项目和新产品开发项目68个，其中已经竣工投产或施工的22处。化肥厂在全区同行业中是声誉高、竞争力强、经营最好的单位。3.流通渠道畅通，城乡市场活跃。4.财政收入较大幅度增长。5.文化、广播、体育等有新的发展。6.计划生育和民族工作成绩显著。7.城建、交通、能源发展迅速。8.人民群众生活水平普遍提高。9.社会主义精神文明、民主法制建设进一步加强。

根据茌平县实际，总的指导思想是：坚持四项基本原则，坚持改革、开发、搞活的方针，发扬自力更生、艰苦奋斗精神，充分发挥农林牧优势，强化农业，狠抓工业，突破乡镇企业，搞活流通，促进农工商协调发展。要做好以下几项工作：1.广泛深入地开展增产节约、增收节支运动。2.进一步强化农业基础，全面发展农村经济。3.深入进行城市经济体制改革，增强工业企业的后劲与活力。4.改革和完善流通体制。5.认真做好财政、金融工作。要坚持四项基本原则，开展反对资产阶级自由化的斗争，坚持社会主义制度和党的领导，搞好法制教育，维护安定团结，促进改革和经济建设的持续发展。

县人大常委会副主任商孝俊代表县第十届人大常委会作工作报告。三年来先后召开15次常委会会议，讨论决定县政治、经济等重大问题；深入开展普法工作，加强社会主义民主和法制建设；切实加强同人民代表的联系；做好人事任免和人大常委会自身建设工作；做好县、乡两级人民代表大会的换届选举工作。

会议审查批准县财政局局长周生达《茌平县1986年财政决算和1987年财政预算草案的报告》。听取审议县人民法院院长李泽明作的《茌平县人民法院工作报告》；县人民检察院检察长汪培杰作的《茌平县人民检察院工作报告》；会议一致通过上述报告，并作出相应决议。会议还作出关于为全县人民办好几件实事的决议。

大会采用无记名投票方式，选举产生茌平县第十一届人大常委会主任、副主任和委员，县人民政府县长、副县长、法院院长、检察院检察长。

选举结果

茌平县人大常委会

主　任：马怀进

副主任：商孝俊　汪培杰　刘西俊
贾法俊　迟会孝　邹庆诰

委　员：（按姓氏笔画为序）
于吉昭　王加亮　傅昭慈（女）
邢福玉　张友芳　张国忠
宋庆成　杜金芳（女）
韩守祥　韩富印　慈成凤（女）
裴光泽

茌平县人民政府

县　长：孙宗安

副县长：徐宝琪　王传斌　孙素青（女）
宫富瀛

茌平县人民法院

院长：李泽明

茌平县人民检察院

检察长：马庆云

徐士高作关于选举工作的报告。

会议通过提案审查委员会主任委员徐宝琪作的《关于县十一届人大一次会议代表提案审查情况的审查报告》。会议共收到代表提案136件。

马怀进致闭幕词。

主席团、秘书长名单

主席团：（按姓氏笔画为序）

马怀进　乌以祥　王启让　王传斌　王长福
傅昭慈（女）　孙宗安　孙素青（女）
吕绍泗　邢同寅　李平邦　李承源　李明华
李泽贞　成作舟　张春河　张国忠　刘西俊
刘振录　迟会孝　宋茂林　汪培杰　邹庆诰
杜德旺　何好智　吴凤巢　房本林　赵传三
赵焕之　宫富瀛　郭以迎　徐士高　徐宝琪
徐法水　徐顺之　徐凤彩　贾法俊　桑士彦
商孝俊　谢宝臣　韩明来　窦友德　潘日茂
薛传玉

秘书长：王启让

主席团常务主席名单

徐士高　孙宗安　王启让　马怀进　商孝俊
宋茂林

副秘书长名单

张兴义　李盛奎　刘　伟　常修歧
周生达　张文元　白观荣

资格审查委员会

主任委员：赵焕之

委　　员：于吉昭　贾法俊　张国忠

提案审查委员会主任委员、副主任委员、委员名单

主 任委 员：徐宝琪

副主任委员：宫富瀛　王传斌

委　　　员：彭彩莲（女）　宋庆成

各代表团团长、副团长名单

茌平镇代表团　团　长：成作舟
副团长：胡庆康

乐平铺镇代表团　团　长：窦友德
副团长：周玉英（女）

郝集乡代表团　团　长：何好之
副团长：张志汉

孙桥乡代表团　团　长：杜德旺
副团长：刘玉珍（女）

杜口乡代表团　团　长：薛传玉
副团长：高连英（女）

王老乡代表团　团　长：吕绍泗
副团长：张国忠

冯屯镇代表团　团　长：徐法水
副团长：刘金兰

张营乡代表团　团　长：张春河
副团长：芦泮林

贾寨乡代表团　团　长：郭以迎
副团长：李荣海

洪屯乡代表团　团　长：桑士彦

	副团长：	刘玉福
杨屯乡代表团	团　长：	李明华
	副团长：	李丙申
肖庄乡代表团	团　长：	房本林
	副团长：	李玉祥
大桑乡代表团	团　长：	李平邦
	副团长：	刘春生
博平镇代表团	团　长：	徐凤彩
	副团长：	宁志琴
温陈乡代表团	团　长：	徐顺之
	副团长：	王洪祥
丁块乡代表团	团　长：	李泽祯
	副团长：	曹子群
广平乡代表团	团　长：	刘振录
	副团长：	王立民
韩屯乡代表团	团　长：	李承源
	副团长：	张　平
韩集乡代表团	团　长：	王长福
	副团长：	李广义
菜屯镇代表团	团　长：	吴凤巢
	副团长：	樊正顺
赵屯乡代表团	团　长：	谢宝臣
	副团长：	邓洪庆
胡屯乡代表团	团　长：	乌以祥
	副团长：	于相明
县直代表团	团　长：	刘西俊
	副团长：	袁庆宗

列席代表名单

孙新建　陶玉梅　李盛奎　刘晓涵　马宪才
李洪录　魏绪太　李长顺　常修歧　张久芳
薛成喜　殷廷杰　金庆岱　于风兴　吕文涛
刘孟昌　韩振南　李绪纯　张学彦　宋兴贵
张怀成　徐子斌　李长寅　傅瑞海　李安录
赵志祥　李庆昌　张文元　白观荣　陈瑞秀
王学温　王兴文　许兆印　王长山　张延水
田胜利　张春耕　姜曰谔　王承俊　谢秀媛
索荣申

特邀代表名单

赵晓燕　景淑平　苏道臻　刘国芳　司文瞻
陈盛昌　贾克礼　韩全庆　马汝学　程学彦
汝作民　耿兴华　岳洛峰　胡廷端　陈月波
周振东　马秀明　张其成　白瑞玺　李超云
马士义　秦怀玉　王建德

第二次会议

茌平县第十一届人民代表大会第二次会议于1988年1月2日至1月5日在县招待所举行，会期4天。出席代表199人，列席人员188人，特邀人员26人。

1月2日下午，茌平县第十一届人民代表大会第二次会议预备会议举行，县人大常委会主任马怀进主持。

会议通过代表资格审查委员会对县十一届人大二次会议代表资格审查情况的报告，通过县第十一届人大第二次会议主席团、秘书长名单和提案审查委员会名单，通过县十一届人大二次会议议程。

1月3日上午，茌平县第十一届人民代表大会第二次会议开幕。茌平县委书记徐士高致开幕词。

会议听取审议孙宗安代表县人民政府作的《政府工作报告》。报告回顾了1987年国民经济和社会发展基本状况，对1988年工作提出目标和计划。报告指出：全县各级政府在上级党委、政府及县委的领导下，认真贯彻执行党的路线、方针、政策，坚持四项基本原则，坚持改革、开放、搞活方针，大力推进政治、经济体制改革，深入进行社会主义现代化建设。1987年全县政治、经济状况出现了前所未有的大好局面。工农业总产值预计5.34亿元，比上年增长17.1%，其中，农业总产值2.97亿元，比上年增长21.5%。乡村企业总产值1.3亿元，比上年增长11.5%，多种经营总收入1.74亿元，比上年增长10.8%，农村经济总收入3.81亿元，比上年增长7517万元，农民人均所得597元，比上年增长110元，人均占有粮食600公斤，处于全国、全省、全区领先地位。截至11月份，信用社农民储蓄余额达8146万元，比上年同期增加1358万元。1987年茌平县整个国民经济克服重重困难，飞速发展：1.农业生产在深化改革中，跃上新台阶。粮食总产达2.65亿公斤，棉花总产达75万担，比上年增长23万担，全县仅支付棉花现金一项就达1.4亿元，每个农业人口平均应得306元。林果生产取得突破性发展，畜牧业结构发生变化。2.乡村企业生机勃勃、方兴未艾。1987年全县乡村企业已发展到7087处，比上年增加4017处，从业人数26510人，比上年增加10826人。乡村企业总产值预计可完成1.3亿元，比上年增长1341万元。3.工业生产发展到新的历史时期。工业战线实现速度、效益、利润的同步增长，预计全县工业总产值完成2.37亿元，利润完成950万元，销售总额达6800万元。4.财贸战线，购销两旺。1987年完成总购进额18375万元，占年计划的138%，总销售完成20124万元，占年计划的214.5%，全县商品零售总额达预计可完成1.66亿元，比上年增长9.2%。5.文教、卫生、科技等有新发展。同时，报告对政府在县十一届人大一次全体会议上提出的为全县人民办好六件实事的落实情况进行了说明。

1988年，茌平县政府工作总的指导思想是：带领全县人民全面贯彻落实党的十三大精神，以经济建设为中心，坚持改革开放，坚持四项基本原则，自力更生，艰苦奋斗，加快富民兴茌的步伐，促进茌平县国民经济持续、稳定、协调地发展。奋斗目标是：全县工农业总产值要完成5.76亿元，增长7.9%，其中农业总产值完成3.26亿元，增长9.8%，人均所得增加50元。工业总产值完成2.5亿元，比上年增长5.49%。乡村企业总产值完成1.54亿元，比1987年增长18.4%。为确保这一计划的实现，要重点做好：1.认真学习十三大文件，全面贯彻落实十三大精神。2.继续强化农业基础，进一步调整农村产业结构。3.在加强农业基础的同时，重点突破乡村企业。4.继续深化县属企业的改革。5.进一步促进各项社会事业的发展。

会议号召全县人民，在党的十三大提出的基本路线指引下，更加紧密地团结起来，解放思想，脚踏实地，共同奋斗，努力夺取1988年各项工作的新胜利。

县人大常委会主任马怀进作人大常委会工作报告。自十一届人大一次会议以来，主要工作：审议决定茌平县重大事项；加强法律监督和工作监督；开展普及法律常识工作，加强社会主义法制建设；密切联系代表，发展社会主义民主政治；依法做好人事任免工作；加强人大常委会自身建设。

会议审查批准县财政局局长周生达作的《茌平县1987年财政预算执行情况的报告》。听取审议县人民法院院长李泽明作的《茌平县人民法院工作报告》；县人民检察院检察长马庆云作的《茌平县人民检察院工作报告》；会议一致通过上述报告，并作出相应决议。

大会采用无记名投票方式，选举马怀进、张国忠、张宗乾、傅昭慈（女）、王科三为山东省第七届人民代表大会代表。

会议听取县人大常委会副主任汪培杰作的《茌平县第十一届人民代表大会第一次会议以来代表建议、批评和意见办理情况的汇报》，通过提案审查委员会主任委员徐宝琪作的《关于县十一届人大二次会议代表提案审查情况的审查报告》。会议共收到代表提案114件。

县人大常委会副主任商孝俊致闭幕词。

主席团、秘书长名单

主席团：53人（按姓氏笔画为序）

马怀进　于吉昭　乌以祥　王启让　王传斌
王长福　王加亮　傅昭慈（女）　孙宗安
孙素青（女）　邢同寅　邢富玉　李平邦
李承源　李明华　李泽贞　成作舟　张春河
张国忠　张友芳　刘西俊　刘振录　迟会孝
宋茂林　宋庆成　汪培杰　邹庆诰　杜德旺
杜金芳（女）　何好智　吴凤巢　房本林
赵传三　赵焕之　宫富瀛　郭以迎　徐士高

徐宝琪　徐法水　徐顺之　徐凤彩　贾法俊
桑士彦　商孝俊　谢宝臣　韩明来　韩守祥
韩富印　慈成凤（女）　窦友德　裴光泽
潘日茂　薛传玉
秘书长：商孝俊

主席团常务主席名单

徐士高　孙宗安　王启让　马怀进　商孝俊
汪培杰　刘西俊　贾法俊　迟会孝　邹庆诰
宋茂林

副秘书长名单

张文杰　白观荣　李盛奎　周生达　刘伟
张文元　常修歧

资格审查委员会主任委员、副主任委员、委员名单

主任委员：汪培杰
副主任委员：宋庆成
委　　员：张国忠　于吉昭　傅昭慈（女）

提案审查委员会主任委员、副主任委员、委员名单

主 任委 员：徐宝琪
副主任委员：宫富瀛　王传斌
委　　员：彭彩莲（女）　张友芳

各代表团团长、副团长名单

茌平镇代表团　团　长：成作舟
　　　　　　　副团长：胡庆康
乐平镇代表团　团　长：窦友德
　　　　　　　副团长：周玉英（女）
郝集乡代表团　团　长：何好之
　　　　　　　副团长：张志汉
孙桥乡代表团　团　长：杜德旺
　　　　　　　副团长：刘玉珍（女）
杜口乡代表团　团　长：薛传玉
　　　　　　　副团长：高连英（女）
王老乡代表团　团　长：徐顺之
　　　　　　　副团长：张国忠
冯屯镇代表团　团　长：徐法水
　　　　　　　副团长：刘金兰
张营乡代表团　团　长：张春河
　　　　　　　副团长：芦泮林
贾寨乡代表团　团　长：郭以迎
　　　　　　　副团长：李荣海
洪屯乡代表团　团　长：桑士彦
　　　　　　　副团长：刘玉福
杨屯乡代表团　团　长：李明华
　　　　　　　副团长：李丙申
肖庄乡代表团　团　长：房本林
　　　　　　　副团长：李玉祥
大桑乡代表团　团　长：李平邦
　　　　　　　副团长：刘春生
博平镇代表团　团　长：徐凤彩
　　　　　　　副团长：宁志勤
温陈乡代表团　团　长：宋天喜
　　　　　　　副团长：孔祥宏　王洪祥
温陈乡代表团　团　长：
　　　　　　　副团长：孔祥宏　王洪祥
丁块乡代表团　团　长：李泽祯
　　　　　　　副团长：曹子群
广平乡代表团　团　长：刘振录
　　　　　　　副团长：王立民
韩屯乡代表团　团　长：李承源
　　　　　　　副团长：张　平
韩集乡代表团　团　长：王长福
　　　　　　　副团长：李广义
菜屯镇代表团　团　长：吴凤巢
　　　　　　　副团长：樊正顺
赵屯乡代表团　团　长：谢宝臣
　　　　　　　副团长：邓洪庆
胡屯乡代表团　团　长：乌以祥
　　　　　　　副团长：于相明
县直代表团　　团　长：韩明来
　　　　　　　副团长：张长仁

列席代表名单

各委、办、局负责人（47人）
召集人：李盛奎
孙新建　陶玉梅　李盛奎　刘晓涵　王其义
李洪录　翟洪昌　李长顺　常修歧　张久芳

薛成喜　尹廷杰　金庆岱　于风兴　梁久勤
窦曰让　韩振南　杨广路　张学彦　宋兴贵
张怀成　徐子斌　李长寅　傅瑞海　赵志祥
李庆昌　张文元　白观荣　陈瑞秀　王学温
王兴文　许兆印　李安录　王长山　张延水
崔维迎　范福泉　王承俊　谢秀媛　索荣申
张文杰　岳承祥　姜曰谔　孙克昌　张延题
张久德　朱运强

各乡（镇）人大工作联络处负责人（20人）

召集人：刘观玉

贾美岭　刘观玉　邹希栾　赵长佣　董曰夏
孙永淮　王希廷　刘永常　吴光荣　王传政
崔永岭　刘观斗　谢遵凯　王保同　尹廷泉
郭兆月　孔祥兰　贾奎杰　耿连修　袁本芳

茌平县政协三届全体委员121人

召集人：张文元

特邀代表名单

孙东平　赵玉朋　赵晓燕（女）　郭金铸
苏道臻　司文瞻　陈盛昌　贾克礼　刘国芳
韩全庆　马汝学　程学彦　汝作民　马冠英
耿兴华　岳洛峰　胡廷端　陈月波　周振东
马秀明（女）　张其成　白瑞玺　李超云
马士义　秦怀玉　王建德

总监票人、监票人名单

总监票人：迟会孝

监　票　人：刘振录　房本林　徐法水
刘曰臣

总计票人、计票人名单

总计票人：常修歧

计票人：刘　伟　杨家明　徐长寅　韩同生
冯洪乾　杨之生　冯海亭　王兴元

第三次会议

茌平县第十一届人民代表大会第三次会议于1989年4月2日至4月5日在县招待所举行，会期4天。出席代表193人，列席人员193名，特邀人员29人。

4月2日下午，茌平县第十一届人民代表大会第三次会议预备会议举行。县人大常委会主任马怀进主持。

会议听取县人大常委会副主任商孝俊作的大会筹备工作情况的报告，通过县第十一届人大第三次会议主席团、秘书长名单和提案审查委员会名单，通过县十一届人大三次会议议程。

4月3日上午，茌平县第十一届人民代表大会第三次会议开幕。

会议听取审议孙宗安代表县人民政府作的《政府工作报告》。报告回顾了1988年政府工作基本情况，明确1989年政府工作的基本任务及必须着重抓好的几件大事。报告指出，1988年，县政府在上级党委和政府的领导下，带领全县人民，以社会主义初级阶段理论和党的基本路线为指导，围绕发展生产力这个根本任务，认真落实县十一届人大二次会议的各项决议，经济建设和各项社会事业均有新的发展。工农业总产值6.9亿元，比上年增长21.3%，其中农业总产值3.05亿元，比上年增长1.5%，工业总产值3.85亿元，比上年增长43.4%，农民人均纯收入623元，比上年增长41元，为提前实现第二个翻番奠定了稳固的物质基础。1.粮棉生产稳中有增，粮食总产2.8亿公斤，比上年增加1000万公斤，人均占有600多公斤，在全国、全省、全区均处于领先地位。棉花生产在多灾并行的情况下，总产达到66.7万担，超额完成国家60万担的订购任务。2.多种经营蓬勃发展，总收入2.26亿元，比上年增长24.8%，新植、补植经济林、用材林8.6万亩，植树346万株，其中果树180万株，基本达到了人均4分果园的目标。果品总产量1410万公斤。大牲畜存栏量10.31万头，比上年增长19.7%，肉类总产量627万公斤，比上年增长31.4%，水面利用面积发展到2.8万亩，比上年增加1500亩，其中养鱼6700亩，总产120万公斤，比上年增长24.3%，瓜菜面积3.2万亩，总产0.825亿公斤，比上年增长24%。3.乡村企业异军突起，总产值3亿元，比上年增长76.4%，其中乡村工业产值1.9亿元，比上年增长

2倍，超过县属工业产值，实现利税3392万元，比上年增长55.2%。形成了纺织、造纸、食品、化工等以发挥农副产品资源优势为主体的产业结构。乡村企业从业人员5.4万人，占农村劳动力的28%，基本解决了农村剩余劳动力的转移问题。4.工业生产速度，效益同步增长。县属工业产值1.09亿元，突破亿元大关，比上年增长48.6%，实现利税2003万元，比上年增长97.5%。毛巾、造纸、味精、钢板网、冷却器、皮毛制品达到出口水平。花生牛轧糖、龙凤酥心糖、金丝蜜枣和80%、99%两种味精，分别荣获首届中国食品博览会银、铜牌。189不饱和树脂获省优产品，ST9低耗调容电力变压器和SP—1型高效浆消泡剂分别填补国内空白。5.城乡市场繁荣活跃，财贸战线购销两旺。社会商品零售总额1.9亿元，比上年增长14.7%；商品总购进额2.01亿元，商品总销售额2.23亿元。6.重点项目建设和城乡基本建设有了新发展。事关茌平县经济全局的热电厂、纺纱厂等骨干项目相继破土动工或投产。7.科教文卫及其他事业成绩突出，人民物质文化生活有所改善。

1989年政府工作总的指导思想是：从茌平实际出发，全面正确地领会、贯彻党的十三届三中全会和全国、省人代会议精神，以治理环境、整顿秩序、深化改革为重点，自力更生、艰苦奋斗，在治理中发展，在整顿中搞活，在改革中前进，使全县经济保持一个理想的速度和效益。主要任务是：一手抓发展社会主义商品经济，一手抓思想政治领域的工作。进一步搞好经济结构的调整，继续强化农业基础，巩固发展科技教育，稳定市场物价，大力开展“双增双节”运动，显著提高经济效益，进一步发展茌平县安定团结的政治局面，促进国民经济和各项社会事业持续稳定发展。主要指标是：工农业总产值达到8亿元，比上年增长15.9%，力争8.2亿元，提前一年实现翻第二番，其中农业总产值3.3亿元，增长8.2%，力争3.4亿元，增长11.5%，工业总产值4.7亿元，增长22%，力争4.8亿元，增长24.7%；财政收入1870万元，按可比口径计算，比上年增长44.3%。要下大气力，抓好农业生产，继续实现粮棉稳定增长；大力发展多种经营；强化乡村企业管理；组织好工业生产；管好市场物价；推进技术进步和智力开发；强化计划生育工作；搞好社会治安综合治理；改善生态环境；加强社会主义精神文明建设。

1989年必须着重抓好几件大事：一、认真学习十三届三中全会文件，联系茌平县实际，全面正确的理解贯彻全会精神；二、搞好治理整顿，稳定市场物价；三、千方百计夺取粮棉丰收；四、继续优化农村产业结构，大力发展多种经营，加强乡村企业管理；五、积极筹集资金，搞好能源、原材料供应，深入开展“双增双节”运动；六、大力发展科技教育事业；七、进一步促进其它社会事业的发展；八、积极推进社会主义民主与法制建设；九、以廉政勤政为重点，继续加强各级政府机关建设。

县人大常委会主任马怀进作人大常委会工作报告。报告指出自十一届人大二次会议以来，主要工作有：议大事，促进全县经济振兴；做好对“一府两院”的法律监督和工作监督；发展社会主义民主和加强社会主义法制建设；依法做好人事任免工作；重视和关心乡（镇）人大工作；加强人大常委会自身建设。

会议审查批准县计划委员会主任刘晓涵作的《茌平县1989年国民经济和社会发展计划（草案）的报告》和县财政局局长周生达作的《茌平县1988年财政预算执行情况和1989年财政预算（草案）的报告》。听取和审议县人民法院院长李泽明作的《茌平县人民法院工作报告》；县人民检察院检察长马庆云作的《茌平县人民检察院工作报告》；会议一致通过上述报告，并作出相应决议。

会议听取县人大常委会副主任汪培杰作的《茌平县第十一届人民代表大会第二次会议以来代表建议、批评和意见办理情况的汇报》，通过提案审查委员会主任委员徐宝琪作的《关于县十一届人大三次会议代表提案审查情况的审查报告》。会议共收到代表建议、批评和意见131件。

县人大常委会主任马怀进致闭幕词。

主席团、秘书长名单

主席团：50人（按姓氏笔画为序）

马怀进 于吉昭 乌以祥 王启让 王传斌

王长福 王加亮 傅昭慈（女） 孙宗安

孙素青（女） 邢同寅 邢富玉 李平邦

李承源 李明华 李泽贞 成作舟 张春河

张国忠 刘西俊 刘振录 迟会孝 宋茂林

汪培杰 邹庆诰 杜德旺 杜金芳（女）

何好之 吴凤巢 房本林 赵焕之 宫富瀛

郭以迎 徐宝琪 徐法水 徐顺之 徐凤彩

贾法俊 桑士彦 商孝俊 谢宝臣 韩明来

韩守祥 韩富印 慈成凤（女） 窦有德

裴光泽 潘日茂 薛传玉

秘书长：商孝俊

主席团常务主席名单

孙宗安 马怀进 王启让 商孝俊 汪培杰

刘西俊 贾法俊 迟会孝 邹庆诰

副秘书长名单

张文杰 白观荣 李盛奎 张文元 常修歧

刘 伟 周生达

提案审查委员会主任委员、副主任委员、委员名单

主 任委 员：徐宝琪

副主任委员：宫富瀛 王传斌

委 员：彭彩莲（女）张友芳

代表资格审查委员会主任委员、副主任委员、委员名单

主 任委 员：汪培杰

副主任委员：韩明来 成作舟

委 员：张国忠 于吉昭 傅昭慈（女）

各代表团团长、副团长名单

县 直代表团 团 长：韩明来

副团长：张长仁

茌平镇代表团 团 长：成作舟

副团长：胡庆康

冯屯镇代表团 团 长：徐法水

副团长：刘金兰

贾寨乡代表团 团 长：郭以迎

副团长：李荣海

菜屯镇代表团 团 长：吴凤巢

副团长：樊正顺

乐平铺代表团 团 长：窦有德

副团长：周玉英（女）

胡屯乡代表团 团 长：乌以祥

副团长：李相明

王老乡代表团 团 长：徐顺之

副团长：张国忠

肖庄乡代表团 团 长：房本林

副团长：李玉祥

韩集乡代表团 团 长：王长福

副团长：李广义

丁块乡代表团 团 长：李泽祯

副团长：曹子群

杨屯乡代表团 团 长：李明华

副团长：李丙申

韩屯乡代表团 团 长：李承源

副团长：张 平

洪屯乡代表团 团 长：桑士彦

副团长：刘玉福

孙桥乡代表团 团 长：杜德旺

副团长：刘玉珍（女）

温陈乡代表团 团 长：孔祥宏

副团长：王洪祥

广平乡代表团 团 长：刘振录

副团长：王立民

大桑乡代表团 团 长：李平邦

副团长：刘春生

张营乡代表团 团 长：张春河

副团长：芦泮林

赵屯乡代表团 团 长：谢宝臣

副团长：邓洪庆

郝集乡代表团 团 长：何好之

副团长：张志汉

博平镇代表团 团 长：徐凤彩

副团长：宁志琴

杜郎口代表团　团　长：薛传玉
副团长：高连英（女）

特邀人员名单

孙东平　赵玉朋　郭金铸　司文瞻　陈盛昌
贾克礼　刘国芳　韩全庆　马汝学　程学彦
汝作民　马冠英　耿兴华　岳洛峰　胡廷端
陈月波　周振东　马秀明　张其成　白瑞玺
马士义　秦怀玉　王建德　杨忠平　王林华
许兆印　孙新建（女）　陶玉梅（女）
樊庆锡

列席人员名单

各部、委、办、局负责人54人
召集人：李盛奎　常修歧
杨景臣　张文杰　李盛奎　刘晓涵　王其义
李洪录　翟洪昌　李长顺　常修歧　张久芳
薛成喜　尹廷杰　金庆岱　于风兴　梁久勤
窦曰让　韩振南　杨广路　张学彦　宋兴贵
张怀成　刘贵元　李长寅　傅瑞海　赵志祥
李庆昌　张文元　白观荣　陈瑞秀　王学温
伦　伟　刘其生　李安录　王兆琪　丁先成
崔维迎　范富泉　王承俊　谢秀媛（女）
马洪林　索荣申　刘凤来　岳承祥　姜曰谔
孙克昌　张延题　张久德　朱运强　高文墨
赵吉太　刘金山　李文新　王存正　张宝海
各乡（镇）人大工作联络处负责人21人
召集人：刘观玉　贾美岭
贾美岭　刘观玉　邹希銮　赵长佣　董曰夏
朱水成　王希廷　赫曰祥　吴广荣　王传政
崔永岭　刘观斗　谢遵凯　王保同　尹廷泉
郭兆月　孔祥兰　贾奎杰　袁本芳　耿连修
高化昌
茌平县政协全体委员121人
召集人：张文元

第十四节　茌平县第十二届人民代表大会

茌平县第十二届人民代表大会任期为1990年4月至1993年3月。实际任期为2年11个月，共举行3次会议，审议议题23项，听取审议各项报告25个，通过决议19项，收到代表建议、批评和意见375件。

第一次会议

茌平县第十二届人民代表大会第一次会议于1990年4月1日至4月4日在县招待所举行，会期4天。出席代表300人，列席人员195人，特邀人员26人。

4月1日下午，茌平县第十二届人民代表大会第一次会议预备会议举行。县人大常委会主任马怀进主持。

商孝俊作大会筹备工作情况报告，会议通过县第十二届人大第一次会议主席团、秘书长名单和提案审查委员会名单，通过县十二届人大一次会议议程。

1990年4月2日上午，茌平县第十二届人民代表大会第一次会议开幕。孙宗安主持。

会议听取审议茌平县代理县长董金刚作的《政府工作报告》。报告总结了1987—1989年政府工作，提出1990—1992年茌平县经济工作的指导思想和主要任务。报告指出，三年来，县政府在地委、行署和县委的领导下，在人大及其常委会的监督支持下，坚定不移地坚持“一个中心，两个基本点”，坚持“两个文明一起抓”，认真落实县十一届人代会及其常委会的各项决议，带领全县人民努力工作，促进了经济建设和各项事业的发展。1989年全县工农业总产值8.17亿元，比1986年增长79.2%，其中农业总产值3.17亿元，增长22.3%，工业总产值5亿元，增长54.6%，提前一年基本实现工农业总产值翻第二番的目标。在全国许多地区农业萎缩，各种自然灾害严重的情况下，保持了粮棉生产稳定增长。1989年粮食单产、总产创历史最高水平，总产3.2亿公斤，比1986年增长10.5%，单产692.5公斤，增加105公斤。人均占有650多公斤，在省、地处于领先地位。棉花总产61.2万担，比1986年增长17.3%，被省委、省政府授予“棉花贡献先进单位”称号。1989年秋种，小麦面积70万亩，其中大垄套14万亩，小垄套39万亩。专业村、专业户蓬勃兴起，多种经营初步走上规模经营的轨道。1989年多种经营总收入2.4亿元，经济林12万亩，果树1000万株，果品总产1847.5万公斤，大牧畜存栏11.7万头，肉类总产700万公斤，水产养殖3万亩，瓜菜面积4.2万亩；乡镇企业总产值4.1亿元，乡镇工业实现利税4962万元，从业人员5.3万人，固定资产1.6亿元；社会商品零售总额2.1亿元，财政收入1924万元。电力能源设施较大发展，农村用电普及率96%，县城自来水日供水能力3200吨，80%的城镇居民用上了自来水，1989年被省评为规划管理先进县；耕地减少、计划外生育和环境污染均得到有效控制；科教文卫及其它事业发展；人民群众的民主法制观念增强，物质生活水平明显改善。

1990—1992年茌平县经济发展的指导思想是：以党的十三届五中全会精神为指针，坚持一个中心，两个基本点，继续实行以农业为基础，县属工业为骨干，乡村企业为重点的经济发展战略。到1992年经济发展的总体目标是：全县工农业总产值要确保实现10.5亿元，每年递增幅度为10%以上，其中农业总产值4.1亿元，递增幅度为8%；工业总产值6.4亿元，递增幅度为11%；乡镇企业总产值5.5亿元，递增幅度为10%。全县农村实现由温饱向富裕的跨越，农民人均纯收入在1989年680元的基础上，1992年达到800元。其他各项事业全面振兴。

1990年茌平县经济发展的目标是：工农业总产值8.77亿元，比上年增长7.8%，其中工业总产值5.5亿元，比上年增长10%；农业总产值3.27亿元，比上年增长4%；乡镇企业总产值4.5亿元，比上年增长10%；财政收入2200万元，粮食总产3亿公斤；全县有棉面积确保65万亩，总产确保70万担，争取80万担；农民人均纯收入达到750元，比上年增加70元。

目前必须抓好十项工作：一、进一步用党的十三届五中全会精神，统一全县人民的思想和行动；二、把稳定当作压倒一切的头等大事来抓；三、继续优化种植结构，坚持粮棉一齐抓，重点抓棉花；四、进一步加强管理，下决心把乡镇企业保下来，搞上去；五、以提高经济效益为中心，千方百计搞好工业生产；六、紧紧围绕工农业生产，认真搞好财贸工作；七、牢固树立“过几年紧日子”的思想，勤俭办一切事情；八、全面抓好“科教兴茌”方针，大力推进科教事业的发展；九、加强民主与法制建设，为经济发展创造良好社会环境；十、廉洁勤政、强化服务，密切政府同人民群众的关系。

县人大常委会主任马怀进作人大常委会工作报告。报告指出，县十一届人大三次会议以来常委会主要工作为：坚决反对动乱和反革命暴乱，坚持人民代表大会制度，维护安定团结的政治局面；始终坚持党的领导，紧紧围绕党的中心议大事，促进全县经济振兴；紧密结合经济建设和社会发展的实际，强化监督工作；密切联系代表和选民，加强社会主义民主政治建设；依法做好县、乡人大换届选举工作；加强人大常委会自身建设。

会议审查批准茌平县计划委员会主任刘晓涵作的《茌平县1990年国民经济和社会发展计划（草案）的报告》和县财政局局长周生达作的《茌平县1989年财政预算执行情况和1990年财政预算（草案）的报告》；听取和审议县人民法院院长李泽明作的《茌平县人民法院工作报告》和县人民检察院检察长马庆云作的《茌平县人民检察院工作报告》。会议一致通过上述报告，并作出相应决议。

大会采用无记名投票方式，选举产生茌平县第十二届人大常委会主任、副主任和委员，县人民政府县长、副县长、法院院长、检察院检察长。

选举结果

茌平县人民代表大会常务委员会

主　任：徐宝琪

副主任：马庆云　汪培杰　贾法俊

　　　　迟会孝　田　冲　常修歧

委　员：于吉昭　白观荣　邢同寅

　　　　邢富玉　成作舟　刘曰臣

　　　　刘庆华　杜金芳（女）

　　　　张国忠　韩富印　傅昭慈（女）

　　　　慈成凤（女）

茌平县人民政府

县　长：董金刚

副县长：王传斌　王林华　乌以祥　刘安荣

茌平县人民法院

院长：李泽明

茌平县人民检察院

检察长：韩宪宏

会议听取县人大常委会副主任汪培杰作的《关于第十一届人民代表建议、批评和意见办理情况的汇报》，通过提案审查委员会主任委员宫富瀛作的关于县十二届人大一次会议代表提案的审查报告。会议共收到代表建议、批评和意见132件。

县第十二届人大常委会主任徐宝琪致闭幕词。

总监票人、监票人名单

总监票人：迟会孝

监 票 人：刘庆华　谢家荣　张国忠

　　　　　傅昭慈（女）

主席团、秘书长名单

主席团：47人（以姓名笔画为序）

马庆云　马怀进　王兴文　王传斌　王林华

王春岭　王效泉　乌以祥　司文瞻　田　冲

田文举　冯海亭　孙东平　孙宗安　孙素青

刘庆华　刘兴远　刘西俊　刘安荣　邢同寅

迟会孝　汪培杰　李平邦　宋茂林　邹庆诰

陈加明　陈学忠　张习甲　张文杰　张国忠

张恒良　杨立国　侯尚明　胡志峰　赵玉峰

宫富瀛　姜学礼　姜桂章　徐庆江　徐宝琪

贾法俊　常修歧　商孝俊　商善岗　董金刚

傅昭慈（女）　谢家荣

秘书长：商孝俊

主席团常务主席名单

孙宗安　董金刚　孙东平　司文瞻　马怀进

商孝俊　徐宝琪　汪培杰　刘西俊　贾法俊

迟会孝　邹庆诰

副秘书长名单

张文杰　李盛奎　刘　伟　常修歧　周生达

张文元　白观荣

提案审查委员会主任委员、副主任委员、委员名单

主 任委 员：宫富瀛

副主任委员：王传斌

委　　　员：刘晓涵　刘曰臣　张长仁

提议各代表团团长、副团长名单

茌平镇代表团　团　长：刘安荣

　　　　　　　副团长：成作舟

乐平镇代表团　团　长：王效泉

　　　　　　　副团长：李洪荣

郝集乡代表团　团　长：冯海亭

　　　　　　　副团长：赫曰祥

孙桥乡代表团　团　长：王春岭

　　　　　　　副团长：王希廷

杜口乡代表团　团　长：田文举

　　　　　　　副团长：王传政

王老乡代表团　团　长：陈学忠

　　　　　　　副团长：刘玉瑞

冯屯镇代表团　团　长：陈加明

　　　　　　　副团长：初吉山

胡屯乡代表团　团　长：乌以祥

　　　　　　　副团长：谢遵凯

韩屯乡代表团　团　长：张习甲

　　　　　　　副团长：王宝桐

张营乡代表团　团　长：姜桂章

　　　　　　　副团长：高广玉

菜屯镇代表团　团　长：张恒良

　　　　　　　副团长：赵长佣

贾寨乡代表团　团　长：谢家荣

　　　　　　　副团长：崔士通

洪屯乡代表团　团　长：胡志峰
副团长：贾奎杰
杨屯乡代表团　团　长：商善岗
副团长：姜耀民
肖庄乡代表团　团　长：侯尚明
副团长：高化昌
大桑乡代表团　团　长：李平邦
副团长：冯树岭
博平镇代表团　团　长：赵玉峰
副团长：贾美岭
温陈乡代表团　团　长：王兴文
副团长：郭兆月
丁块乡代表团　团　长：杨立国
副团长：董曰夏
赵屯乡代表团　团　长：刘兴远
副团长：朱明仁
广平乡代表团　团　长：姜学礼
副团长：马怀峰
韩集乡代表团　团　长：徐庆江
副团长：尉士宽
县　直代表团　团　长：刘庆华
副团长：刘曰臣
张长仁
刘晓涵

第二次会议

茌平县第十二届人民代表大会第二次会议于1991年4月3日至4月5日在县招待所举行，会期3天。出席代表292人，列席人员203人，特邀人员28人。

4月3日上午，茌平县第十二届人民代表大会第二次会议预备会议举行。县人大常委会主任徐宝琪主持。

马庆云作大会筹备工作情况报告，会议通过县第十二届人大第二次会议主席团、秘书长名单和提案审查委员会名单，通过县十二届人大二次会议议程。

预备会议后，茌平县第十二届人民代表大会第二次会议开幕。孙宗安主持。

会议听取审议茌平县县长董金刚作的《政府工作报告》。报告回顾了1990年政府工作，制定了1991年政府工作的基本任务和要求。报告指出，一年来，县政府在地委、行署和县委的正确领导下，在人大及其常委会的监督支持下，带领广大干部群众，坚定不移地坚持党的基本路线，坚持“两个文明”一起抓，紧紧围绕党中央提出的稳定局势和发展经济的两大任务，积极进行治理整顿，大力推进改革开放，政治稳定，社会安定，经济持续协调发展，各项社会事业都取得了新成绩。1990年是“七五”计划的最后一年，“七五”期间茌平县各项主要经济指标均已完成或超额完成计划，工农业总产值超36.8%，财政收入超1.2倍，农民人均纯收入每年增加56元，递增11.1%。1990年全县工农业总产值8.9亿元，比1989年增长8.9%，比1985年增长1.1倍，比1980年增长3.3倍，农民人均纯收入676元，与1989年基本持平，比1985年增长70%，比1980年增长4倍，提前10年实现工农业总产值翻两番的目标。农业获得较好收成：农业总产值3.13亿元，粮食总产2.78亿公斤，人均占有550公斤以上。向国家贡献皮棉50.25万担，人均贡献54.5公斤，居全省第三位，被列入全国棉花百强县之一。多种经营总收入2.9亿元，比1989年增长11.9%。工业有新的发展：工业总产值5.76亿元，其中县属纯工业产值1.54亿元，实现利税1685万元，其中利润688万元。乡镇企业逐步成长壮大：乡镇工业产值3.3亿元，比1989年增长17.1%。财贸工作迈出新步伐：全县商品零售总额2亿元，总购进额2.7亿元，总销售额2.8亿元，实现利润606万元，集市贸易成交额5151万元，财政收入2311万元，各项存款余额为3.5亿元，各项贷款余额4.7亿元。物价趋向平稳，城镇居民生活水平有了新提高。对外开放不断扩大：全县出口商品收购总值1073万元，出口商品总额2500万元，产品出口口岸14个，出口品种有七类50余种，毛巾系列产品、99%骏马牌味精、30克有光纸等产品打入国际市场。科技、教育等各项社会事业发展较快：全年推广应用新技术4项，取得科技成果8项，争取星火计划项目18个；教育坚持“德育首位，质量核心，五育并举，全面发展”的指导思想，加强宏观调控，启动内部活力，教育质量明显提高；文化工作日益活跃，医疗卫生和计划生育工作不断加强。民主法则观念进一步增强：在第一个五年普法工作中，普法参学率和完成率均在90%以上；社会治安综合治理进一步强化；交通、城建等部门都发挥了重要作用。

1991年是十年规划和“八五”计划的第一年。今年乃至今后一个时期，茌平县经济发展的基本指导思想是：以党的十三届七中全会精神为指针，坚持“一个中心，两个基本点”，走“强农、重工、兴商”的路子，努力扩大对外开放，加快振兴茌平经济的步伐。计划到本世纪末，工农业总产值在1990年的基础上再翻一番，达到18亿元，平均每年增加近亿元。根据这个总体设想，1991年茌平县经济发展目标为：国民生产总值7.5亿元，比1990年增长10.3%；国民收入6.8亿元，比1990年增长9.1%；工农业总产值实现9.9亿元，比1990年增长11.4%，其中工业总产值6.4亿元，增长11.2%，农业总产值3.5亿元，增长11.7%；农民人均纯收入726元，比1990年增长7.4%；财政收入2600万元，比1990年增长12.5%；人口出生率控制在15.8‰以内；人口自然增长率控制在9.8‰以内。为完成此任务，必须切实抓好十方面的工作：1.全面贯彻落实党的十三届七中全会精神，统一全县人民的思想和行动；2.继续强化农业基础地位，重点抓好棉花生产；3.以经济效益为中心，把工业生产推向新阶段；4.加大措施，促使乡镇企业上新台阶；5.努力开拓市场，千方百计搞活流通；6.抓住机遇，加快对外开放的步伐；7.增强人均意识，大打计划生育翻身仗；8.树立科技首位意识，把“科技兴茌”落到实处；9.坚持“两个文明”一齐抓的方针，巩固发展安定团结的政治局面；10.进一步加强政府自身建设，做人民需要的合格公仆。

会议号召全县人民，在县委、政府的领导下，以“不甘人后，奋力争先”的精神风貌，立足当前，扎实工作，为实现更加宏伟的第二步战略目标而努力奋斗。

县人大常委会主任徐宝琪作人大常委会工作报告。报告指出，一年来，县人大常委会主要工作表现为：在党的领导下，深入学习贯彻党的十三届七中全会精神，把保障和促进茌平县经济的发展放在首要位置；继续贯彻“稳定压倒一切”的方针，维护全县安定团结的政治局面；紧密结合经济建设这个中心和茌平县社会发展的实际，强化监督工作；以党的十三届六中全会精神为指导，密切同代表和人民群众的联系；按照人大工作中心任务的要求，不断加强社会主义民主与法制建设；适应形势发展的需要，进一步加强了人大常委会自身建设。

会议审查批准茌平县计划委员会主任刘晓涵作的《关于我县国民经济和社会发展第八个五年计划及十年规划的报告》和县财政局局长杨瑞华作的《茌平县1990年财政决算情况和1991年财政预算（草案）的报告》；听取和审议县人民法院院长李泽明作的《茌平县人民法院工作报告》和县人民检察院检察长韩宪宏作的《茌平县人民检察院工作报告》。会议一致通过上述报告，并作出相应决议。

会议听取县人大常委会副主任汪培杰作的《关于第十二届人大第一次会议以来代表建议、批评和意见办理情况的汇报》，通过提案审查委员会主任委员王传斌作的关于县十二届人大二次会议代表提案的审查报告。会议共收到代表建议、批评和意见127件。

县人大常委会主任徐宝琪致闭幕词。

主席团、秘书长名单

主席团：56人（以姓名笔画为序）

马怀进　马庆云　于吉昭　王兴文　王传斌
王林华　王春岭　王效泉　乌以祥　司文瞻
田　冲　田文举　冯海亭　孙东平　孙宗安
孙素青（女）　白观荣　刘曰臣　刘西俊
刘庆华　刘兴远　刘安荣　邢同寅　邢富玉
迟会孝　成作舟　汪培杰　李平邦
杜金芳（女）　宋茂林　邹庆诰　邹庆荣

陈加明 陈学忠 张习甲 张国忠 张恒良
杨立国 罗聚廷 侯尚明 胡志峰 赵玉峰
宫富瀛 姜学礼 姜桂章 徐庆江 徐宝琪
贾法俊 韩富印 常修歧 商孝俊 商善岗
董金刚 谢家荣 傅昭慈（女）
慈成凤（女）
秘书长：马庆云

各代表团团长、副团长名单

茌平镇代表团 团　长：罗聚廷
副团长：成作舟
乐平镇代表团 团　长：王效泉
副团长：李洪荣
郝集乡代表团 团　长：冯海亭
副团长：赫曰祥
孙桥乡代表团 团　长：王春岭
副团长：王希廷
杜郎口代表团 团　长：田文举
副团长：王传政
王老乡代表团 团　长：陈学忠
副团长：刘玉瑞
冯屯镇代表团 团　长：陈加明
副团长：初吉山
胡屯乡代表团 团　长：邹庆荣
副团长：谢遵凯
韩屯乡代表团 团　长：张习甲
副团长：王宝桐
张营乡代表团 团　长：姜桂章
副团长：高广玉
菜屯镇代表团 团　长：张恒良
副团长：赵长佣
贾寨乡代表团 团　长：谢家荣
副团长：崔士通
洪屯乡代表团 团　长：胡志峰
副团长：贾奎杰
杨屯乡代表团 团　长：商善岗
副团长：姜跃民
肖庄乡代表团 团　长：侯尚明
副团长：高化昌
大桑乡代表团 团　长：李平邦
副团长：冯树岭
博平镇代表团 团　长：赵玉峰
副团长：贾美岭
温陈乡代表团 团　长：王兴文
副团长：郭兆月
丁块乡代表团 团　长：杨立国
副团长：董曰夏
赵屯乡代表团 团　长：刘兴远
副团长：朱明仁
广平乡代表团 团　长：姜学礼
副团长：马怀峰
韩集乡代表团 团　长：徐庆江
副团长：尉士宽
县　直代表团 团　长：刘庆华
副团长：刘曰臣
张长仁
刘晓涵

第三次会议

茌平县第十二届人民代表大会第三次会议于1992年3月31日至4月3日在县招待所举行。出席代表287人，列席人员207人，特邀人员32人。

1992年3月31日下午，茌平县第十二届人民代表大会第三次会议预备会议举行。

县人大常委会副主任马庆云作大会筹备工作情况报告，会议通过县第十二届人大第三次会议主席团、秘书长名单和提案审查委员会名单，通过县十二届人大三次会议议程。

1992年4月1日上午，茌平县第十二届人民代表大会第三次会议开幕。

会议听取审议茌平县县长董金刚作的《政府工作报告》。报告回顾了1991年政府工作，提出了1992年政府工作的基本任务和要求。报告指出，在过去的一年里，县政府在地委、行署和县委的领导下，在人大的监督支持下，坚持贯彻执行党的基本路线，坚持改革开放，坚持“两个文明”一起抓，团结带领人民群众艰苦奋斗，努力工作，各项工作都取得了新的进展。农业获得较好收成，农业总产值5.9亿元，农民人均纯收入712元，比上年增长5.3%。粮食总产3.1亿公斤，其中夏粮首创2亿公斤大关，被省政府命名为“夏粮生产先进县”。棉花总产58万担，向国家交售50多万担。多种经营总收入3.3亿元，比上年增长13.8%，其中发展完善农田林网5.8万亩，新增植树210万株，育苗4360亩。工业生产效益逐步回升，总产值8.9亿元，比上年增长9.8%，其中县直工业产值2.7亿元，比上年增长13.5%，完成销售收入1.8亿元，比上年增长35.8%，实现利税2198万元，比上年增长41.4%。乡镇企业在整顿中巩固，在发展中提高，总产值比上年增长14.6%，向国家交纳税金500多万元，不少企业恢复了生产，一批骨干企业效益增加。财贸工作有新变化，财政收入2736万元，比上年增长18%，实现连续19年收支平衡。社会商品零售总额2.1亿元，比上年增长8.6%。集市贸易成交额6440万元，比上年增长21.2%。外经外贸工作进步快，出口商品20多种，出口商品收购总值3780万元。科技、教育等各项社会事业有突破性进展，民主法制观念进一步增强，政府机关和部门作风建设加强。

报告提出1992年茌平县经济工作的指导思想是：以八中全会和中央〔1992〕2号文件精神为指针，深入贯彻党的“一个中心，两个基本点”的基本路线，坚持实事求是，努力提高劳动者整体素质，加快改革开放步伐，继续“强农、重工、兴商”，积极推进外向型经济，大力发展多种经营，进一步推动全县政治、经济和社会的稳定发展。经济目标为：国民生产总值7.8亿元，比上年增长4%；国民收入7.2亿元，比上年增长3%；工农业总产值实现16.7亿元，比上年增长13%，其中工业总产值10.3亿元，增长15.7%，农业总产值6.4亿元，增长8.8%；粮食总产3.2亿公斤，比上年增长3.2%；棉花总产确保60万担，争取65万担，分别比上年增长9.1%和18.2%；农民人均纯收入762元，比上年增长7%；财政收入2931万元，比上年增长7.1%，力争实现连续20年收支平衡。要切实做好三方面的工作：1.全面贯彻落实党的十三届八中全会精神，努力开创农业和农村工作新局面；2.深入贯彻中共中央〔1992〕2号文件和中央工作会议精神，抓关键，促发展，把工交财贸工作提高到一个新水平；3.继续坚持“两手抓”的方针，加强社会主义精神文明建设，为改革和发展提供精神动力和政治保证。

县人大常委会主任徐宝琪作人大常委会工作报告。报告指出，县十二届人大二次会议以来常委会主要工作表现为：以经济建设为中心，推动全县经济持续稳定协调发展；加强法制建设，推动各项事业的依法治理；努力建设有中国特色的社会主义民主政治，充分发挥密切联系人民群众的主渠道作用；认真总结宣传十年人大工作，不断深化对这一根本政治制度重要性的认识。

会议通过《茌平县奔小康目标及实施规划（草案）》，审查批准茌平县计划委员会主任刘晓涵作的《茌平县1991年国民经济和社会发展计划执行情况与1992年国民经济和社会发展计划（草案）的报告》和县财政局局长杨瑞华作的《茌平县1991年财政预算执行情况和1992年财政预算（草案）的报告》；听取和审议县人民法院院长李泽明作的《茌平县人民法院工作报告》和县人民检察院检察长韩宪宏作的《茌平县人民检察院工作报告》。会议一致通过上述报告，并作出相应决议。

会议听取县人大常委会副主任汪培杰作的《关于第十二届人大第二次会议以来代表建议、批评和意见办理情况的汇报》，通过提案审查委员会主任委员宫富瀛作的关于县十二届人大三次会议代表提案的审查报告。会议共收到代表建议、批评和意见116件。

县人大常委会主任徐宝琪致闭幕词。

主席团、秘书长名单

主席团：54人（以姓名笔画为序）

马怀进　马庆云　于吉昭　王兴文　王传斌
王林华　王春岭　王效泉　乌以祥　司文瞻
田　冲　田文举　冯海亭　孙东平　孙宗安

孙素青（女） 孙乐生 白观荣 刘曰臣
刘西俊 刘庆华 刘安荣 邢同寅 邢富玉
迟会孝 成作舟 朱明仁 汪培杰 李平邦
宋茂林 杜金芳（女） 邹庆诰 陈加明
陈学忠 张习甲 张国忠 张恒良 杨立国
罗聚廷 赵玉峰 宫富瀛 姜学礼 姜桂章
徐宝琪 贾法俊 贾奎杰 高广玉 曹培成
常修歧 商善岗 韩富印 董金刚
傅昭慈（女） 慈成凤（女）
秘书长：马庆云

主席团常务主席名单

孙宗安 徐宝琪 董金刚 孙东平 司文瞻
马庆云 汪培杰 贾法俊 迟会孝 田　冲
常修歧

副秘书长名单

窦有德 白观荣 白先明 张文元 刘　伟
李庚申 杨瑞华

提案审查委员会主任委员、副主任委员、委员名单

主 任委 员：宫富瀛
副主任委员：王林华
委　　　员：刘晓涵 刘曰臣 张长仁

代表资格审查委员会主任委员、副主任委员、委员名单

主 任委 员：汪培杰
副主任委员：刘曰臣
委　　　员：张国忠 于吉昭 傅昭慈

提议各代表团团长、副团长名单

茌平镇代表团 团　长：罗聚廷
副团长：成作舟
乐平镇代表团 团　长：王效泉
副团长：李洪荣
郝集乡代表团 团　长：冯海亭
副团长：赫曰祥
孙桥乡代表团 团　长：王春岭
副团长：王希廷
杜郎口代表团 团　长：姜桂章
副团长：王传政
王老乡代表团 团　长：陈学忠
副团长：刘玉瑞
冯屯镇代表团 团　长：陈加明
副团长：初吉山
胡屯乡代表团 团　长：乌以祥
副团长：谢遵凯
韩屯乡代表团 团　长：孙乐生
副团长：王宝桐
张营乡代表团 团　长：姜桂章
副团长：崔玉美
菜屯镇代表团 团　长：张恒良
副团长：赵长佣
贾寨乡代表团 团　长：邢富玉
副团长：贾志忠
洪屯乡代表团 团　长：贾奎杰
副团长：李荣芳
杨屯乡代表团 团　长：商善岗
副团长：姜跃民
肖庄乡代表团 团　长：曹培成
副团长：高化昌
大桑乡代表团 团　长：李平邦
副团长：冯树岭
博平镇代表团 团　长：赵玉峰
副团长：贾美岭
温陈乡代表团 团　长：王兴文
副团长：郭兆月
丁块乡代表团 团　长：杨立国
副团长：董曰夏
赵屯乡代表团 团　长：朱明仁
副团长：邓洪庆
广平乡代表团 团　长：姜学礼
副团长：马怀峰
韩集乡代表团 团　长：田文举
副团长：尉士宽
县　直代表团 团　长：刘庆华
副团长：刘曰臣
张长仁
刘晓涵

第十五节 茌平县第十三届人民代表大会

茌平县第十三届人民代表大会任期为1993年3月至1998年2月。实际任期为4年11个月，共举行5次会议，审议议题34项，听取审议各项报告35个，通过决议32项，收到代表建议、批评和意见604件。选举出席山东省第八届人民代表大会代表5人。

第一次会议

茌平县第十三届人民代表大会第一次会议于1993年3月8日至3月12日在县招待所举行，会期5天。出席代表297人，列席人员58人，特邀人员31人。

1993年3月8日下午，茌平县第十三届人民代表大会第一次会议预备会议举行。县人大常委会主任徐宝琪主持会议。

马庆云作大会筹备工作情况报告，会议通过县第十三届人大第一次会议主席团、秘书长名单和提案审查委员会名单，通过县十三届人大一次会议议程。

1993年3月9日上午，茌平县第十三届人民代表大会第一次会议开幕。董金刚主持。

会议听取审议茌平县代理县长齐炳文作的《政府工作报告》。报告回顾了1990年以来政府工作，确定了1993年及今后一个时期工作的指导思想和基本任务。报告指出，自1990年以来，县政府在地委、行署和县委的领导下，带领全县人民，艰苦奋斗，真抓实干，茌平县经济建设和各项事业均取得了新的成就。过去的三年，全县政治稳定、社会安定、经济建设一年一个新台阶。1992年全县国民生产总值预计6.6亿元，比1989年增长8.2%，工农业总产值实现16.25亿元，比1989年增长19.9%，比上年增长9.6%。改革开放在各个领域深入展开；农业的基础条件进一步改善，农村经济呈现良好的发展势头；工业生产速度加快，后劲增强；财贸工作年年都有新起色；科教文卫等各项社会事业成效显著；民主与法制建设进一步增强；政府机关自身建设进一步加强。

根据上级的有关精神和茌平县的工作实际，确定1993年及今后一个时期经济工作的指导思想：深入贯彻十四大精神，以市场为导向，以改革开放试点县为契机，强化农业，主攻工业，大力发展第三产业，全面振兴茌平经济。根据这一指导思想，1993年经济发展的目标是：国民生产总值9.74亿元，比上年增长8.8%；国民收入7.74亿元，比上年增长8.7%；工农业总产值18.05亿元，比上年增长11.6%；其中工农总产值11.95亿元，比上年增长11.1%，农业总产值6.1亿元，比上年增长12.9%；粮食总产6.5亿元；棉花总产确保30万担，争取35万担；农民人均纯收入620元，比上年增加104元；乡镇企业税金720万元，比上年增长5.6%。第三产业增加值2.17亿元，比上年增长23%；财政收入3456万元，比上年增长14.9%。为实现此任务，必须做好五方面的工作：全面落实党的十四大精神，努力加快改革开放的步伐；坚定不移地强化农业基础，促进农业和农村经济全面发展；以市场为导向，以提高经济效益为中心，促进工交财贸工作再上新水平；加快发展第三产业；加强社会主义精神文明建设，为经济发展创造良好的社会环境。

茌平县第十二届人大常委会主任徐宝琪作《茌平县人大常委会工作报告》。报告回顾自县十二届人大三次会议以来的主要工作：一、始终坚持以经济建设为中心，积极开展各项工作。第一，监督支持政府全面完成国民经济计划；第二，重视加强农业的基础地位，把推动农业和农村工作的发展放在重要位置；第三，把促进搞好县属工业企业和乡镇企业，增强企业活力，提高经济效益，作为突出任务来抓；第四，适应扩大对外开放的要求，积极支持做好外经外贸工作。二、进一步加强法制建设，积极推动各项事业的依法治理。第一，加强对打经、打拐、反盗窃和社会治安等项工作的检查监督；第二，强化对普法工作的领导和监督；第三，深入开展执法情况的监督检查。三、努力建设有中国特色社会主义民主政治，充分发挥密切联系人民群众的主渠道作用。四、适应形势发展的需要，进一步加强人大常委会自身建设。

大会听取审议茌平县计划委员会主任刘晓涵作的《茌平县1992年国民经济和社会发展计划执行情况与1993年国民经济和社会发展计划（草案）的报告》；县财政局局长杨瑞华作的《茌平县1992年财政预算执行情况和1993年财政预算（草案）的报告》；县人民法院院长李泽明作的《茌平县人民法院工作报告》；县人民检察院检察长韩宪宏作的《茌平县人民检察院工作报告》。大会通过以上报告，并作出相应决议。大会还作出了《关于减轻农民负担的决议》。

大会采用无记名投票方式，选举产生茌平县第十三届人大常委会主任、副主任和委员，县人民政府县长、副县长、法院院长、检察院检察长。

选举结果

茌平县人民代表大会常务委员会

主　任：司文瞻

副主任：张兴义　迟会孝　张宝海
田　冲　李泽明　金庆岱

委　员：于吉昭　王立军（女）
王兆琪　孔祥宏　白观荣
成作舟　刘庆华　祁传月
杜金芳（女）　李福信
迟连运　郭金良　高金道
傅昭慈（女）

茌平县人民政府

县　长：齐炳文

副县长：乌以祥　杨忠平　王林华
刘安荣　苏本生

茌平县人民法院

院　长：郑宝光

茌平县人民检察院

检察长：宋士高

选举司文瞻、傅昭慈（女）、张国忠、张敬涛、徐法水为出席山东省第八届人民代表大会代表。

会议通过提案审查委员会主任委员乌以祥作的关于县十三届人大一次会议代表提案的审查报告。会议共收到代表建议、批评和意见231件。

县第十三届人大常委会主任司文瞻致闭幕词。

主席团、秘书长名单

主席团：46人（按姓名笔画为序）

马庆云　马宪民　于国安　王兴文　乌以祥
司文瞻　白乐华　田　冲　艾华勤　朱金山
朱学东　齐炳文　邢玉印　邢同寅　刘桂才
刘君之　刘培哲　孙怀栋　孙素青（女）
宋玉山　汪培杰　迟广西　迟会孝　张习甲
张立祥　张兴义　张学峰　张宝海　张国忠
张观路　李永海　李泽明　金庆岱　周庆江
徐法水　徐宝琪　殷庆太　贾占信　贾法俊
桑聊生　常修歧　董金刚　韩明来
傅昭慈（女）　路运生　潘思东

秘书长：马庆云

主席团常务主席名单

董金刚　齐炳文　徐法水　朱玉山　徐宝琪
司文瞻　马庆云　汪培杰　贾法俊　迟会孝
田　冲　常修歧

副秘书长名单

殷庆太　白观荣　张聚传　白先明　李庚申
张文元　杨瑞华

提案审查委员会主任委员、副主任委员、委员名单

主 任委 员：乌以祥

副主任委员：邢同寅

委　　　员：索兴举　梁久勤　胡言义

各代表团团长、副团长名单

县　直代表团　团　长：邢同寅
副团长：刘晓涵

茌平镇代表团　团　长：邢玉印
副团长：成作舟

赵屯乡代表团　团　长：马宪民
副团长：齐传胜

丁块乡代表团　团　长：张立祥

副团长：陈爱荣
广平乡代表团　团　长：潘思东
副团长：马怀锋
韩集乡代表团　团　长：孙怀栋
副团长：陶长申
乐平镇代表团　团　长：朱学东
副团长：刘振生
郝集乡代表团　团　长：迟广西
副团长：张明亮
杜郎口代表团　团　长：白乐华
副团长：张殿荣
孙桥乡代表团　团　长：艾华勤
副团长：刘兆俊
王老乡代表团　团　长：刘培哲
副团长：刘玉瑞
冯屯镇代表团　团　长：于国安
副团长：初吉山
胡屯乡代表团　团　长：张习甲
副团长：范留泉
韩屯乡代表团　团　长：周庆江
副团长：张明玉
张营乡代表团　团　长：路运生
副团长：高广玉
肖庄乡代表团　团　长：张学峰
副团长：高化昌
洪屯乡代表团　团　长：张观录
副团长：袁智德
杨屯乡代表团　团　长：桑聊生
副团长：孙金群
大桑乡代表团　团　长：刘桂才
副团长：冯树岭
博平镇代表团　团　长：贾占信
副团长：董万友
温陈乡代表团　团　长：王兴文
副团长：郭兆月
菜屯镇代表团　团　长：李永海
副团长：赵长佣
贾寨乡代表团　团　长：刘君之
副团长：傅孟江

总计票人、计票人名单

总计票人：李庚申
计　票　人：王兴元　杨加明　初士锋
贾　惠（女）　马宝杰
杨文生　冯洪乾　朱子华

总监票人、监票人名单

总监票人：朱金山
监　票　人：刘晓涵　崔维平　邢玉印
朱学东

特邀人员名单

贾克礼　刘国芳　马汝学　程学彦　赵焕之
马怀进　宋茂林　汝作民　刘西俊　邹庆浩
岳洛峰　陈盛昌　周振东　孙新建　樊庆锡
韩庚大　韩宪宏　杨忠平　王林华　刘安荣
杨振亮　苏本生　马秀明　王玉林　白连甫
张其成　白瑞玺　马宪才　马士义　秦怀玉
王建德

列席人员名单

各委办、局负责人（58人）

召集人：白先明　徐凤彩　孙永淮　白先明
徐凤彩　孙永淮　房本林　王其义　李洪录
黄兴远　刘振录　薛成喜　刘福存　赵锡贵
杨光录　张学彦　张怀成　刘桂元　李长寅
傅瑞海　张作江　李庆昌　张文元　陈瑞秀
李雪贵　刘其生　盛尚奎　陈庆之　刘文才
范富泉　王承俊　陶维生　索荣申　刘凤来
岳承祥　孙克昌　张延题　张久德　朱运强
张文岭　罗聚廷　张福来　袁庆宗　韩玉明
陈民生　刘金山　李文新　张培华　白庆显
桑冠森　李文政　冯云香　周荣恩　石同江
宋兴贵　马洪林　宋宝锁　赵吉太　高云宪
丁先成　于凤兴

第二次会议

茌平县第十三届人民代表大会第二次会议于1994年4月1日至4月4日在县招待所举行，会期4天。出席代表281人，列席人员182人，特邀人员39人。

1994年4月1日下午，茌平县第十三届人民代表大会第二次会议预备会议举行。县人大常委会主任司文瞻主持会议。

县人大常委会副主任张兴义作大会筹备工作情况报告，会议通过大会议程、主席团、秘书长名单和提案审查委员会名单。

1994年4月2日上午，茌平县第十三届人民代表大会第二次会议开幕。董金刚主持。

大会听取审议茌平县县长齐炳文作的《政府工作报告》。报告回顾了1993年政府工作，认为1993年是全县经济建设大发展的一年，是广大干部群众思想大解放、观念大更新的一年，是试点县工作初见成效的一年。1993年全县实现国民生产总值10.5亿元，增长26.5%；农业总产值6.57亿元，增长21.5%；工业总产值12.8亿元，增长18.2%；第三产业增加值2.5亿元，占国民生产总值的23%。农民人均纯收入676元，增加160元。改革开放速度明显加快：企业和农村改革效果显著，对外开放领域不断拓宽。农业结构调整初见成效，农村经济全面发展：全年粮食总产3.6亿公斤，创历史最高水平；多种经营生产进度快、效果好，乡镇企业发展迅速。工业生产内部管理不断深化，技术改造步伐加快，企业发展后劲增强：县属工业共完成产值3.8亿元，增长15.2%，完成销售收入3.14亿元，增长39.5%，全年产品产销率为99.7%，增长6.4%，实现利税3065.6万元，增长13.8%，工业综合指标列全区第二名。财贸工作迈出新步伐：全县社会商品零售总额2.14亿元，财政收入5685万元（按新统计口径）。道路、交通、通讯等基础设施建设进展迅速，科教文卫等社会事业成绩显著，民主与法制建设进一步加强，政府机关自身建设增强。

1994年是试点县建设和深化改革的关键年。经济工作的指导思想是：以党的十四届三中全会《决定》为指导，认真贯彻落实全省经济欠发达地区改革开放试点县工作会议精神，以改革开放总揽全局，充分运用“三方结合”的形式，加大改革开放力度，启动内部活力，进一步加快经济发展步伐。经济发展的目标是：国民生产总值14亿元，增长33%；工业总产值16.7亿元，增长30%；农业总产值7.4亿元，增长12%；第三产业增加值3.8亿元，增长50%；农民人均纯收入800元，增加124元；财政收入5785万元。为实现上述目标，要做好六个方面工作：联系实际，下大气力，进一步解放思想；整体推进，重点突破，加快改革开放步伐；以棉花、多种经营和乡镇企业为重点，促进农村经济全面发展；以技术改革为主攻方向，扎扎实实抓好工业生产；以“三个有利于”为标准，放手发展个体私营经济；以市场建设为重点，大力发展第三产业。

要继续坚持一手抓经济建设，一手抓精神文明建设的方针，确保试点县工作的顺利进行。要积极推进社会主义民主与法制建设；继续加强社会治安综合治理；坚持“科教兴茌”的战略方针；毫不松懈地抓好计划生育工作；深入持久地开展反腐败斗争；加强政府自身建设。

茌平县人大常委会主任司文瞻作《茌平县人大常委会工作报告》。回顾了自十三届人大一次会议以来的主要工作：一、明确指导思想，紧紧围绕经济建设这个中心开展工作。第一，全力保障改革开放试点县方案的落实；第二，支持政府为完成国民经济和社会发展计划及执行财政预算计划所采取的一系列重大措施，同心协力促发展；第三，充分发挥人大代表在经济建设主战场的模范带头作用。二、努力改进和加强监督工作，进一步强化法律监督。三、深入贯彻《代表法》，充分发挥闭会期间人大代表的作用。四、适应形势发展的需要，进一步加强人大常委会的自身建设。

大会听取审议茌平县计划委员会主任宋宝锁作的《茌平县1993年国民经济和社会发展计划执行情况与1994年国民经济和社会发展计划（草案）的报告》；县财政局局长杨瑞华作的《茌平县1993年财政预算执行情况和1994年财政预算（草案）的报告》；县人民法院院长郑宝光作的《茌平县人民法院工作报告》；县人民检察院检察长宋士高作的《茌平县人民检察院工作报告》。大会通过以上报告，并作出相应决议。会议还作出《关于号召全县人大代表带头致富的决议》、《茌平县人大常委会关于奖励1993年度优秀人大代表和先进代表小组的决定》。

会议通过提案审查委员会主任委员乌以祥作的关于县十三届人大二次会议代表提案的审查报告。会议共收到代表建议、批评和意见109件。

县人大常委会主任司文瞻致闭幕词。

主席团、秘书长名单

主席团：61人（以姓名笔画为序）

于吉昭　于国安　马庆云　马宪民
王立军(女)　王兴文　王兆琪　乌以祥
孔祥宏　田　冲　白观荣　司文瞻　邢同寅
朱金山　朱学东　刘玉瑞　刘庆华　刘兆俊
刘桂才　齐炳文　祁传月　成作舟　孙怀栋
孙金群　孙素青（女）　杜金芳（女）
李泽明　李福信　汪培杰　宋士高　宋玉山
迟广西　迟连运　迟会孝　张习甲　张立祥
张兴义　张学信　张学峰　张宝海　张明玉
张国忠　张殿荣　金庆岱　郑宝光　赵长佣
袁智德　贾占信　贾法俊　徐法水　徐宝琪
殷庆太　郭金良　高广玉　高金道　常修歧
韩明来　董金刚　傅孟江　傅昭慈（女）
潘思东

秘书长：张兴义（兼）

主席团常务主席名单

董金刚　司文瞻　齐炳文　徐法水　朱玉山
张学信　张兴义　迟会孝　张宝海　田　冲
李泽明　金庆岱　徐宝琪　常修歧

副秘书长名单

殷庆太　白观荣　王兴元　王希忠　李庚申
胡连新　杨瑞华

代表资格审查委员会

主任委员：张宝海

副主任委员：刘庆华

委　　员：于吉昭　孔祥宏　傅昭慈（女）

提案审查委员会主任委员、副主任委员、委员名单

主任委员：乌以祥

副主任委员：邢同寅

委　　员：梁久勤　索兴举　胡言义

各代表团团长、副团长名单

县　直代表团　团　长：邢同寅
　　副团长：刘晓涵
茌平镇代表团　团　长：成作舟
　　副团长：杨金岱
赵屯乡代表团　团　长：马宪民
　　副团长：齐传胜
丁块乡代表团　团　长：张立祥
　　副团长：石文明
广平乡代表团　团　长：潘思东
　　副团长：马怀锋
韩集乡代表团　团　长：孙怀栋
　　副团长：陶长申
乐平镇代表团　团　长：朱学东
　　副团长：刘振生
郝集乡代表团　团　长：迟广西
　　副团长：张明亮
杜郎口代表团　团　长：张殿荣
　　副团长：唐光印
孙桥乡代表团　团　长：刘兆俊
　　副团长：刘玉珍
王老乡代表团　团　长：刘玉瑞
　　副团长：张发财
冯屯镇代表团　团　长：于国安
　　副团长：初吉山
胡屯乡代表团　团　长：张习甲

副团长：范留泉
韩屯乡代表团 团 长：张明玉
副团长：陈洪英
张营乡代表团 团 长：高广玉
副团长：刘申海
肖庄乡代表团 团 长：张学峰
副团长：高化昌
洪屯乡代表团 团 长：袁智德
副团长：成永喜
杨屯乡代表团 团 长：孙金群
副团长：李仲弟
大桑乡代表团 团 长：刘桂才
副团长：冯树岭
博平镇代表团 团 长：贾占信
副团长：董万友
温陈乡代表团 团 长：王兴文
副团长：郭兆月
菜屯镇代表团 团 长：赵长佣
副团长：李爱兰
贾寨乡代表团 团 长：傅孟江
副团长：刘立法

特邀人员名单

贾克礼 刘国芳 马汝学 程学彦 赵焕之
马怀进 宋茂林 汝作民 刘西俊 邹庆浩
岳洛峰 陈盛昌 周振东 刘安荣 孙新建
樊庆锡 韩更大 韩宪宏 杨忠平 王林华
苏本生 葛保忠 任树栋 王育义 郭德功
马秀明 王玉林 白连甫 张其成 白瑞玺
马宪才 马士义 王建德 孟宪井 王旭光
殷 明 夏和明 刘宪亮 宋伟滨

列席人员名单

各委办局负责人32人
召集人：石传林 刘文才
王希忠 石传林 宋宝锁 朱林富 齐万路
于凤兴 刘振录 曹培成 陈民生 韩玉明
韩明忠 岳承祥 刘文才 王建新 杨光录
明学富 徐公正 张怀成 李明华 王恒河
王厚琪 李泽贞 孙永淮 李文政 刘其生
李雪贵 窦有德 李瑞芬 杨秀桂 伦 伟
王长山 李长寅
政协五届三次会议全体委员

第三次会议

茌平县第十三届人民代表大会第三次会议于1995年3月28日至3月31日在县招待所举行，会期4天。出席代表292人，列席人员198人，特邀人员41人。

1995年3月28日下午，茌平县第十三届人民代表大会第三次会议预备会议举行。县人大常委会主任司文瞻主持会议。

县人大常委会副主任张兴义作大会筹备工作情况报告，会议通过大会议程、主席团、秘书长名单和提案审查委员会名单。

1995年3月29日上午，茌平县第十三届人民代表大会第三次会议开幕。司文瞻主持。

大会听取审议茌平县代理县长许立全作的《政府工作报告》。报告主要回顾1994年政府工作和制定1995年政府工作任务。1994年，全县实现国民生产总值15亿元，增长42.9%，工农业总产值25.4亿元，增长29.9%；完成工业总产值17.9亿元，增长40.4%，农业总产值7.5亿元，增长13.6%；财政收入6414.5万元，增长12.8%；农民人均纯收入906元，比上年增加230元。按照中央提出的“抓住机遇，深化改革，扩大开放，促进发展，保持稳定”的指导方针和全国、全省八届人大三次会议精神，1995年茌平县经济工作的指导思想是：以邓小平建设有中国特色社会主义理论和党的基本路线为指导，全面贯彻党的十四届三中、四中全会精神，以“三方”结合为动力，抓住机遇，加大改革开发力度，大力推进技术进步，着力培植主导产业和骨干企业，加快产业结构调整和产业规模膨胀，努力提高经济运行质量和经济效益，全面完成试点县目标任务。具体指标是：国民生产总值18亿元，增长20%；工业总产值22亿元，增长22.9%；农业总产值8.5亿元，增长13.3%；第三产业增加值5亿元，增长31.6%；财政收入6500万元；农民人均纯收入1200元。人口自然增长率保持负增长。

茌平县人大常委会主任司文瞻代表人大常委会作《茌平县人大常委会工作报告》。报告回顾一年来主要工作：增强服务意识，紧紧围绕经济建设这个中心开展工作；改进监督工作，不断拓宽监督渠道；深入学习宣传代表法，开创代表工作新局面；适应形势发展需要，进一步加强常委会自身建设。

大会听取审议茌平县计划委员会主任宋宝锁作的《茌平县1994年国民经济和社会发展计划执行情况与1995年国民经济和社会发展计划（草案）的报告》；县财政局局长杨瑞华作的《茌平县1994年财政预算执行情况和1995年财政预算（草案）的报告》；县人民法院院长郑宝光作的《茌平县人民法院工作报告》；县人民检察院检察长宋士高作的《茌平县人民检察院工作报告》。大会通过以上报告，并作出相应决议。会议还作出《茌平县人大常委会关于奖励1994年度优秀人大代表和先进代表小组的决定》。

大会采用无记名投票方式，选举许立全为茌平县人民政府县长。

会议通过提案审查委员会主任委员乌以祥作的关于县十三届人大三次会议代表提案的审查报告。会议共收到代表建议、批评和意见104件。

县人大常委会主任司文瞻致闭幕词。

主席团、秘书长名单

主席团：61人（以姓名笔画为序）

于吉昭　于国安　马庆云　马宪民
王立军(女)　王兴文　王兆琪　乌以祥
孔祥宏　艾华勤　田　冲　白观荣　白若华
司文瞻　邢同寅　朱金山　朱学东　刘庆华
刘君之　刘桂才　刘培哲　齐炳文　祁传月
成作舟　孙怀栋　孙素青（女）
杜金芳（女）　李泽明　李福信　李永海
汪培杰　宋士高　迟广西　迟连运　迟会孝
张习甲　张立祥　张兴义　张学信　张学峰
张宝海　张国忠　张观录　金庆岱　周庆江
郑宝光　贾占信　贾法俊　许立全　徐法水
徐宝琪　殷庆太　郭金良　桑聊生　常修歧
韩明来　韩更大　傅昭慈（女）　路运生
潘思东　葛保忠

秘书长：张兴义（兼）

主席团常务主席名单

齐炳文　司文瞻　许立全　徐法水　葛保忠
张学信　韩更大　张兴义　迟会孝　张宝海
田　冲　李泽明　金庆岱　徐宝琪　常修歧

主席团临时党委成员名单

书　记：齐炳文
副书记：司文瞻　许立全　徐法水
　　　　葛保忠　张学信　韩更大
　　　　张兴义
委　员：乌以祥　朱金山　殷庆太
　　　　迟会孝　张宝海　李泽明
　　　　金庆岱

副秘书长名单

殷庆太　李国荣　郭金良　王兴源　王希忠
李庚申　胡连新　杨瑞华

代表资格审查委员会

主任委员：张宝海
副主任委员：刘庆华
委　　员：于吉昭　孔祥宏　傅昭慈（女）

提案审查委员会主任委员、副主任委员、委员名单

主任委员：乌以祥
副主任委员：邢同寅
委　　员：迟连运　祁传月　胡言义

各代表团团长、副团长名单

县直代表团　团　长：邢同寅
　　　　　　副团长：刘晓涵
茌平镇代表团　团　长：成作舟
　　　　　　副团长：邢玉印
赵屯乡代表团　团　长：马宪民
　　　　　　副团长：齐传胜
丁块乡代表团　团　长：张立祥

副团长：陈爱荣
广平乡代表团 团 长：潘思东
副团长：马怀锋
韩集乡代表团 团 长：孙怀栋
副团长：陶长申
乐平镇代表团 团 长：朱学东
副团长：刘振生
郝集乡代表团 团 长：迟广西
副团长：张明亮
杜郎口代表团 团 长：白若华
副团长：张殿荣
孙桥乡代表团 团 长：艾华勤
副团长：刘兆俊
王老乡代表团 团 长：刘培哲
副团长：刘玉瑞
冯屯镇代表团 团 长：于国安
副团长：初吉山
胡屯乡代表团 团 长：张习甲
副团长：范留全
韩屯乡代表团 团 长：周庆江
副团长：张明亮
张营乡代表团 团 长：路运生
副团长：高广玉
肖庄乡代表团 团 长：张学峰
副团长：高化昌
洪屯乡代表团 团 长：张观录
副团长：袁智德
杨屯乡代表团 团 长：桑聊生
副团长：孙金群
大桑乡代表团 团 长：刘桂才
副团长：冯树岭
博平镇代表团 团 长：贾占信
副团长：董万友
温陈乡代表团 团 长：王兴文
副团长：郭兆月
菜屯镇代表团 团 长：李永海
副团长：赵长佣
贾寨乡代表团 团 长：刘君之
副团长：傅孟江

特邀人员名单

贾克礼 刘国芳 马汝学 程学彦 赵焕之
马怀进 宋茂林 汝作民 刘西俊 邹庆浩
岳洛峰 陈盛昌 周振东 刘安荣 孙新建
樊庆锡 韩宪宏 杨忠平 王林华 苏本生
任树栋 王育义 郭德功 马秀明 王玉林
白连甫 张其成 白瑞玺 马宪才 马士义
王建德 孟宪井 王旭光 殷 明 夏和明
刘宪亮 宋伟滨 李国荣 刘海贵 李健民
范廷祥

列席人员名单

各委办局负责人：48人
召集人：石传林 刘文才
王希忠 石传林 宋宝锁 朱林富 谢宝臣
齐万路 于凤兴 刘振录 曹培成 罗聚廷
陈民生 韩玉明 韩明忠 岳承祥 罗吉林
刘文才 王建新 杨光录 吕文涛 盛尚奎
肖连奎 明学富 徐公正 张怀成 李明华
袁庆宗 王恒河 田金荣 王厚琪 李泽贞
白庆显 孙永淮 李文政 刘 平 刘其生
李雪贵 张培华 窦有德 李瑞芬 杨秀桂
李文新 王长山 李长寅 杨吉利 姜立亭
娄子刚 王金玉 刘立成
政协五届四次会议全体委员

各代表团临时党支部成员名单

县 直代表团 团 长：邢同寅
副团长：刘晓涵
茌平镇代表团 团 长：成作舟
副团长：邢玉印
赵屯乡代表团 团 长：马宪民
副团长：齐传胜
丁块乡代表团 团 长：张立祥
副团长：陈爱荣
广平乡代表团 团 长：潘思东
副团长：马怀锋
韩集乡代表团 团 长：孙怀栋
副团长：陶长申

杜郎口代表团　团　长：白若华
副团长：张殿荣
孙桥乡代表团　团　长：艾华勤
副团长：刘兆俊
王老乡代表团　团　长：刘培哲
副团长：刘玉瑞
冯屯镇代表团　团　长：于国安
副团长：初吉山
胡屯乡代表团　团　长：张习甲
副团长：范留全
韩屯乡代表团　团　长：周庆江
副团长：张明玉
张营乡代表团　团　长：路运生
副团长：高广玉
肖庄乡代表团　团　长：张学峰
副团长：高化昌
洪屯乡代表团　团　长：张观录
副团长：袁智德
杨屯乡代表团　团　长：桑聊生
副团长：孙金群
大桑乡代表团　团　长：刘桂才
副团长：冯树岭
博平镇代表团　团　长：贾占信
副团长：董万友
温陈乡代表团　团　长：王兴文
副团长：郭兆月
菜屯镇代表团　团　长：李永海
副团长：赵长佣
贾寨乡代表团　团　长：刘君之
副团长：傅孟江
乐平镇代表团　团　长：朱学东
副团长：刘振生
郝集乡代表团　团　长：迟广西
副团长：张明亮

第四次会议

茌平县第十三届人民代表大会第四次会议于1996年3月25日3月至28日在县招待所举行，会期4天。出席代表292人，列席人员201人，特邀37人。

1996年3月25日下午，茌平县第十三届人民代表大会第四次会议预备会议举行。县人大常委会主任司文瞻主持会议。

县人大常委会副主任张兴义作大会筹备工作情况报告，会议通过大会议程、主席团、秘书长名单和提案审查委员会名单。

1996年3月26日上午，茌平县第十三届人民代表大会第四次会议开幕。县人大常委会主任司文瞻主持。

大会听取审议茌平县县长许立全作的《关于茌平县国民经济和社会发展第九个五年计划及2010年远景目标纲要的报告》。报告主要回顾了“八五”期间经济和社会发展情况，制定“九五”期间国民经济和社会发展的目标任务及1996年政府工作的主要任务。“八五”期间，全县国民生产总值年均增长18.1%，提前7年实现第二个翻番；工业总产值年均增长27.6%；农业连年丰收，农民人均纯收入年均增加140元；地方财政收入增长2.46倍，上了一个大台阶。1995年，各项工作取得新的进展，完成国民生产总值18.5亿元，比1990年和上年分别增长128.4%和13.5%；工农业总产值31.1亿元，其中工业总产值23亿元，比1990年和上年分别增长177.8%和28.1%；农业总产值8.1亿元，比1990年和上年分别增长32.8%和8%；地方财政收入4824万元（新口径），比上年增长95.5%（按老口径计算完成8011万元）；农民人均纯收入1239元，比1990年和上年分别增加563元和333元。

根据党的十四届五中全会、省八届人大四次会议和地委、行署提出的“九五”加快发展上台阶的总体要求，茌平县今后5年到15年工作的基本指导思想是：坚持以建设中国特色社会主义理论和党的基本路线为指导，坚持“抓住机遇、深化改革、扩大开放、促进发展、保持稳定”的方针，紧紧围绕加快经济体制和经济增长方式的转变，加大改革开放力度，调整优化经济结构，努力培植主导产业，大力推进科技进步，促进经济综合实力和人民生活水平的全面提高。总的任务是：经过“九五”期间的努力，到2000年，改变欠发达面貌，与全省人民同步实现小康；再经过10年的努力，到2010年，走向全面振兴，使人民的小康生活更加宽裕，基本实现现代化。“九五”期间要实现三大目标：一是国民生产总值50亿元，年均增长22%，提前两年实现第三个翻番，人均国民生产总值比1980年翻两番；地方财政收入1.5亿元，年均增长25%，基本实现自给；二是基本实现从计划经济体制向社会主义市场经济体制的转变；三是城乡人民生活水平基本达到小康水平，农民人均纯收入3300元。

1996年是实施“九五”计划和争创财政收入亿元县的第一年，也是试点县建设的最后一年，全县主要经济和社会发展指标为：国民生产总值23.3亿元，比1995年增长25.9%；其中第一产业增加值9亿元，增长11.9%；第二产业增加值10.7亿元，增加36.1%；第三产业增加值3.6亿元，增长36.5%。工农业总产值39.3亿元，比1995年增长26.4%，其中工业总产值30亿元，增长30.4%；农业总产值9.3亿元，增长14.8%。实际利用外资额640万美元，比1995年增长88%；地方财政收入6522万元，比1995年增长35.2%；农民人均纯收入1620元，比1995年增加381元；社会消费品零售总额3亿元，比1995年增加27%；人口自然增长率控制在3‰以内。

茌平县人大常委会主任司文瞻代表人大常委会作《茌平县人大常委会工作报告》。报告回顾一年来主要工作：积极推进民主法制建设，为改革开放和经济发展提供法律保障；强化监督职能，督促“一府两院”改进执法工作；密切同代表的联系，充分发挥代表作用；加强对乡镇人大工作的指导，依法搞好换届选举；加强常委会自身建设，进一步提高决策水平。

大会听取审议茌平县计划委员会主任宋宝锁作的《茌平县1995年国民经济和社会发展计划执行情况与1996年国民经济和社会发展计划（草案）的报告》；县财政局局长杨瑞华作的《茌平县1995年财政预算执行情况和1996年财政预算（草案）的报告》；县人民法院院长郑宝光作的《茌平县人民法院工作报告》；县人民检察院检察长宋士高作的《茌平县人民检察院工作报告》。大会通过以上报告，并作出相应决议。会议还作出《茌平县人大常委会关于奖励1995年度优秀人大代表和先进代表小组的决定》。

会议通过提案审查委员会主任委员乌以祥作的关于县十三届人大四次会议代表提案的审查报告。会议共收到代表建议、批评和意见88件。

县人大常委会主任司文瞻致闭幕词。

主席团、秘书长名单

主席团：60人（以姓名笔画为序）

于吉昭　马庆云　马宪民　王立军（女）
王兴文　王兆琪　乌以祥　孔祥宏　艾华勤
田　冲　白观荣　白若华　司文瞻　邢同寅
朱金山　朱学东　刘庆华　刘君之　刘培哲
齐炳文　许立全　祁传月　成作舟　孙怀栋
孙素青（女）　杜心芳　杜金芳（女）
李泽明　李福信　汪培杰　宋士高　迟会孝
迟连运　张立祥　张兴义　张光武　张学信
张学峰　张宝海　张国忠　张观录　陈洪英
金庆岱　周庆江　郑宝光　贾占信　贾法俊
徐法水　徐宝琪　殷庆太　郭金良　常修歧
韩明来　韩更大　傅昭慈（女）　路运生
葛保中　袁智德　董万友　温立海

秘书长：张兴义（兼）

主席团常务主席名单

齐炳文　司文瞻　许立全　徐法水　葛保中
张学信　韩更大　张兴义　迟会孝　张宝海
田　冲　李泽明　金庆岱　徐宝琪

主席团临时党委成员名单

书　记：齐炳文

副书记：司文瞻　许立全　徐法水　葛保中
张学信　韩更大　张兴义

委　员：乌以祥　朱金山　殷庆太　迟会孝
张宝海　李泽明　金庆岱

副秘书长名单

李国荣　郭金良　王兴源　王希忠　李庚申
胡连新　杨瑞华

代表资格审查委员会主任委员、副主任委员、委员名单

主 任委 员：张宝海
副主任委员：刘庆华
委　　　员：于吉昭　孔祥宏　傅昭慈（女）

提案审查委员会主任委员、副主任委员、委员名单

主 任委 员：乌以祥
副主任委员：邢同寅
委　　　员：李福信　祁传月　胡言义

各代表团团长、副团长名单

县　直代表团　团　长：邢同寅
　　　　　　　副团长：刘晓涵
茌平镇代表团　团　长：成作舟
　　　　　　　副团长：邢玉印
赵屯乡代表团　团　长：马宪民
　　　　　　　副团长：邓洪庆
丁块乡代表团　团　长：张立祥
　　　　　　　副团长：陈爱荣
广平乡代表团　团　长：张观录
　　　　　　　副团长：梁树德
韩集乡代表团　团　长：孙怀栋
　　　　　　　副团长：陶长申
乐平镇代表团　团　长：朱学东
　　　　　　　副团长：马思林
郝集乡代表团　团　长：温立海
　　　　　　　副团长：孔祥功
杜郎口代表团　团　长：杜心芳
　　　　　　　副团长：唐光印
孙桥乡代表团　团　长：艾华勤
　　　　　　　副团长：刘玉珍（女）
王老乡代表团　团　长：刘培哲
　　　　　　　副团长：张发财
冯屯镇代表团　团　长：张光武
　　　　　　　副团长：张志明
胡屯乡代表团　团　长：周庆江
　　　　　　　副团长：范留全
韩屯乡代表团　团　长：陈洪英
　　　　　　　副团长：刘光梦
张营乡代表团　团　长：路运生
　　　　　　　副团长：高广玉
肖庄乡代表团　团　长：张学峰
　　　　　　　副团长：高化昌
洪屯乡代表团　团　长：袁智德
　　　　　　　副团长：成永喜
杨屯乡代表团　团　长：迟连运
　　　　　　　副团长：潘来栋
大桑乡代表团　团　长：白若华
　　　　　　　副团长：刘春生
博平镇代表团　团　长：董万友
　　　　　　　副团长：杨兆伦
温陈乡代表团　团　长：王兴文
　　　　　　　副团长：朱延富
菜屯镇代表团　团　长：贾占信
　　　　　　　副团长：赵长佣
贾寨乡代表团　团　长：刘君之
　　　　　　　副团长：苗恒云

特邀人员名单

贾克礼　刘国芳　马汝学　程学彦　赵焕之
马怀进　宋茂林　汝作民　刘西俊　邹庆浩
岳洛峰　陈盛昌　周振东　刘安荣　孙新建
樊庆锡　韩宪宏　杨忠平　王林华　苏本生
郭德功　马秀明（女）　王玉林　白连甫
白瑞玺　马宪才　马士义　王建德　刘海贵
李国荣　曾庆梅　张相阳　黄利明　高　其
邓海燕　李光平　李志军

列席人员名单

共58名（以姓名笔画为序）

召集人：刘文才　李泽贞　于秋春　于富敏
马科峰　王长山　王长坡　王吉武　王希忠
王金玉　王恒河　卢玉良　田礼生　田维江
吕文涛　朱林富　刘文才　刘长厚　刘立成
刘　平　刘　华　刘其生　刘善温　许　光

孙永淮 孙建忠 李文新 李泽贞 李 勇
李雪贵 李瑞芬（女） 杨吉利 李存成
杨秀桂（女） 肖连奎 何其平 邹庆荣
宋天喜 宋宝锁 宋希伟 张久德 张向民
张怀成 张恒良 张培华 张俊之 陈民生
罗吉林 罗聚廷 周美兴 明学富 赵荣金
姜立亭 耿朝海 徐公正 高廷桐 高恒民
商 华 商善岗 耿明忠
政协五届五次会议全体委员

各代表团临时党支部成员名单

县 直代表团 团 长：邢同寅
副团长：刘晓涵
茌平镇代表团 团 长：成作舟
副团长：杨金岱
赵屯乡代表团 团 长：马宪民
副团长：邓洪庆
丁块乡代表团 团 长：张立祥
副团长：陈爱荣
广平乡代表团 团 长：张观录
副团长：梁树德
韩集乡代表团 团 长：孙怀栋
副团长：李士昌
乐平镇代表团 团 长：朱学东
副团长：马思林
郝集乡代表团 团 长：温立海
副团长：孔祥功
杜郎口代表团 团 长：杜心芳
副团长：唐光印
孙桥乡代表团 团 长：艾华勤
副团长：刘玉珍
王老乡代表团 团 长：刘培哲
副团长：张发财
冯屯镇代表团 团 长：张光武
副团长：张志明
胡屯乡代表团 团 长：周庆江
副团长：范留全
韩屯乡代表团 团 长：陈洪英
副团长：刘光梦
张营乡代表团 团 长：路运生
副团长：高广玉
肖庄乡代表团 团 长：张学峰
副团长：高化昌
洪屯乡代表团 团 长：袁智德
副团长：成永喜
杨屯乡代表团 团 长：迟连运
副团长：潘来栋
大桑乡代表团 团 长：白若华
副团长：刘春生
博平镇代表团 团 长：董万友
副团长：杨兆伦
温陈乡代表团 团 长：王兴文
副团长：朱延富
菜屯镇代表团 团 长：贾占信
副团长：赵长佣
贾寨乡代表团 团 长：刘君之
副团长：苗恒云

第五次会议

茌平县第十三届人民代表大会第五次会议于1997年1月20日至1月23日在县招待所举行，会期4天。出席代表284人，列席人员194人，特邀29人。

1997年1月20日下午，茌平县第十三届人民代表大会第五次会议预备会议举行。县人大常委会主任司文瞻主持会议。

县人大常委会副主任张兴义作大会筹备工作情况报告，会议通过大会议程、主席团和秘书长名单、提案审查委员会名单。

1997年1月21日上午，茌平县第十三届人民代表大会第五次会议开幕。司文瞻主持。

大会听取审议茌平县县长许立全作的《政府工作报告》。报告回顾了1996年政府工作，制定了1997年政府主要任务。1996年，全县预计实现国民生产总值23.5亿元，比上年增长27%；其中第一产业增加值9.5亿元，增长18.2%；第二产业增加值10.2亿元，增长29.1%；第三产业增加值3.8

亿元，增长46%。全县预计实现工农业总产值41.2亿元，其中工业总产值31亿元，增长38.7%；农业总产值9.3亿元，增长14.8%；地方财政收入7166万元，增长48.5%，农民人均纯收入1758元，增加519元。

1997年政府工作总的指导思想是：以党的十四届五中、六中全会精神为指针，坚持两个文明一起抓，紧紧围绕两个根本性转变，加大改革开放力度，调整优化经济结构，大力推进科技进步，继续强化农业，突出发展二、三产业，努力培植新的经济增长点，促进全县综合经济实力的提高和社会全面进步。主要经济和社会发展指标为：国民生产总值达到30亿元，比1996年增长27.5%，其中第一产业增加值10.6亿元，增长12%；第二产业增加值14.1亿元，增长38%；第三产业增加值5.3亿元，增长39%。工农业总产值达到52.5亿元，比1996年增长27%，其中工业总产值41.5亿元，增长30%；农业总产值11亿元，增长18%。累计利用外资额2000万美元，增长65%。地方财政收入争取1亿元，比1996年增长41%。农民人均纯收入达到2258元，比1996年增加500元。人口自然增长率控制在5‰以内。

茌平县人大常委会主任司文瞻代表人大常委会作《茌平县人大常委会工作报告》。报告回顾一年来主要工作：突出法律监督，为改革开放和经济建设服务；加强联系指导，推动乡镇人大工作上水平；加强常委会自身建设，进一步提高工作水平。

大会听取审议茌平县计划委员会主任宋宝锁作的《茌平县1996年国民经济和社会发展计划执行情况与1997年国民经济和社会发展计划（草案）的报告》；县财政局局长杨瑞华作的《茌平县1996年财政预算执行情况和1997年财政预算（草案）的报告》；县人民法院院长郑宝光作的《茌平县人民法院工作报告》；县人民检察院检察长宋士高作的《茌平县人民检察院工作报告》。大会通过以上报告，并作出相应决议。

会议通过提案审查委员会主任委员乌以祥作的关于县十三届人大四次会议代表提案的审查报告。会议共收到代表建议、批评和意见72件。

县人大常委会主任司文瞻致闭幕词。

主席团、秘书长名单

主席团：59人（以姓名笔画为序）

于吉昭　马庆云　马宪民　王立军(女)
王兴文　王兆琪　乌以祥　孔祥宏　艾华勤
田　冲　白观荣　白若华　司文瞻　朱金山
朱学东　刘庆华　刘君之　刘晓涵　刘培哲
刘光梦　齐炳文　许立全　成作舟　孙怀栋
孙素青（女）　杨兆伦　杜心芳
杜金芳（女）　李泽明　李福信　汪培杰
宋士高　迟会孝　迟连运　张立祥　张兴义
张光武　张学信　张学峰　张宝海　张国忠
张观录　金庆岱　周庆江　郑宝光　贾占信
贾法俊　徐法水　徐宝琪　殷庆太　郭金良
常修歧　韩明来　韩更大　傅昭慈（女）
路运生　葛保中　袁智德　温立海

秘书长：张兴义（兼）

主席团常务主席名单

齐炳文　司文瞻　许立全　徐法水　葛保中
张学信　韩更大　乌以祥　张兴义　迟会孝
张宝海　田　冲　李泽明　金庆岱

副秘书长名单

李国荣　郭金良　王兴源　冯洪峰　李庚申
胡连新　杨瑞华

代表资格审查委员会主任委员、副主任委员、委员名单

主 任委 员：张宝海
副主任委员：刘庆华
委　　　员：于吉昭　孔祥宏　傅昭慈（女）

提案审查委员会主任委员、副主任委员、委员名单

主 任委 员：乌以祥
副主任委员：成作舟
委　　　员：李福信　胡言义　祁传月

各代表团团长、副团长名单

县　直代表团　团　长：刘晓涵

副团长：郑宝光
茌平镇代表团 团　长：成作舟
副团长：杨金岱
赵屯乡代表团 团　长：马宪民
副团长：邓洪庆
丁块乡代表团 团　长：张立祥
副团长：陈爱荣
广平乡代表团 团　长：张观录
副团长：梁树德
韩集乡代表团 团　长：孙怀栋
副团长：李士昌
杜郎口代表团 团　长：杜心芳
副团长：唐光印
孙桥乡代表团 团　长：艾华勤
副团长：翟殿山
王老乡代表团 团　长：刘培哲
副团长：张发财
冯屯镇代表团 团　长：张光武
副团长：张志明
胡屯乡代表团 团　长：周庆江
副团长：范留全
韩屯乡代表团 团　长：刘光梦
副团长：陈洪英
张营乡代表团 团　长：路运生
副团长：高广玉
肖庄乡代表团 团　长：张学峰
副团长：高化昌
洪屯乡代表团 团　长：袁智德
副团长：成永喜
杨屯乡代表团 团　长：迟连运
副团长：潘来栋
大桑乡代表团 团　长：白若华
副团长：刘春生
博平镇代表团 团　长：杨兆伦
副团长：秦广义
温陈乡代表团 团　长：王兴文
副团长：朱延富
菜屯镇代表团 团　长：贾占信
副团长：李爱兰
贾寨乡代表团 团　长：刘君之
副团长：苗恒云
乐平镇代表团 团　长：朱学东
副团长：马思林
郝集乡代表团 团　长：温立海
副团长：孔祥功

特邀人员名单

刘国芳　马汝学　程学彦　马怀进　宋茂林
汝作民　刘西俊　邹庆浩　岳洛峰　陈盛昌
周振东　刘安荣　孙新建　樊庆锡　韩宪宏
杨忠平　王林华　苏本生　郭德功
马秀明（女）　王玉林　白连甫　白瑞玺
马宪才　马士义　王建德　刘海贵　李国荣
左青山

列席人员名单

共51名（以姓名笔画为序）
召集人：刘文才　李泽贞　于秋春　马科峰
王长山　王希忠　王吉武　王金玉　王恒河
田礼生　冯洪峰　吕文涛　朱林富　刘文才
刘长厚　刘立成　刘　平　刘　华　刘其生
刘善温　许　光　孙建忠　李文新　李泽贞
李　勇　李雪贵　李瑞芬（女）　杨子臣
杨吉利　李存成　杨秀桂（女）　肖连奎
邹庆荣　宋天喜　宋宝锁　宋希伟　张久德
张向民　张怀成　张恒良　陈民生　罗吉林
罗聚廷　周美兴　明学富　赵荣金　姜立亭
耿朝海　徐公正　高廷桐　高恒民　商善岗
耿明忠
政协五届六次会议全体委员

第十六节 茌平县第十四届人民代表大会

茌平县第十四届人民代表大会任期为1998年2月至2003年1月，实际任期4年11个月，任期内，共举行会议5次，审议议题31个，听取、审议各项报告74项，通过决议46项，任免247名国家机关工作人员，代表议案、建议和意见270件。

第一次会议

茌平县十四届人民代表大会第一次会议于1998年2月15日在茌平县招待所召开，历时3天。出席会议应到代表233人，实到代表230人，县政协六届一次会议的全体委员、非代表县级领导干部、县直各部门负责人列席会议。

会议通过茌平县第十四届人民代表大会第一次会议主席团、秘书长名单，议案审查委员会名单，通过茌平县第十四届人民代表大会第一次会议议程。茌平县第十三届人大常委会副主任张兴义主持会议并作大会筹备工作报告。

1998年2月16日上午，茌平县第十四届人民代表大会第一次会议开幕。

会议听取审议茌平县人民政府代县长汪文耀作的《政府工作报告》。报告回顾十三届人民代表大会以来政府的主要工作，提出今后五年政府工作的总体思路和目标任务，以及今后政府工作的重点和措施。报告指出：1997年全县实现国民生产总值24.1亿元，比1992年增长1.9倍，平均增长23.7%，提前7年实现第二个翻番；工业总产值24.45亿元，比1992年增长1.25倍，平均增长17.6%；农业人总产值9.8亿元，比1992年增长82.5%，平均增长12.7%；农业生产持续5年获得大丰收，农民人均纯收入1785元；地方财政收入8613万元，比1992年增长5.5倍，平均增长45.4%，全县综合经济实力显著增强。五年来，茌平县农业基础地位不断增强，产业结构调整取得明显成效，农村经济全面发展；工业经济总量进一步扩大，经济运行质量不断提高；财贸工作成绩显著，个体私营经济有了新的发展；基础设施建设取得突破性进展，经济发展的硬环境得到明显改善；各项社会事业有了长足发展，经济建设和社会发展协调并进；改革开放取得较大发展，内部活力明显增强；对外开放步伐明显加快，开放领域不断拓宽；精神文明建设成效显著；民主和法制建设进一步加强。提出1998年及今后五年政府工作的主要任务：强化农业基础地位，发展高产、优质、高效农业，促进农业和农村经济再上新台阶；实施工业带动战略，培植具有茌平特色的工业经济体系，促进全县工业快速健康发展；努力做好财政金融工作，确保经济健康发展；全面搞活商贸流通企业，加快市场建设步伐；大力发展个体私营经济，努力培植新的经济增长点；加快基础设施建设，为经济发展提供良好硬件环境；全面优化投资环境，努力提高对外开放水平；实施“科教兴茌”的战略，增强经济发展的竞争力。

茌平县人大常委会主任司文瞻代表茌平县第十三届人大常委会作《茌平县人大工作报告》，向大会报告茌平县十三届人大常委会的工作。第十三届人大常委会不断改进和加强监督工作，保障和促进经济建设和改革开放顺利进行；积极推进社会主义民主政治，充分发挥人大代表作用；加强法制建设，积极推进全县各项事业的依法治理；适应形势发展的需要，不断加强人大常委会自身建设。提出今后五年工作计划：进一步加强对“一府两院”的法律监督和工作监督；进一步完善和规范评议工作；进一步完善干部任免和监督程序；进一步加强常委会自身建设。

会议审查批准县计划委员会主任宋宝锁作的《茌平县1997年国民经济和社会发展计划执行情况与1998年国民经济和社会发展计划的报告》、县财政局局长杨瑞华作的《茌平县1997年财政预算执行情况和1998年财政预算（草案）报告》；听取和审议县人民法院院长郑宝光作的《茌平县人民法院工作报告》；县人民检察院检察长宋士高作的《茌平县人民检察院工作报告》。会议通过上述报告，并作出相应决议。

大会采取无记名投票方式，选举产生茌平县第十四届人大常委会主任、副主任、委员；茌平县人民政府县长、副县长；茌平县人民法院院长、茌平县人民检察院检察长；以及出席聊城市第十三届人民代表大会代表。

选举结果

人大常委会主任：司文瞻

副主任：徐法水 迟会孝 田 冲 李泽明
王长山

委 员：马春生 王立军（女） 王兴源
孔祥宏 刘 平 刘元照 刘先斌
杜金芳（女） 张丙顺 林家生
高恒民 郭金良

县 长：汪文耀

副县长：侯 军 苏本生 李国荣
冯海亭 朱学东 栾振利

县人民法院院长：郑宝光

县人民检察院检察长：宋士高

选举出席聊城市第十三届人民代表大会代表46人

总监票人、监票人、总计票人名单

总监票人：李庚申

监 票 人：赵希亮 何其平 王乐思
商 华 迟连运 马思民
明学富 朱林富

总计票人：初士锋

主席团成员、秘书长名单

主席团成员：（共43人，按姓名笔画为序）

马春生 马思民 王长山 王延龙 田 冲
冯金英 司文瞻 任胜明 许立全 刘承荣
孙书智 孙贞庆 孙素青（女） 杨广成
杨立峰 李玉海 李庚申 李泽明 汪文耀
宋士高 迟会孝 张丙顺 张立成 张永行
张会祥 张兴义 张学信 张国忠 陈爱荣
范留全 金庆岱 郑宝光 哈广和 侯 军
姜曰民 徐法水 袁智德 贾乾业 高金道
殷庆太 桑学金 程曰才 潘富存

秘书长：张兴义（兼）

主席团常务主席名单

许立全 司文瞻 汪文耀 殷庆太 侯 军
徐法水 张兴义 迟会孝 田 冲 李泽明
金庆岱

副秘书长名单

张聚传 郭金良 王兴源 冯洪峰 李庚申
胡连新 杨瑞华

提案审查委员会名单

主 任委 员：侯军

副主任委员：刘元照

委 员：高恒民 刘 平 孔祥宏

代表资格审查委员会名单

主 任委 员：李泽明

副主任委员：高恒民

委 员：李福信 迟连运 姜曰民

各代表团团长、副团长名单

县直代表团 团 长：李庚申
副团长：朱林富

茌平镇代表团 团 长：马春生
副团长：张俊之

博平镇代表团 团 长：姜曰民
副团长：何其平

菜屯镇代表团 团 长：冯金英
副团长：吴光军

冯屯镇代表团 团 长：孙贞庆
副团长：商 华

乐平镇代表团 团 长：贾乾业
副团长：崔洪生

杜口镇代表团 团 长：王延龙
副团长：田维生

韩屯镇代表团 团 长：杨广成
副团长：芦玉良

广平乡代表团 团 长：张立成
副团长：李风春

韩集乡代表团 团 长：桑学金
副团长：徐长林

胡屯乡代表团 团 长：范留全
副团长：李合祥

肖庄乡代表团 团 长：潘富存
副团长：白立新

洪屯乡代表团 团 长：袁智德
副团长：张玉林

杨屯乡代表团 团 长：程曰才

副团长：徐　莹（女）
温陈乡代表团　团　长：张会祥
副团长：王志刚
贾寨乡代表团　团　长：孙书智
副团长：尹海波
赵屯乡代表团　团　长：马思民
副团长：王　琦
丁块乡代表团　团　长：陈爱荣
副团长：王乐思
孙桥乡代表团　团　长：刘承荣
副团长：董廷路
王老乡代表团　团　长：张永行
副团长：刘志华
张营乡代表团　团　长：李玉海
副团长：赵希亮
大桑乡代表团　团　长：任胜明
副团长：齐以春
郝集乡代表团　团　长：张丙顺
副团长：王长坡

临时党委成员名单

书　记：许立全
副书记：司文瞻　汪文耀　殷庆太　侯　军
委　员：徐法水　张兴义　迟会孝　李泽明　金庆岱

列席人员名单

一、共55人（以姓名笔画为序）

召集人：刘文才　李泽贞

于秋春　马克风　王希忠　王吉武　王恒河　王爱珍（女）　邓广生　田礼生　冯洪峰　刘文才　刘长厚　刘　华　刘华山　刘其生　刘善温　刘宜华　刘淑芹（女）　齐万路　祁传月　许　光　杜长之　李文新　李庆文　李华云　李泽贞　李　勇　李瑞芬（女）　杨子臣　杨吉利　杨存成　狄传华　邹庆容　宋天喜　宋宝锁　张久德　张白民　张凤英(女)　张作江　张怀成　张恒良　陈民生　呼云起　罗吉林　罗聚廷　岳增福　周美兴　赵荣金　姜立亭　姜学礼　耿朝海　徐公正　高廷桐　高承祥　商善岗　彭奎廷　韩明忠

二、政协六届一次会议全体委员

特邀人员名单

共42人（以姓名笔画为序）

于树杰　马士义　马汝学　马怀进　马庆云　马秀明（女）　马宪才　王玉林　王伟华（女）　王林华　王建德　左青山　白连甫　白瑞玺　冯海亭　朱金山　朱学东　刘西俊　刘安荣　刘国芳　汝作民　苏本生　李国荣　杨忠平　邹庆诰　汪培杰　宋茂林　张春兰（女）　张聚传　陈盛昌　岳洛峰　周振东　贾法俊　徐宝琪　郭德功　栾振利　常修岐　韩更大　韩宪宏　程学彦　樊庆锡　颜廷华

第二次会议

茌平县十四届人民代表大会第二次会议于1999年3月8日在茌平县招待所召开，历时3天。出席会议应到代表233人，实到代表228人，县政协六届二次会议的全体委员、非代表县级领导干部、县直各部门负责人列席会议。

会议通过茌平县第十四届人民代表大会第二次会议主席团、秘书长名单，议案审查委员会名单，通过茌平县第十四届人民代表大会第二次会议议程。茌平县第十四届人大常委会副主任李泽明主持会议并作大会筹备工作报告。

1999年3月9日上午，茌平县第十四届人民代表大会第二次会议开幕。

会议听取审议茌平县人民政府县长汪文耀作的《政府工作报告》。报告回顾1998年政府的主要工作，提出1999年政府工作任务和工作重点。报告指出：1998年，茌平县农业产业结构调整取得显著成效，农村经济全面发展；工业经济结构有了进一步改善，经济效益逐步回升；基础设施建设和城镇建设取得新进展；财贸金融工作取得新成绩，对外开放步伐明显加快；下大力治理经济环境，个体私营经济呈现良好发展势头；科教兴茌取得新的成绩，各项社会事业全面发展；精神文明建设成效显著，民主法制建设进一步加强。1998年，全县实现国民生产总值23.8亿元；实现地方财政收入9200万元，增长6.8%；农民人均纯收入2008元，增长223元。报告指出1999年政府工作重点：大力调整农业和农村产业结构，推进产业化进程，促进农村经济再上新台阶；集中力量抓好企业改革与发展，不断壮大工业经济实力；大力发展个体私营经济，努力培植经济发展的生力军；加快城镇建设和基础设施建设，在营造发展经济的硬环境上实现新突破；努力做好财贸金融和外经贸工作。

茌平县人大常委会主任司文瞻代表茌平县第十四届人大常委会作《茌平县人大工作报告》，向大会报告茌平县十四届人大一次会议以来的工作。一年来茌平县人大常委围绕改革、发展、稳定的大局，加强和改进监督工作；密切同代表与乡镇人大的联系，重视发挥人大代表作用；认真组织指导换届选举，加强地方政权机关建设；加强自身建设，促进常委会工作规范化、制度化。对7部法律和两个地方性法规的执行情况，组织了十余次执法检查和视察，听取审议18次执法情况和工作情况的汇报，作出10项决议、决定。任免国家机关工作人员93人。报告指出1999年人大常委会工作重点：一要采取得力措施，进一步加大监督工作力度，继续把保证法律法规的顺利实施作为重点；二要加强常委会与各级人大代表和人民群众的联系，进一步拓展同人大代表和人民群众联系的途径；三要更加深入的贯彻党的十五大和十五届三中全会精神，牢固树立党的观念，自觉接受党的领导；四要加强对乡镇人大的联系与指导，拟以适当时机，召开全县人大工作会议。

会议审查批准县计划委员会主任林家生作的《茌平县1998年国民经济和社会发展计划执行情况与1999年国民经济和社会发展计划的报告》、县财政局局长杨瑞华作的《茌平县1998年财政预算执行情况和1999年财政预算（草案）报告》；听取和审议县人民法院院长郑宝光作的《茌平县人民法院工作报告》；县人民检察院院长宋士高作的《茌平县人民检察院工作报告》。会议一致通过上述报告，并作出相应决议。

大会采取无记名投票方式，补选两名茌平县第十四届人大常委会副主任；补选1名茌平县人民政府副县长。

选举结果

茌平县人大常委会副主任：杨忠平　王林华

茌平县人民政府副 县 长：孙新建

总监票人、监票人、总计票人名单

总监票人：王兴源

监 票 人：刘元照　马思民

总计票人：初士锋

计 票 人：王泽利　张立博　贾　启

杨文生　杨广成　宋保录

郭洪录　赵国华　薛晓峰

饶顺光

主席团和秘书长名单

主席团（共39人，按姓名笔画为序）

马春生　马思民　王长山　王吉红　王吉星

王吉廷　王林华　王富泉　田　冲　史文忠

冯吉双　司文瞻　乔明星　任胜明　许立全

孙素青（女）　李泽明　杨广成　杨忠平

迟会孝　张丙顺　张会祥　张兴义　张学信

张国忠　陈荣昌　陈爱荣　金庆岱　季玉先

郑天华　哈广和　耿保奎　贾乾业　徐法水

高存杰　殷庆太　崔成河　商先桥　韩更大

秘书长：李泽明（兼）

提案审查委员会名单

主 任委 员：侯军

副主任委员：刘元照

委　　　员：高恒民　刘　平　孔祥宏

副秘书长名单

张聚传　郭金良　王兴源　王希忠　刘士贵

李光华　杨瑞华

代表资格审查委员会名单

主 任委 员：迟会孝

副主任委员：高恒民

委　　员：李福信　迟连运　马春生

各代表团团长名单

县　直代表团　团　长：哈广和
　　　　　　　副团长：朱林富
茌平镇代表团　团　长：马春生
　　　　　　　副团长：张俊之
博平镇代表团　团　长：高存杰
　　　　　　　副团长：何其平
菜屯镇代表团　团　长：崔成河
　　　　　　　副团长：秦生春
冯屯镇代表团　团　长：王吉廷
　　　　　　　副团长：商　华
乐平镇代表团　团　长：贾乾业
　　　　　　　副团长：金同元
杜郎口代表团　团　长：王吉红
　　　　　　　副团长：赵希亮
韩屯镇代表团　团　长：冯吉双
　　　　　　　副团长：张玉平
广平乡代表团　团　长：马思民
　　　　　　　副团长：尹海波
韩集乡代表团　团　长：季玉先
　　　　　　　副团长：曹培省
胡屯乡代表团　团　长：杨广成
　　　　　　　副团长：徐　莹（女）
肖庄乡代表团　团　长：郑天华
　　　　　　　副团长：白立新
洪屯乡代表团　团　长：耿保奎
　　　　　　　副团长：张玉林
杨屯乡代表团　团　长：乔明星
　　　　　　　副团长：迟连运
温陈乡代表团　团　长：张会祥
　　　　　　　副团长：王志刚
贾寨乡代表团　团　长：商先桥
　　　　　　　副团长：张淑宾
赵屯乡代表团　团　长：王吉星
　　　　　　　副团长：王　琦
丁块乡代表团　团　长：陈爱荣
　　　　　　　副团长：王乐思
孙桥乡代表团　团　长：陈荣昌
　　　　　　　副团长：董廷路
王老乡代表团　团　长：史文忠
　　　　　　　副团长：刘志华
张营乡代表团　团　长：王富泉
　　　　　　　副团长：李风春
大桑乡代表团　团　长：任胜明
　　　　　　　副团长：齐以春
郝集乡代表团　团　长：张丙顺
　　　　　　　副团长：于庆申

临时党委成员名单

书　记：许立全

副书记：司文瞻

委　员：汪文耀　韩更大　殷庆太　侯　军
　　　　张学信　徐法水　迟会孝　李泽明
　　　　王长山

列席人员名单

共56人（以姓名笔画为序）

马科峰　王希忠　王金玉　王　霞（女）
邓广生　田金荣（女）　尹建国　刘士贵
刘文才　刘长厚　刘　华　刘华山　刘振录
刘淑芹（女）　祁传月　许　光　孙　雷
汤正虎　杜长之　李文新　李庆文　李华云
李承源　李明华　李林军　李瑞芬（女）
杨子臣　杨吉利　宋天喜　宋希伟　狄传华
谷风柱　张习家　张作江　罗吉林　罗聚廷
岳增福　周庆江　赵荣金　娄子刚　姜立亭
姜学礼　姜桂章　耿朝海　唐学云　高廷桐
高承祥　桑聊生　郭明壮　郭春红（女）
商善岗　常　鸣　梁宝忠　陶　勇　彭奎廷

特邀人员名单

共34人（以姓名笔画为序）

马汝学　马怀进　马庆云　马秀明（女）
马宪才　王玉林　王建德　左青山　白连甫
白瑞玺　冯海亭　朱金山　朱学东　刘西俊
刘国芳　汝作民　孙新建（女）　李国荣
邹庆诰　汪培杰　宋茂林　张春兰（女）

张聚传 陈盛昌 岳洛峰 周振东 贾法俊
徐宝琪 栾振利 常修岐 韩宪宏 程学彦
樊庆锡 颜廷华

第三次会议

茌平县十四届人民代表大会第三次会议于2000年1月24日在茌平县招待所召开，历时3天。出席会议应到代表233人，实到代表229人，县政协六届三次会议的全体委员、非代表县级领导干部、县直各部门负责人列席会议。

会议通过县第十四届人民代表大会第三次会议主席团、秘书长名单，议案审查委员会名单，通过茌平县第十四届人民代表大会第三次会议议程。茌平县第十四届人大常委会副主任李泽明主持会议作预备会议讲话。

2000年1月25日上午，茌平县第十四届人民代表大会第三次会议开幕。

会议听取审议茌平县人民政府县长汪文耀作的《政府工作报告》。报告回顾1999年政府的主要工作，提出2000年政府工作任务和工作重点。报告指出：1999年，茌平县农业产业结构调整取得显著成效，农村经济全面发展；工业经济总量不断扩大，结构调整成效显著，运行质量明显提高，实现速度效益的同步增长；个体私营经济和乡镇企业呈现强劲发展势头；城市建设取得显著成绩；财贸金融工作取得新成绩，对外开放步伐显著加快；科教兴茌取得新成绩，各项社会事业全面发展；精神文明建设和民主法制建设进一步加强。1999年全县实现国民生产总值24.5亿元，增长8.1%；地方财政收入10066万元，增长9.4%；农民人均纯收入2108元，增长100元。报告还指出2000年工作重点：紧紧围绕农民增收，努力培育三大体系，推动农业产业结构的优化升级，实现农产品质量上的较大突破，促进农村经济全面发展；进一步扩张工业总量，提高运行质量，实现工业发展的历史性突破；加大工作力度，实现个体私营经济的快速发展；进一步加快城市建设和基础设施建设，为人民群众安居乐业和经济发展提供良好的环境条件；搞活商贸流通，使商贸流通企业走上健康发展的轨道；努力做好财贸金融和外经外贸工作。

茌平县人大常委会主任司文瞻代表茌平县第十四届人大常委会作《茌平县人大工作报告》，向大会报告茌平县十四届人大二次会议以来的工作。一年来茌平县人大常委会坚持“树立大局观念，突出执法监督，着眼监督实效”原则，依法履行监督职责；充分发挥代表作用，重视加强基层民主政治建设；适应形势要求，不断加强常委会自身建设。组织县、乡人大代表先后对6部法律法规的贯彻实施情况进行了视察、检查，听取审议县人民政府和县人民法院、县人民检察院15项执法及工作情况的汇报，并作出5项决议决定。任免国家机关工作人员10人。报告指出2000年人大常委会工作重点：一要认真按照县委的总体部署，提高审议、决定和监督重大事项的水平和实效；二要全面落实依法治国的基本方略，促进依法治县工作的开展；三要努力改进代表和信访工作，进一步畅通人大重要民主渠道；四要进一步加强常委会自身建设，扎实有效开展“讲学习、讲政治、讲正气”教育活动。

会议审查批准县计划委员会主任林家生作的《茌平县1999年国民经济和社会发展计划执行情况与2000年国民经济和社会发展计划的报告》、县财政局局长杨瑞华作的《茌平县1999年财政预算执行情况和2000年财政预算（草案）报告》；听取和审议县人民法院院长郑宝光作的《茌平县人民法院工作报告》；县人民检察院院长宋士高作的《茌平县人民检察院工作报告》。会议一致通过上述报告，并作出相应决议。

茌平县人大常委会主任司文瞻做闭幕时讲话。

主席团成员、秘书长名单

主席团成员：（共39人，按姓名笔画为序）

马思民 王长山 王吉红 王吉星 王吉廷
王林华 王富泉 田　冲 史文忠 冯吉双
司文瞻 乔明星 任胜明 孙素青（女）

李泽明　杨广成　杨忠平　迟会孝　张丙顺
张会祥　张兴义　张学信　张国忠　张俊之
陈荣昌　陈爱荣　金庆岱　季玉先　郑天华
哈广和　耿保奎　贾少勇　贾乾业　徐法水
高存杰　殷庆太　崔成河　商先桥　韩更大
秘书长：李泽明（兼）

主席团常务主席名单

司文瞻　徐法水　杨忠平　王林华　迟会孝
田　冲　李泽明　王长山

副秘书长名单

张聚传　郭金良　王兴源　王希忠　刘士贵
李光华　杨瑞华

提案审查委员会名单

主 任委 员：侯军
副主任委员：刘元照
委　　　员：高恒民　刘　平　孔祥宏

代表资格审查委员会名单

主 任委 员：迟会孝
副主任委员：高恒民
委　　　员：李福信　迟连运

临时党委名单

书　记：贾少勇
副书记：司文瞻
委　员：汪文耀　韩更大　殷庆太　侯　军
张学信　徐法水　杨忠平　王林华
迟会孝　李泽明　王长山

各代表团团长名单

县　直代表团　团　长：哈广和
　　　　　　　副团长：朱林富
茌平镇代表团　团　长：张俊之
　　　　　　　副团长：杨金岱
博平镇代表团　团　长：高存杰
　　　　　　　副团长：何其平
菜屯镇代表团　团　长：崔成河
　　　　　　　副团长：秦生春
冯屯镇代表团　团　长：王吉廷
　　　　　　　副团长：商　华
乐平镇代表团　团　长：贾乾业
　　　　　　　副团长：金同元
杜口镇代表团　团　长：王吉红
　　　　　　　副团长：赵希亮
韩屯镇代表团　团　长：冯吉双
　　　　　　　副团长：张玉平
广平乡代表团　团　长：马思民
　　　　　　　副团长：尹海波
韩集乡代表团　团　长：季玉先
　　　　　　　副团长：曹培省
胡屯乡代表团　团　长：杨广成
　　　　　　　副团长：徐　莹（女）
肖庄乡代表团　团　长：郑天华
　　　　　　　副团长：白立新
洪屯乡代表团　团　长：耿保奎
　　　　　　　副团长：张玉林
杨屯乡代表团　团　长：乔明星
　　　　　　　副团长：迟连运
温陈乡代表团　团　长：张会祥
　　　　　　　副团长：王志刚
贾寨乡代表团　团　长：商先桥
　　　　　　　副团长：张淑宾
赵屯乡代表团　团　长：王吉星
　　　　　　　副团长：王　琦
丁块乡代表团　团　长：陈爱荣
　　　　　　　副团长：王乐思
孙桥乡代表团　团　长：陈荣昌
　　　　　　　副团长：董廷路
王老乡代表团　团　长：史文忠
　　　　　　　副团长：刘志华
张营乡代表团　团　长：王富泉
　　　　　　　副团长：李风春
大桑乡代表团　团　长：任胜明
　　　　　　　副团长：齐以春
郝集乡代表团　团　长：张丙顺
　　　　　　　副团长：于庆申

列席人员名单

一、共58人（以姓名笔画为序）
召集人：刘文才　刘振录

王玉生　王长海　王希忠　王金玉
王　霞（女）　王振清　邓广生　石传林
尹建国　刘士贵　刘文才　刘长厚　刘　华
刘玉生　刘华山　刘振录　刘桂华（女）
刘淑芹（女）　祁传月　许　光　孙　雷
汤正虎　杜长之　李文新　李庆文　李华云
李承源　李明华　李林军　李瑞芬（女）
杨子臣　杨吉利　邹庆荣　宋天喜　宋希伟
狄传华　谷风柱　张习家　张作江　罗吉林
岳增福　周庆江　赵荣金　娄子刚　姜学礼
姜桂章　耿朝海　唐学云　高廷桐　高承祥
桑聊生　郭明壮　郭春红（女）　商善岗
常　鸣　梁宝忠　陶　勇

二、政协六届三次会议全体委员
特邀人员名单
共33人（以姓名笔画为序）

马汝学　马怀进　马庆云　马秀明（女）
马宪才　王玉林　王建德　左青山　白瑞玺
冯海亭　朱金山　朱学东　刘西俊　刘国芳
汝作民　孙新建（女）　李国荣　邹庆诰
汪培杰　宋茂林　张春兰（女）　张聚传
陈盛昌　岳洛峰　周振东　贾法俊　徐宝琪
栾振利　常修岐　韩宪宏　程学彦　樊庆锡
颜廷华

第四次会议

茌平县十四届人民代表大会第四次会议于2001年2月3日在茌平县招待所召开，历时3天。出席会议应到代表233人，实到代表229人，县政协六届四次会议的全体委员、非代表县级领导干部、县直各部门负责人列席会议。

会议通过县第十四届人民代表大会第四次会议主席团、秘书长名单，议案审查委员会名单，通过茌平县第十四届人民代表大会第四次会议议程。茌平县第十四届人大常委会副主任李泽明主持会议并作大会筹备工作报告。

2001年2月4日上午，茌平县第十四届人民代表大会第四次会议开幕。

会议听取审议茌平县人民政府代县长侯军作的《政府工作报告》。报告回顾“九五”时期茌平县人民政府的主要工作，提出“十五”时期政府工作任务和工作重点。报告指出：

“九五”时期茌平县农业基础地位进一步强化，产业结构调整取得重大突破，农业和农村经济不断发展；工业经济总量不断扩大，实现了速度效益的同步增长；个体私营经济呈现强劲发展势头；财贸工作取得新成绩，第三产业不断发展；基础设施和城市建设明显加快，极大改善了经济发展的环境条件；改革开放不断深入；“科教兴茌”成效显著，各项社会事业全面发展；精神文明和民主法制建设进一步加强。2000年，全县国内生产总值26.6亿元，5年平均增长9.8%；三次产业比例由1995年的46：40：14调整为40：42：18；地方财政收入1.2亿元，5年平均增长10.9%；城镇居民人均可支配收入4900元，农民人均纯收入2208元，分别比1995年增长1000元和969元。提出了“十五”时期的目标任务：保持国民经济持续快速健康发展，增强综合实力；进一步深化改革，建立和完善适应社会主义市场经济要求的运行体制和运行机制；推动社会全面进步，人民生活水平由小康向富裕迈进。

茌平县人大常委会主任司文瞻代表茌平县第十四届人大常委会作《茌平县人大工作报告》，向大会报告茌平县十四届人大三次会议以来的工作。一年来茌平县人大常委会加强法律监督，保障宪法和法律的贯彻实施，坚持以经济建设为中心，依法履行监督职责，做好人事任免工作，加强对被任免干部的监督，充分发挥代表作用，加强对乡镇人大工作的指导，适应新形势的需求，不断加强常委会自身建设。组织县、乡人大代表先后对6部法律法规的贯彻实施情况进行视察、检查，听取审议县人民政府和县人民法院、县人民检察院15项执法及工作情况的汇报，并作出5项决议决定。任免国家机关工作人员10人。报告指出2001年人大常委会工作重点：加大监督工作力度，认真履行各项法定职责；进一步转变工作作风，加强调查研究；密切与各级人大代表和人民群众的联系；加强政治和业务学习，不断提高常委会组成人员的整体素质。

会议审查批准县计划委员会主任林家生作的《茌平县2000年国民经济和社会发展计划执行情况与2001年国民经济和社会发展计划的报告》、县财政局局长杨瑞华作的《茌平县2000年财政预算执行情况和2001年财政预算（草案）报告》；听取和审议县人民法院院长郑宝光作的《茌平县人民法院工作报告》；县人民检察院副检察长、代检察长邵景良作的《茌平县人民检察院工作报告》。会议一致通过上述报告，并作出相应决议。

大会采取无记名投票方式，增选2名茌平县第十四届人大常委会副主任和2名茌平县第十四届人民代表大会常务委员会委员；选举茌平县人民政府县长和1名茌平县人民政府副县长；选举茌平县人民检察院检察长。

选举结果

茌平县人大常委会副主任：樊庆锡　宋士高

委　员：刘元照　杨瑞华

县　长：侯　军

副县长：王奎龙

人民检察院检察长：邵景良

总监票人、监票人、总计票人名单

总监票人：王兴源

监 票 人：赵希亮　何其平　马思民
迟连运

总计票人：初士锋

主席团成员、秘书长、副秘书长名单

主席团成员：（共42人，按姓名笔画为序）

马思民　王长山　王吉红　王吉星　王吉廷
王林华　王富泉　乌以祥　田　冲　史文忠
冯吉双　司文瞻　乔明星　任胜明
孙素青（女）　李泽明　杨广成　杨忠平
杨金岱　宋士高　迟会孝　张丙顺　张会祥
张兴义　张学信　张国忠　陈荣昌　陈爱荣
金庆岱　季玉先　郑天华　哈广和　耿保奎
贾少勇　贾乾业　徐法水　高存杰　殷庆太
崔成河　商先桥　樊庆锡　颜廷华

秘书长：李泽明（兼）

主席团常务主席名单

司文瞻　徐法水　杨忠平　王林华　迟会孝
田　冲　李泽明　王长山

副秘书长名单

周文明　郭金良　王兴源　王希忠　刘士贵
王玉强　杨瑞华

议案审查委员会名单

主 任委 员：朱学东

副主任委员：刘元照

委　　员：高恒民　刘　平　孔祥宏

代表资格审查委员会名单

主 任委 员：迟会孝

副主任委员：高恒民

委　　员：李福信　迟连运

临时党委名单

书　记：贾少勇

副书记：司文瞻

委　员：侯　军　殷庆太　朱学东　颜廷华
张学信　徐法水　杨忠平　王林华
迟会孝　李泽明　王长山

各代表团团长名单

县　直代表团　团　长：哈广和
副团长：朱林富

茌平镇代表团　团　长：杨金岱
副团长：葛兆旺

博平镇代表团　团　长：高存杰
副团长：何其平

菜屯镇代表团　团　长：崔成河
副团长：吴光军

冯屯镇代表团　团　长：王吉廷
副团长：王连海

乐平镇代表团　团　长：贾乾业
副团长：金同元

杜口镇代表团　团　长：王吉红

副团长：赵希亮
韩屯镇代表团 团 长：冯吉双
副团长：张玉平
广平乡代表团 团 长：马思民
副团长：尹海波
韩集乡代表团 团 长：季玉先
副团长：曹培省
胡屯乡代表团 团 长：杨广成
副团长：王树林
肖庄乡代表团 团 长：郑天华
副团长：李连华
洪屯乡代表团 团 长：耿保奎
副团长：张玉林
杨屯乡代表团 团 长：乔明星
副团长：迟连运
温陈乡代表团 团 长：张会祥
副团长：王志刚
贾寨乡代表团 团 长：商先桥
副团长：张淑宾
赵屯乡代表团 团 长：王吉星
副团长：王 琦
丁块乡代表团 团 长：陈爱荣
副团长：王乐思
孙桥乡代表团 团 长：陈荣昌
副团长：董廷路
王老乡代表团 团 长：史文忠
副团长：刘志华
张营乡代表团 团 长：王富泉
副团长：李风春
大桑乡代表团 团 长：任胜明
副团长：齐以春
郝集乡代表团 团 长：张丙顺
副团长：于庆申

列席人员名单

一、共59人（以姓名笔画为序）

召集人：刘文才 刘振录

于殿绪 王玉生 王长海 王希忠 王金玉
王 霞（女） 王振清 邓广生 石传林
尹建国 刘士贵 刘文才 刘长厚 刘 华
刘玉生 刘华山 刘振录 刘桂华（女）
刘淑芹（女） 祁传月 许 光 夏学文
汤正虎 杜长之 李文新 李庆文 李承源
李明华 李林军 李瑞芬（女） 杨吉利
邹庆荣 谷风柱 宋天喜 宋希伟 张 军
张习家 张作江 邵景良 陈连臣 罗吉林
岳增福 周庆江 赵荣金 娄子刚 姜立亭
姜学礼 姜桂章 徐 静（女） 唐学云
高 峰 高廷桐 高承祥 桑聊生 郭明壮
郭春红（女） 商善岗 常 鸣 梁宝忠
潘思东

二、政协六届四次会议全体委员

特邀人员名单

共32人（以姓名笔画为序）

马汝学 马怀进 马庆云 马秀明（女）
马宪才 王玉林 王奎龙 王建德 王保书
白瑞玺 冯海亭 朱金山 刘西俊 汝作民
孙光木 孙新建（女） 邹庆诰 汪培杰
宋茂林 宋秋玲（女） 张春兰（女）
陈盛昌 岳洛峰 周文明 贾法俊 徐宝琪
栾振利 常修岐 殷立泉 靳凤莲（女）
韩宪宏 程学彦

第五次会议

茌平县十四届人民代表大会第五次会议于2002年2月2日在茌平县招待所召开，历时3天。出席会议应到代表233人，实到代表228人，县政协六届五次会议的全体委员、非代表县级领导干部、县直各部门负责人列席会议。

会议通过县第十四届人民代表大会第五次会议主席团、秘书长名单，议案审查委员会名单，通过茌平县第十四届人民代表大会第五次会议议程。茌平县第十四届人大常委会副主任李泽明主持会议作预备会议讲话。

2002年2月3日上午，茌平县第十四届人民代表大会第五次会议开幕。

会议听取审议茌平县人民政府县长侯军作的《政府工作报告》。报告回顾2001年茌平县人民政府的主要工作，提出2002政府工作任务和工作重点。报告指出：2001年，茌平县农业产业结构调整取得新突破，农村经济全面发展；工业经济总量不断扩大，速度效益同步增长；招商引资效果显著，民营经济发展势头强劲；财贸金融工作取得新成绩，第三产业不断发展；基础设施建设步伐加快，城市化水平有所提高；各项改革不断深入，外经贸工作有了新的起色；科教兴茌取得新进展，各项社会事业全面发展；精神文明建设不断加强，民主法制建设稳步推进。2001年全县国内生产总值30.5亿元，比上年增长12.3%；地方财政收入1.7亿元，按可比口径增长20.8%；农民人均纯收入2308元，增加100元。2002年政府工作重点：实施科技兴农战略，大力调整产业结构，努力增加农民收入；实施工业带动战略，进一步扩张总量，提升工业经济整体水平；实施大招商战略，明晰产业导向，实现民营经济快速发展；实施城镇化战略，浓厚经营城市氛围，培育经济发展辐射源；实施经济国际化战略，全面提高经济素质，拓展经济发展空间；实施科技人才战略，增强核心竞争力，提高企业家经营素质；努力做好财税金融和商贸流通工作。

茌平县人大常委会主任司文瞻代表茌平县第十四届人大常委会作《茌平县人大工作报告》，向大会报告茌平县十四届人大四次会议以来的工作。一年来茌平县人大常委会围绕改革、发展、稳定的大局，加强和改进监督工作；切实加强法律监督，保证法律、法规的贯彻实施、进一步做好代表工作，充分发挥代表作用；认真组织指导乡镇人大换届选举，加强基层政权机关建设；不断加强自身建设，努力提高工作水平。召开常委会议8次，先后听取审议“一府两院”工作汇报12项，组织9次视察调查活动。任免国家机关工作人员43人。报告指出2002年人大常委会工作重点：一是突出经济建设为中心，认真搞好重大事项的审议；二是进一步强化法律监督职能，促进依法治县工作深入开展；三是依法搞好人事任命和述职评议工作；四是认真贯彻“三个代表”重要思想，进一步密切与人大代表和人民群众的联系；五是加强常委会自身建设，提高依法履行职责的水平。

会议审查批准县计划委员会主任林家生作的《茌平县2001年国民经济和社会发展计划执行情况与2002年国民经济和社会发展计划的报告》、县财政局局长王彪作的《茌平县2001年财政预算执行情况和2002年财政预算（草案）报告》；听取和审议县人民法院院长郑宝光作的《茌平县人民法院工作报告》；县人民检察院院长邵景良作的《茌平县人民检察院工作报告》。会议一致通过上述报告，并作出相应决议。

茌平县人大常委会主任司文瞻作闭幕时讲话。

主席团成员、秘书长、副秘书长名单

主席团成员：（共35人，按姓名笔画为序）

马思民　王长山　王吉星　王林华　乌以祥
田　冲　史文忠　冯吉双　司文瞻　乔明星
任胜明　孙素青（女）　李泽明　杨广成
杨忠平　宋士高　迟会孝　张丙顺　张兴义
张学信　张国忠　陈荣昌　陈爱荣　金庆岱
季玉先　郑天华　哈广和　耿保奎　贾少勇
徐法水　殷庆太　崔成河　商先桥　樊庆锡
颜廷华　秘书长：李泽明（兼）

主席团常务主席名单

司文瞻　徐法水　杨忠平　王林华　迟会孝
田　冲　李泽明　王长山

副秘书长名单

周文明　郭金良　初士锋　王希忠　刘士贵
王玉强　王　彪

议案审查委员会名单

主　任委　员：朱学东
副主任委员：刘元照
委　　　员：高恒民　刘　平　孔祥宏

代表资格审查委员会名单

主　任委　员：迟会孝
副主任委员：高恒民
委　　　员：李福信　迟连运

各代表团团长名单

县　直代表团　团　长：哈广和
副团长：朱林富
茌平镇代表团　团　长：王吉星
副团长：金同元　杨金岱
博平镇代表团　团　长：任圣明
副团长：尹海波　高存杰
菜屯镇代表团　团　长：崔成河
副团长：赵希亮
冯屯镇代表团　团　长：史文忠
副团长：王吉廷
乐平镇代表团　团　长：贾乾业
副团长：金同元
杜口镇代表团　团　长：陈荣昌
副团长：张玉林　王吉红
韩屯镇代表团　团　长：冯吉双
副团长：王　琦　王富泉
广平乡代表团　团　长：马思民
副团长：梁树德
韩集乡代表团　团　长：季玉先
副团长：刘志华
胡屯乡代表团　团　长：杨广成
副团长：董廷路
肖庄乡代表团　团　长：郑天华
副团长：李连华
洪屯乡代表团　团　长：耿保奎
副团长：李风春　曹培省
杨屯乡代表团　团　长：乔明星
副团长：泮来栋
温陈乡代表团　团　长：陈爱荣
副团长：张会祥
贾寨乡代表团　团　长：商先桥
副团长：吴光军

临时党委名单

书　记：贾少勇
副书记：司文瞻
委　员：侯　军　殷庆太　朱学东　颜廷华
张学信　徐法水　杨忠平　王林华
迟会孝　李泽明　王长山

列席人员名单

一、共55人（以姓名笔画为序）
召集人：王金玉　梁宝忠
于殿绪　王玉生　王希忠　王金玉　王振清
王　彪　王　瑾　王　霞（女）　尹建国
邓广生　石　磊　白若华　刘士贵　刘长厚
刘　华　刘保国　刘君之　刘桂华（女）
刘淑芹（女）　齐向峰　许　光　孙乐生
杜长之　李文新　李爱民　李林军
李瑞芬（女）　杨立军　杨吉利　邱国林
邹庆荣　宋希伟　宋希勇　张习家
张　兰（女）　张　军　张鲁林　罗吉林
周庆江　赵玉生　赵春庆　姜立亭　姜学礼
姜桂章　耿柏成　夏学文　徐子兴　高廷桐
高　峰　郭明壮　唐学云　桑聊生　常　鸣
梁宝忠　潘思东
二、政协六届五次会议全体委员

特邀人员名单

共33人（以姓名笔画为序）
马汝学　马怀进　马庆云　马秀明（女）
马宪才　王玉林　王奎龙　王建德　王保书
白文儒　白瑞玺　冯海亭　朱金山　刘西俊
汝作民　孙光木　孙新建（女）　邹庆诰
汪培杰　宋茂林　宋秋玲（女）
张春兰（女）　邵景良　陈盛昌　周文明
贾法俊　徐宝琪　栾振利　常修岐　殷立泉
靳风莲（女）　韩宪宏　程学彦

第十七节　茌平县第十五届人民代表大会

茌平县第十五届人民代表大会任期为2003年1月至2007年12月，任期4年11个月。任期内共举行会议5次，听取、审议各项报告30个，通过决议30项，代表提出议案、建议、批评和意见177件。

第一次会议

茌平县十五届人民代表大会第一次会议于2003年1月22日在茌平县招待所召开，历时3天。出席会议应到代表231人，实到代表218人，县政协七届一次会议的全体委员、非代表县级领导干部、县直各部门负责人列席会议。

会议通过县第十五届人民代表大会第一次会议主席团、秘书长名单，议案审查委员会名单，通过茌平县第十五届人民代表大会第一次会议议程。1月21日，茌平县第十四届人大常委会副主任李泽明主持会议并作预备会议讲话。

2003年1月22日上午，茌平县第十五届人民代表大会第一次会议开幕。

会议听取审议茌平县人民政府代县长任晓旺作的《政府工作报告》。报告回顾十四届人民代表大会以来政府的主要工作，提出今后五年政府工作的总体思路和目标任务，以及今后政府工作的重点和措施。报告指出：五年来，全县人民在上级党委、政府和县委的正确领导下，高举邓小平理论伟大旗帜，深入贯彻落实党的十五大、十六大精神，按照“三个代表”的要求，解放思想，更新观念，抢抓机遇，团结奋斗，国民经济和社会事业都取得了显著成就。2002年全县国内生产总值35.7亿元，比1997年增长48.1%，年均增长9.2%；三次产业比例由44：40：16调整为35：46：19；地方财政收入2.07亿元，是1997年的2.5倍，年均增长20.4%；农民人均纯收入2408元，比1997年增加623元。工业经济总量迅速膨胀。紧紧围绕“工业百亿”，先后组织实施了信发集团8万吨电解铝、华信铝业公司16万吨电解铝及配套热点机组项目，中兴碳素公司14万吨碳素、信发希望集团工业园、味精工业园和70万立方米密度板等一批重点项目，总投资35.5亿元，初步形成了铝、密度板、味精、毛巾等几大产业链条。农业结构调整取得显著成效。农业主导产业初具雏形，科技兴农迈出较大步伐，农业开发项目进展顺利，畜牧、水产、林业生产迈出较大步伐，以水利为重点的农业基础设施进一步改善。民营经济发展势头强劲。累计完成固定资产投入20亿元。财贸金融工作取得新成绩。2002年全县社会消费品零售总额5亿元，比1997年增长62%，城乡居民储蓄存款余额21亿元，比1997年增加10.3亿元，人均增加1840元。与此同时，各项改革不断深入。对外开放实现重大突破，基础设施建设步伐加快，科技、教育等社会事业全面发展，精神文明和民主法制建设稳步推进。

报告提出今后五年政府工作的总体要求是：以邓小平理论和“三个代表”重要思想为指导，认真贯彻落实党的十六大精神，围绕发展这个主题，按照“同心协力建设铝城枣乡、与时俱进实现跨越发展”的总体目标，突出打造东方铝城、开发鲁西枣乡、建设生态新区、培养民营巨人、激发开发亮点、弘扬茌平精神六项重点工作，实施赶超战略，五年内跨入全省中等行列，力争到2010年，跨入全省经济强县行列。

报告特别指出，要全面落实三大基本国策，落实人口与计划生育法律法规，坚持党政一把手亲自抓、总负责，稳定低生育水平，提高人口素质。全面开展计划生育优质服务，加快村民自治步伐。严格土地管理，提高土地利用效率，确保耕地总量动态平衡。继续深化国土资源有偿使用制度改革，走“一个渠道进、一个池子蓄、一个口子出”的国土资源改革新路子。加大污染防治力度，强化对污染企业的监督和治理，促使其达标。抓好垃圾处理场的运营和管理，加快污水处理厂建设步伐，切实保护生态环境，改善群众生活环境质量。

茌平县人大常委会主任司文瞻代表县第十四届人大常委会作《茌平县人大工作报告》。五年来，常委会在县委的领导下，在各位代表及全县人民的监督支持和“一府两院”的积极配合下，坚持以邓小平理论和“三个代表”重要思想为指导，深入落实党的十五大和十六大精神，全面贯彻“抓住机遇、深化改革、扩大开放、促进发展、保持稳定”的基本方针，认真履行宪法和法律赋予的各项职权，大力推进社会主义民主和法制建设，保障和促进了改革开放和社会主义现代化建设事业的全面发展。先后召开36次常委会会议，听取审议“一府两院”工作报告74项，就全县政治、经济等方面的重要事项作出决议决定46个，任免国家机关工作人员247名，督办人大代表建议意见194件，处理人民群众来信来访714件，围绕县委的中心工作和常委会审议监督的重要事项，有计划地开展了22次较大规模的调研活动。

会议审查批准茌平县发展计划局局长林家生作的《茌平县2002年国民经济和社会发展计划执行情况与2003年国民经济和社会发展计划（草案）的报告》、茌平县财政局局长王彪作的《茌平县2002年财政预算执行情况和2003年财政预算（草案）报告》；听取和审议茌平县人民法院代院长任永生作的《茌平县人民法院工作报告》；茌平县人民检察院院长邵景良作的《茌平县人民检察院工作报告》。会议一致通过上述报告，并作出相应决议。

大会采取无记名投票方式，选举产生茌平县第十五届人大常委会主任、副主任、委员；茌平县人民政府县长、副县长；茌平县人民法院院长、茌平县人民检察院检察长；出席聊城市第十四届人民代表大会代表。

主　　任：侯　军

第一副主任：孙新建（女）

副　主　任：韩宪宏　刘继军　何其平
　　　　　　梁宝忠　孙乐生　刘士贵
　　　　　　王希忠

委　员：（按姓名笔画为序）

马思民　王庆玉　王吉延　邵　益
初士锋　姜桂章　郭金良　高恒民
程东宏　谢可信

县　长：任晓旺

副县长：高洪岩　栾振利　孙光木
　　　　徐　莹（女）　崔　岩
　　　　张春兰

县人民法院院长：任永生

县人民检察院检察长：邵景良

选举出席聊城市第十四届人民代表大会46人。

会议共收到代表建议、批评和意见23件。

主席团成员、常务主席、秘书长、副秘书长名单

主席团成员：（共45人，按姓名笔画为序）

王长山　王伟华（女）　王吉廷　王希忠
王林华　乌以祥　卢洪明　田　冲　白成锋
冯恒国　冯海亭　司文瞻　朱金山　任永生
任晓旺　刘士贵　刘继军　孙长友　孙乐生
孙祖昌　孙新建(女)　李玉忠　李泽明
邵景良　杨忠平　何其平　宋士高　张吉锋
张学信　张国忠　赵志勇　胡长彬　哈广和
侯　军　袁庆华　徐法水　殷庆太　高洪岩
曹德河　陶孟华　梁宝忠　梁树新　韩宪宏
翟长庚　樊庆锡

秘　书　长：李泽明（兼）

副秘书长：周文明　郭金良　初士锋
　　　　　谷秀坤　朱子华　王玉强
　　　　　王　彪

议案审查委员会主任委员、副主任委员、委员名单

主　任委员：高洪岩

副主任委员：高恒民

委　　　员：马思民　王吉廷　袁庆华

各代表团团长、副团长名单

县　直代表团　团　长：哈广和
　　　　　　　副团长：朱林富

茌平镇代表团　团　长：袁庆华
　　　　　　　副团长：秦生春

博平镇代表团　团　长：李玉忠
　　　　　　　副团长：邹尚普

菜屯镇代表团　团　长：胡长彬
　　　　　　　副团长：秦生春

冯屯镇代表团　团　长：王吉廷
　　　　　　　副团长：张道恒

乐平镇代表团　团　长：孙长友

副团长：张淑宾
杜口镇代表团　团　长：孙祖昌
副团长：何兰华
韩屯镇代表团　团　长：梁树新
副团长：孙大兴
广平乡代表团　团　长：赵志勇
副团长：王春乾
韩集乡代表团　团　长：冯恒国
副团长：翟树杰
胡屯乡代表团　团　长：白成锋
副团长：李　恩
肖庄乡代表团　团　长：曹德河
副团长：李保光
洪屯乡代表团　团　长：翟长庚
副团长：曹培省
杨屯乡代表团　团　长：卢洪明
副团长：曹国芝
温陈乡代表团　团　长：陶孟华
副团长：李　光
贾寨乡代表团　团　长：张吉锋
副团长：曹吉祥

列席人员名单

一、（共47人，按姓名笔画为序）

于殿绪　王　瑾　王　霞（女）　王玉生
王志刚　王金玉　尹建国　邓广生　石　磊
冯士强　刘　华　刘长厚　刘庆武　刘君之
刘保国　刘桂华（女）　刘淑芹（女）
刘善温　杜长之　李文新　李林军　李爱民
杨立军　杨吉利　邱国林　宋希伟　宋希勇
宋宝锁　迟连运　张　兰（女）　张　军
张　雷　张观禄　张学峰　张鲁林　范哲东
罗吉林　罗秉环　周庆江　赵玉生　赵春庆
姜学礼　耿柏成　郭立军　桑聊生　常　鸣
潘思栋

二、县政协七届一次会议的全体委员

特邀人员名单

共32人（按姓名笔画为序）

马汝学　马怀进　马庆云　马秀明（女）
马宪才　尹海波　白文儒　白若华　白瑞玺
刘西俊　汝作民　孙光木　孙素青（女）
邹庆诰　汪培杰　宋茂林　张兴义　张俊之
张春兰（女）　陈盛昌　金庆岱　周文明
袁士泽　贾法俊　徐　莹（女）　徐文华
徐宝琪　栾振利　常修歧　崔　岩　韩德振
程学彦

第二次会议

茌平县十五届人民代表大会第二次会议于2004年2月8日至2月9日在茌平县招待所召开，历时2天。出席会议应到代表231人，实到代表219人，县政协七届二次会议的全体委员、非代表县级领导干部、县直各部门负责人列席会议。

2月7日举行预备会议，通过县第十五届人民代表大会第二次会议主席团、秘书长名单，议案审查委员会名单，通过茌平县第十五届人民代表大会第二次会议议程。茌平县第十五届人大常委会副主任韩宪宏主持会议，第一副主任孙新建作大会筹备工作情况报告。

2月8日上午，茌平县第十五届人民代表大会第二次会议开幕。

会议听取审议茌平县人民政府县长任晓旺作的《政府工作报告》。报告回顾十五届人民代表大会以来政府的主要工作，提出今后政府工作的总体思路和目标任务，以及今后政府工作的重点和措施。报告指出：一年来，全县人民在上级党委、政府和县委的坚强领导下，以“三个代表”重要思想为指导，按照“同心协力建设铝城枣乡、与时俱进实现跨越发展”和“艰苦创业五六年、力争跨入百强县”的奋斗目标，聚精会神搞建设，一心一意谋发展。特别是省委工作会议以后，围绕实现经济超常规、跨越式发展，解放思想，干事创业，扎实工作，国民经济和社会事业都取得了新的进展，全县国内生产总值44亿元，比上年增长23%，地方财政收入1.47亿元，增长46%，农民人均纯收入增长5%。农村经济全面发展，农业开发项目进展顺利，积极开展“三级联创”活动，培育枣树苗1100亩，发展密植枣园1000亩，开发鲁西枣乡走出第一步，农田基础设施得到改善，农业工作继续保持全市先进水平。工业经济实现跨越式发展，完成工业投入24亿元，创历史新高，限额以上工业企业实现销售收入44亿元，利税8亿元，利润5.6亿元，工业经济列入全市第一方队。民营经济发展势头强劲，完成民营经济固定资产投入22亿元，实现民营经济税收1.6亿元，在全市民营经济考核中名列前茅。全县社会消费品零售总额6.7亿元，各项存款余额35亿元，比年初增加7.6亿元，各项贷款余额38亿元，比年初增加10亿元，财税金融工作位次前移。以此同时，对外开放进一步扩大，城市开发建设实现重大突破，各项社会事业繁荣发展，政府自身建设扎实有效。

报告提出今后一年政府工作的总体要求是：以邓小平理论和“三个代表”重要思想为指导，全面落实党的十六届三中全会精神，坚持以人为本，树立全面、协调、深化各项改革，扩大对外开放，加快城市化进程，促进全县经济快速发展和社会全面进步。报告特别提出，必须把解决“三农”问题作为经济工作的重中之重，坚持“多予、少取、放活”的方针，开展好“千人下乡送科技、万名党员大培训”活动。围绕实施“157186”工程，加大工业投入，实施工业带动战略。建设“政企分开、事企分开、监管分开、管养分开”的城建体制，高效能管理城市，建设生态新城，加速城镇化进程。坚持统筹兼顾，实施科教兴茌和人才强县战略。坚持执政为民，进一步加强政府自身建设，为人民群众办好8件实事。

茌平县人大常委会第一副主任孙新建代表县第十五届人大常委会作《茌平县人大工作报告》。一年来，县人大常委会在中共茌平县委的坚强领导下，坚持以邓小平理论和“三个代表”重要思想为指导，全面落实党的十六大和十六届三中全会精神，积极贯彻依法治国方略和县十五届人大一次会议的各项决议决定，认真履行宪法和法律赋予地方人大的各项职权，努力加强社会主义民主法制建设，听取审议“一府两院”工作报告21项，开展执法检查10次，督办人大代表建议意见23件，受理人民群众来信来访65件次，任命国家机关工作人员34名，并对县经贸局等15个政府职能部门开展工作评议。

会议审查批准茌平县发展计划局局长赵希亮作的《茌平县2003年国民经济和社会发展计划执行情况与2004年国民经济和社会发展计划（草案）的报告》、茌平县财政局局长王彪作的《茌平县2003年财政预算执行情况和2004年财政预算（草案）报告》；听取和审议茌平县人民法院代院长任永生作的《茌平县人民法院工作报告》；茌平县人民检察院院长邵景良作的《茌平县人民检察院工作报告》。会议一致通过上述报告，并作出相应决议。

会议共收到代表建议、批评和意见35件。

主席团成员、秘书长、副秘书长名单

主席团成员：（共46人，按姓名笔画为序）

王长山　王伟华（女）　王吉延　王希忠
王林华　乌以祥　卢洪明　田　冲　白成锋
冯恒国　冯海亭　司文瞻　朱金山　任永生
任晓旺　刘士贵　刘怀军　刘继军　孙长友
孙乐生　孙祖昌　孙新建（女）　李玉忠
李泽明　邵景良　杨忠平　何其平　宋士高
迟会孝　张吉锋　张学信　张国忠　赵志勇
胡长彬　侯　军　袁庆华　徐法水　殷庆太
高洪岩　曹德河　陶孟华　梁宝忠　梁树新
韩宪宏　翟长庚　樊庆锡

秘 书 长：孙新建（兼）

副秘书长：周文明　郭金良　初士锋
林家生　王金玉　朱林富
王　彪

议案审查委员会名单

主　任委员：高洪岩

副主任委员：高恒民

委　　　员：马思民　王吉廷　袁庆华

各代表团团长名单

县　直代表团　团　长：刘怀军
副团长：朱林富
茌平镇代表团　团　长：袁庆华
副团长：王传峰
博平镇代表团　团　长：李玉忠
副团长：李　光
菜屯镇代表团　团　长：胡长彬
副团长：秦春生
冯屯镇代表团　团　长：王吉延
副团长：李　恩
乐平镇代表团　团　长：孙长友
副团长：邹尚普
杜口镇代表团　团　长：孙祖昌
副团长：刘艾新
韩屯镇代表团　团　长：梁树新
副团长：张淑宾
广平乡代表团　团　长：赵志勇
副团长：贾国锋
韩集乡代表团　团　长：冯恒国
副团长：张道恒
胡屯乡代表团　团　长：白成峰
副团长：孙大兴
肖庄乡代表团　团　长：曹德河
副团长：李保光
洪屯乡代表团　团　长：翟长庚
副团长；曹培省
杨屯乡代表团　团　长：卢洪明
副团长：曹国芝
温陈乡代表团　团　长：陶孟华
副团长：范兆强
贾寨乡代表团　团　长：张吉锋
副团长：胡振同

列席人员名单

一、共55人（按姓名笔画为序）

于秋春　于殿绪　王　瑾　王玉生　王兴文
王志刚　王金玉　尹建国　邓广生　石　磊
冯士强　刘　华　刘庆武　刘君之　刘保国
刘桂华（女）　刘淑芹（女）　刘善温
杜长之　李文新　李风春　李林军　李爱民
杨立军　吴光军　邱国林　宋希伟　宋希勇
宋宝锁　宋韶山　迟连运　张　兰（女）
张　军　张　雷　张观禄　张学峰　张建秋
张鲁林　范哲东　罗吉林　罗秉环　周庆江
赵玉生　赵春庆　赵培荣（女）　姜兆明
姜学礼　耿柏成　贾占信　郭立军
郭金平（女）　桑聊生　常　鸣　路运生
潘思栋

二、县政协七届二次会议的全体委员

特邀人员名单

共31人（按姓名笔画为序）

马庆云　马汝学　马怀进　马秀明（女）
马宪才　尹海波　白文儒　白若华　刘西俊
汝作民　孙光木　孙素青（女）　邹庆诰
汪培杰　宋茂林　张兴义　张金山　张俊之
张春兰（女）　陈盛昌　金庆岱　周文明
贾法俊　徐　莹（女）　徐文华　徐宝琪
栾振利　常修歧　崔　岩　韩德振　程学彦

第三次会议

茌平县十五届人民代表大会第三次会议于2005年2月2日在茌平县招待所召开，历时2天。出席会议应到代表231人，实到代表221人，县政协七届三次会议的全体委员、非代表县级领导干部、县直各部门负责人列席会议。

2月1日举行预备会议，通过县第十五届人民代表大会第三次会议主席团、秘书长名单，议案审查委员会名单，通过茌平县第十五届人民代表大会第三次会议议程。茌平县第十五届人大常委会副主任韩宪宏主持会议，第一副主任孙新建作大会筹备工作情况报告。

2月2日上午，茌平县第十五届人民代表大会第三次会议开幕。

会议听取审议茌平县人民政府县长任晓旺作的《政府工作报告》。报告回顾过去一年政府的主要工作，提出今后政府工作的总体思路和目标任务，以及今后政府工作的重点和措施。报告指出：一年来，全县人民在上级党委、政府和县委的坚强领导下，以邓小平理论和“三个代表”重要思想为指导，牢固树立和落实科学发展观，抢抓国家宏观调控政策的机遇，克服重重困难，顶着重大压力，创造性地开展工作，国民经济和社会事业保持了良好的势头。2004年，全县国内生产总值54亿元，比上年增长23%；地方财政收入1.82亿元，增长23.8%；农民人均纯收入创历史最高水平。全年完成农业投入4000万元，农业农村工作在全市名列第一，评选出100名张国忠式村支部书记和优秀村支部书记。积极实施工业强县战略，工业经济实现跨越式发展，完成工业投入31亿元，实施“四百”一期工程，建设40万吨氧化铝及配套项目，创出8个省级名牌产品和3个省级著名商标，工业经济、民营经济、招商引资和外贸工作均在全市考核中名列第一。财税金融工作取得新成绩，财政收入增幅居全市第一。被评为全省外贸工作先进县，城市开发建设实现重大突破，各项社会事业繁荣发展。同时，承诺群众的8件实事基本完成，群众关心的热点、难点问题得到较好解决。

报告提出今后五年政府工作的总体要求是：以“艰苦创业五六年、力争跨入百强县”为总目标，全面落实党的十六届四中全会精神，坚持以科学发展观统领全局，主力解决观念更新、机制转换、环境治理、作风建设4个关键问题，努力在重点项目建设、民营经济、招商引资、城市建设、农民增收5个方面实现重大突破，确保在全市、全省中的位次不断前移。特别是，要本着尽力而为、量力而行、集中财力办实事的原则，为群众办好一些实事好事，其中农村8件，城区10件。

茌平县人大常委会第一副主任孙新建代表县第十五届人大常委会作《茌平县人大工作报告》。一年来，县人大常委会在中共茌平县委的坚强领导下，深入学习和努力实践“三个代表”重要思想，认真贯彻党的十六大和十六届三中、四中全会精神，紧紧围绕经济建设这个中心，把加强社会主义民主法制建设作为根本任务，依法履行职责，积极开展工作，较好地发挥了地方国家权力机关的职能作用。听取审议“一府两院”关于民营经济、计划预算、“三农”、人口资源环境、劳动就业和社会保障、平安茌平建设等方面的工作报告，开展执法检查8次，督办人大代表建议意见35件，受理人民群众来信来访45件，53人次，任命国家机关工作人员67名，开展了对被任命干部的述职评议工作，评选出15位“人民优秀公仆”。

会议审查批准茌平县发展计划局局长赵希亮作的《茌平县2004年国民经济和社会发展计划执行情况与2005年国民经济和社会发展计划（草案）的报告》、茌平县财政局局长王彪作的《茌平县2004年财政预算执行情况和2005年财政预算（草案）报告》；听取和审议茌平县人民法院代院长任永生作的《茌平县人民法院工作报告》；茌平县人民检察院院长邵景良作的《茌平县人民检察院工作报告》。会议一致通过上述报告，并作出相应决议。

会议共收到代表建议、批评和建议56件。

主席团成员、秘书长、副秘书长名单

主席团成员：（共46人，按姓名笔画为序）

王长山　王伟华（女）　王吉延　王希忠
王林华　乌以祥　卢洪明　田　冲　白成锋
冯恒国　冯海亭　司文瞻　朱金山　任永生
任晓旺　刘士贵　刘怀军　刘继军　刘培哲
孙长友　孙乐生　孙祖昌　孙新建（女）
李玉忠　李泽明　邵景良　杨忠平　何其平
宋士高　迟会孝　张吉锋　张学信　张国忠
赵志勇　胡长彬　侯　军　袁庆华　徐法水
殷庆太　高洪岩　曹德河　陶孟华　梁宝忠
梁树新　韩宪宏　翟长庚　樊庆锡

秘 书 长：孙新建（兼）

副秘书长：周文明　董延路　郭金良
初士锋　林家生　王金玉
朱林富　王　彪

议案审查委员会名单

主　任委员：高洪岩

副主任委员：高恒民

委　　员：马思民　王吉廷　袁庆华

各代表团团长名单

县直代表团　团　长：刘怀军
　　　　　　副团长：朱林富

振兴办事处代表团　团　长：袁庆华
　　　　　　副团长：王传峰

信发办事处代表团　团　长：刘培哲
　　　　　　副团长：滕志华

博平镇代表团　团　长：李玉忠
　　　　　　副团长：李　光

菜屯镇代表团　团　长：胡长彬
　　　　　　副团长：秦春生

冯屯镇代表团　团　长：王吉延
　　　　　　副团长：李　恩

乐平镇代表团　团　长：孙长友
　　　　　　副团长：邹尚普

杜郎口镇代表团　团　长：孙祖昌
　　　　　　副团长：刘艾新

韩屯镇代表团　团　长：梁树新
　　　　　　副团长：商同顺

广平乡代表团　团　长：赵志勇
　　　　　　副团长：贾国锋

韩集乡代表团　团　长：冯恒国
　　　　　　副团长：张道恒

胡屯乡代表团　团　长：白成峰
　　　　　　副团长：孙大兴

肖庄乡代表团　团　长：曹德河
　　　　　　副团长：李保光

洪屯乡代表团　团　长：翟长庚
　　　　　　副团长：曹培省

杨屯乡代表团　团　长：卢洪明
　　　　　　副团长：曹国芝

温陈乡代表团　团　长：陶孟华
　　　　　　副团长：范兆强

贾寨乡代表团　团　长：张吉锋
　　　　　　副团长：胡振同

列席人员名单

一、共55人（按姓名笔画为序）

于秋春　于殿绪　王　瑾　王玉生　王兴文　王志刚　王金玉　尹建国　邓广生　石　磊　冯士强　刘　华　刘庆武　刘君之　刘良勇　刘保国　刘桂华（女）　刘淑芹（女）　刘善温　杜长之　李文新　李风春　李林军　李爱民　杨立军　吴光军　宋希伟　宋希勇　宋宝锁　宋韶山　迟连运　张　兰（女）　张　军　张　雷　张观禄　张学峰　张振松　张鲁林　陈广富　范哲东　罗吉林　罗秉环　周庆江　赵玉生　赵春庆　赵培荣（女）　姜兆明　洪高远　耿柏成　贾占信　郭立军　郭金平（女）　桑聊生　常　鸣　路运生　潘思栋

二、县政协七届三次会议的全体委员

特邀人员名单

共31人（按姓名笔画为序）

马庆云　马汝学　马怀进　马秀明（女）　马宪才　尹海波　白文儒　白若华　刘西俊　汝作民　孙光木　孙素青（女）　邹庆诰　汪培杰　宋茂林　张兴义　张金山　张俊之　张春兰（女）　陈盛昌　金庆岱　周文明　贾法俊　徐　莹（女）　徐文华　栾振利　常修歧　崔　岩　韩德振

第四次会议

茌平县十五届人民代表大会第四次会议于2006年2月16日在茌平县招待所召开，历时2天。出席会议应到代表231人，实到代表220人，县政协七届四次会议的全体委员、非代表县级领导干部、县直各部门负责人列席会议。

2月15日，举行预备会议，通过县第十五届人民代表大会第四次会议主席团、秘书长名单，议案审查委员会名单，通过茌平县第十五届人民代表大会第四次会议议程。茌平县第十五届人大常委会副主任韩宪宏主持会议，第一副主任孙新建作大会筹备工作情况报告。

2月16日，茌平县第十五届人民代表大会第三次会议开幕。

会议听取审议茌平县人民政府县长任晓旺作的《政府工作报告》。报告回顾“十五”时期政府的主要工作，提出“十一五”时期经济社会发展的目标任务，以及2006年全县经济社会发展的重点。报告指出：“十五”时期以来，在上级党委、政府和县委的坚强领导下，在历届领导班子打下的良好基础上，全县人民以邓小平理论和“三个代表”重要思想为指导，深入贯彻党的十六大和十六届三中、四中、五中全会精神，围绕“艰苦创业五六年、力争跨入百强县”的奋斗目标，开拓进取，扎实工作，全县改革开放和现代化建设取得新的成就，全面完成“十五”计划的目标任务，形成了政通人和、跨越发展的良好态势。2005年，全县生产总值77亿元，比2000年翻了一番多，年均增长21%；人均生产总值1.3万元。全县财政总收入6.45亿元，年均增长31%；地方财政收入2.4亿元，年均增长24%；城市化水平30%，提高11个百分点，城区供电、供热、供水、排水功能有了很大提高，全县城镇居民人均可支配收入1.1万元，年均增长11%；农民人均纯收入3372元，年均增长10%。城乡居民储蓄存款余额由15亿元增加到30亿元，城镇登记失业率控制在4%以内。

报告提出“十一五”时期的指导思想是：以邓小平理论和“三个代表”重要思想为指导，认真贯彻落实党的十六大和十六届三中、四中、五中全会精神，以科学发展观统领全局，以“建设铝城枣乡，跨入全国百强”为行动纲领，实施工业强县、加速城镇化进程、服务业崛起和新农村建设四大战略，实现“进入全省30强、全国百强、撤县设市”三大目标，努力建成全国卫生城、全国园林城、环保模范县。发展目标是：全县生产总值年均增长27%左右，2010年突破300亿元，人均超过6000美元。三次产业结构调整为7：68：25。固定资产投资年均增长30%以上，地方财政收入年均增长30%以上，社会商品零售总额年均增长30%。“十一五”末单位生产总值能源消耗比“十五”末降低23%左右。人口自然增长率控制在7.5‰以内，城镇失业率控制在5%以内。农民人均纯收入年均增长10%以上，城镇居民可支配收入年均增长15%以上。

茌平县人大常委会第一副主任孙新建代表县第十五届人大常委会作《茌平县人大工作报告》。一年来，县人大常委会在中共茌平县委的坚强领导下，以邓小平理论和“三个代表”重要思想为指导，深入贯彻党的十六大和十六届三中、四中、五中全会精神，认真落实科学发展观，紧紧围绕全县改革发展稳定大局，认真履行宪法和法律赋予的各项职责，进一步加强和改进人大常委会各项工作，有力地促进了全县经济社会发展和社会主义民主法制建设。一年来，常委会认真学习贯彻中共中央转发《中共全国人大常委会党组关于进一步发挥全国人大代表作用，加强全国人大常委会制度建设的若干意见》（中发〔2005〕9号）文件，听取审议“一府两院”工作报告15项，开展执法检查10次，受理人民群众来信来访124件次，任命国家机关工作人员27名，开展了对县法院副院长、县检察院副检察长的述职评议。

会议审查批准茌平县发展计划局局长赵希亮作的《茌平县2005年国民经济和社会发展计划执行情况与2006年国民经济和社会发展计划（草案）的报告》、茌平县财政局局长王彪作的《茌平县2005年财政预算执行情况和2006年财政预算（草案）报告》；听取和审议茌平县人民法院院长任永生作的《茌平县人民法院工作报告》；茌平县人民检察院院长邵景良作的《茌平县人民检察院工作报告》。会议一致通过上述报告，并作出相应决议。

会议共收到代表建议、批评和意见21件。

主席团成员、秘书长、副秘书长名单

（共47人，按姓名笔画为序）

于延华　王长山　王伟华（女）　王吉延
王希忠　王林华　乌以祥　卢洪明　田　冲
白成锋　冯恒国　冯海亭　司文瞻　朱金山
任永生　任晓旺　刘士贵　刘怀军　刘继军

孙长友　孙乐生　孙祖昌　孙新建（女）
李玉忠　李泽明　邵景良　杨忠平　何其平
宋士高　迟会孝　张吉锋　张学信　张国忠
赵志勇　胡长彬　侯　军　袁庆华　徐法水
殷庆太　高洪岩　曹德河　陶孟华　梁宝忠
梁树新　韩宪宏　翟长庚　樊庆锡
秘 书 长：孙新建（兼）
副秘书长：周文明　董延路　郭金良
初士锋　林家生　王金玉
朱林富　王　彪

议案审查委员会名单

主　任委员：高洪岩
副主任委员：高恒民
委　　　员：马思民　王吉廷　袁庆华

各代表团团长名单

县 直 代 表 团　团　长：刘怀军
副团长：朱林富
振兴办事处代表团　团　长：袁庆华
副团长：王传峰
信发办事处代表团　团　长：于延华
副团长：刘培哲
博 平 镇 代表团　团　长：李玉忠
副团长：李　光
菜 屯 镇 代表团　团　长：胡长彬
副团长：秦春生
冯 屯 镇 代表团　团　长：王吉延
副团长：李　恩
乐 平 镇 代表团　团　长：孙长友
副团长：邹尚普
杜 口 镇 代表团　团　长：孙祖昌
副团长：刘艾新
韩 屯 镇 代表团　团　长：梁树新
副团长：商同顺
广 平 乡 代表团　团　长：赵志勇
副团长：贾国锋
韩 集 乡 代表团　团　长：冯恒国
副团长：张道恒
胡 屯 乡 代表团　团　长：白成峰
副团长：孙大兴
肖 庄 乡 代表团　团　长：曹德河
副团长：李保光
洪 屯 乡 代表团　团　长：翟长庚
副团长：曹培省
杨 屯 乡 代表团　团　长：卢洪明
副团长：曹国芝
温 陈 乡 代表团　团　长：陶孟华
副团长：范兆强
贾 寨 乡 代表团　团　长：张吉锋
副团长：胡振同

列席人员名单

共55人（按姓名笔画为序）
召集人：王金玉　刘君之
于秋春　于殿绪　王　瑾　王兴文　王志刚
王金玉　尹建国　白利军　从　凯　冯士强
朱宪平　刘　华　刘庆武　刘君之　刘良勇
刘保国　刘淑芹（女）　刘善温　杜长之
李文新　李凤春　李林军　李爱民　杨立军
吴光军　宋　静（女）　宋希伟　宋希勇
宋宝锁　宋韶山　迟连运　张　兰（女）
张　军　张观禄　张学峰　张振松　张鲁林
陈广富　范哲东　罗吉林　周庆江　房志波
赵玉生　赵春庆　赵培荣（女）　姜兆明
耿柏成　贾占信　郭晓霞（女）　郭立军
郭金平（女）　桑聊生　常　鸣　路运生
潘思栋

特邀人员名单

共31人（按姓名笔画为序）
于永生　马庆云　马汝学　马怀进
马秀明（女）　马宪才　尹海波　白文儒
白若华　刘希俊　汝作民　孙光木
孙素青（女）　邹庆诰　汪培杰　宋茂林
张兴义　张俊之　张雪廷　张春兰（女）
陈盛昌　金庆岱　周文明　贾法俊
徐　莹（女）　徐文华　殷广国　栾振利
常修歧　崔　岩　韩德振

第五次会议

茌平县十五届人民代表大会第五次会议于2007年1月31日在茌平县招待所召开，历时3天。出席会议应到代表231人，实到代表223人，县政协七届五次会议的全体委员、非代表县级领导干部、县直各部门负责人列席会议。

1月30日，举行预备会议，会议通过县第十五届人民代表大会第五次会议主席团、秘书长名单，议案审查委员会名单，通过茌平县第十五届人民代表大会第五次会议议程。茌平县第十五届人大常委会副主任韩宪宏主持会议，第一副主任孙新建作大会筹备工作情况报告。

1月31日上午，茌平县第十五届人民代表大会第五次会议开幕。

会议听取审议茌平县人民政府代县长王伟华作的《政府工作报告》。报告回顾过去一年政府的主要工作，提出今后政府工作的总体思路和目标任务，以及今后政府工作的重点和措施。报告指出：2006年是"十一五"规划的开局之年，是全县改革开放和经济社会发展取得突破性进展的一年。全县人民在上级党委、政府和县委的坚强领导下，以邓小平理论和"三个代表"重要思想为指导，按照科学发展观和构建和谐社会的总体要求，认真贯彻党的十六大和十六届三中、四中、五中、六中全会精神，全面执行国家宏观调控政策，解放思想，战胜困难，破解矛盾，推进发展，实现"十一五"规划的良好开局，形成经济跨越发展、社会和谐稳定的良好局面。2006年，全县生产总值98.9亿元，比上年增长24.2%；一、二、三产业比重19：65：16。财政总收入17亿元，增长163.6%，地方财政收入5亿元，增长113%，各项财政增幅列全省县市区首位；地方财政收入占GDP、税收占财政收入的比重，分别提高1.9个百分点和2.8个百分点。金融机构存款余额60.7亿元、贷款余额59.6亿元，分别增加9.9亿元和14亿元。社会消费品零售总额25.1亿元，增长17.8%。农民人均纯收入增长9%。

报告提出今后一年政府工作的总体要求是：以"团结实干建设铝城枣乡，科学发展跨入全国百强"为行动纲领，全面落实科学发展观，认真贯彻国家宏观调控政策，优化经济结构，转变整张方式，强化自主创新，在新农村建设、工业经济、城市建设、民营经济、环境保护、现代服务业、改革开放、构建和谐社会8个方面实现新的更大的突破，促进经济社会又好又快发展。经济社会发展的主要预期目标为：生产总值130亿元，增长31%；地方财政收入6.3亿元，增长25%；农民人均纯收入增长10%；人口自然增长率控制在6‰以内。特别是要把新农村建设作为当前和今后一个时期经济社会发展的首要任务，切实加强农村基层组织建设，大力发展现代农业，加强基础设施规划建设，深入推进科技特派员工程。实施"3456"工程，打造特色产业集群，实施"十大重点项目"工程，持续加大工业投入，实施"品牌经济提升"工程，着力加快自主创新，实施"百名企业家素质提升工程"，强化人才培养、引进和使用，实施"全民创业"工程和促进中小企业成长工程，大大力解决好关系群众生产生活的十件大事、实事。

茌平县人大常委会第一副主任孙新建代表县第十五届人大常委会作《茌平县人大工作报告》。一年来，县人大常委会在中共茌平县委的坚强领导下，以邓小平理论和"三个代表"重要思想为指导，深入贯彻党的十六大和十六届五中、六中全会精神，积极落实科学发展观，紧紧围绕经济建设和全县工作大局，认真履行宪法和法律赋予的各项职责。一年来，常委会听取审议"一府两院"工作报告十余项，开展执法检查、视察、调研15次，受理人民群众来信来访36件、74人次，任免国家机关工作人员19名，交办并督促办理代表意见建议21件，召开全县人大工作会议，修改完善《茌平县人大常委会人事任免办法》。

会议审查批准茌平县发展计划局局长赵希亮作的《茌平县2006年国民经济和社会发展计划

执行情况与2007年国民经济和社会发展计划（草案）的报告》、茌平县财政局局长王彪作的《茌平县2006年财政预算执行情况和2007年财政预算（草案）报告》；听取和审议了茌平县人民法院代院长王文振作的《茌平县人民法院工作报告》；茌平县人民检察院院长邵景良作的《茌平县人民检察院工作报告》。会议一致通过上述报告，并作出相应决议。

本次会议另有选举任务，选举茌平县第十五届人民代表大会常务委员会主任1名，副主任2名；选举县人民政府县长1名，副县长1名；选举县人民法院院长1名。

主　任：任晓旺
副主任：贾占信　王金玉
县　长：王伟华
副县长：尹海波
法院院长：王文振

会议共收到代表建议、批评和意见32件。

主席团成员、秘书长、副秘书长名单

主席团成员：（共49人，按姓名笔画为序）
丁洁卉（女）　于延华　王长山
王伟华（女）　王希忠　王金玉　王林华
毛永和　乌以祥　田　冲　冯海亭　司文瞻
朱金山　任晓旺　刘士贵　刘怀军　刘继军
刘培哲　孙大兴　孙乐生　孙新建（女）
杜新芳　李　光　李　恩　李玉忠　李宝光
李泽明　杨立峰　杨忠平　邵景良　何其平
宋士高　迟会孝　张殿广　张吉锋　张学信
张国忠　张道恒　殷庆太　秦生春　袁庆华
徐法水　贾占信　贾建国　陶孟华　商同顺
梁宝忠　韩宪宏　樊庆锡

秘 书 长：孙新建（兼）
副秘书长：陆绪剑　董延路　初士锋
谷秀坤　朱林富　王　彪
韩　刚

议案审查委员会名单

主 任委 员：何其平
副主任委员：马思民
委　　员：袁庆华　李玉忠

各代表团团长名单

县直代表团　团　长：刘怀军
副团长：朱林富
振兴办事处代表团　团　长：袁庆华
副团长：王传峰
信发办事处代表团　团　长：于延华
副团长：滕志华
博平镇代表团　团　长：李玉忠
副团长：刘艾新
菜屯镇代表团　团　长：秦生春
副团长：黄圣江
冯屯镇代表团　团　长：李　恩
副团长：杜存山
乐平镇代表团　团　长：丁洁卉（女）
副团长：马思荣
杜口镇代表团　团　长：杜新芳
副团长：唐光印
韩屯镇代表团　团　长：商同顺
副团长：马立新
广平乡代表团　团　长：张殿广
副团长：慈成峰
韩集乡代表团　团　长：张道恒
副团长：宋义全
胡屯乡代表团　团　长：孙大兴
副团长：岳好俊
肖庄乡代表团　团　长：李宝光
副团长：李连华
洪屯乡代表团　团　长：李　光
副团长：成永喜
杨屯乡代表团　团　长：毛永和
副团长：李仲弟
温陈乡代表团　团　长：陶孟华
副团长：肖建国
贾寨乡代表团　团　长：张吉锋
副团长：胡振同

列席人员名单

一、共62人（按姓名笔画为序）

召集人：刘君之　靳明华

王　瑾　王　霞（女）　王玉生　王兴文
王吉武　王志刚　王秀清（女）　乌以强
史献华　白利军　付宪宝　丛　凯　冯　进
冯士强　朱宪平　刘　华　刘庆武　刘君之
刘志华　刘保国　刘淑芹（女）　刘善温
孙丙祥　李凤余　李爱民　李鲁诗　杨立军
杨传刚　杨桂英（女）　吴光军
宋　静（女）　宋希伟　宋希勇　宋韶山
迟尚民　张　兰（女）　张玉林　张庆军
张金元　张国明　张振松　张鲁林　陈广富
范哲东　罗　志　罗凤之　罗吉林　赵玉生
赵春庆　赵培荣（女）　姜兆明　耿柏成
徐洪之　郭立军　郭晓霞（女）　桑聊生
常　鸣　崔德海　董秀丽（女）　靳明华
焦延光　翟春杰

二、县政协七届五次会议的全体委员

特邀人员名单

共35人（按姓名笔画为序）

于永生　马庆云　马汝学　马怀进
马秀明（女）　马宪才　王　琦　王文振
尹海波　白文儒　白若华　刘希俊　汝作民
许兰岭　许泽英　孙素青（女）　邹庆诰
杜贾林　汪培杰　宋茂林　张兴义　张雪廷
张春兰（女）　陈盛昌　金庆岱　贾法俊
徐　莹（女）　徐文华　殷广国　景志国
栾振利　常修歧　崔　岩　韩德振　路绪剑

第十八节　茌平县第十六届人民代表大会

茌平县第十六届人民代表大会任期为2007年12月至2012年1月，实际任期4年1个月，任期内，共举行会议4次，做出决议决定35个，形成审议意见83件，任免国家机关工作人员168人（次），代表议案、建议和意见340件。

第一次会议

茌平县十六届人民代表大会第一次会议于2007年12月17日在茌平县招待所召开，历时3天。出席会议应到代表233人，实到代表230人，县政协八届一次会议的全体委员、非代表县级领导干部、县直各部门负责人列席会议。

会议通过县第十六届人民代表大会第一次会议主席团、秘书长名单，议案审查委员会名单，通过茌平县第十六届人民代表大会第一次会议议程。茌平县第十五届人大常委会第一副主任孙新建主持会议并作预备会议讲话。

2007年12月17日上午，茌平县第十六届人民代表大会第一次会议开幕。

会议听取审议茌平县人民政府县长王伟华作的《政府工作报告》。报告回顾十五届人民代表大会以来政府的主要工作，提出今后五年政府工作的总体思路和目标任务，以及今后政府工作的重点和措施。报告指出：五年来，全县经济实现跨越发展、综合经济实力显著增强，2007年预计全县生产总值是2002年的3.8倍；地方财政收入是2002年的7.5倍；二、三产业比重比2002年提高19个百分点。推进新农村建设战略，实现了村村通油路、通客车、通自来水和城乡用电同网同价。推进工业强县战略，工业经济迅猛发展，初步形成了具有茌平特殊的铝、密度板、味精、纺织、制药五大产业集群。推进城市化带动战略，城乡一体化进程明显加快，“四纵四横一环”的城市道路框架基本形成，在全市率先实现城乡公交一体化。推进改革开放战略，招商引资民营经济增势强劲。推进和谐社会建设战略，着力为人民群众办实事、办好事。加强政府自身建设，依法行政水平明显提高。

报告提出今后五年政府工作的总体思路和目标任务：全面贯彻落实党的十七大精神，高举中国特色社会主义伟大旗帜，以邓小平理论和“三个代表”重要思想为指导，深入贯彻落实科学发展观，按照“团结实干建设铝城枣乡，科学发展跨入全国百强”的总体目标，以又好又快发展为主题，以调整经济结构、转变发展方式为主线，以改革、开放、创新为动力，以建设先进制造业基地、现代服务业基地、现代农业基地、最适宜人居城市和改善民生为重点，为创建全国环保模范城、全国卫生城、全国园林城、全国生态县，撤县设市，跨入全省30强和全国百强县而不懈努力。

茌平县人大常委会第一副主任孙新建代表县第十五届人大常委会作《茌平县人大工作报告》。报告回顾五年来人大常委会工作：着眼全局，依法行使决定权；突出重点，充分行使监督权；坚持标准，认真行使任免权；发挥代表作用，创新代表工作；加强联系指导，提升乡镇人大工作水平；适应形势发展，加强常委会自身建设。依法举行常委会会议31次，做出决议决定30项，形成审议意见73件，组织视察、调查、执法检查60余次；依法任命国家机关工作人员112人，免职27人。

会议审查批准县发展计划局局长赵希亮作的《茌平县2007年国民经济和社会发展计划执行情况与2008年国民经济和社会发展计划的报告》、县财政局局长王彪作的《茌平县2007年财政预算执行情况和2008年财政预算（草案）报告》；听取和审议县人民法院院长王文振作的《茌平县人民法院工作报告》；县人民检察院院长邵景良作的《茌平县人民检察院工作报告》。会议一致通过上述报告，并作出相应决议。

大会采取无记名投票方式，选举产生茌平县第十六届人大常委会主任、副主任、委员；茌平县人民政府县长、副县长；茌平县人民法院院长、茌平县人民检察院检察长；出席聊城市第十五届人民代表大会代表。

选举结果

人大常委会主任：任晓旺

人大常委会第一副主任：徐　莹（女）

人大常委会副主任：刘继军　何其平
贾占信　王金玉

人大常委会委员：
王泽利　刘长城　刘艾新　刘希忠
邵　岩　李泽潜　宋保峰　杨长菊（女）
邵　益　韩　刚　刘先斌　赵培荣（女）
程东宏　于洪民　赫金奎　常秀清（女）
郭金良　高俊英（女）

县　长：王伟华

副县长：许兰岭　刘奎忠　尹海波　张雪廷
肖德刚　曹志程

县人民法院院长：王文振

县人民检察院检察长：邵景良

选举出席聊城市第十五届人民代表大会代表46人。

总监票人、监票人、总计票人名单

总监票人：李　光

监　票　人：迟尚民　史献华　张庆军
杨　敏（女）

总计票人：薛晓峰

主席团成员、秘书长名单

（共44人，按姓名笔画为序）

王　琦　王文振　王伟华（女）王传峰
王希忠　王金玉　白文儒　冯海亭　曲　军
朱金山　任晓旺　刘士贵　刘艾新　刘怀军
刘继军　许兰岭　许泽英　孙乐生
孙新建（女）　李　光　李　恩　李一功
李学忠　李宝光　杨立军　杨立峰　杨国华
何其平　张　雷　张国忠　张学信　邵景良
范兆强　胡振同　秦生春　贾占信　贾国峰
徐　莹（女）　徐文华　殷广国　殷庆太
商同顺　梁宝忠　韩宪宏

秘　书　长：何其平（兼）

副秘书长名单

路绪剑　王　彪　谷秀坤　王泽利　韩　刚
胡立朕

主席团常务主席名单

任晓旺　孙新建（女）　韩宪宏　刘继军
何其平　孙乐生　刘士贵　贾占信　王金玉
梁宝忠　王希忠　徐　莹（女）

议案审查委员会主任委员、副主任委员、委员名单

主 任委 员：许兰岭

副主任委员：马思民

委　　员：陶孟华　张吉峰　王建国

各代表团团长、副团长名单

县直代表团　团　长：刘怀军
　　　　　　副团长：邹尚普

振兴办事处代表团　团　长：王传峰
　　　　　　副团长：郚美忠

信发办事处代表团　团　长：王　琦
　　　　　　副团长：杜贾林

博平镇代表团　团　长：刘艾新
　　　　　　副团长：陈　峰

菜屯镇代表团　团　长：杨国华
　　　　　　副团长：李凤余

冯屯镇代表团　团　长：李　恩
　　　　　　副团长：张金元

乐平镇代表团　团　长：秦生春
　　　　　　副团长：迟尚民

杜郎口镇代表团　团　长：李学忠
　　　　　　副团长：史献华

韩屯镇代表团　团　长：贾国峰
　　　　　　副团长：焦延光

广平乡代表团　团　长：曲　军
　　　　　　副团长：杨桂英（女）

韩集乡代表团　团　长：商同顺
　　　　　　副团长：张国明

胡屯乡代表团　团　长：张　雷
　　　　　　副团长：董秀丽（女）

肖庄乡代表团　团　长：李宝光
　　　　　　副团长：王秀清（女）

洪屯乡代表团　团　长：李　光
　　　　　　副团长：杨传刚

杨屯乡代表团　团　长：李一功
　　　　　　副团长：孙丙祥

温陈乡代表团　团　长：范兆强
　　　　　　副团长：陶孟华

贾寨乡代表团　团　长：胡振同
　　　　　　副团长：张吉峰

临时党委成员名单

书　记：任晓旺

副书记：王伟华（女）　许泽英
　　　　孙新建（女）　张学信

委　员：韩宪宏　何其平　孙乐生　刘士贵
　　　　贾占信　王金玉　梁宝忠　王希忠
　　　　徐　莹(女)

各代表团临时党支部书记、副书记名单

县直代表团党支部　书　记：刘怀军
　　　　　　副书记：邹尚普

振兴办事处代表团党支部　书　记：王传峰
　　　　　　副书记：郚美忠

信发办事处代表团党支部　书　记：王　琦
　　　　　　副书记：杜贾林

博平镇代表团党支部　书　记：刘艾新
　　　　　　副书记：陈　峰

菜屯镇代表团党支部　书　记：杨国华
　　　　　　副书记：李凤余

冯屯镇代表团党支部　书　记：李　恩
　　　　　　副书记：张金元

乐平镇代表团党支部　书　记：秦生春
　　　　　　副书记：迟尚民

杜郎口镇代表团党支部　书　记：李学忠
　　　　　　副书记：史献华

韩屯镇代表团党支部　书　记：贾国峰
　　　　　　副书记：焦延光

广平乡代表团党支部　书　记：曲　军
　　　　　　副书记：杨桂英（女）

韩集乡代表团党支部　书　记：商同顺
　　　　　　副书记：张国明

胡屯乡代表团党支部　书　记：张　雷
　　　　　　副书记：董秀丽（女）

肖庄乡代表团党支部　书　记：李宝光
　　　　　　副书记：王秀清（女）

洪屯乡代表团党支部　书　记：李　光
　　　　　　副书记：杨传刚

杨屯乡代表团党支部　书　记：李一功
副书记：孙丙祥
温陈乡代表团党支部　书　记：范兆强
副书记：陶孟华
贾寨乡代表团党支部　书　记：胡振同
副书记：张吉峰

列席人员名单

一、共44人（按姓名笔画为序）

召集人：刘君之　初士锋

丁洁卉（女）　王　瑾　王　霞（女）
王玉生　王吉武　乌以强　付宪宝　白利军
从　凯　冯　进　冯士强　朱宪平　刘　华
刘庆武　刘君之　刘志华　刘保国　刘保滨
刘淑芹（女）　刘善温　李守忠　李吉亮
李如诗　李爱民　肖树德　吴玉林　宋希伟
宋希勇　初士锋　张兰（女）　张　立
张振松　张道恒　张鲁林　范哲东　罗凤之
赵玉生　赵春庆　姜兆明　徐洪之　高恒民
郭晓霞（女）　曹国芝　崔德海

二、政协八届一次会议全体委员

特邀人员名单

共39人（按姓名笔画为序）

于永生　马汝学　马怀进　马秀明（女）
马宪才　王长山　王林华　乌以祥　尹海波
田　冲　白若华　司文瞻　刘希俊　刘奎忠
汝作民　孙素青（女）　李泽明　李捷恩
杨忠平　肖德刚　邹庆诰　汪培杰　宋士高
宋茂林　迟会孝　张兴义　张雪廷
张春兰（女）　陈盛昌　金庆岱　贾法俊
贾建国　徐法水　栾振利　常修岐　韩德振
景志国　路绪剑　樊庆锡

第二次会议

茌平县十六届人民代表大会第二次会议于2009年1月7日在茌平县招待所召开，历时3天。出席会议应到代表233人，实到代表220人，县政协八届二次会议的全体委员、非代表县级领导干部、县直各部门负责人列席会议。

会议通过县第十六届人民代表大会第二次会议主席团、秘书长名单，议案审查委员会名单，通过茌平县第十六届人民代表大会第二次会议议程。茌平县第十六届人大常委会第一副主任徐莹主持会议并作预备会议讲话。

2009年1月7日上午，茌平县第十六届人民代表大会第二次会议开幕。

会议听取审议茌平县人民政府代县长陈秀兴作的《政府工作报告》。报告回顾2008年政府的主要工作。报告指出：一年来，茌平县政府开拓创新，锐意进取，努力克服各种困难，积极应对国际金融危机带来的挑战，全县经济社会继续保持了又好又快的发展态势。坚持以城带乡，新农村建设扎实推进；坚持科学发展，经济运行质量明显提升；坚持完善提升，城市承载能力进一步增强；坚持扩大开放，招商引资实现新的突破；坚持城乡统筹，和谐社会建设卓有成效；坚持依法行政，政府自身建设不断加强。

报告提出2009年政府工作的总体思路和目标任务：加快推进以现代化农业为重点的新农村建设；加快推进以又好又快为目标的新型工业化；加快推进以竞争力提升为核心的城市建设管理；加快推进以现代服务业为先导的第三产业发展；加快推进以节能减排为前提的生态文明建设；加快推进以体制创新为主体的改革开放；加快推进以改善民生为根本的和谐社会建设。

茌平县人大常委会第一副主任徐莹代表县第十六届人大常委会作《茌平县人大工作报告》。报告回顾2008年人大常委会工作：围绕中心，促进发展，依法审议决定重大事项；突出重点，注重实效，切实强化法律监督；关注民生，维护民权，努力增强人大工作的实际效果；强化服务，积极探索，不断加强代表和基层人大工作；转变作风，完善制度，进一步提高工作水平。一年来先后召开11次常委会会议，作出12项决议决定，形成审议意见32件，组织视察、调查、执法检查10次；依法任免国家机关工作人员18人。报告指出2009年工作部署：以依法治县为主线，大力推进政治文明；以提高实效为目的，切实强化监督力度；以拓展形式为重点，充分大会代表作用；以自身建设为基础，不断提高履职水平。

会议审查批准县发展计划局局长赵希亮作的《茌平县2008年国民经济和社会发展计划执行情况与2009年国民经济和社会发展计划的报告》、县财政局局长王彪作的《茌平县2008年财政预算执行情况和2009年财政预算（草案）报告》；听取和审议县人民法院院长王文振作的《茌平县人民法院工作报告》；县人民检察院院长邵景良作的《茌平县人民检察院工作报告》。会议一致通过上述报告，并作出相应决议。

大会采取无记名投票方式，选举产生茌平县人民政府县长；选举产生两名茌平县第十六届人民代表大会常务委员会委员。

选举结果

茌平县人民政府县长：陈秀兴

常委会委员：刘先斌 于洪民

总监票人、监票人、总计票人名单

总监票人：李 光

监 票 人：李泽潜 张庆军

总计票人：朱子华

议案审查委员会主任委员、副主任委员、委员名单

主 任委 员：许兰岭

副主任委员：韩 刚

委 员：陶孟华 张吉峰 王建国

主席团常务主席名单

任晓旺 徐 莹（女）刘继军 何其平

贾占信 王金玉

副秘书长名单

路绪剑 王 彪 谷秀坤 王泽利 韩 刚

胡立朕

列席人员名单

一、共44人（按姓名笔画为序）

召集人：初士锋 乌以强

丁洁卉（女） 马春青（女） 王 霞（女）

王凤新 王玉生 王春乾 仇长义 乌以强

付长荣 白利军 丛 凯 冯 进 冯士强

刘 华 刘兆沛 刘庆武 刘保国 刘保滨

刘善温 孙新珍（女） 杜茂文 李守忠

李如诗 李吉亮 李泽辉 李爱民 肖树德

吴玉林 邹尚武 宋希勇 初士锋 张立民

张振松 张鲁林 张道恒 郑 军 赵春庆

姜兆明 娄保常 袁慎民 夏书华 曹国芝

崔德海 韩道玲

二、政协第八届二次会议全体委员

临时党委成员名单

书 记：任晓旺

副书记：陈秀兴 白文儒 张学信 徐莹（女）

委 员：何其平 贾占信 王金玉

各代表团临时党支部书记、副书记名单

县 直 代表团党支部	书 记：邹尚普 副书记：赵希亮
振兴办事处代表团党支部	书 记：王传峰 副书记：郇美忠
信发办事处代表团党支部	书 记：王 琦 副书记：杜贾林
博平镇代表团党支部	书 记：刘艾新 副书记：陈 峰
菜屯镇代表团党支部	书 记：杨国华 副书记：李凤余
冯屯镇代表团党支部	书 记：李 恩 副书记：张金元
乐平镇代表团党支部	书 记：刘 健 副书记：张念金
杜郎口镇代表团党支部	书 记：庞顺汉 副书记：史献华
韩屯镇代表团党支部	书 记：贾国峰 副书记：焦延光
广平乡代表团党支部	书 记：曲 军 副书记：杨桂英（女）
韩集乡代表团党支部	书 记：商同顺 副书记：张国明

胡屯乡代表团党支部　书　记：张　雷
副书记：董秀丽（女）
肖庄乡代表团党支部　书　记：李宝光
副书记：王秀清（女）
洪屯乡代表团党支部　书　记：李　光
副书记：杨传刚
杨屯乡代表团党支部　书　记：李一功
副书记：孙丙祥
温陈乡代表团党支部　书　记：范兆强
副书记：陶孟华
贾寨乡代表团党支部　书　记：王　尚
副书记：张吉峰

各代表团团长、副团长名单

县直代表团　团　长：邹尚普
副团长：赵希亮
振兴办事处代表团　团　长：王传峰
副团长：邬美忠
信发办事处代表团　团　长：王　琦
副团长：杜贾林
博平镇代表团　团　长：刘艾新
副团长：陈　峰
菜屯镇代表团　团　长：杨国华
副团长：李凤余
冯屯镇代表团　团　长：李　恩
副团长：张金元
乐平镇代表团　团　长：刘　健
副团长：张念金
杜郎口镇代表团　团　长：庞顺汉
副团长：史献华
韩屯镇代表团　团　长：贾国峰
副团长：焦延光
广平乡代表团　团　长：曲　军
副团长：杨桂英（女）
韩集乡代表团　团　长：商同顺
副团长：张国明
胡屯乡代表团　团　长：张　雷
副团长：董秀丽（女）
肖庄乡代表团　团　长：李宝光
副团长：王秀清（女）
洪屯乡代表团　团　长：李　光
副团长：杨传刚
杨屯乡代表团　团　长：李一功
副团长：孙丙祥
温陈乡代表团　团　长：范兆强
副团长：陶孟华
贾寨乡代表团　团　长：王　尚
副团长：张吉峰

主席团和秘书长名单

主席团：共43人（按姓名笔画为序）

王　尚　王　琦　王文振　王传峰　王希忠
王金玉　白文儒　冯海亭　曲　军　朱金山
任晓旺　刘　健　刘士贵　刘艾新　刘继军
许兰岭　孙乐生　孙新建（女）　杜贾林
李　光　李　恩　李一功　李宝光　杨立军
杨立峰　杨国华　何其平　邹尚普　张　雷
张国忠　张学信　陈秀兴　邵景良　范兆强
庞顺汉　贾占信　贾国峰　徐　莹（女）
徐文华　殷庆太　商同顺　梁宝忠　韩宪宏

秘书长：何其平（兼）

特邀人员名单

共44人（按姓名笔画为序）

刁培昌　马汝学　马怀进　马秀明（女）
马宪才　王长山　王林华　乌以祥　尹海波
田　冲　白若华　司文瞻　朱　峰　刘希俊
刘奎忠　衣述光　汝作民　孙素青（女）
李泽明　杨　军（女）　杨忠平　杨德付
肖德刚　邹庆诰　汪培杰　宋士高　宋茂林
迟会孝　张兴义　张雪廷　张春兰（女）
陈盛昌　金庆岱　贾法俊　贾建国　徐法水
殷守来　栾振利　陶广道　曹志程　韩德振
景志国　路绪剑　樊庆锡

第三次会议

茌平县十六届人民代表大会第三次会议于2009年12月26日在茌平正泰东方大酒店召开，历时3天。出席会议应到代表233人，实到代表222人，县政协八届三次会议的全体委员、非代表县级领导干部、县直各部门负责人列席会议。

会议通过县第十六届人民代表大会第三次会议主席团、秘书长名单，议案审查委员会名单，通过茌平县第十六届人民代表大会第三次会议议程。茌平县第十六届人大常委会第一副主任徐莹主持会议并作预备会议讲话。

2009年12月26日上午，茌平县第十六届人民代表大会第三次会议开幕。

会议听取审议茌平县人民政府县长陈秀兴作的《政府工作报告》。报告回顾2009年政府的主要工作。报告指出：一年来，茌平县政府始终把保增长作为首要任务，把保民生作为重要目标，把保稳定作为第一责任，重点抓住以下7个方面的工作：抢抓危中之机，创新思维难关促发展；加大投资力度，全力以赴抓项目求突破；掌控经济运行，凝神聚力保增长优结构；推进城乡建设，着眼长远打基础增后劲；深化改革开放，努力实现强动力激活力；构建和谐社会，一心一意保民生保增长；加强自身建设，改进作风抓服务创环境。

报告提出2010年政府工作的总体思路和目标任务：千方百计加大投资，进一步膨胀经济总量；推进现代农业发展，加快新农村建设步伐；打造铝电千亿产业，加速推进新型工业化；调整优化经济结构，促进服务业繁荣发展；加快城乡建设步伐，努力提高城镇化水平；努力深化改革开放，不断提升经济外向度；切实保障改善民生，繁荣社会事业促和谐。

茌平县人大常委会第一副主任徐莹代表县第十六届人大常委会作《茌平县人大工作报告》。报告总结2009年人大常委会工作：坚持人大正确政治方向，明确指导思想和工作思路；积极开展监督工作，全力维护改革发展稳定大局；努力提高服务保障水平，充分发挥代表作用；强化保障措施，努力提高工作效率和工作水平。一年来先后召开6次常委会会议，共作出9项决议决定，形成审议意见32件，组织视察、调查、执法检查9次，依法任免国家机关工作人员25人。常委会对茌平县农业、教育、中小企业。县域经济发展等开展深入调研，并提出建议。报告指出2010年人大常委会工作计划：一要是要适应形势任务的要求，进一步提高整体素质和履职能力；二要紧紧围绕大局，认真履行各项法定职责；三要进一步加强代表工作，充分发挥人大代表在经济社会发展中的重要作用。

会议审查批准县发展计划局局长赵希亮作的《茌平县2009年国民经济和社会发展计划执行情况与2010年国民经济和社会发展计划的报告》、县财政局局长张明作的《茌平县2009年财政预算执行情况和2010年财政预算（草案）报告》；听取和审议县人民法院院长王文振作的《茌平县人民法院工作报告》；县人民检察院院长邵景良作的《茌平县人民检察院工作报告》。会议一致通过上述报告，并作出相应决议。

会议共收到代表建议、批评和意见46件。

县委书记，县人大常委会主任任晓旺作闭幕时讲话。

议案审查委员会主任委员、副主任委员、委员名单

主 任委 员：许兰岭

副主任委员：韩　刚

委　　　员：陶孟华　张吉峰　杨　敏

主席团常务主席名单

任晓旺　徐　莹（女）何其平　贾占信

王金玉

列席人员名单

一、共47人（按姓名笔画为序）

召集人：初士锋　乌以强

丁洁卉（女）　马春青（女）

王　霞（女）　王凤新　王玉生　王春乾

仇长义　乌以强　付长荣　丛　凯　冯　进

冯士强　刘　华　刘兆沛　刘保滨
齐春英（女）　孙　峰　孙新珍（女）
杜茂文　李吉亮　李廷海　李泽辉　李爱民
李新军　肖树德　邹尚武　宋希勇　初士锋
张　明　张明壮　张宗军　张国琪　张道恒
范晓英　郑　军　孟庆军　赵春庆　姜兆明
娄保常　袁慎民　夏书华　曹国芝　崔德海
韩千鹏　韩复军　韩道玲

二、政协第八届三次会议全体委员

临时党委成员名单

书　记：任晓旺
副书记：陈秀兴　白文儒　张学信
　　　　徐　莹（女）
委　员：何其平　贾占信　王金玉

各代表团临时党支部书记、副书记名单

县直代表团党支部　书　记：邹尚普
　　副书记：赵希亮
振兴办事处代表团党支部　书　记：王传峰
　　副书记：郇美忠
信发办事处代表团党支部　书　记：王　琦
　　副书记：杜贾林
博平镇代表团党支部　书　记：刘艾新
　　副书记：陈　峰
菜屯镇代表团党支部　书　记：杨国华
　　副书记：李凤余
冯屯镇代表团党支部　书　记：李　恩
　　副书记：张金元
乐平镇代表团党支部　书　记：刘　健
　　副书记：张念金
杜郎口镇代表团党支部　书　记：李学忠
　　副书记：史献华
韩屯镇代表团党支部　书　记：贾国峰
　　副书记：焦延光
广平乡代表团党支部　书　记：曲　军
　　副书记：杨桂英（女）
韩集乡代表团党支部　书　记：商同顺
　　副书记：张国明
胡屯乡代表团党支部　书　记：张　雷
　　副书记：董秀丽（女）
肖庄乡代表团党支部　书　记：李宝光
　　副书记：王秀清（女）
洪屯乡代表团党支部　书　记：李　光
　　副书记：杨传刚
杨屯乡代表团党支部　书　记：毛永和
　　副书记：孙丙祥
温陈乡代表团党支部　书　记：范兆强
　　副书记：陶孟华
贾寨乡代表团党支部　书　记：王　尚
　　副书记：张吉峰

各代表团团长、副团长名单

县直代表团　团　长：邹尚普
　　副团长：赵希亮
振兴办事处代表团　团　长：王传峰
　　副团长：郇美忠
信发办事处代表团　团　长：王　琦
　　副团长：杜贾林
博平镇代表团　团　长：刘艾新
　　副团长：陈　峰
菜屯镇代表团　团　长：杨国华
　　副团长：李凤余
冯屯镇代表团　团　长：李　恩
　　副团长：张金元
乐平镇代表团　团　长：刘　健
　　副团长：张念金
杜郎口镇代表团　团　长：李学忠
　　副团长：史献华
韩屯镇代表团　团　长：贾国峰
　　副团长：焦延光
广平乡代表团　团　长：曲　军
　　副团长：杨桂英（女）
韩集乡代表团　团　长：商同顺
　　副团长：张国明
胡屯乡代表团　团　长：张　雷

副团长：董秀丽（女）
肖庄乡代表团 团 长：李宝光
副团长：王秀清（女）
洪屯乡代表团 团 长：李 光
副团长：杨传刚
杨屯乡代表团 团 长：毛永和
副团长：孙丙祥
温陈乡代表团 团 长：范兆强
副团长：陶孟华
贾寨乡代表团 团 长：王 尚
副团长：张吉峰

主席团和秘书长名单

主席团：共44人（按姓名笔画为序）

王 尚 王 琦 王文振 王传峰 王希忠
王金玉 毛永和 白文儒 冯海亭 曲 军
朱金山 任晓旺 刘 健 刘士贵 刘艾新
许兰岭 孙乐生 孙新建（女） 杜贾林
李 光 李 恩 李宝光 李学忠 杨立军
杨立峰 杨国华 何其平 邹尚普 张 雷
张国忠 张学信 陈秀兴 邵景良 范兆强
贾占信 贾国峰 徐 莹（女） 徐文华
殷庆太 商同顺 梁宝忠 韩宪宏

秘书长：何其平（兼）

副秘书长名单

刘奎忠 谷秀坤 张 明 王泽利 韩 刚
胡立朕

特邀人员名单

共43人（按姓名笔画为序）

刁培昌 马汝学 马怀进 马秀明（女）
马宪才 王长山 王林华 乌以祥 尹海波
田 冲 白若华 司文瞻 朱 峰 刘希俊
刘奎忠 衣述光 汝作民 孙素青（女）
李泽明 杨忠平 肖德刚 邹庆诰 汪培杰
宋士高 宋茂林 迟会孝 张兴义 张雪廷
张春兰（女） 陈盛昌 金庆岱 周学宝
贾法俊 贾建国 徐法水 殷守来 栾振利
陶广道 曹志程 彭志国 韩德振 景志国
樊庆锡

第四次会议

茌平县十六届人民代表大会第四次会议于2011年1月12日在正泰东方大酒店召开，历时3天。出席会议应到代表233人，实到代表223人，县政协八届四次会议的全体委员、非代表县级领导干部、县直各部门负责人列席会议。

会议通过县第十六届人民代表大会第四次会议主席团、秘书长名单，议案审查委员会名单，通过茌平县第十六届人民代表大会第四次会议议程。茌平县第十六届人大常委会第一副主任徐莹主持会议，人大副主任何其平作预备会议讲话。

2011年1月12日上午，茌平县第十六届人民代表大会第四次会议开幕。

会议听取审议茌平县人民政府县长陈秀兴作的《政府工作报告》。报告回顾“十一五”时期政府的主要工作。报告指出：过去的五年经济发展水平明显提升；过去的五年城乡面貌发生巨大改变；过去的五年改革开放持续深入推进；过去的五年民生改善社会和谐稳定；过去的五年政府自身建设不断加强。

报告提出“十二五”期间的奋斗目标：经济更具实力；城乡更展新貌；环境更显优美；生活更为殷实；社会更趋和谐。报告还提出2011年的目标任务和工作重点：以项目建设为先导，切实加大优质高效投入；以农民增收为核心，推进农业产业调整振兴；以产业升级为突破，倾力打造新型工业基地；以膨胀总量为目标，加快第三产业发展步伐；以城乡一体化为方向，推动城乡建设统筹发展；以激发活力为重点，继续深化改革扩大发展；以改善民生为宗旨，全力促进社会和谐稳定。

茌平县人大常委会第一副主任徐莹代表县第十六届人大常委会作《茌平县人大工作报告》。报告回顾2010年人大常委会工作：抢抓机遇，应对挑战，全力促进茌平科学发展；突出重点，强化监督，服务改革发展稳定大局；创建平台，搞好服务，充分发挥代表主体作用；注重学习，提高效能，不断加强常委会自身建设。一年来先后召开5次常委会会议，共作出9项决议决定，提出审议意见12件，组织视察、调查、执法检查12次；对6部法律法规实施情况进行了执法检查和调研。报告指出2011年工作计划：与时俱进，在推动人大工作创新上要有新思路；注重实效，在加强和改进监督工作上要有新突破；服务大局，在决定重大事项和干部任期目标监督上要有新作为；完善机制，在发挥代表作用上要有新举措。

会议审查批准县发展计划局局长赵希亮作的《茌平县2010年国民经济和社会发展计划执行情况与2011年国民经济和社会发展计划的报告》、县财政局局长张明作的《茌平县2010年财政预算执行情况和2011年财政预算（草案）报告》；听取和审议县人民法院院长王文振作的《茌平县人民法院工作报告》；县人民检察院院长邵景良作的《茌平县人民检察院工作报告》。会议一致通过上述报告，并作出相应决议。

会议共收到代表建议、批评和意见52件。

县委书记，县人大常委会主任任晓旺作闭幕时讲话。

茌平县第十六届人民代表大会第四次会议

主席团和秘书长名单

主席团：共42人（按姓名笔画为序）

王　琦　王文振　王传峰　王希忠　王金玉
毛永和　白文儒　冯海亭　曲　军　朱金山
任晓旺　刘　健　刘士贵　许兰岭　孙乐生
孙新建（女）　杜贾林　李　光　李　恩
李宝光　李学忠　杨立军　杨立峰　杨国华
何其平　邹尚普　张　雷　张吉峰　张国忠
张学信　陈秀兴　陈　峰　邵景良　范兆强
贾占信　贾国峰　徐　莹（女）　徐文华
殷庆太　商同顺　梁宝忠　韩宪宏

秘书长：何其平（兼）

副秘书长名单

李泽潜　谷秀坤　张　明　王泽利　韩　刚
胡立朕

议案审查委员会主任委员、副主任委员、委员名单

主任委员：许兰岭
副主任委员：杨　敏（女）
委　　员：陶孟华　张吉峰　孙纳新

代表团团长、副团长名单

县直代表团	团　长：邹尚普	副团长：赵希亮
振兴办事处代表团	团　长：王传峰	副团长：郧美忠
信发办事处代表团	团　长：王　琦	副团长：杜贾林
温陈办事处代表团	团　长：范兆强	副团长：陶孟华
博平镇代表团	团　长：陈　峰	副团长：李玉忠
菜屯镇代表团	团　长：杨国华	副团长：李凤余
冯屯镇代表团	团　长：李　恩	副团长：张金元
乐平镇代表团	团　长：刘　健	副团长：张念金
杜郎口镇代表团	团　长：李学忠	副团长：史献华
韩屯镇代表团	团　长：贾国峰	副团长：焦延光
广平乡代表团	团　长：曲　军	副团长：杨桂英（女）
韩集乡代表团	团　长：商同顺	副团长：张国明
胡屯乡代表团	团　长：张　雷	副团长：董秀丽（女）
肖庄乡代表团	团　长：李宝光	副团长：王秀清（女）
洪屯乡代表团	团　长：李　光	副团长：杨传刚
杨屯乡代表团	团　长：毛永和	副团长：孙丙祥

贾寨乡代表团　团　长：张吉峰
　　　　　　　副团长：侯法海

列席人员名单

一、49人（按姓氏笔画为序）

召集人：初士锋　乌以强

丁洁卉（女）　马春青（女）

王　霞（女）　王玉生　王春乾　尤伟东

仇长义　乌以强　付长荣　丛　凯　冯　进

冯士强　刘　华　刘军峰　刘法亮　刘保滨

齐春英（女）　孙长民　孙新珍（女）

杜茂文　李吉亮　李廷海　李泽辉　李爱民

李新军　肖树德　邹尚武　宋希勇　初士锋

张　明　张立民　张明壮　张宗军　张国琪

张道恒　范晓英　金庆友　郑　军　孟庆军

赵春庆　胡　静（女）　姜兆明　娄保常

袁慎民　耿振平　夏书华　曹国芝　韩千鹏

韩道玲

二、政协第八届四次会议全体委员

特邀人员名单

共41人（按姓名笔画为序）

刁培昌　马汝学　马怀进　马秀明（女）

马宪才　王长山　王林华　乌以祥　尹海波

田　冲　白若华　司文瞻　朱　峰　刘希俊

刘奎忠　齐广山　衣述光　汝作民

孙素青（女）　李泽明　杨忠平　肖德刚

邹庆诰　宋士高　宋茂林　迟会孝　张兴义

张雪廷　张春兰（女）　陈盛昌　金庆岱

贾法俊　贾建国　徐法水　殷守来　栾振利

曹志程　韩德振　景志国　樊庆锡

第十九节　茌平县第十七届人民代表大会

茌平县第十七届人民代表大会任期为2012年1月至2017年1月，任期5年。任期内共举行会议5次，听取、审议各项报告31个，通过决议31项，代表提出议案、建议、批评和意见253件。

第一次会议

茌平县十七届人民代表大会第一次会议于2012年1月12日在茌平县正泰东方大酒店召开，历时3天。出席会议应到代表230人，实到代表224人，县政协九届一次会议的全体委员、非代表县级领导干部、县直各部门负责人列席会议。

1月11日，举行预备会议，通过县第十七届人民代表大会第一次会议主席团、秘书长名单，议案审查委员会名单，通过茌平县第十七届人民代表大会第一次会议议程。茌平县第十六届人大常委会第一副主任徐莹主持会议并作大会筹备工作情况报告。

2012年1月12日上午，茌平县第十七届人民代表大会第一次会议开幕。

会议听取审议茌平县人民政府代县长雷霞作的《政府工作报告》。报告回顾十六届人民代表大会以来政府的主要工作，提出今后五年政府工作的总体思路和目标任务，以及今后政府工作的重点和措施。报告指出：四年来，经济总量快速膨胀，综合实力大幅提升。预计2011年，预计全县实现生产总值290亿元，是2007年的1.99倍，年均增长18.7%；完成地方财政收入14.7亿元，是2007年的1.94倍，年均增长17.8%；社会消费品零售总额66.4亿元，是2007年的2倍，年均增长18.9%；金融机构各项贷款余额115亿元、存款余额152亿元，分别是2007年的1.68倍、1.85倍。综合实力跃居全国县域经济基本竞争力百强县第91位。城市功能更加完善，城市面貌变化巨大。全县城镇化水平由2007年的34%提高到48.7%。人民生活显著改善，群众得到更多实惠。预计2011年，城镇居民人均可支配收入20400元，是2007年的1.7倍，年均增长14.1%；农民人均纯收入7656元，是2007年的1.65倍，年均增长13.3%。立足当前着眼长远，战略空间支撑广阔。制定了“一区一带六园”总体产业空间布局和铝电千亿产业“一体两翼十大产业功能板块”等一系列经济发展规划，并在实践中取得明显成效。

报告指出，根据茌平县第十二次党代会提出的“一二三四五六”的奋斗目标和工作思路，今后五年政府工作的总体要求是：以邓小平理论和“三个代表”重要思想为指导，深入贯彻落实科学发展观，以科学发展为主题，以加快转变经济发展方式为主线，以实现跨越赶超为目标，以改革创新为动力，以重点项目建设为支撑，以民生幸福为根本，坚持工业化和城镇化双轮驱动，扩大总量与调优结构两措并举，一产抓调整、二产抓升级、三产抓膨胀，努力把茌平建设成为经济富强、社会文明、文化繁荣、生态宜居、和谐稳定的幸福家园，为率先建成全面小康社会打下具有决定意义的基础。特别是，2012年提出要实施十大惠农工程，实施十大重点项目，实施十大工业工程、十大城建工程和十大民生工程，以结构调整为主攻方向，以科技创新为重要支撑，以改革开放为强大动力，以改善民生为根本目的，加快转型升级，推进跨越发展，以优异的成绩迎接党的十八大胜利召开。

茌平县人大常委会第一副主任徐莹代表县第十六届人大常委会作《茌平县人大工作报告》。茌平县第十六届人大常委会在中共茌平县委的坚强领导下，坚持以邓小平理论和“三个代表”重要思想为指导，以科学发展观统领人大工作，坚定不移地贯彻落实中央、省、市、县委的一系列重大决策部署，坚持围绕中心、服务大局，解放思想、与时俱进，埋头苦干、扎实工作，在继承中创新，在创新中前进，认真履行宪法和法律赋予的职责，在历届工作的基础上，各项工作取得明显的成绩，在某些方面有新的突破，有效地保障和促进了全县的经济发展和社会的全面进步。五年来，先后召开29次常委会会议，作出决议决定35个，形成审议意见83件，组织视察、调查、执法检查52余次，依法任命国家机关工作人员168人次，受理群众来信来访130件（次），交办人大代表意见建议159件，主持县乡两级换届选举，选出县、乡两级人大代表共907人。

会议审查批准县发展计划局局长赵希亮作的《茌平县2011年国民经济和社会发展计划执行情况与2012年国民经济和社会发展计划的报告》、县财政局局长张明作的《茌平县2011年财政预算执行情况和2012年财政预算（草案）报告》；听取和审议县人民法院院长黄鸿义作的《茌平县人民法院工作报告》；县人民检察院院长隋军作的《茌平县人民检察院工作报告》。会议一致通过上述报告，并作出相应决议。

大会采取无记名投票方式，选举产生了茌平县第十七届人大常委会主任、副主任、委员；茌平县人民政府县长、副县长；茌平县人民法院院长、茌平县人民检察院检察长；出席聊城市第十六届人民代表大会代表。

主　　任：陈秀兴

第一副主任：尹海波

副 主 任：张丽华（女）　赵希亮
丁洁卉（女）　靳明华

委　　员：于洪民　王泽利　王建国
史吉岭　刘长城　刘希忠
孙作晶　孙纳新　吕晓霞（女）
杨　敏（女）　李东伟
宋　伟　宋保峰　邵　益
邵连路　范恩增　赵培荣（女）
胡　静（女）　高俊英
程东宏　焦艳珠（女）

县　长：雷　霞

副县长：张雪廷　景志国　肖德刚　曹志程
宋永刚　李　恩

县人民法院院长：黄鸿义

县人民检察院检察长：隋　军

选举出席聊城市第十六届人民代表大会46人。

会议共收到代表建议、批评和意见34件。

主席团成员、常务主席、秘书长、副秘书长名单

主席团：共38人（按姓名笔画为序）

丁洁卉（女）　刁培昌　王　巍　王际胜
王金玉　尹海波　邓　丽　冯海亭　邬美忠
闫　杰　徐兰岭　李　光　李泽潜　李祥文

杨立峰　何其平　迟曙光　张　勇　张殿广
张立冉　张丽华（女）　张国忠　张学信
张雪廷　陈　峰　陈秀兴　庞顺汉　赵　鹏
赵卫国　赵希亮　耿振平　贾占信
徐　莹（女）　殷守来　黄鸿义　隋　军
靳明华　雷　霞（女）

常务主席：陈秀兴　徐　莹　何其平
贾占信　王金玉　尹海波
殷守来　张丽华(女)
赵希亮　丁洁卉（女）
靳明华

秘 书 长：贾占信（兼）

副秘书长：王　琦　谷秀坤　张　明
王泽利　乌艳昕（女）
吴港远

议案审查委员会主任委员、副主任委员、委员名单

主 任委 员：张雪廷

副主任委员：杨　敏（女）

委　　员：薛雁飞（女）　张殿鳌
孙纳新

各代表团团长、副团长名单

振兴办事处代表团　团　长：邬美忠
副团长：赵本祥

信发办事处代表团　团　长：李　光
副团长：张成宪

温陈办事处代表团　团　长：张立冉
副团长：杨　军

冯 屯 镇 代表团　团　长：王　巍
副团长：薛雁飞（女）

博 平 镇 代表团　团　长：陈　峰
副团长：张殿鳌

菜 屯 镇 代表团　团　长：迟曙光
副团长：武治江

乐 平 镇 代表团　团　长：王际胜
副团长：侯守仁

杜郎口镇 代表团　团　长：庞顺汉
副团长：韩长兴

韩 屯 镇 代表团　团　长：闫　杰
副团长：王同军

胡 屯 镇 代表团　团　长：张　雷
副团长：刘　勇

肖 庄 镇 代表团　团　长：赵　鹏
副团长：臧克义

洪 屯 镇 代表团　团　长：张殿广
副团长：白维生

贾 寨 镇 代表团　团　长：耿振平
副团长：娄存宾

杨 屯 乡 代表团　团　长：赵卫国
副团长：张金迎

列席人员名单

二、共43人（按姓名笔画为序）

召集人：张　明　李一功　马春青（女）
王　霞（女）　王春乾　尤伟东
毛永和　仇长义　付长荣　冯　进
冯士强　刘　华　刘　健　刘军峰
齐　飞　齐春英（女）　孙维兵
孙新珍（女）　杜茂文　李一功
李吉亮　李宝光　李学忠　李泽辉
李爱民　李新军　肖树德　邹尚武
宋希勇　宋韶山　张　明　张明壮
张国琪　范晓英　金庆友　郑　军
赵春庆　郝　彬　姜兆明　娄保常
袁慎民　夏书华　桑　波　梁　斌
韩道玲

二、政协九届一次会议全体委员

特邀人员名单

共50人（按姓名笔画为序）

马汝学　马怀进　马秀明（女）　马宪才
王　琦　王长山　王传峰　王希忠　王林华
乌以祥　田　冲　白若华　司文瞻　朱金山
刘士贵　刘希俊　齐广山　汝作民　孙乐生
孙素青（女）　孙新建（女）　杜贾林
李　恩　李泽明　杨立军　杨忠平　杨国华
肖德刚　邹庆诰　宋士高　宋永刚　宋茂林
迟会孝　张兴义　张春兰（女）　陈盛昌

范兆强　金庆岱　贾法俊　贾建国　徐法水
殷庆太　栾振利　曹志程　梁宝忠　韩宪宏
景志国　鲍世利　樊庆锡　燕　勇

第二次会议

茌平县十七届人民代表大会第二次会议于2013年1月14日在茌平县正泰东方大酒店召开，历时2天。出席会议应到代表230人，实到代表223人，县政协九届二次会议的全体委员、非代表县级领导干部、县直各部门负责人列席会议。

1月13日，举行预备会议，通过县第十七届人民代表大会第二次会议主席团、秘书长名单，议案审查委员会名单，通过茌平县第十七届人民代表大会第二次会议议程。茌平县第十七届人大常委会副主任赵希亮主持会议并作大会筹备工作情况报告。

1月14日，茌平县第十七届人民代表大会第二次会议开幕。

会议听取审议茌平县人民政府县长雷霞作的《政府工作报告》。报告回顾2012年以来政府的主要工作，提出2013年政府工作的总体思路和目标任务，以及今后政府工作的重点和措施。报告指出：过去的一年，茌平县综合实力显著提升。预计全县实现生产总值336亿元，增长15%；公共财政预算收入18.8亿元，增长20%(按可比口径)；全社会固定资产投资230亿元，增长49.5%；社会消费品零售总额80.8亿元，增长17%；城镇居民人均可支配收入23924元，增长16%；农民人均纯收入9560元，增长18%；金融机构各项贷款余额159亿元，存款余额146亿元，分别比年初增加5亿元、28亿元。百强县建设又实现进位提升，跃居第83位，并被省委、省政府授予“全省推进县域科学发展突出贡献奖”。项目工作卓有成效。全年共实施重点项目169个，完成投资215亿元；其中列入市级重点项目21个，完成投资115亿元。全年引进项目191个，实际到位资金93.2亿元；实际利用外资140万美元，进出口总额6.2亿美元。园区经济快速发展。经济结构调整优化。坚持把转方式、调结构作为经济工作的重大任务和主攻方向，注重内涵发展、转型升级，预计三次产业比例调整为12∶69∶19。现代农业稳步发展。狠抓粮食高产创建，全县粮食生产实现“十连增”，被评为全国粮食生产先进县。“十大惠农工程”进展顺利。

2013年政府工作的总体要求是：认真贯彻党的十八大精神，以邓小平理论、“三个代表”重要思想和科学发展观为指导，坚持“一二三四五六”的奋斗目标和工作思路，以提高经济增长质量和效益为中心，着力膨胀经济总量、调整经济结构、推进城乡统筹、深化改革开放、强化创新驱动、建设生态文明、繁荣文化事业、保障改善民生，促进经济持续健康发展和社会和谐稳定，努力建设富强文明生态幸福新茌平。特别是，要在园区建设方面有大作为，构筑产业园区空间新布局，建设2个千亿产业园，打造国道309和聊夏路沿线2个经济隆起带，培育四大百亿产业，壮大六个特色园区。同时，继续实施十大惠农工程、实施十大重点项目、建设服务业十大工程、实施城建十大重点工程、实施十大民生工程。

茌平县人大常委会第一副主任尹海波代表县第十七届人大常委会作《茌平县人大工作报告》。茌平县第十七届人大常委会自换届以来，结合人大工作实际，科学定位自身工作，确定了“维护县委领导权威，依法行使决策权力，监督支持‘一府两院’工作，履职促进跨越发展，树立人大良好形象”的总体工作定位。2012年度，县人大常委会在中共茌平县委的坚强领导下，坚持以邓小平理论、“三个代表”重要思想和科学发展观为指导，认真贯彻落实县十二次党代会精神，紧紧围绕全县工作大局，认真行使宪法和法律赋予的各项职权。2012年，依法举行常委会议6次，做出决议决定9个，形成审议意见36件，任免国家机关工作人员34人（次），开展视察、调研、执法检查活动8次，检查有关法律在茌平县的贯彻实施情况6部，听取审议“一府两院”专项工作报告12次，接待和处理人民群众来信来访24人（次）。全面完成县十七届人大一次会议所确定的各项工作任务，为科学推进全县民主法制建设、保障经济和社会各项事业跨越式发展做出了积极贡献。特别是，茌平县人大常委会创新工作方式，实施基层人大“五个一”活动：每个乡镇（街道）召开一次县级代表座谈会；举行一次代表与选民见面会；撰写一篇有深度的调研报告；推出一名优秀的代表典型；每名县级人大代表提出一份有价值的意见建议。通过“五个一”活动，常委会挖掘出一批好典型，总结出一些好经验，为更好地开展人大工作奠定了坚实基础。

会议审查批准县发展计划局局长刘健作的《茌平县2012年国民经济和社会发展计划执行情况与2013年国民经济和社会发展计划的报告》、县财政局局长张明作的《茌平县2012年财政预算执行情况和2013年财政预算（草案）报告》；听取和审议县人民法院院长黄鸿义作的《茌平县人民法院工作报告》；县人民检察院院长隋军作的《茌平县人民检察院工作报告》。会议一致通过上述报告，并作出相应决议。

会议共收到代表建议、批评和意见44件。

主席团成员、常务主席、秘书长、副秘书长名单

主席团：共38人（按姓名笔画为序）

丁洁卉（女）　刁培昌　王　巍　王际胜
王金玉　尹海波　邓　丽（女）　冯海亭
邬美忠　闫　杰　许兰岭　李　光　李泽潜
李祥文　杨立峰　何其平　迟曙光　张　雷
张殿广　张立冉　张丽华（女）　张国忠
张学信　张雪廷　陈　峰　陈秀兴　庞顺汉
赵　鹏　赵卫国　赵希亮　耿振平　贾占信
徐　莹（女）　殷守来　黄鸿义　隋　军
靳明华　雷　霞（女）

常务主席：陈秀兴　尹海波　殷守来
张丽华（女）　赵希亮
丁洁卉（女）　靳明华

秘书长：赵希亮（兼）

副秘书长：王　琦　谷秀坤　张　明
王泽利　乌艳昕（女）
吴港远

议案审查委员会主任委员、副主任委员、委员名单

主任委员：张雪廷

副主任委员：杨　敏（女）

委　　员：薛雁飞（女）　张殿鳌
孙纳新

各代表团团长、副团长名单

振兴办事处代表团　团　长：邬美忠
副团长：赵本祥

信发办事处代表团　团　长：李　光
副团长：张成宪

温陈办事处代表团　团　长：张立冉
副团长：杨　军

冯屯镇代表团　团　长：王　巍
副团长：薛雁飞（女）

博平镇代表团　团　长：陈　峰
副团长：张殿鳌

菜屯镇代表团　团　长：迟曙光
副团长：武治江

乐平镇代表团　团　长：王际胜
副团长：侯守仁

杜郎口镇代表团　团　长：庞顺汉
副团长：韩长兴

韩屯镇代表团　团　长：闫　杰
副团长：王同军

胡屯镇代表团　团　长：张　雷
副团长：刘　勇

肖庄镇代表团　团　长：赵　鹏
副团长：臧克义

洪屯镇代表团　团　长：张殿广
副团长：白维生

贾寨镇代表团　团　长：耿振平
副团长：娄存宾

杨屯乡代表团　团　长：赵卫国

副团长：张金迎

特邀人员名单

共51人（按姓名笔画为序）

马怀进　马秀明（女）　马宪才　王　琦
王长山　王长征　王传峰　王希忠　王林华
乌以祥　田　冲　白若华　司文瞻　朱金山
刘士贵　刘希俊　齐广山　汝作民　许永权
孙乐生　孙素青（女）　孙新建（女）
杜贾林　李　兵　李　恩　李泽明　杨立军
杨忠平　杨国华　肖德刚　邹庆诰　宋士高
宋永刚　迟会孝　张　曦（女）　张兴义
张春兰（女）　陈　兵　范兆强　金庆岱
贾法俊　贾建国　徐法水　殷庆太　栾振利
曹志程　梁宝忠　韩宪宏　景志国　鲍世利
樊庆锡

列席人员名单

一、共44人（按姓名笔画为序）

召集人：张　明　李一功

马春青（女）　王　霞（女）　毛永和
仇长义　冯　进　刘　华　刘　健　刘体彬
孙维兵　孙殿国　孙新珍（女）　杜茂文
李一功　李吉亮　李宝光　李学忠　李爱民
李新军　杨保国　何兰华　邹尚武　宋希勇
宋韶山　张　明　张　勇　张明壮　张国琪
张维忠　范玉慧（女）　金庆友　郑　军
郑中军　赵春庆　郝　彬　侯振华　姜兆明
娄保常　袁慎民　夏书华　高　健　桑　波
常秀清（女）　韩宪云　韩道玲

二、政协九届二次会议全体委员

各代表团团长、副团长名单

振兴办事处代表团	团　长：邬美忠	
	副团长：赵本祥	
信发办事处代表团	团　长：李　光	
	副团长：张成宪	
温陈办事处代表团	团　长：张立冉	
	副团长：杨　军	
冯屯镇代表团	团　长：王　巍	
	副团长：薛雁飞（女）	
博平镇代表团	团　长：陈　峰	
	副团长：张殿鳌	
菜屯镇代表团	团　长：迟曙光	
	副团长：武治江	
乐平镇代表团	团　长：王际胜	
	副团长：侯守仁	
杜郎口镇代表团	团　长：庞顺汉	
	副团长：韩长兴	
韩屯镇代表团	团　长：闫　杰	
	副团长：王同军	
胡屯镇代表团	团　长：张　雷	
	副团长：刘　勇	
肖庄镇代表团	团　长：赵　鹏	
	副团长：臧克义	
洪屯镇代表团	团　长：张殿广	
	副团长：白维生	
贾寨镇代表团	团　长：耿振平	
	副团长：娄存宾	
杨屯乡代表团	团　长：赵卫国	
	副团长：张金迎	

第三次会议

茌平县十七届人民代表大会第三次会议于2014年1月5日在茌平县正泰东方大酒店召开，历时2天。出席会议应到代表230人，实到代表225人，县政协九届三次会议的全体委员、非代表县级领导干部、县直各部门负责人列席会议。

1月4日，举行预备会议，通过县第十七届人民代表大会第三次会议主席团、秘书长名单，议案审查委员会名单，通过茌平县第十七届人民代表大会第三次会议议程。茌平县第十七届人大常委会副主任赵希亮主持会议并作大会筹备工作情况报告。

1月5日，茌平县第十七届人民代表大会第三次会议开幕。

会议听取审议茌平县人民政府县长雷霞作的《政府工作报告》。报告回顾2013年以来政府的主要工作，提出2014年政府工作的总体思路和目标任务，以及今后政府工作的重点和措施。报告指出：过去的一年，全县综合实力显著提升，百强县建设又实现新的进位提升，跃居第81位。预计全县实现生产总值380亿元，增长15%；公共财政预算收入预计24亿元，按可比口径增长21%；全社会固定资产投资290亿元，增长31%；社会消费品零售总额90亿元，增长17%；城镇居民人均可支配收入27227元，增长15%；农民人均纯收入10740元，增长16%；金融机构各项贷款余额171亿元，存款余额169亿元，分别比年初增加12亿元、23亿元。项目建设取得新成效，“2246”产业、园区空间布局日趋完善，发展格局进一步拉开。经济开发区跨入省级开发区20强；高端产业聚集区配套设施建设加快推进，起步区初具雏形。转型升级迈出新步伐。把产业转型升级做为提升县域经济竞争力的关键来抓，“转调创”工作取得新成效，预计三次产业比例达到11∶69∶20。另外，城乡面貌得到新改观，生态环境得到新提升，民生福祉得到新改善，政府建设得到新加强，经济社会各项事业健康快速发展。

报告指出，2014年政府工作的总体要求是：认真贯彻党的十八大和十八届二中、三中全会精神，坚持“一二三四五六”的工作思路，抢抓“一区一圈一带”和“聊茌东大三角”发展机遇，以“三年翻番、跨越赶超”为目标，以提高经济增长质量和效益为中心，以项目建设为抓手，着力推进转方式调结构，激发市场活力和内生动力，加快推进新型工业化、信息化、城镇化和农业现代化，促进经济持续健康发展和社会和谐稳定。特别是，要强力推进重点项目建设，加快“2246”产业、园区发展步伐，立足农业持续增效、农民持续增收，推动现代农业强基础、调结构、增效益，巩固扩大农业生产优势，率先建成现代农业发展先行区。全面对接省会城市群经济圈、山东西部经济隆起带和“聊茌东大三角”先行区，提升规划编制水平，构建以城市总体规划、城镇化发展规划为龙头，乡镇总体规划为骨干，专项规划、控制性详规为支撑的城乡规划体系。完成《茌平县城市总体规划》修编和《茌平县公共服务设施规划》的编制报批，开展农村社区详规的编制工作。继续实施十大惠农工程，实施十大工业重点项目，实施十大服务业重点项目，实施十大城建工程，实施十大民生工程。

茌平县人大常委会第一副主任尹海波代表县第十七届人大常委会作《茌平县人大工作报告》。2013年度，常委会坚持以邓小平理论、“三个代表”重要思想和科学发展观为指导，认真贯彻落实党的十八大和十八届三中全会精神，紧紧围绕全县工作大局，按照“维护县委领导权威，依法行使决策权力，监督支持‘一府两院’工作，履职促进跨越发展，树立人大良好形象”的总体工作定位，认真行使宪法和法律赋予的各项职权，圆满完成县委交办的各项任务，有效地促进县委各项中心工作的开展和落实。2013年度，依法举行常委会议7次，做出决议决定15个，进行人事任免89人次，开展视察、调研活动12次，检查有关法律在全县的贯彻实施情况9部，听取审议“一府两院”专项工作报告15次，督办代表意见建议44件，接待和处理人民群众来信来访56件（次），全面完成了县十七届人大二次会议确定的各项工作任务，为科学推进全县民主法制建设、增进人民福祉、推动经济和社会各项事业跨越式发展做出了积极贡献。特别是，组织人大代表开展了对“一府两院”及垂直部门的评议工作，评议结果报送县委、县政府及各部门的上级主管部门，引起强烈反响和广泛好评。

会议审查批准县发展计划局局长杨卫东作的《茌平县2013年国民经济和社会发展计划执行情况与2014年国民经济和社会发展计划的报告》、县财政局局长张明作的《茌平县2013年财政预算执行情况和2014年财政预算（草案）报告》；听取和审议县人民法院院长黄鸿义作的《茌平县人民法院工作报告》；县人民检察院院长隋军作的《茌平县人民检察院工作报告》。会议一致通过上述报告，并作出相应决议。

会议共收到代表建议、批评和意见53件。

主席团成员、常务主席、秘书长、副秘书长名单

主席团（共38人，按姓名笔画为序）

丁洁卉（女） 刁培昌 王 巍 王际胜
王金玉 尹海波 邓 丽（女） 冯海亭
邬美忠 闫 杰 李 光 李泽潜 李祥文
杨立峰 何其平 迟曙光 张 勇 张 雷
张殿广 张丽华（女） 张国忠 张学信
张雪廷 陈 峰 陈秀兴 庞顺汉 赵 鹏
赵卫国 赵希亮 耿振平 贾占信
徐 莹（女） 殷守来 黄鸿义 隋 军
韩 刚 靳明华 雷 霞（女）

常务主席：陈秀兴 尹海波 殷守来
张丽华（女） 赵希亮
丁洁卉（女） 靳明华

秘书长：赵希亮（兼）

副秘书长：高廷泽 谷秀坤 张 明
王泽利 邵 益 吴港远

议案审查委员会主任委员、副主任委员、委员名单

主任委员：张雪廷

副主任委员：杨 敏（女）

委员：薛雁飞（女） 张殿鳌
孙纳新

各代表团团长、副团长名单

振兴办事处代表团 团长：邬美忠
副团长：赵本祥

信发办事处代表团 团长：李 光
副团长：张成宪

温陈办事处代表团 团长：张殿广
副团长：杨 军

冯屯镇代表团 团长：韩 刚
副团长：薛雁飞（女）

博平镇代表团 团长：陈 峰
副团长：张殿鳌

菜屯镇代表团 团长：迟曙光
副团长：武治江

乐平镇代表团 团长：王际胜
副团长：侯守仁

杜郎口镇代表团 团长：庞顺汉
副团长：韩长兴

韩屯镇代表团 团长：闫 杰
副团长：王同军

胡屯镇代表团 团长：张 雷
副团长：刘 勇

肖庄镇代表团 团长：赵 鹏
副团长：臧克义

洪屯镇代表团 团长：张 勇
副团长：白维生

贾寨镇代表团 团长：耿振平
副团长：娄存宾

杨屯乡代表团 团长：赵卫国
副团长：张金迎

列席人员名单

一、共50人（按姓名笔画为序）

召集人：张 明 李一功

王 征 王 斌 王 霞（女） 毛永和
仇长义 尹 森 申长新 刘 华 刘体彬
孙维兵 孙殿国 孙新珍（女）
李 昕（女） 李一功 李宝光
李学忠 李爱民 李新军 杨卫东 杨保国
肖 栋 何兰华 邹尚武 张 兰（女）
张 明 张 慧（女） 张明壮 张维忠
范玉慧（女） 林庆玉 金庆友 郑 军
郑中军 单海波 赵荣涛 侯振华 姜兆明
娄保常 姚美华（女） 袁慎民 贾国顺
夏书华 徐效旺 徐淑芝 高 健 桑 波
曹国芝 常秀清（女） 韩宪云 韩道玲

二、政协九届三次会议全体委员

特邀人员名单

共48人（按姓名笔画为序）

马怀进 马秀明（女） 王 琦 王长山
王长征 王传峰 王希忠 王林华 乌以祥
田 冲 司文瞻 朱金山 刘 健 刘士贵
汝作民 孙乐生 孙素青（女）
孙新建（女） 杜贾林 李 恩 李泽明

杨立军　杨忠平　杨国华　肖德刚　邹庆诰
宋士高　宋永刚　张　钟　张兴义
张春兰（女）　陈　兵　范兆强　金庆岱
贾法俊　贾建国　柴利华　徐法水　殷庆太
栾振利　曹志程　梁宝忠　韩宪宏　景志国
谢华鸥　鲍世利　樊庆锡　潘　虹（女）

第四次会议

茌平县十七届人民代表大会第四次会议于2015年3月13日在茌平县正泰东方大酒店召开，历时3天。出席会议应到代表230人，实到代表213人，县政协九届四次会议的全体委员、非代表县级领导干部、县直各部门负责人列席会议。

3月12日，举行预备会议，通过县第十七届人民代表大会第四次会议主席团、秘书长名单，议案审查委员会名单，通过茌平县第十七届人民代表大会第四次会议议程。茌平县第十七届人大常委会副主任赵希亮主持会议并作大会筹备工作情况报告。

3月13日，茌平县第十七届人民代表大会第四次会议开幕。

会议听取审议茌平县人民政府县长雷霞作的《政府工作报告》。报告回顾2014年以来政府的主要工作，提出2015年政府工作的总体思路和目标任务，以及今后政府工作的重点和措施。报告指出：2014年，在市委、市政府和县委的坚强领导下，在县人大、县政协的监督支持下，全县上下按照“一二三四五六”的奋斗目标和工作思路，凝心聚力、攻坚克难，经济社会实现平稳较快发展。全县实现生产总值419.9亿元，增长9.1%；公共财政预算收入26.4亿元，增长19%；城镇居民人均可支配收入28461元，增长9.1%；农民人均纯收入11705元，增长11.3%。在百强县中跃升至第75位，被省政府确定为全省县域经济科学发展试点县。三次产业结构调整为11.4∶66.1∶22.5，狠抓粮食高产创建，总产9.6亿公斤，实现“十二连增”，被评为全国粮食生产先进县。全县规模以上工业企业达到436家，实现主营业务收入1404亿元、利润112亿元、利税140亿元，分别增长14.1%、13.9%、13.7%，累计完成工业投入170.6亿元。“二次创业”成效显著。第三产业蓬勃发展。全县服务业实现增加值94亿元，增长9.6%；社会消费品零售总额80亿元，增长13%。过去的一年，面对严峻形势和繁重任务，我们保持定力，坚定不移地贯彻落实上级精神和县第十二次党代会决策部署，坚持“一二三四五六”奋斗目标和工作思路不动摇；面对国内外经济下行带来的不利影响，我们顶住压力，全力巩固稳中向好的发展态势，县域经济实现平稳较快增长，没有出现大起大落；面对结构性、体制性矛盾，我们深处着力，加大经济结构调整力度，加快转变政府职能，加强科技创新和人才培养引进，不断增强发展内生动力；面对发展中的突出问题和薄弱环节，我们精准发力，狠抓经济运行调度和生产要素保障，狠抓项目谋划和推进，狠抓发展平台和基础设施建设，狠抓生态环保和安全生产，牢牢把握工作的主动权。

报告提出2015年政府工作的总体要求：认真贯彻党的十八大、十八届三中四中全会和习近平总书记系列重要讲话精神，坚持“一二三四五六”的奋斗目标和工作思路，以提高经济发展质量和效益为中心，主动适应新常态，把转方式调结构放在更加重要位置，全面深化改革开放，加快推进新型城镇化，着力强化生态建设，进一步保障改善民生，促进经济持续健康发展、社会和谐稳定。特别是，要必须遵循四条重要原则：一要更加注重质量效益；二要更加注重依法治县；三要更加注重创新驱动；四要更加注重惠民利民。同时，强调牢固树立“绿水青山”就是“金山银山”的发展理念，狠抓生态建设和环境保护，实行最严格的节能减排标准，加强对高耗能企业的节能审查和监管，强化大气治理，推进生态建设，让茌平的天更蓝、地更绿、水更清。

茌平县人大常委会第一副主任尹海波代表县第十七届人大常委会作《茌平县人大工作报

告》。2014年，县人大常委会在中共茌平县委的坚强领导下，深入贯彻党的十八大、十八届三中、四中全会和习近平总书记系列重要讲话精神，以开展党的群众路线教育实践活动为动力，紧紧围绕全县工作大局，按照“维护县委的领导权威，依法行使决策权力，监督支持‘一府两院’工作，履职促进跨越发展，树立人大良好形象”的工作定位，认真行使法定职权。先后召开常委会会议7次，听取和审议“一府两院”专项工作报告10项，做出决议、决定15个，开展视察、调研、执法检查27次，较好地发挥了地方国家权力机关的作用，为全县经济社会持续健康发展做出了积极贡献。特别是，坚持践行群众路线，思想与行动同步，深入开展了党的群众路线教育实践活动。常委会牢固树立“人大工作为人民”的宗旨意识，察民情、听民意，联系群众“接地气”；聚民心、集民智，传递群众“好声音”。深入到14个乡镇（街道）、部分村、医院、学校和企业，召集群众、职工、人大代表进行座谈，收集建议300余条。特别是针对服务群众“最后一公里”问题，汇总了群众反映强烈的关于道路、桥梁、用电、医疗、教育、土地、治安、基层干部待遇等多个方面的问题，提出了合理化建议，并形成高质量的调研报告上报县委，其中绝大多数建议得到县委的认可与采纳。

会议审查批准县发展计划局局长杨卫东作的《茌平县2014年国民经济和社会发展计划执行情况与2015年国民经济和社会发展计划的报告》、县财政局局长张明作的《茌平县2014年财政预算执行情况和2015年财政预算（草案）报告》；听取和审议县人民法院院长黄鸿义作的《茌平县人民法院工作报告》；县人民检察院院长隋军作的《茌平县人民检察院工作报告》。会议一致通过上述报告，并作出相应决议。

大会采用无记名投票方式，选举郝彬为茌平县第十七届人大常委会委员。会议共收到代表建议、批评和意见56件。

主席团成员、常务主席、秘书长、副秘书长名单

主席团：共39人（按姓名笔画为序）

丁洁卉（女）　刁培昌　王　巍　王际胜
王金玉　尹海波　冯海亭　朱正林　邬美忠
闫　杰　李　光　李泽潜　李祥文　杨立峰
肖德刚　何其平　迟曙光　张　勇　张　雷
张殿广　张丽华（女）　张国忠　张学信
陈　峰　陈秀兴　庞顺汉　赵　鹏　赵卫国
赵希亮　耿振平　贾占信　徐　莹（女）
殷守来　黄鸿义　隋　军　韩　刚　景志国
靳明华　雷　霞（女）

常务主席：陈秀兴　尹海波　殷守来
张丽华（女）　赵希亮
丁洁卉（女）　靳明华

秘书长：赵希亮（兼）

副秘书长：高廷泽　谷秀坤　张　明
王泽利　乌艳昕（女）
吴港远

议案审查委员会主任委员、副主任委员、委员名单

主任委员：景志国

副主任委员：杨　敏（女）

委员：薛雁飞（女）　张殿鳌
孙纳新

各代表团团长、副团长名单

振兴办事处代表团　团长：邬美忠
副团长：赵本祥

信发办事处代表团　团长：李　光
副团长：张成宪

温陈办事处代表团　团长：张殿广
副团长：杨　军

冯屯镇代表团　团长：韩　刚
副团长：薛雁飞（女）

博平镇代表团　团长：陈　峰
副团长：张殿鳌

菜屯镇代表团　团长：迟曙光
副团长：武治江

乐平镇代表团　团长：王际胜
副团长：侯守仁

杜郎口镇 代表团　团　长：庞顺汉
副团长：韩长兴
韩 屯 镇 代表团　团　长：闫　杰
副团长：王同军
胡 屯 镇 代表团　团　长：张　雷
副团长：刘　勇
肖 庄 镇 代表团　团　长：赵　鹏
副团长：臧克义
洪 屯 镇 代表团　团　长：张　勇
副团长：白维生
贾 寨 镇 代表团　团　长：耿振平
副团长：娄存宾
杨 屯 乡 代表团　团　长：赵卫国
副团长：张金迎

列席人员名单

共46人（按姓名笔画为序）

召集人：张　明　李一功

于晓力　王　征　王　斌　毛永和　仇长义
申长新　冯学成　冯爱荣（女）　刘　华
刘体彬　齐风军　孙殿国　孙新珍（女）
杜长月　李　昕（女）　李一功　李宝光
李学忠　李新军　卫　东　杨保国　肖　栋
何兰华　邹尚武　张　兰（女）　张　明
张　炜　张　慧（女）　张明壮
范玉慧（女）　林庆玉　金庆友　郑　军
郑中军　单海波　赵荣涛　侯振华　姜兆明
娄保常　姚美华（女）　袁慎民　贾国顺
徐效旺　徐淑之　韩宪云　韩道玲

二、政协九届四次会议全体委员

特邀人员名单

共44人（按姓名笔画为序）

马怀进　王　琦　王长山　王长征　王传峰
王希忠　王林华　乌以祥　申卫星　田　冲
付　明　司文瞻　朱金山　刘　健　刘士贵
刘海涛　汝作民　孙乐生　孙素青（女）
孙新建（女）　杜贾林　李　恩　李泽明
杨立军　杨忠平　杨国华　邹庆诰　汪仁乐
宋士高　宋永刚　张兴义　张春兰（女）
范兆强　金庆岱　贾法俊　贾建国　徐法水
殷庆太　栾振利　曹志程　梁宝忠　韩宪宏
鲍世利　樊庆锡

第五次会议

茌平县十七届人民代表大会第五次会议于2016年3月4日至3月6日在茌平县正泰东方大酒店召开，历时3天。出席会议应到代表230人，实到代表205人，县政协九届四次会议的全体委员、非代表县级领导干部、县直各部门负责人列席会议。

3月3日，举行预备会议，通过县第十七届人民代表大会第五次会议主席团、秘书长名单，议案审查委员会名单，通过茌平县第十七届人民代表大会第五次会议议程。茌平县第十七届人大常委会副主任赵希亮主持会议并作大会筹备工作情况报告。

3月4日，茌平县第十七届人民代表大会第五次会议开幕。

会议听取审议茌平县人民政府县长雷霞作的《政府工作报告》。报告指出：“十二五”期间，致力于推动科学发展，综合实力持续跃升。2015年，全县完成生产总值441.2亿元，比2010年增加187.2亿元，年均增长11.7%，人均1.2万美元；地方一般财政预算收入29.4亿元，是2010年的2.4倍，年均增长19.4%。五年来，组织实施县级以上重点项目468个，其中省级以上重点项目3个，市级以上重点项目117个，全社会固定资产投资累计1053.2亿元。百强县建设连年进位提升，由2010年的第98位跃居第72位。三次产业由2010年的13.7∶68.9∶17.4调整到10.9∶64.3∶24.8，产业结构更加优化。现代农业加快发展。2015年粮食总产9.45亿公斤，实现“十三连增”。大力实施“农业龙头带动战略”，市级以上农业龙头企业、农民专业合作社分别达到55家、1021家，分别是2010年的3.7倍和13倍；家庭农场从无到有，达到88家；“三品一标”认证132个，是2010年的4.4倍。农产品质量安全检测监管追溯体系实现全覆盖。实施了农田水利基本建设三年会战，治理排涝沟渠374条、930公里，农业发展基础进一步夯实。工业经济扩量提质。“十二五”期间，全县累计完成工业投入643亿元，规模以上企业由2010年的342家增加到454家。2015年，实现规模工业销售收入1464.1亿元、利润120亿元、利税151亿元，均比“十一五”末翻了一番。民营经济加快发展，私营企业、个体工商户分别4077家、24484户，比“十一五”末分别增长2611家、15793户。服务业总量迅速膨胀。实现社会消费品零售总额91.2亿元，比“十一五”末增加24.5亿元。现代物流集约发展，规划建设大型物流园区4处。电子商务加速膨胀，年交易额突破5亿元。引进了华夏银行、沪农商村镇银行等金融机构，2015年年底存贷款余额分别为242亿元、202亿元，是2010年的2.1倍、1.3倍。文化旅游业破茧化蝶，创建AAA级景区2处、山东省旅游强乡镇2个，成功举办4届中华圆铃大枣采摘节。

报告提出“十三五”时期政府工作的指导思想是：全面贯彻党的十八大和十八届三中、四中、五中全会精神，深入贯彻习近平总书记系列重要讲话精神，坚持“四个全面”战略布局，贯彻创新、协调、绿色、开放、共享的发展理念，进一步优化经济结构，加快政府职能转变，切实提高经济发展质量和效益，更加注重生态文明建设，更加注重民生改善和社会和谐，全力推进经济社会持续健康发展，确保如期全面建成小康社会。2016经济社会发展的主要预期目标是：全年生产总值增长9%左右；地方一般公共预算收入增长9.5%；全社会固定资产投资增长15%；城镇和农村居民人均可支配收入分别增长8%和10%。特别是，围绕打造“国际高新材料产业基地、国家循环经济示范基地、山东省先进制造业基地”，重点发展新材料、高端装备制造、信息通信及电力电子、新能源及节能环保产业，举全县之力将园区打造成为产业高端高质、管理创新高效、产城融合发展的国际一流生态工业新区。同时，围绕关系群众切身利益的问题，集中力量办好十大民生实事。

茌平县人大常委会第一副主任尹海波代表县第十七届人大常委会作《茌平县人大工作报告》。2015年，在中共茌平县委的坚强领导下，县人大常委会深入贯彻党的十八大、十八届三中、四中、五中全会和习近平总书记系列重要讲话精神，按照“坚持党的领导，依法行使决定权力，监督支持‘一府两院’工作，履职促进科学发展，树立人大良好形象”的工作定位，紧紧围绕全县工作大局，认真行使法定职权，先后召开常委会议6次，听取审议“一府两院”专项工作报告10项，作出决议决定18项，开展视察调研、执法检查21次，为推进全县民主法制建设、促进经济社会持续健康发展发挥了积极作用。特别是，全县人大常委会本着创新意识和进取精神，确立了年度十大重点任务，并大力推动和落实。分别是：（1）贯彻落实省市县三级人大工作会议精神；（2）启动《茌平县人民代表大会志》的编纂；（3）落实宪法宣誓制度；（4）大气污染专项视察；（5）全口径财政预决算及国有资产跟踪审查；（6）机构编制摸底调查；（7）聘请兼职咨询员（食品、卫生、法官评议等领域）；（8）加强宣传和理论研究；（9）法官履职评议、（10）探索代表向原选举单位年度述职。截至2015年年底，除人大志仍在编修过程中外，其他各项工作已基本完成，有些还颇具特色和成效。比如，在《食品安全法》执法检查工作中，茌平县首次聘请有相关领域专业知识和资历的兼职咨询员，为常委和代表们提供智力支持和政策答疑，加强了执法检查的深度和专业性，取得很好的效果。特别是，活动中全县坚持边检查、边整改，不能马上整改到位的要当场列出整改方案和截止时间，同时电视台追踪报道，全力保障人民群众舌尖上的安全。再比如，在对人大任命法官的履职评议工作中，茌平县专门成立评议工作领导小组，召开了评议动员大会，采取随机抽签的方式，确定了被评议对象，并进行网上公示。邀请检察院、公安局、司法局和律师事务所的专业人士，参与案卷审查、庭审旁听等环节。同时，设立意见箱，并召开多种形式的座谈会，广泛征求社会各界意见。专项听取被评议法官的履职工作报告，组织市、县两级人大代表进行民主测评，评议过程公开透明，评议结果真实权威，整改措施高效可行，社会反响空前强烈，促进了县人民法院和法官依法行政和公正司法。还比如，在加强宣传和理论研究方面，出台《茌平县人大常委会关于进一步加强和改进人大宣传工作的意见》，茌平县选送的论文在全省和全市人大系统优秀调研论文评比中均荣获一等奖，另有两篇荣获全市人大系统优秀调研论文二等奖和三等奖等。

会议审查批准茌平县国民经济和社会发展第十三个五年规划纲要的报告、县发展计划局局长杨卫东作的《茌平县2015年国民经济和社会发展计划执行情况与2016年国民经济和社会发展计划的报告》、县财政局局长张明作的《茌平县2015年财政预算执行情况和2016年财政预算（草案）报告》；听取和审议县人民法院院长黄鸿义作的《茌平县人民法院工作报告》；县人民检察院院长隋军作的《茌平县人民检察院工作报告》。会议一致通过上述报告，并作出相应决议。

大会采用无记名投票方式，选举尹海波为茌平县第十七届人大常委会主任。会议共收到代表建议、批评和意见66件。

主席团成员、常务主席、秘书长、副秘书长名单

主席团：共33人（按姓名笔画为序）

丁洁卉（女）　马　骏　王际胜　王金玉
尹海波　冯海亭　朱正林　邬美忠　闫　杰
李　光　李泽潜　李祥文　杨立峰　肖德刚
何其平　迟曙光　张　勇　张　雷　张殿广
张丽华（女）　张国忠　张学信　陈　峰
庞顺汉　赵　鹏　赵卫国　赵希亮　耿振平
贾占信　徐　莹（女）　殷守来　韩　刚
靳明华

常务主席：马　骏　尹海波　殷守来
张丽华（女）　赵希亮
丁洁卉（女）　靳明华

秘书长：赵希亮（兼）

副秘书长：刘占利　孙良俊　孙朝阳
吴港远　张　明　邵　益

议案审查委员会主任委员、副主任委员、委员名单

主任委员：景志国

副主任委员：杨　敏（女）

委员：薛雁飞（女）　张殿鳌
孙纳新

各代表团团长、副团长名单

代表团	职务	姓名
振兴办事处代表团	团长	邬美忠
	副团长	赵本祥
信发办事处代表团	团长	李　光
	副团长	张成宪
温陈办事处代表团	团长	张殿广
	副团长	杨　军
冯屯镇代表团	团长	韩　刚
	副团长	薛雁飞（女）
博平镇代表团	团长	陈　峰
	副团长	张殿鳌
菜屯镇代表团	团长	迟曙光
	副团长	武治江
乐平镇代表团	团长	王际胜
	副团长	侯守仁
杜郎口镇代表团	团长	庞顺汉
	副团长	韩长兴
韩屯镇代表团	团长	闫　杰
	副团长	王同军
胡屯镇代表团	团长	张　雷
	副团长	刘　勇
肖庄镇代表团	团长	赵　鹏
	副团长	臧克义
洪屯镇代表团	团长	张　勇
	副团长	白维生
贾寨镇代表团	团长	耿振平
	副团长	娄存宾
杨屯乡代表团	团长	赵卫国
	副团长	张金迎

列席人员名单

共72人（按姓名笔画为序）

召集人：张　明　李一功

于晓力　王　征　王　斌　王玉强　毛永和
仇长义　孔祥庆　孔新华　申长新　冯学成
冯爱荣（女）　刘　新　刘占利　刘体彬
刘媛媛（女）　齐风军　安新磊　孙良俊
孙朝阳　孙殿国　孙新珍（女）　杜长月
李　昕（女）　李一功　李立新　李汝慧
李宝光　李学忠　李泽辉　李新军
杨　霞（女）　杨卫东　杨保国　肖　栋
吴　胜　何兰华　邹　勇　邹尚武
迟延芳（女）　张　明　张　炜
张　慧（女）　张　霞　张玉建
张宏军（女）　张明壮　范玉慧（女）
林庆玉　郑　军　单海波　赵　敏（女）
赵荣涛　郝海臣　胡佩明　侯振华　姜　民
姜子辉　姜兆明　娄保常　姚美华（女）
袁慎民　贾国顺　徐效旺　徐淑之　高廷泽
崔建军　崔桂娟（女）　梁吉光　董廷军
韩宪云　韩道玲　路运旺

二、政协九届五次会议全体委员

特邀人员名单

共45人（按姓名笔画为序）

马怀进　王　昕　王　琦　王长山　王传峰
王希忠　王林华　乌以祥　田　冲　付　明
司文瞻　朱金山　任家帝　刘　冰　刘　健
刘士贵　汝作民　孙　凯　孙乐生
孙素青（女）　孙新建（女）　杜贾林
李　恩　李泽明　杨立军　杨忠平　杨国华
邹庆诰　汪仁乐　宋士高　宋永刚　张兴义
张春兰（女）　范兆强　金庆岱　贾法俊
贾建国　徐法水　殷庆太　栾振利　曹志程
梁宝忠　韩宪宏　鲍世利　樊庆锡

第三章
历届人大常委会

第三章 历届人大常委会

茌平县人大常委会是茌平县人民代表大会的常设机关，是地方国家权力机关，对茌平县人民代表大会负责并报告工作。茌平县人大常委会由主任、副主任若干人、委员若干人组成。由县人民代表大会从代表中选举产生。县人大常委会会议由主任召集，每2个月至少举行1次。县人大常委会主任、副主任组成主任会议，处理常务委员会的重要日常工作。县人大常委会每届任期和县人民代表大会每届任期相同，它行使职权到下届本级人民代表大会选出新一届人大常委会为止。

茌平县人大常委会根据工作需要相继设立办公室、法制（法制科）工作委员会、代表联络（代表联络科）工作委员会、财经（财经科）工作委员会、教科文卫（教科文卫科）工作委员会、老干部科。

茌平县人大常委会的职权是在本行政区域内，保证宪法、法律、行政法规和上级人大及其常委会决议的遵守和执行；领导或者主持本级人大代表的选举；召集本级人民代表大会会议；讨论、决定本行政区域内的政治、经济、教育、科学、文化、卫生、环境和资源保护、民政、民族等工作的重大事项；根据县人民政府的建议，决定对本行政区域内的国民经济和社会发展计划、预算的部分变更；监督县人民政府、人民法院和人民检察院的工作，联系县人大代表，受理人民群众对上述机关和国家工作人员的申诉和意见；撤销县人民政府的不适当的决定和命令；依法决定人大常委会工作机构“一府两院”负责人员的任免；接受有关人员的辞职请求，补选上一级人民代表大会代表和罢免个别代表等。

从1981年12月至2016年12月，茌平县先后选举产生第九、第十、第十一、第十二、第十三、第十四、第十五、第十六、第十七届人大常委会。历届人大常委会积极履行宪法和法律赋予的各项职责，坚持民主集中制原则，依法行使重大事项决定权、监督权、人事任免权，做好代表工作，充分发挥代表作用。认真搞好调查研究，不断加强自身建设，建立健全各项规章制度，推动常委会和机关工作顺利展开。

第一节 历届人大常委会组成人员

根据地方组织法规定，县级人大常委会由本级人民代表大会在代表中选出的主任、副主任若干和委员组成，其中，第十五、第十六、第十七届人大常委会主任，由县委书记兼任，设人大常委会第一副主任，主持常委会日常工作，具体名额由省人大常委会依法确定。2016年3月开始，人大常委会主任不再由县委书记兼任。茌平县第九届人大常委会组成人员13人，第十届组成人员15人，第十一届组成人员19人，第十二届组成人员19人，第十三届组成人员19人，第十四届组成人员18人，第十五届组成人员19人，第十六届组成人员24人，第十七届组成人员27人。

第九届人大常委会组成人员

1981年12月13日茌平县第九届人民代表大会第一次会议选举产生县第九届人大常委会组成人员13人。

主　任：黄遵尧

副主任：贾克礼　赵传三　韩全庆　程学彦　马汝学

委　员：孙贺庆　李风章（女）陈守仁　张玉鹏　张国忠　杜金芳（女）　傅昭慈（女）

第十届人大常委会组成人员

1984年9月25日茌平县第十届人民代表大会第一次会议选举产生县第十届人民代表大会常务委员会组成人员15人。

主　任：梁子英

副主任：刘国芳　马怀进　商孝俊　赵传三　赵焕之　潘日茂

委　员：张国忠　韩守祥　贾方立　于吉昭　邢福玉　朱家良　傅昭慈（女）　杜金芳（女）

第十一届人大常委会组成人员

1987年4月13日茌平县第十一届人民代表大会第一次会议选举产生县第十一届人民代表大会常务委员会组成人员19人。

主　任：马怀进

副主任：商孝俊　汪培杰　刘西俊　贾法俊　迟会孝　邹庆诰

委　员：（按姓名笔画为序）

于吉昭　王加亮　傅昭慈（女）　邢福玉　张友芳　张国忠　宋庆成　杜金芳（女）　韩守祥　韩富印　慈成凤（女）　裴光泽

第十二届人大常委会组成人员

1990年4月4日茌平县第十二届人民代表大会第一次会议选举产生县第十二届人民代表大会常务委员会组成人员19人。

主　任：徐宝琪

副主任：马庆云　汪培杰　贾法俊　迟会孝　田　冲　常修歧

委　员：于吉昭　白观荣　邢同寅　邢富玉　成作舟　刘曰臣　刘庆华　杜金芳（女）　张国忠　韩富印　傅昭慈（女）　慈成凤（女）

第十三届人大常委会组成人员

1993年3月12日茌平县第十三届人民代表大会第一次会议选举产生县第十三届人民代表大会常务委员会组成人员19人。

主　任：司文瞻

副主任：张兴义　迟会孝　张宝海　田　冲　李泽明　金庆岱

委　员：于吉昭　王立军（女）　王兆琪　孔祥宏　白观荣　成作舟　刘庆华　杜金芳（女）　李福信　迟连运　郭金良　傅昭慈（女）

第十四届人大常委会组成人员

1998年2月16日，茌平县第十四届人民代表大会第一次会议选举产生了茌平县第十四届人大常委会组成人员18人。

主　任：司文瞻

副主任：徐法水　迟会孝　田　冲　李泽明　王长山

委　员：马春生　王立军（女）　王兴源　孔祥宏　刘　平　刘元照　刘先斌　杜金芳（女）　张丙顺　林家生　高恒民　郭金良

茌平县第十四届人大常委会组成人员在任期内变动如下：

1999年3月10日，茌平县第十四届人民代表大会第二次会议，补选杨忠平、王林华为人大常委会副主任。

2001年2月3日，茌平县第十四届人大常委会第二十二次会议，决定接受王立军辞去县十四届人大常委会委员职务。

2001年2月5日，茌平县第十届人民代表大会第四次会议，补选樊庆锡、宋士高为人大常委会副主任，补选刘元照、杨瑞华为人大常委会委员。

第十五届人大常委会组成人员

2003年1月24日，茌平县第十五届人大第一次会议选举产生县第十五届人大常委会组成人员19人。

主　　　任：侯　军
第一副主任：孙新建（女）
副　主　任：韩宪宏　刘继军　何其平
　　　　　　梁宝忠　孙乐生　刘士贵
　　　　　　王希忠
委　　　员：（按姓氏笔画为序）
　　　　　　马思民　王庆玉　王古延
　　　　　　邵　益　初士锋　姜桂章
　　　　　　郭金良　高恒民　程东宏
　　　　　　谢可信

第十六届人大常委会组成人员

2007年12月19日，茌平县第十六届人民代表大会第一次会议选举产生县第十六届人大常委会组成人员24人。

主　　　任：任晓旺
第一副主任：徐　莹（女）
副　主　任：刘继军　何其平　贾占信
　　　　　　王金玉
委　　　员：王泽利　刘长城　刘艾新
　　　　　　刘希忠　邵　岩　李泽潜
　　　　　　宋保峰　杨长菊（女）
　　　　　　邵　益　韩　刚　刘先斌
　　　　　　赵培荣（女）　程东宏
　　　　　　于洪民　赫金奎　常秀清（女）
　　　　　　郭金良　高俊英（女）

第十七届人大常委会组成人员

2012年1月14日，茌平县第十七届人大第一次会议选举产生县第十七届人大常委会组成人员27人。

主　　　任：陈秀兴
第一副主任：尹海波
副　主　任：张丽华（女）
　　　　　　赵希亮　丁洁卉（女）
　　　　　　靳明华
委　　　员：于洪民　王泽利　王建国
　　　　　　史吉岭　刘长城　刘希忠
　　　　　　孙作晶　孙纳新　吕晓霞（女）
　　　　　　杨　敏（女）　李东伟
　　　　　　宋　伟　宋保峰　邵　益
　　　　　　邵连路　范恩增　赵培荣（女）
　　　　　　胡　静（女）　高俊英（女）
　　　　　　程东宏　焦艳珠（女）

茌平县第十七届人大常委会组成人员在任期内变动如下：

2015年3月10日，茌平县第十七届人大常委会第十九次会议，接受胡静辞去常委会委员职务的请求。

2015年3月15日，茌平县第十七届人民代表大会第四次会议第三次全体会议，补选郝彬为常委会委员。

2015年9月1日，茌平县第十七届人大常委会第二十三次会议，接受王泽利辞去常委会委员职务的请求。

2015年12月29日，茌平县第十七届人大常委会第二十五次会议，接受陈秀兴辞去常委会主任职务的请求。

2016年3月6日，茌平县第十七届人民代表大会第五次会议第三次全体会议，补选尹海波为常委会主任。

止于2016年3月，茌平县第十七届人大常委会组成人员共25人，主任为尹海波。

第二节　历届人大常委会工作机构设置

1981年12月，根据《中华人民共和国地方各级人民代表大会和地方各级人民政府组织法》的规定，设立茌平县人民代表大会常务委员会，为常设机构。1986年8月，县人大常委会下设办公室、调查研究科、法制宣传科、代表联络科。1987年12月取消调查研究科，增设财政经济科和教科文卫科。1993年4月，改科为工作委员会。1996年底，县人大常委会设有办公室、代表联络工作委员会、法制宣传工作委员会、财经工作委员会、教科文卫工作委员会，共有机关工作人员26人。2009年6月成立老干部科。2009年年底，县人大常委会设有办公室、代表联络工作委员会、法制宣传工作委员会、财经工作委员会、教科文卫工作委员会、老干部科，共有机关工作人员22人。

第九届人大常委会工作机构设置

1981年12月选举产生茌平县人大常委会，后于1982年5月设立办公室，索荣申任办公室主任。

第十届人大常委会工作机构设置

1986年8月，茌平县第十届人大常委会机构设置为1室3科，即：办公室、法制宣传科、代表联络科、调查研究科共4个科室。

第十一届人大常委会工作机构设置

1987年12月取消调查研究科，增设财政经济科和教科文卫科。

茌平县第十一届人大常委会机构设置为1室4科，即：办公室、代表联络科、法制宣传科、财政经济科、教科文卫科共5个科室。

茌平县人大常委会关于健全机构任命工作人员的决定

（1987年12月20日县十一届人大常委会第六次会议通过）

常委会机构设置的指示及聊城地委〔1987〕70号文件精神，报经县委批准，茌平县第十一届人大常委会第六次会议通过，决定：县人大常委会设立“一室四科”即：人大常委会办公室、法制科、代表联络科、财政经济科、教科文卫科。并决定任命工作人员，名单如下：

白观荣任人大常委会办公室主任.

潘思东、迟连运任人大常委会办公室副主任。

李文政任人大常委会代表联络科科长。

徐长寅任人大常委会代表联络科副科长。

祁传月任人大常委会法制科副科长。

桑冠森任人大常委会财政经济科科长。

李福信任人大常委会财政经济科副科长。

高廷桐任人大常委会教科文卫科副科长。

第十二届人大常委会工作机构设置

茌平县第十二届人大常委会机构设置为1室4科，即：办公室、代表联络科、法制宣传科、财政经济科、教科文卫科共5个科室。

第十三届人大常委会工作机构设置

1993年4月，改科为工作委员会。

茌平县第十三届人大常委会机构设置为1室4委，即：办公室、代表联络工作委员会、法制宣传工作委员会、财经工作委员会、教科文卫工作委员会共5个委室。

茌发〔1993〕18号：

人大法制科改为人大法制工作委员会。

人大代表联络科改为人大代表联络工作委员会。

人大财经科改为人大财经工作委员会。

人大教科文卫科改为人大教科文卫工作委员会。

第十四届人大常委会工作机构设置

茌平县第十四届人大常委会工作机构设置为1室4委，即：办公室、法制工作委员会、财经工作委员会、教科文卫工作委员会、代表联络工作委员会。

第十五届人大常委会工作机构设置

茌平县第十五届人大常委会工作机构设置为1室4委，即：办公室、法制工作委员会、财经工作委员会、教科文卫工作委员会、代表联络工作委员会。并决定任命工作人员，名单如下：

郭金良任人大办公室主任。

孙纳新任人大办公室副主任。

韩　刚任人大办公室副主任。

马思民任人大教科文卫工作委员会主任。

杨　敏任人大教科文卫工作委员会副主任。

程东宏任人大财经工作委员会主任。

史明芳任人大财经工作委员会副主任。

高恒民任人大人事代表工作室主任。

王建国任人大人事代表工作室副主任。

邵　益任人大法制工作委员会主任。

第十六届人大常委会工作机构设置

茌平县第十六届人大常委会工作机构设置为1室4委1科，即：办公室、法制工作委员会、财经工作委员会、教科文卫工作委员会、代表联络工作委员会、老干科。并决定任命工作人员，名单如下：

韩刚任人大办公室主任。

乌艳昕任人大办公室副主任。

邵益任人大法制工作委员会主任。

程东宏任人大财经工作委员会主任。

张树刚任人大财经工作委员会副主任。

孙纳新任人大教科文卫工作委员会主任。

杨敏任人大代表联络工作委员会主任。

王建国任老干科科长。

第十七届人大常委会工作机构设置

茌平县第十七届人大常委会工作机构设置为1室5委1科，即：办公室、法制工作委员会、财经工作委员会、教科文卫工作委员会、代表联络工作委员会、老干科。

2015年3月28日，新增设预算审查工作委员会。

第三节　历届人大常委会制度建设

根据《中华人民共和国宪法》《选举法》《代表法》和山东省人大常委会制定的地方性法规，从1981年以后，茌平县历届人大常委会相继制定和修订常委会工作制度、议事规则、人事任免、代表联系、信访等方面的规则和办法，为常委会履行职责提供制度保证。

第九届人大常委会制度建设

茌平县人大常委会党组关于今后工作意见的请示报告

县委：

为了贯彻落实中共中央〔1981〕16号文件精神，切实把人大常委会建设成为强有力的权力机关和工作机关，充分发挥其作为国家权力机关管理国家大事的作用，当前需要着重解决以下四个问题：

一、认真办好代理提案

茌平县第九届人民代表大会第一次会议共有提案188条，涉及到政策、农业、水利、林业、工业、基建、交通、财贸、文教、卫生、政法、计划生育等方面的工作。这些提案集中反映了全县人民的意愿和要求。认真办好代表提案是关系到尊重代表民主权力的大事，是“为人民服务，对人民负责”的体现，是关系到全县改进党风取信于民的大问题。为把这一工作做好：

1. 切实加强对办理案件的领导。办理代表提案是一项十分重要严肃的任务，同促进四化建设密切相关。建议县委、县政府把处理代表提案工作列入重要议事日程，切实加强领导。

2. 一般性提案要在发出提案后3个月内办结。对那些涉及面广、影响较大而又相互扯皮、久拖不决的重大提案，领导干部要亲自动手，调查研究，认真解决。要切实改变那种涣散软弱、松垮疲沓的状况，力争今年九月一日前全部办结。对已经研究解决的问题要及时报告人大常委会以尽快答复提案人。

3. 办理提案是要善于走群众路线，调查研究，群策群力，从实际出发，使问题解决的合情合理。对一时解决不了的问题，要摆明情况，说清道理，使提案人谅解。

二、人大代表活动问题

人民代表来自各个阶层，各条战线，具有广泛性、先进性、代表性。他们生活在群众中，最了解群众的意见和要求。因此，人大常委会要同人民代表保持密切联系，并使之制度化、经常化。

1. 建立代表联系制度

以公社和各县直系统的代表组成大组，设正副组长各一名，根据各大组人数多少可划分若干小组。各大组每季度开一次代表会。活动内容：一是学习政策法令，传达县委、人大常委和政府的决议或有关文件；二是听取和反映群众的意见和要求；三是对政府工作及工作人员提出表扬、批评或者建议。县人大常委会每季度召开一次大组组长会议，收集代表们的反映和意见。正副主任、委员或办公室人员要不定期分头下去召开组长或代表座谈会。

2. 为代表活动创造条件

各公社管委、县直各部委办局对本单位的重大问题都应征求代表的意见，并接受代表监督。各组代表的开会等活动经费，各单位要予以解决。

三、建立几项制度

1. 请示汇报制度

依靠党的领导是做好人大常委会工作的关键。县人大常委会是国家权力机关，又是工作机关，有其法律赋予的职能。但是，如果离开党的领导，就会迷失方向。因此，人大常委会在县委的领导下做好工作。要经常主动地向县委反映情况，汇报工作，建立经常的请示汇报制度。重大问题都要事先请示，事后汇报。

2. 学习机制

要经常组织机关全体人员认真学习三中全会以来党的路线方针和政策，同党中央在政治上保持一致。反复学习国家的各项法律法令，不断提高思想水平和业务水平。

3. 会议制度

（1）全县人民代表大会每年召开一次。

（2）人大常委会议每二个月召开一次。

（3）主任办公室会议每半个月召开一次（每月的15号、30号）。

要紧紧围绕党的中心工作抓大事，努力做到会前有调查研究，选定议题，做好准备；会上充分发扬民主，议而又决；会后检查督促，贯彻落实。

4. 工作制度

（1）参照法律规定，人大常委会对政府、法院和检察院主要实行3个方面的监督：

①贯彻执行宪法、法律和法令的情况。

②贯彻执行党的路线、方针、政策的情况。

③贯彻执行人民代表大会及其常委会的决议或决定的情况。

（2）为了及时沟通情况，人大常委会和政府、法院、检察院应建立互相列席有关重要会议的制度。

（3）逐步做好依法任免干部的工作。

（4）建立代表联系日，也可采用走访代表或和代表通讯的方式加强同代表的联系。

四、机构设置问题

根据地区会议精神，人大常委会的办事机构应设立办公室，下设政法科、代表联络科、工作人员应逐步充实加强。

县人大常委会是个新机构，我们还缺乏经验。有些工作要通过实践才能解决。今后我们要依靠党的领导，积极履行职责，把人民的事情办好。

以上报告当否，请指正。如无不当，请批转各单位执行。

1982年3月6日

（摘自茌平档案局中共茌平县委213号卷）

第十届人大常委会制度建设

（资料缺失）

第十一届人大常委会制度建设

1987年5月，茌平县第十一届人大常委会，出台《茌平县人大常委会工作制度》。

1987年11月3日，县十一届人大常委会第五次会议通过《茌平县人大常委会关于组织县人大代表视察的试行办法》。

1988年7月2日县十一届人大常委会第六次会议通过《茌平县人大常委会关于加强同人大代表联系的试行办法》。

茌平县人大常委会工作制度

（1987年5月）

地方人大常委会是地方国家权力机关，在加强社会主义民主和社会主义法制方面，担负着重要职责。为了使县人大常委会的工作更好的适应新形势的需要。特制定如下工作制度：

一、调查研究制度

搞好调查研究，掌握第一手材料是做好人大工作的重要方法。人大常委会围绕经济建设和改革这个中心，要有计划、有目的地组织调查研究，主要是了解党的方针、政策和国家法律、法令贯彻实施情况；“一府两院”对本级和上级人代会决议、决定的贯彻执行情况等。调查中要广泛接触群众，听取各方面的意见，抓住重点，把问题摸透。必要时，组织调查小组对特定问题进行调查，调查后通过综合分析写出调查报告报送县委，并建议“一府两院”和有关部门研究解决。

二、监督制度。

依照法律赋予的职权。人大常委会对“一府两院”实施法律和工作监督，并逐步达到制度化。当前要大胆探索，总结经验，不断改进工作，使监督有章可循。监督的内容是：执行宪法和法律、行政法规及地方性法规的情况；执行本级和上级人代会各项决议和决定的情况；对人大代表所提建议、批评和意见的办理落实情况以及其他应由人大常委会依法进行监督的工作，特别是对县第十一届人民代表大会通过的县人民政府关于为全县人民办六件实事的设想的《决议》的贯彻落实情况，作为人大常委会今年监督的重点，监督和协助各级政府贯彻实施。监督的方法是：一是听取和审议“一府两院”的工作汇报，提出意见，作出决议，付诸实施。二是通过调查或视察以及受理人民群众的申诉，发现问题，监督有关部门解决。涉及全局的重大问题还要专题报告县委讨论决定。三是对人大常委会任命的干部有计划地进行政绩、政纪、政风考察等。

三、视察制度

根据形势的需要，县人大常委会有计划、有重点地组织视察活动。每次活动，要根据人民群众迫切要求解决的问题，定好题目，抓住重点，组织常务委员、人大代表和有关部门负责人共同进行。通过听取汇报、现场视察和走访座谈等形式，了解民情，倾听群众呼声。视察后肯定成绩，指出问题，依照法律提出改进工作的建议，并监督各级政府实施。

四、联系代表制度

加强与人大代表的联系，是做好人大工作的基础。首先，根据就近方便、有利活动的原则搞好代表编组。驻乡镇的代表，以乡镇为一小组，县人代会时的正副代表团团长分别任正副组长。驻县直的人大代表共37名，分为5个组。县政府（含民政局）一个组。徐宝琪、彭彩莲分别任正、副组长；县委、人大、政协一个组，汪培杰任组长；工业公司一个组，于吉昭、顾洪滨分别任正副组长；交通、基建、电业公司一个组，刘曰臣、张长仁分别任正副组长；文教卫生和林业为一个组，邹庆诰、赵玉琦分别任正副组长；法院、检察院、粮局、人武部、商业、供销一个组，马庆云、李泽明分别任正副组长。其次，联系的方法，主要是：（1）有计划地深入代表小组开座谈会；（2）有重点地吸收代表组长列席人大常委例会；（3）登门走访代表；（4）通过文件信函联系；（5）接待代表来信来访和受理代表申诉；（6）及时办理代表的批评、建议。通过以上方法加强与代表的联系，改进人大常委会的工作，促进两个文明建设。

五、人事任免制度。

依法任免国家机关工作人员，是健全社会主义民主和法制，加强政权建设的一项重要任务。按照中共中央〔1986〕18号文件精神，任免国家机关工作人员必须严格按照法律程序办理，以增强国家机关工作人员的法制观念，国家观念，做人民公仆的观念，把对党负责和对人民负责统一起来。

人大常委会讨论决定“一府两院”工作人员时，要认真的听取推荐部门对被任命干部的基本情况、工作情况介绍。根据拟任职务和干部的“四化”标准，认真审议，严格把关。

要加强人事任免工作的监督，防止不依法办事的现象发生，人民代表大会选举的乡（镇）负责人要在任期内保持相对稳定，不要轻易调换。必要调换时，一定要经过乡（镇）人民代表大会决定。

六、会议制度

1. 人大常委会。根据《地方组织法》第四十条规定：人大常委会由主任召集，每两个月至少举行一次，如有特殊情况可随时召集。每次会议要根据内容需要，吸收政府、法院、检察院或其他部门负责人列席。常委会主要根据法定职责范围，学习党的方针、政策、学习国家的法律、法令和县委的文件指示精神，研究落实贯彻意见；听取“一府两院”工作汇报；研究决定政治、经济、教育、科学、文化、卫生、民政等工作的重大事项；审议通过人事任免；研究人大工作等。每次会议的内容和开会时间，事先做出安排，由办公室通知有关人员，做好准备，保证会议按时召开。

2. 人民代表大会。依照《地方组织法》规定：“地方各级人民代表大会会议，每年至少举行一次”，确定在每年的春季举行一次人民代表大会。听取和审议“一府两院”、人大常委会的工作报告，审议批准国民经济和社会发展计划以及财政预决算等。每次会议事先要周密计划，充分准备，保证把会开好。

3. 主任会议。《地方组织法》规定：“常务委员会由主任、副主任组成主任会议。处理常务委员会的主要日常工作”，确定每半月召开一次主任会议。主任会议主要学习有关文件，研究安排人大常委会工作，确定召开常委会的内容和其他有关事项。

根据法律赋予人大常委会的职权和集体领导、分工负责的原则，主任、副主任做适当分工：

马怀进主持人大常委会的全面工作。

商孝俊除协助马怀进做好人大常委会的全面工作外，分管政法、人事和机关工作。

汪培杰分管代表联络、提案处理、信访工作。

刘希俊、迟会孝、贾法俊分管经济工作。

邹庆诰分管文化、教育、卫生工作。

专职委员的分工：宋庆成分管经济工作；张友芳分管代表联络工作；斐光泽分管文教卫生工作。

其他常务委员，因为在各自的岗位，担负着一定的工作任务，不便具体分管常委会的日常工作。要求各委员既要做好自己所担负的工作任务，又要为开展常委会的工作履行职责。主要有3个方面，一是每当党和国家一项重要方针、政策和法律、法令的颁布及县委重大决策贯彻后，运用和人民群众广泛接触的有利条件，及时了解群众的反映、思想要求，并和分管主任取得联系；二是不定期的召开本系统本行业的代表或群众座谈会，了解对“一府两院”的意见、建议和要求，提供常委会议履行监督职责，提高议政水平；三是每次常委会要根据事先通知的内容，就地作视察和调查研究带到会上讨论，使常委会力求作出切合实际的决定。

茌平县人大常委会
关于组织县人大代表视察的试行办法

（1987年11月3日县十一届人大常委会
第五次会议通过）

根据《宪法》和《地方组织法》的有关规定，组织好县人大代表视察是县人大常委会履行职责的一项最基本的工作方法。为了使人大代表更好地行使职权，充分发挥在闭会期间的作用，加强对“一府两院”的工作监督，及时反映人民群众的意见和要求，结合全县实际情况，特制定本办法：

一、县人大常委会围绕党的中心任务和人大常委会需要审议的重大事项，以及人民群众迫切关心的重要问题，在适当的时候组织代表进行视察。县人大代表视察由县人大常委会制发“茌平县第十一届人民代表大会代表视察证”。自1987年11月开始，县人大代表可持证视察。

二、代表视察的内容主要是了解《宪法》和法律、法规的实施情况；县人民代表大会及其常委会通过的各项决定、决议的贯彻执行情况；“一府两院”及国家工作人员的执法守法情况；县人大常委会审议决定的重大事项以及其他与人民生活密切相关的问题。视察形式本着就近方便和小型多样的原则进行。代表主要在本选区或工作居住的乡、镇、村范围内就地视察，也可以按照县人大常委会的安排参加视察，代表可以个人持证视察，也可以几位代表联合视察。视察的具体日期、单位、内容由代表自行确定，视察的方法可召开座谈会、听汇报、个别走访和实地察看等。

三、代表视察后可向被视察的单位或政府主管部门提出建议、批评和意见。所提意见，凡需乡、镇处理的由乡（镇）人大工作联络处交乡（镇）政府处理；凡需县有关部门处理的，填写“代表建议批评和意见专用纸”由县人大常委会代表联络科转有关部门研究处理，并将处理结果答复视察的代表。代表持证视察时，不直接处理问题。代表在视察中要积极主动地向干部群众宣传法律和政策，协助政府推行工作。要模范地遵守各项规章制度，严格依法办事，自觉地接受人民群众的监督。

四、各级人民政府及所属部门要尊重人民代表的民主权利，认真接待代表视察，如实介绍情况、答复代表询问、听取代表建议、批评和意见，不断改进工作。县人民代表所在单位要积极支持代表视察，保证担保视察工作的顺利进行。

五、代表视察证的使用期限和代表任期相同。代表任期届满或调离，代表视察证即行作废。如有遗失，应及时报县人大常委会。

茌平县人大常委会
关于加强同人民代表联系的试行办法

（1988年7月2日县人大常委会第六次会议通过）
茌人发〔1988〕6号

加强同人民代表的联系工作，是完善我国人民代表大会制度，建设社会主义民主政治的客观要求，是加强人民代表大会及其常委会工作，使之更好地联系《宪法》、法律赋予的职权的重要保证。为了进一步密切同人民代表的联系，保障代表依法履行职责，根据《宪法》和《地方组织法》的有关规定，结合全县实际情况，制定以下试行办法。

一、县人大常委会同县人民代表的联系

1.县人大常委会在审议重要议案时，可邀请了解情况的代表列席常委会议，听取代表意见。县人大常委会有计划地组织县政府组成人员和“两院”负责人同县人大代表见面，直接听取代表的建议、批评和意见。县人大常委会要加强同代表选举单位和所在单位的联系，及时了解代表和人民群众的意见，帮助代表有效地履行职责。

2.县人大常委会在举行例会或进行视察工作时，吸收部分熟悉有关情况的代表参加，县人民代表大会每次举行前要安排适当时间组织代表进行视察，以便了解各方面的工作情况，为出席大会审议各项议题做准备。

3. 县人大常委会各科、室工作人员到基层工作时要主动走访代表，听取代表的意见和要求，及时向县人大常委会反映。县人大常委会办事机构要认真接待和处理代表来信来访，代表的重要来访应由县人大常委会主任、副主任及委员接待和批办。

4. 县人大常委会要认真办理代表的议案、建议、批评和意见，除县人大常委会直接办理的以外，由县人大常委会转交县人民政府及有关单位办理。县人大常委会加以督促和监督，做到事事有着落，件件有交待；对办理不当的答复，责成承办单位重新办理。

5. 县人大常委会印发的文件和法律、法规发给代表。

二、县人大常委会同全国人大代表和省人大代表的联系

1. 县人民代表大会举行会议时，邀请省人大代表和全国人大代表列席会议；县人大常委会举行会议时，根据议题邀请有关的省和全国人大代表列席。

2. 县人大常委会在安排县人大代表视察、专题调研或其他重大活动时，邀请有关的省人大代表和全国人大代表参加；全国人大代表和省人大代表分散视察时，根据代表要求协助安排，提供方便。

3. 县人大常委会传达重要会议精神时，注意邀请省和全国人大代表参加，根据情况并向他们提供学习资料，通报全县大事、要事情况。

4. 县人大常委会主任、副主任、委员及工作人员在深入基层走访县人大代表时，注意联系驻地的省人大代表和全国人大代表，并征求他们的意见。

5. 负责处理全国人大代表和省人大代表提出的应由县解决的建议、批评和意见；代表的批评、建议和意见由县人大常委会分别转交有关部门处理并答复代表。

三、代表小组的建立和活动制度

1. 县人大代表在各代表团按照就地、就近便于活动的原则建立代表小组，每组一般5～7人为宜，推选组长、副组长各1人；县人大代表可以就地、就近地同各级人大代表联合建立代表小组开展活动。

2. 代表小组活动的主要内容：（1）学习、宣传宪法、法律、法规和党的路线、方针、政策，学习宣传县人民代表大会及其常务委员会的决议和决定；（2）贯彻执行县人民代表大会及其常务委员会的决议、决定，协助人民政府推行工作；（3）开展就地视察，视察中提出的建议、批评和意见分别送交县人大常委会和乡（镇）人大工作联络处转交有关机关处理，代表不直接处理问题；（4）密切联系群众，反映群众的意见和要求，对于迫切需要解决的重大问题，作必要的调查研究，及时向县人大常委会和乡（镇）人大工作联络处反映；（5）交流代表活动好联系群众的经验。代表小组活动方式可灵活多样，讲究实效，代表小组活动的时间和次数，根据实际工作需要而定。

3. 各乡（镇）人大工作联络处与代表小组应保持经常密切的联系，定期召开代表组长联席会议，汇报活动情况，交流活动经验，研究活动计划。县人大常委会根据情况召开代表组长会议，总结交流经验。

4. 县人大常委会加强与乡（镇）人大工作联络处的联系，互通情况，在工作上给予支持和指导。县人大常委会在举行例会时可轮流吸收各联络处主任和县直各代表组组长列席会议。

四、加强代表与选举单位和选民的联系

1. 代表要同选举单位保持密切的联系，积极参加县、乡（镇）人民代表大会和乡（镇）人民政府安排的有关活动，各乡（镇）人民代表大会召开例会时，要通知县人大代表和上级人大代表列席会议。

2. 代表要密切联系广大选民，更好地发挥资金的桥梁纽带作用。要关心人民群众的疾苦，主动反映人民群众的愿望和要求，秉公办理，依法行使自己的权力和义务，自觉接受广大选民的监督。

3. 代表及时向所在单位人民群众宣传县、乡两级人民代表大会精神，宣传大会及其常务委员会通过的决议、决定，让选民了解大会决议、决定及法律的贯彻实施情况，向县人大常委会提出建议。

4. 代表除参加县、乡两级统一组织的视察活动外，按照县人大常委会《关于组织人大代表视察的试行办法》，各代表小组可“就地、就近、小型”自行组织视察活动。

5. 代表所在单位支持代表履行职责，代表履行职责期间，工资和奖金照发，劳保福利待遇不变。

五、加强对代表联系工作的领导

1. 县人大常委会代表联络科和各乡（镇）人大工作联络处专门负责代表联络工作；县人大常委会主任会议除定期研究联系代表工作外，并由一名副主任分管此项工作。

2. 各级人民政府和代表所在单位对代表依法开展活动应积极支持，从各方面提供必要的方便条件。对代表提出的批评和意见应虚心听取，认真办理，需要解答的要及时解答。

3. 县人大常委会把代表联络工作列入重要议事日程，不断总结交流经验，发现问题，采取措施，保证这项工作的顺利进行。

第十二届人大常委会制度建设

茌平县人大常委会
关于加强同代表联系的意见

茌人发〔1990〕13号

为了进一步加强同代表的联系，充分发挥人民代表的作用，经研究提出如下意见：

一、建立健全代表小组活动制度

1. 根据山东省人大常委会《关于联系代表的暂行办法》和县人大常委会《关于加强同人民代表联系的试行办法》，将全县各级人民代表混合编为若干代表小组，按照就地就近，便于活动的原则，各乡（镇）以管理区为单位划分代表小组，乡镇直机关单位单独编组。每组一般7～10人为宜，推选出组长、副组长，负责小组活动事宜。驻县直的代表，按住地远近和隶属关系编为6个组：县委、政府机关为第一组，人大、公安、法院、经委、电业、人武部为第二组，文教、卫生为第三组，工业系统为第四组，商业、水利、农业为第五组，财政、税务、粮食、基建、机械、物资为第六组。

2. 代表小组活动制度。一般每季度活动一次，活动方式灵活多样，讲究实效。活动内容：一是学习宪法和法律及人大的决议、决定；二是就地进行视察活动。除县人大常委会统一组织视察外，各乡镇人大主席团和县直各代表小组，每年至少两次组织视察活动；三是参政议政，听取反映选民的意见和要求；四是交流代表活动的情况和经验。

3. 县人大常委会每年召开一次代表小组联席会，各乡镇人大主席团每季度召开一次代表小组组长联席会，了解活动情况，总结交流经验。

二、县人大常委会加强同各级人民代表的联系

1. 县人大常委会主任、副主任及各委员实行定点联系人民代表的制度。主任、副主任每人明确一个乡（镇）的代表小组为联系点。每个委员所在选区为联系点，每两个月至少联系一次。联系方式主要通过代表的选举单位、乡（镇）人大主席团办公室了解代表和代表小组的活动情况，并通过登门走访、参加代表小组会，直接和代表见面，围绕宪法和法律的贯彻实施以及每个时期的中心工作，听取人民群众的意见和要求。

2. 县人大常委会组织视察活动时，应根据需要，吸收有关部门和对视察内容比较熟悉的代表参加。

3. 热情接待和受理人民来信来访。县人大常委会主任、副主任轮流负责接待人民来信来访，由一名副主任分管信访工作。代表联络科具体负责人民群众的来信来访，重要的信访案件，由分管主任签发和处理。

4. 县人大常委会除将党的重大决策及时转告代表外，常委会的《人大工作简讯》印发给代表

小组，以便于代表对人大工作的监督。人大办公室尽量多向代表提供学习材料，以利于代表学习和开展活动。

二、加强代表于选民的联系

1. 人民代表要密切同广大选民的联系，更好的发挥应有的桥梁纽带作用，通过走访、座谈等形式，了解和反映他们的意见和要求。

2. 人民代表与选举单位保持密切联系，积极参加选举单位的各项活动，并要做到秉公办事、依法履行职责，自觉地接受选民监督。

3. 人民代表每次参加代表大会后，应及时向选区宣传贯彻大会精神，积极认真地落实大会决议。

4. 人民代表除参加统一组织的视察和调查研究活动外，本着就地、就近的原则，可以联名视察，了解选民的意见和要求，把发现的问题提出建议、批评和意见，及时送乡镇人大主席团和县人大常委会办理，代表视察中不直接处理问题。

四、乡（镇）人大主席团及其办公室正确履行职责

1. 乡（镇）人大主席团应负责做好人民代表的联系工作。既联系本级人民代表，也负责联系驻本乡（镇）的上级人大代表。乡（镇）人大主席团专职常务主席或办公室成员，都要定期走访联系代表，及时了解代表的活动情况，听取代表的意见和要求。

2. 乡（镇）人大主席团办公室应按时组织代表小组开展活动，并注意总结代表活动的情况和经验，及时向县人大常委会取得联系。

3. 乡（镇）人大主席团要建立健全联系代表的制度。围绕贯彻党的路线、方针、政策和中心工作开展人大工作。主席团办公室要健全各项规章制度，更好地适应人大工作的开展。

4. 县人大常委会举行例会时，根据会议议题，有计划、有目的地吸收部分乡（镇）人大主席团专职常务主席列席会议，每次不少于5人，听取来自基层的意见，以使常委会作出的决议更加切合实际。

五、认真办理代表建议、批评和意见

对人民代表提出的建议、批评和意见，县人大常委会要及时转交“一府两院”及有关部门办理，并将办理情况及时答复代表。代表联络科要建立登记、转办、督促、回访制度，对承办单位的办理结果，如代表不满意的，原承办单位要重新研究办理。县人大常委会对这项工作，每年专门研究两次。各乡（镇）人大主席团及办公室要认真办理代表建议、批评和意见，属于本级的，转交督促政府抓紧办理，属于上级部门办理的，转送县人大常委会酌情办理。

六、加强对代表联系工作的领导

认真做好代表联系工作是做好人大工作的基础，县、乡两级都要高度重视这项工作。县人大代表联络科要具体负责做好代表联系工作，向县人大常委会及时报告开展情况。各乡（镇）人大主席团办公室每季度向县人大常委会写出书面报告。对代表持证视察，各级政府和各工作部门、各企事业单位，都要大力支持，提供方便。代表活动期间，所在单位工资、奖金照发，代表提出的建议、批评和意见应虚心听取，实事求是地积极办理和答复。

第十三届人大常委会制度建设

1993年4月7日茌平县第十三届人大常委会第二次会议通过《茌平县人大常委会关于加强自身建设的规定》《茌平县人大常委会会议制度》《茌平县人大常委会主任会议制度》《茌平县人大常委会人事任免暂行办法》《茌平县人大常委会监督工作暂行办法》《茌平县人大常委会视察暂行办法》《茌平县人大常委会关于财政预算审批监督的暂行规定》《分工联系县人大代表及驻我县省人大代表的意见》《茌平县人大常委会关于听取“一府两院”拟任职人员述职报告的决定》《茌平县人民代表大会常务委员会组成人员守则》《茌平县人大常委会关于乡镇人民代表大会主席团工作若干规定》《茌平县人大常委会关于听取副县长述职报告的决定》《茌平县人大常

委会关于公安局、检察院、法院大案要案的报告制度》《乡镇人大工作制度》。

茌平县人大常委会关于加强自身建设的规定

人大常委会是本级人民代表大会的常设机关。在人民代表大会闭会期间，在本行政区域内行使国家权力。为完成人民赋予的使命，履行宪法赋予的职责，县人大常委会要切实加强自身建设。为此，特作如下规定：

一、每周星期五为人大常委会学习日，专职常委和有条件的兼职委员要按时参加

学习内容：马列主义、毛泽东思想；邓小平关于建设有中国特色的社会主义理论；马克思主义哲学；宪法、法律、法规；对外开放知识等。使全体人员树立全心全意为人民服务的观点；树立马克思主义群众观；树立马克思主义世界观，掌握科学的方法论；树立实事求是，一切从实际出发的观点；增强法制观念和依法办事的自觉性。学习方法：集中学与自学结合。力求学用一致，理论联系实际。

二、依法行政，遵章工作

建立健全常委会工作、学习、会议、考核等方面的规章制度，做到依法行政，遵章工作，为人大机关工作逐步走向制度化、规范化、系统化做出表率。

三、调查研究，反映民意

常委会成员要定期深入基层，调查研究，把经济工作和群众关心的“难点”“热点”做为工作的重点。主任、副主任每年都要写出一篇以上的求真务实、有分析、有建议的调查报告，其他常委会成员也要努力这样做。

四、联系代表，体察民情

常委会成员要定期走访代表，积极听取所在选区选民或代表小组的意见，体察民情。

五、加强监督，尽职尽责

常委会要通过多渠道、多方式，积极参政议政，在宪法法律赋予的职权内加强法律监督与工作监督，保证宪法、法律、行政法规和上级人民代表大会及其常务委员会决议的遵守和执行。

六、坚持民主集中制原则

常委会对带普遍性、全局性重大问题的决定，必须从群众中来，到群众中去，坚持民主集中制的原则，坚持集体领导与分工负责相结合的原则。常委会形成的决议和决定，分管人员要认真负责，抓好落实。

七、加强廉政建设

常委会成员要严格要求自己，做出表率，秉公办事，勤政为民，不利用职权谋取私利。

八、树立奋发向上的风气

常委会成员要顾大局，识大体，讲团结，讲风格。有不同意见，开诚布公，交流思想，开展批评与自我批评。常委会定期召开民主生活会，各抒己见，求得共识。各成员之间要大事讲原则，小事讲风格，做到相互支持，相互帮助，相互谅解。团结一心，积极工作。

茌平县人大常委会会议制度

根据《宪法》《地方组织法》的有关规定，结合本县实际情况，制定本制度。

一、本届常委会，行使职权到下届新的一届人大常委会产生为止。

二、常务委员会会议由主任召集，每2个月至少举行1次。特殊情况可随时召集。常务委员会的决议、决定，由常务委员会以全体组成人员的过半数通过有效。

三、常务委员会会议的召开时间和建议议程，由主任会议研究确定。由办公室在会前5天通知各位委员和“一府两院”及有关单位。

四、常委会会议审议决定的内容：

1．讨论决定召开县人民代表大会的有关事项。决定召开县人民代表大会。

2．在人民代表大会闭会期间，听取审议“一府两院”贯彻执行宪法、法律、法规和上级与本级人民代表大会及其常务委员会的决议执行情况的汇

报；听取审议“一府两院”工作情况的汇报。

3．根据本县人民政府的建议，讨论、决定本县内的政治、经济、教育、科学、文化、卫生、民族工作的重大事项，决定对国民经济和社会发展计划、财政预算的部分变更。

4．撤销“一府两院”、乡镇人民代表大会不适当的决定、命令、决议。

5．决定县人大常委会办事机构，“一府两院”有关人员的任免。

6．在县人民代表大会闭会期间，补选上一级人民代表大会出缺的代表和撤换个别代表。

7．办理人民代表大会授权的事项。

五、县人大常委会按照民主集中制的原则，集体行使职权，集体决定问题。按照党委的意图对本县的重大问题作出决议、决定。

六、常委会会议，对所作的决议、决定，采取举手或投票的方式进行表决。常委会全体人员的过半数通过有效。人大常委会委员在人大常委会会议上发言和表决不受法律追究。

七、县人大常委会组成人员3人以上联名和县人民政府，可以向常委会提出属于常委会会议职权范围内的议案。由主任会议决定是否提请常委会会议审议。

八、在常务委员会会议期间，县人大常务委员会组成人员3人以上联名，可以向常务委员会书面提出对本级人民政府、人民法院、人民检察院的质询案。由主任会议决定，交受质询机关答复。

九、常委会会议议程，按照主任会议事先拟定，一般不予变更。“一府两院”需提请常务委员会审议的议题，于5日前报主任会议研究决定。

十、常委会通过的决议、决定，由办事机构交有关单位贯彻落实。对重大问题的贯彻落实情况，“一府两院”要书面报告县人大常委会。县人大常委会对决议、决定的贯彻执行情况进行督促检查。

十一、县人大常委会组成人员在会议上提出的建议、意见，由有关委室整理。报人大常委会主任或分管主任审阅后，转交有关部门研究办理、答复，并及时了解办理情况。

十三、列席常委会会议的人员，根据会议内容，由主任会议确定

茌平县人大常委会主任会议制度

一、县人大常委会主任、副主任组成主任会议，由主任或副主任召集，处理常委会的重要日常工作。

二、主任会议，一般每半月举行1次。特殊情况可随时召集。

三、主任会议的主要内容：

1．决定常委会会议召开的有关事宜。

2．决定常委会组成人员和县人民政府向常委会会议提出的议案，是否提请常委会会议审议。

3．决定常委会委员对“一府两院”提出的质询案是否提交受质询机关答复。

4．决定国家机关工作人员的任免事项是否提请常委会会议审议。

5.讨论决定常委会各办事机构和“一府两院”及有关单位提出的重要事项。

6．处理常委会的其他日常工作。

四、主任会议决定事项，由主任、副主任过半数通过有效。

五、主任会议讨论决定的问题，分别由常委会办事机构办理。

六、根据工作需要，确定有关常委会委员，委室负责人可以列席主任会议。

茌平县人大常委会人事任免暂行办法

第一章　总则

第一条　根据《中华人民共和国宪法》《地方组织法》《法院组织法》、《检察院组织法》、全国人大、省人大有关规定，结合本县情况，制定本暂行办法。

第二条　县人大常委会任免县人大常委会机关负责人、县人民政府组成人员、县人民法院审

判人员、县人民检察院检察人员和地方组织法规定的（资格审查）需要由常委会决定通过的其他人员，适用本办法。

第二章 县人大常委会有关人员的任免

第三条 县人大常委会主任因健康原因不能工作或者缺位时，由常务委员会在副主任中推选一人代理主任的职务，直到主任恢复健康或者人民代表大会选出新的主任为止。

第四条 代表资格审查委员会的主任委员、副主任委员和委员的人选，由主任会议在常务委员会组成人员中提名，常务委员会通过。

第五条 根据主任会议提名，通过特定问题调查委员会组成人员。

第六条 在县人民代表大会闭会期间，受理人大常委会组成人员提出的辞职请求，并决定是否接受辞职。决定接收辞职后，报县人民代表大会备案。

第三章 县人民政府组成人员的任免

第七条 在县人民代表大会闭会期间，县长因故不能担任职务时，根据主任会议的提名，从副县长中决定代理县长的人选。

第八条 在县人代会闭会期间，根据县长的提名，决定副县长的任免。根据县长或主任会议的提请，决定撤销个别副县长的职务；决定撤销县人民政府办公室主任、委员会主任、局长的职务。

第九条 根据县长的提名，决定县人民政府办公室主任、委员会主任、局长的任免。

第十条 在县人民代表大会闭会期间，受理县长、副县长提出的辞职请求，并决定是否接受辞职。县人大常委会决定接受辞职后，报县人民代表大会备案。

第四章 人民法院审判人员的任免

第十一条 在县人民代表大会闭会期间，县人民法院院长因故不能担任职务时，根据主任会议的提名，从副院长中决定代理院长的人选。

第十二条 根据县人民法院院长的提名，决定县人民法院副院长、审判委员会委员、庭长、副庭长、审判员的任免。

第十三条 在县人民代表大会闭会期间，受理县人民法院院长提出的辞职请求，并决定是否接受辞职。县人大常委会决定接受辞职后，报县人民代表大会备案。

第十四条 在县人民代表大会闭会期间，根据主任会议的提请，决定撤销县人民法院院长的职务。由县人民法院报经省高级人民法院提请省人大常委会批准。

第十五条 根据县人民法院院长或主任会议的提请，决定撤销县人民法院副院长、审判委员会委员、庭长、副庭长、审判员的职务。

第五章 人民检察院检察人员的任免

第十六条 在县人民代表大会闭会期间，县人民检察院检察长因故不能担任职务时，根据主任会议提名，从县人民检察院副检察长中决定代理检察长的人选。县人大常委会决定后，由县人民检察院、县人大常委会分别报省人民检察院、省人大常委会备案。

第十七条 根据县人民检察院检察长的提名，决定县人民检察院副检察长、检察委员会委员、检察员的任免。

第十八条 在县人民代表大会闭会期间，受理县人民检察院检察长提出的辞职请求，并决定是否接受辞职。决定接受辞职后，由县民检察院报经省人民检察院提请省人大常委会批准。

第十九条 根据县人民检察院检察长或主任会议的提请，决定撤销县人民检察院副检察长、检察委员会委员、检察员的职务。

第六章 任免办理程序

第二十条 提请县人大常委会任免人员，由提请单位写出任免报告、提供考察情况。

第二十一条 在县人民代表大会闭会期间，请求辞职的人员，由本人向县人大常委会提出书面辞职报告。

第二十二条 对提请的任免和辞职报告，由主任会议决定是否提交县人大常委会的会议审议。对被提请任免的人员需要进一步考察的由主任会议决定。

第二十三条　县人大常委会决定人事任免事项，采用无记名投票的方式或举手表决，以县人大常委会全体组成人员的过半数通过有效。

第二十四条　县人大常委会任免人员，决定代理人员、辞职人员、资格审查委员会组成人员、特定问题调查委员会组成人员，由人大常委会公告。需报请上级机关批准的，按照规定程序办理。

第二十五条　经县人大常委会任命的人员，由人大常委会颁发任命书。任命书由县人大常委会主任署名。

第二十六条　科技副县长可由人民代表大会选举或由人大常委会按法定程序任命。

第二十七条　县人民政府组成人员，在人大换届时，必须重新任命。

第二十八条　法院审判人员、检察院检察人员的任期不受县人民代表大会届满的限制，县人民代表大会换届时不须办理任免手续。

第二十九条　人大常委会各委、室主任、副主任因工作变动或离退休时，按法定程序办理免职手续。

第三十条　县人民政府、县人民法院、县人民检察院所属机构变动时，由机构变动单位报县人大常委会备案。

茌平县人大常委会监督工作暂行办法

第一条　为保证县人大常委会依法行使监督权，根据《宪法》《地方组织法》省人大常委会有关规定，结合本县实际，特制定本办法。

第二条　县人民政府、县人民法院、县人民检察院在人民代表大会闭会期间，对县人大常委会负责并报告工作。受其监督。

第三条　县人大常委会实行民主集中制的原则，集体行使监督权。

第四条　县人大常委会监督的范围：

1. 县人民政府、人民法院、人民检察院。

2. 由县人大常委会选举、任命，批准任命的国家机关工作人员。

3. 经县人民代表大会作出的决议或决定。

4. 由县人民代表大会选出的省人大代表。

第五条　县人大常委会监督的内容：

1. 被认为同宪法、法律、行政法规、地方性法规以及上级和本级人大及其常委会决议、决定相抵触的本级政府的规章、决定、命令和行政措施。

2. 被认为同宪法、法律、行政法规、地方性法规以及上级和本级人大及其常委会决议、决定相抵触的本级法院、检察院对有关案件的判决。

3. 对本级政府、法院、检察院组成人员在执法中的违法行为和严重违法失职行为。

4. 对县国民经济和社会发展计划的制定和执行以及执行中所作出的部分调整的执行情况。

5. 对县财政预算的制定和执行以及在执行过程中所作的部分调整的执行情况。

6. 对由人大及其常委会选举、决定和任命的国家机关工作人员履行公职的情况。

7. 本行政区域内人民群众普遍关心和迫切要求解决的有关国计民生、公民权益方面问题的处理情况。

第六条　监督的形式、程序

1. 审查文件。县政府、法院、检察院制定或者作出的规章、行政措施、决定、命令布告等规范性文件，应在颁布的同时报送人大常委会。

2. 听取并审议工作报告。听取并审议“一府两院”的工作报告和专题报告，对常委会组成人员的建议、批评和意见，有关机关要向人大报告处理结果，必要时可以作出决议。

3. 执法检查。人大常委会检查与“一府两院”自查相结合，对发现的违法问题向有关单位提出，并向人大常委会报告改正情况。

4. 视察。人大常委会统一视察和代表个人持证视察相结合。对提出的建议、批评和意见，有关单位应认真研究处理，并将处理结果报视察人员。

5. 调查。一般调查和特定调查相结合。调查结束后，据其情况人大常委会再作出决议或决定。

6. 质询。人大常委会对“一府两院”提出的质询，被质询机关必须作出书面答复。对答复不满意，受质询机关再作答复。

7．罢免或撤销职务。在人大常委会会议期间，主任会议、常委会组成人员3人以上联名可以提出撤职案，撤职案由主任会议决定提请人大常委会会议审议。

8.受理申诉和意见。受理人民群众对国家机关及其工作人员违宪、违法行为的申诉、控告和检举，或对工作的建议、批评和意见。人大常委会对有关部门处理的情况进行督促。有关部门应向人大常委会报告办理情况。

第七条　对有下列行为之一者，应追究其责任：

1．违反宪法、法律、法规、全国人大及其常委会、省人大及其常委会决议、决定，并拒不执行县人大及其常委会关于要求其纠正的决议、决定的。

2.拒不向县人大常委会报告工作或者不接受质询的。

3．妨碍检查、调查工作正常进行以及隐匿、销毁、篡改、伪造重要材料和证据的。

4．对县人大常委会交办的县人大代表的建议、批评、意见和人民群众申诉、控告、检举故意拖延办理或者不予办理的。

茌平县人大常委会视察暂行办法

根据有关法律规定，结合我县实际情况，制定本办法。

一、常委会围绕审议的议题和要作出的决议、决定以及人民群众普遍关心的问题及社会的难点、热点问题开展视察活动。

二、视察活动由常委会或主任会议决定，代表联络工作委员会拟出方案，并组织实施。

三、视察的形式及内容

1．全面视察。由人大常委会统一组织安排，委托乡镇人大主席团或代表联络工作委员会具体组织实施。主要了解遵守执行宪法、法律、行政法规、地方性法规以及上级或本级人民代表大会及其常委会决议、决定的情祝，本县国民经济和社会发展计划、财政预算的执行情况，以及其他需要了解的情况。

2．重点视察。由人大常委会或有关委室组织有关代表参加。主要了解检查人民代表大会通过的议案，作出的决定、决议的落实情祝；人代会决定交人大常委会研究办理的问题；代表和人民群众反应强烈的某些重要事项。

3．代表个人或数人持证视察。主要是了解情况，调查研究。

四、视察时，根据需要，可吸收有关省、县人大代表参加，也可吸收乡乡人大主席团主席及有关部门负责人参加。

五、视察方法：采取听取汇报，召开代表或代表组长座谈会，实地察看、走访等多种方法。

六、被视察单位对视察活动要积极主动，大力支持，认真对待，如实汇报介绍情况，虚心听取建议、批评和意见。

七、视察中，一般不直接处理问题。对视察中人大常委会组成人员或代表提出的建议、批评和意见，由代表联络工作委员会或乡镇人大办公室转交有关部门处理，各承办单位负责向人大常委会组成人员或代表作出答复，并向县人大常委会报告工作。

茌平县人大常委会关于财政预算审批监督的暂行规定

第一条　根据《中华人民共和国宪法》《中华人民共和国地方各级人民代表大会和地方人民政府组织法》《国家预算管理条例》及《山东省人民代表大会常务委员会关于财政预算审批监督的若干规定》，结合本县实际制定本规定。

第二条　县人民代表大会审查和批准县财政预算、决算。县人大常委会决定对县财政预算的部分变更，监督预算的执行，根据县人民代表大会的授权，可以审查和批准财政决算。

第三条　县人民政府提出的预算报告应在人民代表大会举行会议的一个月前，决算报告应在县人大常委会审议的一个月前，就预算和决算报告的主要内容向县人大常委会汇报。人大常委会收到政府报告后，由财经工作委员会进行初步审查，再由主任会议进行审议批准。县人大财经工作委员会应及时了解预算编制、执行情况。

第四条　财政预算经人民代表大会批准具有法律约束力，不经法律程序不得随意变更，在账政预算年度内遇有实施重大改革措施或者发生特大自然灾害等特殊情况，必须对预算做部分变更的，可以根据本规定作出变更。

第五条　县人民政府于每年的第三季度，向县人民代表大会常务委员会报告总预算及县级预算执行情况。

第六条　县人民代表大会常务委员会有权就预算执行中的重大事项组织专门调查。对县财政决算认为需要提前进行审查的，可责成县政府于批准决算前提交审查。

第七条　乡镇财政预算和决算执行情况的报告，由本级人民代表大会审查和批准。

第八条　县人民政府应加强对预算外资金的管理，并将收支管理情况向人民代表大会常务委员会报告。

关于县人大常委会组成人员和各委室分工联系县人大代表及驻我县省人大代表的意见

茌人发〔1993〕18号

各乡（镇）人大主席团办公室、县直各代表小组：

根据全国人大常委会加强同代表联系的意见和山东省人大常委会联系省人民代表大会代表办法，县人大常委会决定：县人大常委会组成人员和县人大机关各委室实行定点联系代表的制度，并对驻本县的省人大代表定期进行联系。乡（镇）人大主席团办公室定期联系，为做好代表联系工作，提出如下意见：

一、本着便于联系的原则，县人大常委会主任、副主任在工作联系的乡（镇），县人大常委会组成人员在所在选区定期同县人大代表联系。县人大机关各委室除做好代表接待工作外，也要定期联系代表。各乡（镇）人大主席团办公室也要明确分工，做好乡（镇）人大代表的联系工作。联系方式可采用多种渠道、多种形式，每年至少必须普遍联系一次。

二、围绕党的中心工作和县人民代表大会及其常委会拟定审议的议题及人民群众普遍关心的问题，征求代表意见，听取代表对各方面工作的建议、批评和意见。

三、各乡（镇）人大主席团办公室要协助县人大常委会组成人员及各委室做好驻地县代表联系工作，并提供方便条件。

四、县人大常委会组成人员和县人大各委室联系代表的情况，请及时告知代表联络工作委员会，以便通报和总结联系代表工作的情况。

茌平县人大常委会关于听取“一府两院”拟任职人员述职报告的决定

(1993年8月25日县第十三届人大常委会第5次会议通过)

为促进干部增强法制观念，摆正主仆关系，自觉接受人民的监督，减少或避免工作中的失误，卓有成效地完成党和人民交给的各项任务，县第十三届人大常委会第五次会议根据《宪法》和《地方组织法》的有关规定及我县实际，决定在任命县人民政府、县人民法院、县人民检察院组成人员时，听取拟任命人员的述职报告或表态发言。

述职报告的主要内容是：学习贯彻执行宪法、法律、法规和党的路线、方针、政策情况；对改革开放所持的态度及完成年度目标任务的措施与政绩情况；执行人大及其常委会决议、决定情况；办理代表议案、建议、批评和意见情况，廉政勤政建设情况。

茌平县人民代表大会常务委员会组成人员守则

(1993年8月25日茌平县第十三届人大常委会第5次会议通过)

第一条　为了加强常委会组织制度建设，保证常委会组成人员依法履行职责，根据宪法和法律的有关规定，结合本县人大常委会的具体情况，制定本守则。

第二条　本守则所指常委会组成人员，是指县人大常委会主任、副主任和委员。

第三条　常委会组成人员必须维护国家和人民的根本利益，坚持人民代表大会制度，致力于社会主义民主法制建设，模范的遵守宪法、法律和法规，全心全意为人民服务，自觉接受县人民代表大会代表和人民群众的监督。

第四条　常委会组成人员应努力学习建设有中国特色社会主义理论，熟悉宪法、法律和法规，掌握行使职权所必备的知识。

第五条　常委会工作人员必须切实履行职责，努力工作，其他社会活动应服从常委会工作需要。

第六条　常委会组成人员必须出席常委会会议。因病或其他特殊原因，不能出席常委会全体会议的，应通过常委会办公室向常委会主任请假。每次会议由办公室将会议出席情况印发常委会组成人员。

第七条　常委会组成人员必须遵守民主集中制的原则，严格按照法律规定办事。

第八条　常委会组成人员在常委会各种会议上的发言和表决不受法律追究。常委会组成人员在常委会的各种会议上，应当遵守议事规则和其他有关程序性的规定。

第九条　常委会会议举行前，常委会组成人员应就会议议题做好审议准备。常委会组成人员在常委会会议上的发言，应当围绕会议议题进行。

第十条　常委会组成人员必须参加对议案的表决，并服从依法表决的结果。会议主持人宣布议案交付表决后，常委会组成人员不得再次对该议案发表意见，但与表决有关的程序问题，不在此限。

第十一条　常委会组成人员要依照规定参加常委会组织的视察活动。视察时，要深入实际，了解情况，避免流于形式。在视察中，可以向被视察单位提出建议、批评和意见，但不直接处理问题。

第十二条　常委会组成人员应密切联系群众，经常进行调查研究，听取群众意见和要求，向县人大常委会反映情况。

第十三条　侧重各工作委员会的常委会组成人员，应当积极从事该工作委员会的工作，遵守该工作委员会的工作规则和制度。

第十四条　常委会组成人员应保持清正廉洁，不准牟取不正当利益，并积极参加反腐败斗争。

第十五条　常委会组成人员应严格遵守国家保密制度。凡属规定不应公开的内容，不得以任何方式传播。

第十六条　常委会组成人员严重违法本守则的，应向常委会主任会议做出检查。

第十七条　本守则自通过之日起施行。

茌平县人大常委会
关于乡镇人民代表大会主席团工作若干规定

(1994年10月28日县十三届人大常委会第12次会议通过)

第一章　总则

第一条　为了加强乡、镇人民代表大会主席团的工作和建设，更好地发挥乡（镇）人大主席团的作用，根据《中华人民共和国宪法》《中华人民共和国地方各级人民代表大会和地方各级人民政府组织法》《中华人民共和国全国人民代表大会和地方各级人民代表大会代表法》和《山东省实施〈中华人民共和国全国人民代表大会和地方各级人民代表大会代表法〉办法》等有关规定，结合我县乡、镇人大工作的实际，制定本规定。

第二条　乡（镇）人大主席团是乡镇人民代表大会的常设工作机构，具有组织、协调、服务作用，为代表行使权力服务。

第三条　主席团在本级人民代表大会期间的工作和在本级人民代表大会闭会期间的活动都是履行职务。乡镇政府应为人大主席团履行职务提供保障。

第二章 主席团组建

第四条　换届后的第一次人民代表大会举行会议时，从本级人大代表中选举大会主席团。乡（镇）人大主席团为本级人民代表大会的常设机构。

第五条　根据工作需要和乡（镇），乡镇人大主席团组成人员最少不少于9人，最多不多于17人；主席团设常务主席5～7人；设专职常务主席1人。

第六条　乡（镇）人大主席团由大会预备会议选举产生。主席团常务主席由主席团推选产生。专职常务主席在常务主席中推荐1人，由代表大会选举产生。

第七条　依照法律规定，主席团、主席团常务主席、专职常务主席的任期同本级人民代表大会的任期相同，在任期内如人员变动等原因，依照法律程序办理。

第三章 主席团的职责

第八条　主持本届人民代表大会会议，召集下届第一次人民代表大会会议，对本级人民代表大会负责并报告工作，接受本级人民代表大会的监督。

第九条　组织本级人民代表大会会前的各项准备工作。

第十条　在人民代表大会会议期间领导大会各委员会进行工作；决定大会副秘书长的人选；主持会议选举，确定具体程序和办法；对议案、罢免案及其审议程序，作出具体决定，组织和审议列入大会的议案，向大会提出议案和各项决议草案；发表公告等。

第十一条　讨论决定本行政区域内的政治、经济、教育、科学、文化、卫生、民族、民政等工作的有关事项。

第十二条　受本级人民代表大会委托，组织调查本行政区域内的重大问题，向本级人民政府提出建议或提请人民代表大会讨论、决定。

第十三条　决定乡（镇）国民经济和社会发展计划、财政预算的部分变更，并向下一次人民代表大会备案。

第十四条　交付和督促乡（镇）人民政府及有关部门办理在人民代表大会会议期间提出的议案、建议、批评和意见，对不属于本级人民代表大会职权范围内的建议、批评和意见，可向上级人民代表大会常务委员会或上级人民政府反映。接待和受理乡镇人大代表和人民群众的来信来访并向主席团或人民政府有关机关反映他们的意见和要求。

第十五条　在每届乡（镇）人民代表大会举行第一次会议时，负责向大会提名主席团专职常务主席和乡长、副乡长、镇长、副镇长的人选。在主席团专职常务主席和乡长、副乡长、镇长、副镇长正式候选人交付大会选举前，负责向代表介绍他们的情况。

第十六条　依法做好主席团专职常务主席、乡长、副乡长、镇长、副镇长的补选工作。

第十七条　对代表10人以上联名在本级人民代表大会期间书面提出的对本级人大主席团、本级人民政府和所属部门、机关单位的质询案，负责决定受质询单位在会议期间答复代表。

第十八条　了解、检查宪法、法律的贯彻实施情况，宣传本级人民代表大会和上级人民代表大会及其常委会的决定、决议，并督促检查有关部门贯彻实施。

第十九条　负责搞好本级人民代表大会代表的组织工作、建立代表活动制度、制定代表活动计划、组织代表开展活动；办理本级人民代表大会和上级人民代表大会常务委员会交办的其他事项。

第二十条　主席团举行会议时，根据审议的议题，邀请部分有关代表和政府有关负责人列席会议。

第二十一条　需要由主席团研究决定的其他事项。

第四章 专职常务主席的职责

第二十二条　负责召集主席团会议和主席团常务主席会议，并将会议议题提前通知与会人员，以便做好准备；在乡（镇）人民代表大会闭会期间，主持代表大会闭会后的日常工作。

第二十三条　列席乡（镇）党委会议，参加乡（镇）人民政府的重要会议。

第二十四条　负责召集有关代表听取对重大问题的讨论和审议，乡（镇）人民政府及有关部门、有关单位的工作汇报，并将情况和意见向主席团报告。

第二十五条　宣传宪法、法律和本级与上级人民代表大会及其常委会的决议、决定；了解乡（镇）人民代表大会主席团决定、决议的贯彻落实情况。

第二十六条 受主席团委托，组织本级和上级人大代表评议乡（镇）人民政府、乡（镇）直属部门及上级派驻本乡（镇）有关单位的工作，并听取乡（镇）政府组成人员及各职能部门负责人的述职报告。

第二十七条　组织研究部署代表小组的学习、调查视察活动，了解代表活动情况，总结交流代表小组和代表活动的经验，并受上级人大常委会委托协助上级人大代表开展会外活动。

第二十八条　定期召开代表或代表组长座谈会，听取代表对乡（镇）人大主席团、人民政府及所属部门、上级派驻单位的建议和意见，交办和督促、检查乡（镇）政府及有关部门办理代表建议、批评和意见。

第二十九条　依照法定程序，组织和指导选区做好本级人大代表的罢免和补选工作。

第三十条　经常保持与县人大常委会的联系，列席有关的县人大常委会会议，承办县人大常委会委托和交办的有关事项。

第三十一条　办理本级人民代表大会和主席团交办的其他事项。

第五章 主席团的工作及方法

第三十二条　主席团会议每季度至少举行1次，由主席团专职常务主席召集并主持，必要时也可以委托其他常务主席召集并主持；主席团会议必须有主席团全体组成人员过半数出席方可举行。主席团组成人员因病或其他原因不能出席时应当请假。

第三十三条　主席团举行会议时，贯彻民主集中制的原则，主席团举行会议，就在会前将开会时间、地点、建议会议讨论的主要事项通知主席团组成人员，并提前召开常务主席会议。主席团会议议程草案由主席团常务主席拟定，提请主席团全体会议审议通过，主席团举行会议时根据审议的议题，通知乡（镇）政府负责人和有关单位负责人列席会议，必要时可邀请上级人大代表和本级有关人大代表列席会议。

第三十四条　对议案的审议，代表大会期间主席团、本级人民政府、代表团或代表联名提出的属于代表大会职权范围内的议案，由主席团交议案审查委员会审议，提出是否列入大会议程的意见，再由主席团决定是否列入大会议案，并将主席团通过的关于议案处理意见的报告印发会议。对列入大会会议议程的议案，提出议案的机关应当提供有关资料，在主席团会议上作该项议案的说明，主席团全体会议听取议案说明后，进行认真审议。对列入大会的议案，在交付表决前，提议案机关或提议案人要求撤回的经主席团会议研究同意，对该项议案的审议即行终止。对审议中遇有重要问题，需要进一步研究的，经主席团会议同意，可暂不表决，主席团会议认为必要时可对审议的议案交大会表决。

第三十五条　质询案、乡（镇）人大代表有权依照法律规定的程序向主席团书面提出对乡（镇）人民政府及各部门、各单位的质询案。质询案应当写明质询对象、质询的问题和内容，质询案按照主席团的决定由质询机关答复，提出质询的代表半数以上对答复不满意的，可以要求受质询机关重新答复。

第三十六条　乡（镇）人大代表有权向本级人民代表大会提出对各方面的工作的建议、批评和意见，由本级人民代表大会主席团交有关机关、组织研究处理并负责答复，代表对答复不满意的，可以提出意见，由主席团交有关机关、组织再作研究处理并负责答复。乡（镇）人大代表提出的建议、批评和意见的办理期限为两个月，遇有特殊情况的最迟不超过4个月。建议、批评和意见办理结束后，有关机关、组织应向乡（镇）人大主席团书面报告办理情况，主席团可以组织人大代表对建议、批评和意见的办理情况进行视察或检查。

第三十七条　乡（镇）人大代表在主席团的统一安排下，对本级人民政府和有关单位进行视察，人民政府负责人及有关机关的负责人如实汇报情况，回答代表提出的问题，听取代表的建议、批评和意见。代表可以单独或者联合持代表证就地视察，视察时可以向被视察单位提出建议、批评和意见，但不直接处理问题，有关单位对代表视察中提出的建议、批评意见负责答复。

第三十八条　乡（镇）人大主席团全体会议可以定期听取乡（镇）人民政府的工作报告及各部门、单位的工作汇报，根据工作需要也可以听取上级派驻机构、单位的工作汇报。各机关、单位提出的工作报告和工作汇报，应在主席团会议举行5日前送交主席团专职常务主席。主席团会议对工作报告可以提出审议意见，必要时可作出相应的决议、决定，由提请报告的机关办理执行。

第三十九条　主席团对代表的活动要大力支持，要求代表单位必须给予时间保障，并按正常出勤对待，享受所在单位的工资和其他待遇。

无固定工资收入的代表执行代表职务，根据实际情况给予适当补贴，经费由本级财政解决。

代表的活动经费，应当列入本级财政预算，专项使用。主席团应保证各代表小组有一定的学习资料，其经费由财政支出。

第六章　附　则

第四十条　本规定由县人民代表大会常务委员会负责解释。

第四十一条　本规定自通过之日起施行。

茌平县人大常委会
关于听取副县长述职报告的决定

(1995年8月1日县十三届人大常委会第18次会议通过)

根据《全国人民代表大会和地方各级人民代表大会代表法》《山东省实施代表法办法》的有关规定，按照省人大常委会和地区人大工委关于全面推行人大代表评议政府行政执法部门和“两院”工作的通知精神，本县自1994年开始，组织县人大代表对政府行政执法部门和“两院”的工作进行了评议。根据上级要求和本县实际，县人大常委会决定：从1995年起，在组织代表开展评议工作时，增加听取审议县人民政府副县长（不含挂职副县长）述职报告的内容。

茌平县人大常委会
关于公安局、检察院、法院大案要案的报告制度

(1996年5月24日县第十三届人大常委会第25次会议通过)

一、指导思想

根据“《宪法》、《地方组织法》、《代表法》赋予人大常委会的职权和茌平县人大第十三届四次会议关于人大常委会工作报告的相应决议，为了加强对“一府两院”的法律监督，保证司法机关及其工作人员严肃执法，依法办案，制定大案要案报告制度。

二、大案要案的范围

公安机关：重大刑事案件、重大交通肇事案件、火灾案件和群体性的治安案件。

人民检察院：万元以上的贪污贿赂案件；5万元以上的挪用公款案件；涉及科级以上领导干部和执法人员的经济犯罪案件；涉及科级以上领导干部的法纪案件；徇私舞弊案件；重大责任事故案件；应报上级检察分院起诉的案件。

人民法院：重大刑事案件；判处10年以上有

期徒刑的案件；起诉后法院宣判被告人无罪的案件；破产案件；30万元以上的经济纠纷案件；涉及县级领导干部和群体诉讼的行政案件；涉及县级以上人大代表、政协委员和正科级以上领导干部的民事案件。

三、报告时间和方式

公安机关：从立案之日起5日内，报立案报告书；调查、侦查结束之日起10日内，报起诉意见书，不起诉的案件报处理结果。

人民检察院：从立案之日起5日内，报立案决定书；调查、侦查结束之日起10日内，报起诉决定书或结案报告书。

人民法院：刑事、经济、行政、民事案件在审结完毕之日起10日内，报判决书、裁定书、调解书。

四、错案责任追究

本制度与错案追究制度结合起来执行，发现错案按照法律程序责成有关部门依法处理。

以上报告制度望公、检、法机关认真遵照执行，如有违反追究直接责任人或领导人的责任。

乡镇人大工作制度

茌人办发〔1996〕5号

一、学习制度

1. 人大主席、副主席每月至少学习2天，重点学习法律法规，党的路线、方针、政策及人大业务。

2. 代表小组长每月至少学习1天，由人大主席负责组织，学习《代表法》及山东省《实施代表法办法》和其他法律法规。

3. 代表以自学为主，由乡镇人大负责发放学习材料。

二、会议制度

1. 依照法律程序每年至少召开1次人代会。

2. 每季度召开1次主席团成员会，由人大主席召集并主持。每次会议要做好记录，形成纪要，报县人大代表联络工委和本乡（镇）党委，送本乡（镇）政府和各代表小组。

3. 每季度召开1次代表组长会，由人大主席主持，听取各小组活动情况汇报，安排代表活动计划。

三、联系制度

1. 主席团成员联系代表制度，每个成员联系5～8名代表，并积极参加所在小组的活动。

2. 代表联系选民制度，每名代表联系选民15人以上，听取选民的建议、批评和意见，并及时汇报。

四、视察制度

对乡（镇）直各部门、各企业每年组织代表进行2次以上的视察。视察前做好准备工作，视察时，可以向被视察单位提出建议、评议和意见，但不直接处理问题。

五、调研制度

1. 围绕党委每个时期的中心任务及落实情况进行调查研究。

2. 采取多种形式调查了解宪法、法律、法规、上级及本级人大的决定在本乡（镇）的落实情况，每年1～2次。

3. 针对本乡（镇）经济、文化、教育、民政、乡村建设等重大问题进行专题调查研究。

六、代表小组活动制度

代表小组每季度开展活动1次，每年代表活动时间一般为15天。小组活动由人大主席、副主席组织安排，在活动中代表有事要请假。每次活动情况由组长及时写出总结，对活动好的小组及时书面汇报县人大代表联络工委。

七、提案办理制度

1. 代表在人代会期间提出的批评、建议和意见，大会结束后由人大负责整理归类，半个月内交政府和有关部门办理，办理情况要对代表作出书面答复。

2. 代表提出的议案的办理执行《代表法实施办法》第六条之规定。

3. 提案涉及多个单位的，由政府出面协调。

4. 承办单位对代表提出的建议、批评和意见的办理期限为2个月，遇有特殊情况最迟不超过4个月。

5. 人大要督促落实办理情况。

八、评议工作制度

每年召开评议大会1次，听取正、副乡（镇）长的述职报告和各部门的工作汇报，视其政绩进行评议打分，对后进单位要限期整改。

九、走访代表制度

人大主席、副主席采取多种形式每年对全体代表走访1～2次，同时搞好对代表的服务工作。

十、接待代表来信来访制度

每逢大集为接待日，1名主席值班，对代表来信来访做好登记，及时转交政府或有关部门予以办理。

第十四届人大常委会制度建设

1998年5月17日，茌平县第十四届人大常委会第二次会议审议通过了《茌平县人大常委会议事规则》和《茌平县人大常委会任免办法》。

茌平县第十四届人大常委会 议事规则

（1998年5月17日县第十四届人大常委会第二次会议通过）

第一章　总　则

第一条　为了提高县人民代表大会常务委员会的议事效率和质量，据《中华人民共和国宪法》《中华人民共和国地方各级人民代表大会和地方各级人民政府组织法》的有关规定，结合本县实际情况，制定本规则。

第二条　县人民代表大会常务委员会议事要按照民主集中制的原则，充分发扬民主，保障常委会组成人员依法行使职权。

第三条　本规则适用于县人民代表大会常务委员会会议期间的全体会议、联组会议和分组会议。

第二章　会议的召开

第四条　县人民代表大会常务委员会会议每2个月至少举行1次，经常务委员会过半数人员提议或者常委委员会主任会议决定，可以临时举行会议。

常务委员会会议由主任召集并主持，主任可以委托副主任召集并主持会议。

第五条　常务委员会举行会议时，常务委员会组成人员应按时出席会议，因病或者其他特殊原因不能出席会议时，应当请假。每次例会缺席委员在公报上印发，3次不参加会议者予以通报。

常务委员会会议必须有全体组成人员的过半数出席才能举行。

第六条　常务委员会会议议程草案，由主任会议拟定，提请常务委员会全体会议决定。

第七条　常务委员会举行会议，应当在会议举行十日前，将会议建议议程通知常务委员会组成人员。临时召集的会议，临时通知。

第八条　常务委员会举行会议时，县人民政府、县人民法院、县人民检察院的负责人，县人民代表大会常务委员会各工作部门负责人、县政府有关部门负责人列席会议。必要时，邀请部分乡（镇）人大主席列席会议，也可邀请上级人民代表大会代表和县人民代表大会代表列席会议。

列席人员因故不能出席会议时，应当在会议召开前向人大常委会主任请假。

第九条　常务委员会举行会议的时候，召开全体会议或者分组会议。

第十条　常务委员会分组会议对议案和工作报告进行审议时，应当通知有关部门负责人到会，听取意见，回答询问。

对常务委员会组成人员提出的重要意见，会后由常务委员会办公室整理印发有关部门认真办理，有关部门应将办理结果于下次常委会例会前报告常务委员会。

第三章　议案的提出和审议

第十一条　主任会议可以向常务委员会提出属于常务委员会职权范围内的议案，由常务委员会会议审议。

县人民政府、县人民代表大会各专门委员会，可以向常务委员会提出属于常务委员会职权范围内的议案，由主任会议决定，提请常务委员会会议审议。

常务委员会组成人员5人以上联名，可以向常务委员会提出属于常务委员会职权范围内的议案，由主任会议决定是否提请常务委员会会议审议。不提请审议的，应向常委会会议报告或者向提案人说明。

常务委员会的各工作部门，受主任会议委托，可以代常务委员会拟定议案草案，并向常务委员会会议作说明。

第十二条　向县人民代表大会常务委员会提出议案的时间一般应该在常务委员会会议举行前1个月，送交常务委员会办公室或者有关工作部门。

第十三条　对列入常务委员会会议议程的议案，提议案的机关、常务委员会有关工作部门应提供有关资料。

对任命案，提请任免的机关应该介绍被任免人员的基本情况和任免理由；必要时有关负责人应到会并回答询问。

第十四条　常务委员会全体会议听取关于议案的说明。

提议案机关的负责人可以在常务委员会全体会议、分组会议上对议案作出补充说明。

常务委员会全体会议听取议案说明后，有分组会议进行审议。

第十五条　列入常务委员会会议的议案，在交付表决前，提案机关或者提案人要求撤回的，经主任会议同意，对该议案的审议即行终止。

第十六条　提请常务委员会会议审议的议案，在审议中有重大问题需要进一步研究的，经主任或主任会议提出，全体会议同意，可以暂不付表决，在下次或者以后的常务委员会会议上再行表决。

第十七条　常务委员会认为必要的时候，可以组织关于特定问题的调查委员会并且根据调查委员会的报告，作出相应的决议。

第四章　工作报告的听取和审议

第十八条　常务委员会全体会议听取县人民政府、县人民法院、县人民检察院的工作报告。县人民政府各委、办、局，受县人民政府委托，可以向常务委员会提出本部门的工作报告。

县人民政府、县人民法院、县人民检察院向常务委员会的工作报告，应由县长、院长、检察长到会作报告；正职因故不能到会作报告时，可以委托副职到会作报告。

县人民政府各委、办、局向常务委员会提出的工作报告，应经县人民政府讨论同意后，分别由主任、局长到会作报告；正职因故不能到会作报告时，可以委托副职到会作报告。

第十九条　县人民政府、人民法院和人民检察院向常务委员会提出的工作报告，一般应在常务委员会会议召开10日前送交常务委员会办公室。

第二十条　常务委员会认为必要时，可以对工作报告作出决议、决定，由提请报告的机关办理执行，并将办理执行情况及时书面报告常务委员会。

第五章　质　询

第二十一条　在常务委员会会议期间，常务委员会组成人员5人以上联名，可以向常务委员会书面提出对县人民政府、人民法院、人民检察院的质询案。质询案必须写明质询的对象、问题和内容。

第二十二条　质询案经主任会议决定交由受质询机关在常务委员会会议上口头答复，或者由受质询机关书面答复。以口头答复的，应当由受质询机关的负责人到会答复；以书面答复的，应当由受质询机关的负责人签署。主任会议认为必要时，可以将答复质询的报告印发常务委员会会议或者印发提质询案的常务委员会组成人员。

第二十三条　提质询案的常务委员会组成人员半数以上对答复不满意的，可以提出要求，经主任会议决定，由受质询机关再作答复。

对再次答复仍不满意的，经主任会议决定，可以将质询案提请常务委员会会议审议，常务委员会可以作出相应的决议、决定。

第六章　特定问题调查

第二十四条　常务委员会对属于其职权范围内的事项，需要作出决议、决定，但有关重大事实不清的，可以组织关于特定问题的调查委员会。

第二十五条　主任会议可以向常务委员会提议组织关于特定问题的调查委员会，提请常务委员会审议。

五分之一以上的常务委员会组成人员书面联名，可以向常务委员会提议组织关于特定问题的调查委员会，由主任会议决定提请常务委员会审议，或者先交有关的工作委员会审议、提出报告，再决定提请常务委员会审议。

第二十六条　调查委员会由主任委员、副主任委员和委员组成，由主任会议在常务委员会组成人员和本级人民代表大会代表中提名，提请常务委员会审议通过。

调查委员会根据需要，可以聘请有关专家参与调查工作。与调查的问题有利害关系的常务委员会组成人员和其他人员不得参加调查委员会。

第二十七条　调查委员会有权听取有关单位负责人的汇报，调阅有关的案卷和材料，询问有关人员，组织必要的技术鉴定。调查工作涉及到的国家机关、社会团体和企事业组织应当为调查工作提供方便，保证调查活动的顺利进行。

第二十八条　特定问题调查结束后，调查委员会应当向常务委员会提出调查报告，常务委员会根据调查报告，可以作出相应的决议、决定。

第七章　发言和表决

第二十九条　常务委员会组成人员在常务委员会会议上的发言和表决，列席会议的人大代表在常务委员会会议上的发言，不受法律追究。

第三十条　常务委员会组成人员应围绕议题积极发表意见。审议发言应观点明确，言简意赅。列席人员也可以围绕议题，提供情况，发表意见。

第三十一条　表决议案由常务委员会全体组成人员的过半数赞成始得通过。表决可以采取无记名投票或举手的方式。表决结果由会议主持人当场宣布。

表决人事任免案，按照《茌平县人民代表大会常务委员会任免地方国家机关工作人员办法》的规定办理。

第三十二条　常务委员会通过的决议、决定以及对各项报告的审议意见等，有关部门和单位必须认真执行。常务委员会有关工作委员会、办事机构要做好跟踪督查工作，并及时向主任会议报告，必要时应向常务委员会报告。

第三十三条　常务委员会有关工作委员会和办事机构要按照监督法的要求，及时将常务委员会行使监督职权的情况向代表通报、向社会公布，公布的方式和内容根据实际工作需要决定。

第三十四条　本规则自通过之日起执行。

茌平县人大常委会任免办法

(县十四届人大常委会第二次会议通过)

第一章　总则

第一条　根据《中华人民共和国宪法》《地方各级人民代表大会和地方各级人民政府组织法》《人民法院组织法》和《人民检察院组织法》的有关规定，结合本县情况制定本办法。

第二条　县人大常委会任免县人大常委会工作机构负责人员、县人民政府组成人员、县人民法院审判人员、县人民检察院检察人员和地方组织法规定的需要由常委会决定、通过的其他人员，适用本办法。

第二章　县人大常委会有关人员的任免

第三条　县人大常委会主任因健康情况不能工作或者缺位时，根据主任会议的提名，由县人大常委会在副主任中决定代理主任的人选。

第四条　根据主任会议的提名，通过县人大常委会代表资格审查委员会主任委员、副主任委员和委员。

第五条　根据主任会议的提名，通过特定问题调查委员会的组成人员。

第六条　在县人民代表大会闭会期间，受理县人大常委会组成人员提出的辞职请求，并决定是否接受辞职。县人大常委会决定接受辞职后，报县人民代表大会备案。

第七条　根据主任会议的提名，决定县人大常委会各工作机构负责人员的任免。

第三章 县人民政府组成人员的任免

第八条 在县人民代表大会闭会期间，县长因故不能担任职务时，根据主任会议的提名，从副县长中决定代理县长的人选。

第九条 在县人民代表大会闭会期间，根据县长的提名，决定副县长的个别任免。

第十条 根据县长提名，决定县人民政府办公室主任、委员会主任、局长的任免。

第十一条 在县人民代表大会闭会期间，受理县长、副县长提出的辞职请求，并决定是否接受辞职。县人大常委会决定接受辞职后，报县人民代表大会备案。

第十二条 在县人民代表大会闭会期间，根据县长或主任会议的提请，决定撤销个别副县长的职务。

第十三条 根据县长或主任会议的提请，决定撤销县人民政府办公室主任、委员会主任、局长的职务。

第四章 县人民法院审判人员的任免

第十四条 在县人民代表大会闭会期间，县人民法院院长因故不能担任职务时，根据主任会议的提名，从副院长中决定代理院长的人选。

第十五条 根据县人民法院院长的提名，决定县人民法院副院长、庭长、副庭长、审判委员会委员、审判员的任免。

第十六条 在县人民代表大会闭会期间，受理县人民法院院长提出的辞职请求，并决定是否接受辞职，县人大常委会决定接受辞职后，报县人民代表大会备案。

第十七条 在县人民代表大会闭会期间，根据主任会议的提请，决定撤销县人民法院院长的职务，由县人民法院报经市中级人民法院提请市人大常委会批准。

第十八条 根据县人民法院院长或主任会议的提请，决定撤销县人民法院副院长、庭长、副庭长、审判委员会委员、审判员的职务。

第五章 县人民检察院检察人员的任免

第十九条 在县人民代表大会闭会期间，县人民检察院检察长因故不能担任职务时，根据主任会议的提名，从县人民检察院副检察长中决定代理检察长人选。决定代理检察长，须由县人民检察院、县人大常委会分别报市人民检察院、市人大常委会备案。

第二十条 根据县人民检察院检察长的提名，决定县人民检察院副检察长、检察委员会委员、检察员的任免。

第二十一条 在县人民代表大会闭会期间，受理县人民检察院检察长提出的辞职请求，并决定是否接受辞职。决定接受辞职后后，由县人民检察院报经市人民检察院检察长提请市人大常委会批准。

第二十二条 根据县人民检察院检察长或主任会议的提请，决定撤销县人民检察院副检察长、检察委员会委员、检察员的职务。

第六章 任免办理程序

第二十三条 县人大常委会主任会议、县人民政府县长、县人民法院院长、县人民检察院检察长提请县人大常委会任免人员，由提请单位以主任会议、县长、院长、检察长的名义写出书面提请任免报告和任免说明。

在县人民代表大会闭会期间，请求辞职的人员，由本人以书面形式向县人大常委会提出辞职请求。

提请任免报告、任免说明、辞职请求，均应于县人大常委会会议召开七日前送县人大常委会。

第二十四条 对提请任免的报告、辞职请求，由主任会议决定是否提交县人大常委会列入会议议程。

对提请在免人员的情况，需要进一步调查的，由主任会议决定。

第二十五条 对提请任命的人员，在县人大常委会表决任命前，应进行法律、法规知识考试，经考试后由主任会议决定是否提请县人大常委会表决任命。

提请任命人员，在县人大常委会表决任命前，向县人大常委会作述职或供职报告。

第二十六条　县人大常委会决定人事任免事项，采用无记名投票方式表决。如需采取其他方式表决，由常委会全体会议临时决定。所有表决均以县人大常委会会体组成人员的过半数通过。任免职时间从县人大常委会通过之日算起。

第二十七条　县人大常委会决定的代理人员、辞职人员、代表资格审查委员会组成人员、特定问题调查委员会组成人员、县人大常委会工作机构负责人员、县人民政府组成人员、县人民法院审判人员、县人民检察院检察人员，均由县人大常委会公告。

需要报请上级机关批准或备案的，按照法定程序办理。

第二十八条　经县人大常委会任命的县人大常委会工作机构负责人员、县人民政府组成人员、县人民法院副院长、县人民检察院副检察长，由县人大常委会主任或主任委托的副主任颁发任命书，其他人员由县人大常委会主任委托提请单位负责人代发任命书。任命书由县人大常委会主任署名。

第二十九条　经县人大常委会决定任命的县人大常委会代表资格审查委员会组成人员、县人民政府组成人员，任期到县人民代表大会换届时为止，不另行办理免职手续。

应由县人大常委会决定任命的县人民政府组成人员，换届后须重新任命。

第三十条　经县人大常委会任命的县人民法院审判人员、县人民检察院检察人员，任期不以县人民代表大会届满为限，县人民代表大会换届时不须办理免职手续。

第三十一条　县人大常委会工作机构负责人员、县人民政府组成入员、县人民法院审判人员、县人民检察院检察人员，在任职期间因工作变动或其他原因，应办理免职手续的，按照法定程序办理。

第三十二条　县人民政府、县人民法院、县人民检察院所属机构变动时，由各有关单位报县人大常委会备案。机构撤销或合并的，原经县人大常委会在舍的人员职务自然免除，不另行办理免职手续。新设机构人员的职务按本办法的有关规定提请人大常委会任命。

第三十三条　县人大常委会举行会议时，如有人事任免事项需投票表决的，由主持会议的负责人从常委会委员中提名总监票人、监票人，经人大常委会全体会议举手表决通过。记票人由主持会议的负责人在工作人员中提名。

第七章　附则

第三十四条　本办法自公布之日起施行。

第十五届人大常委会制度建设

2003年3月20日，茌平县第十五届人大常委会召开第一次会议，审议通过《茌平县人大常委会关于加强自身建设的决定》。

2004年6月29日，县十五届人大常委会第九次会议通过《茌平县人民代表大会常务委员会执法评议暂行办法》。

茌平县人大常委会
关于加强自身建设的决定

（2003年3月20日县十五届人大常委会第一次会议通过）

为进一步加强县人大常委会自身建设，提高常委会组成人员的整体素质，使其更好地担负起党和人民赋予的历史使命，特作如下决定：

一、坚持和依靠党的领导，提高贯彻执行党的路线、方针、政策的自觉性。要认真坚持党的基本理论、基本路线和基本方针，坚决贯彻执行中央的决策和部署，在思想上、政治上、行动上同党中央保持高度一致，自觉维护中央的权威。要自觉服从县委的领导，重大问题、重大事项及时向县委请示汇报；认真执行县委的决议、决定，保证县委各项重大决策的贯彻落实。

二、加强学习，提高理论修养和知识水平。要不断加强学习，按照党的十六大关于“形成全民学习、终身学习的学习型社会，促进人的全面发展”的精神，把学习贯穿于人大工作的始终。要深入学习邓小平理论和“三个代表”的重要思想，学习党的十六大和县第十次党代会精神，坚持理论联系实际，围绕主题、把握灵魂、狠抓落实，努力在深入人心、开拓创新、力求实效上下功夫。要认真学习宪法和法律、人大业务知识以及反映当代世界发展的各种新知识，把握世界经济和科学技术的发展趋势，不断增强法制观念和科技意识，提高依法办事的自觉性和驾驭市场经济、处理复杂事务的能力。

三、坚持民主集中制原则，集体依法行使职权。要进一步完善集体议事决策机制，严格遵守民主集中制原则，坚持集体依法行使职权。凡属重大问题，必须经常委会集体讨论决定。要严格按照法定程序办事，努力维护地方国家权力机关的权威性。对集体讨论通过的决议、决定，必须无条件地服从，并在实际工作中坚决贯彻执行。提倡敢于负责的精神，根据集体决定和分工，切实履行自己的职责。

四、改进工作作风，提高工作效率。要经常深入基层，调查研究，广泛听取人民群众的意见和建议；加强对乡（镇）人大工作的指导。要树立务实、高效、严谨细致的工作作风，对待工作要忠于职守，尽职尽责，在会议上应积极建言献策，并力求实事求是，客观公正，有理有据。凡决定重大问题、实施法律监督和工作监督，都要注重实际，讲求实效，抓好落实。

五、加强同代表和人民群众的联系，自觉接受人民监督。要牢记党的根本宗旨，树立人民至上的思想观念，想问题、办事情、作决定，都要从人民群众的根本利益出发，把维护人民群众的利益作为自己的神圣职责。坚持“从群众中来，到群众中去”的群众路线，深入实际，深入群众，认真听取群众的意见和要求，自觉接受群众监督。继续坚持常委会组成人员分工联系代表制度，加强各工作委员会与对口县人大代表的联系，坚持主任、副主任接待代表和群众来访制度，充分发挥人大常委会联系群众、反映民意、集中民智的主渠道作用。

六、加强廉政建设，树立人大形象。常委会组成人员要模范遵守有关廉政建设的规定，以身作则，严于律己，自觉接受监督。始终保持艰苦奋斗的作风，作廉洁奉公的表率。认真履行职责，监督和支持司法机关依法查处案件，推动全县反腐败斗争的深入开展。

七、加强机关组织建设，造就一支政治强、业务精、作风硬的干部队伍。加强机关干部队伍建设，不断提高机关干部的理论素养和专业知识，不断增强为“三会”服务的能力和水平。对德才兼备，符合干部“四化”标准的优秀干部，及时提拔使用；通过挂职锻炼、干部交流等形式，优化干部结构，提高干部的综合素质和工作水平。要加强人大各工作委员会和常委会工作部门的建设，建立健全“一岗双责”，全面推动规范化服务，努力把人大机关建设成团结、务实、廉洁、高效的机关。

八、加强制度建设，严格纪律约束。常委会组成人员要严格按照法律法规和有关规章制度办事，严格要求，严格管理，严格监督。要讲党性，讲原则，讲纪律，弘扬正气，开展积极的思想政治工作。要进一步坚持常委会组成人员守则、议事规则等规章制度，用制度规范每个人的行为。常委会组成人员要严格按照规定出席常委会会议，并恪尽职守，履行职责、扎实工作，使常委会成为“务实高效、团结协作、廉洁奉公、遵纪守法、开拓创新”的战斗集体，不断开创人大工作的新局面。

茌平县人民代表大会常务委员会执法评议暂行办法

（2004年6月29日县十五届人大常委会第九次会议通过）

第一章 总则

第一条 为了加强对地方国家行政机关、审

判机关、检察机关的监督，促进宪法、法律的贯彻执行，保障全县改革开放和经济建设更快更好地发展，根据《宪法》《地方各级人民代表大会和地方各级人民政府组织法》的规定，结合本县实际，制定本办法。

第二条　本办法所称执法评议，是指县人大常委会对本县范围内具有执法主体资格的部门和单位依法行政、依法办事情况进行监督的一种方式。

第三条　执法评议工作由县人大常委会主任会议组织实施，县人大常委会法制工作委员会会同有关办事机构承办具体工作。

第四条　执法评议工作每年至少进行一次，分期分批对本县范围内具有执法主体资格的部门和单位进行评议。

第五条　执法评议工作坚持依法、客观、公开、公正的原则。

第二章　执法评议的范围和内容

第六条　执法评议的范围

（一）县政府组成部门、县人民法院、县人民检察院。

（二）具有行政执法主体资格的政府工作部门及事业单位、群团组织。

（三）设在本县范围内的中央、省垂直管理的具有执法主体资格的部门和单位。

第七条　执法评议的主要内容

（一）贯彻执行宪法和国家、省颁布实施的法律、法规的情况。

（二）坚持依法行政、依法办事、公正执法、文明执法和廉洁自律的情况。

（三）贯彻上级和县人民代表大会及其常委会的决议、决定的情况。

（四）加强执法队伍建设，服务全县改革发展稳定和经济社会进步大局的情况。

（五）办理县人大代表提出的议案、建议及人民群众信访案件的情况。

（六）县人大常委会主任会议认为需要评议的其他内容。

第三章　执法评议对象的确定

第八条　执法评议对象由县人大常委会主任会议根据工作需要确定。被评议部门和单位名单确定后，县人大常委会法制工作委员会于执法评议工作正式开展前1个月书面通知被评议部门和单位，并制定评议工作实施方案。

第九条　被评议部门和单位接到执法评议通知书后，应认真准备依法行政、依法办事情况报告。报告应按照规定格式撰拟，其内容要实事求是、主题突出、简明扼要。报告文稿经本部门或单位领导班子讨论审定后，印制成正式文本，提交县人大常委会执法评议调查组；并将修改后的文本于县人大常委会评议会议召开7日前按规定份数报送县人大常委会法制工作委员会，由法制工作委员会分送县人大常委会组成人员。

第四章　执法评议调查的方式

第十条　执法评议调查组，由县人大常委会主任会议从县人大常委会组成人员和县人大代表中抽调人员组成。根据情况，也可以邀请部分上级或下级人大代表参加执法评议调查组的工作。

第十一条　执法评议调查组负责对被评议部门和单位依法行政、依法办事的情况进行调查。

第十二条　执法评议调查组通过发放调查问卷和深入基层座谈等方式，向全县各级人大代表和社会各界人士广泛征求对被评议部门和单位依法行政、依法办事情况的意见和建议。

第十三条　执法评议调查组应征求纪检、监察、审计、计划生育等部门对被评议部门和单位的意见和建议。

第十四条　执法评议调查组根据社会各界反映的意见和建议，到有关被评议部门和单位调查落实产生这些意见和建议的基本情况，并提出整改建议。

第十五条　执法评议调查组在综合分析调查情况的基础上，按照实事求是、客观公正的原则起草调查报告。调查报告应围绕被评议部门和单位依法行政、依法办事这个主题，肯定工作成绩，指出存在的问题，提出具体建议。调查报告经县人大常委会主任会议通过后，印发县人大常委会组成人员，作为评议参考。

第十六条　在执法评议调查期间，县人大常委会主任会议认为必要时，可以责成或者建议审计部门对被评议部门和单位进行经济责任审计。

执法评议调查组发现被评议部门和单位存在违法违纪问题，经县人大常委会主任会议确定，可责成司法机关或行政监察部门介入调查处理，并按规定时间将调查处理情况报县人大常委会；对被评议的中央、省垂直管理的部门和单位存在的问题，同时向其上级主管部门通报。

第十七条　被评议部门和单位应当根据执法评议调查组的要求，如实介绍情况，提供有关资料，不得阻碍或者干扰执法评议调查组的工作，不得对反映情况的人员打击报复。

第五章　县人大常委会会议评议程序

第十八条　县人大常委会会议评议的主要程序是：

（一）全体会议听取被评议部门和单位依法行政、依法办事情况报告和调查组调查报告。

（二）分组审议被评议部门和单位依法行政、依法办事情况报告和调查组调查报告。

（三）全体会议进行评议。常委会组成人员对被评议部门和单位按满意、基本满意、不满意3个档次进行无记名投票测评。当场宣布投票结果。

（四）全体会议表决对被评议部门和单位的评议意见。

第十九条　被评议部门和单位应由主要负责人向县人大常委会汇报工作并代表本部门或单位接受评议。县人大常委会会议对被评议部门和单位依法行政、依法办事情况报告进行分组审议和投票测评时，被评议部门和单位负责人应当回避。县人大常委会全体会议通过评议意见时，被评议部门和单位的主要负责人应到会听取评议意见。

第二十条　在县人大常委会会议评议期间，常委会组成人员向被评议部门和单位进行询问时，被评议部门和单位的主要负责人应认真答复。

第六章　评议意见的反馈和整改

第二十一条　评议结束后，由县人大常委会法制工作委员会及时将评议结果、评议意见反馈被评议部门和单位。

第二十二条　执法评议的评议结果、评议意见，在报告中共茌平县委的同时，向县政府或中央、省垂直管理部门和单位的上级主管部门通报。

第二十三条　被评议部门和单位要根据县人大常委会的评议意见，积极进行整改，并在接到正式评议意见后的15日内，向县人大常委会报告整改方案。3个月内，向县人大常委会报告整改情况。县人大常委会对整改情况进行跟踪检查，对拒绝整改以及整改不力的给予通报批评。

第二十四条　被评议部门和单位，不满意票高于30%的，经县人大常委会主任会议确定，继续列入下次执法评议的对象。被评议部门和单位，不满意票高于50%的，是县属部门和单位的，由县人大常委会主任会议建议有关部门按照法定程序免去被评议部门和单位主要负责人的行政职务；是中央、省垂直管理部门和单位的，由县人大常委会通报其上级主管部门，并提出处理建议。

第七章　附　则

第二十五条　乡（镇）人民代表大会主席团可以参照本办法的规定组织代表进行执法评议。

第二十六条　本办法由县人大常委会负责解释。

第二十七条　本办法自通过之日起施行。

第十六届人大常委会制度建设

2008年1月22日，茌平县第十六届人大常委会第一次会议审议通过修订的《茌平县人大常委会关于加强自身建设的决定》《茌平县人民代表大会常务委员会议事规则》《茌平县人民代表大会代表建议、批评和意见办理工作办法》。

2010年11月25日，茌平县第十六届人大常委会第二十一次会议通过《茌平县人大常委会关于贯彻实施〈山东省各级人民代表大会常务委员会规范性文件备案审查规定〉的意见》《关于进一步加强人大宣传报道工作的意见》。

茌平县人大常委会
关于加强自身建设的决定

（2008年1月22日茌平县第十六届人大常委会第一次会议通过）

为进一步加强县人大常委会自身建设，提高常委会组成人员的整体素质，使其更好地担负起党和人民赋予的历史使命，特作如下决定：

一、坚持和依靠党的领导，提高贯彻执行党的路线、方针、政策的自觉性。要认真坚持党的基本理论、基本路线和基本方针，坚决贯彻执行中央的决策和部署，在思想上、政治上、行动上同党中央保持高度一致，自觉维护中央的权威。要自觉服从县委的领导，重大问题、重大事项及时向县委请示汇报；认真执行县委的决议、决定，保证县委各项重大决策的贯彻落实。

二、加强学习，提高理论修养和知识水平。要不断加强学习，按照党的十七大“深入贯彻落实科学发展观”的精神，把学习贯穿于人大工作的始终。要深入学习邓小平理论和“三个代表”的重要思想，学习党的十七大和县第十一次党代会精神，坚持理论联系实际，围绕主题、把握灵魂、狠抓落实，努力在解放思想、开拓创新、科学发展上下功夫。要认真学习宪法和法律、人大业务知识以及反映当代世界发展的各种新知识，把握世界经济和科学技术的发展趋势，不断增强法制观念和科技意识，提高依法办事的自觉性和驾驭市场经济、处理复杂事务的能力。

三、坚持民主集中制原则，集体依法行使职权。要进一步完善集体议事决策机制，严格遵守民主集中制原则，坚持集体依法行使职权。凡属重大问题，必须经常委会集体讨论决定。要严格按照法定程序办事，努力维护地方国家权力机关的权威性。对集体讨论通过的决议、决定，必须无条件地服从，并在实际工作中坚决贯彻执行。提倡敢于负责的精神，根据集体决定和分工，切实履行自己的职责。

四、改进工作作风，提高工作效率。要经常深入基层，调查研究，广泛听取人民群众的意见和建议；加强对乡镇人大工作的指导。要树立务实、高效、严谨细致的工作作风，对待工作要忠于职守，尽职尽责，在会议上应积极建言献策，并力求实事求是，客观公正，有理有据。凡决定重大问题、实施法律监督和工作监督，都要注重实际，讲求实效，抓好落实。

五、加强同代表和人民群众的联系，自觉接受人民监督。要牢记党的根本宗旨，树立人民至上的思想观念，想问题、办事情、作决定，都要从人民群众的根本利益出发，把维护人民群众的利益作为自己的神圣职责。坚持“从群众中来，到群众中去”的群众路线，深入实际，深入群众，认真听取群众的意见和要求，自觉接受群众监督。继续坚持常委会组成人员分工联系代表制度，加强各工作委员会与对口县人大代表的联系，坚持主任、副主任接待代表和群众来访制度，充分发挥人大常委会联系群众、反映民意、集中民智的主渠道作用。

六、加强廉政建设，树立人大形象。常委会组成人员要模范遵守有关廉政建设的规定，以身作则，严于律己，自觉接受监督。始终保持艰苦奋斗的作风，作廉洁奉公的表率。认真履行职责，监督和支持司法机关依法查处案件，推动全县反腐败斗争的深入开展。

七、加强机关组织建设，造就一支政治强、业务精、作风硬的干部队伍。加强机关干部队伍建设，不断提高机关干部的理论素养和专业知识，不断增强为“三会”服务的能力和水平。对德才兼备，符合干部“四化”标准的优秀干部，及时提拔使用；通过挂职锻炼、干部交流等形式，优化干部结构，提高干部的综合素质和工作水平。要加强人大各工作委员会和常委会工作部门的建设，建立健全“一岗双责”，全面推动规范化服务，努力把人大机关建设成团结、务实、廉洁、高效的机关。

八、加强制度建设，严格纪律约束。常委会组成人员要严格按照法律法规和有关规章制度办事，严格要求，严格管理，严格监督。要讲党性，讲原则，讲纪律，弘扬正气，开展积极的思想政治工作。要进一步坚持常委会组成人员守则、议事规则等规章制度，用制度规范每个人的行为。常委会组成人员要严格按照规定出席常委会会议，并恪尽职守，履行职责、扎实工作，使常委会成为“务实高效、团结协作、廉洁奉公、遵纪守法、开拓创新”的战斗集体，不断开创人大工作的新局面。

茌平县人民代表大会常务委员会议事规则

（2008年1月22日茌平县第十六届人大常委会第一次会议通过）

第一章　总　则

第一条　为保障常务委员会依法行使职权，提高议事效率和会议质量，根据《中华人民共和国宪法》《中华人民共和国地方各级人民代表大会和地方各级人民政府组织法》《中华人民共和国各级人民代表大会常务委员会监督法》的有关规定，结合本县实际，制定本规则。

第二条　常务委员会议事实行民主集中制和集体行使职权的原则，审议议案、报告，决定事项等，应当充分发扬民主，严格依法办事。

第二章　常务委员会会议的召开

第三条　常务委员会会议每2个月至少举行1次，由常务委员会主任召集并主持，主任可以委托副主任召集并主持。

第四条　常务委员会会议必须由全体组成人员过半数出席始得举行。

常务委员会组成人员应按时出席会议，因故不能出席会议时，必须请假。

第五条　常务委员会会议议程草案由主任会议拟定，提请常务委员会会议决定。

第六条　常务委员会举行会议，一般应在开会前10天，由常务委员会办事机构将会议日期、地点、议程草案等主要事项通知与会人员。因特殊情况临时召开的会议，可以临时通知。

第七条　常务委员会会议举行前，常务委员会组成人员和有关工作委员会，应围绕审议议题进行调查研究，了解情况，征求意见，为会议审议做准备。

第八条　常务委员会举行会议时，县人民政府、县人民法院、县人民检察院的负责人列席会议。人大常委会办公室和各工作委员会负责人列席会议。

根据需要，相关县人民政府组成部门或者直属机构负责人可以列席会议；可以邀请部分乡（镇）人大主席、有关方面的县人大代表和在县的省、市人大代表列席会议。

第三章　常务委员会主任会议

第九条　常务委员会主任、副主任组成主任会议，处理常务委员会的重要日常工作。

（一）决定常务委员会每次会议的会期，拟定会议议程草案。

（二）决定提请常务委员会会议审议的议案。

（三）听取县人民政府、人民法院、人民检察院的专项工作报告。

（四）听取常务委员会各工作委员会的工作汇报，研究处理各工作委员会提出的重要事项。

（五）在紧急情况下，必须对县人大代表实行逮捕或刑事审判而又不能及时召开常务委员会会议时，可先由主任会议许可，再由主任会议提请常务委员会会议确认。

（六）讨论、安排常务委员会的执法检查、视察、调查研究、工作评议等工作任务。

（七）处理常务委员会授权的事项。

（八）处理常务委员会的其他重要日常工作。

第十条　主任会议由常务委员会主任召集并主持，主任可以委托主持日常工作的副主任召集并主持。

第十一条　常务委员会驻会委员和各工作委员会、办事机构负责人列席主任会议。必要时，可以邀请县人民政府及其所属部门，县人民法院、人民检察院负责人列席会议。

第十二条　主任会议讨论决定的事项，分别由办事机构或有关工作委员会办理。

第四章　议案的提出和审议

第十三条　主任会议可以向常务委员会提出属于常务委员会职权范围内的议案，由常务委员会会议审议。

县人民政府、人民法院、人民检察院可以向常务委员会提出属于常务委员会职权范围内的议案，由主任会议决定提请常务委员会会议审议，或者先交有关工作委员会研究，提出意见，再提请常务委员会会议审议。

常务委员会组成人员3人以上联名，可以向常务委员会提出属于常务委员会职权范围内的议案，由主任会议决定是否提请常务委员会会议审议。不提请常务委员会会议审议的，应视情况进行处理，并向提案人说明。

常务委员会各工作委员会认为需要提请常务委员会审议的事项，须事先提出议案草案或调查报告，由主任会议研究决定。

第十四条　提请常务委员会审议的议案，最迟应在开会前5天送交常务委员会办公室。

常务委员会主任和县人民政府县长、人民法院院长、人民检察院检察长提出的人事任免案，按照《茌平县人民代表大会常务委员会任免地方国家机关工作人员办法》的规定办理。

第十五条　对列入常务委员会会议的议案，提议案的机关和有关工作部门应根据需要提供法律依据和参阅文件、资料；提出议案机关的负责人或提出议案的人员，可以在审议议案的会议上对议案作必要的说明和回答询问。

第十六条　县人民代表大会主席团决定交常务委员会审议的议案，常务委员会应将处理情况书面报告县人民代表大会会议。

其他议案在交付表决前，提出机关和人员要求撤回的，经主任会议同意，对该议案的审议即行终止。

第十七条　常务委员会在审议议案时，对需要进一步研究的重大问题，经主任会议同意，可以暂不付表决，交有关工作部门进一步研究提出意见，在下次或者以后的常务委员会会议上再行审议或表决。

第五章　听取和审议专项工作报告

第十八条　常务委员会每年选择若干关系改革发展稳定大局和群众切身利益、社会普遍关注的重大问题，有计划地安排听取和审议县人民政府、人民法院、人民检察院的专项工作报告。

第十九条　常务委员会听取和审议专项工作报告前，主任会议可以组织常务委员会组成人员和本级人民代表大会代表，对有关工作进行视察或专题调研；有关工作委员会或常务委员会办事机构可以就专项工作报告的有关事项组织调研。

调研结束后，常务委员会办事机构应当将各方面对该项工作的意见汇总，交由县人民政府、人民法院和人民检察院研究并在专项工作报告中作出回应。

第二十条　县人民政府、人民法院和人民检察院应当在常务委员会举行会议20日前，由其办事机构将专项工作报告送交有关工作委员会或常务委员会办事机构征求意见；县人民政府、人民法院和人民检察院根据修改意见对报告修改后，在常务委员会会议召开10日前送交常务委员会办公室。

常务委员会办事机构应当在常务委员会举行会议7日前，将专项工作报告发给常务委员会组成人员。

第二十一条　专项工作报告由县人民政府、人民法院、人民检察院的负责人向常务委员会报告，县人民政府也可以委托有关部门负责人向常务委员会报告。常务委员会在审议专项工作报告时，有关部门、单位负责人应到会听取审议意见。

第二十二条　常务委员会组成人员应当对专项工作报告进行认真审议，对该项工作提出意见、建议，并根据实际工作需要，决定是否对该部门、单位进行工作评议。

第二十三条　常务委员会组成人员3人以上，对专项工作报告不满意并要求常务委员会会议表决的，由主任会议决定是否提请常务委员会会议表决。提请常务委员会会议表决的专项工作报告，常务委员会组成人员半数以上不满意的，常务委员会应责成报告机关在本次会议或者下次会议上作补充报告或者重新报告。

常务委员会组成人员半数以上对补充的报告或者重作的报告仍不满意的，常务委员会应当作出相应的决议、决定。

第二十四条　常务委员会组成人员对专项工作报告的审议意见交由县人民政府、人民法院和人民检察院研究处理。县人民政府、人民法院和人民检察院应将研究处理情况在两个月内书面报告常务委员会。

第二十五条　常务委员会认为必要时，可以对有关事项依法作出决议、决定或发出监督意见书。县人民政府、人民法院和人民检察院应当在决议、决定和监督意见书规定的期限内向常务委员会报告研究处理结果。

第六章　询问和质询

第二十六条　常务委员会会议审议议案和相关报告时，常务委员会组成人员可以向有关机关提出询问。有关机关的负责人应当到会听取意见，回答询问。

第二十七条　在常务委员会会议期间，常务委员会组成人员3人以上联名，可以向常务委员会书面提出对县人民政府、人民法院、人民检察院的质询案。质询案必须写明质询的对象、问题和内容。

第二十八条　质询案经主任会议决定交由受质询机关在常务委员会会议上口头答复，或者由受质询机关书面答复。以口头答复的，应当由受质询机关的负责人到会答复；以书面答复的，应当由受质询机关的负责人签署。主任会议认为必要时，可以将答复质询的报告印发常务委员会会议或者印发提质询案的常务委员会组成人员。

第二十九条　提质询案的常务委员会组成人员半数以上对答复不满意的，可以提出要求，经主任会议决定，由受质询机关再作答复。

对再次答复仍不满意的，经主任会议决定，可以将质询案提请常务委员会会议审议，常务委员会可以作出相应的决议、决定。

第七章　特定问题调查

第三十条　常务委员会对属于其职权范围内的事项，需要作出决议、决定，但有关重大事实不清的，可以组织关于特定问题的调查委员会。

第三十一条　主任会议可以向常务委员会提议组织关于特定问题的调查委员会，提请常务委员会审议。

五分之一以上的常务委员会组成人员书面联名，可以向常务委员会提议组织关于特定问题的调查委员会，由主任会议决定提请常务委员会审议，或者先交有关的工作委员会审议、提出报告，再决定提请常务委员会审议。

第三十二条　调查委员会由主任委员、副主任委员和委员组成，由主任会议在常务委员会组成人员和本级人民代表大会代表中提名，提请常务委员会审议通过。

调查委员会根据需要，可以聘请有关专家参与调查工作。与调查的问题有利害关系的常务委员会组成人员和其他人员不得参加调查委员会。

第三十三条　调查委员会有权听取有关单位负责人的汇报，调阅有关的案卷和材料，询问有关人员，组织必要的技术鉴定。调查工作涉及到的国家机关、社会团体和企事业组织应当为调查工作提供方便，保证调查活动的顺利进行。

第三十四条　特定问题调查结束后，调查委员会应当向常务委员会提出调查报告，常务委员会根据调查报告，可以作出相应的决议、决定。

第八章　发言和表决

第三十五条　常务委员会组成人员在常务委员会会议上的发言和表决，列席会议的人大代表在常务委员会会议上的发言，不受法律追究。

第三十六条　常务委员会组成人员应围绕议题积极发表意见。审议发言应观点明确，言简意赅。

列席人员也可以围绕议题，提供情况，发表意见。

第三十七条　表决议案由常务委员会全体组成人员的过半数赞成始得通过。表决可以采取无记名投票或举手的方式。表决结果由会议主持人当场宣布。

表决人事任免案，按照《茌平县人民代表大会常务委员会任免地方国家机关工作人员办法》的规定办理。

第三十八条　常务委员会通过的决议、决定以及对各项报告的审议意见等，有关部门和单位必须认真执行。常务委员会有关工作委员会、办事机构要做好跟踪督查工作，并及时向主任会议报告，必要时应向常务委员会报告。

第三十九条　常务委员会有关工作委员会和办事机构要按照监督法的要求，及时将常务委员会行使监督职权的情况向代表通报、向社会公布，公布的方式和内容根据实际工作需要决定。

第四十条　本规则自通过之日起执行。

茌平县人民代表大会代表
建议、批评和意见办理工作办法

(2008年1月22日茌平县十六届人大会常委会第一次会议通过)

第一章　总则

第一条　为保障县人民代表大会代表（以下简称代表）依法行使提出建议、批评和意见的权利，做好代表建议、批评和意见的办理工作，根据《中华人民共和国地方各级人民代表大会和地方各级人民政府组织法》《中华人民共和国全国人民代表大会和地方各级人民代表大会代表法》《中华人民共和国全国人民代表大会和地方各级人民代表大会监督法》的有关规定，结合本县实际，制定本办法。

第二条　本办法所称的代表建议、批评和意见，是指代表书面向县人民代表大会及其常务委员会提出的对本县各方面工作的建议、批评和意见。

第三条　代表提出建议、批评和意见，是法律赋予代表的权利，是代表人民参与管理国家事务、监督国家机关工作的重要形式。

全县各级国家机关和组织、企事业单位应为代表提出建议、批评和意见提供必要的条件和服务。

第四条　有关机关和组织办理代表建议、批评和意见，是履行法律规定的职责，自觉接受人民群众监督的具体体现。承办单位应当坚持全心全意为人民服务的宗旨，尊重代表的权利，及时研究办理并答复代表。

第二章　代表建议、批评和意见的提出

第五条　代表应当围绕全县改革发展稳定的大局，政治、经济、文化、社会生活中的重大问题和人民群众普遍关心的问题，对县人民代表大会及其常务委员会、县人民政府及其部门、县人民法院、县人民检察院和其他机关、组织的工作提出建议、批评和意见。

第六条　下列情况不应当作为代表建议、批评和意见提出：

（一）涉及解决代表本人及其亲属个人问题的。

（二）代转人民群众来信的。

（三）属于学术探讨、产品推介的。

（四）没有实际内容的。

（五）其他不应当作为代表建议、批评和意见的。

第七条　代表对各方面工作提出建议、批评和意见，可以在县人民代表大会会议期间向大会提出，也可以在县人民代表大会闭会期间向县人民代表大会常务委员会提出；可以一人提出，也可以联名提出。

联名提出的，领衔代表应当采取适当方式，使参加联名的代表了解建议、批评和意见的内容。参加联名的代表应当确认建议、批评和意见的内容能够真实表达自己的意愿。

第八条　代表建议、批评和意见应当实事求是，简明扼要，做到有情况、有分析、有具体意见。

代表提出建议、批评和意见应当一事一议，使用统一印制的代表建议、批评和意见专用纸，并亲笔签名。

第九条　代表可以要求撤回本人提出的建议、批评和意见。要求撤回的，应当以书面形式提出，其办理工作即行终止。

第三章　代表建议、批评和意见的交办

第十条　代表建议、批评和意见，在县人民代表大会会议期间提出的，由县人民代表大会会议工作机构负责与有关承办单位联系，凡会议期间能够答复的，由承办单位在会议期间当面答复代表，其余由县人民大会常务委员会人事代表工作机构，在大会闭会后15日内交承办单位办理；在县人民代表大会闭会期间提出的，由县人民代表大会常务委员会人事代表工作机构负责在接到之日起5日内交承办单位办理。

县人民代表大会常务委员会组成人员联系代表时，对代表书面提出的建议、批评和意见，应当及时转交县人民代表大会常务委员会人事代表工作机构，由县人民代表大会常务委员会人事代表工作机构按照前款规定交承办单位办理。

第十一条　对代表本人要求予以保密，代表所提建议、批评和意见有可能使代表或者当事人受到打击、报复、要挟等行为侵害时，交办机关及承办单位应当为其保密。代表建议、批评和意见涉及国家秘密的，承办单位应当做好保密工作。

第十二条　承办单位对交办的代表建议、批评和意见应当及时研究，对不属于本单位职责范围的，在县人民代表大会会议期间，应当及时向县人民代表大会会议工作机构说明情况；县人民代表大会闭会期间，应当在收到代表建议、批评和意见之日起5日内，向县人民代表大会常务委员会人事代表工作机构或者县人民政府办公室说明情况。属于县人民政府职责范围的，由县人民政府办公室负责协调，其他由县人民代表大会常务委员会人事代表工作机构负责协调。未经交办机关同意，承办单位不得擅自退回或转办。

第十三条　在县人民代表大会会议期间，对代表建议、批评和意见中的重要事项，人民代表大会会议工作机构应当及时向县人民代表大会主席团报告。

在县人民代表大会闭会期间，对代表建议、批评和意见中的重要事项，县人民代表大会常务委员会人事代表工作机构应当及时向县人民代表大会常务委员会主任会议报告。

交办机关在对代表建议、批评和意见进行综合分析的基础上，应当对代表提出的内容属于全县中心工作，事关改革发展稳定的重大问题，以及群众普遍关心的热点、难点问题的建议、批评和意见，提出拟重点处理的建议，交由有关机关、组织重点研究办理。

第四章　代表建议、批评和意见的办理

第十四条　对代表提出的建议、批评和意见，根据本办法第十条的规定，分别由县人民代表大会及其常务委员会有关机构、县人民政府及其所属部门、县人民法院、县人民检察院和其他有关机关、组织研究处理。

第十五条　对代表建议、批评和意见的办理工作，承办单位应当健全制度，严格程序，实行领导分管，专人负责，确保办理质量。

对交办机关的重点办理的代表建议、批评和意见，承办单位应由主要负责人亲自负责研究处理。

第十六条　承办单位研究办理代表建议、批评和意见过程中，应当加强与提出相关建议、批评和意见的代表的沟通、联系，通过走访、调研、座谈等多种形式，充分听取意见或邀请相关代表参与研究。

第十七条　承办单位办理代表建议、批评和意见，应当根据国家宪法、法律、法规和有关方针政策，坚持实事求是、注重解决实际问题的原则。属于能够解决的问题，应当抓紧解决；属于因客观条件限制暂时无法解决的问题，应当列入今后工作计划或者规划，创造条件，逐步解决；属于确实不能解决的问题，应当如实向代表说明情况。

承办单位对代表建议、批评和意见所提问题正在解决或者列入计划、规划解决的，应当在落实后再次答复代表。因情况发生变化，致使原答复不能落实的，应当及时向代表说明原因。

第十八条　代表建议、批评和意见的办理期

限为3个月。如遇特殊情况，经交办机关同意，至迟不超过6个月答复代表。在县人民代表大会会议期间，对代表提出的建议、批评和意见，有条件办理的，承办单位应当在会议期间研究办理并答复代表。

第十九条　承办单位对代表建议、批评和意见必须件件给予答复。答复形式可以是当面答复，也可以是书面答复。凡有条件当面答复的，应当做到当面答复。根据代表的要求，也可以既当面答复，又书面答复。

承办单位对于代表联名提出的建议、批评和意见，应当分别答复每位代表或者协商领衔代表同意后请领衔代表转复其他代表；对于内容相同的代表建议、批评和意见，可以并案办理，但必须分别答复每位代表。

第二十条　由两个以上单位共同承办的代表建议、批评和意见，主办单位应当主动与协办单位协商，协办单位应当积极配合。协办单位应当在收到代表建议、批评和意见之日起1个月内将处理意见告主办单位，由主办单位统一答复代表。主办单位答复代表时，应当向代表说明相关协办单位的处理意见。需要两个以上单位分别处理的，各有关承办单位应当依照各自的职责处理，并分别答复代表。县人民政府有关部门因意见不一致，需要上级进行综合协调的，县人民政府办公室应当进行协调。

第二十一条　承办单位当面答复代表建议、批评和意见时，应当填写《当面答复代表建议、批评和意见记录》，并由代表签署意见。书面答复时，承办单位应当按照规定格式，正式行文，由主要负责人审核签发，加盖承办单位公章，直接寄送代表。

对代表建议、批评和意见的当面答复和书面答复，承办单位应当抄报县人民代表大会常务委员会人事代表工作机构；属于政府系统的承办单位应当同时抄报县人民政府办公室。

承办单位在代表建议、批评和意见全部办结后，应当及时向县人民代表大会常务委员会人事代表工作机构综合报告办理情况。

第二十二条　承办单位书面答复代表建议、批评和意见时，应当附寄“代表建议、批评和意见办理情况征询意见表”，征求代表对本部门办理工作的意见。代表应当认真填写，及时寄送县人民代表大会常务委员会人事代表工作机构，由县人民代表大会常务委员会人事代表工作机构负责将代表反馈意见印发有关承办单位。

第二十三条　代表对答复不满意的，可以将具体意见及时告知县人民代表大会常务委员会人事代表工作机构，由县人民代表大会常务委员会人事代表工作机构交由承办单位重新研究办理，并在下一个月内再次答复代表。重新办理时，承办单位应当听取代表意见。

第五章　代表建议、批评和意见办理工作的监督检查

第二十四条　县人民代表大会常务委员会对代表建议、批评和意见的办理工作进行监督检查，具体工作由县人民代表大会常务委员会人事代表工作机构负责。对县人民代表大会及其常务委员会交由县人民政府、县人民法院、县人民检察院承办的重点建议、批评和意见，县人民代表大会有关专门工作委员会应当进行跟踪督办。县人民政府对所属部门办理代表建议、批评和意见的工作进行监督检查，具体工作由县人民政府办公室负责。

第二十五条　对代表提出的重点建议、批评和意见的办理情况，县人民代表大会专门委员会或者县人民代表大会常务委员会人事代表工作机构可以建议县人民代表大会常务委员会主任会议专题听取承办单位汇报，询问办理情况，提出工作意见。必要时，县人民代表大会常务委员会主任会议可以决定相关议题提请县人民代表大会常务委员会会议审议。

第二十六条　县人民政府和县人民法院、县人民检察院应当在下一次县人民代表大会会议召开前将代表建议、批评和意见办理情况向县人民代表大会常务委员会会议报告，由县人民代表大

会常务委员会会议审议后，印发下一次县人民代表大会会议全体代表。

第二十七条 在县人民代表大会会议期间，代表有权就代表建议、批评和意见办理工作对有关承办单位依法提出询问和质询。

在县人民代表大会常务委员会会议期间，县人民代表大会常务委员会组成人员有权就代表建议、批评和意见办理工作对有关承办单位依法提出询问和质询。

第二十八条 对代表建议、批评和意见的办理工作，县人民代表大会常务委员会可以通过组织代表视察、述职评议、执法评议、跟踪督办、特定问题调查等多种形式加强监督、检查。

代表或者代表小组可以对建议、批评和意见办理情况进行调查、视察，具体联系安排工作由县人民代表大会常务委员会代表人事代表工作机构负责。被调查、视察单位分管办理工作的负责人或者部门负责人应当如实向代表汇报情况，回答代表提出的问题，听取代表的建议、批评和意见。

第二十九条 有下列情形之一的，县人民代表大会常务委员会主任会议可以责成承办单位限期改正并报告处理结果；情节严重的，责成有关机关依法追究承办单位负责人及其工作人员的行政责任或者刑事责任：

（一）对代表建议、批评和意见办理不认真、敷衍塞责，答复意见不符合实际，答复不落实又不说明原因的。

（二）贻误工作造成重大损失的。

（三）对代表进行刁难、无理指责或者打击报复的。

（四）违反本条例第十一条规定没有做好保密工作的。

第六章 附则

第三十条 本县选出的市人民代表大会的代表，就本县各方面的工作，向县人民代表大会及其常务委员会提出的建议、批评和意见，参照本办法办理。

第三十一条 各乡（镇）人民代表大会主席团可以参照本办法执行。

第三十二条 本办法自通过之日起实施。

茌平县人大常委会关于贯彻实施《山东省各级人民代表大会常务委员会规范性文件备案审查规定》的意见

（2010年11月25日茌平县十六届人大常委会第二十一次会议通过）

县人民政府、县人民法院、县人民检察院、各乡（镇）人民代表大会：

《山东省各级人民代表大会常务委员会规范性文件备案审查规定》已于2009年1月1日起施行。聊城市人大常委会于2010年7月23日召开了专门会议，要求各县（市区）人大常委会全面启动规范性文件备案审查工作。为了认真贯彻实施好这部地方性法规，切实行使好这一法律监督职权，根据《法规》规定和聊城市人大常委会工作会议精神，茌平县人大常委会对规范性文件备案审查工作中涉及的一些实施性问题提出以下意见，供参照执行。

一、规范性文件的备案

（一）规范性文件备案文件内容

规范性文件备案文件包括规范性文件备案报告、规范性文件文本和说明等有关文件。

1. 规范性文件备案报告

是指县人民政府、乡镇人民代表大会向本级或者上一级人大常委会报送规范性文件备案的报告。应当以县人民政府、乡镇人民代表大会的名义行文，主送机关的名称应为本级或者上一级人民代表大会常务委员会，接收部门的名称应当为本级或者上一级人民代表大会常务委员会确定的规范性文件备案审查工作机构，如茌平县人大常委会确定的县人大法制工作委员会。

2. 规范性文件文本

制定或修订的规范性文件，报送规范性文件文本；修改的规范性文件，报送修改决定、修改后的规范性文件文本；废止规范性文件的，报送废止决定。

3. 说明

是指规范性文件制定机关对所制定（含修改、废止，下同）规范性文件有关事项的说明，应当包括制定规范性文件的目的、依据、内容重点、重大分歧意见的协调和处理情况，以及公民、法人或者其他组织对规范性文件的意见和建议。

4. 有关文件

是指制定该规范性文件依据的相关法律、法规、规章和政策，重大问题的论证、听证报告等。

（二）需要报送备案的规范性文件范围

1、下列规范性文件，应当报送本级人大常委会备案：

县党委、政府联合制发的文件，县人民政府以“政发”或者其他编以正式公文字号的文件，县人民政府办公室代表县人民政府以“政办发”或者其他编以正式公文字号的文件，内容涉及全局性，涉及公民、法人和其他组织权利义务、具有普遍约束力，如涉及行政处罚、行政许可、行政强制、主体资格等内容的规范性文件。

上述文件包括命令、决定、公告、通告、通知、批复、意见、办法、规定、会议纪要等。

党政联合制发的规范性文件，由联合制发的县人民政府负责报送本级人大常委会备案。

2. 下列规范性文件，应当报送上一级人大常委会备案：

（1）县人大及其常委会单独或者联合发布的具有普遍约束力的文件，包括公告、决议、决定、规则、办法、规定、批复、通知、意见、会议纪要等。

（2）乡（镇）人民代表大会发布的具有普遍约束力的文件。

（三）下列文件不需要报送备案

1. 关于选举、人事任免、机构设置及编制的公告、决定。

2. 关于召开会议、通过会议议程等程序性的决定。

3. 关于国民经济和社会发展计划、预算及其执行情况的报告的决议。

4. 关于人大常委会、政府、法院、检察院工作情况报告的决议。

5. 人民代表大会及其常务委员会自身建设的规章制度。

6. 政府内部的工作制度。

7. 政府对具体事项作出的行政处理决定。

8. 向上级政府的请示和报告。

9. 政府对宏观事项所作的规划、决议、决定。

10. 单纯转发上级行政机关文件的公文。

（四）规范性文件备案文件格式

报送规范性文件备案，应当同时报送纸质文件和电子文件。

1. 纸质文件

纸质文件是指以墨印、铅印或者胶印方式，使用A4型公文纸印制的规范性文件备案文件。

报送纸质文件，应当按照规范性文件备案报告、规范性文件文本、说明的顺序，左侧装订成册，一式5份。

其他有关文件只报送电子文本，其目录在说明中列出。

2、电子文件

报送纸质文件的同时，应当将规范性文件电子文本（采用Word文件或者纯文本文件的格式）报送常委会备案审查工作机构。

二、规范性文件备案的程序

规范性文件备案的程序包括规范性文件报送、接收、登记、分送、存档5个环节。

（一）报送

规范性文件应当自公布之日起30日内由规范性文件报送机关报送相关的人大常委会备案。

（二）接收

县人大常委会确定的备案审查工作机构负责规范性文件备案文件的接收。

（三）登记

1. 审核

常委会备案审查工作机构收到报送的规范性文件备案文件后，应当对文件格式、内容、数量等逐项进行审核确认。对符合要求的规范性文件备案文件进行备案登记；对不符合要求的规范性文件备案文件，应当以接收机构的名义要求报送机关限期补充报送，待补正后办理备案登记。

2. 登记

常委会备案审查工作机构承办人应当按照规范性文件备案登记事项对备案文件逐项核对登记。

（四）分送

常委会备案审查工作机构对报送备案的规范性文件登记后，认为需要主动审查，经相关负责人同意后分送人大常委会有关工作机构审查。

（五）存档

对登记后的规范性文件备案文件，应当按照纸质文件、电子文件分类存放；

每年1月31日前，报送机关应当将上一年度制定的规范性文件目录报送备查。

三、对备案的规范性文件的处理

规范性文件报送备案后，人大常委会有关工作机构、备案审查工作机构可以对备案的规范性文件进行主动审查，并按照以下程序进行处理：

（一）审查有关内容

1. 对内容合法性的审查

（1）是否违反宪法、法律、行政法规、地方性法规的规定。

（2）是否同上级或者本级人大及其常委会的有关决议、决定相抵触。

2. 对制定权限的审查

（1）是否符合《中华人民共和国地方各级人民代表大会和地方各级人民政府组织法》的规定。

（2）是否符合《中华人民共和国行政处罚法》第十四条规定。

（3）是否符合《中华人民共和国行政许可法》第十七条规定。

（4）是否超越法定权限，限制或者剥夺公民、法人和其他组织的合法权利，或者增加公民、法人和其他组织的义务。

（5）是否符合法律、法规有关规范性文件制定权限的规定。

3. 对内容适当性的审查

（1）规范性文件之间是否存在对同一事项不一致的内容。

（2）规范性文件的规定在本行政区域内是否具有合理性、可行性。

4. 对法定程序的审查

（1）人大及其常委会的决议、决定是否符合《中华人民共和国地方各级人民代表大会和地方各级人民政府组织法》及有关人民代表大会及其常务委员会议事规则的规定。

（2）政府的规范性文件是否符合有关规范性文件制定程序的规定。

（二）处理

常委会有关工作机构对收到的规范性文件进行主动审查后发现问题的，应当提出审查意见，并函告常委会备案审查工作机构。

常委会备案审查工作机构收到常委会有关工作机构的审查意见后，应当汇总提出审查意见，经常委会相关负责人同意后，报常委会主任会议研究。

常委会主任会议认为规范性文件需要修改或者废止的，提出由制定机关自行修改或者废止该规范性文件的书面审查意见，由常委会办公室转送制定机关。

经常委会主任会议研究认为规范性文件不需要修改或者废止的，处理终结。

四、对规范性文件的处理

国家机关、社会团体、企业事业单位和其他组织以及公民，认为县人民政府组成部门、办事机构或者直属机构制定的涉及公民、法人和其他组织的权利义务、具有普遍约束力的规范性文件有《山东省各级人民代表大会常务委员会规范性文件备案审查规定》第七条所列情形之一，向本级人大常委会书面提出审查建议的，由备案审查工作机构进行研究，认为需要修改或废止的，应当提出初步审查意见，报经常委会主任会议同意后，交本级人民政府处理，并要求报告处理结果。

国家机关、社会团体、企业事业单位和其他组织以及公民，认为县人民法院、人民检察院为执行法律、法规和司法解释制定的具有普遍约束力的规范性文件有《山东省各级人民代表大会常务委员会规范性文件备案审查规定》第七条所列情形之一，向本级人大常委会书面提出审查建议的，由备案审查工作机构进行研究，认为需要修改或者废止的，应当提出初步审查意见，报经常委会主任会议同意后，责成制定机关自行修改或者废止该规范性文件；制定机关不予修改或者废止的，由本级人大常委会通过其他监督方式责令其纠正，或者报告上一级人大常委会进行处理。

五、对审查要求的处理

（一）接收和分送

县人民政府、人民法院、人民检察院向本级人大常委会书面提出的审查要求，由县人大常委会备案审查工作机构负责接收。乡（镇）人民代表大会向县人大常委会书面提出的审查要求，由县人大常委会备案审查工作机构负责接收。

常委会备案审查工作机构收到审查要求后，应当办理规范性文件审查要求登记事项，在10日内提出办理意见，报经常委会相关负责人同意后，将审查要求的书面材料函送常委会有关工作机构。

（二）审查和汇总

常委会有关工作机构收到书面审查要求的材料后，应当依照《规定》第七条和本《意见》有关审查内容的规定，在30日内会同常委会备案审查工作机构对有关规范性文件进行审查，提出审查意见。

常委会备案审查工作机构应当在收到审查意见后10日内，汇总报常委会主任会议研究。

（三）处理

经常委会主任会议研究，决定向规范性文件制定机关提出书面审查意见的，应当以主任会议的名义提出书面审查意见，由常委会办公室转送；经常委会主任会议研究，决定不提出书面审查意见的，处理终结。

六、对审查建议的处理

（一）接收和登记

有权提出审查要求主体以外的其他国家机关、社会团体、企业事业单位和其他组织以及公民向人大常委会书面提出的审查建议，由常委会备案审查工作机构负责接收。

常委会备案审查工作机构收到书面审查建议后，应当办理规范性文件审查建议登记事项。

（二）研究和处理

常委会备案审查工作机构收到书面审查建议后，应当在10日内进行研究。

1. 尚未发现问题的处理

常委会备案审查工作机构负责对审查建议进行初步研究，审查建议所涉及的规范性文件尚未发现问题的，应当填写尚未发现问题的初步研究意见，经常委会备案审查工作机构负责人确认后存查。

2. 发现问题的处理

常委会备案审查工作机构在对审查建议初步研究后，发现审查建议所涉及的规范性文件存在问题的，应当按照以下程序办理：

（1）填写发现问题的初步研究意见，提出办理意见，报经常委会相关负责人同意后，分送常委会有关工作机构进行审查。

（2）常委会有关工作机构进行审查后，认为规范性文件可能存在问题的，应当在30日内提出审查意见。

常委会备案审查工作机构应当在收到审查意见后10日内，汇总报常委会主任会议研究。

（3）经常委会主任会议研究，决定向规范性文件制定机关提出书面审查意见的，应当以主任会议的名义提出书面审查意见，由常委会办公室转送；经常委会主任会议研究，决定不提出书面审查意见的，处理终结。

七、规范性文件的修改和撤销

（一）修改和撤销

规范性文件制定机关收到书面审查意见后，应当在30日内提出是否修改或者废止的意见，并书面告知常委会办公室。常委会办公室接到制定机关的书面报告后，应当及时转送常委会备案审查工作机构，常委会备案审查工作机构应当及时将制定机关的处理意见向常委会有关工作机构反馈，并报告常委会主任会议。

需要修改或者废止的规范性文件，制定机关应当自书面告知常委会办公室之日起1个月内修改或者废止。对规范性文件进行修改的，制定机关应当将修改后的规范性文件重新公布，并按照《规定》重新备案。

在收到书面审查意见后不予修改或者废止的，常委会有关工作机构、常委会备案审查工作机构可以提出撤销该规范性文件的建议，报经常委会主任会议研究，常委会主任会议认为必要时提出撤销该规范性文件的议案，提请常委会会议审议。

（二）审议及公布

撤销议案经常委会会议审议通过后，由常委会在人民代表大会常务委员会公报和媒体上公布。

八、审查处理终结后的工作

（一）告知有关单位和个人

对审查要求或者审查建议处理终结后15日内，常委会备案审查工作机构应当将审查情况或者处理结果书面告知提出审查要求或者审查建议的单位或者公民。

（二）汇总规范性文件备案及审查情况

常委会备案审查工作机构应当于每年第一季度，对上一年度规范性文件备案及审查情况进行汇总，并向人大常委会主任会议作出书面报告，报告应当包括基本情况、审查结果、需注意的问题、工作建议等内容。人大常委会备案审查工作机构应当适时向制定机关转送以上汇总情况。

关于进一步加强人大宣传报道工作的意见

为切实加强人大宣传报道工作，根据省、市人大宣传工作会议精神，经县人大常委会主任会议研究，现就进一步加强人大宣传报道工作提出如下意见 ：

一、指导思想

以邓小平理论和“三个代表”重要思想为指导，以宪法和法律为依据，以增强全社会民主法制意识、普及人大知识、反映人大工作为目的，坚持高举中国特色社会主义伟大旗帜，深入贯彻科学发展观，大力宣传我国的人民代表大会制度和各级人大及其常委会的工作情况及经验，积极探讨人大工作理论和实践问题，努力推动全县人大工作的深入开展，为进一步加强社会主义民主与法制建设，加快建设百强县提供强有力的服务和保证。

二、宣传重点

（一）宪法等重要法律和以胡锦涛为总书记的党中央关于民主法制建设的一系列重要指示。

（二）人大工作实践和体会，对人大理论的探讨及运用人大理论解决实际问题的典型事例。

（三）国家、省颁布的法律法规在本行政区域内的实施情况及人大常委会开展执法检查、执法调研情况。

（四）人大工作的基本知识。

（五）县、乡人大制度建设及落实情况。

（六）县、乡人大的工作动态、重要活动。

（七）县、乡人大开展工作评议的动态与效果。

（八）县人大常委会审议和决定重要事项的动态及需要向社会公布的重大事项。

（九）各级人大代表依法执行职务、联系选民的情况及人大代表提出的意见和建议的办理情况。

（十）基层民主政治建设情况，特别是实行民主选举、民主决策、民主监督的新经验和好做法。

三、主要措施

（一）加强领导，培植通讯员队伍。县人大常委会建立人大宣传工作领导小组，由县人大常委副主任王金玉任组长，县人大常委会办公室主任韩刚为副组长、“一府两院”办公室和新闻单位的负责人为成员。建立健全人大宣传通讯员网络，县人大常委会机关各委室、县政府、县法院、县检察院和各乡（镇）人大要明确一至两人任通讯员，负责做好宣传报道工作；同时聘请部分人大代表为特邀通讯员。

（二）加强联系，拓宽宣传渠道。加强与党委宣传部门和各新闻单位的联系，充分利用各种新闻媒体，开设专栏、专题，全面报道人大工作。积极向上级新闻媒体撰写稿件，有计划地把上级新闻单位记者请进来，并积极提供采访线索和必要的工作条件，加强工作的宣传力度。

（三）完善制度，建立激励机制。制定相应的考核奖励办法，将宣传报道工作任务的完成情况作为干部考核和评先树优的条件，并实行稿酬加倍奖励制度，充分调动各方面的积极性。

四、考核奖励办法

（一）发表稿件指标。对人大宣传报道工作实行任务目标责任制。按照在市级及市级以上新闻媒体和人大内部刊物的发稿篇数计算，县人大常委会机关各委室每年发表稿件不少于3篇（次），每个乡（镇）人大每年发表稿件不少于2篇（次）。

（二）考核办法。建立新闻稿件采用报告制度，每季度末，宣传报道责任单位向县人大常委会办公室报送一次稿件采用情况。县人大常委会办公室每个季度通报一次各单位发表稿件情况，年终进行总评。

（三）奖励办法。

1.凡达到规定的年发表稿件指标的单位，年终优先被评为人大宣传工作先进单位；个人每年在市级及市级以上新闻媒体和人大内部期刊上发表稿件6篇以上（含6篇），年终被评为人大宣传工作先进个人。由县人大常委会予以表彰。

2.个人物质奖励分级负责。县人大机关工作人员由县人大常委会奖励，各乡镇人大工作人员由各乡镇人大奖励（奖励办法、标准可根据各自情况自行制定）。

3.县人大常委会工作人员（下同）凡在国家级新闻媒体、《中国人大》《人大新闻导刊》上发表的稿件，每篇100元进行奖励（以稿酬汇款单复印件为准，下同）。凡在省级新闻媒体和《山东人大》《人民权利报》上发表的稿件，每篇按150元进行奖励。凡在市级新闻媒体上发表的稿件，每篇按300元进行奖励；在《聊城人大》上发表的稿件，参照市级新闻媒体稿酬的标准发放稿酬。不管何级媒体刊发的稿件，个人奖金2000元封顶。

本意见自2009年3月起执行。

第十七届人大常委会制度建设

2012年1月14日，茌平县第十七届人大常委会召开第一次会议，审议通过《茌平县第十七届人大常委会议事规则》。

2014年9月4日，茌平县第十七届人大常委会召开第十七次会议，审议通过《茌平县人民代表大会代表守则》。

2014年11月13日，茌平县第十七届人大常委会召开第十八次会议，审议通过《茌平县人民代表大会常务委员会委员守则》。

茌平县第十七届人大常委会议事规则

（2012年1月14日茌平县第十六七届人大常委会第一次会议通过）

第一章　总　则

第一条　为保障常务委员会依法行使职权，提高议事效率和会议质量，根据《中华人民共和国宪法》《中华人民共和国地方各级人民代表大会和地方各级人民政府组织法》《中华人民共和国各级人民代表大会常务委员会监督法》的有关规定，结合本县实际，制定本规则。

第二条　常务委员会议事实行民主集中制和集体行使职权的原则，审议议案、报告，决定事项等，应当充分发扬民主，严格依法办事。

第二章　常务委员会会议的召开

第三条　常务委员会会议每2个月至少举行1次，由常务委员会主任召集并主持，主任可以委托副主任召集并主持。

第四条 常务委员会会议必须由全体组成人员过半数出席始得举行。

常务委员会组成人员应按时出席会议，因故不能出席会议时，必须请假。

第五条 常务委员会会议议程草案由主任会议拟定，提请常务委员会会议决定。

第六条 常务委员会举行会议，一般应在开会前10天，由常务委员会办事机构将会议日期、地点、议程草案等主要事项通知与会人员。因特殊情况临时召开的会议，可以临时通知。

第七条 常务委员会会议举行前，常务委员会组成人员和有关工作委员会，应围绕审议议题进行调查研究，了解情况，征求意见，为会议审议做准备。

第八条 常务委员会举行会议时，县人民政府、县人民法院、县人民检察院的负责人列席会议。人大常委会办公室和各工作委员会负责人列席会议。

根据需要，相关县人民政府组成部门或者直属机构负责人可以列席会议；可以邀请部分乡乡人大主席团主席、有关方面的县人大代表和在县的省、市人大代表列席会议。

第三章 常务委员会主任会议

第九条 常务委员会主任、副主任组成主任会议，处理常务委员会的重要日常工作。

（一）决定常务委员会每次会议的会期，拟定会议议程草案；

（二）决定提请常务委员会会议审议的议案；

（三）听取县人民政府、人民法院、人民检察院的专项工作报告；

（四）听取常务委员会各工作委员会的工作汇报，研究处理各工作委员会提出的重要事项；

（五）在紧急情况下，必须对县人大代表实行逮捕或刑事审判而又不能及时召开常务委员会会议时，可先由主任会议许可，再由主任会议提请常务委员会会议确认；

（六）讨论、安排常务委员会的执法检查、视察、调查研究、工作评议等工作任务；

（七）处理常务委员会授权的事项；

（八）处理常务委员会的其他重要日常工作。

第十条 主任会议由常务委员会主任召集并主持，主任可以委托主持日常工作的副主任召集并主持。

第十一条 常务委员会驻会委员和各工作委员会、办事机构负责人列席主任会议。必要时，可以邀请县人民政府及其所属部门，县人民法院、人民检察院负责人列席会议。

第十二条 主任会议讨论决定的事项，分别由办事机构或有关工作委员会办理。

第四章 议案的提出和审议

第十三条 主任会议可以向常务委员会提出属于常务委员会职权范围内的议案，由常务委员会会议审议。

县人民政府、人民法院、人民检察院可以向常务委员会提出属于常务委员会职权范围内的议案，由主任会议决定提请常务委员会会议审议，或者先交有关工作委员会研究，提出意见，再提请常务委员会会议审议。

常务委员会组成人员3人以上联名，可以向常务委员会提出属于常务委员会职权范围内的议案，由主任会议决定是否提请常务委员会会议审议。不提请常务委员会会议审议的，应视情况进行处理，并向提案人说明。

常务委员会各工作委员会认为需要提请常务委员会审议的事项，须事先提出议案草案或调查报告，由主任会议研究决定。

第十四条 提请常务委员会审议的议案，最迟应在开会前5天送交常务委员会办公室。

常务委员会主任和县人民政府县长、人民法院院长、人民检察院检察长提出的人事任免案，按照《茌平县人民代表大会常务委员会任免地方国家机关工作人员办法》的规定办理。

第十五条 对列入常务委员会会议的议案，提议案的机关和有关工作部门应根据需要提供法律依据和参阅文件、资料；提出议案机关的负责人或提出议案的人员，可以在审议议案的会议上对议案作必要的说明和回答询问。

第十六条　县人民代表大会主席团决定交常务委员会审议的议案，常务委员会应将处理情况书面报告县人民代表大会会议。

其他议案在交付表决前，提出机关和人员要求撤回的，经主任会议同意，对该议案的审议即行终止。

第十七条　常务委员会在审议议案时，对需要进一步研究的重大问题，经主任会议同意，可以暂不付表决，交有关工作部门进一步研究提出意见，在下次或者以后的常务委员会会议上再行审议或表决。

第五章　听取和审议专项工作报告

第十八条　常务委员会每年选择若干关系改革发展稳定大局和群众切身利益、社会普遍关注的重大问题，有计划地安排听取和审议县人民政府、人民法院、人民检察院的专项工作报告。

第十九条　常务委员会听取和审议专项工作报告前，主任会议可以组织常务委员会组成人员和本级人民代表大会代表，对有关工作进行视察或专题调研；有关工作委员会或常务委员会办事机构可以就专项工作报告的有关事项组织调研。

调研结束后，常务委员会办事机构应当将各方面对该项工作的意见汇总，交由县人民政府、人民法院和人民检察院研究并在专项工作报告中作出回应。

第二十条　县人民政府、人民法院和人民检察院应当在常务委员会举行会议20日前，由其办事机构将专项工作报告送交有关工作委员会或常务委员会办事机构征求意见；县人民政府、人民法院和人民检察院根据修改意见对报告修改后，在常务委员会会议召开10日前送交常务委员会办公室。

常务委员会办事机构应当在常务委员会举行会议7日前，将专项工作报告发给常务委员会组成人员。

第二十一条　专项工作报告由县人民政府、人民法院、人民检察院的负责人向常务委员会报告，县人民政府也可以委托有关部门负责人向常务委员会报告。常务委员会在审议专项工作报告时，有关部门、单位负责人应到会听取审议意见。

第二十二条　常务委员会组成人员应当对专项工作报告进行认真审议，对该项工作提出意见、建议，并根据实际工作需要，决定是否对该部门、单位进行工作评议。

第二十三条　常务委员会组成人员3人以上，对专项工作报告不满意并要求常务委员会会议表决的，由主任会议决定是否提请常务委员会会议表决。提请常务委员会会议表决的专项工作报告，常务委员会组成人员半数以上不满意的，常务委员会应责成报告机关在本次会议或者下次会议上作补充报告或者重新报告。

常务委员会组成人员半数以上对补充的报告或者重作的报告仍不满意的，常务委员会应当作出相应的决议、决定。

第二十四条　常务委员会组成人员对专项工作报告的审议意见交由县人民政府、人民法院和人民检察院研究处理。县人民政府、人民法院和人民检察院应将研究处理情况在2个月内书面报告常务委员会。

第二十五条　常务委员会认为必要时，可以对有关事项依法作出决议、决定或发出监督意见书。县人民政府、人民法院和人民检察院应当在决议、决定和监督意见书规定的期限内向常务委员会报告研究处理结果。

第六章　询问和质询

第二十六条　常务委员会会议审议议案和相关报告时，常务委员会组成人员可以向有关机关提出询问。有关机关的负责人应当到会听取意见，回答询问。

第二十七条　在常务委员会会议期间，常务委员会组成人员3人以上联名，可以向常务委员会书面提出对县人民政府、人民法院、人民检察院的质询案。质询案必须写明质询的对象、问题和内容。

第二十八条　质询案经主任会议决定交由受质询机关在常务委员会会议上口头答复，或者由受质询机关书面答复。以口头答复的，应当由受质询机关的负责人到会答复；以书面答复的，应当由受质询机关的负责人签署。主任会议认为必要时，可以将答复质询的报告印发常务委员会会议或者印发提质询案的常务委员会组成人员。

第二十九条　提质询案的常务委员会组成人员半数以上对答复不满意的，可以提出要求，经主任会议决定，由受质询机关再作答复。

对再次答复仍不满意的，经主任会议决定，可以将质询案提请常务委员会会议审议，常务委员会可以作出相应的决议、决定。

第七章　特定问题调查

第三十条　常务委员会对属于其职权范围内的事项，需要作出决议、决定，但有关重大事实不清的，可以组织关于特定问题的调查委员会。

第三十一条　主任会议可以向常务委员会提议组织关于特定问题的调查委员会，提请常务委员会审议。

五分之一以上的常务委员会组成人员书面联名，可以向常务委员会提议组织关于特定问题的调查委员会，由主任会议决定提请常务委员会审议，或者先交有关的工作委员会审议、提出报告，再决定提请常务委员会审议。

第三十二条　调查委员会由主任委员、副主任委员和委员组成，由主任会议在常务委员会组成人员和本级人民代表大会代表中提名，提请常务委员会审议通过。

调查委员会根据需要，可以聘请有关专家参与调查工作。与调查的问题有利害关系的常务委员会组成人员和其他人员不得参加调查委员会。

第三十三条　调查委员会有权听取有关单位负责人的汇报，调阅有关的案卷和材料，询问有关人员，组织必要的技术鉴定。调查工作涉及到的国家机关、社会团体和企事业组织应当为调查工作提供方便，保证调查活动的顺利进行。

第三十四条　特定问题调查结束后，调查委员会应当向常务委员会提出调查报告，常务委员会根据调查报告，可以作出相应的决议、决定。

第八章　发言和表决

第三十五条　常务委员会组成人员在常务委员会会议上的发言和表决，列席会议的人大代表在常务委员会会议上的发言，不受法律追究。

第三十六条　常务委员会组成人员应围绕议题积极发表意见。审议发言应观点明确，言简意赅。列席人员也可以围绕议题，提供情况，发表意见。

第三十七条　表决议案由常务委员会全体组成人员的过半数赞成始得通过。表决可以采取无记名投票或举手的方式。表决结果由会议主持人当场宣布。

表决人事任免案，按照《茌平县人民代表大会常务委员会任免地方国家机关工作人员办法》的规定办理。

第三十八条　常务委员会通过的决议、决定以及对各项报告的审议意见等，有关部门和单位必须认真执行。常务委员会有关工作委员会、办事机构要做好跟踪督查工作，并及时向主任会议报告，必要时应向常务委员会报告。

第三十九条　常务委员会有关工作委员会和办事机构要按照《监督法》的要求，及时将常务委员会行使监督职权的情况向代表通报、向社会公布，公布的方式和内容根据实际工作需要决定。

第四十条　本规则自通过之日起执行。

茌平县人民代表大会代表守则

（2014年9月4日县十七届人大常委会第十七次会议通过）

第一章　总　则

第一条　为促进茌平人民代表大会代表（以下简称代表）认真履行职责，自觉接受监督，充分发挥作用，根据《宪法》《选举法》和《代表法》的有关规定，结合本县实际，制定本守则。

第二条　代表依照法律规定产生，是本县国家权力机关的组成人员，代表通过出席本级人民代表大会、参加闭会期间的代表活动，代表人民的利益和意志，依照宪法和法律赋予的职权，行使管理国家事务的权力。

第三条　代表要依法执行代表职务，认真履行代表义务，充分发挥代表作用。代表出席县人民代表大会会议，参加闭会期间的履职活动，应当安排好本人的生产和工作，优先执行代表职务。

第四条　代表要严格按照茌平县人大“维护县委领导权威，依法行使决策权力，监督支持‘一府两院’工作，履职促进跨越发展，树立人大良好形象”的总体工作定位，围绕全县工作中心，服务科学发展大局。

第五条　代表要带头践行群众路线，带头开展教育实践活动，树立“人大代表为人民”的宗旨意识，察民情、听民意，联系群众“接地气”；聚民心、集民智，传递群众“好声音”。

第六条　代表要严格执行本守则的规定，自觉接受原选区选民和人民群众的监督。

第二章　代表的职责

第七条　代表要严格遵守宪法和法律，做宪法和法律实施的促进者，严守国家秘密，维护法律尊严和国家利益。要努力学习宪法、法律法规和党的方针政策，学习依法行使代表职权所必备的人大工作知识和科学文化知识，增强社会主义民主法治观念。

第八条　代表要按时参加人民代表大会，参会时自觉遵守会议纪律，认真审议各项议案、报告和其他议题，充分发表意见，积极提出议案及建议、批评和意见，全力完成大会各项工作任务。

因病、因事不能参加的，要在大会召开前，填写请假报告单，由所在代表团统一报县人大常委会审核并按规定报批；会议期间，向大会秘书长请假。

第九条　代表在闭会期间要积极参加县人大常委会和所驻乡镇人大组织的会议、视察、调查、执法检查、学习培训、专题调研、述职评议等活动。

不能按时参加县人大常委会安排参加的会议和活动的，要向县人大常委会领导请假；不能按时参加乡（镇）人大安排参加的会议和活动的，要向乡（镇）人大请假。请假应以书面形式提出。

第十条　代表在闭会期间以小组活动为基本形式。代表应积极参加代表小组活动，每年参加小组活动不少于两次。

不能按时参加代表小组活动的，要向代表小组召集人请假，并记入《代表履职档案》备案。

第十一条　代表要与原选区选民和人民群众保持密切联系，向原选区选民和人民群众负责，通过接访、走访、座谈、电话、信函等方式深入调查研究，掌握真实情况，听取和反映人民群众的意见和要求。

每个代表团任期内至少要提出1件代表议案，每名代表每年至少要以个人或联名的方式提出1件代表建议、批评、意见。

县人大常委会办事机构或承办单位征求代表议案或建议的办理意见时，领衔提交该议案或建议的代表应当出席，并及时向县人大常委会反馈代表议案、建议办理情况调查回执。

第十二条　代表要积极向人民群众传达党和国家的方针政策和县人大常委会通过的决议、决定及有关工作情况，介绍茌平县经济社会发展情况，主动支持“一府两院”工作。

对县人民政府及其工作机构、县人民法院、县人民检察院邀请参加的活动，代表应予以支持。

第十三条　代表要踊跃参加代表主题实践活动，围绕党委、政府工作大局，结合岗位特点和业务特长，充分发挥人大代表的模范带头、先进引领和监督推动作用，比奉献、创业绩、树形象，为推动茌平经济社会发展，建设美丽幸福新茌平建功立业。

第十四条　代表可以参加与代表职责有关的社会活动，应邀担任县级行政执法机关、审判机关、检察机关监督员等与代表职责有关的社会职务，并报县人大常委会代表联络工委备案。

第十五条 代表要配合小组召集人如实填写《代表履职档案》，实事求是的记录自己的履职情况。履职情况作为述职评议的重要依据，成绩突出的，可推荐为优秀代表。

第三章 对代表的监督

第十六条 代表要通过多种方式、多种渠道听取人民群众对自己履行代表职责的意见，回答原选区选民对代表工作和代表活动的询问，自觉接受监督。

第十七条 代表届内至少要向原选举单位述职1次，并接受评议。对评议为不满意的，要限期整改并再次评议，对再次评议仍为不满意的，建议原选举单位要求其辞去代表职务。

第十八条 代表应把依法执行代表职务与从事个人职业活动严格区分开来，不得以代表名义为本人或亲属谋取不正当利益。

代表不得干预司法机关和行政机关具体案件的审理和执行，对涉及本人和亲属的具体案件应当回避。

代表执行代表职务时不得直接处理问题，不得接受任何企事业单位、社会团体和个人的出资赞助。

第十九条 代表届内未经批准1次不出席人民代表大会会议的，在全体代表中予以通报；未经批准2次不出席的，依法终止其代表资格。

代表届内请假两次不出席人民代表大会会议的，在全体代表中予以通报；请假3次的视为不能正常履职，由县人大常委会劝其辞去代表职务。

第二十条 代表届内未经批准1次不参加闭会期间县人大常委会或乡镇人大统一组织的履职活动的，在全体代表中予以通报；未经批准2次不参加的，由县人大常委会劝其辞去代表职务。

代表因个人原因请假3次不参加闭会期间县人大常委会或乡镇人大统一组织的履职活动的，在全体代表中予以通报；因个人原因请假4次的，视为不能正常履职，建议原选举单位要求其辞去代表职务。

第二十一条 代表因职务、工作岗位发生变化，失去代表性，或者长期患病不能坚持工作，难以继续履行代表职责的，本人应当向县人大常委会提出辞去代表职务。

第二十二条 代表拒不执行法律判决、阻碍执法机关执行公务、不及时缴纳税金、拖欠职工工资、损害国家和群众利益并造成影响，或者被依法判处管制、拘役或者有期徒刑而没有附加剥夺政治权利正在服刑的，由县人大常委会劝其辞去代表职务。

第二十三条 代表长期不履行代表职责，丧失代表作用或者严重违法违纪，造成恶劣影响而不接受劝辞的，可由原选区选民罢免其代表职务。

第四章 附 则

第二十四条 本守则同国家和省、市有关规定发生抵触时，按国家和省、市的规定执行。

第二十五条 本守则由县人大常委会负责修订和解释。

第二十六条 本守则自县人大常委会公布之日起实行。

茌平县人民代表大会常务委员会委员守则

（2014年11月13日县十七届人大常委会第十八次会议通过）

第一章 总 则

第一条 为促进茌平县人民代表大会常务委员会委员（以下简称委员）认真履行职责，自觉接受监督，充分发挥作用，根据宪法和法律的有关规定，结合本县人大工作实际，制定本守则。

第二条 委员要以邓小平理论、“三个代表”重要思想、科学发展观为指导，深入贯彻习近平总书记系列重要讲话精神，模范遵守宪法和法律、法规，坚持人民代表大会制度，推进依法治国和社会主义民主与法制建设。

第三条 委员要严格按照茌平县人大“维护县委领导权威，依法行使决策权力，监督支持

‘一府两院’工作，履职促进跨越发展，树立人大良好形象”的总体工作定位，积极参政议政，服务全县科学发展大局。

第四条　委员要带头践行群众路线，牢固树立宗旨意识和群众观点，密切联系人大代表和人民群众，了解社情民意，如实向常委会反映情况。

第五条　委员参加各项活动，应当严格遵守中央“八项规定”，轻车简从，注重工作实效。

第六条　委员要严格执行本守则的规定，自觉接受常委会和人民群众的监督。

第二章　委员的职责

第七条　委员要做宪法和法律实施的促进者，严守国家秘密，维护法律尊严和国家利益。要努力学习《宪法》法律法规和党的方针政策，学习依法行使委员职权所必备的人大工作知识和科学文化知识，增强社会主义民主法治观念，增强参政议政能力。

第八条　委员应当根据年度各次常委会会议的预定日期，按时出席常委会会议，自觉遵守会议纪律，严格遵守议事规则和程序，认真审议会议各项议题，坚持集体行使职权。

委员因健康或其他特殊原因不能出席常委会会议和活动时，应及时向常委会第一副主任请假，请假获得批准方为有效。

委员出席常委会会议和活动，应当安排好本人的生产和工作，当两者时间上发生冲突时，须优先履行委员职责。

第九条　委员在常委会会议举行前，应当运用好视察、调查、调研等形式，就会议议题做好审议准备。必要时，可以根据议题，听取人大代表、专家学者和人民群众的意见。

委员在常委会全体会议或分组会议上，应当围绕会议议题积极建言献策，充分发表意见，认真提出建议、批评和意见。

第十条　委员应当发挥好兼职常委的专业优势，科学行使表决权，并严格遵守表决程序。在表决前可以充分发表意见，会议主持人宣布交付表决后，除与表决有关的程序问题外，不得再对该事项发表意见，并服从依法表决通过的结果。

委员在常委会会议上的发言和表决不受法律追究。

第十一条　委员应当在“深、透、实、准”上下功夫，积极参加常委会组织的视察、调研和执法检查等活动，在闭会期间要注重调查研究，发现问题可以提出建议、批评和意见，但不得直接处理具体问题，须通过常委会按照法定程序处理。

第十二条　委员要积极向人民群众宣传党和国家的方针政策和县人大常委会通过的各项决议、决定及有关工作情况，介绍本县经济社会发展情况，支持“一府两院”工作。

对县人民政府及其工作机构、县人民法院、县人民检察院邀请参加的活动，委员应予以支持并积极参加。

第十三条　委员要积极配合常委会各工作委员会开展活动，围绕党委、政府工作大局，结合岗位特点和业务特长，充分发挥人大常委会委员的模范带头、先进引领和监督推动作用，比奉献、创业绩、树形象，为推动茌平经济社会发展，建设美丽幸福新茌平建功立业。

第十四条　委员应当积极参加与委员职责有关的社会活动，应邀担任与委员职责有关的社会职务，但须报县人大常委会备案。

第三章　对委员的监督

第十五条　委员要通过多种方式、多种渠道听取人民群众对自己履行委员职责的意见，自觉接受常委会和人民群众的监督。

第十六条　委员应把依法履行委员职责与从事个人职业活动严格区分开来，不得以委员名义为本人或亲属谋取不正当利益。

委员不得干预司法机关和行政机关具体案件的审理和执行，对涉及本人和亲属的具体案件应当回避。

委员履行委员职责时不得接受任何企事业单位、社会团体和个人的出资赞助。

第十七条　委员出席常委会会议的情况，在常委会公报上公布。委员无故缺席，或请假未予批准不出席常委会会议，或者有其他违反本守则行为的，由常委会主任会议决定予以通报或者责成其作出检查。

委员1年内累计3次缺席常委会会议或各种活动的，或因其他原因不能有效履行职务的，视为不能正常履行委员职责，由县人大常委会劝其辞去委员职务。

第十八条　委员因职务、工作岗位发生变化，不再适合担任委员职务，或因长期患病不能坚持工作，难以继续履行委员职责的，本人应当向县人大常委会提出辞去委员职务。

第十九条　委员拒不执行法律判决、阻碍执法机关执行公务、不及时缴纳税金、拖欠职工工资、损害国家和群众利益并造成影响，或者被依法判处管制、拘役或者有期徒刑而没有附加剥夺政治权利正在服刑的，由县人大常委会劝其辞去委员职务。

第四章　附　则

第二十条　本守则同国家和省、市有关规定发生抵触时，按国家和省、市的规定执行。

第二十一条　本守则由县人大常委会负责修订和解释。

第二十二条　本守则自县人大常委会公布之日起实行。

第四节　历届人大常委会会议

常委会会议是人大常委会依法履行职权的基本方式，按照地方组织法规定，常委会会议由主任召集，每2个月至少举行1次会议。

茌平县人大常委会第九届至第十七届，从1981年12月到2016年12月，共举行常委会会议235次，作出决议、决定324项，任免地方国家工作人员1625人次。

第九届人大常委会历次会议

茌平县第九届人大常委会从1981年12月至1984年9月共召开常委会18次，任免96名地方国家机关工作人员。本届召开的18次会议中，资料保存完整的，仅有第二次、第三次、第五次和第十二次会议的记录情况，其他14次会议资料不完整或者缺失。

第二次会议

1982年4月28日至4月29日，县人大常委会举行第二次会议，主任黄遵尧、副主任贾克礼、赵传三、韩全庆、程学彦、马汝学，委员张国忠、陈守仁、孙贺庆、傅昭慈、杜金芳出席了会议。县政府副县长马怀进、县人民法院副院长刘继福、县人民检察院代检察长汪培杰列席了会议。

县人大常委会主任黄遵尧主持会议，会上学习了中共中央〔1981〕16号文件、《中华人民共和国地方各级人民代表大会和各级人民政府组织法》、中共中央〔1982〕17号文件、全国人大常委会《关于严惩严重破坏经济的罪犯的决定》等文件；副主任贾克礼传达地委召开的各县人大常委会主任座谈会精神；听取副县长马怀进关于政府工作的汇报；副院长刘继福关于法院工作的汇报；代检察长汪培杰关于检察院的工作汇报。会议对3个工作汇报进行了认真审议和讨论。与会人员进一步明确了设立县人大常委会的重大意义，以及人大常委会工作的性质和任务，提高了在党委的直接领导下做好人大工作的自觉性。尤其对党中央决定开展打击经济领域违法犯罪斗争的深远意义。提高了认识。增强了夺取这场斗争胜利的信心。

会议充分肯定茌平县的大好形势，对县政府成立4个多月来的工作表示满意。县人民政府围绕建设两个社会主义文明做了大量的工作，特别在开展文明礼貌月、抗旱双保、中小学教育、计划生育等工作方面，工作主动，措施具体得力，成效显著。茌平县的政法工作坚持以事实为依据，以法律为准绳，认真贯彻执行中央对于六类案件实行“从重从快”的方针，打击了一批刑事犯罪分子；狠抓综合治理，社会秩序有明显好转；同时积极开展打击经济领域违法犯罪的斗争，取得一定成绩。

针对茌平县目前存在的算命相面、看风水、发大丧、大办喜事等封建迷信活动；买卖妇女的违法犯罪活动，要求各级领导高度重视，采取有力措施抓紧解决；对青少年教育、城镇青少年上学、物价管理等问题，建议县政府和有关部门深入调查研究，制定切实有力的措施，加以解决；要求各级领导，越是在大好形势下越要多听一些反面意见，注意发挥人民代表、人民群众的作用。

县人大常委会主任黄遵尧作总结讲话。强调要确实正确认识形势，坚定不移地同党中央保持政治一致，加强政治学习，跟上发展的大好形势，人大常委会要积极开展工作，把代表小组尽快建立起来，主动召开一些代表座谈会，把代表和群众的意见用各种形式及时反映上来，帮助政府、“两院”把工作做得更好，为实现我县各项奋斗目标贡献力量。（摘自茌平档案局茌平县委办公室一七一号卷）

第三次会议

县人大常委会第三次会议，于1982年6月24日至6月25日在县城召开。出席会议的有人大常委会主任黄遵尧、副主任贾克礼、赵传三、韩全庆、程学彦、马汝学，委员陈守仁、李风章、傅昭慈、张玉鹏、杜金芳。省人大代表张世忠、陶玉荣，副县长马怀进，公安局局长曲之顺列席了会议。

常委会学习宪法修改草案，认为宪法修改草案总结了新中国成立30多年来的经验特别是“文化大革命”的经验教训，完全从我国的实际情况出发，从头到尾贯穿为最大多数人民的最大利益服务的根本原则，记载我国人民长期奋斗的成果，规定了国家的根本制度和根本任务，确定了国家的性质，充分体现了党的三中全会和六中全会的精神，代表了全国各族人民的最大利益和愿望。会议通过人大常委会给全县人大代表的一封信，号召代表带头学习讨论宪法草案，积极协助党组织组织好群众学习讨论，并认真提出修改意见。

会议听取副县长马怀进关于全县12处公社，226个大队于6月12日至6月16日3次遭受风雹灾害和抗灾救灾情况的汇报；听取公安局长曲之顺关于当前社会治安情况的汇报。一致认为，今年的风雹灾害之重是多年来少有的，对灾后政府采取的措施和当前的抗灾救灾工作表示满意。要求政府要进一步向全县人民宣传大好形势，落实措施，坚定抗灾夺丰收的思想，把学习讨论宪法修订草案同“三夏”生产和各项工作紧密结合起来，努力实现全年计划，发展茌平县大好形势。

会议结束时，县人大常委会主任黄遵尧、副主任贾克礼就如何领导和组织好全县人民学习、讨论宪法修改草案问题作了讲话。（摘自茌平档案局中共茌平县委办公室一七二号卷）

第五次会议

1983年3月1～2日听取教育局关于茌平县教育情况的汇报。会后，副主任程学彦、马汝学，委员陈守仁对肖庄、博平、王老情况进行教育视察，胡志峰、张文元、张延教参加。

任命23名科局长。

第十二次会议

1983年12月25日会议听取副县长马怀进作的关于1983年国民经济计划执行情况的报告；财政局局长周生达关于1983年预算执行情况的报告；听取两院《关于严打的报告》。

1984年3月27日根据县委提议任命孙宗安代理县长。

1984年8月16日根据县委提议任命李泽明为茌平县人民法院代理院长。

第十届人大常委会历次会议

茌平县第十届人大常委会于1984年10月选举产生，至1987年4月，任期2年6个月。召开全县人民代表大会3次，召开常委会会议15次。先后听取和审议县政府、县法院、县检察院及其所属部门的国民经济计划和执行情况，财政预算和决算，“严打”斗争，普法教育，发展“三大生产”，棉花收购，保护妇女儿童合法权益、财政审计、计量工作、食品卫生以及教育民政等项工作情况汇报，作出19项决议和决定。本届人大常委会共任免“一府两院”机关工作人员86名。本届召开的15次会议中，资料保存完整的仅有第三次、第九次、第十一次、第十三次、第十四次会议的部分记录情况，其他会议资料不完整或者缺失。

第三次会议

茌平县第十届人大常委会第三次会议于1985年1月24日至1月26日举行。听取审议县政府关于调整农村产业结构，发展乡镇企业，理顺流通渠道，搞好商品生产的工作汇报。

第九次会议

茌平县第十届人大常委会第九次会议于1986年1月　日举行。会议听取审议《茌平县普及法律常识的情况和今后意见的报告》，并作出《茌平县人大常委会关于在全县公民中普及法律常识的决议》。

第十一次会议

茌平县第十届人大常委会第十一次会议于1986年4月　日举行。会议听取审议《审计监督工作情况汇报》，并作出《茌平县人大常委会关于加强审计监督工作的决议》；听取审议《关于认真贯彻执行计量法的意见汇报》，并作出《茌平县人大常委会关于宣传执行计量法的决议》。

第十三次会议

茌平县第十届人大常委会第十三次会议，于1986年9月29日举行。县人大常委会副主任商孝俊、马怀进、赵传三、赵焕之、潘日茂及常委委员共10人出席会议，副县长姜维村、县联社副主任王希珍、人大常委会办公室副主任李文政列席会议。

会议学习了中发〔1986〕18号文件；听取副县长姜维村关于县第十届人大三次会议代表议案办理进展情况汇报；听取县人大常委会代表联络科《关于第十届人大第二次会议代表议案办理情况的汇报》；听取县联社副主任王希珍受县政府委托所作的《关于1985年棉花收购情况和1986年棉花收购意见的汇报》；通过了人事任免事项。

第十四次会议

茌平县第十届人大常委会第十四次会议于1986年12月16日举行。县人大常委会副主任商孝俊、马怀进、赵传三、赵焕之、潘日茂及常委委员共12人出席会议，人大常委会办公室主任白观荣、副主任李文政，调查研究科副科长桑冠森列席会议。

会议由常委会副主任商孝俊、马怀进主持。通过《关于茌平县县、乡人民代表大会进行换届选举的决定》和《茌平县县、乡人民代表大会换届选举工作的意见》；通过人事任免事项。

第十一届人大常委会历次会议

茌平县第十一届人大常委会于1987年4月选举产生，至1990年4月，任期3年。召开全县人民代表大会3次，召开常委会会议21次。先后审议了“一府两院”及其所属部门社会发展规划、财政经济、教科文卫、社会治安、稳定物价、计划生育等工作报告，作出了36项决议和决定。本届人大常委会共批准和决定任命国家行政机关、审判机关、检察机关干部177名，免去10名。指导和督促乡、镇召开代表大会，选举、补选正、副乡（镇）长，人大主席团主席212名。其中，第四次、第六次、第八次常委会会议资料缺失。

第一次会议

茌平县第十一届人大常委会第一次会议，于1987年4月20日举行。会议由县人大常委会主任马怀进主持。副主任商孝俊、汪培杰、刘西俊、贾法俊、迟会孝、邹庆诰及常委委员共19人出席会议。县人大办公室主任白观荣列席会议。

会议学习《中华人民共和国地方各级人民代表大会和地方各级人民政府组织法》，明确了人大常委会性质、地位和任务；学习全国人大常委会《关于加强法制教育维护安定团结的决定》，作出《茌平县人大常委会关于学习贯彻〈全国人大常委会决定〉的决议》；讨论通过县人大常委会1987年工作要点。

第二次会议

茌平县第十一届人大常委会第二次会议于1987年6月举行。

第三次会议

茌平县第十一届人大常委会第三次会议于1987年7月举行。会议听取审议县政府《关于抗灾保丰收应急措施及活动情况的汇报》并作出《茌平县人大常委会关于立即行动起来抗灾救灾夺取全年大丰收的决议》。

第五次会议

茌平县第十一届人大常委会第五次会议，于1987年11月3日举行。会议由县人大常委会副主任商孝俊主持。副主任汪培杰、刘西俊、贾法俊、迟会孝、邹庆诰及常委委员共15人出席会议。县人大常委会科室负责人列席会议。

会议学习了党的十三大会议精神；审议通过关于进一步宣传、贯彻、执行《山东省保护妇女儿童合法权益的若干规定》的决议；审议通过《关于组织县人大代表视察的试行办法》。

第七次会议

听取审议县政府及有关部门所作的《关于经济合同法贯彻实施情况的汇报》，并作出《关于进一步贯彻实施经济合同法的决议》。

第九次会议

茌平县第十一届人大常委会第九次会议，于1988年7月2日举行。会议由县人大常委会主任马怀进、副主任商孝俊主持。副主任汪培杰、刘西俊、贾法俊、迟会孝、邹庆诰及常委委员共15人出席会议。县政府副县长郭金铸、县人民检察院检察长马庆云及县政府办公室、县教育局、县人大常委会科室负责人列席会议。

会议听取审议县政府副县长郭金铸所作的关于茌平县教育工作情况的汇报，并作出茌平县人大常委会关于《全面发展教育事业为经济建设服务》的决议；通过《茌平县人大常委会关于加强同人民代表联系的试行办法》；听取并审议县政府办公室副主任付士泉受县政府委托所作的关于县人大常委会第七次会议《决议》和县政府〔1988〕23号文件落实情况的汇报；决定任命了有马庆云检察长提请任命的人民检察院部分干部。

第十次会议

茌平县第十一届人大常委会第十次会议，于1988年9月29日举行。会议由县人大常委会主任副主任商孝俊主持。人大常委会主任马怀进，副主任汪培杰、刘西俊、贾法俊、迟会孝及常委委员共16人出席会议。县政府副县长徐宝琪、县人民法院院长李泽明、县人民检察院检察长马庆云及县政府办公室、县人大常委会科室负责人列席会议。

会议传达中央工作会议精神；听取审议政府副县长徐宝琪所作的关于茌平县工农业生产活动情况及根据地区三干会议精神，进一步发展茌平农村经济计划、措施的汇报，并作出《茌平县人大常委会关于进一步发展茌平农村经济的决议》；听取审议县人民检察院检察长马庆云所作的关于打击经济犯罪工作情况汇报。

第十一次会议

茌平县第十一届人大常委会第十一次会议，于1988年12月23日举行。会议由县人大常委会主任马怀进、副主任商孝俊主持。副主任汪培杰、刘西俊、贾法俊、迟会孝、邹庆诰及常委委员共16人出席会议。

会议传达地区人大工作会议和县人大工作会议精神；听取并审议法院、检察院关于执法大检查的情况汇报；听取并审议经委、物价局关于税收、财务、物价大检查的情况汇报；通过人民法院干部任免事宜。

第十二次会议

茌平县第十一届人大常委会第十二次会议，于1989年1月11日举行。会议由县人大常委会主任马怀进、副主任商孝俊主持。副主任汪培杰、刘西俊、贾法俊、迟会孝、邹庆诰及常委委员共17人出席会议，县人大常委会科室负责人列席会议。

会议以无记名投票的方式选举王乐泉为山东省第七届人民代表大会代表。

第十三次会议

茌平县第十一届人大常委会第十三次会议，于1989年3月27日举行。会议由县人大常委会主任马怀进、副主任商孝俊主持。副主任汪培杰、刘西俊、贾法俊、邹庆诰及常委委员共16人出席会议，县人大常委会科室负责人列席会议。

会议按照《中华人民共和国地方各级人民代表大会和地方各级人民政府组织法》的规定，决定于1989年4月2日召开茌平县第十一届人民代表大会第三次会议。会议听取讨论并修改了县人大常委会工作报告（草案）。讨论决定第三次代表大会的会期、参加大会的人员、大会日程和指导思想。

第十四次会议

茌平县第十一届人大常委会第十四次会议，于1989年4月5日举行。会议由县人大常委会主任马怀进、副主任商孝俊主持。副主任汪培杰、刘西俊、贾法俊、迟会孝、邹庆诰及常委委员共18人出席会议。县人民法院院长李泽明和人大常委会各科室负责人列席会议。

会议以无记名投票方式任命了国家机关工作人员。

第十五次会议

茌平县第十一届人大常委会第十五次会议，于1989年6月5日举行。会议由县人大常委会主任马怀进主持。副主任汪培杰、刘西俊、贾法俊、迟会孝、邹庆诰及常委委员共16人出席会议。副县长徐宝琪、办公室主任付士泉及人大常委会各科室负责人列席会议。

会议认真学习李鹏、杨尚昆在首都党政军干部大会上的重要讲话，彭真在各民主党派负责人座谈会上的讲话，收听、收看了中共中央、国务院告全体共产党员和全国人民书。会议听取审议政府副县长徐宝琪所作的《关于春季生产情况和三夏生产工作安排意见的汇报》。

第十六次会议

茌平县第十一届人大常委会第十六次会议，于1989年8月16日举行。会议由县人大常委会主任马怀进主持。副主任汪培杰、刘西俊、贾法俊、迟会孝、邹庆诰及常委委员共15人出席会议。县政府副县长王传斌、县政府棉办主任陈瑞秀及人大常委会各科室负责人列席会议。

会议认真学习省委书记姜春云、省人大常委会李振主任等领导到茌平县视察小杨屯村和胡屯乡时的重要讲话；听取并审议县政府副县长王传斌所作的关于上半年农业生产情况和下半年农业生产安排，特别是种植改革学习小杨屯和胡屯经验的汇报；通过关于大力推广小杨屯种植模式的决议。

第十七次会议

茌平县第十一届人大常委会第十七次会议，于1989年10月25日举行。会议由县人大常委会主任马怀进、副主任商孝俊主持。副主任汪培杰、刘西俊、贾法俊、迟会孝、邹庆诰及常委委员共15人出席会议。县人民法院院长李泽明，县人民检察院检察长马庆云及县人大常委会机关各科室的负责人列席会议。

会议学习江泽民《在庆祝中华人民共和国成立四十周年大会上的讲话》；听取审议县人民检察院检察长马庆云所作的《关于打击经济犯罪的情况汇报》；通过人事任免事项。

第十八次会议

茌平县第十一届人大常委会第十八次会议，于1989年11月24日举行。会议由县人大常委会主任马怀进、副主任商孝俊主持。副主任汪培杰、刘西俊、贾法俊、迟会孝、邹庆诰及常委委员共18人出席会议。县人大常委会机关各科室的负责人列席会议。

会议学习了江泽民总书记在党的十三届五中全会上的讲话；一致通过《茌平县人大常委会关于任命茌平县选举委员会组成人员的决定》和《茌平县人大常委会关于任命各乡、镇纪委主任、副主任的决定》；通过《茌平县选举委员会关于1990年县、乡两级人大换届选举工作安排意见》。

第十九次会议

茌平县第十一届人大常委会第十九次会议，于1990年1月4日在县委第二会议室举行。会议由县人大常委会主任马怀进、副主任商孝俊主持。副主任汪培杰、刘西俊、贾法俊、迟会孝、邹庆诰及常委委员共16人出席会议。县人大常委会机关各科室的负责人列席会议。

会议通报县、乡两级人大换届选举工作的进展情况，通过董金刚任茌平县人民政府副县长、代理县长的任命。

第二十次会议

茌平县第十一届人大常委会第二十次会议，于1990年2月20日在县委三楼会议室举行。会议由县人大常委会主任马怀进、副主任商孝俊主持。副主任汪培杰、刘西俊、贾法俊、迟会孝、邹庆诰及常委委员共15人出席会议。县人大常委会机关各科室的负责人列席会议。

会议传达17号地委、地人大工委召开的选举工作座谈会精神，学习中共中央〔1990〕1号、2号文件和徐祥之在全区选举工作座谈会上的讲话，通报了茌平县目前选举工作的进展情况。会议还通过决定，任命王林华为茌平县人民政府副县长。

第二十一次会议

茌平县第十一届人大常委会第二十一次会议，于1990年3月20日举行。会议由县人大常委会主任马怀进、副主任商孝俊主持。副主任汪培杰、刘西俊、贾法俊、迟会孝、邹庆诰及常委委员共18人出席会议。县人大常委会机关各科室的负责人列席会议。

会议决定，于1990年4月1日召开茌平县第十二届人民代表大会第一次会议；听取、讨论并修改县十一届人大常委会工作报告（草案）；听取审议十二届人大一次会议的日程、议程、指导思想和参加会议的人员等内容。

第十二届人大常委会历次会议

茌平县第十二届人大常委会于1990年4月选举产生，至1993年3月，任期2年11个月。召开全县人民代表大会3次，常委会会议18次。主要听取审议县政府关于1990年棉花生产情况的汇报；关于三夏生产安排意见的汇报；关于实施五年制义务教育意见的汇报；关于棉花收购工作的汇报；关于土地管理工作的汇报；关于打击经济犯罪情况的汇报；关于落实《山东省农民负担管理条例》具体措施的汇报；关于贯彻实施《企业法》情况的汇报；关于全县社会治安情况的汇报；关于打假工作的汇报。通过《关于加强领导确保完成国家棉花生产计划的决议》《关于贯彻落实〈全国人大常委会关于加强社会治安综合治理的决定〉的决议》《关于深入贯彻〈山东省计划生育条例〉的决议》《关于在全体公民中进行第二个五年法制宣传教育的决议》《关于进一步贯彻实施〈中华人民共和国义务教育法〉的决议》。本届人大常委会共任免“一府两院”工作人员52人次。

第一次会议

茌平县第十二届人大常委会第一次会议，于1990年4月17日在县招待所举行。会议由县人大常委会主任徐宝琪、副主任马庆云主持。县人大常委会副主任汪培杰、贾法俊、迟会孝、田冲、常修歧及常委委员共19人出席会议，七届全国人大代表徐法水及县人大机关委室负责人列席会议。

会上，委员们学习了中共中央〔1990〕1号、2号文件，《中华人民共和国宪法》《中华人民共和国地方各级人民代表大会和地方各级人民政府组织法》，省七届人大三次会议宣传贯彻提纲；审议通过茌平县第十二届人民代表大会代表资格审查委员会主任委员、副主任委员和委员；审议通过茌平县人大常委会1990年工作要点；会议还邀请七届全国人大代表徐法水介绍了七届全国人大三次会议的盛况。

第二次会议

茌平县第十二届人大常委会第二次会议，于1990年7月3日至4日在县招待所举行。会议由县人大常委会主任徐宝琪、副主任马庆云、汪培杰分别主持。县人大常委会副主任贾法俊、迟会孝、田冲、常修歧及常委委员共17人出席会议，副县长王传斌、粮食局局长袁庆宗及县人大机关委室负责人列席会议。

会议议程：根据《地方组织法》有关规定，任命县人民政府、县人民法院、县人民检察院和人大机关组成人员；传达地区人大工作会议精神；听取和审议县政府关于1990年棉花生产情况汇报和县粮食局关于夏粮收购准备工作情况的汇报。

第三次会议

茌平县第十二届人大常委会第三次会议，于1990年10月6日在县招待所举行。会议由县人大常委会副主任汪培杰主持。人大常委会主任徐宝琪，副主任马庆云、贾法俊、迟会孝、田冲、常修歧及常委委员共16人出席会议，县政府副县长王传斌、乌以祥，部分乡（镇）人大主席团负责人及县人大常委会机关各科室的负责人列席会议。

会议议程：学习《中华人民共和国国旗法》和《中华人民共和国行政诉讼法》；听取审议王传斌所作的《关于今年秋种工作及有关情况的汇报》；听取审议乌以祥所作的《关于今年棉花收购工作的汇报》；人事任免事项。

第四次会议

茌平县第十二届人大常委会第四次会议，于1990年12月26日在县招待所举行。会议由县人大常委会主任徐宝琪，副主任马庆云、汪培杰、贾法俊分别主持。人大常委会副主任迟会孝、田冲、常修歧及常委委员共16人出席会议，县政府副县长王林华、县政协副主席李盛奎、县人民法院院长李泽明、县人民检察院检察长韩宪宏、县公安局局长范福泉、县教育局局长梁久勤及县人大常委会科室负责人、县直代表组组长、各乡镇人大主席团列席会议。

会议听取审议并通过副县长王林华关于城镇中小学校舍改造情况的汇报；听取审议县政府办公室关于县十二届人民代表大会第一次会议代表提案办理情况的汇报；听取审议人民法院院长李泽明关于审判、执行情况和行政诉讼法贯彻执行情况的汇报；听取审议人民检察院检察长韩宪宏关于打击经济犯罪工作情况汇报；听取审议公安局局长范福泉关于社会治安综合治理工作情况汇报。会议传达贯彻地区人大代表经验交流会议精神，部署召开县人大工作经验交流会的准备工作。会议还通过了人事任免事项。

第五次会议

茌平县第十二届人大常委会第五次会议，于1991年3月23日在县招待所举行。会议由县人大常委会主任徐宝琪，副主任马庆云主持。人大常委会副主任汪培杰、迟会孝、田冲及常委委员共15人出席会议。人大常委会机关各委室的负责人列席会议。

会议议程：关于召开县十二届人民代表大会第二次会议的决定；听取关于县十二届人民代表大会第二次会议筹备工作情况的汇报；原则通过县十二届人大第二次会议议程和常委会工作报告；审议通过《茌平县人大常委会关于贯彻落实〈全国人大常委会关于减轻社会治安综合治理的决定〉的决议》；人事任免事项。

第六次会议

茌平县第十二届人大常委会第六次会议，于1991年6月6日在县招待所举行。会议由县人大常委会副主任马庆云主持。人大常委会主任徐宝琪，副主任汪培杰、贾法俊、迟会孝、田冲、常修歧及常委委员共15人出席会议。政府副县长王传斌、王林华，计划生育委员会主任李长顺，司法局局长岳承祥，卫生局副局长孟凡金，人大常委会机关委室负责人和部分乡（镇）的人大主席团负责人列席会议。

会议传达七届全国人大四次会议和省七届人大四次会议精神；听取审议县政府关于三夏生产安排意见和计划生育工作情况的汇报，作出《茌平县人大常委会关于深入贯彻〈山东省计划生育条例〉的决议》；听取审议县司法局局长岳承祥受政府委托所作的《关于第二个五年普法规划及实施意见的汇报》，作出《茌平县人大常委会关于在全体公民中进行第二个五年法制宣传教育的决议》。

第七次会议

茌平县第十二届人大常委会第七次会议，于1991年8月10日在县招待所举行。会议由县人大常委会副主任马庆云主持。人大常委会主任徐宝琪，副主任汪培杰、贾法俊、迟会孝、田冲、常修歧及常委委员共17人出席会议。政府副县长刘安荣，财政局局长杨瑞华，教育局局长梁久勤，人大机关科室负责人及部分乡镇人大主席团负责人列席会议。

会议听取审议县政府关于开展打击拐卖妇女儿童犯罪活动情况的汇报；听取审议杨瑞华局长受县政府委托所作的1991年上半年茌平县财政预算执行情况汇报；听取审议梁久勤受县政府委托所作的关于实施《中华人民共和国义务教育法》情况及《茌平县人民政府关于实施五年制义务教育意见》的汇报。会上通过人事任免事项。

第八次会议

茌平县第十二届人大常委会第八次会议，于1991年9月30日在县招待所举行。会议由县人大常委会副主任马庆云主持。人大常委会主任徐宝琪、副主任汪培杰、贾法俊、迟会孝、田冲、常修歧及常委委员共17人出席会议。县土管局局长朱运强、县联社副主任王希珍和人大机关科室负责人列席会议。

会议听取审议县土管局受县政府委托所作的《关于我县土地管理工作情况的汇报》；听取审议县供销社受县政府委托所作的《关于棉花收购工作情况的汇报》及人事任免事项。

第九次会议

茌平县第十二届人大常委会第九次会议，于1991年11月12日在县招待所举行。会议由县人大常委会副主任马庆云主持。人大常委会主任徐宝琪、副主任汪培杰、贾法俊、迟会孝、田冲、常修歧及常委委员共17人出席会议。县政府办公室主任白先明，县检察院检察长韩宪宏，县公安局党委书记田胜利及人大各科室负责人列席会议。

会议先后听取审议县检察院检察长韩宪宏所作的《关于打击经济犯罪情况的汇报》；县公安局党委书记田胜利受县政府委托所作的《关于开展反盗窃斗争工作情况的汇报》；县政府办公室主任白先明受县政府委托所作的《茌平县人民政府关于县十二届人大第二次会议以来代表提案办理情况的汇报》；学习《山东省农民负担管理条例》。会议还补选了一名省七届人大代表，通过了人事任免事项。

第十次会议

茌平县第十二届人大常委会第十次会议，于1992年1月8日在县招待所举行。会议由县人大常委会副主任马庆云主持。人大常委会主任徐宝琪、副主任汪培杰、贾法俊、迟会孝、田冲、常修歧及常委委员共14人出席会议。省人大代表马怀进、张宗乾，县政府副县长王传斌，计委主任刘晓涵，农委主任房本林，县联社主任张延题、副主任王希珍及人大机关科室负责人列席会议。

会议听取审议计委主任刘晓涵受政府委托所作的关于茌平县1991年国民经济和社会发展计划执行情况的汇报；听取审议农委主任房本林受政府委托所作的1991年农民负担情况的汇报；听取审议县社副主任王希珍关于棉花收购及物资兑现、返还情况的汇报及人事任免事项。

第十一次会议

茌平县第十二届人大常委会第十一次会议，于1992年3月10日在县招待所举行。会议由县人大常委会副主任马庆云主持。人大常委会主任徐宝琪，副主任汪培杰、贾法俊、迟会孝、常修歧及常委委员共11人出席会议。县政府副县长王传斌，县民政局局长韩玉明，县农业局局长李相伟，各乡镇人大主席团负责人，县财政局有关人及县人大机关科室负责人列席会议。

会议首先学习中共中央〔1992〕2号文件，通过县人大常委会1992年工作要点；决定县第十二届人民代表大会第三次会议的召开时间和建议议程；听取审议县农业局副局长李相伟受政府委托所作看关于落实《山东省农民负担管理条例》具体措施的汇报；听取审议民政局局长韩玉明受政府委托所作的关于扶贫工作的汇报。

第十二次会议

茌平县第十二届人大常委会第十二次会议，于1992年5月16日在县招待所举行。会议由县人大常委会副主任马庆云主持。县人大常委会主任徐宝琪，副主任贾法俊、迟会孝、田冲、常修歧及常委委员共16人出席会议。县政府副县长王传斌，县人民法院院长李泽明及人大机关各委室负责人列席会议。

会议听取审议县人民法院院长李泽明所作的《关于执行工作大会战情况和意见的汇报》；听取审议县政府副县长王传斌所作的《关于三夏生产安排意见的汇报》；会议还通过有关人事任免事项。

第十三次会议

茌平县第十二届人大常委会第十三次会议，于1992年8月3日在县招待所举行。会议由县人大常委会副主任马庆云主持。人大常委会主任徐宝琪、副主任汪培杰、贾法俊、迟会孝、田冲及常委委员共15人出席会议。“一府两院”的负责同志、各乡乡人大主席团主席和县人大常委会机关各委室的负责人列席会议。

会议听取审议县政府关于农民负担监督管理工作开展情况的汇报；关于《企业法》贯彻实施情况的汇报和依法治村工作开展情况的汇报；审议批准《茌平县人民政府优抚对象抚恤优待办法》，通过了人事任免事项。

第十四次会议

茌平县第十二届人大常委会第十四次会议，于1992年10月13日在县招待所举行。会议由县人大常委会主任徐宝琪主持。副主任马庆云、汪培杰、贾法俊、迟会孝、田冲、常修歧及常委委员共16人出席会议。县人大机关科室负责人列席会议。

会议传达全省各级人大换届选举工作会议精神，学习有关文件，讨论通过《茌平县人大常委会关于县、乡人民代表大会进行换届选举的决定》；批准《茌平县选举委员会关于1993年县、乡两级人大换届选举工作安排意见》，通过县选举委员会、乡镇选举委员会和县直选举指导组组成人员名单。

第十五次会议

茌平县第十二届人大常委会第十五次会议，于1992年12月19日在县招待所举行。会议由县人大常委会副主任马庆云主持。县人大常委会主任徐宝琪、副主任汪培杰、贾法俊、迟会孝、常修歧及常委委员共15人出席会议。县直有关部门、乡镇选举委员会、县人大常委会各科室主要负责人列席会议。

会议听审议县政府关于社会治安情况的汇报；关于打假工作情况的汇报。会议还通过了人事任免事项。

第十六次会议

茌平县第十二届人大常委会第十六次会议，于1993年1月18日在县招待所举行。会议由县人大常委会副主任马庆云主持。县人大常委会主任徐宝琪，副主任汪培杰、贾法俊、迟会孝、田冲及常委委员共15人参加会议。

会议根据地委提名和《地方组织法》有关规定，决定任命齐炳文为茌平县人民政府副县长、代县长。

第十七次会议

茌平县第十二届人大常委会第十七次会议，于1993年2月1日在县招待所举行。会议由县人大常委会副主任马庆云主持。县人大常委会主任徐宝琪，副主任汪培杰、贾法俊、迟会孝、常修歧及常委委员共16人出席会议。

会上，徐宝琪传达了地委、地区人大工委换届选举工作会议精神，通过了推迟选举日的决定。

第十八次会议

茌平县第十二届人大常委会第十八次会议，于1993年2月27日在县委三楼会议室举行。会议由县人大常委会主任徐宝琪主持。副主任马庆云、汪培杰、贾法俊、迟会孝、常修歧及常委委员共13人出席会议。办公室副主任郭金良列席会议。

会议根据地方组织法有关规定，决定1993年3月8日至3月12日召开县第十三届人民代表大会第一次会议，会议通过茌平县第十二届人大常委会工作报告。

第十三届人大常委会历次会议

茌平县第十三届人大常委会于1993年3月选举产生，至1998年1月，任期4年10个月。召开全县人民代表大会5次，召开常委会会议40次，共听取有关执法工作汇报53次，涉及法律法规70余项，组织执法检查36次。主要听取审议了县人民政府关于纪念“6•5”世界环境日的汇报；贯彻执行《食品安全法》情况的汇报；关于打击经济犯罪和反腐败斗争的汇报；关于农民负担监督管理工作的汇报；关于宣传贯彻《教师法》的情况汇报；关于《药品安全法》《食品管理法》执行情况的汇报；关于“普九”工作情况的汇报；关于城建工作的汇报；关于《国防法》贯彻执行情况的汇报；关于《科技进步法》贯彻执行情况的汇报；关于行业作风整顿管理情况的汇报；县检察院关于打击经济犯罪和自身队伍建设情况的汇报等。通过县人大常委会《关于实施依法治县的决议》《关于在“一府两院”及有关部门实行执法责任制的决定》《茌平县实施〈山东省建设工程招标投标管理条例〉的办法》等。本届人大常委会共任命干部251人，免职110人。

第一次会议

茌平县第十三届人大常委会第一次会议，于1993年3月24日在县招待所举行。会议由县人大常委会主任司文瞻、副主任张兴义主持。县人大常委会副主任迟会孝、张宝海、田冲、李泽明、金庆岱及常委委员共18人出席会议。县委副书记宋玉山、县政府副县长刘安荣、县法院院长郑宝光、县检察院检察长宋士高及部分乡镇人大主席团负责人和人大机关全体人员列席会议。

根据会议议程，学习有关人大工作的法律、法规和工作制度，传达省委〔1993〕4号文件和中办国办关于减轻农民负担的紧急通知；通过关于石传林等任免职务的决定和县第十届人民代表大会代表资格审查委员会组成人员。

第二次会议

茌平县第十三届人大常委会第二次会议，于1993年4月7日在县委四楼会议室举行。会议由县人大常委会主任司文瞻主持。县人大常委会副主任张兴义、迟会孝、李泽明、金庆岱及常委委员共14人出席会议。县政府副县长乌以祥、县建委主任宋宝锁及人大机关全体人员列席了会议。

会议审议批准《关于茌平县城市规划、建设、房屋拆迁有关规定》，原则通过了县人大常委会关于自身建设的规定、县人大常委会会议制度、主任会议制度、人事任免暂行办法、监督工作暂行办法、视察暂行办法。

第三次会议

茌平县第十三届人大常委会第三次会议，于1993年5月24日在县委四楼会议室举行。会议由县人大常委会副主任张兴义主持。县人大常委会主任司文瞻，副主任迟会孝、张宝海、田冲、李泽明及常委委员共15人出席会议。

会上认真学习了山东省《农民负担管理条例》和地委〔1993〕21号文件，听取审议县政府关于减轻农民负担情况的汇报，关于三夏生产准备工作情况的汇报和纪念“6•5”世界环境日安排情况的汇报，通过了人事任免事项。

第四次会议

茌平县第十三届人大常委会第四次会议，于1993年7月24日在县招待所举行。会议由县人大常委会副主任迟会孝主持。县人大常委会主任司文瞻，副主任张兴义、张宝海、田冲、李泽明、金庆岱及常委委员共17人出席会议。县政府副县长刘安荣，县法院院长郑宝光，县检察院检察长宋士高，县公安局局长范福泉，县水利局局长杨光录，县卫生局局长窦曰让及部分县人大代表、部分乡镇人大主席团主席，县人大机关委室负责人列席会议。

会议认真学习副委员长田纪云在省、自治区、直辖市人大常委会负责人座谈会上的重要讲话和全国人大常委会组成人员守则。听取审议县政府关于社会治安情况的汇报，防汛工作情况汇报和关于《食品卫生法》执行情况的汇报。会议还通过人事任免事项。

第五次会议

茌平县第十三届人大常委会第五次会议，于1993年8月25日在县委三楼会议室举行。会议由县人大常委会主任司文瞻主持。县人大常委会副主任张兴义、迟会孝、张宝海、田冲、李泽明、金庆岱及常委委员共15人出席会议。县人大机关委室负责人列席了会议。

会议通过《关于组织全县人大代表评议“一府两院”职能部门工作的决定》《关于听取“一府两院”拟任职人员述职报告的决定》《茌平县人大常委会组成人员守则》和《关于在全县人大代表中开展“为改革开放试点县建设建功立业活动”的意见》。

第六次会议

茌平县第十三届人大常委会第六次会议，于1993年10月14日在县委三楼会议室举行。会议由县人大常委会副主任张宝海主持。县人大常委会主任司文瞻、副主任张兴义、迟会孝、田冲、李泽明及常委委员共16人出席会议。县法院院长郑宝光、县检察院检察长宋士高、县政府办公室主任白先明、县财政局局长杨瑞华、县经委副主任孙成吉及县人大机关委室负责人列席会议。

会议听取审议县政府关于1993年1—9月份财政预算执行情况的汇报；关于县十三届人民代表大会第一次会议代表提案办理情况的汇报；听取审议了县检察院关于打击经济犯罪和反腐败斗争情况的汇报；县打假办公室关于1993年1—8月份“打假”活动情况的汇报；人事任免事项。

第七次会议

茌平县第十三届人大常委会第七次会议，于1994年1月3在县招待所举行。会议由县人大常委会副主任张兴义主持。县人大常委会主任司文瞻，副主任迟会孝、张宝海、田冲、李泽明、金庆岱及常委委员共18人参加会议。县政府副县长王林华、县人民法院院长郑宝光、县检察院检察长宋士高及县人大机关委室负责人列席了会议。

会议根据县长齐炳文、县人民法院院长郑宝光的提请，决定任免28名政府组成人员和县人民法院组成人员。

第八次会议

茌平县第十三届人大常委会第八次会议，于1994年3月10日在县委四楼会议室举行。会议由县人大常委会主任司文瞻主持。县人大常委会副主任张兴义、迟会孝、张宝海、田冲、李泽明、金庆岱及常委会委员共17人出席会议。县法院院长郑宝光及县人大机关委室负责人民列席了会议。

会议审议通过《茌平县人大常委会关于召开茌平县第十三届人民代表大会第二次会议的决定》，原则通过大会有关事项；审议通过《茌平县人大常委会1994年度工作要点》；审议通过《关于奖励1993年度先进代表小组和优秀人大代表的决定》。会议还通过了人事任免事项。

第九次会议

茌平县第十三届人大常委会第九次会议，于1994年3月26日在县委四楼会议室举行。会议由县人大常委会主任司文瞻主持。县人大常委会副主任张兴义、张宝海、田冲、李泽明、金庆岱及常委会委员共16人出席会议，县人大机关委室负责人列席了会议。

会议有两项议题：一是向常委会汇报县十三届人大二次会议的筹备情况；二是人事任免事项。

第十次会议

茌平县第十三届人大常委会第十次会议，于1994年6月11日在县招待所举行。会议由县人大常委会副主任李泽明主持。县人大常委会主任司文瞻，副主任张兴义、迟会孝、张宝海、田冲、金庆岱及常委会委员共17人出席会议。县人民政府副县长郭德功、县人民法院院长郑宝光、县人民检察院、县政府办公室、县农委、县公安局、县司法局、县教委负责人及县人大各委室负责人列席会议。

会议听取并审议县政府关于1～5月份茌平

县社会治安工作汇报；关于棉花生产和三夏生产及减轻农民负担工作情况的汇报；关于“二五”普法工作情况的汇报；关于《教师法》宣传贯彻情况的汇报；县人民法院关于经济审判工作的汇报。会议还通过了人事任免事项。

第十一次会议

茌平县第十三届人大常委会第十一次会议，于1994年8月18日在县招待所举行。会议由县人大常委会主任司文瞻、副主任张兴义主持。县人大常委会副主任张宝海、田冲、李泽明及常委会委员共14人出席会议。县人民政府副县长杨忠平、人民法院院长郑宝光、检察院检察长宋士高、政府有关部门的负责人及县人大机关委室负责人列席会议。

会议听取审议县政府关于县第十三届人民代表大会第二次会议以来代表提案办理情况的汇报；关于夏粮征购工作情况的汇报和食品卫生法、药品管理法执行情况的汇报；听取审议县人民检察院关于打击经济犯罪工作情况的汇报。会议还通过了人事任免事项，原则通过县人大常委会关于人民代表大会制度建立四十周年纪念活动安排意见和组织人大代表评议乡镇政府及职能部门工作的通知。

第十二次会议

茌平县第十三届人大常委会第十二次会议，于1994年10月28日在县招待所举行。会议由县人大常委会副主任金庆岱主持。县人大常委会主任司文瞻，副主任张兴义、迟会孝、张宝海、李泽明及常委会委员共15人出席会议。县人民法院院长郑宝光、县人民检察院宋士高、县政府有关部门负责人及县人大机关委室负责人列席会议。

会议听取并审议县财政局局长杨瑞华受县政府委托所作的《1～9月份财政预算执行情况汇报》；听取并审议县公安局党委书记范福泉受县政府委托所作的《关于全县“严打”斗争及公安队伍建设情况的汇报》；听取并审议县审计局局长徐公正受县政府委托所作的《审议工作情况汇报》。会议原则通过茌平县人大常委会关于乡镇人民代表大会主席团工作的若干规定》和《县直评议工作实施方案》。

第十三次会议

茌平县第十三届人大常委会第十三次会议，于1994年11月29日在县人大会议室举行。县人大常委会副主任张兴义、迟会孝、张宝海、李泽明、金庆岱及常委会委员共13人出席会议，人大机关各委室负责人列席会议。

会议通过县政府提请任免的干部并对近期的县直评议工作进行了研究和部署。

第十四次会议

茌平县第十三届人大常委会第十四次会议，于1995年3月10日在县招待所举行。县人大常委会主任司文瞻，副主任张兴义、迟会孝、张宝海、金庆岱及常委会委员共14人出席会议。县人民检察院检察长宋士高、县人民法院副院长于吉奎、县人民政府办公室副主任张建国列席会议。

会议审议通过《茌平县人大常委会关于召开县十三届人大三次会议的决定》；审议通过提交县十三届人大三次会议预备会议审议通过的茌平县第十三届人民代表大会第三次会议议程（草案）、主席团和秘书长名单（草案）、常务主席名单（草案）、列席人员名单（草案）、特邀人员名单（草案）；审议通过《茌平县人大常委会关于补选代表的决定》；通过了人事任命事项。

第十五次会议

茌平县第十三届人大常委会第十五次会议，于1995年3月11日在县招待所举行。县人大常委会主任司文瞻，副主任张兴义、迟会孝、张宝海、金庆岱及常委会委员共15人出席会议。县政府副县长许立全、县政府有关部门负责人及县人大机关委室负责人列席会议。

会议审议通过《茌平县人大常委会关于接受齐炳文辞去县长职务请求的决定》《茌平县人大常委会关于许立全任职的决定》；分别听取并审议县政府关于县医院、县石油公司、县工商局整改工作情况的汇报；审议通过《茌平县人大常委会关于奖励1994年先进代表小组和优秀人大代表的决定》。

第十六次会议

茌平县第十三届人大常委会第十六次会议，于1995年4月22日在县招待所举行。县人大常委会主任司文瞻，副主任张兴义、张宝海、李泽明、金庆岱及委员共13人出席会议。县政府副县长乌以祥、刘海贵，县人民检察院检察长宋士高，县人民法院副院长于吉奎，县政府有关部门负责人及县人大机关委室负责人列席会议。

会议听取并审议县三路指挥部刘晓涵受县政府委托所作的《关于三路建设情况的汇报》；审议通过《茌平县实施〈山东省建设工程招标投标管理条例〉办法》。会议还通过了人事任免事项。

第十七次会议

茌平县第十三届人大常委会第十七次会议，于1995年5月31日在县招待所举行。县人大常委会副主任张兴义、迟会孝、张宝海、李泽明、金庆岱及委员共13人出席会议。县政协副主席李盛奎，县人民法院院长郑宝光，县人民检察院检察长宋士高、县委、县政府有关部门负责人及县人大机关委室负责人列席会议。

会议听取并审议县农委副主任卢长忠受县政府委托所作的《关于减轻农民负担工作情况的汇报》；讨论通过《茌平县人大常委会关于在“一府两院”及有关部门实行执法责任制的实施方案》和《茌平县人大常委会关于依法治县的决议》。会议还通过了人事任免事项。

第十八次会议

茌平县第十三届人大常委会第十八次会议，于1995年8月1日在县招待所举行。县人大常委会主任司文瞻，副主任张兴义、迟会孝、张宝海、李泽明及委员共11人出席会议。县政府副县长王林华、县人民检察院检察长宋士高、县人民法院副院长曹曰廷、县政府有关部门负责人及县人大机关委室负责人列席会议。

会议传达学习副委员长田纪云在浙江视察时的讲话；听取并审议县政府《关于县十三届人大三次会议代表提案办理情况的汇报》；听取并审议县政府《关于〈食品卫生法〉贯彻执行情况的汇报》；审议通过《茌平县人大常委会关于听取副县长述职报告的决定》，会议还就今后如何进一步提高常委会议事质量进行了广泛深入的讨论。

第十九次会议

茌平县第十三届人大常委会第十九次会议，于1995年10月18日在县招待所举行。县人大常委会主任司文瞻，副主任张兴义、迟会孝、张宝海、李泽明、金庆岱及委员共13人出席会议。县人大机关委室负责人和部分工作人员列席会议。

会议审议通过《茌平县人大常委会关于曾庆梅任职的决定》。

第二十次会议

茌平县第十三届人大常委会第二十次会议，于1995年11月17日在县招待所举行。县人大常委会主任司文瞻，副主任张兴义、迟会孝、张宝海、田冲、李泽明、金庆岱及委员共14人出席会议。县人大机关委室负责人和部分工作人员列席会议。县政府副县长刘安荣、县人民法院院长郑宝光和财政、金融、税务、农业、工商、审计、教育等部门负责人及人大机关委室负责人列席会议。

会议听取并审议县工商局局长张怀成受县政府委托所作的《关于县商业城执法整改工作情况的汇报》；听取并审议县财政局局长杨瑞华受县政府委托所作的《关于1995年1～10月份财政预算执行情况的汇报》；听取并审议县农委主任石传林受县政府委托所作的《关于1995年全县秋种工作和多种经营发展情况的汇报》；听取并审议县教委主任吕文涛受县政府委托所作的《关于教育法贯彻执行情况的汇报》；听取并审议人民银行茌平县支行行长刘其生所作的《关于人民银行法和商业银行法等金融法律法规贯彻执行情况的汇报》；审议通过《茌平县人大常委会关于乡镇人大进行换届选举的决定》；审议通过《茌平县人大常委会关于1996年乡镇人大换届选举工作安排意见》；审议通过《乡镇人大换届选举代表分配方案》；审议通过各乡镇选举委员会主任、副主任名单。会议还通过了人事任免事项。

第二十一次会议

茌平县第十三届人大常委会第二十一次会议，于1996年1月24日在县委常委会议室举行。县人大常委会主任司文瞻，副主任张兴义、迟会孝、李泽明、金庆岱及委员共12人出席会议。有关被任免人员及人大机关委室负责人列席会议。

会议听取全县乡镇人大换届选举情况的汇报；审议通过《茌平县人大常委会关于召开县十三届人大四次会议的决定》；听取评议工作情况的汇报。会议还通过了人事任免事项。

第二十二次会议

茌平县第十三届人大常委会第二十二次会议，于1996年2月6日召开。会议由县人大常委会主任司文瞻主持，副主任张兴义、迟会孝、张宝海、李泽明、金庆岱及常委会委员共15人出席会议。

会议听取审议县政府提请通过的《茌平县土地管理暂行办法》《茌平县国有土地使用权出让和转让暂行办法》《茌平县土地估价管理暂行办法》和《茌平县国有在县城规划区实行统一征地的暂行规定》。会议通过了这几项办法和规定。

第二十三次会议

茌平县第十三届人大常委会第二十三次会议，于1996年3月15日在县招待所举行。县人大常委会主任司文瞻，副主任张兴义、迟会孝、张宝海、田冲、金庆岱及常委会委员共15人出席会议。县法院院长郑宝光、县检察院检察长宋士高、政府有关部门负责人及人大机关委室负责人列席会议。

会议审议通过《茌平县关于依法治县的百年规划》，讨论决定县十三届人大四次会议的有关事宜。

第二十四次会议

茌平县第十三届人大常委会第二十四次会议，于1996年3月28日在县招待所举行。县人大常委会主任司文瞻，副主任张兴义、迟会孝、张宝海、田冲、李泽明、金庆岱及常委会委员共18人出席会议。县委组织部门负责人、县人大机关各委室负责人列席会议。

会议审议并一致通过《茌平县人大常委会关于樊庆锡任职的决定》。

第二十五次会议

茌平县第十三届人大常委会第二十五次会议，于1996年5月24日在县招待所举行。县人大常委会主任司文瞻，副主任张兴义、迟会孝、田冲、李泽明、金庆岱及常委会委员共13人出席会议。县政府副县长王林华、刘安荣、苏本生、刘海贵，县政协副主席李盛奎，县政府有关部门负责人及人大机关委室负责人列席会议。

会议听取并审议县政府副县长刘海贵所作的《关于茌平县土地管理暂行办法》等4个规范性文件修改情况的汇报，并通过上述文件；听取并审议县政府副县长苏本生所作的《关于农民负担监督管理工作的汇报》；听取并审议县政府副县长王林华所作的《关于“普九”工作的汇报》；听取并审议县政府副县长刘安荣所作的《关于全县社会治安及“严打”斗争情况的汇报》；审议通过《茌平县人大常委会关于公检法大要案的报告制度》。会议还通过了人事任免事项。

第二十六次会议

茌平县第十三届人大常委会第二十六次会议，于1996年8月8日在县招待所举行。县人大常委会主任司文瞻，副主任张兴义、迟会孝、张宝海、田冲、李泽明、金庆岱及常委会委员共16人出席会议。县长许立全、县政协副主席李盛奎、县政府有关部门负责人及人大机关委室负责人列席会议。

会议听取并审议审计局局长徐公正受县政府委托所作的《茌平县1995年度本级预算执行情况和其他财政收支的审计工作报告》；听取并审议环保办副主任张凤英受县政府委托所作的《关于环保法贯彻执行情况的汇报》；听取并审议司法局局长潘思东受县政府委托所作的《关于“二五”普法工作情况的汇报》；听取并审议检察院副检察长崔德贵所作的《关于1～7月份反贪工作情况的汇报》。

县人大法工委主任高廷桐受主任会议委托，向本次会议作《茌平县人大常委会关于深入开展第三个五年普法的决议（草案）》《茌平县人大常委会关于听取审议被任命干部述职报告的决定（草案）》和《1996年度县级人大代表评议"一府两院"行政执法部门实施方案（草案）》的说明。通过表决，会议通过以上决定和实施方案。

第二十七次会议

茌平县第十三届人大常委会第二十七次会议，于1996年10月24日在县招待所举行。县人大常委会主任司文瞻，副主任张兴义、迟会孝、张宝海、田冲、李泽明、金庆岱及常委会委员共12人出席会议。县政府副县长杨忠平、王林华，县政协副主席李盛奎及县法院、检察院、具政府有关部门负责人及人大机关委室负责人列席会议。

会议审议并通过《茌平县"科技兴茌"规划（1996—1998）》和《茌平县科技发展规划（1996—2010）》；听取审议县政府《关于1～9月份财政预算执行情况及预算外资金管理情况的汇报》；通过了人事任免事项。

第二十八次会议

茌平县第十三届人大常委会第二十八次会议，于1996年11月4日在县人大主任会议室举行。县人大常委会主任司文瞻，副主任张兴义、迟会孝、张宝海、田冲、李泽明、金庆岱及常委会委员共12人出席会议。县人大有关委室负责人列席会议。

会议的议题是表决通过了《茌平县人大常委会关于祁传月等任免职务的决定》。

第二十九次会议

茌平县第十三届人大常委会第二十九次会议，于1996年12月24日至12月25日在县招待所举行。县人大常委会主任司文瞻，副主任张兴义、迟会孝、张宝海、田冲、李泽明、金庆岱及常委会委员共14人出席会议。

会议听取审议县政府副县长、县人民法院院长、县人民检察院检察长及政府序列21个行政执法部门领导人的述职报告。经过评议，决定授予李庚申等13人"1996年度人民优秀公仆"称号。会议还通过了人事任免事项。

第三十次会议

茌平县第十三届人大常委会第三十次会议，于1997年1月9日在县招待所举行。县人大常委会主任司文瞻，副主任张兴义、迟会孝、张宝海、田冲、李泽明、金庆岱及委员共14人出席会议。县政府副县长王林华，县政协副主席李盛奎及县人民法院、检察院、政府有关部门负责人和县人大机关委室负责人列席会议。

会议决定县第十三届人民代表大会第五次会议于1997年1月下旬举行；会议听取审议县政府关于茌平县1997年国民经济计划草案；作出关于批准茌平县人民政府提请审议的《茌平县爱国卫生监督管理暂行规定》《茌平县城市绿化管理暂行规定》的决定。

第三十一次会议

茌平县第十三届人大常委会第三十一次会议，于1997年3月21日在县人大办公室举行。县人大常委会主任司文瞻、副主任张兴义、张宝海、田冲、金庆岱及委员共12人出席会议。县人大机关委室负责人列席会议。

会议通过关于毕思春任职的决定；关于授予孟宪井等"茌平县名誉公民"称号的决定。

第三十二次会议

茌平县第十三届人大常委会第三十二次会议，于1997年4月16日在县招待所举行。县人大常委会主任司文瞻、副主任张兴义、迟会孝、张宝海、田冲、金庆岱及委员共13人出席会议。县政府副县长杨忠平及县法院、检察院、财政局的负责人和县人大机关委室负责人列席会议。

会议审议并通过《茌平县人大常委会1997年工作要点》，听取并审议县财政局局长杨瑞华受县政府委托所作的《关于茌平县1997年财政预算（草案）》；通过了人事任免事项。

第三十三次会议

茌平县第十三届人大常委会第三十三次会议，于1997年6月5日在县招待所举行。县人大常委会主任司文瞻、副主任迟会孝、张宝海、田冲、李泽明、金庆岱及委员共12人出席会议。县政府副县长苏本生及县法院、县检察院、县公安局、县建委、县审计局、县农委的负责人和县人大机关委室负责人列席会议。

会议听取并审议县建委主任朱林富受县政府委托所作的《茌平县城建工作汇报》；听取并审议县农委经管科科长王剑锋受县政府委托所作的《茌平县关于减轻农民负担工作的情况汇报》；听取并审议了县公安局局长韩明忠受县政府委托所作的《关于1—5月份全县治安情况的汇报》；听取并审议县审计局党组书记付士全受县政府委托所作的《茌平县审计局关于对茌平县1996年度本级预算执行情况和其他财政收支的审计工作报告》。

第三十四次会议

茌平县第十三届人大常委会第三十四次会议，于1997年8月14日在县招待所举行。县人大常委会主任司文瞻，副主任张兴义、迟会孝、张宝海、田冲、李泽明、金庆岱及委员共14人出席会议。县政府副县长刘安荣、苏本生，县人武部政委左青山及县法院、县检察院、县政府办、县农委、县科委的负责人和县人大机关委室负责人列席会议。

会议听取并审议县农委副主任卢长忠受县政府委托所作的《关于减轻农民负担检查情况的汇报》；听取并审议县人武部政委左青山所作的《关于〈国防法〉贯彻执行情况的汇报》；审议并通过县政府提请审议的《茌平县涉案物品估计管理暂行办法（草案）》；听取并审议县科委主任宋希伟受县政府委托所作的《关于〈科技进步法〉贯彻执行情况的汇报》；听取并审议县检察院检察长宋士高所作的《关于打击经济犯罪和自身队伍建设情况的汇报》；通过县人大常委会关于评选“优秀公仆”的实施办法，作出评选“优秀公仆”决定；听取并审议县政府办公室副主任姚洪泉所作的《关于十三届人大五次人代会提案办理情况的汇报》。会议还通过了人事任免事项。

第三十五次会议

茌平县第十三届人大常委会第三十五次会议，于1997年10月24日在县招待所举行。县人大常委会主任司文瞻，副主任张兴义、迟会孝、张宝海、李泽明、金庆岱及委员共11人出席会议。县政府副县长王林华、郭德功，县法院、县检察院、县财政局、县地税局、县国税局、县卫生局、县计生委的负责人及县人大机关委室负责人列席会议。

会议听取并审议县财政局局长杨瑞华受县政府委托所作的《1997年1～9月份财政预算执行情况》的汇报；听取并审议县卫生局副局长付以才受县政府委托所作的《关于行业作风整顿管理情况》的汇报；听取并审议了县计生委主任刘善温受县政府委托所作的《1997年计划生育工作情况》的汇报；听取并审议县法院院长郑宝光所作的《茌平县人民法院工作汇报》；审议通过《关于任命茌平县选举委员会组成人员的通知》《关于任命乡镇选举工作指导组正副组长的决定》《关于任命县直选举工作指导组正副组长的决定》。会议还通过了人事任免事项。

第三十六次会议

茌平县第十三届人大常委会第三十六次会议，于1997年12月10日在县招待所举行。县人大常委会主任司文瞻、副主任张兴义、迟会孝、田冲、李泽明、金庆岱及委员共13人出席会议。县人大机关委室负责人列席会议。

会议听取县人大副主任张兴义介绍的全县换届选举工作情况；表决通过《代表名额分配方案（草案）》及《茌平县人大常委会关于1998年县人民代表大会换届选举的决定》。会议还通过了人事任免事项。

第三十七次会议

茌平县第十三届人大常委会第三十七次会议，于1997年12月22日在县招待所举行。县人大常委会主任司文瞻，副主任张兴义、迟会孝、田冲、李泽明、金庆岱及委员共14人出席会议。县人大机关委室负责人列席会议。

会议通过汪文耀任茌平县人民政府副县长，于树杰挂职茌平县人民政府副县长的决定，表决通过李泽明任资格审查委员会主任委员的决定。

第三十八次会议

茌平县第十三届人大常委会第三十八次会议，于1997年12月22日在县招待所举行。县人大常委会主任司文瞻，副主任张兴义、迟会孝、田冲、李泽明、金庆岱及委员共14人出席会议。县人大机关委室负责人列席会议。

会议通过汪文耀任茌平县人民政府代理县长的决定。

第三十九次会议

茌平县第十三届人大常委会第三十九次会议，于1998年1月6日在县招待所举行。县人大常委会副主任张兴义、迟会孝、田冲、李泽明、金庆岱及委员共14人出席会议。县委组织部及县人大机关委室负责人列席会议。

会议通过关于侯军任县政府副县长的决定。

第四十次会议

茌平县第十三届人大常委会第四十次会议，于1998年1月22日在县招待所举行。县人大常委会主任司文瞻，副主任张兴义、迟会孝、田冲、李泽明、金庆岱及委员共17人出席会议。县人大原副主任张宝海、人大法工委原主任祁传月、县财政局及县人大机关委室负责人列席会议。

会议通过关于召开县第十四届人民代表大会第一次会议的决定；听取财政局局长杨瑞华汇报的1997年全县财政执行情况；讨论通过1997年人大常委会工作报告。

第十四届人大常委会历次会议

茌平县第十四届人大常委会从1998年2月25日至2003年1月19日共召开会议36次，听取审议“一府两院”专项工作报告75个，作出决议决定68个，任免国家机关工作人员254人次。

第一次会议

茌平县第十四届人大常委会第一次会议于1998年2月25日在县招待所举行。县人大常委会主任司文瞻，副主任徐法水、迟会孝、田冲、李泽明、王长山及委员共20人出席会议。人大常委会原副主任张兴义、金庆岱及县人大机关委室负责人列席了会议。

会上，主任刘平领学了常委会的职权、职责及有关的法律法规，各位常委踊跃发言，畅谈十三届人大常委会的工作及今后5年的打算，同时会以通过十四届人大代表资格审查委员会主任委员、副主任委员和委员名单。

第二次会议

茌平县第十四届人大常委会第二次会议于1998年5月17日在县招待所召开。

会议由县人大常委会主任司文瞻，副主任徐法水、迟会孝分别主持，县人大常委会副主任田冲、李泽明、王长山及常委会委员共18人参加了会议，“一府两院”负责人、全体被任命人员、部分乡乡人大主席团主席及人大机关委室负责人列席会议。

会议审议通过《茌平县人大常委会1998年工作要点》《茌平县人大常委会议事规则》和《茌平县人大常委会任免办法》，会议还通过了人事任免事项。县委副书记、副县长侯军代表县委、县政府向被任命人员提出要求，县人大常委会主任司文瞻作重要讲话，并就近期人大工作讲了意见。

第三次会议

茌平县第十四届人大常委会第三次会议于1998年7月14日在县招待所召开。

会议由县人大常委会主任司文瞻主持，副主任迟会孝、田冲、李泽明、王长山及委员共15人出席了会议。“一府两院”负责人、公安局负责人、部分乡（镇）人大主席团主席及县人大机关委室负责人列席了会议。

会议听取审议公检法三部门上半年工作及社会治安综合治理情况的汇报；听取审议《关于十四届一次人代会以来代表提案办理情况的汇报》《关于减轻农民负担工作情况的汇报》和《关于对茌平县1997年度预算执行和其他财政收支情况的审计工作汇报》；还通过了人事任免事项。

第四次会议

茌平县第十四届人大常委会第四次会议于

1998年9月4日在县招待所举行。

会议由县人大常委会主任司文瞻主持，副主任迟会孝、田冲、李泽明、王长山及委员共15人出席了会议。“一府两院”负责人、各乡乡人大主席团主席及县人大机关委室责任人列席了会议。

会议听取审议县政府关于《1998年1～6月份财政预算执行情况的报告》、关于全县农业及农村工作的汇报、关于“普九”成果巩固和减轻学生负担情况的汇报；审议通过县人大常委会关于评议、检查县直执法部门及其落实执法责任制情况的意见、关于乡（镇）人大评议行政执法部门和政府组成人员的指导意见；会议还通过了人事任命事宜。

第五次会议

茌平县第十四届人大常委会第五次会议于1998年11月11日至11月12日在县招待所举行。

县人大常委会主任司文瞻，副主任迟会孝、李泽明、王长山及委员共12人出席了会议。县政府副县长杨忠平、栾振利，县公安局、检察院、法院、农委、水利局、教委、建委、工商局、电业公司9个被评议单位主要负责人及县人大机关委室负责人列席了会议。会议分别由司文瞻、迟会孝主持。

根据茌人发〔1998〕11号文件的规定，本次会议重点听取县公安局等9部门的述职报告。常委会组成人员在结合会前开展的执法责任制检查情况，对9部门的工作分组进行了评议。县人大常委会主任司文瞻在讲话中要求各被评部门认真对待常委会评议意见，积极落实整改措施；副县长杨忠平代表县政府要求被评议部门虚心接受县人大常委会的监督，抓紧解决常委会评议意见提出的问题，并将落实情况及时向人大和政府汇报。会议还通过人事任免事项，通过关于乡镇人大换届工作有关事宜。

第六次会议

茌平县第十四届人大常委会第六次会议于1999年1月15日在县招待所举行。

县人大常委会主任司文瞻，副主任徐法水、杨忠平、王林华、迟会孝、田冲、李泽明、王长山及委员共15人出席了会议。县人民检察员有关负责人、县人大机关委室负责人列席会议。

会议听取和审议县十四届二次人民代表大会筹备工作有关事项，通过茌平县人大常委会关于召开茌平县第十四届人民代表大会第二次会议的决定；会议还通过了人事任命事宜。

第七次会议

茌平县第十四届人大常委会第七次会议于1999年3月16日在县招待所举行。

县人大常委会主任司文瞻，副主任徐法水、杨忠平、王林华、迟会孝、田冲、李泽明、王长山及委员共14人出席会议。县人大机关委室负责人列席会议。

会议听取和审议县人民政府关于全县农业及农村工作的汇报和减轻学生负担情况的汇报。

第八次会议

茌平县第十四届人大常委会第八次会议于1999年4月4日在县委三楼会议室举行。

县人大常委会主任司文瞻，副主任徐法水、杨忠平、王林华、迟会孝、田冲、李泽明、王长山及委员共14人出席会议。县政府副县长孙新建及县法院、县检察院、县财政局、县农委的主要负责人列席会议。

会议听取审议县政府关于全县土地延包和农村产业结构调整及小麦生产情况的汇报；审议通过《茌平县1999年财政预算安排情况》；审议通过《茌平县人大常委会1999年工作要点》。

第九次会议

茌平县第十四届人大常委会第九次会议于1999年7月6日在县招待所举行。

县人大常委会主任司文瞻，副主任徐法水、杨忠平、王林华、田冲、李泽明、王长山及委员共14人出席了会议。县政府副县长李国荣，县法院、县检察院、民政局、粮食局、农委、水利局、计生委、综治办等单位的主要负责人及县人大机关委室负责人列席会议。会议由司文瞻主持。

会议听取审议县政府关于茌平县第六届村委会换届选举工作情况汇报、茌平县1999年度夏粮征购情况汇报、茌平县1999年上半年减轻农民负担工作情况的汇报、茌平县1999年度防汛工作情况汇报、关于〈计划生育条例〉贯彻实施情况汇报》、1999年茌平县社会治安综合治理情况汇报。

会议审议通过《茌平县1999—2000年度依法治县的实施意见》。

第十次会议

茌平县第十四届人大常委会第十次会议于1999年9月9日在县委招待所举行。

会议由县人大常委会主任司文瞻主持，副主任杨忠平、迟会孝、田冲、李泽明、王长山及委员共12人出席会议。县政府副县长朱学东，检察院检察长宋士高，法院院长郑宝光，县政府办公室、审计局等单位的主要负责人及县人大机关委室负责人列席会议。

会议听取审议《茌平县人民县政府1998年茌平县预算执行和其他财政收支的审计工作报告》、县政府关于县十四届人大二次会议以来代表建议办理情况的汇报；县人民检察院检察长宋士高所作的《茌平县人民检察院1999年1～9月份反贪污贿赂工作情况的汇报》；县人民法院院长郑宝光所作的《茌平县人民法院今年以来执行工作的汇报》。讨论并通过《茌平县关于1999年度乡镇人大代表评议同级政府组成人员及行政执法部门的指导意见》与《茌平县关于1999年度评议行政执法部门的实施意见》。会议还通过了人事任免事项。

第十一次会议

茌平县第十四届人大常委会第十一次会议于1999年11月15日在县招待所举行。

会议由县人大常委会主任司文瞻主持，副主任王林华、迟会孝、田冲、李泽明、王长山及委员共12人出席会议。县政府副县长李国荣，县检察院、县法院、县财局、县经委、县建委、县法制办、县物价局及县人大机关委室负责人列席会议。

会议听取审议县政府关于1999年1～10月份预算执行情况汇报、茌平县工业发展情况汇报、茌平县1999年城建工作汇报，审议通过《茌平县县城管理若干规定》。会议选举贾少勇为聊城市第十四届人民代表大会代表。

第十二次会议

茌平县第十四届人大常委会第十二次会议于2000年1月5日在县招待所举行。

会议由县人大常委会主任司文瞻主持，副主任王林华、田冲、李泽明、王长山及委员12人出席会议。县政协、县人民法院、县人民检察院及县人大机关委室主要负责人列席会议。

会议审议通过茌平县人大常委会关于召开茌平县第十四届人民代表大会第三次会议的决定，审议通过茌平县人大常委会工作报告讨论稿。

第十三次会议

茌平县第十四届人大常委会第十三次会议于2000年4月14日在县招待所举行。

会议由县人大常委会主任司文瞻主持，副主任徐法水、杨忠平、王林华、迟会孝、田冲、李泽明、王长山及委员15人出席会议。县长汪文耀、检察院检察长宋士高、法院副院长韩晓忠、县财局杨立军、王彪及县人大机关委室责任人列席会议。

会议审议通过《茌平县人民县政府2000年县级财政预算方案》和《茌平县人大常委会2000年工作要点》。

第十四次会议

茌平县第十四届人大常委会第十四次会议于2000年7月11日在县招待所举行。

会议由县人大常委会主任司文瞻主持，副主任杨忠平、王林华、迟会孝、田冲、李泽明、王长山及委员15人出席会议。县政府副县长冯海亭、县检察院、县法院、县政府办公室、县农委、县综治办、县卫生局及县人大机关委室的负责人列席会议。

会议听取审议县政府关于2000年上半年社会治安综合治理情况的汇报、《食品卫生法》落实情况汇报、2000年上半年减轻农民负担工作情况汇报以及十四届人大三次会议以来代表建议办理情况的汇报。会议选举任命宋秋玲、殷立泉为县政府副县长。

第十五次会议

茌平县第十四届人大常委会第十五次会议于2000年8月25日在县招待所举行。

会议由县人大常委会主任司文瞻主持，副主任迟会孝、李泽明、王长山及委员共10人出席会议。县法院及县人大机关委室负责人列席会议。

会议集体学习《代表法》有关章节；听取县人民法院关于县人大代表某人阻挠法院干警执法的情况汇报，审议通过《茌平县人大常委会关于对县级人大代表某人拒不执行人民法院已经发生法律效力的判决造成严重后果而许可拘留的决定》。

第十六次会议

茌平县第十四届人大常委会第十六次会议于2000年9月14日在县招待所举行。

会议由县人大常委会主任司文瞻主持，副主任王林华、迟会孝、田冲、李泽明、王长山及委员共12人出席会议。县政府副县长孙新建、县人民检察院、县人民法院、县审计局、县教委等单位的主要负责人及博平镇人大主席团、肖庄乡人大主席团、人大机关委室的负责人列席会议。

会议听取审议《茌平县人民政府关于1999年度茌平县预算执行和其他财政收支情况的审计工作报告》、县政府关于《义务教育法》贯彻执行情况的汇报、县人民检察院2000年1～8月份反贪工作情况汇报》；会议还通过人事任免事项。

第十七次会议

茌平县第十四届人大常委会第十七次会议于2000年11月16日在县招待所举行。

会议由县人大常委会主任司文瞻主持，副主任杨忠平、王林华、迟会孝、田冲、李泽明、王长山及委员共12人出席会议。县政府副县长殷立泉、县人民检察院、县人民法院、县财政局、县农委、县劳动局及广平乡人大主席团、丁块乡人大主席团和人大机关委室的负责人列席会议。

会议听取审议县政府关于2000年1～10月份预算执行情况的汇报、关于全县农业产业结构调整情况的汇报、社会保障工作情况的汇报、县人民法院关于开展审判工作情况的汇报；会议通过《茌平县人大常委会关于2000年度对县人大常委会任命干部进行述职评议的实施方案》及人事任免事项。

第十八次会议

茌平县第十四届人大常委会第十八次会议于2001年1月12日在县招待所举行。

会议由县人大常委会主任司文瞻主持，副主任杨忠平、王林华、樊庆锡、田冲、李泽明、王长山及委员共16人出席会议。县人民检察院检察长宋士高、县人民法院副院长贾惠，县司法局、人事局、劳动局、计生局人大机关委室的负责人列席会议。

会议听取审议县政府关于全县司法工作情况的汇报和计生工作情况的汇报；依法增补1名市人大代表。

第十九次会议

茌平县第十四届人大常委会第十九次会议于2001年1月22日在县招待所举行。

会议由县人大常委会主任司文瞻主持，副主任徐法水、杨忠平、王林华、迟会孝、田冲、李泽明、王长山及委员共14人出席会议。县政府副县长侯军与人大机关委室的负责人列席会议。

会议采用无记名投票的方式，补选侯军为聊城市第十三届人民代表大会代表；任命侯军为茌平县人民政府代县长；李云哲为茌平县人民检察院副检察长代检察长；樊庆锡等4人为县十四届人民代表大会代表候选人。

第二十次会议

茌平县第十四届人大常委会第二十次会议于2001年1月30日在县招待所举行。

会议由县人大常委会主任司文瞻主持，副主任杨忠平、王林华、迟会孝、田冲、李泽明、王长山及委员共11人出席会议。县委书记贾少勇、县人大代表联络工委副主任王建国列席会议。

会议依法进行人事任免事宜，免去李云哲县人民检察院副检察长、代检察长职务，任命邵景良为县人民检察院副检察长、代检察长。

第二十一次会议

茌平县第十四届人大常委会第二十一次会议于2001年1月31日在县招待所举行。

会议由县人大常委会主任司文瞻主持，副主任杨忠平、王林华、田冲、李泽明、王长山及委员共16人出席会议。县委组织部部长颜廷华及人大机关委室负责人列席会议。

会议听取县人大关于县人代会筹备情况的汇报；传达市委有关会议精神；依法进行人事任免事宜，选举孙光木、白立新为茌平县人民政府副县长。

第二十二次会议

茌平县第十四届人大常委会第二十二次会议于2001年2月3日在县招待所举行。

会议由县人大常委会主任司文瞻主持，副主任徐法水、杨忠平、王林华、迟会孝、田冲、李泽明、王长山及委员共16人出席会议。县委组织部部长颜廷华及人大机关委室负责人列席会议。

会议通过人事任免事宜，根据王立军的辞呈报告，通过县人大常委会关于接受王立军辞去人大常委会委员职务请求的决定。

第二十三次会议

茌平县第十四届人大常委会第二十三次会议于2001年3月28日在县招待所举行。

会议由县人大常委会主任司文瞻主持，副主任王林华、樊庆锡、田冲、李泽明、宋士高、王长山及委员共15人出席会议。县政府副县长朱学东、县人民检察院、县人民法院、县财政局及人大机关委室的负责人列席会议。

会议听取审议《茌平县2001年财政预算（草案）》；通过《茌平县人大常委会关于批准2001年财政预算报告的决定》。

第二十四次会议

茌平县第十四届人大常委会第二十四次会议于2001年5月9日在县招待所举行。

会议由县人大常委会主任司文瞻主持，副主任杨忠平、王林华、田冲、李泽明、王长山及委员共16人出席会议。县委副书记朱学东、县人民法院院长郑宝光、县人民检察院检察长邵景良及人大机关委室负责人列席会议。

会议听取审议县政府关于全县消防安全工作情况的汇报、计划生育工作整改情况的汇报、人事工作整改情况的汇报；传达市委有关会议精神；会议依法进行人事任免事宜。

第二十五次会议

茌平县第十四届人大常委会第二十五次会议于2001年7月26日在县招待所举行。

会议由县人大常委会主任司文瞻主持，副主任杨忠平、王林华、樊庆锡、李泽明、王长山及委员共15人出席会议。县政府副县长宋秋玲、县人民法院、县人民检察院、县财政局、县公安局、县卫生局、县政府办、县消防大队等单位主要负责人及人大机关委室的负责人列席会议。

会议听取审议县政府关于茌平县农村税费改革进展情况的汇报、关于《食品卫生法》贯彻实施情况的汇报、关于消防安全落实情况的汇报、关于前段严打整治斗争情况的汇报、关于十四届人大四次会议以来代表建议办理情况的汇报；会议还通过人事任免事项。

第二十六次会议

茌平县第十四届人大常委会第二十六次会议于2001年10月19日在县招待所举行。

会议由县人大常委会主任司文瞻主持，副主任杨忠平、王林华、樊庆锡、田冲、李泽明、宋士高、王长山及委员共17人出席会议。县政府副县长白立新，县人民法院院长郑宝光，县人民检察院检察长邵景良，县财政局及人大机关委室的负责人列席会议。

会议听取审议县政府关于《茌平县2001年1～9月份财政预算执行情况的报告》，并作出相应决议；会议还通过人事任免事项。

第二十七次会议

茌平县第十四届人大常委会第二十七次会议于2001年11月20日在县招待所举行。

会议由县人大常委会主任司文瞻主持，副主任杨忠平、王林华、樊庆锡、田冲、李泽明、宋士高、王长山及委员共16人出席会议。县政府副县长白立新，县人民法院院长郑宝光，县人民检察院检察长邵景良，县司法局等单位主要负责人及人大机关委室负责人列席会议。

会议听取审议县人民检察院关于执法监督工作情况的汇报；听取审议县人民法院关于审判监督情况的汇报；听取审议县政府关于《茌平县2001—2005年依法治县规划（草案）》，并作出相应决议。

第二十八次会议

茌平县第十四届人大常委会第二十八次会议于2001年12月26日在县招待所召开。

会议由县人大常委会主任司文瞻主持，副主任杨忠平、樊庆锡、田冲、李泽明、宋士高、王长山及委员共16人出席会议。县人民检察院检察长邵景良、县人民法院副院长曹曰亭以及审计局、人大机关委室负责同志列席会议。

会议听取审议县政府关于茌平县2000年预算执行和其他财政收支情况的审计工作报告；听取审议县人大关于对乡镇换届前三阶段情况的通报；会议还通过人事任免事项。

第二十九次会议

茌平县第十四届人大常委会第二十九次会议于2001年12月30日在县招待所召开。

会议由县人大常委会主任司文瞻主持，副主任徐法水、杨忠平、樊庆锡、田冲、李泽明、宋士高、王长山及委员共16人出席会议。县人民检察院检察长邵景良列席会议。

会议听取审议县人民检察院关于提请停止执行某人茌平县第十四届人民代表大会代表职务的报告及立案纠正书，表决通过茌平县人大常委会关于许可对某人暂停执行代表职务的决定。

第三十次会议

茌平县第十四届人大常委会第三十次会议于2002年1月28日在县招待所召开。

会议由县人大常委会主任司文瞻主持，副主任杨忠平、王林华、樊庆锡、田冲、李泽明、王长山及委员共14人出席会议。县人大机关委室负责同志列席会议。

会议审议县十四届五次人名代表大会有关事项，通过茌平县人大常委会关于召开茌平县第十四届人民代表大会第五次会议的决定。

第三十一次会议

茌平县第十四届人大常委会第三十一次会议于2002年2月2日在县招待所召开。

会议由县人大常委会主任司文瞻主持，副主任徐法水、杨忠平、王林华、樊庆锡、田冲、李泽明、王长山及委员共17人出席会议。县人民检察院检察长邵景良列席会议。

会议听取审议县人民检察院关于提请对县人大代表某人采取逮捕措施的报告，表决通过茌平县人大常委会关于许可对某人采取逮捕措施的决定。

第三十二次会议

茌平县第十四届人大常委会第三十二次会议于2002年4月17日在县招待所召开。

会议由县人大常委会主任司文瞻主持，副主任王林华、田冲、李泽明、宋士高、王长山及委员共13人出席会议。县政府副县长孙新建、县人民检察院检察长邵景良、县人民法院副院长贾惠、县财政局副局长齐以春和人大机关委室负责人列席会议。

会议听取审议茌平县2002年财政预算；听取审议茌平县人大常委会2002年工作要点；并通过了相应决议。

第三十三次会议

茌平县第十四届人大常委会第三十三次会议于2002年7月10日在县招待所召开。

会议由县人大常委会主任司文瞻主持，副主任杨忠平、王林华、樊庆锡、田冲、李泽明、宋士高、王长山及委员共14人出席会议。县政府副县长王奎龙、“两院”及有关部门的主要负责人、部分乡（镇）人大主席和人大机关委室负责人列席会议。

会议听取审议县政府关于社会保障工作情况汇报、关于基本医疗保险工作情况的工作汇报、关于增加农民收入的工作汇报、关于建立土地储备制度的工作汇报、关于十四届人大五次会议以来代表建议办理情况的汇报。县人民检察院检察长邵景良向常委会会议汇报了全市监察机关职务犯罪侦查工作会议精神；会议还通过了人事任免事项。

第三十四次会议

茌平县第十四届人大常委会第三十四次会议于2002年12月12日在县招待所召开。

会议由县人大常委会主任司文瞻主持，副主任杨忠平、樊庆锡、宋士高、田冲、王长山及委员共17人出席会议。县政府副县长朱学东、县人民检察院检察长邵景良、县畜牧局局长迟连运、县农委主任徐子兴、县法院副院长付士全、县计生委副主任刘善温和人大机关委室负责人列席会议。

会议听取审议县人民代表大会换届选举有关工作情况的汇报；通过茌平县人大常委会关于2003年县人民代表大会换届选举的决定；会议还通过人事任免事项。

第三十五次会议

茌平县第十四届人大常委会第三十五四次会议于2002年12月12日在县招待所召开。

会议由县人大常委会主任司文瞻主持，副主任杨忠平、樊庆锡、宋士高、田冲、王长山及委员共17人出席会议。县政府副县长朱学东、县人民检察院检察长邵景良、县畜牧局局长迟连运、县农委主任徐子兴、县人民法院副院长付士全、县计生委副主任刘善温和人大机关委室负责人列席会议。

会议听取审议县人民代表大会换届选举有关工作情况的汇报；通过茌平县人大常委会关于2003年县人民代表大会换届选举的决定；会议还通过人事任免事项。

第三十六次会议

茌平县第十四届人大常委会第三十六次会议于2003年1月19日在县招待所召开。

会议由县人大常委会主任司文瞻主持，副主任徐法水、杨忠平、王林华、樊庆锡、田冲、李泽明、宋士高、王长山及委员共17人出席会议。县委组织部副部长初士锋和人大机关委室负责人列席会议。

会议听取审议县人大常委会关于人代会筹备情况的汇报，作出关于召开县第十五届人民代表大会第一次会议的决定。

第十五届人大常委会历次会议

茌平县第十五届人大常委会从2003年3月20日至2007年10月22日共举行30次会议，其中，第二十八次、第二十九次会议内容缺失。做出决议决定30项，形成审议意见73件，组织视察、调研、执法检查60余次；依法任命国家机关工作人员112人，免职27人。

第一次会议

2003年3月20日，茌平县第十五届人民代表大会第一次会议闭幕后，在县招待所随即召开茌平县第十五届人大常委会第一次会议。

茌平县委书记、县人大常委会主任侯军，县人大常委会第一副主任孙新建，县人大常委会副主任韩宪宏、刘继军、何其平、梁宝忠、孙乐生、刘士贵、王希忠以及其他常委共18人出席会议。县政府副县长高红岩、县人民法院院长任永生、县检察院检察长邵景良及乡乡人大主席团主席列席会议。孙新建主持会议。

会议组织学习《中华人民共和国地方各级人民代表大会和地方各级人民政府组织法》《茌平县人大常委会议事规则》和《茌平县人大常委会人事任免办法》，听取并审议通过了《茌平县人大常委会关于加强自身建设的决定》《关于设立县十五届人大常委会代表资格审查委员会的决定》及《茌平县人大常委会2003年工作要点》。

会议结束时，县委书记、人大常委会主任侯军作重要讲话。

第二次会议

茌平县第十五届人大常委会第二次会议于2003年4月19日在县招待所召开。

县人大常委会主任侯军，副主任孙新建、韩宪宏、何其平、梁宝忠、孙乐生、刘士贵、王希忠及委员共16人出席会议。县政府副县长徐莹，县人民检察院副检察长田跃进、县人民法院副院长付士全及部分科局负责人列席会议。会议由县人大常委会第一副主任孙新建主持。

会议听取并审议《茌平县2003年财政预算（草案）的报告》。

会议结束时，县委书记、人大常委会主任侯军作重要讲话。

第三次会议

茌平县第十五届人大常委会第三次会议于2003年4月25日在县招待所召开。

会议由县人大常委会副主任韩宪宏主持。县人大常委会主任侯军，副主任孙新建、何其平、孙乐生、刘士贵、王希忠及委员共15人出席会议。县政府副县长徐莹，县人民检察院检察长邵景良、县人民法院院长任永生及部分科局一把手列席会议。

会议听取拟任命人员的供职报告后根据县长任晓旺的提请，通过无记名投票方式对包括林家生在内的7名拟任命人员进行表决。县委书记、人大常委会主任侯军为任命人员颁发任命书。

会议结束时，县委书记、人大常委会主任侯军作重要讲话。

第四次会议

茌平县第十五届人大常委会第四次会议于2003年5月28日在县招待所召开。

会议由县人大常委会第一副主任孙新建主持。副主任韩宪宏、刘继军、何其平、孙乐生、刘士贵及委员共15人出席会议。县政府副县长高洪岩，县人民检察院检察长邵景良、县人民法院院长任永生及公安局局长张金忠列席会议。

会议根据县长任晓旺的提请，通过举手表决的方式对某人大代表进行了表决，同时根据代表法的有关规定终止某人的县代表职务。

第五次会议

茌平县第十五届人大常委会第五次会议于2003年9月30日在县招待所召开。

会议由县人大常委会第一副主任孙新建主持。主任侯军，副主任韩宪宏、刘继军、何其平、梁宝忠、孙乐生、刘士贵、王希忠及委员共18人出席会议。县政府副县长崔岩、县人民检察院检察长邵景良、县人民法院院长任永生及财政局局长王彪、卫生局局长王兴文列席会议。

会议听取审议县政府关于茌平县2003年1～8月份预算执行情况的汇报及县政府关于茌平县非典防治工作情况的汇报。同时根据县政府县长任晓旺的提请以无记名投票方式任命王兴文为县卫生局局长。

会议结束时，县委书记、人大常委会主任侯军作重要讲话。

第六次会议

茌平县第十五届人大常委会第六次会议于2003年12月24日在县招待所召开。

会议由县人大常委会副主任孙乐生主持。副主任孙新建、韩宪宏、何其平、刘士贵及委员共14人出席会议。县人民检察院检察长邵景良，县人民法院院长任永生及乡镇人大主席团主席列席会议。

会议通过对县直18个科局的评议意见，并在评议大会上对评议结果进行宣读。

第七次会议

茌平县第十五届人大常委会第七次会议于2004年1月20日在县招待所召开。

会议由县人大常委会第一副主任孙新建主持。副主任韩宪宏、何其平、孙乐生、王希忠及委员共14人出席会议。一府两院负责人列席会议。

会议听取县人大常委会工作报告（草案）并通过关于召开县十五届人民代表大会第二次会议的决定。

第八次会议

茌平县第十五届人大常委会第八次会议于2004年4月30日在县招待所召开。

会议由县人大常委会第一副主任孙新建主持。副主任韩宪宏、何其平、孙乐生、刘士贵及委员共12人出席会议。县政府副县长栾振利，县人民检察院检察长邵景良、县人民法院副院长付士全列席会议。

会议听取并审议县政府关于茌平县2004年财政预算收支情况的汇报。

第九次会议

茌平县第十五届人大常委会第九次会议于2004年6月29日在县招待所召开。

会议由县人大常委会第一副主任孙新建主持。副主任韩宪宏、刘继军、何其平、梁宝忠、孙乐生、刘士贵、王希忠及委员共17人出席会议。县政府副县长孙光木，“两院”负责人，县国土资源局和劳动保障局及各乡（镇）人大主席团主席列席会议。

会议首先学习宪法修正案，随后听取审议了县政府关于茌平县劳动保障工作汇报及国土保护工作汇报，同时会议审议并通过县人大常委会评议办法。

第十次会议

茌平县第十五届人大常委会第十次会议于2004年9月7日在县招待所召开。

会议由县人大常委会第一副主任孙新建主持。副主任韩宪宏、刘继军、何其平、梁宝忠、孙乐生、刘士贵、王希忠及委员共14人出席会议。县政府副县长孙光木，“两院”主要负责人，县财政局、县审计局、及各乡（镇）人大主席团主席列席会议。

会议听取并审议县政府所作的《关于茌平县2003年度预算执行和其他财政收支情况的审议工作报告》、《关于2004年1～8月份财政预算执行情况的汇报》、县检察院所作的《茌平县检察院2004年上半年工作情况汇报》。

第十一次会议

茌平县第十五届人大常委会第十一次会议于2004年12月21日在县检察院六楼会议室召开。

会议由县人大常委会副主任孙乐生主持。副主任孙新建、韩宪宏、何其平、刘士贵、王希忠及委员共14人出席会议。两院负责人列席会议。

会议听取各评议调查组的汇报；举手表决通过了关于授予王彪等15人“优秀人民公仆”称号的决定；还进行人事任免事项。

第十二次会议

茌平县第十五届人大常委会第十二次会议于2005年1月21日在县招待所召开。

会议由县人大常委会第一副主任孙新建主持。副主任韩宪宏、何其平、孙乐生、王希忠及委员共14人出席会议。“一府两院”负责人列席会议。

会议听取县人大常委会工作报告（草案）并通过关于召开县十五届人民代表大会第三次会议的决定。

第十三次会议

茌平县第十五届人大常委会第十三次会议于2005年4月5日在县招待所召开。

会议由县人大常委会第一副主任孙新建主持。副主任韩宪宏、何其平、孙乐生、王希忠及委员共15人出席会议。县政府副县长孙光木，“两院”负责人及部分乡（镇）人大主席团主席列席会议。

会议听取并审议通过县人民政府所作《关于2005年全县财政预算安排总的情况的汇报》《关于茌平县城市总体规划（2003—2020年）修编方案的报告》。

第十四次会议

茌平县第十五届人大常委会第十四次会议于2005年6月6日在县委三楼会议室召开。

会议由县人大常委会第一副主任孙新建主持。副主任韩宪宏、何其平、孙乐生、刘士贵及委员共13人出席会议。县政府副县长崔岩、张雪廷列席会议。

会议以无计名投票的方式通过对张雪廷的任命。

会议结束时，县人大常委会第一副主任孙新建作重要讲话。

第十五次会议

茌平县第十五届人大常委会第十五次会议于2005年8月16日在县委三楼会议室举行。

会议由县人大常委会第一副主任孙新建主持。副主任韩宪宏、何其平、梁宝忠、孙乐生及委员共14人出席会议。县委副书记、县政府副县长高洪岩，“两院”及县财政局主要负责人列席会议。

会议听取并审议县人民法院院长任永生所作的《关于茌平县人民法院2005年上半年工作情况的汇报》、听取县人民检察院检察长邵景良所作的《关于茌平县人民检察院2005年上半年工作情况的汇报》，以及县财政局局长王彪受县政府委托作的《关于茌平县2005年1～6月份财政预算执行情况的汇报》。以无计名投票的方式对于延华等11名同志进行了任命。

会议结束时，县人大常委会第一副主任孙新建就落实好本次常委会精神作重要讲话。

第十六次会议

茌平县第十五届人大常委会第十六次会议于2005年9月23日在县委三楼会议室举行。

会议由县人大常委会第一副主任孙新建主持。副主任韩宪宏、何其平、 梁宝忠、刘士贵、王希忠及委员共15人出席会议。县委副书记、县政府副县长高洪岩，“两院”及县审计局主要负责人列席会议。

会议听取并审议县审计局局长李林军所作的《关于茌平县审计局二〇〇四年度预算执行情况和其他财政收支情况的审计报告》。对殷广国等进行了人事任免。

会议结束时，县人大常委会第一副主任孙新建就落实好本次常委会精神作了重要讲话。

第十七次会议

茌平县第十五届人大常委会第十七次会议于2005年11月17日在县招待所三楼会议室召开。

会议由县人大常委会副主任孙乐生主持，副主任孙新建、韩宪宏、何其平、刘士贵、王希忠及委员共15人出席会议。县委副书记、副县长高洪岩、县法院负责人及县人民检察院副检察长等人列席会议。

会议听取县法院副院长付士全、贾惠、韩晓忠、孙吉祥所作的述职工作报告；听取了县人民检察院副检察长田跃进、李守祥所作的述职工作报告，会议审议了6个报告，并对付士全等6名同志的履职情况进行了评议。

会议结束时，县人大常委会第一副主任孙新建就落实好本次常委会精神作了重要讲话。

第十八次会议

茌平县第十五届人大常委会第十八次会议于2006年1月18日在县招待所召开。

会议由县人大常委会第一副主任孙新建主持。副主任韩宪宏、何其平、孙乐生及委员共13人出席会议。“一府两院”负责人列席会议。

会议结束时，县人大常委会第一副主任孙新建就落实好本次常委会精神作重要讲话。

第十九次会议

茌平县第十五届人大常委会第十九次会议于2006年1月21日在县委三楼会议室召开。

会议由县人大常委会第一副主任孙新建主持。副主任韩宪宏、何其平、孙乐生、王希忠及委员共12人出席会议。“一府两院”负责人列席会议。

会议听取并表决通过十五届人民代表大会第四次会议日程，十五届人民代表大会第四次会议议程。

会议结束时，县人大常委会第一副主任孙新建就落实好本次常委会精神作重要讲话。

第二十次会议

茌平县第十五届人大常委会第二十次会议于2006年3月7日在县招待所三楼会议室召开。

会议由县人大常委会第一副主任孙新建主持。副主任韩宪宏、孙乐生及委员共11人出席会议。副县长徐莹，县人民法院院长任永生，县人民检察院院长邵景良列席会议。

会议听取并审议县政府所作《关于茌平县2006年全县财政预算总的工作情况的汇报》、《关于生态县建设及（茌平县生态县建设规划）编制工作情况的汇报》。

会议还通过人事任命事项。

会议结束时，县人大常委会第一副主任孙新建就落实好本次常委会精神作重要讲话。

第二十一次会议

茌平县第十五届人大常委会第二十一次会议于2006年5月31日在县招待所三楼会议室召开。

会议由县人大常委会第一副主任孙新建主持。副主任韩宪宏、何其平、孙乐生及委员共11人出席会议。副县长栾振利，县人民法院院长任永生，县人民检察院院长邵景良列席会议。

会议听取并审议县政府、教育局、司法局、水务局、农业局、对外经贸合作局、计划生育局、审计局、环保局、建设局负责人所做的工作汇报。

会议结束时，县人大常委会第一副主任孙新建就落实好本次常委会精神作了重要讲话。

第二十二次会议

茌平县第十五届人大常委会第二十二次会议于2006年8月11日在县招待所三楼会议室召开。

会议由县人大常委会第一副主任孙新建主持。副主任韩宪宏、何其平、孙乐生、刘士贵及委员共10人出席会议。副县长栾振利，县人民法院院长任永生，县人民检察院院长邵景良列席会议。

会议听取并审议县人民政府所作《茌平县2005年财政预算执行情况和其他财政收支情况的审计工作报告》；《茌平县财政局2006年1～6月份财政预算执行情况》的报告。会议还进行了人事任命事项。

会议结束时，县人大常委会第一副主任孙新建就落实好本次常委会精神作重要讲话。

第二十三次会议

茌平县第十五届人大常委会第二十三次会议于2006年10月17日在县招待所三楼会议室召开。

会议由县人大常委会第一副主任孙新建主持。副主任韩宪宏、何其平、孙乐生、刘士贵及委员共12人出席会议。副县长栾振利，县人民法院院长任永生，县人民检察院院长邵景良列席会议。

会议听取并审议县人民政府所作茌平县财政局关于2006年财政预算调整方案的报告；茌平县政府关于茌平县2006—2010年依法治县规划的报告；审议并通过茌平县“十一五”科学技术发展规划的决议。会议还进行了人事任命事项。

会议结束时，县人大常委会第一副主任孙新建就落实好本次常委会精神作重要讲话。

第二十四次会议

茌平县第十五届人大常委会第二十四次会议于2006年1月20日在县招待所三楼会议室召开。

会议由县人大常委会第一副主任孙新建主持。副主任韩宪宏、何其平、孙乐生、刘士贵及委员共13人出席会议。副县长栾振利，县人民法院院长任永生，县人民检察院院长邵景良列席会议。会议会议听取县人大常委会工作报告（草案）并通过关于召开县十五届人民代表大会第五次会议的决定。

会议进行了人事任命事项。

会议结束时，县人大常委会第一副主任孙新建作重要讲话。

第二十五次会议

茌平县第十五届人大常委会第二十五次会议于2006年2月13日在县招待所三楼会议室召开。

会议由县人大常委会第一副主任孙新建主持。副主任韩宪宏、何其平、孙乐生、刘士贵及委员共12人出席会议。副县长栾振利，县人民法院院长任永生，县人民检察院院长邵景良列席会议。

会议进行了人事任命事项。

会议结束时，县人大常委会第一副主任孙新建作重要讲话。

第二十六次会议

茌平县第十五届人大常委会第二十六次会议于2007年3月22日在县委三楼会议室召开。

县委书记、县人大常委会主任任晓旺、县人大常委会第一副主任孙新建、副主任韩宪宏、刘继军、何其平、孙乐生、刘士贵、贾占信、王金玉及委员共15人出席会议。县人民政府副县长栾振利，县人民法院院长王文振，县人民检察院院长邵景良列席会议。会议由县人大常委会副主任韩宪宏主持。

会议听取并审议县人民政府所作《茌平县财

政局关于2007年财政预算》的报告；听取并审议7名拟任职人员供职报告；进行人事任免事项。

会议结束时，县委书记、县人大常委会主任任晓旺发表重要讲话。

第二十七次会议

茌平县第十五届人大常委会第二十七次会议于2007年7月19日在县委三楼会议室召开。

县人大常委会第一副主任孙新建、副主任韩宪宏、刘继军、何其平、孙乐生、刘士贵、贾占信、王金玉及委员共11人出席会议。县委常委、县人民政府副县长许兰岭，县人民法院院长王文振，县人民检察院院长邵景良列席会议。会议由县人大常委会副主任韩宪宏主持。

会议听取并审议县人民政府2007年上半年关于环保局工作的报告；听取并审议4名拟任职人员供职报告，并通过了人事任命事项。

会议结束时，县人大常委会第一副主任孙新建就落实好本次常委会精神作重要讲话。

第三十次会议

茌平县第十五届人大常委会第三十次会议于2007年10月22日在县委三楼会议室召开。

县人大常委会第一副主任孙新建、副主任韩宪宏、刘继军、何其平、孙乐生、刘士贵、贾占信、王金玉及委员共14人出席会议。县委常委、县人民政府副县长许兰岭，县人民法院院长王文振，县人民检察院院长邵景良列席会议。会议由县人大常委会副主任韩宪宏主持。

会议听取并审议通过茌平县选举工作委员会关于2007年全县人大换届选举工作安排意见。

会议结束时，县人大常委会第一副主任孙新建就落实好本次常委会精神作重要讲话。

第十六届人大常委会历次会议

茌平县第十六届人大常委会从2008年1月22日至2012年1月11日共举行28次会议，其中第十一次会议内容缺失，形成审议意见83件，执法检查52次，作出决议、决定35项，任免地方国家机关工作人员职务168人次。

第一次会议

茌平县第十六届人大常委会第一次会议于2008年1月22日在茌平县委四楼会议室召开。

茌平县委书记、县人大常委会主任任晓旺，第一副主任徐莹，副主任何其平、贾占信、王金玉及委员共20人出席会议。县委常委、政府副县长许兰岭，县人民法院院长王文振，县人民检察院院长邵景良列席会议。

会议由县人大常委会第一副主任徐莹主持。

会议通过茌平县人大常委会议事规则；茌平县人大常委会关于加强自身建设的决定；茌平县人民代表大会代表建议、批评和意见办理工作方法及十六届人大代表资格审查委员会主任委员、副主任委员、委员名单。

会议结束时，县委书记、县人大常委会主任任晓旺作重要讲话。

第二次会议

茌平县第十六届人大常委会第二次会议于2008年2月2日在茌平县委四楼会议室召开。

茌平县人大常委会第一副主任徐莹，副主任何其平、贾占信、王金玉及委员共20人出席会议。县委常委、人民政府副县长许兰岭，茌平县人民法院院长王文振，县人民检察院院长邵景良列席会议。会议听取并审议通过茌平县政府所做《茌平县2008年财政预算的报告》。

会议由县人大常委会第一副主任徐莹主持并作重要讲话。

第三次会议

茌平县第十六届人大常委会第三次会议于2008年5月 20日在茌平县委四楼会议室召开。

茌平县人大常委会第一副主任徐莹，副主任何其平、贾占信、王金玉以及委员共19人出席会议。茌平县县委常委、人民政府副县长许兰岭列席会议。

会议听取和审议县技术监督局、工商局、交警队、消防大队及两院的4个职能部门的工作汇报；听取县人大常委会2008年评议工作实施方案；会议通过了人事任免事项。

会议由县人大常委会第一副主任徐莹主持并作重要讲话。

第四次会议

茌平县第十六届人大常委会第四次会议于2008年7月3日在茌平县委四楼会议室举行。

茌平县委书记、人大常委会主任任晓旺，人大常委会第一副主任徐莹，副主任刘继军、何其平、贾占信、王金玉以及委员共19人出席会议。茌平县县委常委、人民政府副县长刘奎忠，县人民法院院长王文振，县人民检察院院长邵景良，县建设局、农业局、审计局和县人民银行、工商银行、农业银行、建设银行、中国银行、农业发展银行、县信用联社等部门的主要负责人列席会议。

会议由县人大常委会副主任徐莹主持并作讲话。

会议听取并审议县政府关于城建工作情况及工业用地布局进行调整的情况的汇报；新农村建设情况的汇报；2007年同级财政审计情况的汇报；县人民银行、工商银行、农业银行、建设银行、中国银行、农业发展银行、农村信用合作社7个金融部门汇报2008年上半年工作情况。

会议审议并通过《茌平县人大常委会批准县政府关于对县工业用地布局进行调整报告的决议》；《茌平县人大常委会关于贯彻落实中共茌平县委十一届四次全委会议精神的决议》和《茌平县人大常委会2008年评议工作实施方案》。

会议还通过了人事任免事项。

会议结束时，县委书记、人大常委会主任任晓旺作重要讲话。

第五次会议

茌平县第十六届人大常委会第五次会议于2008年9月3日在茌平县委四楼会议室召开。

茌平县委书记、县人大常委会主任任晓旺，第一副主任徐莹，副主任何其平、贾占信、王金玉及委员共18人出席会议。茌平人民政府副县长肖德刚，县政协副主席、财政局局长王彪，县人民法院院长王文振同志，县人民检察院检察长邵景良列席会议。

会议由县人大常委会第一副主任徐莹主持。

会议听取并审议通过茌平县政府所做《关于调整茌平县2008年财政预算的报告》。听取《今年气象工作情况》和《今后茌平气象事业发展规划》的汇报。

会议结束时，县委书记、人大常委会主任任晓旺作重要讲话。

第六次会议

茌平县第十六届人大常委会第六次会议于2008年10月30日在县委四楼会议室召开。

县人大常委会第一副主任徐莹、副主任何其平、贾占信、王金玉及委员共17人参加会议，茌平人民政府副县长肖德刚，县人民法院院长王文振，县人民检察院检察长邵景良列席会议。会议由县人大常委会副主任何其平主持。

会议通过了人事任免事项。

会议结束时，县人大常委会第一副主任徐莹作重要讲话。

第七次会议

茌平县第十六届人大常委会第七次会议于2008年12月11日在县委三楼会议室召开。

县人大常委会第一副主任徐莹、副主任何其平、贾占信、王金玉及委员共15人参加会议，县政府副县长许兰岭、县人民法院院长王文振、县人民检察院检察长邵景良、县人民武装部部长朱峰列席会议。会议由县人大常委会副主任何其平主持。

会议听取并审议通过公安局、卫生局、人事局、教育局、民政局、水务局、环保局七个单位的工作汇报。

会议结束时，县人大常委会第一副主任徐莹作重要讲话。

第八次会议

茌平县第十六届人大常委会第八次会议于2008年12月23日在县委三楼会议室召开。

县人大第一副主任徐莹、副主任何其平、贾占信、王金玉及委员共18人参加会议，县政府副县长刘奎忠、县政府副县长衣述光、县人民法院院长王文振、县人民检察院检察长邵景良列席会议。会议由县人大常委会副主任何其平主持。

会议审议并通过《茌平县人大常委会关于召开茌平县第十六届人民代表大会第二次会议的决定》；听取并审议通过县政府办公室、计划局、计生局、监察局、土管局、交通局、劳动局、经贸局、外经贸局、司法局、统计局、科技局、文化局13个单位的工作汇报。对26个垂直部门进行无记名投票评议。会议还通过了人事任免事项。

会议结束时，县人大常委会第一副主任徐莹作重要讲话。

第九次会议

茌平县第十六届人大常委会第九次会议于2008年12月30日上午在县委三楼会议室召开。

茌平县委书记、县人大常委会主任任晓旺、县人大常委会第一副主任徐莹、副主任何其平、贾占信、王金玉及委员共18人参加会议，县委副书记陈秀兴、县政府副县长刘奎忠、县人民法院院长王文振、县人民检察院检察长邵景良列席会议。会议由县人大常委会第一副主任徐莹主持。

会议听取并审议通过《茌平县人大常委会关于补选县第十六届人民代表大会第二次会议代表资格的审查报告》；听取并审议通过县十六届人大二次会议特邀、列席人员名单；听取并审议通过人大常委会工作报告。会议任命陈秀兴为茌平县人民政府副县长，并补选为聊城市十五届人民代表大会代表。免去：王伟华茌平县人民政府县长职务。

会议结束时，县委书记、人大常委会主任任晓旺作重要讲话。

第十次会议

茌平县第十六届人大常委会第十次会议于2008年12月30日下午在县委三楼会议室召开。

茌平县委书记、县人大常委会主任任晓旺、县人大第一副主任徐莹、副主任何其平、贾占信、王金玉及委员共18人参加会议，县委副书记、县政府副县长陈秀兴、县政府副县长刘奎忠、县人民法院院长王文振、县人民检察院检察长邵景良列席会议。会议由县人大常委会第一副主任徐莹主持。会议以无记名投票的方式通过对陈秀兴的任命，陈秀兴全票当选茌平县人民政府代县长。

会议结束时，县委书记、人大常委会主任任晓旺作重要讲话。

第十二次会议

茌平县第十六届人大常委会第十二次会议于2009年3月4日在县委三楼会议室召开。

县人大常委会第一副主任徐莹、副主任何其平、贾占信、王金玉及委员共18人参加会议，县委常委、人民政府副县长刘奎忠、县人民法院院长王文振、县人民检察院检察长邵景良列席会议。会议由县人大常委会副主任何其平主持。

会议审议并通过《茌平县人大常委会关于批准茌平县人民政府2009年财政预算的决议》；县政府关于茌平县环城水系及景观建设工程筹资方案的报告；《茌平县人大常委会关于批准〈茌平县人民政府关于茌平县环城水系及景观建设工程筹资方案的报告〉的决议》；《茌平县人大常委会关于表彰“人民信任单位”、“人民满意单位”和“优秀人民公仆”的决定》；《茌平县人大常委会2009年工作要点》。

会议结束时，县人大常委会第一副主任徐莹作重要讲话。

人民信任单位、人民满意单位和优秀人民公仆名单：

人民信任单位16个：县政府办公室、县人事局、县财政局、县建设局、县发展计划局、县教育局、县水务局、县农业局、县卫生局、县交通局、县民政局、县人口与计划生育局、县经济贸易局、县劳动和社会保障局、县审计局、县公安局。

人民满意单位10个（垂直部门）：县国税局、县地税局、县电业公司、县工商局、县质量技术监督局、县公路局、县农信社、县中行、县工行、县消防大队。

人民满意单位4个（法检两院）：法院执行局、检察院反贪局、法院刑事审判庭、检察院反渎局。

优秀人民公仆10名：县政府办公室主任谷秀坤、县人事局局长初士锋、县建设局局长靳明华、县发展计划局局长赵希亮、县教育局局长张玉林、县水务局局长刘志华、县农业局局长乌以强、县卫生局局长丁洁卉、县交通局局长张观禄、县民政局局长胡振同。

第十三次会议

茌平县第十六届人大常委会第十三次会议于2009年3月23日在县委三楼会议室召开。县人大常委会第一副主任徐莹、副主任何其平、贾占信、王金玉及委员共17人参加会议，县委常委、县政府副县长刘奎忠、县人民法院院长王文振、县人民检察院检察长邵景良列席会议。会议由县人大常委会副主任何其平主持。

会议听取并审议通过县政府关于变更茌平县环城水系及景观建设工程筹资方案的报告。

会议结束时，县人大常委会第一副主任徐莹作重要讲话。

第十四次会议

茌平县第十六届人大常委会第十四次会议于2009年4月27日在县委三楼会议室召开。县人大第一副主任徐莹、副主任何其平、贾占信、王金玉及委员共16人参加会议，县委常委、县政府副县长刘奎忠、县人民法院院长王文振、县人民检察院检察长邵景良列席会议。会议由县人大常委会副主任何其平主持。

会议听取并审议县政府《关于2011年上半年财政预算执行情况的报告》；县政府《关于2011年上半年审计工作情况的报告》；县政府《关于2011年上半年教育工作情况的报告》。

会议通过了人事任命事项。

会议结束时，县人大常委会第一副主任徐莹作重要讲话。

第十五次会议

茌平县第十六届人大常委会第十五次会议于2009年7月3日在县委三楼会议室召开。县人大第一副主任徐莹、副主任何其平、贾占信、王金玉及委员共15人参加会议，县委常委、县政府副县长许兰岭、县人民法院院长王文振、县人民检察院检察长邵景良列席会议。会议由县人大常委会副主任何其平主持。

会议听取并审议县政府关于2011年上半年农业、卫生工作情况的报告。

会议通过了人事任命事项。

会议结束时，县人大常委会第一副主任徐莹作重要讲话。

第十六次会议

茌平县第十六届人大常委会第十六次会议于2009年8月28日在县委三楼会议室召开。县委书记、人大常委会主任任晓旺，县人大第一副主任徐莹、副主任何其平、贾占信、王金玉及委员共17人参加会议，县委常委、县政府副县长张雪廷、县人民法院院长王文振、县人民检察院检察长邵景良列席会议。会议由县人大常委会副主任徐莹主持并作讲话。

会议听取并审议县审计局、县环保局所做的2009年上半年工作情况汇报。

会议通过了人事任命事项。

会议结束时，县委书记、人大常委会主任任晓旺作重要讲话。

第十七次会议

茌平县第十六届人大常委会第十七次会议于2009年12月9日在县委三楼会议室召开。县人大主任任晓旺、县人大常委会第一副主任徐莹、副主任何其平、贾占信、王金玉及委员共20人参加会议，县委常委、县政府副县长彭志国、县人民法院院长王文振、县人民检察院检察长邵景良列席会议。会议由县人大常委会副主任贾占信主持。

会议听取茌平县人民政府关于人大代表议案答复的汇报；审议人大工作报告（草案）；提出第十六届人民代表大会第三次会议建议议程；提出第十六届人民代表大会第三次会议主席团和秘书长建议名单；通过第十六届人民代表大会第三次会议特邀人员名单；通过第十六届人民代表大会第三次会议列席人员名单；做出关于召开人代会的决定；会议还通过了人事任免事项。

会议结束时，县人大常委会第一副主任徐莹作重要讲话。

第十八次会议

茌平县第十六届人大常委会第十八次会议于2010年3月16日在县委三楼会议室召开。

茌平县县委书记、县人大常委会主任任晓旺、县人大常委会第一副主任徐莹、副主任何其平、贾占信、王金玉及委员共18人参加会议，县委常委、副县长许兰岭，县人民法院院长王文振、县人民检察院检察长邵景良列席会议。会议由县人大第一副主任徐莹主持。

会议听取并审议《茌平县2010年财政预算（草案）》；审议通过《茌平县人大常委会关于批准茌平县人民政府2010年财政预算的决定》；《茌平县人大常委会2010年工作要点（草案）》；会议还通过了人事任免事项。

会议结束时，县县委书记、县人大常委会主任任晓旺作重要讲话。

第十九次会议

茌平县第十六届人大常委会第十九次会议于2010年5月25日在县委三楼会议室召开。县人大常委会第一副主任徐莹、副主任何其平、贾占信、王金玉及委员共18人参加会议，县委常委、县政府副县长张雪廷、县人民法院院长王文振、县人民检察院检察长邵景良列席了会议。会议由县人大常委会副主任何其平主持。

县人大常委会副主任贾占信宣读《茌平县人大常委会关于批准茌平县2008年～2030年城市总体规划报告的决定》。县人大常委会副主任王金玉领学了冯思广烈士的英雄事迹。

会议听取并审议《茌平县2008年～2030年城市总体规划修编方案的报告》，表决通过有关人事任免事项，并为新任命的县法院审判人员颁发任命证书。

会议结束时，县人大常委会第一副主任徐莹作重要讲话。

第二十次会议

茌平县第十六届人大常委会第二十次会议于2010年8月10日在县委三楼会议室召开。县人大第一副主任徐莹、副主任何其平、贾占信、王金玉及委员共16人参加会议，县政府副县长曹志程、县人民法院院长王文振、县人民检察院检察长邵景良列席会议。会议由县人大第一副主任王金玉主持。

会议听取并审议县政府《关于2010年上半年财政预算执行情况的报告》；县政府《关于2010年上半年计划工作情况的报告》；县政府《关于2011年上半年审计工作情况的报告》；县政府《关于城中区改造安置房建设项目资金的报告》。会议还进行了人事任命事项。

会议结束时，县人大常委会第一副主任徐莹作重要讲话。

第二十一次会议

茌平县第十六届人大常委会第二十一次会议于2010年11月25日在县委三楼会议室召开。县人大常委会第一副主任徐莹、副主任何其平、贾占信、王金玉及委员共16人参加会议，县政府副县长肖德刚、县人民法院院长王文振、县人民检察院检察长邵景良列席会议。会议由县人大常委会副主任何其平主持。

会议听取并审议通过《茌平县人大常委会2010年度评议工作实施方案》（讨论稿）；茌平县人大常委会关于贯彻实施《山东省各级人民代表大会常务委员会规范性文件备案审查规定》的意见（讨论稿）；会议还通过了人事任免事项。

会议结束时，县人大常委会第一副主任徐莹作重要讲话。

第二十二次会议

茌平县第十六届人大常委会第二十二次会议于2010年12月31日在县委三楼会议室召开。县人大常委会第一副主任徐莹、副主任何其平、贾占信、王金玉及委员共16人参加会议，县政府副县长曹志程、县人民法院院长王文振、县人民检察院检察长邵景良列席会议。会议由县人大第一副主任徐莹主持。

会议审议人大工作报告（草案）；提出第

十六届人民代表大会第四次会议建议议程；提出第十六届人民代表大会第四次会议主席团和秘书长建议名单；通过第十六届人民代表大会第四次会议特邀人员名单；通过第十六届人民代表大会第四次会议列席人员名单；做出关于召开人代会的决定；会议还通过了人事任免事项。

会议结束时，县人大常委会第一副主任徐莹作重要讲话。

第二十三次会议

茌平县第十六届人大常委会第二十三次会议于2011年4月12日在县委三楼会议室召开。县人大常委会第一副主任徐莹、副主任何其平、贾占信、王金玉及委员共19人参加会议，县委常委、县政府副县长许兰岭、县人民法院院长王文振、县人民检察院检察长邵景良列席会议。会议由县人大常委会副主任贾占信主持。

会议首先通过人事任免事项。审议并通过《茌平县人大常委会关于批准茌平县人民政府2011年财政预算的决定》；《茌平县人大常委会2011年工作要点（草案）》；《茌平县人大常委会关于表彰2010年度“优秀单位”的决定》。

会议结束时，县人大常委会第一副主任徐莹作重要讲话。

2010年度“优秀单位”名单如下：

县政府办公室、县人事局、县发展计划局、县财局、县农业局、县民政局、县建设局、县交通局、县国土资源局、县统计局、县水务局、县招商局、县劳动和社会保障局、县卫生局、县法院、县检察院、县公安局、县监察局、县残联、县经济贸易局、县对外贸易经济合作局、县联社、县科学技术局、县农机局、县教育局、县人口和计划生育局、县司法局、县审计局、县环保局、县文化体育旅游局、县物价局、县城市管理行政执法局、林业办公室；中央省属驻茌单位及医院学校20个单位：县国税局、县地税局、县供电公司、县工商局、县质量技术监督局、县武警中队、县实验小学、县消防大队、县实验高中、县中行、县住房公积金管理处、县工行、县农行、县农信社、县公路局、县交警大队、县一中、教师进修学校、县人行、县银监局。

第二十四次会议

茌平县第十六届人大常委会第二十四次会议于2011年7月25日在县委三楼会议室召开。县人大第一副主任徐莹、副主任何其平、贾占信、王金玉及委员共16人参加会议，县政府副县长曹志程、县人民法院院长王文振、县人民检察院检察长邵景良列席会议。会议由县人大常委会副主任何其平主持。

会议听取并审议县政府关于2011年上半年财政预算执行情况的报告；县政府关于2011年上半年审计工作情况的报告；县政府关于2011年上半年教育工作情况的报告。

会议结束时，县人大常委会第一副主任徐莹作重要讲话。

第二十五次会议

茌平县第十六届人大常委会第二十五次会议于2011年9月21日在县委三楼会议室召开。县委书记、县人大常委会主任任晓旺，县人大常委会第一副主任徐莹、副主任何其平、贾占信、王金玉及委员共19人参加会议，县政府副县长张雪廷、县人民法院院长王文振、县人民检察院检察长邵景良列席会议。会议由县人大常委会副主任何其平主持。

会议首先通过人事任命事项。

县人大常委会副主任贾占信宣读《茌平县人大常委会关于开展“六五”法制宣传教育的决议》。县人大常委会副主任王金玉传达中共中央政治局委员、国务委员刘延东来杜郎口中学调研时的讲话精神。

会议听取并审议县政府《关于茌平县“五五”普法、依法治县情况和“六五”普法规划的汇报》、《关于茌平县2011—2015年依法治县规划（草案）的说明》。

会议结束时，县人大常委会第一副主任徐莹作重要讲话。

第二十六次会议

茌平县第十六届人大常委会第二十六次会议于2011年11月24日在县委三楼会议室召开。县人大常委会第一副主任徐莹、副主任何其平、贾占信、王金玉及委员共19人参加会议，县政府副县长肖德刚、县人民法院院长王文振、县人民检察院检察长邵景良列席会议。会议由县人大常委会副主任贾占信主持。

会议审议并通过县乡换届委员会主任、副主任的决定、县乡两级人民代表大会换届选举的决定、县乡换届委员会组成人员的决定、县乡换届选举工作的意见。

会议结束时，县人大常委会第一副主任徐莹作重要讲话。

第二十七次会议

茌平县第十六届人大常委会第二十七次会议于2011年11月29日在县委三楼会议室召开。县人大常委会第一副主任徐莹、副主任何其平、贾占信、王金玉及委员共19人参加会议，县委常委、县政府副县长张雪廷、县人民法院院长王文振、县人民检察院检察长邵景良列席会议。会议由县人大常委会副主任何其平主持。

会议通过人事任命事项。

会议结束时，县人大常委会第一副主任徐莹作重要讲话。

第二十八次会议

茌平县第十六届人大常委会第二十八次会议于2011年12月27日在县委三楼会议室召开。县人大常委会第一副主任徐莹、副主任何其平、贾占信、王金玉及委员共16人参加会议，县政府副县长曹志程、县人民法院院长王文振、县人民检察院检察长邵景良列席会议。会议由县人大常委会副主任何其平主持。

会议听取并审议县政府关于2011年上半年财政预算执行情况的报告；县政府关于2011年上半年审计工作情况的报告；县政府关于2011年上半年教育工作情况的报告。

会议审议并通过《人大县乡两级换届选举工作报告》；《茌平县第十七届人民代表大会资格审查报告》；审议人大工作报告（草案）；提出第十六届人民代表大会第四次会议建议议程；提出第十六届人民代表大会第四次会议主席团和秘书长建议名单；通过第十六届人民代表大会第四次会议特邀人员名单；通过第十六届人民代表大会第四次会议列席人员名单；做出关于召开人代会的决定；会议还通过了人事任免事项。

会议结束时，县人大常委会第一副主任徐莹作重要讲话。

第十七届人大常委会历次会议

截至2016年12月31日，茌平县第十七届人大常委会已召开会议36次，听取审议“一府两院”专项工作报告64个，作出决议决定88个，任免国家机关工作人员338人次。

第一次会议

2012年1月14日，茌平县第十七届人民代表大会第一次会议闭幕后，在正泰二楼大会议室随即召开茌平县人大常委会第一次会议。

茌平县委书记、县人大常委会主任陈秀兴、县人大常委会第一副主任尹海波、县人大常委会副主任张丽华、赵希亮、丁洁卉、靳明华，以及其他常委共27人出席会议。县委常委、常务副县长张雪廷、县人民法院院长黄鸿义，县检察院检察长隋军列席会议。尹海波主持会议。

会议选学《组织法》第二章第八条；审议并通过《茌平县第十七届人大常委会议事规则》；依法进行人事任免事项；县委书记、县人大常委会主任陈秀兴作重要讲话。

第二次会议

2012年3月23日，茌平县第十七届人大常委会第二次会议在县委四楼会议室召开。

县委书记、县人大常委会主任陈秀兴、县人大常委会第一副主任尹海波、县人大常委会副主任张丽华、赵希亮、丁洁卉、靳明华，以及其他常委共27人出席会议。县委常委、常务副县长张雪廷，县人民法院院长黄鸿义，县检察院检察长隋军列席会议。尹海波主持会议。

会议审议通过县政府关于全县重点项目进展情况的工作报告；审议通过《茌平县2012年财政预算》；审议通过《茌平县人大常委会关于批准茌平县人民政府2012年财政预算的决定》；依法进行人事任免事项；会议最后陈秀兴作重要讲话。

第三次会议

2012年6月26日，茌平县第十七届人大常委会第三次会议在县委四楼会议室召开。

县人大常委会主任陈秀兴、县人大常委会第一副主任尹海波、县人大常委会副主任张丽华、赵希亮、丁洁卉、靳明华以及其他常委共21人出席会议。县委常委、副县长景志国、县人民法院院长黄鸿义、县人民检察院检察长隋军以及各乡镇（街道）人大工作负责人列席会议。张丽华主持会议。

会议现场视察茌平县城市建设工作，审议通过县政府关于全县城市建设工作的工作报告；审议通过县政府关于全县中小企业工作的汇报；审议通过县政府关于全县招商工作的工作报告；审议通过《茌平县人大常委会关于组织开展2012年度“服务民生、凝聚共识”暨代表联系选民活动实施方案》、《茌平县人大常委会关于开展人大代表“同心协力、共谋发展、促进和谐、维护稳定”活动的实施方案》、《茌平县人大常委会关于设立县十七届人大常委会代表资格审查委员会的决定》；传达《茌平县人大常委会副主任联系常委及联系乡镇（街道）人大工作分工》；依法进行人事任免事项；会议最后尹海波作重要讲话。

第四次会议

2012年9月5日，茌平县第十七届人大常委会第四次会议在县委四楼会议室召开。

县人大常委会第一副主任尹海波、县人大常委会副主任张丽华、赵希亮、丁洁卉、靳明华以及其他常委共21人出席会议。县委常委、副县长张雪廷、县人民法院院长黄鸿义、县人民检察院检察长隋军列席会议。赵希亮主持会议。

会议审议通过县政府关于金牛湖景区开发建设情况的工作报告；审议通过县政府关于全县重点项目开展情况的工作报告；审议通过县政府关于全县教育工作情况的工作报告；审议通过县政府关于全县环境保护情况的工作报告；依法进行人事任免事项；审议通过茌平县人大常委会代表资格审查委员会的提请报告；会议最后尹海波作重要讲话。

第五次会议

2012年12月28日，茌平县第十七届人大常委会第五次会议在县委四楼会议室召开。

县人大常委会第一副主任尹海波、县人大常委会副主任张丽华、赵希亮、丁洁卉、靳明华，以及其他常委共210人出席会议。县委常委、副县长景治国、县人民法院院长黄鸿义及各乡镇（街道）人大工作负责人列席会议。丁洁卉主持会议。

会议审议通过《2012年人大常委会工作报告》；提出茌平县第十七届人民代表大会第二次会议建议议程；提出茌平县第十七届人民代表大会第二次会议主席团和秘书长建议名单；通过茌平县第十七届人民代表大会第二次会议特邀人员名单；通过茌平县第十七届人民代表大会第二次会议列席人员名单；作出关于召开茌平县第十七届人民代表大会第二次会议的决定；审议通过《茌平县人大常委会关于评选优秀县人大代表的实施意见》；审议通过《茌平县人大常委会2012年度评议工作实施方案（草案）》；会议最后尹海波作重要讲话。

第六次会议

2013年1月8日，茌平县第十七届人大常委会第六次会议在县委四楼会议室召开。

县人大常委会第一副主任尹海波、县人大常委会副主任张丽华、赵希亮、丁洁卉、靳明华以及其他常委共21人出席会议。靳明华主持会议。

会议审议通过县政府关于全县教育工作情况的工作报告；审议通过县政府关于全县环境保护情况的工作报告；会议最后尹海波作重要讲话。

第七次会议

2013年3月12日，茌平县第十七届人大常委会第七次会议在县委四楼会议室召开。

县人大常委会第一副主任尹海波、县人大常委会副主任张丽华、赵希亮、丁洁卉，以及其他常委共22人出席会议。县委常委、副县长景志国，县人民检察院检察长隋军，县人民法院院长黄鸿义列席会议。张丽华主持会议。

会议审议通过全县交通工作开展情况的工作报告；审议通过全县公路工作开展情况的工作报告；审议讨论《茌平县人大常委会2013年工作要点（征求意见稿）》；依法进行人事任免事项；会议最后尹海波作重要讲话。

第八次会议

2013年4月16日茌平县第十七届人大常委会第八次会议在县委四楼会议室召开。

县人大常委会第一副主任尹海波、县人大常委会副主任张丽华、赵希亮、丁洁卉、靳明华，以及其他常委共20人出席会议。副县长曹志程、县人民法院院长黄鸿义、县人民检察院检察长隋军列席会议。赵希亮主持会议。

会议审议通过《茌平县人大常委会2013年工作要点（草案）》；审议通过《茌平县2013年财政预算》；审议通过《茌平县人大常委会关于批准茌平县人民政府2013年财政预算的决定》；审议通过县政府关于全县新开工项目情况的的工作报告；依法进行人事任免事项；会议最后尹海波作重要讲话。

第九次会议

2013年5月17日，茌平县第十七届人大常委会第九次会议在县委四楼会议室召开。

县人大常委会第一副主任尹海波、县人大常委会副主任张丽华、赵希亮、丁洁卉、靳明华，以及其他常委共19人出席会议。县人民检察院检察长隋军列席会议。尹海波主持会议。

会议审议通过茌平县人大常委会代表资格审查委员会关于提请暂时停止某人茌平县第十七届人民代表大会代表职务的报告，并听取相关情况说明；会议最后尹海波作重要讲话。

第十次会议

2013年6月3日茌平县第十七届人大常委会第十次会议在县委四楼会议室召开。

县人大常委会第一副主任尹海波、县人大常委会副主任张丽华、赵希亮、丁洁卉、靳明华，以及其他常委共20人出席会议。副县长肖德刚、县人民法院院长黄鸿义、县人民检察院检察长隋军列席会议。丁洁卉主持会议。

会议审议通过县政府关于全县安全生产情况的工作报告；审议通过《茌平县人大常委会关于批准山东省茌平县第一中学融资租赁项目的决定》并听取相关情况说明；依法进行人事任免事项；会议最后尹海波作重要讲话。

第十一次会议

2013年9月12日，茌平县第十七届人大常委会第十一次会议在县委四楼会议室召开。

县人大常委会第一副主任尹海波、县人大常委会副主任张丽华、赵希亮、丁洁卉、靳明华，以及其他常委共22人出席会议。副县长肖德刚、县人民法院院长黄鸿义、县人民检察院检察长隋军列席会议。靳明华主持会议。

会议审议通过县政府关于全县人口和计划生育工作情况的报告；审议通过县政府关于全县医疗卫生工作情况的报告；审议通过县政府关于全县文化旅游工作情况的报告；依法进行人事任免事项；会议最后尹海波作重要讲话。

第十二次会议

2013年12月24日茌平县第十七届人大常委会第十二次会议在县委五楼会议室召开。

县人大常委会第一副主任尹海波、副主任张丽华、赵希亮、丁洁卉、靳明华，以及其他常委共21人出席会议。副县长肖德刚、县人民法院院长黄鸿义、县人民检察院检察长隋军、有关部门负责人以及各乡镇（街道）人大主席（主任）列席会议；丁洁卉主持会议。

会议依法进行人事任免事项；审议通过《2013年人大常委会工作报告（讨论稿）》；审议通过《茌平县人大常委会2013年度评议工作实施方案》；提出茌平县第十七届人民代表大会第三次会议建议议程；作出关于召开第十七届人民

代表大会第三次会议的决定；提出茌平县第十七届人民代表大会第三次会议主席团和秘书长建议名单；通过茌平县第十七届人民代表大会第三次会议特邀人员名单；通过茌平县第十七届人民代表大会第三次会议列席人员名单；审议通过《茌平县人大常委会代表资格审查委员会关于暂停某人茌平县十七届人大代表职务的提请报告》；会议最后尹海波作重要讲话。

第十三次会议

2014年1月3日，茌平县第十七届人大常委会第十三次会议在县委四楼会议室召开。

县人大常委会第一副主任尹海波、副主任张丽华、赵希亮、丁洁卉、靳明华，以及其他常委共20人出席会议。县政府咨询贾建国、县人民法院院长黄鸿义列席会议。靳明华主持会议。

会议审议通过《茌平县人大常委会代表资格审查委员会关于补选茌平县第十七届人民代表大会代表资格的审查报告》；作出《茌平县人大常委会关于接受时书东、张爱英辞职的决定》；作出《茌平县人大常委会关于补选聊城市第十六届人大代表的决定》；依法进行人事任免事项；会议最后尹海波作重要讲话。

第十四次会议

2014年4月11日，茌平县第十七届人大常委会第十四次会议在县委五楼会议室召开。

县人大常委会第一副主任尹海波、副主任张丽华、赵希亮、丁洁卉、靳明华及其他常委共20人出席会议。县委常委、常务副县长张雪廷、县人民法院院长黄鸿义、县人民检察院副检察长王冰以及各乡镇（街道）人大负责人列席会议。张丽华主持会议。

会议现场视察县经济开发区和高端产业聚集区建设情况，审议通过县政府关于两个开发区发展情况的工作报告；审议通过《茌平县人大常委会2014年工作要点》；下发人大常委会办公室《关于2013年度人大代表评议“一府两院”及垂直部门的情况通报》和《关于组织开展全县人大系统优秀调研论文评选活动的通知》。会议最后尹海波作重要讲话。

第十五次会议

2014年5月28日，茌平县第十七届人大常委会第十五次会议于在县委五楼会议室举行。

县人大常委会党组书记、第一副主任尹海波、副主任张丽华、赵希亮、丁洁卉、靳明华及其他常委共21人出席会议。县委常委、常务副县长张雪廷、县人民法院院长黄鸿义、县人民检察院检察长隋军列席会议。张丽华主持会议。

会议听取审议《茌平县2014年财政预算安排说明》；审议通过《茌平县人大常委会关于批准茌平县人民政府2014年县级财政预算的决定》；下发《茌平县人大常委会2014年工作要点》和《茌平县人大常委会2014年监督工作计划》；依法进行人事任免事项；会议最后尹海波作重要讲话。

第十六次会议

2014年7月3日，茌平县第十七届人大常委会第九次会议在县委四楼会议室召开。

县人大常委会党组书记、第一副主任尹海波、县人大常委会副主任张丽华、丁洁卉、靳明华，以及其他常委共18人出席会议。县人民检察院检察长列席会议。尹海波主持会议。

会议审议通过茌平县人民检察院关于对县十七届人大代表某人采取强制措施的提请报告并听取相关情况说明；审议通过茌平县人大常委会关于许可检察机关对县十七届人大代表某人采取法律规定的强制措施的决定；会议最后尹海波作重要讲话。

第十七次会议

2014年9月4日，茌平县十七届人大常委会第十七次会议在县委四楼会议室召开。

县人大常委会党组书记、第一副主任尹海波、副主任张丽华、赵希亮、丁洁卉、靳明华及其他常委共20人出席会议。县人民政府副县长曹志程、县人民法院院长黄鸿义、县人民检察院检察长隋军列席会议。丁洁卉主持会议。

会议审议通过县人民法院关于人民陪审员工作、基层法庭建设情况以及队伍建设情况的工作报告；审议通过县人民检察院关于反贪污腐败工作情况、基层检察室建设情况以及队伍建设情况的工作报告；审议通过《茌平县人民代表大会代表守则》；依法进行人事任免事项；会议最后尹海波作重要讲话。

第十八次会议

2014年11月13日，茌平县十七届人大常委会第十八次会议在县委五楼会议室举行。

县人大常委会党组书记、第一副主任尹海波、副主任张丽华、赵希亮、丁洁卉、靳明华及其他常委共17人出席会议。县人民政府副县长曹志程、县人民法院院长黄鸿义、县人民检察院副检察长杨金豹以及各乡镇（街道）人大负责人列席会议；靳明华主持会议。

会议审议通过县政府关于全县审计工作开展情况的工作报告；审议通过县政府关于全县人力资源和社会保障工作开展情况的工作报告；审议通过县政府关于全县教育工作开展情况的工作报告；审议通过县政府关于全县食品药品监督管理局工作开展情况的工作报告；审议通过《茌平县人大常委会2014年度评议工作实施方案》和《茌平县人民代表大会常务委员会委员守则》；依法进行人事任免事项；会议最后县人大常委会第一副主任尹海波作重要讲话。

第十九次会议

2015年3月10日，茌平县十七届人大常委会第十九次会议在县委五楼会议室举行。

县人大常委会党组书记、第一副主任尹海波、副主任张丽华、赵希亮、丁洁卉、靳明华及其他常委共16人出席会议。县人民政府副县长曹志程、县人民法院院长黄鸿义、县人民检察院检察长隋军以及各乡镇（街道）人大负责人列席会议。张丽华主持会议。

会议审议通过有关人员的辞职请求；审议通过代表补选和资格审查事项；作出关于召开第十七届人民代表大会第四次会议的决定；审议通过茌平县第十七届人民代表大会第四次会议特邀人员名单；审议通过茌平县第十七届人民代表大会第四次会议列席人员名单；审议通过《2014年人大工作报告（讨论稿）》；依法进行人事任免事项；会议最后尹海波作重要讲话。

第二十次会议

2015年3月11日，茌平县第十七届人大常委会第九次会议在县委四楼会议室召开。

县人大常委会党组书记、第一副主任尹海波、县人大常委会副主任张丽华、赵希亮、丁洁卉、靳明华，以及其他常委共18人出席会议。县公安局副局长贾瑞明列席会议。尹海波主持会议。

会议审议通过茌平县公安局关于对县十七届人大代表某人采取强制措施的提请报告并听取相关情况说明；审议通过茌平县人大常委会关于许可公安机关对县十七届人大代表某人采取法律规定的强制措施的决定；会议最后尹海波作重要讲话。

第二十一次会议

2015年4月24日，茌平县十七届人大常委会第二十一次会议在县委四楼会议室举行。

县委书记、县人大常委会主任陈秀兴，县人大常委会党组书记、第一副主任尹海波，副主任张丽华、赵希亮、丁洁卉、靳明华及其他常委共23人出席了会议。县人民政府科技副县长杨立军、县人民法院院长黄鸿义、县人民检察院检察长隋军以及各乡镇（街道）人大负责人列席会议。尹海波主持会议。

会议审议通过《茌平县人大常委会2015年工作要点》；审议通过《茌平县2015年全县财政预算》；审议通过《茌平县人大常委会关于进一步加强和改进宣传工作的意见》；依法进行人事任免事项；会议最后，陈秀兴作重要讲话。

第二十二次会议

2015年6月27日，茌平县十七届人大常委会第二十二次会议在县委四楼会议室举行。

县人大常委会党组书记、第一副主任尹海波，副主任张丽华、赵希亮、丁洁卉、靳明华及部分常委共17人出席会议。尹海波主持会议。

会议审议通过《茌平县人民政府关于茌平

县农村信用合作联社银行化改革实施方案的提请报告》；作出《茌平县人大常委会关于同意茌平县农村信用合作联社银行化改革实施方案的决定》；会议最后尹海波作重要讲话。

第二十三次会议

2015年9月1日，茌平县第十七届人大常委会第二十三次会议在县委四楼会议室召开。

县人大常委会党组书记、第一副主任尹海波，副主任张丽华、赵希亮、丁洁卉、靳明华及部分常委共19人出席会议。县人民政府副县长李恩、县人民法院院长黄鸿义、县人民检察院副检察长王冰以及各乡镇（街道）人大负责人列席会议。靳明华主持会议。

会议审议通过县政府关于全县农业工作开展情况的工作报告；审议通过《茌平县人大常委会关于对县人民法院部分法官开展履职评议的实施方案》；审议通过《茌平县人大常委会〈食品安全法〉执法检查情况报告》；依法进行人事任免事项；传达全国人大常委会文件；会议最后尹海波作重要讲话。

第二十四次会议

2015年11月11日，茌平县十七届人大常委会第二十四次会议于在县委四楼会议室召开。

县人大常委会党组书记、第一副主任尹海波，副主任张丽华、赵希亮、丁洁卉、靳明华及其他常委会委员共21人出席会议；县人民政府科技副县长杨立军、县人民法院院长黄鸿义、县人民检察院检察长隋军以及各乡镇人大主席团主席、街道人大工委主任列席会议。会议由张丽华主持。

会议审议通过《茌平县政府关于十七届人大四次会议代表意见建议办理情况的报告》；开展市人大代表向原选区述职事项；依法进行任免事项；会议最后县人大常委会党组书记、第一副主任尹海波作重要讲话。

第二十五次会议

2015年12月29日，茌平县十七届人大常委会第二十五次会议于在县委四楼会议室召开。

县人大常委会党组书记、第一副主任尹海波，副主任张丽华、赵希亮、丁洁卉、靳明华及其他常委会委员共21人出席会议；县人民政府副县长曹志程、县人民法院院长黄鸿义、县人民检察院检察长隋军、县财政局局长张明、县审计局局长徐效旺以及各乡镇人大主席团主席、街道人大工委主任列席会议。会议由赵希亮主持。

会议学习传达全国人大关于修改《组织法》、《选举法》和《代表法》的决定；审议通过县人民政府关于变更茌平县财政预算的报告；审议通过茌平县人民政府关于我县政府债务限额的报告；审议通过茌平县人民政府2015年度审计工作报告；审议通过了茌平县人大常委会2015年度法官履职评议工作报告；书面传达茌平县人大常委会乡镇（街道）评议工作指导意见；审议通过代表资格审查及有关人员辞职事项；通报本届常委会委员出席历次常委会情况；依法进行任免事项；会议最后县人大常委会党组书记、第一副主任尹海波作重要讲话。

第二十六次会议

2016年2月14日，茌平县十七届人大常委会第二十六次会议于在县委四楼会议室召开。

县人大常委会党组书记、第一副主任尹海波，副主任张丽华、赵希亮、丁洁卉、靳明华及其他常委会委员共19人出席会议；会议由尹海波主持。

会议审议通过有关人员辞职事项；依法进行代表补选事项；会议最后县人大常委会党组书记、第一副主任尹海波作重要讲话。

第二十七次会议

2016年2月29日，茌平县十七届人大常委会第二十七次会议于在县委五楼会议室召开。

县人大常委会党组书记、第一副主任尹海波，副主任张丽华、赵希亮、丁洁卉、靳明华及其他常委会委员共21人出席会议；县人民政府副县长曹志程、县人民法院院长黄鸿义、县人民检察院副检察长王冰和各乡镇人大主席团主席、街道人大工委主任列席会议。会议由丁洁卉主持。

会议依法进行选举任免事项；审议通过关于召开第十七届人民代表大会第五次会议的决定；审议通过第十七届人民代表大会第五次会议特邀人员名单；审议通过第十七届人民代表大会第五次会议列席人员名单；审议讨论2015年人大常委会工作报告讨论稿；会议最后县人大常委会党组书记、第一副主任尹海波同志做重要讲话。

第二十八次会议

2016年5月12日，茌平县十七届人大常委会第二十八次会议于在县委四楼会议室召开。

县人大常委会主任、党组书记尹海波，副主任张丽华、赵希亮、丁洁卉、靳明华及其他常委会委员共20人出席会议；县人民政府科技副县长杨立军、县人民法院院长黄鸿义、县人民检察院检察长隋军、县职工中专党支部书记、城建投公司董事长范兆强和各乡镇（街道）人大主席（主任）列席会议。会议由靳明华主持。

会议审议通过茌平县人大常委会2016年度工作要点；审议通过茌平县人民政府关于提请审议批准县城市综合开发建设投资有限公司发行企业债券的议案；审议通过茌平县人大常委会关于开展“双联双室”活动的实施方案；审议通过茌平县人大常委会关于第一届全县人大宣传工作评选结果的通知；会议最后县人大常委会主任、党组书记尹海波做重要讲话。

第二十九次会议

2016年5月27日，茌平县十七届人大常委会第二十九次会议于在县委五楼会议室召开。

县人大常委会主任、党组书记尹海波，副主任张丽华、赵希亮、丁洁卉、靳明华及其他常委会委员共20人出席会议；县人民政府科技副县长杨立军、县人民法院院长黄鸿义、县人民检察院检察长隋军、县财政局局长张明、县司法局局长王博、县食品药品监督管理局局长韩道玲、县人大机关全体人员以及各乡镇人大主席团主席、街道人大工委主任列席会议。会议由张丽华主持。

会议听取审议茌平县人民政府关于茌平县2016年全县财政预算（草案）的工作报告、茌平县人民政府关于全县“六五普法”、依法治县情况的工作报告、茌平县人民政府关于《食品安全法》执法检查整改情况的工作报告并作出相应决定；审议通过有关人员辞职及代表资格审查事项。

会议最后，县人大常委会主任、党组书记尹海波作重要讲话。

第三十次会议

2016年6月16日，茌平县十七届人大常委会第三十次会议在县委四楼会议室召开。

县人大常委会主任、党组书记尹海波，副主任张丽华、赵希亮、丁洁卉、靳明华及其他常委会委员共20人出席会议；县人民政府副县长曹志程、县人民法院院长黄鸿义、县人民检察院检察长隋军、县人大机关全体人员以及各乡镇（街道）人大主席（主任）列席会议。会议由赵希亮主持。

会议听取审议了茌平县人民政府关于信发高新材料产业园南北两个园区建设情况的工作报告；会议以无记名投票的方式，对王志刚等同志进行了任命，并依法举行了被任命人员向宪法宣誓仪式。

第三十一次会议

2016年7月26日，茌平县十七届人大常委会第三十一次会议在县委五楼会议室召开。

县人大常委会主任、党组书记尹海波，副主任张丽华、赵希亮、丁洁卉、靳明华及其他常委会委员共18人出席了会议；县人民政府副县长曹志程、县人民法院院长黄鸿义、县人大机关全体人员以及各乡镇（街道）人大主席（主任）列席会议。会议由赵希亮主持。

会议审议通过了茌平县撤县设区有关事宜；审议通过了茌平县人民政府关于茌平县2015年财政决算（草案）和2016年上半年财政预算执行情况的工作报告；审议通过了茌平县人民政府关于调整茌平县政府债务限额和新增政府性债券使用情况的工作报告；还依法进行了任免事项。

第三十二次会议

2016年9月2日，茌平县十七届人大常委会第三十二次会议在县委四楼会议室召开。

县人大常委会主任、党组书记尹海波，副主任张丽华、赵希亮、丁洁卉、靳明华及其他常委会委员共16人出席会议；县委常委、县人民政府副县长景志国、县人民检察院检察长隋军、县住建局局长李学忠、县教育局局长单海波、县审计局局长徐效旺、县人大机关全体人员列席会议。会议由丁洁卉主持。

会议审议通过了茌平县人民政府关于提请审议批准茌平县2016年棚户区改造项目贷款融资的议案；审议通过了茌平县人民政府关于提请审议批准大班额项目的议案；审议通过了茌平县人民政府关于2015年度县级预算执行和其他财政收支情况的审计工作报告；审议通过了有关代表资格审查事项。

第三十三次会议

2016年10月14日，茌平县十七届人大常委会第三十三次会议在县委四楼会议室召开。

会议应到常委25人，实到17人，符合法定人数。县人大常委会主任、党组书记尹海波，副主任张丽华、赵希亮、丁洁卉、靳明华出席会议；县委副书记朱正林、县委常委、副县长景志国、县人民法院院长黄鸿义、县人民检察院检察长隋军以及县人大各委室主任列席会议。尹海波主持会议。

会议听取了《茌平县人大常委会代表资格审查委员会关于雷霞、王巍同志代表资格的审查报告》，并通过举手表决的方式通过了雷霞、王巍同志的辞呈报告；会议听取了《中共茌平县委关于朱正林同志任职的通知》和《茌平县人大常委会主任会议关于提请朱正林同志为茌平县人民政府副县长、代理县长职务的报告》，并通过无记名投票的方式，任命朱正林同志为茌平县人民政府副县长、代理县长职务；随后举行了宪法宣誓仪式，朱正林面向国徽、手抚宪法，庄严宣誓。

会议最后，新当选的朱正林代县长作就职讲话。他指出，在新的工作岗位上，会坚持依法行政、执政为民，一心一意谋发展，自觉团结组织，同时坚持廉洁自律，在县委的领导下，自觉接受人大及其常委会的监督，自觉接受人民群众的监督，为推动全县经济社会发展贡献自己的力量。

第三十四次会议

2016年 11月16日，茌平县第十七届人大常委会第三十四次会议在县委五楼会议室召开。

县人大常委会主任尹海波出席会议并讲话，县人大常委会副主任张丽华、赵希亮、丁洁卉、靳明华出席会议及其他常委共20人参加会议。县委常委、县政府副县长景志国、县人民法院院长黄鸿义、县人民检察院检察长隋军、各乡镇（街道）人大主席（主任）列席会议。靳明华主持会议。

会议学习传达市、县两级党委转发的人大党组关于县乡换届选举的重要文件；审议通过换届选举有关工作的若干决定；审议通过了《茌平县2015-2020年依法治县规划》和《茌平县第七个五年普法规划》，并作出了相应决议；依法进行了任免事项。

第三十五次会议

2016年12月14日，茌平县第十七届人大常委会第三十五次会议在县委四楼会议室召开。

县人大常委会主任尹海波出席会议并讲话，县人大常委会副主任张丽华、赵希亮、丁洁卉、靳明华出席会议及其他常委共19人参加会议。县政府副县长曹志程、县人民法院院长黄鸿义、县人民检察院检察长隋军、列席会议。张丽华主持会议。

会议审议通过个别代表辞职及资格审查事项，听取了县人民检察院关于首批员额检察官履行法律报备程序的说明，还依法进行了任免事项，任命宋静同志为茌平县人民政府副县长，并举行了向宪法宣誓仪式。

第三十六次会议

2016年 12月29日，茌平县第十七届人大常委会第三十六次会议在县委四楼会议室召开。

县人大常委会主任尹海波出席会议并讲话，

县人大常委会副主任张丽华、赵希亮、丁洁卉、靳明华出席会议及其他常委共16人参加会议。县政府科技副县长杨立军、县人民检察院检察长隋军和县人大各机关委室主任列席会议。赵希亮主持会议。

会议审议通过选举委员会有关成员辞职事项；审议通过了县人民政府关于预算调整事项的报告、关于债务限额和新增政府性债券使用情况的报告、关于茌平县中医院病房楼建设银行贷款还本付息资金列入财政预算的申请报告，尹海波还就我县换届选举有关工作进展情况进行了通报和部署。

第五节 历届人大常委会决议、决定

第九届人大常委会决议、决定

茌平县第十届人大常委会自1981年12月至1984年9月，共举行会议18次，并作出相应决议、决定。决议、决定详情缺失，无从查找。

第十届人大常委会决议、决定

茌平县第十届人大常委会自1984年10月至1987年4月，共举行会议15次，作出决议、决定19项。部分决议、决定原文如下：

茌平县人民代表大会常务委员会
关于保护妇女、儿童合法权益的决议
（1985年2月）

茌平县第十届人民代表大会常务委员会，听取并审议了县妇联副主任陈广英同志所作的《认真贯彻中央指示精神，坚决维护妇女、儿童合法权益》的报告。会议认为，党的十一届三中全会以来，茌平县在贯彻党的路线、方针、政策，进行全面改革，破除封建残余势力，打击摧残迫害妇女、儿童的刑事犯罪分子，保护妇女、儿童的合法权益方面，做了大量工作，取得了显著成绩。全县广大妇女在各级党委的关怀和领导下，对“两个文明”建设起到了积极的作用。对此，人大常委会表示满意。

但是，由于封建传统势力的影响和资产阶级腐朽思想的侵蚀，加上“文化大革命”对社会公德的严重破坏，当前侵犯妇女、儿童合法权益的违法和犯罪行为仍然不断发生，既损害了妇女、儿童的身心健康，又污染了社会风气，扰乱了社会治安。为此，根据《宪法》和《婚姻法》《刑法》等有关法律，结合本县实际情况，对保护妇女、儿童的合法权益问题，作如下决议：

一、利用各种宣传工具，广泛、深入地宣传保护妇女、儿童合法权益的重大意义。妇女，不仅是我国经济建设中的重要力量，而且在“两个文明”建设中具有特殊重要的作用；儿童，是我们国家的未来、民族的希望。因此，保护好妇女、儿童的权益，是关系到千家万户的幸福，整个社会的安定、文明和兴旺。每个干部、职工、群众，都要认真学习《宪法》和法律，学习中央和省委的有关指示精神，进一步提高认识，切实做好维护妇女、儿童合法权益的工作。宣传、教育、文化等部门，要充分运用各种宣传工具，于春节前后这段时间，广泛深入的开展法制宣传教育，宣传《宪法》《婚姻法》和《刑法》等有关文件，使广大人民群众懂得保护妇女、儿童合法权益的重大意义，增强法制观念，自觉维护妇女、儿童的合法权益。

二、充分运用法律武器，从重从快打击摧残迫害妇女、儿童的犯罪活动。鉴于目前我茌平县侵犯妇女、儿童合法权益的问题仍然存在，摧残迫害妇女、儿童的犯罪活动时有发生，有的地方还相当严重。因此，政法部门要充分发挥专政的职能作用，依法惩处那些侮辱、虐待、残害、拐卖妇女、儿童的违法犯罪行为。对那些用暴力干涉婚姻自由残害妇女的犯罪分子及流氓团伙、强奸犯；对遗弃、残害女婴及虐待生女孩妇女造成严重后果的要坚决绳之以法。依法从重从快打击

各种残害妇女、儿童的犯罪分子，真正做到法律面前人人平等。

三、各有关方面要关心、重视和支持妇联的工作。妇联工作的方针和任务，是坚决维护妇女、儿童的合法权益，抚育培养少年儿童健康成长，充分发挥妇女在建设“两个文明”中的重要作用。因此，县直机关、乡镇政府、村民委员会、学校、企事业等单位都要关心、重视和支持妇联的工作，切实抓好保护妇女、儿童合法权益这件大事。对严重摧残妇女、儿童的重大案件，要主动配合政法部门，依法进行处理。从政治、经济、文化、家庭生活等方面提高妇女的地位，创办各种为妇女儿童服务的事业，关心妇女的特殊利益，保证妇女、儿童合法权益的实现。

四、大力做好保护妇女、儿童合法权益的综合治理工作。妇女、儿童的合法权益，涉及政治、经济、文化、教育以及婚姻家庭等各个方面，只有做好综合治理工作，他们的合法权益才能得到切实的保障。各有关部门在制定政策和安排工作时，要充分照顾到妇女的特点。在招生、招工、提干、工资待遇、奖金方面，都要男女一视同仁，体现出男女平等的原则。要坚决破除一切歧视、虐待妇女儿童的陈规陋习，禁止一切侵害妇女、儿童合法权益的违法犯罪行为，勇于为妇女、儿童伸张正义。广大妇女群众，也要努力学习党的路线、方针、政策，学习法律知识，不断提高政治、思想觉悟，增强抵制资产阶级腐朽思想的能力，彻底摆脱封建残余思想的束缚，做到自尊、自爱、自重、自强，坚决同一切违法犯罪活动作斗争，保护自身的合法权益，在“四化”建设中做出应有的贡献。

会议号召，全县广大干部、职工，城乡群众，都必须关心和维护妇女、儿童的合法权益，批判男尊女卑，歧视妇女的封建残余思想和资产阶级腐朽观念，树立尊重妇女，爱护儿童的社会主义新道德、新风尚。

茌平县人大常委会关于在全县公民中普及法律常识的决议

(1986年1月24日县十届人大常委会第9次会议通过)

为了进一步贯彻中共中央1985年23号文件和全国人大常委普法决议的精神，1月16日、1月17日人大常委组织了由正、副主任和司法局负责人参加的“普法”工作视察。先后到菜屯镇、孙桥乡腰庄村和县税务局、毛巾厂、城关中学等单位，听取了汇报。二十四日人大常委会第九次会议，听取了司法局副局长陈庆昌受政府的委托所作的《茌平县普及法律常识的情况和今后意见的报告》。经过认真审议，会议认为，茌平县的“普法”活动，各级政府和干部做了大量的工作，已初步开展。建立了组织，培训了骨干，进行了试点，取得了一些成绩。搞得好的单位效果是显著的。但是，“普法”工作仅仅是开始；单位之间还很不平衡，特别是一些干部对“普法”的重要性认识不足；有些单位组织还不健全，措施不得力，“普法”工作还未开展起来。以上问题，需各级领导引起高度重视。

会议认为，普及法律常识，是健全社会主义法制，实现国家长治久安，促进“两个”文明建设，保障“四化”建设的一项重要而紧迫的任务。为了把这项工作抓紧抓好，特作如下决议：

一、各级政府都要加强领导，把“普法”工作纳入议事日程，领导分工，专人负责。要切实加强办事机构，制定办事人员，明确岗位责任制，切实把这项工作抓紧抓好，抓出成效。

二、要根据五年普法的要求，结合本单位的情况，作出规划，研究措施，认真落实。从1986年起，保证用五年左右的时间，在全体公民中普及法律常识。内容要以宪法为主，认真普及“八法一条例”并要针对不同对象，选择与其有密切关系的法律常识进行教育。教育的重点是各级干部和青少年。县乡（镇）各级政府都要搞好试点，以点带面，使“普法”工作有条不紊的开展。

三、学校是普及法律常识的阵地，中小学及其他各类学校都要设置法制课程或在有关课程中增加法制教育的内容，列入教学计划。并把“普法”教育同道德品质教育、思想政治教育结合起来，文化、广播部门要把加强法制教育、普及法律常识作为经常性的重要任务，其他各部门、各单位，向本系统本单位的公民进行“普法”教育时，也要特别注意对青年干部职工的法制教育。

四、各级干部，特别是各级领导干部，要带头学法用法，依法办事，成为执法的表率。要把普及法律常识同经济体制改革结合起来；同学习落实中央领导人在中央机关干部大会上的讲话，端正党风结合起来；同打击严重刑事犯罪和经济犯罪结合起来。运用正、反两方面的典型，对干部群众进行活的法律常识教育，努力做到准确、通俗、生动、健康，扎扎实实，讲求实效。

茌平县人大常委会关于贯彻《食品卫生法》搞好食品卫生工作的决议

(1986年7月26日县十届人大常委会第12次会议通过)

茌平县人大常委会和县政府负责人在县卫生局、防疫站负责同志陪同下视察了城关镇《食品卫生法》的贯彻情况，并在第十二次全委会议上，听取并审议了县卫生局副局长刘孟昌受县政府委托所作的《关于贯彻落实〔食品卫生法〕的情况汇报》。会议认为《食品卫生法》是一部关系公民身体健康乃至生命安全的重要法律。1983年7月1日试行三年来，茌平县在贯彻执行《食品安全法》方面，做了大量工作，取得了很大成绩。但是距法律规定和群众要求还有很大的差距。为了进一步贯彻《食品安全法》，搞好食品卫生，特作如下决议：

一、继续深入搞好《食品卫生法》的宣传教育，提高认识，增强执行的自觉性。在前段宣传教育的基础上，继续把宣传教育引向深入。政府要组织有关部门，采取多种形式在全县范围内开展一次《食品卫生法》的宣传教育，使其家喻户晓。要教育生产、加工、经营食品单位和个体食品摊贩，树立高尚职业道德，不能只顾赚钱，要向人民的健康和生命安全负责。在大力宣传教育的同时，政府和有关部门要不断组织食品卫生检查评比。对食品卫生搞得好的单位和个人给予表扬；对有问题的要进行批评教育；问题严重的要采取果断措施；对违法经营变质和有害食品，造成严重后果的要进行严肃处理，直至追究刑事责任。

二、搞好综合治理，坚持常抓不懈。搞好食品卫生是社会主义精神文明建设的重要组成部分，它不仅涉及到许多部门和行业，而且还涉及人们的道德观念和传统习惯。因此必须全民动员、全面治理，常抓不懈，持之以恒。县政府要把这项工作列入议事日程，充分发挥卫生、工商、商业县社、粮食和政法部门的综合治理作用，为搞好食品卫生提供良好的服务，密切配合，齐抓共管，把这项工作真正落实到实处。

三、加强监督队伍建设，提高工作人员素质。食品卫生监督和管理机构代表国家行使监督和管理权。《食品卫生法》赋予监督和管理人员艰巨的任务，重大的责任，要不断加强监督队伍的建设，健全组织，落实人员，要加强学习不断提高工作人员政治素质和业务素质；要注意解决工作中遇到的实际问题。监督人员要以对人民高度负责的精神，坚持原则，不徇私情、依法办事，为搞好茌平县食品卫生，保障人民的身体健康、生命安全再立新功。

茌平县人大常委会关于进一步搞好棉花收购工作的决议

(1986年9月29日县十届人大常委会第13次会议通过)

茌平县第十届人大常委会第十三次会议，听取和审议了县联社副主任王希珍受县政府委托所作的《关于1986年棉花收购工作的意见汇报》。

县联社根据国务院办公厅1986年65号文件和上级有关指示精神，认真总结了茌平县1985年棉花收购工作经验教训，分析了前段棉花收购工作情况。会议对前段收购工作表示满意。为进一步搞好1986年棉花收购工作，特作如下决议：

一、统一思想，充分认识棉花收购工作的重要性

棉花是国需民用的重要物资，是本县的一大经济优势，在今后若干年内棉花生产在全县经济比重占有举足轻重的地位。为此，各级政府要切实加强对棉花生产、收购的领导，收购部门要牢记全心全意为人民服务的根本宗旨，进一步端正业务指导思想，认真做好1986年的棉花收购工作。通过我们的工作，极大地调动棉农的积极性，促进棉花生产，保证种植面积，完成国家订购任务，为实现本县工农业翻番，为国家四化建设做出应有的贡献。

二、严格执行政策，正确执行标准

各级收购部门要严格执行国家棉花标准和价格政策，任何部门单位和个人不得搞偏离国家标准，以任何方式和借口擅自压级压价或提级提价；要严格执行定购、价格、结算、返还、奖售等各项政策。要认真执行“一试、五定”密码验收的检验制度，秉公办事一视同仁，从政策上取信于民。

三、开展文明收购、文明交售

服务质量的好坏直接关系到党群关系和农商关系，各厂站必须严格遵守商业道德，克服官商作风，关心群众疾苦；收购现场要设置必要的服务项目，为棉农排忧解难，提供方便；收购人员要实行挂牌服务，自觉接受棉农的监督批评，真正把收购厂站建成群众信得过的“文明”厂站，使棉农高高兴兴地卖棉花。全体棉农要自觉执行各项规定，要严格实行“四分”（分摘、分存、分晒、分交），不摘生花、不交潮花、不掺混、不使假，配合厂（站）共同搞好收购，努力完成自己的合同订购任务。

四、加强教育、严肃法纪，克服和抵制各种不正之风，严厉打击棉花收购中的经济犯罪活动。

收购中的不正之风和经济犯罪活动，不仅严重损害国家和群众利益，造成收购秩序混乱，而且直接影响了收购厂、站与群众关系。因此，在积极组织收购的同时，各厂（站）要普遍进行法纪教育，切实抓好内部整顿，各级干部职工自觉做到不搞“关系棉”“人情棉”，要发动干部、职工和群众揭露棉霸、棉贩的不法行为，严厉打击那些棉花收购中的不法分子，以保护国家和棉农的根本利益。

五、要切实加强对棉花收购工作的领导。

棉花收购是一项面广量大、政策性很强的工作，做好这项工作光靠业务部门是远远不够的。为此，各级政府必须切实加强对收购工作的领导，真正列入工作的议事日程，定期进行研究，对收购部门无力解决的问题，县、乡政府积极帮助解决，要注意理顺各有关部门的关系，把棉花生产与收购协调一致起来，各棉厂（站）要接受驻地乡（镇）党委和政府的领导，主动向乡（镇）汇报工作，及时反映情况，各乡（镇）政府要积极支持厂（站）工作，教育干部群众自觉维护售棉秩序，齐心合力共同把棉花收购工作搞好，圆满完成1986年的棉花收购任务。

第十一届人大常委会决议、决定

茌平县第十一届人大常委会自1987年4月至1990年4月，共举行会议21次，作出决议、决定36项。部分决议、决定原文如下：

关于学习贯彻《全国人大常委会关于加强法制教育维护安定团结的决定》的决议

(1987年4月14日县十一届人大常委会第一次会议通过)

茌平县第十一届人大常委会第一次会议，认真学习了《全国人大常委会关于加强法制教育维护安定团结的决定》、学习了中共中央、山东省委关于

贯彻《决定》的通知和省人大常委会贯彻《决定》的决议。大家一致表示完全拥护，坚决贯彻执行。

会议认为全国人大常委会的这一《决定》是根据我国当前形势重申了《宪法》《刑法》的有关规定，强调加强法制教育，维护安定团结的政治局面和社会主义的社会秩序，反映了全国人民的意志和愿望，是在全体人民中进行以《宪法》为核心的法制教育的重要教材，是当前坚持四项基本原则，反对资产阶级自由化，维护安定团结的强有力的法律武器和思想武器，具有重大的现实意义和深远的历史意义，必须认真组织学习和贯彻执行。为此，特作如下决议：

一、带头学习贯彻执行好《决定》。

县人大常委会是地方国家权力机关，要站在坚持四项基本原则反对资产阶级自由化斗争前列。为在全县学习贯彻好《决定》维护发展安定团结的政治局面，进一步促进改革开放、富民兴茌做出应有贡献。为此，县人大常委会要认真组织全体委员和机关工作人员带头学习，积极宣传，全面贯彻执行《决定》，增强法制观念，模范遵守宪法和法律。要把思想统一到党的十一届三中全会以来的路线、方针、政策上来，旗帜鲜明地反对资产阶级自由化，坚持四项基本原则，坚持改革、开放、搞活的方针，与党中央保持高度一致。

二、广泛深入地宣传《决定》，达到家喻户晓。

广泛深入宣传好《决定》是贯彻执行的前提。各行各业、各部门、各单位都要把学习贯彻《决定》列入重要议程，组织广大干部和人民群众认真学习。要把《决定》张贴到机关、工厂、农村、街道、学校等单位；司法部门要会同宣传部门和群众团体编写宣讲教材，组织训练宣传队伍，联系实际搞好宣讲。充分利用广播、电视、黑板报等形式进行宣传，力争做到家喻户晓，用宪法和法律武器武装广大干部群众。增强法制观念，任何组织和个人都必须在宪法和法律范围内活动，维护宪法和法律的尊严，保证宪法和法律的实施。

三、普法教育同学习贯彻《决定》密切结合。

普及法律常识，是加强我国社会主义民主和法制建设的重大步骤，是社会主义精神文明建设的重要组成部分。1987年仍按原来的部署继续抓紧抓好。普法教育要同学习《决定》紧密结合，并把学习《决定》突出出来。各类普法学习班要把学习《决定》作为重要内容，通过以宪法和《决定》为中心内容的普法教育，使广大干部群众知法、守法，学会运用法律武器同违反宪法和法律的行为作斗争，自觉地维护安定团结的政治局面和社会主义的社会秩序。

四、加强领导，督促检查。

保证宪法和法律在本行政区域内的遵守和执行，是人大常委会的基本职责，要把宣传贯彻《决定》列为人大常委会的重要议事日程，要经常听取汇报，组织视察，抓好典型，总结经验，推动全面，以保证《决定》的顺利贯彻执行。

茌平县人大常委会
关于《立即行动起来抗灾救灾夺取全年大丰收》的决议

(1987年7月20日县十一届人大常委会第三次会议通过)

为了动员全县人民紧急行动起来，坚持抗灾夺取全年大丰收，县人大常委会于7月20日举行第三次全委会议，听取了县棉办主任陈瑞秀同志受县政府委托所作的《7月14日风雹灾情情况及采取的应急措施》的汇报。一致认为：茌平县这次风雹来势之大，损失之严重，是多年来罕见的。在重灾之后，县府所采取的一切应急措施都是及时的、果断的、非常有力的。县人大常委会向灾区人民和战斗在抗灾第一线的同志，表示慰问。为了夺取全年农业大丰收，确保实现粮棉生产计划，特作如下决议：

一、要坚定抗灾夺丰收的信心。县政府在正确分析我全县1987年农业生产形势的基础上，确定的农业生产计划，人均增值三不变的指导思想是正确的、实际的，完全符合上级指示精神的。各级政府和全县人民一定要坚定信心，落实措施，继续发扬自力更生、艰苦奋斗的精神，努力实现重灾少减产，轻灾夺丰收，无灾争高产的战略计划。

二、要进一步落实救灾措施，广泛深入地开展抗灾夺丰收活动。当前，茌平县部分乡（镇）尽管灾情较重，但就全县而言，秋季作物的生产形势很好，特别是棉花、玉米面积大、长势好，丰产基础牢固增产潜力很大。即使受灾的部分乡（镇），也完全有条件夺取抗灾斗争的胜利。为此，各级政府、各有关部门，一定措施，迅速发动群众，把抗灾活动推向一个新的高潮。

三、要继续深入实际、调查研究，根据不同的情况，努力提高受灾作物的管理水平。农作物的灾后管理，是一项专门科学，特别是茌平县，由于受灾时间偏晚，棉花灾情较重，在管理上更要十分重视科学性、技术性。鉴于这一实际，各乡镇政府和科委、农业局、棉办等有关部门，要切实进一步转变作风，经常深入实际，在加强面上技术指导的同时，重点抓好一、两个单位的灾后管理典型，以推动全面，积累经验。同时，还要下大力发挥农民技术员和科技带头的作用。

四、要确保各类救灾物资的供应和棉粮保险补偿的兑现。县政府拨出的部分救灾化肥，化肥厂要保证按时足量供应。县、乡（镇）、村各级政府及有关管理部门都不准以任何借口截留挪用，否则要依法严肃追究责任。今后，如上级拨付的其他救灾物资，也要严格按此要求办理。

粮棉保险补偿，是茌平县的一件新事。它既有非常细致的工作，又有严格的政策规定，保险公司和有关单位一定要按政策规定及时补偿兑现。原则上，谁在保险就补偿给谁。严禁以单位或集体算统补。

五、要进一步树立抗灾夺丰收的思想。1987年由于受“厄尔尼诺”现象影响，气候反常，旱涝风雹等灾情频繁。根据上级指示：当前重点防涝。同时也不要忽视可能发生的风雹虫灾。为此，各级政府、各级干部和全县人民，要在县府的统一指挥下，迅速搞好河道清淤排障，抓紧田间工程疏通，要实行岗位责任制。保证做到大雨不成灾，抗灾夺丰收，以“三个不变”的实际成绩迎接党的十三大的胜利召开。

茌平县人大常委会
关于进一步贯彻实施《土地管理法》的决议

（1987年6月26日县第十一届人大常委会
第二次会议通过）

为了进一步贯彻《土地管理法》，加强土地管理，县第十一届人大常委会部分委员。在县政府及有关部门负责人陪同下，视察了乐平铺镇、温陈乡、王老乡和温陈乡的温庄村、史胡村《土地管理法》的贯彻实施情况。6月26日举行第二次常委会，听取并审议了县农业局副局长王余生受县政府委托所作的《关于贯彻实施土地管理法情况的汇报》。会议认为，前段县政府及有关部门对实施《土地管理法》，加强土地管理，做了大量工作，取得了一定成绩。但是，《土地管理法》的贯彻仅是开始，单位之间很不平衡；宣传发动，法制教育还不够深入；一些遗留问题尚待解决；有关政策还不落实；乱占滥用土地的现象还时有发生。为了认真贯彻《土地管理法》，依法管好用好土地，保护耕地，坚决制止乱占滥用土地的歪风，特作如下决议：

一、继续深入学习宣传《土地管理法》。《土地管理法》是强化土地管理、保护开发土地资源、合理利用土地、切实保护耕地、发展生产、建设四化的基本法。各级政府和各单位，要把贯彻宣传《土地管理法》作为普法教育的重要内容，要采取多种形式，密切联系实际，大力宣传土地是宝贵的、有限的自然资源，是人类赖以生存的基础；宣传人口多、土地少是我国的基本国情，珍惜、节约土地是我国长期坚持的一条基本国策；宣传土地的所有权和使用权的关系，使广大干部群众懂得一切土地都归国家和集体所有。宅基地、自留地、责任田，个人只有使用权，没有所有权。任何买卖、租赁、转让、乱占滥用的现象都是违法的，违者要追究法律责任。通过学习、宣传使《土地管理法》的基本精神和珍惜、合理使用土地的重要意义达到家喻户晓、人人明白。提高人民群众的法制观念，增强依法管好用好土地的自觉性。

二、切实加强对土地管理工作的领导。各级政府要把贯彻实施《土地管理法》、依法管好用好土地当成一项总要职责，列入议事日程，分工专人抓好。要根据法律规定，选配得力干部，建立健全县、乡（镇）土地管理机构，负责全县、全乡（镇）的土地管理工作，各级政府和司法部门要大力支持土地管理部门和土地管理人员的工作，切实保证他们依法行使职权，使《土地管理法》在全县顺利贯彻实施。

三、严格掌握使用土地的审批制度。各级政府和有关部门要认真贯彻执行十分珍惜和合理使用土地的方针，要像控制人口增长那样控制土地减少，要依照法律规定，本着合理布局，节约用地的原则，制定用地总体规划和年度建设用地指标。对于国家机关、企事业单位征地、乡（镇）企业和民房用地，要按照中发〔1986〕7号文件《土地管理法》和省《实施办法》及地、县的有关规定，履行征地手续，严格控制指标，严防不征就用、先用后征、多征少用或征而不用的现象发生。联户办企业和专业户的非农业用地，要和乡（镇）企业一样办理征地手续，严禁在承包田里圈院盖房、起土烧砖等非农业生产。宅基地面积要严格控制在标准之内。新村规划一般不要占用耕地，必须占用的，要经乡（镇）政府审核后，报县人民政府批准，土地管理部门要在搞好土地调查的基础上，建立地籍管理制度和地籍档案，登记造册，确权发证，搞好土地管理。

四、全面清理非农业建设用地，依法处理遗留问题。各级政府、各村民委员会，要严格按照中发〔1986〕7号文件和《土地管理法》的规定，对非农业建设用地和乱占滥用耕地建造私房、垒窑烧砖和乡（镇）办个体办企业作为清查重点。对清查出来的问题，要依照法律和政策规定，分别不同情况进行严肃处理。该补办手续的补办手续，该罚款的罚款，该拆除的拆除，该没收的没收，直至追究刑事责任。对于《土地管理法》正式生效前后的遗留问题，要有区别。特别是1987年1月1日《土地管理法》生效以来出现的问题要依法严肃处理。

五、组织代表视察，发挥代表作用。根据宪法和法律赋予人大代表的职权，为了充分发挥人大代表在闭会期间的作用，县人大常委会决定，县人大代表要带头学习、宣传、执行《土地管理法》；在1987年第四季度，组织县人大代表在本人就选单位或者代表居住的村镇，采取几位代表联合的办法，对《土地管理法》和本决议的贯彻实施情况进行一次监督视察。视察的乡（镇）政府和村民委员会对代表视察要提供方便，指派专人如实介绍情况，答复代表询问，听取代表提出的建议、批评和意见。对代表提出的建议、批评和意见分别交有关部门认真处理（视察的具体计划另行安排），以推动《土地管理法》的全面贯彻实施。

茌平县人大常委会
关于《搞好冬季林果会战加速实现“1116”规划》的决议

(1987年9月30日县十一届人大常委会第四次会议通过)

茌平县人大常委会于9月30日举行第四次全委会议，听取并审议了林业局局长孙克昌同志受县政府委托所作的关于“1116”规划执行情况和进一步搞好今冬林果会战，加速实现“1116”规划的汇报。会议认为，几年来，在县委、政府的领导下，茌平县在林果生产上取得的成绩空前显著，并涌现出一大批管理好、产量高、效益突出的好果园、好典型，为进一步发展林果生产树立了榜样，坚定了信心。会议认为，县政府所制定的今冬林果会战计划（栽植各种果树450万株、枣树100万株，以毛白杨为主的林网植树60万株，配套栽植黄花菜3000万墩）。符合本县目前实际情况，是切实可行的。县政府把果品生产作为实现“1116”规划的突破口，大打速决战，重点抓好三条线，突出重点，以点带面的指导思想是正确的。为确保打好今冬林果会战这一仗，加速“1116”规划的实现，特作如下决议：

一、提高认识、坚定信心

要进一步提高对实现“1116”规划重要战略意义的认识，坚定冬季林果会战的信心，实现“1116”规划是调整农业内部结构，建设立体农业的必由之路；是发展多种经营，建立农村支柱产业，形成拳头产品，促进经济翻番的中心环节；是富民兴茌的重大战略措施，各级政府和全县人民，一定要下决心，继续发扬自力更生、艰苦奋斗的创业精神，落实措施，做好充分准备，打好林果会战这一仗。

二、积极做好各项准备工作

冬季林果会战，时间紧，任务重，各级政府和有关部门，要认真总结过来的经验和教训，防止仓促上阵，造成不应有的损失。同时要结合本单位的实际情况，早安排、早发动、早动手。要切实做好各项准备工作。特别要抓好技术培训、全面规划、苗木来源、资金筹集、政策落实等各项工作。不打无准备之仗，力争做到好中求快、高速优质的完成冬季会战任务。

三、坚持高标准，严把质量关

植树造林是造福子孙的百年大计，坚持高标准严要求是发展林果成败的关键。各级政府要按照林业局制定的技术意见执行，严把质量关，特别要做到因地制宜，适地适树，良种壮苗，好地大穴普施底肥，适时浇水，留管理带，以确保成活。做到栽一棵，活一棵；造一片，成一片，为速生丰产早见效益打下可靠的基础。

四、落实政策，搞好承包

搞好果园承包责任制，是一项极为细致的工作，也是调动群众栽树管树积极性的根本措施。各级政府在果园承包工作中，应掌握以下几条：1.要解决树地承包不一致的问题。2.要集中连片，投标承包到户，既要克服平均主义、按人分树的倾向，也要防止过于集中、承包面积过大的做法。3.承包年限宜长不宜短，承包金额一般应根据承包年限分阶段逐渐递增。4.要明确承包者的责、权、利，并签订合同，实行公证，以解除群众怕多变的后顾之忧。

五、切实加强对冬季林果会战的领导

搞好林果会战的关键在领导。冬季林果会战，面广、量大，任务十分繁重，各级政府都要加强领导，认真研究采取措施，狠抓落实。要成立专门班子，主要领导干部要亲自指挥。分管的人员靠上抓；要落实脱产干部，特别是领导干部的岗位责任制；要尊重林果技术人员的意见，充分发挥他们在林果生产上的技术指导作用；要抓典型、树样板，推动全盘；要切实搞好思想发动，大打人民战争，坚持四统一、三集中的领导方法，即在会战期间，实行统一领导，统一规划，统一规格要求，统一组织施工；集中人力、物力、财力，集中时间打速决战。

会议号召各级政府和全县人民，积极行动起来，努力做好工作，坚决打好林果会战这一仗。

茌平县人大常委关于进一步宣传贯彻执行《山东省保护妇女儿童合法权益的若干规定》的决议

（1987年11月3日县第十一届人大常委会第五次会议通过）

为了进一步促进《山东省保护妇女儿童合法权益的若干规定》在全县的贯彻、实施，切实维护妇女儿童的合法权益，充分发挥妇女在社会主义物质文明和精神文明建设中的作用，保障儿童在德、智、体等方面健康成长，县人大常委会部分委员，在县妇联、县政法委及司法局的负责人陪同下，于10月中旬座谈、视察、检查了11个县直单位和9个乡（镇）对于《规定》的宣传、贯彻、实施情况，一致认为，自1986年9月省六届人大常委会第二十一次会议通过公布施行《规定》以来，全县人民在县委、政府领导下，结合普法教育，联系本县实际，采取得力措施，认真学习、宣传、贯彻执行了《规定》，取得了一定成绩，有力地打击了侵害妇女儿童合法权益的犯罪活动，冲击了重男轻女的陈规陋习，提高了自尊、自爱、自重、自强的觉悟，使妇女儿童的合法权益得到较好保护。

但是，由于封建主义遗毒的影响、资产阶级思想的侵蚀及某些干部群众的法制观念不强，还存有不少问题。为了进一步贯彻实施《规定》，特作如下决议：

一、要继续认真广泛深入地宣传学习《规定》。妇女是社会主义革命和建设的伟大力量，儿童是革命事业的未来，一切国家机关、社会团体、企事业单位和城乡基层组织，都要把《山东省保护妇女儿童合法权益的若干规定》作为普法教育的重要内容，利用电视、广播、板报、会议、农村电影晚会等各种形式，继续广泛深入地进行宣传、学习，造成强大的社会舆论，真正做到家喻户晓，深入人心，使广大干部、职工、群众增强法制观念，自觉维护妇女儿童的合法权益。

二、加强对贯彻实施《规定》的领导。县直各单位、各乡（镇）政府、村民委员会都要高度重视，加强领导，把保护妇女儿童的合法权益列入议事日程，提高妇女的社会地位，保证妇女在社会生活各个方面享受同男性公民平等的权利。在招工、招生、入党、提干、毕业分配、晋级、承包、奖金、福利、住房和划分责任田、宅基地自留地等方面，要一视同仁。要关心、支持妇联的工作，健全妇女组织；合理解决基层妇女干部的待遇，落实男女同工同酬；妥善安排年老体弱妇女干部的退休、退职，坚决破除一切歧视虐待妇女儿童的旧传统势力。

三、公安、司法机关对侵犯妇女儿童合法权益的案件，要及时依法查处。对拐卖、拐骗妇女儿童的人贩子要狠狠打击，绝不能姑息手软。要依法严惩那些侮辱、虐待、残害、玩弄、奸淫妇女的违法犯罪分子。

四、要围绕贯彻《规定》，重点学好《婚姻法》《继承法》，严禁包办、干涉妇女婚姻自由的行为，切实保证妇女儿童在婚姻家庭中的合法权益。禁止违背妇女意志的转亲、换亲和订童亲。不容许干涉丧偶、离婚妇女再婚的自由。对于弃、溺女婴，虐待生女孩妇女及喜新厌旧、第三者插足等破坏婚姻家庭的行为，要给予行政处罚或社会舆论的谴责，情节严重构成犯罪的绳之以法。对男到女家落户的，要积极解决责任田、自留地和宅基地等。保护妇女依法享有的财产继承权，安置好残疾妇女儿童的生活。

五、普及幼儿教育。解决好幼儿教师的聘用及其待遇问题，保证儿童的健康成长，解除妇女的后顾之忧，是他们全力以赴参加商品生产，为四化多做贡献。

六、各级妇女组织，要继续办好学习《规定》培训班，层层训练骨干，要带领广大妇女群众学法、用法，增强法律素质，依法维护自己的合法权益。并要组织妇女认真学习党的十三大文件，坚持两个基本点，不断提高政治思想觉悟，增强抵制封建残余势力和资产阶级腐朽思想的能力，自觉同侵害妇女儿童合法权益的违法犯罪行为作斗争。

茌平县人大常委会
关于进一步贯彻实施《经济合同法》的决议

（1988年3月17日县第十一届人大常委会第七次会议通过）

为了进一步贯彻《经济合同法》，把经济管理纳入法制轨道，维护社会经济秩序，发展茌平经济的大好形势，县第十一届人大常委会根据中央〔1988〕1号文件和省府〔1988〕鲁政发1号、18号文件精神，在深入调查研究的基础上，于3月17日举行第七次常委会，认真听取、审议了县司法局副局长林钧波受县政府委托所作的《关于经济合同法贯彻执行情况的汇报》。会议认为：《经济合同法》自1982年7月1日实施以来，各级政府及司法、工商、法院等有关部门宣传贯彻

《经济合同法》做了大量工作，尤其是通过普法教育，大大增强了干部、群众的法制观念，依法办事，遵守合同，已逐步成为多数人的普遍要求。这对保证体制改革和经济建设，促进商品经济的发展都取得了显著的效果。但是在新形势下，由于经济体制改革的深化，商品经济的迅速发展，企业间的横向联系增多，土地、林果、副业，乡、村企业等各项承包责任制的进一步完善，目前还存有不少问题：有的干部仍然习惯用行政手段管理经济，“以言代法”“以权压法”的现象时有发生；有的合同不健全、条款不完备、发包与承包双方的责、权、利工作不明确，因而发生纠纷；有的虽已签订合同，但由于情况的变化和法制观念不强，有的害“红眼病”，合同不兑现，侵犯承包人的合法权益；有的签订合同没有法律手续，用“口头说合”“君子协定”使经济合同得不到法律保证。为了维护社会经济秩序，土地经济体制改革，大力发展生产力，全面贯彻实施《经济合同法》，落实省府〔1988〕1号、18号文件精神，特作如下决议：

一、深入学习、宣传《经济合同法》，把经济管理纳入法制轨道

《经济合同法》是我国第一部比较完整、系统的经济合同法规，是通过经济效益，促进商品经济发展的重要措施。各级政府和各单位要把宣传、执行《经济合同法》作为普法教育的重要内容。要通过各种形式认真学习宣传《经济合同法》和山东省人民政府〔1988〕鲁政发1号、18号文件，即：《关于进一步落实粮食合同定购“三挂钩”政策的通知、《关于发布山东省农业承包合同管理试行办法》的通知。使干部群众熟悉《经济合同法》和1号、18号文件，在经济合同中自觉地依法办事，指导签订或调整完善好本单位的土地、果园、池塘、林木、乡村企业以及其他承包合同使经济管理纳入法制轨道。

二、大力开展重合同、讲信用的教育活动

通过宣传教育使干部群众认识到：认真贯彻执行《经济合同法》，签订合同是关系到国家、集体和个人的利益，是保护和发展生产力的法律保证，必须认真办好。对以前的合同进行清理，不完善的完善，没有制定的制定，做到程序民主、内容全面、条款清楚、法律手续完备。合同签订后，不得因承办人或法定代表人的变动而中止或解除，努力做到合同规范化、管理制度化，维护《经济合同法》的严肃性。

三、加强对经济合同的管理，发挥职能部门的作用

各级政府和业务主管部门要加强对经济合同的管理，经常进行监督、检查，发现问题及时处理；要严格按照《经济合同法》的要求办事，明确双方的责、权、利，完善手续，依法公证；要充实和加强执法机关和合同管理机构的建设。除去充分发挥县直职能部门的作用外，要建立健全乡（镇）法律服务站和充分发挥乡（镇）法庭、民政部门的作用。大家动手通力合作，把《经济合同法》贯彻落实好，以促进商品经济的发展。

四、组织代表视察，发挥代表作用

根据宪法和法律赋予人大代表的职权，县人大常委会决定，县人大代表要带头学习、宣传、执行《经济合同法》和省政府1号、18号文件。各乡（镇）人大联络处要组织县人大代表在本人就选单位或代表居住的村镇，采取几名代表联合的办法对《经济合同法》和《山东省农业承包合同管理试行办法》的通知实施情况进行一次监督视察，以促进全面贯彻实施，为促进商品经济的大力发展，实现茌平县经济的第二个翻番贡献力量。

茌平县人大常委会

公　告

茌平县17个乡（镇）分别召开了第三届人民代表大会第二、三、四次会议，对调整、充实的正、副乡（镇）长进行了补选任免。现将结果公告如下：

周子顺为菜屯镇人民政府镇长；

李兆太为杨屯乡人民政府副乡长；

杨连庆为温陈乡人民政府副乡长；

袁智德为洪屯乡人民政府副乡长；

王厚琪为韩集乡人民政府副乡长；

付孟江为贾寨乡人民政府副乡长；

潘富存、袁连成、姚洪泉为肖庄乡人民政府副乡长。

免去：

李承源韩屯乡人民政府乡长职务；

吕绍泗王老乡人民政府乡长职务；

王长富韩集乡人民政府乡长职务；

李明华杨屯乡人民政府乡长职务；

邢玉印杜郎口乡人民政府副乡长职务；

李士芳杨屯乡人民政府副乡长职务；

徐顺之温陈乡人民政府乡长职务；

乌以祥胡屯乡人民政府乡长职务；

胡庆康茌平镇人民政府副镇长职务；

刘振录广平乡人民政府乡长职务；

刘振生广平乡人民政府副乡长职务；

高化昌肖庄乡人民政府副乡长职务；

李光华赵屯乡人民政府副乡长职务；

赵吉太温陈乡人民政府副乡长职务；

刘平孙桥乡人民政府副乡长职务；

吴风超菜屯镇人民政府镇长职务；

徐法水冯屯镇人民政府镇长职务。

茌平县人大常委会
关于《全面发展教育事业，为经济建设服务》的决议

（1988年7月2日县第十一届人大常委会第九次会议通过）

茌平县第十一届人大常委会第九次会议，听取并审议了茌平县人民政府副县长郭金铸所作的关于茌平县发展教育规划、教育为经济建设服务等问题的汇报。会议认为，政府制定的《茌平县教育规划》是实事求是、切实可行的，教育为经济建设服务的方向是符合茌平县实际的。几年来，由于县委和政府的高度重视，茌平县教育事业有了较快的发展，取得了有目共睹的显著成绩。但同党的十三大的要求相比，同全县经济发展的需要相比，还有较大的差距。为了全面贯彻党的教育方针，使教育为当地经济建设服务，特作如下决议：

一、充分认识发展教育事业的意义。确立教育为本的战略指导思想，教育是决定经济发展和国家兴衰的大问题。我们要从实现四化的战略高度充分认识抓好教育事业的重要性、必要性和紧迫性。各级政府和各有关单位都应把发展经济和发展教育挂起钩来，树立大教育的观念，增强自觉性和责任感，像抓经济工作那样扎扎实实地把教育工作抓好。

二、学习平度经验。“三教”统筹，为茌平县经济建设服务。端正县以下教育的方向，必须坚持从实际出发认真抓好基础教育、职业技术教育和成人教育，即“三教”统筹，协调发展。

在发展基础教育方面，茌平县已取得可喜成绩。下步任务是在巩固普及初等教育成果的基础上逐步普及初中教育。希望各乡（镇）政府根据县府“教育规划”的要求，因地制宜，作出符合本乡（镇）实际情况的普及九年制义务教育的规划，并付诸实施。发展基础教育必须全面贯彻国家的教育方针，使学生在德、智、体、美、劳诸方面都得到发展。学校工作要注意加强思想政治教育和法制教育，培养学生良好的道德情操和遵纪守法的美德。切实纠正片面追求升学率的错误做法。同时要注意宣传《义务教育法》，使广大儿童、少年都能依法接受规定年限的义务教育。要防止由于各种因素而出现的适龄学生辍学和退学现象，要避免新文盲再度产生。

职业技术教育是培养大批初、中级技术人才和管理人才，提高劳动者素质的重要阵地，一定要努力抓好。为了适应飞速发展的经济形势，茌平县应在原有基础上办好一处职业教育培训中心。长短结合、多层次、多规格的为茌平县工农业生产培养急需的人才。各乡（镇）也可根据本地条件和实际需要，对部分初中毕业生进行职业前的培训。

成人教育，是建设一支素质优良的劳动大军，直接为经济建设服务的重要措施。茌平县已建起一所职业中专，应努力办好。本着“按需施教、学用结合”的原则，既要进行学历教育，更要注意短期培训，使其真正做到为全县工业建设服务。农村的成人教育尤为重要。要注意对具有中小学文化程度的农民进行职业技术培训，使其具有一技之长，成为农村劳动致富的骨干。

三、调动各方面的积极性，大力筹措教育经费。几年来，教育经费不足影响和限制了教育事业的发展。所以，经费问题是发展教育事业的关键性问题之一，必须下决心、下大力解决。除财政拨款要保证“两个增长”之外，还应按国务院的规定“在城乡征收教育事业费附加”。最近茌平县政府下发了《关于教育费附加的征收、管理和使用意见》的文件，这是发展全县教育事业的重要保证，希望各乡（镇）政府、县直各有关部门切实贯彻执行。为了多渠道筹集教育经费，国家还规定“鼓励各种社会力量以及个人自愿捐资助学”，在全县也应大力宣传、提倡，并予以鼓励。

四、努力创造条件。首先在县城普及九年制义务教育。茌平县县城的基础教育发展比较缓慢，要上学的儿童、少年多，校舍少，不能满足广大干群子女上学的迫切要求。最近县府提出一个首先在县城普及九年制义务教育的“实施意见”是正确的、及时的。希望县城各企事业单位，各村民委员会都关心这一事情，多渠道筹集资金，尽快解决扩建和新建校舍问题，使县城普及义务教育的步伐走在全县前头。

五、切实加强各级政府对教育工作的领导。各级政府都要把教育工作列入重要议事日程，不仅要有专人负责教育工作，而且主要负责人都要亲自抓。要把发展教育事业纳入各级领导干部任期目标责任制，考核干部的政绩要把教育工作作为一项重要内容，对于在发展教育事业中做出突出成绩的单位和领导干部要及时进行表彰和奖励。

关于认真贯彻省人大常委会《决定》扎扎实实进行执法大检查的意见

茌人发〔1988〕8号

山东省第七届人大常委会第五次会议作出了《关于在全省进行执法大检查的决定》，省人大常委会办公厅和中共聊城地委对贯彻执行执法大检查的《决定》都提出了具体安排意见。为在全县搞好执法大检查，经人大常委会研究，县委同意，在县委统一领导下，结合本县具体情况提出如下几点意见：

一、执法大检查的指导思想

这次全省执法大检查，是在全党全国各族人民满怀信心全面贯彻落实十三届三中全会精神的大好形势下进行的。在这次执法大检查中，要认真贯彻中央提出的“治理经济环境，整顿经济秩序，全面深化改革”的指导方针，把执法大检查同治理环境，整顿秩序结合起来。

这次执法大检查作为一种法律监督手段，是贯彻落实党的十三届三中全会精神不可缺少的重大措施。近几年来我们认真贯彻了党中央“一手抓建设和改革，一手抓法制”的战略思想，各级政府和各部门在人民代表大会监督下，广泛开展普法教育取得一定成绩。但是当前在有些地方、部门和单位有法不依、执法不严、违法不究的现象仍时有发生，妨碍了改革开放和经济建设所必须的良好经济环境和社会主义商品经济新秩序的开创和建立，有损党和政府的声誉和权威。通过这次执法大检查，要进一步提高广大干部群众的法律意识和法制观念，提高执法人员的素质，认真查处违法案件，切实解决好有法不依、执法不严、违法不究，扰乱正常的社会经济秩序的问题。做到依法治理经济环境，依法整顿经济秩序，依法治理各项事业，保证党的十三届三中全会精神深入贯彻，促进改革和经济建设的顺利进行。

二、检查的内容和重点

这次检查的范围，主要是普法规定的以宪法

为核心内容的“十法一条例”，即宪法、民族区域自治法、刑法、民法通则、刑事诉讼法、民事诉讼法、婚姻法、经济合同法、继承法、兵役法和社会治安管理处罚条例的学习执行情况。各系统、各行业、各单位还要根据自己的实际情况，侧重检查与自身工作密切相关的法律、法规的执行情况。

检查的对象，重点是各级执法部门和领导干部的执法情况。

三、检查的方法和步骤

这次检查采取自查与抽查相结合的方法，边检查边改进。

要搞好“四个结合”：一是要把执法大检查同贯彻党的十三届三中全会精神有机结合起来，以全会精神指导大检查，以执法大检查促进全会精神的全面落实。二是要把层层抓与系统抓紧密结合起来，既在各级党委的统一领导下，层层抓落实，各系统、各行业主管部门又要根据各自的业务特点，提出具体的意见和要求，做到上下结合条块结合，使检查搞得深入扎实。三是要把执法大检查和加强法制建设结合起来，把检查的过程作为深入进行法制宣传、推动普法教育、提高行政执法队伍素质、增强干部群众法制观念的过程。四是要把执法大检查同抓好当前各项工作紧密结合起来，以执法大检查促进改革开放，促进安定团结，促进各项工作，以改革开放、安定团结和各项工作的实绩检验执法大检查的成果。

检查步骤：大体分四步进行

第一步，动员学习阶段。各级政府、县直各单位，各级领导要认真组织传达省人大常委会关于在全省进行执法大检查的决定精神，讲清这次检查的目的、意义和方法步骤。在做好动员的基础上各单位都要认真组织干部群众学习“十法一条例”和与本单位密切相关的法律法规，掌握法律知识，增强法律意识，提高执法的自觉性。

第二步，自检查阶段。在动员学习的基础上，要有组织、有领导的对照法律法规，检查本单位、本部门、本系统、本行业执法情况，找出问题、研究改进措施并付诸实施。

第三步，抽查阶段。抽查方法，采取上一级抽查下一级，层层组织抽查的做法。对抽查中发现的问题，提出改进意见和要求，并督促落实。

第四步，总结阶段。在搞好自查抽查的基础上，以部门为单位，自上而下得搞好执法大检查总结，并逐级向上级写出有情况、有分析的总结报告。

时间安排：从现在起至12月下旬组织学习进行自查，从12月下旬开始进行抽查，县里下年1月组织力量，对各乡（镇）、县直单位执法情况进行抽查。二月十日前，各乡（镇）、县直各部门要向县委、人大、政府写出执法大检查总结报告。2月底以前县要向上级写出总结报告。

四、切实加强执法大检查的领导

这次执法大检查，要在各级党委的统一领导下，由人大和政府共同组织，为切实加强领导，县委研究决定，建立执法大检查领导小组，由县委、县人大常委、县政府、政法委、法院、检察院、公安局、司法局等单位的领导组成。下设执法大检查办公室，县直各单位和各乡镇也要组织相应的执法大检查领导机构。

这次检查任务重，要求各级领导务必高度重视，切实加强领导精心组织、妥善安排，务求抓紧抓好。要及时了解动态，掌握情况总结推广经验，对发现问题要认真加以解决，对严重违宪违法案件要依法严肃处理，绝不姑息养奸，要防止流于形式，避免走过场，使大检查卓有成效，圆满成功。

茌平县人大常委会
关于进一步发展茌平农村经济的决议

（1988年9月29日第十一届人大常委会第十次会议通过）

茌平县第十一届人大常委会第十次会议，听取并审议了茌平县人民政府副县长徐宝琪所作的关于茌平县工农业生产活动情况和根据地区三干会议精神，进一步发展茌平农村经济计划、措施的汇报。会议认为，在几年来的农村经济发展中，县委、县政府带领全县人民，坚持党的改革开放的方针，自力更生、艰苦奋斗，做了大量工作，取得了显著成绩，积累了丰富的经验，认为县政府提出的各项计划、措施，是切合本县实际、可行的。为全面振兴茌平农村经济，特作如下决议：

一、要继续深入贯彻落实地区7月三干会议和县委八月经济工作会议精神。地委提出的“确保粮棉稳定增长，大力发展多种经营，重点突破乡村企业”、发展农村商品经济的指导原则，是实事求是，发挥当地优势，切合本县实际的。根据上述原则精神，政府在召开的全县经济工作会议上，提出了全县经济工作的安排意见，进一步明确了主攻方向和发展路子。因此，要求各级政府和全县人民，一定要把思想认识统一到地、县会议精神上来，树立新的商品意识，进一步解放思想、更新观念、振奋精神，做好工作，为提前实现全县经济第二个翻番做出新贡献。

二、要下大力把农村经济发展推向新阶段。按照地、县经济会议精神，农村经济“三大块”的发展，要本着“千家万户搞种养、少数能人办工厂”的原则，根据自己的实际情况，农业生产要坚持实行种植改革，如抓棉麦大垄套、小垄套等。当前为搞好种植改革，在秋种期间，县政府组成250人的农村工作队，深入农村具体帮助的措施是非常得力的。在多种经营生产上，一要更新观念，增强商品意识，狠抓规模经营，提倡专业大户和专业村，改变小生产经营。二要体现一个“多”字，广泛发动，充分发挥每个人、每个户的特长，思路要广，路子要宽，要放开手脚，根据市场搞调整、搞种养。三要推广冯屯镇小徐庄、王老乡小杨屯发展多种经营的经验，特别是提供产前、产中和产后优质服务的经验。在乡村企业生产上，要一手抓管理，一手抓发展，以管理带发展，以发展促管理，切实把管理工作作为关系到企业兴衰的大事来抓。办企业、抓管理，最要紧的是把那些有好心、有本事的能人选拔到乡村企业的领导岗位上来。实践证明，一个人能救活一个厂、一个村，带动一大片，这样发展下去，乡村企业就会一批一批的实现突破。

三、当前在农村，一是要切实抓好秋种，特别注意大垄套和棉花收购工作。二是大垄套种和油菜种植是农业生产上的一项种植改革，它不仅能充分利用地力、人力和时、光，而且也是变春播棉田一年一收为一年两收，以价值为依据，稳定棉农情绪，保棉田面积的一项好措施，各级政府和全县人民，要充分认识其重要意义，克服不习惯、怕麻烦等老思想，积极响应政府的号召，保证完成好分配给自己的种植任务。

棉花收购工作是关系到千家万户、面大量广、政策性很强的工作，加之1988年棉花供求舆论偏紧，价格说法纷云等，这就对全年的棉花收购工作，提出了新的要求。因此，做好1988年的棉花收购工作，要广泛深入地进行宣传教育，认真贯彻执行国务院有关指示和要求，收购由供销社统一经营，关闭棉花市场，严防抢购；要严格履行棉花订购合同，认真执行好“三挂钩”政策，打击不法分子的破坏活动，严防哄抬价格和扰乱收购秩序等现象的发生。各厂（站）收购单位，努力做好优质服务，价格公道，方便群众。各级政府要加强对棉花收购工作的领导，做好群众的教育发动组织工作和安全秩序等方面的工作，以确保棉花收购工作的顺利进行。

四、加强领导、强化服务。当前茌平县政治、经济形势很好，我们一定要珍惜、爱护这一大好形势。努力发展大好形势，要认真贯彻最近召开的三中全会精神，要求全县各级各部门，树立全局观念，顾全大局，相互协调，相互配合，相互支持，搞好商品经济大合唱。要进一步更新观念，解放思想，振奋革命精神，树立干一番大事业的雄心壮志。要为政清廉，强化服务，增强团结，消除内耗，齐心协力干好工作，带领全县人民向发展农村商品经济大进军，为进一步发展我县的大好形势再立新功而努力奋斗。

茌平县人大常委会
关于召开茌平县第十一届人民代表大会
第三次会议的决定

（1989年3月27日县第十一届人大常委会
第十三次会议通过）

茌平县人大常委会1989年3月27日第十三次会议决定，于1989年4月2日召开茌平县第十一届人民代表大会第三次会议。

茌平县人大常委会
公 告

茌平县王老乡于1989年4月15日召开第三届人民代表大会第四次会议，选举王育义为王老乡人民政府副乡长。特此公告。

茌平县人大常委会关于大力推广
小杨屯种植模式走开胡屯乡间作套种路子的决议

(1989年8月16日县十一届人大常委会
第十六次会议通过)

茌平县第十一届人大常委会第十六次会议，认真学习了省委书记姜春云等领导到茌平县视察小杨屯村和胡屯乡时的重要讲话，听取并审议了政府副县长王传斌所作的关于上半年农业生产情况和下半年农业生产安排特别是种植改革，学小杨屯和胡屯经验的汇报。会议认为，县政府带领全县人民认真贯彻落实党的十三大和十三届三中、四中全会精神，坚持"一个中心、两个基本点"，立场坚定，和党中央保持高度一致。认真贯彻治理整顿深化改革的方针，艰苦奋斗，努力工作，使全县政治安定，经济振兴，形势很好。上半年农业生产取得了可喜成绩，小麦获得大面积丰收，单产和总产均创历史最高水平。广大群众丰收不忘国家，一季夏粮完成了全年的粮食定购任务，支援四化建设。其他各业也都成绩显著，得到了不同程度的增长和发展。县政府对下半年农业生产和种植改革的安排意见也是切实可行的。一致认为，省委书记姜春云、省人大常委主任李振等领导到茌平县视察时的重要讲话，给全县进一步落实四中全会精神，深化农村改革，挖掘农业潜力，由当前的温饱型尽快过渡到富裕型明确了方向和路子。为在全县大力推广小杨屯种植模式，走开胡屯乡间作套种的路子，提高复种指数，增加单位面积效益，振兴农村经济，会议特作如下决议：

一、全县各乡（镇）、村都要像小杨屯那样，坚持社会主义方向，科技开发，种植致富。他们充分利用空间和光、热、水、气资源，对农作物实行立体种植。根据农作物的秸秆高低差、根系深浅差、生长时间差、需肥营养差、光温需求差，对农作物进行多类型、多品种、多形式的间作、混作、轮作，以空间争时间，提高复种指数，以时间争空间，挖掘农业潜力。他们还把马克思主义的唯物辩证法运用到种植业上，就是"少数面积狠抓钱，多数面积搞粮棉，粮棉里面再加钱，一收改多收，春棉改夏棉，少数面积抓的钱，投入粮和棉，粮、棉、瓜、菜都增产，农、林、牧、商都发展，向社会主义多贡献粮和棉。这就叫作种植业的良性大循环"。1986年至1988年，小杨屯村人均收入三年迈了三大步，每年增加500元，1988年达到2500元，预计1989年可达到3000元。小杨屯富起来，不仅能向国家多贡献粮和棉，更可贵的是他们的实践经验打破了近几年来束缚农业发展的桎梏，回答了两个非常重要的问题：一是农业的潜力还大、大、大，二是靠种植业致富能、能、能。那些农业到顶及无所作为的思想都是不对的。书记姜春云视察小杨屯时高度赞扬它不仅是平原农业开发的一个模式，对全省乃至全国农业开发也有典型意义。因此，本县要大力推广小杨屯模式，突破农业徘徊，制止棉花滑坡，使农业跨上第二个阶梯，达到人均收入800元到1000元，实现农村第二步曲的富裕型。

二、学习小杨屯领导班子，大力加强社会

化服务的经验。姜春云指出，农村贯彻四中全会精神，要十分重视加强党的基层组织建设，特别是要建设一个好的党支部。小杨屯村两个文明建设所以能走在全省农村的前列，关键在于有一个好的党支部。实行农业生产责任制以后，他们针对农村某些基层干部较普遍存在并且严重影响农民社会主义生产积极性的“办事不公，服务稀松，账目不清”等问题，制定了肥、药、油、膜、种、疫、水、销、引、购等十字服务方针，努力做到了“办事合理，服务到底，账目公布集体”，极大地调动了群众发展生产的积极性。1988年全村3万元的土地承包费，一个早晨全部交齐，41500公斤的粮食征购任务一上午就超额完成，获得全乡第一名的特等奖。

他们还特别注意解决一家一户解决不了的问题。水是农业的命脉，像浇水这类一家一户解决不了的问题，他们实行两条腿走路，以井保丰，以黄补源，发动群众，自力更生，打机井，修桥涵，挖沟渠，引黄达到，地到哪里水到哪里，井灌可5～7天普浇一遍。切实保证了科技开发立体种植的推行，大旱之年粮棉大丰收。

三、要认真学习张国忠精神推广小杨屯经验。小杨屯村所以能创造出平原农业开发模式的奇迹，关键在于有一个好的带头人，省人大代表、县人大常委委员、村支部书记张国忠，始终以共产党员的标准严格要求自己，任支部书记40年，一心为群众谋利益，自己甘愿吃亏，多次放弃了转干、提升的机会，带领全村群众“拔穷根，栽富根”，保持了一个共产党员廉洁奉公、全心全意为人民服务的本色，一心扑到创社会主义大业上，在他的带领下，全村呈现出经济发展、政治稳定的新气象。用他自己的话讲，就是“一人不变，全村不乱”“管住自己，众人好管”。全县各级干部和广大群众，都要学习张国忠同志，以张国忠的全心全意为人民服务精神、一心为公的共产主义精神和吃苦在前的无私奉献精神，学习推广小杨屯经验，管住自己，管好本单位，艰苦创业，积极工作，为富民兴茌做出应有的贡献。

四、要坚定不移地走开胡屯乡间作套种的路子。胡屯乡的基本做法是，由一年一种一收改革为一年三种三收，即粮棉油间作套种。大垅套小麦，单产可达300公斤，套棉单产皮棉仍在75公斤左右，麦行套的油菜，亩产在50公斤以上，这样棉麦油间作三收，亩产值一般可达900元左右，大大提高了土地产出效益。省委书记姜春云到茌平视察时，对胡屯乡实行种植制度变革、粮棉油间作套种、一年三熟的路子做了充分肯定。并强调提出，加快经济发展，要因地制宜选择路子，优化产业结构。当前，要很挖农业潜力，走立体种植的路子，全面提高土地产出效益，向国家多贡献粮棉油。由此，各乡（镇）政府和全县人民要坚决走开胡屯乡的路子，坚定不移地实行种植制度改革，遏制当前的棉花滑坡，突破徘徊，确保全县农业持续稳定的发展。

五、各级政府要以党的十三届四中全会精神为指针，切实加强对推广小杨屯种植模式走开胡屯乡间作套种路子的领导。要真正把这项工作当作实行农村经济新突破的重大改革和战略性措施来抓。采用报告会、交流会、参观学习、广播宣传等多种形式，大造舆论，在全县形成推广小杨屯模式，走胡屯乡路子的大气候。从1989年秋种开始，要层层制定规划，逐级明确任务，尽快把计划落实到村、到户，下决心把这项工作抓紧抓好。

各级干部要有新思想、新起点、新作为，工作达到新水平，为党和人民做出新贡献。

会议号召各级人大代表，要积极做好广大群众的宣传发动工作，向省人大代表张国忠学习，在种植改革和各项工作中充分发挥人民代表的模范带头作用。

茌平县人大常委会
关于县、乡人民代表大会进行换届选举的决定

（1989年11月24日县第十一届人大常委会第十八次会议通过）

按照宪法和选举法的规定，县、乡人民代表大

会每届任期三年。1987年直接选举产生的县、乡两级人民代表大会将于1990年届满。搞好这次换届选举对于贯彻党的十三届四中、五中全会精神，推进我国的社会主义民主与法制建设，完善人民代表大会制度，促进改革开放和治理整顿的法具有重大的意义。为切实做好这项工作特作如下决定：

一、县、乡人民代表大会换届选举工作要在今冬明春进行，包括换届后召开第一次人民代表大会等各项工作均在1990年4月中旬完成。

二、县、乡（镇）都要设立选举委员会主持本级人民代表大会的选举工作，并设立选举委员会办公室，办理选举的具体事务。县选举委员会在主持本级选举工作的同时要加强对乡（镇）选举委员会的领导，以保证县、乡人民代表大会换届选举工作的顺利进行。

三、推荐和酝酿代表候选人要出于公心，顾全大局，坚持标准，推荐那些拥护党的十三届四中、五中全会精神，坚持四项基本原则，坚持改革开放，有较强的参政议政能力，热心为人民服务，有较广泛代表性的人为代表候选人，努力提高人民代表的素质，以更好地代表人民意志，履行代表职责。选出能坚持四项基本原则、坚持改革开放、德才兼备、廉洁奉公、全心全意为人民服务的县、乡两级政权领导班子，加强政权建设，改革开放和治理整顿的开展。

四、各级人大、政府和各部门要把换届选举工作列入重要议事日程，当成这一阶段的重要工作来抓。统筹兼顾，全面安排，保证选举和其他各项工作的圆满完成。

五、本次换届选举中，要充分发扬民主，严格依法办事。《宪法》《组织法》和《选举法》都明确规定了人民代表大会的职权及选举工作的原则、步骤和方法，各级干部特别是各级领导干部要带头维护法律的尊严，最大限度地调动选民和代表参政议政的积极性。总结、汲取以往选举中的好经验，切实做到有法必依、执法必严、违法必究，杜绝违宪违法现象，保证人民当家做主民主权利的实现。

茌平县人大常委会
关于任命茌平县选举委员会组成人员的决定

（1989年11月24日县第十一届人大常委会第十八次会议通过）

茌平县第十一届人民代表大会常务委员会第十八次会议决定，任命：

商孝俊为茌平县选举委员会主任。

汪培杰、贾法俊为茌平县选举委员会副主任。

常修歧、刘伟、杜长之、白观荣、李文政、祁传月、李玉祥、李瑞芬、张兰平、陈广英、白咸明、韩玉明、魏雷为茌平县选举委员会委员。

白观荣为茌平县选举委员会办公室主任。

李文政、祁传月、潘思东、徐长寅为副主任。

茌平县人大常委会
关于任命各乡镇选举委员会主任、副主任的决定

（1989年11月24日县第十一届人大常委会第十八次会议通过）

根据《选举法》第一章第七条关于乡（镇）设立选举委员会主持本级人民代表大会代表的选举并受县选举委员会领导的规定，为搞好乡（镇）人民代表大会的换届选举工作，茌平县第十一届人大常委会第十八次会议决定任命：

成作舟为茌平镇选举委员会主任，杨超国为副主任；

刘兴远为赵屯乡选举委员会主任，陶维生、朱明仁为副主任；

杨立国为丁块乡选举委员会主任，陶永庆、董曰夏为副主任；

王金玉为广平乡选举委员会主任，刘振生、马怀峰为副主任；

林家生为韩集乡选举委员会主任，徐庆江、尉士宽为副主任；

王建新为乐平镇选举委员会主任，岳增福、李洪荣为副主任；

何好智为郝集乡选举委员会主任，娄子刚、赫曰祥为副主任；

薛传玉为杜口乡选举委员会主任，白乐华、王传政为副主任；

杜德旺为孙桥乡选举委员会主任，范留泉、王希廷为副主任；

陈学忠为王老乡选举委员会主任，刘玉瑞为副主任；

陈家明为冯屯镇选举委员会主任，初吉山为副主任；

包木昌为胡屯乡选举委员会主任，史仰山为副主任；

张习甲为韩屯乡选举委员会主任，王保同为副主任；

姜桂章为张营乡选举委员会主任，姜曰民、尹廷泉为副主任；

侯尚明为肖庄乡选举委员会主任，窦风利、高化昌为副主任；

周子顺为菜屯镇选举委员会主任，张恒良、赵长佣为副主任；

王兴文为贾寨乡选举委员会主任，梁温江为副主任；

桑士彦为洪屯乡选举委员会主任，丁庆泽为副主任；

田文举为杨屯乡选举委员会主任，桑聊生、耿连修为副主任；

李平邦为大桑乡选举委员会主任，刘桂才、谢家荣为副主任；

徐风彩为博平镇选举委员会主任，赵玉峰、贾美岭为副主任；

宋天喜为温陈乡选举委员会主任，张聚铎、郭兆月为副主任。

各乡（镇）选举委员会办公室主任由人大常务主席或人大办公室主任兼任，选举委员会委员及办公室工作人员各乡（镇）自定。

茌平县人大常委会
关于召开茌平县第十二届人民代表大会
第一次会议的决定

（1990年3月20日县第十一届人大常委会
第二十一次会议通过）

茌平县十一届人大常委会1990年3月20日第二十一次会议，按照《地方组织法》的规定和全国人大常委会的决定，决定于1990年4月1日召开茌平县第十二届人民代表大会第一次会议。

第十二届人大常委会决议、决定

茌平县第十二届人大常委会自1990年4月至1993年3月，共举行会议18次，作出决议、决定19项。部分决议、决定原文如下：

茌平县人民代表大会常务委员会
公　告

茌平县各乡（镇）第四届人民代表大会第一次会议选出了乡（镇）人民政府领导班子成员，现将选举结果公布如下：

罗聚庭为茌平镇人民政府镇长；

高恒民、杨光忠、吴长春为茌平镇人民政府副镇长；

陈加明为冯屯镇人民政府镇长；

于国安、孙协太、徐子兴为冯屯镇人民政府副镇长；

王效泉为乐平铺镇人民政府镇长；

贾乾业、窦玉成、吴怀栋为乐平铺镇人民政府副镇长；

赵玉峰为博平镇人民政府镇长；

曹连义、高存杰、王金川为博平镇人民政府副镇长；

张恒良为菜屯镇人民政府镇长；

崔风林、商先桥为菜屯镇人民政府副镇长；

谢家荣为贾寨乡人民政府镇长；

成永元、王富泉、崔成河为贾寨乡人民政府副乡长；

冯海亭为郝集乡人民政府乡长；

迟广西、李风春为郝集乡人民政府副乡长；

胡志峰为洪屯乡人民政府乡长；

丁桂香、任圣明、许占芳为洪屯乡人民政府副乡长；

陈学忠为王老乡人民政府乡长；

靳桂英、张永杭、王育义为王老乡人民政府副乡长；

杨立国为丁块乡人民政府乡长；

张立祥、张凤华、张怀平为丁块乡人民政府副乡长；

姜桂章为张营乡人民政府乡长；

耿保奎、高建岭、李江荣为张营乡人民政府副乡长；

张习甲为韩屯乡人民政府乡长；

卢玉良、张明玉为韩屯乡人民政府副乡长；

刘兴远为赵官屯乡人民政府乡长；

张会祥、郝尚贵为赵官屯乡人民政府副乡长；

王兴文为温陈乡人民政府乡长；

何其平、张培华、王启林为温陈乡人民政府副乡长；

徐庆江为韩集乡人民政府乡长；

陶长申、王厚琪、李泽旺为韩集乡人民政府副乡长；

李平邦为大桑乡人民政府乡长；

李登高、翟长更为大桑乡人民政府副乡长；

田文举为杜郎口乡人民政府乡长；

王振文、田维江为杜郎口乡人民政府副乡长；

邹庆荣为胡屯乡人民政府乡长；

薛守勤、李玉海、刘祥清为胡屯乡人民政府副乡长；

商善岗为杨屯乡人民政府乡长；

孙金群、程曰才为杨屯乡人民政府副乡长；

侯尚明为肖庄乡人民政府乡长；

潘付存、袁连成、冯汝星为肖庄乡人民政府副乡长；

王春岭为孙桥乡人民政府乡长；

刘承龙、吴允增为孙桥乡人民政府副乡长。

茌平县人民代表大会常务委员会
公　告

茌平县广平乡第四届人民代表大会第一次会议选出了乡人民政府领导班子成员，现将结果公布如下：

姜学礼为广平乡人民政府乡长；

殷吉礼、张兴福为广平乡人民政府副乡长。

茌平县人民代表大会常务委员会
公　告

根据《地方组织法》的规定和县长董金刚的提名，茌平县第十二届人大常委会第二次会议决定任命了政府组成人员，现公告如下：

刘晓涵为县计划委员会主任；

王其义为县经济委员会主任；

李洪录为县科学技术委员会主任；

李长顺为县计划生育委员会主任；

张长仁为县城乡基础建设委员会主任；

翟洪昌为县体育运动委员会主任；

殷德荣为县经济体制改革委员会主任；

李庚申为县人事局局长；

张久芳为县劳动局局长；

薛成喜为县物价局局长；

金庆岱为县多种经营乡镇企业局局长；

杨瑞华为县财政局局长；

张怀成为县工商行政管理局局长；

宋兴贵为县税务局局长；

范福泉为县公安局局长；

岳承祥为县司法局局长；

韩玉明为县民政局局长；

张学彦为县审计局局长；

马洪林为县监察局局长；

崔维迎为县商业局局长；
袁庆宗为县粮食局局长；
张久德为县农牧渔业局局长；
孙克昌为县林业局局长；
杨光录为县水利局局长；
梁久勤为县教育局局长；
于凤兴为县文化局局长；
窦曰让为县卫生局局长；
朱运强为县土地管理局局长；
陈民生为县交通局局长；
刘风来为县信访局局长；
张作江为县农业机械局局长；
张福来为县环境保护局局长；
谢秀媛为县档案局局长；
韩振南为县广播电视局局长。

茌平县人大常委会
关于召开县第十二届人民代表大会
第二次会议的决定

(1991年3月23日县第十二届人大常委会第五次会议通过)

根据《地方组织法》的有关规定，县第十二届人大常委会第五次会议决定：县第十二届人民代表大会第二次会议于1991年4月3日举行。

茌平县人大常委会
关于贯彻落实《全国人大常委会关于加强社会治安综合治理的决定》的决议

(1991年3月23日县第十二届人大常委会第五次会议通过)

县人大常委会第五次会议，认真学习了《全国人大常委会关于加强社会治安综合治理的决定》，一致认为，社会治安综合治理是一项艰巨复杂的系统工程，是全国人民十分关注的一件大事，它直接关系着国家的长治久安，关系着我国社会主义现代化建设第二步战略目标的顺利实现，为了深入贯彻落实中共中央〔1991〕7号文件精神和全国人大常委会的决定，特作如下决议：

一、认真学习，广泛宣传，把《决定》落到实处。

全国人大常委会的决定，规定了社会治安综合治理工作的任务、要求和基本原则，是社会治安综合治理的重要法律依据，标志着社会治安综合治理工作向法律化、制度化迈出了极其重要的一步。搞好社会治安综合治理，是坚持人民民主专政的一项重要工作，必须认真学习，广泛宣传，在全县范围内全民动员、全社会参与、各部门齐抓共管，运用政治、法律、经济、文化、教育等多种手段，坚持不解地抓好社会治安综合治理，实现全县政治稳定、社会稳定，促进经济的稳定发展。

二、全县必须坚持打击和防范并举，标本兼治，重在治本的方针。

全力支持政法部门深入开展严厉打击各种违法犯罪分子，并采取各种措施，充分发挥各级群防群治组织的作用。进一步依法制定完善乡规民约、村规民约、厂规、校规等自治性约法，并经常教育群众自觉维护好社会秩序。各级政府、社会团体、企事业单位、全体公民，特别是领导干部，在全面实施“二五”普法规划中，要以宪法为核心，以专业性法规为重点，进一步把学法用法引向深入，人人学会运用法律武器同各种违法犯罪行为作斗争，把综合治理的各项工作纳入法制轨道。

三、各单位必须建立社会治安综合治理目标责任制，落实奖惩制度。

县、乡（镇）政府、工厂、企业、村委，要把这项工作纳入两个文明建设的总体规划，坚持实行谁主管谁负责的原则，严格考核，确保落实。要把治安责任同经济责任、领导任期责任结合起来，同责任人的政治荣誉、政绩考核、职级普升等经济利益结合起来，实行一票否决权制。对于积极参与社会治安综合治理工作成绩显著的单位和个人，以及同违法犯罪分子勇于斗争的有功人员，给予表彰奖励。

四、加强领导，真抓实管

各级政府要把社会治安综合治理列入重要议事日程，做到主要领导亲自抓，分管领导靠上抓，定期研究，总揽全局。对社会治安综合治理所需的财力、物力，千方百计予以保证。县人大常委会及乡镇人大主席团要加强监督检查，经常听取“一府两院”的汇报，组织代表视察，倾听代表和人民群众的建议、批评和意见。监督、支持、协助政府抓好这项工作，创造一个良好的社会环境，确保国民经济第二步战略目标的顺利实施。

茌平县人大常委会
公　告

根据县委推荐副乡（镇）长候选人，全县20个乡（镇），分别召开了人民代表大会进行补选，现将选举结果公告如下：

赵兴成为贾寨乡人民政府副乡长；

张丙顺、王继武为郝集乡人民政府副乡长；

刘华为洪屯乡人民政府副乡长；

孟繁运为王老乡人民政府副乡长；

张玉平为丁块乡人民政府副乡长；

王志杰、商华为冯屯镇人民政府副镇长；

杨广成为韩屯乡人民政府副乡长；

马宪民为赵屯乡人民政府副乡长；

徐莹为温陈乡人民政府副乡长；

王其波为大桑乡人民政府副乡长；

李广严为广平乡人民政府副乡长；

耿朝臣、尹海波为杜郎口乡人民政府副乡长；

朱学东、贾建国为乐平镇人民政府副镇长；

陈守信、赵春庆为博平镇人民政府副镇长；

董廷路、王乐思为胡屯乡人民政府副乡长；

刘本文为菜屯镇人民政府副镇长；

崔正东为孙桥乡人民政府副乡长；

陈荣昌为肖庄乡人民政府副乡长；

席以荣为韩集乡人民政府副乡长；

王吉星为杨屯乡人民政府副乡长。

茌平县人大常委会
公　告

根据县委推荐乡（镇）长候选人，全县10个乡（镇）分别召开人民代表大会。现将选举结果公告如下：

田文举为韩集乡人民政府乡长；

潘思东为张营乡人民政府乡长；

姜桂章为杜郎口乡人民政府乡长；

孙乐生为韩屯乡人民政府乡长；

赵富安为茌平镇人民政府镇长；

张习甲为胡屯乡人民政府乡长；

曹培成为肖庄乡人民政府乡长；

谢宝臣为贾寨乡人民政府乡长；

陶维生为赵屯乡人民政府乡长；

李林军为洪屯乡人民政府乡长。

茌平县人大常委会
关于深入贯彻《山东省计划生育条例》的决议

(1991年6月6日县第十二届人大常委会
第六次会议通过)

茌平县第十二届人大常委会第六次会议，听取审议了县政府副县长王林华所作的《关于计划生育工作情况的汇报》。会议认为，《山东省计划生育条例》颁布以来，茌平县计划生育工作取得了一定成绩，尤其是通过近期计划生育宣传发动和突击月活动，解决了一大部分遗留问题，成效十分显著，1991年的人口计划可望得到实现。但我县人口形势依然十分严峻，如不继续采取断然措施，任其发展下去，到本世纪末实现第二步战略目标，使全县人民的生活达到小康水平，只能成为一句空话。“八五”期间正值生育高峰的峰顶，今后十年全县人口计划能否实现，对全县经济和社会发展都有举足轻重的影响。因此，控制人口增长，实行计划生育，不仅具有特别重大的意义，而且任务相当艰巨。为进一步深入贯彻

《山东省计划生育条例》，把全县的人口自然增长率控制在9.5‰以内，特作如下决议：

一、进一步提高对计划生育重要性的认识

实行计划生育是我们的基本国策。几年来，各级干部对计划生育重要性的认识逐步深化，人均意识逐渐增强。但与中央和省、地要求相比，与省计划生育条例规定相比，还有很大差距。中央领导把计划生育工作提高到关系中华民族危亡，四化大业成败的高度来认识，讲得非常深刻，非常尖锐，要求很明确，很严格。全体干部群众，尤其是领导干部，要深刻理解中央领导的指示精神，对计划生育工作这样关系全局、关系国家前途命运的大事进行再认识、再提高。各级政府、全体干部都要联系实际，认真检查一下人口膨胀的危机感树立了没有？控制人口增长的紧迫感增强了没有？人口意识和人口观念强化了没有？两种生产一起抓的方针坚持了没有？长期严格控制人口的思想确立了没有？在计划生育上的短期行为，畏难发愁，与己无关，怕得罪人等种种片面认识和错误思想克服了没有？通过对照检查，把全县上下的思想搞端正，真正形成各级重视计划生育，人人关心计划生育，各行各业支持计划生育的可喜局面。

二、进一步深入贯彻《山东省计划生育条例》，严格依法办事

省计划生育条例已公布施行近三年时间，各级政府和计划生育主管部门在宣传贯彻问题上做了一些工作，但早婚、早育现象和计划外生育仍然存在，直接影响着计划生育条例的贯彻实施。《条例》具备法律效力，任何组织和个人都必须无条件地服从《条例》规定，决不允许破坏《条例》规定的现象存在，维护《条例》的严肃性。法院、公安、司法、监察、劳动、计划生育局等部门，要围绕《条例》的贯彻实施，认真查处、审理破坏计划生育工作，严重违反《条例》规定的案件，在计划生育工作上，切实做到有法必依、执法必严、违法必究，真正把计划生育工作纳入依法治理的轨道，保证《条例》在全县的正确实施和全县人口计划的实现。

三、强化领导，完善措施，把我全县计划生育工作搞上去

《山东省计划生育条例》明确规定：各级人民政府要加强对计划生育工作的领导，把生育人口纳入国民经济和社会发展计划，坚持计划生育工作同经济建设一起抓，实行行政首长负责制和各种形式的责任制，把计划生育工作作为考核政府政绩和单位领导干部实绩的重要依据。实践证明，搞好计划生育，控制人口增长，领导是关键，各级政府及政府各部门的主要负责，都要以对党、对国家、对人民和子孙后代高度负责的态度，把计划生育工作摆到重要议事日程，常抓不懈，抓紧抓好，决不可麻痹从事，更不能弄虚作假，欺上瞒下，乱开口子。要认真履行人口目标责任，各部门齐抓共管，同心协力做好计划生育工作。要严格实行审记考核和奖惩制度，对抓的好的给予奖励；对在人口问题上认识不足，领导不力，工作不实，长期处于被动局面的，要根据《条例》规定追究单位主要领导人的责任。县人大常委会将不定期地组织委员和代表对省计划生育条例的贯彻实施情况进行视察检查。要求各级政府，振奋精神，下定决心，力戒空谈，扎实工作，为有效地控制人口增长，保证《山东省计划生育条例》的进一步贯彻实施，促进经济和社会发展而努力奋斗！

茌平县人大常委会
关于在全体公民中进行第二个五年
法制宣传教育的决议

(1991年6月6日县第十二届人大常委会
第六次会议通过)

根据中共中央、全国人大常委会、国务院有关指示、决议和规划的要求，为深入扎实地开展第二个五年普法工作，巩固法制“一五”普法成果，进一步强化全县公民的法律意识，推动社会主义民主与法制建设，促进社会稳定和经济发展，县人大常委会召开第六次会议，听取审议了

司法局局长岳承祥受县政府委托所作的《关于茌平县法制宣传教育第二个五年规划的汇报》。会议认为，县政府制定的“二五”普法规划和当前所作的各项准备工作符合中央〔1990〕20号文件精神，符合本县实际，规划可行，要认真组织贯彻实施。为卓有成效地开展“二五”普法工作，特作如下决议：

一、加强领导，狠抓落实

实施法制宣传教育的第二个五年规划是一项重大的社会系统工程，必须强化领导，抓好落实。要认真贯彻中央提出的各级党委、人大、政府统一领导和监督的指示精神，实施统一管理、分别实施、条块结合，充分调动各方面的积极性。各行业要把普法工作纳入重要议事日程，主要领导靠上抓，层层健全机构，逐级落实计划，搞好试点，培训骨干，抓好典型，总结经验，广泛开展依法治理达标活动，严格考试检查制度，切实把这项工作抓紧抓好，抓出成效。县人大常委会和乡（镇）人大主席团要把“二五”普法工作视为己任，常抓不懈，切实搞好自身学法用法，充分发挥监督职能，有计划、有针对性地组织委员和代表进行视察检查，会同党委、政府开展好一年一次的学法执法大检查，确保“二五”普法规划的顺利实施。

二、明确内容、突出重点

中央〔1990〕20号文件指出：法制宣传教育要以宪法为核心。在普法教育中我们要始终坚持以宪法为核心，以专业性法规为重点，各部门、各单位要根据形势任务的需要，有针对性地大力开展《宪法》的再学习、再教育，在广大公民中强化宪法观念，增强遵守宪法的自觉性，并根据本县实际情况和“二五”普法规划明确的内容，有重点、有针对性地继续学习宣传同政治经济、社会稳定发展密切相关的基本法律和专业性法律法规。

三、把握宣传教育的对象，增强教育效果

根据中央指示精神，实施“二五”普法规划对象是全县有接受能力的全体公民。重点对象是各级领导干部和执法机关的执法人员、宣传教育工作者、青少年，尤其是大中学校学生。各级政府对宣传教育的重点对象要舍得花本钱，拿力量，精心他们学好用好宪法和各项基本法律法规。各级各部门的领导同志要带头学法用法，严格依法办事，以实际行动促进普法教育和依法治理。

四、坚持理论联系实际，搞好学用结合

理论联系实际学用结合的原则，是普法教育的出发点和落脚点，学法的目的在于用法。要从实际出发，因人、因地、因时制宜，采取多种形式，注重学习效果，防止形式主义。要进一步坚持完善法制教育的各项制度，坚持面授为主，充分发挥各种舆论工具的作用，大力宣传，广造舆论，使“二五”普法的意义内容家喻户晓、人人明白。要把普法教育同依法行政、依法管理结合起来，同加强执法机关建设、提高执法人员素质、严肃法纪结合起来，同搞好社会治安综合治理、促进社会稳定结合起来，在全县形成全方位、多层次、多门类的依法治理格局，把政治、经济、社会生活的各个方面，民主和专政及各个环节逐步纳入法制轨道。做到有法可依、执法必严、违法必究，为国家的长治久安，为改革开放、治理整顿创造良好的法制环境。

茌平县人大常委会关于进一步贯彻实施《中华人民共和国义务教育法》的决议

(1991年8月10日县第十二届人大常委会第七次会议通过)

茌平县第十二届人大常委会第七次会议，听取审议了教育局局长梁久勤受政府委托所作的关于实施《中华人民共和国义务教育法》情况及《茌平县人民政府关于实施五年制义务教育意见》的汇报，并决定批准《茌平县人民政府关于实施五年制义务教育意见》。

会议认为，《中华人民共和国义务教育法》的颁布实施，标志着我国普及基础教育工作已经纳入了法制化轨道，它为培养建设有中国特色的社会主义人才提供了法律保障，对于发展我国的事业，提高全民族的科学文化素质，加快两个文明建设，起了极大的推动作用。目前，茌平县已具备了首先实施五年制义务教育的条件，但任务也相当艰巨。为此，要求各级政府，继续深入开展《义务教育法》的学习宣传活动，必须把实施义务教育提高到遵法、守法的高度来认识。从现在抓起，脚踏实地的工作，充分调动国家、集体、个人各方面的办学积极性，为义务教育的普及创造条件。教育主管部门要进一步加强自身建设，端正办学思想，全面落实党的教育方针，确保义务教育经费，改善管理体制，保证全县普及五年制义务教育的实施，为尽快实施九年制义务教育打好基础。

实施义务教育是全社会的任务，保证适龄儿童接受义务教育是每个公民义不容辞的职责。会议号召全县广大干部群众，特别是各级领导干部，人大代表，要继续认真学习《义务教育法》，积极宣传《义务教育法》，认真实施《义务教育法》。上下一致，同心同德，为我县义务教育的普及，做出应有的贡献。

茌平县人大常委会
公　告

根据中共山东省委推荐，王怀远递补为省七届人民代表大会代表候选人。县第十二届人大常委会，于1991年11月12日举行第九次会议，选举王怀远为省七届人民代表大会代表。

特此公告。

茌平县人大常委会关于召开县第十二届人民代表大会第三次会议的决定

(1992年3月10日县第十二届人大常委会第十一次会议通过)

茌平县第十二届人大常委会第十一次会议决定：县第十二届人民代表大会第三次会议于1992年3月31日至4月3日在县招待所举行。

建议会议议程为：

1. 听取并审议县人民政府工作报告。

2. 听取并审议县计划委员会关于茌平县1991年国民经济和社会发展计划执行情况与1992年计划（草案）的报告。

3. 听取并审议县财政局关于茌平县1991年财政决算和1992年财政预算（草案）的报告。

4. 审议通过茌平县实现小康目标的规划。

5. 听取并审议县人大常委会工作报告。

6. 听取并审议县人民法院工作报告。

7. 听取并审议县人民检察院工作报告。

8. 听取并审议县第十二届人民代表大会第二次会议以来代表提案办理情况的报告。

9. 其他事项。

茌平县人大常委会关于批准《茌平县人民政府优抚对象抚恤优待办法》的决定

(1992年8月3日县第十二届人大常委会第十三次会议通过)

1992年8月3日，县十二届人大常委会第十三次会议，认真审议了《茌平县人民政府优抚对象抚恤优待办法》，决定予以批准，颁发施行。

茌平县人大常委会关于县、乡人民代表大会进行换届选举的决定

(1992年10月13日县第十二届人大常委会第十四次会议通过)

茌平县第十二届人民代表大会和乡镇第四届人民代表大会都是1990年上半年换届的，根据《地方组织法》第五条的规定，到1993年上半年已经任期届满。搞好换届选举工作，对于贯彻党的基本路线，落实邓小平南方谈话和中央政治局全体会议精神，努力搞好社会主义经济建设和精神文明建设；对于加强社会主义民主和法制建设，进一步健全选举制度和人民代表大会制度，

促进社会主义现代化建设，都具有十分重要的意义。为切实做好这项工作，特作如下决定：

一、县、乡人民代表大会换届选举工作，要在今冬明春进行，包括换届后召开第一次人民代表大会，均在1993年3月上旬完成。

二、县、乡（镇）都要建立选举委员会，主持本级人民代表大会的选举工作，县直也要建立指导组，并设立选举办公室，办理选举具体事务；县选举委员会在主持本级选举工作的同时，加强对乡（镇）选举委员会的领导，以保证县、乡人民代表大会换届选举工作的圆满完成。

三、在代表候选人的推荐上，除注意人大代表的代表性、先进性、广泛性外，要特别强调推荐那些有一定社会活动能力和议政能力，在改革开放和经济建设中发挥骨干带头作用的优秀人物当代表候选人，努力提高人大代表的素质，以便更好地代表人民的意志，行使代表的职责。

四、各单位要把换届选举工作列入重要议事日程，当成这一阶段的重要工作来抓，加强领导，统筹兼顾，全面安排，保证选举工作的顺利进行。

五、充分发扬民主，坚持依法办事。《宪法》《地方组织法》和《选举法》都明确规定了人民代表大会的职权和选举工作的原则、步骤和方法，在换届选举中，各级干部特别是领导干部，要带头维护法律的严肃性，做到有法必依、执法必严、违法必究，杜绝违宪违法现象的发生。

茌平县人大常委会
关于任命茌平县选举委员会组成人员的通知

根据法律规定，茌平县本届人民代表大会任期到1993年4月届满，应依照法律进行换届选举。现将本县第十二届人大常委会第十四次会议通过的县选举委员会组成人员通知如下：

主　任：徐宝琪（人大主任）

副主任：孙东平（县委副书记）

马庆云（县人大副主任）

常修歧（县人大副主任）

委　员：刘　伟（组织部副部长）

张淑斌（宣传部副部长）

李瑞芬（机关党委书记）

徐福元（县委办公室副主任）

成作舟（城关镇人大主席团主席）

白观荣（县人大办公室主任）

李文政（人大代表联络科科长）

祁传月（人大法制科科长）

李庚申（县政府人事局局长）

韩玉明（县民政局局长）

杨瑞华（县财政局局长）

付士全（县政府办公室副主任）

赵锡贵（县广播局局长）

李玉祥（县统战部副部长）

赵昌忠（县工会副主席）

陈广英（县妇联副主任）

徐爱清（县团委副书记）

选举委员会办公室设在人大机关，白观荣兼办公室主任，迟连运、李福信、郭金良为副主任。

茌平县人大常委会
关于任命县直指导组正、副组长和各乡（镇）选举委员会主任、副主任的决定

(1992年10月13日县十二届人大常委会第十四次会议通过)

根据《选举法》第一章第七条关于乡（镇）设立选举委员会、主持本级人民代表大会代表的选举并受县选举委员会领导的规定，为搞好县直和乡（镇）人民代表大会的换届选举工作，茌平县第十二届人大常委会第十四次会议决定任命：

贾法俊为县直指导组组长；

刘伟、李瑞芬、桑冠森为副组长；

成作舟为茌平镇选举委员会主任，岳兆坦、胡庆康为副主任；

朱明仁为赵屯乡选举委员会主任，马春生为副主任；

陈爱荣为丁块乡选举委员会主任，石文明为

副主任；

马怀峰为广平乡选举委员会主任，吴正旭、张先厚为副主任；

陶长申为韩集乡选举委员会主任，孙兆成为副主任；

刘振生为乐平镇选举委员会主任，李洪荣、李树江为副主任；

赫曰祥为郝集乡选举委员会主任，岳增富、泮太和为副主任；

王传政为杜郎口乡选举委员会主任，白乐华、孙庆坦为副主任；

王希廷为孙桥乡选举委员会主任，于振华为副主任；

周庆江为王老乡选举委员会主任，刘玉瑞为副主任；

初吉山为冯屯镇选举委员会主任，孙怀栋、高德昌为副主任；

谢遵凯为胡屯乡选举委员会主任，刘本军为副主任；

王保同为韩屯乡选举委员会主任，薛守玉为副主任；

高广玉为张营乡选举委员会主任，刘长才为副主任；

赵长佣为菜屯镇选举委员会主任，张学峰、李爱兰为副主任；

高化昌为肖庄乡选举委员会主任，窦风利为副主任；

刘君之为贾寨乡选举委员会主任，梁温江、付孟江为副主任；

李永海为洪屯乡选举委员会主任，贾奎杰为副主任；

姜曰民为杨屯乡选举委员会主任，桑聊生为副主任；

冯树岭为大桑乡选举委员会主任，刘桂才、李士广为副主任；

贾美玲为博平镇选举委员会主任，艾华勤、董万友为副主任；

张聚铎为温陈乡选举委员会主任，郭兆月、李曰峰为副主任。

茌平县人大常委会
关于推迟选举日的决定

(1993年2月1日县第十二届人大常委会
第十七次会议通过)

茌平县第十二届人大常委会于1993年2月1日召开第十七次会议。会议根据地委、地区人大工委意见和本县实际情况，决定推迟选举日至1993年3月5日。

茌平县人大常委会
关于召开第十三届人民代表大会
第一次会议的决定

(1993年2月27日县第十二届人大常委会
第十八次会议通过)

根据《地方组织法》有关规定，茌平县第十二届人大常委会于1993年2月27日召开第十八次会议。决定茌平县第十三届人民代表大会第一次会议于1993年3月8日至3月12日在县招待所举行。

建议会议议程为：

一、听取并审议茌平县人民政府工作报告。

二、听取并审议茌平县1992年国民经济和社会发展计划执行情况及1993年国民经济和社会发展计划（草案）的报告。

三、听取并审议茌平县1992年财政预算执行情况和1993年财政预算（草案）的报告。

四、听取并审议茌平县人民代表大会常务委员会工作报告。

五、听取并审议茌平县人民法院工作报告。

六、听取并审议茌平县人民检察院工作报告。

七、选举出席山东省第八届人民代表大会代表。

八、选举茌平县第十三届人民代表大会常务委员会组成人员；选举茌平县人民政府县长、副县长；选举茌平县人民法院院长；选举茌平县人民检察院检察长。

九、其他事项。

第十三届人大常委会决议、决定

茌平县第十三届人大常委会自1993年3月至1998年1月，共举行会议40次，作出决议、决定32项。部分决议、决定原文如下：

茌平县人民代表大会常务委员会
公　告

茌平县各乡镇第五届人民代表大会第一次会议选出了乡（镇）人民政府领导班子组成人员。现将选举结果公布如下：

邢玉印为茌平镇人民政府镇长；

吴长春、张曰华为茌平镇人民政府副镇长；

贾占信为博平镇人民政府镇长；

赵春庆、陈守信、胡振同、孙培海、王军臣为博平镇人民政府副镇长；

于国安、王志杰、金同元、张长庭为冯屯镇人民政府副镇长；

李永海为菜屯镇人民政府镇长；

贾富友、丁洁卉为菜屯镇人民政府副镇长；

朱学东为乐平铺镇人民政府镇长；

吴本泉、崔洪生为乐平铺镇人民政府副镇长；

张学峰为肖庄乡人民政府乡长；

姜曰重、潘福存、冯汝星、陈荣昌为肖庄乡人民政府副乡长；

马献民为赵屯乡人民政府乡长；

郝尚贵、邹尚普、胡春江为赵屯乡人民政府副乡长；

张立祥为丁块乡人民政府乡长；

张怀平、王金川、张玉平、赵忠福为丁块乡人民政府副乡长；

周庆江为韩屯乡人民政府乡长；

杨广成、冯吉双、陈庆俊、索传亭为韩屯乡人民政府副乡长；

刘培哲、孟凡运、刘延财、刘志华、孙大兴为王老乡人民政府乡副长；

路运生为张营乡人民政府乡长；

李玉海、李江荣为张营乡人民政府副乡长；

刘桂才为大桑乡人民政府乡长；

翟长更、王其坡、梁树新为大桑乡人民政府副乡长；

迟广西为郝集乡人民政府乡长；

窦玉成、马全厚、王吉亭为郝集乡人民政府副乡长；

王兴文为温陈乡人民政府乡长；

杨殿祥、赵庆法、齐向峰、刘绪平为温陈乡人民政府副乡长；

张习甲为胡屯乡人民政府乡长；

高建岭、赵培荣、李学忠、何兰华为胡屯乡人民政府副乡长；

刘君之为贾寨乡人民政府乡长；

商先桥、李玉忠、孙书智为贾寨乡人民政府副乡长；

孙怀栋、李泽旺、于长泽为韩集乡人民政府副乡长；

桑聊生为杨屯乡人民政府乡长；

崔成河、范洪江为杨屯乡人民政府副乡长；

白若华为杜郎口乡人民政府乡长；

王吉洪、庞顺汉、王德胜、崔希海为杜郎口乡人民政府副乡长；

潘思东为广平乡人民政府乡长；

殷吉礼、张立成、张殿林为广平乡人民政府副乡长；

艾华勤、吴允增、王公华、罗玉山为孙桥乡人民政府副乡长；

张观录为洪屯乡人民政府乡长；

耿保奎、潘延喜、耿法贤、谭法胜为洪屯乡人民政府副乡长。

茌平县人民代表大会常务委员会
公　告

茌平县各乡（镇）第五届人民代表大会第一次会议，选举产生乡镇人大主席团专职常务主席，公布如下：

茌平镇人大主席团专职常务主席：成作舟
赵屯乡人大主席团专职常务主席：齐传胜
丁块乡人大主席团专职常务主席：陈爱荣
广平乡人大主席团专职常务主席：马怀峰
韩集乡人大主席团专职常务主席：陶长申
乐平镇人大主席团专职常务主席：刘振生
郝集乡人大主席团专职常务主席：张明亮
杜郎口乡人大主席团专职常务主席：张殿荣
孙桥乡人大主席团专职常务主席：刘兆俊
王老乡人大主席团专职常务主席：刘玉瑞
冯屯镇人大主席团专职常务主席：初吉山
胡屯乡人大主席团专职常务主席：范留全
韩屯乡人大主席团专职常务主席：张明玉
菜屯乡人大主席团专职常务主席：赵长佣
肖庄乡人大主席团专职常务主席：高化昌
贾寨乡人大主席团专职常务主席：付孟江
洪屯乡人大主席团专职常务主席：袁智德
杨屯乡人大主席团专职常务主席：孙金群
大桑乡人大主席团专职常务主席：冯树岭
博平镇人大主席团专职常务主席：董万友
温陈乡人大主席团专职常务主席：郭兆月
张营乡人大主席团专职常务主席：高广玉

茌平县人大常委会
关于批准茌平县人民政府《关于茌平县城市规划、建设、房屋拆迁有关规定》的决定

(1993年4月7日县第十三届人大常委会第二次会议通过)

茌平县第十三届人大常委会于1993年4月7日召开第二次会议。决定批准茌平县人民政府《关于茌平县城市规划、建设、房屋拆迁有关规定》。

茌平县人大常委会
关于听取“一府两院”拟任职人员述职报告的决定

(1993年8月25日县第十三届人大常委会第五次会议通过)

为促进干部增强法制观念，摆正主仆关系，自觉接受人民的监督，减少或避免工作中的失误，卓有成效地完成党和人民交给的各项任务，县第十三届人大常委会第五次会议根据宪法和地方组织法的有关规定及本县实际，决定在任命县人民政府、县人民法院、县人民检察院组成人员时，听取拟任职人员的述职报告或表态发言（留任的述职、新任的表态）。

述职报告的主要内容是：学习贯彻执行宪法、法律、法规和党的路线、方针、政策情况；对改革开放所持的态度及完成年度目标任务的措施与政绩情况；执行人大及其常委会决议、决定情况；办理代表议案、建议、批评和意见情况；勤政廉政建设情况。

茌平县人大常委会
关于组织全县人大代表评议“一府两院”及其职能部门工作的决定

(1993年8月25日县第十三届人大常委会第五次会议通过)

为促进茌平县社会主义民主法制建设和改革开放试点方案的顺利实施，进一步完善人大监督机制，强化监督职能，根据有关法律、法规和委员长乔石在八届全国人大一次会议上强调的“要加强监督工作，各级党组织和各级干部都要接受人民监督”的指示，县人大常委会第五次会议决定，组织全县人大代表开展评议“一府两院”及其职能部门工作的活动。

评议的指导思想和目的要求是：以党的十四大和八届全国人大一次会议精神为指针，以宪法、法

律和有关政策为依据，以评议全年工作为重点，检查督促县委、政府改革开放试点方案的落实，推动社会主义民主政治建设。通过评议，使干部群众对坚持完善人民代表大会制度的优越性有新的认识，使被评议单位干部职工思想作风有新的起色，依法行政、廉洁勤政、优质服务有新的成果，以适应改革开放和建立社会主义市场经济的需要。

该活动1993年主要对各乡（镇）政府及所属主要部门、双管单位进行评议。县直单位搞试点，1994年评议工作在县、乡两级全面进行，并形成制度，坚持开展下去。

评议的主要内容是贯彻执行国家的法律、法规和党的路线、方针、政策情况；依法行政、廉政勤政建设情况；职业道德、公仆意识、行业作风情况；服务党的中心工作及本职工作情况。

评议工作原则上于本年度12月底前完成。全面评议情况由县人大常委会党组汇总向县委报告。

茌平县人民代表大会常务委员会组成人员守则

(1993年8月25日茌平县第十三届人大常委会第五次会议通过)

第一条　为了加强常委会组织制度建设，保证常委会组成人员依法履行职责，根据宪法和法律的有关规定，结合本县人大常委会的具体情况，制定本守则。

第二条　本守则所指常委会组成人员，是指县人大常委会主任、副主任和委员。

第三条　常委会组成人员必须维护国家和人民的根本利益，坚持人民代表大会制度，致力于社会主义民主法制建设，模范地遵守宪法、法律和法规，全心全意为人民服务，自觉接受县人民代表大会代表和人民群众的监督。

第四条　常委会组成人员应努力学习建设有中国特色社会主义理论，熟悉宪法、法律和法规，掌握行使职权所必备的知识。

第五条　常委会工作人员必须切实履行职责，努力工作，其他社会活动应服从常委会工作需要。

第六条　常委会组成人员必须出席常委会会议。因病或其他特殊原因，不能出席常委会全体会议的，应通过常委会办公室向常委会主任请假。每次会议由办公室将会议出席情况印发常委会组成人员。

第七条　常委会组成人员必须遵守民主集中制的原则，严格按照法律规定办事。

第八条　常委会组成人员在常委会各种会议上的发言和表决不受法律追究。常委会组成人员在常委会的各种会议上，应当遵守议事规则和其他有关程序性的规定。

第九条　常委会会议举行前，常委会组成人员应就会议议题做好审议准备。常委会组成人员在常委会会议上的发言，应当围绕会议议题进行。

第十条　常委会组成人员必须参加对议案的表决，并服从依法表决的结果。会议主持人宣布议案交付表决后，常委会组成人员不得再次对该议案发表意见，但与表决有关的程序问题，不在此限。

第十一条　常委会组成人员要依照规定参加常委会组织的视察活动。视察时，要深入实际，了解情况，避免流于形式。在视察中，可以向被视察单位提出建议、批评和意见，但不直接处理问题。

第十二条　常委会组成人员应密切联系群众，经常进行调查研究，听取群众意见和要求，向县人大常委会反映情况。

第十三条　侧重各工作委员会的常委会组成人员，应当积极从事该工作委员会的工作，遵守该工作委员会的工作规则和制度。

第十四条　常委会组成人员应保持清正廉洁，不准牟取不正当利益，并积极参加反腐败斗争。

第十五条　常委会组成人员应严格遵守国家保密制度。凡属规定不应公开的内容，不得以任何方式传播。

第十六条　常委会组成人员严重违法本守则的，应向常委会主任会议做出检查。

第十七条　本守则自通过之日起施行。

茌平县人大常委会
关于在全县人大代表中开展“为改革开放试点县建设建功立业活动”的意见

茌平县被省委、省政府确定为改革开放试点县，这是加快经济发展，全面振兴茌平的历史性机遇。全县1636名人大代表，必须以高度的历史责任感，充分发挥参与决策、桥梁纽带和模范带头作用，努力把党的意志变为人民群众的意愿，在全面实施县委《关于加快改革开放与经济发展的试点方案》中做出贡献。为此，县人大常委会决定：在1993—1995年间，在全县各级人大代表中开展“为改革开放试点县建设建功立业活动”。这项活动，以争先创优为主要内容。即每年终在全县人大代表中推荐、评选“先进代表小组”及“优秀人大代表”。实施意见如下：

一、推荐、评选的范围

驻我县的省、县、乡（镇）三级人大代表和128个人大代表小组。

二、推荐、评选的标准和条件

（一）先进代表小组

1. 组织健全，制度落实，活动经常，效果明显。每2个月至少活动1次，每次活动需有85%以上代表参加。

2. 采取行之有效、灵活多样的方式，组织代表学习各项法律、法规和党的路线、方针、政策，提高代表素质。

3. 全组85%以上的代表联系选民。根据本行政区域人民群众贯彻落实法律、法规的情况和普遍关心的“难点”“热点”问题，通过调查、视察，及时向国家机关及其所属部门提出建议、批评和意见，被采纳并促进工作的。

(二)优秀人大代表

1. 必须是政治上坚定，认真学习贯彻邓小平建设有中国特色的社会主义理论和党的十四大精神，坚持党的基本路线，模范遵守宪法和法律，在政治上与党中央保持高度一致；必须认真贯彻执行《代表法》，积极参加代表活动，履行代表职责，接受选民监督，反映选民的意见和要求，善于提出建设性意见，帮助政府推进工作；代表所在单位的改革开放、社会治安、综合治理、计划生育工作、安全文明生产、廉政建设等工作业绩突出。

2. 凡在茌平县范围内的各级人大代表，不论隶属关系，不论代表身份，本年度受地级以上表彰奖励的（含发明成果和优秀事迹奖）。

3. 县级和县直部门领导层次的代表，分管的主要工作成绩显著，每年联系选民不少于2次，本年度受地级以上表彰奖励者。

4. 乡（镇）领导层次的代表，以该单位经济综合力的总量及人均占有量为依据（经济总收入、财政收入、农民人均纯收入、人口与计划生育目标责任完成情况综合计分），当年在全县名次居前五位者。

5. 工业企业、流通企业、乡镇企业的代表，以其在本企业改革和发展中的贡献为依据。其中。

工业企业代表的个人政绩与所在企业的投入产出比、实现税利总额及人均利税占有率在全区同行业中的位次、入库税利总额、经济技术综合指标在全省或全国同行业中的位次结合衡量。

流通企业代表所在单位实现税利较上年增长，人均占有利税率在全区同行业居前三位，上缴利税人均增长10%以上。

乡镇企业代表所在单位主要经济指标较上年有增长，实际入库利税总额在全县该系统中居前十位者。

6. 村级代表所在单位经济综合力（社会经济总收入及人均占有量、农民人均纯收入、计划生育工作综合计分）在全县居前30位者。

三、推荐考评办法及时间

在县人大常委会的领导下，对基层代表推荐的对象，由考评小组对照标准和条件考核，经县人大常委会主任会议研究初定，报县委审查后，由县人大常委会批准。评选时间：原则上安排在翌年1月份。考核的各项指标以县统计部门认可的年报为准。

四、名额与表彰

每年评选"优秀人大代表"暂定30名以内。"先进代表小组"暂定25个左右。在县人民代表大会会议上表彰。

连续三年被评为优秀代表者，由县人大常委会向县委建议给予重奖和优先提拔使用。

茌平县人大常委会
关于召开第十三届人民代表大会第二次会议的决定

(1994年3月10日县第十三届人大常委会第八次会议通过)

根据地方组织法有关规定，茌平县第十三届人大常委会于1994年3月10日召开第八次会议。决定：茌平县第十三届人民代表大会第二次会议于1994年4月1日至4月4日在县招待所举行。

建议会议议程为：

一、听取并审议茌平县人民政府工作报告。

二、听取并审议茌平县1993年国民经济和社会发展计划执行情况及1994年国民经济和社会发展计划（草案）的报告；审查和批准1993年国民经济和社会发展计划执行情况1994年国民经济和社会发展计划。

三、听取并审议茌平县1993年财政预算执行情况和1994年财政预算（草案）的报告；审查和批准1993年财政预算执行情况和1994年财政预算。

四、听取并审议茌平县人民代表大会常务委员会工作报告。

五、听取并审议茌平县人民法院工作报告。

六、听取并审议茌平县人民检察院工作报告。

七、表彰在建功立业活动中涌现出的先进代表小组、优秀人大代表。

八、其他事项。

茌平县人大常委会
关于奖励1993年度先进代表小组和优秀人大代表的决定

(1994年3月10日县第十三届人大常委会第八次会议通过)

自县十三届人大常委会下达在全县人民代表中《开展为改革开放试点县建设建功立业活动的意见》以后，全县各级代表积极响应。他们以实际行动贯彻落实人大常委会的意见，解放思想、深化改革、艰苦奋斗、开拓进取，充分发挥了人大代表参与决策、桥梁纽带和模范带头作用，促进了经济建设及各项事业的发展，对全县的改革开放和现代化建设做出了很大贡献。为了表彰在这一活动中涌现出来的先进集体和个人，使这一活动进一步广泛深入、卓有成效地开展下去，从1993年年底，在全县人大代表中进行了选模评优活动。经过逐级考察与评选，县人大常委会第八次会议决定，授予张国忠"人民代表的榜样"称号；授予成永喜等32人"优秀人民代表"称号；授予南李选区代表小组等25个小组"先进代表小组"称号，予以表彰奖励。

县人大常委会希望受奖的人大代表和代表小组，要谦虚谨慎、戒骄戒躁，保持和发扬艰苦奋斗、密切联系人民群众的精神，再接再厉，为茌平县试点县建设做出更大的贡献。

县人大常委会号召，全县各级人大代表开展向优秀代表学习的活动。学习他们积极贯彻代表大会决议，为试点县建设建功立业、争创一流的工作精神；学习他们艰苦奋斗无私奉献的精神；学习他们自觉履行代表职责，积极参政议政，密切联系群众，善于把党的意志变成群众自觉行动的精神。通过学习活动，全县各级人大代表要团结一致，为加快实现试点县目标，全面振兴茌平经济而努力奋斗！

附：1993年度受奖单位和个人名单

先进代表小组（25个）

茌平镇：五里选区代表小组

三里选区代表小组

韩集乡：大白选区代表小组

温陈乡：五里选区代表小组

杨屯乡：杨屯选区代表小组

大桑乡：大桑选区代表小组

肖庄乡：后场选区代表小组

孙桥乡：丁楼选区代表小组

王老乡：大辛选区代表小组

胡屯乡：乡直选区代表小组

菜屯镇：南海子选区代表小组

冯屯镇：镇直选区代表小组

博平镇：县人大代表小组

八里选区代表小组

郝集乡：王营选区代表小组

洪屯乡：洪屯选区代表小组

杜口乡：南李选区代表小组

韩屯乡：孙林选区代表小组

张营乡：四店选区代表小组

贾寨乡：邢胡刘选区代表小组

丁块乡：乡直选区代表小组

广平乡：双庙魏选区代表小组

赵屯乡：赵西选区代表小组

乐平镇：南吴选区代表小组

县　直：第一代表小组

优秀人大代表（33名）

张国忠　全国劳模、小杨屯村党支部书记

孔祥宏　县人大常委会委员、温陈乡党委副书记、温庄村党支部书记

成永喜　洪屯乡党委副书记、成庄村党支部书记

成作舟　县人大常委会委员、茌平镇人大主席团主席

张顺之　茌平镇红庙村党支部书记

杜心芳　地区劳模、十佳企业家、杜郎口乡副乡长、造纸厂厂长

刘培哲　王老乡副乡长

王树林　胡屯乡王久村党支部书记

王效江　广平乡麻庄村党支部书记

孔祥功　郝集英布刘村党支部书记

李士昌　韩集乡大杨村党支部书记

邓洪庆　赵屯乡邓庄村党支部书记

吴怀玺　乐平铺镇西路村党支部书记

刘光孟　韩屯乡棉布刘村党支部书记

尹茂岭　张营乡北孟村党支部书记

李连华　肖庄乡皮里村党支部书记

周忠山　冯屯镇周杨村党支部书记

薛兰英（女）　冯屯镇安庙村妇女主任

侯吉贵　菜屯镇冯庄村生产组会计

杭传旺　丁块乡步庄村村委会主任

苗恒云　贾寨乡苗庄村党支部书记

杨兆伦　博平镇计生服务站站长

刘维道　博平镇联合校辅导员

郭士会　大桑乡中学校长

胡庆余　杨屯乡胡杨村养殖专业户

翟殿山　孙桥乡翟庄选区代表小组组长

张学信　省富民兴鲁劳动奖章获得者、县委副书记、热电厂厂长

王立军（女）　全国优秀教师、县人大常委会委员、一中教师

高金道　省劳模、县人大常委会委员、造纸厂书记厂长

郑宝光　县法院院长

刘晓涵　县计划委员会

邹淑芹（女）　县纺纱厂生产科科长

张　静（女）　县实验中学优秀教师

关于组织人大代表评议乡镇职能部门和双管单位工作的安排意见

（1994年8月18日县十三届人大常委会第十一次会议通过）

根据县第十三届五次会议《关于组织全县人民代表评议“一府两院”职能部门工作的决

定》，为了进一步推动农村经济发展，促进乡镇政府及职能部门依法行政、廉洁从政，全心全意为人民服务。在总结1993年度评议工作的基础上，对1994年人大代表评议乡镇政府及职能部门工作安排如下：

一、参评代表

1.乡（镇）人大代表。

2.邀请驻本行政区内的上级人大代表，参评代表不得少于代表总数的70%。

二、评议范围

1.县直各机关驻乡（镇）的各部门。

2.乡（镇）政府职能部门（凡1993年没参加评议的都要列进去）。

3.乡（镇）正、副乡（镇）长。

三、评议的时间

9月上旬至9月底将评议阶段工作搞完。只能提前不得推延。

四、评议的内容

1.依法行政。主要包括学法、知法和执行法律、法令、政策法规及各级人大的决议、决定情况。

2.本职工作。主要包括：业务素质、指标完成、工作效率、精神文明建设。

3.廉政建设。主要包括：廉洁勤政、行业作风、艰苦创业。

4.职业道德。主要包括：服务思想、服务态度、服务质量、群众观念。

5.服务党的中心工作，在改革开放试点县建设中，服从服务党委中心工作。

五、评前准备

1.乡（镇）人大主席团评前10天向参评代表和被评部门发出通知。

2.评前乡（镇）人大主席团组织参评代表召开座谈会，走访选民，广泛征求对被评部门的意见建议，比较全面准确掌握每个被评部门的情况。

3.被评部门准备汇报材料，报乡人大主席团。

4.双管部门派出机构同时担负2个乡（镇）供应，服务的部门分别向2个乡（镇）做出工作汇报，接受2个乡（镇）评议，依据2个乡（镇）评议情况，决定评议结果。

六、评议程序

1.正、副乡（镇）长被评部门向代表汇报工作。

2.代表分组讨论。

3.代表大会发言、评议部门工作。

4.从代表中选出监票人，监督投票、计票。

5.以无记名投票方式，填写评议票。

6.公布评议结果。分信任单位、基本信任单位、不信任单位，个人宣布得分结果。

7.被评部门表态发言。

8.乡（镇）党委人大主要领导人提整改要求。

七、评后工作

1.乡（镇）人大主席团向乡镇通报评议结果。将意见建议反馈被评部门。

2.被评部门制定整改措施10天内报乡人大主席团、政府和县直主管部门。

3.乡（镇）人大主席团组织代表对被评部门整改情况跟踪调查、视察。

4.县人大常委会召集乡人大主席团主席和县直部门负责人会，通报评议情况。

八、奖罚办法

评为信任单位，由乡（镇）人大主席团授予人民代表信任单位荣誉称号，对评为不信任单位为重点整改单位，连续2年被评为不信任单位的由乡人大主席团向党委提出建议采取组织措施。

九、组织领导

在乡（镇）党委的领导下，人大主席团主办各有关部门配合，各乡（镇）人大要集中精力、集中时间、集中力量、科学安排、周密组织、加大措施、抓紧搞好、不走过场，把评议工作提高到一个新水平。评议结果于10月10日前报县人大办公室。

关于人大代表评议政府行政执法部门和“两院”工作情况通报

茌人发〔1994〕18号

县人大常委会于1994年12月15日至12月17日召开评议大会。会议在听取41个部门述职报告的基础上，参加评议的188名代表中，28位代表对41个部门的工作进行了面对面的评议。最后，154名县人大代表以无记名投票的方式对41个部门的工作进行了量化评议。县一中、人事局等得分前12名的单位被授予“人民信任单位”荣誉称号，其单位主要负责人被授予“人民优秀公仆”荣誉称号。得分后4名的县医院、外经委、工商局、石油公司被定为本年度评议工作重点整改单位。

茌平县人大常委会关于召开第十三届人民代表大会第三次会议的决定

(1995年3月10日县第十三届人大常委会第十四次会议通过)

根据地方组织法有关规定，茌平县第十三届人大常委会于1995年3月10日召开第14次会议。决定：茌平县第十三届人民代表大会第三次会议于1995年3月28日至3月31日在县招待所举行。

建议会议议程为：

一、听取和审议茌平县人民政府工作报告。

二、听取和审议茌平县1994年国民经济和社会发展计划执行情况及1995年国民经济和社会发展计划（草案）的报告；审查和批准1994年国民经济和社会发展计划执行情况和1995年国民经济和社会发展计划。

三、听取和审议茌平县1994年财政预算执行情况和1995年财政预算（草案）的报告；审查和批准1994年财政预算执行情况和1995年财政预算。

四、听取和审议茌平县人民代表大会常务委员会工作报告。

五、听取和审议茌平县人民法院工作报告。

六、听取和审议茌平县人民检察院工作报告。

七、选举事项。

八、其他事项。

茌平县人大常委会关于补选代表的决定

(1995年3月10日县十三届人大常委会第十四次会议通过)

茌平县第十三届人民代表大会共有代表300名。本届人大一次会议以来，代表因死亡及工作调动原因，现空缺5名。按照《选举法》有关规定，县十三届人大常委会第14次会议决定对缺额代表进行补选。补选名额为5名。选举日为1995年3月18日。

茌平县人大常委会关于奖励1994年度先进代表小组和优秀人大代表的决定

(1995年3月11日县第十三届人大常委会第十五次会议通过)

1994年全县1636名代表，认真贯彻党中央“抓住机遇，深化改革，扩大开放，保持稳定，加快发展”二十字方针，紧紧围绕为改革开放试点县建功立业活动，团结协作，开拓奋进，艰苦创业，拼搏奉献，取得了可喜的成就，做出了突出的贡献。县人大常委会第十五次会议决定：对在这一活动中涌现出的先进代表小组、优秀人大代表予以表彰奖励。

决定授予张国忠“人民代表的榜样”称号；授予成作舟等31人“优秀人大代表”称号；授予茌平镇城关等25个代表小组“先进代表小组”称号。

县人大常委会希望受奖的优秀人大代表和先进代表小组要谦虚谨慎、戒骄戒躁、鼓足干劲、再接再厉，在新的一年里做出更大的贡献！

县人大常委会号召，全县各级人大代表积极开展向优秀人大代表学习的活动。学习他们带头落实大会决议，为试点县建功立业，无私奉献的精神；学习他们想试点县、干试点县，奋力拼搏，建功立业，争创一流的精神；学习他们顾全大局，维护大局，服从大局的精神；学习他们解放思想，实事求是，开拓进取的精神；学习他们自觉履行代表职责，积极参政议政、密切联系群众、善于把党的意志变为群众自觉行动的精神。

通过学习活动，全县各级代表要明确任务，统一思想，顾全大局，扎实工作，沿着建设有中国特色社会主义的道路，励精图治，艰苦创业，克服困难，乘胜前进，为改革开放试点县创出新的业绩，夺取更大的胜利！

附：1994年度受奖单位和个人名单

先进代表小组和优秀人大代表

先进代表小组（25个）

茌平镇：城关选区代表小组；尚庄选区代表小组

韩集乡：大白选区代表小组

温陈乡：张楼选区代表小组

杨屯乡：大冯选区代表小组

大桑乡：孙桥选区代表小组

肖庄乡：高营选区代表小组

孙桥乡：双庙选区代表小组

王老乡：包朱选区代表小组

胡屯乡：陶桥选区代表小组

菜屯镇：冯庄选区代表小组

冯屯镇：大高选区代表小组

博平镇：二刘选区代表小组；

镇直选区代表小组

郝集乡：温坊选区代表小组

洪屯乡：朱屯选区代表小组

杜口乡：周集选区代表小组

韩屯乡：马李选区代表小组

张营乡：前伍选区代表小组

贾寨乡：耿张选区代表小组

丁块乡：贾白选区代表小组

广平乡：三高选区代表小组

赵屯乡：十里选区代表小组

乐平镇：小马选区代表小组

县　直：第六代表小组

人民代表的榜样（1名）

张国忠　全国劳模、省人大代表、小杨屯村党支部书记。

优秀人大代表（31名）

成作舟　县人大常委会委员、茌平镇人大主席团主席；

葛兆旺　茌平镇魏庄村党支部书记；

董万友　博平镇人大主席团主席；

王金良　博平镇联合校校长；

黄淑华（女）　菜屯镇南海子村小学教师；

王金利　冯屯镇王相村党支部书记；

明学峰　乐平镇北街村党支部书记；

张殿龙　杜郎口乡人大主席团主席；

赵以民　王老乡前赵村党支部书记；

刘兆俊　孙桥乡人大主席团主席；

泮太和　郝集乡人大主席团办公室主任；

陶长申　韩集乡人大主席团主席；

迟连运　县人大常委会委员、县人大代表联络工作委员会主任；

房美（女）　广平乡姜庄村文书；

谢吉余　温陈乡金李村党支部书记；

齐传圣　赵屯乡人大主席团主席；

范留泉　胡屯乡人大主席团主席；

冯爱英（女）　丁块乡计划生育服务站副站长；

孙金群　杨屯乡人大主席团主席；

谢淑华（女）　大桑乡成庄村妇女主任；

苏以明　洪屯乡郭庄村党支部书记；

侯法海　贾寨乡侯楼村党支部书记；

班维奎　肖庄乡班庄村党支部书记；

张明玉　韩屯乡人大主席团主席；

王风岐　张营乡后西村党支部书记；

李庚申　县人事局局长；

索兴举　县公安局政委；

杨瑞华　县财政局局长；

窦曰让　县卫生局局长；

宋其金　县化肥厂车间主任；

时明涛　县机械厂工人。

茌平县人民代表大会常务委员会
公　告
（第1号）

《茌平县实施〈山东省建设工程招标投标管理条例〉办法》已于1995年4月22日经茌平县第十三届人民代表大会常务委员会第六次会议审议通过，现予公布施行。

茌平县人大常委会
关于在“一府两院”及有关部门实行执法责任制的决定
(1995年5月31日县十三届人大常委会第十七次会议通过)

为适应发展社会主义市场经济的需要，促进国家行政执法机关、司法机关及其工作人员严格执法，保证宪法、法律法规的正确实施，促进茌平县改革开放、经济建设和各项事业的顺利发展，县人大常委会决定在“一府两院”执法部门中实行执法责任制。

一、实行执法责任制的国家机关和部门，是指县人民政府、县人民法院、县人民检察院以及有关的执法机关和部门。执法的主要内容是全国人大及其常委会、国务院、山东省人大及其常委会、省政府颁布实行的国家法律、行政法规和地方性法规。

二、实行执法责任制的基本要求是，国家机关和部门必须明确本机关、本部门负责实施的法律、法规；制定执法责任制实施方案；落实执法责任；制定完善各种执法制度和学法、普法计划。要把部门内部制约与外部监督机制结合起来，把执法责任制同普法教育、依法治理有机结合起来。强化领导干部和执法人员的执法意识和责任感，不断提高执法水平。在推行执法责任制的过程中，实行错案责任追究制。

三、加强对执法责任制的监督检查。县人大常委会通过例会、视察、调查、质询等形式对法律法规的执行情况进行经常性督促检查，并注意总结经验，加强指导。各执法机关和部门要定期搞好自查，及时发现并认真纠正违法行为，确保法律法规的正确贯彻实施。

四、把实行执法责任制的情况列入人大代表评议内容。年底，组织县人大代表对实行执法责任制的国家机关和部门进行评议。对在执法中做出显著成绩者，予以表彰。对执法不认真并造成严重后果者，追究责任人的责任。

茌平县人大常委会
关于实施依法治县的决议
(1995年5月31日县十三届人大常委会第十七次会议通过)

按照党中央提出的：一手抓建设和改革，一手抓法制的战略思想，为健全社会主义法制，推进民主政治建设，确保宪法和法律的正确实施，以适应社会主义市场经济体制的需要，保证促进改革开放试点县建设，全面振兴茌平的各项事业，根据《茌平县依法治县的总体规划》，为推进依法治县规划的深入实施，县人大常委会第十七次会议特作如下决议：

一、认真搞好宣传发动，提高对依法治县重要性的认识。

坚持党的基本路线，依据宪法和法律把全县政治生活、经济生活和社会生活的各个方面、民主和专政的各个环节，逐步纳入法制轨道，实现依法管理各项事业，做到有法可依、有法必依、执法必严、违法必究，是实现国家长治久安和社会稳定的根本措施；是建立和完善社会主义市场经济体系的客观要求；是使改革开放和经济建设及各项工作顺利进行的重要保证；也是惩治腐败，加强廉政建设的迫切要求。因此，各级政府、各部门、各单位要充分利用各种形式，广发宣传依法治县的重要意义，提高认识，端正态度，扎扎实实地推进依法治县工作的开展。

二、深入开展法制宣传教育，为依法治县打好坚实的思想基础、群众基础。

继续深入开展以宪法为核心，以专业法规为重点的“二五”普法的宣传教育，是依法治县的重要内容，是实现依法治县的基础。各级政府、各部门、各单位要把法制的宣传教育列入重要议程，修订计划、坚持制度、落实措施，运用多种形式、多种渠道、扎扎实实做好“二五”普法规划的落实，搞好检查验收。为“三五”普法打好基础，做好准备，进一步提高广大干部群众的法律意识，做到知法、懂法、守法、依法办事、依法行政、依法管理、依法办案，奠定依法治县的思想基础和群众基础。

三、明确任务，精心组织，抓好依法治县规划的实施。

实现依法治理，搞好依法治县，是一项长期重大的社会工程，任务艰巨。各级政府、各部门、各系统、各单位在县委领导下，根据依法治县总体规划，结合自己工作性质、职责范围，明确执法范围。分解落实依法治县任务，制定长远规划和小段实施计划，做到依法治理组织上落实，领导责任落实，学法普法内容落实，各项依法治理规章落实，检查考评奖惩制度落实。扎扎实实，环环相扣，讲求实效，持之以恒，逐步把各项事业纳入依法管理的轨道。

四、强化领导，加强检查监督，狠抓落实。

依法治县是一项涉及面广，法律性强，严密细致的工作，又是一项艰巨的经常性的重大社会系统工程，涉及到党委、人大、政府和各部门，关系到政治生活、经济生活和社会生活的各个方面。必须在县委和各级党委的领导下，齐抓共管，通力合作，各司其职，各负其责。人大常委会除抓好自身依法治理外，认真履行宪法和法律赋予的职权，会同有关部门强化对宪法和法律法规的监督，把依法治县同实行执法责任制结合起来，通过例会、调查、视察、组织代表评议等，加强对依法治理工作的领导监督和检查，促进依法治县总体规划的全面落实，为改革开放试点县建设、快速发展茌平经济创造良好的法制环境。

茌平县人大常委会
关于听取副县长述职报告的决定

(1995年8月1日县十三届人大常委会
第18次会议通过)

根据《全国人民代表大会和地方各级人民代表大会代表法》《山东省实施代表法办法》的有关规定，按照省人大常委会和地区人大工委关于全面推行人大代表评议政府行政执法部门和“两院”工作的通知精神，全县自1994年开始，组织县人大代表对政府行政执法部门和“两院”的工作进行了评议。根据上级要求和本县实际，县人大常委会决定：从1995年起，在组织代表开展评议工作时，增加听取审议县人民政府副县长（不含挂职副县长）述职报告的内容。

茌平县人大常委会
关于乡镇人民代表大会进行换届选举的决定

(1995年11月17日县十三届人大常委会
第二十次会议通过)

我县乡（镇）第五届人民代表大会是1993年上半年换届的，根据《地方组织法》第五条规定，到1996年上半年已经任期届满。依法搞好乡（镇）换届选举工作，对于坚持执行党的基本路线，落实改革、发展、稳定的方针，全面实现十四届五中全会提出的任务，搞好社会主义物质文明和精神文明建设，对于加强社会主义民主和法制建设，健全选举制度，完善人民代表大会制度，都具有十分重要的意义。为切实做好这次乡（镇）换届选举工作，特作出如下决议：

一、乡（镇）人民代表大会换届选举工作。根据省委、省人大规定和本县实际，从1995年11月10日起至1996年2月9日前开完乡镇第六届人民代表大会第一次会议。

二、健全乡（镇）换届选举机构，县建立换届选举领导小组。各乡镇要建立换届选举委员会，主持本级人民代表大会的选举工作。并设立选举办公室，办理选举的具体事项。县直部门、各管区村民委员会也要建立选举领导小组。县人大常委会要加强对乡（镇）人大换届选举工作的领导，保证换届选举工作的圆满完成。

三、要提高代表素质，搞好代表候选人的推荐。代表候选人的推荐，除注意人大代表的代表性、广泛性外，要特别注意代表的先进性，要推荐那些有一定的社会活动能力和议政能力，在改革开放、发展社会主义市场经济、带领群众脱贫致富奔小康中，发挥骨干带头作用的优秀人物当代表候选人，更好地代表人民的意志，行使管理国家事务的权力。

四、县人大常委会、各乡（镇）选举委员会，要把换届选举工作列入重要议事日程，当作今冬明春的头等大事来抓。加强领导，统筹兼顾，全面安排，多方配合，通力协作，精心组织，保证依法如期完成。

五、充分发扬民主，坚持依法办事。《宪法》《地方组织法》《选举法》都明确规定了人民代表大会的职权和选举工作的原则、方法、步骤。在换届选举工作中各级干部，特别是领导干部要带头学法、严格执法。要运用多种形式、多种渠道，广泛向选民宣传有关法律法规，在换届选举的各个环节上严把法律关，做到有法必依，执法必严，违法必究，杜绝违宪违法现象的发生，维护法律的严肃性。

关于人大代表评议政府行政执法部门和“两院”工作情况通报

茌人发〔1995〕20号

县人大常委会于1995年12月17日至12月19日在县招待所召开评议大会。会议在听取7名副县长和42个部门述职报告的基础上，参加评议的196名代表中，委托9名县人大代表对42个部门面对面的评议。最后151名代表以无记名投票的方式对42个部门的工作进行量化评议。县一中、人事局、邮电局、劳动局、财政局、法院、教委、民政局、工商行、城建委、水利局、人行、地税局、农委被授予“人民信任单位”荣誉称号，其单位主要负责人被授予“人民优秀公仆”荣誉称号。县医院、公路局、乡镇企业局被定为本年度的后三名。

茌平县人大常委会
关于召开第十三届人民代表大会
第四次会议的决定

(1996年1月24日县第十三届人大常委会第二十一次会议通过)

根据《地方组织法》有关规定，茌平县第十三届人大常委会于1996年1月24日召开第21次会议。决定：茌平县第十三届人民代表大会第四次会议于1996年3月下旬举行。

建议会议议程为：

一、听取和审议茌平县人民政府工作报告。

二、听取和审议茌平县1995年国民经济和社会发展计划执行情况及1996年国民经济和社会发展计划（草案）的报告；听取并审议县“九五”计划和2010年远景目标（草案）的报告；审查和批准茌平县国民经济和社会发展“九五”计划和2010年远景目标。

三、听取和审议茌平县1995年县级财政预算执行情况和1996年县级财政预算（草案）的报告；审查和批准1995年县级财政预算执行情况和1996年县级财政预算。

四、听取和审议茌平县人民代表大会常务委员会工作报告。

五、听取和审议茌平县人民法院工作报告。

六、听取和审议茌平县人民检察院工作报告。

七、其他事项。

茌平县人民代表大会常务委员会
公　告
（第2号）

茌平县乡（镇）人大换届选举已圆满结束。现将各乡（镇）第六届人民代表大会第一次会议选举产生的各乡镇第六届人民代表大会主席、副主席名单公布如下：

茌平镇人民代表大会主席：马春生
副主席：吴长春、吴安振
温陈乡人民代表大会主席：张会祥
副主席：刁荣山
韩集乡人民代表大会主席：桑学金
副主席：王瑞林、迟连奎
乐平铺镇人民代表大会主席：贾乾业
副主席：张永春、吴怀栋
孙桥乡人民代表大会主席：刘承荣
副主席：王克民
广平乡人民代表大会主席：张立成
赵屯乡人民代表大会主席：马思民
副主席：吴光鹏、吴允增
杜郎口乡人民代表大会主席：王延龙
副主席：杜心华、王绍安
韩屯乡人民代表大会主席：杨广成
副主席：冯吉伟
张营乡人民代表大会主席：高广玉
副主席：崔殿泉
丁块乡人民代表大会主席：陈爱荣
副主席：张怀平、张好清、李树江
杨屯乡人民代表大会主席：程曰才
副主席：王金玉、李士广
肖庄乡人民代表大会主席：潘富存
副主席：申洪运、吴希江
贾寨乡人民代表大会主席：孙书智
副主席：贾福友
郝集乡人民代表大会主席：张丙顺
副主席：李训昌
冯屯镇人民代表大会主席：孙贞庆
副主席：高德昌 、宋保祥
王老乡人民代表大会主席：张永行
副主席：闫光友、蔡启生
洪屯乡人民代表大会主席：袁智德
副主席：许占芳、潘延喜
菜屯镇人民代表大会主席：冯金英
副主席：崔风林
博平镇人民代表大会主席：姜曰民
副主席：王汝成、陈金泉
大桑乡人民代表大会主席：朱广才
副主席：谢家贵
胡屯乡人民代表大会主席：范留泉
副主席：袁绍文

茌平县人民代表大会常务委员会
公　告
（第3号）

茌平县乡（镇）人大换届选举已圆满结束。现将各乡（镇）第六届人民代表大会第一次、第二次会议选举产生的各乡（镇）人民政府乡（镇）长、副乡（镇）长名单公布如下：

张俊之为茌平镇人民政府镇长；

于延华、刘传华、袁慎云为茌平镇人民政府副镇长；

袁庆华、王兴州为茌平镇人民政府科技副镇长；

王志刚为温陈乡人民政府乡长；

李爱国、陶孟华、刘汝桥为温陈乡人民政府副乡长；

张文明为温陈乡人民政府科技副乡长；

徐长林为韩集乡人民政府乡长；

崔玉平、杨光印、季玉先为韩集乡人民政府副乡长；

张汝伦为韩集乡人民政府科技副乡长；

贾建国为乐平铺镇人民政府镇长；

张泽法、焦延光、张殿林为乐平铺镇人民政府副镇长；

毛永和、王以铎为乐平铺镇人民政府科技副镇长；

董廷路为孙桥乡人民政府乡长；

王公华、曹德河为孙桥乡人民政府副乡长；

张志华为孙桥乡人民政府科技副乡长；

李风春为广平乡人民政府乡长；

纪昌云、刁长山、杨桂英为广平乡人民政府副乡长；

张立贞、王远明为广平乡人民政府科技副乡长；

韩宪云为赵屯乡人民政府乡长；

白咸成、杨传刚、刘丽云为赵屯乡人民政府副乡长；

娄保常为赵屯乡人民政府科技副乡长；

田维江为杜郎口乡人民政府乡长；

王德胜、崔希海、潘思泉为杜郎口乡人民政府副乡长；

孙东良、张则显为杜郎口乡人民政府科技副乡长；

卢玉良为韩屯乡人民政府乡长；

陈庆俊、索传亭、张吉峰为韩屯乡人民政府副乡长；

张兆家、娄传军为韩屯乡人民政府科技副乡长；

赵希亮为张营乡人民政府乡长；

李玉海、吴保平为张营乡人民政府副乡长；

袁传录、杨保国为张营乡人民政府科技副乡长；

王乐思为丁块乡人民政府乡长；

高曰芳、王其波、崔希成为丁块乡人民政府副乡长；

王益民为丁块乡人民政府科技副乡长；

徐莹为杨屯乡人民政府乡长；

翟春杰、郭以宏为杨屯乡人民政府副乡长；

李保光为杨屯乡人民政府科技副乡长；

白立新为肖庄乡人民政府乡长；

袁文川、董秀丽为肖庄乡人民政府副乡长；

谢遵银为肖庄乡人民政府科技副乡长；

尹海波为贾寨乡人民政府乡长；

王金奎、齐春英、范兆强为贾寨乡人民政府副乡长；

傅延顺为贾寨乡人民政府科技副乡长；

王长坡为郝集乡人民政府乡长；

孙长友、迟尚民、王云珠为郝集乡人民政府副乡长；

李允秀、闫杰为郝集乡人民政府科技副乡长；

商华为冯屯镇人民政府镇长；

赵希顺、王建平、李汝慧为冯屯镇人民政府副镇长；

王振国为冯屯镇人民政府科技副镇长；

刘培哲为王老乡人民政府乡长；

胡长彬、史文忠、吴公远为王老乡人民政府副乡长；

张义梁、王博为王老乡人民政府科技副乡长；

于富敏为洪屯乡人民政府乡长；

耿发贤、李吉亮、姜秀荣为洪屯乡人民政府副乡长；

冯恒国为洪屯乡人民政府科技副乡长；

吴光军为菜屯镇人民政府镇长；

丁洁卉、侯瑞明、张传国为菜屯镇人民政府副镇长；

李汝良为菜屯镇人民政府科技副镇长；

何其平为博平镇人民政府镇长；

胡振同、王富强、吴力田为博平镇人民政府副镇长；

申云山、侯保军为博平镇人民政府科技副镇长；

齐以春为大桑乡人民政府乡长；

许占军、冯克荣为大桑乡人民政府副乡长；

付长荣、卢洪明为大桑乡人民政府科技副乡长；

高杉为胡屯乡人民政府乡长；

张汝月、孙协林、白成峰为胡屯乡人民政府副乡长；

田礼将为胡屯乡人民政府科技副乡长。

茌平县人民代表大会常务委员会

公　告

（第4号）

《茌平县土地管理暂行办法》《茌平县国有

土地使用权出让和转让暂行办法》《茌平县土地估价管理暂行办法》《茌平县关于在县城规划区内实行统一征地的暂行规定》已于1996年2月6日经茌平县第十三届人大常委会第二十二次会议原则通过。现予公布实施。

茌平县人大常委会
关于表彰奖励1995年度先进代表小组
和优秀人大代表的
决　定

(1996年3月15日县第十三届人大常委会第二十三次会议通过)

在过去的一年里，全县各级人大代表认真贯彻落实党中央“抓住机遇、深化改革、扩大开放、促进发展、保持稳定”的基本方针，紧紧围绕试点县建设，讲政治、讲纪律、讲大局，团结协作，艰苦创业，拼搏奉献，取得了可喜的成就，做出了突出的贡献。为此，县人大常委会第二十三次会议决定：对在1995年度“建功立业”活动中涌现出的先进代表小组和优秀人大代表予以表彰奖励。其中：授予张国忠“人民代表的榜样”称号；张文富等30人“优秀人大代表”称号；茌平镇三里选区等25个代表小组“先进人大代表小组”称号。

县人大常委会希望受奖的优秀人大代表和先进代表小组要谦虚谨慎，戒骄戒躁、鼓足干劲、再接再励，在新的一年里，为全县经济发展和社会进步做出新的贡献。

县人大常委会号召全县各级人大代表积极开展向优秀人大代表学习的活动。学习他们的带头落实大会决议，为试点县建功立业，无私奉献的精神；学习他们建言献策、争创一流的精神；学习他们顾全大局、维护大局、服从大局的精神；学习他们讲实话、鼓实劲、办实事、求实效的作风；学习他们自觉履行代表职责，密切联系群众，对人民高度负责的精神。

通过广泛开展学习活动，全县各级人大代表要进一步明确任务，统一思想，顾全大局，扎实工作，自觉改造世界观，始终坚持全心全意为人民服务的根本宗旨。要关心支持改革，自觉参与改革，把积极性、主动性、创造精神和聪明才智化为推进改革和发展的实际行动，为顺利实现“九五”规划和2010年远景目标，开创茌平县经济建设和各项事业的新局面而努力奋斗。

附：先进代表小组和优秀人大代表名单

先进代表小组（25个）

茌平镇：三里选区代表小组；尚庄选区代表小组

韩集乡：前姜选区代表小组

温陈乡：温庄选区代表小组

杨屯乡：泮屯选区代表小组

大桑乡：景庄选区代表小组

肖庄乡：高营选区代表小组

孙桥乡：南陈选区代表小组

王老乡：刘集选区代表小组

胡屯乡：乡直选区代表小组

菜屯镇：崔营选区代表小组

冯屯镇：业屯选区代表小组

博平镇：县人大代表小组；刘坦选区代表小组

郝集乡：王营选区代表小组

洪屯乡：张德一选区代表小组

杜口乡：袁庄选区代表小组

韩屯乡：韩屯选区代表小组

张营乡：前伍选区代表小组

贾寨乡：乡直选区代表小组

丁块乡：马庄选区代表小组

广平乡：广平选区代表小组

赵屯乡：乡直选区代表小组

乐平镇：孙元选区代表小组

县　直：第五代表小组

人民代表的榜样（1名）

张国忠　王老乡人大代表。

优秀人大代表（30名）

茌平镇县人大代表　张文富、刘士祥

博平镇县人大代表　董万友、刘维道

莘屯镇县人大代表　赵长佣
冯屯镇县人大代表　张志明
乐平镇县人大代表　尉士月
韩屯乡县人大代表　张如功
洪屯乡县人大代表　袁智德
杜口乡县人大代表　常绪胜
胡屯乡县人大代表　陶孟海
韩集乡县人大代表　张宝玉
贾寨乡县人大代表　付孟江
杨屯乡县人大代表　王金玉
丁块乡县人大代表　陈爱荣
大桑乡县人大代表　冯树岭
赵屯乡县人大代表　周春芳
郝集乡县人大代表　张明亮
温陈乡县人大代表　刁荣山
广平乡县人大代表　梁树德
孙桥乡县人大代表　刘兆俊
王老乡县人大代表　刘玉瑞
张营乡县人大代表　翟桂英
肖庄乡县人大代表　李保全
县直第一代表小组县人大代表　邢同寅
县直第二代表小组县人大代表　宋士高
县直第三代表小组县人大代表　李福信
县直第四代表小组县人大代表　梁久勤
县直第五代表小组县人大代表　于吉昭
县直第六代表小组县人大代表　齐维东

茌平县人大常委会
关于公安局、检察院、法院大案要案的报告制度

(1996年5月24日县第十三届人大常委会
第二十五次会议通过)

一、指导思想

根据《宪法》《地方组织法》《代表法》赋予人大常委会的职权和茌平县人大第十三届四次会议关于人大常委会工作报告的相应决议，为了加强对“一府两院”的法律监督，保证司法机关及其工作人员严肃执法，依法办案，制定大案要案报告制度。

二、大案要案的范围

公安机关：重大刑事案件、重大交通肇事案件、火灾案件和群体性的治安案件。

人民检察院：万元以上的贪污贿赂案件；5万元以上的挪用公款案件；涉及科级以上领导干部和执法人员的经济犯罪案件；涉及科级以上领导干部的法纪案件；徇私舞弊案件；重大责任事故案件；应报上级检察分院起诉的案件。

人民法院：重大刑事案件；判处10年以上有期徒刑的案件；起诉后法院宣判被告人无罪的案件；破产案件；30万元以上的经济纠纷案件；涉及县级领导干部和群体诉讼的行政案件；涉及县级以上人大代表、政协委员和正科级以上领导干部的民事案件。

三、报告时间和方式

公安机关：从立案之日起5日内，报立案报告书；调查、侦查结束之日起10日内，报起诉意见书，不起诉的案件报处理结果。

人民检察院：从立案之日起5日内，报立案决定书；调查、侦查结束之日起10日内，报起诉决定书或结案报告书。

人民法院：刑事、经济、行政、民事案件在审结完毕之日起10日内，报判决书、裁定书、调解书。

四、错案责任追究

本制度与错案追究制度结合起来执行，发现错案按照法律程序责成有关部门依法处理。

以上报告制度望公、检、法机关认真遵照执行，如有违反追究直接责任人或领导人的责任。

茌平县人大常委会
关于听取审议被任命干部述职报告的决定

(1996年8月8日县第十三届人大常委会
第二十六次会议通过)

为加强对人大常委会所任命干部的监督，深入贯彻落实县第十三届人民代表大会第四次会

议决议，县人大常委会第二十六次会议决定，从1996年起，听取审议被任免干部的述职报告。

一、指导思想

这项工作要以江泽民《努力建设高素质的干部队伍》的重要讲话精神为指针，以提高干部的依法行政水平、保持干部的公仆本色为目标，强化对人大常委会所任命干部的监督，维护人事任免工作的权威性，为改革开放和经济建设提供坚强的组织保障，促进各项社会事业的健康发展。

二、听取审议述职报告的范围

1. 由县人民代表大会选举产生或县人大常委会任命的县人民政府副县长、县人民法院院长、县人民检察院检察长。

2. 由县人大常委会任命的县政府各委、办、局任期满一年的主要领导干部。

三、述职报告的内容

落实执法责任制，学法、用法及依法行政情况；认真履行职责，完成本职工作情况；模范遵纪守法、廉洁自律情况；坚持民主集中制，维护领导班子团结，密切联系群众情况等。

四、听取审议述职报告的方法、步骤

1. 召开动员会，明确指导思想，统一认识。

2. 被任命干部进行自我总结。

3. 县人大常委会组成人员深入部门召开各种类型座谈会，全面了解被任命干部的情况，并进行民意测验。

4. 县人大常委会听取审议被任命干部的述职报告。常委会组成人员根据所了解情况及干部述职报告内容，采取无记名投票方式选出优秀公仆并排出名次。

5. 对前六名授予优秀公仆荣誉称号。对个别群众反映强烈、严重失职渎职或工作平庸、不求进取的干部，按照法律程序予以罢免。审议结果向社会公布并报告县委。

茌平县人大常委会
关于深入开展第三个五年普法的决议

（1996年8月8日县第十三届人大常委会第二十六次会议通过）

为提高全民的法律素质，加强社会主义民主与法制建设，保证改革开放和社会主义现代化建设事业的健康发展，中央提出从1996年起到2000年实施在公民中开展法制宣传教育的第三个五年规划。为了推动茌平县“三五”普法工作的深入开展，逐步实现各项事业的依法治理，县人大常委会特作如下决议：

一、一切有接受教育能力的公民都应当接受法制宣传教育，努力学习《宪法》和有关的法律知识，做到知法、守法、用法。

二、各级领导干部特别是县级领导干部应当带头学习宪法和法律知识，模范遵守宪法和法律。严格依法办事，做到依法决策，依法管理。

三、司法机关、行政执法机关的执法人员应当根据工作需要，参加法律知识培训，熟练掌握和运用与本职工作相关的法律、法规，提高自身的法律素质，依法履行职责，做到依法行政，秉公执法。

四、企业事业单位的经营管理人员应当把掌握社会主义市场经济的法律知识作为必备的素质，并结合本单位实际学习有关的法律、法规，做到严格依法经营，依法管理，自觉遵守市场秩序，维护社会公共利益。

五、青少年应当具备必要的法律知识。各类学校应当开设法制教育课，抓好青少年的法律知识教育，从小培养法律意识，养成依法办事，遵纪守法的良好习惯。

六、要针对不同对象的特点，运用多种形式，开展生动活泼的法制宣传教育，注重提高实际效果。宣传、文化、新闻、广播、电视等部门应当充分发挥大众传播媒介的重要作用，积极主动地开展法制宣传教育。

七、法制宣传教育应当坚持与法制实践相结

合，与经济建设和社会发展的实际相结合，全面推进各项所有的依法治理。要从坚持依法治国的高度出发，积极推进依法治村、治乡、治县和行业部门的依法治理工作。

八、实施在公民中开展法制宣传教育第三个五年规划，继续深入开展法制宣传教育，是全社会的共同责任，必须在党的领导下，动员和依靠全社会的力量去完成。各级党委、人大、政府要加强领导和监督，保障法制宣传教育第三个五年规划任务的落实，采取有力措施，使这项工作逐步走向法制化、制度化，在全社会形成学法、用法、依法办事的社会风尚，为改革开放和社会主义现代化建设事业创造良好的法制环境。

茌平县人大常委会
关于授予李庚申等十三人“优秀人民公仆”称号的决定

(1996年12月25日县第十三届人大常委会
第29次会议通过)

茌平县人大常委会第二十九次会议，认真听取审议了县政府副县长、法院院长、检察院检察长及21位被任命干部的述职报告。决定授予李庚申、朱林富、韩明忠、郑宝光、吕文涛、张怀成、刘文才、杨瑞华、宋士高、宋宝锁、明学富、徐公正、商善岗13人1996年度“优秀人民公仆”称号，并号召全县国家机关工作人员以他们为榜样，积极努力，勤奋工作，为两个文明建设做出更大的贡献。

茌平县人大常委会
关于召开第十三届人民代表大会
第五次会议的决定

(1997年1月9日县第十三届人大常委会
第三十次会议通过)

茌平县第十三届人大常委会于1997年1月9日召开第30次会议。决定：茌平县第十三届人民代表大会第五次会议于1997年1月下旬举行。

建议会议议程为：

一、听取和审议茌平县人民政府工作报告。

二、听取和审议茌平县1996年国民经济和社会发展计划执行情况及1997年国民经济和社会发展计划（草案）的报告。

三、听取和审议茌平县1996年县级财政预算执行情况和1997年县级财政预算（草案）的报告。

四、听取和审议茌平县人民代表大会常务委员会工作报告。

五、听取和审议茌平县人民法院工作报告。

六、听取和审议茌平县人民检察院工作报告。

七、其他事项。

关于批准茌平县人民政府
《茌平县爱国卫生监督管理暂行规定》的决定

(1997年1月9日县第十三届人大常委会
第三十次会议通过)

茌平县第十三届人大常委会于1997年1月9日召开第30次会议，决定批准茌平县人民政府提请审议的《茌平县爱国卫生监督管理暂行规定》。

关于批准茌平县人民政府
《茌平县城市绿化管理暂行规定》的决定

(1997年1月9日县第十三届人大常委会
第三十次会议通过)

茌平县第十三届人大常委会于1997年1月9日召开第30次会议，决定批准茌平县人民政府提请审议的《茌平县城市绿化管理暂行规定》。

茌平县人大常委会
关于授予孟宪井等“茌平县名誉公民”的决定

(1997年3月21日县十三届人大常委会第三十一次会议通过)

自茌平县被省委、省政府确定为欠发达地区改革开放试点县以来，全县人民坚持以邓小平建设有中国特色社会主义理论和党的基本路线为指导，认真贯彻落实党的十四大和十四届三中、四中、五中、六中全会精神，紧紧围绕经济建设这个中心，坚持两个文明一起抓，经济建设和各项社会事业的发展都取得了显著成就。这既是县委、县政府领导和全县人民共同努力的结果，也是与国家和省直机关来我县挂职人员的辛勤劳动密不可分的。广大挂职干部在茌期间，视茌平为第二故乡，兢兢业业，忘我工作，表现了高度的责任感和奉献精神，为全县的改革和发展付出了大量心血，为各项工作的开展提供了可贵的支持。

鉴于挂职干部为茌平经济和社会发展所做出的巨大贡献，县十三届人大常委会第三十一次会议决定，授予孟宪井等51名挂职干部“茌平县名誉公民”称号。

县人大常委会号召，全县广大干部群众要以全体挂职干部为榜样，进一步强化茌平意识，发扬“团结拼搏、富民兴茌、负重自强、争创一流”的茌平精神，继续抓紧机遇，深化改革，扩大开放，扎实工作，巩固和发展茌平县的大好形势，积极推进两个文明建设，进一步加快经济发展步伐，为顺利实现全县国民经济和社会发展“五年”计划及2001年远景目标而努力奋斗。

附：授予“茌平县名誉公民”称号人员名单

孟宪井　王旭光　殷　明　夏和明
刘洪亮　宋伟滨　李健民　范廷祥
张吉轩　宋宪明　王景海　明德兵
宋庆鑫　杨　超　钟泽圣　周洪文
杨子霁　李建富　韩富强　王月海
法进衍　宋文军　张相阳　黄利明
李广平　李志军　邓海燕　毕思春
高　其　沙永利　杨建松　王　沛
鞠少波　张洪旗　梁　瑜　王鲁刚
李秋生　王　进　尹卫军　杨　博
周忠斋　郭永田　朱　伟　张维建
霍步刚　杜志农　曾庆梅　谢　琳
石　路　李晓云　史晓东

茌平县人大常委会
关于1997年县级财政预算的决议

(1997年4月16日县十三届人大常委会第三十二次会议通过)

茌平县第十三届人大常委会于1997年4月16日召开第三十二次会议，根据茌平县第十三届人民代表大会第五次会议的授权，决定批准县财政局局长杨瑞华所作的《关于茌平县1997年度财政预算（草案）的报告》，其中地方财政收入为9310万元，支出为1.106亿元。

茌平县人大常委会
关于评选“优秀公仆”的决定

(1997年8月14日县第十三届人大常委会第三十四次会议通过)

为加强对人民代表大会选举和人大常委会所任命干部的监督，深入贯彻落实县十三届人民代表大会第五次会议决议，探索符合本县实际的人大代表评议工作的新路子，扩大评议效果，县十三届人大常委会第三十四次会议决定，1997年在人民代表大会选举和人大常委会任命的主要领导干部中评选“优秀公仆”。

一、指导思想

这次工作要以邓小平建设有中国特色的社会主义理论为指针，围绕贯彻江泽民“努力建设高素质的干部队伍”的主要讲话精神，提高被选举和任命干部的整体素质，强化对被选举和任命干部的监督，维护人事任免的严肃性和权威性，进一步改善我县的执法环境，努力推动我县经济和各项事业再上一个新台阶。

二、听取审议述职报告的范围

1. 由人民代表大会选举产生的县人民法院院长，县人民检察院检察长。

2. 由县人大常委会任命的县政府序列各委、办、局任期满一年的主要领导干部。

三、述职报告的内容

1. 落实县人大及其常委会的决议、决定情况。

2. 执法责任制、学法、用法及依法行政情况。

3. 认真履行职责，完成本职工作情况；带头遵纪守法、廉洁自律情况。

4. 坚持民主集中制，维护领导班子团结情况。

5. 关心群众生活、密切联系群众情况等。

四、评选“优秀公仆”的方法、步骤

1. 召开动员会，明确指导思想，统一认识。

2. 被选举和任命干部进行述职。

3. 参评代表听取审议被选举和任命干部的述职报告，并根据调查研究所了解的情况及干部述职报告的内容，采取无记名投票的方式选出10名“优秀公仆”。

4. 评选结束后，对得分前十名者，由县人大常委会授予“优秀公仆”荣誉称号，结果报告县委并向社会公布。

茌平县人大常委会
关于评选“优秀公仆”的实施办法

为深入贯彻落实县十三届人大五次会议有关决议精神，探索符合茌平县实际的人大评议工作的新路子，拓宽评议领域，完善评议制度，扩大评议效果，进一步强化人大的监督职能，县人大常委会决定1997年在“一府两院”行政执法部门被选举和任命干部中评选“优秀公仆”。具体评选办法如下：

一、评议范围：

公安局、检察院、法院、司法局、民政局、工商局、地税局、财政局、监察局、劳动局、人事局、审计局、土管局、建委、计生委、统计局、水利局、农委、教委、计委、经委、粮局、卫生局、交通委、外经委、科委、乡企局、文体委、林业局、技术监督局、畜牧局31个单位由人民代表选举和县人大常委会任命的主要领导干部。

二、“优秀公仆”条件：

1. 认真贯彻落实县人大及常委会的决议、决定，积极推行执法责任制，依法行政，严格执法。

2. 认真履行职责，工作积极主动，完成本职工作。

3. 清正廉洁，遵纪守法，无违法违纪现象。

4. 坚持民主集中制、维护领导班子的团结。

5. 公仆意识强，密切联系群众，干群关系融洽。

6. 评选范围中任期满一年的主要领导干部。

三、评选时间及步骤：

1. 确定参评代表

时间：10月10日前各乡（镇）在县级人大代表中确定6名代表参评，县直县人大代表参评。

参评代表确定后，各参评代表走访联系选民不得少于20人，广泛征求对被评议干部的意见和建议，全面了解工作情况，为公正行使代表职权、评出人民真正信任的“优秀公仆”掌握详实的第一手材料。

2. 评选

时间：11月上旬召开动员大会

（1）明确指导思想，统一认识。

（2）被选举和任命干部进行自我总结。

（3）参评代表听取审议被选举和任命干部的述职报告。根据调查研究所了解的情况及干部述职报告的内容，采取无记名投票方式选举10名优秀公仆。

（4）评选结束后，由县人大常委授予“优秀公仆”荣誉称号，结果报告县委并向社会公布。

四、组织领导：

评选工作要始终在县委的领导下进行，由县人大常委会具体组织实施，各个环节都要严格依法开展，保证评选工作客观、公正。

关于任命茌平县选举委员会组成人员的通知

（1997年10月24日县十三届人大常委会第三十五次会议通过）

根据法律规定，茌平县本届人民代表大会任期到1998年3月届满，应依照法律进行换届选举。现将全县十三届人大常委会第三十五次会议通过的县选举委员会组成人员通知如下：

主　任：张兴义（县人大副主任）

副主任：李泽明（县人大副主任）

委　员：王兴源（组织部副部长）

常　鸣（宣传部副部长）

李瑞芬（机关党委书记）

赫金奎（县委办公室副主任）

郭金良（县人大办公室主任）

高恒民（县人大代表工作委员会主任）

郑宝光（县人民法院院长）

宋士高（县人民检察院检察长）

韩明忠（县公安局局长）

高廷桐（县人大法工委主任）

谷秀坤（县政府办公室副主任）

李庚申（县人事局局长）

李泽贞（县民政局局长）

杨瑞华（县财政局局长）

杜长之（县广播局局长）

杨建坤（县统战部副部长）

赵昌忠（县工会副主席）

姚美华（县妇联副主任）

孙新珍（县团委副书记）

选举委员会办公室设在人大机关。

郭金良兼办公室主任，孙纳新、王建国、邵益、程东宏为办公室副主任。

关于任命乡镇选举工作指导组正、副组长的决定

（1997年10月24日县十三届人大常委会第三十五次会议通过）

为搞好县人民代表大会的换届选举工作，茌平县第十三届人民代表大会常务委员会第三十五次会议决定任命：

马春生为茌平镇选举工作指导组组长，吴长春、吴安镇为副组长；

马思民为赵屯乡选举工作指导组组长，吴广鹏、吴允增为副组长；

陈爱荣为丁块乡选举工作指导组组长，张怀平、李书江为副组长；

张立成为广平乡选举工作指导组组长，

桑学金为韩集乡选举工作指导组组长，王瑞林、迟连魁为副组长；

贾乾业为乐平镇选举工作指导组组长，张永春、吴怀栋为副组长；

张丙顺为郝集乡选举工作指导组组长，李训昌为副组长；

王延荣为杜口镇选举工作指导组组长，杜新华、王绍安为副组长；

刘承龙为孙桥乡选举工作指导组组长，王克民为副组长；

孙贞庆为冯屯镇选举工作指导组组长，高德昌、宋保祥为副组长；

范留全为胡屯乡选举工作指导组组长，袁绍文为副组长；

杨广成为韩屯乡选举工作指导组组长，冯继伟为副组长；

李玉海为张营乡选举工作指导组组长，崔殿全为副组长；

冯金英为菜屯镇选举工作指导组组长，崔凤林为副组长；

潘富存为肖庄乡选举工作指导组组长，申洪运、吴西江为副组长；

孙书智为贾寨乡选举工作指导组组长，贾富友为副组长；

袁智德为洪屯乡选举工作指导组组长，许占芳、潘延喜为副组长；

程曰才为杨屯乡选举工作指导组组长，王金玉、李士广为副组长；

任胜明为大桑乡选举工作指导组组长，姜曰重为副组长；

姜曰民为博平镇选举工作指导组组长，陈金全、王汝成为副组长；

张会祥为温陈乡选举工作指导组组长，刁荣山为副组长；

张永行为王老乡选举工作指导组组长，闫广友、蔡其生为副组长。

关于任命县直选举工作指导组正、副组长的决定

(1997年10月24日县十三届人大常委会第三十五次会议通过)

为搞好县人民代表大会的换届选举工作，茌平县第十三届人民代表大会常务委员会第三十五次会议决定任命：

迟会孝为县直选举工作指导组组长；

田冲、金庆岱为副组长；

成员：李福信、刘平、王兴源、李瑞芬

茌平县人大常委会关于1998年县人民代表大会换届选举的决定

(1997年12月10日县第十三届人大常委会第三十六次会议通过)

根据《宪法》《地方组织法》和省人大常委会的有关规定，茌平县人民代表大会将于1998年3月任期届满。为搞好换届选举工作，特作如下决定：

一、茌平县十四届人民代表大会代表选举日定在1998年1月22日，1998年2月20日前召开完十四届人民代表大会第一次会议。

二、县设立选举委员会，主持人民代表大会代表的选举工作。县直、乡（镇）都要建立相应的选举工作指导组，作为县选举委员会的派出机构，并在县选举委员会的领导下办理所辖选区的具体选举事务。

三、根据省八届人大常委会第29次会议决议规定，茌平县新一届代表名额为233人，人大常委会组成人员名额为21人。

四、在代表候选人的推荐上，既要考虑到代表的广泛性，又要考虑到提高代表素质和改善代表结构。要把那些政治上坚定，模范地遵守宪法和法律，具有一定的社会活动能力和议政水平，密切联系群众，能反映人民意见和要求的选民推荐为代表候选人，以便更好地履行代表的职务。按照省人大常委会的规定，县级新一届人大代表的具体结构比例，按照工人、农民占60%左右，知识分子占15%左右，干部占20%左右安排。中共党员不超过代表总数的65%。在提名代表候选人时，妇女代表候选人一般不低于提名人数的25%，同时要有少数民族、归侨代表的人数。

五、这次换届选举工作要坚持“党委领导、人大主办、各方配合”的原则。各单位要把换届选举工作列入重要议事日程，统筹兼顾、全面安排，保证选举工作的顺利进行。

六、充分发扬民主，坚持依法办事。《宪法》《地方组织法》和《选举法》都明确规定了人民代表大会的职权和选举工作的原则、步骤和方法，在换届选举中，各级干部特别是领导干部，要带头维护法律的严肃性，做到有法必依、执法必严、违法必究，杜绝违宪违法现象的发生。

茌平县人大常委会
关于召开第十四届人民代表大会
第一次会议的决定

(1998年1月22日县第十三届人大常委会第四十次会议通过)

根据《地方组织法》有关规定，茌平县第十三届人民代表大会到1998年3月任期届满，应进行换届选举。茌平县第十三届人大常委会于1998年1月22日召开第40次会议。决定，茌平县第十四届人民代表大会第一次会议于1998年2月5日至2月10日在县招待所举行。

建议会议议程为：

一、听取并审议茌平县人民政府工作报告。

二、听取并审议茌平县人民政府关于茌平县1997年国民经济和社会发展计划执行情况及1998年国民经济和社会发展计划（草案）的报告；审查和批准茌平县1997年国民经济和社会发展计划执行情况与1998年国民经济和社会发展计划。

三、听取并审议县人民政府关于茌平县1997年财政预算执行情况和1998年财政预算（草案）的报告；审查和批准茌平县1997年县级财政预算执行情况和1998年县级财政预算。

四、听取并审议茌平县人民代表大会常务委员会工作报告。

五、听取并审议茌平县人民法院工作报告。

六、听取并审议茌平县人民检察院工作报告。

七、选举事项：1. 选举茌平县第十四届人民代表大会常务委员会主任、副主任、委员；2. 选举茌平县人民政府县长、副县长；3. 选举茌平县人民法院院长；4. 选举茌平县人民检察院检察长；5. 选举聊城市第十三届人民代表大会代表。

八、其他事项。

第十四届人大常委会决议、决定

茌平县第十四届人大常委会自1998年2月至2003年1月，共举行会议36次，作出决议、决定68项。部分决议、决定原文如下：

茌平县人大常委会
关于《茌平县1999—2000年度依法治县
实施意见》的决议

(1999年7月6日县第十四届人大常委会第九次会议通过)

1999年7月6日，县第十四届人大常委会第九次会议审议了《茌平县1999—2000年度依法治县实施意见》。会议认为：《实施意见》是茌平县加强社会主义民主和法制建设的重大步骤和举措，高举了邓小平理论的伟大旗帜，体现了党的十五大会议精神，反映了改革开放和发展社会主义市场经济的客观要求，提出的指导思想和原则，目标和任务以及各项保障措施符合本县实际，会议决定予以批准。

会议指出：加强社会主义民主与法制建设，是建设有中国特色社会主义社会的重要内容，是深化改革，扩大开放，促进发展，保持稳定的重要保证。实施依法治县，严格依法办事，公正司法，运用法律手段规范各方面的关系，对于加强茌平县民主与法制建设，推动全县经济的发展，实现本县现代化建设的宏伟目标，具有重要作用。

会议要求：“一府两院”在县委的统一领导下，要按照《实施意见》的要求，以经济建设为中心，进一步增强责任感和自觉性，把《实施意见》提出的各项任务落到实处，使全县的各项工作逐步纳入法制化的轨道。

茌平县人大常委会
关于批准《茌平县县城管理若干规定》的决定

（1999年11月15日县十四届人大常委会
第十一次会议通过）

茌平县十四届人大常委会第十一次会议，听取审议了茌平县人民政府提请审议的《茌平县县城管理若干规定》，会议决定予以批准。

茌平县人大常委会
关于《茌平县2001—2005年依法治县规划》的决议

（2001年10月19日茌平县第十四届人民代表大会
常务委员会第二十六次会议通过）

茌平县第十四届人民代表大会常务委员会第二十六次会议经过审议，决定通过《茌平县2001—2005年依法治县规划》，由县人民政府、县人民法院、县人民检察院组织实施。

附：茌平县2001—2005年依法治县规划

为了深入贯彻党的十五大提出的依法治国方略，推进全县的民主法制进程，保证全县政治、经济、社会的各项活动以及公民生活的各个领域都按照法律进行，根据我国宪法、法律及省、市2001—2005年依法治省、市规划，结合本县实际，制定本规划。

一、指导思想和基本原则

（一）指导思想

高举邓小平理论伟大旗帜，深入贯彻党的十五大精神，以江泽民“三个代表”重要思想为指导，以宪法和法律为依据，以经济建设为中心，坚持依法治国与以德治国相结合，在县委的统一领导下，深化普法教育，严格依法行政，坚持公正司法，强化基层、行业、区域依法治理，完善监督机制，全面推进各项事业的依法规范，依法管理和依法运行，切实保障公民的民主权利，充分发挥人民群众在社会主义民主法制建设中的积极性和创造性，全面推进依法治县，促进全县经济持续、快速、健康发展和社会全面进步。

（二）基本原则

1. 坚持全民参与的原则。在实施依法治县过程中，必须充分发挥人民群众的主体作用，调动他们踊跃参与的积极性，使依法治县具有广泛的群众基础。

2. 坚持法律至上的原则。大力提高全县公民特别是领导干部和公职人员的法律素质。坚持法律面前人人平等。树立法律权威，转变执法观念，加大执法力度，防止和克服有法不依、执法不严、违法不究的现象，维护法律的尊严和统一。

3. 坚持权利制约原则。要在全县进一步健全依法行使权力的制约机制，加强对权力运行的监督，并使国家、集体和公民个人的合法权益得到依法保护。

4. 坚持权利义务相统一的原则。要引导广大人民群众正确行使权利，自觉履行义务，为依法治县创造一个良好的社会环境。

5. 坚持法治与德治相结合的原则。以依法治国为统揽，大力加强民主法制建设和社会主义精神文明建设，不断提高广大干部群众的法律素质和道德修养。

6. 坚持党的统一领导原则。全县各级党委要按照建设社会主义法治国家的要求，把握工作方向和进程。

茌平县人民代表大会常务委员会
关于在全县公民中开展第四个五年法制宣传教育的决议

（2001年10月19日茌平县第十四届人民代表大会
常务委员会第二十六次会议通过）

自1986年以来，茌平县在全体公民中实施了三个法制宣传教育五年计划，使全县公民的法律知识水平有了明显提高，法制观念有了明显增强，民主法制建设有了长足发展，为依法治县奠定了基础。为了认真贯彻落实党的依法治国，建设社会主义法治国家的基本方略，进一步提高公民的法律意识和法律素质，保证全县“十五”计划和2010年远景目标的实现，县人大常委会认为在全县公民中继续开展第四个五年法制宣传教育很有必要，为此，特作决议如下：

一、第四个五年法制宣传教育要以邓小平民主法制理论、党的十五大精神和江泽民 “三个代表”的重要思想为指导，在全体公民中深入开展以宪法、国家基本法律、社会主义市场经济法律法规、加入世贸组织后相关的法律知识与维护社会稳定有关的法律法规为主要内容的法律知识的宣传教育，进一步提高全县公民的法律知识水平和依法办事、依法维权能力，全面提高社会各项事业的依法管理水平。

二、第四个五年法制宣传教育的对象是一切有接受教育能力的公民。重点对象是：领导干部、国家公务员、司法和行政执法人员、青少年学生和企业经营管理人员。

三、一切有接受教育能力的公民都要通过法制教育，做到知法、守法、护法，自觉维护宪法的尊严和法律的权威，自觉同各种违法犯罪行为作斗争，维护社会的稳定。各级领导干部要在学法用法活动中作出表率，不断提高依法决策和依法管理水平。

茌平县人大常委会
关于许可对某人采取逮捕措施的决定

（2002年2月2日茌平县第十四届人民代表大会常务委员会第三十一次会议通过）

茌平县第十四届人大常委会于2002年2月2日举行第三十一次会议，听取了县人民检察院检察长邵景良关于提请对县人大代表某人采取逮捕措施的报告，根据《代表法》有关规定，决定许可对某人采取逮捕措施。

第十五届人大常委会决议、决定

茌平县第十五届人大常委会自2003年3月至2007年10月，共举行会议30次，作出决议、决定30项。部分决议、决定原文如下：

茌平县人大常委会
关于加强自身建设的决定

（2003年3月20日县第十五届人大常委会第一次会议通过）

为进一步加强县人大常委会自身建设，提高常委会组成人员的整体素质，使其更好地担负起党和人民赋予的历史使命，特作如下决定：

一、坚持和依靠党的领导，提高贯彻执行党的路线、方针、政策的自觉性。要认真坚持党的基本理论、基本路线和基本方针，坚决贯彻执行中央的决策和部署，在思想上、政治上、行动上同党中央保持高度一致，自觉维护中央的权威。要自觉服从县委的领导，重大问题、重大事项及时向县委请示汇报；认真执行县委的决议、决定，保证县委各项重大决策的贯彻落实。

二、加强学习，提高理论修养和知识水平。要不断加强学习，按照党的十六大关于“形成全民学习、终身学习的学习型社会，促进人的全面发展”的精神，把学习贯穿于人大工作的始终。要深入学习邓小平理论和“三个代表”的重要思想，学习党的十六大和县第十次党代会精神，坚持理论联系实际，围绕主题、把握灵魂、狠抓落实，努力在深入人心、开拓创新、力求实效上下功夫。要认真学习宪法和法律、人大业务知识以及反映当代世界发展的各种新知识，把握世界经济和科学技术的发展趋势，不断增强法制观念和科技意识，提高依法办事的自觉性和驾驭市场经济、处理复杂事务的能力。

三、坚持民主集中制原则，集体依法行使职权。要进一步完善集体议事决策机制，严格遵守民主集中制原则，坚持集体依法行使职权。凡属重大问题，必须经常委会集体讨论决定。要严格按照法定程序办事，努力维护地方国家权力机关的权威性。对集体讨论通过的决议、决定，必须无条件地服从，并在实际工作中坚决贯彻执行。提倡敢于负责的精神，根据集体决定和分工，切实履行自己的职责。

四、改进工作作风，提高工作效率。要经常深入基层，调查研究，广泛听取人民群众的意见和建议；加强对乡镇人大工作的指导。要树立务实、高效、严谨细致的工作作风，对待工作要忠于职守，尽职尽责，在会议上应积极建言献策，并力求实事求是，客观公正，有理有据。凡决定重大问题、实施法律监督和工作监督，都要注重实际，讲求实效，抓好落实。

五、加强同代表和人民群众的联系，自觉接受人民监督。要牢记党的根本宗旨，树立人民至上的思想观念，想问题、办事情、作决定，都要从人民群众的根本利益出发，把维护人民群众的利益作为自己的神圣职责。坚持“从群众中来，到群众中去”的群众路线，深入实际，深入群众，认真听取群众的意见和要求，自觉接受群众监督。继续坚持常委会组成人员分工联系代表制度，加强各工作委员会与对口县人大代表的联系，坚持主任、副主任接待代表和群众来访制度，充分发挥人大常委会联系群众、反映民意、集中民智的主渠道作用。

六、加强廉政建设，树立人大形象。常委会组成人员要模范遵守有关廉政建设的规定，以身作则，严于律己，自觉接受监督。始终保持艰苦奋斗的作风，做廉洁奉公的表率。认真履行职责，监督和支持司法机关依法查处案件，推动全县反腐败斗争的深入开展。

七、加强机关组织建设，造就一支政治强、业务精、作风硬的干部队伍。加强机关干部队伍建设，不断提高机关干部的理论素养和专业知识，不断增强为“三会”服务的能力和水平。对德才兼备，符合干部“四化”标准的优秀干部，及时提拔使用；通过挂职锻炼、干部交流等形式，优化干部结构，提高干部的综合素质和工作水平。要加强人大各工作委员会和常委会工作部门的建设，建立健全“一岗双责”，全面推动规范化服务，努力把人大机关建设成团结、务实、廉洁、高效的机关。

八、加强制度建设，严格纪律约束。常委会组成人员要严格按照法律法规和有关规章制度办事，严格要求，严格管理，严格监督。要讲党性，讲原则，讲纪律，弘扬正气，开展积极的思想政治工作。要进一步坚持常委会组成人员守则、议事规则等规章制度，用制度规范每个人的行为。常委会组成人员要严格按照规定出席常委会会议，并恪尽职守，履行职责、扎实工作，使常委会成为“务实高效、团结协作、廉洁奉公、遵纪守法、开拓创新”的战斗集体，不断开创人大工作的新局面。

茌平县人大常委会
关于设立县十五届人大常委会代表资格
审查委员会的决定

（2003年3月20日县十五届人大常委会
第一次会议通过）

根据《中华人民共和国地方各级人民代表大会和地方各级人民政府组织法》有关规定，为做好代表资格审查工作，决定设立茌平县第十五届人大常委会代表资格审查委员会。其组成人员如下：

主任委员：韩宪宏

副主任委员：高恒民　初士锋

委　　员：马思民　邵　益

茌平县第十五届人大常委会
关于批准2003年全县和县级财政预算的决议

（2003年4月19日县十五届人大常委会
第二次会议通过）

茌平县第十五届人大常委会第二次会议经过审查，决定批准县人民政府提出的2003年县级财政预算，同意县财政局受县人民政府委托所作的《茌平县2003年财政预算（草案）的报告》。

会议要求县人民政府严格执行批准的2003年县级财政预算，避免随意性，预算变更调整要及时向人大常委会汇报审批。要继续实施积极的财政政策，充分发挥财政的宏观调控作用，围绕全县经济发展战略，大力促进经济社会发展；要优化收入结构，逐步提高税收占财政收入的比例，进一步加强税收征管，严格依法治税，依率计征，确保财政收入稳定增长；财政支出要突出重点，确保工资、社会保障的资金需要和对农业、义务教育资金的投入，要认真落实中央和省委关于扶持就业和再就业的政策；要加强个人收入分配的调节，维护社会相对公平和稳定；要加强财政体制改革步伐，积极推进部门预算、国库集中支付、政府采购等各项改革，完善财政转移支付制度；要加强财政监管，理顺财政内部管理机制，切实解决转下年支出金额过大的问题，努力提高资金使用效益；要全面深入贯彻《预算法》，强化财政预算监督，努力提高依法理财水平；要继续保持艰苦奋斗、勤俭建国的优良传统，坚决反对和制止各种违反财政纪律及挥霍浪费的行为。

茌平县人大常委会
关于召开县第十五届人民代表大会
第二次会议的决定

（2004年1月16日县第十五届人大常委会第七次会议通过）

茌平县第十五届人民代表大会常务委员会第七次会议决定：茌平县第十五届人民代表大会第二次会议于2004年2月7日召开，会期两天半。建议会议议程为：

一、听取并审议县人民政府工作报告。

二、听取并审议县人民政府关于茌平县2003年国民经济和社会发展计划执行情况与2004年国民经济和社会发展计划(草案)的报告；审查和批准茌平县2003年国民经济和社会发展计划执行情况与2004年国民经济和社会发展计划。

三、听取并审议县人民政府关于茌平县2003年预算执行情况和2004年预算(草案)的报告；审查批准茌平县2003年预算执行情况的报告和2004年预算；批准茌平县2003年县级预算执行情况的报告和2004年县级预算。

四、听取并审议县人大常务委员会工作报告。

五、听取并审议县人民法院工作报告。

六、听取并审议县人民检察院工作报告。

七、其他事项。

茌平县第十五届人大常委会
关于批准2004年全县和县级财政预算的决议

（2004年4月5日茌平县第十五届人大常委会第十次会议通过）

茌平县第十五届人大常委会第十次会议经过审查，决定批准县人民政府提出的2004年县级财政预算，同意县财政局受县人民政府委托所作的《茌平县2004年财政预算（草案）的报告》。

会议要求县人民政府要严格执行批准的预算，避免随意性，预算变更调整要及时向人大常委会汇报审批。认真落实积极的财政政策，紧密结合本县实际，充分发挥财政的宏观调控作用，尽可能做到平衡入库，减少财政支出的困难，促进整个国民经济的稳定增长和社会全面进步。要认真研究解决所得税收入分享政策后出现的新情况、新问题，坚持依法理财与广开财源并重，要及时掌握税源状况，积极做好税源调查摸底工作，严格依法治税，依率计征，积极支持经济发展，培植新的财源，保证财政收入稳定增长。要进一步调整和优化支出结构，坚持“保工资、保稳定、保支出”的原则。依法保障农业、教育、科技等重点支出，安排使用好支持农业结构调整、农业基础设施建设和教育、科技进步资金。要强化财政监管工作，硬化预算约束，实行跟踪问效，切实提高资金使用效益。要加强对预算外资金的管理和监督，避免奢侈浪费与滋生腐败。要高度重视发挥审计监督的作用，严厉查处违规违纪行为。要认真贯彻执行预算法，加快推进部门预算制度改革，不断提高依法理财水平。

关于授予任永生等“优秀人民公仆”称号的决定

（2004年12月21日县第十五届人大常委会第十一次会议通过）

茌平县第十五届人大常委会于2004年12月21日召开述职评议大会，对23名县人大及其常委会选举任命人员进行了述职评议，有15名同志被评为优秀，县第十五届人大常委会第十一次会议，决定授予：

15名同志为2004年度“优秀人民公仆”称号，并号召全县国家机关工作人员要以他们为榜样，依法履行自身职责，廉洁奉公，积极努力，勤奋工作，为全县经济和社会各项事业的发展做出更大贡献。

茌平县人大常委会关于召开县第十五届人民代表大会第三次会议的决定

（2005年1月21日县第十五届人大常委会第十二次会议通过）

茌平县第十五届人民代表大会常务委员会第十二次会议决定：茌平县第十五届人民代表大会第三次会议于2005年1月21日召开，会期两天半。建议会议的主要议程为：

一、听取和审议茌平县人民政府工作报告。

二、审议茌平县人民政府关于茌平县2004年国民经济和社会发展计划执行情况与2005年计划（草案）的报告；审查、批准茌平县2004年国民经济和社会发展计划执行情况的报告与2005年国民经济和社会发展计划。

三、审议茌平县人民政府关于茌平县2004年预算执行情况和2005年预算（草案）的报告；审查茌平县2004年预算执行情况的报告和2005年预算（草案）；批准茌平县2004年县级财政预算执行情况的报告和2005年县级预算。

四、听取和审议茌平县人民代表大会常务委员会工作报告。

五、听取和审议茌平县人民法院工作报告。

六、听取和审议茌平县人民检察院工作报告。

七、其他事项。

茌平县第十五届人大常委会关于批准2005年全县和县级财政预算的决　议

（2005年4月5日茌平县第十五届人大常委会第十三次会议通过）

茌平县第十五届人大常委会第十三次会议经过审议，决定批准县人民政府提出的2005年县级财政预算，同意县财政局受县人民政府委托所作的《茌平县2005年财政预算（草案）的报告》。

会议要求县人民政府要严格执行批准的预算，避免随意性，预算变更调整要及时向人大常委会汇报审批。认真落实积极的财政政策，紧密结合本县实际，充分发挥财政的宏观调控作用，尽可能做到平衡入库，减少财政支出的困难，促进整个国民经济的稳定增长和社会全面进步。要认真研究解决所得税收入分享政策后出现的新情况、新问题，坚持依法理财与广开财源并重，要及时掌握税源状况，积极做好税源调查摸底工作，严格依法治税，依率计征，积极支持经济发展，培植新的财源，保证财政收入稳定增长。要进一步调整和优化支出结构，坚持“保工资、保稳定、保支出”的原则。依法保障农业、教育、科技等重点支出，安排使用好支持农业结构调整、农业基础设施建设和教育、科技进步资金。要强化财政监管工作，硬化预算约束，实行跟踪问效，切实提高资金使用效益。要加强对预算外资金的管理和监督，避免奢侈浪费与滋生腐败。要高度重视发挥审计监督的作用，严厉查处违规违纪行为。要认真贯彻执行预算法，加快推进部门预算制度改革，不断提高依法理财水平。

茌平县第十五届人大常委会
关于批准茌平县人民政府县城总体规划方案的决议

(2005年4月5日县十五届人大常委会第十三次会议通过)

茌平县第十五届人大常委会第十三次会议，听取了县人民政府关于县城总体规划的报告。经过审议，会议认为茌平县县城总体规划指导思想明确，规划原则可行，总体规划布局符合茌平县实际，可作为今后指导茌平城市建设的依据。

会议要求县政府要搞好城市特色研究，强化环境保护和绿地规划，塑造园林式城市；要贯彻节约用地的原则，严格控制土地投放量，合理安排城市发展时序，保障城市科学有序发展；要严格执行批准的规划方案，避免随意性。规划的变更调整要及时向人大常委会汇报审批；要坚持集中、统一的规划管理，做到规划一张图、审批一支笔、建设一盘棋，真正把茌平建设好。

会议同意批准县政府提出的茌平县县城总体规划的方案。

茌平县人大常委会
关于召开县第十五届人民代表大会第四次会议的决定

(2006年1月24日县第十五届人大常委会第十九次会议通过)

茌平县第十五届人民代表大会常务委员会第十九次会议决定：茌平县第十五届人民代表大会第四次会议于2006年2月15日召开，会期两天半。建议会议的主要议程为：

一、听取和审议茌平县人民政府工作报告。

二、审查和批准茌平县国民经济和社会发展第十一个五年规划纲要草案的报告。

三、审议茌平县人民政府关于茌平县2005年国民经济和社会发展计划执行情况与2006年计划（草案）的报告，审查、批准茌平县2005年国民经济和社会发展计划执行情况的报告与2006年国民经济和社会发展计划。

四、审议茌平县人民政府关于茌平县2005年财政预算执行情况和2006年财政预算（草案）的报告；审查茌平县2005年财政预算执行情况的报告和2006年财政预算（草案）；批准茌平县2005年县级财政预算执行情况的报告和2006年县级财政预算。

五、听取和审议茌平县人民代表大会常务委员会工作报告。

六、听取和审议茌平县人民法院工作报告。

七、听取和审议茌平县人民检察院工作报告。

八、选举及其他事项。

茌平县第十五届人大常委会
关于批准2006年县级财政预算的决议

(2006年3月7日茌平县第十五届人大常委会第20次会议通过)

茌平县第十五届人大常委会第20次会议，听取并审议了县政府提出的2006年县级财政预算的报告，同意并批准这个报告。

会议认为，县政府关于2006年县级财政预算的报告符合我县县情，具有较强的可操作性和实践性。

会议要求县政府要严格执行批准的预算，避免随意性，预算变更调整要及时向人大常委会汇报审批。认真落实积极的财政政策，紧密结合本县实际，充分发挥财政的宏观调控作用，尽可能做到平衡入库，减少财政支出的困难，促进整个国民经济的稳定增长和社会全面进步。要认真研究解决所得税收入分享政策后出现的新情况、新问题，坚持依法理财与广开财源并重，要及时掌握税源状况，积极做好税源调查摸底工作，严格依法治税，依率计征，积极支持经济发展，培植新的财源，保证财政收入稳定增长。要进一步调整和优化支出结构，坚持“保工资、保稳定、保支出”的原则。依法保障农业、教育、科技等重点支出，安排使用好支持农业结构调整、农业基础设施建设和教育、科技进步资金。要强化财政监管工作，硬化预算约束，实行跟踪问效，切实提高资金使用效益。要加强对预算外资金的管理和监督，避免奢侈浪费与滋生腐败。要高度重视发挥审计监督的作用，严厉查处违规违纪行为。要认真贯彻执行预算法，加快推进部门预算制度改革，不断提高依法理财水平。

茌平县第十五届人大常委会
关于批准《茌平生态县建设规划》的决议

（2006年3月7日茌平县第十五届人大常委会第20次会议通过）

茌平县第十五届人大常委会第20次会议，听取了县政府关于《茌平县生态县建设规划》编制情况的汇报，审议并批准了《茌平生态县建设规划》。

会议认为，建设生态县是茌平县全面贯彻党的十六大和十六届四中、五中全会精神，努力实践“三个代表”重要思想和科学发展观，全面建设小康社会的战略举措，是一项功在当代，利在千秋，合乎县情，顺乎民意的事业，意义重大而深远，为此，特作如下决议：

一、统一思想认识，增强全社会建设生态县的紧迫感、责任感和使命感。各级政府和各有关部门要深刻认识建设生态县的科学内涵和重大意义，正确处理和把握加快经济发展与保护生态环境、眼前利益与长远利益、局部利益与全局利益的关系，促进经济效益、社会效益与生态效益的协调统一；运用各种宣传工具，广泛开展多层次、多形式的宣传教育活动，深入宣传生态县建设的重大意义和目标任务；充分调动广大群众建设生态县的积极性和创造性，大力营造全社会推进生态建设和环境保护的良好氛围。

二、明确奋斗目标，扎实做好生态县建设各项工作。围绕以循环经济理论为指导的生态经济体系、可持续利用的资源保障体系、碧水蓝天的生态环境体系、体现现代文明的生态文化体系等六大生态体系建设，县人民政府要组织实施好《茌平生态县建设规划》。要抓住环境保护、生态建设、循环经济三大重点和结构调整、水资源的节约保护利用、国土绿化、污染防治4个关键环节，根据生态县建设规划的分阶段目标，集中力量组织实施一批重大生态建设和环境保护项目；严格保护饮用水源，加快污水处理工程和再生水回收工程建设；探索发展循环经济的有效途径，继续调整产业结构，优化产业布局；大力发展生态工业，积极推行清洁生产；大力发展生态农业，加快名特优新农产品基地建设，扩大绿色食品生产；建立环境保护的长效管理机制，控制和削减污染物排放总量；扎实推进农村生活垃圾的无害化处理，努力改善农村生产生活环境；加强水、土地等自然资源的合理开发和保护，提高清洁能源和可再生能源的开发利用水平，加快城乡绿化建设，进一步提高绿化覆盖率。

三、坚持改革创新，为生态县建设提供有效保障。进一步解放思想，深化改革，推进体制创新、科技创新和管理创新。建立生态县建设领导负责制、任期目标考核责任制和责任追究制，坚持六大班子领导联系生态示范点制度，实行一把手亲自抓，负总责，层层落实领导责任。各有关行政主管部门要按照法律法规规定的职责，落实责任，相互配合，齐抓共管，形成合力。改进和完善对领导干部政绩考核方法，把生态环境保护和建设的成效作为考核各乡镇各部门的工作成绩和干部政绩的重要内容。设立生态县建设专项基金，切实增加生态环境建设的投入，充分发挥公共财政在生态环境保护和建设方面的导向作用。同时，出台生态县建设的政策意见，以改革的思路拓宽投资渠道，鼓励和支持社会资金投向生态经济、环境保护和建设。突出科技创新，积极推广应用环保科技成果，普及生态科学知识，增强全民生态意识，加强生态县建设的人才培养，吸收和借鉴生态文明建设的优秀成果，加快生态县建设步伐。

四、加强执法和监督，为生态县建设创造良好法治环境。加强环境执法力度，严格依法行政，强化生态环境的保护和管理，坚决制止和查处各类破坏生态环境的违法行为，严格依法惩处破坏资源、污染环境的单位和个人。县政府要每年向县人大常委会报告生态县建设进展情况，接受监督检查。县人大常委会及乡（镇、办事处）人大要采取执法检查、视察、评议等多种形式，加强对生态环境保护和建设相关的法律法规执行情况的检查监督，保证各项法律法规在本行政区域内的有效实施，依靠法治扎实推进和保障生态县建设。

会议号召，全县人民要在县委的正确领导下，紧紧抓住本世纪头20年的重要战略机遇期，全面启动生态县建设，力争到2018年把茌平建设成为经济发达高效、生态良性循环、环境清洁优美、人与自然和谐、社会文明繁荣、可持续发展能力较强的现代生态县。

茌平县人民代表大会常务委员会
关于批准 2006年财政预算变更方案的决定

（2006年10月17日县第十五届人大常委会第二十三次会议通过）

茌平县第十五届人民代表大会常务委员会第二十三次会议听取并审议了县财政局局长王彪受县政府委托所作的《关于茌平县2006年财政预算调整方案的报告》。会议认为，2006年以来，县政府及其职能部门认真贯彻执行《预算法》和县第十五届人大四次会议关于财政预算的决议，积极组织财政收入，严格控制预算支出，全县财政经济工作取得了超常规、跨越式发展。

会议根据县政府对2006年财政预算进行变更的报告，经过审议，同意茌平县2006年财政收入预算由年初人代会确定的3.12亿元变更为5亿元；全县预算内总财力由5.67亿元变更为7.9亿元；财政支出预算由4.85亿元变更为6.6亿元。调整部分全部为县本级财政。

会议要求，县政府及有关部门要以科学的发展观和正确的政绩观为指导，加大贯彻实施《预算法》的力度，强化预算管理，硬化预算约束，进一步加强税收征管，严格控制各项支出，确保全年财政预算任务的圆满完成。

茌平县人民代表大会常务委员会
关于《茌平县2006—2010年依法治县规划》的
决　议

（2006年10月17日县第十五届人大常委会第二十三次会议通过）

茌平县第十五届人民代表大会常务委员会第二十三次会议经过审议，决定通过《茌平县2006—2010年依法治县规划》，由县人民政府、县人民法院、县人民检察院组织实施。

茌平县人民代表大会常务委员会
关于在全县公民中开展第五个五年法制
宣传教育的决议

（2006年10月17日茌平县第15届人大常委会第二十三次会议通过）

自2001年开始，茌平县在全体公民中实施了法制宣传教育第四个五年规划，以宪法为核心的法律知识得到广泛普及，依法治理工作不断深入，公民的法律意识和法律素质明显增强，各项事业的法治化管理水平逐步提高，为全县经济社会持续健康快速协调发展提供了有力保障。为全面贯彻落实科学发展观，促进依法治国基本方略的实施，加快依法治县步伐，进一步提高公民的法律素质和全县社会法治化管理水平，推动平安和谐茌平建设，保证全县国民经济和社会发展“十一五”规划目标的实现，有必要从2006年至2010年在全县公民中组织实施法制宣传教育活动。为此，特作决议如下：

一、法制宣传教育的指导思想

以邓小平理论和“三个代表”重要思想为指导，全面贯彻落实科学发展观，深入开展以宪法为主要内容的法制宣传教育，扎实推进依法治理，切实加强以农村为重点的基层民主法制建设，进一步提高公民法律意识和法律素质，牢固树立社会主义荣辱观；进一步增强公务员社会主义法治理念，提高依法行政能力和水平；进一步增强各级政府和社会组织依法治理的自觉性，提高依法管理和服务社会的水平。

二、法制宣传教育的主要内容

根据茌平县国民经济和社会发展“丨　五”规划提出的目标，确定法制宣传教育的内容。要广泛深入地学习宣传宪法，开展社会主义法制理念教育，使全县公民进一步掌握宪法的基本知识，提高宪法意识，自觉遵守宪法，维护宪法尊严，树立宪法权威。适应公民学习和运用法律的需求，进一步学习宣传国家基本法律法规，学习宣传与经济社会发展相关的法律法规，学习宣传与群众生产生活密切相关的法律法规，学习宣传与维护社会和谐稳定、促进社会公平正义相关的法律法规，增强全县公民社会主义法治理念和爱国意识、责任意识及权利义务观念，培养全县公民自觉学法、用法、守法、护法的行为习惯，保障和促进全县政治、经济、文化和社会建设。

三、突出重点对象，采取不同措施，增强法制宣传教育工作的针对性和实效性

在继续做好全体公民法制宣传教育工作的基础上，重点做好公务员特别是各级领导干部和司法、行政执法人员的法制宣传教育，同时做好青少年、企业经营管理人员、农村“两委”成员和农民工的法制宣传教育。各级领导干部要带头学法用法，提高依法决策和管理经济和社会事务的能力；所有公务员特别是司法和行政执法人员要牢固树立有权必有责、用权受监督、违法要追究的观念，提高依法行使公共权利的能力，确保国家法律法规的正确实施。进一步强化青少年特别是在校学生的法制宣传教育，努力培养青少年的爱国意识、守法意识和权利义务意识，养成学法守法的行为习惯。继续加强企业经营管理人员的法制宣传教育，着力培养诚信守法观念和社会责任意识，提高依法生产经营和依法管理的能力。开展对农村“两委”成员和农民工法制宣传教育培训活动，引导广大农民依法参与村民自治活动和社会管理，了解和掌握维护自身合法权益、解决矛盾纠纷的法律知识和途径，推动社会主义新农村建设。

四、坚持法制教育与法治实践相结合，全面推进依法治理

认真实施《茌平县2006—2010年依法治县规划》，围绕司法、执法、普法、法律监督和法律服务等环节，深入开展多层次多领域的依法治理工作。继续深化“民主法治村”创建活动，促进基层民主政治建设；搞好依法行政示范单位创建活动，提高执法和管理水平；开展法治乡（镇、街道）创建活动，加强专项治理工作，提高全社会法治化管理水平。

五、创新和丰富法制宣传教育的形式和载体，提高法制宣传教育的社会效果

深入开展以“学法律、讲权利、讲义务、讲责任”为内容的公民法制宣传教育，大力推进法制宣传教育进机关、进乡村、进学校、进企业主题活动，把法制宣传教育融入基层人民群众的生产生活之中，形成崇尚法律、遵守法律、依法办事的社会氛围。报刊、广播、电视等大众传播媒体要树立责任意识，加强法制栏目建设，开展准确生动、通俗易懂的法制宣传教育。加强法制文艺宣传工作，繁荣法制文化事业，提高法制宣传教育的吸引力和感染力。加强政府和专业普法网站建设，利用互联网平台开展法制宣传教育。加强各种法制宣传教育园地、阵地建设，鼓励、引导和规范法制宣传教育志愿者活动。搞好“12•4”全国法制宣传日宣传教育活动。

六、加强法制宣传教育工作的组织领导，动员和依靠全社会力量共同参与

各乡（镇）、街道、县直各部门、各企事业

单位、各社会团体和其他各类组织，都要高度重视法制宣传教育工作，进一步健全法制宣传教育制度，落实工作责任，在搞好内部宣传教育的同时，面向全社会开展法制宣传教育活动，确保各项工作落到实处。要克服“厌战”情绪，创新宣传形式，注重实际效果。要加强调查研究，总结推广开展法制宣传教育的先进经验和先进典型。要切实加强基层基础工作，采取有效措施，解决人员、教材、经费、设施等问题，为基层法制宣传教育顺利开展创造良好条件。

七、加强法制宣传教育工作的监督检查，保证本决议得到切实执行

人大要把对法律实施的监督工作与法制宣传教育工作结合起来，推动法制宣传教育工作的不断深入。

茌平县人民代表大会常务委员会
关于批准茌平县“十一五”科学技术
发展规划的决议

（2006年10月17日县第十五届人大常委会第23次会议通过）

茌平县第十五届人大常委会第二十三次会议，听取并审议了县政府《茌平县“十一五”科学技术发展规划》。会议认为，“十五”期间全县科技工作在县委领导和上级科技部门的正确指导下，坚持以邓小平的建设有中国特色的社会主义理论和“三个代表”重要思想为指导，认真贯彻“依靠”“面向”方针，紧密结合全县经济和社会发展的实际，组织实施“科教兴茌”战略，采取有效措施，推动社会各个领域的科技进步，取得了显著成效，促进了全县科技、经济和社会各项事业的发展，圆满完成了“十五”期间的各项任务，为茌平县“十一五”科学技术发展规划奠定了坚实的基础。今后五年是茌平县投资环境发生根本变化，经济建设快速发展的重要时期，也是依靠科学技术实现茌平振兴的关键时期。“十一五”科学技术发展规划完全符合这一实际，县人大常委会决定批准“十一五”科学技术发展规划。

茌平县人大常委会
关于召开县第十五届人民代表大会
第五次会议的决定

（2007年1月20日县第十五届人大常委会第24次会议通过）

茌平县第十五届人民代表大会常务委员会第二十四次会议决定：茌平县第十五届人民代表大会第五次会议于2007年1月30日召开。建议会议的主要议程为：

一、听取和审议茌平县人民政府工作报告。

二、审议茌平县人民政府关于茌平县2006年国民经济和社会发展计划执行情况与2007年计划（草案）的的报告，审查、批准茌平县2006年国民经济和社会发展计划执行情况的报告与2007年计划。

三、审议茌平县人民政府关于茌平县2006年财政预算执行情况和2007年财政预算（草案）的报告；审查茌平县2006年财政预算执行情况的报告和2007年财政预算（草案）；批准茌平县2006年县级财政预算执行情况的报告和2007年县级财政预算。

四、听取和审议茌平县人民代表大会常务委员会工作报告。

五、听取和审议茌平县人民法院工作报告。

六、听取和审议茌平县人民检察院工作报告。

七、选举及其他事项。

茌平县第十五届人大常委会
关于批准2007年全县财政预算的
决　议

（2007年3月22日县第十五届人大常委会第26次会议通过）

茌平县第十五届人大常委会第26次会议经过审议，决定批准县政府提出的2007年县级财政预算，同意县财政局受县政府委托所作的《茌平县

2007年财政预算的报告》。

会议认为，2007年财政预算安排的指导思想明确，预算编制的原则科学合理。会议决定批准2007年财政预算安排。

会议要求，县政府及有关部门要认真落实本次会议精神，严格执行《预算法》，非经法定程序不得变更预算，预算执行过程中确需部分变更预算指标，按法定程序报县人大常委会批准。认真落实积极的财政政策，紧密结合本县实际，充分发挥财政的宏观调控作用，尽可能做到平衡入库，减少财政支出的困难，促进整个国民经济的稳定增长和社会全面进步。要加强对预算外资金的管理和监督，避免奢侈浪费与滋生腐败。要高度重视发挥审计监督的作用，严厉查处违规违纪行为。

第十六届人大常委会决议、决定

茌平县第十六届人大常委会自2008年1月至2012年1月，共举行会议28次，作出决议、决定35项。部分决议、决定原文如下：

茌平县人大常委会关于设立县第十六届人大常委会代表资格审查委员会的决定

（2008年1月22日县第十六届人大常委会第一次会议通过）

根据《中华人民共和国地方各级人民代表大会和地方各级人民政府组织法》有关规定，为做好代表资格审查工作，决定设立茌平县第十六届人大常委会代表资格审查委员会。其组成人员如下：

主 任委 员：何其平

副主任委员：马思民

委　　　员：程东宏　邵　益　王建国

茌平县人大常委会关于加强自身建设的决定

（2008年1月22日茌平县第十六届人大常委会第一次会议通过）

为进一步加强县人大常委会自身建设，提高常委会组成人员的整体素质，使其更好地担负起党和人民赋予的历史使命，特作如下决定：

一、坚持和依靠党的领导，提高贯彻执行党的路线、方针、政策的自觉性。要认真坚持党的基本理论、基本路线和基本方针，坚决贯彻执行中央的决策和部署，在思想上、政治上、行动上同党中央保持高度一致，自觉维护中央的权威。要自觉服从县委的领导，重大问题、重大事项及时向县委请示汇报；认真执行县委的决议、决定，保证县委各项重大决策的贯彻落实。

二、加强学习，提高理论修养和知识水平。要不断加强学习，按照党的十七大“深入贯彻落实科学发展观”的精神，把学习贯穿于人大工作的始终。要深入学习邓小平理论和“三个代表”的重要思想，学习党的十七大和县第十一次党代会精神，坚持理论联系实际，围绕主题、把握灵魂、狠抓落实，努力在解放思想、开拓创新、科学发展上下功夫。要认真学习宪法和法律、人大业务知识以及反映当代世界发展的各种新知识，把握世界经济和科学技术的发展趋势，不断增强法制观念和科技意识，提高依法办事的自觉性和驾驭市场经济、处理复杂事务的能力。

三、坚持民主集中制原则，集体依法行使职权。要进一步完善集体议事决策机制，严格遵守民主集中制原则，坚持集体依法行使职权。凡属重大问题，必须经常委会集体讨论决定。要严格按照法定程序办事，努力维护地方国家权力机关的权威性。对集体讨论通过的决议、决定，必须无条件地服从，并在实际工作中坚决贯彻执行。提倡敢于负责的精神，根据集体决定和分工，切实履行自己的职责。

四、改进工作作风，提高工作效率。要经常深入基层，调查研究，广泛听取人民群众的意见和建议；加强对乡（镇）人大工作的指导。要树立务实、高效、严谨细致的工作作风，对待工作要忠于职守，尽职尽责，在会议上应积极建言献策，并力求实事求是，客观公正，有理有据。凡决定重大问题、实施法律监督和工作监督，都要注重实际，讲求实效，抓好落实。

五、加强同代表和人民群众的联系，自觉接受人民监督。要牢记党的根本宗旨，树立人民至上的思想观念，想问题、办事情、作决定，都要从人民群众的根本利益出发，把维护人民群众的利益作为自己的神圣职责。坚持“从群众中来，到群众中去”的群众路线，深入实际，深入群众，认真听取群众的意见和要求，自觉接受群众监督。继续坚持常委会组成人员分工联系代表制度，加强各工作委员会与对口县人大代表的联系，坚持主任、副主任接待代表和群众来访制度，充分发挥人大常委会联系群众、反映民意、集中民智的主渠道作用。

六、加强廉政建设，树立人大形象。常委会组成人员要模范遵守有关廉政建设的规定，以身作则，严于律己，自觉接受监督。始终保持艰苦奋斗的作风，做廉洁奉公的表率。认真履行职责，监督和支持司法机关依法查处案件，推动全县反腐败斗争的深入开展。

七、加强机关组织建设，造就一支政治强、业务精、作风硬的干部队伍。加强机关干部队伍建设，不断提高机关干部的理论素养和专业知识，不断增强为“三会”服务的能力和水平。对德才兼备，符合干部“四化”标准的优秀干部，及时提拔使用；通过挂职锻炼、干部交流等形式，优化干部结构，提高干部的综合素质和工作水平。要加强人大各工作委员会和常委会工作部门的建设，建立健全“一岗双责”，全面推动规范化服务，努力把人大机关建设成团结、务实、廉洁、高效的机关。

八、加强制度建设，严格纪律约束。常委会组成人员要严格按照法律法规和有关规章制度办事，严格要求，严格管理，严格监督。要讲党性，讲原则，讲纪律，弘扬正气，开展积极的思想政治工作。要进一步坚持常委会组成人员守则、议事规则等规章制度，用制度规范每个人的行为。常委会组成人员要严格按照规定出席常委会会议，并恪尽职守，履行职责、扎实工作，使常委会成为“务实高效、团结协作、廉洁奉公、遵纪守法、开拓创新”的战斗集体，不断开创人大工作的新局面。

茌平县第十六届人大常委会
关于批准2008年全县财政预算的决议

（2008年2月2日茌平县十六届人大常委会第2次会议通过）

茌平县第十六届人大常委会第2次会议经过审议，决定批准县政府提出的2008年县级财政预算，同意县财政局受县政府委托所作的《茌平县2008年财政预算的报告》。

会议认为，2008年财政预算安排的指导思想明确，预算编制的原则科学合理。会议决定批准2008年财政预算安排。

会议要求，县政府及有关部门要认真落实本次会议精神，严格执行预算法，非经法定程序不得变更预算，预算执行过程中确需部分变更预算指标，按法定程序报县人大常委会批准。认真落实积极的财政政策，坚持公共财政方向，紧密结合我县实际，充分发挥财政的宏观调控作用，尽可能做到平衡入库，减少财政支出的困难，促进整个国民经济的稳定增长和社会全面进步。要加强对预算外资金的管理和监督，避免奢侈浪费与滋生腐败。要高度重视发挥审计监督的作用，严厉查处违规违纪行为。

茌平县人大常委会
批准县政府关于工业用地布局调整的决议

（2008年7月3日茌平县第十六届人大常委会第四次会议通过）

茌平县第十六届人大常委会第四次会议，听取了县建设局局长靳明华受县政府委托所作的《关于茌平县工业用地布局进行调整的报告》。

经过审议，会议决定批准县政府提出的《关于茌平县工业用地布局进行调整的报告》。

茌平县人人常委会关于贯彻落实
中共茌平县委十一届四次全委会议精神的
决　议

（2008年7月3日茌平县第十六届人大常委会第四次会议通过）

中共茌平县委十一届四次全委会议召开以后，茌平县人大常委会对会议精神进行了认真的贯彻落实，对《中共茌平县委关于解放思想二次创业全面进军百强县的决定》进行了学习、研讨。大家一致认为，县委十一届四次全委会议是在茌平发展的关键时期召开的一次十分重要的会议，充分体现了县委团结带领全县人民早日跨入全国百强的信心和决心，令人鼓舞，催人奋进。大家一致表示，坚决响应县委号召，进一步增强责任感和使命感，解放思想，更新观念，二次创业，努力在实现全面进入全国百强过程中做出新的、更大贡献！

为推动人大机关和全县人大代表深入贯彻落实中共茌平县委十一届四次全委会议精神，更好地发挥人大在加快经济社会发展中的作用，特作如下决议：

一、深刻领会中共茌平县委十一届四次全委会议精神，切实把思想和行动统一到解放思想，二次创业，全面进军百强县上来

茌平县的发展已经处于一个新的历史时期，这次会议对于推动全县上下进一步解放思想、二次创业、全面进军全国百强县，实现茌平科学发展、和谐发展、率先发展，具有十分重要的意义。《决定》深刻分析了影响全县科学发展的思想障碍，明确了二次创业的总体思路、奋斗目标，对今后几年全县经济社会发展作出了全面部署，是组织和动员全县人民抢抓机遇，再创辉煌的行动纲领。人大机关和全县人大代表一定要深刻理解和准确把握《决定》的精神，进一步统一思想认识，努力增强贯彻落实的自觉性和坚定性。

（一）要深刻理解和准确把握解放思想二次创业的必要性和紧迫性。解放思想、二次创业，是深入贯彻落实党的十七大精神的必然要求，是跨入全国百强的战略举措，是抢抓机遇、应对挑战的现实选择，是全县广大人民群众支持发展、要求发展、渴望发展的迫切需要，是新时期赋予各级领导干部的历史使命。人大机关和全县人大代表要深刻认识到解放思想二次创业的重大意义，增强责任意识，把思想、行动迅速统一到县委的决策部署上来。

（二）要深刻理解和准确把握解放思想、二次创业，必须破除影响科学发展的思想障碍。推进二次创业，实现跨入全国百强县的奋斗目标，必须把解放思想作为开展一切工作的前提，必须以思想的大解放推动全县的大发展。人大机关和全县人大代表要树立居安思危意识、全局大局意识，改革创新意识、开拓进取意识和苦干实干意识。

（三）要认识和理解解放思想、二次创业的总体思路和奋斗目标。二次创业的总体思路是“12345”工程，即明确“一个目标”，争当“两个排头兵”，建设“三个一流”，推进“四个转变”，实现“五个突破”。人大机关和全县人大代表要思想再统一，认识再提高，措施再强化，任务再落实，努力推进全县经济社会更好更快发展。

二、围绕《决定》确定的目标任务，认真履行人大监督职能

县委明确了二次创业的总体思路，即

“12345”工程，县人大常委会要紧紧围绕这一目标，充分发挥在全县新农村建设、工业经济、城市建设、文化建设以及和谐茌平建设中的重要作用，行使好这一系列工作中重大事项决定权和监督权，为实现二次创业宏伟目标提供有力保障。

（一）要按照科学发展观讨论决定重大事项，保障社会和谐发展。县人大常委会要按照科学发展观的要求，深入调查研究，充分发扬民主，集思广益，认真讨论、决定本行政区域内政治、经济、文化和社会生活等方面的重大事项，作出在本行政区域内具有普遍约束力的决议、决定，来保障和促进经济社会的全面协调可持续发展和人与社会、人与自然和谐发展。

（二）要加强人大监督，营造和谐发展的法治环境。县人大要切实加强法律监督和工作监督，充分发挥法治在促进和保障社会和谐发展的重要作用。要注重运用多种监督形式和手段，依法强化监督职能。注重加强对法律法规贯彻实施的监督，加大执法检查的力度，督促纠正有法不依，执法不严，违法不究等执法过程中出现的问题；加强对行政、审判、检察机关的工作监督，督促行政机关和公职人员严格依法行政，依法办事；督促审判、检察机关公正司法，促进司法公正；加强对群众最现实、最关心的热点难点问题的监督，督促解决群众反映强烈的矛盾和问题，不断消除各种不和谐因素，努力使人大监督成为促发展、促法治、促和谐的合力和动力。

（三）突出法治理念，推进民主法制，实现社会公平正义。县人大及其常委会要在发展社会主义民主政治、推进依法治县的进程中，利用自己的独特地位，发挥积极作用。要扎实工作，坚持执政为民，切实推进民主建设。要积极推进依法治县。坚持完善社会主义法治，充分发挥法制在促进、实现、保障社会和谐方面的重要作用。常委会要高度关注民生，督促政府认真解决人民群众最关心、最直接、最现实的利益问题，实现最广大人民的根本利益。

（四）发挥代表优势，凝聚社会力量，营造和谐共建格局。常委会要充分发挥各级人大代表的特殊优势和重要作用，为构建社会主义和谐社会扩大群众基础，增添社会力量。一是发挥人大代表广泛联系群众的优势，为营造和谐社会搭架桥梁。二是发挥好人大代表广纳群言的优势，为促进和谐发展谋良策。三是发挥好人大代表模范带头的优势，为构建和谐社会当先锋。

三、继续加强机关作风建设，为解放思想、二次创业、全面进军百强县提供坚强的政治保证

县人大常委会要继续加强机关作风建设，把学习当成一种习惯，努力学习马克思主义中国化的最新理论成果，努力学习中国特色社会主义理论体系，努力学习有助于促进经济社会发展的各种科学理论知识；扎实开展“带着感情下基层，化解矛盾破难题”和“讲党性、重品行、作表率”主题实践活动；在张国忠劳模吃亏精神、实干精神和张学信劳模开拓进取、敢为人先精神的感召下，以昂扬的斗志和丰厚的学识挺立在全心全意为人民服务队伍的前列。

四、解放思想、凝心聚力、努力开创人大工作新局面

茌平县的发展已经到了一个非常关键的历史时期，对百强县的实现起着至关重要的作用，全县人大机关和全体人大代表一定要积极响应县委解放思想、二次创业的号召，凝心聚力、勇于探索，在实践中努力开拓新思路，创造新办法，在以后的工作中牢固树立强化改革创新意识，牢固树立危机意识，牢固树立科学发展意识，牢固树立开放合作意识，牢固树立敢为人先意识 ，增强加快发展的责任感和紧迫感，不断开创人大工作新局面。

让我们更加紧密地团结在以胡锦涛为总书记的党中央周围，高举中国特色社会主义伟大旗帜，在中共茌平县委的坚强领导下，认真学习贯彻党的十七大精神，深入贯彻落实科学发展观，解放思想，二次创业，为早日跨入全国百强县而努力奋斗！

茌平县人大常委会
关于免去刘君之人民监督员职务的
决 定

（2008年10月30日茌平县第十六届人大常委会
第六次会议通过）

茌平县第十六届人民代表大会常务委员会第六次会议决定：免去刘君之其人民监督员职务。

茌平县人大常委会
关于调整2008年县财政预算的
决 定

（2008年10月30日茌平县第十六届人大常委会
第六次会议通过）

茌平县第十六届人大常委会第六次会议经过审议，批准茌平县人民政府《关于调整茌平县2008年财政预算的报告》，决定：2008年县地方财政收入由9.76亿元调整为9.01亿元，增幅由30%调整为20%。

茌平县人大常委会
关于召开县第十六届人民代表大会
第二次会议的决定

（2008年12月23日县第十六届人大常委会
第八次会议通过）

茌平县第十六届人大常委会第八次会议决定：茌平县第十六届人民代表大会第二次会议于2009年1月7日至1月9日召开。建议会议的主要议程为：

一、听取并审议县人民政府工作报告。

二、审议县人民政府关于茌平县2008年国民经济和社会发展计划执行情况与2009年国民经济和社会发展计划（草案）的报告；审查和批准茌平县2008年国民经济和社会发展计划执行情况与2009年国民经济和社会发展计划。

三、审议县人民政府关于茌平县2008年预算执行情况和2009年预算(草案)的报告；审查批准茌平县2008年预算执行情况的报告和2009年预算；批准茌平县2008年县级预算执行情况的报告和2009年县级预算。

四、听取并审议县人大常委会工作报告。

五、听取并审议县人民法院工作报告。

六、听取并审议县人民检察院工作报告。

七、选举事项：选举茌平县人民政府县长。

八、其他事项。

茌平县第十六届人大常委会
关于批准2009年全县财政预算的
决 议

（2009年3月4日茌平县第十六届人大常委会
第12次会议通过）

茌平县第十六届人大常委会第12次会议经过审议，决定批准县政府提出的2009年县级财政预算，同意县财政局受县政府委托所作的《茌平县2009年财政预算的报告》。

会议认为，2009年财政预算安排的指导思想明确，预算编制的原则科学合理。会议决定批准2009年财政预算安排。

会议要求，县政府及有关部门要认真落实本次会议精神，在茌平县受全球金融危机的影响下，要大力挖掘财政收入增长潜力，确保财政收入稳定增长；要进一步优化财政支出结构，优先安排各类扶持企业发展资金支出，优先保障重点民生支出，做到发展、民生两不误。全县各级各部门要强化危机意识和责任意识，牢固树立过紧日子思想，厉行节约，勤俭办事，努力打造节约型政府。县政府要加强对预算外资金的管理和监督，避免奢侈浪费与滋生腐败。要高度重视发挥审计监督的作用，严厉查处违规违纪行为。

茌平县人大常委会关于批准《茌平县人民政府关于茌平县环城水系及景观建设工程筹资方案的报告》的决议

(2009年3月4日茌平县第十六届人大常委会第十二次会议通过)

茌平县第十六届人大常委会第十二次会议，审议了《茌平县人民政府关于茌平县环城水系及景观建设工程筹资方案的报告》，并听取了相关汇报，决定批准这个议案。

会议要求：

一、同意县政府授权茌平县国有资产管理局所属的宏旺资产经营有限公司对茌平县环城水系及景观建设工程进行投融资建设。

二、同意县政府授权茌平县宏旺资产经营有限公司向工商银行申请茌平县环城水系及景观建设工程项目贷款2.2亿元，专项用于茌平县环城水系及景观建设工程项目建设。

三、同意县政府将茌平县宏旺资产经营有限公司环城水系及景观建设工程项目自筹资金列入当年财政预算，并每年在财政预算中安排专项资金，用于该项目的还本付息。

四、县政府要加强对贷款资金使用情况的监管，纳入城市建设投资计划管理，实行项目贷款法人负责制，严格资金管理，确保专款专用，严禁挤占、挪用。

五、县政府要对贷款资金使用情况及时向县委、县人大常委会报告，审计部门要按规定进行专项审计，并向县人大常委会报告审计结果。如发现问题，要及时加以纠正，情节严重的，要追究相关责任人及领导人的责任。

六、县人大财政经济委员会要按照县人大常委会的要求，依法实施监督，加强跟踪问效，确保决议事项落到实处。

茌平县人大常委会关于表彰“人民信任单位”“人民满意单位”和“优秀人民公仆”的决定

(2009年3月4日茌平县第十六届人大常委会第十二次会议通过)

2008年是县第十六届人大常委会依法履行法定职权的第一年。一年来，在中共茌平县委的正确领导下，常委会坚持以邓小平理论和“三个代表”重要思想为指导，全面贯彻落实科学发展观，按照县十六届人大一次会议通过的各项决议决定，紧紧围绕县委工作中心、政府重点工作以及人民群众关注的热点、难点问题，依法行使重大事项决定权、监督权和人事任免权，为促进全县经济社会的健康有序发展做出了积极的贡献。全县各级各部门更是以高度的政治责任感和历史使命感，围绕部门各项职责，解放思想，开拓创新，扎实工作，积极履职，为推动全县经济社会的协调快速发展发挥了重要的作用。

为激励先进，鞭策后进，常委会根据上年开展的代表评议工作，围绕部门贯彻执行人大决议、决定、审议意见，办理代表建议意见和履职表现，结合常委会在视察调查工作中了解和掌握的情况，组织百余名代表参加评议大会现场投票评议，从政府组成部门中评选出了16个“人民信任单位”；从法检两院的职能科室中评选出4个“人民满意单位”；从服务于全县经济建设的垂直部门中评选出10个“人民满意单位”。并从16个“人民信任单位”的主要负责人中评选出10名“优秀人民公仆”。经提请县十六届人大常委会第十二次会议表决通过，决定予以表彰。

全县各级各部门和广大干部群众要把这次受表彰的先进单位和个人作为自己学习的模范。紧紧围绕我县“团结实干建设铝城枣乡，科学发展跨入全国百强”的奋斗目标，立足本职，依法履职，扎根基层，为民谋利。希望受表彰的单位和个人谦虚谨慎，戒骄戒躁，发扬成绩，再创佳绩，以更加饱满的政治热情，更加良好的精神风貌，更加优异的工作成绩回报全县58万人民的信任与重托。

人民信任单位、人民满意单位和优秀人民公仆名单：

人民信任单位16个：县政府办公室、县人事局、县财政局、县建设局、县发展计划局、县教育局、县水务局、县农业局、县卫生局、县交通局、县民政局、县人口与计划生育局、县经济贸易局、县劳动和社会保障局、县审计局、县公安局。

人民满意单位10个（垂直部门）：县国税局、县地税局、县电业公司、县工商局、县质量技术监督局、县公路局、县农信社、县中行、县工行、县消防大队。

人民满意单位4个（法检两院）：法院执行局、检察院反贪局、法院刑事审判庭、检察院反渎局。

优秀人民公仆10名：县政府办公室主任谷秀坤、县人事局局长初士锋、县建设局局长靳明华、县发展计划局局长赵希亮、县教育局局长张玉林、县水务局局长刘志华、县农业局局长乌以强、县卫生局局长丁洁卉、县交通局局长张观禄、县民政局局长胡振同。

茌平县人大常委会
关于召开县第十六届人民代表大会
第三次会议的决定

（2009年12月9日县第十六届人大常委会第十七次会议通过）

茌平县第十六届人大常委会第十七次会议决定：茌平县第十六届人民代表大会第三次会议于2009年12月25日至27日召开。建议会议的主要议程为：

一、听取并审议县人民政府工作报告。

二、审议县人民政府关于茌平县2009年国民经济和社会发展计划执行情况与2010年国民经济和社会发展计划（草案）的报告；审查和批准茌平县2009年国民经济和社会发展计划执行情况与2010年国民经济和社会发展计划。

三、审议县人民政府关于茌平县2009年预算执行情况和2010年预算(草案)的报告；审查批准茌平县2009年预算执行情况的报告和2010年预算；批准茌平县2009年县级预算执行情况的报告和2010年县级预算。

四、听取并审议县人大常委会工作报告。

五、听取并审议县人民法院工作报告。

六、听取并审议县人民检察院工作报告。

七、其他事项。

茌平县第十六届人大常委会
关于批准2010年全县财政预算的
决 议

（2010年3月16日茌平县十六届人大常委会第18次会议通过）

茌平县第十六届人大常委会第18次会议经过审议，决定批准县政府提出的2010年县级财政预算，同意县财政局受县政府委托所作的《茌平县2010年财政预算（草案）的报告》。

会议认为，2010年财政预算安排的指导思想明确，预算编制的原则科学合理。会议决定批准2010年财政预算安排。

会议要求，县政府及有关部门要认真落实本次会议精神，严格执行预算法，非经法定程序不得变更预算，预算执行过程中确需部分变更预算指标，按法定程序报县人大常委会批准。认真落实积极的财政政策，紧密结合本县实际，充分发挥财政的宏观调控作用，尽可能做到平衡入库，减少财政支出的困难，促进整个国民经济的稳定增长和社会全面进步。要加强对预算外资金的管理和监督，避免奢侈浪费与滋生腐败。要高度重视发挥审计监督的作用，严厉查处违规违纪行为。

茌平县第十六届人大常委会
关于茌平县城市总体规划（2008—2030）修编方案的决定

（2010年5月25日茌平县十六届人大常委会第十九次会议通过）

茌平县第十六届人民代表大会常务委员会第十九次会议，审议了县建设局局长靳明华代表县政府所作的关于《茌平县城市总体规划（2008—2030）》修编方案的报告。

常委会认为，本次城市总体规划的修编方案坚持“政府主导、专家领衔、部门合作、公众参与、科学决策”的原则，修编后的城市总体规划，适应了当前形势的要求。规划中提出的县域经济与产业发展规划、县域城镇体系规划、中心城区规划、近期建设规划、远景规划构想体现了全县人民的意愿，符合茌平发展的实际情况，是切实可行的。会议决定批准茌平县城市总体规划，同意县政府付诸实施。

县人大常委会批准修编的《城市总体规划》有自身的法律地位，各级各部门必须严格按规划执行。要维护规划的刚性，任何单位和个人都不能随意改变规划。如有调整，须经县人大常委会批准，使全县的城市建设朝着健康有序的方向发展。

茌平县人大常委会
关于同意将偿还茌平县第一期城中村改造、安置房建设项目建设资金列入财政专项预算的决议

（2010年8月20日茌平县十六届人大常委会第20次会议通过）

茌平县人民政府：

第十六届人民代表大会常务委员会第20次会议审议通过了茌平县人民政府《关于茌平县第一期城中村改造、安置房建设项目建设资金有关问题的报告》（茌政发〔2010〕89号），同意将茌平县第一期城中村改造、安置房建设项目建设资金及利息逐年列入财政预算，由财政收入或其他来源在预算中分年安排项目资金，用于偿还茌平县城市综合开发建设投资有限公司建设资金及利息。要按《预算法》规定的程序办理法定手续，并负责监督执行。

茌平县第十六届人大常委会
关于批准2011年全县财政预算的决　定

（2011年4月13日茌平县第十六届人大常委会第23次会议通过）

茌平县第十六届人大常委会第23次会议经过审议，决定批准县政府提出的2011年县级财政预算，同意县财政局受县政府委托所作的《茌平县2011年财政预算（草案）的报告》。

会议认为，2011年财政预算安排的指导思想明确，预算编制的原则科学合理。会议决定批准2011年财政预算安排。

会议要求，县政府及有关部门要认真落实本次会议精神，严格执行《预算法》，非经法定程序不得变更预算，预算执行过程中确需部分变更预算指标，按法定程序报县人大常委会批准。认真落实积极的财政政策，紧密结合本县实际，充分发挥财政的宏观调控作用，尽可能做到平衡入库，减少财政支出的困难，促进整个国民经济的稳定增长和社会全面进步。要加强对预算外资金的管理和监督，避免奢侈浪费与滋生腐败。要高度重视发挥审计监督的作用，严厉查处违规违纪行为。

茌平县第十六届人大常委会
关于表彰2010年度“优秀单位”的决定

（2011年4月13日茌平县第十六届人大常委会第23次会议通过）

2010年，县人大常委会在中共茌平县委的正确领导下，坚持以邓小平理论和“三个代表”重要思想为指导，全面贯彻落实科学发展观，紧紧围绕县委中

心工作、政府重点工作以及人民群众关注的热点、难点问题，依法行使重大事项决定权、监督权和人事任免权，为促进全县经济社会的健康有序发展做出了积极的贡献。全县各级各部门更是以高度的政治责任感和历史使命感，围绕部门各项职责，解放思想，开拓创新，扎实工作，积极履职，为推动茌平县经济社会的协调快速发展发挥了重要的作用。

为激励先进，鞭策后进，常委会根据去年开展的代表评议工作，围绕部门贯彻执行人大决议、决定、审议意见，办理代表建议意见和履职表现，结合常委会在视察调查工作中了解和掌握的情况，组织人大代表对全县的政府组成部门及垂直部门进行评议，并提请县十六届人大常委会第二十三次会议表决通过，决定：

授予县直33个单位：县政府办公室、县人事局、县发展计划局、县财政局、县农业局、县民政局、县建设局、县交通局、县国土资源局、县统计局、县水务局、县招商局、县劳动和社会保障局、县卫生局、县人民法院、县人民检察院、县公安局、县监察局、县残联、县经济贸易局、县对外贸易经济合作局、县联社、县科学技术局、县农机局、县教育局、县人口和计划生育局、县司法局、县审计局、县环保局、县文化体育旅游局、县物价局、县城市管理行政执法局、林业办公室；中央省属驻茌单位及医院学校20个单位：县国税局、县地税局、县供电公司、县工商局、县质量技术监督局、县武警中队、县实验小学、县消防大队、县实验高中、县中行、县住房公积金管理处、县工行、县农行、县农信社、县公路局、县交警大队、县一中、教师进修学校、县人行、县银监局被评为2010年度“优秀单位”称号。

茌平县人大常委会
关于开展“六五”法制宣传教育的
决 议

（2011年9月21日茌平县第十六届人大常委会第二十五次会议通过）

为了进一步提高全县公民的法律素质，推进依法治理工作深入开展，保障茌平县“三年翻番再造一个新茌平，五年奋战跨入全国五十强”和“十二五”规划各项目标任务的全面完成，就茌平县实施2011年至2015年第六个五年法制宣传教育规划作如下决议：

一、以宪法为核心，大力加强法律知识宣传教育

深入开展以宪法为核心的法律体系和法律知识学习宣传活动，不断增强全体公民的宪法意识和社会主义民主法治观念，形成崇尚宪法、遵守宪法、维护宪法的社会氛围。围绕全县发展大局和社会热点、难点问题，深入学习社会主义法律体系的基本法律，适应市民学习和运用法律的需求。深入学习宣传促进经济发展、保障改善民生、深化社会管理、促进公平正义和反腐倡廉相关法律法规，增强公民的责任意识和权利义务观念，培养公民自觉遵法守法用法的行为习惯。深入开展社会主义法治理念教育，弘扬法制精神和法治文化，促进依法行政和公正司法，为全县经济建设和社会发展创造良好的法治环境。

二、增强针对性和实效性，强化重点人群的法制宣传教育

在做好全民法制宣传教育的基础上，重点做好领导干部的法制宣传教育。各级领导干部要增强在宪法和法律范围内活动的观念和自觉接受监督的意识，提高依法决策、依法管理经济和社会事务的能力，做全社会学法用法守法的表率。公务人员特别是司法和行政执法人员要系统学习掌握与履行职责相关的法律法规，着力提高依法行使公共权力的能力，真正做到依法行政，公正司法。要继续做好青少年法制宣传教育，与道德品质教育和公民意识教育相结合，落实教材、师资、课时和经费，使青少年从小懂得应该遵循的基本行为准则，养成良好行为习惯。企业经营管理人员要着力培养诚信守法观念和社会责任意识，提高依法经营和依法管理能力。结合社会主义新农村建设，重点宣传与村民生产、生活相关的法律法规，引导村民依法参与村民自治活动和社会管理，依法维护权

益、解决矛盾纠纷，促进和谐。要做好城镇居民和流动人口的法制宣传教育。

三、坚持法制宣传教育与法治实践相结合，提高法治化管理水平

根据茌平县经济社会发展实际，制定依法治县规划及阶段性计划，落实责任，认真组织实施。积极探索地方、行业和基层依法治理的实践形式，深入开展“法治县”“法治乡（镇）”“法治校园”等多种创建活动。围绕平安茌平、和谐茌平建设开展专项依法治理，严厉打击严重刑事犯罪和各种不法行为，取缔非法活动，保护公民合法权益。充分利用“12•4”法制宣传日开展各种宣传教育活动，扩大宣传教育覆盖面。要鼓励、引导和规范法制宣传教育志愿活动，积极开展形式多样的法制宣传教育主题活动，大力推进法制宣传教育进机关、进乡村、进社区、进校园、进企业、进单位，运用典型剖析和化解群众关心的热点问题，深化宣传教育效果，用法制实践促进和检验法制宣传教育的实效。电视、广播、报刊等各类媒体要通过开办法制栏目（专栏、专版）等形式，积极开展准确、通俗、生动活泼的法制宣传教育。要繁荣法制文艺创作，不断增强法制宣传的吸引力和感染力。充分利用互联网、移动通讯平台开展法制宣传教育，各级政府网站和专业普法网站要努力成为群众学习法律知识、获得法律帮助的有效途径。

四、完善法制宣传教育的组织领导，强化保障机制建设

法制宣传教育要动员和依靠全社会力量共同参与。各级国家机关、社会团体、企事业单位、学校和其他组织，要承担起本部门、单位抓好法制宣传教育的责任。各级人民政府要把法制宣传教育纳入经济社会发展规划，纳入目标管理责任制，认真组织实施。要分行业落实不同的学习教材，公务人员要落实法制宣传教育培训计划和培训教材并纳入工作考核内容。要完善法制宣传教育领导体制和工作机制，加强组织领导，落实专职人员，做好全县法制宣传教育和依法治理协调、指导、考核、检查工作。各级政府要把法制宣传教育经费列入财政预算，县、乡以每年人均0.30元作为最低预算标准，专款专用，确保到位。各部门、行业和企业也应保证基本的普法经费。

五、加强监督检查，保证决议得到切实执行

县人大常委会要把法制宣传教育工作与法律监督工作结合起来，充分发挥职能作用，加强对法制宣传教育工作的监督检查，听取工作情况汇报，开展视察和检查活动，定期审议“六五”法制宣传教育规划的落实情况。各级政府要切实抓好“六五”法制宣传教育规划的组织实施，制定制度和阶段性实施方案，以及考核、检查、评比办法，实现规划目标。

茌平县人大常委会
关于《茌平县2011—2015年依法治县规划》的
决议

（2011年9月21日茌平县第十六届人大常委会
第二十五次会议通过）

茌平县第十六届人民代表大会常务委员会第二十五次会议经过审议，决定通过《茌平县2011—2015年依法治县规划》，由县人民政府、县人民法院、县人民检察院组织实施。

茌平县人民代表大会常务委员会
关于县乡两级人民代表大会换届选举的
决　定

（2011年11月24日县十六届人大常委会
第二十六次会议通过）

根据《中华人民共和国宪法》和《中华人民共和国地方各级人民代表大会和地方各级人民政府组织法》的规定，以及山东省第十一届人大常委会第二十五次会议作出的《山东省人民代表大会常务委员会关于县、乡两级人民代表大会代表选举时间的决定》要求，茌平县第

十六届人民代表大会常务委员会第二十六次会议决定：茌平县新一届县级人大代表的名额为230人，乡（镇）人大代表的名额数与上一届相同，不再变动；茌平县县、乡级两级人民代表大会换届选举于2011年12月20日以前完成；2011年12月19日为茌平县县、乡两级人民代表大会代表选举日；各乡（镇）于2011年12月底以前召开新一届乡（镇）人民代表大会，并将结果报县人大常委会。

茌平县人民代表大会常务委员会关于批准茌平县“十二五”科学技术发展规划的决议

（2011年12月27日县第十六届人大常委会第二十八次会议通过）

茌平县第十六届人大常委会第二十八次会议，听取并审议了县政府。会议认为，“十一五”期间全县科技工作在县委领导和上级科技部门的正确指导下，坚持以“三个代表”重要思想和胡锦涛的科学发展观为指导，紧密结合全县经济和社会发展的实际，组织实施“科教兴茌”战略，采取有效措施，推动社会各个领域的科技进步，取得了显著成效，促进了全县科技、经济和社会各项事业的发展，圆满完成了十一五期间的各项任务，为全县“十二五”科学技术发展规划奠定了坚实的基础。今后五年是我县投资环境发生根本变化，经济建设近日快速发展的重要时期，也是依靠科学技术实现茌平振兴的关键时期，“十二五”科学技术发展规划完全符合这一实际，县人大常委会决定批准“十二五”科学技术发展规划。

第十七届人大常委会决议、决定

截至2016年12月，茌平县第十七届人大常委会共举行会议36次，作出决议、决定88个。部分决议、决定原文如下：

茌平县人大常委会2012年工作要点

（2012年1月14日茌平县第十七届人大常委会第一次会议通过）

2012年是站在新起点，实现新跨越的一年。新的一年里，茌平县第十七届人大常委会要在中共茌平县委的坚强领导下，坚持以党的十七大及十七大以来历次全会精神为指导，深入贯彻落实科学发展观，不断增强大局意识、责任意识，紧紧围绕县委提出的“一二三四五六”的奋斗目标和工作思路，以实现“科学发展建设幸福新茌平，奋力赶超跨入全国五十强”的新目标为重点，以创建学习型机关为载体，进一步加强和改进人大工作，全面加强常委会自身建设，不断提高人大工作水平。

一、着力推进和加强监督工作

（一）认真听取和审议“一府两院”专项报告。2012年的人大工作重点要紧紧围绕全县工作重心，围绕关系改革发展稳定大局和群众切身利益，围绕关系社会普遍关注的重大民生问题和热点难点问题，进一步加强和提高监督工作力度，增强监督工作实效。全年计划召开7次常委会会议，着重听取下列专项工作报告：

1. 关于重点项目推进情况的汇报。

2. 关于2012年预算执行情况的报告。

3. 关于县第十七届人大一次会议建议、批评和意见办理情况的报告。

4. 关于教育工作的报告。

5. 关于县政府上半年经济运行情况和下半年工作安排的报告。

6. 关于劳动和社会保障工作的报告。

7. 关于卫生医疗工作的报告。

8. 关于城市卫生资源整合建设情况的报告。

9. 关于安全生产监管工作的报告。

10. 关于食品药品监管工作的报告。

11. 关于市场物价监管工作的报告。

12. 关于2012年度预算执行和其他财政收支审

计情况的报告。

（二）深入开展执法检查。上半年，重点对《水利法》《义务教育法》和《食品卫生法》等3部法律法规实施情况开展执法检查；下半年，重点对《环境保护法》《消防法》《安全生产法》3部法律法规实施情况开展执法检查。在执法检查中，把促进法律法规实施与开展法制宣传教育结合起来；把上下联动执法检查结合起来，加大执法检查的力度；执法检查后，加强对法律法规主管机关落实整改意见的跟踪检查工作，坚持把执法检查与整改“回头看”结合起来，提高执法检查的实效，推动群众反映的实际问题的解决。

（三）加强对财政预算的审查监督。着重从预算的完整性、规范性、科学性、透明性等方面依法加强对部门预算的审查监督，按照集中财力办大事原则，督促重点支出的安排和资金到位。坚持提前介入和充分发挥“同级审”作用，监督预算执行。

（四）加强规范性文件备案审查工作。认真贯彻实施规范性文件备案审查规定，坚持被动审查与主动审查相结合，加大主动审查工作力度，认真总结备案审查工作经验，不断完善工作制度和工作程序，切实做好规范性文件备案审查工作。

（五）加强和改进信访工作。坚持以人为本的理念，依法及时督办各类信访案件，进一步完善信访工作机制。

二、认真行使重大事项决定权

依法决定重大事项。决定权是宪法和法律赋予各级人大及其常委会的一项重要职权，特别是对于没有立法权的地方人大及其常委会，决定权居于主导地位，是体现地方人大及其常委会权力行为的重要标志。地方人大常委会通过行使重大事项决定权，可以充分发挥地方的积极性、创造性和自主权，保障经济建设和社会各项事业持续、快速、健康发展，加快法治化进程。县人大常委会将一如既往的贯彻县委重大工作部署，对关系全县改革开放稳定大局的政治、经济、教育、科学、文化、卫生环境和资源保护、民政等重大事项作出决议、决定。

三、进一步规范人事任免工作

认真做好人事任免工作。坚持党管干部原则和人大依法任免的有机统一，不断规范和完善任免工作程序，努力提高人事任免工作质量，提高被任命干部权力民授意识。

四、认真做好代表工作

（一）组织人大代表视察“一府两院”工作。认真落实代表工作各项制度，加强代表学习培训，提高代表在经济建设中的参与意识。支持和保障人大代表依法履行职责，丰富代表活动内容。围绕“十二五”开局、经济结构调整和转变发展方式等重大问题组织代表开展专题调研和集中视察，充分发挥代表在管理国家和社会事务中的作用。上半年，计划组织代表对重点项目、城市建设、基层法庭建设及医疗保障制度执行情况进行视察；下半年，计划组织代表对金牛湖景区建设、环城水系和水网建设工程、计划生育情况、文化产业发展情况进行视察。

（二）组织人大代表对“一府两院”及职能部门开展评议。对“一府两院”及其工作部门进行评议，是宪法和法律赋予人大的一项重要职权，也是一种行之有效的监督形式。组织全国、省、市、县四级人大代表对县直部门、驻茌单位进行评议，评议结果县直部门报县委，驻茌单位报上级主管部门，对评选出的前10名单位主要负责人授予“十大优秀人民公仆”称号；对评选出的前20名单位授予“人民满意单位”；对连续两年评议位次在最后一名的单位，建议县委对该单位提出惩戒。

（三）组织开展评选优秀人大代表活动。为促进代表更好地履行职责，发挥代表职能作用，2012年，人大常委会将在全县范围内开展评选优秀县级人大代表活动，大张旗鼓地表彰那些热爱代表工作，认真履行代表职责，积极主动地为群众办实事、办好事，深受群众欢迎的优秀人大代表。

五、指导乡（镇、街道）人大做好乡（镇、街道）人大工作

（一）指导乡（镇、街道）人大各项活动。指导乡（镇、街道）人大和代表小组围绕县委、县人大的奋斗目标和工作思路，开展集中学习、观摩交流、视察、调研等各项活动，推进相关工作落实。

（二）定期召开乡（镇、街道）人大工作座谈会。总结交流工作，通报全县情况，加强工作指导，研究探讨加强乡（镇、街道）人大工作的有效措施。

（三）考核乡（镇、街道）人大工作。把乡（镇、街道）人大工作列入县综合工作考核范围，由县人大常委会对乡（镇、街道）人大工作统一进行考核。考核结果报县委，作为县工作目标考核的重要依据。

（四）指导乡（镇、街道）开展评议工作。指导乡（镇、街道）人大制定评议办法，各乡（镇、街道）人大要精心组织，确保评议工作的质量和效果。评议结果上报县人大常委会及上级有关部门。

六、进一步加强常委会自身建设

（一）加强政治建设、法律和人大业务学习。深入学习贯彻党的十七大和十七大历次全会精神，深入贯彻科学发展观，牢固树立科学发展的理念。坚持理论联系实际，紧密联系人大工作实际，做到学以致用，用以促学，努力增强服务大局的能力。

（二）加强制度建设。认真贯彻民主集中制原则，坚持常委会集体行使职权，不断完善和规范人大及其常委会的各项工作制度和工作程序，提高常委会会议审议质量和议事水平。

（三）加强机关效能建设、作风建设和党风廉政建设。弘扬求真务实、开拓创新的工作作风，密切与人大代表和人民群众的联系，扎实工作，埋头苦干。坚持常委会党组中心学习制度，着力打造学习型机关。加强能力建设，造就一支高素质的人大干部队伍，提高人大机关的集体参谋水平和服务保障能力。认真做好机关老干部工作。

（四）加强宣传工作，提升人大形象。充分运用各种新闻媒体资源，加大人大工作的宣传报道力度，提高人大工作的社会影响力。突出做好人大常委会围绕县委中心工作的宣传报道，办好电视台的“人大之声”专题，《茌平周讯》的《人大代表风采》栏目，编好《茌平人大工作信息》，全面宣传人大常委会及县委中心工作。

附件：茌平县第十七届人大常委会主任、副主任工作分工

茌平县第十七届人大常委会主任、副主任工作分工

陈秀兴　　人大全面工作；

尹海波　　人大日常工作及人大办公室；

张丽华　　法制工作委员会、老干部科及对口单位；

赵希亮　　财经工作委员会及对口单位；

丁洁卉　　科教文卫工作委员会及对口单位；

靳明华　　代表联络工作委员会及对口单位。

各委室协助分管领导搞好所分管工作，并负责对口单位的日常联系。

茌平县人大常委会关于批准2012年全县财政预算的决定

（2012年3月23日茌平县第十七届人大常委会第二次会议通过）

茌平县第十七届人大常委会第2次会议经过审议，决定批准县政府提出的2012年县级财政预算，同意县财政局受县政府委托所作的《茌平县2012年财政预算（草案）》的报告。

会议认为，2012年财政预算安排的指导思想明确，预算编制的原则科学合理。会议决定批准2012年财政预算安排。

会议要求，县政府及有关部门要认真落实本次会议精神，严格执行预算法，非经法定程序不得变更预算，预算执行过程中确需部分变更预算指标，按法定程序报县人大常委会批准。在下一步的工作中，认真落实财政政策，继续挖掘财政收入增长潜力，紧密结合我县实际，充分发挥财政的调控作用，从而全面完成县十七届一次人代会批准的全年预算任务。

茌平县人大常委会
关于设立县十七届人大常委会代表资格审查委员会的决定

（2012年6月26日茌平县第十七届人大常委会第三次会议通过）

根据《中华人民共和国地方各级人民代表大会和地方各级人民政府组织法》第五十条的规定，县十七届人大常委会第三次会议，决定设立县十七届人大常委会代表资格审查委员会，组成人员为：

主 任委 员：尹海波

副主任委员：张丽华　赵希亮　丁洁卉　靳明华

委　　　员：（按姓名笔画为序）

王泽利　王建国　孙纳新　邵　益　杨　敏　程东宏

茌平县人大常委会
关于暂时停止某人茌平县第十七届人民代表大会代表职务的决定

（2012年9月5日茌平县第十七届人大常委会第四次会议通过）

茌平县第十七届人民代表大会常务委员会第四次会议审议了人大常委会代表资格审查委员会提出的关于提请暂时停止某人茌平县第十七届人民代表大会代表职务的报告，决定暂时停止某人的茌平县第十七届人民代表大会代表职务。

茌平县人大常委会
关于召开县第十七届人民代表大会第二次会议的决定

（2012年12月28日县十七届人大常委会第五次会议通过）

茌平县第十七届人大常委会第五次会议决定：茌平县第十七届人民代表大会第二次会议于2013年1月13日至1月15日召开。建议会议的主要议程为：

一、听取并审议县人民政府工作报告。

二、审议县人民政府关于茌平县2012年国民经济和社会发展计划执行情况与2013年国民经济和社会发展计划（草案）的报告；审查和批准茌平县2012年国民经济和社会发展计划执行情况与2013年国民经济和社会发展计划。

三、审议县人民政府关于茌平县2012年预算执行情况和2013年预算（草案）的报告；审查批准茌平县2012年预算执行情况的报告和2013年预算；批准茌平县2012年县级预算执行情况的报告和2013年县级预算。

四、听取并审议县人大常委会工作报告。

五、听取并审议县人民法院工作报告。

六、听取并审议县人民检察院工作报告。

七、其他事项。

茌平县第十七届人大常委会
关于批准2013年全县财政预算的决定

（2013年4月16日县十七届人大常委会第八次会议通过）

茌平县第十七届人大常委会第八次会议经过审议，决定批准县政府提出的2013年县级财政预算，同意县财政局受县政府委托所作的《茌平县2013年财政预算（草案）》的报告。

会议认为，2013年财政预算安排的指导思想明确，预算编制的原则科学合理。会议决定批准2013年财政预算安排。

会议要求，县政府及有关部门要认真落实本次会议精神，严格执行预算法，非经法定程序不得变更预算，预算执行过程中确需部分变更预算指标，按法定程序报县人大常委会批准。在下一步的工作中，认真落实财政政策，继续挖掘财政收入增长潜力，紧密结合本县实际，充分发挥财政的调控作用，从而全面完成县十七届二次人代会批准的全年预算任务。

茌平县人大常委会2013年工作要点

（2013年4月16日县十七届人大常委会第八次会议通过）

2013年是全面深入贯彻落实党的十八大精神的开局之年，也是贯彻落实县十二次党代会精神，加快建设幸福新茌平和跨入全国五十强的重要一年。县人大常委会要在中共茌平县委的坚强领导下，认真贯彻党的十八大精神，以邓小平理论、“三个代表”重要思想和科学发展观为指导，进一步明确“维护县委领导权威、依法行使决策权力，监督支持“一府两院”工作，履职促进跨越发展，树立人大良好形象”的工作定位，按照“围绕中心、服务大局、突出重点、讲求实效”的原则，切实履行宪法和法律赋予的职责，充分发挥地方国家权力机关的职能作用。

一、推进和加强监督工作，切实增强监督实效

1.围绕大局开展监督。按照十八大的要求和县十二次党代会提出的目标任务，紧紧围绕主线主题，牢固树立为发展而监督、为人民而监督、为法律而监督的理念，把推动科学发展和跨越赶超作为监督和支持的重点，以“产业提升年”为抓手，突出对“十二五”规划实施、“2246”产业园提升工程、保障和改善民生等方面工作的监督，全力推进我县新型工业化、信息化、城镇化、农业现代化建设，实现经济又好又快发展和社会和谐稳定。

2.认真听取审议专项工作报告。听取审议县政府关于重点项目、园区提升、工业经济等情况的报告；听取审议交通运输和公路、城镇化建设、文化产业发展等情况的报告；听取审议县政府关于环境保护与治理、食品安全、安全生产、医疗卫生、社会保障等情况的报告；听取审议县人民法院关于全市法院民商事审判工作的报告和市人民检察院关于全县检察机关刑事诉讼法监督工作的报告。积极探索建立县“一府两院”及其组成部门定期向常委会报告专项工作的长效机制，提高被监督部门负责人接受人大监督的自觉性和主动性，进一步推动相关工作的深入开展。

3.严密组织执法检查和视察活动。全年计划对《公路法》《安全生产法》《环境保护法》《计划生育管理条例》《义务教育法》《劳动法》《社会保障法》和《食品安全法》在全县实施情况进行检查。组织常委会成员和人大代表对本县重点项目、交通运输和公路、园区提升工程、城镇化、城市建设与管理等情况进行视察；对全县文化产业发展情况、农业现代化及信息化发展情况进行视察；对人民法院、人民检察院基层司法工作进行视察；组织驻茌平聊城市代表对本县国民经济及社会发展情况进行视察。

4.深入开展调查研究。针对全县经济社会发展的热点难点问题，开展形式多样、深入细致地调查研究。全年计划对本县信息化建设、创新驱动战略、人才强县战略、医疗保险、现代物流、文化旅游、保障房建设与管理以及生态环境保护等情况开展专题调研。委托各专门委员会及乡（镇、街道）人大机关组织驻茌各级人大代表开展有关调研活动。

5.依法开展工作评议。组织全国、省、市、县四级人大代表对“一府两院”及垂直部门进行工作评议，进一步促进被评议单位依法行政、执政为民。评议结果报送县委、县政府及垂直部门的上级主管部门，并作为全县工作目标考核的重要依据。

6.强化预算和财经工作监督。按照十八大的要求，加强对政府全口径预算决算的审查和监督，着重从预算的科学性、规范性、可操作性和透明性等方面审议全年财政预算。专项听取并审议县人民政府关于2012年财政决算和2013年上半年财政预算执行情况的报告、县政府关于2013年度预算执行和财政收支审计情况的报告，并作出相应决议，推动县委重大经济决策的贯彻落实。

7.加强规范性文件备案审查工作。认真落实规范性文件备案审查的有关规定，坚持被动审查与主动审查相结合，突出审查重点，加大审查力

度，不断完善工作机制和工作程序，推动人大法制工作制度化和程序化。

8. 扎实做好人大信访工作。坚持以人为本的理念，依法参与、协调和督办各类信访案件，进一步完善信访工作机制，协助解决上访人反映的实际问题，切实维护人民群众的合法权益。

二、科学决定重大事项，认真做好任免工作

9. 科学行使重大事项决定权。坚持一切决策必须有利于加强和改善党的领导、保证县委决策高效执行的标准，一如既往地贯彻县委工作部署，对关系全县重大决策、政府着力推进、群众普遍关心、人大职权范围内的事项适时做出决议、决定。

10. 依法行使人大人事任免权。坚持党管干部原则和人大依法行使任免权相结合，任命和监督相结合，依法任免国家机关工作人员；进一步完善人事任免工作制度，规范任免程序，提高任免质量；加强对任命干部的监督，不断增强国家机关工作人员的“公权民授”意识和“公权为公”观念。

三、强化和完善代表工作，充分发挥代表作用

11. 重视闭会期间的代表工作。加强常委会与代表的联系，密切代表与选民的联系，坚持邀请代表列席常委会会议、常委会组成人员分工联系代表和情况通报等制度；加强同驻茌平代表、常委会办事机构的联系，形成多层次、多渠道、多形式的代表联系机制，确保代表知情知政，为代表履职尽责创造良好条件。

12. 加大代表议案建议督办力度。创新代表议案建议办理工作，充分发挥人大各专门委员会在督办代表建议中的作用，组织开展代表议案专题视察和建议办理评议活动，进一步加大对重点议案建议的督办力度，不断提高代表议案建议办理实效。

13. 评选优秀人大代表。进一步规范代表履职档案管理，在全县范围内开展评选优秀县级人大代表活动，大张旗鼓地表彰那些热爱代表工作，认真履行代表职责，积极主动地为群众办实事、办好事，深受群众欢迎的优秀人大代表，提升代表形象。

四、加强和改进宣传工作，全面提升宣传效果

14. 加强领导，增强宣传的针对性和实效性。切实加强组织领导，坚持正确的舆论导向，围绕中心，服务大局，突出重点，抓住人大监督的重大事项和监督效果，进行及时、高效、有深度地宣传报道，为推动人大工作营造良好的舆论氛围。

15. 积极拓展宣传阵地，创新宣传形式。积极投稿《人民权利报》、《山东人大工作》等报纸杂志，完善和维护“茌平县人大常委会”官方网站，创新信息发布机制，充分利用《茌平人大工作信息》，公开人大工作动态，继续发挥《人大代表风采》和《群众利益挂心间》栏目作用，着力树立人大代表形象，激发和传递人大工作正能量，提高工作水平。

五、联系和指导基层人大，推动工作深入开展

16. 强化指导、规范工作，进一步加强对乡（镇、街道）人大工作的联系和指导。坚持和完善乡（镇、街道）人大评议制度，定期召开基层人大工作座谈会；继续按照2012年茌平基层人大“五个一”活动要求，抓典型，挖建议，树形象，深入研究新形势下加强人大工作的新思路和新举措，共同推动人大工作的深入开展，不断开创全县人大工作新局面。

六、强调和发挥人大班子作用，积极参与重点项目

17. 落实好县委关于县级领导帮包重点项目的分工安排。人大班子成员进一步深入到全县各项重点项目之中，边调研边工作，边工作边督促，落实帮包工作，促进县委各项工作部署的落实。常委会组成人员及其机关工作人员围绕促进全县经济社会科学发展，谋实策、出实招、办实事，拼搏进取、扎实苦干，确保全面完成各项工作任务。

七、加强和升级自身建设，稳步提高工作能力

18. 加强思想政治建设。要把学习贯彻党的十八大精神作为当前和今后一个时期的一项重要政治任务，使之成为人大工作的指导思想和行为指南；自觉坚持党的领导，围绕县十二次党代会精神，努力做到与党委思想上同心同德、目标上

同心同向、行动上同心同力。

19. 加强作风和制度建设。深入贯彻落实中央政治局关于改进工作作风、密切联系群众的八项规定以及省、市、县相关实施办法，树立实干兴邦、实干强县的理念；坚持民主集中制原则，充分发扬民主，做到集体行使职权，集体决定问题；进一步健全完善常委会各项工作制度、工作程序以及机关内部的各项规章制度，不断提高人大工作水平。

20. 加强“三型”机关建设。以学习领会十八大精神为重点，深入推进学习型机关建设；以更好地服务转型跨越发展为重点，深入推进服务型机关建设；以思路、方法、机制创新为重点，深入推进创新型机关建设，以建设“三型”机关为平台，切实提升人大工作科学化水平。

茌平县人大常委会关于批准山东省茌平县第一中学融资租赁项目的决定

（2013年6月3日县十七届人大常委会第十次会议通过）

为加快茌平县教育事业的发展，落实由山东省茌平县第一中学融资租赁项目的融资租赁款支付的有关问题，茌平县人大常委会作出以下决定：

一、同意由山东省茌平县第一中学以融资租赁的方式向远东国际租赁有限公司申请融资，融资金额为人民币5000万元，最终融资金额以山东省茌平县第一中学与远东国际租赁有限公司最终签署的合同为准。由县教育局监督相关款项的使用。

二、同意山东省茌平县第一中学的还款资金由县财政列入相应年度的财政预算，由县财政局安排专项资金，根据山东省茌平县第一中学与远东国际租赁有限公司签署的《售后租赁合同》及其他相关书面文件支付租金及相关应付款项。

提请县政府和县财政局、县教育局落实相关工作，确保山东省茌平县第一中学按时足额还款，保证茌平县良好的诚信信誉。

茌平县人大常委会关于召开县第十七届人民代表大会第三次会议的决定

（2013年12月24日县十七届人大常委会第十二次会议通过）

茌平县第十七届人大常委会第十二次会议决定：茌平县第十七届人民代表大会第三次会议于2014年1月4日至1月6日召开。建议会议的主要议程为：

一、听取并审议县人民政府工作报告。

二、审议县人民政府关于茌平县2013年国民经济和社会发展计划执行情况与2014年国民经济和社会发展计划(草案)的报告；审查和批准茌平县2013年国民经济和社会发展计划执行情况与2014年国民经济和社会发展计划。

三、审议县人民政府关于茌平县2013年预算执行情况和2014年预算(草案)的报告；审查批准茌平县2013年预算执行情况的报告和2014年预算；批准茌平县2013年县级预算执行情况的报告和2014年县级预算。

四、听取并审议县人大常委会工作报告。

五、听取并审议县人民法院工作报告。

六、听取并审议县人民检察院工作报告。

七、其他事项。

茌平县人大常委会2014年工作要点

（2014年4月11日县十七届人大常委会第十四次会议通过）

2014年是全面贯彻落实党的十八届三中全会精神的开局之年，是实施“十二五”规划承前启后的关键一年，是“三年翻番、跨越赶超”的攻坚之年，做好2014年的工作，意义重大。县人大常委会要在中共茌平县委的坚强领导下，认真贯彻党的十八大和十八届三中全会精神，以邓小平理论、“三个代表”重要思想和科学发展观为指导，按照“维护县委领导权威、依法行使决策权力，监督支持‘一府两院’工作，履职促进跨越发展，树立人大良好形象”的工作定位，突出“围绕中心、服务大局、突出重点、讲求实效”的工作原则，切实履行宪法和法律赋予的职责，充分发挥地方国家权力机关的职能作用。

一、坚持和强化群众路线，开展教育实践活动

1.把深入开展党的群众路线教育实践活动作为2014年人大工作的首要政治任务。坚持以党的十八大和十八届三中全会精神为指导，深入学习贯彻习近平总书记系列重要讲话和视察山东重要讲话精神，认真落实中央、省委、市委和县委关于深入开展党的群众路线教育实践活动的指导思想、目标任务、方法步骤，牢牢把握“照镜子、正衣冠、洗洗澡、治治病”总要求，以为民务实清廉为主题，严格落实中央八项规定和《党政机关厉行节约反对浪费条例》等规定，对照理论理想、党章党纪、民心民声、先辈先进“四面镜子”，聚焦作风建设，贯彻整风精神，坚决抵制四风，并将之作为人大工作的首要政治任务。

2.结合茌平县人大工作职能，组织代表和机关工作人员广泛、深入参与活动。发挥代表密切联系群众的优势，切实加强同人民群众的血肉联系，制定切实可行的工作方案，开门搞活动，力求通过集中学习讨论、批评与自我批评、下基层走访和蹲点调研、开展个别访谈和群众座谈等方式，着力解决群众反映强烈的突出问题，确保教育实践活动见成效。

二、推进和加强监督工作，切实增强监督实效

3.围绕大局开展工作监督。按照党的十八大、十八届三中全会的要求和县十二届五次全会提出的目标任务，紧紧围绕主线主题，牢固树立为发展而监督、为人民而监督、为法律而监督的理念，把推进科学发展和跨越赶超作为监督和支持的重点，突出对“十二五”规划、全县60项重要工作和50项重点工程、保障和改善民生等方面工作的监督，推动“东融西借”和“聊茌东大三角”战略，服务和助力深化改革，促进全县经济又好又快发展和社会和谐稳定。

4.认真听取审议工作报告。听取审议县政府关于重点项目建设、工业经济运行、园区发展建设等情况的报告；听取审议县政府关于农业农村工作、城乡建设工作的报告；听取审议县政府关于劳动和社会保障、移动通信及信息安全、土地流转和适度规模经营情况、代表建议、批评和意见办理等情况的报告；听取审议县政府关于“六五”普法进展情况的汇报；听取审议县人民法院关于全县人民法院人民陪审员工作情况的报告和县人民检察院关于反贪污贿赂工作开展情况的报告。

5.组织好视察和执法检查。组织常委会成员和人大代表对茌平县重点项目、“2246”园区提升工程、优化企业发展环境情况进行视察；对全县社会救助及社会福利事业工作开展、公立医院改革、“聊茌东大三角”立体交通网络体系建设情况进行视察；对人民法院、人民检察院基层司法工作进行视察；组织驻茌平全国、省、市代表对我县国民经济及社会发展情况进行视察。全年计划对《大气污染防治法》《农民专业合作社法》《建筑工程质量管理条例》《国有资产监督管理暂行条例》《残疾人保障法》和《食品安全法》等法律法规在我县实施情况进行检查。

6.深入开展专题调查研究。针对我茌平经济社会发展的热点难点问题，开展形式多样、深入细致地调查研究。全年计划对全县创新驱动和人才强县两大战略，移动通信、信息安全、金融保险、民营特色产业、农村土地经营流转等重点领域，就业、就医、就学、养老以及水、电、气、暖各类社会生活要素保障问题开展专题调研。委托各专门委员会及乡（镇、街道）人大机关组织驻茌各级人大代表开展有关调研活动。

7.强化预算财经工作监督。加强对政府全口径预算决算的审查和监督，着重从预算的科学性、规范性、可操作性和透明性等方面审议全年财政预算。专项听取并审议县人民政府关于2013年财政决算和2014年上半年财政预算执行情况的

报告、县政府关于2014年度预算执行和财政收支审计情况的报告，并作出相应决议，推动县委重大经济决策的贯彻落实。

8.依法开展人大工作评议。通报2013年度人大工作评议结果，督促不满意单位限期整改提升。继续组织全国、省、市、县四级人大代表，创新2014年度“一府两院”及垂直部门工作评议方式，进一步促进被评议部门依法行政、执政为民。

9.加强规范性文件备案审查。认真落实规范性文件备案审查的有关规定，坚持被动审查与主动审查相结合，突出审查重点，加大审查力度，不断完善工作机制和工作程序，推动人大法制工作制度化和程序化。

10.做好人大信访督办工作。坚持以人为本的理念，依法参与、协调和督办各类信访案件，进一步完善信访工作机制，协助解决上访人反映的实际问题，切实维护人民群众的合法权益，发挥好人大信访工作在维护社会公平正义中的作用。

三、科学决定重大事项，认真做好任免工作

11.科学行使重大事项决定权。坚持一切决策必须有利于加强和改善党的领导、保证县委决策高效执行的标准，一如既往地贯彻县委工作部署，对关系全县重大决策、政府着力推进、群众普遍关心、人大职权范围内的事项适时做出决议、决定。

12.依法行使人大人事任免权。坚持党管干部原则和人大依法行使任免权相结合，任命和监督相结合，依法任免国家机关工作人员；进一步完善人事任免工作制度，规范任免程序，提高任免质量；加强对任命干部的监督，不断增强国家机关工作人员的“公权民授”意识和“公权为公”观念。

四、强化和完善代表工作，充分发挥代表作用

13.重视闭会期间代表联系工作。加强常委会与代表的联系，密切代表与选民的联系，坚持邀请代表列席常委会会议、常委会组成人员分工联系代表和情况通报等制度，适时出台代表履职守则，完善代表履职档案；加强同驻茌平代表、常委会办事机构的联系，形成多层次、多渠道、多形式的代表联系机制，确保代表知情知政，为代表履职尽责创造良好条件。

14.加大代表议案建议督办力度。创新代表议案建议办理工作，充分发挥人大各专门委员会在督办代表建议中的作用，进一步加大对重点议案建议的督办力度，不断提高代表议案建议办理实效，力争将十七届人大三次会议上收到的代表建议、批评和意见共52件，办结率达到100%，满意率达到100%。

五、加强和改进宣传工作，全面提升宣传效果

15.加强宣传组织领导，提升宣传质量。切实加强组织领导，坚持正确的舆论导向，围绕中心，服务大局，突出重点，抓住人大监督的重大事项和监督效果，进行及时、高效、有深度地宣传报道，为推动人大工作营造良好的舆论氛围；组织开展由全体常委组成人员、机关工作人员和乡（镇）人大机构工作人员广泛参与的优秀调研论文评选活动，启动《2014年度人大常委会履职论文汇编》的编制工作。

16.积极拓展宣传阵地，创新宣传形式。积极投稿《人民权利报》、《山东人大工作》等报纸杂志，完善和维护“茌平县人大常委会”官方网站，创新信息发布机制，充分利用《茌平人大工作信息》，公开人大工作动态，发挥《人大代表风采》和《我为群众代言》栏目作用，着力树立人大代表形象，激发和传递人大工作正能量，提高工作水平。

六、联系和指导基层人大，推动工作深入开展

17.强化指导、规范工作，进一步加强对乡（镇、街道）人大工作的联系和指导。坚持和完善乡（镇、街道）人大评议制度和乡（镇、街道）人大主席（主任）列席常委会制度，定期召开基层人大工作座谈会；继续按照年茌平基层人大“五个一”活动要求，抓典型，挖建议，树形象，深入研究新形势下加强人大工作的新思路和新举措，切实关注基层民生问题，共同推动人大工作的深入开展，不断开创全县人大工作新局面。

七、发挥好人大班子作用，积极参与全县重点工作

18.贯彻落实县委关于县级领导参与重点工作和帮包重点项目的分工安排。人大班子成员进一步深入到全县各项重点工作和重点项目之中，边调研边工作，边工作边督促，落实帮包责任，牵头招商引资，促进县委各项重要工作部署的落实。常委会组成人员和机关工作人员围绕促进全县经济社会科学发展，谋实策、出实招、办实事，拼搏进取、扎实苦干，确保全面完成各项工作任务。

八、加强和升级自身建设，稳步提高工作能力

19.加强思想政治建设。把学习贯彻党的十八大和十八届三中全会精神作为当前和今后一个时期的一项重要政治任务，使之成为人大工作的指导思想和行为指南；自觉坚持党的领导，围绕县十二次党代会和十二届历次全会精神，努力做到与党委思想上同心同德、目标上同心同向、行动上同心同力。

20.加强作风和制度建设。深入贯彻落实中央政治局关于改进工作作风、密切联系群众的八项规定以及省、市、县相关实施办法，树立实干兴邦、实干强县的理念，抵制“四风”问题，杜绝“慵懒散”现象；坚持民主集中制原则，充分发扬民主，做到集体行使职权，集体决定问题；进一步健全完善常委会各项工作制度、工作程序以及机关内部的各项规章制度，不断提高人大工作水平。

茌平县人大常委会
关于补选聊城市第十六届人大代表的决定

（2014年1月3日县十七届人大常委会
第十三次会议通过）

茌平县第十七届人民代表大会常务委员会第十三次会议决定补选：

李金龙为聊城市第十六届人民代表大会代表，并报聊城市人大常委会人事代表室备案。

茌平县人大常委会
关于接受时书东、张爱英辞职的决定

（2014年1月3日县十七届人大常委会
第十三次会议通过）

根据《中华人民共和国地方各级人民代表大会和地方各级人民政府组织法》规定，茌平县第十七届人民代表大会常务委员会第十三次会议决定：接受时书东、张爱英辞去聊城市第十六届人民代表大会代表职务的请求，并报聊城市人大常委会人事代表室备案。

茌平县人大常委会
关于批准2014年县级财政预算的决定

茌平县第十七届人大常委会第十五次会议，听取并审议了财政局局长张明受县人民政府委托所作的《茌平县2014年县级财政预算（草案）》的报告。会议认为，2014年县级财政预算指导思想明确，预算编制科学合理，符合茌平实际，决定批准2014年县级财政预算。

茌平县人大常委会
关于同意扶持信发集团锅炉除尘设备改造项目财政专项资金的决定

（2014年11月13日县十七届人大常委会
第十八次会议通过）

茌平县第十七届人大常委会第十八次会议，听取并审议了县人民政府副县长曹志程受县人民政府委托提请大会审议的《关于提请信发集团锅炉除尘设备改造项目财政专项资金》的报告。按照法定程序和议事规则，经常委会集体表决，决定同意这个报告。县政府及有关职能部门要做好资金和项目的监督管理，加强跟踪审计，确保资金依法、科学、高效使用，保质保量地完成项目建设。

茌平县人大常委会
关于同意扶持茌平信源铝业有限公司2×36万千瓦时机组脱硫除尘项目财政专项资金的决定

（2014年11月13日县十七届人大常委会第十八次会议通过）

茌平县第十七届人大常委会第十八次会议，听取并审议了县人民政府副县长曹志程受县人民政府委托提请大会审议的《关于提请茌平信源铝业有限公司2×36万千瓦时机组脱硫除尘项目财政专项资金》的报告。按照法定程序和议事规则，经常委会集体表决，决定同意这个报告。县政府及有关职能部门要做好资金和项目的监督管埋，加强跟踪审计，确保资金依法、科学、高效使用，保质保量地完成项目建设。

茌平县人大常委会
关于同意扶持茌平信源铝业有限公司锅炉脱硫改造项目财政专项资金的决定

（2014年11月13日县十七届人大常委会第十八次会议通过）

茌平县第十七届人大常委会第十八次会议，听取并审议了县人民政府副县长曹志程受县人民政府委托提请大会审议的《关于提请茌平信源铝业有限公司锅炉脱硫改造项目专项资金》的报告。按照法定程序和议事规则，经常委会集体表决，决定同意这个报告。县政府及有关职能部门要做好资金和项目的监督管理，加强跟踪审计，确保资金依法、科学、高效使用，保质保量地完成项目建设。

茌平县人大常委会
关于召开县第十七届人民代表大会第四次会议的决定

（2015年3月10日县第十七届人大常委会第十九次会议通过）

茌平县第十七届人大常委会第19次会议决定：茌平县第十七届人民代表大会第四次会议于2015年3月12日至3月15日召开。建议大会议程为：

（一）听取和审议县人民政府工作报告。

（二）审议、批准茌平县2014年国民经济和社会发展计划执行情况的报告与2015年计划。

（三）审议茌平县2014年预算执行情况的报告和2015年预算草案；批准茌平县2014年县级预算执行情况的报告和2015年县级预算。

（四）听取和审议茌平县人民代表大会常务委员会工作报告。

（五）听取和审议茌平县人民法院工作报告。

（六）听取和审议茌平县人民检察院工作报告。

（七）选举事项。

（八）其他事项。

茌平县人大常委会2015年工作要点

（2015年4月24日县第十七届人大常委会第二十一次会议通过）

2015年是茌平县全面深化改革的关键之年，是全面推进依法治县的开局之年，也是全面完成“十二五”规划的收官之年。县人大常委会要深入贯彻落实党的十八大、十八届三中、四中全会和习近平总书记系列重要讲话精神，在中共茌平县委的坚强领导下，按照“维护县委的领导权威，依法行使决策权力，监督支持“一府两院”工作，履职促进跨越发展，树立人大良好形象”的工作定位，深刻认识经济社会发展的新常态，认真把握人大事业发展的新形势，积极探索人大工作的新思路，严格落实“三严三实”的新要求，为全面建成小康社会、全面深化改革、全面推进依法治国、全面从严治党做出积极贡献。

贯彻和落实上级政策，加强改进人大工作

1、全面加强和改进人大工作。认真贯彻和落实省委、市委和县委《关于进一步加强和改进人大工作的意见》，并使之成为茌平县人大开展工作的指导思想和行为指南。要做到更好地坚持和完善人民代表大会制度，更好地发挥地方人大及其常委会在依法治国进程中的重要作用，更好地加强和改善党对人大工作的领导，牢牢把握住时代赋予人大工作的新使命，展现人大工作的新作为。

二、推进和加强监督工作，切实增强监督实效

2、围绕大局开展工作监督。紧紧围绕主线主题，牢固树立为发展而监督、为人民而监督、为法律而监督的理念，把县委重大决策、政府着力推进、群众普遍关心、人大职权范围内的事项作为监督重点，依法履行职责，助力深化改革，不断增强监督实效，促进茌平县经济又好又快发展和社会和谐稳定。

3、听取审议专项工作报告。听取审议县政府关于计划、预算执行与审计、产业转型升级、重点项目建设等工作的报告；听取审议县政府关于农业农村、城乡建设、环境保护、食品药品安全等工作的报告；听取审议县政府关于科技创新及应用、金融系统运行、公共文化服务等工作的报告；听取审议县政府关于代表意见建议办理工作的报告；听取审议县人民法院关于全县刑事审判工作的报告和县人民检察院关于全县反贪污腐败工作的报告。

4、组织好视察和执法检查。对茌平县实施“六百工程”、重点项目和“聊茌东大三角”立体交通网络体系建设情况进行视察；对茌平县城乡规划、环卫一体化、公共卫生服务体系建设和政务服务体系建设情况进行视察；对全县商贸物流、物业管理、公路养护和中小学校舍改建等情况进行视察；对人民法院、人民检察院基层法庭、检察室司法工作进行视察；对公安机关执法规范化建设情况进行视察；组织驻茌全国、省、市、县四级人大代表开展人代会会前集中调研活动，对我县国民经济及社会发展情况进行视察；对全县贯彻实施《残疾人保障法》《食品安全法》《动物防疫法》《农产品质量安全法》《农民专业合作社法》《人民调解法》《法官法》《检察官法》《安全生产法》等法律法规情况进行执法检查。

5、联系实际开展专题调研。针对全县经济社会发展的热点难点问题，开展形式多样、深入细致地调查研究。全年计划对本县金融网点服务、市场监管体系，电子商务及信息安全等方面进行调研；对全县中医药、传统文化发展等情况进行调研；对农村民营特色产业、土地经营流转、家庭农场、社区建设等方面进行调研；加强对本县就业、就医、就学、养老以及水、电、气、暖等各类生活要素保障的关注。委托各工作委员会及乡（镇、街道）人大组织驻茌各级人大代表开展有关调研活动。

6. 强化预算财经工作监督。加强对政府全口径预算决算的审查监督和对国有资产的监督，开展新《预算法》的培训工作，着重从预算的科学性、规范性、可操作性和透明性等方面审议全年财政预算。专项听取并审议县人民政府关于2014年财政决算和2015年上半年财政预算执行情况的报告、县政府关于2014年度预算执行和财政收支审计情况的报告，并作出相应决议，推动县委重大经济决策的贯彻落实。

7. 创新开展人大工作评议。通报2014年度人大工作评议结果，督促不满意单位限期整改提升。组织全国、省、市、县四级人大代表开展2015年度“一府两院”、垂管部门及乡（镇）部门工作评议，创新评议方式，改进评议方法，注重评议结果的运用，提高评议质量，进一步促进被评议部门依法行政、执政为民。探索开展对人大任命法官、检察官的履职评议，把法律监督和工作监督有机结合起来，促进司法公正。

8. 依法开展专题询问与质询。围绕社会普遍关注、群众反映强烈的问题，依法开展专题询问。2015年的专题询问议题为大气污染防治问题，常委会将有针对性地听取有关部门的专项工作报告，并开展相应的视察、执法检查和调研。

9. 加强规范性文件备案审查和信访工作。认真落实规范性文件备案审查的有关规定，坚持被动审查与主动审查相结合，突出审查重点，加大审查力度，严防公权力的缺失和滥用，切实维护法制统一。创新信访机制，畅通信访渠道，积极化解矛盾，维护社会和谐，发挥好人大信访工作

在维护社会公平正义中的作用。

三、科学决定重大事项，认真做好任免工作

10.科学行使重大事项决定权。科学界定重大事项范围，规范“一府两院”重大事项的提请，坚持一切决策必须有利于加强和改善党的领导、保证县委决策高效执行的标准，一如既往地贯彻县委工作部署。要及时审议和决定重大事项，善于把党委的主张和意图，转变为全县人民的统一意志和自觉行动。

11.依法行使人大人事任免权。坚持党管干部原则与人大依法任免相统一，进一步完善人事任免工作制度，规范任免程序，提高任免质量，确保党组织推荐的人选成为国家政权机关的领导干部和工作人员。任命和监督相结合，实行被任命人员正式就职时向宪法宣誓制度，加强对任命干部的工作监督，不断增强国家机关工作人员的“公权民授”意识和“公权为公”观念。

四、强化和完善代表工作，充分发挥代表作用

12.重视闭会期间代表联系工作。坚持常委会组成人员走访联系代表制度，扩大代表对常委会、工作委员会重要活动的参与；认真落实代表联系群众制度，探索开展代表向原选举单位述职活动；严格执行《代表守则》，完善代表履职档案，加强代表小组建设，建立“代表之家”等活动平台，推进代表活动的经常化、制度化；配合市人大做好代表培训工作，增加培训频次，提高培训质量，增强代表依法履职能力。

13.加大代表意见建议督办力度。加强同县政府办公室及各承办单位的联系，召开人大代表议案建议交办会。加强对意见建议的信息反馈，邀请代表参与所提意见建议的交办、督办和答复环节。建立代表意见建议办理奖惩机制，开展办理结果绩效评估和“回头看”活动，切实提高办理质量。力争把十七届人大四次会议上代表提出的55件意见建议办结率和满意率都达到100%。

五、加强和改进宣传工作，全面提升宣传效果

14.加强宣传组织领导，提升宣传质量。出台《关于进一步加强和改进人大宣传工作的意见》，切实加强组织领导，建立稿件送审、报送、通报、培训和奖励制度。坚持正确的舆论导向，围绕中心、服务大局、突出重点，抓住人大监督的重大事项和监督效果，进行及时、高效、有深度地宣传报道，为推动人大工作营造良好的舆论氛围。

15.积极拓展宣传阵地，创新宣传形式。巩固和拓展“两刊、一网、一信息、一栏目”的宣传格局，做好《茌平县人民代表大会汇刊》和《茌平县人大常委会公报》的编制工作，做好茌平人大常委会网站的维护管理工作，利用好《茌平人大工作信息》，公开人大工作动态，发挥好《人大代表风采》栏目作用，树立人大代表良好形象。适时启动《茌平县人民代表大会志》的编纂出版工作。

16.主动借力新闻媒体，丰富宣传方法。要密切与新闻单位的联系和协作，充分利用《人民日报》《中国人大》《大众日报》《人民代表报》《山东人大工作》《聊城日报》《聊城晚报》《聊城人大》《茌平周迅》等媒体及时通报工作情况和提供报道线索，主动邀请记者采访报道，借助新闻媒体的力量扩大人大宣传效果。

六、联系和指导基层人大，推动工作深入开展

17.进一步加强对乡镇（街道）人大工作的联系和指导。坚持和完善乡镇（街道）人大主席（主任）列席常委会制度，定期召开基层人大工作座谈会；按照“五个一”要求，抓典型，挖建议，树形象，深入研究新形势下加强基层人大工作的新思路和新举措；加强乡镇（街道）人大工作力量，配备人大主席（主任）、副主席（副主任），设立人大办公室，配备专职工作人员。

七、发挥好人大班子作用，参与全县中心工作

18.立足职能，全面发挥人大作用。人大班子成员要身先士卒，边调研、边工作，边工作、边督促，积极参与全县中心工作，深入到各项重点工作和重点项目一线，落实帮包责任，靠上指挥、跟踪服务、破解难题，促进县委各项重要工作部署的落实。常委会组成人员和机关工作人员要围绕促进全县经济社会科学发展，谋实策、出实招、办实事，拼搏进取、扎实苦干，确保高效

完成各项工作任务。

八、加强和升级自身建设，稳步提高工作能力

19.加强思想建设。践行群众路线，端正政绩观，把贯彻党的十八大、十八届三中、四中全会和习近平总书记系列重要讲话精神作为重要政治任务；自觉坚持党的领导，围绕县十二次党代会和十二届历次全会精神，努力做到与党委思想上同心同德、目标上同心同向、行动上同心同力。

20.加强制度建设。建立和完善科学的决策机制，出台《茌平县人大常委会议事规则》；认真贯彻实施《监督法》，健全“一府两院”由人大产生、对人大负责、受人大监督制度；重视机关干部的培养使用，加大交流力度，形成人大干部能进能出的流动机制。

21.加强人才建设。进一步优化常委会和各工作委员会组成人员的年龄、知识和专业结构，设立预算审查工作委员会，配备专业人员；大力提升常委会各工作委员会的履职专业化水平，创新实施顾问聘任制度，聘请有资历的专家人才担任各工作委员会的业务顾问，邀请其参与相关领域的视察、调研和执法检查，提高人大监督工作的权威性和公信力。

22.加强作风建设。深入贯彻落实中央政治局关于改进工作作风、密切联系群众的八项规定以及省、市、县相关实施办法，树立实干兴邦、实干强县的理念，践行“三严三实”，抵制“四风”问题，杜绝“慵懒散”现象；坚持民主集中制原则，充分发扬民主，做到集体行使职权，集体决定问题。

茌平县人大常会
关于批准2015年全县财政预算的决定

(2015年4月24日县第十七届人大常委会
第二十一次会议通过)

茌平县第十七届人大常委会第二十一次会议，听取并审议了县财政局局长张明受县人民政府委托所作的《茌平县2015年全县财政预算》的报告。会议认为，2015年预算指导思想明确，编制科学合理，收支细化详尽，可操作性强。通篇体现了以经济发展为中心，重点保障民生和兼顾地方债务偿还的特点，符合新《预算法》要求，符合茌平实际。会议决定批准2015年全县财政预算。

茌平县人大常委会
关于批准茌平县农村信用合作联社
银行化改革实施方案的决定

(2015年6月27日县十七届人大常委会
第二十二次会议通过)

茌平县第十七届人大常委会第二十二次会议，听取并审议了县人民政府副县长宋永刚受县人民政府委托所作的《茌平县人民政府关于茌平县农村信用合作联社银行化改革实施方案的提请报告》。按照法定程序和议事规则，经常委会集体表决，决定批准这个报告，同意茌平县农村信用合作联社银行化改革的实施方案。

茌平县人大常委会
关于接受王泽利辞职的决定

(2015年9月1日县十七届人大常委会
第二十三次会议通过)

茌平县第十七届人大常委会第二十三次会议，根据王泽利的辞呈，于2015年9月1日表决通过，决定：

接受王泽利辞去茌平县第十七届人大常委会委员职务的请求，报茌平县第十七届人民代表大会备案。

茌平县人大常委会
关于批准调整茌平县2015年度财政预算决定

(2015年12月28日县十七届人大常委会
第二十五次会议通过)

茌平县第十七届人大常委会第二十五次会

议，听取并审议了县财政局局长张明受县人民政府委托所作的《关于调整茌平县2015年度财政预算的报告》。按照法定程序和议事规则，经常委会集体表决，决定批准这个报告。

茌平县人大常委会
关于批准茌平县政府债务限额决定

（2015年12月28日县十七届人大常委会第二十五次会议通过）

茌平县第十七届人大常委会第二十五次会议，听取并审议了县财政局局长张明受县人民政府委托所作的《关于茌平县政府债务限额的报告》。按照法定程序和议事规则，经常委会集体表决，决定批准这个报告。

茌平县人大常委会
关于接受陈秀兴同志辞职请求的决定

（2015年12月29日县十七届人大常委会第二十五次会议通过）

根据陈秀兴的辞呈报告和《中华人民共和国地方各级人民代表大会和地方各级人民政府组织法》的有关规定，经茌平县第十七届人大常委会第二十五次会议审议，决定接受陈秀兴辞去茌平县第十七届人大常委会主任职务的请求，并报市人民代表大会备案。

茌平县人大常委会
关于接受马保杰辞职的决定

（2016年2月14日县第十七届人大常委会第二十六次会议通过）

根据《中华人民共和国全国人民代表大会和地方各级人民代表大会选举法》第五十四条的规定，茌平县第十七届人大常委会第二十六次会议决定：接受马保杰辞去聊城市第十六届人民代表大会代表职务的请求。报聊城市人民代表大会常务委员会备案，由市人大常委会审查并予以公告。

茌平县人大常委会
关于补选聊城市第十六届人大代表的决定

（2016年2月14日县第十七届人大常委会第二十六次会议通过）

茌平县第十七届人民代表大会常务委员会第二十六次会议决定补选：

任尚显、李玉虎为聊城市第十六届人民代表大会代表。

茌平县人大常委会
关于召开县第十七届人民代表大会第五次会议的决定

（2016年2月29日县第十七届人大常委会第二十七次会议通过）

茌平县第十七届人大常委会第二十七次会议决定：茌平县第十七届人民代表大会第四次会议于2016年3月4日至3月6日召开。建议大会议程为：

一、听取审议茌平县人民政府工作报告。

二、审议批准茌平县国民经济和社会发展第十三个五年规划纲要。

三、审议批准茌平县2015年国民经济和社会发展计划执行情况的报告与2016计划。

四、审议批准茌平县2015年预算执行情况与2016年预算草案。

五、听取审议茌平县人民代表大会常务委员会工作报告。

六、听取审议茌平县人民法院工作报告。

七、听取审议茌平县人民检察院工作报告。

八、选举事项。

九、其他事项。

茌平县人大常委会关于批准县城市综合开发建设投资有限公司发行企业债券议案的决定

（2016年5月12日县十七届人大常委会第二十八次会议通过）

茌平县第十七届人大常委会第二十八次会议，听取并审议了县人民政府提交的《茌平县人民政府关于提请审议批准县城市综合开发建设投资有限公司发行企业债券的议案》。经常委会集体表决，决定批准这个议案。县人民政府及职能部门要严格按照有关法律和政策，强化组织领导，规范融资程序，确保资金依法、科学、高效利用，保质保量地完成发行任务。

茌平县人大常会
关于批准2016年全县财政预算的决定

（2016年5月27日县第十七届人大常委会第二十九次会议通过）

茌平县第十七届人大常委会第二十九次会议，听取并审议了县财政局局长张明受县人民政府委托所作的《茌平县2016年全县财政预算》的报告。会议认为，2016年预算指导思想明确，编制科学合理，收支细化详尽，可操作性强。通篇体现了以经济发展为中心、重点保障民生、兼顾地方债务偿还的特点，符合《预算法》要求，符合茌平实际。会议决定批准2016年全县财政预算。

茌平县人大常委会
关于接受赵其锋辞去茌平县第十七届人大代表职务请求的决定

（2016年5月27日县第十七届人大常委会第二十九次会议通过）

茌平县第十七届人大常委会第二十九次会议，根据赵其锋的辞呈，于2015年5月27日表决通过，决定：接受赵其锋辞去茌平县第十七届人大代表职务的请求，报茌平县第十七届人民代表大会备案。

茌平县人大常委会
关于任命茌平县选举委员会组成人员的决定

（2016年11月16日县十七届人大常委会第三十四次会议通过）

根据宪法、选举法等有关法律规定以及省、市人大常委会决定，茌平县人民代表大会将于今年底、明年初进行换届选举。为做好换届选举工作，依法成立县选举委员会，组成人员如下：

主　任：尹海波　县人大常委会主任
副主任：景志国　县委常委、县政府副县长
　　　　殷守来　县委常委、组织部部长
　　　　靳明华　县人大常委会副主任
委　员：邵　益　县人大常委会办公室主任
　　　　李登峰　县纪委副书记
　　　　孙良俊　县委组织部副部长
　　　　孙洪峰　县委宣传部副部长
　　　　张立博　县委统战部常务副部长
　　　　杨　敏　县人大常委会代表工委主任
　　　　张　明　县财政局局长
　　　　王　征　县民政局局长
　　　　崔河祥　县法院副院长
　　　　王　冰　县检察院副检察长
　　　　张　青　县公安局副局长

选举委员会下设办公室，设在县人大常委会代表联络工作委员会，杨敏兼任办公室主任，薛光灿任办公室副主任。

茌平县人大常委会
关于任命乡镇选举委员会和街道选举工作指导组组成人员的决定

（2016年11月16日县十七届人大常委会第三十四次会议通过）

根据宪法、选举法等有关法律规定以及省、

市人大常委会决定，各乡镇人民代表大会将于今年底、明年初进行换届选举。为做好换届选举工作，乡镇依法成立选举委员会。同时，为做好县人大代表的选举工作，街道办事处成立选举工作指导组。各乡镇选举委员会和街道选举工作指导组组成人员如下：

博平镇选举委员会
主　任：陈　峰
副主任：张殿鳌　李　刚
委　员：杨希田　栾文燕　赫明国
　　　　许萌焕　温秀芬　胡志勇
　　　　张洪忠　谢会明

乐平镇选举委员会
主　任：王际胜
副主任：侯守人　林　凯
委　员：贵鹏飞　李连刚　王风军
　　　　李洁银　李　慧　赵亚楠
　　　　刘　莉　王　哲

冯屯镇选举委员会
主　任：韩　刚
副主任：薛雁飞　刘　勇
委　员：邬凤莲　毛永传　林光平
　　　　黄　澎　于　雷　岳志伟
　　　　姜　利　高　源

菜屯镇选举委员会
主　任：迟曙光
副主任：武治江　孙良峰
委　员：李金鹏　高春梅　贾国山
　　　　田维旺　翟庆伟　李　楠
　　　　孙明旭　王广朋

杜郎口镇选举委员会
主　任：庞顺汉
副主任：杨光斌　陶维芹
委　员：周长峰　唐永林　张茂国
　　　　刘先银　尉中华　刘楠楠
　　　　孙林琳　杜倩倩

韩屯镇选举委员会
主　任：闫　杰
副主任：王同军　刘晓东
委　员：张　衡　王瑞勇　李守旭
　　　　李　平　刘　镇　李保泉
　　　　刘志强　张丽敏

胡屯镇选举委员会
主　任：张　雷
副主任：刘　勇　孔志勇
委　员：徐　鹏　王广军　张　苗
　　　　许　磊　逯　军　周楠楠
　　　　郭　振　刘明达

贾寨镇选举委员会
主　任：耿振平
副主任：娄存斌　赵华勇
委　员：董学科　李清勇　穆胜峰
　　　　贾俊杰　张国保　师恒民
　　　　杨武壮　赵楠楠

肖庄镇选举委员会
主　任：赵　鹏
副主任：臧克义　吴正秋
委　员：谢朋明　曹　兵　胡保东
　　　　马洪祯　裴　辉　李　嵩
　　　　贾生平　姜兆亮

洪屯镇选举委员会
主　任：张　勇
副主任：白维生、吴玉峰
委　员：方　丽　吴桂明　刘兆立
　　　　孙方奇　刘佰峰　孟金凤
　　　　贾国迪　张光莹

杨屯乡选举委员会
主　任：赵卫国
副主任：张金迎　刘　芝
委　员：张建辉　韩传贵　韩彦锋
　　　　贾　翠　冯可强　桑学中
　　　　陈　磊　王　骞

振兴街道选举工作指导组
组　长：邬美忠
副组长：赵本祥　路伟峰
成　员：刘红燕　徐　艳　李晓阳

张保平　班荣国　薛兴亮
张　超　赵晓辉

信发街道选举工作指导组
组　长：李　光
副组长：张成宪　姜　华
成　员：何荣英　刘仲临　贾文伟
田延国　吴国栋　陈鑫源
王　伟　赵　雪

温陈街道选举工作指导组
组　长：张电广
副组长：杨　军　杨延华
成　员：陈　鹏　薛淑红　刘文军
孔翠翠　许庆军　魏生辉
张子洋　贾少栋

茌平县人大常委会
关于县、乡人民代表大会换届时间和乡镇人大代表名额的决定

（2016年11月16日县十七届人大常委会第三十四次会议通过）

根据宪法、地方组织法、选举法等有关法律规定以及省、市人大常委会的有关决定，县、乡两级人民代表大会将于今年底、明年初进行换届选举。现对我县县、乡人民代表大会换届时间和乡镇人大代表名额作决定如下：

一、按照省人大常委会要求,县、乡人大应于2016年12月31日前选出县、乡两级人民代表大会代表，并在法定时间内召开县、乡两级新一届人大一次会议。

二、山东省第十二届人大常委会第22次会议已经作出决定，我县第十八届人民代表大会代表名额为230名。

三、根据选举法第十三条“地方各级人民代表大会代表的总名额经确定后，不再变动”之规定，我县各乡镇新一届人民代表大会代表的名额仍按上届县人大常委会确定的名额安排，总数为677名。具体名额如下：

博平镇：74名　乐平镇：74名
冯屯镇：69名　菜屯镇：58名
杜郎口镇：61名　韩屯镇：62名
胡屯镇：57名　贾寨镇：59名
肖庄镇：57名　洪屯镇：55名
杨屯乡：51名

茌平县人大常委会
关于县乡两级人民代表大会换届选举工作的实施方案

（2016年11月16日县十七届人大常委会第三十四次会议通过）

根据宪法、地方组织法、选举法等有关法律规定以及省、市、县人大常委会的有关决定，我县县、乡两级人民代表大会将于今年底、明年初进行换届选举。为了做好这项工作，依据法律规定及中央、省委、市委、县委文件精神，结合我县实际，现制定实施方案如下：

一、指导思想

高举中国特色社会主义伟大旗帜，全面贯彻党的十八大和十八届二中、三中、四中、五中、六中全会精神，以邓小平理论、“三个代表”重要思想、科学发展观为指导，深入贯彻习近平总书记系列重要讲话精神，坚定不移地走中国特色社会主义政治发展道路，围绕“四个全面”战略布局，坚持党的领导、人民当家作主、依法治国有机统一，坚持和完善人民代表大会制度，为加强基层国家政权建设、提高党的执政能力、推动我县在全面建成小康社会进程中走在前列打下坚实的基础。

二、时间安排

按照中央和省委、市委、县委对换届选举工作的总体部署，根据山东省人大常委会办公厅关于县、乡两级人民代表大会代表选举时间的通知要求，这次县、乡人大换届选举与同级党委的换届时间统筹安排，县、乡人大换届同步进行。省人大常委会要求，县乡人大应于2016年12月31日

前选出县乡两级人民代表大会代表，并在法定时间内召开县、乡两级新一届人大一次会议。

三、组织领导

本次县、乡人大换届选举工作政治性、法律性强，涉及面广、工作量大，必须引起高度重视，切实加强组织领导。

1、加强党对换届选举工作的领导。各乡镇（街道）党委要充分发挥总揽全局、协调各方的领导核心作用，周密部署换届选举工作，确保换届选举工作在党委的集中统一领导下依法有序进行。乡镇（街道）党委要成立换届选举领导小组，加强对换届选举工作的统筹协调，及时研究解决选举中的重要问题。要将贯彻落实党中央关于换届选举工作的部署要求和相关法律规定，作为乡镇（街道）党委特别是党委书记履行政治责任的重要内容，并严格责任追究，做到有错必纠、有责必问。

2、充分发挥选举委员会的职责作用。根据选举法的规定，县、乡人大换届选举设立选举委员会，主持本级人大代表的选举。县乡选举委员会要在同级党委和县人大常委会的领导下，统筹办理选举事务，依法做好选区划分、选民登记、确定和公布正式代表候选人名单、组织代表候选人同选民见面、组织投票、计票监票、确定选举结果、公布当选代表名单等工作，切实履行好法律赋予的职责。

3、注重宣传发动和舆论引导。搞好宣传发动，是做好换届选举的重要基础性工作。各乡镇（街道）既要配合党委宣传部门、又要积极主动地开展多种形式的宣传活动，把宣传发动工作贯穿于换届选举的全过程。要通过广播、标语、横幅、板报、宣传栏、宣传车等形式，广泛宣传换届选举的重大意义、目的、法律法规和应遵循的程序，激发广大选民参选的政治热情，营造良好的舆论氛围，引导和鼓励选民依法参加选举。要及时总结换届选举工作中的好做法、好经验，做好信息上报工作。要做好换届选举舆情分析、舆情应对和舆情主导工作，积极疏导群众意见和情绪，有针对性地开展宣传和思想工作，消除选民对选举工作的片面认识和模糊思想。

4、加强联系指导和督导检查。县人大常委会工作机构要加强与各乡镇（街道）人大的联系沟通，加强业务指导。各乡镇（街道）人大在换届选举工作中要及时与县人大常委会有关工作机构多联系、多沟通，力求使各项工作依法、民主、有序开展。要强化调度督导，建立会议调度、帮包联系等制度。定期召开调度会议，掌握进度，部署任务，开展阶段性培训；建立县人大常委会各主任、机关相关委室及县选举委员会成员帮包联系乡镇（街道）责任制，分组联系督导乡镇（街道）换届选举工作；各乡镇（街道）人大及乡镇选举委员会（街道选举工作指导组）也要建立责任制和联系指导机制，包工作片、包选区，切实做到任务清、责任明，一级抓一级，层层抓落实，确保圆满完成这次县乡人大换届选举各项工作任务。

茌平县人民代表大会常务委员会
关于《茌平县2016—2020年依法治县规划》的
决　　议

（2016年11月16日县十七届人大常委会第三十四次会议通过）

茌平县第十七届人民代表大会常务委员会第三十四次会议经过审议，决定通过《茌平县2016—2020年依法治县规划》，由茌平县人民政府、茌平县人民法院、茌平县人民检察院组织实施。

茌平县人民代表大会常务委员会
关于在全县公民中开展第七个五年
法治宣传教育的
决　　议

（2016年11月16日县十七届人大常委会第三十四次会议通过）

2011年至2015年，我县第六个五年法治宣传教育规划顺利实施完成，取得明显成效，在全面落实依法治国基本方略、提高社会治理法治化水平、推进全县经济社会健康发展中发挥了重要的保障支撑作用。党的十八届四中全会对全面推进依法治国作出了重大战略部署，对法治宣传教育工作提出了新的更高要求。为适应全面建成小康社会和我县“十三五”时期经济社会发展需要，扎实推进法治茌平建设，增强全社会法治观念，推动全体公民自觉尊法学法守法用法，有必要从2016年至2020年在全县公民中开展第七个五年法治宣传教育。为此，特作决议如下：

一、围绕中心，继续深入开展以宪法为核心的中国特色社会主义法律体系宣传教育。突出学习宣传宪法，坚持把学习宣传宪法摆在首要位置，以组织开展“12·4”国家宪法日宣传活动为契机，在全社会掀起宪法宣传教育的高潮，推动宪法家喻户晓、深入人心。抓好宪法宣誓制度的实施，提高各级领导干部和国家工作人员的宪法意识，增强宪法观念。大力弘扬宪法精神，培育法治理念，树立法治意识，教育引导一切组织和个人都必须以宪法为根本活动准则，在全社会形成崇尚宪法、遵守宪法、维护宪法权威的良好氛围。突出抓好宪法相关法、民商法、行政法、刑法等国家基本法律的学习宣传，重点学习宣传与服务经济发展新常态、创新驱动战略、供给侧结构性改革、保障改善民生、创新社会治理、维护社会和谐稳定和促进公平正义相关的法律法规，形成适应全面建成小康社会和我县“十三五”时期经济社会发展所需要的良好法治环境，为贯彻落实“四个全面”战略布局和创新、协调、绿色、开放、共享发展理念提供法治保障。

二、突出重点，切实增强法治宣传教育针对性。法治宣传教育的对象是一切有接受教育能力的公民，重点是领导干部和青少年。国家工作人员尤其是各级领导干部要带头学法用法、模范守法，牢固树立自觉守法、依法办事的意识，切实提高运用法治思维和法治方式深化改革、推动发展、化解矛盾、维护稳定的能力。健全各级国家工作人员学法用法制度，把法治教育纳入干部教育培训总体规划，把尊法学法守法用法情况纳入公务员年度考核和领导班子、领导干部年度述职的重要内容。完善重大决策合法性审查机制，推行政府法律顾问制度，推动行政机关依法行政，促进司法机关公正司法。进一步抓好青少年的法治宣传教育，贯彻落实《青少年法治教育大纲》，完善法治课教材体系，将法治教育纳入中小学教师培训计划，因地制宜建设青少年法治教育基地，强化学校、家庭、社会“三位一体”的青少年法治教育格局，引导学生树立法治意识，养成遵纪守法的习惯。加强对企业经营管理人员的法治宣传教育，培养树立诚信守法、爱国敬业、依法经营、依法管理的意识。加强对进城务工人员的法治宣传教育，提高自身运用法律手段解决矛盾纠纷、依法维权的能力。

三、推动创新法治文化建设，营造浓厚法治氛围。充分发挥法治文化的引领、熏陶作用，使公民内心拥护和真诚信仰法律。把法治文化建设纳入现代公共文化服务体系，推动创新法治文化与茌平文化、行业文化、企业文化融合发展。大力实施全县法治文化阵地拓展、精品创作、品牌创建、活动惠民、媒体传播、理论创新和队伍素质提升“七大工程”，打造法治文化茌平品牌。大力弘扬社会主义核心价值观，传承传统美德，加强社会公德、职业道德、家庭美德、个人品德教育，推动以法立德、以德润法、法德结合、互促共进，实现法律和道德相辅相成、法治和德治相得益彰。健全公民和组织守法信用记录，完善守法诚信褒奖机制和违法失信行为惩戒机制。创新法治宣传教育工作理念、体制机制、方式方法和载体平台，采取群众喜闻乐见、易于接受的形式，提升法治宣传教育感染力和影响力，形成崇德尚法的浓厚社会氛围。

四、全面推进法治宣传教育与法治实践相结合，提高社会治理法治化水平。全面实施《茌平县2016—2020年依法治县规划》，深化基层组织和部门、行业等多层次多领域的依法治理，推进法治县、民主法治示范村（社区）等法治创建活动，搭建法治乡镇（街道）、依法行政示范机关、依法管理示范学校、依法规范服务示范单位、诚信守法示范企业等法治创建平台，实施法律顾问全覆盖工程，推进基层公共法律服务体系建设，教育引导基层群众自我约束、自我管理，全面提高社会治理法治化水平。继续开展法律进机关、进乡村、进社区、进学校、进企业、进单位“法律六进”主题活动，促进法治宣传教育和社会治理的常态化、规范化。

五、健全普法责任制和保障机制，提高法治宣传教育工作实效。积极构建与法治茌平建设相适应的党委领导、人大监督、政府实施、部门各负其责、社会共同参与的体制机制，把法治宣传教育列入当地国民经济和社会发展规划，纳入综治考核、科学发展观考核和文明创建考核内容。落实“谁主管谁负责”的普法责任，督促引导各行业、各单位结合行业特点和特定群体的法律需求，有针对性地开展法治宣传教育，实行精准普法。落实国家机关“谁执法谁普法”的普法责任制，建立普法责任清单制度，完善落实法官、检察官、行政执法人员、律师等以案释法制度。落实新闻媒体的普法责任，健全媒体公益普法制度，鼓励新媒体新技术在普法中的运用，推进“互联网+法治宣传”行动。进一步充实壮大普法讲师团和志愿者队伍，强化业务培训，提高普法服务的质量和水平。健全完善法治宣传经费保障制度，建立动态调整机制，把法治宣传教育列入政府购买服务指导性目录，鼓励和引导社会资金参与、支持法治宣传教育工作，为深入开展法治宣传教育提供必要的物质保障。

六、强化监督检查，确保本决议贯彻实施。县人民政府要加强对法治宣传教育第七个五年规划的组织实施和检查指导，进一步健全完善法治宣传教育工作的领导责任和考核评价体系，认真做好中期督导检查和终期总结验收，表彰先进集体和个人，切实保证法治宣传教育目标任务的顺利完成，并向县人民代表大会常务委员会报告。县人民代表大会及其常务委员会要充分运用执法检查、听取和审议专项工作报告、组织代表视察、专题调研等形式，加强对法治宣传教育的监督检查，保证本决议得到贯彻落实。

茌平县人大常委会
关于批准调整茌平县2016年度财政预算的
决　定

（2016年12月29日县十七届人大常委会第三十六次会议通过）

茌平县第十七届人民代表大会常务委员会第三十六次会议，听取审议了县财政局受县人民政府委托，所作的《茌平县人民政府关于调整茌平县2016年度财政预算的报告》。会议同意这个报告，决定批准这个报告。

茌平县人大常委会
关于批准调整茌平县政府债务限额
和新增政府性债券使用情况的
决　定

（2016年12月29日县十七届人大常委会第三十六次会议通过）

茌平县第十七届人民代表大会常务委员会第三十六次会议，听取审议了县财政局受县人民政府委托，所作的《茌平县人民政府关于调整茌平县政府债务限额和新增政府性债券使用情况的报告》。会议同意这个报告，决定批准这个报告。

茌平县人大常委会
关于批准茌平县中医院病房楼建设银行
贷款还本付息资金列入财政预算的
决　定

（2016年12月29日县十七届人大常委会第三十六次会议通过）

茌平县第十七届人民代表大会常务委员会第

三十六次会议，听取审议了县财政局受县人民政府委托，所作的《茌平县人民政府关于茌平县中医院病房楼建设银行贷款还本付息资金列入财政预算的申请报告》。会议同意这个报告，决定批准这个报告。

第六节　人事任免

第九届人大常委会任免人员

茌平县第九届人大常委会自1981年成立至1984年10月，共任免地方国家工作人员96人次，任免人员名单详情缺失，无从查找。

第十届人大常委会任免人员

茌平县第十届人大常委会自1984年10月至1987年4月，共任免地方国家机关工作人员86人次。

第十三次会议任免人员

（1986年9月29日通过）

根据县长孙宗安的提议，决定任命：

苏道臻为茌平县人民政府副县长；

白观荣为茌平县人大常委会办公室主任；

桑冠森为茌平县人大常委会调查研究科副科长。

第十一届人大常委会任免人员

茌平县第十一届人大常委会自1987年4月至1990年4月，共任免地方国家机关工作人员187人次。

第三次会议任免人员

（1987年7月20日通过）

任命：

郭金铸为茌平县人民政府副县长；

李盛奎为茌平县人民政府办公室主任；

刘晓涵为茌平县计划委员会主任；

李洪录为茌平县科学技术委员会主任；

张长仁为茌平县城乡建设委员会主任；

李长顺为茌平县计划生育委员会主任；

陈瑞秀为茌平县棉花办公室主任；

常修歧为茌平县人事局局长；

张久芳为茌平县劳动局局长；

彭彩莲为茌平县民政局局长；

田胜利为茌平县公安局局长；

路良珍为茌平县交通局局长；

金庆岱为茌平县乡镇企业局局长；

薛成喜为茌平县物价局局长；

尹廷杰为茌平县统计局局长；

于风兴为茌平县文化局局长；

吕文涛为茌平县教育局局长；

韩振南为茌平县广播局局长；

张学彦为茌平县审计局局长；

周生达为茌平县财政局局长；

宋兴贵为茌平县税务局局长；

袁庆宗为茌平县粮食局局长。

第四次会议任免人员

（1987年9月30日通过）

任命：

朱运强为茌平县土地管理局局长；

张怀成为茌平县工商局局长；

范福泉为茌平县公安局局长；

韩玉明为茌平县民政局局长；

梁久勤为茌平县教育局局长。

免去：

吕文涛茌平县教育局局长职务；

彭彩莲茌平县民政局局长职务。

第六次会议任免人员

（1987年12月20日通过）

任命：

杨光录为茌平县水利局局长；

窦曰让为茌平县卫生局局长；
岳承祥为茌平县司法局局长；
翟洪昌为茌平县体育委员会主任。

第八次会议任免人员

（1988年4月11日通过）

任命：
李树青为广平人民法庭庭长；
杨存歧为郝集人民法庭庭长；
赵敬林为杜郎口人民法庭庭长；
曹曰亭为王老人民法庭庭长；
林吉福为孙桥人民法庭庭长；
刘玉德为温陈人民法庭庭长；
范连武为杨屯人民法庭庭长；
刘在亭为博平人民法庭庭长；
杨士余为丁块人民法庭庭长；
朱银臣为赵屯人民法庭庭长；
郭孝德为胡屯人民法庭庭长；
吴秀远为胡屯人民法庭副庭长；
孙协太为冯屯人民法庭副庭长；
赵丙军为韩屯人民法庭副庭长；
杨光友为大桑人民法庭副庭长；
李群烈为张营人民法庭长；
梁兆生为韩集人民法庭庭长。
免去：
杨存歧城关法庭副庭长职务；
范连武肖庄法庭副庭长职务；
刘在亭茌平县人民法庭民庭副庭长职务；
杨士余博平法庭副庭长职务。

第九次会议任免人员

（1988年7月2日通过）

任命：
周长华为茌平县人民检察院检察员；
张秀堂为茌平县人民检察院检察员；
范云华为茌平县人民检察院检察员；
阎树运为茌平县人民检察院检察员；
吴振廷为茌平县人民检察院检察员；
李保泽为茌平县人民检察院检察员；
程振申为茌平县人民检察院检察员；
边家海为茌平县人民检察院检察员；
武自顺为茌平县人民检察院检察员；
赵文同为茌平县人民检察院检察员；
王洪刚为茌平县人民检察院检察员；
齐安庆为茌平县人民检察院检察员。

第十一次会议任免人员

（1988年12月23日通过）

根据县人民法院院长李泽明的提议，决定任命：
李克训为菜屯镇人民法庭庭长；
侯炎明为县人民法院审判员；
尹成军为县人民法院审判员；
刘　刚为县人民法院审判员；
王开军为县人民法院审判员；
杨加臣为县人民法院审判员；
朱兆林为县人民法院审判员。

第十二次会议任免人员

（1989年1月11日通过）

茌平县人大常委会公告

茌平县第十一届人民代表大会常务委员会1989年1月11日第十二次会议，王乐泉当选为山东省第七届人民代表大会代表。

第十四次会议任免人员

（1989年4月5日通过）

任命：
张文岭为茌平县人民法院副院长；
崔德贵为茌平县人民检察院副检察长；
侯炎明为茌平县人民法院贾寨法庭庭长。

第十七次会议任免人员

（1989年10月25日通过）

任命：
刘风来为茌平县信访局局长；
张文岭为茌平县人民法院审判委员会委员；
崔德贵为茌平县人民检察院检察委员会委员；
高守夫为茌平县人民法院行政审判庭庭长；
张金芳为茌平县人民法院民事审判庭庭长；
李岱昌为茌平县人民法院告诉申诉庭庭长；
宋朝卿为茌平县人民法院告诉申诉庭副庭长；
王玉顺为茌平县人民法院告诉申诉庭副庭长；
杨存歧为茌平县人民法院执行庭副庭长；
刘伟为茌平县人民法院审判员；
张立平为茌平县人民法院审判员；
尹成军为郝集人民法庭庭长；
孙协太为冯屯人民法庭庭长；
杨光友为大桑人民法庭庭长；
赵丙军为韩屯人民法庭庭长。
免去：
高守夫茌平县人民法院民事审判庭庭长职务；
张金芳茌平县人民法院刑一庭庭长职务；
李岱昌茌平县人民法院刑二庭庭长职务；
杨存歧郝集人民法庭庭长职务。

第十九次会议任免人员

（1990年1月4日通过）

任命：
董金刚为茌平县人民政府副县长、代理县长。

第二十次会议任免人员

（1990年2月20日通过）

任命：
王林华为茌平县人民政府副县长。

第十二届人大常委会任免人员

茌平县第十二届人大常委会自1990年4月至1993年3月，共任免地方国家机关工作人员52人次。

第二次会议任免人员

（1990年7月3日通过）

根据县人大常委会主任会议提议，决定任命：
白观荣为茌平县人大办公室主任；
潘思东为茌平县人大办公室副主任；
迟连运为茌平县人大办公室副主任；
李文政为茌平县人大代表联络科科长；
徐长寅为茌平县人大代表联络科副科长；
祁传月为茌平县人大法制科副科长；
刘平为茌平县人大法制科副科长；
桑冠森为茌平县人大财政经济科科长；
李福信为茌平县人大财政经济科副科长；
孙永淮为茌平县人大教科文卫科科长；
高廷桐为茌平县人大教科文卫科副科长。
根据县长董金刚提名，决定任命：
刘晓涵为茌平县计划委员会主任；
王其义为茌平县经济委员会主任；
李洪录为茌平县科学技术委员会主任；
李长顺为茌平县计划生育委员会主任；
张长仁为茌平县城乡基本建设委员会主任；
翟洪昌为茌平县体育运动委员会主任；
殷德荣为茌平县经济体制改革委员会主任；
李庚申为茌平县人事局局长；
张金芳为茌平县劳动局局长；
薛成喜为茌平县物价局局长；
金庆岱为茌平县多种经营乡镇企业局局长；
杨瑞华为茌平县财政局局长；
张怀成为茌平县工商局局长；
宋兴贵为茌平县税务局局长；
范福泉为茌平县公安局局长；
岳承祥为茌平县司法局局长；

韩玉明为茌平县民政局局长；
马洪林为茌平县监察局局长；
张学彦为茌平县审计局局长；
崔维迎为茌平县商业局局长；
袁庆宗为茌平县粮食局局长；
张聚铎为茌平县农牧渔业局局长；
孙克昌为茌平县林业局局长；
杨光录为茌平县水利局局长；
梁久勤为茌平县教育局局长；
于风兴为茌平县文化局局长；
窦曰让为茌平县文化局局长；
朱运强为茌平县土地管理局局长；
陈民生为茌平县交通局局长；
刘风来为茌平县信访局局长；
张作江为茌平县农业机械管理局局长；
张福来为茌平县环境保护局局长；
谢秀媛为茌平县档案局局长；
韩振南为茌平县广播电视局局长。

根据人民法院院长李泽明的提请，决定任命：

刘吉福为茌平县人民法院副院长、审判委员会委员；

于吉奎为茌平县人民法院副院长、审判委员会委员；

张文岭为茌平县人民法院副院长、审判委员会委员；

穆希银为审判委员会委员；
朱士训为审判委员会委员；
张金芳为审判委员会委员；
陈庆之为审判委员会委员；
高守富为审判委员会委员；
罗爱之为审判委员会委员；
陈庆之为人民法院刑庭庭长；
李岱昌为人民法院告审庭庭长；
宋朝卿为人民法院告审庭副庭长；
王玉顺为人民法院告审庭副庭长；
张金芳为人民法院民庭庭长；
罗爱之为人民法院经济庭庭长；
赵慧敏为人民法院经济庭副庭长；
高守富为人民法院行政庭庭长；
周荣光为人民法院执行庭庭长；
杨存歧为人民法院执行庭副庭长；
李树跃为城关法庭庭长；
曹曰亭为王老法庭庭长；
尹成军为郝集法庭庭长；
赵敬林为杜郎口法庭庭长；
庞加月为乐平法庭庭长；
梁兆生为韩集法庭庭长；
李明成为肖庄法庭庭长；
李克训为菜屯法庭庭长；
侯炎明为贾寨法庭庭长；
李宝海为洪屯法庭庭长；
范连武为杨屯法庭庭长；
杨光友为大桑法庭庭长；
郭孝德为胡屯法庭庭长；
吴秀远为胡屯法庭副庭长；
李树青为广平法庭庭长；
朱银臣为赵屯法庭庭长；
杨士余为丁块法庭庭长；
刘玉德为温陈法庭庭长；
刘在亭为博平法庭庭长；
赵丙军为韩屯法庭庭长；
李群烈为张营法庭庭长；

张富友、付世荣、王培信、张伟卿、张宝林、么林海、朱士训、穆希银、朱兆林、王开军、刘伟、杨甲臣、张立平、刘刚为茌平县人民法院审判员。

根据人民检察院检察长韩宪宏的提请，决定任命：

周长运、何振平、崔德贵为茌平县人民检察院副检察长、检察委员会委员；

高玉祥、冷志荣、尹丙元、肖超鹤、商开顺、曹培松为茌平县人民检察委员会委员；

高玉祥、冷志荣、肖超鹤、尹丙元、商开顺、曹培松、温学俭、李宗照、岳成海、李茂富、刘培海、张士栋、李庆山、薛乃岭、黄云安、李东水、范广亭、张富全、徐爱芝、周长华、阎树运、程振申、张秀堂、吴振亭、边家海、范云华、李保泽、武自顺、赵文同、王洪刚、齐安庆、田跃进、张新民、商城金、王阳成、陈富生、李万华、于殿华为茌平县人民检察院检查员。

第三次会议任免人员

（1990年10月6日通过）

任命：

刘福存为茌平县人民政府统计局局长；

祁传月为茌平县人大常委会法制科科长。

免去：

陈庆之茌平县人民法院审判委员会委员、刑庭庭长职务；

林吉福茌平县人民法院孙桥法庭庭长职务。

第四次会议任免人员

（1990年12月26日通过）

任命：

李庆昌为茌平县标准计量局局长。

第五次会议任免人员

（1991年3月23日通过）

免去：

潘思东茌平县人大常委会办公室副主任职务。

第七次会议任免人员

（1991年8月10日通过）

任命：

张建文为茌平县人民政府副县长。

免去：

徐长寅茌平县人大常委会代表联络科副科长职务。

第八次会议任免人员

（1991年9月30日通过）

任命：

宫富瀛为茌平县人民政府副县长。

第九次会议任免人员

（1991年11月12日通过）

任命：

房本林为茌平县农委主任。

第十次会议任免人员

（1992年1月8日通过）

免去：

张久芳茌平县劳动局局长职务。

第十二次会议任免人员

（1992年5月16日通过）

任命：

张文岭为茌平县法制局局长；

胡志峰为茌平县人民法院副院长、审判委员会委员；

刘文才为茌平县劳动局局长；

郭金良为茌平县人大常委会办公室副主任；

陈庆之为茌平县对外经济贸易委员会主任。

免去：

张文岭茌平县人民法院副院长、审判委员会委员职务。

第十三次会议任免人员

（1992年8月3日通过）

任命：

刘振录为茌平县计划生育委员会主任；

黄兴远为茌平县体育运动委员会主任；
宋宝锁为茌平县城乡建设委员主任；
赵锡贵为茌平县广播电视局局长。
免去：
李长顺茌平县计划生育委员会主任职务；
翟洪昌茌平县体育运动委员会主任职务；
张长仁茌平县城乡建设委员主任职务；
韩振南茌平县广播电视局局长职务。

第十五次会议任免人员

（1992年12月19日通过）

免去：
谢秀媛茌平县档案局局长职务。

第十六次会议任免人员

（1993年1月18日通过）

任命：
齐炳文为茌平县人民政府副县长、代县长。

第十三届人大常委会任免人员

茌平县第十三届人大常委会自1993年3月至1998年1月，共任免地方国家机关工作人员361人次。

第一次会议任免人员

（1993年3月24日通过）

任命：
石传林为茌平县农委主任；
李明华为茌平县土地管理局局长；
李泽贞为茌平县监察局局长；
许凤图为茌平县环境保护局局长；
桑士彦为茌平县人民检察院副检查长（正局级）；
陶维生为茌平县档案局局长；
王厚琪为茌平县人大办公室副主任（正局级）。
免去：
房本林茌平县农委主任职务；
朱运强茌平县土地管理局局长职务；
马洪林茌平县监察局局长职务；
张福来茌平县环境保护局局长职务。

第三次会议任免人员

（1993年5月24日通过）

任命：
李文政为人大代表联络工作委员会主任；
祁传月为人大法制工作委员会主任；
刘　平为人大法制工作委员会副主任；
桑冠森为人大财经工作委员会主任；
李福信为人大财经工作委员会副主任；
孙永淮为人大教科文卫工作委员会主任；
高廷桐为人大教科文卫工作委员会副主任。
根据齐炳文县长的提名，决定任命：
郭德功为茌平县人民政府科技副县长；
任树栋为茌平县人民政府科技副县长。
根据人民法院院长郑宝光的提名，决定任命：
张金芳为茌平县人民法院刑事审判庭庭长；
刘伟为茌平县人民法院刑事审判庭副庭长；
李岱昌为茌平县人民法院民事审判庭庭长；
杨存歧为茌平县人民法院民事审判庭副庭长；
罗爱之为茌平县人民法院经济审判庭庭长；
李明成为茌平县人民法院经济审判庭副庭长；
杨家臣为茌平县人民法院经济审判庭副庭长；
周荣光为茌平县人民法院行政审判庭庭长；
刘玉德为茌平县人民法院行政审判庭副庭长；
曹曰亭为茌平县人民法院执行庭庭长；
杨士余为茌平县人民法院执行庭副庭长；
高守夫为茌平县人民法院告诉申诉庭庭长；
宋朝清为茌平县人民法院告诉申诉庭副庭长；
李群烈为茌平县人民法院贾寨法庭庭长；
李克训为茌平县人民法院洪屯法庭庭长；
李宝海为茌平县人民法院大桑法庭庭长；
侯延明为茌平县人民法院温陈法庭庭长；

赵丙军为茌平县人民法院丁块法庭庭长；
刘刚为茌平县人民法院城关法庭庭长；
王光荣为茌平县人民法院胡屯法庭庭长；
崔河祥为茌平县人民法院乐平法庭庭长；
薛兴亮为茌平县人民法院王老法庭副庭长；
王根思为茌平县人民法院赵屯法庭副庭长；
崔玉三为茌平县人民法院杜郎口法庭副庭长；
张胜爽为茌平县人民法院菜屯法庭副庭长；
亢德申为茌平县人民法院韩集法庭副庭长；
范连武为茌平县人民法院杨屯法庭庭长；
李树青为茌平县人民法院广平法庭庭长；
尹承军为茌平县人民法院韩集法庭庭长。

孙协太、杨希谟、蔺怀民、崔梅荣、邱桂平、孙吉祥、朱建国、张洁、杨光明、王少岭、李守廷、袁宝昌、张强、张万印等为茌平县人民法院审判员。

第四次会议任免人员

（1993年7月24日通过）

根据县长齐炳文提名，决定任命：
王育义为茌平县人民政府科技副县长。

第六次会议任免人员

（1993年10月14日通过）

任命：

苏桂生、刘桂芝、常兆营、尹守全、于以明、田丰伟、谷庆河、黄文文、王冰、谢兴开为茌平县人民检察院检查员。

第七次会议任免人员

（1994年1月3日通过）

根据县长齐炳文的提名，决定任命：
王希忠为茌平县政府办公室主任；
石传林为茌平县农业委员会主任；
宋宝锁为茌平县计划委员会主任；
朱林富为茌平县城乡建设环境保护委员会主任；
齐万路为茌平县科学技术委员会主任；
梁久勤为茌平县教育委员会主任；
于风兴为茌平县文化体育委员会主任；
刘振录为茌平县计划生育委员会主任；
曹培成为茌平县对外贸易委员会主任；
陈民生为茌平县交通委员会主任；
韩明忠为茌平县公安局局长；
岳承祥为茌平县司法局局长；
韩玉明为茌平县民政局局长；
李庚申为茌平县人事局局长；
刘文才为茌平县劳动局局长；
杨瑞华为茌平县财政局局长；
王建新为茌平县税务局局长；
杨光录为茌平县水利局局长；
明学富为茌平县卫生局局长；
徐公正为茌平县审计局局长；
张怀成为茌平县工商局局长；
李明华为茌平县土管局局长；
王恒河为茌平县统计局局长；
王厚琪为茌平县乡镇企业局局长；
李泽贞为茌平县监察局局长。
免去：
宋兴贵茌平县税务局局长职务；
张学颜茌平县审计局局长职务。
根据县人民法院院长郑宝光的提名，决定任命：
陈庆之为茌平县人民法院副院长。

第八次会议任免人员

（1994年3月10日通过）

任命：
贾慧为茌平县人民法院副院长。
免去：
刘吉福茌平县人民法院副院长职务；
何振平茌平县人民检察院副检察长职务；
王厚琪茌平县人大办公室副主任职务。

第九次会议任免人员

（1994年3月26日通过）

任命：

孟宪井为茌平县人民政府副县长；

王旭光为茌平县人民政府副县长；

刘宏亮为茌平县人民政府副县长；

夏和明为茌平县人民政府副县长；

宋伟滨为茌平县人民政府副县长；

殷明为茌平县人民政府副县长；

李长寅为茌平县经济委员会主任。

第十次会议任免人员

（1994年6月11日通过）

接受高金道的辞呈，免去：

高金道茌平县人大常委会委员职务。

根据县长齐炳文的提名，决定任命：

高金道为茌平县人民政府科技副县长；

杨立峰为茌平县人民政府科技副县长。

任命：

郭金良为茌平县人大常委会办公室主任；

祁传月兼任茌平县人大常委会办公室副主任；

迟连运为茌平县人大常委会代表联络工作委员会主任；

李福信为茌平县人大常委会财政经济工作委员会主任；

刘平为茌平县人大常委会教科文卫工作委员会主任。

免去：

白观荣茌平县人大常委会办公室主任职务；

李文政茌平县人大常委会代表联络工作委员会主任职务；

孙永淮茌平县人大常委会教科文卫工作委员会主任职务。

根据县人民法院院长郑宝光的提名，决定任命：

杨存歧为茌平县人民法院经济纠纷调解中心副主任；

孙协太为茌平县人民法院民事审判庭副庭长；

杨希谟为茌平县人民法院告诉申诉审判庭副庭长；

李群烈为茌平县人民法院博平法庭庭长；

李克训为茌平县人民法院城关法庭庭长；

张胜爽为茌平县人民法院贾寨法庭庭长；

袁宝昌为茌平县人民法院洪屯法庭庭长；

亢德申为茌平县人民法院广平法庭庭长；

王根思为茌平县人民法院赵屯法庭庭长；

崔玉三为茌平县人民法院杜郎口法庭庭长；

张万印为茌平县人民法院韩屯法庭庭长；

刘洪利为茌平县人民法院冯屯法庭庭长；

刘景生为茌平县人民法院孙桥法庭庭长；

薛兴亮为茌平县人民法院王老法庭庭长；

慈明清为茌平县人民法院韩集法庭副庭长；

张东风为茌平县人民法院张营法庭副庭长；

张强为茌平县人民法院肖庄法庭副庭长。

免去：

杨存歧茌平县人民法院民事审判庭副庭长职务；

孙协太茌平县人民法院经济纠纷调解中心副主任职务；

李群烈茌平县人民法院贾寨法庭庭长职务；

李克训茌平县人民法院洪屯法庭庭长职务；

张胜爽茌平县人民法院菜屯法庭副庭长职务；

亢德申茌平县人民法院韩集法庭副庭长职务；

李宝海茌平县人民法院大桑法庭庭长职务；

李树青茌平县人民法院广平法庭庭长职务；

刘刚茌平县人民法院城关法庭庭长职务；

范连伍茌平县人民法院杨屯法庭庭长职务。

第十一次会议任免人员

（1994年8月18日通过）

根据县长齐炳文的提名，决定任命：

汪文跃挂职任茌平县人民政府副县长。

根据县长齐炳文的提名，决定任命：

田金荣为茌平县地方税务局局长。

第十三次会议任免人员

（1994年11月29日通过）

根据县长齐炳文的提名，决定任命：

李健民挂职任茌平县人民政府副县长；

范廷祥挂职任茌平县人民政府副县长。

免去：

梁久勤茌平县教育委员会主任职务；

于风兴茌平县文化体育委员会主任职务。

第十四次会议任免人员

（1995年3月10日通过）

任命：

许立全为茌平县人民政府副县长；

吕文涛为茌平县教育委员会主任。

第十五次会议任免人员

（1995年3月11日通过）

接受：

齐炳文辞去茌平县县长职务的请求。

任命：

许立全为茌平县人民政府代理县长。

第十六次会议任免人员

（1995年4月22日通过）

根据县长许立全的提名，决定任命：

刘海贵为茌平县人民政府副县长。

第十七次会议任免人员

（1995年5月31日通过）

根据县长许立全的提名，决定任命：

田礼生为茌平县经济委员会主任；

许光为茌平县文化体育委员会主任；

李勇为茌平县对外经济贸易委员会主任；

张金芳为茌平县人民法院副院长；

曹曰廷为茌平县人民法院副院长；

温学俭为茌平县人民检察院副检察长；

田跃进为茌平县人民检察院副检察长。

免去：

李长寅茌平县经济委员会主任职务；

曹培成茌平县对外经济贸易委员会主任职务；

李文政茌平县人大代表联络工作委员会调研员职务。

根据县人民法院院长郑宝光的提名，决定任命：

朱银臣为茌平县人民法院刑事审判庭庭长；

孙吉祥为茌平县人民法院刑事审判庭副庭长；

吴秀远为茌平县人民法院民事审判庭副庭长；

刘刚为茌平县人民法院经济审判庭副庭长；

崔梅荣为茌平县人民法院经济审判庭副庭长；

杨希谟为茌平县人民法院告诉申诉庭庭长；

范连武为茌平县人民法院告诉申诉庭副庭长；

李树青为茌平县人民法院告诉申诉庭副庭长；

刘在亭为茌平县人民法院执行庭庭长；

梁兆生为茌平县人民法院执行庭副庭长；

王兴华为茌平县人民法院执行庭副庭长；

蔺怀民为茌平县人民法院行政审判庭庭长；

杨光友为茌平县人民法院行政审判庭副庭长；

慈明清为茌平县人民法院韩集法庭庭长；

苏学军为茌平县人民法院杨屯法庭副庭长；

任长申为茌平县人民法院菜屯法庭副庭长；

王明军为茌平县人民法院大桑法庭副庭长。

免去：

张金芳茌平县人民法院刑事审判庭庭长职务；

曹曰廷茌平县人民法院执行庭庭长职务；

高守富茌平县人民法院告诉申诉庭庭长职务；

宋朝清茌平县人民法院告诉申诉庭副庭长职务；

周荣光茌平县人民法院行政审判庭庭长职务。

根据县人民检察院检察长宋士高的提名，决定任命：

胡庆效、姜淑林、张立东、冷春江、綦勇、黄维清、张晓为茌平县人民检察院检察员。

第十九次会议任免人员

（1995年10月18日通过）

任命：

曾庆梅为茌平县人民政府副县长。

第二十次会议任免人员

（1995年11月17日通过）

任命：

张相阳为茌平县人民政府挂职副县长；

黄利明为茌平县人民政府挂职副县长；

高其为茌平县人民政府挂职副县长；

邓海燕为茌平县人民政府挂职副县长；

李广平为茌平县人民政府挂职副县长；

李志军为茌平县人民政府挂职副县长。

根据县长许立全的提名，决定任命：

石传林兼任茌平县农业局局长；

赵荣金为茌平县林业局局长；

宋天喜为茌平县粮食局局长；

商善岗为茌平县技术监督局局局长；

潘思东为茌平县司法局局长；

张恒良为茌平县土地管理局局长；

高恒民为茌平县人大代表联络工作委员会主任。

免去：

岳承祥茌平县司法局局长职务；

李明华茌平县土地管理局局长职务；

迟连运茌平县人大办公室副主任、代表联络工作委员会主任职务。

任命：

郑宝光为茌平县人民法院审判委员会委员；

胡志峰为茌平县人民法院审判委员会委员；

陈庆之为茌平县人民法院审判委员会委员；

贾慧为茌平县人民法院审判委员会委员；

曹曰廷为茌平县人民法院审判委员会委员；

李树跃为茌平县人民法院审判委员会委员；

张立平为茌平县人民法院审判委员会委员；

蔺怀民为茌平县人民法院审判委员会委员；

李岱昌为茌平县人民法院审判委员会委员；

朱银臣为茌平县人民法院审判委员会委员。

免去：

李泽明茌平县人民法院审判委员会委员职务；

刘吉福茌平县人民法院审判委员会委员职务；

高守富茌平县人民法院审判委员会委员职务。

第二十一次会议任免人员

（1996年1月24日通过）

任命：

张久德为茌平县农委主任、农业局局长；

王吉武为茌平县畜牧局局长；

刘善温为茌平县计划生育委员会主任；

李泽贞为茌平县民政局局长；

邹庆荣为茌平县地方税务局局局长；

于秋春为茌平县水利局局长；

周美兴为茌平县乡镇企业局局长；

胡言义为茌平县人民法院副院长；

韩晓忠为茌平县人民法院副院长；

刘曰俊为茌平县人民检察院副检察长；

高廷桐为茌平县人大法制工作委员会主任；

孔志强为茌平县人大办公室副主任；

孙纳新为茌平县人大办公室副主任；

王建国为茌平县人大代表联络工作委员会副主任；

邵益为茌平县人大法制工作委员会副主任。

免去：

祁传月茌平县人大法制工作委员会主任职务；

石传林茌平县农委主任、农业局局长职务；

刘振录茌平县计划生育委员会主任职务；

韩玉明茌平县民政局局长职务；

田金荣茌平县地方税务局局长职务；

杨光录茌平县水利局局长职务；

王厚琪茌平县乡镇企业局局长职务；

高廷桐茌平县人大教科文卫工作委员会副主任职务。

第二十四次会议任免人员

（1996年3月28日通过）

任命：

樊庆锡为茌平县人民政府副县长。

第二十五次会议任免人员

（1996年5月24日通过）

任命：

吴秀远为茌平县人民法院城镇法庭庭长；

赵吉和为茌平县人民法院少年刑事审判庭庭长；

崔华为茌平县人民法院审判员、刑事审判庭副庭长；

李克训为茌平县人民法院经济庭副庭长；

王光荣为茌平县人民法院城镇法庭副庭长；

侯延明为茌平县人民法院城关法庭庭长；

杜存良为茌平县人民法院温陈法庭庭长；

王金顺为茌平县人民法院温陈法庭副庭长；

张胜爽为茌平县人民法院肖庄法庭庭长；

张强为茌平县人民法院丁块法庭副庭长；

袁建国为茌平县人民法院博平法庭副庭长；

王开亮为茌平县人民法院胡屯法庭副庭长；

张黎明为茌平县人民法院大桑法庭副庭长；

王树安为茌平县人民法院贾寨法庭副庭长；

祁长英为茌平县人民法院审判员；

张义德为茌平县人民检察院检察员；

岳喜梅为茌平县人民检察院检察员。

免去：

张胜爽茌平县人民法院贾寨法庭庭长职务；

吴秀远茌平县人民法院民庭副庭长职务；

王光荣茌平县人民法院胡屯法庭庭长职务；

李克训茌平县人民法院城关法庭庭长职务；

侯延明茌平县人民法院温陈法庭庭长职务；

张强茌平县人民法院肖庄法庭副庭长职务；

杨甲臣茌平县人民法院经济审判庭副庭长职务；

孙吉祥茌平县人民法院刑事审判庭副庭长职务；

孙协太茌平县人民法院民事审判庭副庭长职务；

王明军茌平县人民法院大桑法庭副庭长职务。

第二十七次会议任免人员

（1996年10月24日通过）

根据宋士高检察长的提请，决定任命：

李守祥为茌平县人民检察院副检察长。

第二十八次会议任免人员

（1996年11月4日通过）

任命：

祁传月为茌平县监察局局长，同意本人关于辞去县人大常委会委员职务的请求。

免去：

祁传月茌平县人大办公室副主任职务；

李泽贞茌平县监察局局长职务；

孙永淮茌平县人大教科文卫工作委员会调研员职务。

第二十九次会议任免人员

（1996年12月25日通过）

任命：

冯洪峰为茌平县人民政府办公室主任。

免去：

王希忠茌平县人民政府办公室主任职务。

第三十一次会议任免人员

（1997年3月21日通过）

任命：

毕思春为茌平县人民政府副县长。

第三十二次会议任免人员

（1997年4月16日通过）

任命：

侯延明为茌平县人民法院城关中心法庭庭长；

张万印为茌平县人民法院城关中心法庭副庭长；

刘景生为茌平县人民法院审判员、城关中心法庭副庭长；

袁宝昌为茌平县人民法院冯屯中心法庭庭长；

王开亮为茌平县人民法院审判员、冯屯中心法庭副庭长；

薛兴亮为茌平县人民法院审判员、冯屯中心法庭副庭长；

崔河祥为茌平县人民法院审判员、博平中心法庭庭长；

袁建国为茌平县人民法院审判员、博平中心法庭副庭长；

亢德申为茌平县人民法院审判员、肖庄中心法庭庭长；

张胜爽为茌平县人民法院审判员、肖庄中心法庭副庭长；

任长申为茌平县人民法院审判员、肖庄中心法庭副庭长；

崔玉三为茌平县人民法院审判员、杨屯中心法庭庭长；

黄舟为茌平县人民法院审判员、杨屯中心法庭副庭长；

张黎明为茌平县人民法院审判员、杨屯中心法庭副庭长；

杜存良为茌平县人民法院审判员、丁块中心法庭庭长；

王根思为茌平县人民法院审判员、丁块中心法庭副庭长；

慈明清为茌平县人民法院审判员、乐平中心法庭庭长；

张强为茌平县人民法院审判员、乐平中心法庭副庭长。

免去：

李群烈博平人民法庭庭长职务；

侯延明城关人民法庭庭长职务；

赵丙军丁块人民法庭庭长职务；

尹成军郝集人民法庭庭长职务；

刘洪利冯屯人民法庭庭长职务；

王根思赵屯人民法庭庭长职务；

刘景生孙桥人民法庭庭长职务；

薛兴亮王老人民法庭庭长职务；

崔河祥乐平人民法庭庭长职务；

袁宝昌洪屯人民法庭庭长职务；

亢德申广平人民法庭庭长职务；

张胜爽肖庄人民法庭庭长职务；

崔玉三杜郎口人民法庭庭长职务；

杜存良温陈人民法庭庭长职务；

张万印韩屯人民法庭庭长职务；

慈明清韩集人民法庭庭长职务；

王开亮胡屯人民法庭副庭长职务；

张强丁块人民法庭副庭长职务；

袁建国博平人民法庭副庭长职务；

张黎明大桑人民法庭副庭长职务；

王树安贾寨人民法庭副庭长职务；

苏学军杨屯人民法庭副庭长职务；

王金顺温陈人民法庭副庭长职务；

任长申菜屯人民法庭副庭长职务。

第三十四次会议任免人员

（1997年8月14日通过）

任命：

张凤英为茌平县环境保护局局长；

程东宏为茌平县人大办公室副主任。

第三十六次会议任免人员

（1997年12月10日通过）

任命：
张春兰为茌平县人民政府科技副县长；
张作江为茌平县农机局局长。

第三十七次会议任免人员

（1997年12月22日通过）

任命：
汪文耀为茌平县人民政府副县长；
于树杰为挂职茌平县人民政府副县长。

第三十八次会议任免人员

（1997年12月22日通过）

任命：
汪文耀为茌平县人民政府代理县长。

第三十九次会议任免人员

（1998年1月6日通过）

任命：
侯军为茌平县人民政府副县长。

第十四届人大常委会任免人员

茌平县第十四届人大常委会自1998年2月至2003年3月，共任免地方国家机关工作人员254人次。

第二次会议任免人员

（1998年5月17日通过）

根据县人大常委会主任会议提请和县长提请，任命：
杨忠平为茌平县人民政府副县长；
王林华为茌平县人民政府副县长；
郭金良为茌平县人大办公室主任；
高恒民为茌平县人大代表联络工作委员会主任；
李福信为茌平县人大财经工作委员会主任；
王希忠为茌平县人民政府办公室主任；
王金玉为茌平县经济委员会主任；
石传林为茌平县农业委员会主任、农业局局长；
林家生为茌平县计划委员会主任；
朱林富为茌平县城乡建设委员会主任；
宋希伟为茌平县科学技术委员会主任；
吕文涛为茌平县教育委员会主任；
常鸣为茌平县文化体育委员会主任；
姜桂章为茌平县计划生育委员会主任；
周庆江为茌平县对外经济贸易委员会主任；
梁保忠为茌平县交通委员会主任；
李承源为茌平县民政局局长；
刘士贵为茌平县人事局局长；
祁传月为茌平县监察局局长；
刘文才为茌平县劳动局局长；
杨瑞华为茌平县财政局局长；
田金荣为茌平县地方税务局局长；
刘元照为茌平县水利局局长；
明学富为茌平县卫生局局长；
李林军为茌平县审计局局长；
刘振录为茌平县工商行政管理局局长；
李明华为茌平县土地管理局局长；
桑聊生为茌平县统计局局长；
娄子刚为茌平县乡镇企业局局长；
宋天喜为茌平县粮食局局长；
张作江为茌平县农机管理局局长；
赵荣金为茌平县林业局局长；
张习甲为茌平县环境保护局局长；
商善岗为茌平县技术监督局局长；
潘思东为茌平县司法局局长。
免去：
高廷桐茌平县人大法制工作委员会主任职务；
刘平茌平县人大教科文卫工作委员会主任职务；
于吉奎茌平县人民法院副院长职务；
胡言义茌平县人民法院副院长职务。

第三次会议任免人员

（1998年7月14日通过）

根据县长提请，任命：
唐学云为茌平县公安局局长。

第四次会议任免人员

（1998年9月4日通过）

根据县人民法院院长提请，任命：
付士全为茌平县人民法院副院长。

第五次会议任免人员

（1998年11月11日通过）

根据县长、县人民法院院长和县人民检察院检察长的提请，任命：

崔梅荣为茌平县人民法院经济审判庭庭长；
尹成军为茌平县人民法院经济审判庭副厅长；
王兴华为茌平县人民法院执行庭庭长；
赵丙军为茌平县人民法院执行庭副庭长；
刘在亭为茌平县人民法院城镇法庭庭长；
刘洪利为茌平县人民法院城镇法庭副庭长；
孙吉祥为茌平县人民法院民事审判庭庭长；
王根思为茌平县人民法院告诉申诉庭副庭长；
陈立平为茌平县人民法院行政审判庭副庭长；
张东风为茌平县人民法院博平中心法庭副庭长；
王金顺为茌平县人民法院丁块中心法庭副庭长；
赵庆震为茌平县人民法院乐平铺中心法庭副庭长；
李廷海为茌平县人民检察院检察员；
张长柱为茌平县人民检察院检察员；
徐浩军为茌平县人民检察院检察员；
谢鑫为茌平县人民检察院检察员；
曹应冰为茌平县人民检察院检察员；
吴新堂为茌平县人民检察院检察员；
陈元宏为茌平县人民检察院检察员；
于鲁为茌平县人民检察院检察员；
路向方为茌平县人民检察院检察员；
王伟为茌平县人民检察院检察员；
杨金豹为茌平县人民检察院检察员；
胡永山为茌平县人民检察院检察员；
刘希珍为茌平县人民法庭审判员；
赵吉和为茌平县人民法庭审判员；
王元华为茌平县人民法庭审判员；
王保军为茌平县人民法庭审判员；
林明为茌平县人民法庭审判员；
耿建文为茌平县人民法庭审判员；
彭东为茌平县人民法庭审判员；
韩淑清为茌平县人民法庭审判员；
王吉兴为茌平县人民法庭审判员；
崔洪伟为茌平县人民法庭审判员；
崔永涛为茌平县人民法庭审判员；
赵庆震为茌平县人民法庭审判员；
刘洪利为茌平县人民法庭审判员；
张东风为茌平县人民法庭审判员；
王金顺为茌平县人民法庭审判员；
王兴华为茌平县人民法庭审判员；
陈立平为茌平县人民法庭审判员。

免去：
苏本生茌平县人民政府副县长职务。
罗爱之茌平县人民法院经济审判庭庭长职务；
李明成茌平县人民法院经济审判庭副庭长职务；
崔梅荣茌平县人民法院经济审判庭副庭长职务；
李岱昌茌平县人民法院民事审判庭庭长职务；
刘在亭茌平县人民法院执行庭庭长职务；
王兴华茌平县人民法院执行庭副庭长职务；
吴秀远茌平县人民法院城镇法庭庭长职务；
刘玉德茌平县人民法院行政审判庭副庭长职务；
王根思茌平县人民法院丁块中心法庭副庭长职务。

第六次会议任免人员

（1991年1月15日通过）

根据县人民检察院院长提请，任命：

初宝君为茌平县人民检察院检察员。

第十次会议任免人员

（1999年9月9日通过）

根据县人民法院院长的提请，任命：

刘刚为茌平县人民法院立案庭庭长；

范连武为茌平县人民法院立案庭副庭长；

杨希谟为茌平县人民法院审判监督庭庭长；

李树青为茌平县人民法院审判监督庭副庭长；

王根思为茌平县人民法院审判监督庭副庭长。

免去：

刘刚茌平县人民法院经济审判庭副庭长职务；

范连武茌平县人民法院告诉申诉庭副庭长职务；

杨希谟茌平县人民法院告诉申诉庭庭长职务；

李树青茌平县人民法院告诉申诉庭副庭长职务；

王根思茌平县人民法院告诉申诉庭副庭长职务。

第十四次会议任免人员

（2000年7月11日通过）

根据县长提请，任命：

宋秋玲为茌平县人民政府副县长；

殷立泉为茌平县人民政府副县长。

第十六次会议任免人员

（2009年9月14日通过）

根据县人民法院院长和县人民检察院检察长的提请，任命：

崔玉三为茌平县人民法院行政审判庭副庭长；

耿建文为茌平县人民法院乐平人民法庭庭长；

于振田为茌平县人民检察院检察员；

商思旺为茌平县人民检察院检察员；

胡冰为茌平县人民检察院检察员；

胡国鑫为茌平县人民检察院检察员；

刘国英为茌平县人民检察院检察员；

免去：

穆希银茌平县人民法院审判员、审判委员会委员职务；

杨希汉茌平县人民法院审判员、审判监督庭庭长职务；

崔玉三茌平县人民法院杨屯人民法庭庭长职务；

慈明清茌平县人民法院乐平人民法庭庭长职务。

第十七次会议任免人员

（2000年10月10日通过）

根据县人民法院院长的提请，任命：

杜存良为茌平县人民法院民事审判庭副庭长；

王金顺为茌平县人民法院城关法庭副庭长。

免去：

杜存良茌平县人民法院丁块法庭庭长职务；

王金顺茌平县人民法院丁块法庭副庭长职务。

第十九次会议任免人员

（2001年1月22日通过）

任命：

侯军为茌平县人民政府代县长。

李云哲为茌平县人民检察院副检察长、代检察长。

第二十次会议任免人员

（2001年1月30日通过）

根据县人民检察院检察长提请，任命：

邵景良为茌平县人民检察院副检察长、代检察长。

免去：

李云哲茌平县人民检察院副检察长、代检察长职务。

第二十一次会议任免人员

（2001年1月30日通过）

根据县长提请，任命：

孙光木为茌平县人民政府副县长；

白立新为茌平县人民政府副县长。

第二十四次会议任免人员

（2001年5月9日通过）

根据县长和县人民法院院长提请，任命：

杨立军为茌平县经济委员会主任；

王兴源为茌平县教育委员会主任；

王金玉为茌平县劳动局局长；

孙乐生为茌平县民政局局长；

王彪为茌平县财政局局长；

何其平为茌平县水利局局长；

刘君之为茌平县土地管理局局长；

王志刚为茌平县林业局局长；

白若华为茌平县粮食局局长；

赵春庆为茌平县农机管理局局长；

耿伯成为茌平县乡镇企业局局长；

宋希勇为茌平县监察局局长；

杨甲臣为茌平县人民法院刑事审判庭庭长；

王思根为茌平县人民法院审判监督庭庭长；

亢德申为茌平县人民法院民事审判庭副庭长；

孙保民为茌平县人民法院审判员；

李彦荣为茌平县人民法院审判员；

李莉为茌平县人民法院审判员；

苏学军为茌平县人民法院审判员；

曹培奎为茌平县人民法院审判员。

免去：

王金玉茌平县经济委员会主任职务；

吕文涛茌平县教育委员会主任职务；

石传林茌平县农业委员会主任、农业局局长职务；

刘文才茌平县劳动局局长职务；

李承源茌平县民政局局长职务；

杨瑞华茌平县财政局局长职务；

刘元照茌平县水利局局长职务；

李明华茌平县土地管理局局长职务；

赵荣金茌平县林业局局长职务；

宋天喜茌平县粮食局局长职务；

张作江茌平县农机管理局局长职务；

娄子刚茌平县乡镇企业局局长职务；

祁传月茌平县监察局局长职务；

李福信茌平县人大财经工作委员会主任职务；

崔德贵茌平县人民检察院副检察长职务；

桑士彦茌平县人民检察院副检察长职务；

温学俭茌平县人民检察院副检察长职务；

胡志峰茌平县人民法院副院长职务；

陈庆之茌平县人民法院副院长职务；

张金芳茌平县人民法院副院长职务；

亢德申茌平县人民法院肖庄法庭庭长职务；

朱银臣茌平县人民法院刑事审判庭庭长职务；

李树青茌平县人民法院审判监督庭副庭长职务；

范连武茌平县人民法院立案庭副庭长职务；

刘洪利茌平县人民法院城镇法庭副庭长职务；

赵惠敏茌平县人民法院审判员职务；

祁长英茌平县人民法院审判员职务；

李克训茌平县人民法院审判员职务；

李群烈茌平县人民法院审判员职务。

第二十五次会议任免人员

（2001年7月26日通过）

根据县人民法院院长和县人民检察院检察长提请，任命：

邵景良为茌平县人民检察院检察委员会委员；

刘曰俊为茌平县人民检察院检察委员会委员；

田跃进为茌平县人民检察院检察委员会委员；

李守祥为茌平县人民检察院检察委员会委员；

周长华为茌平县人民检察院检察委员会委员；

李万华为茌平县人民检察院检察委员会委员；

谷庆河为茌平县人民检察院检察委员会委员；

孙吉祥为茌平县人民法院副院长；
袁建国为茌平县人民法院杨屯人民法庭庭长；
孙保民为茌平县人民法院立案庭副庭长；
刘军为茌平县人民法院博平人民法庭副庭长；
曹培奎为茌平县人民法院杨屯人民法庭副庭长；
孙伟为茌平县人民法院杨屯人民法庭副庭长；
冯俊堂为茌平县人民法院乐平人民法庭副庭长；
赵庆震为茌平县人民法院城关人民法庭副庭长。
免去：
袁建国茌平县人民法院博平人民法庭副庭长职务；
赵庆震茌平县人民法院乐平人民法庭副庭长职务；
黄舟茌平县人民法院杨屯人民法庭副庭长职务。

第二十六次会议任免人员

（2001年10月19日通过）

根据县人民法院院长提请，任命：
傅士全为人民法院审判委员会委员；
韩晓忠为人民法院审判委员会委员；
孙吉祥为人民法院审判委员会委员；
刘刚为人民法院审判委员会委员；
杨甲臣为人民法院审判委员会委员；
崔梅荣为人民法院审判委员会委员；
朱建国为人民法院审判委员会委员；
吴秀远为人民法院民庭庭长、审判委员会委员。
免去：
崔河祥人民法院博平人民法庭庭长职务；
孙吉祥人民法院民庭庭长职务；
于吉奎人民法院审判委员会委员职务；
朱士训人民法院审判委员会委员职务；
胡志峰人民法院审判委员会委员职务；
陈庆芝人民法院审判委员会委员职务；
张金芳人民法院审判委员会委员职务；
李树耀人民法院审判委员会委员职务；
李岱昌人民法院审判委员会委员职务；
罗爱之人民法院审判委员会委员职务；
朱银臣人民法院审判委员会委员职务。

第二十八次会议任命人员

（2001年12月26日通过）

根据县人民检察院检察长提请，任命：
娄殿喜为茌平县人民检察院检察员。

第三十三次会议任命人员

（2002年7月10日通过）

根据县长提请，任命：
张金忠为茌平县公安局局长。
免去：
唐学云茌平县公安局局长职务。

第三十四次会议任免人员

（2002年12月12日通过）

根据县人大常委会主任会议提请和县长提请，任命：
宋保锁为茌平县环境保护局局长；
徐子兴为茌平县农业局局长；
刘善温为茌平县计划生育局局长；
迟连运为茌平县畜牧局局长；
马思民为茌平县人大教科文卫工作委员会主任；
邵益为茌平县人大法制工作委员会主任；
程东宏为茌平县人大财经工作委员会主任；
林吉福为茌平县人民检察院副检察长；
林家生为茌平县发展计划局局长；
杨立军为茌平县经济贸易局局长；
朱林福为茌平县建设局局长；
宋希伟为茌平县科学技术局局长；
常鸣为茌平县文化体育局局长；
何其平为茌平县水务局局长；
刘君之为茌平县国土资源局局长；
周庆江为茌平县对外贸易经济合作局局长；
王兴源为茌平县教育局局长；

梁宝忠为茌平县交通局局长；

耿伯成为茌平县民营经济发展局局长。

免去：

姜桂章茌平县计划生育委员会主任职务；

张习甲茌平县环境保护局局长职务；

刘曰俊茌平县人民检察院副检察长职务；

曹曰亭茌平县人民法院副院长职务；

高廷桐茌平县人大法制工作委员会主任科员职务；

刘平茌平县人大教科文卫工作委员会主任科员职务；

李福信茌平县人大财经工作委员会主任科员职务。

第三十五次会议任免人员

（2003年1月2日通过）

根据县长提请，任命：

任晓旺为茌平县人民政府副县长、代县长；

高洪岩为茌平县人民政府副县长；

任永生为茌平县人民法院副院长、代院长。

第十五届人大常委会任免人员

茌平县第十五届人大常委会从2003年3月20日至2007年10月22日，共任免地方国家机关工作人员139人次。

第三次会议任免人员

（2003年4月25日通过）

茌平县第十五届人大常委会于2003年4月25日举行第三次会议，决定任命：

林家生为茌平县人民政府办公室主任；

赵希亮为茌平县发展计划局局长；

杨立军为茌平县经济贸易局局长；

王兴源为茌平县教育局局长；

宋希伟为茌平县科学技术局局长；

张金忠为茌平县公安局局长；

宋希勇为茌平县监察局局长；

吴光军为茌平县民政局局长；

潘思东为茌平县司法局局长；

王彪为茌平县财政局局长；

王金玉为茌平县人事局局长；

李风春为茌平县劳动和社会保障局局长；

刘君之为茌平县国土资源局局长；

朱林富为茌平县建设局局长；

贾占信为茌平县交通局局长；

于秋春为茌平县水务局局长；

徐子兴为茌平县农业局局长；

周庆江为茌平县对外贸易经济合作局局长；

常鸣为茌平县文化体育局局长；

明学富为茌平县卫生局局长；

刘善温为茌平县计划生育局局长；

李林军为茌平县审计局局长；

宋保锁为茌平县环境保护局局长；

桑聊生为茌平县统计局局长。

免去：

何其平茌平县水务局局长职务；

梁宝忠茌平县交通局局长职务；

孙乐生茌平县民政局局长职务；

刘士贵茌平县人事局局长职务；

王希忠茌平县人民政府办公室主任职务；

林家生茌平县计委主任职务；

王金玉茌平县劳动和社会保障局局长职务。

第五次会议任免人员

（2003年9月30日通过）

茌平县第十五届人大常委会于2003年9月30日举行第五次会议，决定任命：

王兴文为茌平县卫生局局长；

刘祎为茌平县人民检察院检察员。

第十一次会议任免人员

（2004年12月21日通过）

茌平县第十五届人大常委会于2004年12月21日举行第十一次会议，决定任命：

王兴华为审判监督庭庭长；

王保军为刑事审判庭副庭长；

李莉为刑事审判庭副庭长；

朱建国为民事审判第一庭庭长；

薛兴亮为民事审判第一庭副庭长；

舒润琴为审判员、民事审判第一庭副庭长；

崔梅荣为民事审判第二庭庭长；

尹成军为民事审判第二庭副庭长；

孙保民为民事审判第二庭副庭长；

张黎明为立案庭副庭长；

王其泉为审判员、立案庭副庭长；

韩淑青为审判监督庭副庭长；

张东风为审判监督庭副庭长；

王少岭为行政审判庭庭长；

杨静为审判员、行政审判庭副庭长；

梁兆生为执行局一庭庭长；

庄立华为审判员、执行局一庭副庭长；

杨光友为执行局二庭庭长；

彭东为执行局二庭副庭长；

崔洪伟为振兴人民法庭庭长；

冯俊堂为审判员、振兴人民法庭副庭长；

袁建国为博平人民法庭庭长；

张胜爽为博平人民法庭副庭长；

张华林为审判员、博平人民法庭副庭长；

耿建文为冯屯人民法庭庭长；

刘玉廷为审判员、冯屯人民法庭副庭长；

袁保昌为信发人民法庭庭长；

张强为信发人民法庭副庭长；

任长申为信发人民法庭副庭长；

王哲为审判员。

免去：

蔺怀民行政审判庭庭长职务；

崔玉三行政审判庭副庭长职务；

杨光友行政审判庭副庭长职务；

陈立平行政审判庭副庭长职务；

崔华刑事审判庭副庭长职务；

吴秀远民事审判庭庭长职务；

亢德申民事审判庭副庭长职务；

杜存良民事审判庭副庭长职务；

崔梅荣经济审判庭庭长职务；

尹成军经济审判庭副庭长职务；

孙保民立案庭副庭长职务；

王根思审判监督庭庭长职务；

王兴华执行庭庭长职务；

赵丙军执行庭副庭长职务；

杨仕余执行庭副庭长职务；

梁兆生执行庭副庭长职务；

袁保昌冯屯人民法庭庭长职务；

薛兴亮冯屯人民法庭副庭长职务；

王开亮冯屯人民法庭副庭长职务；

袁建国杨屯人民法庭庭长职务；

张黎明杨屯人民法庭副庭长职务；

曹培奎杨屯人民法庭副庭长职务；

王少岭博平人民法庭庭长职务；

张东风博平人民法庭副庭长职务；

刘军博平人民法庭副庭长职务；

孙伟博平人民法庭副庭长职务；

侯延明城关人民法庭庭长职务；

张万印城关人民法庭副庭长职务；

刘景生城关人民法庭副庭长职务；

赵庆震城关人民法庭副庭长职务；

耿建文乐平人民法庭庭长职务；

张强乐平人民法庭副庭长职务；

冯俊堂乐平人民法庭副庭长职务；

张胜爽肖庄人民法庭庭长职务；

任长申肖庄人民法庭副庭长职务；

刘在亭城镇法庭庭长职务；

王光荣城镇法庭副庭长职务。

茌平县第十五届人大常委会于2004年12月21日举行第十一次会议，决定任命：

袁庆华为茌平县振兴街道办事处人大工作办公室主任

付延顺为茌平县振兴街道办事处人大工作办公室副主任

李明为茌平县振兴街道办事处人大工作办公室副主任

于延华为茌平县信发街道办事处人大办公室副主任

许玉平为茌平县信发街道办事处人大办公室副主任

（2005年4月5日县十五届人大常委会第十三次会议通过）

第十三次会议任免人员

（2005年4月5日通过）

茌平县第十五届人大常委会于2005年4月5日举行第十三次会议，决定任命：

张新民为茌平县人民检察委员会委员；

娄殿喜为茌平县人民检察委员会委员；

尹守全为茌平县人民检察委员会委员；

于殿华为茌平县人民检察委员会委员；

王冰为茌平县人民检察委员会委员；

苏桂生为茌平县人民检察委员会委员；

徐爱芝为茌平县人民检察委员会委员；

徐浩军为茌平县人民检察委员会委员；

朱伟为茌平县人民检察院检察员；

侯延明为茌平县人民法院专职审判委员会委员；

崔河祥为茌平县人民法院审判委员会委员；

王兴华为茌平县人民法院审判委员会委员；

林明为茌平县人民法院审判委员会委员。

刘涉为茌平县人民法院人民陪审员；

牛跃锋为茌平县人民法院人民陪审员；

靖志敏为茌平县人民法院人民陪审员；

邵岩为茌平县人民法院人民陪审员；

贾建国为茌平县人民法院人民陪审员；

付以才为茌平县人民法院人民陪审员；

王玉宗为茌平县人民法院人民陪审员；

薛成峰为茌平县人民法院人民陪审员；

白博为茌平县人民法院人民陪审员；

吴玉光为茌平县人民法院人民陪审员；

孙爱华为茌平县人民法院人民陪审员；

刘杰为茌平县人民法院人民陪审员；

胡国强为茌平县人民法院人民陪审员；

曹学林为茌平县人民法院人民陪审员；

贾连云为茌平县人民法院人民陪审员。

免去：

桑士彦茌平县检察院检察委员会委员；

崔德贵茌平县检察院检察委员会委员；

温学俭茌平县检察院检察委员会委员；

刘曰俊茌平县检察院检察委员会委员；

李万华茌平县检察院检察委员会委员；

周长华茌平县检察院检察委员会委员。

第十四次会议任免人员

（2005年6月6日通过）

茌平县第十五届人大常委会于2005年6月6日举行第十四次会议，决定任命：

张雪廷为茌平县人民政府副县长。

第十五次会议任免人员

（2005年8月16日通过）

茌平县第十五届人大常委会于2005年8月16日举行第十五次会议，决定任命：

于延华为茌平县信发办事处人大工作办公室主任；

刘延海为茌平县人民检察院检察员；

李润涛为茌平县人民检察院检察员；

李桂环为茌平县人民检察院检察员；

徐林为茌平县人民检察院检察员；

徐刚为茌平县人民检察院检察员；

路中华为茌平县人民检察院检察员；

徐建军为茌平县人民法院审判员；

赵青为茌平县人民法院审判员；

刘春梅为茌平县人民法院审判员；
刘国锋为茌平县人民法院审判员；
王民波为茌平县人民法院审判员。

第十六次会议任免人员

（2005年9月23日通过）

茌平县第十五届人大常委会于2005年9月23日举行第十六次会议，决定任命：

殷广国为茌平县公安局局长。

免去：

张金忠茌平县公安局局长职务。

第二十次会议任免人员

（2006年3月7日通过）

茌平县第十五届人大常委会于2006年3月7日举行第二十次会议，决定任命：

邹尚庆为茌平县人民法院人民陪审员；
王以铎为茌平县人民法院人民陪审员；
杜存山为茌平县人民法院人民陪审员；
孟庆山为茌平县人民法院人民陪审员；
杨文忠为茌平县人民法院人民陪审员；
吕乃利为茌平县人民法院人民陪审员；
冯若水为茌平县人民法院人民陪审员；
许玉平为茌平县人民法院人民陪审员；
张强为茌平县人民法院人民陪审员；
滕志华为茌平县人民法院人民陪审员；
杨金岱为茌平县人民法院人民陪审员；
韩宪卓为茌平县人民法院人民陪审员；
宋金庆为茌平县人民法院人民陪审员；
王金为茌平县人民法院人民陪审员；
张茂国为茌平县人民法院人民陪审员；
杨光祥为茌平县人民法院人民陪审员；
王连国为茌平县人民法院人民陪审员；
孙淑香为茌平县人民法院人民陪审员；
于淑芳为茌平县人民法院人民陪审员；
王荣海为茌平县人民法院人民陪审员；
刘延海为茌平县人民检察院检察委员会委员。

第二十一次会议任免人员

（2006年5月31日通过）

茌平县第十五届人大常委会于2006年5月31日举行第二十一次会议，决定任命：

谷秀坤为茌平县政府办公室主任；
张玉林为茌平县教育局局长；
徐洪之为茌平县司法局局长；
刘志华为茌平县水务局局长；
乌以强为茌平县农业局局长；
冯进为茌平县对外经贸合作局局长；
邹尚普为茌平县计划生育局局长；
刘善温为茌平县审计局局长；
曹培省为茌平县环境保护局局长；
靳明华为茌平县建设局局长。

免去：

郭金良茌平县人大办公室主任职务；
高恒民茌平县人大常委会委员、人大代表联络工作委员会主任职务；
林家生茌平县政府办公室主任职务；
王兴源茌平县教育局局长职务；
潘思东茌平县司法局局长职务；
朱林富茌平县建设局局长职务；
于秋春茌平县水务局局长职务；
徐子兴茌平县农业局局长职务；
周庆江茌平县对外贸易经济合作局局长职务；
李林军茌平县审计局局长职务；
宋保锁茌平县环境保护局局长职务；
刘善温茌平县计划生育局局长职务；
贾慧茌平县法院副院长职务；
李守祥茌平县检察院副检察长职务；

第二十二次会议任免人员

（2006年8月11日通过）

茌平县第十五届人大常委会于2006年8月11日

举行第二十二次会议，决定任命：

马思民为茌平县人大代表联络工作委员会主任。

第二十三次会议任免人员

（2006年10月17日通过）

茌平县第十五届人大常委会于2006年10月17日举行第二十三次会议，决定任命：

宋希勇为茌平县劳动与社会保障局局长，

罗凤之为茌平县监察局局长。

第二十四次会议任免人员

（2007年1月20日通过）

茌平县第十五届人民代表大会常务委员会第二十四次会议决定任命：

王伟华为茌平县政府副县长、代县长；

许兰岭为茌平县政府副县长；

王文振为茌平县法院副院长、代院长。

免去：

任晓旺茌平县政府县长职务；

高洪岩茌平县政府副县长职务；

孙光木茌平县政府副县长职务；

任永生茌平县法院院长职务。

第二十六次会议任免人员

（2007年3月22日通过）

茌平县第十五届人民代表大会常务委员会第二十六次会议决定任命：

娄殿喜为茌平县检察院副检察长；

于殿华为茌平县检察院副检察长；

王　冰为茌平县检察院副检察长；

孔繁军为茌平县检察院副检察长。

张立平为茌平县人民法院副院长。

初士锋为茌平县人事局局长；

张观录为茌平县交通局局长。

第二十七次会议任免人员

（2007年7月19日通过）

茌平县第十五届人民代表大会常务委员会第二十七次会议决定任命：

韩刚为茌平县人大办公室主任；

张立民为茌平县经贸局局长；

丁洁卉为茌平县卫生局局长；

李吉亮为茌平县统计局局长；

赵树忠为茌平县人民检察院副检察长。

免去：

杨立军茌平县经贸局局长职务；

王兴文茌平县卫生局局长职务；

桑聊生茌平县统计局局长职务；

付士全茌平县法院副院长职务。

第十六届人大常委会任免人员

茌平县第十六届人大常委会从2008年1月22日至2012年1月11日，共任免地方国家机关工作人员168人次。

第三次会议任免人员

（2008年4月1日通过）

任命：

王琦为茌平县信发街道办事处人大工作办公室主任；

王传峰为茌平县振兴街道办事处人大工作办公室主任。

根据茌平县人民检察院检察长邵景良的提名，决定任命：

王彪为茌平县人民检察院人民监督员；

刘君之为茌平县人民检察院人民监督员；

贾启为茌平县人民检察院人民监督员；

张观禄为茌平县人民检察院人民监督员；

靳明华为茌平县人民检察院人民监督员；

张银昌为茌平县人民检察院人民监督员；

刘明国为茌平县人民检察院人民监督员；
李泽潜为茌平县人民检察院人民监督员；
韩宪增为茌平县人民检察院人民监督员。

第四次会议任免人员

（2008年7月3日通过）

任命：
胡振同为茌平县民政局局长；
娄保常为茌平县司法局局长；
付长荣为茌平县科学技术局局长；
邹尚武为茌平县人口与计划生育局局长；
曹国芝为茌平县环境保护局局长；
韩道玲为茌平县监察局局长。
免去：
吴广军茌平县民政局局长职务；
徐洪之茌平县司法局局长职务；
宋希伟茌平县科技局局长职务；
邹尚普茌平县人口与计划生育局局长职务；
曹培省茌平县环保局局长职务；
罗风之茌平县监察局局长职务。
决定接受：
马思民辞去茌平县第十六届人大常委会联络工委主任、委员职权的请求。

第六次会议任免人员

（2008年10月30日通过）

免去：
刘君之人民监督员职务。

第八次会议任免人员

（2008年12月23日通过）

任命：
衣述光为茌平县人民政府副县长；
刁培昌为茌平县公安局局长。
免去：
殷广国茌平县公安局局长职务。

第九次会议任免人员

（2008年12月30日通过）

任命：
陈秀兴为茌平县人民政府副县长。
免去：
王伟华茌平县人民政府县长职务。

第十次会议任免人员

（2008年12月30日通过）

任命：
陈秀兴为茌平县人民政府代县长。

第十五次会议任免人员

（2009年7月3日通过）

任命：
赵吉和为茌平县法院刑事审判庭庭长；
赵青为茌平县法院民事审判一庭副庭长；
袁保昌为茌平县法院民事审判二庭庭长；
刘洪利为茌平县法院民事审判二庭副庭长；
庄立华为茌平县法院民事审判二庭副庭长；
李莉为茌平县法院少年审判庭庭长；
孙伟为茌平县法院少年审判庭副庭长；
李彦荣为茌平县法院执行一庭庭长；
彭东为茌平县法院执行一庭副庭长；
吴秀远为茌平县法院执行二庭庭长；
王开亮为茌平县法院执行二庭副庭长；
慈明清为茌平县法院行政审判庭副庭长；
王其泉为茌平县法院立案庭副庭长；
王继兴为茌平县法院立案庭副庭长；
孙保民为茌平县法院信发法庭庭长；
冯俊堂为茌平县法院信发法庭副庭长；
刘军为茌平县法院振兴法庭副庭长。

免去：
赵吉和茌平县法院少年审判庭庭长职务；
袁保昌茌平县法院信发法庭庭长职务；
庄立华茌平县法院执行一庭副庭长职务；
彭东茌平县法院执行二庭副庭长职务；
孙保民茌平县法院民事审判二庭副庭长职务；
冯俊堂茌平县法院振兴法庭副庭长职务；
崔梅荣茌平县法院民事审判二庭庭长职务。

第十六次会议任免人员

（2009年8月28日通过）

任命：
彭志国为茌平县人民政府副县长；
仇长义为茌平县文化体育旅游局局长；
孙纳新为茌平县人大教科文卫工作委员会主任；
杨敏为茌平县人大代表联络工作委员会主任；
王建国为茌平县人大老干部科科长；
乌艳昕为茌平县人大办公室副主任；
张树刚为茌平县人大财经工作委员会副主任。
免去：
刘奎忠茌平县人民政府副县长职务。

第十七次会议任免人员

(2009年12月9日通过)

任命：
崔河祥为茌平县法院副院长；
崔梅荣为茌平县法院副院长（正科级）；
徐浩军为茌平县检察院检察委员会专职委员；
刘延海为茌平县检察院检察委员会专职委员；
胡冰为茌平县检察院检察委员会委员。
免去：
韩晓忠茌平县法院副院长职务。

第十八次会议任免人员

（2010年3月16日通过）

任命：
张道恒为茌平县交通局局长；
李巧宁为茌平县人民检察院检察员；
张文红为茌平县人民法院人民陪审员；
陈水仙为茌平县人民法院人民陪审员；
王洁为茌平县人民法院人民陪审员；
谢兆贵为茌平县人民法院人民陪审员；
高立祥为茌平县人民法院人民陪审员；
郭立军为茌平县人民法院人民陪审员；
白晓为茌平县人民法院人民陪审员；
姚建国为茌平县人民法院人民陪审员；
王德祥为茌平县人民法院人民陪审员；
王景森为茌平县人民法院人民陪审员；
赵南昌为茌平县人民法院人民陪审员；
鲁洁为茌平县人民法院人民陪审员；
张建生为茌平县人民法院人民陪审员；
崔贵生为茌平县人民法院人民陪审员；
杨呈绘为茌平县人民法院人民陪审员；
王海军为茌平县人民法院人民陪审员；
杨瑞娥为茌平县人民法院人民陪审员；
刘太兴为茌平县人民法院人民陪审员；
唐永波为茌平县人民法院人民陪审员；
高源为茌平县人民法院人民陪审员；
王金为茌平县人民法院人民陪审员；
单士娜为茌平县人民法院人民陪审员；
杨金岱为茌平县人民法院人民陪审员；
许玉平为茌平县人民法院人民陪审员；
杨俊波为茌平县人民法院人民陪审员；
王玉宗为茌平县人民法院人民陪审员。

第十九次会议任免人员

（2010年5月25日通过）

任命：

崔洪伟为茌平县人民法院立案庭庭长；

张万印为茌平县人民法院民一庭庭长；

孙保民为茌平县人民法院振兴法庭庭长；

耿建文为茌平县人民法院信发法庭庭长；

薛兴亮为茌平县人民法院博平法庭庭长；

王金顺为茌平县人民法院冯屯法庭庭长；

韩淑清为茌平县人民法院审判监督庭庭长；

彭东为茌平县人民法院执行局执行二庭庭长；

张强为茌平县人民法院行政审判庭副庭长；

冯俊堂为茌平县人民法院振兴法庭副庭长；

董辉为茌平县人民法院审判员、刑事审判庭副庭长；

苏学军为茌平县人民法院博平法庭副庭长；

谢兴亮为茌平县人民法院审判员、信发法庭副庭长；

朱振峰为茌平县人民法院审判员、信发法庭副庭长；

孙伟为茌平县人民法院审判员。

免去：

崔洪伟茌平县人民法院立案庭庭长职务；

孙保民茌平县人民法院信发法庭庭长职务；

耿建文茌平县人民法院冯屯法庭庭长职务；

薛兴亮茌平县人民法院民一庭副庭长职务；

王金顺茌平县人民法院振兴法庭副庭长职务；

彭东茌平县人民法院执行局执行一庭副庭长职务；

张强茌平县人民法院信发法庭副庭长职务；

冯俊堂茌平县人民法院信发法庭副庭长职务；

刘刚茌平县人民法院立案庭庭长职务；

王兴华茌平县人民法院审判监督庭庭长职务；

李莉茌平县人民法院刑事审判庭副庭长职务；

王保军茌平县人民法院刑事审判庭副庭长职务；

王开亮茌平县人民法院执行局执行二庭副庭长职务。

第二十一次会议任免人员

（2010年11月24日通过）

任命：

李彦荣为茌平县人民法院行政审判庭庭长；

王保军为茌平县人民法院执行局执行一庭庭长；

赵庆震为茌平县人民法院审判员。

第二十二次会议任免人员

（2010年12月31日通过）

选举：

补选殷守来为聊城市第十五届人大代表。

第二十三次会议任免人员

（2011年4月12日通过）

任命：

刘奎忠为人民政府副县长；

崔永涛为茌平县人民法院审判员、民事审判一庭副庭长。

第二十五次会议任免人员

（2011年9月21日通过）

任命：

尹守全为茌平县检察院副检察长。

免去：

田跃进茌平县检察院副检察长职务。

第二十六次会议任免人员

（2011年11月24日通过）

根据法律规定，茌平县本届人民代表大会任期届满，应依法进行换届选举。现将县第十六届人大常委会第二十六次会议通过的县选举委员会组成人员通知如下：

主　任：陈秀兴

副主任：徐　莹　殷守来　何其平

委　员：（以姓名笔画为序）

王　冰　王泽利　齐　飞

吕晓霞　张立博　张　明

姚美华　胡振同　赵培荣

曹学平　崔梅荣

乡（镇）人大换届选举委员会组成人员：

单　位	主　任	副主任
博　平	刘艾新	陈　峰
乐　平	刘　健	王际胜
冯　屯	王　巍	张金元
胡　屯	赵卫国	董秀丽
韩　屯	闫　杰	焦延光
杜郎口	庞顺汉	史献华
贾　寨	耿振平	张吉峰
洪　屯	张殿广	杨传刚
肖　庄	赵　鹏	王秀青
菜　屯	迟曙光	李凤余
杨　屯	毛永和	孙丙祥

第二十七次会议任免人员

（2011年11月29日通过）

免去：

陈秀兴茌平县人民政府县长职务；

许兰岭茌平县人民政府副县长职务；

刘奎忠茌平县人民政府副县长职务；

衣述光茌平县人民政府副县长职务；

邵景良茌平县人民检察院检察长职务；

王文振茌平县人民法院院长职务；

孙吉祥茌平县人民法院副院长职务。

任命：

雷霞为茌平县人民政府副县长、代县长；

宋永刚为茌平县人民政府副县长；

黄鸿义为茌平县人民法院副院长、代院长；

隋军为茌平县人民检察院副检察长、代检察长。

第二十八次会议任免人员

（2011年12月27日通过）

免去：

陈秀兴茌平县选举工作委员会主任职务；

徐莹、殷守来、何其平茌平县选举工作委员会副主任职务；

王泽利、吕晓霞、胡振同、赵培荣茌平县选举工作委员会组成人员职务。

免去以下同志乡（镇）人大换届选举委员会主任、副主任职务：

单　位	主　任	副主任
博　平	刘艾新	陈　峰
乐　平	刘　健	王际胜
冯　屯	王　巍	
胡　屯	赵卫国	
韩　屯	闫　杰	
杜郎口	庞顺汉	
贾　寨	耿振平	
洪　屯	张殿广	
肖　庄	赵　鹏	
菜　屯	迟曙光	
杨　屯	毛永和	

第十七届人大常委会任免人员

茌平县第十七届人大常委会，从2012年1月至2017年1月，共任命地方国家机关工作人员217人次，其中人大9人次，政府35人次，法院63人次，检察院30人次。任命人民陪审员80人。

第一次会议任免人员

（2012年1月14日通过）

茌平县第十七届人民代表大会常务委员会第一次会议决定任命：

刘健为茌平县发展和改革局局长；
李学忠为茌平县住房和城乡建设局局长；
李宝光为茌平县卫生局局长。
免去：
赵希亮茌平县发展和改革局局长职务；
丁洁卉茌平县卫生局局长职务；
靳明华茌平县住房和城乡建设局局长职务。

第二次会议任免人员

（2012年3月23日通过）

茌平县第十七届人民代表大会常务委员会第二次会议决定任命：

许永权为茌平县人民政府副县长；
孙殿国为茌平县统计局局长；
常秀清为茌平县监察局局长；
张成宪为信发街道人大工作办公室主任；
赵本祥为振兴街道人大工作办公室主任；
杨军为温陈街道人大工作办公室主任；
周涛为茌平县人民检察院检察员。
免去：
李吉亮茌平县统计局局长职务；
韩刚茌平县人大办公室主任职务；
娄殿喜茌平县人民检察院副检察长职务；
韩道玲茌平县监察局局长职务；
王琦信发街道人大工作办公室主任职务；
许玉平信发街道人大工作办公室副主任职务；
王传峰振兴街道人大工作办公室主任职务；
李炳华振兴街道人大工作办公室副主任职务；
陶孟华温陈街道人大工作办公室主任职务；
周长华茌平县人民检察院检察员职务。

第三次会议任免人员

（2012年6月26日通过）

茌平县第十七届人民代表大会常务委员会第三次会议决定任命：

张曦为茌平县人民政府副县长；
王长征为茌平县科技副县长。

第四次会议任免人员

（2012年9月5日通过）

茌平县第十七届人民代表大会常务委员会第四次会议决定任命：

张明壮为茌平县经济和信息化局局长；
韩道玲为茌平县食品药品监督管理局局长；
何美丽为茌平县人民法院审判员；
曲建洋为茌平县人民法院审判员；
李本山为茌平县人民法院审判员；
成汝庆为茌平县人民检察院检察员；
陶婷婷为茌平县人民检察院检察员；
邵岩为茌平县人民法院陪审员；
贾建国为茌平县人民法院陪审员；
曹学林为茌平县人民法院陪审员；
贾连云为茌平县人民法院陪审员；
牛跃峰为茌平县人民法院陪审员。
免去：
张立民茌平县经济和信息化局局长职务；
程东宏茌平县人大财经委主任职务。

第七次会议任免人员

（2013年3月12日通过）

茌平县第十七届人民代表大会常务委员会第七次会议决定任命：

綦勇为茌平县人民检察院检察委员会委员；
于以明为茌平县人民检察院检察委员会委员；
田丰伟为茌平县人民检察院检察委员会委员；
路中华为茌平县人民检察院检察委员会委员；
黄维清为茌平县人民检察院检察委员会委员；
曹应冰为茌平县人民检察院检察委员会委员；
免去：
田跃进茌平县人民检察院检察委员会委员职务；
娄殿喜茌平县人民检察院检察委员会委员职务；
于殿华茌平县人民检察院副检察长、检察委

员会委员职务；

李守祥茌平县人民检察院检察员职务；

王洪刚茌平县人民检察院检察员职务；

王阳成茌平县人民检察院检察员职务。

第八次会议任免人员

（2013年4月16日通过）

茌平县第十七届人民代表大会常务委员会第八次会议决定任命：

潘虹为茌平县科技副县长；

张庆军为茌平县人力资源和社会保障局局长；

袁建国为茌平县人民法院审判委员会委员。

免去：

初士锋茌平县人事局局长职务；

宋希勇茌平县劳动和社会保障局局长职务。

第十次会议任免人员

（2013年6月3日通过）

茌平县第十七届人民代表大会常务委员会第十次会议决定任命：

王巍为茌平县人民政府副县长（援青）；

姜道帅为茌平县人民检察院检察员。

第十一次会议任免人员

（2013年9月12日通过）

茌平县第十七届人民代表大会常务委员会第十一次会议决定任命：

单海波为茌平县教育局局长；

张宗军为茌平县农业局局长；

王凯为茌平县人民检察院检察员。

免去：

张玉林茌平县教育局局长职务；

乌以强茌平县农业局局长职务。

第十二次会议任免人员

（2013年12月24日通过）

茌平县第十七届人民代表大会常务委员会第十二次会议决定任命：

邵益为茌平县人大办公室主任；

乌艳昕为茌平县人大法制工作委员会主任；

张树刚为茌平县人大财经工作委员会主任；

贾国顺为茌平县人口和计划生育局局长；

徐效旺为茌平县审计局局长；

王征为茌平县民政局局长；

刘华为茌平县商务局局长；

李昕为茌平县食品药品监督管理局局长；

王博为茌平县司法局局长；

杨卫东为茌平县发展和改革局局长；

初秋晖为茌平县人大办公室副主任；

贾清振为茌平县人大老干部科副科长；

薛光灿为茌平县人大代表联络工作委员会副主任；

伦春燕为茌平县人民检察院检察员；

付洪祥为茌平县人民检察院检察员；

李林同志为茌平县人民检察院检察员；

徐光为茌平县人民检察院检察员。

免去：

邵益茌平县人大法制工作委员会主任职务 ；

乌艳昕茌平县人大办公室副主任职务；

邹尚武茌平县人口和计划生育局局长职务；

韩千鹏茌平县审计局局长职务；

胡振同茌平县民政局局长职务；

韩道玲茌平县食品药品监督管理局局长职务；

娄保常茌平县司法局局长职务；

冯进茌平县商务局局长职务；

刘健茌平县发展和改革局局长职务。

第十三次会议任免人员

（2014年1月3日通过）

茌平县第十七届人民代表大会常务委员会第十三次会议决定任命：

单维维为茌平县人民法院审判员；
杜云华为茌平县人民法院审判员；
张太楼为茌平县人民法院审判员；
肖凤芝为茌平县人民法院审判员；
闫博为茌平县人民法院审判员；
陈绪光为茌平县人民法院审判员；
甄伟为茌平县人民法院审判员；
王登忠为茌平县人民法院审判员；
孔令伟为茌平县人民法院人民陪审员；
闫均美为茌平县人民法院人民陪审员；
王敏为茌平县人民法院人民陪审员；
赵昂为茌平县人民法院人民陪审员；
张立博为茌平县人民法院人民陪审员；
张波为茌平县人民法院人民陪审员；
宋宝锁为茌平县人民法院人民陪审员；
杨园园为茌平县人民法院人民陪审员；
王爱珍为茌平县人民法院人民陪审员；
张东君为茌平县人民法院人民陪审员；
刘夏民为茌平县人民法院人民陪审员；
潘志财为茌平县人民法院人民陪审员；
孙清为茌平县人民法院人民陪审员；
张子成为茌平县人民法院人民陪审员；
赵昌和为茌平县人民法院人民陪审员；
赵风智为茌平县人民法院人民陪审员；
张宝水为茌平县人民法院人民陪审员；
郝金英为茌平县人民法院人民陪审员；
刘百强为茌平县人民法院人民陪审员；
滕志华为茌平县人民法院人民陪审员；
庄国栋为茌平县人民法院人民陪审员；
刘德功为茌平县人民法院人民陪审员；
赵廷增为茌平县人民法院人民陪审员；
胡士彦为茌平县人民法院人民陪审员；
刘文荣为茌平县人民法院人民陪审员；
马秀云为茌平县人民法院人民陪审员；
孙荣坤为茌平县人民法院人民陪审员；
张立华为茌平县人民法院人民陪审员；
贾以才为茌平县人民法院人民陪审员；
李林海为茌平县人民法院人民陪审员；
郛风宾为茌平县人民法院人民陪审员；
张晓林为茌平县人民法院人民陪审员。

第十五次会议任免人员

（2014年5月28日通过）

茌平县第十七届人民代表大会常务委员会第十五次会议决定任命：

袁建国为茌平县人民法院副院长；
林明为茌平县人民法院副院长；
陈立平为茌平县人民法院审判委员会专职委员；
赵吉和为茌平县人民法院审判委员会专职委员；
张洁为茌平县人民法院审判委员会专职委员；
崔洪伟为茌平县人民法院审判委员会委员；
杨广明为茌平县人民法院审判委员会委员；
袁保昌为茌平县人民法院行政审判庭庭长、审判委员会委员；
李莉为茌平县人民法院刑事审判庭庭长；
董辉为茌平县人民法院未成年人案件综合审判庭庭长；
耿建文为茌平县人民法院民事审判第一庭庭长；
李彦荣为茌平县人民法院民事审判第二庭庭长；
崔永涛为茌平县人民法院执行局执行一庭庭长；
慈明清为茌平县人民法院执行局执行二庭庭长；
薛兴亮为茌平县人民法院振兴人民法庭庭长；
王金顺为茌平县人民法院信发人民法庭庭长；
刘玉廷为茌平县人民法院博平人民法庭庭长；
任长申为茌平县人民法院冯屯人民法庭庭长；
孙伟为茌平县人民法院肖庄人民法庭庭长；
闫博为茌平县人民法院刑事审判庭副庭长；
陈绪光为茌平县人民法院未成年人案件综合审判庭副庭长；

王登忠为茌平县人民法院民事审判第一庭副庭长；

甄伟为茌平县人民法院民事审判第二庭副庭长；

冯俊堂为茌平县人民法院行政审判庭副庭长；

刘军为茌平县人民法院行政审判庭副庭长；

赵庆震为茌平县人民法院审判监督庭副庭长；

肖凤芝为茌平县人民法院振兴人民法庭副庭长；

单维维为茌平县人民法院振兴人民法庭副庭长；

杜云华为茌平县人民法院信发人民法庭副庭长；

李本山为茌平县人民法院博平人民法庭副庭长；

张太楼为茌平县人民法院冯屯人民法庭副庭长；

苏学军为茌平县人民法院肖庄人民法庭副庭长；

王树安为茌平县人民法院肖庄人民法庭副庭长；

杨金豹为茌平县人民检察院副检察长、检察委员会委员；

田丰伟为茌平县人民检察院检察委员会专职委员；

谷庆河为茌平县人民检察院检察委员会专职委员；

王伟为茌平县人民检察院检察委员会委员；

路向方为茌平县人民检察院检察委员会委员；

王琳为茌平县人民检察院检察员；

郎玉红为茌平县人民检察院检察员。

免去：

张立平茌平县人民法院副院长、审判委员会委员职务；

韩晓忠茌平县人民法院审判委员会委员职务；

蔺怀民茌平县人民法院审判委员会委员职务；

赵吉和茌平县人民法院刑事审判庭庭长职务；

李莉茌平县人民法院未成年人案件综合审判庭庭长职务；

张万印茌平县人民法院民事审判第一庭庭长职务；

袁保昌茌平县人民法院民事审判第二庭庭长职务；

李彦荣茌平县人民法院行政审判庭庭长职务；

王保军茌平县人民法院执行局执行一庭庭长职务；

彭东茌平县人民法院执行局执行二庭庭长职务；

孙保民茌平县人民法院振兴人民法庭庭长职务；

耿建文茌平县人民法院信发人民法庭庭长职务；

薛兴亮茌平县人民法院博平人民法庭庭长职务；

王金顺茌平县人民法院冯屯人民法庭庭长职务；

董辉茌平县人民法院刑事审判庭副庭长职务；

孙伟茌平县人民法院未成年人案件综合审判庭副庭长职务；

张黎明茌平县人民法院立案庭副庭长职务；

崔永涛茌平县人民法院民事审判第一庭副庭长职务；

庄立华茌平县人民法院民事审判第二庭副庭长职务；

慈明清茌平县人民法院行政审判庭副庭长职务；

张强茌平县人民法院行政审判庭副庭长职务；

张东风茌平县人民法院审判监督庭副庭长职务；

冯俊堂茌平县人民法院振兴人民法庭副庭长职务；

刘军茌平县人民法院振兴人民法庭副庭长职务；

谢兴亮茌平县人民法院信发人民法庭副庭长职务；

任长申茌平县人民法院博平人民法庭副庭长职务；

苏学军茌平县人民法院博平人民法庭副庭长职务；

刘玉廷茌平县人民法院冯屯人民法庭副庭长职务；

徐浩军茌平县人民检察院检察委员会专职委员职务；

于以明茌平县人民检察院检察委员会委员职务。

第十七次会议任免人员

（2014年9月4日通过）

茌平县第十七届人民代表大会常务委员会第十七次会议决定任命：

贾国顺为茌平县环境保护局局长；

李宝光为茌平县卫生和计划生育局局长；

徐建为茌平县人民检察院检察员；
王金金为茌平县人民检察院检察员；
王海洋为茌平县人民检察院检察员；
张冰为茌平县人民检察院检察员。
免去：
肖德刚茌平县人民政府副县长职务；
贾国顺茌平县人口和计划生育局局长职务。

第十八次会议任免人员
（2014年11月13日通过）

茌平县第十七届人民代表大会常务委员会第十八次会议决定任命：
韩道玲为茌平县食品药品监督管理局局长；
李昕为茌平县质量技术监督局局长；
刘琬淇为茌平县人民法院审判员；
吕蕾为茌平县人民法院审判员；
邢成为茌平县人民法院审判员；
季秀哲为茌平县人民法院审判员。
免去：
李爱民茌平县质量技术监督局局长职务；
李昕茌平县食品药品监督管理局局长职务。

第十九次会议任免人员
（2015年3月10日通过）

茌平县第十七届人民代表大会常务委员会第十九次会议决定任命：
张晶为茌平县人民检察院检察员；
张建成为茌平县人民检察院检察员；
孙德义为茌平县人民检察院检察员。

第二十一次会议任免人员
（2015年4月24日通过）

茌平县第十七届人民代表大会常务委员会第二十一次会议决定任命：
刘琬淇为茌平县人民法院民事审判第一庭副庭长；
邢成为茌平县人民法院振兴人民法庭副庭长；
吕蕾为茌平县人民法院信发人民法庭副庭长；
季秀哲为茌平县人民法院冯屯人民法庭副庭长；
路光同为茌平县人民法院人民陪审员；
周忠生为茌平县人民法院人民陪审员；
侯光柱为茌平县人民法院人民陪审员；
薛成峰为茌平县人民法院人民陪审员；
张华为茌平县人民法院人民陪审员；
蒲晶为茌平县人民法院人民陪审员；
庞殿申为茌平县人民法院人民陪审员；
王丽为茌平县人民法院人民陪审员；
冯大龙为茌平县人民法院人民陪审员；
徐林生为茌平县人民法院人民陪审员；
窦静为茌平县人民法院人民陪审员；
明新庆为茌平县人民法院人民陪审员；
赵荣芹为茌平县人民法院人民陪审员；
付德华为茌平县人民法院人民陪审员；
端木庆海为茌平县人民法院人民陪审员；
孟庆全为茌平县人民法院人民陪审员；
袁淑红为茌平县人民法院人民陪审员；
杨子波为茌平县人民法院人民陪审员；
王翠翠为茌平县人民法院人民陪审员；
初继亭为茌平县人民法院人民陪审员；
吴文菊为茌平县人民法院人民陪审员；
陈莹为茌平县人民法院人民陪审员；
吴栋梁为茌平县人民法院人民陪审员；
田建国为茌平县人民法院人民陪审员；
刘传璞为茌平县人民法院人民陪审员；
王秀珍为茌平县人民法院人民陪审员；
姚江三为茌平县人民法院人民陪审员；
李凤莲为茌平县人民法院人民陪审员；
朱吉超为茌平县人民法院人民陪审员；
王善彬为茌平县人民法院人民陪审员；
贾文炎为茌平县人民法院人民陪审员；
杨大智为茌平县人民法院人民陪审员；
杭传旺为茌平县人民法院人民陪审员；
逯兆江为茌平县人民法院人民陪审员；

董启荣为茌平县人民法院人民陪审员；
王天为茌平县人民法院人民陪审员；
梁倩倩为茌平县人民法院人民陪审员；
王艳萍为茌平县人民法院人民陪审员；
张文红为茌平县人民法院人民陪审员；
陈水仙为茌平县人民法院人民陪审员；
王洁为茌平县人民法院人民陪审员；
谢兆贵为茌平县人民法院人民陪审员；
高立翔为茌平县人民法院人民陪审员；
白晓为茌平县人民法院人民陪审员；
姚建国为茌平县人民法院人民陪审员；
王景森为茌平县人民法院人民陪审员；
崔桂生为茌平县人民法院人民陪审员；
杨呈绘为茌平县人民法院人民陪审员；
杨瑞娥为茌平县人民法院人民陪审员；
刘太兴为茌平县人民法院人民陪审员；
许玉平为茌平县人民法院人民陪审员；
杨俊波为茌平县人民法院人民陪审员；
王玉宗为茌平县人民法院人民陪审员。

第二十三次会议任免人员

（2015年9月1日通过）

茌平县第十七届人民代表大会常务委员会第二十三次会议决定任命：

王泽利为茌平县人力资源和社会保障局局长；
张庆军为茌平县卫生和计划生育局局长；
李宝光为茌平县商务局局长；
张万印为茌平县人民法院审判委员会委员；
孙保民为茌平县人民法院审判委员会委员；
王哲为茌平县人民法院审判委员会委员；
韩淑青为茌平县人民法院审判委员会委员；
薛兴亮为茌平县人民法院审判委员会委员；
李彦荣为茌平县人民法院审判委员会委员；
耿建文为茌平县人民法院审判委员会委员；
李莉为茌平县人民法院审判委员会委员。

免去：

张庆军茌平县人力资源和社会保障局局长职务；
李宝光茌平县卫生和计划生育局局长职务；
刘华茌平县商务局局长职务；
杨光友茌平县人民法院执行局执行二庭庭长、茌平县人民法院审判员职务。

第二十四次会议任免人员

（2015年11月11日通过）

茌平县第十七届人民代表大会常务委员会第二十四次会议决定任命：

赵振华为茌平县人民检察院检察员。

免去：

綦勇茌平县人民检察院检察委员会委员、检察员职务。

第二十五次会议任免人员

（2015年12月29日通过）

茌平县第十七届人民代表大会常务委员会第二十五次会议，决定任命：

刘冰为茌平县人民政府副县长，挂职一年。

第二十七次会议任免人员

(2016年2月29日通过)

茌平县第十七届人民代表大会常务委员会第二十七次会议，决定任命：

张黎明为茌平县人民法院执行局二庭庭长。

第三十次会议任免人员

（2016年6月16日通过）

茌平县第十七届人大常委会第三十次会议，根据县人民政府副县长曹志程提交大会的提请报告，于2016年6月16日表决通过，决定：

任命：

王志刚为茌平县人民政府副县长、公安局局长；
侯峰为茌平县人民政府副县长。

免去：

刁培昌茌平县公安局局长职务。

第三十一次会议任免人员

（2016年7月26日通过）

茌平县第十七届人大常委会第三十一次会议，根据县人民政府副县长曹志程提交大会的提请报告，于2016年7月26日表决通过，决定免去：

张道恒茌平县交通运输局局长职务。

第三十三次会议任免人员

（2016年10月14日通过）

茌平县第十七届人民代表大会常务委员会第三十三次会议决定任命：

朱正林为茌平县人民政府副县长、代理县长。

第三十四次会议任免人员

（2016年11月16日通过）

茌平县第十七届人民代表大会常务委员会第三十四次会议决定任命：

吴秀远为茌平县人民法院审判监督庭庭长；

免去：

韩淑青茌平县人民法院审判委员会委员、审判监督庭庭长、审判员职务。

第三十五次会议任免人员

（2016年12月14日通过）

茌平县第十七届人民代表大会常务委员会第三十五次会议决定任命：

宋静为茌平县人民政府副县长；

免去：

宋永刚茌平县人民政府副县长职务。

第三十六次会议任免人员

（2016年12月29日通过）

茌平县第十七届人民代表大会常务委员会第三十六次会议，根据《选举法》有关规定，决定免去：

尹海波茌平县选举委员会主任职务；

景志国、张亚、靳明华茌平县选举委员会副主任职务；

邵益、孙良俊、杨敏、张明茌平县选举委员会委员职务。

郛美忠振兴街道选举工作指导组组长职务；

陈　峰博平镇选举委员会主任职务；

张　勇洪屯镇选举委员会主任职务；

赵　鹏肖庄镇选举委员会主任职务；

赵卫国杨屯乡选举委员会主任职务，

赵本祥振兴街道选举工作指导组副组长职务；

张成宪信发街道选举工作指导组副组长职务；

杨　军温陈街道选举工作指导组副组长职务；

杨延华温陈街道选举工作指导组副组长职务；

王同军韩屯镇选举委员会副主任职务；

刘　勇胡屯镇选举委员会副主任职务；

孔志勇胡屯镇选举委员会副主任职务；

薛雁飞冯屯镇选举委员会副主任职务；

刘　勇冯屯镇选举委员会副主任职务；

张金迎杨屯乡选举委员会副主任职务。

第七节　重大活动

一、视察活动

1983年3月1—2日听取教育局关于茌平县教育情况的汇报。会后，副主任程学彦、马汝学，委员陈守仁对肖庄、博平、王老进行了教育视察，胡志峰、张文元、张延教参加。

1983年8月，县人大常委会，部分省人大代表视察农业。

1987年6月2日至3日，茌平县人大常委会副主任商孝俊、贾法俊、邹庆诰及委员宋庆成，在县政府及有关部门负责人陪同下对《土地管理法》的贯彻实施情况进行视察。视察组深入乐平铺镇、王老乡和温陈乡的温庄村、史胡村，通过听取汇报、实地察看、走访座谈等形式了解情况。人大常委会认为，几年来，特别是《中华人民共和国土地管理法》 颁布以来，我县各级政府、广大干部把这项工作列入议程，做了大量工作，取得了明显成绩：开展了宣传发动；建立了组织，摸清了底子；制定了实施办法和村镇建设规划；处理了一批土地纠纷。人大常委会在肯定各项工作的同时，也发现了一些问题，建议各级政府要切实加强领导，并结合各自实际，制定切实可行的具体规定。

1987年9月9日，全国人大常委会委员徐运北，在行署原副专员耿善亭、原地委统战部部长许继善陪同下，来茌平视察经济建设情况。先后到冯官屯镇、胡屯乡陶集村视察了镇办企业和农业生产。县人大主任马怀进随行中汇报了茌平几年来的发展过程。徐运北作为鲁西北特委组织部长于1937年11月曾来过茌平，50年的巨变让老人甚感欣慰。

1987年10月22日，山东省人大常委会主任李振在聊城地委书记曹学亮陪同下来茌平视察。上午县委书记徐士高、县人大主任马怀进陪同参观了冯屯镇徐庄养鸡厂。李振说：“徐庄的鸡养得很好，如果全县农村都和徐庄一样，农民的收入会大幅度提高。徐庄能办到，其他村也能办到。”下午，徐士高汇报了茌平县的发展情况，马怀进汇报了县人大工作。

1989年7月27日，山东省人大常委会副主任肖寒和省审计局局长于延昊等3人，在聊城地区人大工委主任郑衍柱、地区人大工委办公室主任翟广兴和县人大主任马怀进的陪同下，视察了王老乡小杨屯村。全国劳动模范、小杨屯村党支部书记张国忠汇报了他们村推行立体种植，发展农村经济，群众生活迅速提高的做法，肖寒副主任给予热情赞扬。

1989年7月30日，山东省委书记姜春云，省人大常委会主任李振及省委常委、秘书长马仲才等一行12人，在聊城地委副书记、专业郑义堂及县委、县人大负责人陪同下到王老乡小杨屯村和胡屯乡视察。

1989年12月8日至17日，山东省第七届人大代表王科三及驻茌省人大代表马怀进、傅昭慈、张宗乾对茌平县的工作进行视察。主要视察了1989年国民经济和社会发展计划，财政预算的执行情况，惩治腐败、清理整顿公司的情况，农业生产和群众普遍关心的其他问题。视察采取集中与分散相结合和听取汇报、现场视察、走访群众、座谈讨论等方法。代表们分别深入毛巾厂、县医院、一中等单位走访座谈。15日至17日以三天的时间集中听取了县政府副县长徐宝琪关于1989国民经济和社会发展计划、财政预算的执行情况、农业生产情况汇报，审阅了县监察局、工商行政管理局关于惩治腐败、清理整顿公司的情况报告，视察了县热电厂、毛巾厂、造纸厂、纺纱厂、韩屯鑫峰实业公司、肖庄棉纺厂、王老棉厂和小杨屯村9个单位，并同县委、县政府负责同志进行了座谈。代表们对茌平县深入贯彻党的十三届四中、五中全会精神，坚持四项基本原则，坚持改革开放的方针，在发展经济，加强廉政建设，巩固发展安定团结的政治局面等方面提出了建议、批评和意见共11条。代表们认为：要深入学习五中全会精神，全面分析形势，积极采取措施，克服前进中的困难；要发挥优势，在大力发展粮、棉生产的基础上发展乡镇企业；要千方百计解决农药供应问题；要调整棉花价格，改进粮棉交售政策，遏制棉花生产滑坡；要发展外向型经济，搞创汇企业；要办好教育等。县人大常委会主任马怀进、副主任刘西俊、办公室主任白观荣及有关科室负责人陪同视察，县委书记孙宗安，副书记王启让，县政府副县长徐宝琪、宫富瀛参加座谈。

1990年6月2日，县人大常委会副主任田冲、常修歧，政协主席孙素青，在政府副县长乌以祥、县环保局领导张福来、吕坤岭、孙永诚等同志的陪同下，对我县少年儿童教育和环境保护工作进行了视察。人大、政协领导同志先后在县实验小学、县直机关幼儿园和机械厂、化肥厂等视察。这次视察环保工作，充分说明了党和国家对环保工作的重视，对少年儿童的关怀，对排污单位防治污染是一个鞭策和促进，进一步提高了环境意识，增强了保护环境、促进经济发展、造福子孙后代的责任感、义务感、紧迫感，真正把环境保护这项基本国策落到实处。

1990年12月20日至22日，地区人大工作委员会组织驻聊城地区全国人大代表、驻茌平的省人大代表进行了视察活动。地区人大工委副主任王宪章，县委副书记孙东平，县人大常委会主任徐宝琪、副主任马庆云、汪培杰、田冲，县长董金刚、副县长王林华陪同视察。这次视察的主要内容是：了解茌平县1990年国民经济和社会发展计划，财政预算的执行情况；《中华人民共和国行政诉讼法》执行情况和开展依法行政年活动的情况；廉政建设和纠正行业不正之风的情况；农业情况；当前人民群众普遍关注的其他问题。代表们首先视察了王老乡小杨屯、冯屯镇、郝集乡双营、城关镇大李庙的农业和乡镇企业、村办企业的生产情况并听取了汇报。视察了县毛巾厂、热电厂、味精厂等单位，听取了县长董金刚关于茌平县国民经济和社会发展等情况的汇报。代表们认为：茌平县的农业生产在遭受较大自然灾害的情况下仍夺取丰收，农村经济有了新的发展；工业生产在市场疲软、资金严重短缺的形势下产值稳定增长。这些成绩的取得都是县委、县政府带领全县人民坚持党的领导，坚持社会主义方向，发扬艰苦奋斗精神的结果。两级人大代表对茌平县工业农业形势和政府工作表示满意，对乡、村企业的发展势头及前景感到乐观。代表们指出：茌平有一个坚强、团结的领导班子，思想解放、远见卓识，在领导全县人民进行社会主义经济建设过程中有魄力、有办法、有组织领导能力。基层干部中有一批好的带头人，如张国忠、徐法水、曹培成、王士贵等同志，他们所在的乡、村工农业生产蒸蒸日上，经济发展各具特色。代表们建议：应继续强化对农业生产的领导，完善农村双层经营体制，并指出茌平立体种植有模式，间作套种有路子，今后农业生产的一个关键是推广。工业生产重在巩固、整顿，抓管理、抓效益、上档次、上水平。现在工农业生产基础上摆脱了困境，走出了低谷，只要全县上下共同努力，工业生产后劲无穷，前途光明。代表们还就教育、计划生育、农民负担、林果生产等问题提出了建设性的意见。全国和省人大代表对县里提出的要求和问题非常重视，表示逐级反映以求得答复和解决。

1991年5月24日至27日，全国人大常委会委员徐运北在聊城地区人大工委李跃亭、张振玉的陪同下来茌平视察工作。25日上午，看望了小杨屯村党支部书记张国忠，听取全国劳动模范张国忠一年来小杨屯农业发展、村支部建设及如何开展社会主义思想教育的情况。徐运北对农村党的建设和如何教育青年一代提出了非常精辟的见解。他说："班子稳定很重要"，"要不断组织支部成员进行学习，教会工作方法，不断提高工作艺术，""要多搞一些艰苦奋斗、勤俭办事的教育，注意因人施教，注重教育效果。"他还高度评价小杨屯自力更生、艰苦奋斗的精神，认为"这个典型好在实打实，发展到今天这个水平在全国也是少有的，"并表示要向全国推荐这个典型。在王老乡北辛村和干部群众座谈了如何开展向小杨屯学习，推广小杨屯经验等问题；27日上午视察了去年曾来过的胡屯乡陶集村，听取了村支部书记王建喜的汇报，充分肯定了该村农业发展和计划生育工作所取得的成绩，并指出控制人口是千年大计，功在当代，利在千秋。他还就如何发展壮大农村集体经济和如何立足当地，发挥自己的优势等问题和村干部进行了深入探讨。在县里，先后听取了副县长王传斌、县委常委宫富瀛关于农村经济发展情况和县直工业、乡镇企业发展情况的汇报；听取了县财政局局长杨瑞华关于利税分流试点情况的汇报；随后，又在地区人大工委和县人大常委会领导同志陪同下视察了乐平镇“夏棉间春棉，一年两季棉，每亩三百斤，产值一千二百元”的中棉12号高产试验方的生产情况。

1991年9月12日至13日，山东省人大常委会副主任王树芳、省人大农经委常务副主任李庆鸿等一行8人，在聊城地区人大工委主任郑衍柱、代表联络处副处长郭庆宏的陪同下来茌检查指导工作。检查组听取了茌平县人大常委会主任徐宝琪、副主任马庆云的工作汇报。徐宝琪在汇报中说：省人大工作经验交流会闭幕后，茌平县认真组织传达贯彻领导讲话精神，对照先进找差距，不断改进工作，有利促进了茌平县人大工作的开展。通过贯彻会议精神，整个人大工作出现了一些可喜变化。王树芳副主任充分肯定了茌平县人大常委会在贯彻省人大工作经验交流会精神时所做的工作，并对今后茌平人大工作的开展做了重要指示。会后，省、地人大领导同志在主任徐宝琪等人陪同下，视察了王老乡小杨屯村农业生产情况，听取了全国劳模张国忠的汇报。

1991年9月14日至15日，由山东省人大常委会委员、教科文卫工作委员会副主任向克为组长的6人视察组，在聊城地区人大工委副主任张伯衡和地区教育局负责同志陪同下，对茌平县《义务教育法》的贯彻实施情况进行了视察。视察组首先听取了副县长王林华同志关于茌平县人民政府贯彻实施《义务教育法》情况的汇报。随后对博平镇中学、北关、杜庄小学等进行了实地视察。视察组对茌平县贯彻实施《义务教育法》的情况深表满意，并提出许多建议。向克副主任说：茌平县在贯彻实施《义务教育法》的过程中，工作细致扎实，取得了一定成绩，令人服气。一是各级政府重视，制定了切实可行的规划；二是重视师资队伍建设；三是加强了学校的宏观管理，教育质量稳定提高；四是注重德育教育。向克副主任希望我县各级领导加强对《义务教育法》的再学习再认识，建立一支合格稳定的教师队伍，依法筹集教育资金，进一步加强各类学校的建设。县委书记孙宗安，县人大常委会主任徐宝琪、副主任常修歧，县政府副县长王林华陪同活动。

1994年1月7日至9日，驻茌的山东省八届人大代表张敬涛、司文瞻、徐法水、张国忠、傅昭慈对茌平的各项工作进行视察。省八届人大代表、聊城地工委主任李朝琪参加视察。省人大代表视察期间，听取了茌平县1993年国民经济计划、财政预算的执行情况的汇报；听取了农业和减轻农民负担情况的汇报；听取了全民所有制工业企业转换经营机制条例执行情况的汇报；听取了打击犯罪和社会治安情况的汇报；听取了开展反腐败斗争情况的汇报；听取了茌平改革开放试点县进展情况的汇报。省人大代表对茌平的经济运转、反腐、社会治安情况表示满意，对茌平改革开放试点县所取得的显著成绩给予了充分肯定。省人大代表视察了茌平热电厂、茌平味精厂，并对两厂取得的成绩深表满意，称赞两厂是企业的排头兵、改革的先锋，是一流的管理、一流的效益。省人大代表张国忠送给电厂八个字“科学技术，革命干劲”；鼓励味精厂“奋发图强、再展宏图。”代表们还视察了博平镇、肖庄乡，对肖庄乡在困境中求发展，努力减轻农民负担表示满意。视察了肖庄乡的毛白杨工程、水利建设工地和博平镇的纺纱厂。在听取了纺纱厂1993年工作情况的汇报及推行股份制情况的汇报后代表们认为：博平镇发展企业的方向对、路子宽、干劲大、成绩显著，纺纱厂股份合作制是成功的，同时对博平的城镇建设表示满意。代表们经过三天的视察，认为：茌平县中心工作突出，改革开放试点县步子迈得大，改革措施得力，成绩显著。希望：茌平县应继续深化改革、扩大开放、抓住改革开放试点县契机，满怀信心，充满斗志，排除困难，艰苦奋斗，再创辉煌。茌平县人大副主任张兴义，县人民政府副县长刘安荣陪同视察。

1994年5月20日～5月21日，山东省人大常委会主任李振等一行8人，在聊城地委书记陈延明、行署专员王曙光、地区人大工委主任李朝琪等陪同下来茌平检查指导工作。听取了县委书记董金刚关于茌平改革开放、基础设施建设、工农业生产及人大工作情况的汇报。看望了全国劳模张国忠，实地考察了王老、胡屯、韩屯等乡的棉花生产和麦田管理，视察了县味精厂、热电厂和城区基础设施建设。

1994年7月15日，山东省人大人事代表工作室主任朱广新、副主任杜忠臣、方兴和一行8人在聊城地区人大工委主任李朝琪、副主任许桂英陪同下来茌平检查指导工作。县人大常委会主任司文瞻汇报了被省人大人事代表工作室确定为工作联系点一年来的人大工作、全县经济发展和抗灾防汛的工作情况及下半年工作打算。司主任汇报中指出，县人大常委会确定“依靠党委、服务中心、抓好代表、干好本职”的工作思路后，着重做了以下几项工作：围绕改革开放这个大局狠抓代表工作；加大监督力度，组织常委会组成人员和人大代表对环境保护、农民负担、教师法的贯彻实施及企业改制工作情况进行视察和调研；狠抓常委会机关的自身建设。司主任汇报下半年工作打算是：认真抓好组织代表的评议工作，进一步在代表中开展好“争先创优”活动，积极主动的搞好人民代表大会制度建立40周年的庆祝活动。朱广新主任、杜忠臣、方兴和副主任听取汇报后，对我县的工作给予充分肯定。他们指出，茌平县被确定为改革开发试点县以来，政治经济的发展形势很好，目前采取的防汛抗灾措施是有力的，全县干部群众的精神状态很好。县人大常委会思路清楚、指导思想明确、工作重点突出，干了很多工作，茌平人大创造了很多经验。同时，省人事代表工作室的领导同志就进一步搞好人大工作提出建议：结合庆祝人民代表大会制度建立40周年，加大宣传力度；进一步加强人大常委会联系代表、代表联系选民的工作；组织人大代表开展评议工作；要加强对乡镇人大工作的指导。会后到小杨屯看望了全国劳模、省人大代表张国忠同志。

1994年9月25日～9月26日，山东省人大常委会副主任马仲才一行6人，在聊城地委书记陈延明、副书记侯继唐、地区人大工委副主任许桂英等的陪同下来茌平视察。马仲才听取了茌平县工作情况汇报，察看了县化肥厂葵二酸项目、县味精有限公司、县吉星冷却器制造有限公司，山东玉皇葡萄酒有限公司、县肉联厂、县造纸厂、县热电厂、县毛巾厂、县仲嘉变电器材有限公司和王老乡小杨屯村。马仲才对茌平工作给予肯定，并对今后进一步深化改革、扩大开放、加快发展提出了指导性意见。

1996年10月17日，茌平县人大常委会组织县直部分人大代表对县属工业企业进行视察。通过听取汇报、实地考查，肯定成绩提出了建议。常委会主任司文瞻，副主任张兴义、迟会孝、李泽明、田冲参加视察。

1997年10月21日，山东省人大常委会主任赵志浩来茌平检查指导工作。赵志浩一行听取了县委书记齐炳文的工作汇报，参观了茌平县的城市基础设施建设和冯屯镇大蒜基地。

1999年12月27日～12月28日，根据市人大常委会办公室通知精神，茌平县人大组织驻我县的省人大代表和部分市人大代表对“一府两院”及有关单位的工作进行了视察。现将视察情况报告如下：一、视察的基本情况。我县有省代表3名，参加本次视察活动的2名，有市代表46名，参加本次视察活动的16名，参加这次视察的共有20人，视察时间3天。视察内容是按照市人大的通知要求并结合本县实际安排进行的。视察了县安居工程和小商品城的建设情况；视察了6个县直企业：有冷却器厂、散热器厂和三九味精有限公司的生产经营情况，金号织业有限公司的改制情况，信发热电有限责任公司12.5万千瓦供热机组的进展情况，电解铝工程的进展情况；3个乡镇：即茌平镇的聊城市高科技农业示范园的发展情况，胡屯乡高科技农业示范园和个体私营经济园区，冯屯镇个体私营经济发展情况。

1999年5月25日～5月26日，县人大常委会对茌平县个体私营经济的发展进行视察，本次视察共分两个组进行。县人大常委会主任司文瞻、副主任王林华、李泽明、王长山，部分县人大代表重点视察了茌平镇、王老乡、乐平镇、广平乡、博平镇、胡屯乡、冯屯镇、温陈乡的个体私营经济发展情况。通过听取工作汇报，召开座谈会，察看现场等形式，详细了解询问了个体私营企业发展情况、存在的问题和建议。副县长朱学东和工商行政管理局、乡镇企业局的负责同志陪同视察。驻乡镇的部分县人大代表参加了所在地的视察。视察后，代表们一致认为，我县各乡镇发展个体私营经济的势头很好，但也存在一些亟待研究解决的问题。一、乡镇个体私营经济发展的现状。自去年以来，特别是全县个体私营经济工作会议之后，各乡镇党委、政府进一步加强了领导，制定了政策，创造了较好的环境，增强了责任感和紧迫感，层层落实了发展目标，使个体私营经济出现了良好的发展势头。如茌平镇、博平镇、韩集乡、胡屯乡等单位，今年的生产性投入较往年比都成倍的增长。他们的经验：一是思想认识到位、领导重视到位、具体措施到位。招商引资初见成效，新的产业，开始形成；二是乡村企业改制进一步深化，一大批规模较大的企业通过改制提高了效益，部分乡镇的工商税收明显增加。二、存在的问题。从人大代表视察的情况看，目前我县个体私营经济发展中存在的突出问题是：1、认识虽然普遍提高，但程度有所不同。有的乡镇至今此项工作没有真正上路，畏难发愁，情绪较重。没有把责、权、利明确下来。2、发展个体私营企业的环境还不够宽松。去年以来，县委、政府在发展个体私营经济上制定了若干文件和意见。应该说政策是比较优惠的，所创造的环境是比较宽松的。这些文件和政策得到了广大私营经济业主的拥护。如果照此发展下去，我县个体私营经济的发展理应有一个好的局面，但目前环境不算宽松。一些乡镇领导和个体私营企业业主反映，我县与高唐、东阿比起来，差距很大，尤其是对公路“三乱”问题反映更加强烈。人大代表们说：“县里制定了这么多优惠政策，为什么落实起来这么难!”“三乱现象为什么还这么严重!”“环境不优化，经济就发展不起来。”3、急于抓发展，疏忽抓管理。从茌平镇等8个乡镇的情况看、乡镇领导抓发展的迫切心情很大，但对发展的企业放松管理或没注意管理(包括企业内部管理及法律方面的管理)的现象比较严重，特别是有些食品、饮食行业、质量管理存在的问题更为突出。三、几点建议。1、必须落实责任制。在发展个体私营经济的过程中县委、县政府对乡镇主要领导要分任务、压担子，要定期给予调度。主要领导要明确责任，有奖有罚。2、发展环境必须优化。个体私营经济的发展必须有一个良好的环境，否则将成为一句空话。广大个体户和私营业主最关心的是执法部门的收费问题。建议县委、县政府再讨论制定一个监督执法部门的机制，对不按执法规定办的应予处罚，保证县里制定的政策得到落实为我县个体私营经济的发展真正创造一个良好的环境。3、企业法人和个体业主必须增强法律意识。做到依法经营并依法保护自己和自己所办的企业，抵制各种违法现象。因此县里要组织或要求各乡镇举办法律讲座，以提高个体户，个体私营业主的法律意识和法律知识。

2004年6月25日，县人大常委会组织部分人大代表，对县政府贯彻实施《水法》情况进行了视察。县人大第一副主任孙新建，副主任韩宪宏、何其平、孙乐生、刘士贵、王希忠及人大各委室主任参加了视察。视察组在县政府副县长崔岩、县水务局局长于秋春陪同下，先后视察了殷马闸蓄水工程建设；防汛清淤工程，即茌新河、茌中河、管氏河、冯氏河进度情况，听取了县政府和县水务局工作汇报。通过视察。代表认为：水务工作在我县的经济建设和各项事业的发展中，所发挥的作用越来越重要，特别是在抗旱、防汛、实施蓄水和饮水工程等各项工作中，成绩是显著的。去年10月新《水法》的颁布实施，水务局作为代表县政府管水的职能部门，在宣传、贯彻实施新《水法》上，做了大量工作，用《水法》这个法律武器开发、利用、保护、管理水资源，为全县经济的跨越发展创造了一个良好的水利环境。

2005年7月3日，中共中央政治局常委、全国人大常委会委员长吴邦国，全国人大常委会副委员长兼秘书长盛华仁，在山东省委书记、省人大常委会主任张高丽，聊城市委书记、市人大常委会主任郭兆信，市委副书记、市长张秋波陪同下到茌平信发铝电集团视察。茌平县委书记、人大常委会主任侯军，县委副书记、县长任晓旺，县人大常委会第一副主任孙新建陪同活动。

2008年6月30日，茌平县十六届人大常委会第一副主任徐莹，副主任何其平、贾占信、王金玉带领部分县人大常委会委员对茌平县新农村建设情况和城建工作进行视察。在副县长张雪廷及县建设局负责人的陪同下，视察组一行先后到冯屯镇、县城老城区改造实地查看。

2009年11月10日，茌平县十六届人大常委会第一副主任徐莹，副主任何其平、贾占信、王金玉带领部分县人大常委会委员对茌平县交通工作进行视察。在副县长张雪廷及县交通局负责人的陪同下，视察组一行实地察看徒骇河大桥改造情况、贾寨客运站、冯屯客运站。而后召开了座谈会，听取了汇报，根据检查情况对下一步工作提出意见、建议：一是要继续加快交通基础设施建设。二是要树立“廉洁、勤政、务实、高效”的政风，强化行业管理，严格依法行政。三是要转变工作作风，狠抓工作落实。

2010年7月28日，茌平县十六届人大常委会第一副主任徐莹，副主任何其平、贾占信、王金玉带领部分县人大常委会委员对茌平县供热工作进行视察。在副县长张雪廷及县建设局负责人的陪同下，视察组一行实地察看茌平县中心街供热改造施工现场。而后召开了座谈会，听取了汇报，视察组对茌平县供热工作表示满意。

2010年12月9日，茌平县十六届人大常委会第一副主任徐莹，副主任何其平、贾占信、王金玉带领部分县人大常委会委员对茌平县工商局工作进行视察。在县委常委、副县长刘奎忠及县工商局负责人的陪同下，视察组一行实地察看茌平县温陈工商局、城郊工商局。而后召开了座谈会，观看工商局的工作视频并听取县委常委、副县长刘奎忠所作的情况汇报，视察组认为工商工作有几个特点：一是观念新、思路清，对工商行政管理的认识有新提高。二是服务经济社会发展成效显著。三是市场监管执法取得了新进步。四是干部队伍建设有了新进步。提出建议：一要深化改革，转变观念，树立服务型工商新形象。二要依法履职，文明执法，树立监管型工商新形象。三要加强学习，提高素质，树立效能型工商新形象。

2010年11月10日，茌平县十六届人大常委会第一副主任徐莹，副主任贾占信、王金玉带领部分县人大常委会委员对茌平县公安工作进行全面视察。在县委常委、政法委书记韩德振及县公安局负责人的陪同下，视察组一行实地察看看守所、振兴派出所、刑侦一中队、业务用房建设工地和技术室。而后召开了座谈会，听取了汇报，并结合实际情况对下一步工作提出建议：一要继续紧紧围绕县委县政府中心工作，把服务经济建设、加快发展作为公安工作的头等大事来抓，寓管理于服务之中，做到经济发展推进到哪里，公安服务的触角就延伸到哪里。二要按照做好新形势下群众工作的重要指示精神，准确把握社会心理和群众情绪，坚持法、理、情有机统一，更多地运用协商、疏导等办法解决群众的诉求、化解矛盾纠纷。三要坚持宽严相济的刑事政策，把打击与预防、惩治与挽救结合起来，努力化解了社会消极因素为积极因素。

2012年6月26日，茌平县人大常委会组织部分常委和代表视察了茌平县城市建设情况，并听取了住建局、市政公用事业管理局、中小企业局和招商局的工作汇报。县人大常委会第一副主任尹海波、副主任张丽华、赵希亮、丁洁卉、靳明华参加视察。尹海波在视察中指出，茌平县的城市变化日新月异，城市建设工作开展顺利。今后要继续提高认识，加大工作力度，将城市建设工作同建设“和谐茌平”、“幸福茌平”、“生态茌平”的理念结合起来，努力实现高起点规划，高标准建设和高效能管理。要继续规范城市管理，加大投入力度，特别是要加大对公用事业、市容和环境卫生、园林绿化等方面的投入，注重抗旱防汛，保障民生，树立“以人为本”的城市管理理念。尹海波强调，县域经济的发展关键是发展民营经济，没有民营经济的发展，就不会有县域经济的发展，而发展民营经济，招商引资是重要措施之一。今后要加强对茌平县经济发展环境的研究和分析，看准优势所在，利用资源优势，发展循环经济，促进转方式、调结构。要继续解放思想，加大向上争取资金力度，把发展民营经济与新农村建设相结合。要着力于优化企业发展环境，注重企业技术提升，搭建创业交流平台。

2012年9月5日，茌平县人大常委会组织部分常委和代表对我县金牛湖景区建设情况、重点项目建设情况、教育和环保工作开展情况进行专项视察。县人大常委会第一副主任尹海波、副主任张丽华、赵希亮、丁洁卉、靳明华参加视察。尹海波在视察中指出，金牛湖景区是2012年聊城市67个重点旅游项目之一，也是茌平县大力推进“三产兴县”和“城建靓县”战略的有利平台。金牛湖景区竣工以后，将成为茌平名片式的生态风景区和新城发展服务中心，对茌平未来的发展有很深远的意义，要坚持高起点规划，强调高标准建设，追求高效能管理，发展高品位文化。尹海波强调，对于茌平来说，发展是第一要务，而项目就是第一载体，有项目才有发展，有大项目才有大发展，抓住重点项目，就抓住了加快发展、高质量发展的引擎，一要强化项目领导工作、二要落实督导帮包工作，三要推进项目宣传工作，四要重视项目储备工作。尹海波指出，近年以，茌平县高度重视教育工作，持续加大对于教育事业的投入，注重推行素质教育和教育综合改革，使得茌平县办学条件明显改善，教育教学质量和办学水平进一步提升，教育发展环境不断优化，干部教师队伍素质普遍提高，全县教育事业呈现出健康、协调发展的良好态势。今后，要继续推行特色教改工作，打造专业师资队伍，保障教育安全工作。良好的生态环境是经济社会实现可持续发展的必要条件。对于今后的环保工作一要继续加大环保治理力度，二要着力提高项目评测标准，三要支持发展环保科研事业。

2012年12月1日，茌平县人大常委会对全县治理“黑校车”工作情况进行督查。在实地视察各校区校车运营情况的基础上，听取了县人民政府办公室有关情况的汇报。茌平县人民政府根据县人大常委会下发的“黑校车整治督办函”和11月7日召开的全县校车集中整治行动会议精神，联合县公安交警、交通、执法、工商等部门及各乡镇政府、街道办事处于11月8日开展了校车集中整治专项行动。行动组分早、中、晚三个时间段对辖区内的校车情况进行了全面排查，逐校、逐园、对学生上下学乘车情况进行检查了解，掌握责任区域内接送学生车辆的数量、车型、车牌号、驾驶员信息等情况，依法对超载、超速运行的校车车辆，车况合格但没有取得校车手续和不符合校车标准的车辆进行相应整顿处理。

2012年12月19日，茌平县人大常委会组织驻茌聊城市人大代表来我县视察城建、工业重点项目建设工作。县委书记、县人大常委会主任陈秀兴，县委副书记许兰岭，县人大常委会第一副主任尹海波，县委常委、县委办公室主任王琦，县人大常委会副主任张丽华、赵希亮、丁洁卉、靳明华陪同活动。视察组一行实地查看了我县城市规划展览馆、金牛湖观光景观区、信发化工、经开正泰中小企业创业园、冯屯镇金号家纺工业园等城建、工业重点项目建设现场。陈秀兴详细介绍了我县经济社会发展情况，他指出，茌平县认真学习宣传贯彻党的十八大精神，结合茌平实际，坚定实施“一二三四五六”发展战略，大力培植战略型支柱产业和战略型新兴产业，努力壮大骨干龙头企业，不断提高企业发展水平。视察组对我县近年来在重点项目建设方面取得的成绩给予充分肯定和高度评价。认为我县认真贯彻落实党的十八大精神，解放思想，抢抓机遇，攻坚克难，开拓创新，按照“全党抓经济、重点抓工业、关键抓项目”的思路，坚持工业化和城镇化双轮驱动，扩大总量与调优结构两措并举，以增量带动结构优化、以创新促进产业升级、以改革推动文化繁荣、以和谐促进社会文明、以发展保障民生幸福，经济社会得到又好又快发展。希望我县继续深入贯彻落实党的十八大精神，切实把转变发展方式作为推动科学发展的重大战略举措，扩总量、提质量，在优化中增量，在增量中优化，努力实现在发展中加快转变，在转变中推动又好又快发展，把茌平建设成为经济实力强、生态环境好、幸福指数高的文明之县、和谐之县。

2013年3月12日，茌平县人大常委会对我县交通运输和公路建设管理情况进行专项视察。县人大常委会第一副主任尹海波、副主任张丽华、赵希亮、丁洁卉、靳明华参加视察，会议还邀请部分人大代表参加活动。尹海波在视察中指出，交通运输是经济社会发展的基础性、先导性产业和重要服务行业，做好交通运输工作对于县域经济的发展具有重要的意义。一年来，我县交通运输工作开展地卓有成效，特别是在农村公路建设和养护管理方面实现了突破和提升，我县被省政府确定为“农村公路网化工程示范县”。与此同时，重点项目建设方面也进展顺利，有效地促进了行业的转方式和调结构。2012年，公路局不仅高质量完成了中央车购税老路改造、金牛湖环湖公路和城市信源路的建设任务，在路域环境整治方面也取得了明显成效，得到了得到了县委、县政府和当地群众的高度评价。尹海波强调，交通运输和公路建设是实现茌平、东阿与中心城市对接，共同构建“大三角”地带的重要工作，今后要继续坚持高标准建设，严把质量关；坚持有路必养，力争公路养护管理实现再提升；依托和发挥产业优势，着力调整产业结构；同时还要紧跟中央步伐，抓队伍、促廉政。

2013年4月16日，茌平县人大常委会对我县新开工工业项目建设情况进行专项视察。县人大常委会第一副主任尹海波、副主任张丽华、赵希亮、丁洁卉、靳明华参加视察，会议还邀请部分人大代表参加活动。尹海波在视察中指出，县委、县政府在工业项目推进工作中，力度大、思路清，各项新开工工业项目进展顺利，工业发展势头强劲。1～2月份，全县累计完成工业投入5.6亿元，全市排名第一位，同比增长18.9%，我县工业经济实现了健康持续快速增长，特别是路通光电科技、瑞泽重工、祥润新材料、豪瓦特新能源等新兴工业项目进展良好。这些成绩的取得是我县始终坚持“项目立县、工业强县”战略不动摇的结果，也是经信局、发改局等相关单位密切配合、大力执行的结果。今年是我县的“产业提升年”，工业产业提升，项目是关键。我县共筛选出投资1000万以上的工业项目68个，总投资260多亿元，其中十大重点工业项目98.6亿元，其他工业项目167亿元，、成为我县工业发展新的增长点。对于今后工业项目的推进工作，一是强化项目领导工作。要进一步提高认识，加强领导。继续实施“项目立县、工业强县”战略不动摇，狠抓项目建设不放松，结合“产业提升年”活动，把工业项目建设作为促进经济社会发展，实现争先进位的重要载体和强大支撑。要进一步发扬“5+2”、“白加黑”的工作精神，坚持现场办公，现场解决问题。二是落实督导帮包工作。要全面落实40名县级干部重点项目帮包制度，进一步加大对项目建设的督导落实力度。定期召开企业发展环境座谈会和服务部门座谈会，了解项目发展情况，协调解决相关问题，优化企业发展软环境，人大常委会也会加大对软环境治理的监督。三是抓好园区提升工程。构筑产业园区空间新布局，实施“2246”园区提升工程是我县打造新型工业基地的强有力的手段。因此今年的工业项目要紧紧围绕“园区大建设，服务大提升”的思路，将大思路促成大建设，用大手笔推动大提升。四是重视项目储备工作。要抓紧做好下一步项目的谋划策划工作，争取更多上级项目，争取更多项目列入国家、省级计划，争取更多发展政策和配套资金；要狠抓招商引资和招才引智工作，为工业项目的科学高效发展提供发展资金和智力支持；同时还要积极培育战略新型产业，突出高端高质，在加快传统产业优化升级的基础上，发掘和强化新的工业驱动力。

2013年6月3日，茌平县人大常委会对我县新开工工业项目建设情况进行专项视察。县人大常委会第一副主任尹海波、副主任张丽华、赵希亮、丁洁卉、靳明华参加视察，会议还邀请部分人大代表参加活动。尹海波在视察中指出，通过视察，可以看出，县委、县政府在我县安全生产工作的开展中，思路清、措施明、力度大，安全生产各项工作稳步推进，安全生产隐患较往年有明显减少，“打非治违”工作成效显著，全县安全生产形势稳定。1～4月份，全县共发生各类生产安全事故9起，与去年同期相比，减少1起，下降10%；直接经济损失减少0.74万元，下降44.58%。这些成绩的取得是我县始终坚持“党委领导、政府监管、行业管理、企业负责、社会监督”的安全生产工作格局不放松的结果，也是安监局等相关单位密切配合、大力执行的结果。今年以来，安监局大力开展了应急救援预案演练，积极开展了各项安全生产大检查，到目前为止，共检查各类生产经营单位1232家，查出隐患3425项，当场整改1803项，限期整改1622项；检查各类车辆1600余辆次，农用车违章载人146起，其他不安全行为2132起，有效促进了全县安全生产形势的持续稳定。今年是我县的“产业提升年”，也是省、市政府要求的“安全生产基层基础提升年”，实现产业提升，抓好安全生产工作是保障。对于今后安全生产工作的开展，一是要坚持预防为主，着力排查治理隐患，注重安全整治和应急处置。安全生产工作，排查隐患是重点。要为全县经济持续快速发展创造安全稳定环境为宗旨，牢固树立“隐患就是事故”的预防理念，按照“企业自查自纠、专家现场诊断、政府挂牌督办、执法督促整改”的隐患排查整改运行机制，坚持不懈、毫不放松地开展隐患排查治理工作。与此同时，还要完善应急救援预案，定期进行演练，着力加强队伍和装备建设，提升应急管理工作水平。二是坚持依法治理，着力打击非法违法行为，进一步规范生产经营建设秩序。要严格按照《安全生产法》，加强安全生产法制宣传，增强企业和社会公众安全生产法律意识。以“打非治违”工作为契机，结合6月份的“安全生产月”，下大力气开展好“安全生产警示教育周”、“安全文化周”等活动，努力提高广大人民群众和干部职工的安全意识，营造全社会“关注安全，关爱生命”的浓厚氛围，进一步规范生产经营建设秩序。三是强化基础建设，着力推进企业安全生产达标创建，搞好安全培训工作。要紧密围绕省、市政府“安全生产基层基础提升年”活动的统一部署，加强领导，落实责任，坚持从基础环节抓起，积极引导各乡镇、街道，各有关部门和企业提升安全生产基层基础工作，强化安全标准化和安全文化建设，促使企业做到安全责任全员化、制度建设规范化、现场管理标准化和教育培训常规化。四是强化职业危害防治，着力落实监管职责，把职业卫生工作纳入依法进行的轨道。要本着以人为本的原则，认真贯彻《职业病防治法》，开展职业病防治宣传和培训工作，落实企业职业病危害防治主体责任，严格落实企业建设项目职业卫生“三同时”制度，深入开展重点行业职业病危害专项整治工作。

2013年9月12日，茌平县人大常委会对我县文化旅游和医疗卫生等民生项目进行专项视察。县人大常委会第一副主任尹海波、副主任张丽华、赵希亮、丁洁卉、靳明华参加视察，会议还邀请部分人大代表参加活动。视察组重点视察了肖庄枣乡生态园、博平文化站、县剪纸艺术展馆、县急救中心“120”指挥大楼、县医院门诊病房综合楼等民生工程建设情况。尹海波在视察中指出，本次会议所涉及的三个方面工作，都可以归为民生工作，都是关系我县人民生计福祉的大事。通过今天的视察和审议，我们可以看出，县委、县政府在我县民生工作的开展中，措施明、力度大、成效好，计生、卫生、文化各项工作思路明确，问题查找精准，取得了较好的成绩。人口与计生工作方面，今年1～8月，全县的人口出生率为7‰，合法生育率为96.4%，，避孕结语落实率为98%，出生性别比为110.3，不仅较好地完成了市里下达的各项指标任务，还于今年1月10日被国家人口计生委授予“全国计划生育优质服务先进单位”的荣誉称号。医疗卫生工作方面，最大限度地发挥了辖区医疗卫生资源效益，2013年新农合参合人数达到432736人，参合率达到99.8%，人均筹资标准提高到350元，落实了国家基本药物制度，实行了药品“0”差价销售。截止6月底，全县居民健康档案总建档率到达86.4%，无突发公共卫生事件发生。文化旅游工作方面，我县被评为“全国民间剪纸艺术之乡”、“山东省社会文化先进县”、“中华传统文化教育基地”、“山东省文化产业示范基地”等诸多荣誉称号，并在着力建立健全文化工作服务体系，打造发展特色鲜明的文化产业。这些成绩的取得既是我县始终坚持“以人为本，改善民生”思想不放松的结果，也是计生局、卫生局和文化旅游局等相关单位密切配合、大力执行的结果。基于今天的视察，今后是要夯实基础攻难点，落实好人口与计生政策。一是要进一步抓好各项基础性工作，在避孕节育、违法怀孕、社会抚养费征收、宣传教育等方面不断加大工作力度；二是要针对当前客观存在的婚育观念落后、性别比偏高等难点问题，研究和制定贴合我县实际、操作性强的措施；三是要特别加强对特殊人群、流动人口的跟踪管理，建立服务档案；四是要进一步完善村民自治和“计生助福项目”，确保将国家人口与计生政策落到实处。要提升质量抓服务，完善城乡医疗卫生体系。一是继续做好新农合工作，完善覆盖城乡居民的基本医疗保障体系和基本药物供应保障体系，促进公共卫生服务均等化；二是要以规范化管理为重点，全面提升基层医疗机构管理水平和服务能力，提高医疗质量，保证医疗安全。三是要加强人才队伍建设，吸纳卫生技术人才，调整卫生专业队伍结构，力争完成“十二五”卫生事业发展指标，平衡县乡配置比例。四是要加强医疗人员管理和服务水平，加大培训力度，重视职业道德教育。要整合资源树品牌，促进文化产业膨胀升级。一是要借助“产业提升年”活动的强大推动力，整合资源，发挥优势，加强公共文化基础设施建设，促进形成具有区域特色、结构合理的文化产业群体和公共文化服务体系；二是要展销结合，以特色品牌延伸文化产业链条，力争将黑陶、董庄画、泊渡口秧歌也申报非物质文化遗产项目成功；三是以建设六大风景区为抓手，多管齐下筹集资金，多措并举招商引资，吸纳文化专业人才，努力打造茌平旅游工作的亮点；四是要积极开展群众性精神文明创建活动，把企业文化、校园文化、社区文化、民俗文化与开展群众文体活动结合起来，与全国文明城市创建、“四德”工程建设结合起来，不断提高茌平的整体形象和知名度。

2013年12月19日，茌平县人大常委会组织部分聊城市人大代表来我县进行会前视察。市委常委、市直机关工委书记蔡同民，聊城军分区原司令员步伟利，市人大原副主任郭秀华、尹慧芹等带领部分市人大代表参加视察活动。县委书记、县人大常委会主任陈秀兴，县人大常委会第一副主任尹海波，县委常委、县委办公室主任王琦，县人大常委会副主任靳明华，县经济开发区党工委书记李光，县高端产业聚集区发展服务中心党委书记、主任刘健陪同视察。市人大代表视察团一行实地视察了县高端产业聚集区、山东领航铝业、华鲁制药、泰州商贸城、县城市规划展览馆、金牛湖龙山广场、博平滨河新城、信发集团“上大压小”及年产20万吨高纯铝等重点项目建设现场，听取了相关情况介绍。陈秀兴详细介绍了我县经济社会发展情况。他说，近年来，特别是市委十二届四次全会以来，茌平县紧紧围绕市委 “东融西借、跨越赶超，建设冀鲁豫三省交界科学发展先行区”的工作部署，坚持“一二三四五六”奋斗目标和工作思路，以大思维确定大目标，以大目标引领大举措，以大举措实现大发展，开创了经济社会跨越赶超的崭新局面。在本年度全国科学发展百强县评比中，茌平县位列第81位，较上一年度提升两个位次。市人大代表们对我县经济及社会各项事业科学发展、迅速壮大的良好态势给予了高度评价。大家一致认为，我县在城市建设中围绕建设生态宜居城市的目标，坚持高起点规划、高标准建设、高效能管理，不断完善城市功能，城市面貌发生了根本变化，人居环境得到明显改善。同时，坚持打造新型工业基地不动摇，工业发展势头强劲，大力发展循环经济，延伸拉长产业链条，膨胀壮大骨干企业，经济社会实现了持续健康发展，走出了一条县域经济科学发展、跨越赶超的新路子。

2014年4月11日，茌平县人大常委会对我县茌平县经济开发区和郝集高端产业聚集区建设情况进行专项视察。县人大常委会第一副主任尹海波、副主任张丽华、赵希亮、丁洁卉、靳明华参加视察，会议还邀请部分人大代表参加活动。尹海波在视察中指出，通过视察和听取工作汇报，可以看出县委、县政府在我县开发区建设工作中，思路清、措施明、力度大，两个开发区在过去一年的工作中都取得了丰硕的成果。其中经济开发区在全省137家省级开发区排名中进入了前20强，在全市8个千亿产业园综合考评中连续两年获得第一名，同时信发循环经济产业园被省经信委批准为“山东省新型工业化产业示范基地（铝及铝加工）；郝集高端产业聚集区也在机构编制、基础设施和项目推进等方面有了很大的提升，为拉开发展框架和加快建设发展奠定了坚实的基础。这些成绩的取得既是我县始终坚持“工业强县”和“项目立县”战略不动摇、紧抓“2246”产业、园区发展不放松的结果，也是两个开发区的同志们团结实干，开拓进取的结果。第一季度刚刚结束，最新数据显示1～3月份全县财政总收入94878万元，同比增长15.88%，全县公共财政预算收入59598万元，同比增长20.12%，其中税收收入36000万元，同比增长31.63%，税收占比达到60.41%，比去年同期提高了5.29个百分点，我县的公共财政预算收入实现了首季开门红。可以说，两个开发区对我县财政税收作出了不可磨灭的贡献，并且我坚信两个开发区还会对我县跨越赶超作出更加巨大的贡献。在下一步的工作中，两个开发区要重点围绕设施配套和项目建设两大任务，统筹推进、重点突破。县经济开发区要在现有基础上抓好产业提升，着力向精深加工和高端价值链突破，做好“产业高端”的文章，争创国家级经济开发区。县高端产业聚集区要尽快修编完成总体规划，编制产业规划，明确产业定位，加快基础设施建设，重点引进“四新一高”等战略性新兴项目，实现“高端产业”项目的聚集突破，打造“转调创”实验区和“四化”协调发展示范区。一是高起点定位、高标准建设。园区发展，项目是关键。在引进项目的时候，一定要坚持高起点定位，严格项目的筛选，鼓励科技含量比较高、税收贡献率比较大的项目入住园区；对于在建的项目，一定要坚持高标准建设，特别在基础配套设施建设方面要舍得花力气，舍得下功夫。要把两个开发区作为全县项目建设的主战场，瞄准升级，完善提升发展规划，制定修改完善政策，提高吸引外商的能力，注重上下游配套协作，壮大园区规模，着力打造两大千亿产业园区。二是大力优化园区发展软环境。“服务软环境”是“发展硬指标”的重要支撑，一定要在园区软环境建设方面投入足够的精力。坚持从工商注册、环评、立项等各个环节提供优质服务，从融资担保、创业辅导、信息咨询、社会化服务、园区培训及科研服务等各个方面提供专业指导，积极协调相关部门争取优惠政策。要建立健全定期走访企业制度和项目建设跟踪服务制度，及时了解企业发展遇到的困难，及时解决项目建设面临的问题。三是加快推进创新驱动步伐。实施创新驱动战略，为工业转方式、调结构提供强大的内生动力。要强化企业管理创新，加快推进企业管理由传统经验型向现代科学型转变。要加强企业文化建设和“品牌茌平”建设，增强企业向心力和凝聚力，激发活力和创造力，推进品牌培育升级，增强品牌影响力。另外，还要强化人才队伍建设，充分开发、挖掘、整合现有人才资源，加强优秀中青年人才培养和各类专业人才培训，引进国内外权威技术团队和高层次创新创业领军型人才，建成区域性人才集聚高地。

2014年9月4日，茌平县人大常委会对我县人民法院和人民检察院工作开展情况进行专项视察。县人大常委会第一副主任尹海波、副主任张丽华、赵希亮、丁洁卉、靳明华参加视察，会议还邀请部分人大代表参加活动。尹海波在视察中指出，这次常委会确定听取县人民法院和县人民检察院工作汇报的议题是主任会议酝酿多时，并严格按照常委会《监督工作计划》执行的，同时也是积极迎合国家法、检政策趋势，加强常委会对“两院”工作的监督支持力度的一个重要课题。人民法院方面，2013年10月，最高人民法院推进了人民陪审员“倍增计划”，常委会也在十七届人大十三次会议上依法增加任命32名人民陪审员，如今陪审员工作开展的怎么样，存在什么问题，是我们今天需要了解和思考的；人民检察院方面，新一届中央和国家领导班子就任以来，加大了反腐工作的力度，规模空前、效果空前、反响空前，就连我们身边也出现了违法乱纪的案例，发人深思，所以关注和支持我县反贪污腐败工作的开展也是常委会义不容辞，而又必须高度重视的职责。近年来，我县“两院”紧紧围绕全县改革、发展、稳定大局，深入贯彻落实依法治国方略，积极践行群众路线，强化司法为民主题，切实改善诉讼环境，积极推进审判、检察改革，不断强化法律监督、维护公平正义，充分发挥职能作用，深入开展“严打”斗争，依法化解矛盾纠纷，各项工作取得了显著成绩。为维护社会稳定和谐、保障公平正义做出了积极贡献，人民群众对“两院”的工作是满意的。听了黄院长和隋检察长的专项工作汇报，我感觉两个报告都做得都很好，体现了以下三个特点：一是工作实，用事实和数字说话。县人民法院今年共审执结各类案件3096件，结案标的额3.47亿元，三年来，法庭共受理案件12378件，审结案件11915件，占全院诉讼案件结案总数的71.13%，调撤率80%，率先在全市完成人民陪审员倍增计划，增至62名，人民陪审员参审案件超过900件。县人民检察院自2012年以来，共立查贪污贿赂案件34件47人，其中立查受贿案件19件19人，贪污案件11件21人，挪用公款案件5件7人，大案为26件36人，大案率达到77%，查处科级干部15人，其中正科级干部5人，为国家挽回直接经济损失1000余万元。这些简单的数字，凝结着汗水，闪耀着成绩。二是队伍强，办案人员理论素质高，业务能力强。县人民法院选配优秀法官任法庭庭长，五处法庭庭长已全部按照副科以上职级配备；将一部分刚刚取得审判资格的年轻干警、新进人员和司法警察充实到基层人民法庭工作，基层法庭的队伍更趋于年轻化、专业化。县人民检察院于2012年采取解散重组的模式，按照“精干高效、优化结构、适应发展”的原则，科学规划反贪局人员构成，检察官由原来的4人增加到10人，反贪队伍专业化，人员结构年轻化，大幅度提高了侦查员的业务素质。三是基础牢，高度重视基层和基础工作。县人民法院按照最高院“3～5个乡镇设立一处法庭”的要求，在原有振兴、博平、冯屯、信发四处人民法庭的基础上，增设肖庄法庭，辖肖庄、菜屯、贾寨三乡镇，形成了以院机关为中心，派出法庭为点，点位呼应的法庭布局模式。县人民检察院根据上级“全覆盖设置、按条件到位”的要求，在全县设立了博平、振兴、冯屯和信发四个高标准、规范化检察室，以服务大局为目标，促进基层平安建设，以法律监督为重点，促进基层法治建设，以保障民生为前提，服务经济发展，以预防职务犯罪为目的，营造廉政环境，取得了很好的成效。这些成绩的取得，离不开县委的大力支持，也离不开上级部门的指导关怀，更离不开广大法、检工作者的辛勤劳动。希望“两院”继续自觉接受人大监督，充分发挥审判和检察职能作用，各负其责，各尽其职，相互配合，共同努力，为构建“平安茌平”、“法治茌平”做出更多贡献。对于今后的工作，（一）进一步提升人民陪审员工作实效。一是优化陪审员结构，更加突出对社会阅历、道德修养、群众威信、履职时间等方面的考察，注意吸收社会各阶层人士，实现人民陪审员与法官知识结构的优势互补。二是增强培训实效，采取旁听庭审、场景模拟、案例评析、阅卷指导、座谈交流等多种方式，加强陪审员业务知识培训，提高陪审员参审能力。三是积极探索统一管理、分组陪审的工作机制，细化“随机抽取”制度，落实回避制度，确保程序公正，同时细化考核工作，保持陪审员队伍的生机和活力。（二）进一步加强反贪污腐败工作力度。一是要树立办案确保稳定、执法促进发展的理念，既要及时、认真查办那些数额虽小，但与人民群众利益密切相关、社会反映强烈的腐败案件，二是要统筹兼顾，突出重点，敢于攻坚碰硬，集中力量查办有影响、有震动的大案要案，提高反贪工作的查处率、震慑力和遏制力，三是要立足检察职能，打防并举，标本兼治，采取检察宣传，警示教育、法律咨询等多种活动和加强个案预防、行业预防、专项预防等有效工作，提高预防水平，为全县经济社会的健康发展提供有力的司法保障。（三）进一步加强基层建设和队伍建设。要把基层基础建设和队伍人才建设作为法治建设的重要组成部分，做到“四个坚持”即坚持党的领导，坚持群众路线，坚持科学发展，坚持接受监督，力争使基层执法办案水平明显提高，执法人员素质明显提升，化解社会矛盾能力明显增强，法官和检察官形象明显改观，物质保障工作明显进步，科技支撑力度明显加大，制度机制活力明显提升，切实发挥基层人民法庭和检察室在促进社会和谐、维护社会稳定、实现社会公平正义等方面的积极作用。

2014年11月13日，茌平县人大常委会对我县人力资源和社会保障、教育和食品药品监督管理等工作开展情况进行专项视察。县人大常委会第一副主任尹海波、副主任张丽华、赵希亮、丁洁卉、靳明华参加视察，会议还邀请部分人大代表参加活动。尹海波在视察中指出，本次会议所涉及的人力资源和社会保障、教育、食品药品监管三个方面工作，都可以归为民生工作，都是关系我县人民生计福祉的大事，也是常委会从来没有放松过监督支持力度的重点领域。通过今天的汇报和审议，我们可以看出，县委、县政府在我县民生工作的开展中，措施明、力度大、成效好，人力资源和社会保障、教育、食品药品监管各项工作思路明确，措施得当，取得了可喜的成绩。1.人力资源和社会保障方面：截止10月底，新增城镇就业人员6000人，转移农村劳动力6500人，征缴基本养老金2.02亿元，基本医疗保险金1.14亿元，失业保险金998万元，工伤保险金1515万元，生育保险金591万元，城乡居民养老保险参保人数达到22万人，参保率98%，报销工作社会化发放率达100%，全面完成了市政府下达的各项任务，很多工作还在全市名列前茅。特别是在目前全县工业形势异常严峻的大环境下，人力资源和社会保障局能积服务全县中心工作，配合企业发展，着力于解决职工们的社保、养老等问题，解决了他们的后顾之忧，也为全县的社会稳定作出了突出贡献。

2.教育工作方面：2014年，全县14处乡镇中心幼儿园全部通过省级认定，县职教中心被确定为省级规范化中专学校，市级“平安校园”和“安全文化示范校”通过数量居全市第一。中考9个学科中，有8个学科优秀率和合格率稳居全市第一，高考一本录取增长人数超过全市增长人数的1/3，本科录取率达57.42%，比去年增加4.72个百分点，万人比名次明显上升，在社会上有很高的信誉。另外，汇报中提出的教育工作存在的教师队伍亟待加强、大量危房且教学及功能用房配备不足和学校建设进展缓慢三个方面的问题，也是县人大常委会非常关注的问题，同时也是和“百强县”称号不匹配的问题，在教育实践活动大调研中，常委会把包括这三个问题在内的许多“服务群众最后一公里”问题以调研报告的形式上报县委，得到了大力支持，在今后的工作中我们也会进一步跟踪关注，督促解决。3.食品药品监管方面：自今年5月至今，全面完成了食品药品监管体制改革。改革完成后，开展了食品药品专项整治，推行了“三位一体”监管机制和“三化”监管模式。截至目前，我县许可审批事项按时办结率和回访满意率均达到100%，获“山东省医疗器械不良事件监测工作优秀单位”荣誉称号，社会评价很高。这些成绩的取得既是我县始终坚持“以人为本，改善民生”思想不放松的结果，也是人力资源和社会保障局、教育局和食品药品监督管理局等相关单位密切配合、大力执行的结果。基于今天的汇报和审议，对于今后这三方面的工作，1.稳定全县就业形势，强化扩面征缴。积极做好就业再就业工作，继续巩固和强化就业再就业目标责任制。充分利用我县一票征缴的优势，促进各项基金平衡征缴，使参保扩面整体发展。严格监督检查用人单位遵守劳动保障法律法规的情况，严格执法，积极受理违法行为，切实维护用人单位和职工的合法权益。2.坚持以人为本，推动教育事业改革创新。促进义务教育均衡发展和教育公平，以深化教育综合改革为突破口，以全面实施素质教育为总抓手，以学习推广杜郎口中学教改经验为依托，大力推进教学质量、师德建设、立德树人三项重点工作，全面提高教育教学质量，全面提高办学水平，常委会相信，通过各方努力一定能把茌平打造成为全市乃至全省教育强县。3.完善基层监管体系，全面加强日常监管。推进食品药品安全工作重心下移，落实乡镇街道食品药品安全管理责任。高标准、严要求继续加强对食品药品生产、经营和使用环节的市场监督管理，将日常监管工作与专项整治相结合，加大业务培训，加大执法力度，动员社会力量参与。要加强还要建立健全安全事故应急处置机制，充实事故应急处置专家队伍，提高应急处置能力，有效预防和减少突发群体性不良事件的发生。

2015年9月1日，茌平县人大常委会对我县农业工作开展情况进行专项视察。县人大常委会第一副主任尹海波、副主任张丽华、赵希亮、丁洁卉、靳明华参加视察，会议还邀请部分人大代表参加活动。尹海波在视察中指出，我县农业发展基本面良好，许多领域还走在了全市、乃至全省、全国前列，荣获“全国粮食生产先进县”、“山东省生态农业示范县”等称号。一是精致引领高端高产。大力推动传统农业向现代农业发展，着力精致农业，引领茌平现代农业高端发展。扎实推进粮食高产创建，严格落实强农惠农政策、不断强化综合技术集成推广。今年，实现了粮食生产十三连丰，高产创建示范田创聊城市小麦单产最高纪录。二是龙头效应辐射带动。实施“农业龙头带动”战略，积极争取扶持政策，加强管理指导，推进升级改造，提升辐射带动能力，大力推行“合作社＋基地＋农户”模式，形成了龙头企业辐射带动，新型农业经营体系壮大响应的良好局面。三是打造安全标准品牌。在省、市的多次抽检中，农药残留专项监测合格率100%，农产品质量安全检测合格率保持在99%以上。代表茌平在全市创建农产品质量安全市动员大会上做典型发言。完成81.6万亩农产品生产产地认定，无公害、绿色、有机食品、地理标志产品认证达130个，中国驰名商标1个，山东名牌6个。四是深化改革精准扶贫。全面推进土地承包确权登记颁证工作，稳妥开展农村集体产权制度改革，立足实际，着力在重点领域和关键环节探索创新，累计流转土地达到17万亩，占耕地总面积的19.5%。实施“万户脱贫奔小康工程”，整合扶贫资源，精准发力，逐步提高贫困人口素质，增强了就业和创业能力。这些成绩的取得，得益于县委高瞻远瞩，大力发展现代农业的清晰思路；也得益于县政府、县农业局埋头苦干，不断攻坚克难的创新实践。对于下一步的农业工作，一是舞好“龙头”不泄劲。大力实施“农业龙头带动”战略，在农业“四化”上实现新突破。以龙头企业为平台，融合一二三产业，带动农民走上致富之路。二是提升“科技”不落后。必须把农业科技摆在更加突出的位置上，通过科技创新与服务，实现农业发展方式转变，是我县现代农业发展最重大、最关键、最根本的出路和措施。三是咬住“安全”不松口。强化农产品质量安全监管。强化源头管理，建立健全投入品原始档案，逐步建立农产品质量安全源头责任追溯制，加强对产地产品的检测，及时发现并解决好问题，最大程度实现从田间到餐桌的全程安全。

2015年11月10日，茌平县人大常委会对全县物业管理工作开展了专项视察。常委会邀请了部分县人大代表参与视察。视察组一行由县人大常委会副主任靳明华带队，先后实地视察了站西雅园、水木清华小区、安康小区、正泰怡景小区和温馨家园五个小区，并对其物业管埋上作进行了仔细的了解。随后，视察组在住建局106室召开了县人大物业管理专项工作座谈会。县住建局、市政公用事业管理局、物价局、电业局、供热公司和自来水公司相关负责人参加会议。会议由人大常委会财经工委张树刚主持。会议听取了万家物业和佳安物业两个物业公司主要负责人的情况介绍，听取了县住建局局长李学忠同志关于《物业管理条例》在我县贯彻落实情况的汇报。随后，结合本次视察的情况，开展了深入的座谈，参会的人大代表们提出了许多好的意见和建议。靳明华强调，近年来，物业管理越来越引起人们的广泛关注。良好的物业管理工作不仅对改善人居环境、提高城市管理水平和构建和谐社会具有重要意义，而且在推动城市化、工业化发展方面起到了重要的作用。有关部门要把物业管理工作摆上重要位置、列入重点工程，研究创新机制、拿出可行办法，大力务实推进。要理顺体制，明确责任，发挥好县物业管理办公室和各业主委员会的作用。要完善制度，规范行为，严格《物业管理条例》的贯彻落实。要加强宣传，营造氛围，加大社会认知和参与度。要强化培训，提升水平，提高从业人员综合素质。要跟踪督导，狠抓落实，人大常委会的监督也将常态化，开展不定期跟踪检查。

2015年12月10日，茌平县人大常委会组织部分驻聊全国、省人大代表来我县进行视察。省政府原副省长郭兆信带领视察团在市人大常委会副主任白志坚的陪同下参加视察。县委书记马骏，县人大常委会第一副主任尹海波，县委常委、县委办公室主任王琦，科技副县长杨立军陪同活动。视察团一行来到博平金柱和佑颐养中心，与入住的老人亲切交谈，详细询问了老人的生活情况，鼓励他们发挥自己的兴趣爱好，真正做到老有所为、老有所乐。马骏介绍了我县社会养老服务业发展情况。近年来，我县结合新农村建设、城乡社区建设和农村幸福院建设等项目，不断创新探索，多渠道拓展养老服务模式，逐步探索出一条具有特色、适合我县养老服务体系建设的路子。在信发集团上大压小项目建设现场，视察团查看了企业生产运行维护等相关情况，听取了全国人大代表、全国劳模、县委副书记、信发集团董事局主席张学信关于企业发展的情况介绍。2015年，我县深入贯彻落实十八大、十八届三中四中五中全会和习近平总书记系列重要讲话精神，按照市委“作风引领，团结实干，争先进位，科学发展”工作总要求，改革创新，积极作为，大力推进产业结构调整，加快经济发展方式转变，实现全县经济社会持续健康发展。视察团对我县经济社会发展情况给予充分肯定，认为我县发展速度快、后劲足，以大项目促进了大产业，城市和民生建设大手笔，推进了大发展。希望我县继续按照中央和省、市要求，进一步加快技术改造和产业优化升级，不断增强县域经济实力和竞争力，推动全县经济社会科学发展、跨越发展。

2016年4月7日，茌平县人大常委会副主任靳明华带队对我县污水处理工作进行视察，县人大城环工作主要负责同志和部分人大代表参加活动。视察组一行先后视察了冯氏河、乐平镇和博平镇污水处理厂，实地了解污水处理和达标排放情况，并听取有关部门工作落实情况。同时，对项目建设的征地、规划、运营等方面存在的问题进行了详细记录，并责成有关政府部门加强领导、落实责任，对影响工作进度的各类因素进行梳理和整改。

靳明华表示，要进一步加快污水处理主体工程的建设步伐，进一步完善全区配套管网工程，加强对违规排放污水的处罚力度，实现经济效益和社会效益的统一。人大代表们就节省成本、规范征收以及人员培训等方面提出了建议。

2015年12月16日，茌平县人大常委会迎接聊城市人大常委会农业与农村委员会一行对我县精致农业、农民专业合作社和农产品质量安全生产工作进行视察。茌平县人大党组书记、第一副主任尹海波陪同活动。视察组一行先后对我县贾寨镇耿店村绿冠蔬菜农民专业合作社、肖庄乡枣乡情农业科技有限公司精致农业园区、博平镇圣康食品有限公司和乐平镇鲁冠禽业有限公司进行视察和调研，并对我县农业安全生产、产供销一体化、农民入社合作共赢做了深入细致的了解。视察组对我县农业工作取得的成绩给予充分肯定，对县人大对农业工作的监督和支持给予高度认可，并要求有关部门要继续坚持把农业产业化作为促进农业增效、农民增收的战略举措来抓，不断完善思路、创新机制、强化措施，着力培育新型农业生产经营主体，着力构建农业社会化服务新机制，努力开创全县农业工作新局面。

2016年6月13日，茌平县人大常委会开展“大交通”建设专项监督活动，活动时间为一天。上午，由县人大常委会副主任靳明华带队，组织部分人大常委、人大代表、乡镇（街道）人大主席（主任）以及交通、城建、公用事业管理、执法、交警等部门有关负责同志开展视察。视察组延全县几条重要交通干线，先后视察了枣乡街、铁路沿线、博临路、菜杨路、高速站、105国道、茌大路、中心街、309国道等地，历经3个小时，总行程近200公里。视察过程中，随时停车了解相关情况，对发现的路域环境、道路养护、绿化、违规停车、交通指示牌等方面存在的问题，现场进行调度。下午，在交通局6楼会议室，召开“大交通”建设专项监督座谈会。县人大常委会主任、党组书记尹海波，县人大常委会副主任张丽华、丁洁卉、靳明华，以及县交通、城建、公用事业管理、执法、交警等部门有关负责同志参加会议。会议邀请部分县人大常委、人大代表和乡镇（街道）人大主席（主任）参加座谈。靳明华副主任主持会议。会议首先听取了有关部门的工作情况汇报，随后参加会议的人大常委、人大代表和乡镇（街道）人大主席（主任）依次发言，共同讨论我县“大交通”建设的现状和存在的问题；县人大常委会副主任张丽华、丁洁卉对大家的发言作了点评，同时也提出了意见建议。最后县人大常委会主任、党组书记尹海波作了重要讲话。尹海波强调，在今年年初的十七届五次人代会上，人大代表提出的66件意见建议中，涉及“大交通”建设方面的就有25件，占37.8%，这是民意，同时也就决定了这必须是人大监督的重点。

2016年8月17日，茌平县人大常委会开展行政审判工作专项监督活动，活动时间为一天。参加活动的有：县人大常委会全体班子成员、部分人大常委、部分人大代表、乡镇（街道）人大主席（主任）以及作为行政应诉方的县公安局、县法制办、县司法局、工商局、县住建局、县国土资源局、县行政执法局、县信访局、县公共事业局等部分行政部门负责人。上午，县人大常委会副主任张丽华主持召开监督培训会议，邀请县人民法院党组成员、副院长袁建国授课。授课内容主要为新修订通过的《行政诉讼法》以及相关背景知识，并通过案例的形式，生动形象地说明问题，加深了与会人员对本次监督行为和对象的理解和认识，特别是作为行政诉讼应诉单位的政府有关职能部门，普遍反映受益匪浅。下午，县人大常委会党组书记、主任尹海波带队，实地视察参观了县人民法院行政审判工作的场所、设施以及文化建设情况。随后，在县人民法院6楼会议室，召开行政审判工作专项监督座谈会。县人大常委会主任、党组书记尹海波，县人大常委会副主任张丽华、丁洁卉、靳明华出席会议。会议首先听取了县人民法院关于近年来总体工作情况汇报和行政审判专项工作报告，随后参加会议的部分人大常委、有关单位负责同志、人大代表和乡镇（街道）人大主席（主任）依次发言，共同讨论我县行政审判工作的现状和存在的问题，同时也提出了很好的意见建议；县人大常委会副主任张赵希亮、丁洁卉、靳明华对大家的发言作了点评；最后县人大常委会主任、党组书记尹海波作了重要讲话。尹海波强调，本次活动是落实《山东省人大常委会办公厅关于省市县三级联动对全省各级法院行政审判工作开展监督〉的通知》（鲁人办发〔2015〕50号）文件精神的具体行动，也是茌平县人大2016年监督工作的重点之一。尹海波指出，近年来，法院各项工作均居于全市法院第一、全省法院领先位次，尤其是先后被省高院授予“全省优秀法院”、“全省人民陪审员先进集体”等荣誉称号，并多次荣立集体二等功、一等功，五年来共有14个单位及60人次受到了省市嘉奖和表彰。行政审判方面，县人民法院充分发挥行政审判职能作用，受理行政诉讼案件大幅增长，覆盖面延伸到所有行政执法领域，同时边工作边总结，边总结边分析，准确地摸清了我县行政审判工作的现状和规律，有效地推进了全县行政机关依法行政水平和法治政府建设进程。尹海波要求，新常态下要坚持问题导向，任何工作都要以解决问题为标准，监督和促进问题的解决也是常委会监督工作的根本出发点和落脚点，常委会将根据本次会议发现的问题和收到的意见建议，对整改过程进行全程跟踪监督。在必要的时候，针对某一问题或者某一环节，要下发督办函，并择日专项听取整改工作报告。在今后的工作中，一是要提高认识，抓住机遇，充分发挥行政审判的作用；二是要健全机制、完善制度，努力提高行政审判的质量；三是要充实人员、加强培训，全面加强行政审判队伍的建设；四是要各方参与、强化监督，营造良好的行政审判外部环境。

二、执法检查

1991年7月12日，山东省人大常委会副主任严庆清率省人大常委会委员李本钧、凤存安，计生委副主任潘洪增等6人组成的视察团来茌平对《山东省计划生育条例》的贯彻实施情况进行视察。聊城地区人大工委主任郑衍柱、副主任张伯衡、行署副专员张锡九，县委书记孙宗安、县人大常委会主任徐宝琪、副主任常修歧、县政府副县长王林华和全国人大代表徐法水、省人大代表马怀进等陪同活动。视察团听取了县委书记孙宗安关于茌平县贯彻落实《山东省计划生育条例》情况的汇报；视察了博平镇、温陈乡的计划生育工作。视察结束后，严庆清主任对茌平县计划生育的开展深表满意并给予高度评价，他说：“茌平县的各级领导对贯彻省计划生育条例抓得紧，决心大，把计划生育工作做为重中之重。工作措施得力，行动迅速，决策果断，经过县、乡各级领导卓有成效的工作已经有了一个较好的势头，半年时间扭转了被动局面。”指出：“茌平县要进一步贯彻落实《山东省计划生育条例》，打一场硬仗，使计划生育工作走向正常化、经常化、法制化的轨道。”“要以积极的工作使茌平计划生育工作由落后变先进，摆脱省重点管理范围的圈圈。”“计划生育工作被称为天下第一难事，但只要依靠群众，难事不难。”

1993年12月1日，由聊城地区人大工委、地区环保局、地区林业局、地区法制局组成的8人环保执法检查组来茌平检查指导环保工作。检查组听取了副县长任树栋关于环境保护执法情况的工作汇报，并检查了县化肥厂、造纸厂、味精厂、电厂、药材公司第一门市部、博平冷库等六个单位贯彻实施《环境保护法》、《野生动物保护法》的情况。检查组对茌平县贯彻两法所取得的成绩给予充分的肯定，同时提出三点建议：一是要加大《环境保护法》的宣传力度。《环境保护法》已颁布实施四年了，有些干部群众对该法的理解还不全面，执法的自觉性还不高，甚至个别单位把环保工作同发展经济对立起来。为解决这些问题，要充分利用广播、电视、会议、宣传车、咨询等多种形式宣传《环境保护法》，切实使广大干部群众知法、懂法、守法。二是环保工作应常抓不懈。随着经济的发展，环保工作日趋重要，因此环保工作是一项长期而无休止的工作。三要全面、严格的贯彻执行《环境保护法》，继续在“严”字上下功夫，达到保护和改善生活环境和生态环境，防治污染，促进社会主义现代化建设的目的。希望全县各级领导再接再厉，使全县的环保工作再上新台阶。

1994年8月12日至13日，茌平县人大常委会与县政府共同组织实施，并抽调卫生局、农业局、工商局、物价局、技术监督局等执法部门部分人员组成18人的检查组，对茌平县城和博平镇各肉类供应市场、门店进行了一次食品卫生执法监督检查。根据检查内容分成两组，分别负责检查肉类供应市场和屠宰、加工、储藏等。两天时间共检查生肉摊27处，熟肉摊17处，生鸡收购点6处，肉类屠宰、加工厂点5处，储藏冷库4处。通过这次执法监督检查，基本摸清了畜牧业发展和城乡集市肉类市场供应的基本情况。

1995年5月3日，山东省人大常委会副主任、教科文卫委员会主任苗枫林带领省人大视察组一行15人来茌平视察，对茌平县的《农业法》贯彻执行情况进行了检查。县委书记齐炳文、县人大主任司文瞻、县长许立全等陪同视察。视察组听取了茌平关于《农业法》贯彻执行情况的汇报，参观了部分企业，察看了茌平龙山文化遗址，考察了杜郎口乡农业生产和科技推广情况，并深入农户进行座谈。视察中苗主任详细询问了茌平加强农业基础地位、保护和利用耕地、减轻农民负担、科技兴农等方面的情况，对茌平近几年所作的工作给予充分肯定。

1996年4月17日～4月25日，茌平县人大常委会有关人员，会同县政府、卫生局组成16人的检查组就《药品管理法》的贯彻执行情况进行了执法检查。共查各类单位204个，药品生产企业2处，药品经营企业12处，医疗单位23处，监督检查覆盖率100%。行政村卫生室155处，个体开业诊所13处。共查出假劣药品和不合格药品28个品种，取缔无证医6处，共计罚款21000余元。从这次执法检查的情况看，自《药品管理法》实施以来，我县各级政府职能部门在加强药品管理方面做了大量卓有成效的工作，充实和完善了药品监督执法机构，开展了以监督为中心、以基层为重点的经常性监督检查。特别是今年来，加大了药品执法力度，增加了监督、监测频率和覆盖率，药品质量和管理水平较以前有了大幅度提高，保护了广大人民群众的身体健康和用药安全。但通过这次执法检查也发现一些问题，主要表现在以下几个方面：一是药品从业人员业务水平低，药品管理知识贫乏，个别经营使用单位管理措施不健全，制度不落实，导致药品管理混乱，假劣药品屡查不禁；二是部分用药单位特别是村卫生室和个体诊所存在或多或少的药品质量问题，其中部分单位不同程度地存有过期失效和霉变虫蛀药品，个别单位数量较大；三是对药品、保健品、食品概念不清，导致非药品类充斥药品经营单位；四是药品从业人员法律意识和法制观念淡薄。为了解决这些问题，建议今后应进一步加大药品管理的力度，大力提高从业人员的业务技术水平和法制观念，强化监督检查措施，使我县在《药品管理法》的贯彻落实上再上一个新台阶。

1996年9月7日～9月8日，全国人大常委会执法检查组来茌平视察工作。以全国人大常委会委员、法律委员会主任委员薛驹、副主任委员蔡诚、委员孙琬钟为正副组长的执法检查组在省人大常委会副主任兼法制委员会主任委员郭松年、聊城地区领导杜九西等陪同下，对茌平县学习贯彻《全国人大常委会关于加强社会治安综合治理的决定》的情况进行检查。检查组先后听取了县委副书记、县长许立全，县委副书记韩更大的汇报，并深入到茌平镇、丁庄村和热电厂进行视察。检查组对茌平县社会治安综合治理工作所取得的成绩给予了充分肯定。

1997年4月15日～4月16日，茌平县人大教科文卫工作委员会会同县政府、卫生局等相关单位对《食品安全法》执行情况进行了执法检查。此次执法检查重点检查了儿童食品、保健食品、冷饮食品生产经营单位的《食品安全法》执行情况，共计检查商品生产、加工、经营单位94户，行政处罚14户。对严重违反食品卫生法的西关某食品生产企业当场责令其停业，吊销卫生许可证并罚款2000元。对出售过期、假冒伪劣食品的几家食品商品当场给予行政处罚，没收了全部违法食品。这次检查共收缴过期、变质、假冒伪劣食品十多种，180余斤。检查结束后，检查组召开了座谈会，总结了《食品安全法》实施过程中的成绩，找出了存在的问题并就问题的解决向政府提出了建议。

1998年7月16日，根据市人大关于进行《关于加强社会治安综合治理的决定》执法检查的通知精神，茌平县人大常委会及时进行了部署，成立了以县人大常委会副主任李泽明同志为组长的执法检查组，在听取了公、检、法三机关“上半年工作和参与社会治安综合治理情况的汇报”的基础上，从好、中、差三方面，采取听、看、议、访相结合的方式，按照《通知》要求详细检查了《决定》的贯彻实施情况，检查中既肯定了成绩，指出了问题，也提出了建设性、指导性的意见和建议。

2001年5月18日，为了提高全县人民的消防安全意识，增强消防安全重点单位的消防法制观念，促进公安消防部门严格执法，依法监督，切实预防和减少火灾危害，避免重大特大火灾事故的发生，保障我县经济建设的顺利进行，县人大常委会决定对我县《消防法》执行情况和消防安全情况进行检查。检查内容：1、宣传贯彻《消防法》的情况；2、公共消防设施的建设情况；3、消防通信、消防装备和消防队伍建设情况；4、消防监督情况；主要检查消防安全单位的下列情况：(1)消防安全责任制及落实情况，消防安全制度操作规程是否健全；(2)消防布局是否合理、防火间距、消防车通道、安全出口是否符合要求，是否被封闭、占用；(3)是否按照国家有关规定配置消防设施和器材，消防设施和器材是否完好、有效，有无被埋压和圈占；(4)营业性场所是否按规定配置灭火器材，电器线路是否规范；(5)易燃易爆场所，消防水源是否充足，是否违反操作规程，动用明火是否符合规定，是否经过审批；(6)新建、改建、扩建及用途变更的建筑工程是否经过消防审核，验收合格后开工或投入使用。检查对象：主要检查生产、储存易燃易爆物品的消防安全重点单位和公共聚集的场所。5月18日上午：鲁艺家具公司、能通密度板厂、金丁密度板厂、民泰密度板厂；5月18日下午：造纸总厂、电厂纸厂、齐韩液化汽公司、周楼液化汽站、石油公司加油站、安居工程、泰和商场、天晶大酒店。此次检查采取汇报与现场检查相结合的方法进行。一是听取公安消防部门和消防安全重点单位主要负责人的汇报；二是查看有关的消防安全资料和制度；三是现场检查。检查结束后，县人大常委会根据检查的情况提出检查意见反馈县政府及有关部门进行限期整改。县人大常委会跟踪监督整改情况，必要时听取县政府关于整改情况的汇报。

2001年7月26日，茌平县第十四届人大常委会第25次会议听取并审议了县政府关于《食品卫生法》贯彻落实情况的汇报。会议认为，今年以来，在卫生部门的积极努力下，《食品卫生法》在我县得到了较好的贯彻与落实，除加强对食品卫生法律法规的宣传力度外，狠抓了队伍建设，努力提高执法人员的政治业务素质，加大了执法力度，为维护人民群众的身体健康与我县的两个文明建设做出了积极贡献。同时，会议针对存在的问题，提出了如下建设和意见：1、要高度重视肉类加工中亚硝酸盐的使用超标问题；2、零散食品摊点经营人员的健康查体问题及碗筷消毒问题，要重点集中在夏季整顿；3、根据上级有关精神，做好禁售“毒鼠强”的工作；4、要加强对学校周边食品摊点的清理整顿，确保学生饮食安全。

2008年10月30日，茌平县十六届人大常委会第一副主任徐莹，副主任何其平、贾占信、王金玉带领部分县人大常委会委员对贯彻实施《中华人民共和国义务教育法》、《山东省农村初级卫生保健条例》、《中华人民共和国职业病防治法》情况进行执法检查，全面检查《义务教育法》、《农村初级卫生保健条例》、《职业病防治法》各项规定的实施情况。通过检查，总结成绩和经验，找出问题和差距，提出意见和建议，以促进《义务教育法》、《农村初级卫生保健条例》、《职业病防治法》及其相关法律法规在我县的贯彻实施，推动全县教育，卫生事业再上新的台阶执法检查的主要内容：教育方面：中小学校舍建设情况和一中、二中、三中、实高工作运行情况；卫生方面：新农合的组织领导、资金监管及参保者受益情况、乡镇卫生院建设情况和职业病防治情况。检查组实地察看：杜口中学～～杜口卫生院～～杜口四新村社区服务卫生站～～温陈卫生院～～温陈小学～～洪屯卫生院～～洪屯成庄小学～～洪屯成庄社区服务卫生站～～三中～～实小新校区～～热电集团，检查后召开座谈会，听取县教育局、卫生局情况汇报。

2009年8月26日，山东省人大常委会执法检查小组茌平检查指导团来茌平调研民营经济发展情况，茌平县县委书记、人大主任任晓旺，县人大常委会第一副主任徐莹，副主任何其平、贾占信、王金玉陪同活动。检查组先后到维斯德尔铝业、华信碳素、信发铝制品、信发希望、鲁环散热器、信通铝业、信源铝业、澳富源建材进行调研。

2009年10月29日，聊城市人大常委会《中华人民共和国劳动法》执法检查组，来茌平县进行检查。执法检查组由聊城市人大常委会党组副书记、副主任郭秀华，市人大财经委主任委员、常委会副秘书长孔祥民 ，市人大财经委副主任委员刘东玲，市人大财经委副主任委员刘敏，市人大财经委委员、常委会财经工作室主任刘善华，市民营经济发展局局长李光路，市人大常委会财经工作室副主任李沛森，市人力资源和社会保障局副局长伦炜，市经济和信息化委员会副调研员赵松俭，市人力资源和社会保障局政策法规科科长郭东华，市人大常委会办公室科长刘强组成。茌平县人大常委会第一副主任徐莹，县人大常委会副主任王金玉及县人社局、县经信委、县总工会、县国资委、县民营经济发展局、县公安局、县住建委、县工商局、县安监局、县商务局、县工商联等有关部门和单位的主要负责人参加会议。茌平县人大常委会就贯彻实施《劳动法》工作情况、取得的主要成绩以及存在的主要问题和建议进行工作汇报，会后执法检查组先后到仲嘉变电公司、金号织业、鲁环公司。信发热电厂开展执法视察活动。

2010年5月21日，聊城市人大常委会副主任郭秀华带领市人大常委会执法检查组，来茌平县视察指导食品安全工作。县委书记、县人大常委会主任任晓旺，县委副书记、县长陈秀兴，县人大常委会第一副主任徐莹，县人大副主任王金玉，副县长曹志程陪同活动。市执法检查组一行先后来到联华超市、正泰东方大酒店、小杨屯鸭业集团、冯屯镇大蒜基地及新农村建设施工现场，现场检查了食品生产、经营和安全状况，了解了履行食品安全责任的落实情况。

2012年11月22日，茌平县人大常委会配合市人大常委会开展就防震减灾工作执法检查。检查组一行先后来到振兴街道八一社区，正泰领秀苑小区、县实验小学、县人民广场、金牛湖和城市规划展览馆等地，实地了解我县地震安全工程建设和防震减灾科普宣传教育开展情况，并召开专题座谈会，听取我县贯彻实施“一法一条例”情况汇报。县委书记、县人大常委会主任陈秀兴，县人大常委会第一副主任尹海波，县人大常委会副主任丁洁卉，副县长宋永刚陪同活动。检查组对我县经济社会发展、广大干部群众精神面貌和防震减灾等方面给予了充分肯定。认为县政府在工作中领导重视、措施得力，同时理顺了工作机制，建立了群策群防体系和应急救援体系。并希望在下一步工作中，要进一步增强防震救灾意识，加大工作力度，以点带面，继续抓好农村民居抗震能力建设的延伸，进一步提高城镇综合减灾能力，健全学校疏散通道和应急避难场所。要加强宣传教育，提升责任意识，把防震减灾工作作为民生工程和生命工程来抓。要强化管理，做好规划，注重协调，认真做好防震减灾工作，切实保护国家财产和人民生命财产的安全。县委书记、县人大常委会主任陈秀兴表示，将进一步加强宣传，强化措施，以高度的政治责任感和民生责任心，扎扎实实地把《中华人民共和国防震减灾法》《山东省防震减灾条例》贯彻落实好，把我县防震减灾工作做得更好。

2013年9月4日，茌平县人大常委会配合省人大常委会教科文卫委员会开展《义务教育法》执法检查。市人大常委会第一副主任王文耀、副主任孙菁，副市长白志坚，县委书记、县人大常委会主任陈秀兴，县委副书记、县长雷霞，县人大常委会第一副主任尹海波，县委常委、县委办公室主任王琦，县人大常委会副主任丁洁卉，副县长曹志程陪同活动。检查组一行实地察看了我县杜郎口曹庄小学、杜郎口中学、振兴小学的校园文化、参观了各功能室以及各社团活动情况，详细了解了我县的教育教学发展现状。还来到城市规划展览馆和金牛湖观光景观区等地，了解我县经济和社会事业发展情况。陈秀兴书记详细介绍了我县经济社会发展情况，指出，近年来，在上级领导的正确领导下，茌平县广大党员干部群众团结奋斗，开拓创新，拼搏进取，争先进位，开创了经济建设和社会发展的崭新局面，发展速度越来越快，发展质量越来越好，发展后劲越来越大，同时，在工业经济、民营经济发展上增创了新优势，实现了新突破，国民经济持续发展，综合实力明显增强，发展活力得到激发，城乡面貌变化显著，社会事业全面协调发展。曹志程汇报了我县贯彻贯彻《义务教育法》的执行情况和我县教育事业发展情况。检查组对我县在城市建设、社会事业发展方面取得的成绩给予高度评价，对我县《义务教育法》贯彻执行情况给予充分肯定。认为我县在城市建设上，注重规划引领，注重精品工程打造，注重公共服务投入，注重生态文明建设，注入了丰富、厚重的文化特色，城市架构科学合理，基础设施、城市功能日臻完善，城市特色突出，城市品位和城市的带动作用不断提高。在县域经济社会发展上，注重项目建设，注重产业提升，注重民生改善，保持了科学发展、跨越发展的强力态势。同时认为，我县高度重视教育工作，并且坚持改革创新，使教育改革不断深入，素质教育扎实推进，全县教育工作呈现出蓬勃发展的喜人局面。希望我县在今后的教育工作中要再接再厉，不断创新工作措施，培育个性文化，彰显学校办学特色，强化教师队伍建设，为教育事业发展贡献力量。陈秀兴强调，这次活动对于全面了解我县贯彻实施《义务教育法》的总体情况，进一步强化教育优先发展的战略地位有十分重要的意义，在下一步的工作中，要遵照王主任的讲话精神，按照我县“一二三四五六”的奋斗目标和总体规划，进一步落实县政府对义务教育的保证责任，加大资金投入，提升教育质量，继续加强农村教师队伍建设，依法推动义务教育事业科学和均衡发展，努力办好人民满意的教育，为茌平县教育事业的发展贡献更大的力量。

2014年8月12日，茌平县人大常委会组织部分人大代表及常委会分工委负责人，由常委会第一副主任尹海波带队对我县《计生法》贯彻落实情况进行执法检查。在对振兴、信发和温陈三个办事处的人口和计划生育工作进行了视察后，召开了座谈会并听取了县人口和计划生育局的工作报告。座谈会上，人大代表一致认为：县计生局能积极作为开展清理清查活动，并出台《实施方案》《薄弱村帮促方案》和《城区流动人口计划生育清理清查活动实施方案》保证活动开展实效，有力的促进了计生工作的开展，并且通过强化督导、落实责任，加强宣传、落实奖惩等一系列措施，形成“组合拳”取得了社会抚养费征收提高、计划生统计准确率提高、节育措施落实提高的“三个提高”成绩，计生局确实通过扎实工作干出了实绩。建议在今后的工作中，更加注重宣传，提高全县人民的计生意识；更加注重依法开展工作，严格践行依法治国方针。尹海波主任对计生局工作做了点评：县人口计生局领导班子团结务实，锐意进取，各项指标运行良好，成绩来之不易。面临机构改革、“单独两孩”等政策调整新形势，对下一步人口计生工作。一要进一步加大宣传力度，注重宣传实效。通过报刊、广播、电视、互联网等大众传媒，加大对现行计划生育政策、各种奖励扶助政策的宣传力度，增强宣传教育的针对性、时效性、吸引力和感染力，避免简单化、概念化的宣传方法，使宣传教育工作不断提高质量、增加内涵、创造精品，满足育龄群众日益增长的生育文化需求。二要耐心细致地抓好计生各项利益导向政策的完善、落实。这项工作事关群众切身利益，群众工作无小事，落实利益导向政策的过程，就是提高人民福祉的过程，也是密切联系群众、践行党的群众路线的过程。三要稳定低生育水平，严格责任目标考核，加大违法生育查处力度，优化人口结构，控制人口增长，提高人口质量，统筹解决人口问题。切实采取措施严格防控“两非”案件，有关部门共同关注，引导群众遵守自然规律，防止人为干预，确保出生人口性别比保持在正常范围以内。四要抓好城市和流动人口管理服务这一重点。不断强化社区的管理服务职能，健全和完善各项计划生育管理、考核、奖惩制度，规范城区计划生育管理；以加强流动人口计划生育信息平台建设为载体，巩固和完善部门联席会议制度，加强流动人口计划生育组织网络队伍建设，推动流动人口管理全覆盖和优质服务均等化。

2015年8月4日，茌平县人大常委会组织部分县人大常委会委员、市、县人大代表组成执法检查组，对我县《中华人民共和国食品安全法》的执法情况进行了执法检查。检查前，积极开展各项准备工作，制定了详细的执法检查工作方案，召集了对食品安全关注度高与食品安全关联性强的8名市、县人大代表组成执法检查组，并首次聘请了具有多年食品安全监管工作经验的专业人员担任特聘咨询员。县人大副主任丁洁卉同志主持召开了执法检查动员会，县人大党组书记、第一副主任尹海波同志参加会议并讲了四个方面的问题：一是检查组要严格按照检查方案要求，明确检查内容，增强检查针对性。二是检查组每位成员，每个检查点检查完毕要做点评发言，发言要务实。三是提高履职意识，通过检查在增强自身食品安全知识的同时，发挥人大代表作用向人民群众宣传食品安全知识，提升群众食品安全意识。四是为提升检查专业性，这次执法检查首次特聘咨询员，这是我县人大常委会2015年度十大重点任务之一，也是一大亮点和创新。会上听取县食品药品安全监督管理局工作情况汇报后，执法检查组全体成员学习了食品安全相关知识，并对食药监局在执行法律法规及食品生产、餐饮、流通重要环节的相关资料、文件进行了细致的检查。通过学习和检查提升了检查组的专业性，加强了检查的针对性，增强执法检查的实效性，新闻单位配合执法检查活动，进行了具体报道，增强了执法检查的效果。通过这次执法检查，检查组认为我县贯彻实施食品安全法总体情况较好，监管措施得力，食品质量相对安全，但我县的食品安全监管工作也不容乐观。具体情况如下：一、我县贯彻实施食品卫生法的主要做法及成效。全县食品药品体制改革后，食品安全监管对象涉及食品加工企业78家、餐饮服务单位902家、食品流通商户2486家、保健食品经营企业152家。自2014年以来，全县共创建“食安山东”示范生产企业5家；“食安山东”示范商场超市1家流通示范店1个；食安山东”餐饮服务食品一条街1条；示范学校食堂1所。食品安全工作呈现持续、健康、良好的发展态势。（一）加强组织领导，明确职责任务。2014年底县政府调整了县食品安全委员会，由常务副县长任主任，分管县长任副主任，相关部门为成员单位。委员会下设办公室，由县食品药品监督管理局局长兼任办公室主任，为食品安全监管工作顺利开展提供了有力组织保障。按照“地方政府负总责、监管部门各负其责”的监管工作要求，县政府每年召开全县食品安全工作会议，与食安委成员单位及各乡镇街道签订《食品安全目标责任书》，健全食品安全责任制，坚持属地管理原则，全面落实企业、政府和社会各方责任，并加强督查考核。（二）开展宣传活动，普及食品安全知识。每年开展“食品安全宣传周”和“安全生产月”等大型宣传活动并结合“科技下乡”，开展“四进”活动共举办大型集中宣传活动3次，印发了《食品安全法实施条例》、《餐饮服务食品安全监督管理办法》、《安全健康饮食》等知识手册，制作展版20块，展出假劣食品标本130余种，接待咨询群众500余人次，发放宣传资料1万余份。（三）加强日常审批、监管，规范食品生产、经营秩序。加强行政审批，严格市场准入审核机制。今年截止7月底，共受理许可咨询1500余人次，受理许可申请材料近600份，现场核查600余家次，发证436家，其中流通许可218家、餐饮许可218家，健康体检人次达到2100余人次。实施食品供货商备案登记制度，推行食品经营主体信用分类监管，依据食品经营者的经营行为（违法、违章、违规）划定信用等级层次，并依照不同的信用等级实施不同强度、频次的监管，通过提交材料和现场核查的方式，逐步对全县的食品供货商进行了摸底登记，截至目前共核查发放备案卡101户，其中信用等级为A的7户，信用等级为B的82户，信用等级为C的12户。突出餐饮消费环节监管，今年以来共出动执法人员3400余人次，检查食品经营单位710家次，查办一般程序案件86件。通过国家、省、市局指定抽验，在食品生产加工、食品流通、餐饮服务食品三个环节，明确了白酒类等41个重点抽样品种，食品生产加工小作坊等11个重点抽样场所，提高监督抽检工作能效。通过购买服务等手段，聘请菏泽市食品药品检测中心等第三方机构弥补抽验盲区，提高食品药品抽样的覆盖率，确保食品药品安全反馈结果的科学性，为下一步制定监管重点提供技术参考。上半年以来，共完成食品抽检210批次。二、当前我县食品安全法贯彻实施中存在的问题。（一）食品安全知识普及率低，宣传受众面有待提高。一是食品安全知识宣传方式单一，宣传受众面小。仅靠每年开展“食品安全宣传周”和“安全生产月”活动，以及发放一万余份宣传资料，明显难以对全县14万户居民进行有效的宣传和普及食品安全知识。二是从业人员安全生产意识淡薄。食品从业人员对食品安全的重要性认识不足，思想认识不到位，法制观念不强，在利益的驱动下，违法加工食品，不按规定配齐卫生设施，原材料进入质量和卫生管理较差，经营过期食品，以次充好，以假乱真，欺诈消费者，对人身健康、安全带来危害。相当多的食品生产经营者对食品安全法的内容不了解，不清楚违法后果。（二）食品安全监管执法力度有待加强。一是对违法的生产经营企业，惩处力度不够，至今为止吊销执照和移交司法的企业数为“0”。食品安全监管执法力度直接影响监管效果，违法成本低就会导致违法生产经营企业屡“治”不改、继续违法，留下严重的食品安全隐患。二是对食品安全监管中的难点，没有形成多部门联动的监管机制。个别餐饮业户（如兰州拉面馆等）为少数民族人员，法律意识明显欠缺，法制观念非常淡薄。因牵涉民族宗教因素，执法难度加大，执法者与被执法者的矛盾容易激化，若处置不当可能会引发民族矛盾或者群体性事。件餐饮服务流动摊点卫生状况差，小作坊生产环境条件差缺少有效监管等问题，都需要多部门共同参与，有针对性的开展联合执法。（三）监测功能滞后，监管手段弱化。一是监管、监测分设，不利于监管的一致性。食品监管需要检验检测机构和检验检测设备的支持，目前我县食品检验检测需要到菏泽的检验检测机构去做，检测费年耗费二十多万元，耗时长、费用高，凸显我县食品监管中检验检测能力不足。二是检测中心，人、财、物场所不完善，不到位，影响监管手段的利用。我县食药监局正在积极筹建检测中心，迄今为止，专业检测人员、监测设备、检测场所和资金都尚不能保障检测中心的及时建成。三是监管执法经费不足，快速监测设备的缺配，影响监管效果。食品安全监管部门在开展食品安全工作中，普遍遇到经费缺口较大的问题，缺乏必要的快速检验检测仪器设备、检测项目和抽样检测经费，制约了食品安全监管工作的有效开展。（四）监管执法队伍待加强，监管能力待提升。一是执法人员少。专业人员和年龄结构不合理，缺少业人才，知识结构、技术能力与新形势、新职能还不能完全适应。我县的食品生产经营面广量大，监管任务十分繁重，而食品安全监管的执法力量明显不足，监管难于到位，有的乡镇监管所只有一人。二是业务不专。食品监管涉及面广，很多执法人员的知识结构、技术能力和专业知识与新形势、新职能不能完全适应。三、进一步贯彻实施《食品安全法》的几点建议。（一）加强宣传教育，提高食品卫生安全意识。坚持不懈地开展对广大消费者和食品加工生产者的食品安全法律法规、卫生知识的宣传，提高其食品安全意识。通过广播电视设立专栏，广泛发放宣传手册等一系列宣传形式，让食品安全法进学校、进社区、进家庭，通过“三进活动”在全社会形成贯彻实施食品安全法的浓厚氛围，使食品安全法得以全面贯彻实施。（二）加大执法监管力度，完善多部门联动机制。加大对违法涉事企业的处罚力度，提高其违法成本，严格依法行政，提高食品卫生监督管理水平；强化食品生产经营者的遵法守法观念，依法规范生产经营行为，严格贯彻执行食品安全法的各项规定，保证食品在生产、流通、销售领域的卫生安全。加大各部门联合执法力度，整合执法资源，充分发挥有关职能部门的作用，抓好综合执法和联合执法，形成工作联动机制，拓宽监管渠道，完善多部门联动机制，定期对热点难点进行会诊，提高执法效率。努力把食品安全监管工作与群众监督、舆论监督结合起来，建立企业负面清单制度，设立群众举报电话，发放群众调查问卷，定期公布重点食品检测结果等措施，充分发挥舆论导向和监督作用，曝光假冒伪劣食品和违法生产经营企业，保证消费者对食品安全状况的知情权。（三）理顺监管与监测的关系，强化监管手段。食品监测是食品安全监管的重要手段，加快县监测中心的建设，尽快配齐监测人员，配强监测设备，理顺食品监管与食品监测的关系，确保监管与监测的协调统一。加大食品安全监管工作经费投入，配备快速监测设备，保证超市、大型市场的食品安全检测，提升食品安全监管效果。（四）强化食品安全监管队伍建设，提升监管能力。针对食品安全从业人员人数多，面大量广，监管人员少，监管业务不专业的现实，建议县政府充实食品安全监管人员，同时，加大对现有执法人员的业务培训，解决食品安全监管“有人干事、能干成事”的问题，减少食品安全监管的“死角”和“空档”。（五）加大督办力度，提升人大执法检查的实效性。针对此次食品安全执法检查中发现的问题，人大常委会将利用督办函的形式，督促政府及相关部门进行整改。并利用一年的时间，持续关注，开展不定期跟踪检查，确保整改实效。

2015年9月17日，茌平县人大常委会对茌平县食品安全委员会办公室下发督办函。明确了整改问题、要求和时限。具体情况如下：一、整改问题。（一）食品安全知识普及率低，宣传受众面有待提高。一是食品安全知识宣传方式单一，宣传受众面小。仅靠每年开展“食品安全宣传周”和“安全生产月”活动，以及发放一万余份宣传资料，明显难以对全县14万户居民进行有效的宣传和普及食品安全知识。二是从业人员安全生产意识淡薄。食品从业人员对食品安全的重要性认识不足，思想认识不到位，法制观念不强，在利益的驱动下，违法加工食品，不按规定配齐卫生设施，原材料进入质量和卫生管理较差，经营过期食品，以次充好，以假乱真，欺诈消费者，对人身健康、安全带来危害。相当多的食品生产经营者对食品安全法的内容不了解，不清楚违法后果。（二）食品安全监管执法力度有待加强。一是对违法的生产经营企业，惩处力度不够，至今为止吊销执照和移交司法的企业数为“0”。食品安全监管执法力度直接影响监管效果，违法成本低就会导致违法生产经营企业屡“治”不改、继续违法，留下严重的食品安全隐患。二是对食品安全监管中的难点，没有形成多部门联动的监管机制。个别餐饮业户（如兰州拉面馆等）为少数民族人员，法律意识明显欠缺，法制观念非常淡薄。因牵涉民族宗教因素，执法难度加大，执法者与被执法者的矛盾容易激化，若处置不当可能会引发民族矛盾或者群体性事。餐饮服务流动摊点卫生状况差，小作坊生产环境条件差缺少有效监管等问题，都需要多部门共同参与，有针对性的开展联合执法。（三）监测功能滞后，监管手段弱化。一是监管、监测分设，不利于监管的一致性。食品监管需要检验检测机构和检验检测设备的支持，目前我县食品检验检测需要到菏泽的检验检测机构去做，检测费年耗费二十多万元，耗时长、费用高，凸显我县食品监管中检验检测能力不足。二是检测中心，人、财、物场所不完善，不到位，影响监管手段的利用。三是监管执法经费不足，快速监测设备的缺配，影响监管效果。食品安全监管部门在开展食品安全工作中，普遍遇到经费缺口较大的问题，缺乏必要的快速检验检测仪器设备，缺少检测和抽样检测经费，从而制约了食品安全监管工作的有效开展。（四）监管执法队伍待加强，监管能力待提升。一是执法人员少。专业人员和年龄结构不合理，缺少专业人才。我县的食品生产经营面广量大，监管任务十分繁重，而食品安全监管的执法力量明显不足，监管难于到位，有的乡镇监管所只有一人。二是业务不专。食品监管涉及多层面、多品种的食品加工，很多执法人员的知识结构、技术能力和专业知识与新形势、新职能不能完全适应。二、整改要求。（一）加强宣传教育，提高食品安全意识。坚持不懈地开展对广大消费者和食品加工生产者的食品安全法律法规、卫生知识的宣传，提高其食品安全意识。通过广播电视设立专栏，广泛发放宣传手册等一系列宣传形式，让食品安全法进学校、进社区、进家庭，通过“三进活动”在全社会形成贯彻实施食品安全法的浓厚氛围，使食品安全法得以全面贯彻实施。（二）加大执法监管力度，完善多部门联动机制。加大对违法涉事企业的处罚力度，提高其违法成本，严格依法行政，提高食品卫生监督管理水平；强化食品生产经营者的遵法守法观念，依法规范生产经营行为，严格贯彻执行食品安全法的各项规定，保证食品在生产、流通、销售领域的卫生安全。加大各部门联合执法力度，整合执法资源，充分发挥有关职能部门的作用，抓好综合执法和联合执法，形成工作联动机制，拓宽监管渠道，完善多部门联动机制，定期对热点难点进行会诊，提高执法效率。努力把食品安全监管工作与群众监督、舆论监督结合起来，建立企业负面清单制度，设立群众举报电话，发放群众调查问卷，定期公布重点食品检测结果等措施，充分发挥舆论导向和监督作用，曝光假冒伪劣食品和违法生产经营企业，保证消费者对食品安全状况的知情权。（三）理顺监管与监测的关系，强化监管手段。食品监测是食品安全监管的重要手段，加快县监测中心的建设，尽快配齐监测人员，配强监测设备，理顺食品监管与食品监测的关系，确保监管与监测的协调统一。加大食品安全监管工作经费投入，配备快速监测设备，保证超市、大型市场的食品安全快速检测，提升食品安全监管效果。（四）强化食品安全监管队伍建设，提升监管能力。针对食品安全从业人员人数多，面大量广，监管人员少，监管业务不专业的现实，建议县政府充实食品安全监管人员，同时，加大对现有执法人员的业务培训，解决食品安全监管“有人干事、能干成事”的问题，减少食品安全监管的“死角”和“空档”。（五）加大督办力度，提升人大执法检查的实效性。针对此次食品安全执法检查中发现的问题，人大常委会将利用督办函、专题询问于质询等多种方式的形式，督促政府及相关部门进行整改。并利用一年的时间，持续关注，开展不定期跟踪检查，确保整改实效。三、整改时限。人民政府办公室于2016年7月底前，将整改情况汇总后，报县人大常委会办公室。本次执法检查只是针对食品安全领域的一次监督，带有一定的随机性，并不彻底、全面。下一步，县人大常委会的执法检查将会长期化、常态化，检查领域也会进一步拓展、深化，对整改落实情况也会进行动态跟踪督导。请县政府和有关部门引起高度重视。

2016年5月27日，茌平县人大常委会第29次会议，专项听取审议了《茌平县人民政府关于<食品安全法>执法检查整改情况的工作报告》。一、运用多种形式，强化食品安全宣传工作。为普及食品安全知识，增强公众的食品安全维权意识和食品生产经营单位食品安全责任意识，营造人人关心、支持、参与食品安全的良好社会氛围，在食品安全宣传方面做了以下工作：（一）运用信息网络，扩大食品安全宣传面。以食安委各成员单位网站为平台，公布监督检查、监测评估和风险预警等食品安全信息，宣传食品安全政策、法律法规和食品安全知识等。通过各部门的官网、微信公众号等及时发布日常监管、消费警示等信息，宣传食品安全知识，增强群众的食品安全意识。2015年底，开通了茌平县食品药品监督管理局政务网站，搭建起了群众了解饮食用药安全的桥梁和窗口。（二）利用新闻媒体，充分发挥群众监督作用。加强与新闻媒体的工作联系和信息沟通，通过报刊、电视台、新闻网站等媒体，及时公布食品生产经营单位“黑名单”。树立“宣传”也是监管的理念，调动年轻干部职工报送信息的积极性和主动性，形成人人参与、齐抓信息的良好局面。2015年，食安委各成员单位在省级、市级、县级媒体发表信息多篇，提高了人民群众对我县食品安全监管工作的认识，保障了公众知情权和监督权，扩大食品安全知晓率。（三）丰富宣传形式，深化食品安全宣教工作。结合我县省级食品安全先进县的创建，在机关、学校、农村、社区和企业开展了食品安全“五进”等宣传活动，印发了《安全健康饮食》、《保健食品化妆品安全常识》等知识手册，借助3.15消费者权益保护日、食品安全宣传周和安全生产月、科普宣传周等宣传活动在监管工作过程中大力宣传食品法律法规和安全健康饮食常识。累计发放宣传手册2000余册、宣传单页6000余份，提高了群众的食品安全意识、增进了群众对食品安全监管工作的理解和支持。二、注重行刑衔接，加大执法监督检查力度。(一)落实“四个最严”，加大执法监管力度。我县坚决落实习近平总书记提出的最严谨的标准、最严格的监管、最严厉的处罚、最严肃的问责的“四个最严”要求，建立健全食品安全治理体系，集中执法力量，开展多项专项治理整顿。加大监管力度，创新执法手段，加大了案件查办力度，2015年共出动执法人员5000余人次，检查食品生产经营单位900余家次，查办食品一般程序案件500余件，涉嫌犯罪的，及时移送公安机关，对食品安全问题始终保持高压态势，依法严厉查处食品生产经营违法行为，有效净化了我县食品市场环境。（二）加强行刑衔接，“三安”联动机制运转成熟。进一步加大食品监管力度，继续保持“严查、严管、严打”高压态势，加强食品监管部门与公安、检察部门的协作配合，全面提升打击危害食品安全违法犯罪活动的办案质量，2015年底，县食药监局与县公安局、县检察院联合成立了联勤联动办公室、检查工作室，有力推进了联动执法机制建设，加强了行政执法与刑事司法的衔接，及时依法移送、立案、侦查、起诉、判决行政区域内食品安全刑事案件，保持严惩重处的高压态势。食安、农安、公安“三安”联动运转成熟有效，形成了严厉打击食品违法犯罪行为的联动机制和强大攻势，有力提升了食品安全保障水平。三、强化技术支撑，提高食品监督抽检频次。为保障群众舌尖上的安全，我县组织了多种形式的食品抽检。一是通过省、市专项提升能力建设资金，购置食品快检设备，在日常监管中开展“食品快检进市场”等快速检测活动，提高食品检测的靶向性，给日常监管和稽查办案提供技术支撑。二是通过国家、省、市局指定抽验，在食品生产加工、食品流通、餐饮服务三个环节，明确了白酒类等41个重点抽样品种，食品生产加工小作坊等11个重点抽样场所，提高监督抽检工作能效。三是通过购买服务等手段，通过聘请山东恒诚检验检测公司、青岛谱尼检测公司、山东时进检测公司等第三方机构弥补抽验盲区，提高食品抽样的覆盖率，确保食品安全反馈结果的科学性，为下一步制定监管重点提供技术参考。截止目前，共进行食品抽检652批次。我县食品药品检验检测中心正在建设中，为下一步食品安全检验检测提供技术支撑。四、加强队伍建设，提升执法人员监管能力。（一）加强业务能力培训。结合职能调整和监管工作的特点，做好监管部门执法人员食品安全法律法规培训，增强食品安全监管人员的责任意识和执法能力。制定系统的学习计划，开展好各项业务学习。挑选业务精、素质高的同志从食品安全监管的各个方面统一授课进行系统学习，并适时组织稽查业务交流，提高了全体监管人员的监管技能。各监管部门加强了对食品生产经营者的培训教育，强化了其食品安全法制意识、诚信意识、首责意识，促进其依法规范经营。（二）依法行政，提升监管队伍形象。根据法规有关规定，结合我县实际，明确了行政执法工作目标和法律责任，制定了办案制度和行政执法工作纪律，签订了行政执法责任状。并严格执行行政执法“两错”追究责任制、首问负责制、主办负责制，做到了行政执法工作有检查、有督促，有监督。真正使行政执法人员既有权力、又有责任，既严格了执法程序，又规范了执法行为，还充分调动了执法人员的积极性、创造性。2016年3月份，我县被遴选为“省级食品安全先进县”创建单位之一，我们将以此为契机，创新工作思路和机制，加大日常监管力度，深入开展各种专项整治；健全食品安全责任制，落实企业、政府和社会各方责任，充分发挥企业自律互律、社会群防群控、部门联合联动的作用；严格监管制度、强化源头治理、堵塞漏洞盲区、消除风险隐患，加快建立科学完善的食品安全治理体系。严把从农田到餐桌的每一道防线，以“零容忍”的举措惩治食品安全违法犯罪，以持续的努力确保群众“舌尖上的安全”。不断推动我县食品安全工作法治化管理水平和群众食品安全满意度持续向好发展。

三、专题调研

1989年10月14日，全国人大常委会委员、宗教委员会委员李学智来茌平调研。在山东省人大常委会委员于培宽、聊城地区人大工委主任郑衍柱、副主任张震及县人大主任马怀进、副县长徐宝琪陪同下，参观了个体养鸡户刘元河和冯屯镇小徐庄村的养鸡场，还到小徐庄原村党支部、现冯屯镇党委书记徐法水家中做客，所到之处听取了各单位负责人的介绍。

1998年6月至10月，茌平县人大常委会组织县乡人大代表对农民负担情况开展百村千户调查。调查内容为：1.各乡镇是否按照聊发〔1998〕7号文件精神，认真搞好农民收入统计“乡改村”工作？2.各乡镇是否坚持定项限额，认真执行预算审批制度，并召开人代会审议通过？3.以村为单位“三提五统”是否控制在97年人均纯收入的5%以内(我县夏季为3，75%)？4.“两工”是否严格控制在25个以内(含市县水利工程清淤费折合工日)？5.市县“三水”费用的提取是否按市委7号文件要求报批方案并分解到村？6.是否认真执行“一卡一单”制度，即，“三提五统”和“两工”发放“农民负担监督卡”、“三水”费用发放，“农民承租共同性生产费用通知单”并且填写规范发放到户，让农民持卡、持单交粮、交款？7.“两田制”的承包费用是否已摸清底子，承包费是否抵减“三提五统”和“三水”费用及其他社会负担，承包费的抵项及重新分配是否向群众讲明？8.集体资金(三提五统)管理错位和混乱的问题是否得到纠正。由乡镇经管站统一提取管理和使用并专款专用，定期向群众公布？调查范围为：1.茌平、博平、冯屯镇各调查6个村，每村10户，计18个村，180户。2.乐平、杜郎口、菜屯、贾寨、胡屯、广平、郝集、王老、韩屯9个乡镇各调查5个村，每村调查10户，计45个村，450户。3.温陈、丁块、赵屯、肖庄、杨屯、洪屯、韩集、7个乡镇各调查4个村，每村调查10户，计28个村，280户。4、大桑、张营、孙桥、3个乡各调查3个村，每村调查10户，计9个村，90户。（以上总计100个村、1000户）。从调查的情况看，各乡镇党委、政府对今年的减负工作都非常重视，做到了党政一把手亲自抓，分管同志具体抓，各有关单位相互配合，层层落实领导责任制和部门责任制。认真贯彻落实中央、省、市县农民减负工作会议要求和聊发〔1998〕7号文件精神。对按行政村统计农民收入。来划分三种不同类型的提取标准工作较细。坚特定项限额和预算审批制度，并召开人代会审议通过了1998年夏季提留方案。

2008年5月7日，聊城市人大常委会副主任、城乡建设环境保护委员会主任尹慧芹率领市人大城乡建设保护委员会委员一行8人到茌平就贯彻落实人防法律法规情况进行专题视察调研。市人防办、民防局领导班子全体成员及茌平县委书记、人大常委会主任任晓旺，县人大常委会第一副主任徐莹，人大常委会副主任贾占信，政府副县长肖德刚陪同活动。视察组一行听取了茌平县人民政府关于贯彻落实《人民防空法》的情况汇报。通过视察，视察组对茌平县认真贯彻落实《人民防空法》取得的成绩给予了充分肯定，同时就新形势下如何更好地深入贯彻落实人防法律法规，提高依法行政能力，大力推进防空防灾“两防一体”、地上地下建设“两建同步”、应急救援、平战结合协调发展以及按规定配齐、配全、配强县级人防机构和人员等问题提出了要求和建议。

2008年9月5日，全国人大代表专题调研组一行20余人在山东省委委员、省人大常委会委员、省总工会常务副主席吕明辰的带领下来茌平，对中小学校园安全工作进行专题调研。市委副书记、市长林峰海出席座谈会并致辞，市人大常委会第一副主任申长海、副市长刘继恩、茌平县县委书记、人大常委会主任任晓旺，人大常委会第一副主任徐莹，人大常委会副主任王金玉，副县长曹志程陪同活动。全国人大代表们先后到茌平县杜郎口中学、实验高中、实验小学新校区、第三中学等中小学校进行了现场调研。调研组对茌平县经济社会发展取得的成绩给予充分肯定。

2009年8月26日，山东省人大常委会执法检查小组茌平检查指导团来茌平调研民营经济发展情况，茌平县县委书记、人大主任任晓旺，县人大常委会第一副主任徐莹，副主任何其平、贾占信、王金玉陪同活动。检查组先后到维斯德尔铝业、华信碳素、信发铝制品、信发希望、鲁环散热器、信通铝业、信源铝业、澳富源建材进行调研。

2009年9月1日，聊城市人大常委会农村流通体系调研组来茌平县视察农村流转体系工作。调研组由聊城市人大常委会副主任刘新忠，市人大常委会副秘书长、农委主任委员秦新义，市人大农委副主任委员张新同，市人大农委委员张爱英，市人大常委会内务司法工作室主任张书清，市政府副秘书长、农办主任李西郊，市人大常委会农业与农村工作室副主任任振鲁，市工商局副调研员王成锋，市人大常委会办公室科长刘强组成。茌平县县委书记、人大主任任晓旺，县人大常委会第一副主任徐莹，县农业局局长乌以强参加会议。在听取完茌平县农村流转体系工作汇报后，调研组组长，聊城市人大常委会副主任刘新忠作重要讲话。会后，调研组先后到对信乐味精、小杨屯村、冯屯大蒜协会、联华超市进行专题调研。

2009年9月5日至6日，山东省人大常委会组织山东省选举全国人大代表、省政协副主席栗甲一行26人到杜郎口中学就中小学校园安全问题进行专题调研。茌平县县委书记、县人大常委会主任任晓旺，县长王伟华、县人大第一副主任徐莹副主任王金玉、副县长肖德刚陪同活动。

2012年10月，茌平县人大常委会对我县城乡低保、五保群众生活标准进行专题调研。调研显示茌平县委、县政府站在关注民生、惠及民生、科学发展、和谐发展的高度，十分重视城乡低保和五保供养工作，城乡低保和五保供养政策全面落实到位。2008年，我县被省民政厅评为全省城乡低保规范化建设先进县，2010年我县民政局被民政部评为“全国农村五保供养工作先进单位”。一、城乡低保工作。（一）健全制度，强化措施， 加强管理，努力实现低保工作的公开公平公正。1.建立健全低保工作制度。建立一套规范、完整、切实可行的低保管理制度是做好低保工作的重要保证。为此，我县先后出台了《茌平县城乡低保实施办法（细则）》《茌平县城乡低保操作规程》《茌平县城乡低保资金管理办法》《茌平县城乡低保家庭收入核算办法》《茌平县城乡低保工作责任追究暂行办法》等十几个规范性文件。2.设立农村低保固定公开日和低保评议月制度。为进一步规范操作程序，提升群众满意度，我县确定每季度末的10日为全县低保固定公开日，把每季度新增低保户统一张贴在各村村务公开栏内，列入全县村务公开检查内容。同时确定每年的11月份为全县农村低保民主评议月。3.强化定期检查、评议制度和考核力度，实行一票否决。我们每月审查1至2个乡镇，每乡镇随机抽查4～6个村。按照抽查不合格率10%、30%、50%的比例，在年终考核中扣分。认真抓好民主评议月活动。在每年的11月份对全县农村低保对象进行民主评议。由各乡镇、街道组织各村民主评议小组对全年新增和老低保对象逐户评议，张榜公布一次，12月份对每个乡镇、街道抽查1～2个村的民主评议情况，凡是没有组织民主评议的乡镇年终民政工作实行一票否决。4.进一步规范城乡低保档案管理工作。我县以建立健全村级低保档案为重点，实现“三级档案管理”同步走，投入五万元购买了高标准的档案柜和档案盒，将全县低保档案进行了详细的分类归档。5.严格规范低保工作流程。在低保政策的执行上，做到“三坚持三不准”：一是坚持属地管理原则，不准越级申报审批，严格自下而上、层层把关的工作程序；二是坚持民主评议和“三榜公示”，不准图省事简便，减少必要的过程；三是坚持实行动态管理，不准使家庭收入已经提高，已不符合低保条件的对象“久吃”低保。在低保申报审批程序上，坚持做到“一申三审”，即个人申请、单位（村委会）初审、主管部门（乡镇政府、街道办事处）审查、民政局审批。6.落实责任追究制度，建立信息共享平台。去年，县政府在全市率先出台了《茌平县城乡低保工作责任追究暂行办法》。特别是制定的《申请低保待遇对象家庭基本情况联合核实信息一览表》，要求拟申请享受低保的人员必须到房管、交警、劳动保障等有关部门对住房、购房、车辆、就业等情况进行审核盖章，这样在低保审核工作中，变被动为主动，做到了层层把关，初步建立了信息平台，基本杜绝了有车、有高档房的人员骗取低保。7.制定有奖举报办法，畅通有奖举报渠道。为进一步规范城乡低保工作，鼓励公民、法人或社会团体对违反国家低保政策的行为进行举报，在全市率先出台了《茌平县城乡低保有奖举报办法》。8.加大动态复审力度。针对今年审计中发现的问题，我们及时制定了城乡低保清理清查文件，召开了专门会议，对清理清查工作进行了安排部署。这次清查，我们严格落实去年县政府出台的《城乡低保责任追究办法》，充分利用五部门信息平台，对城乡低保对象全面审核一遍。这项工作从5月15日开始，分五个阶段进行，到9月底结束。（二）城乡低保提标扩面情况。1.农村低保提标扩面工作情况。根据上级要求，今年我县农村低保保障标准由1400元提高到1800元，人均补差达到120元，提标前全县共保障农村低保对象11637户，17598人，今年提标后新增保障对象996人，提标后人均补差达到120元，目前已按新标准发放到位。1至8月份共发放保障金1620.65万元。2.城市低保提标扩面工作情况。提标前全县共保障城市低保对象1649户，3236人。根据上级要求结合我县实际，县政府已出台提标文件，城市低保标准提高到305元，补差提高到183元，目前也已发放到位。提标后新增保障对象712人，1至8月份共发放保障金555.5万元。新增人员按照市里要求8月底完成公示，9月底前按新标准发放到位。3.工作措施。为做好这项工作，我县采取了以下措施：一是出台文件，召开专题会议。县政府出台了关于《提高城乡居民最低生活保障标准的通知》，下发到各乡镇（街道），并召开了两次专题会议，进行安排部署，要求各乡镇（街道）以在保对象复查和新增对象核查相结合的方式完成这次提标扩面任务。二是深化政策宣传，引导群众依法申报。为平稳做好提标扩面工作，确保在提标扩面工作中群众依法申报，避免出现矛盾纠纷。在工作开展之初，我县充分利用各种宣传阵地，积极开展政策宣传，做到提标政策家喻户晓，引导符合提标扩面条件的人员主动、及时申请；对于不符合提标扩面条件的，耐心做好政策解释工作，避免因工作不到位而引发不稳定事件发生。三是全面入户调查，严格审核。县政府要求相关部门认真坚持三级把关、三榜公示的程序，对每户申请对象逐一入户调查，认真核对家庭收入和财产状况，坚决杜绝骗保行为。四是落实资金，为低保提标扩面工作提供有力支撑。根据提标扩面的实际需要，县财政及时调整和追加了城乡低保资金预算，保证面扩得起，资金保障跟得上，真正将提标扩面工作落到实处。（三）城乡低保工作中存在的问题。1.动态管理难度较大。在实际工作中，由于下岗职工居住十分分散，加之城市改造、居民住房拆迁等原因，造成跟踪调查工作十分困难。还有的居民家庭收入复杂多元，个人存款，赠予收入和赡养收入难以界定和核实等原因，导致城市低保对象家庭收入核实难，影响了城市低保工作的动态管理。2.低保工作力量有待加强。由于低保工作需要进村入户调查核实，各乡镇、街道缺乏专职工作人员负责农村低保工作，县直各部门及各企事业单位也缺少专职的低保工作人员。造成低保工作力量相对薄弱，不能完全满足当前工作需要。为此，县里正在责成有关部门进行调研，力争解决这一问题。3.民主评议不到位。单位和村级评议小组的职能没有充分发挥，特别是在农村很多情况下是流于形式，没能很好地发挥评议的作用。评议是公开、公平、公正的基础，今后我们将重点抓好这个环节。二、五保供养工作。（一）工作开展情况。从2006年起，建立起完善的五保财政供养长效机制，使五保供养水平有了大幅提高，从而实现了农村五保供养由低水平到高水平、由集体供养到财政供养的根本转变，五保供养对象的生活得到有效保证。1.积极贯彻《农村五保供养工作条例》，全面落实五保供养政策。按照聊城市人民政府办公室《关于提高城乡居民最低生活保障和农村五保供养标准的通知》精神，我县分散五保供养资金按农村低保标准的1.4倍落实，即每人每年2520元；集中供养标准按农村低保标准的2倍执行，即每人每年3600元，五保供养经费足额列入县、乡财政预算。资金实现专项管理、专款专用。集中供养对象经费由财政部门直接拨付到敬老院，分散供养对象经费实现社会化发放。五保供养对象全部资助纳入农村合作医疗范围，并享受大病医疗救助政策。分散五保供养对象的医疗问题，首先由农村合作医疗按政策报销，自己承担的部分，由大病医疗救助解决30%，再剩余部分，由分散供养统筹基金适当解决。集中供养对象的医疗问题，一般性疾病，在集中供养经费中解决，需要住院治疗的，享受农村合作医疗政策，剩余部分，再由大病医疗救助解决。2.建立完善的五保供养管理机构。我县在民政局成立了五保供养工作管理中心，负责全县五保供养工作的管理。建立了一整套五保供养对象管理机制，五保对象的审批公开、透明，程序完善，档案规范。3.积极推行集中供养模式，高起点、高标准建设中心敬老院。为彻底改变原乡镇敬老院设施、设备落后、管理水平低的现状，结合实际情况，按照合理布局、分片式供养的原则，建设了七处高标准中心敬老院，每个中心敬老院覆盖2～3个乡镇、办事处。中心敬老院的建设，严格按照《国家老年人建筑设计规范》进行设计，建有残疾人专用坡道等无障碍设施。在布局上，划分了居住区、餐饮区、娱乐区、健身区、生产区等六个区域。在设施配备上，为敬老院配备了健身器材、太阳能热水器、电视机、洗衣机、暖气锅炉等设备。院民居室配备了单人床、衣柜、茶儿以及被褥、蚊帐等生活用具。4.加强敬老院内部管理。（1）成立组织。各敬老院均成立了临时党支部和院务管理委员会，敬老院的重大事项均由院务管理委员会讨论决定，财务收支每月向院民张榜公示。（2）选聘配齐敬老院工作人员。敬老院工作人员按1：10的比例足额配备并定期进行培训，培养他们爱岗敬业的精神，提高他们的政治素质、业务素质和做好服务工作的水平和能力。（3）完善各项制度，确保敬老院安全运行。鉴于供养机构的特殊性，敬老院普遍建立起24小时值班制度，以及时处理各种突发事件。各敬老院配备保安人员，组成昼夜巡逻队伍；安装了监控设备，及时掌控各院民楼、各场所的情况；对于个别有暴力倾向的人员，采取“四包一”制度，确保安全无事故。（4）采取多种形式，尽最大限度提高院民生活水平。首先争取财政支持，保证供养资金及时、足额到位。鼓励机关、团体、企业个人捐助，形成社会关注、社会办院的氛围。大力发展院办经济，以副养院，各敬老院种植的蔬菜基本达到自给自足，很大限度的补充了供养经费不足的情况。各敬老院都制定有一周食谱，经常调整膳食结构。院民每天早晨有鸡蛋，中午有蔬菜，荤素搭配，达到了农村中等以上家庭生活水平。（5）积极开展娱乐活动，丰富院民生活。各敬老院都组织有秧歌队、锣鼓队，定期开展娱乐活动。说书、讲故事、歌咏比赛经常举办，有的敬老院针对老年人的特点，每天早晨做老年操，开展象棋、乒乓球、慢骑自行车等体育比赛活动，举办老年人红歌演唱会，歌唱党、歌唱祖国、歌唱幸福生活，院民生活丰富多彩。目前，全县集中供养五保人员1942人，集中供养率达到72%。2008年，我县民政局获全省敬老院建设先进单位，2010年被推荐为全国五保供养先进单位。2009年、2011年全县七处中心敬老院两次全部被评为“山东省一级五保供养服务机构”。（二）存在的问题和不足：一是五保对象多数年龄偏高，思想守旧、故土难离给敬老院提升入住率带来压力。二是由于乡镇（街道）需要负担一部分供养经费，导致乡镇（街道）在五保对象入住敬老院问题上积极性不够。

2013年4月17日，茌平县人大常委会配合全国人大常委会法制工作委员会副主任信春鹰一行在我县开展立法调研。省人大常委会委员、法工委主任温守信、市委副书记、市长王忠林，市人大常委会副主任刘新东，副市长白志坚，市政府秘书长李友渔，县委书记、县人大常委会主任陈秀兴，县委副书记、县长雷霞，县人大常委会第一副主任尹海波，县委常委、县委办公室主任王琦陪同活动。信春鹰深入到信发集团华兴公司和信发化工等企业进行实地考察，听取了全国人大代表、全国劳模、县委副书记、信发集团董事局主席张学信，县政协副主席、信发集团总经理刘继军的有关情况介绍。县委书记、县人大常委会主任陈秀兴介绍了我县经济社会发展情况。他说，近年来，我县全面贯彻落实科学发展观，按照“科学发展建设幸福新茌平，奋力赶超跨入全国五十强”的总体目标和“一二三四五六”的工作思路，坚定不移地走“抓二带一促三”的县域经济发展之路，解放思想，创新实干，国民经济持续快速发展，综合实力明显增强，发展活力得到有效激发，城乡面貌变化显著，经济社会实现了健康可持续发展。陈秀兴说，在发展经济的同时，茌平县高度重视环境保护工作，将之作为贯彻落实党的十八大精神、促进经济社会全面协调发展的重要方面，作为维护广大劳动者合法权益、维护社会稳定的重要工作，从政策、法规、财政等各方面，不断加大工作力度，取得较好效果，促进经济社会更好更快发展。信春鹰对我县加快城市建设、提升城市品位、促进经济社会健康可持续发展，特别是环境保护工作给予充分肯定，对信发集团延长产业链条、发展循环经济的做法给予高度评价。她表示：通过这次调研了解到基层的很多实际情况和意见建议，将认真研究吸纳。王忠林对我县经济和社会各项事业发展取得的成绩给予充分肯定，他说，全国人大立法调研组来茌平调研，必将对聊城的工作起到重要推动作用。要以此为契机，积极进取，扎实工作，把聊城的工作提高到一个新的水平。

2013年6月25日，茌平县人大常委会配合全国人大调研组对我县淘汰落后产能情况开展调研。调研组先后察看了我县城市规划展览馆、信发化工和金号家纺工业园，听取了全国人大代表、全国劳模、县委副书记、信发集团董事局主席张学信关于信发集团发展循环经济和产业集群的情况汇报。省经信委党组书记、主任郭述禹，市委书记、市人大常委会主任林峰海，市委常委、副市长侯军，市委常委、市委秘书长李吉增，县委书记、县人大常委会主任陈秀兴，县委副书记、县长雷霞，县委常委、县委办公室主任王琦，副县长肖德刚陪同活动。县委书记、县人大常委会主任陈秀兴汇报了我县经济社会发展情况，他说，近年来，我县认真贯彻落实党的十八大精神，坚定实施“一二三四五六”发展战略，立足实际，发掘优势，围绕“科学发展建设幸福新茌平，奋力赶超跨入全国五十强”这一总体目标，以“打造新型工业基地、建设生态宜居城市”为主攻方向，坚持“全党抓经济、关键抓工业、重点抓项目”思路不动摇，把项目建设作为壮大县域经济规模的首要战略，全力推进实施“二二四六”产业空间布局与建设，大力培植支柱产业，培育战略新兴产业，发展民营特色产业，壮大龙头骨干企业，引导、扶持中小企业集群发展，产业规模和质量得到显著提升，县域经济得到全面、健康、可持续发展。调研组对我县经济社会发展，特别是新型工业化、城镇化发展情况给予高度赞扬，指出，茌平坚持工业化与城镇化双轮驱动，以项目建设促进经济转型升级，坚持区域经济特色化，特色经济规模化，围绕优势产业，大力发展循环经济，突出产业链条前延后伸，开创了县域经济社会发展的新局面，希望茌平把党的十八大提出的工业化、信息化、城镇化和农业现代化同步推进作为新的发展目标，把新型工业化道路作为发展旗帜，把循环经济作为发展的核心理念，把构建良好的企业生态作为发展基础，不断培植壮大骨干企业，大力发展中型企业、小微企业，形成“大企业顶天立地、中小微企业铺天盖地”的发展格局，努力推动县域经济又好又快发展。

2013年8月，茌平县人大常委会对县人民法院刑事审判工作开展专题调研。一、基本情况。县人民法院刑事审判庭现有法官3名，其中庭长1名，审判员2名，助理审判员（兼书记员）1名，均具有大学学历。2013年以来，全院共受理各类刑事案件118件162人。在受理的118件案件中，故意伤害和交通肇事所占比例较大。审结108件，结案率%，作有罪判决146人。案件的主要特点：一是故意伤害居高不下，并呈逐年上升趋势；二是交通肇事事故频发，调解难度大。二、刑事审判工作取得的成效。2013年以来，紧紧围绕“公正与效率”的工作主题和“公正司法，执法为民”的指导方针，充分发挥刑事审判职能作用，在案件多、类型杂、任务重、人员少、审限短的情况下，扎实开展工作，全面理解和正确执行党的宽严相济的刑事政策，依法惩治犯罪，保障人权。（一）严格依法办案，着力提高办案质量。案件质量是人民法院审判工作的生命线。为了确保每个案件都符合“不错不漏、不枉不纵、程序合法、实体公正”的要求，县人民法院严格把好事实关、证据关、程序关和法律适用关，努力把案件办成“铁案”。（二）突出打击重点，维护社会和谐稳定。始终把维护社会稳定作为刑事审判工作的首要任务，依法严厉惩处各类危害社会的刑事犯罪，保障社会安定和人民群众安居乐业。（三）全面贯彻落实宽严相济的刑事审判政策。坚持事实清楚、证据确凿充分的裁判原则，保证能轻的不重判，无罪的不追究，着重抓好附带民事案件的调解环节。附带民事赔偿调解结案率高达70%以上，当即兑现达50%。（四）狠抓审判方式创新，努力提升办案效率。一是深化法官的审限意识，刑诉法规定“人民法院审理公诉案件，应当在受理后一个月以内宣判，至迟不得超过一个半月”。2013年以来，所审的案件做到100%在法定期限内审结；二是适用简易程序，提高办案效率。对于事实清楚，情节简单，犯罪轻微的刑事案件，果断适用简易程序或简化审理。在审结的案件中，适用简易程序或普通程序简化审理的案件达152件，占刑事审判总数的90%。（五）深化岗位练兵，全面提高刑事法官队伍的业务素质。坚持以法官职业化建设为主线，利用各种平台，提高法官业务水平，同时加强纪律作风建设。把作风建设和工作实效结合，维护了法院的良好形象。三、存在问题。虽然县法院刑事审判工作取得了较好的成绩，但面对人民群众日益增长的司法需求还存在一些不足，主要表现在：（一）刑事法官的综合素质有待提高，刑事法官的办案能力与刑事审判工作的新形势、新任务、新要求之间存在差距。近几年来，新的刑事法律法规及相关司法解释层出不穷，由于办案任务繁重，法官没有更多的时间和精力学习充电，法官法律专业知识不能及时更新，工学矛盾严重影响了法官办案能力的提高。（二）刑事案件数量逐年增加与审判力量不足的矛盾比较突出。近年来，重大、疑难、新类型案件不断出现，案件数量逐年增多，而审判人员相对较少，刑事审判任务日益艰巨。刑事审判法官人均年办案数达100件以上。（三）案件当庭宣判率不高，对普通程序简化审和简易程序审理的案件，这几年来，刑事案件的当庭宣判率不高。四、几点建议。（一）充分发挥刑事审判职能作用，全力维护社会和谐稳定。严厉打击危害国家安全、危害社会安定、破坏社会主义市场经济秩序的各类犯罪，加大惩治贪污、贿赂、渎职等职务犯罪的力度，为我县经济发展、构建和谐社会和建设社会主义新农村提供有力的司法保障。（二）进一步转变刑事司法理念，更好地执行宽严相济的刑事政策。注重人权保护，在坚持罪刑法定、适用刑法平等和罪刑相适应的刑法原则的同时，充分考虑被告人在积极履行民事责任情况下的量刑处罚，在审判环节加大追赃力度，保障被害人的合法权益。从有利于减少犯罪、增强群众安全感、促进社会和谐出发，准确把握和贯彻宽严相济的刑事政策，努力实现法律效果和社会效果的有机统一。（三）进一步加强队伍建设，着力提高刑事审判效率。针对当前刑事审判工作中案多人少的情况，适当充实刑事审判力量，充分调动法官工作积极性、创造性，在已取得成果的基础上，积极推进刑事审判方式改革，加强法官素质培训，加大新类型犯罪和经济犯罪法律适用的研究，不断提高法官庭审技能，并尽力提高当庭宣判率。

2013年10月，茌平县人大常委会对我县开展“实施二次创业、贡献跨越赶超”活动进行专题调研，企业“二次创业”是企业立足现实基础，以项目为支撑，以提高技术创新能力、核心竞争能力和可持续发展能力为重点，以提升产品附加值和财税贡献率为着力点，实现向既大又强、质量效益型转变的再创业。开展“二次创业”活动，是加快“东融西借、跨越赶超”和“转调创”步伐的迫切要求，是企业抢抓“一区一带一圈”的重大战略机遇和做大做强的必然选择，也是我县理清发展思路，解决制约发展的瓶颈因素，引导企业不断做大做强最终实现跨越赶超奋斗目标的客观需要。人大常委会高度重视本次活动，按照县委、县政府的统一部署，立即成立调研小组，迅速同相关企业取得了联系。本次调研主要通过收集整理企业汇报材料和实地视察等方式，在负责联系的11家企业中主要对天龙集团、汇能电气、泉林纸业、方兴纸业、华远钢构、信发建材以及世嘉房地产这8家企业进行了较为深入的调查研究，共涉及能源、造纸、建材以及房地产四个领域。一、企业发展的环境。我们首先了解了我县企业发展的宏观环境，结合本次调研涉及的企业所提供的信息，可以看出，近年来在县委、政府的高度重视下，通过各方的共同努力，我县企业的经济发展环境得到有效改善，呈现出越来越好的发展态势。（一）组织领导细致到位。县委、县政府始终密切关注优化经济发展环境工作，每年都要召开专题会议进行部署。各机关、各部门大力倡导快办快通、积极疏通、做好沟通和大胆变通的“四通精神”，把优化经济发展环境摆在突出位置，缩短审批流程，推行现场办公，日渐形成了”党委和政府统一领导、纪检监察机关组织协调、各有关部门齐抓共管、领导干部帮包代办、广大群众积极参与“的优化经济发展环境工作格局。（二）上下一心氛围浓厚。我县广泛利用各种形式开展优化经济发展环境的宣传教育活动。将每年的11月8日确定为“企业家节”，举行隆重的系列庆祝活动，表彰对我县经济社会发展作出突出贡献的企业家，着力营造全社会尊重、关心、爱护和支持企业家的温暖环境；各企业也借助专属节日和新发展机遇的激励，主动承担社会发展责任，积极探索转变发展方式，坚定了“二次创业”的信心，形成了“社会心系企业，企业胸怀天下”的浓厚发展氛围。（三）机遇挑战和谐并存。我县实施企业“二次创业”，意味着企业发展到了一个承前启后、继往开来的时间节点，既要面对新时期特有的发展机遇，也会遇到前所未有的各种挑战。机遇就是“十二五”蓝图大背景下，“一区一园一带”经济战略叠加区效应所带来的巨大商机与优势资源以及我县“产业提升年”提供的巨大政策推动；挑战则在于机遇稍纵即逝，如何抓紧、抓好、抓实，迎合市场，顺利实现我县发展格局的再规划和企业转型发展的再提升。二、企业发展的特点。在越来越优越的发展环境中，企业本身的发展是我们更为关注的焦点。通过汇总企业提供的基本信息（详细信息请见附件），我们分析并总结了这些企业发展中的体现出的四个特点。（一）各项经济指标稳中有进。总体来看，除天龙煤炭和方兴纸业以外，2013上半年的各项经济指标（主要包括产量、主营业务收入、利润、实缴税金四个方面）均大于2012年同期水平，企业发展的整体趋势稳中有进，后劲十足。特别是华远钢构和信发建材两个建筑领域企业增幅明显，展现出强劲势头。受煤价普遍下跌的影响，天龙煤炭2013年的经济运行下跌明显，受益于其较强的综合实力和抗风险能力，企业并没有遭受致命损失，而且其筹备在肖庄工业园区新上的大型项目前景良好；相比之下，受上游产业不景气影响，方兴纸业平衡纸的销售困难，产品形成积压，不能正常生产。（二）未来发展方向清晰明确。在8家企业上报的发展计划中可以看出，每个企业对于自身未来的发展方向都是十分明确，对于未来的发展目标也十分自信。“二次创业、三年倍增”计划不只是句空头口号，而是广大企业对自身和社会的庄重承诺。值得一提的是华远钢构和天龙煤炭两家企业，三年后2016年的主营业务收入目标为2012年的4倍以上，泉林纸业更是拥有更加宏伟的规划，那就是到2020年，综合实力将进入全球纸业100强，年销售收入650亿元。汇能电气和海润汽车的计划相对而言比较客观和保守，一方面规模小、起步晚，另一方面业务领域比较局限，需要更长时间的长期酝酿和积蓄力量。（三）科技创新能力日益提升。从企业提供的倍增发展项目支撑来看，越来越多的企业开始更加重视科技创新能力和自主科研能力的提升。天龙煤炭计划在2014年至2015年新建一个国家级煤炭企业技术中心，将重点在煤炭深加工，开发以煤炭为原料的新产品上创出名牌，提高煤炭附加值，在煤炭开发领域成为主力军，提高企业的核心竞争力。海润汽车则致力于新能源动力领域，以“新能源汽车智能热管理系统”项目作为支撑，项目总投资2.0亿元，年产能为5万套，用地1.8万平方米，全部达产后可新增销售收入5.0亿元，利税5000万元。（四）广大企业家们谦虚务实。企业家是企业发展的旗手和龙头，通过接触和沟通，我们发现这八家企业的高管们具有道德品质好、创新水平高、敬业精神强等诸多方面的优秀品质。有的企业家身家过亿，但言行谦逊、这是立于不败之地的文化底蕴；有的企业家不计较个人得失，几十年如一日地奋斗在生产第一线，这是二次创业成功的充足底气；还有的企业家忧国忧民，以自身企业的价值实现为手段，助力地方经济腾飞，心系家乡福祉安康，这是实现跨越发展伟大胸怀。三、企业发展的困难和问题。通过对8个样本企业的调查和分析，我们总结了我县企业发展面临的一些困难和问题。虽然这些问题并不全都具有广泛的代表性，但是也应该引起足够重视。（一）土地指标依然相对紧缺。土地是企业生存和发展的基础性资源，其重要意义不言而喻，而“二次创业“新上倍增发展项目对于土地指标的需求更大。明确反映土地方面存在困难的企业有天龙煤炭、泉林纸业和华远集团。天龙煤炭新建项目占地998亩，只有227亩为建设用地，其他土地是坑塘但没有指标；泉林纸业东厂区新项目约有380亩还未挂牌确权出让；华远方面其宏祥铝业有限公司的土地指标也存在·定的问题，面临着土地瓶颈的制约。（二）资金运转不同程度紧张。资金问题同样困扰着部分企业。反映资金运转存在困难的企业包括方兴纸业、信发建材、海润汽车和天龙煤炭，主要反映在日常资金周转、扩大再生产投资和科研经费三个方面。比如方兴纸业受困于上游产业的不景气，库存积压，资金难以周转；海润汽车的资金问题集中在科研创新的经费和实验平台的投资；天龙煤炭则希望得到新建连通S257省道的公路、升级肖庄变电站和新建重介选煤厂变电站的政府资金支持。（三）市场经济形式不容乐观。虽然市、县两级都对本地企业的发展争取了多种优惠政策，但企业本身面临的来自市场的困难也不容忽视。全球金融危机的影响远没有散去，国家确定了“稳中求进”的工作总基调，整个市场的大环境依然充满风险和挑战，部分企业特别是小型企业，比如方兴纸业，没有做到根据贴紧自身发展实际和瞬息万变的市场需求，导致产量下降和收入减少。（四）人才吸纳培养意识较弱。通过对部分企业的观察和研究，我们了解到，我们的企业对于人才战略的重视程度比较弱。很多企业上到中层和高管，下到工程师和普通工人，雇佣的多是家族亲戚和乡亲街坊，这样的人事管理状态确实有助于提升各部门间的信任程度，但是长远来看，雇佣在产业领域有核心技术和专业技能的高端人才担任重要职位才是企业实现科学发展、可持续发展的有效途径。另外，对于在职工人的专业培训力度也稍显不足。（五）环境保护观念仍须加强。在调查中发现，个别企业仍然没有对环保工作提起足够重视，污染环境的事件偶有发生。这不仅忽略了企业应该承担的社会责任，损害了企业周围乃至全县人民的共同利益，更影响了茌平县，和茌平县企业的形象。“二次创业”绝不能以牺牲生态环境为代价。（六）品牌文化建设定位不清。我们发现，部分企业对于未来各种经济指标的实现自信满满，而对于企业文化的建设和品牌文化的推广没有像预想的那样重视，他们意识到提升产量和销量的同时，发展企业的“软实力”。（七）部分困难仍须政府协调。企业遇到的困难除了自身想办法攻破，当然有时也需要县委、县政府的大力协助。比如方兴纸业希望得到交通和交警部门的在运输方面的适当支持；天龙煤炭希望政府协调升级新建项目属地肖庄镇35KV的变电站；而泉林纸业则希望在明年雨季以前政府能将其新项目厂区纳入县排水管网。四、支持企业发展的建议意见。人大常委会通过对泉林纸业等8家企业的调查和分析，认为我县企业发展的环境越来越优越，“二次创业”的氛围越来越浓厚，企业们迫切希望抓住机遇，实现跨越发展的愿望也越来越强烈；面对发展过程中遇到的问题和困难，企业和政府应该一起努力，共同为“二次创业”活动增装添瓦。（一）企业行动。企业方面，要充分认识“二次创业”对于企业自身和全县发展的重要意义，发挥主体作用，在人才、战略、制度、品牌、文化、管理等方面积极作为，实现提升。1.落实“比学赶超”要求。要严格落实全市规模以上企业开展的以“六比六看”和“对标发展”为主要内容的“比学赶超”活动。比投资看谁的项目大，比创新看谁的科技含量高，比深加工看谁的产业链条长，比竞争力看谁在同行业位次靠前，比管理看谁的运行效率高，比贡献看谁缴纳税金多。对照国内外同行业同类产品前三强标杆企业赵差距、搞规划、补短板、上项目、进前三、争第一。

2.探索国际发展道路。企业要想真正做大做强，应该主动跟紧全球化步伐，谋划国际市场定位，瞄准国际一流水准，提升工艺装备水平，实现产品和服务向高端高质高效方向延伸。按照市场占有率高、效益高、竞争力强、符合国家产业政策的原则，依托我县“工业强县”和“项目立县”和“产业提升年”的战略方向，放眼全国乃至全球，大力开放发展、合资合作，加强银企对接和资金运作。3.打牢人才科技支撑。实施“二次创业”要依托人才，重视科技。企业应该加强人力资源管理，重视对于高端人才的引进和培养，提升管理层的知识储备和专业水平，强化一线工人的业务能力和工人素质；同时要围绕提高科技创新能力、核心竞争力和可持续发展能力，加强与高校、科研院所的产学研合作，建立创新研发平台，努力创办拥有自己品牌和商标的企业技术中心、工程技术研究中心和实验室。4.推进企业管理创新。创新管理是企业优化资源配置，节省经营成本和实现高效能管理的重要手段。要坚持继承、借鉴和创新相结合，实现企业管理由传统经验型向现代科技型的转变，由本土政策依托型向市场导向探索型的转变。建立健全科学规范的现代管理制度，优化企业股权结构和组织结构，实现管理制度化、规范化、定量化和精细化，同时实现信息化基础上组织结构的扁平化。5.大力发展企业文化。企业文化，是企业的灵魂，对内增企业强凝聚力，对外形成核心竞争力。企业应积极培育健康、活力、具有强大正能量的专属企业文化，优化企业发展的人文生态环境，将“企业梦”融入“中国梦”，提升企业发展的“软实力”。6.主动履行社会责任。企业大力发展经济实力的同时，必须承担相应的社会责任。要切实做好节能减排，创建循环经济型企业，推进绿色发展。全面落实安全生产主体责任，确保生产安全。不断改善职工待遇，保障职工权益。应缴尽缴各项税费，参与和支持公益事业发展。（二）政府支持。政府方面要切实发挥引导作用，以提供优质高效服务为切入点，以政策支持、部门服务为保障，在土地、资金、平台和人文等方面支持企业发展，助力“二次创业”和转型跨越发展。1.强化用地支持。土地问题是企业发展的首要资源性问题，应该引起更大的重视。要以用足、用活、用好土地增减挂政策为手段，加强土地利用规划修编和点供指标争取工作，建立县级建设用地交易平台，确保项目建设用地需求。2.搞好融资服务。资金方面要建立银企合作长效机制，借鉴冠县经验，通过完善金融服务、畅通融资渠道、增进银企对接等方式，积极探索金融信贷与企业合作和持续发展的的新路径。同时按照市委、市政府要求，建立和完善政府参资入股的注册资金3亿元以上的融资担保机构。3.完善平台建设。企业的发展离不开政府平台支撑，因此要进一步做好全县开发区、工业园区、产业聚集区规划，加大基础设施投入，提升公共服务能力。在重点园区内，规划建设政府主导的公共创新服务平台，人才供需中介服务平台，并逐步实现中介脱钩，推行中介服务市场化。对于企业“二次创业”新上项目，要实行与招商引资同等优惠的政策。4.加强职业教育。政府要根据企业人才市场的需要，重视发展职业教育。要以有关企业的用工方向为主，着眼于市场，要改革专业的设置和教学内容，使专业随市场走，教学内容随企业走，大力培养以实践操作技能高和综合素质能力强的技术工人，同时探索发展企业定向代培制度，完善校企长期合作机制。5.推行“帮包代办”。要严格落实领导干部和部门帮包企业责任制。各级领导干部和各负责部门要对照全县60项重点工作和50项重点工程的细化分工，边调研边工作，边工作边督促，靠上指挥、跟踪服务、破解难题，代办立项审批备案手续。相关部门要进一步优化各种审批流程，减少办事环节，提高审批效率，对“二次创业”重大事项和重点项目特事特办。6.提高社会地位。政府和社会尊重企业和企业家，要以每年的“企业家节”为媒介，表彰对于我县发展做出突出贡献的企业和企业家，优先推荐这些企业家为党代表、人大代表、政协委员和劳动模范候选人。每年定期聘请国际国内著名机构、院校的专家、学者对企业家进行培训，加强交流和学习。要加强对企业和企业家的人文关怀，以大局为重，慎用强制性措施。7.推行公开承诺。各部门（单位）要制定支持服务企业“二次创业”的具体目标和措施，实行公开承诺，并在媒体上发布，接受企业和社会监督。

2013年12月3日，茌平县人大常委会对全县基层医疗卫生机构综合改革工作进行专题调研。具体情况如下：自2009年医改工作启动以来，我县人大常委会高度重视，在中共茌平县委坚强领导下，在省、市卫生行政部门的精心指导下，指导医改领导小组成员单位及各医疗卫生单位及时出台政策，精心组织实施，协同配合，有序推进，助力全县医改工作取得了明显成效。荣获了“全省应急示范县”、“全市卫生工作先进县”、“全市卫生工作先进集体”等荣誉称号。一、基层医疗卫生机构综合改革工作情况。根据国家、省深化医药体制改革总体部署和要求，全县坚持“保基本、强基层、建机制”原则，改革攻坚，实现了基层医疗卫生机构运行机制的转换，基层卫生服务内涵进一步丰富，服务的可及性、有效性、公平性进一步提高，向人人享有基本医疗卫生服务的目标迈出了坚实的一步。（一）进一步推进基层医疗卫生机构绩效考核和人事分配制度。我县建立了科学公平、体现绩效的考核分配机制，由县卫生局及有关部门根据基层医疗卫生服务机构的功能定位，科学核定承担的工作任务。县卫生局负责组织实施对基层医疗卫生机构进行绩效考核，考核结果与财政补助经费挂钩。建立了按岗定酬、按业绩取酬的内部分配激励机制，我县制定了《茌平县基层医疗卫生机构绩效考核办法（试行）》，14个基层医疗卫生机构全部实行了绩效考核制度。财政预算、公共卫生经费与考核成绩挂钩。推进人事制度改革，建立因事设岗、全员聘用的用人机制。改革后，基层医疗卫生单位领导将实行任期目标责任制。基层医疗卫生单位设置管理、专业技术、工勤技能三类岗位，专业技术岗位按总岗位数的90%设置，管理岗位、工勤岗位按总岗位数的10%设置。实行卫生技术人员资格准入制度，基层医疗卫生机构在核定的编制范围内，按照人事、卫生部门核准的设岗方案执行，通过考试或考核的方式竞聘上岗，按岗聘用，实行合同管理。（二）基本公共卫生服务均等化持续推进，群众受益率全面提高。为进一步做好公共卫生服务项目，我县成立了3个基本公共卫生服务项目责任制指导团队，负责对责任区域内的公共卫生服务项目进行指导与督导。并且聘用乡村医生参与公共卫生服务项目的实施，将基本公共卫生服务经费的40%用于乡村医生公共卫生服务补偿，充分发挥乡医与服务对象邻近居住、熟悉环境、接触密切的区域优势。在做好业务培训的基础上，对他们所做的工作定期进行指导考核，根据工作实绩及时兑现劳务补助，充分调动他们的积极性和主动性，推动基本公共卫生服务工作的可持续发展。2013年1～10月，全县共建立城乡居民健康档案466531份，建档率为85.2%，已全部录入电子档案，达到了省里的纸质档案和电子档案同步管理的要求。全县0～6岁儿童人数为38586人，系统化管理36162人，管理率为93.7%；孕产妇5385人，系统化管理5166人，管理率为95.9%。全县为65岁及以上老年人查体33006人，筛查出高血压患者健康管理50769人，糖尿病患者健康管理8138人，重性精神病患者健康管理1556人。全县适龄儿童建证建卡率98%以上；传染病疫情报告率100%，无突发公共卫生事件发生。各单位都按规范要求开展了健康教育工作，全县共发放健康教育印刷材料近70万份，更换健康宣传栏块，播放健康教育音像材料100多种，组织健康讲座230场次，组织健康教育咨询活动140余次，经走访调查，居民自我保健意识和健康水平有了很大提高。共为符合农村孕产妇补助条件的2012年度孕产妇4928人发放补助172.48万元。（三）基本药物在基层医疗机构实现全覆盖，乡村医生待遇逐步提高。我县从2011年1月1

日起开始实施基本药物制度，所有乡镇卫生院和社区卫生服务中心均纳入实施范围，实行全省网上统一采购、统一配送、配送，取消药品加成，实行药品零差率销售，由此造成的亏损由财政予以补齐，初步建立了基层用药的采购、供应、使用、监管新机制。2012年1月1日起，又在113个省统一规划村卫生室推行基本药物制度，同时建立财政对实施基药村卫生室的补助机制，并对其中的乡村医生按照每年每服务1000人补助6000元的标准进行补助。基本药物全部纳入新型农村合作医疗报销范围，并且报销比例提高10%。实施基本药物制度零差率销售以来，在307种国家基本药物的基础上，我省又增补了216种基本药物，能够基本满足群众的基本用药需求，并且药费水平下降30%左右，使得全县群众都得到实惠。从2011年至今，我县共集中采购、配送基本药物11160万元，仅此一项就为群众降低看病费用4782万元，人均达到113元，使广大人民群众享受到国家医改带来的经济实惠。逐步提升乡村医生待遇，聘用他们参与公共卫生服务项目的实施，并将基本公共卫生服务经费的40%用于乡村医生公共卫生服务补偿，对于实施基本药物制度并实行零差率销售的村卫生室，并对其中的乡村医生按照每年每服务1000人补助6000元的标准进行补助，乡村医生在日常诊疗过程中收取一般诊疗费，使得乡村医生待遇切实得到提高。（四）切实转变基层医疗卫生机构职能。通过改革，全县政府举办的基层医疗卫生机构功能定位由以前的以医疗为主转变为基本医疗服务和基本公共卫生服务两大方面，基本建立起了公益性的管理体制、竞争性的用人机制、激励性的分配机制、规范性的药品采购机制、长效性的多渠道补偿机制等新的体制机制，基本公共卫生和基本医疗服务能力明显增强，医务人员队伍结构明显优化，运行效率明显提高，群众基本医疗卫生服务需求得到进一步满足。（五）加强基层医疗卫生机构标准化建设，提升卫生服务水平。我县加强基层医疗机构建设项目，目前完成了15处乡镇卫生院新建、改建项目。完成了113处规范化建设卫生室建设任务。2013年，新启动了肖庄、菜屯、韩屯卫生院门诊病房楼新建改建项目。在加大硬件建设的同时，我县也十分重视软件建设，在全县医疗机构深入开展医院管理年活动，开展医院年度评价工作，持续提升医院管理水平，改进医疗服务质量，保障医疗安全；深入开展县级医院能力提升建设，加强县级医院重点专科和人才队伍建设，提高我县县域医疗服务整体水平；继续开展“三好一满意”和“医疗质量万里行”活动，落实医院医疗服务质量持续改进制度，不断提高医疗水平，提高医护服务质量，完善临床医护质量管理，使得人民群众满意度持续提升。二、存在的主要问题。我县医药卫生事业发展在取得成绩的同时，也存在一些不足：1.基层医改配套政策需进一步完善。自基层医疗卫生机构改革实施以来，市、区县制定出台的基层医改配套政策，重点是解决基层医疗机构管理体制、人事制度、分配制度、保障制度等问题。随着这一系列问题的解决，目前主要矛盾已经转化为如何保证医院的持续健康有序发展，如何更好的调动医务人员的工作积极性，如何为群众提供更加方便、快捷、价廉的医疗卫生服务。这需要基层医改配套政策及时跟进和完善。2.基本药物制度有待进一步完善。供应得不到保障，导致农村基层医疗机构出现新的“缺医少药”。为乡镇卫生院和村卫生室配备的基本药物，全部通过省级网上统一采购、统一配送、统一结算。一些中标企业由于利润低，配送成本高，供应的积极性不高。在目前的基药范围内，有一部分药品配送不及时、不到位。3.基层医务人员队伍建设薄弱问题突出。目前我县千人执业（助理）医师数为1.5人，千人注册护士数为2.09人。远未达到山东省卫生事业发展“十二五”规划要求的千人口执业(助理)医师2.15人、千人口注册护士2.58人的要求。全县乡镇卫生院卫生技术人员只占全县总数的41.2%，却承担着占全县总人口80%的农村人口的医疗卫生保健综合服务。卫生人才配置不合理的问题比较突出。卫生事业协调、可持续发展缺乏人才支撑。三、推进基层医改的建议。（一）巩固完善国家基本药物制度，建立规范的基本药物供应保障体系。建立健全基层医疗卫生机构补偿机制，加大对卫生院和一体化村卫生室基本药物实施情况的监督检查力度，监督各医院做到专款专用。加大实施基本药物考核，包括药品配备情况、药品采购和储备管理、药品使用管理、药品宣传引导、群众评价与监督、一票否决指标六个方面。结合单位用药规范，工作数量和群众满意度为核心的绩效考核制度，完善绩效综合考核和激励机制。（二）继续促进公共卫生服务均等化。继续开展对业务人员和乡村医生的专业知识培训，调整固定专业服务人员，将项目细化量化落实到个人，制定切实可行的绩效考核方案；继续按规范要求做好辖区居民的查体建档和对重点人群的健康管理，不断完善更新各类信息；加大筛查力度，提高慢病患者健康管理率和规范管理率；坚持按规范要求开展健康教育工作，规范制作宣传栏和宣传资料，对辖区内居民定期开展健康教育讲座、咨询活动，不断提高居民健康水平。科学规划，加强医疗卫生队伍建设。构建人才培训经费保障机制，加大专业技术人才培养力度，提高基层医疗卫生机构管理人员的能力素质，提升各类医技人员的医疗服务水平和学历层次。出台优惠政策，向基层医疗机构医务人员倾斜，在工资待遇、职称晋升等方面给予倾斜，使人员愿意来、留得下、用得上。加快现有专业技术人员培训、转岗，向全科医疗发展。制定符合卫生人才培养、生成、考评工作机制，改善基层医务人员的工作、生活条件，提高基层管理水平和医疗服务质量。注重发挥中医药特色优势。抓住医改对中医药事业政策支持的大好时机，在中医医疗服务网络建设方面，改善基础设施和医疗条件，提高中医药服务水平和普及性。在提高中医药可及性方面，乡镇卫生院推进“国医堂”建设，进一步提高设置率，有效提升基层中医药服务能力。

2014年3月18日，教育实践活动启动后，茌平县人大常委会先后到韩屯、贾寨、博平、杨屯、菜屯、杜郎口、冯屯等7个乡镇以及县医院、中医院、华鲁制药、信发铝电集团等单位走访座谈征求意见，每到一个乡镇，集中组织部分乡镇党政班子成员、人大主席、管区书记、人大代表、镇直部门负责人、村支书、企业负责人参加座谈；每到一个企业，集中中层以上领导干部和部分职工代表参加座谈。征求了人大常委会和领导干部在形式主义、官僚主义、享乐主义、奢靡之风方面，民生及其他方面的意见建议，了解了基层在经济发展和社会事业方面的困难和问题。一、征求到的主要意见汇总。（一）人大常委会在“四风”方面存在的主要问题。形式主义方面：1.工作形式化，虽然全面但不深入、不细致。2.调研和执法检查，对城区周边乡镇、部门检查多，对边远乡镇、部门检查少。3.人大常委会宣传工作力度不足，代表和群众对人大工作职能、职责及工作情况了解不足。

官僚主义方面：人大党组成员深入基层太少，跟代表和群众的联系太少。1.对人大工作的主动性不强，对乡镇人大工作的指导少。2.人大常委会对《代表提案》的办理力度和透明度不足。享乐主义方面：1.工作积极性不足，工作标准和自我要求不严。2.对关系群众切身利益的问题关心不主动。奢靡之风方面：在公务活动中没能始终如一贯彻勤俭办事、厉行节约的要求，在公务应酬方面，偶有铺张浪费现象。（二）关系群众切实利益的问题。1.党员问题。A、党员年龄老化，30岁以下者极少。B、党员发挥作用不大，参加活动少。C、党员发展搞“近亲繁殖”。2.村级干部能力问题。A、部分干部思路不清，缺乏带头致富的能力。B、部分村干部联系群众不够，干群关系紧张。C、软班子、散班子还存在。3.土地指标问题。乡镇发展企业，建设公共设施，需土地指标的倾斜。如菜屯木业的发展用地，杨屯建蔬菜市场用地。1.电的问题。A、土地开发项目（土管局）中，机井用电与农电网不匹配问题。B、一事一议项目中，打井项目中用电项目缺位问题。2.部分部门工作效率不高问题。存在推诿、扯皮、拖拉等作风。（三）服务群众“最后一公里”的问题。1.路的问题。A、杜赫路。B、杨清路。C、贾朱路。以上三条乡-乡道路的修缮问题。2.桥的问题。A、二干渠上潘屯桥窄，事故多发，建议加宽。B、七里河上，后曹桥成危桥。贾寨分干上，后曹桥成危桥，需修缮。3.卫生系统。A、卫生医疗人才匮乏问题，尤其西部基层卫生院。一是人员分配少，二是分到的医护人员留不住。B、医疗环境不优，医患关系紧张。医患纠纷处理难，医护人员人身安全受到威胁。C、县医院缺人才、缺人员。4、教育系统。A、师资队伍问题。缺人，代课教师仍在履行正式教师的职责，西部乡镇缺人更加严重，也存在留不住人的问题。B、教师办公生活用房紧缺或危房问题。要求危房改造，建设教师周转房解决“走读”问题。C、校车的管理和规范运营问题。贾寨无校车问题待解决。三、整改情况及整改措施。（一）整改情况。1.人大常委会自身方面。（1）调整“人大工作网站”部分栏目，增加“人大工作网站”的关注度，充分利用“网站”和《人大工作信息》及时公开公布人大工作。（2）增加人大常委会党组成员下基层调研频次和覆盖面，多听民声，多解民忧。（3）强化人大常委会的监督作用，充分利用“呼吁、督办、质询”等方式，加快落实代表提案。2.群众提出的困难和问题方面。（1）县医院人才匮乏问题，县委已有答复。（2）路的问题，正在协调有关部门，形成意见，报县委。（3）卫生、教育的有关问题，正在深入研究调研期间。调查详实后，书写调研报告，报县委。（二）整改措施。1.加强学习。加强常委会所有人员对于人大知识的系统掌握，个人自学与集体学习相结合。召开学习体会交流会，互相交流，互相促进。加强对群众路线的学习，树立全心全意为人民服务的思想意识。2.紧扣“四风”方面存在的突出问题，认真进行整改。牢固树立人民利益高于一切的思想，在工作作风上，践行“从群众中来，到群众中去”的群众路线，深入基层，听民声，察民意，同群众建立鱼水关系。坚持务实创新，不断提高工作实效。在生活上艰苦朴素、勤俭节约，不奢侈浪费。3.加强同代表和基层干部、群众的联系。要深入基层，深入群众，倾听民声，体察民情，真正了解人民群众关心的问题，需要解决的问题，同基层党员干部多交流，对基层面对的困难有针对性的指导。同代表多谈心，鼓励代表提出更多利于民生，促进发展的意见建议。

2014年4月，茌平县人大常委会组织部分人大代表及县教育局对全县农村中小学教辅、办公及生活用房情况进行专题调研。调研中看到了我县教育发展的可喜变化，也发现了一些不容忽视的问题，许多代表对农村中小学教辅、办公用房情况感到担忧，雨季即将来临，安全隐患不容忽视。一、全县中小学概况。我县农村中小学共有84所，其中小学69所，初中15所；小学在校学生35698人，教职工2290人；初中在校生15098人，教职工1634人。我县义务教育学校现有校舍41万平方米，其中楼房30.1万平方米，平房10.9万平方米。二、教辅、办公及生活用房具体情况。我县义务教育学校教学及辅助用房25.7万平方米，办公用房4.4万平方米，生活用房10.9万平方米。教学及辅助用房、办公用房基本能满足正常教学需求，生活用房相对缺乏，尤其是中学学生宿舍及餐厅。三、校舍改造及周转房情况。1.校舍改造情况。从2008年始，我县相继实施了校舍维修改造工程、校舍安全工程、薄弱学校改造工程，新建校舍8.8万平方米，投资8585万元，部分危房已改造完成，但仍有部分缺陷校舍需要改造。为了进一步提高广大师生的学习生活环境，我县2013开始实施了义务教育学校校舍标准化建设工程，工程总规划面积91688平方米，规划投资1亿元。2.周转房情况。我县教师周转用房总体来说比较缺乏，不能满足教师的要求。今年部分学校积极建设教师周转用房，解决教师住房难的问题，也解决了青年教师的住宿问题。教师在学校住宿能为在校生提供方便，若遇突发情况，可以及时处理。四、其他基础设施情况。近几年，我县加大对义务教学学校的校园绿化及硬化建设，为部分学校建设标准化操场，极大改善了师生的学习生活环境。但有很大部分学校的硬化不能满足需求，尤其是大部分农村中小学的操场没有硬化。建议我县建立可持续发展的教育投入机制，继续加大对农村中小学的建设投入，尽早完成教室及办公用房的建设改造，使农村广大师生有一个良好的学习生活环境。调研还对全县农村中小学缺陷校舍进行了统计。

8月27日，茌平县人大常委会组织调研组配合省人大法制委员会副主任委员程辉一行在我县就《山东省老年人权益保障条例（修订草案）》进行立法调研。市人大常委会副主任刘新东，副市长白志坚，县委书记、县人大常委会主任陈秀兴，县人大常委会副主任丁洁卉陪同调研。调研组一行先后来到我县博平千岛生态疗养示范基地进行实地调研，陈秀兴详细介绍了我县经济社会发展情况特别是老年人保障工作情况。他说，近年来，茌平县高度重视老龄工作，以贯彻落实老年法律法规为主线，以强化养老、医疗保障、发展养老产业、提高老年人优待水平为重点，广泛开展了敬老爱老、老年人文体等活动，老年优待工作力度大，措施强，成效显著，全县老龄事业蓬勃发展。调研组对我县老年人保障工作给予充分肯定，认为我县针对老年人的不同养老需求，建设了不同类型、不同档次的养老服务设施，构建起了多层次的社会养老服务体系。希望今后要继续创新完善各项扶持政策，引导和支持社会力量兴办养老服务设施，加强养老服务职业教育培训，加大政策落实力度，不断完善基础设施建设，推动茌平老龄工作及老年人权益保障工作科学发展。

2014年6月18日，茌平县人大常委会组织调研组配合省人大常委会委员、教科文卫委员会副主任委员安世银一行调研我县全民健身事业发展情况。市人大常委会第一副主任汪文耀，市人大常委会副主任孙菁，副市长马丽红，市人大常委会秘书长李文禄，县委书记、县人大常委会主任陈秀兴，县人大常委会第一副主任尹海波，县委常委、县委办公室主任王琦，县人大常委会副主任丁洁卉陪同活动。安世银一行先后视察了县城市规划展览馆、金牛湖观光景观区、县文体中心，详细了解我县全民健身事业发展、全民健身活动开展等情况。陈秀兴介绍了我县经济社会发展特别是体育事业发展情况。近年来，我县高度重视体育工作，坚持体育为人民服务的方针，以增强我县人民体质为根本目的，全县竞技体育水平逐步提高，群众体育活动蓬勃开展，各项体育事业得到持续、健康、快速发展。投资6.2亿元建成了文体中心，今年还将开建游泳馆和大剧院。全县农村、社区建成农民体育健身工程活动点388个，目前在建200个，覆盖率达到80%；每年在全县范围内举办的体育活动达到10次以上，广大人民群众健康水平得以逐步提高。安世银对我县体育事业特别是全民健身事业发展给予充分肯定，希望我县进一步提高认识，加强领导，不断推进体育场所的规划建设，通过积极组织开展丰富多彩的全民健身活动，动员社会力量共同推进全民健身事业快速健康发展。

2015年5月7号，茌平县人大常委会组织调研组配合省人大常委会财经委副主任委员王同生一行在我县就《山东省循环经济条例（草案）》开展立法调研。市人大常委会副主任白志坚、县委书记、县人大常委会主任陈秀兴县人大常委会第一副主任尹海波、县委常委、县委办公室主任王琦、县人大常委会副主任赵希亮陪同活动。调研组一行先后深入信发华宇氧化铝有限公司、信发科技开发有限公司赤泥处理现场等地，详细了解企业的生产经营以及在赤泥处理和资源重复利用等方面的情况。陈秀兴向调研组详细介绍了我县经济社会发展情况。他说，近年来，茌平县以打造新型工业基地、建设生态宜居城市为定位，坚持工业化和城镇化双轮驱动、扩大总量与调优结构两措并举，工业发展势头强劲，经济结构优化提升，城市功能日益完善，民生事业不断改善，开创了经济社会跨越赶超的崭新局面。《山东省循环经济条例》作为《循环经济促进法》的地方配套法规，对于我县尽快转变传统的经济增长方式，保护和改善生态环境，提高资源能源利用率，实现经济低碳、绿色、循环、可持续发展，将起到积极的推动作用。调研组对茌平县围绕保护资源环境、壮大生态型工业、走循环经济的发展路子给予充分肯定。并指出，要进一步提高领导干部对循环经济的认识，更新发展观念，切实转变经济增长方式。同时，让循环经济发展的各项条例既符合国家法律，又能符合循环经济发展实际，尽快以立法的形式确立下来。各部门要相互协调配合，继续加大工作力度，积极总结经验，为政府、企业推进循环经济发展提供法制保障。

2015年7月3日，茌平县人大常委会组织调研组配合省人大常委会委员、城环资委主任委员杨焕彩一行在我县就土地综合整治工作开展情况进行调查研究。市人大常委会副主任张同村，市人大城环委主任委员蒋玉尚，市国土资源局局长靳凤莲，县委书记、县人大常委会主任陈秀兴，县人大常委会第一副主任尹海波陪同活动。调研组实地察看了冯官屯镇前张社区、后寨村和业官屯村土地综合整治项目现场，详细了解我县土地综合整治工作开展情况。陈秀兴介绍了我县经济社会发展特别是土地综合整治工作开展情况。他说，茌平县高度重视土地综合整治工作，紧紧围绕中央关于深化土地制度改革的重大部署和政策安排，提出了新常态下做好土地工作、提升土地利用和管理水平的目标、思路和途径，尽职尽责保护国土资源、节约集约利用国土资源、尽心尽力维护群众权益。调研组对我县土地综合整治工作给予充分肯定，希望我县在今后的工作中要从尊重农民意愿和保障农民合法权益出发，全力做好农村土地综合整治工作。要进一步强化工作措施，建立长效监管机制，层层落实责任，按照增减挂钩项目区集中布局的原则，对田、水、路、林、村实行综合整治，确保土地综合整治工作顺利推进，实现保护耕地、村庄改造与新型农村社区建设同步推进，节约集约用地与促进城乡统筹发展相互支持的格局，加快城乡一体化发展进程。调研组一行还参观了我县金牛湖风景区、信发集团“上大压小”项目，对我县经济社会各项事业发展情况给予高度评价。县领导王琦、靳明华、宋永刚、刘继军陪同活动。

2016年9月5日，茌平县人大常委会组织调研组配合省人大常委会委员、城环资委主任委员杨焕彩一行来我县开展《山东省食品小作坊小餐饮和食品摊点管理条例(草案)》立法调研。省人大常委会委员、教科文卫委员会主任委员骆宝臻，省人大教科文卫委员会副主任委员夏季亭，省人大常委会委员、教科文卫委员会委员于联华、仪平策，省食药监局副局长陈耕参加调研。聊城市人大常委会副主任孙菁、县人大常委会主任尹海波、副主任丁洁卉、县人民政府副县长、公安局长王志刚、县食药局局长韩道玲陪同活动。调研组一行先后到茌平县蜜雪冰城(小餐饮)、麦趣新语、夏津香油坊(小作坊)、阳光时代小区门口(小摊贩)、新东方建材城延强签子馒头(小作坊)、启航教育托管中心等地进行实地调研。调研组对茌平县食品药品监督管理工作的开展给予充分肯定。并指出，要坚持和总结现有行之有效的做法，不断加强对食品生产加工小作坊、食品摊贩、小餐饮等的监管，确保食品安全。

四、代表工作

1987年8月14日，茌平县第十一届人大常委会召开了各乡、镇人大工作联络处主任、副主任会议。县人大常委会主任马怀进主持会议，县委书记徐士高到会作重要讲话。徐书记指出：为加强各乡、镇党委对人大工作的领导，做好代表联络工作，密切联系广大人民群众，开创乡、镇人大工作新局面，搞好两个文明建设，建立各乡、镇人大工作联络处是非常必要的，它是宪法和法律的需要，是新形势的需要。他要求各乡、镇人大工作联络处的同志，要加强学习，学习党的文件，搞好自身建设。同时要求各人大联络处要在乡镇党委和县人大常委会的领导下，明确处理好五个关系，即“条块关系；党政关系；县乡关系；乡镇机关内部关系及乡村关系”。会议学习了《中华人民共和国宪法》、《地方组织法》及党的有关文件。县人大常委会副主任商孝俊讲了工作意见：要提高认识；抓好普法教育，坚持依法办事；要议大事，抓大事，为党的总任务、总目标服务；要加强同代表的联系，充分发挥人民代表的作用；要加强乡镇党委对人大工作联络处的领导。副主任汪培杰、刘西俊、贾法俊、迟会孝、邹庆诰，委员宋庆成、裴光泽、张友芳及各乡、镇人大工作联络处主任、副主任，人大机关委室负责人参加会议。

1988年1月25～1月26日，茌平县第十一届人大常委会召开各乡镇人大联络处工作会议。会议由县人大常委会副主任商孝俊、汪培杰主持。副主任贾法俊、迟会孝、邹庆诰及委员宋庆成、张友芳、裴光泽及各乡镇人大工作联络处正、副主任，县人大机关各委室负责人参加会议。会议听取了各乡镇人大工作联络处主任关于前段工作情况的汇报，互相交流了开展人大工作的经验；学习了省、地领导关于做好人大工作的重要讲话和地委、县委、县人大常委会的有关文件。商孝俊代表县人大常委会讲了工作意见。各乡、镇人大工作联络处的同志进一步提高了对人大工作的认识，明确了指导思想，增强了做好人大工作的信心和责任感。一致表示，在新的一年里，在各级党委的领导下，围绕党的中心工作，按照法律赋予的职权，努力开创乡镇人大工作新局面。县委书记徐士高到会并作重要讲话。

1988年12月16日，茌平县第十一届人大常委会召开各乡镇人大联络处正、副主任会议。会议由县人大常委会副主任商孝俊主持。常委会主任马怀进、副主任汪培杰、贾法俊及机关委室负责人出席会议。会议传达贯彻了地区人大工作会议精神，进一步学习了地委、县委领导同志关于加强人大常委会的地位及职能，充分发挥国家权力机关作用的重要讲话；听取了各乡镇人大联络处主任的工作汇报，交流了经验。汪培杰代表县人大常委会讲了关于乡、镇人大联络处一年来的工作情况和今后工作意见。各乡、镇人大工作联络处的同志进一步提高了对人大工作的认识，明确了指导思想，增强了信心，一致表示要认真学习落实党的十三届三中全会精神，自觉的增强责任感和紧迫感，在治理经济环境，整顿经济秩序，全面深化改革中积极做好人大工作，发挥应有的重要。在各级党委的领导下，围绕党的中心，按照联络处的职责范围和外地经验，进一步做好今后的工作，努力开创乡、镇人大工作的新局面。会议结束后，县人大常委会主任马怀进、副主任商孝俊分别讲话。

1990年8月6日～8月7日，茌平县人大常委会召开了全县乡镇人大工作会议。县人大常委会主任、副主任及机关负责同志，各乡镇人大主席团常务主席，主席团办公室主任、副主任，县直各代表组组长。会上，人大常委会副主任贾法俊传达了中共中央关于加强党同人民群众联系的决定和江泽民同志的重要讲话，人大常委会副主任常修歧传达了省人大主任李振在全省人大代表工作座谈会上的讲话及县委（89）36号文件，8个乡镇的人大常务主席在会上做了典型发言。会议期间，县委书记孙宗安，副书记孙东平、司文瞻到会看望了大家，孙宗安代表县委做了重要讲话，他说：各级党委要把人大工作放到议事日程，切实加强对人大工作的领导，支持人大依法行使职权，及时解决人大工作中遇到的问题，想问题办事情都应站到党的原则立场上来，站到法律的高度上，站到四化大业的全局上，在党委的统一领导下，互相支持，互相配合，齐心协力把我县各方面的事情办好。县人大常委会主任徐宝琪做了总结讲话，指出：人民代表大会制度，是我国的根本制度，是建设高度的社会主义民主和完善的社会主义法制的需要，做好人大工作对保障改革开放的顺利进行，促进两个精神文明建设具有极其重要的意义。他要求各乡镇人大主席团的同志要切实增强做好乡镇人大工作的自觉性和责任感，以高昂的革命热情，紧紧围绕贯彻党的十三届四中、五中和六中全会精神，满怀信心地做好人大工作，不辜负党和人民的重托。

1990年10月27日、28日，茌平县人大常委会主任徐宝琪、县长董金刚和副县长王传斌带领机关人员先后在王老、温陈召开了部分省、县、乡三级人大代表参加的座谈会。代表分别来自东部涝洼地段和西部受灾较严重的乡镇。会议主要听取了代表对今冬农田水利基本建设，明年棉花生产及当前棉花收购工作的意见。

1991年4月2日，茌平县第十二届人大常委会在招待所召开全县人大工作经验交流会。全县人大代表、各乡镇政工书记、人大主席团办公室主任参加会议。

1991年7月24日，茌平县人大常委会组织部分县人大代表在乐平镇进行了视察活动。活动的指导思想是：以党的十三届七中全会和江泽民总书记的“七一”讲话精神为指针，在各级党委领导下，充分发挥人大联系代表和人民群众的主渠道作用，围绕党的中心工作，监督、支持各级政府努力完成我县经济发展计划和县人民代表大会提出的农业生产任务，以夺取秋季棉花、粮食丰收的实际行动，支援灾区人民的抗灾斗争。活动中，乐平镇党委书记冯永常、人大主席李洪荣分别介绍了支持人大工作及如何发挥人大作用的经验，县人大代表明学峰、常凤金、王树林介绍了发挥代表作用，影响和带领群众狠抓棉花管理，广泛开展秋季增产运动的情况。县政府副县长王传斌代表县政府通报了当前农业生产形势和开展秋季增产运动的安排意见。他说：“希望继续得到各级人大及人大代表的全力支持和有效监督，以改进政府工作，全面落实人代会决议。”随后，代表们冒雨视察了乐平中棉12号试验大方的生产管理情况。代表们对乐平镇政府狠抓棉花管理，促进秋季农业增产的措施感到满意。视察结束后，县人大副主任马庆云希望在人大工作的同志要以新的姿态扎实工作，做到人在人大，心在人大，热爱人大，干好人大，并部署了“二五”普法工作。县人大副主任汪培杰部署了代表联系工作检查活动的安排意见。县人大常委会主任徐宝琪做了总结讲话，他说：“通过这次会议，大家要认清当前形势，端正态度，扎实工作，对各级政府做到认认真真地监督，真心实意地帮助。”“要进一步提高思想认识，学会工作方法，发动和带领群众不失时机地把秋季农业增产运动组织上去，广泛深入地开展起来，监督政府立足于抗灾夺丰收，以实际行动支援灾区人民，繁荣振兴茌平经济。”同时还就开展代表联系工作，检查、视察《义务教育法》和《山东省计划生育条例》的执行情况、“二五”普法等项工作讲了意见和要求。县人大常委会主任副主任贾法俊、迟会孝、常修歧和机关科室的负责同志，棉办、农业局、县社、棉麻公司的领导同志也陪同视察。

1992年1月8日至～1月11日，茌平县人大常委会组织驻茌的省人大代表马怀进、张宗乾和部分县人大代表，对县直部分企业及部分乡、村进行了视察。视察的主要内容是：我县国民经济和社会发展计划执行情况；十三届八中全会精神贯彻情况；工农业生产情况；91年农民负担情况；棉花收购、物资兑现返还情况和“二五”普法情况。省、县人大代表听取了县计委主任刘晓涵、县农委主任房本林、县社副主任王希珍及县司法局的工作汇报，分头视察了冯屯镇金杜、布袋梁、王相和肖庄乡王菜瓜、落角园村。在乡镇，代表们走村串户，了解群众的生产、生活情况，征求群众对各级人大、政府的意见。对贯彻八中全会精神，进一步搞好农村工作和农业生产提出了许多建设性意见。随后，代表们到县一棉厂和县毛巾厂，听取了两厂负责同志关于91年生产情况及92年生产计划安排的汇报，视察了车间生产情况并和厂里有关人员进行了座谈。代表们希望企业负责同志振奋精神，大胆改革，加强企业内部管理，在节能降耗提高产品质量和发挥工人积极性上做文章。视察结束后，省、县代表进行了深入座谈，根据视察情况，给各级人大、政府和有关部门提出一些建议：1.深入贯彻十三届八中全会精神，稳定党对农村的各项政策，壮大农村集体经济，联产承包责任制不容动摇，责任田、果园不能随意变动。对先进村的经验要认真总结加以推广。对个别贫困村的问题，各级政府应给予高度重视并实现特殊政策，真正从资金、技术上实现倾斜。农业、民政等部门要帮助他们解决好生产、生活问题并注意信息反馈。2.对我县工业生产要正确认识形势，不能固步自封，切实加强对企业的领导，帮助亏损企业尽快走出低谷。3.各级政府要认真贯彻《山东省农民负担管理条例》，各级人大要认真监督执行《条例》。要把减轻农民负担工作列入考核乡村干部的一项重要内容，象抓计划生育工作一样抓好这项工作，对违反《条例》规定的要严肃查处。4.善始善终搞好棉花收购，解决棉农有棉售不出的问题。搞好棉花、物资的兑现和返还工作。5.整顿乡镇治安队伍，对政策观念不强，素质较差的人员要加强教育。对滥用职权，违法乱纪，给党和政府造成不良影响的人员要严肃处理并调出治安队伍。6.春节之前组织有关部门的力量进行一次查处假冒伪劣商品的活动，让群众过个放心年。

1992年4月27日～4月29日，茌平县人大常委会组织部分委员、代表和农委、农业局的负责同志对杜郎口、胡屯、大桑3个乡的9个村进行了《农民负担费用和劳务管理条例》及《山东省农民负担管理条例》的贯彻实施情况进行了视察。通过听取汇报，深入村、户调查研究，基本摸清了农民负担的真实情况和原因。

1993年6月2日至3日，茌平县人大常委会组织驻县直全体委员对县委、县政府《关于加快改革开放与经济发展的试点方案》的传达贯彻与分解落实情况及“1155”工程的实施情况深入到乡镇部分工厂、企事业单位进行视察。通过视察提出几点建议：1.建议政府及主管部门继续把解决企业资金筹集渠道狭窄的问题摆在重要议事日程上，这是制约“1155”工程实施的核心问题。目前企业负责人可以说把主要精力都放在跑项目、找资金上，应该得到全社会的理解和支持，政府及主管部门更是责无旁贷。2.为企业生产经营创造良好的外部环境是全社会的问题，是一项系统工程。公、检、法、司等执法部门应依法保护企业的合法权益，对那些无理取闹，给企业生产经营活动带来影响和造成损失的单位和个人绝不能姑息迁就，需严格依法惩处。如淀粉厂生产刚刚起步，几十年的土地纠纷、废水排放问题接踵而至，强行装卸、硬性承包基建项目的歪风又有抬头。这些问题不解决，势必分散企业的精力，直接阻扰“1155”工程的分解落实。3.解决淀粉厂部分流动资金以缓解麦收期间和雨季给该厂造成的停工威胁，稳定干部职工刚刚调动起来的生产热情和思想情绪。4.环保工作需要统一考虑，走综合治埋的路子。在条件允许的情况下，首先对纸厂利用电厂、化肥厂的废水进行生产的可能性进行论证并付诸实施。5、“1155”工程直接关系我县“八.五”后三年能否在现有基础上再上一个新台阶，关系我县工业全局发展。政府及有关部门必须通力协作，转变职能，强化服务措施。重大项目要成立一线指挥部，主要负责同志靠上去，“象抓电厂上2#机组一样抓几项重点项目的落实”，这也是企业干部职工的希望和要求。

1994年4月4日，茌平县人大常委会副主任张宝海带领机关委、室负责人在贾寨乡召开了部分乡、镇人大主席团主席座谈会。会上，各乡、镇就县、乡人大代表贯彻人代会决议、为试点县建设建功立业等情况进行了交流。张宝海主任讲了工作意见并要求各乡、镇人大认真总结推广代表发展生产，带头致富的先进经验，努力把全县代表工作提高到一个新的水平。

1994年5月5日至6日，茌平县人大常委会组织18名县人大代表，由县人大常委会4名正、副主任带队，在分管环保的副县长、政府有关部门领导的参与下，对《环境保护法》的贯彻执行情况进行视察。视察组视察了4个乡镇的5个小造纸厂（杜郎口乡板纸厂、郝集乡双营造纸厂、温陈乡造纸厂、茌平镇造纸厂、茌平镇齐韩造纸厂）和3个县直企业（县造纸厂、县味精厂的淀粉厂、县热电厂）的环保执法情况，并组织县电视台跟踪报道。通过视察，代表们一致认为，自《环保法》颁布实施以来，县政府及有关单位做了大量工作并取得了显著成绩，但也存在不容忽视的问题：个别单位环保意识较差、工业废水的治理不彻底、工业污水和生活污水缺乏统一的治理规划。对此，代表们提出建议：1.要加大《环境保护法》的宣传力度，《环境保护法》已颁布实施四年了。有些干部群众对《环境保护法》理解的还不全面，执法的自觉性还不高，甚至个别单位把环境保护工作同经济发展对立起来。为解决这些问题要采取多种形式，强化宣传力度，充分利用广播、电视、会议、宣传车、咨询、纪念活动、向有关单位分发《环保法》及有关资料等，切实使广大干部群众知法、懂法、守法、执法。2.政府要加强领导，组织有关单位齐抓共管，统一规划各负其责，严格把关，走综合治理的路子。3.环保工作应常抓不懈，随着经济的发展，环保工作日趋重要，同时环保工作是一项长期而无休止的工作，因此环保工作只能加强不能削弱，一旦忽视这项工作就会给当今和子孙后代造成不可挽回的损失。所以，要充分发挥职能部门的协调作用。4.建议上级人大和政府就全面贯彻实施《环保法》做些便于操作的补充规定和意见，不能平塌塌抓，而应加大力度，要象抓计划生育那样抓环保工作，真正形成全党抓。否则，就会形成讲起来是国策，执行起来软下来的被动局面。

1994年8月13日，茌平县人大召开人大代表建功立业活动经验交流会。自去年以来，县人大常委会在全县1636名县、乡两级人大代表中开展了为改革开放试点县建功立业活动，至此评选出数十名“优秀人大代表”和“先进代表小组”。会上有7名县、乡人大代表作典型经验介绍，被评为“人大代表的榜样”的省人大代表张国忠就如何当好代表作了报告。地区人大工委副主任许桂英出席会议并作重要讲话。

1996年4月，茌平县县人大常委会主任司文瞻，作为山东省唯一代表出席全国人大在桂林召开的11省（区）乡镇人大工作座谈会并介绍经验。9月，全省乡镇人大工作座谈会在茌平召开。

1996年5月15日至17日，茌平县人大常委会举办了为期3天的乡镇人大主席培训班。县委副书记葛保忠到会祝贺并作重要讲话。与会人员先后学习了《宪法》《地方组织法》《山东省实施〈代表法〉办法》、《山东省乡镇人大工作若干规定》等法律法规，山东省人大人事代表工作室副主任杜忠臣来茌授课。在历时4个多小时的报告中，杜主任详细讲述了我国政权制度的演变、资本主义国家“三权分立”政治制度的实质、人民代表大会制度的性质和作用、“两法”的修改以及我省乡镇人大工作机构的设立及发展历程等问题，为与会人员提供了一次难得的学习机会。杜主任对乡镇人大工作提出了希望和要求。县人大常委会主任司文瞻要求人大主席创造性地开展工作，努力把乡镇人大工作推上一个新水平。

1996年6月5日至7日，茌平县人大常委会组织部分县人大代表对16个乡镇贯彻落实《义务教育法》及“普及”进展情况进行视察。实地察看了52所中学、重点小学、学区中心小学的校舍施工情况，听取了乡镇政府负责同志的汇报，详细了解了各乡镇的“普九”规划、资金落实情况及下步工作打算，并就今后的“普九”工作提出了具体的建议和意见。通过视察，代表们一致认为，全县“普九”工作活动面大，进展较快，取得了很大成绩，主要表现在三个方面：一是领导重视，提高了认识。领导带头，深入学校调查研究，制定出了切实可行的规划，目标明确。二是多方筹资，加大了投入。各乡镇实行“捐、集、挤、贷、赊”多管齐下的办法，全县已筹集资金210万元。据不完全统计，全县有9个乡镇中学硬件建设基本完成（丁块、菜屯、大桑、王老、韩集、韩屯、冯屯、广平等），有6个乡镇为中学或小学建了教学楼。三是措施得力，一抓到底。县里三次召开乡镇党委书记、乡镇长参加的调度会、汇报会，五次中学、联合校校长工作会，建立了“普九”督导员队伍。4月28日至29日组织各乡镇长、中学或联合校校长一行80余人赴阳信县参观学习，对工作力度大、进展较快的乡镇通过电视、简报等形式大张旗鼓地宣传。对当前全县“普九”工作中存在的问题，代表们认为主要有以下几个方面：一是认识不足，二是标准较低，三是规划不合理，四是资金缺口大。另外县三中由于管理体制不理顺，建设责任不够明确，扩、改建资金无法解决，使该校招生能力大为受限。建议采取以下措施：一、继续提高认识，充分认清这项工作的艰巨性和紧迫性，切实把“普九”放在“重中之重”位置上并落实到行动上。建议抓紧召开一次由乡镇和县直有关部门主要负责同志参加的会议，再作动员。二、全面推进，分类指导，突出重点。对乡镇“普九”要分类排队，抓两头，带中间。对丁块乡、茌平镇等乡镇的做法要大力推广，重点督促后进乡镇使其强化措施，尽快赶上。三、加大资金筹措力度。进一步拓宽资金筹措渠道，用于县直教育技术的各项税费应尽快征足。建议县政府先调集拨付部分启动资金安排开工。四、进一步做好农村中心小学的布局调整，本着“谁受益、谁负担”的原则，所需资金由村或联村解决，乡镇政府应制定切实可行的政策，协调好各村之间的关系，在可能的情况下适当给予建校补助，要争取建一处达标一处，避免重复建设和浪费。五、严格按照标准建设，凡不符合标准的一律不能施工。已施工的要加快进度并确保建筑质量。六、县政府应加紧协调理顺县三中的管理体制，解决资金投入问题和乐平镇300多名应届毕业生升初中的问题。七、全县应形成支持“普九”的氛围，召开建委、土管、电业、税务等有关部门参加的会议，对“普九”实行倾斜政策，减免或缓交各种税费，从速办理各种手续。八、县乡都要建立“普九”资金专户，专款专用，强化审计监督，不得克扣挪用。

1996年9月14日至15日，茌平县人大常委会部分组成人员、驻县城部分人大代表和政协委员对全县的综合治理工作进行视察。县政府、政法委、综治办负责人及人大各委室负责人陪同视察。视察人员共分两组，组长分别是张宝海和张兴义。视察内容一是社会治安综合治理领导责任制和基层基础建设情况，二是“严打”斗争开展情况和下步工作措施，三是司法队伍建设情况，四是基层开展依法治理情况。视察采取听汇报和实地考察相结合、汇报会与座谈会相结合、检查与个别走访相结合等方法，以求深入实际、深入群众，广泛听取各方面对社会治安综合治理情况。

1996年10月8日至10日，茌平县人大教科文卫工作委员会组织有关部门对全县各单位《中华人民共和国档案法》的执法情况进行了检查。成立了由县人大、法制局、档案局主要领导同志组成的领导小组，根据“全面布置和重点检查”的指导思想，按照“听取汇报、实地察看、综合评议、反馈结果”的工作程序，对18个有代表性的单位进行了重点检查，通过检查，可以看出这项工作主要呈现以下六个特点：一是领导高度重视。各单位领导对《档案法》的宣传非常重视，经常组织学习宣传《档案法》，为《档案法》的实施提供了可靠保证。二是宣传方式灵活。各单位根据各自的实际情况，采取了灵活多样的方式，进行了一系列的宣传活动。如县人行印发了新《档案法》原文，组织了座谈会，开展了知识测试，利用板报、宣传标语等形式进行了学习了宣传。三是管理制度完善。各单位普遍建立健全了档案的各项管理制度。如县化肥厂建立了一整套企业档案管理标准制度，对档案工作人员从职责范围、工作目标、保证措施、检查考核四个方面提出了具体要求。四是组织机构健全。被抽查单位全部配备了专职档案员，条件好的县化肥厂、电业公司、人行、保险公司等单位建立了专门的档案机构并形成了三级网络化管理。五是管理设备先进。各单位根据各自的具体情况依法购置了必要的设施，确保档案安全存放。如县人行档案室配备微机，还配备了空调、吸尘器、防磁柜等现代化管理设备，达到了档案管理的“八防”要求。六是立卷归档及时。根据要求，各单位都于次年的上半年对上年度的文件材料进行整理、立卷、归档，保证档案的齐全完整。

1996年10月14日，在茌平县县政府副县长刘安荣的陪同下，县人大常委会主任、副主任及部分委员，人大有关委室的负责同志到技术监督局视察工作。与会人员听取了县技术监督局贯彻执行《计量法》、《标准化法》、《产品质量法》及其配套法规的情况，给予了充分肯定。几年来，他们围绕党的中心工作，在帮助企业搞好计量管理、标准化管理、质量管理、提高企业技术管理水平方面，在帮助企业增强整体素质、提高产品质量和市场竞争能力方面，在为企业办实事、协调执法、减轻企业经济损失、提高和挽回企业声誉方面，在维护市场经济秩序、保护消费者合法权益方面，在加强自身建设方面做了大量工作，取得了显著成绩。在肯定成绩的同时，常委会人员也对下步技术监督工作提出了几点要求：一是要进一步加大执法力度，认真坚持有法可依、有法必依、执法必严、违法必究的社会主义法制原则；要敢于执法，善于执法，努力提高执法队伍的素质；执法工作不要留有盲区、死角，对那些制假售假、扰乱市场经济秩序、坑害消费者的不法分子要依法从严从重惩处；二是要加强技术监督方面法律法规的宣传工作，使有关法律法规深入人心，使广大人民群众的质量意识、商品知识及自我保护能力得到提高和加强；三是要逐步加强基础设施建设，完善检测手段，提高检测能力，更好地为经济建设服务。常委会组成人员还实地察看了该局的化验室、计量检测室以及稽查大队罚没查封的部分假冒伪劣商品。县技术监督局的同志表示：一定不辜负各位主任和委员的希望，成绩面前找差距，扎扎实实做好本职工作，逐项落实领导提出的要求，以质量为中心，为各企业开展多层次全方位的服务，同时严格执法，树立良好形象，为我县“两个文明”建设做出新的贡献。

1996年10月17日，茌平县人大常委会组织县直部分人人代表对县属工业企业进行视察。通过听取汇报、实地考查，肯定成绩提出了建议。常委会主任司文瞻，副主任张兴义、迟会孝、李泽明、田冲参加视察。

1996年10月23日～10月24日，茌平县人大法制工作委员会组织部分人大代表及相关部门对《山东省消防管理办法》的贯彻执行情况进行视察。

1996年10月25日，茌平县人大常委会视察了博平镇改革开放试点工作并主持召开座谈会。

1997年4月8日，为纪念《中华人民共和国全国人民代表大会和地方各级人民代表大会代表法》颁布实施五周年，茌平县人大常委会在县招待所举办了代表法知识竞赛。60余名县、乡人大代表参加，县人大常委会主任司文瞻，副主任张兴义、张宝海、金庆岱到场祝贺并讲话。事先成立了竞赛组委会和评委会，组织了专门的命题班子并在县乡人大代表中进行了深入宣传发动。通过层层选拔，22个乡镇分别组成由3名人大代表组成的代表队参加决赛，博平镇代表队获一等奖，杜郎口镇、丁块乡代表队分获二等奖，茌平镇、贾寨乡和韩集乡代表队获三等奖。县人大常委会主任司文瞻在总结讲话中指出，县人大举办这次知识竞赛，目的是为了促进代表法的学习和贯彻，进一步提高代表执行职务的能力，全县两级人大代表要以这次竞赛活动为契机，认真学习和掌握各项法律法规，增强责任感，时刻牢记人民的重托，树立人民至上的观念，真正代表人民的利益和意志，履行好自己的职责。要求各乡镇人大结合实际，积极开展各种形式的纪念活动，加大对《代表法》的宣传力度，为广大代表执行职务创造良好的社会环境。

1998年，7月14日，县十四届人大常委会第三次会议，听取了县政府《关于代表提案办理情况的汇报》。会议经过审议认为，在十四届一次人代会上，广大代表从我县实际出发，提出了一些反映县情民意的建议72件。人代会后，县政府把办理工作列入政府工作的重要议事工程，及时召开了承办工作会议。在提案办理工作中，县长、副县长对部分重要提案亲自批办，办公室主任亲自抓，分管主任靠上抓，并固定专人具体办理，逐步形成了上下贯通，分工负责，协调一致的办理工作网络。严格了审查把关制度，使办理速度明显加快，办理质量不断提高，办理工作逐步走上制度化、规范化的轨道，办理的提案答复，广大代表比较满意。在办理工作中，也存在着一些薄弱环节，一是该政府本身答复的提案有推给部门办理的现象；二是个别承办单位在办理过程中，质量不高；三是个别承办单位，在答复格式上没有按规定的格式书写代表建议答复；四是有的单位对提案答复邮送不准确。为进一步做好提案办理工作，努力提高办理质量，提出以下审议意见，一、提高认识。在认识上，必须明确办理人大代表的建议、批评和意见，是一切承办单位的责任。对提案不仅件件要答复，而且能采纳的一定采纳，部分能采纳的部分采纳，不能采纳的也要向代表作负责的解释，各承办单位要有一名领导分管这项工作，亲自过问，认真研究督促检查，严格把关。二、建立健全承办制度。要确定专入负责，制定交办、协调、催办、会办、审发和归档等制度。三、提高建议办理质量。办理代表建议，不是写一个简单答复就能办好的。许多问题的解决，需要和有关部门共同研究，反复协商，做深入的调查研究、必要时，还可以同代表直接联系，听取意见，协商解决办法。主办单位和会办单位要主动配合，积极协作，避免互相推诿，久拖不决。对代表联名提出的建议、批评和意见，各承办单位要分别答复各位代表，对代表不满意的提案答复，会后由人大代表联络工作委员会会同政府办公室及有关部门重新办理，努力提高提案办理质量，为全县的两个文明建设，做出应有的贡献。

2009年3月4日，召开茌平县十六届人大常委会第十二次会议，会议要求，一是完善常委会组成人员联系代表制度，按照《常委会组成人员联系人大代表制度》，坚持“分片负责”联系代表办法。常委会组成人员将对代表从活动计划的制定到落实，从学习培训到开展视察、调查、检查和评议活动进行全方位指导。二是“请上来”。在密切联系，深入指导的基础上，半年召开一次乡镇人大工作会议，听取工作情况汇报，同时安排指导下步工作，继续加强与乡镇、街道人大的工作联系，完善街道人大工作机制，重视情况沟通和工作交流，努力形成上下联动的工作合力。三是继续实行代表列席人大常委会制度。邀请代表列席人大常委会会议，可以使人大常委会的决议、决定更加贴近人民群众，符合群众意愿。同时，进一步拓宽代表活动领域。四是加大对代表工作的宣传力度。为进一步激励县人大代表履行代表职责，促进全县人大代表工作和代表活动的开展，表彰人大代表在“三个文明”建设中的突出成绩，激励人大代表积极依法行使职权，履行代表义务，充分发挥代表作用。五是改进和创新代表建议办理的督办方式，努力提高办理质量。要做好代表建议的督办工作，听取并审议承办机关办理代表建议情况的汇报，加大办理督查力度，适时组织代表对办理情况进行督查。要督促“一府两院”不断改进办理方式，规范代表议案、建议的办理程序，增加办理透明度，切实提高解决率和代表满意率。

2009年12月25日，举行优秀县人大代表表彰大会，通过表彰先进，进一步增强了人大代表行使国家权力的政治责任感，积极履行职责，推动了茌平县人大工作不断取得新进步。

2011年4月13日，召开茌平县十六届人大常委会第十二次会议，根据《茌平县人大常委会2011年工作要点》，部署安排2010年的指导性工作。会议要求，常委会要模范贯彻执行《代表法》，积极营造服务和保障代表依法履职的良好社会氛围。常委会要进一步完善代表活动中心功能，注重提高代表素质，拓宽代表知情知政渠道，加强对代表小组履职活动指导，促进代表活动规范化、制度化。要组织代表开展专题调研、集体视察、执法检查、工作评议，使广大代表最大限度地发挥好密切联系群众的优势，发挥好带头表率作用、桥梁纽带作用，依法履行好代表职责。常委会要高度重视代表议案和建议办理工作，要通过加大协调督促力度、完善跟踪督办机制、开展视察、检查和评比表彰活动，促进办理部门强化责任意识，切实提高办理质量。

2012年6月29日，茌平县人大常委会在电业局五楼会议室召开茌平县第十七届人大代表培训会议。会议邀请了山东省人大常委会人事代表工委副主任马效东同志，开展《中华人民共和国全国人民代表大会和地方各级人民代表大会代表法》专题培训。县人大常委会第一副主任尹海波、副主任张丽华、赵希亮、丁洁卉、靳明华出席会议，全体县人大代表参加的培训。县人大常委会副主任靳明华主持会议。会议同时传达了茌委〔2012〕46号文《中共茌平县委转发茌平县人大常委会<关于组织开展2012年度“服务民生、凝聚共识”暨代表联系选民活动的实施方案>和<关于开展人大代表“同心协力、共谋发展、促进和谐、维护稳定”活动的实施方案>的通知》，并下发了茌平县第十七届人大代表履职档案。最后，县人大常委会第一副主任尹海波受陈书记委托做重要讲话。马效东指出，2012年是《代表法》颁布实施20周年。《代表法》的制定、公布和实施，是我国民主政治建设的一大成果，是完善人民代表大会制度的重要举措。它不仅使各级人大代表在会议期间的工作和在闭会期间的活动进一步规范化、制度化，而且使各级人大代表行使代表职权、履行代表义务、发挥代表作用，有了更加具体、更加充分的保证。尹海波强调，《中共茌平县委转发茌平县人大常委会<关于组织开展2012年度“服务民生、凝聚共识”暨代表联系选民活动的实施方案>和<关于开展人大代表“同心协力、共谋发展、促进和谐、维护稳定”活动的实施方案>的通知》是人大代表倾听群众呼声，反映群众意愿和深入贯彻落实《代表法》的具体化实施方案，也是下一步茌平县人大工作的重点。尹海波指出，面对新形势、新任务，要紧扣发展第一要务，着重提升参政议政实效；要注重强化监督职能，大力优化经济发展环境；要切实增强群众意识，齐心凝聚科学发展合力；要不断提升整体水平，着力增强履职尽责能力；要创新完善工作体制，全力保障代表工作开展。全体人大代表要结合马效东主任的培训内容，充分发挥人大代表的作用，思考和研究人大工作对于茌平县进军全国五十强的作用和意义，不断开创人大工作新局面，在茌平县争先进位、勇攀新高的征程中再立新功。

2012年12月，茌平县人大常委会决定开展优秀县级人大代表评选活动。优秀县人大代表在县第十七届县级人大代表中评选，代表数额为20名。评选条件为：1.坚持用马列主义、毛泽东思想、邓小平理论、“三个代表”重要思想和科学发展观武装头脑，认真学习党的十八大精神，坚决贯彻执行县委、县政府的决策部署，在思想上、政治上、行动上与党中央保持高度一致。自觉遵守廉政准则，维护人大代表形象。认真学习、宣传、执行上级和本级人大及其常委会的各项决议、决定以及相关法律法规。2.符合茌平县人大常委会《通知》中目标任务的要求，履职突出，成绩显著，社会公认。3.按时出席县人民代表大会，认真听取和审议县人民代表大会的各项报告，积极发表意见、提出建议。每年在县人民代表大会闭会期间提出有见地、有价值的议案、意见、批评和建议。4.热爱代表工作，履行代表的权利和义务，妥善处理代表职务与本职工作之间的关系。全心全意为人民服务，在本职工作中起到模范带头作用，按时参加代表活动，认真履行代表职责，支持和协助“一府两院”开展工作。5.广泛联系选民，积极听取所在选区选民的意见，关注民生。重视同人民群众的联系沟通，倾听民声、了解民情、反映民意，化解矛盾，努力维护社会和谐稳定，并将有关意见、建议及时向县人大常委会和“一府两院”及有关部门反映。评选程序和要求为：1.推荐评选工作在县人大常委会的领导下进行，坚持实事求是、优中选优和公开、公平、公正的原则。注重向基层一线代表倾斜，充分发挥民主，自觉接受群众监督。2.优秀代表由各代表团推荐。要对人大代表年度目标任务的完成情况，履行职责情况，创先争优情况进行全面考核。推荐上报的优秀人大代表候选人要征求代表所在选区选民的意见，并经所属乡镇（街道）党委和人大主席团严格审查。申报的优秀人大代表须填写《优秀县人大代表推荐表》，材料要突出重点，内容要实事求是。3.在层层把关、慎重推荐的基础上，县人大常委会人事代表工作室对申报材料进行审核，同时征求有关方面意见，经主任会议审议通过。评选出的优秀人大代表，在县人民代表大会期间进行表彰。4.本实施意见报县人大常委会通过后组织实施。2013年1月14日，茌平县人大常委会在正泰东方大酒店同心厅举办优秀县人大代表表彰晚会，对在本次评选活动中涌现出的20名优秀县人大代表进行了隆重表彰。会议呼吁全体人大代表向优秀代表学习，把群众的呼声作为“第一信号”，把群众的需要作为“第一选择”，把群众的利益作为“第一考虑”，把群众的满意程度作为“第一标准”，着力增强履职意识、群众意识和奉献意识，通过自己的不懈努力，把全县54万人民群众的切身利益实现好、维护好、发展好，把他们的积极性引导好、保护好、发挥好，努力把我县的人大代表工作提高到一个新的水平，为建设美丽富强文明和谐幸福新茌平作出新的更大贡献！

2013年7月15日，全县人大代表建议、政协委员提案交办工作会议召开。县委副书记、县长雷霞出席会议并讲话。县政协主席徐莹，县人大常委会第一副主任尹海波出席会议，并分别介绍了政协九届二次会议和县十七届人大二次会议以来，政协委员提案和人大代表建议工作情况，就进一步做好今年的代表、委员建议、提案办理工作，讲了意见和要求。县人大常委会副主任靳明华，县政协副主席王彪出席会议。尹海波在讲话中指出，多年来，“一府两院”和其他承办单位十分重视代表建议办理工作，能够做到领导重视、责任明确，深入调研、积极落实，认真答复、讲求实效，每年都有大量的代表建议得到有效落实，解决了一大批群众关心、社会关注的问题，同时也积累了许多好的工作经验和工作方法，得到了人大代表的充分肯定和广泛认同。县人大常委会也在不断加强和规范代表建议督办工作，着力提高代表建议办理的质量和效果，在各承办单位的共同努力下，全县人大代表建议办理工作的整体水平逐年提高。但在肯定成绩的同时，也要看到我们的工作仍存在一些问题和不足，主要表现为：对一些涉及多个部门的代表建议，少数单位还存在推诿现象，没有充分发挥职能作用；有的建议已提了多年，群众呼声强烈，但进展滞缓；重答复轻落实的情况仍在一定程度上存在，直接影响办理实效等等，这些都需要我们在今后的办理工作中继续加以改进。今后，1.统一思想，提高认识。认真办好代表建议，既是科学执政、民主执政、依法执政的要求，也是尊重人大代表依法行使职权的实际行动，是对代表执行职务的有力支持。各承办单位要高度重视代表建议、批评和意见处理工作，将代表建议、批评和意见作为一种重要资源加以利用，积极采纳代表的意见，来更新理念、转变作风，提高工作效率和质量，改进有关工作。2.加强领导，落实责任。各承办单位要建立“一把手亲自抓、分管领导直接抓、落实专人具体抓”的工作机制，明确要求，落实责任，做到任务、人员、措施“三落实”。对事关我县经济社会发展和民主法制建设的重大问题以及人民群众普遍关注、反映强烈的问题，主要领导要直接组织承办；对涉及多个部门的代表建议，由主办单位负责牵头办理，协办单位要积极参与和协同，防止出现推诿现象；对需要向上级请示汇报的问题，要积极当好参谋，及时请示汇报，不能以此为由敷衍塞责。对人代会闭会后代表提出的建议、批评和意见，要与会议期间提出的同等对待，依法认真办理。3.提高质量，注重实效。各承办单位要加大力度、注重质量，把办理工作作为自己的职责。对能够及时解决的问题，应尽快解决并给予明确答复；对应该解决但一时难以落实解决措施的问题，应先向代表实事求是地说明情况，制订改进计划和具体方案，明确办理时限，在妥善解决后再行答复；对确实不能解决的问题，应充分说明原因，给予详细答复。对代表建议、批评和意见的答复要实事求是、认真负责，有实际内容、有针对性，切忌讲空话、套话，切忌应付，避免答复流于形式。4.及时沟通，认真答复。各承办单位要在办理代表建议、批评和意见过程中，注意加强与代表的联系，在答复前，通过走访、信函和电话以及邀请代表参加调研、座谈等多种方式与有关代表沟通，充分了解情况，交换意见，共同研究解决问题的办法，力求在办理的基础上详尽、具体的答复代表提出的问题，努力使代表满意。对代表反馈不满意的答复件，要在认真听取代表意见的基础上，在一个月内重新研究答复。5.严格程序，依法办理。根据地方组织法、代表法的规定，各承办单位接到代表建议后，应在三个月内将办理意见书面答复代表；个别复杂的问题，经交办机关同意，可延长至六个月内答复。代表建议答复件要主送领衔代表和附议代表，抄送县人大常委会代表联络室、县政府办公室和该领衔代表所在乡（镇）、街道人大，并向领衔代表随寄《人大代表建议、批评和意见处理情况征询意见表》。各承办单位要严格遵守这个规定时限及有关要求，在确保办理质量的前提下，保证在法定的期限内完成办理工作任务。6.创新办法，严格督查。县人大常委会要继续探索创新督办方式，通过适时听取办理工作汇报，及时通报办理工作情况等方式，加大对代表建议办理工作的督办力度。常委会各工作机构要继续重点督办部分代表建议。常委会人事代表室作为常委会联系代表的工作机构，要加强同政府办公室及各承办单位的联系，及时掌握代表建议办理进度和办理过程中出现的问题，总结推广办理工作的先进经验和先进典型。县政府办公室也要对代表建议的办理工作加强督促检查。

2015年11月11日，茌平县人大常委会组织部分驻茌聊城市人大代表向原选区述职活动，县人大常委会第一副主任尹海波、副主任张丽华、赵希亮、丁洁卉、靳明华参加活动。张丽华主持活动，她指出《代表法》第四条规定：“代表应与原选区选民或者原选举单位和人民群众保持密切联系”，第六条规定：“代表受原选区选民或者原选举单位的监督”，第四十五条规定：“由选民直接选举的代表应当以多种方式向原选区选民报告履职情况”。聊城市人大常委会2015年工作要点明确要求，市人大代表要向原选举单位述职。茌平县人大常委会按照有关要求向在茌平选区参选的聊城市第十六届人大代表转发了有关通知，代表联络工委正在积极汇总述职材料，由于时间原因，抽选了三名有代表性的同志，在今天的常委会上进行代表述职，他们分别是单海波、杜村山和陈峰。尹海波最后做重要讲话，他在讲话中强调，按照贯彻中央、省、市人大工作会议的的精神和聊城市2015年工作要点的要求，在茌平选区参选的聊城市人大代表，有义务在茌平人大常委会上作述职报告。今天这次述职活动可以算是一个试点，下一步我们会有计划地，分时、分批落实所有市人大代表的述职活动。我县人大常委会也将探索开展县人大代表述职活动。从今天的述职情况来看，效果很好。在报告中，他们将换届以来执行代表职务、履行代表职责等情况进行了详细汇报，并就下一步如何履职尽责表明了态度，体现出了自觉接受选举单位监督的代表意识。也希望你们能虚心听取常委会委员们的意见建议，自觉接受人大常委会的监督，在自己工作岗位上，发挥模范带头作用，为开创人大工作新局面做出积极贡献。他们的述职有三个特点：一是代表本人素质较高；二是真心为群众办了许多实事；三是联系群众的桥梁和纽带作用发挥得好；三是本职工作做得好。这三名市人大代表，来自教育、农村和基层党政三个领域，也都是相应领域的主要领导和带头人，平时工作都很忙，但是他们时刻不忘自己人大代表的身份，积极参加市人代会建言献策，参加代表小组活动和各级人大常委会组织的视察、检查、评议等活动，主动开展调查研究，深入基层，深入群众，虚心接受人民群众的意见建议，并运用到实际工作中，在各自领域作出了很大的贡献，做到了本职工作和代表职责两不误、两促进。尹海波希望，市人大代表能虚心听取常委会委员们的意见建议，自觉接受人大常委会的监督，在自己工作岗位上，发挥模范带头作用，为开创人大工作新局面做出积极贡献。

2015年11月11日，茌平县人大常委会专项听取审议《茌平县县政府关于十七届人大四次会议代表意见建议办理情况的报告》。县人大常委会第一副主任尹海波、副主任张丽华、赵希亮、丁洁卉、靳明华参加会议，县政府科技副县长杨立军列席会议并汇报工作。尹海波在讲话中指出，杨立军副县长对十七届人大四次会议代表意见建议办理情况进行了比较全面的汇报。各位委员和同志们也认真听取、审议并表决通过了这个报告。我认为，这个报告做得很好，也很用心。从报告中可以看出，县十七届人大四次会议以来，县政府高度重视代表建议办理工作，始终坚持把代表建议办理与推动全县工作、解决热点问题有机结合，不断强化组织领导，落实办理责任，代表建议办理工作机制不断完善。各承办单位进一步创新办理方法，规范办理程序，转变工作作风，全面加强同代表的联系沟通，办理质量和实效有了明显提高。截至目前十七届人大四次会议上提出的56件意见建议意见已经全部办结，办复率达到100%。对于下一步的代表意见建议工作，尹海波提出了“四个强化”：一是强化认识。人大代表提出建议是代表人民行使权力的具体体现，办理代表建议，就是尊重法律、尊重人大，就是保障人民当家作主的权力；代表建议，体现人民意志，反映人民呼声，办理落实代表建议，就是践行执政为民宗旨。县政府及各承办部门要高度重视代表建议办理工作，切实把办理代表建议作为自觉接受人大代表监督、推进依法行政的重要举措来认识，变“要我办”为“我要办”，变“应付办”为“应该办”，并在行动上落实到位。二是强化办理。县政府及各承办部门要确保建议办理工作力度不减，劲头不松，对照承诺的解决期限，明确专人，倒逼进度，一着不让抓到位，切实做到兑现承诺不讲条件、认真办理不找借口、解决问题不遗余力，努力提高建议办成率。同时，将办理代表建议与完善工作机制相结合，与实施民生工程相结合，与推进工作深入开展相结合，通过办理代表建议推动部门整体工作上台阶、上水平。三是强化对接。要按照代表建议的内容分别归类，根据部门职责认真落实好承办单位。涉及多个承办单位的代表建议，要协调好主办单位和会办单位之间的沟通联系，及时研究解决代表建议办理过程中的矛盾和问题，防止推诿扯皮现象的发生。对正在解决和逐步解决的建议，县政府有关承办部门要主动与代表对接，及时通报办理进度，征求代表意见。四是强化责任。县政府要加强代表建议办理工作督促检查力度，及时了解掌握代表建议办理进度，定期不定期公布建议办理进展情况，组织人大代表对未按时办理或仍未办结的建议进行评议，切实增强建议办理效果，提高建议办理水平。对办理不力、进度不快，特别是不能按期兑现承诺的，要采取有效措施，严格考核奖惩，确保代表建议办理工作落到实处。

2016年5月12日，为贯彻落实《中共中央转发〈中共全国人大常委会党组关于加强县乡人大工作和建设的若干意见〉的通知》（中发〔2015〕18号）文件精神和省委、市委有关实施意见，提升我县县乡人大工作水平，茌平县人大常委会经研究决定，要在全县人大系统范围内，健全以人大常委会组成人员联系人大代表、人大代表联系人民群众为主题的“双联”制度；同时开展以建设乡镇（街道）人大代表活动室和社区（村）人大代表联络室为主题的“双室”活动。为搞好“双联双室”活动，特制定实施方案如下：一、指导思想。以邓小平理论、“三个代表”重要思想、科学发展观为指导，深入贯彻党的十八大、十八届三中、四中、五中全会精神和习近平总书记系列重要讲话精神，深入贯彻落实全国人大、省委、市委县乡人大工作与建设座谈会精神，密切常委会同人大代表、人大代表同人民群众的联系，加强代表联络机构建设，搭建代表联系群众顺畅平台，更好地发挥代表在了解民情、反映民意、集中民智方面的独特作用，扩大群众对人大工作的实质性参与，实现联系群众工作常态化、全覆盖。二、参加人员。“双联双室”活动的参加人员为县人大常委会组成人员和驻茌的市县两级人大代表；乡镇人大代表及其代表小组可以参照组织实施。本次活动专门成立领导小组，由县人大常委会主任、党组书记尹海波为组长，县人大副主任张丽华、赵希亮、丁洁卉、靳明华任副组长，县人大代表联络工委主任杨敏兼任领导小组办公室主任。三、活动目标。“双联”活动是人大常委会和代表依法履职的基础和前提，是人大工作接地气的关键；“双室”建设是代表履行职责、发挥作用的重要组织形式。要通过活动的开展，逐步实现“两个提供”、“两个贴近”，即县人大常委会为人大代表依法履行代表职务提供更多的指导和更有利的条件；人大代表为县人大常委会依法行使职权提供最广泛的民意参考和最直接的决策素材；使人大代表反映的意见和要求更加贴近广大人民群众的意志和愿望；使县人大常委会的工作和决策更加贴近人大代表的意愿和要求。四、活动内容。“双联”制度的主要内容：围绕县委中心工作和全县工作大局，听取和了解基层人大代表和人民群众对经济社会发展重大事项、重点项目及民生热点难点问题的意见建议；围绕参与管理国家事务，听取和了解对县人大常委会和“一府两院”各方面工作的建议、批评和意见；围绕党的群众路线教育实践活动，听取和了解基层群众的意见、建议和诉求，帮扶困难家庭，帮助、促进解决他们生产生活中的实际困难；围绕代表参与常委会活动，听取和了解对列席常委会会议、参加常委会执法检查、视察、调研等工作的意见和建议；围绕代表法的贯彻实施，了解基层人大代表依法行使代表职权、履行代表义务等方面的情况，回答选民或群众询问，为群众释疑解惑，接受选民的监督。“双室”建设的主要内容：“人大代表活动室”要按照“六有”（有活动场所、有活动计划、有活动制度、有活动档案、有专人负责、有征求意见箱）建设为基础，不断创新代表活动的内容，逐步把代表活动室建设成为代表学习培训、联系选民、开展活动、履行职责的重要载体，实现代表活动的制度化、规范化、科学化。“人大代表联络室”是构建县、乡镇（街道）、社区（村）三级联动的人大工作新网络的重要环节，是代表工作向社区（村）的延伸。要突出联系服务群众、收集社情民意、化解矛盾维稳的前沿阵地作用，逐步建立健全“代表接待日”活动制度。五、活动方法。（一）确定联系对象。要求每一位常委会组成人员固定与5名人大代表和5名群众保持经常性联系，每一位人大代表固定联系5名群众。联系对象要点面结合，具有一定的代表性和广泛性。常委会组成人员联系代表名单按照参选地及所分管工作由县人大代表联络工委确定；代表联系群众名单按照选区和所处的行业领域由乡镇、街道人大与代表协商确定。（二）制定联系计划。联系方式可通过约请座谈、定期走访、定点接待、专题调研、重点视察、网络沟通以及电话、电子邮件、信函等多种方式和渠道进行，全年至少联系走访6次以上。根据“双联”活动内容、方式和要求，常委会组成人员和代表要制定好年度联系走访计划，并填写《县人大常委会组成人员联系人大代表情况登记表》和《人大代表联系人民群众情况登记表》报县人大常委会代表联络工委备案，代表所填《人大代表联系人民群众情况登记表》报所在乡镇、街道人大存档。（三）推进“双室”规范化、制度化建设。驻茌的3个市人大代表小组和14个乡镇（街道）都要设立代表活动室，配备必要的办公用具（会议桌椅、电脑、电话、打印机等），让代表们有比较固定的学习活动场所。对原来已经设立的代表小组活动室要按照任务要求和标准，进一步做好改进和规范。同时深入开展前期调研，按照便于代表走进社区、密切联系选民的原则，结合社区（村）服务管理实际和人大代表的分布，各乡镇、街道要在每个管区至少建立1个人大代表联络室，配备联络员、必要的办公用具。本着实事求是、能基本满足工作需要的原则，两室要有标识、有制度，能正常开展工作。有条件的，可开通人大代表接访专线，对群众来信、来电、来访的情况及时处理并做好记录，建立代表联系群众工作档案，努力打造“阵地规范、设施齐全、资料完整、活动丰富”的代表活动场所。（四）建立健全双向沟通反馈机制。各乡镇（街道）人大代表活动室、社区人大代表联络室定期向人大代表通报县人大常委会的各项通知、文件精神以及所在乡镇、街道经济社会发展等工作情况，同时代表要主动向县人大、乡镇（街道）人大提交收集到的社情民意，并将处理办结的情况反馈到社区（村）群众。人大代表在联系人民群众时，不直接处理问题，对人大代表在“双联”活动中收集的群众意见，建立分类办理机制，以建议形式提出。属于乡镇、街道职权范围的事项，由乡镇(街道)人大转交本级有关机关和组织处理；属县人大及其常委会职权范围内的事项，报送县人大转交有关部门办理；属市人大及其常委会职权范围内的事项，商请市人大代表小组召集人，以市人大代表建议形式，书面报市人大处理；属于人民群众来信来访反映的问题，由县人大信访部门负责处理。承办单位按相关规定向人大代表和有关群众答复处理结果。形成“群众反映意见，代表提出建议，有关机关组织办理并答复，人大负责督办和协调”的工作流程。如代表对办理工作不满意，承办单位要立即重新办理，必要时可启动询问程序，切实做到群众有反映人大就有回应，增强代表联系群众的实效性。六、活动要求。（一）加强组织领导。各乡镇（街道）人大及市人大代表小组要切实把“双联双室”活动作为今年的一项重点工作，纳入重要议事日程，制定活动计划，层层落实责任。各乡镇人大主席、街道人大工委主任既是牵头部门负责人，又是县人大代表活动室召集人，要认真负责、精心策划，具体抓好组织实施。县人大常委会将分组进行督促检查，做好活动的组织指导、协调和服务工作，推动活动深入开展。（二）搞好两个结合。一是把“双联双室”活动与党委的中心工作结合起来，围绕县委的重大战略部署，争先创优、建功立业。二是把“双联双室”活动与“两学一做”学习教育结合起来，将“双联双室”活动打造成为人大代表密切联系群众，服务群众，真心真意为群众办实事、办好事的重要载体；将“双联双室”活动开展成为改进工作作风，加深与人民群众的感情，促进机关各项工作开展的新举措。

2016年5月30日至6月5日，茌平县人大常委会组织部分机关干部及全体乡镇（街道）人大主席（主任），赴全国人大北戴河培训基地参加培训。学习内容为：全国人大常委会委员、财经委副主任委员尹中卿讲《学习贯彻实施新预算法，依法加强和改进预决算审查监督》；北京市人大制度理论研究会副会长席文启讲《关于代表履职的几个问题》；中央党校政法教研部教授刘启云讲《依法治国》；全国人大常委会代表资格审查委员会办公室原主任李伯钧讲《关于选举法和选举工作的几个问题》；中央党校教授、经济学部发展教研室主任施红讲《当前我国经济形势》；全国人大常委会法工委社会法室巡视员郭林茂讲《监督法和人大监督工作》。参加培训的同志们一致认为，授课的教授和专家老师们政策理论水准高，实践经验丰富，造诣深厚，观点新颖，授课的内容对今后人大工作，特别是县乡人大工作的提升有很深远的意义。培训期间，同志们模范遵守各项培训纪律，不旷课、不早退，按时参加学习和视察，积极参与各项讨论，主动向专家咨询问题，展现了茌平县人大干部的良好风貌。县人大常委会主任、党组书记尹海波非常重视这次培训，并多次强调，要将本次培训同贯彻好中央18号、省委17号和市委24号文件精神相结合；同本开展好今年的县乡人大换届工作相结合；同落实好地方人大的监督职能相结合；同发挥好人大代表的参政议政作用相结合；要主动作为，突出重点，努力推动人大工作创新发展。

五、信访工作

茌平县人大信访工作，紧紧围绕改革开放和经济建设这个中心，充分发挥信访工作密切联系人民群众和反映人民群众意愿的渠道作用，努力为人大及其常委会行使职权服务，为推进社会主义民主和法制建设服务。据统计，1998—2003年，共受理人民群众来信来访378件，已办理366件，结案率97%，接待来访群众274人次，集体上访化解率98%，上级交办案件按规定时间要求结案率98%，维护了人民群众的合法权益，促进了全县的稳定和发展。

茌平县第十六届人大常委会届内共受理来信来访301件。

六、评议工作

1994年9月上旬至10月上旬，根据茌平县人大常委会的统一安排，各乡镇人大代表对乡镇职能部门和“双管”单位的工作进行了评议。参评代表为乡镇人大代表及驻本行政区域内的上级人大代表。评议范围是22个乡镇正、副乡镇长、政府职能部门和县直各机关驻乡镇的双管单位。评议的内容包括依法行政情况、本职工作情况、廉政建设情况、职业道德情况、服务党的中心工作情况。评议工作分为宣传发动、调查研究、召开评议大会、落实整改四个阶段。参与评议的驻乡镇县乡人大代表1572人，到会评议的人大代表1337人，占代表总数的85%；被评乡镇长21名、副乡镇长75名，获90分以上的85名，占被评人数的88.6%；80分以上的11名，占被评总数的11.4%。被评职能部门和双管单位458个，其中评出信任单位301个，占被评单位的65%；基本信任单位149个，占被评单位的33.2%；不信任单位8个，占被评单位的1.8%。代表提出批评、意见和建议818条，主要有几个方面：1.乡镇政府在发展经济的宏观决策上要加强工作的连续性、稳定性和实效性，不要在工作上造成人财物的浪费。2.在调整种植结构发展高产高效农业方面，有的乡领导方法简单，搞一刀切，要求过急，对科技兴农抓的不紧，重视不够，产前产后服务跟不上。3.有的乡镇政府对今年棉花生产存有前紧后松，诱蛾灯没有充分发挥其作用，造成棉花减产。4.在农田水利建设上投入少，水利设施失修，南片几个乡镇群众迫切要求根治赵牛河。希望政府把上河清淤工作安排的符合农时，最好不要在三夏生产大忙季节组织挖河。5.供销社划归乡镇管理后，至今有些乡镇无人分管，工作开展难度大，要求加强对供销社的领导。6.市场管理不规范，对化肥经销管理失控，有的销售点一天之内涨价三次。打假时紧时松，对菜霸、肉霸、地皮霸打击不利，群众进城销售农产品难，影响市场经济发展。7.社会治安综合治理急需加强，加大打击力度，提高破案率、结案率，不要以罚代刑，严格执法，要进一步加强对政法干警的教育，特别是对合同民警、巡逻队员、保安人员要提高素质，严格要求，减少违法违纪现象，加强对基层治保组织建设。8.有些部门少数人员素质差，需进一步端正行业作风，强化服务意识，制止三乱，更好地为试点县建设服务。9.要求进一步减轻农民负担，上级部门摊派到农村报纸刊物太多，学生负担重等。

1994年11月中旬～12月中旬，茌平县人大常委会对政府行政执法部门和“两院”的工作进行评议。评议分为评前准备、调查研究收集评议意见、召开评议大会、整改四个阶段。县人大常委会于12月15日至17日召开评议大会。会议在听取41个职能部门述职报告的基础上，参加评议的188名代表中，28位代表对41个部门的工作进行了面对面的评议，154名县人大代表以无记名投票的方式对41个部门的工作进行了量化评议。县一中、人事局等得分前12名的单位被授予“人民代表信任单位”荣誉称号，其单位主要负责人被授予“人民优秀公仆”荣誉称号。得分后4名的县医院、外经委、工商局、石油公司被定为本年度评议工作“重点整改单位”。

1995年12月17日～12月19日，茌平县人大常委会召开评议大会。会议在听取7名副县长和42

个部门述职报告的基础上，参加评议的196名代表中委托9名县人大代表对42个部门面对面的评议，151名代表以无记名投票的方式对42个部门的工作进行量化评议。县一中、人事局、邮电局、劳动局、财政局、法院、教委、民政局、工商行、城建委、水利局、人行、地税局、农委被授予“人民信任单位”荣誉称号，其单位主要负责人被授予“人民优秀公仆”荣誉称号。县医院、公路局、乡镇企业局被定为本年度的后三名。

1996年10月10日～11月中下旬，茌平县人大常委会组织人大代表对“一府两院”及其行政执法部门的工作进行了评议。列入评议范围的部门有：公安局、检察院、法院、司法局、民政局、工商局、地税局、财政局、监察局、劳动局、人事局、审计局、土管局、建委、计生委、统计局、水利局、农委、教委、计委、经委、粮食局、卫生局、交通委、外经委、科委、县社、乡镇企业局、文体委、林业局、技术监督局、畜牧局。评议的内容：1.落实执法责任制情况（包括贯彻执行宪法、法律、法规和人大及其常委会决议、决定情况；依法行政、秉公执法情况等）；2.廉洁勤政情况；3.树立公仆意识和服务意识，职业道德、文明执法情况；4.联系群众，密切干群关系情况；5.围绕党的中心工作，为经济建设、改革开放服务情况。通过无记名填写评议票，人事局、法院、财政局、建委、地税局、民政局、教委、劳动局、水利局、公安局、工商局、农委被评为“人民信任单位”，并号召“一府两院”各部门干部职工，以他们为榜样，立足本职，扎实工作，全面完成党和人民交给的工作任务，为两个文明建设做出更大的贡献。

1998年9月，茌平县人大常委会对行政执法部门和政府组成人员开展工作评议。县人大常委会对1998年度乡镇人大评议工作提出以下意见。乡镇人大评议范围包括，乡镇政府组成人员，乡镇直行政执法部门和县级行政执法部门的派出机构，具体评议单位由各乡镇人大主席团结合本乡镇实际确定。评议内容为：1.贯彻执行宪法、法律法规和人大及其常委会决议、决定情况；2.依法行政、廉洁执法情况；3.发挥自身职能作用，为改革开放、经济建设和人民群众服务情况；4.人民群众反映强烈的问题的解决办理情况；5.乡镇人大认为应当评议的其他情况。

1999年9月至11月，县人大常委会依据有关法律规定，组织代表对县直执法部门及其落实执法责任制情况开展评议、检查。评议、检查以邓小平理论和党的十五大精神为指导，以宪法、法律为依据，以监督检查执法部门的执法工作为重点，以促进执法部门及其工作人员依法行政、廉洁执法、严格落实执法责任制为目的。围绕全县的中心任务，结合人民群众普遍关心的“热点、难点”问题，纠正工作中存在的有法不依、执法不严、违法不究、责任不清、滥用职权现象，保障宪法、法律法规在我县的正确贯彻执行，推动依法治县的健康发展。（一）被评议的部门有：法院、检察院、公安局、农委、教委、工商局、建委、水利局、电业公司。（二）对执法责任制的检查范围是指县十三届人大常委会第十七次会议通过的《执法责任制实施方案》中确定的部门和此后新列编的行政执法部门，包括：法院、检察院、公安局、司法局、民政局、农委、建委、科委、经委、计委、教委、文体委、计生委、交通委、外经委、劳动局、水利局、卫生局、审计局、工商局、国税局、地税局、统计局、土管局、财政局、人事局、乡镇企业局、监察局、人行、邮电局、公路局、电业公司、环保局、技术监督局、林业局、农机局、粮食局。评议、检查内容以执法责任制约五项基本内容为依据，重点检查：1.部门执法范围是否明确，主要领导及所属科、室和执法人员是否明确其执法范围；2.从执法部门到所属基层执法单位以及主要领导和执法人员的执法责任、执法权限是否依法界定；3.学法、普法情况和执行法律法规、人大及其常委会决议、决定情况；4.依法行政、文明执法、廉洁执法以及为改革开放，经济建设和人民群众服务情况；5.制定完善以错案追究制为主要内容的内部监督机制及其执行情况。

2000年9月，县人大常委会开展乡镇人大评议工作。评议工作在党委的领导下，以邓小平理论和江总书记“三个代表”重要思想为指导，以提高政府组成人员和行政执法人员的公仆意识，法律意识，廉洁勤政意识为目的。通过代表评议，促进依法行政，不断改进工作，转变行业作风，使部门工作上一个新的台阶，为本乡镇的两个文明建设做出新的更大贡献。评议的范围为：乡镇政府组成人员和部分乡镇直行政执法部门及县级行政执法部门的派出机构。评议的部门数量不低于五个，评议的重点是人民群众和人大代表意见较多的执法部门。具体评议范围由各乡镇党委和人大主席团结合本乡镇实际确定。评议的内容为：1.认真贯彻党的路线、方针、政策，执行落实宪法、法律法规及各级人大及其常委会决议、决定和依法行政情况；2.办理代表建议、批评和意见，解决人民群众普遍关注的问题和为基层服务情况；3.廉洁勤政和行业作风情况；4.履行自身职责，积极为本辖区经济发展和社会稳定发挥职能作用情况；5.乡镇人大主席团认为应列入评议内容的其他情况。

2000年11月16日，经县人大常委会第十七次会议决定，对部分县人大常委会任命干部进行述职评议。述职评议的对象是任职一年以上的政府部分组成人员，述职评议工作以邓小平理论和江总书记“三个代表”重要思想为指导，以提高干部的职责意识，法制观念，执法水平和公仆意识为目标，进一步强化对人大常委会任命干部的监督力度，推动干部队伍建设，保证改革开放和经济建设的顺利进行。述职评议范围：司法局、计生委、环保局、经委、人事局的主要负责人。述职评议内容：1.带头贯彻执行党的路线，方针、政策，国家法律法规和各级人大及其常委会决议、决定情况；2.模范履行自身职责、依法行政、公正执法和工作政绩情况；3.坚持讲学习，讲政治、讲正气、讲团结、讲民主情况；4.遵纪守法和廉洁自律情况；5.积极办理代表议案和群众批评、意见情况。

2003年12月23日，茌平县人大常委会组织县人大代表对部分县直和垂直执法部门进行评议。评议针对被评议部门贯彻执行党的路线、方针、政策和“三个代表”重要思想的情况；执行法律、法规和县人大及其常委会决议、决定的情况；办理人大代表提出的建议、批评和意见的情况；干事创业、服务经济发展和部门职责履行的情况；依法行政、公正执法、文明执法、行业作风和廉洁自律的情况；领导班子团结协作、带头实干、依法决策、思想作风、工作作风和密切联系群众的情况进行评议。

2004年12月15日，召开县直各部门主要负责人述职评议工作大会，根据省、市人大常委会的要求和县人大常委会年度工作安排，对县人大及其常委会选举任命人员进行述职评议。为认真实施宪法和法律赋予人大的监督职权、强化监督力度、拓宽监督渠道，把闭会期间的代表活动开展得经常、扎实、有效，推动“一府两院”及部分执法部门依法行政，促进茌平县改革开放、经济建设和各项事业的发展。根据有关法律法规和上级人大的要求，在县委领导下，坚持对同级政府执法部门和“两院”进行评议。几年来，县人大代表的评议工作，主要经历了三个阶段，即：探索阶段、完善改进阶段和深入开展阶段，通过不断探索和改进，茌平县评议工作的程序日臻完善，评议的方式、方法更加科学合理，从分项计分评议部门的全面工作转向重点评议由人大选举和常委会任命人员的依法履职情况，充分体现了人大及其常委会在同级党委领导下认真实践“三个代表”重要思想，依法履行职权和向人民群众负责的精神。评议工作得到了各级党委和上级人大的充分肯定，受到社会各界和广大人民群众的普遍认可。它对于保障宪法和法律法规在行政区域内的有效实施，促进“一府两院”及其工作人员严格执法、廉洁勤政，加深党群、干群关系，推动茌平县的民主法制建设，都发挥了重要作用。

2005年11月11日，召开法院、检察院副职述职评议工作大会，对县人大及其常委会任命的法院、检察院副职进行述职评议。述职评议工作是以"三个代表"重要思想为指导，以宪法、法律为依据，突出依法行政和司法为民这条主线，通过评议，激励被评议人员依法履行职责，积极完成本届确定的目标任务，更快地把人民群众的根本利益落实好、维护好、发展好，进一步巩固党的执政地位。

2008年7月3日，茌平县第十六届人大常委会第四次会议通过《茌平县人大常委会2008年评议工作实施方案》，对政府组成部门，经济发展与管理部门，执法与社会事业管理部门和垂直部门进行评议，评议内容为（一）、贯彻执行党的路线、方针、政策和国家法律法规情况；（二）履行本部门职责，部门工作开展情况；（三）依法行政、公正执法情况；（四）服从服务于县委、县政府的中心工作情况；（五）行业作风、服务态度、廉政建设，为群众服务情况；（六）贯彻落实人大及其常委会决议、决定和办理人大代表提出的建议、批评和意见情况。7月25日常委会召开工作评议会议，邀请40名省、市、县人大代表参加评议。参评人员采用无记名投票方法分“满意、基本满意、不满意”三个档次进行投票测评。县人大常委会对评出的满意单位进行了表彰，评议结果通过媒体向社会公布。之后，2009年、2010年、2011年连续四年都进行此评议活动。

2012年12月28日，根据县人大常委会2012年工作计划，为了进一步强化人大的监督职能，增强人大的监督力度，深化人大的监督工作，推动我县经济和社会各项事业的健康发展，经主任会议研究决定，对“一府两院”及垂直部门开展评议，具体实施方案如下：一、评议工作的指导思想。这次评议工作要在县委的坚强领导下，以党的十八大精神为指导，以宪法和法律法规为依据，以促进社会稳定和经济发展为根本出发点，坚持依法、客观、公平、公正的原则，按照科学发展观的要求，依法开展评议工作，进一步推动被评议部门，依法行政，严格执法，廉洁勤政，扎实高效的做好本职工作，推进全县各项工作的顺利开展。二、评议范围。1.政府办公室及经济发展管理部门（22个）：政府办公室、发展和改革局、经济贸易局、财政局、统计局、农业局、水务局、林业办、对外贸易经济合作局、贸易办、招商局、县联社、粮食局、科学技术局、中小企业局、畜牧局、水产局、开发办、多办、农机局、物资总公司、商业总公司。2.社会事业与管理部门（15个）：人事局、教育局、民政局、劳动和社会保障局、住房和城乡建设局、公用事业管理局、交通运输局、文化体育旅游局、体育办、卫生局、人口和计划生育局、广播电视台、民族宗教局、档案局、残联。3.执法执纪监督部门（14个）：法院、检察院、公安局、司法局、物价局、安全生产监督管理局、城市管理行政执法局、审计局、环保局、国土资源局、食品药品监督管理局、法制办、信访局、监察局。4.学校、医院（14个）：职工中专、一中、二中、三中、职业教育中心、实验高中、实验中学、实验小学、技校、特殊教育学校、县医院、二院、中医院、皮防院。5.垂直部门（32个）：县国税局、县地税局、县工商局、县质量技术监督局、县烟草专卖管理局、县盐业局、县公路局、县住房公积金管理处、县交警大队、县武警中队、县消防大队、县气象局；县人行、县银监办、县农村信用社、县工行、县中行、县农行、县建行、县农发行、县邮政储蓄银行、县齐鲁银行、县财险公司、县人险公司；县供电公司、县邮政局、中石化茌平公司、县移动公司、县联通公司、县电信公司、县新华书店、县汽车站。三、评议时间。今年的评议工作从现在开始至2013年元月底前结束。四、评议内容。1.贯彻执行党的路线、方针、政策和国家法律法规情况；2.履行本部门职责，部门工作开展情况；3.依法行政、公正执法情况；4.勤政、廉政建设情况；5.服从服务于县委、县政府的中心工作情况；6.工作作风、部门形象、服务群众情况；7.贯彻落实人大及其常委会决议、决定和办理人大代表提出的建议、批评和意见情况。五、评议的方法、步骤。1.被评议部门开展自查自纠。2.被评议部门起草工作情况。工作情况要结合评议的七项内容，围绕2012年的工作起草。定稿后应征求县委、县政府分管领导和本部门领导班子成员的意见，并于2013年元月8日前打印50份送县人大评议工作办公室，由评议工作办公室统一分发有关参评代表，评议工作办公室设在法工委，联系电话13963521995。3.确定参评代表。参评代表由县人大常委会组成人员和部分驻茌全国、省、市、县人大代表组成。4.开展评议调查。参评代表在评议前要自觉主动地开展各种形式的评议调查活动，广泛联系群众，深入了解人民群众对被评议部门的建议、批评和意见，掌握好第一手资料，为评议工作提供可靠的事实依据。5.开展评议。2013年元月底前召开评议大会，对被评议部门进行评议。参评代表根据平时调查掌握的情况和各被评议部门的工作情况，结合评议的七项内容，对被评议部门以无记名方式填写评议票。评议结果报送县委、政府及各被评议部门的上级主管机关，同时送县工作目标考核办，作为县工作目标考核的依据。六、评议工作的组织领导和要求。评议工作要在县人大常委会的统一领导下严格依法开展。参评代表要自觉主动的开展评议调查活动，掌握好事实依据，对被评议部门的评议要客观公正、实事求是，对问题不掩盖、不扩大，做到对事不对人，不掺杂个人成见。希望社会各界都要支持和尊重代表依法履行职权，积极为代表评议提供服务和帮助，确保评议工作顺利进行。被评议部门对代表的评议要统一思想，提高认识，端正态度，正确对待，自觉接受监督，要通过评议，达到转变形象，提高效率，促进工作的效果，开创工作的新局面，为实现“科学发展建设幸福新茌平，奋力赶超跨入全国五十强”的奋斗目标做出新的更大的贡献。

2012年12月28日，县人大常委会主任会议研究决定，对各乡镇（街道）继续开展人大述职评议工作，并下发了指导意见。评议的范围包括：各乡镇（街道）职能部门，具体评议对象由各乡镇（街道）结合实际情况自行确定。评议的主要内容包括：1.带头贯彻宪法、法律法规和党的路线、方针、政策，依法行政和公正司法情况。2.执行本级及上级人大及其常委会决议，积极办理代表建议、批评和意见情况。3.带领本部门模范履行自身职责、干事创业、为民服务及完成本职工作任务情况。4.服从党委政府的领导，完成党委交办的工作任务情况。5.践行党的群众路线、严格遵守“八项规定”、廉洁自律情况。评议原则上分为部署准备、调查研究、评议、落实整改四个阶段，具体方法步骤由各乡镇（街道）本着科学、合法、便于操作的原则，自行确定。

2013年1月30日，茌平县人大常委会2012年度评议“一府两院”及垂直部门工作结束，并对有关情况进行通报：2012年度人大评议工作自2012年12月开始至2013年1月底结束，历时近两个月的时间，分六个阶段进行。一是被评议部门开展自查自纠，自觉主动地征求人大代表和社会各界的意见，自查工作中存在的问题；二是2013年1月5日，召开了评议工作动员大会，各被评议部门主要负责人参加，人大常委会对评议工作中应注意的事项进行了部署安排，提出了要求，统一了思想，明确了任务；三是被评议部门起草工作情况，征求县委、政府分管领导和本部门领导班子的意见；四是确定参评代表，从14个乡镇（办事处）和人大常委会组成人员中，确定了驻茌省、市、县、乡四级100余名人大代表参加评议；五是开展评议调查，人大常委会组成人员和参评代表采取各种形式，广泛联系选民，深入开展评议调查活动，征求人民群众对被评议部门的建议、批评和意见，掌握好第一手资料，为做出客观公正的评议提供可靠的事实依据；六是2013年1月24日召开了评议大会，100余名参评代表对97个被评议部门以无记名投票的方式进行了评议。通过代表评议，法院、检察院、政府办公室、财政局、人事局、发展和改革局、农业局、经济贸易局、住房和城乡建设局、人口和计划生育局、教育局、科学技术局、文化体育旅游局、监察局、民政局、社会保障局、国土资源局、交通运输局、水务局、卫生局、对外贸易经济合作局、审计局、统计局、执法局、安监局、林业办、贸易办、招商局、县联社、中小企业局、水产局、开发办、多办、农机局、广播电视台、档案局、残联、法制办、食品药品监督管理局、一中、二中、实验中学、实验小学、县医院、国税局、地税局、移动公司、工商局、质量技术监督局、公路局、住房公积金管理处、消防大队、气象局、人行、银监办、农村信用社、工行、中行、农行、农发行、供电公司被评为“优秀单位”。（注：排序不分先后。）

2013年12月24日，根据县人大常委会2013年工作计划，为了进一步强化人大的监督职能，增强人大的监督力度，深化人大的监督实效，推动我县经济和社会各项事业的健康发展，经主任会议研究决定，按照县委要求，组织驻茌各级人大代表对县委部门、人大机关、政协机关、纪委机关、“一府两院”及垂直部门开展评议，评议范围包括：1.“五大班子”机关及常委部门（8个）：县委办公室、人大机关、县政府办公室、政协机关、纪委（监察局）机关、组织部、宣传部、政法委。2.经济发展与管理部门（21个）：发展和改革局、经济和信息化局、财政局、统计局、农业局、水务局、林业局、对外贸易经济合作局、贸易办、招商局、县联社、粮食局、科学技术局、中小企业局、畜牧局、水产局、多办、农机局、开发办、物资总公司、商业总公司。3.社会事业与管理部门（14个）：人力资源和社会保障局、教育局、民政局、劳动和社会保障局、住房和城乡建设局、市政公用事业管理局、交通运输局、文化体育旅游局、体育办、卫生局、人口和计划生育局、广播电视台、民族宗教局、档案局。4.执法执纪监督部门（12个）：法院、检察院、公安局、司法局、物价局、安全生产监督管理局、城市管理行政执法局、审计局、环保局、国土资源局、食品药品监督管理局、法制办。5.党政机关及群团组织（22个）统战部、综治办、610办公室、县直机关工委、信访局、党校、老干局、职工中专、工商联、总工会、团县委、妇联、科协、残联、党史办、老龄办、台办、职教办、侨办、地方志办、政务服务中心管理办公室、金牛湖景区开发建设中心。6.垂直部门（30个）：县人行、县银监办、县工行、县中行、县农行、县建行、县农发行、县农村信用社、县邮政储蓄银行、县齐鲁银行、县财险公司、县人险公司；县国税局、县地税局、县工商局、县质量技术监督局、县烟草专卖管理局、县盐业局、县公路局、县住房公积金管理处、县交警大队、县气象局；县供电公司、县邮政局、县中石化茌平公司、县移动公司、联通公司、电信公司、县新华书店、汽车站。评议内容包括：1.贯彻宪法、法律、法规和依法行政的情况，主要看有关法律法规是否得到贯彻落实，是否做到依法行政、公正司法。2.执行党的路线、方针、政策，依法履行职能，完成工作任务情况。主要看执行党的路线、方针、政策是否认真，县委确定的60项重点工作任务分解是否到位，确定的本部门年度目标是否实现。3.贯彻执行上级和本级人大及其常委会决议，办理县人大常委会审议意见情况，办理代表建议、批评、意见情况。主要看贯彻执行上级和本级人大及其常委会决议是否有力；办理代表建议、批评和意见等措施是否得力，办理质量是否提高，人大代表是否满意。4.服务群众、服务经济建设、维护全县大局情况。主要看为解决群众、社会普遍关注的热难点问题情况和为我县经济建设和社会事业发展服务情况。5.作风建设情况。主要看是否严格执行中央、省关于改进工作作风、密切联系群众各项规定，是否改进作风，加强调查研究，密切联系群众，是否改进政风行风，厉行勤俭节约，是否存在有令不行、有禁不止等问题。6.廉洁自律情况。主要看班子的凝聚力、战斗力、执行力是否增强，干部队伍的思想和业务素质是否提高，机关作风是否转变，服务大局氛围是否浓厚，党风廉政建设责任制是否落实，违法违纪问题是否得到纠正和处理。

2013年12月24日，县人大常委会主任会议研究决定，对各乡镇（街道）继续开展人大述职评议工作，并下发了指导意见。评议的范围包括：各乡镇（街道）职能部门，具体评议对象由各乡镇（街道）结合实际情况自行确定。评议的主要内容包括：1.带头贯彻宪法、法律法规和党的路线、方针、政策，依法行政和公正司法情况。2.执行本级及上级人大及其常委会决议，积极办理代表建议、批评和意见情况。3.带领本部门模范履行自身职责、干事创业、为民服务及完成本职工作任务情况。4.服从党委政府的领导，完成党委交办的工作任务情况。5.践行党的群众路线、严格遵守“八项规定”、廉洁自律情况。评议原则上分为部署准备、调查研究、评议、落实整改四个阶段，具体方法步骤由各乡镇（街道）本着科学、合法、便于操作的原则，自行确定。

2014年2月18日，茌平县人大常委会2013年度评议“一府两院”及垂直部门工作结束，对有关情况进行通报：2013年度人大评议工作自2013年12月开始至2014年1月中旬结束，历时1个半月的时间，分六个阶段进行。一是被评议部门开展自查自纠，自觉主动地征求人大代表和社会各界的意见，自查工作中存在的问题；二是2013年12月27日，召开了评议工作动员大会，各被评议部门主要负责人参加，人大常委会对评议工作中应注意的事项进行了部署安排，提出了要求，统一了思想，明确了任务；三是被评议部门起草工作情况，征求县委、政府分管领导和本部门领导班子的意见；四是确定参评代表，驻茌全国、省、市人大代表和全体县人大代表参加评议；五是开展评议调查，人大常委会组成人员和参评代表采取各种形式，广泛联系选民，深入开展评议调查活动，征求人民群众对被评议部门的建议、批评和意见，掌握好第一手资料，为作出客观公正的评议提供可靠地事实依据；六是2014年1月5日召开了评议大会，200余名参评代表对53个县直部门和30个垂直部门以无记名投票的方式进行了评议。通过代表评议，县直部门中财政局、政府办公室、住房和城乡建设局、发展改革局、统计局、农业局、水务局、经济和信息化局、劳动和社会保障局、国土资源局、教育局、检察院、民政局、交通运输局、法院、公安局、广播电视台、人力资源和社会保障局、卫生局、城市管理行政执法局被评为“优秀单位”；垂直部门中地税局、国税局、工行、人行、中行、农信社、工商局、供电公司、公路局、移动公司被评为“优秀单位”。

2014年11月13日，县十七届人大常委会第十八次会议通过了茌平县人大常委会2014年度评议工作实施方案。决定继续对“一府两院”及垂直部门开展评议。评议工作的指导思想是深入贯彻党的十八大、十八届三中、四中全会和习近平总书记系列重要讲话精神，紧紧围绕县委重大决策和事关民生权益的重要工作，依法开展工作评议。以依法治国为纲领，以促进被评议部门依法行政为主旨，以着力解决群众关心的热点难点问题为目标，进一步增强被评议部门的法治意识、实干意识、廉政意识和效能意识，以教育实践活动的新成效推动茌平经济社会全面发展。评议范围包括：1.政府办公室及经济发展管理部门（22个）：政府办公室、发展和改革局、经济和信息化局、财政局、统计局、农业局、水务局、林业局、商务局、贸易办、招商局、县联社、粮食局、科学技术局、中小企业局、畜牧局、水产局、农机局、多办、开发办、物资总公司、商业总公司。2.社会事业与管理部门（15个）：人力资源和社会保障局、教育局、民政局、住房和城乡建设局、市政公用事业管理局、交通运输局、文化体育旅游局、卫生和计划生育局、广播电视台、体育办、民族宗教局、档案局、残联、政务服务中心管理办公室、金牛湖景区开发建设中心。3.执法执纪监督部门（16个）：法院、检察院、公安局、司法局、监察局、信访局、物价局、安全生产监督管理局、城市管理行政执法局、审计局、环保局、国土资源局、食品药品监督管理局、工商局、质量技术监督局、法制办。4、学校、医院（12个）：实验小学、实验中学、茌平一中、茌平二中、茌平三中、职业教育中心、职工中专、特殊教育学校、县医院、皮防院、二院、中医院。5、垂直部门（29个）：县银监办、县人行、县工行、县中行、县农行、县建行、县农发行、县农村信用社、县邮政储蓄银行、县齐鲁银行、中国财险茌平分公司、中国人寿茌平分公司；县国税局、县地税局、县烟草专卖管理局、县盐务局、县公路局、县住房公积金管理处、县交警大队、县气象局；县供电公司、县邮政局、中石化茌平分公司、移动茌平分公司、联通茌平分公司、电信茌平分公司、县新华书店、汽车站、县消防大队。评议时间即日起至2015年2月10日前结束。四、评议内容包括：1.贯彻宪法、法律、法规和依法行政的情况，主要看有关法律法规是否得到贯彻落实，是否做到依法行政、公正司法。2.执行党的路线、方针、政策，依法履行职能，完成工作任务情况。主要看执行党的路线、方针、政策是否认真，县委确定的60项重点工作任务分解是否到位，确定的本部门年度目标是否实现。3.贯彻执行上级和本级人大及其常委会决议，办理县人大常委会审议意见情况，办理代表建议、批评、意见情况。主要看贯彻执行上级和本级人大及其常委会决议是否有力；办理代表建议、批评和意见等措施是否得力，办理质量是否提高，人大代表是否满意。4.服务群众、服务经济建设、维护全县大局情况。主要看为解决群众、社会普遍关注的热难点问题情况和为我县经济建设和社会事业发展服务情况。5.作风建设情况。主要看是否践行中央八项规定，在四风问题上是否切实转变。6.廉洁自律情况。主要看班子的凝聚力、战斗力、执行力是否增强，干部队伍的思想和业务素质是否提高，机关作风是否转变，服务大局氛围是否浓厚，党风廉政建设责任制是否落实，违法违纪问题是否得到纠正和处理。整个评议工作从12月开始，到2015年2月10日前结束，分为准备、自我整改、评议、整改四个阶段进行。

2014年11月13日，县人大常委会主任会议研究决定，对各乡镇（街道）继续开展人大述职评议工作，并下发了指导意见。评议的范围包括：各乡镇（街道）职能部门，具体评议对象由各乡镇（街道）结合实际情况自行确定。评议的主要内容包括：1.带头贯彻宪法、法律法规和党的路线、方针、政策，依法行政和公正司法情况。2.执行本级及上级人大及其常委会决议，积极办理代表建议、批评和意见情况。3.带领本部门模范履行自身职责、干事创业、为民服务及完成本职工作任务情况。4.服从党委政府的领导，完成党委交办的工作任务情况。5.践行党的群众路线、严格遵守“八项规定”、廉洁自律情况。评议原则上分为部署准备、调查研究、评议、落实整改四个阶段，具体方法步骤由各乡镇（街道）本着科学、合法、便于操作的原则，自行确定。

2015年9月1日，为深入贯彻落实党的十八大、十八届四中全会精神，切实履行地方人大常委会的司法监督职能，进一步加强对县人大常委会任命的县人民法院法官的监督，进一步规范司法行为、优化司法环境、推动公正司法，实现我县科学发展再上新台阶，根据《宪法》、《监督法》、《法官法》等有关法律规定，县人大常委会主任会议研究决定，将对县人民法院部分法官开展履职评议。县十七届人大常委会第二十三次会议审议通过了实施方案，具体情况如下：一、指导思想：以《宪法》、《监督法》、《地方组织法》等有关法律法规为依据，坚持依法、客观、公正、公开的原则，客观公正地对县人大常委会任命的审判人员履职情况进行评议。通过履职评议，促进我县法官队伍政治素质和业务素质的提高，更好地维护广大人民群众的合法权益，为我县经济社会发展和民主法制建设提供有力的司法保障。二、组织领导：履职评议工作在县人大常委会主任会议领导下，成立法官履职评议工作领导小组。县人大常委会党组书记、第一副主任尹海波任组长，县人大常委会副主任张丽华、赵希亮、丁洁卉、靳明华任副组长，人大常委会机关委室负责人为成员。领导小组下设办公室，乌艳昕任办公室主任，负责法官履职评议的具体工作。评议范围：本次评议采取随机抽取的方式确定，评议人数八人。评议范围为县人民法院任审判员职务满3年以上的法官。三、评议内容：1.政治业务素质情况。包括政治理论学习、审判业务和法学理论水平等情况。2.依法履行职责情况。包括审判或执行工作实绩，严格执法、公正司法等情况。3.自觉接受监督情况。包括接受人大和社会各界监督，落实、办理人大代表的意见建议和县人大常委会转办、交办的涉法涉诉信访案件办理等情况。4.廉政建设情况。包括遵守最高人民法院《法官行为规范》、《法官职业道德基本准则》和廉政建设的有关规定等情况。五、方法步骤和时间安排：评议活动分准备动员、调研走访、集中评议、整改落实四个阶段进行，时间为2015年8月至11月底。（一）准备动员阶段（8月中旬至9月中旬）1.召开法官履职评议动员会，时间半天。会议议程主要是：公布实施方案，县人大常委会领导作动员讲话，县人民法院主要领导作表态发言。2.会后会同县人民法院负责人，采取分组随机抽取的方式确定评议对象；3.分别在茌平人大网站、茌平法院及法院网站公示评议对象名单，接受社会各界监督；4、通知评议对象开展自查自评，动员会后15日内提交履职报告。（二）调研走访阶段（9月中旬至10月中旬）1.成立评议调研组和案卷查阅组。评议调研组由县人大常委会组成人员和部分县人大代表组成，案卷查阅组邀请、抽调县委政法委、县检察院、县公安局、县司法局等有关单位专业人员组成；2.评议调研组听取县人民法院领导班子成员关于评议对象的情况介绍，与评议对象所在庭室负责人和部分同事进行个别谈话了解情况；3.评议调研组通过上门走访、召开座谈会等形式，向县纪委、县委政法委、县检察院、县公安局、县司法局和部分人民陪审员、律师、案件当事人等了解评议对象有关情况，征求意见；4.案卷查阅组旁听评议对象一次审理案件的庭审，调取查看评议对象审理案件的庭审录像，查看评议对象近三年来主办案件的案卷。（三）集中评议阶段（10月中旬至11月中旬）1.召开评议大会，主要内容有三项：一是听取评议对象的履职报告；二是组织人大常委会组成人员、部分省、市、县人大代表对评议对象进行履职情况测评；三是县人大常委会领导讲话。2.评议调研组、案卷查阅组汇总情况，形成法官履职评议工作情况报告，并对履职法官评议情况形成量化结果，结果按“优秀”、“称职”、“不称职”三个档次确定。3.常委会听取审议并表决关于法官履职评议工作情况的报告。4.按照县人大常委会会议表决情况，形成履职评议意见，并以县人大常委会办公室文件形式向评议对象和县人民法院印发履职评议意见。（四）整改落实阶段（11月中下旬）评议对象根据履职评议意见制定措施进行整改，并在1个月内向县人大常委会书面报告整改落实情况。县人民法院负责督察整改并在下次人大常委会上报告整改情况。六、工作要求：（一）精心组织，认真实施。对县人民法院部分法官开展履职评议是县人大常委会加强司法监督的一项重要工作，评议工作小组要按照整个履职评议活动的实施步骤和工作要求，精心组织，周密部署，做好各阶段的相关工作，确保评议工作的顺利进行。（二）端正态度，积极配合。县人民法院要把这次履职评议作为推进公正司法、加强队伍建设的一项重要工作来抓，高度重视、积极配合，按照工作方案的有关要求，抓好落实。评议对象要切实提高认识，端正态度，正确对待这次履职评议工作，认真撰写好履职情况自查报告，做好自查自评和整改工作，并处理好评议工作与日常工作的关系，做到两不误、双促进。（三）客观公正，务求实效。参加评议工作的人员要以对党和人民高度负责、对评议对象高度负责的精神，切实增强责任观念和使命意识，严格以事实为依据，以法律为准绳，既要肯定评议对象的工作成绩，又要客观准确地指出评议对象存在的问题，并有针对性地提出改进工作的意见和建议，使履职评议工作做到客观、公正。同时，高度重视评议意见的落实和整改督查工作，确保整改工作取得实效，推动我县司法审判工作再上一个新台阶。

2015年11月11日，茌平县人大2015年度法官履职评议大会在县委五楼会议室召开。县人大常委会党组书记、第一副主任尹海波，副主任张丽华、赵希亮、丁洁卉、靳明华出席会议。会议特别邀请了市、县人大代表共计84人，参加对本次被评议的8名法官的民主测评。县人民法院院长黄鸿义、县人民检察院检察长隋军和各乡镇（街道）人大主席（主任）列席会议。张丽华副主任首先宣读了评议工作实施方案，随后八位被评议法官依次作了履职报告，与会代表们本着高度负责的态度填写了民主测评票，最后尹海波主任作了重要讲话。会议充满了民主、团结、求真、务实的气氛，达到了预期的目的。尹海波指出，对人大任命的法官开展履职评议，是宪法和法律赋予的重要职权，也是县人大常委会2015年度的十大重点工作之一。这项工作既顺应国家法治建设的潮流趋势，也符合“四个全面”战略布局的总体要求，是地方探索依法治国有效途径的创新尝试。尹海波强调，会后将对本次评议结果进行汇总，结合调研走访阶段形成的数据和资料，形成全面的评议工作报告，经常委会审议通过后予以公布。县人民法院和法官要按照工作报告中指出的问题和措施，进行全面整改。县人大常委会将对整改情况进行跟踪监督，并择日专题听取和审议县人民法院关于法官履职评议整改情况的报告，确保履职评议的各项整改意见落到实处。

2015年12月29日，茌平县十七届人大常委会第二十五次会议专题听取审议了茌平县人大常委会副主任、法官履职评议工作领导小组副组长张丽华所作的《茌平县人大常委会2015年度法官履职评议工作报告》，具体内容如下：根据《茌平县人大常委会关于对县人民法院部分法官开展履职评议的工作方案》的安排，今年8月至11月底，县人大常委会组织开展了对县人民法院部分法官的履职评议工作。一、开展履职评议的主要工作情况。（一）领导重视，配合密切。为扎实做好法官履职评议工作，在县人大常委会主任会议领导下，成立了由县人大常委会党组书记、第一副主任尹海波任组长，县人大常委会副主任张丽华、赵希亮、丁洁卉、靳明华任副组长，有关委室负责人参加的法官履职评议工作领导小组，领导小组下设办公室，负责法官履职评议的具体工作。9月1日，县十七届人大常委会第二十三次会议讨论通过了《茌平县人大常委会关于对县人民法院部分法官开展履职评议的实施方案》，《实施方案》明确了评议工作的指导思想、组织领导，规定了评议的对象和内容、方法步骤及时间安排，提出了评议工作要求。9月17日，在茌平县人民法院召开了法官履职评议动员会，法官履职评议工作正式启动。（二）精心组织，广泛动员。动员会后，法官履职评议工作领导小组会同县人民法院，按照《实施方案》对评议对象的要求，采取随机抽取的方法，从符合条件的法官中确定了董辉、赵青、王保军、张强、崔洪伟、薛兴亮、刘玉廷、苏学军8名法官为履职评议对象。随后，法官履职评议工作领导小组对8名评议对象进行了公示，并通知评议对象开展自查自评，撰写履职情况报告，并于15日内提交。（三）深入调研，了解情况。为全面了解被评议法官的履职情况和县人民法院的工作，县人大成立了由部分县人大常委会委员、县人大代表组成的评议调研组，从县检察院、县公安局、县司法局等单位抽调专业人员组成案卷查阅组，在不同层面、从不同角度开展了深入细致的调研走访。1、查阅案卷。2015年10月8日至12日，案卷查阅组进驻县人民法院现场办公。旁听了被评议法官审理案件的庭审情况，阅看了被评议法官近三年来审理案件的卷宗情况，着重从审判程序、实体处理、裁判文书及案卷卷宗装订等方面进行评查，形成了案卷查阅报告。2、征求意见和建议。10月13日，评议调研组到县人民法院召开座谈会，听取了分管领导关于被评议法官情况介绍，与被评议法官所在庭室负责人和部分同事（共计26人）进行了个别谈话，了解了被评议法官总体履职情况。10月14日、15日，评议调研组分别到县纪委（县监察局）、县委政法委（以下共35人）听取了被评议法官是否有工作作风、廉政建设、徇私枉法等违纪违法行为的情况反映；走访了县人大常委会办公室信访办、县人大常委会代表联络工委了解了被评议法官对县人大常委会交办的涉法涉诉信访件和代表意见建议的办理情况；分别到县检察院、县公安局召开座谈会，了解了被评议法官的依法履职情况和对县人民法院的意见建议。10月16日，到县司法局了解了对被评议法官依法办案、勤政廉政方面的问题反映。分别召开部分人民陪审员、部分律师座谈会，了解了被评议法官依法履职情况。3、集中评议。11月11日，法官履职评议工作组召开履职评议大会，邀请人大常委及市县两级人大代表91名，对8名人民法官进行集中评议。（四）汇总情况，量化结果。在案卷查阅和调研走访的基础上，法官履职评议工作办公室汇总了法官履职评议调研报告、8名法官履职报告、案卷审阅报告和集中评议情况，形成了法官履职评议工作情况报告，并对8名法官的履职评议情况形成量化结果，提交主任会议讨论通过。二、对法官进行评议的总体情况。县人民法院领导对这次履职评议工作高度重视，指定专人协调，积极做好履职评议的各项配合工作。8名被评议法官思想端正，态度积极，认真开展自查自评，客观总结履职情况，如实汇报并提交履职自查报告；对被抽查案件认真整理，及时提供案卷材料，确保了评议工作顺利进行。（一）被评议法官总体履职情况。此次法官履职评议主要围绕被评议对象任审判员以来的政治业务素质、依法履行职责、自觉接受监督、廉政建设四方面情况，重点是依法履职情况。从民主测评情况来看，8名法官得分都在97分以上。从履职自查、案卷抽查和调研走访等情况来看，8名法官总体履职情况良好，综合素质较高，政治坚定，勤于学习，在各自岗位上认真履行职责，依法公正办案，自觉接受人大和社会各界监督，廉洁自律，没有发现违纪违法情况。（二）存在的问题和不足。通过调研走访，也了解到被评议法官存在的一些不足之处，主要有：法律理论水平和调查研究能力还需进一步提高；民商事审判研究还需进一步加强；庭审节奏和控制能力还需进一步提升；法律文书撰写还需进一步规范等。另外，在案卷查阅中也发现了一些实体或程序方面的问题，主要有：个别案件的事实认定、法律适用和刑期裁量还需更严谨；个别案件的书证、笔录、卷宗装订等还需更完整、更规范。（三）评议等次。通过对8名法官履职情况的综合评价，根据评议工作领导小组的建议，主任会议讨论通过，董辉、王保军、赵青、苏学军、薛兴亮、张强、崔洪伟、刘玉廷8名法官被评为“优秀”等次。三、对县人民法院工作的几点建议。近年来，县人民法院在县委和市中院的领导下，坚持服务大局、司法为民、公正司法，为维护公平正义、促进社会和谐、保障群众权益、推动经济社会发展做出了积极贡献。在对部分法官开展评议的过程中，通过调研座谈、走访，也听到了一些对县人民法院工作的意见和建议。针对被评议法官存在的共性问题，结合学习党的十八届四中全会精神，向县人民法院提出如下四条意见建议：（一）切实加强法官队伍建设。建设一支自觉践行“三严三实”、信念坚定、执法为民、敢于担当、清正廉洁的法官队伍，是一项长期的战略性任务，必须坚持常抓不懈。要进一步加强法官的思想政治建设，教育所有法官在思想上与党同心同德，在工作中为党尽职尽责，坚守全心全意为人民公正司法的政治信念不动摇，做到“政治过硬”。要进一步加强对法官的业务知识培训，注重培训的针对性和实用性，培养一批审判和调解能手，切实提高法官的司法能力和水平，做到“业务过硬”。要进一步强化法官的社会担当意识，敢于吃苦、乐于奉献、敬业尽职、勇于负责，做到“责任过硬”。要进一步加强廉政建设，完善内部监督制约机制，加大对司法腐败案件的惩处力度，筑牢拒腐防变的思想防线，做到“纪律过硬”。要进一步强化司法作风建设，培育法官的爱民情怀和服务意识，持之以恒纠正“四风”，密切与人民群众的血肉联系，做到“作风过硬”。（二）切实加强法院规范化建设。要进一步规范审判管理，按照合法、从严、细化的原则，建立健全案件的审判流程管理机制，真正使每个方面都有规可依，有章可循。尤其要高度重视庭审行为的规范，让人民群众不仅得到公正的结果，还要通过看得见、听得懂、信得过的庭审程序和方式，感受到司法公正。要进一步规范执行程序，认真开展执行听证，促进执行争议的妥善解决，减少涉执信访，缓解执行难问题。进一步加大基础设施建设投入力度，不断提升业务装备配备水平。按照党的十八届四中全会关于“依法及时公开执法司法依据、程序、流程、结果和生效法律文书”的要求，抓好信息化建设和应用工作，促进司法公开公正、透明高效。（三）切实加强案件质量评查。要进一步提高思想认识，切实把案件审判质量作为法院的生命线来抓，严把案件质量关，进一步完善细化案件质量评查标准，全面、科学、合理、有效的评查案件质量。进一步规范案卷装订流程，细化案卷考评标准，规范各类法律文书格式，完善案卷移送和归档，提高案卷质量。重视整改并杜绝评查中发现的瑕疵问题，通过案件评查不断找差距、补短板、炼真功、求实效，全面提升法官的业务素质和精细办案的司法能力。建立健全确保案件质量的长效机制和绩效考核的激励机制，实现案件评查常态化管理。（四）切实加强对人民陪审员的选任审查和业务培训。要进一步做好人民陪审员选任审查工作，坚持“广泛性、代表性、专业性”导向，将知民情、解民意、品行好、作风正、有威望并具有一定法律知识素养和热心陪审工作的人员吸纳到人民陪审员队伍中来。加强对人民陪审员的业务培训，结合审判工作实际确定培训内容和培训形式，增强培训的针对性和有效性，进一步延伸人民陪审员职能，更好地发挥陪审员贴近群众、贴近社会的优势，充分保障人民陪审员在审判活动中开展法官履职评议是县人大常委会深入贯彻落实党的十八大、十八届三中、四中、五中全会精神，拓展监督途径，创新监督方式，加强司法监督的一次积极探索和有益尝试，是我县人大司法监督的一项创新工作。在常委会党组和主任会议的正确领导下，我们严格按照工作方案，坚持公开、公正、客观的原则，扎实做好每个环节的工作，取得了明显的成效。我们将深入学习党的十八届四中、五中全会精神，认真总结履职评议工作，不断提升履职评议工作的水平和能力，为今后开展法官、检察官的履职评议工作打下坚实基础，为推进法治茌平建设做出新的贡献。

2015年12月29日，县人大常委会对2015年度法官评议工作情况进行了通报。通报指出：县人民法院对这次履职评议工作高度重视，落实专人具体负责协调配合，8名被评议法官思想端正，态度积极，认真开展自查自评，客观总结履职情况，如实汇报并提交履职自查报告；对被抽查案件认真整理，及时提供案卷材料，确保了评议工作顺利开展。通过评议，8名法官总体履职情况良好。政治坚定，勤于学习，在各自岗位上认真履行职责，依法公正办案，自觉接受人大和社会各界监督，清正廉洁，公正司法。评议期间没有接到投诉举报，没有发现违纪违法情况。通过对8名法官履职情况的综合评价，董辉、王保军、赵青、苏学军、薛兴亮、张强、崔洪伟、刘玉廷8名法官被评为“优秀”等次。通报在肯定被评议法官依法履职的同时，也指出了一些不足和需要改进之处：法律理论水平和调查研究能力还需进一步提高；民商事审判研究还需进一步加强；庭审节奏和控制能力还需进一步提升；法律文书撰写还需进一步规范；工作创新能力还需进一步增强。通报建议，董辉等8名法官要进一步加强学习，努力提高政治理论水平和调查研究能力；进一步加强司法能力建设，努力提高民商事审判工作整体水平；进一步严把案件质量关，让每一起案件都经得起历史检验和群众评判；进一步增强人大意识，更加主动地向人大及其常委会报告工作、听取意见、接受监督；在坚持法律刚性的同时，坚持从实际出发，从本地不同时期的工作重点出发，不断创新工作方式方法。通报认为，近年来，县人民法院在县委和市中院的领导下，坚持服务大局、司法为民、公正司法，为维护公平正义、促进社会和谐、保障群众权益、推动经济社会发展做出了积极贡献。针对被评议法官存在的共性问题和评查过程中了解到的关于对法院工作的意见建议，结合学习党的十八届四中、五中全会精神，向县人民法院提出如下四条意见建议：一、切实加强法官队伍建设。建设一支自觉践行“三严三实”、信念坚定、执法为民、敢于担当、清正廉洁的法官队伍，是一项长期的战略性任务，必须坚持常抓不懈。要进一步加强法官的思想政治建设，教育法官在思想上与党同心同德，在工作中为党尽职尽责，坚守全心全意为人民公正司法的政治信念不动摇，做到“政治过硬”。要进一步加强对法官的业务知识培训，注重培训的针对性和实用性，培养一批审判和调解能手，切实提高法官的司法能力和水平，做到“业务过硬”。要进一步强化法官的社会担当意识，敢于吃苦、乐于奉献、敬业尽职、勇于负责，做到“责任过硬”。要进一步加强廉政建设，完善内部监督制约机制，加大对司法腐败案件的惩处力度，筑牢拒腐防变的思想防线，做到“纪律过硬”。要进一步强化司法作风建设，培育法官的爱民情怀和服务意识，持之以恒纠正“四风”，密切与人民群众的血肉联系，做到“作风过硬”。二、切实加强法院规范化建设。要进一步规范审判管理，按照合法、从严、细化的原则，建立健全案件的审判流程管理机制，真正使每个方面都有规可依，有章可循。尤其要高度重视庭审行为的规范化，让人民群众不仅得到公正的结果，还要通过看得见、听得懂、信得过的庭审程序和方式，感受到司法公正。要进一步规范执行程序，认真开展执行听证，促进执行争议的妥善解决，减少涉执信访，缓解执行难问题。进一步加大基础设施建设投入力度，不断提升业务装备配备水平。按照党的十八届四中全会关于“依法及时公开执法司法依据、程序、流程、结果和生效法律文书”的要求，抓好信息化建设和应用工作，促进司法公开公正、透明高效。三、切实加强案件质量评查。要进一步提高思想认识，切实把案件审判质量作为法院的生命线来抓，严把案件质量关，进一步完善细化案件质量评查标准，全面、科学、合理、有效的评查案件质量。进一步规范案卷装订流程，细化案卷考评标准，规范各类法律文书格式，完善案卷移送和归档，提高案卷质量。重视整改并杜绝评查中发现的瑕疵问题，通过案件评查不断找差距、补短板、炼真功、求实效，全面提升法官的业务素质和精细办案的司法能力。建立健全确保案件质量的长效机制和绩效考核的激励机制，实现案件评查常态化管理。四、切实加强对人民陪审员的选任审查和业务培训。要进一步做好人民陪审员选任审查工作，坚持“广泛性、代表性、专业性”导向，将知民情、解民意、品行好、作风正、有威望并具有一定法律知识素养和热心陪审工作的人员吸纳到人民陪审员队伍中来。加强对人民陪审员的业务培训，结合审判工作实际，确定培训内容和培训形式，增强培训的针对性和有效性，进一步延伸人民陪审员职能，更好地发挥陪审员贴近群众、贴近社会的优势，充分保障人民陪审员在审判活动中的各项权利。以上意见建议，请县人民法院和被评议法官制定整改措施，认真贯彻落实。县人民法院负责督察整改，并在下次人大常委会上报告整改情况。

2015年12月30日，县人大常委会主任会议研究决定，对各乡镇（街道）继续开展人大述职评议工作，并下发了指导意见。评议的范围包括：为各乡镇（街道）职能部门的主要负责人，具体评议对象由各乡镇（街道）结合实际情况自行确定。评议的主要内容包括：1. 贯彻执行宪法和法律法规，贯彻执行党的路线、方针、政策，依法行政和公正司法情况。2.执行本级人大、上级人大及其常委会决议、决定，积极办理代表建议、批评和意见情况。3.落实县委县政府重大决策部署，推进全县中心工作，完成年度目标任务情况。4.自觉接受当地党委、政府领导和监督，服从当地发展大局，模范履行自身职责、干事创业、为民服务及完成本职工作情况。5、自觉接受人大代表和人民群众监督，纠正行业不正之风、廉洁自律以及开展“三严三实”专题教育活动情况。评议原则上分为部署准备、调查研究、评议、落实整改四个阶段，具体方法步骤由各乡镇（街道）本着科学、合法、便于操作的原则，自行确定。

七、宣传活动

2014年8月，茌平县人大常委会组织我县人大系统工作人员参加全省、全市举行的人大系统优秀调研论文评选活动。活动共收到论文18篇，研究方向涵盖坚持和完善人民代表大会制度、科学架构和统一规范省市县三级人大组织体系、依法行使重大事项决定权以及人大开展询问、质询、审议意见督办等多个领域的对策与研究分析，对推动人民代表大会制度理论和实践创新、做好新形势下的我县人大工作提供决策参考和理论支持有深远意义。我县负责选送的5篇论文中，薛光灿同志的《优化质询“软环境”，强化监督“硬手段”——县级人大行使质询权存在的问题与对策研究》一文荣获省级“二等奖”和市级“一等奖”，并被《山东省人大系统优秀调研论文集》收录；孙国立同志的《浅析乡镇人大工作存在的问题与对策》一文荣获市级“三等奖”。

2015年4月24日，茌平县第十七届人大常委会第二十一次会议审议通过《茌平县人大常委会关于进一步加强和改进宣传工作的意见》，进一步加强和改进新形势下人大宣传工作，充分反映人大及其常委会履职成果，展示人大代表风采，努力营造有利于坚持和完善人民代表大会制度、促进我县民主法制建设和推动地方人大工作发展的良好氛围。一、提高认识，把握人大宣传工作的导向。（一）深化思想认识。人民代表大会制度是我国的根本政治制度，是党在国家政权建设中充分发扬民主、贯彻群众路线、对国家事务实施领导的最好实现形式。人大工作是党和国家工作的重要组成部分，人大宣传工作是党的新闻宣传工作的重要内容。做好人大宣传工作，对于坚持党的领导和社会主义制度，加强民主法制建设，增强全社会特别是国家机关工作人员的法制观念和人大意识，推动依法治县进程，具有十分重要的意义。（二）明确指导思想。人大宣传工作必须高举中国特色社会主义伟大旗帜，以马列主义、毛泽东思想、邓小平理论、“三个代表”重要思想和科学发展观为指导，以宪法和法律为依据，以坚持和完善人民代表大会制度、加强人大及其常委会工作与建设为主题，坚持团结稳定鼓劲，正面宣传为主，贴近实际、贴近生活、贴近代表、贴近群众，注重创新，不断增强人大宣传工作的吸引力、感染力及社会效果，为宪法、法律、法规的正确实施和人大决议、决定的贯彻落实，营造良好的舆论氛围。二、突出重点，增强人大宣传工作的效果。（一）加强人民代表大会制度宣传。要大力宣传人民代表大会制度的性质、地位和作用，宣传人民代表大会制度的基本理论和基本内容。大力宣传人民群众按照人民代表大会制度的规定依法行使民主权利，参与管理国家事务，参加民主选举、民主决策、民主管理和民主监督的实践活动。（二）加强对宪法和相关法律的宣传。要创新建立“每会一法”制度，每次常委会议要根据会议议题，开展相关领域法律、法规的宣传和学习，重点宣传组织法、选举法、代表法和监督法等法律、法规。同时还积极宣传与人民群众切身利益相关的其他法律、法规，推进依法治县工作的开展。（三）加强对人大会议的报道。要加强对人代会和常委会议的宣传报道。对人代会的报道，要突出会议的主题和审议内容，反映会议审议深度和民主决策过程，尤其要提前策划安排，做好重大选题的深度报道。要做好常委会会议的报道，围绕会议议题选准报道的重点和角度，做到充分、全面、准确的报道。常委会会议的消息，应区别于一般政务类会议的报道。（四）加强人大监督工作的宣传。对人大常委会听取和审议“一府两院”专项工作报告、组织执法检查、视察和调研、开展工作评议和履职评议、办理人大信访案件等工作应进行重点宣传，特别是要突出对“一府两院”及其部门整改落实工作成效的报道。人大常委会和主流新闻媒体要根据监督法第七条关于“各级人民代表大会常务委员会行使监督职权的情况，向社会公布”的规定，及时准确地公布有关情况，把人大的法律监督、工作监督与新闻舆论监督有机结合起来，进行深入的宣传报道。（五）加强对人大代表履职活动的报道。切实做好人大代表在人代会期间审议情况的宣传报道，特别是要报道好基层代表，尤其是一线工人、农民代表以及企业家代表的声音。加强代表履职工作的宣传，报道好典型的履职事迹和人物，充分展现代表履职的能力和风采。要宣传“一府两院”及相关部门办理人大代表意见建议成绩和经验，进一步调动和发挥人大代表依法履职的积极性、主动性和创造性。（六）加强常委会其他重要履职情况的宣传。要积极宣传人大及其常委会围绕全县工作中心，依法决定重大事项的内容、程序和基本经验。宣传人大常委会坚持党管干部原则与人大依法任免的有机统一，认真行使人事任免权，为经济社会发展提供坚实组织保障的情况。宣传人大常委会及机关切实加强思想建设、组织建设、作风建设、制度建设，以及围绕中心、服务大局，积极参与中心工作的经验和成效。三、创新载体，拓展人大宣传工作的平台。（一）主动依靠新闻媒体宣传人大工作。要密切与新闻单位的联系和协作，及时通报工作情况和提供报道线索，主动邀请记者采访报道，借助新闻媒体的力量扩大人大宣传效果。（二）充分运用自办刊物宣传人大工作。要认真办好《茌平县人民代表大会汇刊》、《茌平县人大常委会公报》，及时有效地宣传县人大及其常委会围绕中心、依法履职的情况。要成立专门的领导班子和编辑队伍，组织实施《茌平县人民代表大会志》的编纂工作。（三）积极运用互联网络宣传人大工作。要加快信息化建设进程，充分发挥网络等现代化传媒手段传播迅速、信息量大、互动性强的优势，及时发布有关人大工作的重要信息，提高人大宣传工作的时效性和广泛性。要加强茌平人大网站的管理和维护，在确保网络安全的前提下，增设栏目、丰富内容、更新信息、完善功能，增强公众互动性和对外影响力。常委会各工作机构和乡镇（街道）人大要积极提供稿件。（四）举办各类竞赛评选宣传人大工作。要积极推进人大制度实践创新，开展各类宣传活动。以主题演讲比赛、书画摄影评选、代表论坛、读书会等方式，组织全县人大系统工作人员和关心关注人大工作的社会人员参与到人大宣传工作中来，提高宣传工作的广泛性和多样性。四、建立制度，完善人大宣传工作的机制。（一）建立稿件送审制度。对人大工作的报道要符合法律程序，重大问题的报道要与人大常委会的意见一致；影响较大的批评性报道要经人大常委会同意；应由人大常委会依法决定的事项和有关人事任免事项，未经人大常委会依法通过，不得报道。人代会期间的宣传报道稿件，由大会秘书处安排专人审定签发；常委会会议、主任会议和日常工作的宣传报道稿件，由人大常委会办公室签发。（二）建立稿件报送制度。常委会各工作机构和乡镇（街道）人大每季度向办公室报送信息不少于2则，新闻稿件或理论文章不少于1篇。县人大机关干部每人每年在市级媒体发表稿件不少于1篇，县级媒体发表稿件不少于2篇。（三）建立稿件通报制度。由县人大常委会办公室牵头，每季度汇总一次稿件信息，每半年召开一次宣传工作会，对县人大机关干部发稿情况进行通报，点评和推广好的新闻稿件，部署下季度的宣传工作。力争抓住重点、整合资源、形成合力，提升机关整体宣传工作水平。（四）建立业务培训制度。县人大常委会机关要积极开展人大宣传业务培训，通过举办专题讲座、学习培训、经验交流、理论研讨等形式，加强对人大干部新闻理论和专业知识的指导、培训，进一步提升写作水平，提高稿件质量。（五）建立宣传奖励制度。县人大常委会每年开展一次宣传人大制度好新闻评选活动，对优秀新闻稿件给予奖励；每年开展一次全县人大系统优秀调研论文评选活动，对优秀论文进行奖励。五、加强领导，夯实人大宣传工作的基础。（一）加强组织领导。县人大常委会要切实加强对人大宣传工作的领导，实行分管副主任主抓，办公室具体负责，机关各工作委室参与配合的工作机制。（二）加强队伍建设。要结合学习型机关建设，在人大机关倡导和形成热爱学习、勤于动笔的良好风气，把具有一定理论素养、业务水平和文字功底的干部组织起来，建立一支相对稳定的人大宣传骨干队伍。（三）落实工作职责。县人大常委会办公室负责统筹协调人大宣传工作，定期研究工作情况，开展督促检查，抓好总结提高，进行人大宣传工作考核和评比，对宣传工作先进个人予以表彰和奖励，并将结果作为年终评先树优的重要依据，充分调动机关干部的积极性、主动性和创造性。

2014年8月，茌平县人大常委会组织我县人大系统工作人员参加全省、全市举行的人大系统优秀调研论文评选活动。我县负责选送的5篇论文中，薛光灿同志的《论代表性的回归》一文荣获省级“一等奖”和市级“一等奖”，并被《山东省人大系统优秀调研论文集》收录。

2016年5月12日，茌平县第十七届人大常委会举行了第一届全县人大宣传工作评选活动，对2015年度全县人大系统优秀调研论文、优秀新闻消息、优秀宣传单位及个人进行评选。在优秀调研论文评选活动中，共评出获奖作品11件。其中《突破“四自”困局，创新人大宣传工作》等2件作品获一等奖，《试论新一届县乡人大换届选举工作》等4件作品获二等奖，《宪法做保障、人大亮旗帜》等5件作品获三等奖。这些获奖论文把理论研究同工作研讨相结合，对人大工作中的热点难点问题进行了深入研究和探讨，论点明确、论据充分、论证合理，具有较高的理论价值和现实指导意义。在优秀新闻消息评选活动中，共评出获奖作品20件。其中《茌平县人大常委会专项视察供暖和物业管理》等5件作品获一等奖，《正风肃纪、创优环境——茌平县人大加强干部作风建设》等7件作品获二等奖，《信发危房改造“阳关运行”》等8件作品获三等奖。这些获奖作品积极宣传人民代表大会制度和我县人大工作，充分发挥新闻报道的舆论导向作用，为加速推进依法治县、传播人大正能量和展现人大代表风采创造了良好舆论氛围。结合《意见》中的各项工作任务和指标，评出15个宣传单位及个人。其中人大办公室等4个单位被评为人大宣传工作先进单位，振兴街道人大等6个单位被评为人大宣传工作优秀单位，袁德栋等5名同志被评为人大宣传工作先进个人。

第四章
乡（镇）人民代表大会

第四章 乡（镇）人民代表大会

第一节 振兴街道

茌平县振兴街道办事处位于鲁西平原，茌平县城驻地，是全县政治、经济、文化、交通中心，是茌平县农村经济强镇、聊城市十强乡（镇）、山东省百强乡（镇）。辖区总面积71平方公里，68个行政村，总人口9.3万人，其中农业人口4.3万人，耕地面积7.5万亩。2004年8月，设立振兴街道人大工作办公室，设主任1人。

赵官屯乡

1987年7月，设立赵官屯乡人大工作联络处并设专职主任。

1989年5月，赵官屯乡人大工作联络处更名为人大主席团办公室，设主任、副主任。

1996年3月，赵官屯乡人民代表大会设主席、副主席。

1987年至2001年，赵官屯乡先后召开第三、第四、第五、第六、第七次人民代表大会。

2001年3月，撤销赵官屯乡，其行政区域并入茌平镇。

赵官屯乡历届人民代表大会概况

第三届人民代表大会

赵屯乡第三届人民代表大会任期为1987年7月到1990年3月，任期内，共举行2次会议。

第一次会议于1987年7月8日召开，会议听取并审议谢宝臣受乡政府委托作的《政府工作报告》，听取审议《财政预算报告（草案）》并通过相应决议，会议选举赵屯乡人民政府乡长、副乡长。

第二次会议于1989年5月11日召开，会议听取并审议刘兴远作的《政府工作报告》并对报告作出相应决议，选举通过乡长、乡人大主席团办公室人员名单。

第四届人民代表大会

赵屯乡第四届人民代表大会任期为1990年3月～1993年3月，实际任期3年，任期内共举行3次会议。

第一次会议于1990年3月12日召开，出席会议代表26名。会议听取和审议乡长刘兴远作的《政府工作报告》，乡人大主席团办公室主任朱明仁作的《人大工作报告》，并通过相关决议，会议选举产生乡人大主席团主任、副主任。

第二次会议于1991年7月22日召开，出席会议代表28人。会议听取和审议陶维生作的《政府工作报告》、朱明仁作的《人大工作报告》，并通过相关决议，会议选举产生赵屯乡乡长。

第三次会议于1992年3月15日召开，出席会议代表55人。会议听取和审议陶维生作的《政府工作报告》、朱明仁作的《人大工作报告》，并通过相关决议，补选了1名副乡长。

第五届人民代表大会

赵屯乡第五届人民代表大会任期为1993年3月—1996年3月，实际任期3年，任期内共举行3次会议。

第一次会议于1993年3月9日召开，出席会议代表30人。会议听取和审议乡长马宪民作的《政府工作报告》，乡人大主席团办公室主任齐传胜作的《人大工作报告》，并通过相关决议，会议选举产生乡长、副乡长及乡人大主席团主任、副主任。

第二次会议于1994年3月11日召开，出席会议代表30人。会议听取和审议马宪民作的《政府工作报告》、齐传胜作的《人大工作报告》，并通过相关决议，会议增补1名副乡长。

第三次会议于1995年3月10日召开，出席会议代表31人。会议听取和审议马宪民作的《政府工作报告》、齐传胜作的《人大工作报告》，并通过相关决议。

第六届人民代表大会

赵屯乡第六届人民代表大会任期为1996年3月—1999年1月，任期内共举行3次会议。

第一次会议于1996年3月18日召开，会议听取并审议韩宪云受乡政府委托作的《政府工作报告》，听取审议《财政预算报告（草案）》并通过相应决议，会议选举赵屯乡人民政府乡长、副乡长及乡人大主席团主席、副主席。

第二次会议于1997年6月2日召开，共32名代表参加。会议听取和审议乡人大主席团主席马思民作的《人大工作报告》，并通过相应决议，会议选举王琦为赵屯乡人民政府乡长。

第三次会议于1998年3月10日召开，会议听取和审议《赵屯乡政府工作报告》《赵屯乡财政预算报告（草案）》《赵屯乡人大工作报告》，并通过相应决议。会议增选付延顺为赵屯乡副乡长。

第七届人民代表大会

赵屯乡第七届人民代表大会任期为1999年1月—2001年3月，实际任期2年，任期内共举行2次会议。

第一次会议于1999年1月22日召开，出席代表35人。会议听取并审议王春乾受乡政府委托作的《政府工作报告》，听取审议《财政预算报告（草案）》并通过相应决议，选举产生乡人民代表大会主席、副主席及乡长、副乡长。

第二次会议于2000年3月8日召开，出席代表36人。会议听取并审议王春乾受乡政府委托作的《政府工作报告》、乡人大主席团主席王吉星作的《乡人大主席团工作报告》，听取和审议听取审议《财政预算报告（草案）》并通过相应决议。

赵官屯乡历届人大工作机构及人员名单

第三届人民代表大会

人大工作联络处

主　任：孙永淮（1988年3月离职）

　　　　朱水成（1989年5月离职）

人大主席团办公室

主　任：朱明仁（1989年5月任职）

副主任：庞加玉（1990年3月离职）

第四届第五届人民代表大会

人大主席团办公室

主　任：朱明仁（1993年3月离职）

　　　　齐传胜（1993年3月～1996年3月）

副主任：齐传胜（1990年3月～1993年3月）

　　　　张世忠（1993年3月～1996年3月）

第六届第七届人民代表大会

主　席：马思民（1996年3月～1998年3月）

　　　　王吉星（1998年3月～2001年3月）

副主席：吴光朋（1996年3月～2001年3月）

　　　　吴允增（1996年3月～1998年11月）

　　　　白咸成（1998年3月～2001年3月）

茌平镇

1987年7月，设立茌平镇人大工作联络处，设主任1人。

1989年5月，茌平镇人大工作联络处更名为人大主席团办公室，设主任、副主任。

1996年3月，镇人民代表大会设主席、副主席。

1987—2004年，茌平镇先后召开第三届、第四届、第五届、第六届、第七届、第八届人民代表大会。

2004年8月撤销茌平镇。

茌平镇历届人民代表大会概况

第三届人民代表大会

茌平镇第三届人民代表大会任期为1987年7月—1990年3月，实际任期2年零8个月。任期内共举行2次会议。

第一次会议于1987年7月11日召开，出席会议代表55人，会议听取和审议成作舟作的《政府工作报告》，并通过相应决议。

第二次会议于1989年5月16日召开，会议听取并审议成作舟作的《政府工作报告》并对报告作出相应决议，选举通过乡人大主席团办公室人员名单。

第四届人民代表大会

茌平镇第四届人民代表大会任期为1990年3月—1993年3月，实际任期3年，任期内共举行3次会议。

第一次会议于1990年3月6日召开，出席会议代表56人。会议听取和审议镇长罗聚庭作的《政府工作报告》，镇人大主席团办公室主任胡庆康作的《人大工作报告》，并通过相关决议，会议选举产生镇长、副镇长。

第二次会议于1991年7月14日召开，出席会议代表55人。会议听取和审议赵富安作的《政府工作报告》、胡庆康同志作的《人大工作报告》，并通过相关决议。

第三次会议于1992年3月8日召开，出席会议代表55人。会议听取和审议赵富安同志作的《政府工作报告》、胡庆康作的《人大工作报告》，并通过相关决议，补选了1名副镇长。

第五届人民代表大会

茌平镇第五届人民代表大会任期为1993年3月—1996年3月，实际任期3年，任期内共举行3次会议。

第一次会议于1993年3月16日召开，出席会议代表56人。会议听取和审议镇长邢玉印作的《政府工作报告》，镇人大主席团办公室主任王士贵作的《人大工作报告》，并通过相关决议，会议选举产生镇长、副镇长及镇人大主席团主任、副主任。

第二次会议于1994年3月18日召开，出席会议代表57人。会议听取和审议邢玉印作的《政府工作报告》、王士贵作的《人大工作报告》，并通过相关决议，会议增补1名副镇长。

第三次会议于1995年3月14日召开，出席会议代表56人。会议听取和审议邢玉印作的《政府工作报告》、王士贵作的《人大工作报告》，并通过相关决议。

第六届人民代表大会

茌平镇第六届人民代表大会任期为1996年3月—1999年3月，实际任期2年零2个月，任期内共举行3次会议。

第一次会议于1996年3月12日召开，出席会议代表57人。会议听取和审议镇长张俊之作的《政府工作报告》，乡人大主席团主席马春生作的《人大工作报告》，听取和审议《茌平镇人民政府关于1995年财政预算执行情况和1996年财政预算（草案）》的报告，并通过相关决议，会议选举产生镇长、副镇长及乡人大主席团主席、副主席。

第二次会议于1997年4月2日召开，出席会议代表58人。会议听取和审议张俊之作的《政府工作报告》、马春生作的《人大工作报告》，听取和审议《茌平镇人民政府关于1996年财政预算执行情况和1997年财政预算（草案）》的报告，并通过相关决议，会议增补1名副镇长。

第三次会议于1998年3月20日召开，出席会议代表58人。会议听取和审议张俊之作的《政府工作报告》、马春生作的《人大工作报告》，听取和审议《茌平镇人民政府关于1997年财政预算执行情况和1998年财政预算（草案）》的报告，并通过相关决议。

第七届人民代表大会

茌平镇第七届人民代表大会任期为1999年3月—2001年3月，实际任期2年，任期内共举行2次会议。

第一次会议于1999年3月22日召开，出席会议代表58人。会议听取和审议镇长耿柏成作的《政府工作报告》，镇人大副主席吴长春作的《人大工作报告》，听取和审议《茌平镇人民政府关于1998年财政预算执行情况和1999年财政预算（草案）》的报告，并通过相关决议，会议选举产生镇长、副镇长及副主席。

第二次会议于2000年4月4日召开，出席会议代表59人。会议听取和审议耿佰成作的《政府工作报告》、吴长春作的《人大工作报告》，听取和审议《茌平镇人民政府关于1999年财政预算执行情况和2000年财政预算（草案）》的报告，并通过相关决议。

第八届人民代表大会

茌平镇第八届人民代表大会任期为2001年3月—2004年8月，实际任期3年零5个月，任期内共举行3次会议。

第一次会议于2001年3月20日召开，出席会议代表59人。会议听取和审议镇长秦生春作的《政府工作报告》，乡人大主席团主席王吉星作的《人大工作报告》，听取和审议《茌平镇人民政府关于2000年财政预算执行情况和2001年财政预算（草案）》的报告，并通过相关决议，会议选举产生镇长、副镇长及乡人大主席团主席、副主席。

第二次会议于2002年3月22日召开，出席会议代表59人。会议听取和审议秦生春作的《政府工作报告》、袁庆华作的《人大工作报告》，听取和审议《茌平镇人民政府关于2001年财政预算执行情况和2002年财政预算（草案）》的报告，并通过相关决议，会议选举产生乡人大主席团主席、副主席。

第三次会议于2003年3月18日召开，出席会议代表60人。会议听取和审议秦生春作的《政府工作报告》、袁庆华作的《人大工作报告》，听取和审议《茌平镇人民政府关于2002年财政预算执行情况和2003年财政预算（草案）》的报告，并通过相关决议。

茌平镇历届人大工作机构及人员名单

第三届人民代表大会

人大工作联络处
主　任：孔祥兰（1989年5月离职）
人大主席团办公室（1989年5月～1990年3月）
主　任：成作舟（1989年5月任职）
副主任：刘登云（1990年3月离职）

第四届、第五届人民代表大会

人大主席团办公室
主　任：胡庆康（1990年3月～1993年3月）
　　　　王士贵（1993年3月～1996年3月）
副主任：孙志宏（1990年3月～1993年3月）
　　　　杨光忠（1993年3月～1996年3月）

第六、七、八届人民代表大会

主　席：马春生（1996年3月～1999年5月）
　　　　王吉星（2001年3月～2002年3月）
　　　　袁庆华（2002年3月～2004年8月）
副主席：吴长春（1996年3月～2001年3月）
　　　　吴安振（1996年3月～2001年3月）
　　　　白咸成（2001年3月～2002年3月）
　　　　付延顺（2002年3月～2004年8月）
　　　　李　明（2002年3月～2004年8月）

振兴街道办事处

2004年8月，设立茌平县振兴街道办事处，振兴街道办事处人大工作办公室。

振兴街道办事处人大工作机构及人员名单

振兴街道办事处人大工作办公室
主　任：袁庆华（2004年8月～2007年12月）
　　　　王传峰（2007年12月～2011年11月）
　　　　赵本祥（2011年11月～2016年12月）

第二节　杜郎口镇

杜郎口镇原名“兴利镇”，位于茌平县东

部，距县城12.7公里，被称为茌平县的“东大门”，与齐河县、东阿县接壤。隋朝开皇初年（581年）至唐朝贞观八年（634年）为茌平县城驻地。1949年杜郎口镇为茌平县第四区，1958年改公社，1984年改杜郎口乡，同时划出设立孙桥乡。1997年3月撤杜郎口乡设杜郎口镇。2001年3月孙桥乡、杜郎口镇合并，称杜郎口镇。版图面积74万平方公里，辖51个行政村，总人口3.1万人。

杜郎口乡（镇）

1981年5月，杜郎口公社第一届公社社员代表大会在杜郎口村召开。

1984年7月，进行体制改革，撤销杜郎口公社管委会，建立杜郎口乡人民政府。

1984年9月、1987年3月，先后在杜郎口村召开了杜郎口乡第二届、第三届人民代表大会。

1987年7月，设立杜郎口乡人大代表联络处。

1990年3月至2011年12月，杜郎口乡（镇）先后召开第四届、第五届、第六届、第七届、第八届、第九届、第十届人民代表大会。

1997年杜郎口乡撤乡设镇。2001年撤销孙桥乡，其行政区域并入杜郎口镇。

杜郎口乡（镇）历届人民代表大会概况

1981年5月，杜郎口公社第一届公社社员代表大会在杜郎口村召开。

1984年7月，进行体制改革，撤销杜郎口公社管委会，建立杜郎口乡人民政府。

1984年9月、1987年3月，先后在杜郎口村召开了杜郎口乡第二届、第三届人民代表大会。

第四届人民代表大会

杜郎口乡第四届人民代表大会任期为1990年3月至1993年2月，实际任期2年零11个月。任期内共举行3次会议。

第一次会议于1990年3月15日召开，出席会议代表51人。会议听取和审议田文举作的《杜郎口乡政府工作报告》，王传政作的《人大工作报告》，并通过相应决议。会议选举产生乡人大主席团主席、副主席，选举产生乡人民政府乡长、副乡长。

第二次会议于1991年4月21日召开，出席代表55人。会议听取和审议田文举作的《杜郎口乡政府工作报告》，王传政作的《人大工作报告》，并通过相应决议。

第三次会议于1992年3月18日召开，出席代表53人。会议听取和审议姜桂章作的《杜郎口乡政府工作报告》，王传政作的《人大工作报告》，并通过相应决议。会议审议并通过了关于《杜郎口中学搬迁》的决议。

第五届人民代表大会

杜郎口乡第五届人民代表大会任期为1993年3月至1996年1月，实际任期2年零10个月。任期内共举行3次会议。

第一次会议于1993年3月28日召开，出席会议代表60人，会议听取和审议白若华作的《政府工作报告》，王传政作的《人大工作报告》，听取和审议《关于杜郎口乡1992年财政预算执行情况和1993年财政预算（草案）的报告》，并通过相应决议。会议选举产生乡人大主席团主席、副主席，选举产生乡人民政府乡长、副乡长。

第二次会议于1994年3月12日召开，参加会议代表53人，会议听取和审议白若华作的《政府工作报告》，张殿荣作的《人大工作报告》，听取和审议《关于杜郎口乡1993年财政预算执行情况和1994年财政预算（草案）的报告》，并通过相应决议。会议听取镇直部门述职，进行了投票评议。

第三次会议于1995年3月15日召开，参加会议代表56人，会议听取和审议白若华作的《政府工作报告》，张殿荣作的《人大工作报告》，会议审议并通过关于《殡葬改革规定》的决议、关于《五保供养的暂行规定》、关于《修建杜郝公路的决议》。会议听取镇直部门述职，进行了投票评议。

第六届人民代表大会

杜郎口镇第六届人民代表大会任期为1996年1月至1999年1月，实际任期3年。任期内共举行3次会议。

第一次会议于1996年1月22日召开，出席会代表57人，会议听取和审议田维江作的《政府工作报告》，王衍荣作的《人大工作报告》，听取和审议《关于杜郎口乡1995年财政预算执行情况和1996年财政预算计划（草案）》，并通过相应决议。会议选举产生乡人大主席团主席、副主席，选举产生乡人民政府乡长、副乡长。

第二次会议于1997年2月2日召开，参加会议代表60人，会议听取和审议田维江作的《政府工作报告》，王衍荣作的《人大工作报告》，并通过相应决议。会议选举产生科技副乡长2名。会议听取镇直部门述职，进行了投票评议。

第三次会议于1998年3月25日召开，出席会议代表54人，会议听取和审议田维江作的《政府工作报告》，王吉宏作的《人大工作报告》，并通过相应决议。会议审议并通过《夏征工作方案》，会议听取镇直部门述职，进行了投票评议。

第七届人民代表大会

杜郎口镇第七届人民代表大会任期为1999年1月至2002年1月，实际任期3年。任期内共举行3次会议。

第一次会议于1999年1月18日召开，出席会议代表60人，会议听取和审议何兰华作的《政府工作报告》，王吉宏作的《人大工作报告》，听取和审议《关于杜郎口镇1998年财政预算执行情况和1999年财政预算计划（草案）》，并通过相应决议。选举产生乡人大主席团主席、人大副主席，会议选举产生镇人民政府镇长、副镇长。

第二次会议于2000年3月18日召开，出席会议代表57人，会议听取和审议何兰华作的《政府工作报告》，王吉宏作的《人大工作报告》，通过相应决议。会议听取镇直部门述职，进行了投票评议。

第三次会议于2001年2月20日召开，出席会议代表58人，会议听取和审议何兰华作的《政府工作报告》，王吉宏作的《人大工作报告》，镇直部门述职，进行了投票评议。会议选举产生镇人民政府副镇长3名。

第八届人民代表大会

杜郎口镇第八届人民代表大会任期为2002年1月至2007年12月，实际任期实际任期4年零11个月。任期内共举行5次会议。

第一次会议于2002年1月31日召开，出席会议代表60人，会议听取和审议何兰华作的《政府工作报告》，王吉宏作的《人大工作报告》，听取和审议《关于杜郎口镇2001年财政预算执行情况和2002年财政预算计划（草案）》并通过相应决议。会议选举产生镇人大主席团主席、副主席，会议选举产生镇人民政府副镇长1名。会议听取镇直部门述职，并进行了投票评议。

第二次会议于2003年4月29日召开，出席会议代表56人，会议听取和审议刘艾新作的《政府工作报告》，孙祖昌作的《人大工作报告》，听取和审议《关于杜郎口镇2002年财政预算执行情况和2003年财政预算（草案）的报告》并通过相应决议。选举产生镇人民政府镇长。

第三次会议于2004年3月29日召开，参会代表55人，会议听取和审议刘艾新作的《政府工作报告》，孙祖昌作的《人大工作报告》，听取镇直部门述职，进行了投票评议。

第四次会议于2005年2月5日召开，参加会议代表52人，会议听取和审议刘艾新作的《政府工作报告》，孙祖昌作的《人大工作报告》，听取镇直部门述职，进行了投票评议。

第五次会议于年2006年3月25日召开，参加会议代表53人，会议听取和审议庞顺汉作的《政府工作报告》，孙祖昌作的《人大工作报告》，听取镇直部门述职，进行了投票评议。选举产生镇人民政府镇长。

第九届人民代表大会

杜郎口镇第九届人民代表大会任期为2007年

12月至2011年12月，实际任期4年。任期内共举行4次会议。

第一次会议于2007年12月11日召开，出席会议代表57人，会议听取和审议庞顺汉作的《政府工作报告》，史献华作的《人大工作报告》，听取和审议《关于杜郎口镇2007年财政预算执行情况和2008年财政预算计划（草案）》，通过相应决议。会议选举产生镇人大主席团主席、副镇长。

第二次会议于2009年1月6日召开，出席会议代表57人。会议听取和审议庞顺汉作的《政府工作报告》，史献华作的《人大工作报告》，听取和审议《关于杜郎口镇2008年财政预算执行情况和2009年财政预算计划（草案）》，并通过相应决议。

第三次会议于2010年1月13日召开，出席会议代表58人。会议听取和审议庞顺汉作的《政府工作报告》，史献华作的《人大工作报告》，听取和审议《关于杜郎口镇2009年财政预算执行情况和2010年财政预算计划（草案）》，会议进行了镇人大代表评议工作。

第四次会议于2011年2月15日召开，参会代表60人，会议听取和审议庞顺汉作的《政府工作报告》，史献华作的《人大工作报告》，听取镇直部门述职，进行了投票评议。

第十届人民代表大会

杜郎口镇第十届人民代表大会任期为2011年12月至2016年12月，实际任期5年。任期内共举行5次会议。

第一次会议于2011年12月11日召开，出席会议代表61人，会议听取和审议杨光达作的《政府工作报告》，韩长兴作的《人大工作报告》，听取和审议《关于杜郎口镇2011年财政预算执行情况和2012年财政预算计划（草案）》，通过相应决议。会议选举产生乡人大主席团主席，选举产生镇人民政府镇长、副镇长。

第二次会议于2012年12月17日召开，出席会议代表58人，会议听取和审议杨光达作的《政府工作报告》，韩长兴作的《人大工作报告》，听取和审议《关于杜郎口镇2012年财政预算执行情况和2013年财政预算计划草案》，并通过相应决议。

第三次会议于2014年1月召开，出席会议代表60人，会议听取和审议杨光达作的《政府工作报告》，韩长兴作的《人大工作报告》，听取和审议《关于杜郎口镇2013年财政预算执行情况和2014年财政预算计划草案》，对镇直部门进行评议，并通过相应决议。

第四次会议于2015年1月召开，出席会议代表59人，会议听取和审议杨光达作的《政府工作报告》，韩长兴作的《人大工作报告》，听取和审议《关于杜郎口镇2014年财政预算执行情况和2015年财政预算计划草案》，对镇直部门进行了评议。

第五次会议于2016年1月19日召开，出席会议代表60人，对镇直部门进行评议，并通过相应决议。

杜郎口乡（镇）历届人大工作机构及人员名单

第三届人民代表大会

人大工作联络处（1987年7月～1989年5月）

主　任：王传政

第四届、第五届人民代表大会（1990年3月～1996年1月）

专职常务主席：王传政（1993年3月离职）
　　　　　　　张殿荣（1993年3月任职）

人大主席团办公室

主　任：孙庆坦（1993年3月离职）
　　　　王振文（1993年3月～1995年11月）

副主任：张殿荣（1991年12月离职）
　　　　杜心华（1993年3月任职）
　　　　吕恒忠（1993年3月任职）

第六届至第十届人民代表大会

主　席：王衍荣（1996年3月～1998年3月）
　　　　王吉宏（1998年3月～2002年1月）

陈荣昌（2001年3月～2002年1月）
孙祖昌（2002年1月～2006年11月）
史献华（2007年6月～2011年12月）
韩长兴（2011年12月～2016年12月）
副主席：杜心华（1996年3月～2001年3月）
王绍安（1996年3月～1998年11月）
许笃坤（1998年11月～2001年3月）
杜金军（2001年3月～2002年1月）
王公华（2002年1月～2007年12月）

孙桥乡

1984年成立孙桥乡。

1987年7月，设立孙桥乡人大联络处，设主任1人，崔荣岭任主任。

1989年5月撤乡人大联络处，设乡人大主席团及其办公室。

1990年3月、1993年3月，先后在孙桥村召开孙桥乡第一届、第二届人民代表大会。

1996年3月、1999年3月，先后在孙桥村召开孙桥乡第三届、第四届人民代表大会。

2001年3月，进行体制改革，孙桥乡并入杜郎口镇。

孙桥乡历届人民代表大会概况

第一届人民代表大会

孙桥乡第一届人民代表大会任期为1990年3月至1993年2月，实际任期2年零11个月。任期内共举行3次会议。

第一次会议于1990年1月召开，出席会议代表30人，会议听取和审议王春岭作的《政府工作报告》，王西廷作的《人大工作报告》，并通过相应决议。会议选举产生乡人大主席团主席，选举产生乡人民政府乡长、副乡长。

第二次会议于1991年2月召开，出席会议代表27人，会议听取和审议王春岭作的《政府工作报告》，王西廷作的《人大工作报告》，并通过相应决议。对镇直部门进行评议，并通过相应决议。

第三次会议于1992年2月召开，出席会议代表30人，会议听取和审议王春岭作的《政府工作报告》，王西廷作的《人大工作报告》，并通过相应决议。对镇直部门进行评议，并通过相应决议。

第二届人民代表大会

孙桥乡第二届人民代表大会任期为1993年3月至1996年1月，实际任期2年零10个月。任期内共举行3次会议。

第一次会议于1993年3月召开，出席会议代表30人，会议听取和审议王春岭作的《政府工作报告》，刘兆俊作的《人大工作报告》，并通过相应决议。会议选举产生乡人大主席团主席。选举产生乡人民政府乡长、副乡长。

第二次会议于1994年3月召开，出席会议代表27人，会议听取和审议艾华勤作的《政府工作报告》，刘兆俊作的《人大工作报告》，并通过相应决议。对镇直部门进行评议，并通过相应决议。

第三次会议于1995年2月召开，出席会议代表30人，会议听取和审议艾华勤作的《政府工作报告》，刘兆俊作的《人大工作报告》，并通过相应决议。对镇直部门进行评议，并通过相应决议。

第三届人民代表大会

孙桥乡第三届人民代表大会任期为1996年3月至1999年3月，实际任期3年。任期内共举行3次会议。

第一次会议于1996年3月召开，出席会议代表28人，会议听取和审议董廷路作的《政府工作报告》，刘承荣作的《人大工作报告》，并通过相应决议。会议选举产生乡人大主席团主席，选举产生了乡人民政府乡长、副乡长。

第二次会议于1997年2月召开，出席会议代表28人，会议听取和审议董廷路作的《政府工作报告》，刘承荣作的《人大工作报告》，并通过相应决议。

第三次会议于1998年2月召开，出席会议代表30人，会议听取和审议董廷路作的《政府工作报告》，刘承荣作的《人大工作报告》，并对乡直部门进行评议。

第四届人民代表大会

孙桥乡第四届人民代表大会任期为1999年1月至2001年3月，实际任期2年2个月。任期内共举行3次会议。

第一次会议于1999年3月21日召开，出席会议代表30人，会议听取和审议秦生春作的《政府工作报告》，陈荣昌作的《人大工作报告》《关于孙桥乡1998年财政预算执行情况和1999年财政预算计划（草案）》，并通过相应决议。会议选举产生乡人大主席团主席，选举产生乡人民政府乡长、副乡长。

第二次会议于2000年2月15日召开，出席会议代表27人，会议听取和审议秦生春作的《政府工作报告》，陈荣昌作的《人大工作报告》《孙桥乡1999年财政预算执行情况和2000年财政预算计划（草案）》，并通过相应决议。

第三次会议于2001年2月10日召开，出席会议代表28人，会议听取和审议秦生春作的《政府工作报告》，陈荣昌作的《人大工作报告》，并通过相应决议。

孙桥乡历届人大工作机构及人员名单

人大工作联络处（1987年7～11月）

主　任：崔荣岭

人大主席团办公室（1989年5月～1990年3月）

主　任：王希廷（1990年1月离职）

　　　　常　青（1990年1月任职）

第一届、第二届人民代表大会（1990年3月～1996年1月）

专职常务主席：王希廷（1993年3月离职）

　　　　　　　刘兆俊（1993年3月任职）

人大主席团办公室

主　任：常　青（1993年3月离职）

　　　　孙庆坦（1993年3月～1995年11月）

副主任：马怀恩（1995年11月离职）

第三届、第四届人民代表大会（1996年1月～2001年3月）

主　席：刘承荣（1996年3月～1998年3月）

　　　　陈荣昌（1998年3月任职）

副主席：王克民（1996年3月～1998年11月）

　　　　刘新民（1998年3月～2000年9月）

第三节　乐平铺镇

乐平铺镇地处茌平县南部，政府驻地北距县城15公里，东临东阿县高集镇，西临聊城经济开发区广平乡，1981年5月设三十里铺公社。1982年7月经省政府批准改三十里铺为“乐平铺”，自此称乐平铺公社管理委员会。1984年7月乐平铺公社改为乐平铺镇。2001年3月，乐平铺镇、郝集乡合并，称乐平铺镇。辖88个行政村，总人口5.3万人，耕地面积8400公顷。1989年5月，设立乐平铺镇人大工作办公室，设主任1人。

郝集乡

1987年7月，设立郝集乡人大工作联络处，设专职常务主席；1987年11月，设立郝集乡人大主席团及其办公室，设主任、副主任；1996年1月，郝集乡人民代表大会设主席团主席、副主席。

1981年5月至2001年3月，郝集乡先后召开第一届、第二届、第三届、第四届、第五届、第六届、第七届、第八届、第九届人民代表大会。

郝集乡历届人民代表大会情况

第一届人民代表大会

1981年5月，郝集公社第一届人民代表大会在郝集村召开，大会选举产生郝集公社管理委员会，管委机关驻地郝集村。

第二届人民代表大会

1984年7月，进行体制改革，撤销郝集公社设管委会，设立郝集乡人民政府。1984年9月，在郝集村召开郝集乡第二届、第三届人民代表大会，大会选举乡长、副乡长。乡政府机关驻地郝集村。

第三届人民代表大会

1987年3月，先后在郝集村召开郝集乡第三届人民代表大会，大会选举乡长、副乡长。乡政府机关驻地郝集村。

第四届人民代表大会

郝集乡第四届人民代表大会任期为1990年3月至1993年3月，实际任期3年。任期内共召开3次会议。

第一次会议于1990年3月14至3月15日召开，应出席会议代表70人，因病、因事请假2人，实际出席会议代表68人。会议听取和审议冯海亭受乡政府委托作的《政府工作报告》，听取和审议李训昌作的《郝集乡三年来财政预算执行情况和1990年财政预算（草案）报告》，赫曰祥作的《人大工作报告》，通过有关决议。会议选举赫曰祥为乡人大主席团专职常务主席，潘太和任乡人大主席团办公室主任。（正科级）冯海亭为郝集乡政府乡长，迟广西、李风春为郝集乡政府副乡长。会议通过《关于1990年发展棉花生产的决议》。

第二次会议于1990年6月17日召开，出席会议代表70人。会议听取和审议政府乡长冯海亭作的《关于1990年夏季追加财政预算情况的报告》，通过《关于1990年夏季追加财政预算情况的报告》的决议。

第三次会议于1992年7月13日召开，应出席会议代表70人，因病因事请假6人，实际出席会议代表64人。会议听取和审议冯海亭乡长作的《政府工作报告》，副乡长迟广西、李风春、张丙顺、王吉武作述职报告，乡长冯海亭代表乡政府讲如何执行条例减轻农民负担的意见和措施。

第五届人民代表大会

郝集乡第五届人民代表大会任期为1993年3月至1996年1月，实际任期2年零10个月，任期内共召开6次会议。

第一次会议于1993年3月16日召开，出席会议代表74人。会议听取和审议乡长迟广西作的《政府工作报告》，听取和审议李训昌作的《郝集乡1992年财政预算执行情况和1993年财政预算（草案）报告》，通过郝集乡第五届人民代表大会主席团人员组成，选举迟广西为郝集乡人民政府乡长，窦玉成、马全厚、王吉亭为政府副乡长，并通过相应决议。会议审议通过《关于减轻农民负担的决议》。

第二次会议于1994年6月6日召开，出席会议代表74人。会议听取和审议乡长迟广西作的《政府工作报告》，听取和审议李训昌作的《1993年财政预算执行情况和1994年财政预算（草案）的报告》，乡人大主席团专职常务主席赫曰祥作的《人大工作报告》，党委书记冯海亭作的《关于乡驻地街道建设的报告》，并通过相应决议。审议通过乡五届人大二次会议关于号召全乡人民代表带头致富的决议。

第三次会议于1994年10月20日召开，应出席会议代表74人，因病因事请假5人，实际出席会议代表69人。会议由乡人大主席团办公室主任赫曰祥宣读《茌平县人大常委会致全县人民代表积极交售爱国棉的公开信》，党委书记冯海亭讲关于当前棉花收购及1994年秋种问题，审议并通过关于当前棉花收购及1994年秋种问题的决议。

第四次会议于1995年3月召开，出席会议代表74人。会议听取和审议政府乡长赫曰祥作的《政府工作报告》，听取和审议朱士军作的《1994年财政预算执行情况和1995年财政预算（草案）的报告》，乡人大主席团专职常务主席赫曰祥作的《人大工作报告》，并通过相应决议。

第五次会议于1995年4月20日召开，应出席会议代表74人，因病因事请假15人，实际出席会议代

表59人。会议由人大主席团办公室主任潘太和主持学习《中华人民共和国全国人民代表大会和地方各级人民代表大会代表法》，宣布经人大主席团研究，张明亮、潘太和为乡人大主席团成员，选举产生迟广西为郝集乡政府乡长。

第六次会议于1995年6月19日召开，出席会议代表74人。会议审议并通过王长坡受乡政府委托作的《郝集乡1995年夏征工作报告》，审议并通过《关于郝集乡人大主席团安排代表到乡粮所进行夏征专项监督》的决议。

第六届人民代表大会

郝集乡第六届人民代表大会任期为1996年3月至1998年3月，任期2年，任期内召开3次会议。

第一次会议于1996年3月20日召开，出席会议代表60人。会议听取和审议王长坡受乡政府委托作的《政府工作报告》，听取和审议朱士军作的《郝集乡1995年财政预算执行情况和1996年财政预算（草案）的报告》，乡人大主席团主席张丙顺作的《乡人大工作报告》，通过郝集乡第六届人民代表主席团人员组成，并通过相关决议。会议选举产生张丙顺为乡人大主席团主席，李训昌、孙敬山为乡人大主席团副主席，王长坡为郝集乡人民政府乡长，迟尚民、王允珠、孙长友为政府副乡长。会议审议通过《关于减轻农民负担的决议》。

第二次会议于1996年2月3日召开，应到会议代表60人，因病因事请假9人，实际出席会议代表51人。会议由乡人大副主席李训昌主持学习《山东省乡镇人民代表大会工作若干规定》，选举产生闫杰为郝集乡科技副乡长，党委书记讲话。

第三次会议于1996年6月20日召开，出席会议代表60人。会议听取和审议王长坡作的《夏征工作报告》，通过《夏征工作报告》决议。

第七届人民代表大会

郝集乡第七届人民代表大会任期为1998年3月至2001年1月，任期2年零10个月，任期内共召开1次会议。

第一次会议于1999年1月4日召开，应出席会议代表60人，因病因事请假5人，实际出席会议代表55人。会议听取和审议乡长于庆申作的《政府工作报告》，听取和审议朱士军作的《郝集乡财政预决算报告（草案）》，乡人大主席团主席张丙顺作的《人大工作报告》，并通过相关决议。会议选举张丙顺为郝集乡人大主席团主席，孙敬山为郝集乡人大主席团副主席，于庆申为郝集乡政府乡长，迟尚民、杨传刚、杨保国为郝集乡政府副乡长。

郝集乡历届人大工作机构及人员名单

第三届人民代表大会

人大工作联络处（1987年7月～1989年5月）

主　任：赫曰祥（1989年1月任职）

副主任：刘永昌

人大主席团（1989年5月～1990年3月）

专职常务主席：赫曰祥（1993年3月离职）

第四届、第五届人民代表大会人大主席团办公室（1990年3月～1996年1月）

主　任：潘太和（1993年3月～1995年11月）

副主席：李训昌（1993年3月任职）

　　　　张明亮（1993年3月～1995年11月）

第六届、第七届人民代表大会（1996年3月～2001年1月）

主　席：张丙顺

副主席：李训昌（1998年11月离职）

　　　　孙敬山（1998年3月任职）

乐平铺镇

乐平铺镇历届人民代表大会概况

第一届人民代表大会

1981年5月，三十里铺公社第一届人民代表大会在三十里铺召开，大会选举产生三十里铺公社管理委员会。1982年7月经省政府批准改三十里铺为“乐平铺”，自此称乐平铺公社管理委员会。

公社管委机关驻地在乐平铺。

第二届、第三届人民代表大会

1984年7月，乐平铺镇公社改为乐平铺镇。1984年9月、1987年3月，先后在乐平铺村召开乐平铺镇第二届、第三届人民代表大会，大会选举镇长、副镇长。镇政府机关驻地乐平铺镇北街。

第四届人民代表大会

乐平铺镇第四届人民代表大会任期为1990年3月至1993年3月，实际任期3年。任期内共召开3次会议。

第一次会议于1990年3月14至3月15日召开，应出席会议代表70人，因病因事请假2人，实际出席会议代表68人。会议听取和审议王效泉受镇政府委托作的《政府工作报告》，听取和审议陶万会作的《乐平铺镇三年来财政预算执行情况和1990年财政预算（草案）报告》，李洪荣作的《人大工作报告》，通过有关决议。会议选举产生李洪荣为镇人大主席团专职常务主席，王效泉为乐平铺镇政府镇长，贾乾业、尉士宽、窦玉成为乐平铺镇政府副镇长。会议通过《关于1990年发展棉花生产的决议》。

第二次会议于1990年6月17日召开，出席会议代表70人。会议听取和审议政府镇长王效泉作的《关于1990年夏季追加财政预算情况的报告》，通过《关于1990年夏季追加财政预算情况的报告》的决议。

第三次会议于1992年7月13日召开，应出席会议代表70人，因病因事请假6人，实际出席会议代表64人。会议听取和审议镇长王效泉作的《政府工作报告》，副镇长朱学东、贾建国、贾乾业作述职报告，王效泉代表镇政府讲如何执行条例减轻农民负担的意见和措施。

第五届人民代表大会

乐平铺镇第五届人民代表大会任期为1993年3月至1996年1月，实际任期2年零10个月，任期内共召开6次会议。

第一次会议于1993年3月16日召开，出席会议代表74人。会议听取和审议镇长朱学东作的《政府工作报告》，听取和审议毛永和作的《乐平铺镇1992年财政预算执行情况和1993年财政预算（草案）报告》，通过乐平铺镇第五届人民代表大会主席团人员组成，选举朱学东为乐平铺镇人民政府镇长，崔洪生、吴本泉为政府副镇长，并通过相应决议。会议审议通过《关于减轻农民负担的决议》。

第二次会议于1994年6月6日召开，出席会议代表74人。会议听取和审议镇长朱学东作的《政府工作报告》，听取和审议毛永和作的《1993年财政预算执行情况和1994年财政预算（草案）的报告》，镇人大主席团专职常务主席刘振生作的《人大工作报告》，镇长朱学东作的《关于镇驻地街道建设的报告》，并通过相应决议。审议通过镇五届人大二次会议关于号召全镇人民代表带头致富的决议。

第三次会议于1994年10月20日召开，应出席会议代表74人，因病因事请假5人，实际出席会议代表69人。会议由镇人大主席团办公室主任李洪荣宣读《茌平县人大常委会致全县人民代表积极交售爱国棉的公开信》，党委书记冯永常讲关于当前棉花收购及1994年秋种问题，审议并通过关于当前棉花收购及今年秋种问题的决议。

第四次会议于1995年3月召开，出席会议代表74人。会议听取和审议政府镇长朱学东作的《政府工作报告》，听取和审议毛永和作的《1994年财政预算执行情况和1995年财政预算（草案）的报告》，镇人大主席团专职常务副主席吴怀栋作的《人大工作报告》，并通过相应决议。

第五次会议于1995年4月20日召开，应出席会议代表74人，因病因事请假15人，实际出席会议代表59人。会议由人大主席团常务副主席吴怀栋主持学习《中华人民共和国全国人民代表大会和地方各级人民代表大会代表法》，通过朱学东辞去乐平铺镇镇长职务的申请，选举贾建国为乐平铺镇政府镇长。

第六次会议于1995年6月19日召开，出席会议代表74人。会议审议并通过贾建国受镇政府委托作的《乐平铺镇1995年夏征工作报告》，审议并通过《关于乐平铺镇人大主席团安排代表到镇粮所进行夏征专项监督》的决议。

第六届人民代表大会

乐平铺镇第六届人民代表大会任期为1996年3月至1998年3月，任期2年，任期内召开3次会议。

第一次会议于1996年3月20日召开，出席会议代表60人。会议听取和审议贾建国受镇政府委托作的《政府工作报告》，听取和审议毛永和作的《1995年财政预算执行情况和1996年财政预算（草案）的报告》，乡人大主席团主席贾乾业作的《人大工作报告》，通过乐平铺镇第六届人民代表主席团人员组成，并通过相关决议。会议选举产生贾乾业为乡人大主席团主席，吴怀栋、张永春为镇人大副主席，贾建国为乐平铺镇人民政府镇长，张泽法、张殿林、焦延光为政府副镇长。会议还审议通过《关于减轻农民负担的决议》。

第二次会议于1996年2月3日召开，应到会议代表60人，因病因事请假9人，实际出席会议代表51人。会议由镇人大副主席吴怀栋主持学习《山东省镇镇人民代表大会工作若干规定》，选举产生毛永和、王以铎为乐平铺镇科技副镇长。

第三次会议于1996年6月20日召开，出席会议代表60人。会议听取和审议贾建国作的《夏征工作报告》，通过《夏征工作报告》决议。

第七届人民代表大会

乐平铺镇第七届人民代表大会任期为1998年3月至2002年1月，任期3年零10个月，任期内共召开2次会议。

第一次会议于1999年1月4日召开，应出席会议代表60人，因病因事请假5人，实际出席会议代表55人。会议听取和审议镇长金同元作的《政府工作报告》，听取和审议李金明作的《乐平铺镇财政预决算报告（草案）》，乡人大主席团主席贾乾业作的《人大工作报告》，并通过相关决议。会议选举产生贾乾业为乐平铺镇人大主席团主席，杨臣时、韩宪录为乐平铺镇人大主席团副主席，金同元为乐平铺镇政府镇长，焦延光、耿振平、司新华为乐平铺镇政府副镇长。

第二次会议于2000年4月16日召开，应出席会议代表60人，因病因事请假5人，实际出席会议代表55人。会议听取和审议镇长金同元作的《政府工作报告》，听取和审议李金明作的《乐平铺镇财政预决算报告（草案）》，镇人大主席团主席贾乾业作的《人大工作报告》，并通过相关决议。

乐平铺镇历届人大工作机构及人员名单

第三届人民代表大会

人大联络处（1987年7月～1989年5月）

主　任：刘冠玉

副主任：李洪荣

人大主席团（1989年5月～1990年3月）

专职常务主席：李洪荣

第四届、第五届人民代表大会主席团办公室（1990年3月～1996年1月）

主　任：李洪荣（1993年3月离职）

副主任：杜德祥（1992年7月离职）

李树江（1990年6月～1993年3月）

张永春（1993年任职）

吴怀栋（1993年6月任职）

第六届、第七届人民代表大会（1996年3月～2001年3月）

主　席：贾乾业

吴怀栋（1998年11月离职）

副主席：张永春（1998年11月离职）

杨臣时（1998年3月任职）

韩宪录（1998年11月任职）

乐平铺镇

22001年3月，郝集乡并入乐平铺镇，2001年3月至2016年12月，乐平铺镇先后召开第八届、第九届、第十届人民代表大会。

乐平铺镇历届人民代表大会概况

第八届人民代表大会

乐平铺镇第八届人民代表大会任期为2002年1月至2007年11月。任期4年零10个月，任期内共举行3次会议。

第一次会议于2002年1月18日召开，出席会议代表46人。会议听取和审议张淑滨受镇政府委托作的《政府工作报告》，镇人大主席团贾乾业作的《乐平铺镇人大工作报告》，并通过相应决议，会议选举贾乾业为乐平铺镇人大主席团主席，杨臣时、韩宪录为乐平铺镇人大主席团副主席，张淑滨为乐平铺镇人民政府镇长，司新华、迟尚民、杨传刚、杨保国为乐平铺镇人民政府副镇长。

第二次会议于2004年1月18日召开，出席会议代表46人。会议听取和审议张淑滨受镇政府委托作的《政府工作报告》，镇人大主席团主席贾乾业作的《人大工作报告》，并通过相应决议。

第三次会议于2006年1月22日召开，出席会议代表46人。会议听取和审议李学忠受镇政府委托作的《政府工作报告》，镇人大主席团主席迟尚民作的《人大工作报告》，并通过相应决议。

第九届人民代表大会

乐平铺镇第九届人民代表大会任期为2007年11月至2011年12月。实际任期3年零11个月，任期内共举行3次会议。

第一次会议于2007年2月召开，出席会议代表57人。会议听取和审议刘健受镇政府委托作的《政府工作报告》，镇人大主席团迟尚民作的《人大工作报告》，并通过相应决议，会议选举刘健为乐平铺镇人民政府镇长，侯守仁、孙庆苓、王峰为乐平铺镇人民政府副镇长。

第二次会议于2008年5月召开，出席会议代表57人。会议听取和审议王际胜受镇政府委托作的《政府工作报告》，乡人大主席团主席刘健作的《人大工作报告》，并通过相应决议。

第三次会议于2010年5月召开，出席会议代表57人。会议听取和审议王际胜受镇政府委托作的《政府工作报告》，镇人大主席团迟尚民作的《人大工作报告》，并通过相应决议。

第十届人民代表大会

乐平铺镇第十届人民代表大会任期为2011年12月至2016年12月。任期5年，任期内共举行4次会议。

第一次会议于2011年12月28日召开，应出席会议代表74人，因病因事请假4人，实际出席会议代表70人。会议听取和审议秦光勇受镇政府委托作的《政府工作报告》，乡人大主席团主席侯守仁作的《人大工作报告》，并通过相应决议，会议选举了侯守仁为乐平铺镇人大主席团主席，秦光勇为乐平铺镇人民政府镇长，李长广、李汝波、王登军为乐平铺镇人民政府副镇长。

第二次会议于2012年12月26日召开，应出席会议代表74人，因病因事请假3人，实际出席会议代表71人。会议听取和审议秦光勇受镇政府委托作的《政府工作报告》，镇人大主席团主席侯守仁作的《人大工作报告》，并通过相应决议。

第三次会议于2014年12月25日召开，应出席会议代表74人，因病因事请假5人，实际出席会议代表69人。会议听取和审议秦光勇受镇政府委托作的《政府工作报告》，镇人大主席团主席侯守仁作的《人大工作报告》，并通过相应决议。

第四次会议于2016年7月23日召开，应出席会议代表74人，因病因事请假11人，实际出席会议代表63人。会议代表酝酿讨论并观看《乐平铺镇总体规划及2013年至2030年详细规划草案》，经大会讨论，举手表决，最后全票通过该方案。

乐平铺镇历届人大工作机构及人员名单

第八届、第九届、第十届人民代表大会（2002年1月～2016年12月）

主　席：孙长友（2006年11月离职）
　　　　迟尚民（2006年11月～2008年3月）

刘　健（2008年3月～2011年12月）
侯守仁（2011年12月～2016年12月）
副主席：杨臣时
韩宪录

第四节　冯官屯镇

冯官屯镇地处茌平县东北部，政府驻地南距县城5公里，东与齐河县潘店镇接壤，南连信发经济技术开发区，西与胡屯镇为邻，北接高唐县琉璃寺镇。

中华人民共和国成立后，冯官屯称茌平县第五区公所；1956年1月称冯官屯区公所；1958年1月，撤销冯官屯区公所，成立冯官屯乡人民政府；1958年9月，撤销冯官屯乡人民政府，成立冯官屯人民公社；1962年12月，撤销冯官屯人民公社，恢复冯官屯区公所；1968年7月，县革委批准成立冯官屯区革命委员会；1971年2月，冯官屯区改为冯官屯人民公社，成立冯官屯人民公社革委会。1984年7月，进行体制改革，撤销冯官屯公社管委会，成立冯官屯镇人民政府。2001年3月，撤销王老乡，其行政区域划归冯官屯镇。区划总面积103.63平方公里，耕地面积7183公顷，辖77个行政村，总人口4.6万人。是战国时期高士鲁仲连的诞生地，近代太平天国革命纪念地之一。

冯官屯镇

1987年7月，县委决定设立冯官屯镇人大联络处，设副主任2人。1989年5月，冯官屯镇人大联络处更名为冯官屯镇人大（联络处）主席团，设主席、副主席，主席团下设办公室，设主任1人，副主任1人。

1984年9月至2001年12月，冯官屯镇先后召开第二届、第三届、第四届、第五届、第六届、第七届人民代表大会。

冯官屯镇历届人民代表大会概况

第一届人民代表大会

1981年5月，冯官屯公社召开第一届人民代表大会，大会选举产生冯官屯公社管理委员会。

第二届人民代表大会

冯官屯镇第二届人民代表大会任期为1984年9月至1987年3月，实际任期2年6个月。任期内举行1次会议。

第一次会议于1984年9月10日召开，出席会议代表72人，会议选举产生镇人民政府镇长、副镇长。

第三届人民代表大会

冯官屯镇第三届人民代表大会任期为1987年3月至1990年3月，实际任期3年。任期内共举行2次会议。

第一次会议于1987年3月12日召开，出席会议代表70人，会议选举产生镇人民政府镇长、副镇长。

第二次会议于1987年7月9日召开，出席会议代表68人，会议补选镇人民政府镇长。

第四届人民代表大会

冯官屯镇第四届人民代表大会任期为1990年3月至1993年3月，实际任期3年。任期内共举行3次会议。

第一次会议于1990年3月12日召开，出席会议代表76人，会议选举产生镇人民政府镇长、副镇长，镇人大主席团主席。

第二次会议于1991年1月10日召开，出席会议代表72人，会议补选镇人民政府副镇长2名。

第三次会议于1992年8月15日召开，出席会议代表70人，会议通过《关于大力发展果树和加强果树管理的规定》。

第五届人民代表大会

冯官屯镇第五届人民代表大会任期为1993年3月至1996年1月，实际任期2年10个月。任期内共举行3次会议。

第一次会议于1993年3月17日召开，出席会议代表76人。会议听取和审议于国安受镇政府委托作的《政府工作报告》，初吉山作的《人大主席团工作报告》，并通过相应决议。会议选举产生镇人大主席团主席、副主席，选举产生镇人民政府镇长、副镇长。

第二次会议于1995年4月28日召开，出席会议代表62人，会议补选产生镇人民政府镇长、副镇长。

第三次会议于1995年9月27日召开，出席会议代表58人，会议对16个镇直部门进行了评议。

第六届人民代表大会

冯官屯镇第六届人民代表大会任期为1996年1月至1999年1月，实际任期3年。任期内共举行6次会议。

第一次会议于1996年1月20日召开，出席会议代表60人，主持人孙贞庆、王琦，会议听取和审议商华受镇政府委托作的《政府工作报告》，孙贞庆作的《人大主席团工作报告》，财政所所长韩庆文作的《1995年财政预算执行情况和1996年财政预算（草案）》，并通过相应决议。会议选举产生镇人大主席团主席、副主席，选举产生镇人民政府镇长、副镇长。

第二次会议于1996年1月20日召开，出席会议代表60人，主持人孙贞庆，会议补选镇政府科技副镇长1名。

第三次会议于1997年4月8日召开，出席会议代表49人，主持人徐子兴，会议听取和审议商华受镇政府委托作的《政府工作报告》，孙贞庆作的《人大主席团工作报告》，财政所长韩庆文作的《1996年财政预算执行情况和1997年财政预算（草案）》的报告，并通过相应决议。会议通过《关于终止王金芝、张祥柱代表资格的公告》，会议审议通过《关于实行农村义务工、劳动积累工的规定》。会议补选镇人民政府挂职副镇长3名。

第四次会议于1997年10月18日召开，出席会议代表56人，主持人孙贞庆，会议对18个镇直部门和8名政府组成人员进行了评议。

第五次会议于1998年4月20日召开，出席会议代表55人，主持人孙贞庆、朱林英，会议听取和审议张雪廷受镇政府委托作的《政府工作报告》，孙贞庆作的《人大主席团工作报告》，财政所长韩庆文作的《1997年财政预算执行情况和1998年财政预算（草案）》的报告，并通过相应决议。会议通过商华、赵希顺、王建平辞去镇长、副镇长职务的报告。会议补选产生镇人大主席团副主席、镇人民政府镇长、副镇长。

第六次会议于1998年6月21日召开，出席会议代表55人，主持人孙贞庆，会议听取和审议镇长张雪廷所作的《政府工作报告》，审议通过《农民负担乡改村实施方案》《1998年度夏征工作方案》。

第七届人民代表大会

冯官屯镇第七届人民代表大会任期为1999年1月～2002年1月，实际任期3年。任期内共举行3次会议。

第一次会议于1999年1月21～22日召开，出席会议代表62人，主持人王吉廷、商华，会议听取和审议张雪廷受镇政府委托作的《政府工作报告》，孙贞庆作的《人大主席团工作报告》，财政所所长韩庆文作的《1998年财政预算执行情况和1999年财政预算（草案）》，收集代表议案13件，并通过相应决议。会议选举产生镇人大主席团主席、副主席，选举产生镇人民政府镇长、副镇长。

第二次会议于1999年6月30日召开，出席会议代表57人，主持人王吉廷，会议审议通过《1999年夏征工作方案》。

第三次会议于1999年10月8日召开，出席会议代表55人，主持人王吉廷。会议通过发票打分的方式评议18个镇直部门和镇政府组成人员。

冯官屯镇历届人大工作机构人员名单

第三届人民代表大会（1987年3月～1990年3月）

人大工作联络处（1987年7月～1989年5月）

副主任：邹希銮
　　　　李光峰
人大主席团（1989年5月～1990年3月）
主　席：初吉山
人大主席团办公室（1989年5月～1990年3月）
主　任：初吉山
副主任：高德昌

第四届人民代表大会（1990年3月～1993年3月）

人大主席团
主　席：初吉山
主席团办公室
主　任：孙贞庆
副主任：高德昌

第五届人民代表大会（1993年3月～1996年1月）

人大主席团
主　席：初吉山
主席团办公室
主　任：孙贞庆
副主任：高德昌
第六届、第七届人民代表大会

第六届人民代表大会（1996年1月～1999年1月）

主　席：孙贞庆
副主席：高德昌
　　　　宋保祥

第七届人民代表大会（1999年1月～2002年1月）

主　席：王吉廷
副主席：周广华
　　　　许玉平

王老乡

1958年1月，成立望鲁店乡人民政府，同年9月撤销；1971年2月县革委决定成立王老人民公社革委会；1984年7月，进行机构体制改革，撤销王老公社革委会，成立王老乡人民政府。

1987年7月，县委决定成立王老乡人大联络处，设副主任1人。1989年5月，王老乡人大联络处更名为王老乡人大（联络处）主席团，设主席1人，主席团下设办公室，设主任1人。

1984年9月至2001年3月，王老乡先后召开第二届、第三届、第四届、第五届、第六届人民代表大会。2001年3月，王老乡并入冯官屯镇。

王老乡历届人民代表大会概况

第一届人民代表大会

1981年5月，王老公社召开第一届人民代表大会，大会选举产生王老公社管理委员会。

第二届人民代表大会

王老乡第二届人民代表大会任期为1984年9月～1987年3月，实际任期2年6个月。任期内共举行1次会议。

第一次会议于1984年9月召开，会议选举产生乡长、副乡长。

第三届人民代表大会

王老乡第三届人民代表大会任期为1987年3月～1990年3月，实际任期3年。任期内共举行2次会议。

第一次会议与1987年3月14日召开，出席会议代表48人，会议选举产生乡长、副乡长。

第二次会议于1987年12月12日召开，共有代表50人，出席会议代表39人，会议采取等额选举的方式补选乡人民政府乡长、副乡长。

第四届人民代表大会

王老乡第四届人民代表大会任期为1990年3月～1993年3月，实际任期3年。任期内共举行1次会议。

第一次会议于1990年3月16日在乡驻地王老村召开，出席会议代表45人。

会议听取和审议陈学忠受乡政府委托作的《政府工作报告》，刘玉瑞作的《人大主席团工作报告》，财政所长蔡启生作的《1989年财政预算执行情况和1990年财政预算（草案）》，并通过相应决议，会议选举产生乡人大主席团主席，选举产生乡人民政府乡长、副乡长。

第五届人民代表大会

王老乡第五届人民代表大会任期为1993年3月～1996年3月，实际任期3年。任期内共举行2次会议。

第一次会议（资料缺失）

第二次会议于1995年1月3日在乡驻地王老村召开，出席会议代表40人，会议听取和审议刘培哲受乡政府委托作的《政府工作报告》，刘玉瑞作的《人大主席团工作报告》，财政所所长蔡启生作的《1994年财政预算执行情况和1995年财政预算（草案）》，并通过相应决议，会议选举产生乡人大主席团主席，选举产生乡人民政府乡长、副乡长。

第六届人民代表大会

王老乡第六届人民代表大会任期为1996年3月～1999年1月，实际任期2年10个月。（资料缺失）

第七届人民代表大会

王老乡第七届人民代表大会任期为1999年1月～2001年3月，实际任期2年2个月。任期内共举行1次会议。

第一次会议于1999年1月21日至22日召开，共有代表53人，出席会议代表46人，会议听取和审议刘志华受乡政府委托作的《政府工作报告》，张永行作的《人大主席团工作报告》，并通过了相应决议。会议选举产生乡人大主席团主席、副主席和乡人民政府乡长、副乡长。

王老乡历届人大工作机构人员名单

第三届人民代表大会

人大工作联络处（1987年7月～1989年5月）

副主任：刘冠斗

人大主席团（1989年5月～1990年3月）

主　席：刘玉瑞

人大主席团办公室（1989年5月～1990年3月）

主　任：刘玉瑞

副主任：刘冠斗

第四届人民代表大会（1990年3月～1993年3月）

人大主席团

主　席：刘玉瑞

人大主席团办公室

主　任：刘玉瑞

副主任：刘冠斗

　　　　闫光友

第五届人民代表大会（1993年3月～1996年3月）

人大主席团

主　席：刘玉瑞

主席团办公室

主　任：刘玉瑞

副主任：闫光友

　　　　蔡启生

第六届、第七届人民代表大会

第六届人民代表大会（1996年3月～1999年1月）

主　席：张永行

副主席：闫光友（1998年11月离职）

　　　　蔡启生（1998年11月离职）

　　　　吴公远（1998年11月任职）

　　　　刁长山（1998年11月任职）

第七届人民代表大会（1999年1月～2001年3月）

主　席：史文忠

副主席：吴公远

　　　　刁长山

冯官屯镇

2001年3月，撤销原王老乡，其行政区域划归冯官屯镇。2002年1月至2016年12月，冯官屯镇先后召开第八届、第九届、第十届人民代表大会。

冯官屯镇历届人民代表大会概况

第八届人民代表大会

冯官屯镇第八届人民代表大会任期为2002年1月～2007年12月，实际任期5年10个月。任期内共举行4次会议。

第一次会议于2002年1月30日召开，出席会议代表71人，主持人王吉廷。会议听取和审议张道恒受镇政府委托作的《政府工作报告》，王吉廷作的《人大主席团工作报告》，听取和审议财政所长韩庆文作的《2001年财政预算执行情况和2002年财政预算（草案）》，收集代表议案20件，并通过相应决议。会议选举产生镇人大主席团主席、副主席，选举产生镇人民政府镇长、副镇长。

第二次会议于2003年4月27日召开，出席会议代表54人，主持人王吉廷。会议听取和审议李恩受镇政府委托作的《政府工作报告》，王吉廷作的《人大主席团工作报告》，听取和审议财政所长韩庆文作的《2002年财政预算执行情况和2003年财政预算（草案）》，并通过相应决议。会议补选产生镇人民政府镇长。

第三次会议于2003年12月27日召开，出席会议代表53人，主持人吴公远，会议听取27个镇直部门述职，进行了投票评议，其中22个单位获人民信得过单位，5个单位一般。

第四次会议于2007年7月19日召开，出席会议代表42人，主持人吴公远，会议补选产生镇人大主席团主席及镇人民政府镇长、副镇长。

第九届人民代表大会

冯官屯镇第九届人民代表大会任期为2007年12月～2011年12月，实际任期4年。任期内共举行2次会议。

第一次会议于2007年12月10月召开，出席会议代表62人，主持人张金元。会议听取和审议王巍受镇政府委托所作的《政府工作报告》，张金元作的《人大主席团工作报告》，听取和审议《冯官屯镇财政预算报告（草案）》，收集代表议案18件，并通过相应决议。会议选举产生乡人大主席团主席，选举产生镇人民政府镇长、副镇长。

第二次会议于2008年9月8日召开，出席会议代表61人，市县驻镇代表8人，会议下发了《茌平县人大常委会评议调查表》，对全县54个部门进行评议，提出批评意见和建议。

第十届人民代表大会

冯官屯镇第十届人民代表大会任期自2011年12月至2016年1月21日，任期内共举行5次会议。

第一次会议于2011年12月28日召开，出席会议代表67人。会议听取和审议韩刚受镇政府委托作的《政府工作报告》，薛雁飞作的《人大主席团工作报告》，收集代表议案16件，并通过相应决议。会议选举产生镇人大主席团主席、政府镇长、副镇长。

第二次会议于2013年11月16日召开，出席会议代表57人，会议补选产生镇人民政府镇长。

第三次会议于2014年1月8日召开，出席会议代表55人，对全镇30个镇直部门、基层站所进行了评议。

第四次会议于2015年1月9日召开，出席会议代表62人，对全镇32个镇直部门、基层站所进行了评议。

第五次会议于2016年1月21日召开，出席会议代表49人，对全镇33个镇直部门、基层站所进行行风、政风民意测评，对后三名的部门谈话限期整改。

冯官屯镇历届人大工作机构人员名单

第八届人民代表大会（2002年1月～2007年12月）

主　席：王吉廷（2006年11月离职）

副主席：许玉平（2004年9月调离）

　　　　吴公远

第九届人民代表大会（2007年12月～2011年12月）

主　席：张金元

第十届人民代表大会（2011年12月～2016年12月）

主　席：薛雁飞

第五节　胡屯镇

胡屯镇位于茌平县北部，距县城8公里，镇境东临冯屯镇，西临韩屯镇，南临信发街道办事处，北临高唐姜店镇，国道105纵贯南北，冯韩公路横穿东西，交通十分便利。镇域总面积49.33平方公里，现有耕地面积3212公顷，辖行政村46个，人口2.6万人。

1958年1月，成立胡屯乡人民政府，乡政府机关驻地在胡屯村。1958年9月，撤销胡屯乡人民政府，成立胡屯人民公社，公社驻地未变。1962年12月撤销胡屯人民公社，成立胡屯区公所，区公所机关驻地同前。1971年2月，胡屯区改为胡屯人民公社，成立胡屯人民公社革委会，公社机关驻地同前。1984年7月，进行体制改革，撤销胡屯公社革委会，成立胡屯乡人民政府，乡政府机关驻地同前。2010年5月17日，胡屯乡撤乡设镇（山东省人民政府鲁政函民字〔2010〕46号）。

为了健全地方各级人民代表大会制度，于1987年7月，县委决定设立胡屯乡人大联络处，联络处未配备主任。1989年5月撤销乡人大联络处，设乡人大主席团及其办公室，史仰山、谢遵凯、范留全先后任乡人大主席团专职常务主席。1996年1月撤销人大主席团办公室，范留全任乡人民代表大会主席团主席。2006年11月撤销乡人大主席团副主席；2010年5月，撤乡设镇人大主席团主席。

胡屯乡（镇）自1981年5月召开第一届人民代表大会，截至2016年共召开十届人民代表大会。

胡屯乡（镇）历届人民代表大会概况

第一届人民代表大会

胡屯公社第一届人民代表大会任期为1981年5月至1984年9月，任期3年4个月，任期内共举行了1次会议。

1981年5月21日至5月23日，在胡屯召开第一届人民代表大会，参加会议代表57人，大会选举产生胡屯公社管理委员会。公社管委机关驻地同前。

第二届人民代表大会

胡屯乡第二届人民代表大会任期为1984年9月至1987年3月，实际任期2年半，任期内共举行1次会议。

1984年9月参加会议代表53人，大会选举乌以祥为胡屯乡政府乡长，包木昌、李林军、谢遵凯、张建勤为胡屯乡政府副乡长。

第三届人民代表大会

胡屯乡第三届人民代表大会任期为1987年3月至1990年3月，实际任期3年，任期内共举行3次会议。

第一次会议于1987年3月11日召开，参加会议代表有50余人，会议听取审议乌以祥作的《政府工作报告》，并对报告作出相应决议。大会选举产生胡屯乡人民政府乡长、副乡长。

第二次会议于1988年5月召开，会议听取审议包木昌作的《政府工作报告》，并对报告作出相应决议。

第三次会议于1989年5月召开，会议听取审议包木昌作的《政府工作报告》，并对报告作出相应决议，选举通过乡人大主席团及办公室人员名单。

第四届人民代表大会

胡屯乡第四届人民代表大会任期为1990年3月至1993年3月，实际任期3年。任期内共召开3次会议。

第一次会议于1990年3月14至3月15日召开，应出席会议代表70人，因病因事请假2人，实际出席会议代表68人。会议听取和审议邹庆荣受乡政府委托作的《政府工作报告》，听取和审议陶思胜作的《胡屯乡三年来财政预算执行情况和1990年财政预算（草案）报告》，谢遵凯作的《人大工作报告》，通过有关决议。会议选举谢遵凯为乡人大主席团专职常务主席，邹庆荣为胡屯乡政府乡长，刘祥清、李玉海、薛守勤为胡屯乡政府副乡长。会议通过《关于1990年发展棉花生产的决议》。

第二次会议于1990年6月17日召开，出席会议代表70人。会议听取和审议政府乡长邹庆荣作的《关于1990年夏季追加财政预算情况的报告》，通过《关于1990年夏季追加财政预算情况的报告》的决议。

第三次会议于1992年7月13日召开，应出席会议代表70人，因病因事请假6人，实际出席会议代表64人。会议听取和审议乡长张习甲作的《政府工作报告》，副乡长王若思、李玉海、董廷路作述职报告，乡长张习甲代表乡政府讲如何执行条例减轻农民负担的意见和措施。

第五届人民代表大会

胡屯乡第五届人民代表大会任期为1993年3月至1996年1月，实际任期2年10个月，任期内共召开7次会议。

第一次会议于1993年3月16日召开，出席会议代表74人。会议听取和审议乡长张习甲作的《政府工作报告》，听取和审议李学忠作的《胡屯乡1992年财政预算执行情况和1993年财政预算（草案）报告》，通过胡屯乡第五届人民代表大会主席团人员组成，选举张习甲为胡屯乡人民政府乡长，高建岭、赵培荣、李学忠、何兰华为政府副乡长，并通过相应决议。会议还审议通过《关于减轻农民负担的决议》。

第二次会议于1994年6月6日召开，出席会议代表74人。会议听取和审议乡长张习甲作的《政府工作报告》，听取和审议李学忠作的《1993年财政预算执行情况和1994年财政预算（草案）的报告》，乡人大主席团专职常务主席范留全作的《人大工作报告》，党委书记邹庆荣作的《关于乡驻地街道建设的报告》，并通过相应决议。审议通过乡第五届人大二次会议关于号召全乡人民代表带头致富的决议。

第三次会议于1994年10月20日召开，应出席会议代表74名，因病因事请假5人，实际出席会议代表69人。会议由乡人大主席团办公室主任杨富增宣读《茌平县人大常委会致全县人民代表积极交售爱国棉的公开信》，党委书记邹庆荣讲关于当前棉花收购及1994年秋种问题，审议并通过关于当前棉花收购及1994年秋种问题的决议。

第四次会议于1995年3月召开，出席会议代表74人。会议听取和审议政府乡长张习甲作的《政府工作报告》，听取和审议李学忠作的《1994年财政预算执行情况和1995年财政预算（草案）的报告》，乡人大主席团专职常务副主席范留全作的《人大工作报告》，并通过相应决议。

第五次会议于1995年4月20日召开，应出席会议代表74人，因病因事请假15人，实际出席会议代表59人。会议由人大主席团办公室副主任李连庆主持学习《中华人民共和国全国人民代表大会和地方各级人民代表大会代表法》，通过邹庆荣、张习甲因工作调动辞去胡屯乡人民代表职务的申请，张习甲辞去胡屯乡乡长职务的申请，补选周庆江、高杉为胡屯乡人民代表，宣布经人大主席团研究，周庆江、高杉为乡人大主席团成员并任主席团常务副主席职务，选举高杉为胡屯乡政府乡长。

第六次会议于1995年6月19日召开，出席会议代表74人。会议审议并通过高杉受乡政府委托作的《胡屯乡1995年夏征工作报告》，审议并通过《关于胡屯乡人大主席团安排代表到乡粮所进行夏征专项监督》的决议。

第七次会议于1995年10月4日召开，出席会议代表74人。会议通过引黄工程（韩屯一戚庄）、乡村公路建设方案决议。

第六届人民代表大会

胡屯乡第六届人民代表大会任期为1996年1月至1998年3月，任期2年零2个月，任期内召开3次会议。

第一次会议于1996年1月20日召开，出席会议代表60人。会议听取和审议高杉受乡政府委托作的《政府工作报告》，听取和审议吴玉祥作的《1995年财政预算执行情况和1996年财政预算（草案）的报告》，乡人大主席团主席范留全作的《人大工作报告》，通过胡屯乡第六届人民代表主席团人员组成，并通过相关决议。会议选举范留全为乡人大主席团主席，袁绍文为乡人大主席团副主席，高杉为胡屯乡人民政府乡长，张汝月、孙协林、白成峰为政府副乡长。会议审议通过《关于减轻农民负担的决议》。

第二次会议于1996年2月3日召开，应到会议代表60人，因病因事请假9人，实际出席会议代表51人。会议由乡人大副主席袁绍文主持学习《山东省乡镇人民代表大会工作若干规定》，选举田礼将为胡屯乡科技副乡长，党委书记周庆江讲话。

第三次会议于1996年6月20日召开，出席会议代表60人。会议听取和审议李合祥作的《夏征工作报告》，通过《夏征工作报告》决议。

第七届人民代表大会

胡屯乡第七届人民代表大会任期为1998年3月至2002年1月，任期3年零10个月，任期内共召开2次会议。

第一次会议于1999年1月4日召开，应出席会议代表60名，因病因事请假5名，实际出席会议代表55名。会议听取和审议乡长齐向峰作的《政府工作报告》，听取和审议吴玉祥作的《胡屯乡财政预决算报告（草案）》，乡人大主席团主席杨光成作的《人大工作报告》，并通过相关决议。会议选举杨光成为胡屯乡人大主席团主席，徐平臻为胡屯乡人大主席团副主席，齐向峰为胡屯乡政府乡长，王建平、朱伟、张承先、潘勇为胡屯乡政府副乡长。

第二次会议于2000年4月18日召开，应出席会议代表60人，因病因事请假7人，实际出席会议代表53人。会议听取和审议乡长齐向峰作的《政府工作报告》，乡人大主席团主席杨光成作的《人大工作报告》，听取和审议吴玉祥作的《胡屯乡人民政府关于1999年财政预算执行情况和2000年财政预算（草案）的报告》，并对以上报告作出相应决议。

第八届人民代表大会

胡屯乡第八届人民代表大会任期为2002年1月至2007年11月。任期4年零10个月，任期内共举行5次会议。

第一次会议于2002年1月18日召开，出席会议代表46人。会议听取和审议李恩受乡政府委托作的《政府工作报告》，乡人大主席团主席白成峰作的《人大工作报告》，并通过相应决议，会议选举白成峰为胡屯乡人大主席团主席，初士山为胡屯乡人大主席团副主席，李恩为胡屯乡人民政府乡长，张承先、商程鹏、薛守卫为胡屯乡人民政府副乡长。

第二次会议于2003年4月26日召开，出席会议代表46人。会议听取审议景志国作的《政府工作报告》，乡人大主席团主席白成峰作的《人大工作报告》，张保平作的《胡屯乡人民政府关于2002年财政预算执行情况和2003年财政预算（草案）的报告》，并对以上报告作出相应决议。

第三次会议于2004年4月20日召开，出席会议代表45人。会议听取审议景志国作的《政府工作报告》，乡人大主席团主席白成峰作的《人大工作报告》，张保平作的《胡屯乡人民政府关于2003年财政预算执行情况和2004年财政预算（草案）的报告》，并对以上报告作出相应决议。

第四次会议于2005年4月2日召开，出席会议代表46人。会议听取审议景志国作的《政府工作报告》，乡人大主席团主席白成峰作的《人大工作报告》，张保平作的《胡屯乡人民政府关于2004年财政预算执行情况和2005年财政预算（草案）的报告》，并对以上报告作出相应决议。

第五次会议于2007年7月召开，出席会议代表46人，会议通过《关于补选代表的资格审查报告》，党委书记孙大兴讲话，会议补选董秀丽为乡人大主席团主席，刘本科为乡人大主席团副主席，张雷为胡屯乡政府乡长，马永之、王正忠、刘勇为胡屯乡政府副乡长。

第九届人民代表大会

胡屯乡第九届人民代表大会任期为2007年12月至2011年12月。实际任期4年，任期内共举行4次会议。

第一次会议于2007年12月14日召开，出席会议代表57人。会议听取和审议张雷受乡政府委托作的《政府工作报告》，乡人大主席团主席董秀丽作的《乡人大工作报告》，张保平作的《胡屯乡人民政府关于2007年财政预算执行情况和2008年财政预算（草案）的报告》并通过相应决议，会议选举张雷为胡屯乡人民政府乡长，马永之、刘勇、陈廷为胡屯乡人民政府副乡长。

第二次会议于2008年12月26日召开，出席会议代表54人，因病因事请假3人。会议听取和审议乡长赵卫国作的《政府工作报告》，乡人大主席团主席董秀丽作的《人大工作报告》，张保平作的《胡屯乡人民政府关于2008年财政预算执行情况和2009年财政预算（草案）的报告》，并通过相应决议。

第三次会议于2009年12月24日召开，出席会议代表57人。会议听取和审议乡长赵卫国作的《政府工作报告》，乡人大主席团主席董秀丽作的《人大工作报告》，任荣博作的《胡屯乡人民政府关于2009年财政预算执行情况和2010年财政预算（草案）的报告》，并通过相应决议。

第四次会议于2010年10月召开，出席会议代表57人。会议听取和审议赵卫国受镇政府委托作的《政府工作报告》，乡人大主席团主席董秀丽作的《人大工作报告》，任荣博作的《胡屯镇人民政府关于2010年财政预算执行情况和2011年财政预算（草案）的报告》，并通过相应决议，会议选举赵卫国为胡屯镇人民政府镇长，王正忠、刘勇、白成彬为胡屯镇人民政府副镇长。

第十届人民代表大会

胡屯镇第十届人民代表大会任期自2011年12月开始。

第一次会议于2011年12月28日召开，应出席会议代表57人，因病因事请假4人，实际出席会议代表53人。会议听取和审议孔志勇受镇政府委托作的《政府工作报告》，乡人大主席团刘勇作的《人大工作报告》，任荣博作的《胡屯镇人民政府关于2011年财政预算执行情况和2012年财政预算（草案）的报告》，并通过相应决议，会议选举刘勇为胡屯镇人大主席团主席，孔志勇为胡屯镇人民政府镇长，王秀国、白成彬、靖宝海为胡屯镇人民政府副镇长。

第二次会议于2012年12月24日召开，应出席会议代表57人，因病因事请假3人，实际出席会议代表54人。会议听取和审议孔志勇作的《政府工作报告》，镇人大主席团主席刘勇作的《人大工作报告》，任荣博作的《胡屯镇人民政府关于2012年财政预算执行情况和2013年财政预算（草案）的报告》，并通过相应决议。

第三次会议于2014年1月15日召开，应出席会议代表57人，因病因事请假5人，实际出席会议代表52人。会议对2013年度24个职能部门负责人述职进行评议。通过记票，24个职能部门负责人记票结果均为优秀等次。

第四次会议于2014年1月20日召开，出席会议代表57人。会议听取和审议孔志勇作的《政府工作报告》，镇人大主席团主席刘勇作的《人大工作报告》，任荣博作的《胡屯镇人民政府关于2013年财政预算执行情况和2014年财政预算（草案）的报告》，并通过相应决议。

第五次会议于2015年1月18日召开，应出席会议代表57人，因病因事请假2人，实际出席会议代表55人。会议听取和审议孔志勇作的《政府工作报告》，镇人大主席团主席刘勇作的《人大工作报告》，任荣博作的《胡屯镇人民政府关于2014年财政预算执行情况和2015年财政预算（草案）的报告》，并通过相应决议。

第六次会议于2015年1月23日召开，应出席会议代表57人，因病因事请假3人，实际出席会议代表54人。会议对2014年度18个职能部门述职进行评议。通过记票，18个职能部门记票结果均为满意等次。

第七次会议于2016年1月18日召开，出席会议代表57人。会议对2015年度20个职能部门负责人述职进行评议。通过记票，20个职能部门负责人记票结果均为优秀等次。

第八次会议于2016年1月28日召开，出席会议代表57人。会议听取和审议孔志勇作的《政府工作报告》，镇人大主席团主席刘勇作的《人大工作报告》，任荣博作的《胡屯镇人民政府关于

2015年财政预算执行情况和2016年财政预算（草案）的报告》，并通过相应决议。

胡屯乡（镇）历届人大工作机构及人员名单

第三届人民代表大会

人大工作联络处（1987年7月至1989年5月）

副主任：谢遵凯

杨富增

人大主席团（1989年5月至1990年3月）

专职常务主席：史仰山

第四届、第五届人民代表大会主席团办公室（1990年3月～1996年1月）

主　任：杨富增（1995年11月离职）

副主任：李连庆（1995年11月离职）

第六届至第十届人民代表大会

第六届人民代表大会（1996年1月～1998年3月）

主　席：范留全

副主席：袁绍文

第七届人民代表大会（1998年3月～2002年1月）

主　席：杨广成

副主席：袁绍文

徐平臻（1998年11月～1999年9月）

第八届人民代表大会（2002年1月～2007年11月）

主　席：白成峰（2006年11月离职）

董秀丽（2006年11月任职）

副主席：初士山

刘本科（2006年11月任职）

第九届人民代表大会（2007年12月～2011年12月）

主　席：董秀丽

第十届人民代表大会（2011年12月～2016年12月）

主　席：刘　勇

第六节　韩屯镇

韩屯镇位于山东省聊城市茌平县西北部，政府驻地距茌平县城15公里，东邻胡屯镇和温陈街道办事处接壤，西傍菜屯镇和肖家庄镇，北接高唐县，南与博平镇毗邻。1946年以来，韩屯镇一直为区、乡公社驻地。2001年3月，张营乡并入韩屯乡，2002年韩屯撤乡设镇。东西宽10公里，南北长7.2公里，辖区面积73平方公里，辖区51个行政村，62个自然村，总人口3.4万人，耕地面积3926.7公顷。

张营乡

1987年7月设立张营乡人大工作联络处，设副主任1人，1989年5月，设立张营乡人大主席团及其办公室，设主任、副主任；1996年1月，张营乡人民代表大会设主席、副主席。1987年至2001年，张营乡先后召开了第三届、第四届、第五届、第六届、第七届人民代表大会。1984年7月，撤销人民公社，改乡镇建制，建立张营乡人民政府。1984年9月，张营乡第一届人民代表大会在张营村召开。1987年3月，张营乡第二届人民代表大会在张营村召开，1987年7月，设立张营乡乡人大工作联络处，设副主任1人。1989年5月，张营乡人大工作联络处，更名为乡人大主席团。2001年3月，撤销张营乡，其行政区域并入韩屯乡。

张营乡历届人民代表大会概况

第一届人民代表大会

1984年9月，张营乡召开第一届公社社员代表大会，任期3年。任期内共举行1次会议，参加会议代表56人。

张营乡第二届人民代表大会

1987年3月，张营乡第二届人民代表大会召开，任期3年。任期内共举行1次会议，出席会议代表53人。1987年7月，设立张营乡乡人大工作联络处。

张营乡第三届人民代表大会

张营乡第三届人民代表大会（资料缺失）。

张营乡第四届人民代表大会

张营乡第四届人民代表大会任期为1990年3月至1993年2月，实际任期2年11个月。任期内共举行3次会议。

第一次会议于1990年1月召开，应出席会议代表52人，实到52人。会议听取和审议姜桂章受乡政府委托所作的《张营乡政府工作报告》，乡人大主席团主席高广玉作的《张营乡人大工作报告》，并通过相应决议。会议选举产生乡人大主席团主席，选举产生乡人民政府乡长姜桂章、副乡长耿保奎。

第二、第三次大会资料缺失。

张营乡第五届人民代表大会

张营乡第五届人民代表大会任期为1993年3月至1996年1月，实际任期2年零10个月。任期内共举行3次会议。

第一次会议于1993年3月召开，出席会议代表46人。会议听取和审议路运生受乡政府委托所作的《张营乡政府工作报告》，乡人大主席团主席高广玉作的《张营乡人大工作报告》，并通过相应决议。会议选举产生乡人大主席团主席，选举产生乡人民政府乡长路运生、副乡长李玉海。

第二、三次大会资料缺失。

张营乡第六届人民代表大会

张营乡第四届人民代表大会任期为1996年1月至1999年1月，实际任期3年。任期内共举行3次会议。

第一次会议于1996年1月召开，应出席会议代表52人，实到47人，请假5人。会议听取和审议赵希亮受乡政府委托所作的政府工作报告，乡人大主席团主席高广玉作的《乡人大工作报告》，并通过相应决议。会议选举产生乡人大主席团主席，选举产生乡人民政府乡长赵希亮、副乡长吴保平。

第二、三次大会资料缺失。

张营乡第七届人民代表大会

张营乡第七届人民代表大会任期为1999年1月至2001年3月，实际任期2年零2个月。任期内共举行3次会议。

第一次会议于1999年1月21日召开，应出席会议代表52人，实到46人，请假6人。会议听取和审议曹吉祥受乡政府委托所作的《张营乡政府工作报告》，乡人大主席团主席王富泉作的《张营乡人大工作报告》，听取和审议刘志强作的《关于张营乡1998年财政预算执行情况和1999年财政预算计划（草案）》并通过相应决议。会议选举产生乡人大主席团主席，选举产生乡人民政府乡长曹吉祥、副乡长袁传禄。

第二、第三次大会资料缺失。

张营乡历届人大工作机构及人员名单

第三届人民代表大会

人大工作联络处（1987年11月～1989年5月）

联络处未配备主任

副主任：尹廷泉

人大主席团办公室（1989年5月～1990年1月）

主　席：李士芳（1990年1月离职）

第四、五届人民代表大会主席团办公室（1990年3月～1996年1月）

专职常务主席：高广玉

第六届、第七届人民代表大会（1996年1月～2001年3月）

主　席：高广玉（1998年3月离职）

　　　　王富泉（1999年1月任职）

韩屯（乡）镇

1981年5月，韩屯公社召开第一届公社社员代表大会，1984年7月，撤销人民公社，韩屯乡公社管委改乡镇建制，成立韩屯乡人民政府。1984年9月，韩屯乡第二届人民代表大会在韩屯村召开。1987年3月，韩屯乡第三届人民代表大会在韩屯村召开。1987年7月，设立韩屯乡乡人大代表联络处。1990年3月至2016年12月，韩屯（乡）镇先后召开第四届至第十届人民代表大会。2001年撤销张营乡，其行政区域并入韩屯乡。2002年6月，撤销原乡建制，设置韩屯镇。

韩屯（乡）镇历届人民代表大会概况

韩屯乡第一届人民代表大会

1981年5月，韩屯公社召开第一届公社社员代表大会（此届会议视为第一届韩屯乡人民代表大会），任期2年10个月，任期内共举行1次会议，参加会议代表58人，大会选举产生韩屯乡公社管理委员会。

韩屯乡第二届人民代表大会

韩屯乡第二届人民代表大会任期为1984年3月至1987年2月，实际任期2年零11个月年。任期内共举行1次会议，参加会议代表53人。大会选举产生乡人民政府乡长、副乡长。

韩屯乡第三届人民代表大会

韩屯乡第三届人民代表大会任期为1987年3月至1990年2月，实际任期2年零11个月年。任期内共举行1次会议，参加会议代表55人。大会选举了乡人民政府乡长、副乡长。

韩屯乡第四届人民代表大会

韩屯乡第四届人民代表大会任期为1990年3月至1993年2月，实际任期2年零11个月。任期内，共举行3次会议。

第一次会议于1990年3月15日召开，应出席会议代表55人，实到代表52人，请假3人。会议听取和审议张习家受乡政府委托所作的《韩屯乡政府工作报告》，乡人大主席团主席王保同作的《韩屯乡人大工作报告》，并通过相应决议。会议选举产生了乡人大主席团主席、人大副主席，选举产生了乡人民政府乡长、副乡长。

第二、第三次会议资料缺失。

韩屯乡第五届人民代表大会

韩屯乡第五届人民代表大会任期为1993年3月至1996年1月，实际任期2年10个月。任期内共举行3次会议。

第一次会议于1993年3月18日召开，应出席会议代表55人，实到代表54人，请假1人。会议听取和审议周庆江受乡政府委托所作的《韩屯乡政府工作报告》，乡人大主席团主席张明玉作的《韩屯乡人大工作报告》，听取和审议李维新同志作《关于韩屯乡1992年财政预算执行情况和1993年财政预算（草案）的报告》并通过相应决议。会议选举产生乡人大主席团主席、副主席，选举产生乡人民政府乡长周庆江、副乡长冯吉双。

第二、第三次会议资料缺失。

韩屯乡第六届人民代表大会

韩屯乡第六届人民代表大会任期为1996年1月至1999年1月，实际任期3年。任期内共举行4次会议。

第一次会议于1996年1月22日召开，应出席会议代表54人，实到50人。会议听取和审议卢玉良受乡政府委托所作的《韩屯乡政府工作报告》，乡人大主席团主席杨光成作的《韩屯乡人大工作报告》，听取和审议董建忠作的《关于韩屯乡1995年财政预算执行情况和1996年财政预算计划（草案）》，并通过相应决议。会议选举产生乡人大主席团主席、人大副主席，选举产生乡人民政府乡长卢玉良、副乡长张吉峰。

第二次会议于1997年2月2日召开，应到代表53人，实到51名。会议选举科技副乡长张召甲、娄传军。

第三次会议于1998年6月23日召开，应到代表54人，实到50名。会议研究了夏征工作。

第四次会议于1999年8月20日召开，应到代表55人，实到51名。会议进行了乡人大代表评议工作。

韩屯乡第七届人民代表大会

韩屯乡第七届人民代表大会任期为1999年1月至2002年1月，实际任期3年。任期内共举行1次会议。

第一次会议于1999年元月18日召开，应出席会议代表55人，实到54人，请假1人。会议听取和审议张玉平受乡政府委托所作的《韩屯乡政府工作报告》，乡人大主席团主席冯吉双作的《韩屯乡人大工作报告》，听取和审议董建忠作的《关于韩屯乡1998年财政预算执行情况和1999年财政预算计划（草案）》，并通过相应决议。会议选举产生乡人大主席团主席、人大副主席，选举产生乡人民政府乡长张玉平、副乡长张召甲。

韩屯乡第八届人民代表大会

韩屯镇第八届人民代表大会任期为2002年1月至2007年12月，实际任期5年11个月。任期内，共举行4次会议。

第一次会议于2002年1月31日召开，应出席会议代表49人，实到45人，请假4人。会议听取和审议商同顺受乡政府委托作的《韩屯乡政府工作报告》，乡人大主席团主席梁树新作的《韩屯乡人大工作报告》，听取和审议刘志强作的《关于韩屯乡2001年财政预算执行情况和2002年财政预算计划（草案）》，并通过相应决议。会议选举产生乡人大主席团主席、人大副主席，选举产生人民政府乡长商同顺、副乡长袁传禄。

第二次会议于2003年4月29日召开，应出席会议代表49人，实到45人，请假4人。会议听取和审议商同顺受镇政府委托作的《韩屯镇政府工作报告》，乡人大主席团主席梁树新作的《韩屯镇人大工作报告》，听取和审议刘志强作的《关于韩屯镇2002年财政预算执行情况和2003年财政预算（草案）的报告》并通过相应决议。会议审议镇长袁传禄代表政府作的《关于水利工程分级管理的实施方案》的决议。

第三次会议于2002年12月29日召开，应到代表49人，实到代表47人，请假2人。会议听取和审议商同顺受镇政府委托作的《韩屯镇政府工作报告》，乡人大主席团主席梁树新作的《韩屯镇人大工作报告》，听取镇直部门述职，进行投票评议。

第四次会议于2007年4月29日召开，应出席会议代表52人，实到代表49人。会议听取和审议闫杰受镇政府委托作的《韩屯镇政府工作报告》，乡人大主席团主席焦延光作的《韩屯镇人大工作报告》，听取镇直部门述职，进行投票评议。会议选举产生乡人大主席团主席，选举产生镇人民政府镇长闫杰、副镇长吴晓光。

韩屯镇第九届人民代表大会

韩屯镇第九届人民代表大会任期为2007年12月至2011年11月，实际任期3年11个月。任期内共举行3次会议。

第一次会议于2007年12月11日召开，应出席会议代表54人，实到代表52人。会议听取和审议闫杰受镇政府委托作的《韩屯镇政府工作报告》，乡人大主席团主席焦延光作的《韩屯镇人大工作报告》，听取和审议刘志强作的《关于韩屯镇2007年财政预算执行情况和2008年财政预算计划（草案）》，并通过相应决议。会议选举产生乡人大主席团主席，选举产生镇人民政府镇长闫杰，副镇长伦玉刚、刘杰。

第二次会议于2009年1月6日召开，应出席会议代表56人，实到代表53人。会议听取和审议闫杰受镇政府委托作的《韩屯镇政府工作报告》，乡人大主席团主席焦延光作的《韩屯镇人大工作报告》，听取和审议刘志强作的《关于韩屯镇2008年财政预算执行情况和2009年财政预算计划（草案）》，并通过相应决议。

第三次会议于2010年1月13日召开，应出席会议代表58人，实到56人。会议听取和审议闫杰受镇政府委托作的《韩屯镇政府工作报告》，乡人大主席团主席焦延光作的《韩屯镇人大工作报告》，听取和审议刘志强作的《关于韩屯镇2009年财政预算执行情况和2010年财政预算计划（草案）》，并通过相应决议。

韩屯镇第十届人民代表大会

韩屯镇第十届人民代表大会任期为2011年12月～2016年12月 ，共举行5次会议。

第一次会议于2011年12月11日召开，应出席会议代表62人，实到代表60人。会议听取和审议商程鹏受镇政府委托所作的《韩屯镇政府工作报告》，乡人大主席团主席王同军作的《韩屯镇人大工作报告》，听取和审议刘志强作的《关于韩屯镇2011年财政预算执行情况和2012年财政预算计划（草案）》并通过相应决议。会议选举产生了乡人大主席团主席，选举产生镇人民政府镇长商程鹏、副镇长乌列勇、王克亮、朱传波。

第二次会议于2012年12月17日召开，应到代表58人，实到代表57人。会议听取和审议商程鹏受镇政府委托所作的《韩屯镇政府工作报告》，乡人大主席团主席王同军作的《韩屯镇人大工作报告》，听取和审议刘志强作的《关于韩屯镇2012年财政预算执行情况和2013年财政预算计划（草案）》，对32个镇直部门进行评议，并通过相应决议。

第三次会议于2014年1月召开，应到代表62人，实到代表60人。会议听取和审议商程鹏受镇政府委托所作的《韩屯镇政府工作报告》，乡人大主席团主席王同军作的《韩屯镇人大工作报告》，听取和审议刘志强作的《关于韩屯镇2013年财政预算执行情况和2014年财政预算计划（草案）》，对32个镇直部门进行评议，并通过相应决议。

第四次会议于2014年1月召开，应到代表62人，实到代表59人，请假3人。会议听取和审议商程鹏受镇政府委托所作的《韩屯镇政府工作报告》，乡人大主席团主席王同军作的《韩屯镇人大工作报告》，听取和审议刘志强作的《关于韩屯镇2014年财政预算执行情况和2015年财政预算计划草案》，对32个镇直部门进行评议，并通过相应决议。

第五次会议于2016年1月19日召开，应到代表60人，实到代表59人，请假1人。会议听取和审议商程鹏受镇政府委托所作的《韩屯镇政府工作报告》，乡人大主席团主席王同军作的《韩屯镇人大工作报告》，听取和审议刘志强作的《关于韩屯镇2015年财政预算执行情况和2016年财政预算计划（草案）》，对31个镇直部门进行评议，并通过相应决议。

韩屯（乡）镇历届人大工作机构及人员名单

第三届人民代表大会

人大工作联络处（1987年11月～1989年5月）

联络处未配备主任

副主任：王保同　刘庆余

人大主席团办公室（1989年5月～1990年3月）

专职常务主席：王保同

第四届、第五届人民代表大会主席团办公室（1990年3月～1996年1月）

主　席：王保同（1993年3月离职）

张明玉（1993年3月～1995年11月）

副主席：冯吉维（1993年3月～5月，1994年2月又任职）

第六届至第十届人民代表大会

第六届人民代表大会（1996年1月～1999年1月）

主　席：杨广成（1999年1月离职）

副主席：冯吉维

第七届人民代表大会（1999年1月～2002年1月）

主　席：冯吉双

副主席：高凤英

冯吉维

第八届人民代表大会（2002年1月～2007年12月）

主　席：梁树新（2002年2月～2006年11月）

副主席：高凤英（2002年2月任职）

宋金祥（2002年2月任职）

第九届人民代表大会（2007年12月～2011年12月）

主　席：焦延光

第十届人民代表大会（2011年12月～2016年12月）

主　席：王同军

第七节　菜屯镇

菜屯镇地处茌平、临清、高唐三县市交界处，距茌平县城30公里。菜屯镇地势西北高东南低，地域面积59平方公里，其中耕地面积3532.67公顷，辖30个行政村，总人口2.8万人。

1956年3月，菜屯区公所随博平县建制撤销划归茌平县，称茌平县菜屯区公所，区公所机关驻地在菜屯村；1958年1月，撤销菜屯区公所，成立菜屯乡人民政府；1958年9月，撤销菜屯乡人民政府，成立菜屯人民公社；1962年12月，撤销菜屯人民公社，成立菜屯区公所。1971年2月，菜屯镇区改为菜屯人民公社。1984年7月，进行体制改革，菜屯公社改为菜屯镇，成立菜屯镇委员会。

1987年7月，设立菜屯镇人大联络处，赵长佣任主任；1989年5月，撤销菜屯镇人大联络处，设乡人大主席团主席及其办公室，赵长佣任镇人大主席团专职常务主席；1996年1月，撤销人大主席团办公室，冯金英任镇人民代表大会主席团主席。

菜屯镇自1981年5月召开第一届人民代表大会，截至2016年共召开了十届人民代表大会。

菜屯镇历届人民代表大会概况

第一届人民代表大会

1981年5月，中共菜屯公社第一届人民代表大会在菜屯村召开，大会选举产生菜屯公社管理委员会。

第二届人民代表大会

1984年9月，在菜屯村召开菜屯镇第二届人民代表大会，大会选举产生镇人民政府镇长、副镇长。

第三届人民代表大会

1987年3月，在菜屯村召开菜屯镇第三届人民代表大会，大会选举产生镇人民政府镇长、副镇长。

第四届人民代表大会

菜屯镇第四届人民代表大会任期为1989年3月至1993年3月，实际任期3年。任期内共举行4次会议。

第一次会议于1989年3月6日召开，出席会议代表48人。会议听取和审议周子顺受镇政府委托作的《政府工作报告》，并通过相应决议。会议选举产生镇人民政府镇长、副镇长及镇人大主席团专职常务主席。

第二次会议于1990年3月20日召开，出席会议代表48人。会议听取和审议张恒良受镇政府委托作的《政府工作报告》，财政所所长李恩成作的《菜屯镇1989年财政预算执行情况和1990年财政预算（草案）报告》，镇人大主席团专职常务主席赵长佣作的《菜屯镇人大工作报告》，并通过相应决议。

第三次会议于1991年3月5日召开，出席会议代表47人。会议听取和审议张恒良受镇政府委托作的《政府工作报告》，财政所所长李恩成作的《菜屯镇1990年财政预算执行情况和1991年财政预算（草案）报告》，镇人大主席团专职常务主席赵长佣作的《菜屯镇人大工作报告》，并通过相应决议。

第四次会议于1992年1月28日召开，出席会议代表48人。会议听取和审议张恒良受镇政府委托作的《政府工作报告》，李恩成作的《菜屯镇1991年财政预算执行情况和1992年财政预算（草案）报告》，镇人大主席团专职常务主席赵长佣作的《菜屯镇人大工作报告》，并通过相应决议。

第五届人民代表大会

菜屯镇第五届人民代表大会任期为1993年3月至1996年1月，实际任期2年10个月。任期内共举行3次会议。

第一次会议于1993年3月25日召开，出席会议代表49人。会议听取和审议李永海受镇政府委托作的《政府工作报告》，镇人大主席团办公室主任李爱兰作的《菜屯镇人大工作报告》，并通过相应决议。会议选举产生镇人民政府镇长、副镇长、镇人大主席团专职常务主席。

第二次会议于1994年1月20日召开，出席会议代表49人。会议听取和审议李永海受镇政府委托作的《政府工作报告》，财政所所长李士平作的《菜屯镇1993年财政预算执行情况和1994年财政预算（草案）报告》，镇人大主席团办公室主任李爱兰作的《菜屯镇人大工作报告》，并通过相应决议。

第三次会议于1995年3月15日召开，出席会议代表49人。会议听取和审议李永海受镇政府委托作的《政府工作报告》，财政所所长李士平作的《菜屯镇1994年财政预算执行情况和1995年财政预算（草案）报告》，镇人大主席团办公室主任李爱兰作的《菜屯镇人大工作报告》，并通过相应决议。

第六届人民代表大会

菜屯镇第六届人民代表大会任期为1996年1月至1999年1月，实际任期3年。任期内共举行3次会议。

第一次会议于1996年1月10日召开，出席会议代表51人。会议听取和审议吴光军受镇政府委托作的《政府工作报告》，镇人大主席团主席冯金英作的《菜屯镇人大工作报告》，并通过相应决议。会议选举产生镇人民政府镇长、副镇长及镇人大主席团主席、副主席。

第二次会议于1997年1月30日召开，出席会议代表50人。会议听取和审议吴光军受镇政府委托作的《政府工作报告》，财政所所长贾国盛作的《菜屯镇1996年财政预算执行情况和1997年财政预算（草案）报告》，镇人大主席团主席冯金英作的《菜屯镇人大工作报告》，并通过相应决议。

第三次会议于1998年2月18日召开，出席会议代表51人。会议听取和审议吴光军受镇政府委托作的《政府工作报告》，财政所所长贾国盛作的《菜屯镇1997年财政预算执行情况和1998年财政预算（草案）报告》，镇人大主席团主席冯金英作的《菜屯镇人大工作报告》，并通过相应决议。

第七届人民代表大会

菜屯镇第七届人民代表大会任期为1999年1月至2002年1月，实际任期3年。任期内共举行3次会议。

第一次会议于1999年1月3日召开，出席会议代表53人。会议听取和审议王军臣受镇政府委托作的《政府工作报告》，镇人大主席主席团主席崔成河作的《菜屯镇人大工作报告》，并通过相应决议。会议选举产生镇人民政府镇长、副镇长及镇人大主席团主席、副主席。

第二次会议于2000年3月3日召开，出席会议代表53人。会议听取和审议王军臣受镇政府委托作的《政府工作报告》，财政所所长贾国盛作的《菜屯镇1999年财政预算执行情况和2000年财政预算（草案）报告》，镇人大主席团主席崔成河作的《菜屯镇人大工作报告》，并通过相应决议。

第三次会议于2001年3月7日召开，出席会议代表52人。会议听取和审议梁斌受镇政府委托作的《政府工作报告》，财政所所长贾国盛作的《菜屯镇2000年财政预算执行情况和2001年财政预算（草案）报告》，并通过相应决议。

第八届人民代表大会

菜屯镇第八届人民代表大会任期为2002年1月至2007年12月，实际任期5年11个月。任期内共举行5次会议。

第一次会议于2002年1月10日召开，出席会议代表54人。会议听取和审议梁斌受镇政府委托作的《政府工作报告》，财政所所长任荣博作的《菜屯镇2001年财政预算执行情况和2002年财政预算（草案）报告》，镇人大主席团主席胡长斌作的《菜屯镇人大工作报告》并通过相应决议。会议选举产生镇人民政府镇长、副镇长，镇人大主席团主席、副主席。

第二次会议于2003年1月5日召开，出席会议代表53人。会议听取和审议杨国华受镇政府委托作的《政府工作报告》，财政所所长任荣博作的《菜屯镇2002年财政预算执行情况和2003年财政预算（草案）报告》，镇人大主席团主席胡长斌作的《菜屯镇人大工作报告》，并通过相应决议。

第三次会议于2004年2月18日召开，出席会议代表53人。会议听取和审议杨国华受镇政府委托作的《政府工作报告》，财政所所长任荣博作的《菜屯镇2003年财政预算执行情况和2004年财政预算（草案）报告》，镇人大主席团主席胡长斌作的《菜屯镇人大工作报告》，并通过相应决议。

第四次会议于2005年3月10日召开，出席会议代表54人。会议听取和审议杨国华受镇政府委托作的《政府工作报告》，财政所长任荣博作的《菜屯镇2004年财政预算执行情况和2005年财政预算（草案）报告》，镇人大主席团主席胡长斌作的《菜屯镇人大工作报告》，并通过相应决议。

第五次会议于2006年2月15日召开，出席会议代表54人。会议听取和审议杨国华受镇政府委托作的《政府工作报告》，财政所所长任荣博作的《菜屯镇2005年财政预算执行情况和2006年财政预算（草案）报告》，镇人大主席团主席胡长斌作的《菜屯镇人大工作报告》，并通过相应决议。

第九届人民代表大会

菜屯镇第九届人民代表大会任期为2007年12月至2011年12月，实际任期5年。任期内共举行4次会议。

第一次会议于2007年12月8日召开，出席会议代表56人。会议听取和审议迟曙光受镇政府委托作的《政府工作报告》，镇人大主席团主席李凤余作的《菜屯镇人大工作报告》，并通过相应决议。会议选举产生镇人民政府镇长、副镇长、人大主席、副主席。

第二次会议于2008年2月25日召开，出席会议代表55人。会议听取和审议迟曙光受镇政府委托作的《政府工作报告》，财政所所长任荣博作的《菜屯镇2007年财政预算执行情况和2008年财政预算（草案）报告》，镇人大主席团主席李凤余作的《菜屯镇人大工作报告》，并通过相应决议。

第三次会议于2009年2月6日召开，出席会议代表56人。会议听取和审议迟曙光受镇政府委托作的《政府工作报告》，财政所所长任荣博作的《菜屯镇2008年财政预算执行情况和2009年财政预算（草案）报告》，镇人大主席团主席李凤余作的《菜屯镇人大工作报告》，并通过相应决议。

第四次会议于2010年2月25日召开，出席会议代表56人。会议听取和审议迟曙光受镇政府委托作的《政府工作报告》，财政所所长杨玉德作的《菜屯镇2009年财政预算执行情况和2010年财政预算（草案）报告》，镇人大主席团主席李凤余作的《菜屯镇人大工作报告》，并通过相应决议。

第十届人民代表大会

菜屯镇第十届人民代表大会任期为2011年12月至2016年12月，实际任期5年。任期内共举行5次会议。

第一次会议于2011年12月26日召开，出席会议代表58人。会议听取和审议孙良峰受镇政府委托作的《政府工作报告》，财政所所长杨玉德作的《菜屯镇2011年财政预算执行情况和2012年财政预算（草案）报告》，乡人大主席团主席武治江作的《菜屯镇人大工作报告》，并通过相应决议。会议选举产生镇人民政府镇长、副镇长、人大主席。

第二次会议于2013年1月21日召开，出席会议代表57人。会议听取和审议孙良峰受镇政府委托作的《政府工作报告》，财政所所长杨玉德作的《菜屯镇2012年财政预算执行情况和2013年财政预算（草案）报告》，乡人大主席团主席武治江作的《菜屯镇人大工作报告》，并通过相应决议。

第三次会议于2014年1月23日召开，出席会议代表58人。会议听取和审议孙良峰受镇政府委托作的《政府工作报告》，财政所所长杨玉德作的《菜屯镇2013年财政预算执行情况和2014年财政预算（草案）报告》，乡人大主席团主席武治江作的《菜屯镇人大工作报告》，镇党委委员、副镇长姚曰芳作的《菜屯镇菜屯社区整体规划方案》，并通过相应决议。听取镇直各部门工作报告并评议。

第四次会议于2015年1月19日召开，出席会议代表58人。会议听取和审议孙良峰受镇政府委托作的《政府工作报告》，财政所所长杨玉德作的《菜屯镇2014年财政预算执行情况和2015年财政预算（草案）报告》，乡人大主席团主席武治江作的《菜屯镇人大工作报告》，并通过相应决议。听取镇直各部门工作报告并评议。

第五次会议于2016年1月25日召开，出席会议代表57人。会议听取和审议孙良峰受镇政府委托作的《政府工作报告》，财政所所长杨玉德作的《菜屯镇2015年财政预算执行情况和2016年财政预算（草案）报告》，乡人大主席团主席武治江作的《菜屯镇人大工作报告》，并通过相应决议。听取镇直各部门工作报告并评议。

菜屯镇历届人大工作机构及人员名单

第三届人民代表大会

人大工作联络处（1987年7月～1989年5月）

主　任：赵长佣

人大主席团及其办公室（1989年5月～1990年3月）

主　席：赵长佣

第四届、第五届人民代表大会（1989年3月～1996年1月）

专职常务主席：赵长佣

人大主席团办公室

主　任：赵长佣（1993年3月离职）

　　　　李爱兰（1993年3月任职）

副主任：李爱兰（1993年3月离职）

　　　　崔凤林（1993年3月任职）

第六届至第十届人民代表大会

第六届人民代表大会（1996年1月～1999年1月）

主　席：冯金英（1996年1月～1998年3月）

　　　　崔成河（1998年3月任职）

第七届人民代表大会（1999年1月～2002年1月）

主　席：崔成河

第八届人民代表大会（2002年1月～2007年12月）

主　席：胡长斌（2006年11月离职）

　　　　李凤余（2006年11月任职）

第九届人民代表大会（2007年12月～2011年12月）

主　席：李凤余

第十届人民代表大会（2011年12月～2016年12月）

主　席：武治江

第八节　贾寨镇

贾寨镇位于茌平县西部，距县城35公里，聊城市区20公里，镇境东临肖家庄镇，北临菜屯镇，南临洪官屯镇，西临临清市魏湾镇，面积34平方公里，人口2.8万人。

贾寨镇中华人民共和国成立初称博平县第四公所，1956年3月贾寨区公所随博平县建制撤销，划归茌平县称茌平县贾寨区公所，1958年9月称贾寨人民公社，1962年12月改称贾寨区，1968年9月茌平县革委会批准建立贾寨区革命委员会，称贾寨公社，1971年2月贾寨区改为贾寨人民公社，成立贾寨人民公社委员会，1984年7月撤区建乡称贾寨乡，2012年11月贾寨撤乡设镇，称贾寨镇。

1987年7月，设立贾寨乡人大联络处；1989年5月，撤销乡人大联络处设人大主席团及其办公室；1996年1月，撤销人大主席团办公室，设乡人大主席团主席、副主席；2006年11月撤销乡人大主席团副主席；2012年11月，贾寨乡撤乡设镇。

贾寨乡（镇）自1981年5月召开第一届人民代表大会，截至2016年共召开了十届人民代表大会。

贾寨乡（镇）历届人民代表大会概况

第一届人民代表大会

贾寨公社第一届人民代表大会任期为1981年5月至1984年9月，任期3年零4个月，任期内共举行1次会议。

1981年5月21日至5月23日，召开了第一届人民代表大会，参加会议代表62人，大会选举产生贾寨公社管理委员会。

第二届人民代表大会

贾寨公社第二届人民代表大会任期为1984年9

月至1987年3月，实际任期2年6个月，任期内共举行1次会议。

1984年9月12日至9月14日，召开第二届人民代表大会，参加会议代表58人，大会选举产生贾寨乡人民政府乡长、副乡长。

第三届人民代表大会

贾寨公社第三届人民代表大会任期为1987年3月至1990年3月，实际任期3年，任期内共举行3次会议。

第一次会议于1987年3月9日召开，参加会议代表55人，会议听取并审议郭以迎作的《政府工作报告》，并对报告作出相应决议，大会选举产生贾寨乡长、副乡长。

第二次会议于1988年4月召开，参加会议代表57人。会议听取并审议郭以迎作的《政府工作报告》并作出决议。

第三次会议于1989年4月召开，参加会议代表58人。会议听取并审议王兴文作的《政府工作报告》，并对报告作出相应决议，选举通过了人大主席团及办公室人员名单、政府乡长。

第四届人民代表大会

贾寨乡第四届人民代表大会任期为1990年3月至1993年3月，实际任期3年，任期内共举行3次会议。

第一次会议于1990年3月21日召开，参加会议代表60人，会议听取并审议谢家荣作的《政府工作报告》、崔世通作的《人大工作报告》，并对以上报告作出相应决议。大会选举产生贾寨乡新一届人大主席团常务主席、贾寨乡人民政府乡长、副乡长。

第二次会议于1991年4月15日召开，参加会议代表61人，会议听取并审议谢家荣作的《政府工作报告》、崔世通作的《人大工作报告》，并对以上报告作出相应决议。

第三次会议于1992年4月6日召开，参加会议代表61人，会议听取并审议谢保臣作的《政府工作报告》、崔世通作的《人大工作报告》并对以上报告作出相应决议。

第五届人民代表大会

贾寨乡第五届人民代表大会任期为1993年3月至1996年8月，实际任期3年零5个月，任期内共举行5次会议。

第一次会议于1993年3月19日召开，参加会议代表58人，会议听取并审议通过刘俊芝作的《政府工作报告》、贺金涛作的《贾寨乡人民政府关于1992年财政预算执行情况和1993年财政预算（草案）的报告》、付孟江作的《人大工作报告》，并对以上报告作出相应决议，大会选举产生贾寨乡新一届人大主席团常务主席，贾寨乡人民政府乡长、副乡长。

第二次会议于1993年7月15日召开，参加会议代表52人，会议审议并通过《关于人口与计划生育工作规定的报告》。

第三次会议于1993年12月12日召开，参加会议代表55人，会议审议并通过《关于棉花生产的有关规定的决议》。

第四次会议于1994年5月16日召开，参加会议代表51人，会议听取并审议通过刘俊芝作的《政府工作报告》、贺金涛作的《贾寨乡人民政府关于1993年财政预算执行情况和1994年财政预算（草案）的报告》、付孟江作的《人大工作报告》，并对以上报告作出相应决议。

第五次会议于1995年3月13日召开，参加会议代表48人，会议听取并审议通过刘俊芝作的《政府工作报告》、刘泮利作的《贾寨乡人民政府关于1994年财政预算执行情况和1995年财政预算（草案）的报告》、付孟江作的《人大工作报告》，并对以上报告作出相应决议。

第六届人民代表大会

贾寨乡第六届人民代表大会任期为1996年8月至1999年4月，实际任期2年零8个月，任期内共举行3次会议。

第一次会议于1996年8月24日召开，参加会议代表共60人。会议听取和审议尹海波作的《政府工作报告》、孙书智作的《人大工作报告》、刘泮利作的《贾寨乡人民政府关于1995年财政预算执行情况和1996年财政预算（草案）报告》，并对以上报告作出相应决议，选举产生贾寨乡乡长、副乡长，选举通过人民陪审员。

第二次会议于1997年11月10日召开，参加会议代表58人。会议听取和审议尹海波作的《政府工作报告》、孙书智作的《人大工作报告》、刘泮利作的《贾寨乡人民政府关于1996年财政预算执行情况和1997年财政预算（草案）报告》并对以上报告作出相应决议。

第三次会议于1998年11月30日召开，参加会议代表57名。会议听取和审议张树宾作的《政府工作报告》、商先桥作的《人大工作报告》、刘泮利作的《贾寨乡人民政府关于1997年财政预算执行情况和1998年财政预算（草案）报告》并对以上报告作出相应决议，选举产生人大主席、政府乡长、副乡长。

第七届人民代表大会

贾寨乡第七届人民代表大会任期为1999年4月至2002年12月，任期3年零9个月，任期内共举行3次会议。

第一次会议于1999年4月13日至14日召开，参加会议代表60人。会议听取和审议张树宾作的《政府工作报告》、范兆强作的《关于贾寨乡国民经济和社会发展第九个五年计划的报告》、刘泮利作的《贾寨乡1999年财政预算执行情况和2000年财政预算的报告》，并相应通过3个报告的决议。选出贾寨乡人民政府乡长1名，副乡长3名。

第二次会议于2000年3月24日至31日召开，参加会议代表62人。会议听取并审议了张树宾作的《政府工作报告》、刘泮利作的《贾寨乡2000年财政预算执行情况和2001年财政预算的报告》，并对以上报告作出相应决议。

第三次会议于2001年4月7日召开，参加会议代表60人。会议听取并审议张树宾作的《政府工作报告》，并对报告作出相应决议。

第八届人民代表大会

贾寨乡第八届人民代表大会任期为2002年12月至2007年12月，任期5年，任期内共举行5次会议。

第一次会议于2002年12月20日召开，参加会议代表58人。会议听取和审议曹吉祥作的《政府工作报告》、胡志勇作的《贾寨2002年财政决算和2003年财政预算草案的报告》，并作出相应的决议。

第二次会议于2003年12月25日召开，参加会议代表65人。会议听取和审议胡振同作的《政府工作报告》、张吉峰作的《贾寨第八届人民代表大会第一次会议提出的议案处理报告》《贾寨国民经济和社会发展十年规划和“十一五”计划的报告》、胡志勇作的《关于2003年财政预算执行情况和2004年财政预算的报告》，并分别作出了决议。

第三次会议于2004年12月23日召开，参加会议代表62人。会议听取和审议胡振同作的《政府工作报告》、王风军作的《贾寨2004年财政预算执行情况和2005年财政预算》、张吉峰作的《人大工作报告》，并分别作出了决议。

第四次会议于2005年12月23日召开，参加会议代表64人。会议听取审议胡振同作的《政府工作报告》、王风军作的《贾寨2005年财政预算执行情况和2006年财政预算》、张吉峰作的《人大工作报告》，并分别作出决议。

第五次会议于2006年11月20日召开，参加会议代表60人。会议听取和审议王尚作的《政府工作报告》、王风军作的《贾寨2006年财政预算执行情况和2007年财政预算》、张吉峰作的《人大工作报告》，并分别作出决议。

第九届人民代表大会

贾寨乡第九届人民代表大会任期为2007年12月至2011年12月，实际任期4年，任期内共举行4次会议。

第一次会议于2007年12月15日召开，参加会议代表65人。会议听取并审议王尚作的《政府工作报告》《科学技术发展五年规划》、王风军作的《贾寨2007年财政预算执行情况和2008年财政预算》、张吉峰作的《人大工作报告》，并分别作出决议。

第二次会议于2008年12月25日召开，参加会议代表62人。会议听取并审议耿振平作的《政府工作报告》《科学技术发展五年规划》、王凤军作的《贾寨2008年财政预算执行情况和2009年财政预算》、张吉峰作的《人大工作报告》，并分别作出决议。

第三次会议于2009年12月15日召开，参加会议代表63名。会议听取并审议耿振平作的《政府工作报告》、《科学技术发展五年规划》、郑兰庆作的《贾寨2009年财政预算执行情况和2010年财政预算》、张吉峰作的《人大工作报告》，并分别作出决议。

第四次会议于2010年12月20日召开，参加会议代表63人。会议听取并审议耿振平作的《政府工作报告》《科学技术发展五年规划》、郑兰庆作的《贾寨2010年财政预算执行情况和2011年财政预算》、张吉峰作的《人大工作报告》，并分别作出决议。

第十届人民代表大会

贾寨乡第十届人民代表大会任期自2011年12月至2016年12月，实际任期5年，共举行5次会议。

第一次会议于2011年12月23日召开，参加会议代表共58人。会议听取并审议刘成俊作的《政府工作报告》《贾寨镇人民政府关于"十二五"计划和2012年远景目标计划》、郑兰庆作的《贾寨镇2011年财政预算执行情况和2012年财政预算草案的报告》、娄存宾作的《人大工作报告》《贾寨镇第九届人大一次会议以来代表议案和建议、批评意见办理情况的报告》，并对以上报告作出相应决议。选举产生贾寨镇人大主席团主席，镇长、副镇长。

第二次会议于2012年12月25日举行，参加会议代表共60人。会议听取并审议刘成俊作的《政府工作报告》、郑兰庆作的《贾寨镇2012年财政预算执行情况和2013年财政预算草案的报告》、娄存宾作的《人大工作报告》，并对以上报告作出相应决议。

第三次会议于2013年12月20日召开，参加会议代表共59人。会议听取并审议刘成俊作的《政府工作报告》、郑兰庆作的《贾寨镇2013年财政预算执行情况和2014年财政预算草案的报告》、娄存宾作的《人大工作报告》，并对以上报告作出相应决议。

第四次会议于2014年12月27日举行，参加会议代表共59人。会议听取并审议刘成俊作的《政府工作报告》、郑兰庆作的《贾寨镇2014年财政预算执行情况和2015年财政预算草案的报告》、娄存宾作的《人大工作报告》、付杰作的《关于贾寨镇2014年镇统筹费使用情况和2015年乡统筹费预算草案的报告》，并对以上报告作出相应决议。

第五次会议于2015年12月28日举行，参加会议代表共60人。会议听取并审议刘成俊作的《政府工作报告》、郑兰庆作的《贾寨镇2015年财政预算执行情况和2016年财政预算草案的报告》、娄存宾作的《人大工作报告》《贾寨镇人民政府关于在东邢庄水库资金和环境综合整治资金使用情况的报告》，并对以上报告作出相应决议。

贾寨乡（镇）历届人大工作机构及人员名单

第三届人民代表大会（1987年3月～1990年3月）

1987年7月设贾寨乡人大联络处

副主任：孟宪章

1989年5月，设人大主席团及办公室

专职常务主席：张运来（1990年3月离职）。

崔世通

付孟江

第四届、第五届人民代表大会（1990年3月～1996年3月）

人大主席团办公室成员

主　任：张运来（1990年1月离职）

付孟江（1992年7月任职）

副主任：梁温江（1993年3月离职）

闫君谦

第六届人民代表大会（1996年8月～1999年4月）

人大主席：孙书智

副 主 席：贾福友

第七届人民代表大会（1999年4月～2002年12月）

人大主席：商先桥

副 主 席：王金奎

第八届人民代表大会（2002年12月～2007年12月）

人大主席：张吉峰

副 主 席：夏福平

第九届人民代表大会（2007年12月～2011年12月）

人大主席：张吉峰

第十届人民代表大会（2011年12月～2016年12月）

人大主席：娄存宾

第九节 杨官屯乡

杨官屯乡位于茌平县西部，乡驻地距县城25公里，聊城市区12公里，辖境内南北长10.2公里，东北宽3.5公里，总面积35.7平方公里，人口1.7万人。南临聊城经济开发区北城办事处，北临肖庄镇，西临洪官屯镇，东临博平镇。

杨官屯乡驻地自1946年以来，一直是区、乡政府及公社机关所在地。原是博平县第二区，1956年随博平县划归茌平县管辖，改为杨官屯区；1958年1月撤区并乡，杨官屯区划分洪官屯乡、杨官屯乡、徐官屯乡、冯营乡；1958年9月撤乡成立了杨官屯乡人民公社。1962年12月又改为杨屯区；1971年2月撤区并社，成立杨官屯人民公社；1984年杨官屯人民公社改为杨官屯乡；2001年3月杨官屯乡、洪官屯乡合并为洪官屯乡；2001年12月恢复原杨官屯乡区划。

1987年7月，成立杨官屯乡人大联络处；1989年5月，撤销乡人大联络处设乡人大主席团及其办公室；1996年1月，撤销人大主席团办公室，设乡人大主席团主席、副主席；2006年11月撤销乡人大主席团副主席。

杨官屯乡自1981年5月召开第一届人民代表大会，截止目前共召开了十届人民代表大会。

杨官屯乡历届人民代表大会概况

第一届人民代表大会

杨官屯公社第一届人民代表大会任期为1981年5月至1984年9月，任期3年4个月，任期内共举行1次会议。

1981年5月21日至23日，召开第一届人民代表大会，参加会议代表52人，大会选举产生了杨官屯公社管理委员会。

第二届人民代表大会

杨官屯乡第二届人民代表大会任期为1984年9月至1987年3月，实际任期2年半，任期内共举行1次会议。

1984年9月16日至17日，召开第二届人民代表大会，参加会议代表52人，大会选举产生杨官屯乡人民政府乡长、副乡长。

第三届人民代表大会

杨官屯乡第三届人民代表大会任期为1987年3月至1990年3月，任期3年。任期内共举行3次会议。

第一次会议于1987年1月12日召开，参加会议代表50人，大会选举产生杨官屯乡人民政府乡长、副乡长。

第二次会议于1988年3月20日召开，参加会议代表49人。会议听取并审议田文举作的《政府工作报告》，并对报告作出相应决议，大会补选了政府副乡长。

第三次会议于1989年7月召开，参加会议代表47人。会议听取并审议田文举作的《政府工作报告》，并对报告作出相应决议。

第四届人民代表大会

杨官屯乡第四届人民代表大会任期为1990年3月至1993年3月，任期3年。任期内共举行3

次会议。

第一次会议于1990年3月16日召开，参加会议代表50人，会议听取并审议商善岗作的《政府工作报告》，姜曰民作的《人大工作报告》，并对以上报告作出相应决议。大会选举产生杨官屯乡人大主席团主席，杨官屯乡人民政府乡长、副乡长。

第二次会议于1991年6月10日召开，参加会议代表46人，会议听取并审议商善岗作的《政府工作报告》，姜曰民作的《人大工作报告》，并对以上报告做出决议。

第三次会议于1992年10月8日召开，参加会议代表46人，会议听取并审议商善岗作的《政府工作报告》，姜曰民作的《人大工作报告》，并对以上报告做出决议。

第五届人民代表大会

杨官屯乡第五届人民代表大会任期为1993年3月至1996年1月，任期2年10个月。任期内共举行3次会议。

第一次会议于1993年3月19日召开，共有代表51人，参加会议代表50人，大会选举产生杨官屯乡人大主席团主席，杨官屯乡人民政府乡长、副乡长。

第二次会议于1994年4月2日召开，会议听取和审议桑聊生作的《政府工作报告》、孙金群作的《人大工作报告》、李兆太作的《杨官屯乡人民政府关于1993年财政预算执行情况和1994年财政预算（草案）的报告》，会议补选李守忠为副乡长。

第三次会议于1995年3月21日召开，参加会议代表46人，会议听取和审议桑聊生作的《政府工作报告》，听取审议孙金群作的《人大工作报告》，听取审议李兆太作的《杨官屯乡人民政府关于1994年财政预算执行情况和1995年财政预算（草案）的报告》，《关于整修南孙～小冯柏油路面的报告的决议》及《关于普及九年义务教育增加教育投入的决议》。

第六届人民代表大会

杨官屯乡第六届人民代表大会任期为1996年1月至1999年1月，任期3年。任期内共举行3次会议。

第一次会议于1996年1月22日召开，出席会议的代表有51人。会议听取和审议徐莹作的《政府工作报告》、程曰才作的《人大工作报告》、李兆太作的《杨官屯乡人民政府关于1995年财政预算执行情况和1996年财政预算（草案）的报告》，并通过相应决议。会议选举产生杨官屯乡第六届人民代表大会主席团主席、副主席，杨官屯乡人民政府乡长、副乡长。

第二次会议于1997年5月28日召开。会议出席代表47人，会议听取和审议徐莹作的《政府工作报告》，程曰才作的《人大工作报告》，李兆太作的《杨官屯乡人民政府关于1996年财政预算执行情况和1997年财政预算（草案）的报告》。

第三次会议于1998年3月16日召开，会议出席代表49人。会议听取和审议李守忠作的《政府工作报告》，乔明星作的《人大工作报告》，于乐民作的《杨官屯乡人民政府关于1997年财政预算执行情况和1998年财政预算（草案）的报告》，并对以上报告做出相关决议，并选举产生人大主席，政府乡长、副乡长。

第七届人民代表大会

杨官屯乡第七届人民代表大会任期为1999年1月至2002年1月，任期3年。任期内共举行4次会议。

第一次会议于1999年1月20日举行，应出席会议的代表51人，实际出席50人。会议听取和审议李守忠作的《政府工作报告》，乔明星作的《人大工作报告》，于乐民作的《杨官屯乡人民政府关于1998年财政预算执行情况和1999年财政预算（草案）的报告》。选举产生杨官屯乡第七届人民代表大会主席团主席、副主席，杨官屯乡人民政府乡长、副乡长。

第二次会议于1999年6月20日召开，出席会议代表48名，会议审议通过《1999年度夏征工作方案》。

第三次会议于2000年1月16日召开，出席会议代表49名，会议对乡直23个职能部门和乡政府组成人员进行评议打分。

第四次会议于2001年5月21日召开，出席会议代表47名，会议选举翟春杰为杨官屯乡人民政府乡长。

第八届人民代表大会

杨官屯乡第八届人民代表大会任期为2002年1月至2007年11月，任期5年10个月。任期内共举行4次会议。

第一次会议于2002年1月30日举行，出席会议代表51名。会议听取和审议曹国芝作的《人民政府工作报告》、芦洪明作的《人大工作报告》、景云旭作的《杨官屯乡人民政府关于2001年财政预算执行情况和2002年财政预算（草案）的报告》。会议选举产生杨官屯乡第八届人民代表大会主席团主席、副主席，杨官屯乡人民政府乡长、副乡长。

第二次会议于2003年4月20日召开，出席会议代表50名，会议听取和审议曹国芝作的《政府工作报告》，芦洪明作的《人大工作报告》，景云旭作的《杨官屯乡人民政府关于2002年财政预算执行情况和2003年财政预算〈草案〉的报告》。

第三次会议于2004年5月11日召开，出席会议代表50名。会议审议并通过了曹国芝所作的《政府工作报告》、芦洪明作的《人大工作报告》、景云旭作的《杨官屯乡人民政府关于2003年财政预算执行情况和2004年财政预算（草案）的报告》。

第四次会议于2006年4月16日召开，出席会议代表49名，会议听取和审议毛永和作的《政府工作报告》，芦洪明作的《人大工作报告》，景云旭作的《杨官屯乡人民政府关于2005年财政预算执行情况和2006年财政预算〈草案〉的报告》，会议补选毛永和为杨官屯乡人民政府乡长。

第九届人民代表大会

杨官屯乡第九届人民代表大会任期为2007年12月至2011年12月，实际任期4年。任期内共举行4次会议。

第一次会议于2007年12月14日举行，出席会议的代表有51人。会议听取并审议毛永和作的《政府工作报告》，孙丙祥作的《人大工作报告》，景云旭作的《杨官屯乡人民政府关于2007年财政预算执行情况和2008年财政预算（草案）的报告》。会议选举产生杨官屯乡第九届人民代表大会主席团主席、杨官屯乡人民政府乡长、副乡长。

第二次会议于2008年12月18日召开，出席会议的代表50人。会议听取并审议通过了毛永和作的《政府工作报告》，孙丙祥作的《人大工作报告》，景云旭作的《杨官屯乡人民政府关于2008年财政预算执行情况和2009年财政预算（草案）的报告》，并对以上报告作出相应决议。

第三次会议于2009年12月22日召开，出席会议代表48人。会议听取审议通过毛永和作的《政府工作报告》，孙丙祥作的《人大工作报告》，景云旭作的《杨官屯乡人民政府关于2009年财政预算执行情况和2010年财政预算（草案）的报告》。

第四次会议于2010年12月21日召开，出席会议代表46人，会议听取审议通过了毛永和作的《政府工作报告》，孙丙祥作的《人大工作报告》，吉鹏国作的《杨官屯乡人民政府关于2010年财政预算执行情况和2011年财政预算（草案）的报告》。会议对乡直部门进行评议。

第十届人民代表大会

杨官屯乡第十届人民代表大会任期自2011年12月开始，共举行5次会议。

第一次会议于2011年12月23日举行，出席会议的代表有51人。会议听取并审议刘芝作的《政府工作报告》，张金迎作的《人大主席团报告》，吉鹏国作的《杨官屯乡人民政府关于2011年财政预算执行情况和2012年财政预算（草案）的报告》。会议选举产生杨官屯乡第十届人民代表大会主席团主席、杨官屯乡人民政府乡长、副乡长。

第二次会议于2012年12月19日召开，出席会议代表49人。会议听取审议通过了刘芝作的《政府工作报告》，张金迎作的《人大工作报告》，吉鹏国作的《杨官屯乡人民政府关于2012年财政预算执行情况和2013年财政预算（草案）的报告》。

第三次会议于2013年12月22日召开，出席会议的代表46人。会议审议通过《2014年度杨官屯乡民生十件实事》，并对乡直部门2013年度工作进行评议。

第四次会议于2014年12月26日召开，出席会议的代表50人。会议对乡直部门2014年度工作进行评议。

第五次会议于2015年12月28日召开，出席会议的代表47人。会议对乡直部门2015年度工作进行评议。

杨官屯乡历届人大工作机构及人员名单

第三届人民代表大会（1987年3月～1990年3月）

人大工作联络处（1987年3月～1989年5月）

主　任：耿连修

人大主席团办公室（1989年5月～1990年3月）

主　任：耿连修

副主任：王金玉

第四、五届人民代表大会主席团办公室（1990年3月～1996年1月）

主　任：姜曰民（1993年2月离职）

孙金群（1993年3月任职）

副主任：王金玉

谢家贵（1993年3月离职）

王金玉（1993年3月任职）

李士广（1993年3月任职）

第六届至第十届人民代表大会

第六届人民代表大会（1996年1月～1999年1月）

主　席：程曰才（1998年3月离职）

乔明星（1998年3月任职）

副主席：王金玉（1998年3月离职）

李士广（1998年11月离职）

郭以宏（1998年3月任职）

赵生昌（1998年3月任职）

第七届人民代表大会（1999年1月～2002年1月）

主　席：乔明星

副主席：郭以宏

赵生昌

第八届人民代表大会（2002年1月～2007年11月）

主　席：芦洪明（2006年11月离职）

孙丙祥（2006年11月任职）

副主席：郭以宏（2006年5月离职）

孙秀岭（2006年11月离职）

第九届人民代表大会（2007年12月～2011年12月）

主　席：孙丙祥

第十届人民代表大会（2011年12月～2016年12月）

主　席：张金迎

第十节　洪官屯镇

洪官屯镇位于茌平县西部，距县城30公里，聊城市区10公里，镇境东临杨官屯乡，北临贾寨镇，西临东昌府区梁水镇，南临聊城经济开发区北城办事处，面积46.2平方公里，人口2.3万人。

洪官屯镇1949年后北部属贾寨区，南部属杨官屯区；1957年设洪官屯乡；1958年9月撤乡划归杨官屯人民公社；1962年属杨官屯区；1971年设洪官屯人民公社；1984年设洪官屯乡；2001年3月杨官屯乡、洪官屯乡合并为洪官屯乡；2001年12月恢复原洪官屯乡区划；2012年11月撤乡设镇。

1987年7月，设立洪官屯乡人大联络处；1989年5月，撤销乡人大联络处设乡人大主席团及其办公室；1996年1月，撤销人大主席团办公室，设乡人大主席团主席、副主席；2006年11月撤销乡人大主席团副主席；2012年11月，撤乡设镇人大主席团主席。

洪官屯乡（镇）自1981年5月召开第一届人民代表大会，截至2016年共召开了十届人民代表大会。

洪官屯乡（镇）历届人民代表大会概况

第一届人民代表大会

洪官屯公社第一届人民代表大会任期为1981年5月至1984年9月，任期3年零4个月，任期内共举行1次会议。

1981年5月21日至5月23日，召开第一届人民代表大会，参加会议代表56人，大会选举产生洪官屯公社管理委员会。

第二届人民代表大会

洪官屯乡第二届人民代表大会任期为1984年9月至1987年3月，实际任期2年半，任期内共举行1次会议。

1984年9月参加会议代表52人，大会选举产生洪官屯乡人民政府乡长、副乡长。

第三届人民代表大会

洪官屯乡第三届人民代表大会于1987年3月至1990年3月，实际任期3年，任期内共举行3次会议。

第一次会议于1987年3月11日召开，参加会议代表50余人，会议听取并审议桑士彦作的《政府工作报告》，并对报告作出相应决议，大会选举产生洪官屯乡人民政府乡长、副乡长。

第二次会议于1988年5月召开，会议听取并审议通过桑士彦作的《政府工作报告》，并对报告作出相应决议。

第三次会议于1989年5月召开，会议听取并审议桑士彦作的《政府工作报告》，并对报告作出相应决议，选举通过乡人大主席团及办公室人员名单。

第四届人民代表大会

洪官屯乡第四届人民代表大会任期为1990年3月至1993年3月，实际任期3年，任期内共举行3次会议。

第一次会议于1990年3月19日召开，参加会议代表52人，会议听取并审议胡志峰作的《政府工作报告》、贾奎杰作的《人大工作报告》，并对以上报告作出相应决议，大会选举产生了洪官屯乡第四届人大主席团常务主席，洪官屯乡人民政府乡长、副乡长。

第二次会议于1991年4月27日召开，参加会议代表49人，会议听取并审议胡志峰作的《政府工作报告》、贾奎杰作的《人大工作报告》并对以上报告作出相应决议。

第三次会议于1992年4月11日召开，参加会议代表50人，会议听取并审议李林军作的《政府工作报告》、贾奎杰作的《人大工作报告》，并对以上报告作出相应决议，会议补选了政府乡长。

第五届人民代表大会

洪官屯乡第五届人民代表大会任期为1993年3月至1996年1月，实际任期2年零10个月。任期内共举行5次会议。

第一次会议于1993年3月19日召开，参加会议代表58人，会议听取并审议通过张观录作的《政府工作报告》、赵忠弟作的《洪官屯乡人民政府关于1992年财政预算执行情况和1993年财政预算（草案）的报告》、袁智德作的《人大工作报告》并对以上报告作出相应决议，大会选举产生洪官屯乡第五届人大主席团常务主席、洪官屯乡人民政府乡长、副乡长。

第二次会议于1993年7月23日召开，参加会议代表46人，会议审议并通过《关于人口与计划生育工作规定的报告》。

第三次会议于1993年12月11日召开，参加会议代表53人，会议审议并通过《关于棉花生产的有关规定的决议》。

第四次会议于1994年5月28日召开，参加会议代表41人，会议审议并通过张观录所作的《政府工作报告》、赵忠弟所作的《洪官屯乡人民政府关于1993年财政预算执行情况和1994年财政预算（草案）的报告》、袁智德所作的《人大工作报告》并对以上报告作出相应决议。

第五次会议于1995年3月22日召开，参加会议代表35人，会议审议并通过3个报告2个决议，即：张观录所作的《政府工作报告》、赵忠弟所作的《洪官屯乡人民政府关于1994年财政预算执行情况和1995年财政预算（草案）的报告》、袁智德所作的《人大工作报告》《关于辅修洪屯～大辛柏油路面的报告的决议》及《关于普及九年义务教育增加教育投入的决议》，并对以上报告作出相应决议。

第六届人民代表大会

洪官屯乡第六届人民代表大会任期为1996年1月至1999年1月，实际任期3年，任期内共召开4次会议。

第一次会议于1996年1月22日举行，参加会议代表有61人。听取和审议张观录作的《政府工作报告》，袁智德作的《人大工作报告》，赵忠弟作的《洪官屯乡人民政府关于1995年财政预算执行情况和1996年财政预算（草案）的报告》，《洪官屯乡关于发展大棚无籽西瓜的决议》，并对以上报告作出相应决议，选举产生洪屯乡第六届人民代表大会主席、副主席，政府乡长、副乡长。

第二次会议于1997年4月13日举行，参加会议代表有54人。听取和审议张观录作的《政府工作报告》，袁智德作的《人大工作报告》，赵忠弟作的《洪官屯乡人民政府关于1996年财政预算执行情况和1997年财政预算（草案）的报告》并对以上报告作出相应决议。

第三次会议于1998年3月17日召开，参加会议代表有47人。听取和审议于富敏作的《政府工作报告》，袁智德作的《人大工作报告》，赵忠弟作的《洪官屯乡人民政府关于1997年财政预算执行情况和1998年财政预算（草案）的报告》并对以上报告作出相应决议，选举产生人大主席、政府乡长、副乡长

第四次会议于1998年7月22日召开，参加会议代表有44人，听取和审议《关于农民负担及夏粮征收方案的报告》并对报告作出相应决议。

第七届人民代表大会

洪官屯乡第七届人民代表大会任期为1999年1月至2002年1月，实际任期3年，任期内共召开2次会议。

第一次会议于1999年1月21日举行，出席会议的代表有54人。会议听取和审议张玉林作的《政府工作报告》，袁智德作的《人大工作报告》，于西良作的《洪官屯乡人民政府关于1998年财政预算执行情况和1999年财政预算（草案）的报告》并对以上报告作出相应决议，选举洪屯乡第七届人民代表大会主席、副主席，选举乡长、副乡长。

第二次会议于2000年4月17日召开，出席会议的代表有51人。会议听取和审议张玉林作的《政府工作报告》，袁智德作的《人大工作报告》，于西良作的《洪官屯乡人民政府关于1999年财政预算执行情况和2000年财政预算（草案）的报告》，并对以上报告作出相应决议。

第八届人民代表大会

洪官屯乡第八届人民代表大会任期为2002年1月至2007年11月，任期4年零10个月。任期内共举行6次会议。

第一次会议于2002年1月31日举行，出席会议的代表有55人。听取和审议曹培省作的《政府工作报告》，翟长更作的《人大工作报告》，范正勤作的《洪官屯乡人民政府关于2001年财政预算执行情况和2002年财政预算（草案）的报告》，并对以上报告作出相应决议，选举洪官屯乡第八届人民代表大会主席，选举乡长、副乡长。

第二次会议于2003年4月28日举行，出席会议的代表有50人。听取和审议丁洁卉作的《政府工作报告》，翟长更作的《人大工作报告》，李金明作的《洪官屯乡人民政府关于2002年财政预算执行情况和2003年财政预算（草案）的报告》，并对以上报告作出相应决议，补选政府乡长。

第三次会议于2004年4月19日召开，出席会议的代表有43人。听取和审议丁洁卉作的《政府工作报告》，翟长更作的《人大工作报告》，李金明作的《洪官屯乡人民政府关于2003年财政预算执行情况和2004年财政预算（草案）的报告》，并对以上报告作出相应决议。

第四次会议于2005年3月29日召开，出席会议的代表有48人。听取和审议丁洁卉作的《政府工作报告》，翟长更作的《人大工作报告》，李金明作的《洪官屯乡人民政府关于2004年财政预算执行情况和2005年财政预算（草案）的报告》，并对以上报告作出相应决议。

第五次会议于2006年5月13日召开，出席会议的代表有46人。会议听取并审议通过刘健作的《政府工作报告》，翟长更作的《人大工作报告》，李金明作的《2006年财政情况分析及预算（草案）的报告》，《关于建设聊城北部菜篮子基地的决议》并对以上报告作出相应决议，补选政府乡长。

第六次会议于2007年7月13日举行，出席会议的代表有42人。会议补选了乡人大主席团主席，政府乡长、副乡长。

第九届人民代表大会

洪官屯乡第九届人民代表大会任期为2007年12月至2011年12月，实际任期4年，任期内共举行4次会议。

第一次会议于2007年12月13日举行，出席会议的代表有52人。会议听取并审议了张殿广作的《政府工作报告》，杨传刚作的《人大工作报告》，李金明作的《洪官屯乡人民政府关于2007年财政预算执行情况和2008年财政预算（草案）的报告》《关于建设洪官屯乡北部工业园区的决议》，并对以上报告作出相应决议，选举洪官屯乡第九届人民代表大会主席，选举乡长、副乡长。

第二次会议于2008年12月26日举行，出席会议的代表有47人。会议听取并审议张殿广作的《政府工作报告》，杨传刚作的《人大工作报告》，李金明作的《洪官屯乡人民政府关于2008年财政预算执行情况和2009年财政预算（草案）的报告》，并对以上报告作出相应决议。

第三次会议于2009年12月23日举行，出席会议的代表有41人。会议听取并审议张殿广作的《政府工作报告》，杨传刚作的《人大工作报告》，李金明作的《洪官屯乡人民政府关于2009年财政预算执行情况和2010年财政预算（草案）的报告》，并对以上报告作出相应决议。

第四次会议于2010年12月19日举行，出席会议的代表有43人。会议听取并审议张殿广作的《政府工作报告》，杨传刚作的《人大工作报告》，李金明作的《洪官屯乡人民政府关于2010年财政预算执行情况和2011年财政预算（草案）的报告》并对以上报告作出相应决议。

第十届人民代表大会

洪官屯乡第十届人民代表大会任期自2011年12月开始，共举行5次会议。

第一次会议于2011年12月23日举行，出席会议的代表有55人。会议听取并审议姜栋梁作的《政府工作报告》，白维生作的《人大工作报告》，李金明作的《洪官屯乡人民政府关于2011年财政预算执行情况和2012年财政预算（草案）的报告》《关于申请撤乡设镇的决议》，并对以上报告作出相应决议，选举洪官屯乡第十届人民代表大会主席、副主席，政府乡长、副乡长。

第二次会议于2012年12月27日举行，出席会议的代表有50人。会议听取并审议姜栋梁作的《政府工作报告》，白维生作的《人大工作报告》，李金明作的《洪官屯镇人民政府关于2012年财政预算执行情况和2013年财政预算（草案）的报告》，并对以上报告作出相应决议。

第三次会议于2014年1月11日举行，出席会议的代表有42人。会议听取并审议姜栋梁作的《政府工作报告》，白维生作的《人大工作报告》，李金明作的《洪官屯镇人民政府关于2013年财政预算执行情况和2014年财政预算（草案）的报告》，并对以上报告作出相应决议。

第四次会议于2015年1月6日举行，出席会议的代表有38人。会议听取并审议姜栋梁作的《政府工作报告》，白维生作的《人大工作报告》，李金明作的《洪官屯镇人民政府关于2014年财政预算执行情况和2015年财政预算（草案）的报告》，并对以上报告作出相应决议。

第五次会议于2016年1月27日举行，出席会议的代表有46人。会议听取并审议姜栋梁作的《政府工作报告》，白维生作的《人大工作报告》，李金明作的《洪官屯镇人民政府关于2015年财政预算执行情况和2016年财政预算（草案）的报告》，并对以上报告作出相应决议。

洪官屯乡（镇）历届人大工作机构及人员名单

第三届人民代表大会

人大工作联络处（1987年7月～1989年5月）

副主任：贾奎杰

人大主席团（1989年5月～1990年3月）

主　席：丁庆泽

人大主席团办公室（1989年5月～1990年3月）

主　任：贾奎杰

副主任：庄兴林

第四届、第五届人民代表大会主席团办公室（1990年3月～1996年1月）

主　任：贾奎杰（1993年3月离职）

袁智德（1993年3月任职）

副主任：庄兴林

许占芳（1993年3月任职）

第六届至第十届人民代表大会

第六届人民代表大会（1996年1月～1999年1月）

主　席：袁智德（1998年3月离职）

耿保奎（1998年3月任职）

副主席：许占芳

潘延喜

第七届人民代表大会（1999年1月～2002年1月）

主　席：耿保奎

副主席：许占芳

潘延喜

郭以宏(2001年3月任职)

赵生昌(2001年3月任职)

第八届人民代表大会（2002年1月～2007年11月）

主　席：翟长更（2006年11月离职）

杨传刚（2006年11月任职）

副主席：吴力田（2006年11月离职）

单红英（2006年11月离职）

第九届人民代表大会（2007年12月～2011年12月）

主　席：杨传刚

第十届人民代表大会（2011年12月～　）

主　席：白维生

第十一节　肖家庄镇

肖家庄镇地处茌平县西部，政府驻地东距县城约25公里，东邻博平镇，北接菜屯镇，西傍贾寨镇，南与杨屯乡毗邻，交通便利。1987年7月，设立肖家庄乡人大工作联络处，张福君（女）任副主任。1989年5月，撤销肖家庄乡人大工作联络处，设乡人大主席团及其办公室。1996年1月，撤销人大主席团办公室。1981年5月至2011年12月，肖家庄乡（镇）先后召开第一届至第十届人民代表大会。

2010年8月，肖家庄乡撤乡设镇，总面积56.49万平方公里，耕地面积3474公顷，辖28个行政村，总人口2.6万人。

肖家庄乡（镇）历届人民代表大会概况

第一届人民代表大会

1981年5月肖家庄公社第一届人民代表大会召开（1981年5月至1984年9月），任期3年5个月。大会选举产生肖家庄公社管理委员会。

第二届人民代表大会

1984年9月召开肖家庄乡第二届人民代表大会，任期1984年9月至1987年2月，实际任期2年6个月，任期内共举行2次会议。

第一次会议于1984年9月举行，出席会议代表47人，审议通过房本林作的《政府工作报告》，选举房本林为乡长，赵建亭、高化昌、张福君（女）为副乡长。

第二次会议于1986年4月召开，审议通过《政府工作报告》和《肖家庄乡人民政府关于1985年财政预算执行情况和1986年财政预算（草案）的报告》。

第三届人民代表大会

1987年3月召开肖家庄乡第三届人民代表大会，任期1987年3月至1989年1月，实际任期1年11个月，任期内共举行1次会议。

第一次会议于1987年3月举行，出席代表52人，审议通过房本林作的《政府工作报告》和《肖家庄乡人民政府关于1986年财政预算执行情况和1987年财政预算（草案）的报告》，选举房本林为政府乡长，赵建亭、高化昌为政府副乡长。

第四届人民代表大会

肖家庄乡第四届人民代表大会任期为1989年1月至1993年3月，实际任期4年2个月，任期内共举行2次会议。

第一次会议于1989年1月举行，会议审议通过《政府工作报告》，选举侯尚明为政府乡长，泮富存、袁连成、姚洪泉为政府副乡长。

第二次会议于1991年7月举行，审议通过曹培成作的《政府工作报告》，选举曹培成为政府乡长，泮富存、袁连成、陈荣昌为政府副乡长，选举高化昌为乡人大主席团主席。审议通过《肖家庄乡人民政府关于发展果树种植的决定》。

第五届人民代表大会

肖家庄乡第五届人民代表大会任期为1993年3月至1996年1月，实际任期2年11个月，任期内共举行3次会议。

第一次会议于1993年3月19日举行，出席会议代表62人。会议听取和审议张学峰受乡政府委托作的《政府工作报告》，高化昌作的《人大主席团工作报告》，并通过相应决议。会议选举张学峰为人民政府乡长，泮富存、姜曰重、冯汝兴为副乡长，高化昌为人大主席，申洪运为人大副主席。

第二次会议于1994年5月29日举行，听取和审议张学峰作的《政府工作报告》。

第三次会议于1995年4月15日举行，出席会议代表55人，会议听取和审议张学峰作的《政府工作报告》，人大主席高化昌作的《人大主席团工作报告》，并通过相应决议。会议选举何其平为人民政府乡长。

第六届人民代表大会

肖家庄乡第六届人民代表大会任期为1996年1月至1999年1月，实际任期3年，任期内共举行会议2次。

第一次会议于1996年1月20日举行，出席代表57人。会议听取和审议白立新作的《政府工作报告》，泮富存作的《人大主席团工作报告》，审议通过何其平辞去乡长职务的请求，审议通过高化昌辞去乡人大主席团主席职务的请求。会议选举白立新为政府乡长，袁文川、谢遵银、董秀丽为副乡长，泮富存为人大主席，申洪运、吴锡江为人大副主席。会议通过《关于发展桑蚕养殖产业的决定》。

第二次会议于1997年4月举行，出席代表61人，会议审议通过白立新作的《政府工作报告》，审议通过《肖家庄乡人民政府关于发展棚菜种植的决定》。

第七届人民大表大会

肖家庄乡第七届人民代表大会任期为1999年1月至2002年1月，实际任期3年，任期内共举行2次会议。

第一次会议于1999年1月21日举行，出席会议代表58人。会议听取审议孙兆成作的《政府工作报告》，郑天华作的《人大主席团工作报告》，通过相关决议。会议选举孙兆成为政府乡长，郑军、张立冉、李汝良为副乡长，郑天华为人大主席，申洪运为人大副主席。

第二次会议于2001年2月举行，出席代表54人，会议听取和审议《政府工作报告》和《肖家庄乡人民政府关于2000年财政预算执行情况和2001年财政预算（草案）的报告》，审议通过《肖家庄乡人民政府关于发展韭菜种植的决定》。

第八届人民代表大会

肖家庄乡第八届人民代表大会任期为2002年1月至2007年12月，任期为5年10个月，任期内共举行1次会议。

第一次会议于2002年1月30日举行，出席代表59人。会议听取审议李宝光作的《政府工作报告》，曹德河作的《人大主席团工作报告》，通过相关决议。会议选举李宝光为政府乡长，侯守仁、侯振华、王秀清为副乡长，曹德河为人大主席，张玉旺、丁勇为人大副主席。

第九届人民代表大会

肖家庄乡第九届人民大表大会任期为2007年12月至2011年12月，实际任期4年。任期内共举行2次会议。

第一次会议于2007年12月10日举行，出席代表57人。会议听取和审议赵鹏作的《政府工作报告》，王秀清作的《人大主席团工作报告》，审议通过《肖家庄乡人民政府关于2007年财政预算执行情况和2008年财政预算（草案）的报告》。会议选举赵鹏为政府乡长，臧克义、赵树军、何志刚为副乡长，王秀清为人大主席。

第二次会议于2009年4月11日举行，出席代表61人。会议听取和审议赵鹏作的《政府工作报告》，王秀清作的《人大主席团工作报告》。会议选举李加明、赵树军为政府副乡长。

第十届人民代表大会

肖家庄镇第十届人民代表大会任期自2011年12月开始，目前共举行4次会议。

第一次会议于2011年12月27日举行，出席会议代表56人。会议听取和审议王克森作的《政府工作报告》，臧克义作的《人大主席团工作报告》，审议通过《肖家庄镇人民政府关于2011年财政预算执行情况和2012年财政预算（草案）的报告》。会议选举王克森为政府镇长，张汝芹、韩同镇、侯守玮为副镇长，臧克义为人大主席。

第二次会议于2014年1月8日举行，出席会议代表51人。会议通过《肖庄镇民主评议基层站所实施方案》，对全镇26个基层站所进行了评议。

第三次会议于2015年1月9日举行，出席会议代表49人。会议通过了《肖庄镇民主评议基层站所实施方案》，并对全镇26个基层站所进行评议。

第四次会议于2016年1月26日举行，出席会议代表46人。会议通过了《肖庄镇民主评议基层站所实施方案》，对全镇26个基层站所进行评议。

肖家庄乡（镇）历届人大工作机构及人员名单

人大工作联络处（1987年7月～1989年5月）

副主任：张福君（女）

第四、五届人民代表大会（1989年1月～1996年1月）

主　席：高化昌

副主席：申洪运

第六届至第十届人民代表大会

第六届人民代表大会（1996年1月～1999年1月）

主　席：泮富存

副主席：申洪运

　　　　吴锡江（1998年11月离职）

第七届人民代表大会（1999年1月～2002年1月）

主　席：郑天华

副主席：申洪运（2000年8月离职）

第八届人民代表大会（2002年1月～2007年12月）

主　席：曹德河

副主席：张玉旺

　　　　丁　勇

　　　　马丙超（2006年11月任职）

第九届人民代表大会（2007年12月～2011年12月）

主　席：王秀清

第十届人民代表大会（2011年12月～　）

主　席：臧克义

第十二节 博平镇

博平镇位于茌平县西部，政府驻地东距县城13公里，东邻温陈办事处，南接东昌府区北城办事处，西面与杨屯乡、肖庄镇相邻，北靠韩屯镇。1956年3月茌、博合县，自此成为博平区、博平公社驻地。1984年7月25日改称博平镇。2001年3月，原大桑乡合并到博平镇。全镇现辖75个行政村，111个自然村，88平方公里，5.6万人。

博平镇

1987年11月，设立博平镇人大工作联络处，设专职常务主席；1989年5月，设立博平镇人大主席团及其办公室，设主任、副主任；1996年1月，博平镇人民代表大会设主席、副主席。

1987年至2001年，博平镇先后召开第三届、第四届、第五届、第六届、第七届人民代表大会。

博平镇历届人民代表大会概况

第三届人民代表大会

博平镇第三届人民代表大会任期为1987年3月至1989年4月，实际任期3年零1个月，任期内共举行4次会议。

第一次会议于1987年3月23日召开，出席会议代表80人。会议听取和审议徐奉彩作的《政府工作报告》，通过相应决议。会议选举产生镇人民政府镇长、副镇长。

第二次会议。（因资料缺失，无从查找）

第三次会议于1988年4月15日召开，出席会议代表应到88人，实到79人，列席人员16人。党委书记刘元照致开幕词，副镇长贾占信作《政府工作报告》，通过相应决议。

第四次会议于1989年4月24日召开，出席会议代表80人，会议听取和审议镇长徐奉彩作的《政府工作报告》，镇人大主席团作的《人大联络处工作报告》，冯汝林代表人民政府作的《搬迁和扩建镇中学的报告》，并通过相关决议。

第四届人民代表大会

博平镇第四届人民代表大会任期为1990年3月11日1993年3月19日，实际任期3年，任期内，共举行3次会议。

第一次会议于1990年3月11日召开，出席会议代表84人，会议听取和审议赵玉峰作的《政府工作报告》，曹连义作的《财政工作报告》，贾美岭作的《人大主席团工作报告》；通过相关决议。

第二次会议于1991年2月5日召开，出席会议代表83人，会议审议并讨论城镇规划，关于教育，棉花生产和集资的收支情况，并作出相应的决议。

第三次会议。（因资料缺失，无从查找）

第五届人民代表大会

博平镇第三届人民代表大会任期为1993年3月至1995年3月，实际任期3年，任期内共举行4次会议。

第一次会议于1993年3月19日召开，出席会议代表88名，会议听取和审议曹连义作的《政府工作报告》，听取和审议赵春庆作的《博平镇1992年财政预算执行情况和1993年财政预算（草案）的报告》，贾美岭作的人民主席团工作报告，通过相关决议。

第二次会议于1993年6月21日召开，出席会议代表73人，会议听取和审议《政府工作报告》，听取和审议《关于镇第二中学城镇筹建及夏征方案的决议》，《关于镇统筹预算情况的报告》，通过相关决议。

第三次会议于1994年3月29日召开，出席会议代表69人，会议听取和审议贾占信作的《政府工作报告》，董万友作的《人大工作报告》，马俊倩作的《财政预决算工作报告》，通过相关决议。

第四次会议于1994年6月19日召开，出席会议代表65人，会议听取审议镇长贾占信作的《政府工作报告》，《第二中学占地城镇建设还款筹资的报告》及夏征任务方案的说明，人大主席董万友学习传达《全国人民代表大会和地方各级人民代表大会代表法》和《茌平县第十三届人民代表大会第二次会议关于号召全县人民代表带头致富的决议》，副镇长赵春庆作的《政府1994年统筹劳务费用的报告》，通过相关决议。

第六届人民代表大会

博平镇第六届人民代表大会任期为1996年1月至1998年12月，实际任期2年零11个月，任期内共举行3次会议。

第一次会议于1996年1月27日召开，出席会议代表62人。会议听取和审议何其平受镇政府委托的《政府工作报告》，镇人大主席团姜跃民主席作《人大工作报告》，杨秋生作《关于博平镇1995年财政预算执行情况和1996年财政预算（草案）的报告》，并通过相应决议。会议选举产生镇镇人民政府镇长，副镇长。

第二次会议于1996年6月27日召开，出席会议代表62人。会议听取和审议镇长何其平作的《政府工作报告》，会议选举产生镇人民政府2名科技副镇长。

第三次会议于1997年6月19日召开，出席会议代表44人，会议听取并审查批准镇政府《关于1997年农民承担费用和劳务预算方案的说明》，作出相关决议。

第七届人民代表大会

博平镇第七届人民代表大会任期为1999年1月1日至2002年4月9日，实际任期3年零3个月，任期内共举行3次会议。

第一次会议于1999年1月1日召开，出席会议代表58人，会议听取和审议赵春庆作的《政府工作报告》，高存杰作的《人大主席团工作报告》，杨秋生作的《1998财政预算情况和1999财政预算（草案）的报告》，通过相关决议。会议选举产生镇人民政府镇长、副镇长及乡人大主席团主席、副主席。

第二次会议于2000年4月9日召开，出席会议代表65人，会议听取和审议赵春庆作的《政府工作报告》，会议审议批准镇财政所长杨秋生同志作的《关于博平镇1999年财政预算执行情况和2000年财政预算计划的报告》、高存杰作的《人大主席团工作报告》。

第三次会议于2001年4月20日召开，出席会议代表67名，会议听取和审议邹尚普作的《政府工作报告》，会议审议批准镇财政所长董建忠作的《关于博平镇2000年财政预算执行情况和2001年财政预算计划的报告》、高存杰作的《人大主席团工作报告》。会议选举产生镇人民政府镇长、副镇长，乡人大主席团主席、副主席。

博平镇历届人大工作机构及人员名单

第三届人民代表大会

人大工作联络处

主　任：贾美岭（1987年11月～1989年5月）

副主任：李士芳（1987年11月～1989年5月）

人大主席团（1989年5月～1990年3月）

专职常务主席：贾美岭

第四届、第五届人民代表大会主席团（1990年3月～1995年3月）

主　席：贾美岭（1993年3月离职）

　　　　姜曰民（1993年3月离职）

副主席：王汝成（1990年6月离职）

　　　　陈金全（1993年3月离职）

大桑乡

大桑乡历届人民代表大会会议因资料缺失，无从查找。

大桑乡历届人大工作机构及人员名单

人大工作联络处（1987年7月～1989年5月）

副主任：袁本芳

大桑乡人大主席团（1989年5月～1996年1月）

专职常务主席：谢家荣（1990年1月离职）
冯树岭（1990年3月～1995年11月）

人大主席团办公室

主　任：谢家荣（1989年5月～1990年1月）
冯树岭（1993年3月～1995年11月）

副主任：李士广（1993年3月离职）
冯汝林（1990年6月离职）
谢家贵（1993年3月离职）

大桑乡人大主席团（1996年1月至3月）

主　席：朱广才

副主席：谢家贵

博平镇

2001年3月，大桑乡并入博平镇，2002年4月至2016年12月，博平镇先后召开第八届、第九届、第十届人民代表大会。

博平镇历届人民代表大会概况

第八届人民代表大会

博平镇第八届人民代表大会任期为 2002年 4月至2007年12月，实际任期5年零8个月，任期内共举行3次会议。

第一次会议于2002年5月18日召开，出席会议代表62人，会议听取和审议邹尚普作的《政府工作报告》，高存杰作的《人大主席团工作报告》，董建忠作的《财政预算情况和财政预算草案的报告》，通过相关决议。会议选举产生镇人民政府镇长、副镇长，乡人大主席团主席、副主席。

第二次会议于2004年4月召开，出席会议代表60人，会议听取和审议李光作的《政府工作报告》，会议审议批准镇财政所所长董建忠作的《关于博平镇财政预算执行情况和财政预算计划的报告》、李玉忠作的《人大主席团工作报告》

第三次会议于2005年4月召开，出席会议代表60人，会议听取和审议刘艾新作的《政府工作报告》，会议审议批准镇财所所长董建忠作的《关于博平镇财政预算执行情况和财政预算计划的报告》、李玉忠作的《人大主席团工作报告》。

第九届人民代表大会

博平镇第九届人民代表大会任期为2007年12月至2011年12月，实际任期4年，任期内共举行3次会议。

第一次会议于2007年12月20日召开，出席会议代表74名，会议听取和审议陈峰受镇政府委托作的《政府工作报告》，乡人大主席团主席李玉忠作的主席团工作报告，讨论通过主席团提名的人大正、副镇长候选人名单。作出相关决议。

第二次会议于2009年10月16日召开，出席会议代表74人，会议听取和审议陈峰受镇政府委托作的《政府工作报告》，乡人大主席团主席李玉忠作的主席团工作报告。

第三次会议于2010年9月26日召开，出席会议代表74人，会议听取和审议陈峰受镇政府委托作的《政府工作报告》，乡人大主席团主席李玉忠作的主席团工作报告。

第十届人民代表大会

博平镇第十届人民代表大会任期自2011年12始，目前共举行3次会议。

第一次会议于2011年12月28日召开，出席会议代表76人，会议听取和审议胡立朕受镇政府委托作的《政府工作报告》，乡人大主席团主席张殿鳌作的《主席团工作报告》，讨论通过主席团提名的人大正副镇长候选人名单。并作出相关决议。

第二次会议于2013年9月10日召开，出席会议代表76人，会议听取和审议胡立朕受镇政府委托作的《政府工作报告》，乡人大主席团主席张殿鳌作的《主席团工作报告》。

第三次会议于2015年9月16日召开，出席会议代表75人，会议听取和审议胡立朕受镇政府委托作的《政府工作报告》，乡人大主席团主席张殿鳌作的《主席团工作报告》。

博平县历届人大工作机构及人员名单

第八届至第十届人民代表大会

第八届人民代表大会（2002年4月～2007年12月）

主　席：李玉忠

副主席：高　伟（2005年12月）

第九届人民代表大会（2007年12月～2011年12月）

主　席：刘艾新

副主席：许萌焕（女，2008年3月离职）

第十三节　温陈街道

温陈街道办事处地处茌平县中部，政府驻地东距县城7公里，东临振兴街道办事处和信发街道办事处，西傍博平镇和东昌府区北杨集，北接韩屯镇、胡屯镇，南于广平乡毗邻。1958年1月始设温陈乡，同年9月撤销。1971年2月设温陈人民公社、丁块人民公社。1984年7月改为温陈乡、丁块乡。2001年3月，丁块乡、温陈乡合并，称温陈乡。2010年8月，撤销温陈乡设立温陈街道办事处。总面积91.75平方千米，耕地面积5200公顷，辖82个行政村，总人口4.32万人。同年，设立温陈街道人大工作办公室，设主任1人。

丁块乡

1987年11月，设立丁块乡人大工作联络处，设专职常务主席；1989年5月，设立丁块乡人大主席团及其办公室，设主任、副主任；1996年1月，丁块乡人民代表大会设主席、副主席。

1987年至2001年，丁块乡先后召开第三届、第四届、第五届、第六届、第七届人民代表大会。

丁块乡历届人民代表大会概况

第三届人民代表大会

丁块乡第三届人民代表大会任期为1987年11月至1990年3月，实际任期2年4个月。任期内共举行3次会议。

第一次会议于1987年11月1日召开，出席会议代表59人。会议听取和审议李泽贞受乡政府委托作的《政府工作报告》，通过相应决议。会议选举产生乡人民政府乡长、副乡长。

第二次会议于1988年5月召开，会议听取并审议通过李泽贞作的《政府工作报告》，并对报告作出相应决议。

第三次会议于1989年5月召开，会议听取并审议李泽贞作的《政府工作报告》，并对报告作出相应决议，选举通过乡人大主席团及办公室人员名单。

第四届人民代表大会

丁块乡第四届人民代表大会任期为1990年3月至1993年3月，实际任期3年。任期内共举行3次会议。

第一次会议于1990年3月8日召开，出席会议代表69人。会议听取和审议杨立国受乡政府委托作的《政府工作报告》、乡人大主席团办公室主任董曰夏作的《人大工作报告》，通过相应决议。会议选举产生乡人民政府乡长、副乡长。

第二次会议于1991年4月17日召开，会议听取并审议杨立国作的《政府工作报告》，并对报告作出相应决议。

第三次会议于1992年4月召开，参加会议代表53人，会议听取并审议杨立国作的《政府工作报告》，并对以上报告作出相应决议。

第五届人民代表大会

丁块乡第五届人民代表大会任期为1993年3月至1996年1月，实际任期2年10个月。任期内共举行3次会议。

第一次会议于1993年3月6日召开，出席会议代表69人。会议听取和审议张立祥受乡政府委托作的《政府工作报告》、乡人大主席团办公室主任陈爱荣作的《人大工作报告》，通过相应决议。会议选举产生乡人民政府乡长、副乡长。

第二次会议于1994年5月11日召开，会议听取和审议张立祥受乡政府委托作的《政府工作报告》，通过相应决议。

第三次会议于1995年3月召开，参加会议代表49人，会议审议并通过两个报告，即张立祥作的《政府工作报告》，任荣博所作的《丁块乡人民政府关于1994年财政预算执行情况和1995年财政预算（草案）的报告》，并对以上报告作出相应决议。

第六届人民代表大会

丁块乡第六届人民代表大会任期为1996年1月至1999年1月，实际任期3年。任期内共举行3次会议。

第一次会议于1996年1月13日召开，出席会议代表64人。会议听取和审议王乐思受乡政府委托作的《政府工作报告》、乡人大主席团主席陈爱荣作的《人大工作报告》，并通过相应决议。会议选举产生乡人大主席团主席，选举产生乡人民政府乡长、副乡长。

第二次会议于1997年4月11日召开，参加会议代表54人。听取和审议王乐思作的《政府工作报告》，陈爱荣作的《人大工作报告》，任荣博所作的《丁块乡人民政府关于1996年财政预算执行情况和1997年财政预算（草案）的报告》，并对以上报告作出相应决议。

第三次会议于1998年3月15日召开，参加会议代表47人，听取和审议王乐思作的《政府工作报告》，陈爱荣作的《人大工作报告》，任荣博所作的《丁块乡人民政府关于1997年财政预算执行情况和1998年财政预算（草案）的报告》，并对以上报告作出相应决议。

第七届人民代表大会

丁块乡第七届人民代表大会任期为1999年1月至2001年3月，实际任期2年零2个月。任期内共举行2次会议。

第一次会议于1999年1月21日召开，出席会议代表55人。会议听取和审议孙大兴受乡政府委托作的《政府工作报告》、乡人大主席团专职主席陈爱荣作的《茌平县丁块乡第七届一次会议人大主席团工作报告》，通过相应的决议。会议选举产生乡人大主席团主席、副主席，选举产生乡人民政府乡长、副乡长。

第二次会议于2000年4月11日召开，参加会议代表50人。听取和审议孙大兴作的《政府工作报告》，陈爱荣作的《人大工作报告》，任荣博所作的《丁块乡人民政府关于1999年财政预算执行情况和2000年财政预算（草案）的报告》，并对以上报告作出相应决议。

丁块乡历届人大工作机构及人员名单

第三届人民代表大会

人大工作联络处主任（1987年11月～1989年5月）

主　任：董曰夏

副主任：张先厚

人大主席团（1989年5月～1990年3月）

主　席：董曰夏

第四届、第五届人民代表大会主席团办公室（1990年3月～1996年1月）

主　席：董曰夏（1993年3月离职）

陈爱荣（1993年3月任职）

副主席：张好清（1993年3月任职）

李树江（1993年3月任职）

第六届、第七届人民代表大会（1996年1月～2001年3月）

主　席：陈爱荣

副主席：张怀平（1996年3月任职）

李书江（1996年3月～1998年11月）

邵连利（1998年3月任职）

温陈乡

1987年11月，设立温陈乡人大工作联络处，联络处副主任主持工作；1989年5月，设立温陈乡人大主席团及其办公室，设专职常务主席；1996年1月，温陈乡人民代表大会设主席、副主席。

1987年至2001年，原温陈乡先后召开第三届、第四届、第五届、第六届、第七届人民代表大会。

温陈乡历届人民代表大会概况

第三届人民代表大会

温陈乡第三届人民代表大会任期为1987年11月至1990年3月，实际任期2年4个月。任期内共举行2次会议。

第一次会议于1987年11月1日召开，出席会议代表69人。会议听取和审议宋天喜受乡政府委托作的《政府工作报告》，并通过相应决议。会议选举产生乡人民政府乡长、副乡长。

第二次会议于1989年5月召开，会议听取并审议宋天喜作的《政府工作报告》，并对报告作出相应决议，选举通过乡人大主席团及办公室人员名单。

第四届人民代表大会

温陈乡第四届人民代表大会任期为1990年3月至1993年3月，实际任期3年。任期内共举行3次会议。

第一次会议于1990年3月18日召开，出席会议代表61人。会议听取和审议王兴文受乡政府委托作的《政府工作报告》、乡人大主席团办公室主任李曰峰作的《人大工作报告》，通过相应决议。会议选举产生乡人民政府乡长、副乡长。

第二次会议于1991年4月26日召开，参加会议代表57人，会议听取并审议王兴文作的《政府工作报告》、李曰峰作的《人大工作报告》，并对以上报告作出相应决议。

第三次会议于1992年4月11日召开，参加会议代表50人，会议听取并审议王兴文作的《政府工作报告》、李曰峰作的《人大工作报告》，并对以上报告作出相应决议.会议补选了政府乡长。

第五届人民代表大会

温陈乡第五届人民代表大会任期为1993年3月至1996年1月，实际任期2年10个月。任期内共举行3次会议。

第一次会议于1993年3月6日召开，出席会议代表57人。会议听取和审议王兴文受乡政府委托作的《政府工作报告》、乡人大主席团办公室主任窦风利作的《人大工作报告》，并通过相应决议。会议选举产生乡人民政府乡长、副乡长。

第二次会议于1994年3月28日召开，参加会议代表47人，会议审议并通过王兴文作的《政府工作报告》、王正忠所作的《温陈乡人民政府关于1993年财政预算执行情况和1994年财政预算（草案）的报告》，窦风利作的《人大工作报告》，并对以上报告作出相应决议。

第三次会议于1995年3月21日召开，参加会议代表45人，会议审议并通过3个报告1个决议，即：王兴文作的《政府工作报告》、王正忠所作的《温陈乡人民政府关于1994年财政预算执行情况和1995年财政预算（草案）的报告》、窦风利作的《人大工作报告》并对以上报告作出相应决议。

第六届人民代表大会

温陈乡第六届人民代表大会任期为1996年1月至1999年1月，实际任期3年。任期内共举行3次会议。

第一次会议于1996年1月4日召开，出席会议代表62人。会议听取和审议王志刚受乡政府委托作的《政府工作报告》、乡人大主席团主席张会祥作的《人大工作报告》，并通过相应决议。会议选举产生乡人大主席团主席，选举产生乡人民政府乡长、副乡长。

第二次会议于1997年4月15日召开，参加会议代表55人，会议审议并通过王志刚作的《政府工作报告》，张会祥作的《人大工作报告》，审议

《温陈乡关于发展大棚蔬菜种植的决议》并对以上报告作出相应决议。

第三次会议于1998年4月18日召开，参加会议代表55人，会议审议并通过王志刚作的《政府工作报告》、张会祥作的《人大工作报告》、刘汝桥所作的《温陈乡人民政府关于1997年财政预算执行情况和1998年财政预算（草案）的报告》，并对以上报告作出相应决议。

第七届人民代表大会

原温陈乡第七届人民代表大会任期为1999年1月至2001年3月，实际任期2年零2个月。任期内共举行2次会议。

第一次会议于1999年1月19日召开，出席会议代表53人。会议听取和审议张道恒受乡政府委托作的《政府工作报告》、乡人大主席团专职主席张会祥作的《茌平县温陈乡第七届一次会议人大主席团工作报告》，通过相应的决议。会议选举产生乡人大主席团主席、副主席，选举产生乡人民政府乡长、副乡长。

第二次会议于2000年4月12日召开，参加会议代表53人，会议审议并通过张道恒作的《政府工作报告》、张会祥作的《人大工作报告》、于西良所作的《温陈乡人民政府关于1999年财政预算执行情况和2000年财政预算（草案）的报告》并对以上报告作出相应决议。

温陈乡历届人大工作机构及人员名单

第三届人民代表大会

人大工作联络处（1987年11月～1989年5月）

副主任：郭兆月

人大主席团办公室（1989年5月～1990年3月）

主　任：李曰峰（1990年1月任职）

副主任：马西岭

第四届、第五届人民代表大会主席团办公室（1990年3月～1996年1月）

主　任：李曰峰（1993年2月离职）

　　　　窦风利

副主任：刁荣山（1993年3月任职）

第六届、第七届人民代表大会（1996年3月～2001年3月）

主　席：张会祥

副主席：刁荣山

　　　　张长录

温陈乡

2001年3月，丁块乡并入温陈乡，2001年3月至2010年8月，温陈乡先后召开第八届、第九届人民代表大会。

温陈乡历届人民代表大会概况

第八届人民代表大会

温陈乡第八届人民代表大会任期为2002年1月至2007年12月，实际任期5年。任期内共举行3次会议。

第一次会议于2002年1月30日召开，出席会议代表63人。会议听取和审议乡长李光作的《政府工作报告》、乡人大主席团主席陶孟华作的《人大工作报告》，并通过相应决议。会议选举产生乡人大主席团主席、副主席，选举产生乡人民政府乡长、副乡长。

第二次会议于2004年1月17日召开，参加会议代表57人，会议听取并审议乡长范兆强作的《政府工作报告》、陶梦华作的《人大工作报告》，并对以上报告作出相应决议，补选了政府乡长。

第三次会议于2007年1月22日召开，参加会议代表61人，会议听取并审议乡长张立冉作的《政府工作报告》、陶梦华作的《人大工作报告》，并对以上报告作出相应决议。会议选举产生乡人大主席团主席、副主席，政府乡长、副乡长。

第九届人民代表大会

温陈乡第九届人民代表大会任期为2007年12月至2010年8月，实际任期2年8个月。任期内共举行2次会议。

第一次会议于2007年12月9日召开，出席代

表67人。会议听取和审议乡长张立冉作的《政府工作报告》、人大主席陶孟华作的《人大工作报告》，听取和审议《财政预决算报告（草案）》，通过相应的决议。选举产生乡人大主席团主席，乡人民政府乡长、副乡长。

第二次会议于2009年3月17日召开，参加会议代表61人，会议听取并审议张立冉作的《政府工作报告》、陶梦华作的《人大工作报告》并对以上报告作出相应决议，会议补选了乡常务副乡长。

温陈乡历届人大工作机构及人员名单

第八届、第九届人民代表大会（2002年1月～2010年8月）

主　席：陶梦华

副主席：张长录（2007年12月离职）

高曰芳（2007年12月离职）

初保昕（2007年12月离职）

温陈街道人大工作办公室

主　任：陶梦华（2010年8月～2012年3月）

杨　军（2012年3月～2016年12月）

第十四节　信发街道

信发街道办事处地处茌平县城区北部，东临冯官屯镇，西傍温陈街道办事处和胡屯镇，北接胡屯镇和冯官屯镇，南与振兴街道办事处毗邻。2004年8月，县委、县政府根据省政府鲁政函民字〔2004〕15号和聊城市人民政府聊政字〔2004〕22号文件精神，设立信发街道办事处，将原茌平镇11个行政村、冯官屯镇12个行政村、胡屯乡9个行政村、原温陈乡10个行政村划归信发街道办事处管辖。信发街道办事处总面积50.92平方公里，耕地面积2077公顷，辖42个行政村，总人口8万人，其中农业人口2.6万人。同年，设立茌平县信发街道人大工作办公室，设主任1人、副主任2人。

信发街道历届人大工作机构及人员名单

主　任：于延华（2005年8月～2008年3月）

王　琦（兼）（2008年4月～2011年3月）

张成宪（2011年12月～2016年12月）

副主任：于延华（2004年8月～2005年8月）

许玉平（2004年8月～2011年12月）

何长虹（2006年11月～2007年12月）

第十五节　韩集乡

韩集乡原隶属茌平县。2010年9月划归聊城开发区管辖，属东昌府区行政辖区。

1987年11月，设立韩集乡人大工作联络处，设主任1人。

1989年5月，韩集乡人大工作联络处更名为人大主席团办公室，设主任、副主任。

1996年3月，乡人民代表大会设主席、副主席。

1987年至2011年12月，韩集乡先后召开第三届、第四届、第五届、第六届、第七届、第八届、第九届、第十届人民代表大会。

韩集乡历届人民代表大会概况

第三届人民代表大会

韩集乡第三届人民代表大会任期为1987年11月至1990年3月，实际任期2年4个月。任期内共举行3次会议。

第一次会议于1987年11月3日召开，出席会议代表83人。会议听取和审议林加生受乡政府委托作的《政府工作报告》，通过相应决议。会议选举产生乡人民政府乡长、副乡长。

第二次会议于1988年12月16日召开，出席会议代表75人。会议听取和审议乡长林加生作的《政府工作报告》，通过相应决议。

第三次会议于1989年12月19日召开，出席会议代表69人。会议听取和审议乡长林加生作的

《政府工作报告》，通过相应决议。

第四届人民代表大会

韩集乡第四届人民代表大会任期为1990年3月至1993年3月，实际任期3年。任期内共举行3次会议。

第一次会议于1990年3月13日召开，出席会议代表83人。会议听取和审议许庆江受乡政府委托作的《政府工作报告》、乡人大主席团办公室主任于士宽作的《人大工作报告》，通过相应决议。会议选举产生乡人民政府乡长、副乡长。

第二次会议于1991年5月19日召开，出席会议代表71人。会议听取和审议乡长许庆江作的《政府工作报告》、乡人大主席团办公室主任于士宽作的《人大工作报告》，通过相应决议。审议通过《计划生育工作若干规定》《殡葬改革暂行规定》《护林公约》。

第三次会议于1992年7月29日召开。会议听取和审议乡长许庆江作的《政府工作报告》、乡人大主席团办公室主任于士宽作的《人大工作报告》，通过相应决议。

第五届人民代表大会

韩集乡第五届人民代表大会任期为1993年3月至1996年3月，实际任期3年。任期内共举行4次会议。

第一次会议于1993年3月13日召开，出席会议代表85人。会议听取和审议孙怀栋作的《政府工作报告》、乡人大主席团办公室主任于士宽作的《人大工作报告》，通过相应决议。会议选举产生乡人民政府乡长、副乡长。

第二次会议于1994年3月19日召开，出席会议代表69人。会议听取和审议乡长孙怀栋作的《政府工作报告》，听取和审议《乡财政预算决算报告（草案）》、乡人大主席团办公室主任于士宽作的《人大工作报告》，通过相应决议。

第三次会议于1995年3月11日召开，出席会议代表69人。会议听取和审议乡长孙怀栋作的《政府工作报告》，听取和审议《乡财政预算决算报告（草案）》、乡人大主席团办公室主任于士宽作的《人大工作报告》，通过相应决议。

第四次会议于1995年11月11日召开，出席会议代表69人。会议补选乡人民政府乡长、3名副乡长。

第六届人民代表大会

韩集乡第六届人民代表大会任期为1996年3月至1999年1月，实际任期2年10个月。任期内共举行3次会议。

第一次会议于1996年3月22日召开，出席会议代表69人。会议听取和审议许长林受乡政府委托作的《政府工作报告》、乡人大主席团办公室主任桑学金作的《人大工作报告》，通过相应决议。会议选举产生乡人大主席，选举产生乡人民政府乡长、副乡长。

第二次会议于1997年4月18日召开，出席会议代表69人。会议听取和审议许长林作的《政府工作报告》和《关于筹集普九教育资金的报告（草案）》，通过相应决议。

第三次会议于1998年3月10日召开，出席会议代表69人。会议听取和审议许长林作的《政府工作报告》、乡人大主席团办公室主任桑学金作的《人大工作报告》，听取审议《乡财政预算决算报告（草案）》和《关于农民负担及用工方案的报告》，通过相应决议。会议选举产生乡人大主席团主席，补选乡人民政府乡长、副乡长。

第七届人民代表大会

韩集乡第七届人民代表大会任期为1999年1月至2002年1月，实际任期3年。任期内共举行3次会议。

第一次会议于1999年1月10日召开，出席会议代表69人。会议听取和审议乡长曹培省作的《政府工作报告》、乡人大主席团主席于长泽作的《人大工作报告》，听取审议《乡财政预算决算报告（草案）》，通过相应决议。会议选举产生乡人大主席团主席，选举产生乡人民政府乡长、副乡长。

第二次会议于2000年2月11日召开，出席会议代表55人。会议听取和审议乡长曹培省作的《政府工作报告》、乡人大主席团主席季玉先作的《人大工作报告》，听取审议《乡财政预算决算报告（草案）》，通过相应决议。

第三次会议于2001年5月1日召开，出席会议代表61人。会议听取和审议乡长曹培省作的《政府工作报告》、乡人大主席团主席季玉先作的《人大工作报告》，听取审议《乡财政预算决算报告（草案）》和《三提五统征收方案的报告》，通过相应决议。

第八届人民代表大会

韩集乡第八届人民代表大会任期为2002年1月至2007年12月，实际任期5年11个月。任期内共举行7次会议。

第一次会议于2002年1月8日召开，出席会议代表69人。会议听取和审议翟春杰代表政府作的《政府工作报告》、乡人大主席团主席季玉先作的《人大工作报告》，听取审议《乡财政预算决算报告（草案）》，通过相应决议。会议选举产生乡人大主席团主席、副主席，选举产生乡人民政府乡长、副乡长。

第二次会议于2003年1月2日召开，出席会议代表58人。会议听取和审议李一功受乡政府委托作的《政府工作报告》、乡人大主席团主席冯恒国作的《人大工作报告》，听取审议《乡财政预算决算报告（草案）》，通过相应决议。会议补选乡人民政府乡长。

第三次会议于2004年2月6日召开，出席会议代表57人。会议听取和审议李一功受乡政府委托作的《政府工作报告》、乡人大主席团主席冯恒国作的《人大工作报告》，听取审议《乡财政预算决算报告（草案）》，通过相应决议。

第四次会议于2005年5月12日召开，出席会议代表59人。会议听取和审议李一功受乡政府委托作的《政府工作报告》、乡人大主席团主席冯恒国作的《人大工作报告》，听取审议《乡财政预算决算报告（草案）》，通过相应决议。

第五次会议于2006年3月1日召开，出席会议代表65人。会议听取和审议郇美忠受乡政府委托作的《政府工作报告》、乡人大主席团主席冯恒国作的《人大工作报告》，听取审议《乡财政预算决算报告（草案）》，通过相应决议。会议补选乡人民政府乡长。

第六次会议于2006年11月2日召开，出席会议代表65人。会议补选张国明为乡人大主席团主席，补选乡人民政府副乡长3名。

第七次会议于2007年6月2日召开，出席会议代表65人。会议听取和审议潘勇受乡政府委托作的《政府工作报告》、乡人大主席团主席张国明作的《人大工作报告》，听取审议《乡财政预算决算报告（草案）》，通过相应决议。会议补选乡人民政府乡长。

第九届人民代表大会

韩集乡第九届人民代表大会任期自2007年12月至2010年9月，期间内共举行3次会议。韩集乡2010年9年划归至聊城开发区管辖，属东昌府区行政辖区。

第一次会议于2007年12月10日召开，出席会议代表69人。会议听取和审议乡长潘勇作的《政府工作报告》、乡人大主席团主席张国明作的《人大工作报告》，听取审议《乡财政预算决算报告（草案）》，通过相应决议。会议选举产生乡人大主席团主席，选举产生乡人民政府乡长、副乡长。

第二次会议于2009年1月10日召开，出席会议代表69人。会议听取和审议乡长潘勇作的《政府工作报告》、乡人大主席团主席张国明作的《人大工作报告》，听取审议《乡财政预算决算报告（草案）》，通过相应决议。

第三次会议于2010年3月28日召开，出席会议代表61人。会议听取和审议乡长潘勇作的《政府工作报告》、乡人大主席团主席张国明作的《人大工作报告》，听取审议《乡财政预算决算报告（草案）》，通过相应决议。

韩集乡历届人大工作机构及人员名单

第三届人民代表大会

人大工作联络处主任名单（1987年11月～1990

年3月）

主　任：吴光荣

第四届、第五届人民代表大会主席团办公室（1990年3月～1996年2月）

主　任：于士宽（1995年3月离职）

桑学金（1995年3月任职）

副主任：陶长申

王瑞林（1995年11月任职）

迟连奎（1995年11月任职）

第六届至第十届人民代表大会

第六届人民代表大会（1996年3月～1999年1月）

主　席：桑学金（1998年3月离职）

于长泽（1998年3月任职）

副主席：迟连奎

王瑞林（1998年11月离职）

第七届人民代表大会（1999年1月～2002年1月）

主　席：季玉先

副主席：迟连奎（2001年3月离职）

第八届人民代表大会（2002年1月～2007年12月）

主　席：冯恒国（2006年11月离职）

张国明（2006年11月任职）

副主席：杨光印

于　敏

第九届人民代表大会（2007年12月～2010年9月）

主　席：张国明

第十六节　广平乡

广平乡原隶属茌平县。2010年9月划归聊城开发区管辖，属东昌府区行政辖区。

1987年7月，设立广平乡人大工作联络处，设副主任2人。

1989年5月，广平乡人大工作联络处更名为人大主席团办公室，设专职常务主席、主任、副主任。

1996年1月，乡人民代表大会设主席、副主席。

1987年至2010年9月，韩集乡先后召开了第三届、第四届、第五届、第六届、第七届、第八届、第九届人民代表大会。

广平乡历届人民代表大会概况

（第三届、第四届、第五届、第六届、第七届人民代表大会资料缺失）

第八届人民代表大会

广平乡第八届人民代表大会任期为2002年1月至2007年12月，实际任期5年11个月。任期内，共举行5次会议。

第一次会议于2002年1月10日召开，出席会议代表60人。会议听取和审议乡长王春乾作的《政府工作报告》、乡人大主席团主席候选人赵志勇作的《人大工作报告》，通过相应决议。会议选举产生乡人大主席团主席、副主席，选举产生乡人民政府乡长、副乡长。

第二次会议于2003年1月7日召开，出席会议代表59人。会议听取和审议贾国峰受乡政府委托作的《政府工作报告》、乡人大主席团主席候选人赵志勇作的《人大工作报告》，通过相应决议。补选了乡人民政府乡长。

第三次会议于2006年3月10日召开，出席会议代表57人。会议听取和审议张殿广受乡政府委托作的《政府工作报告》、乡人大主席团主席赵志勇作的《人大工作报告》。会议补选乡人民政府乡长。

第四次会议于2006年11月20日召开，出席会议代表55人。会议听取和审议张殿广受乡政府委托作的《政府工作报告》、乡人大主席团主席候选人杨桂英作的《人大工作报告》。会议补选乡人大主席团主席、副主席，选举人民政府副乡长2名。

第五次会议于2007年7月25日召开，出席会议代表60人。会议听取和审议宋静受乡政府委托作的《政府工作报告》、乡人大主席团主席杨桂英作的《人大工作报告》。会议补选乡人民政府乡长。

第九届人民代表大会

广平乡第九届人民代表大会任期为2007年12月至2010年9月，实际任期4年。任期内共举行1次会议。广平乡2010年9月划归聊城开发区管辖，属东昌府区行政辖区。

第一次会议于2007年11月20日召开，出席会议代表59人。会议听取和审议乡长宋静作的《政府工作报告》、乡人大主席团主席杨桂英作的《人大工作报告》，通过相应决议。会议选举产生乡人大主席团主席，选举产生乡人民政府乡长、副乡长。

广平乡历届人大工作机构及人员名单

第三届人民代表大会

人大工作联络处主任名单（1987年7月～1989年5月）

主　任：王希廷（主持人大联络处工作）

崔玉生

第四届、第五届人民代表大会（1989年5月～1996年1月）

专职常务主席：马怀峰（1989年5月～1995年11月）

主　任：马怀峰（1990年1月离职，1993年3月至1995年11月又任职）

张先厚（1990年1月～1993年3月）

副主任：姜永喜（1989年5月～1990年1月）

第五届人大主席团（1996年1月～1996年3月）

专职常务主席：张立成

第六届至第九届人民代表大会

第六届人民代表大会（1996年3月～1999年1月）

主　席：张立成（1998年3月离职）

马思民（1998年3月任职）

副主席：纪昌云（1998年11月任职）

高衍明（1998年11月任职）

第七届人民代表大会（1999年1月～2002年1月）

主　席：马思民

副主席：纪昌云

高衍明

第八届人民代表大会（2002年1月～2007年12月）

主　席：赵志勇（2006年11月离职）

杨桂英（女，2006年11月任职）

副主席：纪昌云

高衍明

刘景生（2006年11月任职）

第九届人民代表大会（2007年12月～2010年9月）

主　席：杨桂英（女）

人　物

人　物

历届人大常委会主任

黄遵尧　茌平县菜屯镇大黄庄村人。1928年出生，1946年6月参加革命，同时加入中国共产党。曾任中共博平县贾寨区委组织委员、副书记、书记。1954年后任中共博平、茌平县委农业生产互助合作部副部长，茌平县三十里铺、城关、杜郎口、博平公社（区）党委书记，茌平县财贸办公室主任，中共高唐、阳谷县县委办公室主任。1972年10月后任聊城地区农科所革委会副主任、所长、书记，聊城地区农业局副局长。1980年12月任中共茌平县委副书记，1981年12月兼任茌平县第九届人大常委会主任。1982年11月任中共茌平县委书记。1983年冬在任职期间总结的《农村经济工作经验》，被《人民日报》刊登，并得到中共中央书记处的通报表扬，胡耀邦总书记亲自批示推广。1984年3月任聊城地区计划生育委员会主任、党组书记。1987年12月后，任正县级中共聊城地委农工部副部长、聊城行署农业委员会副主任、党组副书记。1990年12月离休。

梁子英　今东昌府区西吕村人。1927年10月出生，1943年7月参加八路军，1979年2月任中共茌平县委副书记。1981年12月任茌平县委副书记、县长。1984年9月任茌平县第十届人大常委会主任、党组书记。1986年6月任中共聊城县委调研员。1990年12月离休。

马怀进　原茌平县广平乡马明智村人。1930年7月出生，1947年2月加入中国共产党，同年3月参加革命工作。历任茌平二区联合会工作队员，茌平三区委宣传干事、团委副书记，茌平县团委儿童、组织部长、副书记，中共茌平县城关区、赵官屯乡党委书记。1958年被错划为“右派”，平反后，任茌平县杨屯区区长，中共茌平县三十里铺公社党委书记。1981年3月调任中共茌平县委常委、县政府常务副县长。1984年机构改革时，任茌平县人大常委会副主任。1987年4月当选为茌平县第十一届人大常委会主任，任命为县人大常委会党组书记。是山东省第七届人民代表大会代表。1990年12月离休。

徐宝琪　茌平县胡屯乡徐河口村人，1953年4月参加工作，1954年加入中国共产党。曾任茌平县周老乡主席、党总支书记，胡屯乡党委委员、秘书，城关区武装部长、革委主任，县公安机关党支部书记、县人民法院副院长，丁块、温陈公社党委书记、革委主任。1980年12月后任中共茌平县委常委、常务副县长、党组副书记。在县政府工作期间，因政绩突出，先后被评为山东省清正廉洁先进干部、全国和山东省计划生育先进个人、全国征兵先进工作者和聊城地区先进工作者，并受到晋升工资奖励。1990年3月任茌平县第十二届人大常委会主任、党组书记。1993年4月任茌平县人大常委会咨询员、县三路指挥部顾问。

司文瞻　日照市小司官庄村人，1942年3月出生，大专文化。1961年7月应征入伍。1964年6月加入中国共产党。入伍后历任济南军区完备二十六师战士、班长，守备二师直属步兵连排长、师司令部作战科参谋、师政治部连职干事、师教导队教员，守务一师四团作训股长，陆军四十六军司令部营职参谋。1979年3月后任陆军一三八师司令部作训科长，步兵四一四团参谋长、副团长、团党委常委。在部队期间荣立三等功1次，曾受军党委通令嘉奖。1984年1月转业后，任茌平县城乡建设委员会副主任，中共茌平县纪律检查委员会副书记、书记。1990年3月任中共茌平县委副书记。1993年3月后任茌平县第十三届、第十四届人大常委会主任、党组书记。发表的论文有《步兵团司令部基础业务训练应遵循的几个问题》、《发展乡镇企业的对策》等。系山东省第八、九届人大代表，聊城市第十三届人大代表。

侯　军　莘县人，1963年7月出生，1981年12月参加工作，1985年9月加入中国共产党，山东电大济南分校金融专科学校毕业，研究生学历，高级经济师。1981年12月至1985年12月任聊城市工商银行秘书科办事员。1985年12月至1986年8月任聊城市工商银行秘书科副科长。1986年9月至1988年8月任山东省电大济南分校工商银行教学班支书、班长（期间，1984年7月至1987年9月聊城师院中文专科毕业）。1988年8月至1992年6月任聊城地区工商银行信贷科科员（期间，1989年9月至1991年9月山东省委党校经济管理专业本科毕业）。1992年6月至1994年5月任聊城地区工商银行信贷科副科长。1994年5月至1998年1月任聊城地区城市信用合作社中心社副主任（期间，1995年9月至1997年12月山东省委党校经济管理专业研究生毕业）。1998年1月至2001年1月任茌平县委副书记、县政府副县长。2001年1月至2002年12月任茌平县委副书记、县政府县长。2002年12月至2007年1月任茌平县委书记、茌平县第十五届人大常委会主任。2007年1月至2008年1月任聊城市委常委。2008年1月至2013年7月任聊城市委常委、聊城市政府副市长。2013年至今任华鲁集团党委副书记、董事、总经理。曾当选聊城市第十三届、十四届人大代表，中共聊城市第十届委员会委员。1985年荣获省新长征突击手称号，1990年被评为省级优秀信贷员、升级先进工作者。1999年市委、市政府通报表彰、记二等功。2002年市委、市政府通报表彰、记两个二等功。2002年，全国第二次基本单位普查先进个人。2003年、2004年市委、市政府通报表彰、记二等功。参加工作以来，多次被评为市级优秀共产党员、先进工作者。

任晓旺　东昌府区人，1960年7月出生，本科学历，中共党员。1978年10月至1980年7月在山东省德州供销学校学习，1980年7月参加工作，先后任东昌府区张炉集乡财务科长、副乡长、乡长、党委书记，1995年3月任中共高唐县委常委、副书记、副县长，1995年7月至1998年6月在山东干部函授大学学习。2001年2月任聊城市国土资源局党组书记、局长，2003年1月至2007年2月任中共茌平县委副书记、县长。2007年2月至2011年11月任茌平县委书记、茌平县第十六届人大常委会主任。2011年11月至12月任茌平县人大常委会主任。2011年12月至2012年1月任聊城市人民政府党组成员，茌平县人大常委会主任。2012年1月至2013年3月任聊城市人民政府党组成员。2013年3月至今任聊城市人民政府副市长、党组成员。在张炉集乡工作期间，各项工作综合考核由东昌府区倒第一名，上升为全区第三名。张炉集乡多次被区委、区政府评为先进单位，本人多次被区委、区政府记功。在高唐县工作期间，该县连续五年被评为聊城市农业产业调整先进县，连续三年被评为林业发展先进县，时风集团成为全国著名企业集团，高唐县工业经济成为聊城市第一名。在市国土资源局任职期间，使该单位由“诫免单位”成为全市“十佳单位”，在茌平县工作期间，茌平县先后被评为“全省精神文明建设先进县”、“全省社会文化先进县”、“全省社会治安综合治理模范县”和“全国计生协会百强县”等。综合经济考核由前几年的全市倒数第二位升至第一位，本人多次被市委、市政府记二等功。

陈秀兴 山东省聊城市冠县人，1965年3月出生，研究生学历，1987年参加工作。1987年9月至1994年11月任聊城地区计划委员会工业交通科科员。1994年11月至1997年12月任聊城地区计划委员会工业交通科副科长。1997年12月至1998年4月任聊城地区计划委员会工业交通能源科科长。1998年4月至2001年12月任聊城市计划委员会工业交通能源科科长。2001年12月至2002年4月任聊城市计划委员会副主任、党组成员。2002年4月至2004年9月任聊城市发展计划委员会副主任、党组成员。2001年9月至2004年6月在山东省委党校在职干部研究生班经济管理专业学习。2004年9月至2006年6月任聊城市发展和改革委员会副主任、党组成员。2006年6月至2008年3月任聊城市发展和改革委员会副主任、党组成员，聊城市服务业管理办公室主任。2008年3月至2008年5月任聊城经济开发区党工委副书记。2008年5月至2008年12月任聊城经济开发区（高新技术产业开发区）党工委副书记、管委会主任。2008年12月至2011年11月任茌平县委副书记、县长。2011年11月至2012年1月任茌平县委书记。2012年1月至2015年10月任茌平县委书记、第十七届人大常委会主任。

尹海波 男，1963年7月出生，山东省茌平县振兴街道何潘村人，汉族，大学本科学历。1982年7月参加工作，1984年8月加入中国共产党。1980年9月至1982年7月，聊城师专数学系学习；1982年7月至1985年7月，任茌平镇中学教师；1985年7月至1989年12月，历任茌平县教育局教研室教研员、副主任；1991年1月至1995年4月，任茌平县杜郎口乡副乡长、党委副书记；1995年4月至1998年3月，任茌平县贾寨乡党委副书记、乡长，期间1995年9月至1997年12月，山东省委党校经济管理学习；1998年3月至2001年3月，任茌平县广平乡党委书记；2001年3月至2002年12月，任茌平县博平镇党委书记；2002年12月至2004年8月，任茌平县经济技术开发区党工委书记；2004年8月至2006年12月，任茌平县经济技术开发区党工委书记、信发街道党委书记；2006年12月至2012年1月，任茌平县人民政府副县长；2012年1月至2014年3月，任茌平县人大常委会第一副主任、党组副书记；2014年3月至2016年3月，任茌平县人大常委会党组书记、第一副主任；2016年3月，任茌平县人大常委会党组书记、主任。1983年获“聊城市新长征突击手”称号；1996年获“聊城市植树造林工作先进个人”称号；2005年获“全省第一次经济普查先进个人”称号。

历届人大常委会第一副主任

孙新建 茌平县信发街道办事处北十里村人，女，1950年8月出生，大学文化，律师，中共党员，曾任茌平县第十五届人大常委会第一副主任。1968年至1970年在北十里小学任教。1970年至1973年在茌平县机械厂工作。1973年至1975年在泰安师专读书。1975年至1976年在茌平一中任教。1976年至1984年任茌平县机械厂副厂长。1984年至1997年任茌平县妇联主任、县委宣传部长。1997年至2003年任茌平县副县长。2003年任茌平县第十五届人大常委会第一副主任，2007年12月离职。曾被评为省“三八”红旗手，省“双学双比”先进个人，省宣传思想工作先进个人。

徐　莹 信发街道办事处徐庄村人，女，1966年6月出生，研究生学历。1985年参加工作，1986年7月人党，1985年7月至1990年12月任茌平师范学校团委书记。1990年12月至1993年3月任温陈乡副乡长。1993年3月至1995年11月任杜郎口镇党委副书记。1995年11月至1998年3月任杨屯乡党委副书记、乡长。1998年3月至2001年1月任胡屯乡党委书记。2001年1月至2003年1月任阳谷县人民政府副县长。2003年1月至2007年12月任茌平县人民政府副县长。2007年2月至2007年12月任茌平县委常委、政府副县长。2007年12月至2012年1月任茌平县第十六届人大常委会第一副主任、党组副书记（正县级）。2012年1月至今任茌平县政协主席、党组书记。1987年5月被评为全区优秀青年工作者；1989年5月被评为地级新长征突击手；1990年5月被团省委评为全省优秀青年工作者；1996年至1998年连续三次被茌平县委、县政府记三等功奖励；1999年11月被评为茌平县“十佳公仆”；1999年12月被评为聊城市“十佳公仆”；2003年3月被聊城市委、市政府记三等功奖励；2003年7月被山东省委、省政府记三等功奖励；2004年2月被聊城市委、市政府记二等功奖励；2005年2月被聊城市委、市政府记二等功奖励；2006年2月被聊城市委、市政府记二等功奖励。

历届人大常委会副主任

贾克礼 山西省垣曲县槐南白村人。1943年8月参加革命，1946年3月加入中国共产党。历任八路军、解放军战士、班长、侦察排长、连长。1952年入济南第五航校学习，结业后任该航校文化队、飞行三团五大队参谋长。1954年10月调聊城，历任阳谷县兵役局科长，堂邑、茌平、冠县兵役局副局长、副政委。1961年8月任聊城军分区作战科长。1964年12月调任东阿县人武部部长兼党委书记。1967年3月结合为东阿县革委主任，嗣后又任县革委党的核心领导小组组长。1971年5月任茌平县人武部部长兼党委书记、县委常委。1979年转业，历任中共茌平县委常委、茌平县革委副主任、茌平县第九届人大常委会副主任。1984年5月离休。

赵传三 东阿县姜楼乡粮门村人，1941年参加革命工作，1943年5月加入中国共产党。历任东阿县三区武工队干部，五区抗联干部，二区公安助理员，四区公安助理员，牛角店公安派出所所长，东阿县公安局治安股股长等职。1952年4月后任东阿县高集区区长，区委书记。1955年10月任中共东阿县高固区委书记。1956年8月入聊城干校学习。1960年1月学习结束后调任中共茌平县委农村工作部副部长，后任茌平县韩屯区委书记，博平区委书记。1964年7月任茌平县政府副县长。1966年7月任中共茌平县委农林政治部主任。1972年9月任茌平县革委生产指挥部副主任。1976年7月任茌平县革委副主任。1981年12月任茌平县第九届、第十届人大常委会副主任。1987年4月离休。1988年1月病逝。

韩全庆 原茌平县韩集乡西韩集人。1922年3月出生，1938年参加革命工作。历任通讯员、情报干事、区抗联副主任、区长、茌平县政府办公室主任、茌平县农业局局长、茌平县城关区、韩屯区区委书记，茌平县农业局副局长、茌平县经委主任、茌平县革委副主任，茌平县第九届人大常委会副主任。

程学彦 莘县王奉乡人。1939年参加革命工作，历任战士、公安局看守班长、看守所长、保卫队长、人事秘书、副局长、局长、茌平县政法部部长、茌平县第九届人大常委会副主任。

马汝学 茌平县温陈乡马庄人。1924年出生，1947年入伍，历任战士、副班长、班长、排长、保卫干事、连指导员、营长、团参谋长。1966年2月转业，历任茌平一中党支部书记、茌平县革委政治部副主任、茌平县人民防空办公室主任、中共茌平县委宣传部副部长、茌平县第九届人大常委会副主任。

刘国芳 莱西县马庆连乡河崖村人，1928年出生，1945年6月参加八路军，1946年1月加入中国共产党。入伍后历任战士、班长、排长、副连长、连长、副股长、营长。1953年11月至1959年6月，先后入中国人民解放军中南军区第八速成学校和南京中高级步校学习班深造，毕业后历任四十二军一二四师三十二团营长、侦察科副科长，三七〇团副参谋长、参谋长。1971年任三师副参谋长。1974年11月任湖南零陵军分区副参谋长。于1946年荣立三等功2次，1948年立大功1次，并评为战斗英雄。1952年在朝鲜战场上立大功1次，荣获三级勋章1枚。1976年7月从部队转业到茌平县工作，任县革委会副主任。1981年12月任政协茌平县委员会副主席，1984年9月任茌平县第十届人大常委会副主任、党组副书记。1985年6月离休。

商孝俊 茌平县菜屯镇南海子村人，初中文化，1947年参加工作，1955年7月加入中国共产党。曾任中共博平县委办公室干事。1956年3月茌平、博平合县后任中共茌平县委办公室干事、副主任。1965年8月任中共冯官屯区委书记，后任冯官屯区革委会主任、党的核心领导小组组长。1978年3月任中共茌平县委宣传部部长。1979年4月任中共茌平县委常委。1984年9月后任茌平县第十届、十一届人大常委会副主任。1990年4月离休。1992年11月病逝。

赵焕之 原茌平县韩集乡贾赵村人，1942年7月在茌南抗日完小读书时加入中国共产党，同年8月在茌平县迟桥村任抗日小学教员。年底因环境恶化，学校停办，回本村任党支部书记。1943年5月任中共茌平县五区分委会秘书，后任中共茌平县委办公室研究员。1949年10月后，历任茌平县政府民政科科员、副科长，人事科副科长、科长，统计科长，计划委员会副主任，县政府秘书等职。1956年5月调聊城专署办公室任秘书，1960年10月任专署民政局副局长。1963年5月调茌平县人委办公室任主任。后任茌平县财办、茌平造纸厂、茌平县医院、县革委工交组负责人。1974年8月任茌平县革委办公室主任。1978年4月任县革委副主任，同年8月任中共茌平县委常委、组织部长。1984年9月至1987年4月，任茌平县第十届人大常委会副主任。1991年8月离休。1996年10月病逝。

潘日茂　龙口市芦头乡傅大家村人，1936年10月出生，大专文化，1963年10月参加工作。历任茌平县人民医院医师，中医科主任。1987年4月晋升副主任医师。1984年9月在茌平县第十届人民代表大会第一次会议上当选为人大常委会副主任，1987年4月离职。

汪培杰　肥城市人。1933年出生，1949年参加工作，1954年加入中国共产党。1949年至1956年在茌平县税务局任干事、副股长。1956年任县法院审判员。1957年任县检察院检察员、秘书。1965年任广平区广平公社党委书记、区委委员。1971年2月任丁块公社党委书记，革委会主任。1975年2月任县公安局党组副书记、副局长。1978年5月被选举为县检察院检察长、党组书记。1986年被县人民代表大会选举为县人大常委会副主任，并被任命为党组副书记。1993年离休。

刘西俊　茌平县振兴街道办事处大柳村人，1932年4月出生，1947年7月参加工作，1948年3月加入中国共产党。历任茌平县广平区副区长、

副书记，广平区陈范公社、城关区五里公社副社长，中共杨官屯公社党委副书记，博平公社党委副书记、书记。1984年7月任茌平县供销合作社联合社党委书记。1987年4月至1990年4月任茌平县第十一届人大常务委员会副主任。

贾法俊　博平镇谭东村人，1931年7月出生，1947年参加工作，1950年2月加入中国共产党。历任博平区供销社营业员、区委秘书，茌平县人民委员会办公室干事，杨官屯公社副书记、书记。1980年3月后历任县多种经营办公室主任，县棉花办公室主任，县商业局局长、党组书记。1987年4月后任茌平县第十一届、十二届人大常务委员会副主任。1994年2月离休。

迟会孝　原茌平县韩集乡迟桥村人，初中文化。1940年12月出生，1959年12月参加工作，1960年1月加入中国共产党。曾任茌平县胡屯区戚庄公社人武部长，博平区赵杜公社人武部部长，中共博平公社党的核心领导小组副组长，中共广平公社党委副书记、武装部部长、党委书记。1983年2月任县人民政府副县长，1984年7月任茌平县林业局局长、党组书记。1987年4月后任茌平县第十一、十二届人大常委会副主任、林业局党组书记。1993年3月任茌平县第十三届人大常委会副主任、党组副书记。1986年曾荣获“山东省林业系统先进工作者”称号。

邹庆诰　茌平县冯屯镇后寨村人，1934年4月出生，1949年考入聊城师范，毕业后分配到高唐

县任小学教师。1956年考入曲阜师院中文科，1958年毕业后分配到茌平工作，先后在广平中学、茌平师范、茌平二中任语文教师。1959年至1962年读完山师大中文系函授本科。期间曾有多篇教学论文和教材分析文章发表在全国和省级报刊上，多次被评为县、地两级模范教师和优秀教师，1984年任县政协副主席兼县教育局副局长，1986年加入中国共产党，1987年被选为县第十一届人大常委会副主任。1994年退休。1996年开始自学国画，现先为中国老年书画研究会会员，省、市老年书画研究会会员，茌平县老年书画研究会顾问，茌平美协顾问。

马庆云　原茌平县广平乡马明智村人，1933年2月出生，初中文化。1953年参加工作，1954年1月加入中国共产党。历任中共茌平县委组织部干事、副部长，茌平县三十里铺区革委副主任，郝集公社党委副书记、书记。1983年5月后任茌平县司法局局长，中共茌平县政法委书记兼司法局局长。1987年4月任茌平县检察院检察长。1988年曾荣获“全省检察系统先进工作者”称号。1990年3月任茌平县第十二届人大常委会副主任。1993年7月退休。

田　冲　阳谷县张秋镇田堤口村人。1940年2月出生，1965年8月山东医学院毕业，任高唐县“四清”工作团材料员。1966年8月任茌平县人民医院外科医师，1978年晋升为主治医师，1987年副主任医师，1993年主任医师。1982年任外科副主任，1984年4月外科主任。1994年任副院长兼外科主任。1983年1月政协茌平县第一届委员会第二次会议增补为政协委员。1984年4月至1990年3月任政协茌平县第二届、第三节委员会副主席。1990年3月至2003年3月任茌平县第十二届、第十三届、第十四届人大常委会副主任。1987年至1991年先后获地区“先进卫生工作者”、“优秀工作者”、“优秀知识分子”称号。1992年获得山东省卫生系统“先进工作者”荣誉称号。系中华医学会会员，聊城地区外科学会委员，中华医学会骨科学会山东分会会员，地区学会委员。在我地区率先开展“脾肾静脉吻合术”、“人工全髋关节置换术”、“同种异体膝半关节置换术”。当时填补了地区空白。尚有十余种手术属县医院首次开展。“同种异体膝半关节置换术”，1989年获地区学术进步二等奖，“利用骨骺延长器治疗胫腓骨折”，1990年获地区优秀学术成果二等奖，此亦为治疗四肢骨折的骨外固定术的雏形。历年来在省以上刊物、会议发表论文三十余篇，是茌平县医院骨科的创建者和学科带头人。

常修岐　茌平县乐平铺镇齐常村人。1933年出生，中共党员。1951年参加教育工作。1951年至1957年任中学教师，曾获优秀教师称号。1957年至1959年在县委肃反办公室任办事员。1959年至1962年先后在韩屯乡、广平乡中学任教导员。1962年至1965年在中国人民银行茌平支行任信贷员。1965年至1970年任杜郎口区二十里铺公社党委书记。1971年至1984年任赵官屯公社党委书记。期间曾获地区先进工作者称号。1984年至1990年任茌平县人事局局长。1990年任茌平县第十二届人大常委会副主任。1995年退休。

张兴义　夏津县苏留庄镇报效屯村人，1937年5月出生，大专文化。1958年7月参加工作，

1960年1月加入中国共产党。曾任茌平县二中教师、茌平县文教局教研室教研员，县委组织部干事、县委党校副校长、茌平县革委政治部报道组组长、县委办公室副主任、冯官屯公社党委书记。1984年3月任县委办公室主任、县委委员。1987年3月任县委常委、政法委书记。1992年被中共聊城地委授予“优秀共产党员”称号。1993年荣获“全省政法先进工作者”称号。1993年3月任茌平县第十三届人大常委会副主任、党组副书记。

张宝海 茌平县博平镇花园村人。1942年12月出生，大专文化，1962年7月参加工作。1974年9月至1977年8月在聊城师范学院中文系学习，期间任院学生会副主席。1977年8月任中共茌平县委宣传部干事。1982年3月任茌平县委办公室副局级秘书。1984年7月任县委农村工作部副部长。1988年3月任县委研究室主任。1990年3月任中共茌平县委常委、宣传部长。1993年3月任茌平县第十三届人大常委会副主任。1996年调山东省农业管理干部学院任副处长、处长等职。

李泽明 茌平县城关镇尹庄村人，1941年7月出生，初中文化。1959年12月参加中国人民解放军。1962年加入中国共产党。在部队先后任排长、副指导员等职。1970年转业到茌平县毛巾厂工作。1971年5月任茌平县法院审判员，后任庭长。1978年被授予“山东省公安司法先进工作者”荣誉称号。1984年7月任茌平县法院院长、党组书记。1993年3月任茌平县第十三届人大常务会副主任。

金庆岱 茌平县洪官屯乡张陈村人，1937年11月出生，大专文化。1955年4月参加工作，1957年1月加入中国共产党。曾任小学教师、教导主任、校长、茌平县监委干事。1967年3月任茌平县革委副主任、常委，县革委政治部副主任。1975年5月任中共茌平县委委员、宣传部副部长。1978年3月任城关公社党委书记。1981年3月任乡镇企业局局长、党组书记、县委候补委员。曾连续3年荣获“省乡镇企业先进工作者”，3次获地委、行署记大功奖励，1次晋升1级工资。1993年3月任茌平县第十三届人大常委会副主任。

徐法水 茌平县冯屯镇小徐庄人。1946年7月出生，1967年开始任生产队长、大队委员、大队革委会主任。1974年7月加入中国共产党，后任村党支部书记。1984年8月冯屯镇党委副书记兼村党支部副书记。1987年3月任冯屯镇镇长、镇党委副书记、茌平县委委员，7月任冯屯镇党委书记。后又任县委常委。1986年被中共山东省委授予“模范共产党员”称号。1987年中共聊城地委、行署给予记大功奖励，同年被选为中共山东省第五次党代会代表。1988年被山东省人民政府授予“优秀农民企业家”称号，当选为第七届全国人大代表。1993年后任中共茌平县委副书记，1999年3月至2002年任茌平县第十四届人大常委会副主任。

杨忠平 赵官屯乡前屯村人，1947年8月出生，1968年7月参加工作，1971年4月加入中国共产党，大专文化。1968年7月至1972年3月，先后在城关区五里公社、赵官屯公社工作。1972年3月至1975年10月，在茌平县第三中学任教。1975年10月至1976年11月，任茌平县第二中学团委书

记。1976年11月至1982年10月，任中共茌平县委组织部干事，期间，1980年9月至1982年6月在山东农业学院干部专修科学习。1982年10月至1984年7月，任茌平县杜郎口公社党委书记。1984年7月至1990年3月，历任县委组织部副部长、部长、县委常委。1990年3月至1993年3月，任聊城地区劳动局副局长、党组成员、党总支书记。1991年在地直单位岗评中地委、行署给予记功奖励。1993年3月任茌平县人民政府副县长，后任党组成员。1999年3月至2002年任茌平县第十四届人大常委会副主任。

王林华 冠县东古城乡东陶村人，1947年9月出生，1964年8月参加工作，1966年12月加入中国共产党，大专文化。1964年8月至12月在农行茌平县分行杨官屯乡营业所任会计。1964年12月至1970年3月在北京卫戍区服役。1970年3月至1973年8月，任北京市交通局干事。1973年8月，入北京大学哲学系学习班。1976年8月毕业后任北京市交通局干事。1978年10月至1980年1月，任茌平县委组织部干事。1980年1月至1982年3月，任茌平县纪检委干事。1982年3月至1984年3月，任茌平县委办公室秘书。1984年3月至1990年3月，任中共茌平县委宣传部长、县委常委，1990年3月任中共茌平县人民政府副县长、党组成员。1988年至1996年先后被地区行署、省委、省政府、省爱委会、省科委授予“全区校改工作”、“全省爱国卫生”、“计划生育”、“科教兴鲁”等先进工作者荣誉称号。1999年3月至2002年任茌平县第十四届人大常委会副主任。

樊庆锡 阳谷县四棚乡人，1947年11月出生，1965年11月入伍，1967年10月加入中国共产

党，大专文化。1965年11月至1980年，在山东省独立师一团历任战士、班长、文书、团司令部机要员、团政治部干事、连指导员、营副政治指导员等职。1980年至1982年，在中国人民解放军南京高级陆军学校政治系学习。1982年至1985年，任东阿县人民武装部副政治委员。1986年5月至1996年3月，武装部改归地方建制后，任中共茌平县委常委、县人武部政治委员。业余爱好诗歌创作，诗集《枣花集》1996年由黄河出版社出版。1996年3月，任茌平县人民政府副县长、党组委员。1998年7月至2000年12月任茌平县委常委、宣传部长，2001年3月任茌平县第十四届人大常委会副主任。

宋士高 东阿县铜城镇宋楼村人，1947年8月出生，中共党员。1967年7月毕业于阳谷师范学校，同年参加工作。1968年7月至1971年任教师，1971年至1975年任职于教育局专案组，1975年至1987年调东阿县黄屯公社任组织干事、组织委员、党委副书记。1987年至1993年任陈集乡乡长、党委书记，1993年至2001年任茌平检察院检察长、党组书记。2001年至2003年任茌平县第十四届人大常委会副主任。1990年任东阿县陈集乡书记期间，受聊城地委提升工资奖励。任茌平县检察院检察长期间，茌平县检察院被中、高级检察院授予多项荣誉称号，1996年被最高人民检察院授予“文明接待室”称号，本人1997年被省高级人民检察院记三等功。

王长山 茌平县冯屯镇望鲁店村人，1942年10月出生，大专文化。1962年6月入伍，1965年11月加入中国共产党。1968年3月退伍后，历任冯官屯镇中学校长，县体委军管组干事，县委组织部

干事，中共博平镇党委副书记、镇长，茌平县外贸局党组书记。1989年4月任中共茌平县委党校党支部书记（副县级）兼常务副校长。1998年4月至2003年1月任茌平县第十四届人大常务会副主任。主持党校工作期间，党校多次获得“全省党校系统先进党校”、“全区十年业教先进工作者”、“全省党校创一流先进工作者”、“县老干部先进工作者”、“优秀共产党员”等称号。

韩宪宏　原茌平县韩集乡东集村人，1953年7月出生，中共党员，大学本科，1996年省委党校研究生毕业。1970年应征入伍先后任战士、班长；1973年考入沈阳农业大学学习，毕业后分配到原部队，先后任助理军医、兽医师、政治指导员。1982年转业到茌平县人民检察院，历任检察员、副检察长、检察长、党组书记。1993年3月任中共茌平县常委、政法委书记，2003年任茌平县第十五届人大常委会副主任、党组副书记。在部队服兵役期间曾被师、团嘉奖五次，记二、三等功各一次，因抢救两名儿童被师、团授予“刘英俊式好战士”的称号；在检察院工作期间曾被省、市检察院记三等功三次、二等功两次，被聊城地委、行署授予“勤政为民清正廉洁党员干部”称号，被最高人民检察院授予“全国反贪污贿赂先进个人”称号，被国务院、中央军委授予“全国模范军转干部”称号；在政法委工作期间被授予全省普法依法治理先进个人，全省社会治安综合治理先进个人。

刘继军　茌平县贾寨乡邢胡刘村人，1965年出生，大专文化，1983年参加工作，茌平信发热电集团总经理、华信铝业有限公司总经理。2003年3月至2012年1月任茌平县第十五届、第十六届

人大常委会副主任、山东信发铝业集团有限公司总经理。2009年5月至2011年3月任山东信发铝业集团有限公司总经理。2011年3月至2012年1月任茌平县工商联主任。2012年1月至今任茌平县政协副主席、茌平县工商联主任。参加工作以来，二十年如一日坚持自主创新，高起点改造，搭建国内一流的技术平台，组织飞灰复燃，电机改装等大型技改项目近百项，创效1000多万元，为茌平热电厂作出了突出的贡献。负责华信铝业公司日常工作以来，不断强化内部管理，勇于创新，形成了一套适合企业发展的管理模式，使公司发展成为华东六省最大的铝生产加工基地，2001年实现利税7222万元，2002年实现利税1.2亿元，使企业实现了规模和效益的同步快速增长。2002年被授予富民兴鲁劳动奖章，2003年被授予全国五一劳动奖章。2005年被授予全国劳动模范荣誉称号。

何其平　茌平县冯屯镇张良桥村人，1955年5月出生，中共党员，大学文化。1973年高中毕业后在本村任民办教师，1974年11月应征入伍，历任战士、副班长、班长、给养员、司务长、团机关管理员、财务助理员（副连职）等职，多次受到团嘉奖，荣立三等功一次。1986年1月转业到温陈乡政府，任组织干事、组织委员、管区书记、副乡长，1993年任博平镇党委副书记，1995年1月任肖庄乡党委副书记、乡长，1995年7月任博平镇党委副书记、镇长，1998年1月任博平镇党委书记，2001年任县水利局局长兼党组书记，2003年3月至2007年12月任茌平县第十五届人大常委会副主任。2007年12月至2012年2月任茌平县第十六届人大常委会副主任、党组副书记。转业后连续十几年被县委、县政府记功奖励。2001年7月被市委授予：

"优秀共产党员"称号，同年被省委、省政府、省军区授予全省优秀军转干部荣誉称号并记一等功。在博平任职期间，该镇连续三年在全县综合考核中列第一名，获省级文明单位、全国亿万农民健身活动先进乡镇、全国食用菌先进乡镇等荣誉称号。先后在村务公开、清退临时工、村委会换届直选、农村税费改革四项工作中，作为省市试点为面上推广提供了经验。1998年10月15日中央电视台《焦点访谈》节目以《民主治村，凝聚民心》为题报道了博平村务公开的做法和经验。在水利局工作期间，该局被评为全省水利系统精神文明先进单位。

梁保忠 茌平县冯屯镇梁庄村人，1950年11月出生，大学文化，中共党员。1966年4月至1968年3月任本村民办教师。1968年4月入伍，历任战士、保密员、排长、副连长、参谋。1979年10月转业到中共茌平县委组织部，历任干事、副科级秘书；1985年9月至1987年7月在聊城师范学院政治系干部培训班学习；1987年7月至1993年11月任县委组织员办公室副主任、主任；1993年11月至2003年3月任县交通委党委书记、主任；2003年3月至2007年12月任茌平县第十五届人大常委会副主任。部队期间，先后受8784部队、89132部队通令嘉奖。转业后，先后被评为县先进工作者、优秀共产党员。1991年至2002年间8次被县委、政府记功奖励。1994年被评为全区公路建设活动先进个人，1996年被评为全区计划生育工作先进工作者、全区交通系统劳动模范，1997年被评为全省交通系统先进个人，1998年被评为全省交通稽查工作先进工作者、全市交通系统先进个人，1999年被评为全省公路建设先进个人。

孙乐生 茌平县韩屯镇韩东村人，1952年7月出生，1976年6月加入中国共产党，历任生产队长、民兵连长、党支部副书记，鑫峰实业总公司总经理。1991年任韩屯乡党委副书记、乡长，1993年任韩屯乡党委书记，2001年任县民政局局长、党组书记，2003年3月至2007年12月任茌平县第十五届人大常委会副主任。1989年12月被团中央、农业部授予"全国优秀青年乡镇企业厂长（经理）"，1990年1月被团中央、国家科委认定为"全国农村青年星火带头人"，同年被山东省政府授予"山东省劳动模范"称号。1991年4月被中共山东省委、省政府命名为"优秀农民企业家"。任韩屯乡乡长、书记期间，乡村企业位列全区先进行列。任茌平县民政局党组书记、局长期间，连续两年被县委、县政府授予全面工作先进单位，2001年被评为全市"民政工作先进单位"，2002年9月被省委、省政府评为"全省民政工作先进单位"，先后被市委、市政府命名为市级"双拥模范县"，被省委、省政府命名为省级"双拥模范县"，本人被授予"全省信访工作先进个人"、"全市民政工作先进个人"等荣誉称号。

刘士贵 茌平县冯屯镇业官屯村张冯庄人。1951年5月出生，1973年考入聊城师专中文系，1975年分配到茌平县郝集中学，历任教师、教导主任、校长。1984年考入聊城行政干校电大党政干部专修科，1986年毕业，分配到博平镇政府工作，先后担任管区书记、宣传委员、经委主任、党委副书记，1993年任大桑乡党委书记，1995年任博平镇党委书记。1998年任人事局局长，2002年兼任县委组织部副部长。2003年3月至2007年12月任茌平县第十五届人大常委会副主任。

王希忠 茌平县博平镇岔路口村人，1951年

2月出生，1970年12月入党，1968年5月参加工作于东阿农机厂。1969年3月应征入伍，于中国人民解放军1403部队8分队任战士、班长。1973年3月复员茌平县电器厂工作。1973年9月至1976年8月在山东工学院读书。1976年9月至1986年5月先后在茌平县机械厂、县农业局工作。1986年5月至1987年10月任中共茌平县委宣传干部。1987年10月至1989年8月任菜屯镇党委副书记。1989年9月至1993年1月任茌平县委办公室副主任、保密办主任。1993年12月至2003年1月任茌平县人民政府党组成员、县长助理、办公室主任。2003年3月至2007年12月任茌平县第十五届人大常委会副主任。

贾占信 贾寨乡后寨村人，1955年10月出生。1975年3月参加工作，1975年12月参加中国共产党，大专文化程度。1979年12月任杜郎口公社农技站技术员、副站长。1982年1月任博平公社农技站副站长。1984年任博平镇政府副镇长。1990年任博平镇党委副书记。1993年任博平镇党委书记、镇长。1995年11月任菜屯镇党委书记。1998年3月任乐平铺镇党委书记。2003年3月任县交通局局长、党组书记。2007年1月至2012年1月任茌平县第十六届人大常委会副主任、党组成员。工作期间，于1997年被评为全市高标准先进工作者；1999年至2000年连续两年被聊城市委、市政府记三等功奖励；2001年被评为市优秀共产党员； 2003年获得省交通系统非典防治工作先进工作者称号；2004年被县人大常委会评为优秀人民公仆；2006年4月获得省交通系统劳动模范。

王金玉 胡屯镇大磨王村人，1955年9月出生，1970年8月参加工作，1976年入党，大专文化程度。1970年8月至1981年5月省煤田勘探公司机厂职工。二车间党支部书记（副科级），厂团总支书记；1981年5月至1984年7月茌平县广平乡团委副书记、组织委员；1984年7月至1986年11月茌平县委组织部干事；1986年11月至1987年11月广平乡党委副书记；1987年11月至1990年2月广平乡党委副书记、乡长（期间：1988年7月至1989年7月山东农业大学农业经济管理大专专业证书班学习）；1990年2月至1996年11月茌平县工业总公司副总经理（正局级）、总经理、党委书记；1996年11月至1997年6月茌平县工业总公司总经理、党委书记、经委副主任、党组成员、县委委员；1997年6月至1998年4月茌平县工业办公室党组书记、主任、经委副主任、党组副书记、县委委员；1998年4月至2001年3月茌平县经委主任、党组书记、工业办公室主任、县委委员；2001年3月至2003年3月茌平县劳动和社会保障局局长、党组书记；2003年3月至2006年3月茌平县人事局局长、党组书记、编办主任、县委组织部副部长；2006年3月至2012年1月茌平县第十六届人大常委会副主任、党组成员。2000年至2003年连续四年被茌平县委记三等功；1999年至2003年连续五年被县委评为优秀共产党员；2004年被评为全省人事系统先进个人；2004年被评为聊城市首届人民满意公务员。

张丽华 女，1965年12月27日出生， 茌平县乐平镇南街村人，回族，大学本科文化程度，1989年7月毕业于中南民族大学，1989年9月参加工作。1985年9月至1989年7月，中南民族学院政法系政治专业学习；1989年7月至1989年9月，待分配；1989年9

月至1993年12月，任茌平县民族宗教外事侨务办公室办事员；1993年12月至1995年12月，任茌平县民族宗教外事侨务办公室科员；1995年12月至1997年8月，任茌平县民族宗教外事侨务办公室副主任；1997年8月至2002年7月，任茌平县民族宗教外事侨务办公室主任；2002年7月至2003年1月，任茌平县工商联主任；2003年1月至2011年3月，任茌平县政协副主席兼工商联主任；2011年3月至2012年1月，任茌平县政协副主席；2012年1月至今，任茌平县人大常委会副主任。

赵希亮　男，1963年8月出生，山东省茌平县温陈街道办事处马庄村人，研究生文化程度，汉族，1986年7月参加工作，　1985年5月加入中国共产党。1986年7月至1988年9月，任茌平县第一中学教师；1988年9月至1990年3月，任茌平县县委宣传部干事，1990年3月至1993年2月，任茌平县委组织部秘书；1993年2月至1995年11月，任茌平县胡屯乡党委副书记；1995年11月至1998年3月，任茌平县张营乡党委副书记、乡长；1998年3月至2000年3月，任茌平县杜郎口镇党委书记；2000年3月至2003年2月，任茌平县菜屯镇党委书记；2003年2月至2012年1月，任茌平县发展和改革局党组书记、局长；2012年1月至今，任茌平县人大常委会党组副书记、副主任。

丁洁卉　女，1967年8月生人，山东省茌平县韩屯镇后西村人，研究生文化程度，汉族，1986年7月参加工作，1992年7月加入中国共产党。1986年7月至1989年10月，历任菜屯镇、胡屯乡联合校幼师辅导员；1989年10月至2002年1月，历任

菜屯镇妇联主任、副镇长、党委副书记；2002年1月至2003年1月，任肖庄乡经济发展办公室主任（正科级）；2003年1月至2006年3月，任洪屯乡党委副书记、乡长；2006年3月至2007年2月，任乐平镇党委副书记、镇长；2007年2月至2007年6月，任茌平县卫生局党组副书记、副局长；2007年6月至2012年1月，任茌平县卫生局党组书记、局长、聊城市第十五届人大代表；2012年1月至今任茌平县人大常委会党组成员、副主任。曾被省卫生厅、聊城市委、市政府各记“三等功”一次；获省卫生厅“疾病控制工作先进个人”称号；获聊城市“全市优秀理论教育工作者”称号；获聊城市“全市文化、科技、卫生三下乡活动先进个人”称号；获聊城市“聊城地区计划生育先进工作者”称号；获聊城市“聊城地区三八红旗手”称号。

靳明华　男，1963年4月生人，山东省 茌平县冯屯镇唐洼村人，大学本科文化程度，汉族，1986年7月参加工作1989年　9月加入中国共产党。1986年9月至1995年12月历任茌平县城乡建设委员会历任科员、副股长、股长；1995年12月至2002年11月任茌平县城乡建设委员会副主任；2002年11月至2006年4月任茌平县建设局副书记、副局长；2006年4月至2012年1月任茌平县建设局党组书记、局长；2012年1月至今，任茌平县人大常委会党组成员、副主任。曾荣获共青团山东省委“新长征突击手”称号；聊城市委“优秀共产党员”称号。

附 录

附 录

茌平县第一届人民代表大会相关文件

茌平县第一届第一次会议
人民代表大会决议

（1954年7月6日）

第一条：以生产互助合作为中心，夏征夏购为重点，继续开展爱国增产节约运动。加强经济扶持与技术指导。

第二条：整顿巩固互助合作，大力发展互助合作组织。有计划地召开互助合作会议，开办互助合作训练班。

第三条：随着农业生产的改造，根据生产的需要，有计划、有重点地发展手工业。

第四条：因地制宜，由点到面，由小到大，由低级到高级逐步发展信贷组织。

第五条：加强对农业生产的技术指导，对农作物合理密植。

第六条：加强水利建设，做好防旱防涝工作。

第七条：做好田间管理工作，防治病虫害，坚持“防重于治，治少、治早、治了”的灭虫方针。

第八条：大力开展积肥运动，做到以积肥为主，细肥为辅。发动群众养猪沤肥。

第九条：保护与繁殖牲畜，改善饲养管理。

第十条：开展植树造林活动，防风、防旱，根治沙荒。

第十一条：生产救灾，度过灾荒，争取秋季丰收。

第十二条：扩大农业种植面积，完成统购任务482.5万公斤。

第十三条：按照“依律计征，增产不增税”的政策，全县今年依律计征小米1011.5万公斤，小麦405万公斤。

第十四条：支持以细粮换粗粮的行动，节约细粮，支持国家。

第十五条：通过爱国增产节约竞赛运动的开展，适时合理地发放各种贷款，做好经济扶持工作。

第十六条：严厉打击粮商、粮贩和一切反革命分子破坏活动，保证夏征夏购任务的顺利完成。

第十七条：对学生进行热爱劳动的教育，提高学生农业生产知识。继续开展扫盲运动，提高农民文化水平、科学知识水平，发展社会生产力。

第十八条：发动群众做好拥军代耕工作。

第十九条：遵照“利用”“限制”“改造”的总方针，保护合法经营的工商业，繁荣农村经济，发展农业生产。

第二十条：大力宣传《中华人民共和国宪法》，做到家喻户晓，老幼皆知，发动群众提修补意见。

第二十一条：各级领导要掌握夏季任务的环节，抓住关键，推动工作。

第二十二条：加强调查研究，做到心中有数。反对单纯任务观点，防止草率从事、强迫命令的工作作风。

第二十三条：利用各种形式，宣传人大决议，发动群众，实现大会决议。

茌平县第一届人民代表大会第二次会议

决 议

为了做好今年工作保证秋征统购统销任务的完成，特作如下决议：

第一条：坚决拥护省人民代表大会关于拥护《中华人民共和国宪法（草案）的决议》。

拥护周恩来总理的外交报告和各民主党派、各人民团体倡议发出的解放台湾联合宣言。

第二条：我们一定要解放台湾。超额完成冬季工作计划和粮、棉、油征购任务，以支援中国人民解放军。

第三条：密切结合冬季生产，开展互助合作运动。

第四条：开展冬季生产运动。

第五条：做好秋征秋购工作，征收粮食553.415万公斤，皮棉11.38万公斤，花生米25.5万公斤。

第六条：做好货币回笼工作。

第七条：做好部门业务工作。

第八条：做好优军优属工作。

第九条：深入贯彻总路线。

第十条：转变领导作风。

第十一条：为积极完成以上决议而奋斗。

茌平县第一届人民代表大会第二次会议总结报告

我县于1954年11月5日召开了人民代表大会，出席这次会议的代表219人，其中男性代表195人，女性代表24人，缺席33人，大会11月10日胜利闭会。共收到议案263件。

（一）大会讨论解决了以下问题。

1. 总结检查了5个月来的工作。

2. 解决了统购统销中的思想认识问题。

3. 以社会主义三大改造完成为基础，部署安排今冬工作。

4. 提高了一定解放台湾的思想认识和决心。

（二）开好大会的几点体会。

1. 会议内容要明确，中心要突出。

2. 搜集议案切合代表思想，解决实际问题。

3. 充分发扬民主，实事求是地检查政府工作。

（三）总之，事事有交代、案案有着落是值得今后特别注意的问题。

茌平县第一届人民代表大会

第三次会议决议

第一条：根据国家计划种植。我县种植计划棉花13万亩（比上年扩大74615亩），谷子16万亩。棉花平均皮棉14公斤，谷子97.5公斤，花生105公斤，发动群众种植早熟作物，缩减春荒。

第二条：深耕细作，施足肥料，加强田间管理。

第三条：选换优良品种，增加单位面积产量。

第四条：防治病虫害，保证春季作物丰收。

第五条：防旱防涝，麦前打井230眼，疏顺河流，修好坝。

第六条：植树造林，发展牲畜。

第七条：大力发展农业生产合作社。

第八条：大力宣传贯彻义务兵役制。

第九条：结束统购统销。

第十条：抓紧时间把国家粮食市场活跃起来。

第十一条：发动群众认购1955年经济建设公债。

第十二条：公安司法部门要继续打击一切破坏社会主义建设的行为。

第十三条：教育部门要加强对小学的整顿领导。

第十四条：我们以全县22万人民的意志制定了以上决议，交县人民委员会执行。

茌平县第一届人民代表大会
第四次会议决议

根据上级政府的指示精神，在小麦丰收及重要工作成绩的基础上，我县夏秋工作方针是“互助合作为中心，统购统销为重点结合进行其他工作”的方针，经过充分讨论特作如下决议：

集中力量开展夏秋增产运动，保证麻、棉、油料作物实现增产。

第一条：大力向自然灾害作斗争，开展群众性的超额增产运动。

第二条：种植多种多样的高产作物，提倡间作，合理密植。

第三条：加强农作物的田间管理，力求苗全苗旺，实现大秋增产。

第四条：抓紧有利季节，普遍开展积肥运动。

第五条：大力发展牲畜。

第六条：完成夏秋植树造林计划。

第七条：加强对群众进行爱国主义教育，树立增产节约卖余粮光荣的观念。

第八条：完成征购任务。

第九条：公安部门发现案情，立即破案，以保证各项工作的顺利开展。

第十条：积极做好物资供应和经济扶持工作。

第十一条：宣传民族政策，加强回汉之间团结，照顾少数民族的特殊利益和生活习惯。

第十二条；我们以22万人民的意志制定了以上决议，保证决议的圆满实现，为支援国家经济建设、支援解放台湾、支援人民再生产、早日实现社会主义而奋斗。

茌平县第一届人民代表大会第四次会议总结报告

茌平县于1955年6月29日至7月2日召开第一届人民代表大会第四次会议。出席这次大会的代表共159人，其中男性代表136人，女性代表23人。除正式代表外列席代表15人。

大会历时4天。审议了半年来的政府工作并提出了今后工作意见，提出了夏季统购统销方案。

（一）大会讨论解决了以下几个问题。

1. 总结审议了半年来的政府工作，进一步使代表有了主人翁的意识，密切了政群关系。

2. 通过算账提高了对粮食工作的认识。

3. 在增产情绪提高的基础上，明确了夏秋两季工作的方针和增产关键。

4. 会议通过报告镇反工作，利用对敌破坏活动的典型实例使代表认识到镇反工作的成绩及其重要性。

（二）以上成绩得来的几点体会。

1. 会议内容明确，中心突出。

2. 利用具体算账典型实例解决了不利于统购统销的若干问题。

3. 充分发扬民主、实事求是地检查政府工作，达到知无不言、言无不尽。

（三）大会存有不足主要是：会议准备不充分；对议案解答不完善；统购统销的个别问题解决的不好。

第一届第四次议案解答

共议案201件，内有建议性的44件，要求性的73件，批评性的45件，检举性13件，拥护性的3件，询问类的23件。关于统购统销估产过高、不足以细换粗问题的72件，从这些议案的性质、数量表现来看，代表关心人民生活，对参与国家管理积极热情，起到了监督政府工作、推动干部作风转变和提高管理工作积极性的重大作用。

茌平县第一届人民代表大会第五次会议拥护第一个五年计划和山东省第一届人民代表大会第三次会议决议以及争取提前超额完成茌平县1956年计划的决议

茌平县第一届人民代表大会第五次会议，听取了山东省第一届人民代表大会代表李平所作《关于山东省第一届人民代表大会第三次会议决议》的传达报告，以及县长萧道明所作关于“为四年超额完成五年农业生产计划”的报告。经过认真研究，一致认为体现了全国全省人民的意志，因此，全县人民衷心拥护并决心为其贯彻实现而奋斗。

全体代表必须积极认真地将“全国人民代表大会第二次决议”和“山东省第一届人民代表大会第三次会议决议”以及本县第一届人民代表大会第五次会议决议宣传贯彻到广大群众中，要动员全县人民采取有效措施为争取超额完成本县1956年计划而奋斗！

茌平县1955年上半年政府工作总结及今后工作意见的报告

茌平县在上级政府的正确领导下，本着上次人代会的决议精神，以互助合作开展春季生产运动为中心，结合其他工作方针，进行了各项工作。经全县各级干部和广大群众的积极努力，农村紧张情况有所缓和，农民生产情绪日趋稳定，特别是通过三定和棉花预购政策的贯彻，大大鼓舞了群众的生产热情，从目前来说，全县各项工作方面均获得了一定的成绩。

今后工作意见：

1、按照国家计划做好夏种工作。

2、加强农作物的田间管理。

3、大力向自然灾害作斗争。

4、抓住季节，结合中耕除草，普遍开展积肥运动。

5、发展多种生产，增加群众收入。

茌平县第一届人民代表大会第五次会议会议日程

12月26日代表报道

预备会议议程：

一、刘士州报告筹备情况

二、通过主席团名单

12月27日全体会议

一、主席李秀清致开幕词。

二、李平传达省第一届人民代表大会第三次会议决议。

三、县长肖道明作《关于为四年超额完成五年农业生产计划》的报告。

代表团全体会议审议《关于为四年超额完成五年农业生产计划》的报告。

12月28日主席团会议
听取各代表团对报告的审议意见
代表团全体会议
审议各项决议（草案）
第二次全体会议
通过各项报告的决议
12月29日　早晨解答议案
李政委报告选举意义和进程，公布选票结果
新人民委员会代表发言

茌平县第一届人民代表大会第六次会议决议

（1956年10月20日县第一届人民代表大会第六次会议通过）

茌平县第一届人民代表大会第六次会议，首先听取县人民委员会县长肖道明所作的《关于1956年上半年政府工作报告》，经过小组的审议和大会讨论，全体代表一致认为符合我县实际情况，完全同意这个报告。其次听取县人民委员会副县长杨荣轩所作的《关于开展冬季农副业生产运动，争取完成与超额完成第一个五年计划的建议》的报告。经过充分酝酿讨论，决定批准本县冬季农副业生产运动的意见，并同意县人民委员会在报告中所提出的为实现下年增产指标的各项措施，鉴于今后工作中还会遇到某些预料不到的问题，可随时根据上级精神和实际情况作必要的补充。

茌平县自1956年9个月以来同全国、全省一样，社会主义经济建设取得伟大成绩，我们应当肯定成绩，克服缺点，巩固胜利，继续前进。

县人民代表大会认为：今冬明春全县人民的基本任务是继续巩固和提高现有农业合作社的工作，完成冬季农副业生产计划和明年春季的各项生产准备，为下年大生产运动打好基础。以粮棉油料增产为主，结合发展副业和多种经济的生产方针，为此通过：

一、巩固与提高高级农业生产合作社的工作。

二、加强农业、林业、副业和多种经济的生产。

三、深入贯彻“多劳多得，按劳取酬”的原则。

四、整顿组织，开展劳动竞赛，加强手工业和合作商业。

总之，县人民代表大会认为：实现以上任务是全县人民、各团体、各级人民委员会和各个部门、全体代表的共同任务，在党中央和国务院以及上级党政的正确领导下，戒骄戒躁，转变作风，完成以上任务，为建设一个富强的社会主义国家而奋斗！

博平县第一届人民代表大会相关文件

博平县第一届人民代表大会第一次会议决议

一、夏季农业生产。突出抓住增产关键，胜利完成1954年生产计划。多产猪肉、猪鬃、大豆、花生米、芝麻、棉油、鸡蛋、葵花、羊毛等出口物资，换回钢板、钢轨、拖拉机、汽车、飞机、肥田粉、机器等，帮助我们生产，巩固国防，加强工业建设。

克服穷光荣思想，严防自然灾害，突出抓住几个增产环节：养猪养羊，积压绿肥；发动群众，战胜虫灾；加强互助合作的领导。

二、小麦统购工作。在搞好农业生产互助合作的前提下，动员全体人民，突击完成夏季统购工作。

原则是：余粮多者多购，余粮少者少购，无余粮者不购。分级规定征购点，征购率依律征购，辅之民主评议的原则，完成264万公斤的征购计划。

茌平县第二届人民代表大会相关文件

茌平县第二届人民代表大会
第一次会议工作报告

茌平县人民委员会向大会作关于1956年主要工作情况和增产节约运动、争取超额完成农副业生产计划的建议报告，请大会予以审议。

第一部分

1956年主要工作情况：

一年来，我们在社会主义革命高潮的形势下，根据中央和毛主席的各项指示；根据县第一届人民代表大会的决议进行了各项工作。

一年来在上级党政的正确领导和全县人民的积极努力下，农业实现了社会主义高级合作化，手工业和资本主义工商业的社会主义改造基本完成。社会主义革命在全县范围内取得了决定性的胜利。在合作化高潮的推动下，农业产量超额完成国家计划。其他各项工作也得到很大的发展，这充分证明社会主义制度具有无比的优越性。但是由于合作化是第一年，运动发展很快，规模很大，领导缺乏经验对生产关系的巨大变革而引起的群众生产力生活习惯的改变，带来一系列新问题，一时还摸不透。再加上我们领导上有严重的主观主义和官僚主义（例如不因地制宜，不根据肥料条件盲目种植大豆来提倡密植间作；不适当地推广棉花先打边心再打顶心造成了损失），没能适应新的情况，致使工作中产生了不少缺点和错误。请各位代表认真审议提出批评，以便接受经验教训，改进今后工作。

第二部分

广泛深入的开展增产节约运动，争取超额完成1957年农副生产计划的建议。

今年是我国发展国民经济第一个五年计划的最后一年，是为第二个五年计划做好准备的一年，也是全县农民高级合作化的第二个年头。因此我们要调动一切积极因素开展一个大规模的生产节约运动，以增加社员收入，提高合作社，并给第二个五年计划做好准备而奋斗。大力发展农业生产仍是全县人民的中心任务，除搞好以农业生产为重点外，还要相应地发展林业、饲养业等多种经济及交通运输业、商业和文教卫生等业，以支援国家工业化。在生产发展的基础上，提高人民群众的物质文化生活水平。

大力开展增产节约运动。我县的社会主义改造和农业生产都取得了重大的胜利，但必须指出，我们国家的经济和文化还很落后，距离建成一个繁荣富强的社会主义工业国还有一个长期艰苦的奋斗过程。因此，我们必须认真贯彻山东省第一届人民代表大会第五次会议的决议，在全县范围内，广泛深入的开展增产节约运动，为争取超额完成国家第一个五年计划，为加速社会主义建设事业的发展而斗争。

1957年1月4日

茌平县第二届人民代表大会第一次会议
关于茌平县人民委员会工作报告的决议

大会同意县人民委员会提出的开展增产节约运动，争取超额完成1957年农副业生产计划的建议。大会号召全县人民努力采取一切可能的措施，并责承县人民委员会努力领导和帮助农业合作社，保证粮棉增产任务的完成。发扬艰苦朴素、勤俭理家的作风，继续深入持久地开展增产节约运动，为保证实现1957年农副业生产计划而奋斗！

呈 文

事由：县人民委员会组成人员，业经第二届人民代表大会第一次会议选出，呈请备案。

发送机关：山东省人民委员会。

我县本届人民委员会组成人员，经第二届人民代表大会第一次会议选举张建新为县长；杨荣轩、米国斌、窦和卿、岳洛峰为副县长；车一民、马廷军、马冠英、田永明、韩季英、仝伯厘、韩秀歧、张风鳌、黄绍宇、崔蜀才、吴传鼎、胡风喜、申永兴、王乐久、苏景云、纪连营16人为委员。同时经会议补选张裕民为茌平县人民法院院长。以上理由备文，呈请备案。

谨 呈

山东省人民委员会

茌平县人民委员会

1957年2月3日

茌平县人民委员会关于乡（镇）上半年执行人民代表大会和人民委员会会议制度情况的检查报告

自1956年12月份县和各乡（镇）人民代表大会和人民委员会选举以来，在执行这一制度上，比过去有了改进，但还有乡（镇）尚未有严格按照国家法律规定的制度执行，存有不少问题，结合当前工作，对乡（镇）这一制度进行了检查，现将检查情况报告如下：

总体情况：县人民代表大会于一月召开的第二届人民代表大会第一次会议，选举了县长、副县长和人民委员会委员，进一步发挥了人民权利。审查了上届人民委员会工作报告，财政决算，通过1957年生产计划。县人民委员会每月召开一次，坚持执行这一法律规定的制度。

乡镇较过去也有了改进，全县109个乡，两个乡级镇，计111个乡（镇），从执行情况来看，乡人民代表大会召开4次有的12个乡，3次的有16个乡，两次的有23个乡，一次的有65个乡，对乡人民委员会召开三次的有22个乡，两次的有35个乡，一次的有34个乡，使政府与人民之间加强了密切的联系，推动了当前工作解决了实际问题，对正确处理人民两个矛盾起到应有的作用。

存在问题及其原因：

全县111个乡（镇）有65个乡占总乡数的58.6%，未按照法律规定召开乡人民代表大会，特别乡（镇）人民委会会议按照《中华人民共和国地方各级人民代表大会和各级人民委员会组织法》第十九条“……乡民族乡镇人民委会会议每半月举行一次……”规定检查，全县111个乡（镇）都未按照这一规定执行。检查其原因：

1. 各级干部对宪法选举法学习不够，不认识国家法定制度的重要意义。

2. 乡镇人民代表和人民委员绝大多数兼社内主要干部，而又召开社内干部会议，时间长短，快工多少能给予计工分，社内减少非生产性的开支，召开人代会和人民委员会能不能解决，这是未执行的第二个原因。

3. 自合作化以来，乡社区安排领导部署工作时均未将这几个会议作重要步骤之一，所以只召开了社内干部会议，未召开这几个会也是重要原因。

总之，对国家法律规定的制度要保证执行，严防人民代表大会和人民委员会流于形式，引起各级党政领导重视，密切政府与人民之间的联系，减少人民内部矛盾，开展增产运动，加强社会主义建设。

茌平县第二届人民代表大会第二次会议关于茌平县人民委员会1957年的工作报告

各位代表：

从第二届第一次人民代表大会后10个月来，根据第二届第二次人大会的决议，进行了各项工作，特别是在7月份中共中央、国务院提出“向全国农村进行一场大规模的社会主义教育和农业生产为中心，粮食工作为重点，结合完成各项工作的方针”。经全县人民的努力，各项工作均获得一定成绩。

根据中央、国务院向全国农村进行一次大规模社会主义教育的指示精神，在全县展开了“合作化好不好”和粮食统购统销为主要问题的大鸣大放大争辩，提事实，讲道理，回忆对比，举行民主辩论，广大农民自觉的检查和批判了富裕中农的资本主义写照，揭发了地主、富农和反革命分子、坏分子的反动言行。经过两个多月的教育辩论，广大干部群众划清了大是大非的路线，初步提高了社会主义觉悟，严厉打击了地主富农和反革命分子，坏分子的破坏活动，取缔了粮商粮贩，农村中正气上升邪气下降，广大农民对社会主义和资本主义两条道路的斗争有了进一步的认识，从而坚定了走社会主义道路，办好合作社的信念。

总之，10个月来的工作，在党的领导下，取得了很大的成绩，但是，还存有问题，我们要在整风运动中发动全县人民无情地揭发，深刻检查，努力纠正。

茌平县第二届人民代表大会第二次会议的总结报告

茌平县于1957年11月13日至11月17日，召开了第二届人民代表大会第二次会议。

全县代表330人，出席这次会议代表262人，占代表总数的79.4%，历时5天。首先由县长张建新作《关于1957年工作》报告，并提出今后全面工作意见。其次，11月15日，县委书记李秀清向大会作《关于政治形势的报告》。县人委办公室郭全庆主任对全县粮食工作情况作了汇报。法院院长张裕民向大会作《关于法院工作的报告》。再次，人委办公室景惠普主任代表大会秘书处报告议案的处理情况。最后，11月17日，由中共茌平县委书记李秀清代表大会主席团提出候选人名单，大会补选中共茌平县委统战部部长翟吉尧，茌平县供销社副主任陈伟民为茌平县人民委员会委员，最后副县长米国彬致大会闭幕词。

这次会议始终是贯彻毛主席“正确处理人民内部矛盾”精神，以大鸣大放，大争大辩的方法，代表们都报着知无不言、言无不尽的精神，对前段工作总结和今后工作意见作了认真的审查。首先肯定了在党的领导下，开展社会主义教育活动的成绩，一致认为通过大鸣大放大，争辩的方法，摆事实，讲道理，回忆对比，广大农民自觉检查和批判富裕中农的资本主义思想，揭发地主，富农，反革命坏分子的反动言行，广大干部群众进一步提高社会主义觉悟，严厉打击了地主，富农，反革命，坏分子破坏活动，农村中正气上升，邪气下降是适时的，也是必要的。

通过处理议案，进一步加强党政与群众的联系，会前征集议案243件，会议中又提出50件，共计293件，整理批评性的28件，表扬的18件，建议的129件，要求的95件，质问的129件，检举的16件。按系统分有：财政经济106件，占总数36.2%；政治法律32件，10.9%；党群52件，17.7%；农田水利48件，16.4%；文教卫生35件，

11.9%；交通邮电12件，4.1%；其他8件，2.7%；为了节约，责成有关部门，根据案情进行研究后，直接与代表联系，不再打印成册解答。

1957年11月29日

茌平县第二届人民代表大会第三次会议决议

茌平县第二届人民代表大会第三次会议，认为报告中对茌平县1957年的工作成绩、形势的分析是正确的。对于领导上与工作中的缺点错误与问题的检查也是符合实际情况的。报告中提出的全面开展整风运动，大力掀起生产高潮的两大中心任务，是符合上级指示精神的，也是符合当前全县形势发展所需要的。会议一致批准这个报告，并号召全县人民为彻底完成报告中所提出的1958年各项任务而奋斗！

1958年2月28日

茌平县人民委员会
向县第二届人民代表大会第三次会议的工作报告

各位代表：

我受县人民委员会的委托，向大会作工作报告。根据县第二届代表大会第一次会议和第二次会议的决议进行了各项工作。还执行了“以社会主义教育和农业生产为中心结合做好各项工作”的方针，在春季发动群众开展增产节约运动，从3月份开始，组织全体干部，学习贯彻毛主席“关于正确处理人民内部矛盾问题”的报告。特别在8月份根据上级指示在全县范围内，开展了全民性的社会主义教育。大大推动了抗旱保秋和种麦运动。一年来的政治和生产运动，全县无论在农业生产，政治思想，财政经济，文教卫生等各项社会主义建设战线上，都取得了伟大成绩。

我们1958年的任务，就是要把政治思想战线上的社会主义革命继续进行到底，在县机关整风获得胜利的基础上，开展全民性的整风运动；同时贯彻“多、快、好、省”的方针，掀起新的工农业生产高潮，完成各项社会主义建设事业，是巩固与发展社会主义制度的物质基础。能以全民性的整风运动是一切工作的纲领，必须鼓励全县干部和广大群众社会主义积极性和创造性，打掉官风，克服右倾保守思想，鼓起革命干劲，力争上游，保证提前实现全国农业发展纲要修正草案的指标而奋斗，请各位代表审查报告。

1958年2月25日

茌平县第六届人民代表大会相关文件

茌平县第六届人民代表大会第一次会议决议

（一九六六年五月三日通过）

茌平县第六届人民代表大会第一次会议，于5月1日开始，5月4日结束，历时4天，会议期间，县委书记王秀山作形势报告。经过讨论，全体代表进一步认清了国际国内的大好形势，受到了很大鼓舞，对搞好社会主义革命和社会主义建设事业，充满着无比信心。会议听取并审查县长席广师代表茌平县人民委员会所作的工作报告；听取、审查关于1965年财政决算和1966年财政预算（草案）的报告，以及县人民法院工作报告；选举第六届人民委员会组成人员：县长、副县长和委员；补选县人民法院院长。

会议认为，一年来，茌平县广大人民在党中

央、毛泽东的亲切关怀下，在上级党和政府的领导下，高举毛泽东思想伟大红旗，以阶级斗争、两条道路斗争为纲，在社会主义革命和社会主义建设的各条战线都取得了巨大胜利。茌平县和全国各地一样，呈现着一片大好形势。农业生产，1965年在遭受较大旱灾的情况下，由于全县人民向自然灾害进行了不屈不挠的斗争，仍然获得较好的收成。林业、畜牧副业生产都有一定发展。工业、财贸、文教卫生、政法、民兵等工作都取得了一定成绩。

会议认为，茌平县1965年成绩的得来，是突出政治、大学主席著作，坚持毛泽东思想挂帅，大力开展阶级斗争、生产斗争、科学实验三大革命运动的结果；是坚持贯彻执行社会主义建设总路线的结果；是在省委、地委的直接领导下，系统地进行社会主义教育运动的结果；是全县广大人民发扬大寨精神，坚持自力更生，大干、苦干、穷干、巧干的结果。

会议指出，1966年是我国国民经济第三个五年计划的头一年，搞好今年的工作，对完成第三个五年计划，有着重大意义。要求全县人民，要加倍努力，调动一切积极因素，千方百计地把1966年的各项工作搞好，争取农业有个更大丰收，坚决实现地委提出的“三双一不”，即粮棉双增产，对国家粮棉双贡献，集体社员粮款双增加，消灭农村统销队，不吃国家统销粮。搞好1966年的农业生产，要继续发扬大寨精神，坚持自力更生的道路，以建立稳产高产田为中心，治理涝洼盐碱，大搞井泉建设，向旱涝盐碱灾害作斗争；在大抓改变生产条件的同时，广开肥源，大种绿肥，发展牲畜，增养猪羊，加强农业科学试验，大力发展多种经营；进一步搞好机关革命化，各级干部要认真树立理论联系实际的作风和群众路线的工作作风，充分发扬民主，客服主观主义、官僚主义。工业交通，文教卫生，计划生育，农业技术，财贸政法等各个部门，都要进一步明确为农业生产服务的观点，做好自己的工作。

会议认为，在1966年的各项工作中，必须突出政治，坚持毛泽东思想挂帅，善始善终地将社会主义教育运动搞深、搞透、搞到底。努力学习毛主席著作，把毛主席的书当成我们一切工作的最高指示要活学活用，切实在“用”字上狠下功夫。毛主席的书，是“太阳”“空气”“粮食”和“方向盘”，是最好的革命理论，是中国人民和世界人民革命的无价之宝，要做好工作就必须读毛主席的书，听毛主席的话，照毛主席的指示办事。

最后，会议号召，全县人民团结起来，更高地举起毛泽东思想伟大红旗，在总路线、大跃进、人民公社三面红旗的光辉照耀下，坚持阶级斗争、两条道路斗争为纲，搞好三大革命运动，为争取社会主义革命和社会主义建设的新胜利，为争取茌平县1966年农业更大丰收而奋斗。

茌平县第六届第一次人民代表大会关于选举茌平县人民委员会组成人员和补选茌平县人民法院院长的选举办法

第一条，本办法根据《中华人民共和国地方各级人民代表大会和地方各级人民委员会组织法》和《中华人民共和国全国人民代表大会及地方各级人民代表大会选举法》有关条款以及全国人民代表大会常务委员会有关决定制定。

第二条，县长之人选限于本级人民代表大会之代表，副县长和委员，一般的也应该从本级人民代表大会中选出，为了适应工作需要，个别的也可以不是本级人民代表大会的代表：人民法院院长不限于本级人民代表大会代表。

第三条，茌平县人民委员会组成人员和补选人民法院院长，候选人的提名，采取联合提名和单独提名相结合的办法，首先由主席团邀请各代表团首席代表，研究协商提出候选人初步名单，交各代表团充分酝酿讨论，再由主席团根据代表讨论的意见，汇总研究协商加以修正，提出正式候选人名单。

第四条，茌平县人民委员会组成人员和补选人民法院院长的选举由大会主席团主持，并根据需要提出若干人担任总监票，监票，计票，其人选由大会选举。

第五条，茌平县人民委员会组成人员和补选人民法院院长的选举，采用无记名投票的方式，并采用分别选票一次投票，分别计票的方法。

第六条，茌平县人民委员会组成人员和补选人民法院院长的选举，需有代表过半数的出席，始得进行，每一候选人，获得出席代表半数以上选票时，始得当选。如候选人所获得的选票不是半数时，应另行选举。如遇有另选他人与某一候选人所获得选票数相等时，得由出席选举代表举手表决。

第七条，所投选票多于投票人数者无效，少于投票人数者有效。每一选票所选举的人数多于规定人数者作废，少于规定人数者有效。

第八条，发票前由监票人将票箱当众检验封锁，放于主席台前，并由各代表团首席代表，清点本代表团出席选举代表人数，报告执行主席，主席汇总后向大会公布出席选举代表人数，然后由监票人发票。

第九条，选票由大会秘书处印制，并加盖秘书处图章，以资鉴别。

第十条，选票用圈选办法。同意划“○”，不同意划“×”，如另选他人可在“另选他人”栏填上姓名，选票的书写应用钢笔或毛笔，如不识字，可找人代笔。

第十一条，选票应圈写清晰。如模糊不清无法辨认者，即为废票。凡没有圈写“○”或“×”号，或“○”“×”兼有的均以废票论。

第十二条，主席宣布投票开始后，应按规定顺序，自行将票投入票箱，投票后仍回原座。

第十三条，投票结束后，由监票启封开箱，检点票数并报告主席，主席根据报告，按本办法第七条规定，宣布有效或无效。

第十四条，选票经计算人员计算后，由主席将选举结果向大会公布。

第十五条，本办法经大会通过后施行。

1966年4月29日

茌平县第八届人民代表大会
茌平县第八届人民代表大会第一次会议
关于县革命委员会工作报告的决议

（1978年5月4日通过）

茌平县第八届人民代表大会第一次会议，一致通过管春梅同志所作的《茌平县革命委员会工作报告》。

会议认为，工作报告正确分析了茌平县的革命生产形势，揭发批判了“江青反革命集团”反革命修正主义路线的极右实质在茌平县的表现，总结了茌平县政权建设的经验教训。根据党的十一大路线和全国五届人大会议确定的新时期的总任务和新宪法的精神，明确提出了全县人民当前的斗争任务和今后三年高速度发展工农业生产的奋斗目标，体现了毛主席的革命路线，符合茌平县的实际情况，反映了茌平县人民的共同心愿。

会议号召全县人民高举毛主席的伟大旗帜，在华国锋为首的党中央抓纲治国战略决策指引下，深入开展阶级斗争、生产斗争和科学实践三大革命运动，奋发图强、团结奋斗，努力完成县革命委员会工作报告提出的各项战斗任务，为胜利实现今后三年农业发展规划，为在本世纪内把我国建设成伟大的社会主义现代化强国、争取对人类做出更大的贡献而努力奋斗。

茌平县第八届人民代表大会第一次会议关于建设大寨县规划的决议

（1978年5月4日通过）

茌平县第八届人民代表大会第一次会议，对《关于建设大寨县规划（草案）》进行了认真的讨论和审议，全体代表很受鼓舞，深表赞成，一致通过。

会议指出，这个规划是结合茌平县实际情况，认真贯彻全国五届人大精神，执行新《宪法》，落实新时期总任务的跃进规划，是高速发展农业，尽快把茌平县建设成大寨县的具体部署。整个规划积极可靠，切实可行。使全县人民看到了光明，看到了希望，增强了决战三年，使茌平县跨入学大寨的先进行列，苦战八年，建成高标准大寨县的决心和信心。

会议号召，要在全县范围内，立即掀起一个认真学习规划、全面落实规划的群众运动。各级革命委员会、各行各业各组织，要按照关于建设大寨县规划的要求，结合本系统、本单位的实际情况，制定好建成大寨社、大寨队、大庆式企业的规划。要长计划，短安排，采取得力措施，确保规划实现。

会议号召，全县人民动员起来，高举毛主席的伟大旗帜，紧跟英明领袖华国锋，进行继续革命的新长征！全县人民团结起来，为高速发展农业，尽快把茌平县建成大寨县，建设社会主义的现代化强国而努力奋斗！

茌平县第八届人民代表大会选举茌平县革命委员会主任副主任、委员和县人民法院院长、人民检察院检察长的办法

（1978年5月4日大会主席团通过）

选举茌平县革命委员会主任、副主任、茌平县人民法院院长和茌平县人民检察院检察长，选举茌平县革命委员会成员，均以无记名投票方式进行。以上两张选票，采取一次投票，分别计票的办法选举。

茌平县革命委员会主任、副主任、委员和茌平县人民法院院长和茌平县人民检察院检察长候选人，均以参加选举的代表过半数赞成当选。

代表有权对选票中的候选人表示同意或不同意。如同意，就将选票原样不动的投入票箱，如不同意某一候选人，就将其名字圈去，在下面更换人姓名栏内写上同意选的人员姓名。

写票一律用钢笔，书写字迹要清楚，姓名要准确，选票上涂改和书写不清的不计票。

每张选票所选举的人数，和规定的候选人名额相符，或者少于规定的候选人名额的，为有效票，超过规定的候选人名额的，为无效票。

大会设监票人5名，由主席团从代表中提名，大会通过。设总监票人1名，监票人4名。

会场共设4个票箱，在主席台上就坐的代表投一号票箱，其他坐区的代表，按照坐区分别在指定的票箱依次投票。

不识字的请找代笔人。

投票结束后，当众开箱清点票数，票数等于或少于投票人数，当次选举有效；票数多于投票人数，当次选举无效。

计票完毕，总监票人向大会执行主席报告选举结果，并向大会公布。

茌平县第九届人民代表大会相关文件

茌平县第九届人民代表大会第一次会议
提案审查委员会关于提案的审查报告

（1981年12月13日）

茌平县第九届人民代表大会第一次会议的代表们，受全县人民的委托，以当家做主的态度和对我们的工作高度负责的精神，向大会提出了各种提案。截至12月11日上午12时止，共提案218件。提案对茌平县各方面的工作提出了许多宝贵的意见、要求和建议。这些提案都很好。

属于农业方面的有62件。包括落实农村政策、完善生产责任制、搞好政策兑现、植树造林、壮大农业科学队伍、搞好技术训练、减少农村基层干部职数、合理制定奖惩等内容。

属于工业交通方面的有33件。包括加快边远偏僻社队的公路建设、农电供应和农电建设、企业管理、企业整顿、治理环境、职工福利等内容。

属于财贸方面的有40件。包括增加文教经费、搞好市场管理、制止物价混乱、严格财经纪律、搞好商品供应、改进农副产品收购、解决社员交棉难等内容。

属于教育、科技、文化、卫生方面的有36件。包括改变教学条件、落实民办教师待遇、提高教学质量、县直机关儿童上学难、制定计划生育措施、解决中医后继乏人、发展农村文化事业等内容；

属于政权建设、政法、民政等方面的有47件。包括改进领导作风、纠正不正之风、做好“四属”“五保”的照顾、征用农村土地、加强社会治安、整顿好社会秩序等内容。

以上各项提案，已经提案审查委员会审查通过。建议按照各项提案的审查意见，分别由县人大常委会、县人民政府、法院、检察院研究办理。县人大常委会负责检查督促。凡当时办理有困难的要认真作出研究抓紧办理；需要调查办理的，要组织力量，经调查后办理。

茌平县第九届人民代表大会第一次会议
关于县革命委员会工作报告的决议

（1981年12月13日县第九届人民代表大会第一次会议通过）

茌平县第九届人民代表大会第一次会议，一致通过了梁子英同志所作的《关于茌平县革命委员会工作的报告》。

会议认为，报告正确分析了茌平县三中全会以来的政治形势，明确提出了全县人民当前和今后的工作任务，深刻阐明了搞好政权建设的要求。这个报告体现了党的三中全会、六中全会以来的路线、方针、政策，符合茌平县的实际情况，反映了人民的共同心愿。

会议号召全县人民，要继续深入贯彻全国五届人大四次会议精神，在党中央的正确领导下，发扬愚公移山的精神，下定决心，排除万难，同心协力，做好工作，为把我们的国家逐步建成现代化的、高度民主的、高度文明的社会主义现代化强国努力奋斗！

茌平县第九届人民代表大会第一次会议
常务委员组成人员、县长、副县长、县人民法院院长、县人民检察院检察长选举办法

（1981年12月9日大会预备会通过）

根据《中华人民共和国地方各级人民代表大会和地方各级人民政府组织法》的有关规定，茌平县人民代表大会常务委员会组成人员、县长、副县长、人民法院院长、人民检察院检察长应由本届人民代表大会选举产生。为了充分发扬民主，真正体现代表的意志，选出一个适应四化建设的精干的领导班子，为了保证选举工作的顺利完成，特制定本选举办法。

一、本届人民代表大会应选举县人大常务委员会主任1人，副主任5人，委员7人，选举县长1人、副县长5人，选举县人民法院院长1人、县人民检察院检察长1人。

二、县人大常务委员会主任、副主任、委员，必须从本届人民代表大会的代表中选举产生。县长、副县长、县人民法院院长、县人民检察院检察长，不限于本届人民代表大会代表，可以选举其他任何选民。

三、选举本届人民代表大会常务委员会主任、副主任、委员，县长、副县长、人民法院院长、人民检察院检察长，均实行差额选举。人大常委主任、县长、人民法院院长、人民检察院检察长的候选人名额，应为选人名额的一倍；人大常委副主任、委员、副县长的候选人名额，多于应选人名额的五分之一至二分之一。人大常委会主任、县长候选人落选的继续为副主任、副县长候选人。人大常委副主任落选的，继续为委员候选人。

四、本届选举由大会主席团主持。候选人的提出，采取自下而上由代表联合提名，反复酝酿，然后由主席团根据较多数代表的意见协商确定正式候选人，具体步骤是：

第一步，提名候选人。在认真学习“两法”的基础上，以代表小组为单位广泛提名。一人提议，有3人以上附议即可当选候选人。代表团将代表小组所提的候选人名单汇总上报主席团。

第二步，协商候选人。代表小组将协商的候选人的基本情况，简要介绍，印制成册，下发代表团。代表团根据主席团下发的候选人的基本情况及名单，进一步交换意见，优中选优，提出商定的候选人名单，再报主席团。在此基础上，主席团吸收代表团长参加进行协商，根据多数代表的意见，确定正式候选人名单。如果所提的候选人名额仍然过多，可以进行预选，根据得票多少确定正式候选人名单。正式候选人确定后，由主席团向大会公布。

五、选举采取无记名投票方式，代表对正式候选人，可以投赞成票，可以投反对票，可以弃权，也可以另选他人。

六、本届人民代表大会共印制6种选票：一号票，选举人大常委主任，二号票，选举县长；三号票，选举人大常委副主任；四号票，选举副县长；五号票，选举人大常委委员；六号票，选举县人民法院院长、县人民检察院检察长。

选举分3次投票：第一次投一号、二号票；第二次投三号、四号票；第三次投五号、六号票；每次投票后，分别计票。

七、投票选举时设总监票人1人，监票人6人，总计票人1人，计票人14人。总监票人和监票人由主席团提名，经代表团酝酿，提请大会通过。总计票人和计票人由主席团确定。

八、每次选举所投的票数，多于投票人数无效，等于或少于投票人数有效。

每张选票所选的人数，多于规定应选人数的作废，等于或少于应选人数的有效。

本届人民代表大会常务委员会主任、副主任、委员、县长、副县长、县人民法院院长、县

人民检察院检察长，均需获得全体代表过半数的选票才能当选。

获得过半数选票的候选人名额超过应选名额时，以得票多的当选。如遇票数相等，不能确定当选人时，就票数相等的候选人重选。获得过半数选票的当选人名额少于应选名额时，对不足的名额另行选举，从得票较多的候选人中补选。

九、本选举办法之解释权，属大会主席团。

茌平县第九届人民代表大会第二次会议关于茌平县人民代表大会常务委员会工作报告的决议（草案）

（1983年1月22日茌平县第九届人民代表大会第二次会议主席团第二次会议通过）

茌平县第九届人民代表大会第二次会议批准副主任贾克礼所做的茌平县人民代表大会常务委员会工作报告。会议对常务委员会的工作表示满意。会议认为，县人大常委会应当按照宪法和法律赋予的职权，充分发挥地方国家权力机关的作用，保证宪法、法律和各项方针政策的贯彻实施，为开创我县社会主义现代化建设新局面而继续努力。

茌平县第九届人民代表大会第二次会议关于茌平县人民政府工作报告的决议（草案）

（1983年1月22日茌平县第九届人民代表大会第二次会议主席团第二次会议通过）

茌平县第九届人民代表大会第二次会议，听取并审议副县长马怀进1983年1月21日代表茌平县人民政府所作的工作报告，现决议如下：

一、批准副县长马怀进所作的政府工作报告。

二、会议认为，一年来茌平县人民政府对贯彻党的路线、方针、政策，执行国务院和省府的指示、决定和县九届人大一次会议的决议，是认真的、坚决的、工作是有效的。1982年全县社会主义的物质文明和精神文明建设都取得新的成绩，安定团结的政治局面进一步巩固，国民经济稳定健康地向前发展。特别是农业在遭受严重干旱、雹灾和虫灾的情况下，取得了粮棉大丰收，工业生产持续增长，市场繁荣，物价基本稳定，财政收支情况实现当年平衡略有结余，教育、科学、文化、卫生等事业都有了较大发展，人民生活水平又有了新的提高，整个形势是好的。

三、会议认为。政府工作报告中提出的茌平县1983年开创社会主义建设新局面的各项任务和措施，特别是制定的茌平县国民经济翻番的规划，符合党的十二大精神和全国五届人大五次会议精神，符合我县的实际情况，经过全县人民的努力是能够实现的。各级政府要结合本地的情况认真组织落实，并注意解决实施中出现的新问题，保证圆满完成1983年的各项任务。

四、会议号召，全县工人、农民、知识分子和广大干部认真贯彻党的十二大确定的正确纲领和方针、政策，坚决执行全国五届人大五次会议的各项决议，深入学习和全面实施新《宪法》，振奋精神，努力做好本职工作，使各条战线、各项事业都有新的起步，取得新的进展，增添新的光彩，为全面开创社会主义现代化建设的新局面而奋斗。

茌平县第十四届人民代表大会相关文件

茌平县第十四届人民代表大会第一次会议
选举办法

一、根据《中华人民共和国地方各级人民代表大会和地方各级人民政府组织法》的有关法律规定，制定本办法。

二、本次大会选举茌平县第十四届人民代表大会常务委员会主任1名，副主任5名，人大常委会委员14名；选举县人民政府县长1名，副县长6名；选举县人民法院院长和县人民检察院检察长各1名；选举出席聊城市第十三届人民代表大会的代表46名。

三、县第十四届人大常委会主任、副主任、委员，县人民政府县长、副县长、县人民法院院长、县人民检察院检察长的候选人由大会主席团提名或者代表10人以上联合提名。代表联合提名候选人应填写大会统一印制的“十人以上代表联合提名候选人登记表”。代表团团长和副团长签字后，由代表团团长在提名截止时间前送大会组织组。

代表联合提名的候选人，如果不接受提名时，应当尊重本人意愿，大会主席团可以不列入候选人名单，并告知联名代表。

在确定正式候选人以前，联名者如果要求撤销提名，并以书面方式提出，大会主席团应予同意。

人民代表大会常务委员会组成人员的候选人必须是本届县人民代表大会代表。县长、副县长，县人民法院院长和县人民检察院检察长的候选人，不限于本届县人民代表大会代表。

大会主席团提名以上各职务的候选人人数、10人以上代表联合提名的候选人人数，均不得超过应选名额。大会提名、酝酿候选人的时间为两天，由大会主席团据此分别就各项职务的选举作出代表提名截止时间的决定。

对县人大常委会主任、县人民政府县长、县人民法院院长、县人民检察院检察长的候选人人数一般应多1人，进行差额选举；如果提名的候选人只有1人，也可以等额选举。人大常委会副主任、政府副县长候选人人数均比应选人数多1人，人大常委会委员的候选人数应比应选人数多2人。如果提名的候选人数符合上述规定的差额数，由主席团提交代表酝酿讨论后，进行差额选举。如果提名的候选人数超过上述规定的差额数，由主席团提交代表酝酿讨论后，进行预选，根据在预选中得票多少的顺序，依照上述规定的差额数确定正式候选人名单，进行差额选举。

选票上的候选人名单按姓名笔画为序排列；经过预选确定的，按预选得票多少的顺序排列。

四、选举聊城市人民代表大会代表候选人的名额应多于应选代表名额10人。代表候选人由各政党、各人民团体联合或单独推荐，代表10人以上联名也可推荐，各推荐者推荐的代表候选人名额，均不得超过本办法规定的应选名额。

提名聊城市人民代表大会代表候选人不限于本届县人民代表大会代表。

大会主席团把依法提出的代表候选人名单印发全体代表，由全体代表反复酝酿、讨论。如果所提代表候选人的人数符合差额比例，直接进行选举投票。所提代表超过差额比例时，进行预选。预选后按照规定的差额人数确定正式代表候选人，进行差额选举。选票中的名单按预选时得票多少的顺序确定。

五、如需进行预选时，按预选办法进行。

六、投票方法。本次大会选举共8种选票分三次发票，三次写票，三次投票。第一次分发选票共4种：一号选票为人大常委会候选人选票；二号选票为县长候选人选票；三号选票为人民法院院长候选人选票；四号选票为县人民检察院检察长选票。第二次分发选票共三种；五号选票为人大常委会副主任候选人选票；六号选票为副县长候选人选票；七号选票为人大常委会委员候选人选票。第三次分发选票一种，即八号选票，为出席聊城市人大代表选票。选票填写完后投入票箱，4种选票分别进行计票。每次分发的选票填写完后一次投入票箱。8种选票分别计票。

七、大会选举采取无记名投票的方式。选举中，候选人获得应到代表过半数的赞成票，始得当选。获得过半数的赞成票的候选人名额超过应选名额时，以得赞成票多的当选。如遇得赞成票数相等不能确定当选人时，应就票数相等的候选人重新投票，以得赞成票多的当选。

如获得过半数赞成票的当选人名额少于应选名额时，不足的名额另行选举。另行选举时，根据在第一次投票时得赞成票多少的顺序确定候选人。另行选举，仍以得到应到代表过半数赞成票方可当选。

八、代表对于选票上的候选人，赞成的，在候选人姓名上面的方格中不划任何符号；反对的，在候选人姓名上面的方格中划“×”；弃权的划“○”；另选他人的在划“×”的候选人姓名下面的空格中写上另选人的姓名。填写选票时要用钢笔或圆珠笔（蓝色或黑色），符号要准确，字迹要清楚，无法辨认的为废票。

因病因事缺席的代表，不能委托其他代表代替投票。不会写字的代表可以委托其他代表，受委托代表不能任意改变委托代表的意愿。

九、大会设总监票人1名，监票人8名，由大会主席团从代表中推荐，经大会通过。监票人在大会主席团的领导下，对选举全过程进行监督。总计票人由大会秘书长提名，经大会主席团通过。计票工作人员在总监票人和监票人监督下进行工作。

十、正式选举时会场共设两个票箱，总监票人，监票人和在主席台上就坐的代表投一号票箱；其他代表投二号票箱。

投票时，先由总监票人、监票人投票，然后由主席团成员、其他代表依次投票。

十一、投票结束后，由监票人、计票人当众开箱清点选票，清点结果由总监票人报告大会执行主席。

收回的选票，等于或少于发出的选票，选举有效；多于发出的选票，选举无效，应重新进行选举。每一张选票，所选的人数多于规定应选人数的为废票，等于或少于规定应选人数的为有效票；

十二、选举结果，由大会主席团执行主席向大会宣布，当选结果以得票多少为序排列。

十三、本选举办法经全体代表通过后施行，其解释权，属于大会主席团。如遇本办法没有规定的问题，由大会主席团依据有关规定研究处理。

茌平县第十四届人民代表大会
第二次会议补选选举办法

一、根据《中华人民共和国地方各级人民代表大会和地方各级人民政府组织法》的有关法律规定，制定本办法。

二、本次大会补选茌平县第十四届人民代表大会常务委员会副主任两名；补选县政府副县长1名。

三、本次补选，采取无记名投票的方式，等额选举。选票分两种，一次发票、一次写票、一次投票。一号选票为人大常委会副主任候选人选票；二号选票为副县长候选人选票。

四、代表对于选票上的候选人，赞成的，在候选人姓名上面的方格中不划任何符号；反对的，在候选人姓名上面的方格中划“×”；弃权的，在候选人姓名上面的方格中划“○”；另选他人的，在划“×”的候选人姓名下面的空格中写上另选人的姓名。无法辨认的选票为无效票。

因病因事缺席的代表，不能委托其他人代替投票。

五、大会设总监票人1名，监票人2名，由大会主席团从不是候选人的代表中推荐，经大会通过。监票人在大会主席团的领导下，对选举全过程进行监督。计票工作人员由大会秘书处确定，在监票人监督下进行工作。

六、会场设1个票箱，投票时，先总监票人、监票人，然后主席团成员，其他代表依次投票。

投票结束后，由监票人、计票人当众开箱清点选票，清点结果由总监票人报告大会执行主席。

收回的选票，等于或少于发出的选票，选举有效；多于发出的选票，选举无效，应重新进行选举。每一张选票，所选的人数多余规定应选人数的为无效票，等于或少于规定应选人数的为有效票。

七、本选举办法经全体代表通过后施行，其解释权，属于大会主席团。

茌平县第十四届人民代表大会第三次会议选举办法

一、根据《中华人民共和国宪法》《中华人民共和国地方各级人民代表大会和地方各级人民政府组织法》的有关法律规定，制定本办法。

二、茌平县第十四届人民代表大会第四次会议，选举县人大常委会副主任2名，县人大常委会委员2名；选举县人民政府县长1名，县人民政府副县长1名；选举县人民检察院检察长1名。

三、本次选举县人民政府县长、副县长、人民检察院检察长为补选，实行差额选举。选举县人大常委会副主任、委员为增选，实行差额选举，人大常委会副主任候选人3名，应选1名，差额2名；人大常委会委员候选人3名，应选2名，差额1名。

四、本次选举的县人民政府县长候选人、县人民政府副县长候选人、人民检察院检察长候选人、县人大常委会副主任候选人、县人大常委会委员候选人，由大会主席团或者10人以上代表联合提名。主席团提名的或在10人以上代表联合提名的候选人人数，均不得超过应选名额。县人大常委会副主任、委员候选人，应从县第十四届人民代表大会代表中提名。

代表联合提名候选人，应填写大会统一印制的“代表联合提名候选人登记表”，交大会秘书处组织组。代表联合提名候选人的截止时间为2月5日下午4时。在截止时间内送交大会秘书处组织组的，提名方才有效。

代表联合提名的候选人不愿意被提名时，应当尊重本人意愿，由本人向大会主席团声明，大会主席团可以不列入候选人名单，并向联名代表说明。

五、提名的候选人人数符合本办法规定的候选人人数，由主席团将候选人名单提交代表酝酿讨论后，进行正式选举。如果提名的候选人人数超过本办法规定的候选人数，由主席团将候选人名单提交代表酝酿讨论后，以代表团为单位进行预选，由大会主席团根据候选人得票多少的顺序，确定正式候选人名单，再提交大会进行选举。

六、本次选举实行2次发票，2次投票，2次检票。第一次选举县人民政府县长、副县长、县人民检察院检察长；第二次选举县人大常委会副主任、常委会委员。

七、大会选举采取无记名投票的方式。选票所列候选人名单按姓名笔画为序排列。代表对于候选人，可以投赞成票，可以投反对票，可以另选他人，也可以投弃权票。

代表对于选票上的候选人，赞成的不做任何符号；反对的，在候选人姓名上面的方格中划

“×”；如果另选他人，就在划“×”的候选人姓名下面的空格中写上另选人的姓名；弃权的，在候选人姓名下面的空格内划“○”。

代表写票一律要用钢笔或圆珠笔，填写符号要准确，字迹要清楚，因符号不清晰难以辨认的，由总监票人、监票人认定。

不能填写选票的代表，可以委托其他不是候选人的代表代写，但代写人不得改变委托代表的意愿。缺席代表不得委托其他代表代为投票。

八、参加选举的代表必须超过到会代表的半数，方可进行选举。选举收回的选票，等于或少于发出的选票，选举有效；多于发出的选票，选举无效，由大会主席团决定，重新进行选举。每张选票所选的人数，等于或少于应选人数的，为有效票；多余应选人数的，为无效票。

九、候选人获得全体代表过半数的赞成票，始得当选。当选人数不得超过应选人数。如应选人数未获得半数赞成票时，应再次投票，以获得过半数赞成票的当选。如候选人所得赞成票相同且过半数，不能确定谁当选的，应再次投票。再次投票仍不能确定谁当选的，本次大会不再进行选举。

十、大会选举设总监票人1名，监票人4名，总监票人、监票人由大会主席团提名，提交代表酝酿讨论，大会审议通过后，在大会主席团的领导下负责对选举全过程进行监督。

计票工作人员由大会秘书长指定。

十一、选举会场共设2个票箱。总监票人，监票人、在主席台上就坐的代表，投一号票箱；其他代表投二号票箱。

十二、投票时，按总监票人、监票人、主席台就坐的代表和其他代表的顺序依次投票。

十三、投票结束后，总监票人向大会执行主席报告收回的选票数，由大会执行主席宣布选举是否有效。

十四、计票结束后，由总监票人向大会执行主席报告计票结果。执行主席宣布候选人得票情况。县委书记贾少勇宣布当选人名单。

十五、本选举办法未尽事宜，由大会主席团根据有关法律和规定研究处理。

十六、本选举办法，经茌平县第十四届人民代表大会第四次全体会议通过后施行。

茌平县第十六届人民代表大会相关文件

茌平县第十六届人民代表大会
第一次会议选举办法

一、根据《宪法》和《中华人民共和国地方各级人民代表大会和地方各级人民政府组织法》的有关法律规定，制定本办法。

二、本次大会选举茌平县第十六届人民代表大会常务委员会主任1名，副主任5名，人大常委会委员17名；选举县人民政府县长1名，副县长6名；选举县人民法院院长和县人民检察院检察长各1名；选举出席聊城市第十五届人民代表大会的代表46名。

三、县第十六届人大常委会主任、副主任、委员，县人民政府县长、副县长，县人民法院院长、县人民检察院检察长的候选人由大会主席团提名或者代表10人以上联合提名。代表联合提名候选人应填写大会统一印制的“十人以上代表联合提名候选人登记表”，代表团团长和副团长签字后，由代表团团长在提名截止时间前送大会组织组。

代表联合提名的候选人，如果不接受提名时，应当尊重本人意愿，大会主席团可以不列入候选人名单，并告知联名代表。在确定正式候选人以前，联名者如果要求撤销联名，并以书面方式提出，大会主席团应予同意。

茌平县第十七届人民代表大会常务委员会组成人员的候选人必须是本届县人民代表大会代表。县长、副县长，县人民法院院长和县人民检察院检察长的候选人，不限于本届县人民代表大会代表。

大会主席团提名以上各职务的候选人人数、10人以上代表联合提名的候选人人数，均不得超过应选名额。大会提名、酝酿候选人的时间为2天，由大会主席团据此分别就各项职务的选举作出代表提名截止时间的决定。

对县人大常委会主任、县人民政府县长、县人民法院院长、县人民检察院检察长实行等额选举。人大常委会副主任、政府副县长候选人人数均比应选人数多1人，人大常委会委员候选人比应选人数多十分之一，如果提名的候选人人数符合上述规定的差额数，由主席团提交代表酝酿讨论后，进行差额选举。如果提名的候选人数超过上述规定的差额数，由主席团提交代表酝酿讨论后，进行预选，根据在预选中得票多少的顺序，依照上述规定的差额数确定正式候选人名单，进行差额选举。选票上的候选人名单按姓名笔画为序排列。

四、选举聊城市第十五届人民代表大会代表实行差额选举，候选人的名额多于应选代表名额五分之一。代表候选人由各政党、各人民团体联合或单独推荐，选票上的候选人名单，市委提名的候选人按市委提名的顺序排列在前，其他候选人按姓名笔画排列在后。

提名聊城市第十五届人民代表大会代表候选人不限于本届县人民代表大会代表。

大会主席团把依法提出的代表候选人名单印发全体代表，由全体代表反复酝酿讨论。大会主席团根据全体代表酝酿讨论的结果，提交大会进行选举。

五、投票方法。本次大会选举共五种选票，一次发票，一次写票，一次投票。五种选票分别是：一号选票为县人大常委会主任、副主任选票；二号选票为县人民政府县长、副县长选票；三号选票为县人大常委会委员选票；四号选票为县人民法院院长和县人民检察院检察长选票；五号选票为出席聊城市第十五届人民代表大会代表选票；。选票填写完后投入票箱，四种选票分别进行计票。第二次发放的选票为四种，四种选票分别是：（五）号选票为县人大常委会副主任选票。选票填写完后投入票箱，五种选票分别进行计票。

六、到会代表超过代表总数的一半，方能进行选举。大会选举采取无记名投票的方式。选举中，候选人获得应到代表过半数的赞成票，始得当选。获得过半数的赞成票的候选人名额超过应选名额时，以得票多的当选。如遇得赞成票数相等不能确定当选人时，应就票数相等的候选人重新投票，以得票多的当选。

如获得过半数赞成票的当选人名额少于应选名额时，不足的名额另行选举。另行选举时，根据在第一次投票时得票多少的顺序确定候选人。另行选举，仍以得到应到代表过半数赞成票方可当选。

七、代表对于选票上的候选人，赞成的，不划任何符号；反对的，在候选人姓名上面的空格内划“×”；弃权的在候选人姓名上面的空格内划“○”；另选他人的在划“×”的候选人姓名下面的空格中写上另选人的姓名。填写选票时要用钢笔或签字笔，符号要正确，字迹要清楚，无法辨认的为废票。

缺席的代表不能委托其他代表代替投票。不会写字的代表，可以委托其他代表，但受委托代表不能任意改变委托代表的意愿。

八、大会设总监票人1名，监票人4名，由大会主席团从代表中推荐，经大会通过。已被提名为候选人的，不能担任总监票人、监票人。监票人在大会主席团的领导下，对选举全过程进行监督。总计票人由大会秘书长提名，经大会主席团通过。计票工作人员在总监票人和监票人监督下进行工作。

九、正式选举时会场设1个票箱。

投票时，先由总监票人、监票人投票，然后在主席台就坐的代表投票，而后其他代表依次投票。

十、投票结束后，在总监票人和监票人监督下，由计票人当众开箱清点选票。清点结果由总监票人报告大会执行主席。

收回的选票，等于或少于发出的选票，选举有效；多于发出的选票，选举无效，应重新进行选举。每一张选票，所选的人数等于或少于规定应选人数的为有效票，多余规定应选人数的为废票。

十一、计票完毕，由总监票人将选举结果报告大会主席团，并向大会宣读每个候选人的得票情况。由大会主席团执行主席向大会宣布当选结果。

十二、本选举办法未尽事宜，由大会主席团依据有关规定研究处理。

十三、本选举办法经全体代表通过后生效。

茌平县第十六届人民代表大会第二次会议
选举办法

一、根据《宪法》和《中华人民共和国地方各级人民代表大会和地方各级人民政府组织法》的有关规定，制定本办法。

二、本次大会选举县人民政府县长1名，县人大常委会委员2名。

三、县人民政府县长候选人、县人大常委会委员候选人由大会主席团或者10人以上代表联合提名。代表联合提名候选人应填写“十人以上代表联合提名候选人登记表”，代表团团长和副团长签字后，由代表团团长在提名截止时间前送大会组织组。

代表联合提名的候选人，如果不接受提名时，应当尊重本人意愿，大会主席团可以不列入候选人名单，并告知联名代表。在确定正式候选人以前，联名者如果要求撤销提名，并以书面方式提出，大会主席团应予同意。

县人大常委会委员候选人必须是本届县人民代表大会代表。县长候选人，不限于本届县人民代表大会代表。

对县人民政府县长、县人大常委会委员实行等额选举。大会主席团提名以上职务的候选人人数、10人以上代表联合提名的候选人人数，均不得超过应选名额。大会提名、酝酿候选人的时间为2天，由大会主席团据此就各项职务的选举作出代表提名截止时间的决定。

四、投票方法。本次大会选举共两种选票，一次发票，一次写票，一次投票。两种选票分别是：一号选票为县长选票；二号选票为县人大常委会委员选票。选票填写完后一次投入票箱。两种选票分别进行计票。

五、到会代表超过代表总数的一半，方能进行选举。大会选举采取无记名投票的方式。选举中，候选人获得应到代表过半数的赞成票，始得当选。如获得过半数的赞成票的候选人名额超过应选名额时，以得赞成票多的当选。如遇得赞成票数相等不能确定当选人时，应就票数相等的候选人重新投票，以得赞成票多的当选。如获得过半数的赞成票的候选人名额少于应选名额时，不足的名额另行选举。另行选举时，根据在第一次投票时得票多少的顺序确定候选人。另行选举，仍以得到应到代表过半数赞成票方可当选。

六、代表对于选票上的候选人，赞成的，不划任何符号；反对的，在候选人姓名上面的方格中划“×”；弃权的在候选人姓名上面的方格中划“○”；另选他人的在划“×”的候选人姓名下面的空格中写上另选人的姓名。填写选票时要用钢笔或圆珠笔，符号要正确，字迹要清楚，无法辨认的为废票。

缺席的代表，不能委托他人代替投票。不会写字的代表可以委托其他代表，但受委托代表不能任意改变委托代表的意愿。

七、大会设总监票人1名，监票人2名，由大会主席团从代表中推荐，经大会通过。已被提名为候选人的，不能担任总监票人、监票人。总监票人、监票人在大会主席团的领导下，对选举全过程进行监督。总计票人由大会秘书长提名，经大会主席团通过。计票工作人员在总监票人和监票人监督下进行工作。

八、正式选举时会场设1个票箱。

投票时，先由总监票人、监票人投票，然后在主席台就座的代表投票，而后其他代表依次投票。

九、投票结束后，在总监票人和监票人监督下，由计票人当场清点选票，清点结果由总监票人报告大会执行主席。

收回的选票，等于或少于发出的选票，选举有效；多于发出的选票，选举无效，应重新进行选举。每一张选票，所选的人数等于或少于规定应选人数的为有效票，多于规定应选人数的为无效票。

十、计票完毕，由总监票人将选举结果报告大会主席团，并向大会宣读每个候选人的得票情况。由大会主席团执行主席向大会宣布当选结果。

十一、本选举办法未尽事宜，由大会主席团依据有关规定研究处理。

十二、本选举办法经全体代表通过后生效。

茌平县第十七届人民代表大会相关文件

中共茌平县委
关于进一步加强和改进人大工作的意见

茌发〔2015〕1号

为深入贯彻党的十八大、十八届三中、四中全会和习近平总书记系列重要讲话精神，认真落实《中共聊城市委关于进一步加强和改进人大工作的意见》，进一步加强和改善党对人大工作的领导，更好地坚持和完善人民代表大会制度，充分发挥地方国家权力机关的作用，结合我县人大工作面临的新形势、新任务，提出如下意见：

一、加强和改善党对人大工作的领导，坚定人大工作正确政治方向

1. 健全完善党委领导人大工作制度。党委要把人大工作纳入总体工作布局，摆上重要议事日程，了解掌握人大工作情况，研究提出指导意见，支持和保证人大依法履职。县委常委会每年至少听取一次县人大常委会工作汇报并专题研究人大工作，乡镇（街道）党委会也要关注和支持人大主席团（工委）的工作，每届党委任期内至少召开一次人大工作会议，总结人大工作情况，研究解决人大工作中的重大问题和重要事项。县人大常委会第一副主任列席县委常委会会议，乡镇（街道）人大主席（主任）列席乡镇（街道）党委会会议；根据需要，县人大常委会党组成员列席县党委全会和党委的有关会议，参加县委组织的调研活动和中心组的学习。县委召开涉及全局性的工作会议、组织重大活动、通报重要情况等，应安排县人大常委会、相关工作委员会和机关部门负责人参加。涉及人大职权范围内的事项，要通过一定形式听取人大常委会党组的意见和建议。

2. 充分发挥人大常委会党组的作用。党委要善于通过人大常委会党组实施对人大工作的领导，保证党的路线方针政策和党委决策部署通过人大法定程序得以贯彻落实。人大常委会党组要坚持和完善重大事项、重大问题向党委请示报告制度，使人大工作自觉地置于党委的领导之下。

3. 协调和规范人大及其常委会与“一府两院”的关系。党委要积极协调规范人大与本级地

方国家机关的工作关系，认真解决人大在依法行使职权中遇到的矛盾和问题。在同级党委的领导下，人大及其常委会要依法实施有效的法律监督和工作监督，加强跟踪问效，增强监督实效。“一府两院”要自觉接受人大及其常委会的监督，认真向人大及其常委会报告工作，严格执行人大及其常委会的决议决定，认真研究办理人大常委会的审议意见并报告落实情况。

4. 充分发挥人大及其常委会在依法治县中的作用。人大及其常委会要认真落实党的十八届四中全会精神，紧紧围绕县委全面推进依法治县的目标任务开展工作，保障宪法和法律在本行政区域内正确实施，切实维护法制的统一与尊严。要把推进建设“法治茌平”贯穿人大依法履职的全过程，大力推进普法和依法治理工作，弘扬社会主义法治精神，建设社会主义法治文化，增强全民法治观念，积极营造办事依法、遇事找法、解决问题用法、化解矛盾靠法的良好社会法治环境。

5. 努力营造尊重支持人大依法履职的浓厚氛围。着力构建党委统一领导、宣传部门统筹协调、各级人大协作联动、新闻媒体共同配合的大宣传格局，不断拓展人大宣传工作的深度和广度。要把宪法法律、民主法治理论、人民代表大会制度理论列入党委（党组）中心组学习内容，列为党校培训党政领导干部和公务员的必修课。要把人民代表大会制度理论和实践研究纳入全县社会科学研究规划，为做好新时期人大工作提供理论指导和智力支持。

二、支持和保障人大及其常委会依法行使职权，充分发挥地方国家权力机关作用

6. 支持人大及其常委会依法行使监督权。人大及其常委会要牢固树立以民为本、依法履职、务实创新、服务发展的工作理念，全面贯彻实施监督法和有关法律规定，综合运用听取审议专项工作报告、视察、执法检查等多种方式，科学运用询问、质询、特定问题调查等法定方式，进一步加大监督力度，增强监督工作的针对性和实效性。要突出监督重点，加强对“一府两院”工作的监督，加强对法律法规实施情况的监督，加强对政府全口径预算决算的审查监督和对国有资产的监督，加强对经济社会发展重大问题和人民群众普遍关心的切身利益问题的监督，大力促进依法行政、公正司法，维护社会公平正义。“一府两院”必须担负起法律实施的法定职责，对人大负责，认真办理人大的意见建议，积极改进工作，自觉接受同级人大及其常委会的监督。人大常委会要依法加强规范性文件备案审查工作，重视和加强信访工作，继续开展对“一府两院”及有关部门、垂管部门和乡镇（街道）工作部门的评议，探索开展对人大任命的法官、检察官的履职评议，努力在实践中探索、在探索中创新、在创新中发展。对于监督工作中发现的重大问题，人大常委会党组要向党委报告，党委要及时研究解决。

7. 支持人大及其常委会依法行使重大事项决定权。要按照科学执政、民主执政、依法执政的要求，进一步规范和完善党委、人大、政府、司法机关重大决策的规则和程序。有关地方国家事务的重要主张，凡属人大职权范围内需要全社会共同遵循的，应向人大及其常委会提出建议，依法由人大及其常委会讨论决定。人大及其常委会要根据形势和任务的要求，科学界定重大事项范围，规范“一府两院”重大事项的提请。“一府两院”工作中凡属法定应经人大及其常委会作出决定的重大事项，必须按程序提请人大及其常委会审议，并认真落实人大及其常委会作出的决议决定，按时报告落实情况。

8. 支持人大及其常委会依法行使选举任免权。坚持党管干部原则与人大依法行使选举权、任免权有机统一，实现党内工作程序和人大及其常委会法定工作程序的紧密结合。党委在推荐需要由人大及其常委会选举任免的人选时，应当事先向人民代表大会临时党组织或者人大常委会党组和人大常委会组成人员中的党员介绍党委推荐意见。在酝酿候选人或审议人事任免案时，应认真听取人大代表和人大常委会组成人员的意见并

作出必要的解释或说明。各地方国家机关要严格依法向人大及其常委会提出选举或任免议案，人大及其常委会要尊重代表和常委会组成人员的民主权利，严格依法按程序组织选举或任免。凡经人大及其常委会选举或者决定任命的国家工作人员正式就职时，要公开向宪法宣誓。人大选举任命的国家机关领导人员，在法定任期内原则上要保持稳定，确需调整的，应严格按照法定程序办理。凡人大选举任命的干部涉嫌违法违纪的，司法机关应及时向人大常委会报告，依法按程序办理。

三、充分发挥人大代表主体作用，进一步增强人大工作生机活力

9. 着力提高人大代表履职能力。党委要高度重视人大代表提名推荐工作，注重发挥人大常委会党组在提名推荐和酝酿考察中的重要作用，完善代表选举工作制度，优化代表组成结构，提高基层人大代表特别是一线工人、农民、知识分子代表比例，降低党政领导干部代表比例，保证人大代表广泛性、代表性和先进性的统一。建立健全代表学习培训制度，加强人大代表的初任培训、履职培训、会前培训和专题培训，保证每届人大常委会对本级人大代表至少培训一次。建立健全代表履职登记制度，把履职情况作为连任代表提名的重要条件，强化代表履职意识，增强代表履职的积极性。规范代表退出机制，对不履职、不称职的代表应予以劝辞或罢免。

10. 着力保障人大代表依法履职。各级党组织和地方国家机关要尊重和维护宪法法律赋予人大代表的各项权利，加强与代表的联系，保障代表的知情权，为代表联系群众、开展活动、依法履职提供方便和条件。人大常委会要建立健全常委会组成人员联系代表、各工作委员会联系代表、代表联系群众、代表列席常委会会议和参与常委会重要活动等工作制度。保障代表活动经费，明确县、乡人大代表活动经费数额，依法列入本级财政预算。代表依法履职和参加代表活动时，所在单位必须在时间、工资及其他待遇方面提供保障。对妨碍、阻挠代表履职或侵犯代表权益的行为，要依法严肃查处。

11. 着力加强闭会期间的代表活动。人大及其常委会要加强对人代会闭会期间代表活动的指导，规范代表小组、代表活动室等阵地建设，推进代表活动的经常化、制度化。各级人大代表要模范遵守宪法和法律，依法列席人大常委会和工作委员会的会议，参与人大常委会组织的视察、调研、执法检查等活动。代表要保持与原选举单位、原选区选民和人民群众的密切联系，深入了解掌握社情民意，认真负责地提出建议、批评和意见，促进相关问题的解决。探索开展人大代表向原选举单位或选民述职活动，自觉接受原选举单位、选民和群众的监督，开展群众工作，化解社会矛盾。代表在大会闭会期间的活动以集体活动为主，以代表小组活动为基本形式。要建立“代表之家”等活动平台，为代表在闭会期间活动提供相对固定的场所。

12. 着力增强代表议案建议办理质量。各级党委、地方国家机关要重视和加强代表议案和建议、批评、意见的处理工作，完善办理工作科学评价机制，切实提高办理质量、办结率和满意率。人大常委会要加强对代表提出议案的事前指导，提高议案质量；加强对代表所提议案和建议、批评、意见的分析研究，明确办理责任、程序、时限，每年确定部分事关群众切身利益、社会普遍关注的建议作为本年度的重点建议，由人大各工作委员会牵头督办、有关领导直接领办、相关部门具体承办；“一府两院”要定期向人大常委会报告建议办理情况，及时向代表反馈办理结果；人大常委会要加大督办力度，建立建议办理奖惩机制，实行办理结果绩效评估和“回头看”，并将办理情况作为评议部门工作的重要内容。

四、加强人大自身建设，更好地适应新形势新任务的要求

13. 加强思想作风建设。人大及其常委会要把思想政治建设摆在首位，牢固树立党的观念、政治观念、大局观念、法治观念和群众观念，进一步增强做好人大工作的责任感和使命感。重视

学习中国特色社会主义理论体系，深入学习贯彻党的十八大、十八届三中、四中全会和习近平总书记系列重要讲话精神，学习宪法和法律法规，学习人大制度理论和人大工作知识，着力提高思想政治水平和依法履职能力。要坚决贯彻中央、省委、市委和县委关于加强作风建设的部署要求，不断巩固和拓展党的群众路线教育实践活动成果。要加强人大机关建设，建设学习型、服务型、创新型、实干型、和谐型机关，着力提高人大机关参谋助手和服务保障的能力。

14. 加强组织机构建设。进一步优化人大常委会组成人员和工作委员会人员的年龄、知识和专业结构，适当增加经济、法律等方面知识层次较高、年富力强的专业人员数量，吸收常委会工作机构主要负责人担任人大常委会委员，提高专职化比例。党委推荐人大常委会组成人员和工作机构人选时，要充分听取人大常委会党组的意见。按照中央、省委和市委要求，在县人大常委会增设预算审查工作委员会，确定领导职数，增加机构编制，配备专业人员。

15. 加强人大干部队伍和信息化建设。党委要高度重视人大机关干部的选拔、培养、使用，积极推进人大机关与党政司法机关之间的干部双向交流，形成人大干部能进能出的流动机制。通过集中教育、党校学习、专题培训、挂职锻炼、交流轮岗等方式，提高机关干部的素质和能力，培养造就一支政治过硬、业务精通、作风优良、清正廉洁的人大干部队伍。根据工作需要，及时选拔政治素质好、专业水平高、热爱人大工作的人才充实到人大机关干部队伍，增强人大工作的生机与活力。加强人大工作信息化建设，着眼于提升会议水平，尽快建立完善各级人代会、常委会信息传输系统和电子表决系统。积极搭建立法、监督、代表、信访等网络平台，逐步建立多种门类的智能化信息库，加强人大日常办公自动化建设。

16. 加强乡镇（街道）人大建设。各级党委要高度重视乡镇（街道）人大工作，支持乡镇（街道）人大依法履职，保证乡镇（街道）人大负责同志用主要时间和精力抓人大工作。县人大常委会要加强对乡镇人大工作的指导，每年召开一次乡镇人大工作座谈会，总结交流工作情况，协调解决存在问题。各乡镇要按时召开乡镇人民代表大会会议，严格会期和程序，依法审议决定本行政区域的重大事项，保证宪法法律和上级人大及其常委会决议决定在本行政区域内的贯彻实施。县人大常委会要加强对街道人大工作的领导，建立健全街道人大工作制度，探索发挥街道人大作用的有效途径和方式。加强乡镇（街道）人大工作力量，在乡镇（街道）配备人大主席（主任）、副主席（副主任），设立人大办公室，配备专职工作人员。乡镇（街道）人大工作经费要列入同级预算，保障乡镇（街道）人大工作的需要。

中共茌平县委转发《中共茌平县人大常委会党组关于做好全县县乡两级人民代表大会换届选举工作的意见》的通知

茌发〔2016〕12号

各乡镇（街道）党委，县直各单位党组织：

现将《中共茌平县人大常委会党组关于做好全县县乡两级人民代表大会换届选举工作的意见》，转发给你们，请结合实际认真贯彻执行。

这次县、乡两级人大换届选举，是全县人民政治生活中的一件大事，是社会主义民主政治建设的重要实践。做好县、乡人大换届选举工作，对于巩固党的执政基础、加强基层国家政权建设、发展社会主义民主政治，加快我县科学发展具有十分重要的意义。各级党委要高度重视换届选举工作，坚持党的领导、人民当家作主、依法治国有机统一，切实担负起领导责任，列入重要议事日程，通盘考虑，周密部署，确保换届选举有序进行、风清气正。各级人大要自觉坚持党的领导，充分发挥职能作用，依法加强对县、乡两级人大换届选举工作的组织领导。

各乡镇（街道）各部门在贯彻实施中如有重要情况和重要意见要及时报告县委。

中共茌平县县委

2016年11月15日

中共茌平县人大常委会党组
关于做好全县县乡两级人民代表大会
换届选举工作的意见

我县县、乡两级人民代表大会将于今年年底、明年年初任期届满，进行换届选举。这是全县人民政治生活中的一件大事，是社会主义民主政治建设的重要实践。为认真落实宪法、选举法、地方组织法的有关规定和《中共聊城市委转发〈中共聊城市人大常委会党组关于做好全市县乡两级人民代表大会换届选举工作的意见〉的通知》（聊发〔2016〕18号）精神，做好换届选举工作，根据县委的总体安排部署，现提出如下意见。

一、换届选举工作的总体要求和原则

县、乡两级人民代表大会，是基层国家权力机关，是地方国家政权的重要基础，是实现基层民主的有效形式。做好县、乡人大换届选举工作，是坚持和完善人民代表大会制度的一项重要任务，对于巩固党的执政基础，保障人民当家作主，加强基层国家政权建设，协调推进“四个全面”战略布局，实现“两个一百年”奋斗目标，实现中华民族伟大复兴的中国梦，具有十分重要的意义。

这次县、乡人大换届选举，是在我县深入实施“十三五”规划、全面建成小康社会的关键阶段进行的。换届选举工作的总体要求是：高举中国特色社会主义伟大旗帜，全面贯彻党的十八大和十八届二中、三中、四中、五中、六中全会精神，以邓小平理论、“三个代表”重要思想、科学发展观为指导，深入贯彻习近平总书记系列重要讲话精神，坚定不移走中国特色社会主义政治发展道路，围绕“四个全面”战略布局，坚持党的领导、人民当家作主、依法治国有机统一，坚持和完善人民代表大会制度，为加强基层国家政权建设、提高党的执政能力、推动我县在全面建成小康社会进程中走在前列打下坚实的基础。

换届选举工作必须坚持以下原则：一是坚持党的领导。要把党的领导贯穿于换届选举工作全过程和各方面，充分发挥党委总揽全局、协调各方的领导核心作用，为换届选举工作提供坚强的政治保证和组织保证。二是坚持发扬民主。坚持人民主体地位，相信和依靠群众，调动选民积极性，依法保障选民的选举权和被选举权。三是坚持严格依法办事。贯彻实施宪法和选举法等有关法律，严格依法按程序开展换届选举各项工作，确保换届选举依法有序进行。

二、换届选举的时间安排

按照中央和省委、市委、县委对换届选举工作的总体部署，根据山东省人大常委会办公厅关于县、乡两级人民代表大会代表选举时间的通知要求，这次县、乡人大换届选举与同级党委的换届时间统筹安排，县、乡人大换届同步进行。省人大常委会要求县、乡人大应于2016年12月31日前选出县乡两级人民代表大会代表，并在法定时间内召开县、乡两级新一届人大一次会议。

三、人大代表及常委会组成人员名额

山东省第十二届人大常委会第22次会议已经作出决定，我县新一届县人大代表名额为230名，县人大常委会组成人员名额为33名。

根据选举法的规定，地方各级人民代表大会代表的总名额经确定后，不再变动。因此，我县各乡镇新一届人大代表的名额仍按上届县人大常委会确定的名额安排，总数为677名。各乡镇人大代表具体名额由县人大常委会依法作出决定。

四、切实做好代表候选人的提名推荐和考察审查工作

（一）严格把握人选标准。县、乡人大代表的人选应当具有宪法法律规定的选举权和被选举权，拥护中国共产党的领导，拥护中国特色社会主义制度，模范遵守宪法和法律，密切联系群众，在本职工作中发挥带头作用，自觉遵守社会公德，廉洁自律，公道正派，勤勉尽责，具备履职意愿和履职能力，具有良好社会形象，得到群众广泛认同。政治上有问题的、正在服刑或有违纪违法问题正在接受处理的、品行不端造成不良影响的人，不能提名推荐为代表候选人。

（二）做好代表候选人提名推荐工作。党委要切实把县、乡人大代表选举作为党管干部、党管人才的重要工作内容，依法行使代表候选人提名推荐权，统筹做好政党、人民团体提名推荐工作，把好代表政治关、素质关、结构关。党委组织部门会同有关方面提出代表候选人初步建议人选，必须充分发扬民主，广泛听取意见，反复酝酿协商，不得以个人推荐代替组织推荐。县、乡人大配合做好提名工作，推荐履职优秀的代表参加连选，以保持工作连续性。具体比例，按省人大常委会的要求，连任代表占1/3左右。按照《中共中央转发<中共全国人大常委会党组关于加强县乡人大工作和建设的若干意见>的通知》（中发〔2015〕18号）和《中共山东省委关于加强全省县乡人大工作和建设的实施意见》（鲁发〔2015〕17号）文件要求，县人大常委会党组、乡镇人大主席团根据代表履职情况，提出连任代表的初步建议人选，初步建议人选经换届选举工作领导小组审核后，报县委常委会会议和乡镇党委会议批准。党委统战部门会商有关方面，做好党外代表候选人的提名推荐工作。严格把握人选标准，不得将人大代表职务作为荣誉进行分配，不得简单以资产规模、纳税情况、社会知名度等代替人选标准。因身体、工作等原因无法参加代表活动、履行代表职责的，不宜推荐为代表候选人。坚持民主集中制原则，完善集体决策机制，初步建议人选经换届选举领导小组审核后，须报县委常委会会议或乡镇党委会议批准。依法保障选民的提名权，精心组织选民联名提名。选民依法联名提名的代表候选人与政党、人民团体提名的代表候选人，应当同等对待，一并列入候选人名单，交选民小组讨论、协商，根据较多数选民的意见，确定正式代表候选人。正式代表候选人的人数应多于应选名额的三分之一至一倍，进行差额选举。

（三）加强考察审查工作。党委组织部门承担代表候选人考察、审查工作责任，对考察、审查结果负责。党委组织部门会同纪检监察机关、统战、政法等部门和人大有关机构，对代表候选人的政治素质、思想品行、廉洁自律、履职能力、群众基础、遵纪守法、社会形象等方面情况进行综合考察。人选为领导干部的，应当听取纪检监察机关的意见，并依照规定核查个人有关事项报告情况；人选为党外人士的，应当听取所在单位党组织或所在党派、团体的意见；人选为非公有制经济人士的，应当进行综合评价，并征求企业党组织、非公有制企业党建工作机构的意见；人选为新社会组织人士的，应当征求所在社会组织监管部门和上级党组织的意见。拟继续提名的人选，应当听取县人大常委会党组或乡镇人大主席团的意见。考察时，应当要求接受推荐的代表候选人如实提供身份、简历等基本情况，包括本人是否拥有外国国籍，是否拥有国（境）外永久居留权或长期居留许可，是否接受过境外机构、组织、个人提供的与选举有关的培训及资助等情况，并严格进行核实。拥有外国国籍的，不得提名推荐为代表候选人。拥有国（境）外永久居留权或长期居留许可的，原则上不提名为代表候选人，但归侨人大代表人选除外；个别优秀归国人才经严格考察、审查后，可提名为代表候选人。对选民联名提名的代表候选人，同样必须加强考察、审查，严格把关。发现代表候选人不符合人选标准的，应当及时妥善做好工作，由推荐者撤回提名。

（四）继续优化代表结构。基层代表特别是

一线的工人、农民、专业技术人员代表的比例应当有所上升，妇女代表的比例应当有所提高，党政干部担任人大代表的比例继续从严掌握，少数民族代表和归侨代表按照法律规定予以保证。对企业负责人担任人大代表要统筹兼顾，防止比例过高。要掌握好中共党员与非中共党员的合理比例，中共党员代表一般不超过65%。在提名代表候选人时，妇女代表候选人一般不低于30%。注重推荐部分政治素质好、积极参加代表活动、履职能力较强的本届代表参加连选。除个别因工作需要外，上下级人大代表之间，同级人大代表与党代表、政协委员之间一般不交叉。要结合实际情况，科学合理确定代表结构，规范代表候选人职业分类，通过周密细致的工作，准确认定代表候选人身份，进一步优化代表结构。

五、依法做好换届选举组织工作

（一）依法组织选举委员会。选举委员会应由党委、人大、政府相关部门有选举工作经验的人员组成，经县人大常委会任命产生。选举委员会主任应当由政治立场坚定、法律意识强、熟悉选举工作且在当地有一定威望的领导同志担任，并进入同级党委换届选举领导小组。拟提名推荐的代表候选人一般不作为选举委员会成员，选举委员会成员被提名为代表候选人的，应当辞去选举委员会的职务。

县、乡两级选举委员会要在同级党委和县人大常委会的领导下，根据换届选举领导小组统一部署，统筹办理选举事务，依法做好选区划分、选民登记、确定和公布正式代表候选人名单、组织代表候选人同选民见面、组织投票、计票监票、确定选举结果、公布当选代表名单等工作，切实履行好法律赋予的职责。

（二）做好选区划分和代表名额分配工作。要按照本行政区域内各选区每一代表所代表的人口数大体相等、每一选区选1名至3名代表的原则，依法合理划分选区，并将全部代表名额分配到各个选区。选区可以按居住状况划分，也可以按生产单位、事业单位、工作单位划分。划分选区要综合考虑便于县、乡人大代表同步选举，便于代表联系选民、开展活动、接受监督等方面的因素。县、乡两级选举委员会要统筹安排人大代表选区的划分，尽量使每个县级人大代表选区包含若干个乡级人大代表选区，便于共享选民登记信息，使县、乡人大代表候选人在同一时间内分别提名，在同一时间内分别选举。根据当前的实际情况，在城镇可以适当增加按居住状况划分选区。划分联合选区时，要统筹考虑各单位（村组、社区）的人口数量、地理位置、历史渊源、文化传统等方面的关系。

（三）依法做好选民登记工作。选举工作机构要采取多种方式和有效措施，做好选民登记工作。可以到选民住所或者工作单位进行选民登记，也可以设立选民登记站，通过报纸、电视、广播、网络等，发动选民主动登记，力求做到不漏登、不错登、不重登。有条件的地方可开展选民登记信息化试点工作，积极推进选民登记信息化系统建设，提高选民登记的便捷性和准确性。

（四）保障流动人口的选举权利。要依照有关法律规定，积极动员和组织流动人口参选。要在流动人口中广泛进行宣传，使参选者明白参加选举的重要意义、具体途径和法定程序，积极有效地行使选举权利。流动人口原则上在户籍所在地参加选举。要结合实际情况，适当放宽流动人口在现居住地参选的条件，为流动人口在现居住地参选提供便利。流动人口在户籍所在地参加选举的，经选举委员会同意，可以通过信函、传真或其他方式委托其他选民代为投票。按照全国人大常委会有关工作机构答复意见，在能够确认委托人身份的前提下，可以允许选民以微信、短信、QQ留言等方式委托其他选民代为投票。流动人口在现居住地参加选举的，户籍所在地要及时为其开具选民资格证明；现居住地主持选举的机构也可以主动联系流动人口户籍所在地，确认其选民资格。对于已在现居住地参加过上一届选举的流动人口，经核对选民资格后，继续在现居住地参加选举。

（五）增进选民对代表候选人的了解。选举委员会要依法及时公布初步代表候选人、正式代表候选人名单及代表候选人的基本情况，广泛听取选民意见，认真受理投诉举报，及时组织调查核实；发现代表候选人存在基本情况不实、涉嫌违纪违法等问题，应当及时向选民通报，组织选民认真讨论、协商，依法处理。要制定代表候选人与选民见面工作方案，通过召开选民会议或选民小组会议等形式，组织正式代表候选人与选民见面，广泛动员选民参与见面活动。代表候选人应当实事求是介绍本人情况，诚恳回答选民提出的问题，对当选后执行代表职务、履行代表义务作出表态。异地交流的干部拟提名为代表候选人的，应提前到位，参加当地的选举活动，以便于代表对候选人的了解。

（六）依法组织好选民投票。选举一律采用无记名投票方式进行。选举委员会应当按照方便选民就地就近投票的原则设立投票站，在农村选区可以以自然村或村民小组为单位设立投票站。选民居住比较集中的选区，可以召开选举大会进行选举。使用流动票箱的，流动票箱应当由选举委员会统一制作，使用时须有2名以上监票人员负责；在流动票箱投票的选民，由选举委员会登记造册，本人在登记册上签名或盖章。委托投票必须严格按照法律的有关规定进行，以尊重委托人的投票意愿，保证其选举权利。

投票结束后，各投票站将投票人数和票数加以核对，由监票人签名送选区统一计票；流动票箱由监票人封好投票口并签名，集中到选区统一开箱计票。选举结果由选举委员会依法确定有效后，当选代表名单应当及时向社会公布，接受人民群众监督。

（七）加强代表资格审查工作。代表资格审查委员会依法审查当选代表是否符合宪法法律规定的代表的基本条件，选举是否符合法律规定的程序，以及是否存在破坏选举和其他当选无效的违法行为。对不符合法律规定或以违法行为当选的，应当在报告中提出个别代表当选无效的意见，由县人大常委会、乡镇人大主席团确定。代表资格审查委员会应当认真受理对当选代表的举报，及时交有关方面依法调查处理；对被举报当选代表问题线索清晰但尚未核查清楚的，由有关方面继续调查，可以延迟提出其当选有效或当选无效的意见。

（八）开好县、乡人大会议。新一届县、乡人大代表选举产生后，应依法在2个月内召开本级人民代表大会第一次会议。新一届县、乡人民代表大会第一次会议会期安排要保证代表有较充足的时间对各项议题进行审议，圆满完成选举等各项任务。

（九）依法选举国家机关领导人员。坚持党管干部原则与人大依法行使选举权任免权相统一，依法选举产生县、乡两级国家机关领导人员。县、乡党委推荐国家机关领导人员人选时，应当及时向县人大常委会党组、乡镇人大主席团通报人事安排和被推荐人选的基本情况，听取意见和建议。严格按照地方组织法的规定组织好国家机关领导人员的选举工作，县人民代表大会换届选举提名、酝酿候选人的时间不得少于2天。认真对待和研究人大代表对有关人选提出的意见，尊重和保障人大代表依法联名提出候选人的权利。改进投票方式，创造有利于代表充分表达意愿的环境和条件，尊重人大选举、表决结果。

六、加强基层国家机关建设

（一）严格执行国家机关领导人员产生和任职规定。新当选的县、乡两级国家机关领导人员原则上应能任满一届，国家机关领导人员依法当选后，除特殊情况外，不要在届内调整，以尊重代表的选举权利，保持领导班子在任期内相对稳定。县人民政府领导成员依法选举产生后，应在2个月内提请县人大常委会任命新一届人民政府的其他组成人员。

（二）进一步加强县人大常委会和专门委员会建设。常委会组成人员，既要有工作经验丰富的领导同志，也要注意补充知识层次较高、年富力强的人员；新增加的常委会组成人员名额，主要用于增加专职委员的数量，逐步将专职组成人员比例提高到60%以上；常委会主任专职配备，副主任中应当有适当数量的党外代表人士。根据工作需要，县人大可以依法设立法制（内务司法）、财政经济、城建环保、教科文卫、农业农村等专门委员会。选拔法治意识强，熟悉经济、政法、科教和人大工作的同志担任常委会委员和专门委员会成员。专门委员会成员中，党外代表人士应当占有适当比例。重视和加强县人大常委会机关建设，适应工作需要，健全常委会办事机构和工作机构，充实业务骨干。

（三）切实加强乡镇人大建设。按照《中共聊城市委关于加强全市县乡人大工作和建设的实施意见》（聊发〔2015〕24号）及《中共聊城市委转发市人大常委会党组关于做好全市县乡两级人民代表大会换届选举工作的意见的通知》（聊发〔2016〕18号）要求，乡镇人大主席专职配备，并提名为县级人大代表人选，按照有关规定根据工作需要，可配备副主席1至2人。乡乡人大主席团主席、副主席应当把主要时间和精力放在人大工作上。充实乡镇人大主席团力量，优化主席团成员结构，主席团成员不得担任乡镇政府职务。进一步充实乡镇人大工作力量，配备与其工作任务相适应的专职工作人员。

七、营造风清气正的换届环境

（一）加强对选举全过程的监督。党委和纪检监察机关要认真履行党风廉政建设主体责任和监督责任，党委组织部门要从严从实加强换届风气监督，严格落实换届纪律规定，切实预防选举中的不正之风和腐败问题，营造风清气正的选举环境。县人大常委会要领导和监督县、乡两级选举委员会依法履行职责，确保选举严格依法按程序进行。公安机关、司法机关要依法追究破坏选举行为的法律责任。对因履职尽责不力，导致换届风气不正、换届纪律涣散、换届选举出现非组织活动的，一律进行严肃问责。

（二）严肃查处违纪违法行为。纪检监察机关和主持选举的机构要认真受理投诉举报，及时依法依规调查处理，坚决对违纪违法行为实行“零容忍”，发现一起，查处一起，决不姑息迁就。要认真汲取湖南衡阳破坏选举案和四川南充拉票贿选案的深刻教训，举一反三，引以为戒。对在提名推荐过程中搞利益输送、权钱交易、暗箱操作的，要严肃追究直接责任人员和相关领导的责任；对违犯党的纪律的，按照错误性质和情节轻重，给予批评教育直至纪律处分；对涉嫌违法的要依法处理。对以金钱或其他财物贿赂选民或代表的，对以暴力、威胁、欺骗等非法手段妨碍选民和代表自由行使选举权和被选举权的，对伪造选举文件、虚报选举票数的，对控告、检举选举中违法行为的人进行压制、报复或有其他违法行为的，对在选举中接受金钱或其他财物贿赂的，要依法依规追究责任、严肃处理；构成犯罪的，依法追究刑事责任。

（三）警惕和防范境内外敌对势力干扰破坏。要站在维护国家政治安全的高度，警惕和防范境内外敌对势力相互勾结，干扰破坏县、乡人大换届选举。要认真贯彻实施新修改的选举法，凡是直接或间接接受境外机构、组织、个人提供的与选举有关的任何形式的培训及资助的人，不列入代表候选人名单；已经列入代表候选人名单的，从名单中除名；已经当选的，其当选无效。要认真总结以往工作经验，周密制定工作预案，加强信息收集和分析研判，按照分类处理、多措并举的原则，主动采取措施，积极稳妥应对。

八、加强对换届选举工作的领导

（一）切实加强党对换届选举工作的领导。乡镇（街道）党委要充分发挥总揽全局、协调各方的领导核心作用，周密部署换届选举工作，确保换届选举工作在党委的集中统一领导下依法有序进行。乡镇（街道）党委成立换届选举领导小组，加强对换届选举工作的统筹协调，及时研究解决选举中的重要问题。要将贯彻落实党中央关于换届选举工作的部署要求和相关法律规定，作为乡镇（街道）党委特别是党委书记履行政治责任的重要内容，并严格责任追究，做到有错必纠、有责必问。

（二）充分发挥县人大常委会的职能作用。县人大常委会对县、乡人大换届选举工作负组织责任，要依法加强对县、乡两级选举委员会的领导。县、乡两级选举委员会要在同级党委和县人大常委会的领导下，依法做好换届选举各个环节的工作。选举中的重大问题和重要情况，县人大常委会党组要及时向县党委请示报告。

（三）落实选举经费。按照选举法关于“选举经费由国库开支”的规定，我县县、乡人大代表直接选举的费用按总人口人均1.6元左右的标准，列入本级财政预算，确保及时足额拨付。选举过程中要勤俭节约，杜绝铺张浪费。

（四）营造良好宣传舆论环境。加强对换届选举宣传工作的领导，牢牢把握舆论主导权，充分发挥主流媒体的舆论导向作用，善于运用新兴媒体和其他宣传方式，广泛宣传人民代表大会制度，宣传宪法法律有关规定，宣传各地切实保障选民民主权利的好做法好经验，增强选民的参与意识和责任意识，引导人民群众依法参加选举。换届选举期间，县人大常委会要健全新闻发言人制度，及时统一对外发布有关县、乡人大换届选举的权威消息。要切实增强政治敏锐性，健全舆情收集和研判工作机制，加强对热点问题的引导和对新兴媒体的疏导，切实防止不当炒作，为选举工作营造良好的舆论氛围。

县、乡两级人大换届选举工作政治性、法律性强，涉及面广、工作量大。全县各级、各部门要抓紧做好各项准备工作，精心部署，周密安排，遇有重大情况及时请示报告，确保换届选举工作依法顺利进行。

尹海波同志在茌平县第十七届人大代表培训会议上的讲话

（2012年6月29日）

各位代表，同志们：

今天，我们齐聚这里召开茌平县第十七届人大代表培训会议，借今天这个机会，我代表茌平县第十七届人大常委会，讲几点意见。

一、上半年茌平县经济社会发展情况

今年以来，茌平县委、县政府按照“全党抓经济、重点抓工业、关键抓项目”的思路，坚持工业化和城镇化双轮驱动、扩大总量与调优结构两措并举，一产抓调整、二产抓升级、三产抓膨胀、以增量带动结构优化、以创新促进产业升级、以改革推动文化繁荣、以和谐促进社会文明、以发展保障民生幸福，促进了经济社会又好又快发展。

新一届县委确立了以牢牢把握“科学发展”为主题，以“加快转变经济发展方式”为主线，提出了“一二三四五六”的奋斗目标和工作思路，使茌平县的发展思路更加清晰。预计上半年全县完成生产总值165亿元，增长12%以上，地方财政收入8.5亿元，增长15%以上，农民人均现金收入5200元，同比增长16%。以铝电为主要内容的十大功能板块初步形成，城东专业商贸市场片区、金牛湖休闲旅游景区建设速度加快，30个重点建设项目实现了大投入引导强带动，这些都标志着茌平县的发展成效更加明显，发展后劲更加有力。与此同时，全县广大群众支持发展、要求发展、渴望发展的愿望十分迫切，各级各部门各单位围绕全县工作大局，创新服务，扎实工作，形成了加快发展的浓厚氛围。

二、茌平县第十七届人大工作开展情况

茌平县第十七届人大常委会自成立以来，密切围绕县委、县政府工作重点，坚持以邓小平理论和“三个代表”重要思想为指导，以科学发展统领人大工作，坚定不移地贯彻落实中央和省、市、县委的一系列重大决策部署，坚持围绕中心、服务大局、解放思想、与时俱进，在继承中创新，在创新中前进，认真履行宪法和法律赋予的职责，在历届工作的基础上，各项工作都取得了明显的成绩，在某些方面有了新的突破，有效地保障和促进了全县的经济发展和社会的全面进步。

（1）着力推进和加强监督工作

依法行使监督权是人大常委会的重要任务。今年以来，常委会认真听取和审议了“一府两院”专项报告，包括县政府《关于重点项目推进情况汇报》《县政府关于2012年预算情况的报告》以及《关于县第十七届人大一次会议建议、批评和意见办理情况的报告》，并对县级重点项目，城建和市政工作进行了视察。常委会还开展了深入的执法检查，检查重点集中在《水利法》《义务教育法》和《食品卫生法》的实施情况以及社会普遍关注的重大民生问题和热点难点问题。与此同时，常委会还加强了对规范性文件的备案审查工作，加强和改进了信访工作，确保了将人大监督职能落到实处。

（2）认真行使重大事项决定权

决定权是宪法和法律赋予各级人大及其常委会的一项重要职权，特别是没有立法权的地方人大及其常委会，决定权居于主导地位，是体现地方人大及其常委会权力行为的重要标志。今年以来，县人大常委会根据茌平县实际情况，经过充分的调查研究，相继通过了《茌平县第十七届人大常委会关于批准2012年全县财政预算的决定》和《茌平县人大常委会关于设立县十七届人大常委会代表资格审查委员会的决定》，审议并通过了《茌平县人大常委会关于组织开展2012年度“服务民生、凝聚共识”暨代表联系选民活动实施方案》和《茌平县人大常委会关于开展人大代表“同心协力、共谋发展、促进和谐、维护稳定”活动的实施方案》，在法制层面全力支持茌平县的经济政治发展。

（3）依照原则行使人事任免权

常委会认真按照茌平县人大常委会人事任免办法，充分发扬民主，严格执行任免工作程序，采取任前考试审核、任时会见报告、任中审查监督和任后述职审计相结合的方式，今年以来共任命12名国家机关工作人员，为茌平县领导队伍的优化配置和党政干部的提拔任用提供了强有力的保障。常委会还认真完善了人民陪审员制度，体现了社会主义司法文明和人民当家作主的本质特征。

（4）巩固加强人大队伍自身建设

在高质量完成县委下达的各项任务，正常开展人大工作的同时，新一届常委会还采取了一系列措施来巩固和加强人大队伍自身建设。6月29日，组织召开了茌平县第十七届人大代表培训会议，会议邀请了山东省人大常委会人事代表工委副主任马效东同志，开展《中华人民共和国全国人民代表大会和地方各级人民代表大会代表法》专题辅导，提升了人大代表的理论水平和法律意识，增强了人大代表的履职能力。今年以来，常委会还积极配合茌平县“纪律作风整顿年”活动，着力解决纪律不严、作风不良、效能不高、环境不优四大问题，努力打造抑制“学习思考型、忠诚奉献型。创新进取型、勤奋落实型、公正廉洁型”的五型人大干部队伍。

虽然茌平县经济社会发展和茌平县人大工作都取得了一定的成绩，但是在肯定成绩总结经验的同时，我们也要清醒的认识到，和一些发达县市相比，我们在许多方面还有很大差距，存在很多问题。这些差距和问题，我们将在今后的工作中努力加以改进。

三、对本届人大代表的期望和要求

今年是《中华人民共和国全国人民代表大会和地方各级人民代表大会代表法》颁布实施20周年。随着《代表法》的不断改进和完善，面对新形势、新任务，各级人大代表要紧紧围绕全县工作大局，进一步深入贯彻落实《代表法》，充分发挥人大代表的作用，思考和研究人大工作对于茌平县进军全国五十强的作用和意义，不断开创人大工作新局面，在茌平县争先进位、勇攀新高的征程中再立新功。

（一）紧扣发展第一要务，着重提升参政议政实效茌平县虽已连续两年跻身全国百强县，但是经济总量不够大、发展质量不够好、发展环境不够优的基本县情仍未根本改变。各级人大代表一定要清醒地认识到，加快发展是第一要务，也是茌平县最大的政治，要始终坚持以发展为重，推行“围绕中心谋良策，建言立论促发展”的精神，致力在园区建设、招商引资、项目推进、城镇发展和改革创新等事关茌平县未来发展的重大问题上，多立科学之论，多建创新之言，多献务实之策，务求做到参政参到点子上、议政议到关键处，以实际行动支持“项目立县、工业强县、城建靓县、三产兴县、统筹城乡”五大战略。要更加积极主动地贴近发展第一线，推行“县级干部牵头出面，委员代表协调督办”的工作方法，通过视察调研来推进重大事项，通过牵线搭桥来促进招商引资，更加直接地服务和推动各项经济建设，促进县域发展再攀新高峰，实现挺进全国五十强的目标。

(二)注重强化监督职能，大力优化经济发展环境

监督视察是人大的重要职责。各级人大代表要积极参加政风行风评议、履职监督评议、规范行政处罚自由裁量权等各种效能建设活动，主动担当党风廉政监督员、政风行风评议员、群众公议团成员，争做优化发展环境的促进者、建设者和捍卫者。要秉着实事求是的原则，敢于监督，敢于直言，敢于亮剑，对推诿扯皮、吃拿卡要和行政不作为、乱作为等广大投资者和人民群众反映的突出问题不留情面，一针见血地指出来，督促相关单位查找薄弱环节，抓好整改落实，进一步改进工作作风，提升服务效能。要针对财政预算执行、重大项目建设、农村改革发展、城市规划执行、土地管理、环境保护等工作开展重点监督，促进相关单位对照“十二五”发展目标任务，立足自身找差距、强举措、增干劲，出色地完成好本单位、本部门承担的各项发展任务，真正激发起广大干部的干事创业热情，更好地促进全县经济社会科学发展。

(三)切实增强群众意识，齐心凝聚科学发展合力

成绩来自奋进，发展源于同心。回顾总结“十一五”以来经济社会发展的成功经验，很重要的一条就是，在全县上下凝聚了加快发展的合力，营造了团结和谐、干事创业的浓厚氛围。我们一定要倍加珍惜并不断巩固发展政通人和的大好局面，把团结的声音喊得更响，把和谐的氛围造得更浓，凝聚起56万人民的巨大力量，不断开创茌平县跨越发展的崭新局面。“人民选我当代表，我当代表为人民”。人大代表根植于人民，服务于人民，要进一步发扬从群众中来、到群众中去的优良传统与优良作风，真情联系群众，倾听群众呼声，反映群众意愿，真正把群众的事当作自己的事办、把群众的小事当作大事来办，深入开展“学习劳模精神，争当时代先锋”活动，与党委、政府一起共同来为民谋利、帮民解难、帮民致富。要善于教育引导群众，广泛宣传全县经济社会发展成就、各项政策法规以及县委、县政府的重大决策，多想化解矛盾、维护稳定的办法，多做释疑解惑、理顺情绪的工作，多干鼓舞士气、凝聚人心的事情，努力引导广大群众正确看待形势、把握趋势、增强信心、加快发展、促进和谐。要密切关注事关人民群众切身利益和群众反映强烈的热点、难点问题，竭尽所能，尽快解决，真正做到用深厚的感情去服务群众，凭出色的工作去回报群众，努力把干事创业的氛围营造得更浓，把争先进位的劲头鼓得更足，汇聚成推动全县科学发展的强大合力。

(四)不断提升整体水平，着力增强履职尽责能力

人大代表是荣誉，更是责任。各级人大代表要主动适应新形势、新任务的要求，注重自身素质提升，不断增强履职尽责能力。要做勤于学习的表率，进一步加强政治理论、法律知识、人大业务等方面的学习，增强思考、调研、表达和交往等能力，尤其是要经常深入农村、企业、社区、学校等基层一线，认真开展调查研究，听民

意、摸实情、献良策，不断提升参政议政水平。要做改革创新的先锋，积极引导广大群众不断解放思想，着力破除“小打小闹、慢慢腾腾、满足现状”的思想束缚，努力消除制约发展的各种障碍，真正以思想的解放带动创造力的释放，以观念的更新带动工作的创新。要做真抓实干的标兵，立足本职岗位，静下心、沉下身、鼓足劲、埋头干，以顽强拼搏的狠劲、锲而不舍的韧劲，扎扎实实把各项工作做好，主动当好全县发展的排头兵和领头雁。要做遵纪守法的楷模，坚持“法律面前人人平等”原则，密切围绕茌平县“纪律作风整顿年”活动的开展，认真执行党的路线、方针、政策，模范遵守国家的法律法规，自觉抵制各种无视法律的行为，树立起人大代表带头遵纪守法的良好形象，推进法治茌平建设。要充分利用好这次培训的机会，努力培养自身的政治素质、法律素质和业务素质，提高民主决策、科学决策和依法决策水平，结合自身工作实际，更好地服务人大工作。

(五)创新完善工作体制，全力保障代表工作开展

在推动茌平县新一轮跨越发展、争先进位进程中，进一步做好人大代表工作意义更加重大。各级党组织要把发挥党的领导核心作用，与支持和保证人大依法行使职权有机统一起来，进一步健全支持人大工作的各项制度，及时研究解决人大工作中出现的新情况和新问题，认真办理人大代表提出的议案、建议和意见，支持和保障代表更好地履职尽责。县“一府两院”要更加自觉接受人大监督，积极主动地向人大常委会报告工作，不断提升依法行政和公正司法水平。县乡两级人大要注重加强制度建设和创新，想方设法拓宽人大代表联系群众的渠道，丰富人大代表视察、调查内容，不断健全完善代表活动、代表小组建设、代表意见督办和服务保障机制，为人大代表当好参政议政监督员、科学发展参谋员、为民服务勤务员创造良好条件，努力让人大代表在加快茌平县跨越发展的生动实践中体现出自身价值、展示出时代风采。

6月26日我们举行了茌平县第十七届人大常委会三次会议，会上审议并通过了《茌平县人大常委会关于组织开展2012年度“服务民生、凝聚共识”暨代表联系选民活动实施方案》和《茌平县人大常委会关于开展人大代表“同心协力、共谋发展、促进和谐、维护稳定”活动的实施方案》。希望各位代表一定要认真学习文件精神，结合马主任的培训课程，将理论与实践融会贯通，借着《代表法》颁布20周年的春风，紧紧围绕县委提出的“一二三四五六”的奋斗目标和工作思路，将更饱满的工作热情投入到我县的建设中来，一起为茌平县“科学发展建设幸福新茌平，奋力赶超跨入全国五十强”的宏伟目标而努力奋斗！

陈秀兴同志
在全县人大工作会议上的讲话

（2015年2月4日）

同志们：

这次全县人大工作会议，主要任务是，学习贯彻党的十八届四中全会、习近平总书记在庆祝全国人大成立60周年大会上的重要讲话精神，认真落实全省、全市人大工作会议和县委十二届七次全会精神，总结我县人大工作，就加强和改进人大工作、充分发挥地方国家权力机关在法治建设中的重要作用作出安排部署。

为开好这次会议，县委召开了常委会进行了专门研究，并制定了《关于进一步加强和改进人大工作的意见》。刚才，朱书记宣读了县委《意见》，一会，尹主任还要对人大工作作全面安

排，希望大家认真学习，按照上级的部署和县委的要求抓好落实。

应该说，近年来茌平的发展态势很好，各项工作都开创了新局面。特别是去年以来，我们面对严峻复杂的形势和艰巨繁重的任务，抓重点、破难点、创亮点，全县改革发展取得新成绩。我县被省政府列为“全省县域经济科学发展试点县”，在新一届百强县评比中，实现进位提升，达到第75位。全县经济建设、政治建设、文化建设、社会建设、生态文明建设都有了新的突破，各项发展指标均圆满完成全年任务，在全市年中、年底两次重点项目观摩，以及城镇化观摩中均位居全市第一，跨越赶超第二战役打了一个大胜仗。成绩的取得是全县上下共同努力的结果，是各级干部团结奋斗的结果，也是各级人大机关忠诚履职、扎实工作的结果。

长期以来，县人大及其常委会始终坚持正确政治方向，认真行使宪法法律赋予的职权，充分发挥地方国家权力机关的作用，取得了重大成就。监督方式不断创新，监督效果进一步增强，推动了重大决策部署的落实；重大事项决定及人事任免依法有序，代表工作日趋活跃；各级人大代表、常委会组成人员和人大机关干部整体素质和履职能力明显提高，为保障改革发展、维护社会稳定、推进法治建设作出了重要贡献。在此，我代表中共茌平县委、茌平县人大常委会，向多年来为我县民主法治建设和人大工作作出重要贡献的历届县人大常委会领导同志、人大代表、人大机关全体同志致以崇高敬意，向政府、政协、“两院”以及所有关心、参与、支持人大工作的社会各界人士表示衷心感谢！

当前，全县上下正在深入学习贯彻党的十八大、十八届三中、四中全会和习近平总书记系列重要讲话精神，加快改革发展、奋力跨越赶超，全力建设富强文明和谐幸福新茌平。各级人大肩负的责任重大、任务艰巨，必须坚决贯彻上级的重大决策部署，毫不动摇地坚持人民代表大会制度，推动我县人大工作创新发展。

下面，我就进一步做好新形势下的人大工作，讲三点意见。

一、深入学习贯彻党的十八届四中全会、习近平总书记系列重要讲话精神和全省、全市人大工作会议精神，坚定不移地坚持和完善人民代表大会制度。

党的十八届四中全会作出全面推进依法治国的重大战略部署，明确提出了全面推进依法治国的指导思想、总目标、基本原则，为更好地发挥人大在依法治国进程中的作用指明了方向。2014年，是全国人民代表大会成立60周年，习近平总书记在庆祝全国人民代表大会成立60周年大会上作了重要讲话，鲜明提出了坚持和完善人民代表大会制度的根本要求和重点任务，为我们做好新形势下人大工作、发展社会主义民主政治提供了强大思想武器和根本遵循。全省人大工作会议和全市人大工作会议对认真贯彻中央关于“推动人民代表大会制度与时俱进”的决策部署，根据新时期经济社会发展的形势任务，就加强和改进人大工作提出了一系列切实可行的措施和办法。我们一定要统一思想，提高认识，切实把思想统一到党的十八届四中全会、习近平总书记重要讲话和全省、全市人大工作会议精神上来，进一步增强坚持和完善人民代表大会制度、发展社会主义民主政治的自觉性和坚定性。

一要深刻认识人民代表大会制度充分体现了党的领导、人民当家作主、依法治国有机统一，始终坚持社会主义民主政治的正确方向。人民代表大会制度是中国社会主义民主政治最鲜明的特点，是坚持党的领导、人民当家作主、依法治国有机统一的根本制度安排。在实践中，我们深切感受到，发展社会主义民主政治，必须紧紧抓住坚持和完善人民代表大会制度这个重要环节，以坚持党的领导为核心，以保证人民当家作主为根本，以全面推进依法治国为保障，不断推进社会主义政治制度自我完善和发展。要充分发挥各级党委总揽全局、协调各方的领导核心作用，把党的领导贯穿于人大依法履职全过程，使人大工作更好地体现党的主张和人民意志，更好地服务经济社会发展。

二要深刻认识人民代表大会制度是符合我国国情、体现人民共同意愿和根本利益的好制度，进一步增强制度自信。人民代表大会制度是中国特色社会主义制度的重要组成部分，是支撑国家治理体系和治理能力的根本政治制度。实践充分证明，人民代表大会制度是最能体现我们党执政理念、最能保证人民当家作主、最符合中国国情，也是最重效率、最有效率的民主政治制度，具有强大的生命力和巨大的优越性。我们要时刻保持思想上的清醒、立场上的坚定、政治上的自觉，牢牢把握中国政治制度的根本，旗帜鲜明地同各种错误思想作斗争，坚定不移地走中国特色社会主义政治发展道路。

三要深刻认识人民代表大会制度为全面推进依法治国奠定了制度基础，更加注重发挥地方国家权力机关在法治建设中的重要作用。人民代表大会制度是贯彻依法治国基本方略的国家制度依托，在法治建设进程中发挥了不可替代的重要作用。监督权、选举任免权和重大事项决定权，都与社会主义民主法治建设密切相关。人大通过依法行使职权，可以有效调整和规范各方面的社会关系，保证党和国家重大决策的贯彻落实，维护广大人民群众的根本利益。全县各级党组织和人大及其常委会要坚决贯彻落实中央决策部署，切实加强和改进人大工作，有效保障宪法法律的实施，推动各领域工作向着制度化、法治化不断前进。

二、充分发挥地方国家权力机关的作用，进一步提高人大工作科学化水平。

元月24日，县委召开了全委扩大会议，全面总结了第二战役的工作成果，分析了形势，查找了问题，并对打赢跨越赶超第三战役作出了全面安排部署。应该说，2015年，是实施“十二五”规划的收官之年，是打赢跨越赶超三年攻坚战的决战之年，任务艰巨繁重。面对新形势、新挑战，我们要更加重视和加强民主政治建设，更加重视发挥人大及其常委会的优势和作用。县、乡人大作为地方国家权力机关，要紧紧围绕全县改革发展大局，主动适应新形势新任务的要求，科学把握工作特点和规律，努力在促进茌平科学发展、跨越赶超中发挥更大作用。

一是不断提高依法监督实效，促进严格执法、公正司法。人大监督是代表国家和人民进行的具有法律效力的监督，是党和国家监督体系的重要组成部分。近年来，特别是本届县人大及其常委会开展工作以来，始终依法履行职权，共听取审议县“一府两院”工作报告56项，作出决议决定35项，开展视察调研、执法检查71次，工作评议3次。下一步，人大及其常委会要继续发挥监督职能，围绕大局，把握关键，把法律法规实施中的难点问题、经济社会发展的重点问题、人民群众关注的热点问题以及执法工作中的薄弱环节作为监督重点，不断加大监督力度，创新监督方式，增强监督实效。要加强对“一府两院”工作的监督，督促政府和“两院”依法行政、公正司法。行政机关、司法机关必须担负起职责，增强“法定职责必须为、法无授权不可为”的意识，一切行为依法、遵法，在法律的框架内实施，维护法律权威，维护公平正义。

二是切实做好决定重大事项和选举任免工作，认真行使宪法法律赋予的职权。要正确处理党委决策权和人大决定权的关系，按照党委的决策部署，依法决定重大事项，及时作出决议、决定，通过法定程序推动党委重大决策部署的贯彻落实。要增强行使重大事项决定权的积极性、主动性，逐步拓宽人大重大事项决定领域，对全局性、战略性、根本性、长远性的重大问题依法作出决议、决定。政府和“两院”工作中凡属法定应经人大及其常委会决定的重大事项，要按程序提请人大及其常委会审议并作出决议或决定。要把党管干部原则与人大依法选举任免干部统一起来，把党内工作程序与人大工作程序有机结合起来，保证党委推荐的人选经过法定程序成为国家机关的工作人员。要加强干部任后监督，保证人民赋予的权力始终用来为人民服务。

三是紧紧依靠人大代表和人民群众，着力推进人大工作创新发展。人大代表由民主选举产生，代表人民的利益和意志依法参与行使国家权力。他们不仅担负着代表人民行使国家权力机关职权的重大使命，也是我县政治、经济、文化等各项建设事业的骨干力量。县人大要健全人大常委会组成人员联系人大代表机制，扩大代表对常委会工作的参与，保障代表知情知政，为代表联系群众、开展工作提供方便和条件。要高度重视代表议案及建议、批评和意见的办理工作，特别是对一些关乎民生、关乎发展、关乎稳定的好建议、好议案，要认真对待，研究措施，落实到位。要依法维护和保障代表的权利，严肃查处妨碍代表依法行使职权、侵犯代表合法权益的行为。要按照中央统一部署，完善人大代表选举机制，优化代表结构，逐步提高基层人大代表比例。各级人大代表要不断提高自身素质，模范遵守宪法和法律，加强与人民群众的联系，自觉接受选民和原选举单位的监督，不断提高履职能力和水平。

三、加强和改善党委对人大工作的领导，切实为人大及其常委会依法履职创造条件。

加强和改善党的领导，是坚持和完善人民代表大会制度的中心环节，是做好人大工作的根本保证。党委要按照总揽全局、协调各方的原则，从思想上、政治上、组织上全面加强和改善党对人大工作的领导。全县各级党委要积极支持和尊重人大及其常委会依法行使职权、开展工作。

第一，进一步提高依法执政的能力和水平。坚持把党的领导贯彻到法治建设全过程，通过人民代表大会制度，保证党的路线方针政策和决策部署得到全面贯彻执行。要切实提高领导水平和执政能力，自觉转变领导方式和执政方式，自觉在宪法和法律范围内活动，发挥好地方国家权力机关的作用。各级领导干部要牢固树立法治思维和法治观念，带头学法尊法守法用法，带头维护宪法和法律权威，不断提高依法执政、依法行政、依法办事的能力，确保我县各项事业在法治轨道上顺利开展。

第二，进一步健全对人大工作领导制度。人大工作是党的工作的重要组成部分。各级党委要进一步加强对人大工作的政治领导、思想领导和组织领导，切实把人大工作纳入总体工作布局，统一谋划，统一部署，统一推进。要及时了解掌握人大工作情况，认真研究解决人大工作中的重大问题。党委每届任期内至少召开一次人大工作会议。党委和政府召开有关全局性工作的会议、组织有关重大活动，应安排人大常委会负责人参加，党委的重大决策和工作部署，应注意听取他们的意见和建议。要健全重大事项向党委请示报告制度，人大及其常委会开展的重要工作、重要活动，要及时向党委报告。人大常委会党组要认真贯彻党委的意见和要求，保证党委决策部署在人大工作中贯彻落实。

第三，进一步加强人大及其常委会自身建设。各级人大及其常委会要把加强思想政治建设放在首位，始终坚持人大工作正确方向。要切实加强组织建设，进一步优化人大常委会组成人员的结构，逐步提高专职委员的比例。根据上级的统一部署，积极筹划预算审查工作机构设置、人员编制等事宜。要及时总结人大工作的好经验好做法，完善适合我县人大工作特点的运行机制、议事程序和工作制度。人大常委会党组要按照中央全面推进从严治党的要求，聚精会神抓党建，切实履行党风廉政建设主体责任，抓好人大机关党风廉政建设。各级党委要重视、支持人大及其常委会自身建设，选好配强人大常委会领导班子，加大对人大机关干部的教育、培养、交流、选拔和使用力度，努力为人大依法履职、开展工作创造良好的条件。

第四，进一步强化民主法治宣传教育。要有计划、有步骤地抓好人民代表大会制度和民主法治的宣传，打牢法治建设的基础。要开展各种形式的普法宣传，接地气、重实效，多讲老百姓听得懂、听得进的话，不断提高人民群众的法律意识和法律素质。要把人民代表大会制度理论以及基本法律法规等内容列入干部学习培训计划，把法律素养和法治能力作为任用干部的重要条件，切实增强广大党员干部特别是各级领导干部的法治观念。全县各级各部门要齐抓共管，形成合力，大力弘扬社会主义法治理念和法治精神，努力形成办事依法、遇事找法、解决问题用法、化解矛盾靠法的良好社会法治环境。

同志们，坚持和完善人民代表大会制度，做好新形势下的人大工作，是时代赋予我们的光荣任务和历史使命。我们要正确应对新形势，主动适应新常态，切实增强新担当，锐意进取，扎实工作，全力开创我县人大工作新局面，为打赢跨越赶超攻坚战役、推动全县改革发展作出新的更大贡献！

徐景颜书记
在聊城市十六届人大五次会议上参加
茌平代表团审议时的讲话

（根据录音整理2015年3月1日）

非常高兴参加茌平代表团的讨论，听取大家对市人大常委会、市法院、市检察院工作报告的意见。刚才，秀兴同志和几位代表提出了很好的意见和建议，特别是来自企业界、农村和教育界代表的发言。相信还有很多代表、很多话要说，还有很多先进典型没来得及说。

我跟秀兴、雷霞同志讲，全国两会结束，我要到很多区县走一走，真正深入到村里、企业、课堂调研，向大家请教。

今天这个讨论，主要是汪文耀主任做的报告和法检两长的工作报告。总的感觉是，文耀主任所作的市人大常委会工作报告主题鲜明、重点突出、文风朴实，实事求是地总结了一年来市人大常委会认真履行宪法和法律赋予的职权，依法决定重大事项和人事任免、开展工作监督和法律监督、充分发挥代表作用的情况；对新的一年服务发展大局、保障改善民生、全面依法治市、推动改革创新的工作进行了周密的安排、严密的部署，完全符合中央、省委要求，符合我们依法治市对人大工作的要求，是一个求真务实、凝聚人心、催人奋进的好报告。伟东院长、学军检察长所作的“两院”报告，主题鲜明、内容丰富、亮点突出。过去一年的工作，可以说亮点纷呈，特别是在公正执法方面、公平正义方面，充分体现了一年来“两院”在公正司法、维护稳定、优化环境、保障民生等方面所做的大量工作，体现了全面推进依法治国的要求，体现了公平正义、司法为民的精神，我完全赞同。

茌平的工作在很多方面走在全市前面，有些走在全省、全国的前面。我讲的是这是一个全面科学发展的县，有像信发这样的国际型大企业，也有很多基层组织先进典型，杜郎口教育改革这面旗帜更加了不起，这更是百年大计，很不容易。我在大学呆了多年，教育改革这方面的矛盾很难，创新驱动也好，法治思维也好，和教育是有很大关系的。回想起来这些年，改革开放和经济发展，大家都非常困惑。创新怎么走？人的创新怎么搞？中国现在劳动力成本在丧失，后发优势在丧失，创新驱动还行不行？这是个大问题。

应当说，茌平这些年来经济社会取得了很大的发展，得益于茌平历届党委、政府团结带领全县人民解放思想、真抓实干。特别是近年来，经济发展又迈上新的台阶。一批优秀企业家胸怀大志、拼搏实干，以信发集团为核心的铝产业，在全国占有举足轻重的地位，而且对全球产生重要影响，为全市的发展做出了巨大贡献。茌平广大干部群众同心同德、团结实干、奋发有为、积极进取、不甘落后、勇于担当。这个局面来之不易，需要我们格外珍惜。

实事求是的讲，我们是一个欠发达地区。

和全省相比，我们的经济水平，即便是我们发展了，按照2014年的指标，人均GDP是全省的70%，人均财政收入不过是全省的50%，农民人均纯收入、城镇居民收入都低于全省平均水平。发展是党执政兴国的第一要务，对于我们而言，尤其要关注发展、支持发展、保护发展。而且，我们今天要的发展就是科学发展。现在我们面临着，欠发达地区如何发挥后发优势跨越赶超这么一个任务。同时，我们也面临着一个千载难逢的机遇。

机遇在哪呢？欠发达地区有很多优势。发达地区已经到了这一步，它非常难走。刚才，张刚同志讲到铝业很困难，但你还是在挣钱，你要想这段时间如果能做好了就是重大发展机遇。你还有140多个亿的利税，接近150亿。山铝一年亏十几个亿，基本面临着全部破产，十万人的包袱。它也没有电厂，一度电成本起码翻了一番，一吨蒸汽到了140多块钱，你们五六十块钱差不多能干出来吧？再就是技术人才大量流失。中铝全国都面临着这种形势。这个时候我们咬住了，就是一个巨大的优势。这是大家破产重组，把人才继承过来，把技术专利继承过来的时候，这就是战略思维。市场经济就是优胜劣汰，只有汰掉了它们，我们才能生存，才能把资源实现优化配置。研究好这个问题，就是一场大的胜利。

有些话我们可以在这里讲，因为我们需要坚定信心。我是从淄博过来的，情况比较了解。淄博是个老工业基地，人才、技术确实很厉害，工业化水平很高，毕竟是建国以前就在搞这些东西。中国铝业第一张王牌山东铝业就在淄博，技术很厉害。石化产业，中国第一套运行装置齐鲁石化就在这里，大量的人才。但是现在非常困难，规模起来了，没有独特优势，现在全部在下行状态。经济还要发展，还要就业，怎么办？还要创新。经济发展一块往下拉的，一块往上升的，对发展速度来说，只有把拉的消化掉，剩下的差才是增长的。在这种情况下，淄博规模以上企业一年关掉的接近200家，这样即使一年新增规模以上企业500家的话，净增只有300个。我们这里不一样，基本上增的就增的。

再一个，在东部沿海地区，很多原来就干完了，城镇化率快到70%了，没有那么多空房子，就业基本也没有多少青壮年，只要增加就业就是增加人家就业，把外面的人吸纳来。前段时间，寿光出了一个事故，一个厂死了18个人，全是外省的。不同的发展阶段面临着不同的问题。

再一个，水和电的问题，还有土地资源。我干了一届国土资源厅厅长，全省来说测绘按照0.25平方米分辨率来进行的，也就是说甚至地上有片树叶动，卫星照片也能看到。全省的土地资源利用最好的三个市，菏泽、聊城、德州。为什么？一是人均耕地面积很多，二是原来工业化水平低，一开始用地就可以集约，三是城镇增减挂钩空间很大。增减挂钩为什么在这里可以做，有些市连提都不提？我当厅长时，开始很谨慎，很多部门找这个事，我光迎接检查不下10次，天天不放心我们。是不是损害农民利益了？是不是群众上了楼不习惯？增加挂钩在淄博基本不提，为什么呢？因为它没法干。到了胶东、威海、烟台也是这样。它70年代就进行村庄改造，再弄也拆不出地来，政府没有积极性。拆了还得给人家盖起来，一亩地几十万，最后拢清一亩地要给老百姓40多万。

所以说我们的优势很大，关键是我们怎么用好这个优势。乘势而上这个机遇一定要抓住。现在茌平站在新的起点上，而且上下充满信心。新常态是对中国整个宏观经济来说的，在不同的地区是不一样的，有些地方新常态是压力，有些地方新常态是机遇。我们要善于发现机遇、把握机遇，然后实现发展。

机遇这东西，不同的地区，不能人家说机遇你就说机遇，条件不一样，怎么说机遇？现在有的企业等着并购，等着你去收。原来他好的时候，你去收购，不是和他对着干吗？收购的过程，除了壮大规模，关键是消灭竞争对手，这也是一个战略。我消灭产能就是了，产能低了，把价格提高。现在还是有很多人想要投资，怎么投？所以我们还得抓招商引资。我们自己企业也要来发展。一个地方经济发展主要有三大块，一是本土已有企业怎样升级发展，二是我们需要把外来资源、优势继承到我们这里来，形成整体合力发展，三是推动老百姓、年轻人、草根创业创新。今天几位企业家比较年轻，为什么要培养年轻人呢？因为今天看着大的企业包括信发，当年创业的时候也是年轻人。一代一代的创业人跟上，企业一代一代不断发展。创业带动就业，这是我们必须抓住的。而且现在讲转方式、调结构，市场倒逼着你必须搞创新、高附加值、有市场的。所以我们现在上新项目，一定是上这样的项目。人家各处撵的不要的项目，我们坚决不要。要了也不行，在东部地区不行了，到了我们这里也不行。上就上好的。传统产业要不断的改造提升，新的项目一上就是符合转方式调结构的要求，就是高附加值的。特别是年轻人、大学生创业，他们当前的思想体制和我们当年不一样了，关键是适应市场经济要求的，按照市场规律办事的有头脑的年轻人来创业，未来新经济要带起来。新经济要靠自己人创，靠别人不成。电子商务也好、研发创新也好，还是基于我们本土。本地的大学生许多都离开了家乡，但他们热爱家乡。我们形成了这个群体了，他们才回来。就和铝业一样，信发有了这个基础了，其他铝业加工才过来。茌平站在新起点上，面临新机遇，要抓住这个机遇。

发展要把质量和效益放在首位，刚才秀兴、雷霞同志都讲到了，我很赞成。张刚也讲到了你们的战略思维，考虑的都非常深了。把转型升级、创新驱动作为抓手，把质量效益放在第一位，突出打造特色产业集群。区域经济的竞争就在特色上。我也在想茌平的发展包括信发的发展应该做什么样的文章。信发不是单独一个信发，是我们区域经济包括聊城发展的重要支撑，而且这是一个能在全球叫板的企业，更何况对我们一个县的县域经济。所以同志们一定要好好研究信发的问题。

我自己考虑有几个想法，不一定正确，不要报道，当作是我们的讨论吧。第一句话，茌平的发展一定要依托信发铝业；第二句话，构建国际精品铝业园区，这个园区围绕信发打造；第三句话，打造铝产业精深加工联盟，这个产业联盟不只是做电解铝这一块，而是整个和铝有关联的包括高新技术这一块；第四句话，形成关联度强、合作共赢的产业集群；第五句话，提升集群的整体实力，这个集群核心就是信发，包括美国、欧洲来的都围着你干，围着你来打造，集成企业和茌平的核心竞争力。

从提高整个茌平的经济附加值和核心竞争力上讲，包括提高信发在茌平这块板块上的核心竞争力，你就要拿出优势，哪些优势往外放需要研究。比如说到煤炭资源最丰富的地方，搞电解铝，就要把高能耗的放出去，把精深加工拿过来。再就是氧化铝这块，对我们的环境影响比较大，我们可以在国外矿山直接做了，或者接到港口上做，把氧化铝拿来干电解铝，电解铝往后再搞各种各样的铝合金。铝合金这个市场太大了，不要光盯着国内这个市场。铝合金直接连着部件，比如汽车轮毂、汽车配件，都用到铝，把技术拿过来，从源头那个地方省成本。不管哪个牌子来了，它搞好了就把它的竞争对手挤垮了，挤垮了竞争对手之后，你潜在机遇就有了。包括飞机制造、包括火车等等，市场太大了。

这样铝业在我们这个地方就可能翻几倍，在其他地方、其他省搞搞电解铝就可以了，把附加值拿回来。大集团一旦做成，就搞一个联盟，把我们成本最低的拿下来，把资源集中的拿下来，我想这样信发在现有基础上能翻几番。今年茌平GDP430亿，这个搞好了，能到几千亿。而且这个不是自己干，千万不要说深加工我自己干，不可能的，核心竞争力把它一弄起来，我产业链起来了，而且关键是你自己没有风险了，汽车轮毂加工、其他高端产业来了，它把你这儿的电吃了、把你的铝吃掉了，附加值上来了，你的整个交通运输、物流成本下来了，而且你和人家合着干的时候，你的铝产业、产品质量等都来了，这个产业链也就成了。你原来做的产业链都是往前延伸，到了矿石，真正产业链是往后延伸，高附加值，高端高效。而且好的企业你可以和它换换股，我给你多少股，你给我多少股，25%互相报表一上，你就可以上市，你就不是一个信发，一个企业接着一个企业上，你整个信发全部融资了，银行利息就没有了。你新上的500万千瓦，算这个帐，用在氧化铝上和电解铝上创造一样的价值吗？你用在电解铝上和用在高附加值产品上，差多少？

再一个，我们发展一定把人民利益放在第一位。我们发展所有的出发点和落脚点，就是人民的幸福。所以说在发展的过程中，一定把这问题解决好了。征地拆迁补偿各个方面，先把老百姓这个事处理好。处理不好，人民群众不答应，我们党也不答应。做任何事情都要先考虑群众利益和需求。这样又和我们的法制建设联系起来了。公众参与、专家咨询、合法性审查、社会风险评估，最后形成集体性决策。决策过程中请群众监督，这样我们的工作就做起来了。稳定问题包括其他很多问题，实际上是我们方式方法问题，是我们不依法行政造成的。这样我们就要从源头上解决问题，让人民群众确实感受到我们教育实践活动取得实效。民生很重要，一方面我们做了大量民生工作，像教育投资少吗？医疗卫生投资少吗？养老保险投资少吗？但是这个是应该做的，再就是对那些少数人你损害他的利益，这也不行。特别是弱势群体利益，这是个大事。同时，要坚决守住底线，刚才秀兴同志也讲了，我都赞成，安全生产、环境保护、食品药品安全等等要做好。再就是不要违法用地，要坚持依法用地，节约集约用地。现在搞电解铝，一旦搞深加工，楼起来了，土地附加值就高了。我们每一亩地的产出都要高，就业容量大，让每一个市民、老百姓都有工作干，这才是本事。产业结构调整，这是一个整体的，这是一个社会生产方式的变革，它代表着高的产出、资源的节约利用、高质量的就业，好的空气好的水，这一切我们都应把握住这个底线。你可能干了很多工作，但一个问题出来，老百姓可能感觉很丢人，好事上了电视他不一定说你，差的事上了电视，那议论就大了。再就是从严治党的要求、依法治国的要求，也都要做好。

讲的这些，我都是听了大家的发言有感而发，因为时间关系也不能展开。今天，我们也是互相探讨，对大家的一些好的经验和做法我也要认真学习，同时我讲的不对的地方也希望大家多指出来。就讲这些，谢谢大家。

宋军继市长
在聊城市十六届人大六次会议上参加
茌平代表团审议时的讲话

（根据录音简要整理2016年2月20日）

今天参加茌平县代表团的分组讨论，听取大家的意见和建议，我非常高兴。刚才几位代表的发言都很具体、很实在、很有代表性，提出的意见很中肯、很到位，也很有建设性。对大家提出的意见和建议，我们要高度重视、认真研究。

听了大家的发言，尤其是听了马骏同志和雷霞同志的发言，感到茌平的工作谋划超前、措施得力、成绩突出，而且对未来的发展信心很足。总结茌平县2015年的工作，主要有以下几个特点：一是综合实力有新提升。全县财政收入接近30亿，是8个县（市区）中唯一一个进入全国百强县的，并且去年提升了3个位次。二是节能减排实现新突破。搭建了信发高新材料园区的平台，启动了上大压小项目，转型升级取得新成效。三是保障民生有新提高。全市城乡环卫一体化满意度电话调查中取得了第一名，创建全国义务教育基本均衡县顺利通过了国家验收。

结合前期的调研和了解，茌平县还有几个需要继续改进的方面：一是企业发展不够均衡，信发集团一家独大，“有树木但没有森林”；二是转型升级任务较重，包括信发集团在内，许多产品都处在产业链的低端；高新技术产业占比较低，占规模以上工业的比重仅为18.7%，比全市还低7.6个百分点。三是节能减排压力较大，燃煤发电机组多，总装机容量和燃煤量约占全市的40%。

未来五年是聊城发展的关键期和黄金期，虽然经济下行压力比较大，但越是压力大，越是存在机遇，越能够缩短与发达地区的差距。我们和胶东的差距的差距，就差在结构上，差在创新上。今年，国家实行积极的财政政策和稳健的货币政策，增加了货币投放量，地方债券达到1.18万亿，降低了融资成本，这对我们的企业发展和民生项目来说都是利好消息。国家宏观政策和区域发展战略方面，比如“一区一圈一带”和“京津冀”协作区，都会对我们招商引资和招才引智有很好的支撑，需要我们认真研究和主动对接。另外，基础设施建设方面也存在机遇，未来我们三条高铁、五条高速的开工建设，将真正改变我们聊城的对外交通条件。

今后，茌平县要在全市的发展中担当更重要的责任，要继续当好排头和标兵，发挥引领示范作用。一是抓创新，突出转型升级。进一步优化产品结构、资本结构和思想结构，推进工业提档升级，带动服务业发展，转变农业发展方式。二是抓投入，突出信发高新材料产业园区建设。要做到“三高五到位”，就是坚持高标准设计、高效率推进、高质量成效，做到园区规划到位、基础设施建设到位、政策制定到位、精准招商到位和生产要素配套到位。特别是前期的基础性工作要做好，像土地利用规划要抓紧推动，园区向南连接济聊一级路后再向南延至东阿东外环的这条路，和市开发区向东连接至郝集工业园区的这条路，要抓紧对接和推进。三是抓协调，突出城乡统筹。要重新进行城市定位，积极融入“聊茌东”都市区发展，对接好聊城市的总体发展规划。还要突出特色，加强同高校的研究合作，推动公益化和商业化的结合。做好城市管理。四是抓节能减排，突出绿色生态。大力发展循环经济，建设闭合的循环经济圈，加大环保治理力度，坚决淘汰落后机组、落后产能，还要加强绿化建设，建设森林公园。五是抓共享，突出民生改善。把保障和改善民生作为一切工作的出发点和落脚点，建好机制、带好头，打好精准扶贫攻坚战。要强化基本民生保障，统筹做好教育、医疗、基本养老、弱势群体救助、社会保障等工作。

马骏书记
在2016年茌平县“两会”中共党员负责人会议上的讲话

（2016年3月3日）

同志们：

茌平县“两会”的召开是我县政治生活中的一件大事。为保证会议顺利进行，县委确定召开这次“两会”中共党员负责人会议，主要目的是进一步统一思想认识，切实发挥“两会”临时党组织的领导核心作用和模范带头作用，扎实做好各项工作，确保“两会”圆满成功。下面，我代表中共茌平县委和会议临时党委，向同志们提几点要求和希望：

一、充分认识开好这次“两会”的重要意义

开好这次“两会”，把县委的决定、主张、意图变成全县人民的意志，是做好今年乃至今后五年工作的一项重要保证。同志们一定要深刻理解开好这次“两会”的重要意义，清醒认识肩负的使命和重托，切实增强政治意识、全局意识和责任意识，积极参与各项议程，精心组织，周密安排，靠上工作，以饱满的政治热情、高度负责的精神开好这次“两会”，确保县委的意图成为全体代表、委员的共同意愿和自觉行动。

二、带头履行好职责使命

会议要审议通过《政府工作报告》、《“十三五”规划纲要》以及其它几个报告和决议，确定我县今年及今后一个时期的发展目标与重点，可以说是要求高、任务重。在座的同志都是党员领导干部，肩负着带头贯彻党的主张、执行县委决定的职责和使命，既要坚持民主集中制原则，又要带头充分发扬民主，严格依法办事。要切实发挥好带头作用，深入学习宣传县委重大决策部署，认真听取和审议各项报告，积极参加讨论并充分发表意见，影响和带动全体代表、委员积极建言献策，真正把各方面的智慧和力量凝聚到会议确定的各项工作任务上来。

三、切实遵守会议的各项工作纪律

要带头遵守“八项规定”，始终把纪律和规矩挺在前面，自觉保持良好的会风，模范遵守会议的纪律和各项要求。要按时参加会议，不迟到、不早退，树立和保持党员代表的良好形象。会议期间，不从事任何与会议无关的活动，集中精力，全神贯注，安心开好会。党员代表、委员如有不同意见，可以逐级向会议临时党组织反映，但决不允许有违背组织原则、不负责任的言论和行动。我们全体党员代表、委员，都要坚决服从临时党委的领导，在参与会议各项活动过程中，认真履行职责，充分发挥好主导作用，齐心协力把会议开好。

四、坚决保证实现党委的人事安排意图

依法搞好选举，是大会的重要任务，也是全体党员代表、委员共同的政治责任。省委2015年10月24日，印发了《中共山东省委关于加强全省县乡人大工作和建设的实施意见》(鲁发〔2015〕17号)、11月9日，又召开了全省县乡人大工作座谈会。省委书记、省人大常委会主任姜异康同志出席会议并作重要讲话。姜异康书记的讲话和省委“17号文件”都明确要求：新任命的县、乡党委书记不再提名兼任同级人大常委会主任或主席职务。本次人代会的选举任务就是要落实姜书记的讲话和省委“17号文件”精神，依法选举茌平县人大常委会主任。

同志们，在选举中我们既要以身作则，正确行使民主权力，自觉引导全体代表、委员做好工作，确保组织意图顺利实现，又要切实提高政治敏锐性，敢于同任何非组织活动作斗争，防止出现影响选举的不良现象，一旦发现影响选举的非组织行为，要及时向临时党委报告，并坚决予以制止。要坚持和发扬同党外人士真诚合作、团结共事的优良传统，谦虚谨慎，平等待人，努力形成全体代表、委员亲密合作，共商大计的良好氛围，共同把会议开成功，开成一次团结的大会、鼓劲的大会、胜利的大会。

最后，希望大家牢记自己的职责和义务，不负组织的重托，以对党和人民高度负责的态度，为圆满完成会议预定的各项任务作出积极努力。

茌平县人民代表大会常务委员会工作报告
——2016年3月5日在茌平县第十七届人民代表大会第五次会议上

茌平县人大常委会第一副主任尹海波

各位代表：

我受县人大常委会委托，向大会报告工作，请予审议一年来的主要工作。

2015年是全面深化改革的关键之年，是全面完成“十二五”规划的收官之年，也是我县各项工作科学发展、争先进位之年，同时还是落实中共中央关于加强县乡人大工作与建设意见的启动之年。一年来，在中共茌平县委的坚强领导下，县人大常委会深入贯彻党的十八大、十八届三中、四中、五中全会和习近平总书记系列重要讲话精神，按照“坚持党的领导，依法行使决定权力，监督支持‘一府两院’工作，履职促进科学发展，树立人大良好形象”的工作定位，紧紧围绕全县工作大局，认真行使法定职权，先后召开常委会议6次，听取审议“一府两院”专项工作报告10项，作出决议决定18项，开展视察调研、执法检查21次，为推进全县民主法制建设、促进经济社会持续健康发展发挥了积极作用。

一、坚持依法治国方略，民主与法制互进，加速推进法治茌平建设

（一）积极推进依法治县

常委会自觉坚持和完善人民代表大会制度，维护宪法法律权威，加快依法治县进程。以大力宣传“12·4”国家宪法日为出发点，稳步推进“六五”普法依法治理工作。5月和7月，配合省人大调研组，分别开展了《山东省循环经济条例（草案）》和《山东省土地整治条例（草案）》的立法调研。根据市人大的立法调研课题，结合我县实际，会同有关部门，围绕城市建设与管理、环境保护、安全生产等问题，提出立法建议10余条，有效地推进了法治茌平建设。

（二）大力开展执法检查

配合全国、省、市人大开展了《食品安全法》、《循环经济促进法》的执法检查；独立开展了《农产品质量安全法》、《农民专业合作社法》、《物业管理条例》、《人民调解法》、《残疾人保障法》和《动物防疫法》的执法检查。首次实施了兼职咨询员制度，邀请相关领域的专业人士担任特聘咨询员，为执法检查提供了专业的法律咨询和业务讲解，大大强化了人大法律监督的权威性和专业性，有力地保障了国家、省、市有关法律法规的贯彻落实。

（三）不断强化司法监督

启动了对人大任命法官的履职评议工作。8月，成立了评议工作领导小组，召开了评议动员大会，采取随机抽签的方式，确定了被评议对象，并进行了网上公示。邀请了检察院、公安局、司法局和律师事务所的专业人士，参与案卷审查、庭审旁听等环节。同时，设立了意见箱，并召开了多种形式的座谈会，广泛征求了社会各界意见。11月，专项听取了被评议法官的履职工作报告，组织市、县两级人大代表进行了民主测评。评议过程公开透明，评议结果真实权威，整改措施高效可行，社会反响空前强烈，提升了县人民法院的工作水平，增强了法官队伍的综合素质，促进了公正司法和为民司法。

（四）依法行使任免权力

坚持党管干部和人大依法任免相结合，进一步规范了人事任免程序，严格落实了任前考试、民主票决、供职报告和颁发任命书制度，全年共进行人事任免164人次，其中任命124人次，免职40人次。任命人员包括8名政府组成人员、53名人民陪审员、48名人民法官和15名人民检察官。

（五）做好备案审查和信访工作

一年来，共对县政府及乡镇（街道）人大报送的3件规范性文件进行了备案审查，并报送市人大备案，确保了规范性文件的合法有效性。认真做好信访工作，先后接待群众来信来访35件次、46人次，重点督办了10件，切实维护了人民群众合法权益。

二、坚持服务大局理念，监督与支持并重，促进经济社会持续健康发展

（一）推动产业优化升级

常委会积极适应经济发展新常态，助力优化产业结构、提升产业层次、增强产业实力。一是推动发展现代农业。9月，听取审议了全县农业工作开展情况的工作报告，重点对经营体系、生产能力、品牌建设、农村改革和扶贫开发等方面进行监督。12月，迎接了市人大对我县精致农业、农民专业合作社和农产品质量安全工作的视察，得到了高度评价。二是推动发展新型工业。重点关注传统产业转型升级和战略性新兴产业发展，建议有关部门加大科技和人才投入，优化资源配置，提升产业层次和竞争实力。对我县电子商务及信息安全情况进行了调研，积极推进新型工业化和信息化的深度融合。三是推动发展第三产

业。对我县商贸物流、养老健康、餐饮消费以及公共文化等行业开展了专题调研，建议有关部门坚持以人为本，提高服务水平，规范市场秩序，引导合理消费。启动了对我县金融网点和市场监管情况的调研，针对企业融资担保层面出现的问题，积极协调银行和有关企业进行解决；针对金融秩序不规范的问题，责令有关部门进行了整顿。

（二）加强财政审计监督

新《预算法》颁布以来，常委会加大了对财政和审计工作的监督力度。5月，审议通过了《茌平县2015年全县财政预算》，对重点领域、重点部门、政府重大投资项目和政府专项资金进行了跟踪监督。12月，根据有关法律和上级文件精神，审查批准了《茌平县人民政府关于变更我县财政预算和确定政府债务限额的报告》；审议通过了《茌平县2014年度预算执行和其他财政收支情况的审计工作报告》，责成有关部门认真落实整改，完善防范机制，强化专项资金绩效的审计，加强审计工作透明度。

（三）助力城乡一体化建设

常委会积极推动城市建设和发展，重点关注基础设施、公路养护和路域治理三项工作，大力推进环卫一体化，倡导可持续发展。建议有关部门以人为核心，高水平做好城镇规划，积极融入“聊茌东”都市区，促进城乡之间分工合理、优势互补、协调发展。对小城镇和新型农村社区建设情况进行了视察和调研，建议有关部门依靠示范镇的引领和带动作用，加强配套设施建设，完善基本公共服务，健全城乡保障机制，走产城一体、城乡协调发展的新路子。

（四）优化企业发展环境

常委会认为，我县经济在转型升级的进程中实现了较快发展，但企业发展环境不优，尤其是软环境不优的问题依然存在。因此，常委会加大了对企业发展软环境治理的监督支持，多次牵头召开企业发展座谈会和有关部门座谈会，协调解决企业发展中遇到的各种问题，督促有关单位积极作为，完善政务服务体系，全面落实为企业排忧解难的政策措施，做好后勤、当好后盾，激发企业家创业热情，为企业抢抓发展机遇、促进企业创新发展提供良好环境。

（五）支持重点项目实施

常委会持续关注全县重点项目建设，多次组织常委和人大代表进行实地视察和现场调研。按照县委统一安排，人大班子成员身先士卒，边调研、边工作，边工作、边督促，积极参与全县中心工作，深入到各项重点工作和重点项目一线，落实帮包责任，靠上指挥、跟踪服务、破解难题。常委会各工作委员会也主动与对口职能部门对接交流，汇总收集意见建议，为县委助力献策。

三、坚持执政为民宗旨，民生与民权兼顾，维护人民群众切身利益

（一）关注食品安全监管

为保障群众舌尖上的安全，配合省、市人大开展了《食品安全法》的执法检查。8月，召集了部分市、县人大代表组成执法检查组，聘请了有多年食品安全监管工作经验的专业人士担任特聘咨询员，对食品生产、销售和流通等重要环节进行了有针对性的检查，面对面地提出了存在的问题和整改措施；9月，审议通过了检查情况工作报告，并下发了督办函，针对发现的问题，明确整改要求，跟踪整改落实。常委会责成有关部门加大食品安全执法监管力度，完善多部门联动机制，理顺监管与监测的关系，加强宣传教育，提高群众食品安全意识，切实提升我县食品安全监管水平。

（二）关注卫生计生工作

常委会积极促进人民健康，倡导人口均衡。6月，对我县卫生计生工作现状开展调研，重点关注医药卫生体制改革、中医药事业发展和计生服务管理三个方面。建议大力推进改革，着力解决“缺人、缺人才、缺钱”的“三缺”问题，加强人才体系建设，完善基础设施配套，推动中医药事业发展，提升服务质量和水平，同时要加快计生信息化建设，关注性别比和老龄化问题。调研了县医院门诊病房楼的建设情况，要求有关部门

加强领导、加快进度。8月，积极参与推动了我县“为希望扬帆、计生助学”计划，为贫困计生户的学生捐资助学，社会反响强烈。

（三）关注居民物业管理

2015年，常委会首次将物业管理纳入监督范围。11月，组织部分人大代表对我县有代表性的居民小区进行了视察，并对《物业管理条例》贯彻落实情况开展了执法检查，重点关注基础设施建设和供暖工作。常委会还召集县住建局、市政公用事业管理局、物价局、电业局、供热公司和自来水公司等部门召开了物业管理专项工作座谈会，要求有关部门把物业管理工作摆上重要位置、列入重点工程，建议进一步理顺体制、明确责任，发挥好物业管理工作对于改善人居环境、提高城市管理水平和构建和谐社会的重要作用。

（四）关注生态环境保护

生态环境保护，刻不容缓。9月，常委会专项视察了我县环境保护工作，实地查看了重点环保项目，详细了解海河流域水污染防治工作进展情况，听取了县环保局关于全县环境治理工作的工作报告。要求环保部门突出抓好工业废气、烟气扬尘、机动车尾气和雾霾治理工作，努力提升大气质量；以海河迎检工作为切入点，建立和完善水污染防治体系，实现工业点源达标排放，加强污水处理厂的建设和人工湿地的运行，建设“美丽茌平”；同时还要加强环保宣传，妥善处理和解决各种环境纠纷，严厉打击环境违法行为。

关注其他民生事业

常委会还密切关注青少年教育、文化旅游、老年健康和残疾人工作。3月，推动了由县团委、教育局主办的少先队辅导员培训班项目，呼吁加强我县共青团和少先队工作，营造良好的青少年成长环境。10月，对我县“茌平八景”、“博平八景”和“晋台晚照”等文化符号和旧址进行了调研，建议深入挖掘我县传统文化内涵，聚合文化旅游资源，打造特色文化旅游产业。12月，迎接了省、市人大代表对我县颐养中心的视察调研。开展了《残疾人保障法》的执法检查，努力保障残疾人群体的合法权益。

四、坚持与时俱进精神，基础与基层共抓，不断加强人大自身建设

（一）深入践行“三严三实”

按照中央、省委、市委和县委的部署要求，深入开展了“三严三实”专题教育。始终把思想政治建设摆在第一位，坚持正确政治方向，坚持党对人大工作的领导。树立了“人大工作为人民”的宗旨意识，解民忧、惠民生，联系群众“接地气”；察民情、听民意，传递群众“好声音”。实行了“每会一法”学习制度，针对每次会议议题，选学相关法律条文，提高了常委和工作人员的理论水平和业务能力。同时，聚焦对党忠诚、个人干净、敢于担当，落实作风建设各项要求，坚持党性分析、整改落实和立规执纪相结合，坚持问题导向，突出抓好专题党课、学习研讨、民主生活会、整改落实等关键环节，在抓常、抓细、抓小上下功夫，扎实推进整改措施落实。

（二）服务代表依法履职

常委会努力为人大代表创造良好的履职条件，积极为人大代表解决工作、生活中的困难和问题，把常委会打造成温暖的“代表之家”。认真落实了常委联系人大代表、人大代表联系选民的“双联”制度，进一步增强了常委、代表和选民之间的“粘性”。组织代表定期到所在选区开展视察调研活动，开展了市人大代表向原选区述职活动，组织驻茌全国、省、市人大代表进行了人代会会前视察。2015年，我县有5名代表被评为市“优秀人大代表”，有1份议案被评为市“优秀议案”，我县第二代表小组被评为市“先进代表小组”，第二代表小组召集人张国忠同志被评为市“优秀代表小组召集人”。

（三）跟踪督办代表建议

4月，专门召开了人大代表意见建议交办会，对县十七届人大四次会议上提出的56件代表意见建议及时进行交办，并定期召开督办调度会，了解办理情况，加快办理进度。11月，专项审议并

通过了《茌平县人民政府关于县十七届人大四次会议代表意见、建议办理情况的工作报告》。今年特别加强了对意见建议提出人的信息反馈，邀请其参与所提意见建议的交办、督办和答复环节。截止目前，所有代表意见建议已经全部落实，办结率达100%，满意率和基本满意率达到98.2%。

（四）指导乡镇人大工作

常委会重视基层基础工作，健立了人大代表列席常委会制度。11月，组织全体乡镇（街道）人大主席（主任）参加了省人大举办的培训班。12月，启动了乡镇（街道）人大对基层站所的评议工作，重点评议服务当地经济社会发展和民生建设、履行自身职责、依法行政和廉洁勤政等方面的工作，并由常委会将评议结果通报给其上级部门。通过评议，大大激发了各基层站所的主动性，提升了执行力。继续推进基层人大“五个一”活动，要求每个乡镇（街道）召开一次人大代表座谈会，举行一次代表与选民见面会，撰写一篇有深度的调研报告，推出一名优秀的代表典型，提供一份有价值的意见建议。通过这项活动，挖掘出一批心系群众、带头致富的好典型，总结出许多联系选民、服务民生的好经验。

（五）加强理论研究和宣传

大力加强新时期人大实践总结和理论研究。我县选送的论文在全省和全市人大系统优秀调研论文评比中均荣获一等奖，另有两篇荣获全市人大系统优秀调研论文二等奖和三等奖。出台了《关于进一步加强和改进人大宣传工作的意见》，明确了人大宣传工作的导向、方法和任务，初步形成了“一刊、一报、一网、一栏目”的宣传格局。荣获《山东人大工作》宣传工作先进单位、《人民权利报》宣传工作先进单位，荣获市人大“纪念抗战胜利70周年书画摄影展”优秀组织奖和市人大“纪念抗战胜利70周年征文比赛”优秀奖。

一年的工作实践告诉我们，做好新形势下的人大工作，必须坚持与县委同心，认真贯彻落实党委的决策部署，自觉把党的领导贯穿于依法履职的全过程；必须坚持与政府同力，围绕全县工作大局，支持和促进“一府两院”的工作；必须坚持与群众同愿，真实反映民情民意民声，始终以人民利益为重；必须坚持与发展同向，自觉服务于第一要务，积极推动经济社会发展。

2015年，常委会做了一些工作，取得了一定的成绩。这些成绩的取得，是县委正确领导的结果，是全体代表、常委会组成人员、县人大机关工作人员共同努力的结果，是县“一府两院”、各乡镇（街道）、各部门大力支持的结果。在此，我代表县人大常委会向大家表示衷心的感谢！

看到成绩的同时，我们也要清醒的认识到，工作中还存在一些问题和不足。比如，有的监督工作还不到位，监督的效果还不尽人意；代表建议办理质量还需进一步提高，联系服务代表的方式还有待创新；机关干部队伍的思想、能力建设还不能完全适应新形势新任务的要求；机构设置还不完善，工作人员偏少，等等。对此，我们一定要高度重视，在今后的工作中认真加以改进。

2016年是实施“十三五”规划的开局之年。常委会要全面贯彻党的十八大、十八届三中、四中、五中全会精神，深入贯彻习近平总书记系列重要讲话精神，牢固树立创新、协调、绿色、开放、共享的发展理念，紧紧围绕全县工作大局，依法行使各项职权，为协调推进“四个全面”战略布局，促进全县经济社会持续健康发展贡献力量。今年的主要任务：

一、围绕全面建成小康社会，在服务大局中主动作为

常委会要牢固树立大局意识，围绕贯彻落实县委重大决策部署，紧扣我县“十三五”时期的目标任务，针对发展中的重点难点问题，加强调研，开展监督，确保县委重大决策落到实处。要牢固树立担当意识，对照加快建成小康社会的任务指标，听取审议计划、预算和审计工作报告，对提升城镇化水平、精准扶贫、环境保护、科技创新等工作开展视察检查，帮助政府找准薄弱环

节，采取有效措施，把全面建成小康社会中的“短板”补起来。要牢固树立责任意识，围绕经济社会发展和人民群众高度关注的重大事项，依法作出决议决定；不断完善选举任免工作机制，全面落实宪法宣誓制度，提高选举任免工作规范化水平。

二、围绕全面深化改革，在依法履职中增强工作实效

常委会要充分发挥人大作为立法机关的优势，积极配合市人大的立法工作，结合我县实际，围绕涉及我县经济社会发展的重要领域和潜在机遇，提出立法建议，为全面深化改革提供法治保障。要充分发挥人大作为监督机关的优势，关注医疗、教育、社保等民生领域的改革，促进政府部门把维护和发展人民根本利益作为改革的出发点和落脚点，让人民共享发展成果。积极完善预算审查监督制度，关注财政资金的支出安排，关注国有资产的管理运营，为人民盯紧“钱袋子”、看好“家底子”。要充分发挥人大作为民意机关的优势，严格落实常委会与代表、代表与群众联系的“双联”制度，充分反映民意，广泛聚合民智，正确引导民声，为改革提供广泛的民意支持。要精心组织代表闭会期间的活动，加强代表议案建议办理工作，认真做好人大换届选举有关工作，紧紧依靠人大代表和人民群众开展工作。

三、围绕全面推进依法治国，在法治建设中担当责任

常委会处在社会主义民主法治建设的一线，必须从全面推进依法治国的高度谋划和定位人大工作，认真行使各项法定职权，在推进法治茌平建设中发挥应有的作用。要加强对法律法规实施情况的监督，组织开展《大气污染防治法》、《土地管理法》、《宗教事务条例》等法律法规的执法检查，听取审议县法院关于行政审判、县检察院关于刑罚执行监督等方面的工作报告，大力推进依法行政、公正司法，确保行政权、审判权、检察权得到依法行使。要继续推进人大评议工作，创新评议方式，改进评议方法，注重评议结果的运用，提高评议质量。要加强法治宣传教育，听取审议我县“六五普法”、依法治县情况和“七五普法”规划的报告并作出决议，不断促进全县人民提高尊法学法守法用法的意识和能力。要运用法治思维创新人大工作，把严格履行法定职权与增强人大工作活力统一起来，把严格按程序办事与增强工作实效统一起来，把探索创新与长效机制建设统一起来，不断提升工作水平。

四、围绕全面从严治党，在加强自身建设中塑造形象

常委会要把从严治党各项要求贯彻到人大工作的各方面，为提升人大整体工作水平提供坚强保障。要加强思想政治建设，深入学习贯彻党的十八大、十八届三中、四中、五中全会和习近平总书记系列重要讲话精神，认真贯彻落实中央、省委、市委和县委关于加强党的建设的部署要求，坚持把守纪律、讲规矩摆在更加重要的位置，增强政治定力，强化责任担当。要加强作风建设，巩固“三严三实”专题教育成果，严守政治纪律和政治规矩，做到心中有党不忘恩、心中有民不忘本、心中有责不懈怠、心中有戒不妄为。要深入基层密切联系代表和群众，听民声、摸实情，做到问政于民、问需于民、问计于民，使常委会各项决策充分体现人民群众的愿望要求。要落实好《中共中央转发<中共全国人大常委会党组关于加强县乡人大工作与建设的若干意见>的通知》（中发〔2015〕18号）和山东省委、聊城市委相关实施意见，全面加强县乡人大工作与建设。要加强履职能力建设，学习掌握宪法法律、人大制度理论、社会建设理论和人大工作程序，完善组织方式和议事程序，提高审议质量和决策水平。要深入开展人大工作实践总结和人大制度理论研究，提高人大工作的科学化水平，提高人大工作人员的政治水平和理论水平。要以史为鉴，存史资政，高质量地完成《茌平县人民代表大会志》的编纂出版工作。

各位代表，人民群众对美好生活的向往就是

我们的奋斗目标。让我们更加紧密地团结在以习近平同志为总书记的党中央周围，在中共茌平县委的坚强领导下，求真务实、真抓实干，不负重托、不辱使命，为开创我县人大工作新局面，实现茌平科学发展、争先进位，夺取全面建成小康社会决胜阶段伟大胜利，做出新的更大贡献！

政府工作报告
——2016年3月4日在茌平县第十七届人民代表大会第五次会议上

茌平县县长雷霞

各位代表：

现在，我代表县人民政府向大会报告工作，请予审议，并请县政协委员和其他列席的同志提出意见。

一、“十二五”时期的工作回顾

“十二五”期间，是茌平发展进程中很不平凡的五年。面对严峻复杂的宏观经济形势和艰巨繁重的改革发展稳定任务，我们在市委、市政府和县委的正确领导下，在县人大、县政协的监督支持下，一心一意谋发展，攻坚克难抓落实，圆满完成了“十二五”规划确定的各项目标任务。

“十二五”期间，我们致力于推动科学发展，综合实力持续跃升。2015年，全县完成生产总值441.2亿元，比2010年增加187.2亿元，年均增长11.7%，人均达到1.2万美元；地方一般财政预算收入达到29.4亿元，是2010年的2.4倍，年均增长19.4%。五年来，组织实施县级以上重点项目468个，其中省级以上重点项目3个，市级以上重点项目117个，全社会固定资产投资累计达到1053.2亿元。百强县建设连年进位提升，由2010年的第98位跃居第72位。三次产业由2010年的13.7∶68.9∶17.4调整到10.9∶64.3∶24.8，产业结构更加优化。现代农业加快发展。2015年粮食总产达到18.9亿斤，实现“十三连增”。大力实施“农业龙头带动战略”，市级以上农业龙头企业、农民专业合作社分别达到55、1021家，分别是2010年的3.7倍和13倍；家庭农场从无到有，达到88家；“三品一标”认证达到132个，是2010年的4.4倍。农产品质量安全检测监管追溯体系实现全覆盖。实施了农田水利基本建设三年会战，治理排涝沟渠374条、930公里，农业发展基础进一步夯实。工业经济扩量提质。“十二五”期间，全县累计完成工业投入643亿元，规模以上企业由2010年的342家增加到454家。2015年，实现规模工业销售收入1464.1亿元、利润120亿元、利税151亿元，均比“十一五”末翻了一番。民营经济加快发展，私营企业、个体工商户分别达到4077家、24484户，比“十一五”末分别增长2611家、15793户。服务业总量迅速膨胀。实现社会消费品零售总额91.2亿元，比“十一五”末增加24.5亿元。现代物流集约发展，规划建设大型物流园区4处。电子商务加速膨胀，年交易额突破5亿元。引进了华夏银行、沪农商村镇银行等金融机构，2015年底存贷款余额分别达到242亿元、202亿元，是2010年的2.1倍、1.3倍。文化旅游业破茧化蝶，创建3A级景区2处、山东省旅游强乡镇2个，成功举办4届中华圆铃大枣采摘节。健康养老产业迈出较大步伐，金柱和佑颐养中心一期项目建成投运。

“十二五”期间，我们致力于深化改革开放，发展活力竞相迸发。招商引资卓有成效。五年累计引进投资超亿元项目65个、超10亿元项目3个，实际到位资金452.6亿元。对外开放步伐加快。五年来，实际利用外资7434万美元，较“十一五”增长22.4%；完成外贸进出口总额39.5亿美元，较“十一五”增长68%。园区建设再上新台阶。科学谋划并大力实施“2246”产业、园区提升工程。县经济开发区在全省开发区综合评价中列第13名，高端产业聚集区起步区基础设施配套基本完成，26个项目落地建设。聊城信发高新材料产业园区成为市级发展战略并列入省“十三五”规划，正在加快建设。各项改革纵深推进。农村土地确权登记颁证工作基本完成，累计流转土地21万亩。新增新三板挂牌企业1家，股权挂牌企业10家，农村信用社成功改制为农商银行。创新能力不断提升。全县市级以上技术创新平台和高新技术企业分别达到35家、25家。拥有省级以上驰名商标（名牌产品）38个，累计申请专利536件，获得市级以上科技进步奖励17项，引进“千人计划”专家等高层次人才33名。

“十二五”期间，我们致力于统筹城乡建设，人居环境更加优美。始终坚持规划引领。开展了茌平县城市总体规划修编，完成了城乡统筹规划、新型城镇化规划，实施了11个专项规划、城区控规编制，完成了乡镇总规修编、示范镇驻地控规、20个农村社区规划设计。城市面貌显著变化。建成区面积扩大到31.4平方公里，城镇化率达到44.7%。实施了民生路、朝阳街等38项路网工程，城区道路总长度达56公里，排水管网124公里，初步形成“九纵九横，一环绕城”的路网格局。新增房地产开发面积344.7万平方米，完成棚户区及城中村改造11975户、221万平方米，开工建设各类保障性住房7590套。乡村环境明显改观。博平、乐平、冯官屯省级示范镇建设取得新突破，组织实施了第一批小城镇提升工程。新建在建农村新型社区26个。“户集、村收、镇运、县处理”的城乡环卫一体化模式实现全覆盖，在省市满意度调查中名列前茅。生态环境持续改善。实施水污染物减排项目40个，大气污染物减排项目48个，信发集团7台总装机容量68万千瓦的燃煤机组一次性集中爆破，二氧化硫和氮氧化物排放总量比“十一五”末分别降低18.7%和19.7%。圆满完成两次海河迎检工作任务，全县基本建立起“治、用、保”水污染防治体系。建设节能重点项目14个，16家企业通过资源综合利用认定，37家次企业通过清洁生产认定。新增城市绿化面积180万平方米，全县林木绿化率达到30.8%，成功创建省级园林县城，全国绿化模范县通过国家级验收，茌平森林公园创建为国家森林公园。建设了信源水库、南环水系等一批重点水利项目，金牛湖公园被评为国家湿地公园、国家级水利风景区。省级以上生态乡镇、生态村分别达到7个、2个。

“十二五”期间，我们致力于构建和谐社会，民生水平稳步提升。人民收入持续增长。五年共转移劳动力45391人，新增城镇就业51129人，帮助17634名失业人员实现再就业，城镇登记失业率控制在3.3%以内。2015年，城镇和农村居民人均可支配收入分别达到22711元和10938元。保障体系更趋完善。覆盖城乡的社会保障体系初步建立，累计征缴各项社保基金31.3亿元，发放各项社保基金29.4亿元。城乡低保标准分别比2010年提高56%和117%，居民医疗补偿封顶线提高到12万元。教育事业健康发展。新建幼儿园21处，改扩建乡镇中小学校39处，省级规范化学校达到16处，全国义务教育基本均衡县通过国家验收。高中教育教学质量稳步提升，职业教育活力增强。卫生计生工作水平不断提高。启动县级公立医院综合改革，公共卫生服务体系不断加强，居民健康电子档案建档率达到90%。成功创建省级卫生应急示范县，顺利通过省级卫生县城复审。低生育水平持续得到巩固和稳定。文体事业更加繁荣。被评为“中国民间文化（剪纸）艺术之乡”“中华传统文化教育基地”。新建、改建、扩建重点文化项目29个，乡镇综合文化站及文化大院实现全覆盖。成功举办五届全民健身运动会。“平安茌平”“法治茌平”建设扎实推进，安全生产事故指标全面下降。

“十二五”期间，我们致力于加强自身建设，发展环境明显改善。深化行政审批制度改革，行政审批事项由363项减为132项，行政审批主体由43个减为36个。积极推进依法行政和政务公开，落实权力清单制度，制定推行政府责任清单、市场准入负面清单。制定了政府议事规则和重大行政决策程序规定，建立了法律顾问制度、新闻发言人制度和公共资金使用透明化制度，完善了县长公开电话运行机制，来电办结率及满意度均达到100%。扎实开展政府系统党的群众路线教育实践活动和“三严三实”专题教育，政风行风有了新改观。自觉接受县人大及其常委会的法律监督、工作监督和县政协的民主监督，五年来共办理人大代表建议、政协委员提案906件，办结率达100%。强化重点领域、关键环节的行政监察和财政、审计监督，维护了政府良好形象。供销、粮食、物价、广播电视、统计、档案、史志、气象、外事侨务、民族宗教、妇女儿童、青少年、台湾事务、残疾人、老龄和人防等各项工作都取得新的成绩。

各位代表，五年来，我县连续多年获得聊城市科学发展综合考核第一名，先后荣获“全国粮食生产先进县”“全国农村教育教学创新示范县”以及“全省推进县域科学发展突出贡献奖”“全省县域经济科学发展试点县”“省级新型城镇化综合试点县”“省级生态农业示范县”“省级绿化模范县”“省级卫生县城”等30余项国家和省级荣誉称号。

五年来的工作实践，我们积累了宝贵经验。一是必须坚持以解放思想为先导，在全国县域发展中奋力赶超、争先进位。二是必须坚持以科学发展为引领，创造性地开展工作，立足实际走好特色发展之路。三是必须坚持以积极作为为基调，科学应对各种危机和挑战，牢牢把握发展主动权。四是必须坚持以改革开放为动力，用法治的思维、改革的手段、市场的办法着力解决深层次矛盾和问题。五是必须坚持以改善民生为根本，让更多发展成果惠及人民群众。

各位代表！五年来成绩的取得，是市委、市政府和县委坚强领导的结果，是县人大、县政协和社会各界大力支持的结果，是全县上下同心协力、拼搏进取的结果。在此，我代表县政府，向全县人民，向人大代表和政协委员，向驻茌单位干部职工和驻茌部队、武警官兵，向社会各界人士和离退休老同志，向关心支持茌平发展的各界朋友，表示衷心的感谢并致以崇高的敬意！

在看到成绩的同时，我们也清醒地看到，发展中还面临着不少困难和问题。主要是：产业层次偏低，科技创新能力薄弱，服务业、高新技术产业、战略性新兴产业总量占比小，发展不够快，产业结构有待于进一步优化；人才、土地、资金等发展要素的制约依然突出；经济外向度不高，利用两个市场、两种资源的能力不强；城镇化水平低，城市管理和公共服务体系还不完善；节能减排压力突出，资源环境承载力与经济发展的矛盾不断增大；保障和改善民生的任务依然繁重，安全生产、社会稳定仍然存有隐患；行政效能和作风建设有待进一步加强，经济发展环境有待进一步优化。对这些问题，我们一定高度重视，采取有效措施，认真加以解决。

二、“十三五”时期的总体要求和目标任务

“十三五”时期，是茌平县转型升级、提质增效、改革攻坚的关键时期，也是全面建成小康社会、加快向基本现代化迈进的决战时期，必须抓住和用好“一区一圈一带”、“聊茌东”都市区发展和建设的重要战略机遇，主动承接京津冀、环渤海以及省会济南的辐射，进一步推动科学发展、和谐发展、率先发展。根据县委十二届九次全会关于制定“十三五”规划的建议，我们制定了《茌平县国民经济和社会发展第十三个五年规划纲要（草案）》，已印发大会，请一并予以审议。

“十三五”时期政府工作的指导思想是：全面贯彻党的十八大和十八届三中、四中、五中全会精神，深入贯彻习近平总书记系列重要讲话精神，坚持“四个全面”战略布局，贯彻创新、协调、绿色、开放、共享的发展理念，进一步优化经济结构，加快政府职能转变，切实提高经济发展质量和效益，更加注重生态文明建设，更加注重民生改善和社会和谐，全力推进经济社会持续健康发展，确保如期全面建成小康社会。

主要预期目标是：

经济实力进一步提升。地区生产总值年均增长9%左右，到2020年达到680亿元，人均地区生产总值达到12万元。地方一般财政预算收入年均增长10%，全社会固定资产投资年均增长13%左右，社会消费品零售总额年均增长13%。

产业结构进一步优化。农业做优，工业做强，服务业做大，三次产业结构调整为7：58：35，产业竞争力显著提升。

城乡建设进一步加强。县城区功能更加完善，小城镇发展和新农村建设步伐加快，城乡统筹发展机制基本形成。到2020年，常住和户籍人口城镇化率分别达到55%、48%。

生态环境进一步改善。资源利用方式根本转变，能源、水、土地消耗强度和二氧化碳排放强度大幅降低，主要污染物排放总量逐年减少，打造河湖秀美、宜居宜业的良好环境。

人民生活进一步提高。平安茌平、法制茌平、智慧茌平建设取得重大进展，城镇和农村居民人均可支配收入年均增长率分别达到8%和9%，与全省同步全面建成小康社会。

文明程度进一步提升。社会主义核心价值观更加深入人心，优秀传统文化得到深入挖掘和阐发，建成覆盖城乡的公共文化服务体系，成为具有地方特色和较强竞争力的文化名县。

体制机制进一步完善。重点领域和关键环节改革持续深化，政府与市场、社会的关系进一步理顺，社会治理体系和治理能力现代化水平明显提升。

各位代表！展望“十三五”，蓝图宏伟，前景广阔。我们坚信，在中共茌平县委的正确领导下，经过全县人民的共同努力，五年的奋斗目标一定能如期完成，一个更加文明、富裕、和谐、开放、秀美的新茌平将在鲁西大地蓬勃崛起！

三、2016年的目标任务和工作重点

2016年是实施“十三五”规划的开局之年。做好全年工作，对实现“十三五”奋斗目标，具有十分重要的意义。经济社会发展的主要预期目标是：全年生产总值增长9%左右；地方一般公共预算收入增长9.5%；全社会固定资产投资增长15%；城镇和农村居民人均可支配收入分别增长8%和10%；全面完成上级下达的各项约束性指标。重点做好五方面工作。

（一）突出结构调整，着力构建集约高效的产业体系

坚持以标准、质量、品牌培植核心竞争力，以管理、工艺、技改提质增效，推动三次产业又好又快发展，确保产业素质实现新提升。

加大优质高效投入。集中力量抓好85个重点项目建设，完成全社会固定资产投资311亿元。按照“一个重点项目、一个帮包领导、一个责任单位、一个工作班子”的原则，实行重大项目工作目标责任推进制度，及时协调解决项目建设中遇到的重大问题，确保项目建设顺利推进。多措并举，通过增加信贷规模、发行债券、上市融资、招商引资、对上争取等方式，解决项目建设资金问题。优化土地资源配置，全年挖潜改造低效利用土地1000亩，完成土地增减挂验收2000亩，保障优质项目落地生根。

推进信发高新材料产业园区建设。围绕打造“国际高新材料产业基地、国家循环经济示范基地、山东省先进制造业基地”，重点发展新材料、高端装备制造、信息通讯及电力电子、新能源及节能环保产业，举全县之力将园区打造成为产业高端高质、管理创新高效、产城融合发展的国际一流生态工业新区。加快园区土地规划修编，完善园区概念规划，做好与市县总体规划的融合衔接。推进园区内的绿化、管网、垃圾处理、污水处理等基础设施和社区建设，统筹配套企业孵化器、科技研发平台、综合服务中心等生产性服务设施，完善园区生产、生活、生态配套功能。加快建设湖西路北延、北二环西延、南部园区南北贯通线等园区配套路网，配合做好聊城市黑龙江路东延建设，尽快形成对接“聊茌东”都市区的路网框架。细化园区优惠政策，确保水、电、土地等生产要素向高端项目倾斜，落地

建设一批大项目、好项目。

加快工业经济优化升级。突出抓好“五个一批”工程，力争到年底，全县规模以上工业企业达到460家，实现主营业务收入1600亿元，利税165亿元，利润131亿元，完成工业投入220亿元。改造提升传统产业，加快品牌商标建设，以铝深加工、汽车配件、人造板等产业为重点，不断提高企业装备水平，确保技改投入达到100亿元。积极培育战略性新兴产业，抓好易迈医疗关节传感器、大地数控机床等一批重点项目建设，全县战略性新兴产业增加值增长20%以上。支持信发集团抓好高效超超临界风冷发电机组、660千安高纯铝等项目建设，加快新建机组并网发电，谋划济南远程供暖工程。坚持企业工作日和金融工作日制度，实施困难企业转并联工程，帮助企业排忧解难、破解瓶颈，使困难企业恢复活力，带动1000人以上就业。有计划、有步骤地启动部分规模小、排放大、污染重的企业转停并迁工程，推动“腾笼换鸟”、转型升级。大力实施企业家素质提升工程，搭建国际交流平台，对话国内外行业领军人物，推动“政企金研”协作互动，组织企业家参加高端培训，着力提高企业家综合素质。

加快发展现代农业。推进农业产业高端化。大力发展高产高效优质农业，着力培育一批绿色、有机农产品基地，深化与首农集团合作，让更多茌平果蔬走进高端市场。新增市级以上农业龙头企业10家，培育农民专业合作社60家、家庭农场20家。重点抓好4个精致农业园区和肖庄、贾寨、乐平等6处特色农产品基地，盛远达等3处生态畜禽养殖基地，滨河锦鲤等3处现代渔业园区，创建以獭兔、三元良种猪为特色的健康养殖示范县和徒骇河中华鳖水产种质保护区。深入推进涉水涉地资金整合试点，新增高标准农田9万亩。推进农业质量标准化。加快完善农业标准体系、检验监测体系、质量保障体系和农产品质量追溯体系，扩大无公害农产品、绿色食品和有机食品的认证数量和发展规模，新增“三品一标”认证20个，创建农产品质量安全县。推进农业科技集成化。鼓励采用智能温室、物联网等先进技术，支持发展直销、配送、电子商务等物流业态。加强与科研院校合作，培训各类农技人员1.5万人次。推广各类先进适用农业机械1000台（套）以上，农机化总体水平达到95%。

加快服务业跨越发展。优先发展生产性服务业。深化金融创新试点，引进招商银行等金融机构4家，银行机构存贷比力争提高2个百分点，普惠金融资产规模和保险业承保规模均增长10%，金融业财税贡献增长15%。大力发展现代物流业，扶持发展一批年主营业务收入超过10亿元的龙头企业，创建1～2个有较高知名度的物流服务品牌。以电子商务产业园、邮政公共服务平台、金号微商城、大宗商品电商交易平台建设为重点，打造电子商务示范城市，电子商务年交易额增长30%以上。引导发展生活性服务业。突出发展商贸流通业。以推进城市综合体和消费街区等项目为切入点，优化城区商业网点布局，加快推进城乡市场网络、社区商业网点和农村现代流通服务网络“三网”融合发展。大力发展文化旅游业。推动金牛湖风景区创建国家3A级景区，整合肖庄、博平枣乡观光生态园，鲁义姑祠等景点，打造特色旅游线路，积极融入济齐聊旅游带。以特色村建设为突破，推进“农区变景区、劳动变活动、产品变商品”，打造茌平“生态休闲农业”旅游品牌。稳步发展健康服务业。加快推进金柱和佑颐养中心二期工程建设，推动医疗服务、卫生保健、老年护理等产业融合发展，建设养老服务业高地。

（二）深化改革创新，着力拓展县域经济的发展空间

坚持把改革作为推动发展的强大动力，实施创新驱动战略，努力提高全县核心竞争力，不断增创经济发展新优势。

狠抓深化改革，确保体制机制更活。大力深化农村改革，全面完成土地承包经营权确权登记颁证工作。稳步引导农村土地市场化、集约化、资本化运作，盘活农民资产，促进农民增收。深化金融改革，鼓励符合条件的企业加快上市融资

步伐，新增新三板挂牌和股权挂牌企业各3家。创新公共基础设施投融资体制，积极争取国开行、农发行政策性贷款，推广政府和社会资本合作（PPP）模式，提高财政资金使用效率。加强社会诚信体系建设，逐步建立健全社会信用法规体系、标准体系和监管体系，构建覆盖全县的征信系统，树立“诚信茌平”品牌形象。同时，积极推进新型城镇化、医药卫生、教育等各领域改革。

狠抓精准招商，确保发展后劲更足。坚持招商选资、招才引智并举，全年完成招商引资额150亿元以上。突出质效，既重“大”，更重“强”，着力引进发展前景好、科技实力型项目。突出产业招商，发挥企业招商主体作用，围绕产业链延伸引进上下游配套产业，在价值链高端、高附加值项目引进上实现新突破。完善招商奖惩机制，突出信发高新材料产业园区在招商引资中的主平台、主载体作用，按照“谁引进谁受益”的原则，鼓励支持各乡镇、街道向园区引项目、落项目，至少引进2家“大高外强”项目，力争入园项目达到40个，实际到位资金60亿元以上。抓好外资项目引进和建设，优化出口产品结构，实现利用外资1000万美元，完成进出口总额7.5亿美元。

狠抓创新驱动，确保内生动力更强。抓创新就是抓发展，谋创新就是谋未来。我们必须把发展基点放在创新上，通过创新培育发展新动力。大力推进创新创业。着力培育一批省、市级以上小企业创业辅导基地，确保个体工商户和私营企业户数达到3.5万户以上。深入开展“一企一技术”创建活动，壮大专精型、成长型中小企业团队。大力推进平台建设。完善产学研协同创新机制，鼓励现有企业科研平台共建共享，新增市级以上技术创新平台6家，市级以上科技发展计划项目2个，产学研合作项目5个，列入省级技术创新项目8项。大力推进质量强县。加强产品质量管理，大力推进品牌建设，抓好国家级中压输配电设备检测中心项目，新增省以上名牌产品或著名商标2件，“市长质量奖”1个，力争实现“省长质量奖”的突破。大力推进人才工作。完善高层次人才引进机制，着力引进国内外顶尖研究机构、技术团队、创业人才，进一步加强工业、农业、教育、卫生等领域人才队伍建设，为县域经济和社会发展提供可靠的人才智力支持。

（三）统筹城乡发展，着力建设宜居宜业新茌平

以“人的城镇化”为核心，以省级城镇化试点县建设为抓手，加大统筹城乡力度，构建布局合理、功能互补、城乡一体、协调发展的新型城镇体系。

优化规划布局。积极融入“聊茌东”都市区发展，稳步推进经济社会发展、城乡、土地利用、生态环境保护多规合一，提升全域规划建设层次。高质量完成茌平县城市总体规划、聊城信发高新材料产业园规划修编，开展县城区控制性详细规划和地下管网综合规划编制。严格规划审查，加强审批后管理，提升规划管理成效。加大违法用地和违章建筑查处力度，切实维护规划的严肃性。

提升建设水平。协调推进新城区建设和老城区改造，创新投入机制，完善城市功能，重视城市文化品位建设，提升整体形象。适时启动片区征收改造，完善新的补偿政策，加大遗留问题处理，货币化安置率达到50%。稳控房地产业发展，积极推进楼市去库存。启动棚户区改造1264户，建设公共租赁住房200套，完善保障性住房准入和退出机制，确保公平公正、应保尽保。抓好城区绿化，实施金牛湖景区绿化、亮化提升工程，新增绿化面积80万平方米。提升供热、供水、通讯、电力等市政设施配套水平。完成茌平汽车站新站配套建设并投入运营。新建湖东路北延等市政道路，对新政路、龙山北街等进行大修。抓好市政保洁，降低空气粉尘指数。

推进一体发展。积极稳妥推进“省级新型城镇化综合试点县”建设，完成8个乡镇总规和3个省级示范镇驻地控规报批，启动8个乡镇控规编制。加快博平、乐平、冯官屯3个省级示范镇建

设，完善基础设施和公共服务设施配套。实施以韩屯、胡屯、洪官屯为重点的第二批小城镇提升工程。完善城乡环卫市场化运作长效机制，确保清扫保洁率达到98%以上，机械化清扫率达到40%以上，不断提升群众满意度。

加强城市管理。加快城市社区建设，稳步推进村改居工作，完善城市基层服务功能，为居民提供优质便捷服务，补齐城市管理短板，振兴、信发两街道上半年率先实现突破。打造智慧城市，加快“数字化城管平台”建设，构建全方位、立体化的街面智能管控体系。积极推进海绵城市建设，提高城市生态、安全水平。深化市容环境综合整治，依法处置私搭乱建、违章停车、流动摊贩、占道经营、露天烧烤等违规违法行为。深入推进交通畅通工程，完善县乡道路交通安全标识，开展交通违章专项整治，有效缓解交通拥堵。立足“聊茌东”交通一体化，抓好城市公交运营布局，方便群众出行。

（四）强化生态建设，着力打造绿色低碳的秀美家园

把不损害生态环境作为发展的底线，像保护眼睛一样保护生态环境，像对待生命一样对待生态环境。

全面推进资源节约。实行最严格的源头保护制度，严格控制高能耗、高排放行业新增项目和产能，努力实现环境保护和产业转型的双赢。突出抓好5个重点节能项目，淘汰信发集团3台15.5万千瓦小机组，支持节能新技术、新工艺、新设备、新材料应用，不断降低单位地区生产总值能耗。大力推行清洁生产技术，积极开展企业强制性清洁生产审核。全面执行绿色建筑标准，开展既有建筑节能改造，推进集约型城乡建设。

切实抓好环境保护。完善以人工湿地为核心的水污染防治体系，完成污水处理厂提标改造，加快冯氏河等3处污水处理厂建设，帮助信发集团加大污水处理力度，全面消灭城区污水直排，严控农村面源污染，确保出境河流断面水质持续达标。加快生活餐厨垃圾无害化处理，规划建设垃圾综合利用示范基地。严格燃煤机组脱硫脱硝工程运营监管，重点企业烟气稳定达标排放。以城市扬尘、机动车尾气治理为重点，严控复合型大气污染，努力改善环境质量。严格落实上级工作要求，实行司法联动机制，严厉打击环境违法行为，确保环境安全。

持续加强生态建设。把徒骇河以西区域作为全县的“肺”功能区，严格规划约束，加大生态保护与开发力度，打造湖清、岸绿、景美的生态景观。实施水源联通工程，加快东邢水库建设，抓好赵牛河等河道的清淤改造，建成功能完善、河渠顺畅的引排水工程体系。加快城区河道生态保护综合治理，完成茌中河综合整治，构建人水和谐的生态宜居环境。抓好城乡路域环境提升工程，见缝插绿，减少裸露土地，县内国省干道全部实现高标准绿化。全年新造林1.12万亩，新建完善绿色通道60公里、农田林网5万亩，林木绿化率达到31.4%，成功创建全国绿化模范县。深入开展绿色系列创建活动，加强生态文明宣传教育。

（五）突出民生幸福，着力提升城乡居民的幸福感

以增进人民福祉为目的，统筹做好改善民生的各项工作，让发展成果更多更公平地惠及全县人民。

聚力扶贫攻坚。确保年内实现1.48万贫困人口基本脱贫，在全市提前一年完成扶贫攻坚任务。在精准识别的基础上，综合运用产业扶贫、就业扶贫、基础设施扶贫、金融扶贫、教育医疗扶贫、财政兜底扶贫等多种扶贫模式，因村因户因人施策。建立健全领导责任制和对口帮扶机制，集成政策资源，引领市场、社会协同发力，企事业单位人人参与，形成全社会共同扶贫的强大合力。全面完成贫困家庭危房改造，提高农村特困人员供养水平，分类完善救助措施，推进农村低保线和扶贫线“两线合一”，年内低保线达到或高于国家扶贫标准线。对贫困家庭学前适龄儿童免收保教费，普通高中免除学杂费，大中专和中高职学生每年补助3000元。

办好民生实事。围绕关系群众切身利益的问题，集中力量办好十大民生实事。一是推动社会保障扩面提质。农村低保标准提高到每人每年2800元，城市低保、农村五保供养标准和敬老院运营补助相应提高。困境儿童基本生活费标准提高到每人每月720元。二是开展免费就业培训。开展职业技能和创业培训3200人，确保新增城镇就业6000人，新增农村劳动力转移就业7500人。三是推进老旧小区和农村危房改造。改造城镇老旧小区16个，启动农村危房、农村无害化卫生厕所和农村供暖改造。四是实施农村路网提升工程。改造建设刘杜路、王顾路等县乡道路和8座中小桥涵，完成村级路网建设80公里。五是促进教育均衡发展。启动城区学校新建、扩建工程，有效解决城区中小学“大班额”问题。完成26处中小学校“全面改薄”，建设职业中心培训基地、特教中心。六是开展公益性文化服务。完成送戏下乡300场次，农村公益电影放映8784场。开展“你点书、我买单”活动，满足广大读者的读书需求。启动美术馆规划建设，充实规划展览馆展品内容，免费向社会开放。七是实施全民健身工程。建设体育健身工程100个，培训社会体育指导员180人，举办全民健身运动会。八是实施公共卫生服务提升工程。完成县医院门诊楼、中医院门诊楼、洪官屯卫生院国医楼和成无己纪念馆主体建设。九是实施卫生计生“三项免费”工程。实施婚前医学免费检查，孕期胎儿无创基因免费检测和农村妇女“两癌”免费筛查。十是强化食品药品监管。新版药品GSP认证通过率达到100%，强化技术支撑，食品抽检批次增长30%，创建省级食品安全先进县。

创新社会治理。加强法治茌平建设，深入开展普法宣传教育，采取政府购买服务的方式，实施法律服务“一乡镇一团队、一村居一顾问”工程，推进公共法律服务全覆盖。深化平安茌平建设，进一步推进平安特派员制度，完善立体化治安防控体系，有效防范和惩治各类违法犯罪活动。坚持群众工作日制度，建立健全多元化社会矛盾纠纷解决机制，着力化解各类矛盾，消除各种不稳定因素，维护全县稳定形势。深入开展危化品、建筑施工等安全生产专项整治，实施百家企业安全标准化达标工程，强化公共安全、技术保障和基层基础建设，提升企业本质安全水平，严防重特大事故发生。推进应急管理体系建设，强化应急救援演练，提升突发事件预警、处置和保障能力。认真做好国防动员、双拥共建、军民融合、民兵预备役、妇女儿童、青少年、民族宗教、外事侨务、防震减灾、台湾事务、残疾人、老龄和人防等工作，确保社会和谐稳定。

四、加强政府建设

面对复杂的经济形势、繁重的发展任务，我们将牢记发展使命和人民重托，加快转变政府职能，强化队伍建设，履职尽责，加快建设人民满意的服务型政府。

一是提升科学施政能力，全力为人民服务。加强对政府工作人员的培训力度，引导广大干部适应新常态、学习新知识、增长新才干，提升科学履职能力和服务水平。精准把握事关茌平经济社会发展、政治文明和精神文明建设的运行规律和发展趋向，不断增强决策的前瞻性和科学性，积极应对和解决发展中面临的问题和瓶颈，着力于协调要素、破解难题、化解矛盾，确保全县经济社会发展平稳推进。

二是提升高效执政能力，一心对人民尽责。加快电子政务建设，优化政务服务流程，充分发挥政务服务中心和县长公开电话作用，打造综合高效优质的政务服务平台。狠抓政风行风建设，持续治理“庸懒散”，不断提高行政效能和服务水平。对事关全局的重点性工作，严定标准，紧扣序时，盯住问题，真督实查，不断提升一抓到底、不折不扣的执行力。

三是提升依法行政能力，自觉接受人民监督。加快法治政府建设，增强法治思维。严格执行政府议事规则和重大决策程序规定，切实发挥好重大决策咨询委员会、法律顾问委员会和第三方评估机构的作用。建立合理的容错机制、及时的纠错机制和正常的免责制度，营造宽容失败、鼓励担当的环境和氛围。严格执行人大及其常委会的决议和决定，自觉接受人大工作监督、法律监督和人民政协民主监督，认真听取各民主党派、工商联、无党派人士和人民团体的意见建议。

四是提升廉洁从政能力，努力让人民满意。坚决把党的纪律和规矩挺在前面，严格执行党风廉政建设责任制，加强政府支出项目和政府规章制度廉洁性评审，从源头上防止和遏制腐败现象的发生。严格落实“一岗双责”，加强对工程建设、土地出让、资金管理等权力运行重点领域、环节和部位的全程监督。加大行政问责和惩治腐败力度，对腐败问题实行“零容忍”，严肃查处各类违纪违法案件。

各位代表，迎接新挑战任务艰巨，开启新征程使命光荣。让我们在中共茌平县委的坚强领导下，团结拼搏、奋发进取，为建设生态幸福新茌平作出新的更大贡献！

理论文章

完善制度建设　提高审议质量

（2012年《山东人大工作》主任论坛文章）

茌平县人大常委会第一副主任尹海波

审议工作，是各级人大常委会依法履行职责、行使职权的重要形式和必要程序。人大常委会审议质量的高低是衡量人大常委会工作水平的一个重要标志，也是人大常委会整体作用能否真正发挥的关键，直接影响着人大常委会监督水平的高低和监督效力的强弱，并与地方经济社会发展息息相关。

茌平县第十七届人大常委会紧紧围绕茌平县委提出的“一二三四五六”的奋斗目标和工作思路，以实现“科学发展建设幸福新茌平，奋力赶超跨入全国五十强”的新目标为重点，以创建学习型机关为载体，全面加强人大工作建设，高度重视人大常委会审议工作，以完善常委会制度建设为突破口，积极探索和研究提高人大常委会审议质量的有效途径和创新方法，取得了良好的效果。

一、建立人员构成制度，优化整体水平

人大常委会组成人员的整体水平，是决定审议工作质量的一个重要因素。社会主义法治国家的建设，需要建立健全人大常委会人员构成制度，在逐步做到人大常委会组成人员的专职化、专业化和年轻化的同时，加强常委会自身建设，从整体上优化队伍整体水平。

一是专职化。一些地方人大常委会兼职委员在整个常委会组成人员中占相当大的比例，由于他们所在工作单位的工作繁忙，不可能像专职委员那样可以把全部的精力放在人大工作上，更没有足够的时间围绕议题去学习相关法律和调查研究。所以要在不违反组织原则的前提下，尽量减少兼职委员。

二是专业化。人大工作具有法定性、规范性、权威性和科学性的性质，这就要求常委员组成员应该具有较高的专业化程度。与此同时，能够与时俱进、不断接受和学习新的知识，也是人大常委会组成人员应该具备的基本素质。只有专业化、学习型的常委会队伍，才能有资格代表人民，对人民负责。

三是年轻化。人大机关不是党政机关人员工作到龄后用以延长就职期限的“半退休”机构，而是可以双向交流，可以向党政机关输送人才的地方权力机关。强调年轻化，目的不仅是为了避免常委会组成人员快速老龄化，从而导致“齐上、齐下”的局面，更是为了呼吁多给年轻干部直接参政议政、接受锻炼的机会，以保证人大工作的连续性和稳定性。

茌平县人大常委会在努力实现队伍成员“三化”的同时，还致力于树立常委会成员表率形象，经常性组织培训，召开研讨会，不断培养成员们的政治素质、法律素质和业务素质，提高成员们民主决策、科学决策和依法决策水平。

二、完善监督激励制度，提升工作效能

许多地方人大常委会在审议“一府两院”的工作时存在着成员参会不积极，发表意见不主动，讨论议题不实际，讲成绩多、谈问题少，讲建议多、提缺点少以及避重言轻、隔靴搔痒等现象，严重影响人大常委会审议工作的效率和效能。因此，茌平县人大常委会经过充分研究讨论，进一步完善了与人大审议工作相配套的监督和激励机制。

一是成员制约机制。无规矩不成方圆，一个高效的人大常委会应该建立一系列完善的规范约束制度，比如人员考勤制度、视察与调查研究制度、审议发言要求制度、与人民代表联系沟通制度等。茌平县人大常委会特别注重视察与调查研究制度的实施，因为议政的前提是要知政，如果对于议题不了解，对于背景不清楚，根本没有资格做人民信任的代表。

二是代表评议机制。尝试组织代表定期或者不定期地对人大常委会成员的工作进行评议，组织评选代表心中的“优秀委员”。一方面增强常委会委员的使命感和责任感，更好地履行职责；另一方面给代表们提供更好、更近地知政、议政机会，优化监督环境。

三是舆论监督机制。鼓励新闻媒体公开指导审议工作的重点、难点、焦点和热点，公开评议常委会委员们的发言质量、参政意识和议政水平，以激励常委会组成人员增强和提高自身素质的紧迫感。

三、创新审议辩论制度，强化审议深度

实现审议民主化和决策科学化的重要手段之一就是人大常委会成员们能够对审议问题开展深入有效的辩论。但是由于议题多，时间短，审议难能充分。缺乏辩论机制的匆忙表决，往往使一些重要观点和意见在形成的决议或者决定中被疏忽了。这种缺乏不同意见、缺乏充分辩论和交锋的审议方式，已经不适应当前人大常委会大力推进社会主义民主政治的需要，直接影响了审议质量的提高和人大常委会更有效地行使职权。

茌平县人大常委会根据以往审议工作中存在的问题，着力优化常委会审议环境，大力改善常委会审议氛围，尝试推进审议辩论制度的创新建设，鼓励委员们大声讨论，大胆辩论，强化常委会审议深度，在一定程度上提高了与会成员的积极性和讨论热情，为提高审议质量打下了良好的基础。

四、贯彻督办反馈制度，注重意见落实

审议质量的高低，不仅依赖常委会委员们在审议过程中愿意发表议政意见，更依赖的是审议意见的后期执行。茌平县人大常委会把督办审议意见作为提高监督质量的最佳着力点，不断规范督办机制，强化落实，在监督中彰显支持的力量。

一是意见交办和督办制度。会议审议后，人大常委会办事机构要及时对委员、代表及其他列席人员提出的意见进行整理，交由本级“一府两院”研究处理，并限期答复办理情况，审议意见的办理结果必须以书面形式向人大常委会报告。与此同时，人大常委会向“一府两院”交办审议意见后，对口的常委会工作委员会要指定专人抓督办、抓落实。

二是情况反馈制度。“一府两院”接到审议意见后，要严肃对待，制定工作方案，认真研究处理。政府要在审议意见的登记、拟办、提请研究、交办、督办、报告办理结果等环节上严格把关，根据人大常委会对审议意见的办理落实要求及时报告办理结果

三是办理结果审查制度。人大常委会在收到“一府两院”研究处理审议意见情况报告后，要及时召开有相关工作机构负责人列席的主任扩大会议，对报告进行审查。人大常委会和主任会议还可以适时听取有关部门研究处理审议意见情况的汇报，对整改工作进行满意度表决，并将表决

结果报送党委和“一府两院”，推动有关部门改进和落实工作。

五、坚持对外宣传制度，提升人大形象

人大宣传工作是党的宣传工作的重要组成部分，也是人大工作的重要内容，将人大开展的工作和人大制度通过网络、媒体等途径宣传出去是对人民的负责，也是对提高人大常委会审议质量的必要支持。茌平县人大常委会高度重视人大宣传工作，致力于加大人大工作的宣传报导力度，提高人大工作的社会影响力。

一是信息宣传制度。突出做好人大常委会围绕县委中心工作的宣传报道，在电视台开办人大工作专题，撰写《茌平人大工作信息》，全面宣传人大常委会及县委中心工作。

二是审议监督情况公开制度。配合督办反馈制度，“一府两院”要将审议意见研究处理情况向常委会提出书面报告，并采取公报、广播、电视、报纸、网站、简报等多种形式，及时公开审议意见、研究处理进度及结果，增加监督工作透明度，充分发挥媒体监督、人民群众监督的作用，形成强大的监督合力。

审议工作是人大常委会工作的重中之重，提升审议质量更是关系一方人大工作成败和经济社会运行的关键所在。茌平县第十七届人大常委会将继续认真落实科学发展观，紧紧围绕县委提出的“一二三四五六”的奋斗目标和工作思路，借着“站在新起点，瞄准新目标，增创新优势，实现新跨越”战略机遇，以构建和谐社会为大局，以维护最广大人民群众的根本利益为宗旨，以推进民主法制建设为根本任务，全面履行宪法和法律赋予的各项职权，树立更高标准，完善人大常委会各项制度建设，着力提升茌平县人大常委会审议质量，力争实现更大突破！

突破“四自”困局　创新人大宣传工作

（2015年度全市人大系统优秀调研论文二等奖）

茌平县人大常委会副主任丁洁卉　办公室科员韩尚杰

人大宣传工作是党的宣传工作的重要组成部分，也是人大常委会的一项重要工作。新常态下人大宣传工作呈现了新特点和新规律，而当前县级人大宣传工作却出现了“自编、自导、自演、自我欣赏”的“四自”困局。创新人大宣传工作，突破“四自”困局，是当前人大宣传工作的一项重要任务和主要课题。

一、人大宣传工作存在的问题及原因

当前县级人大宣传工作出现“四自”困局，其工作中存在的问题和原因是多方面的。

（一）外界媒体参与少，人大宣传工作呈单兵作战局面

虽然人大宣传工作是党的宣传工作的重要组成部分，但是，外界媒体主动报道人大新闻少，尤其人大闭会期间。此外，宣传部门的记者很少关注人大新闻，因为宣传部门的报道登载平台考核中人大报刊例外。因此，人大宣传工作力量大部分集中在人大常委机关内部，主要集中在人大办公室或其他委室，主要宣传人员一般在2～3人。他们很少接受新闻写作专业培训，宣传工作的数量和质量难以提升，出精品上大报难、上党报难。

笔者专门就所在地区的2014年度人大宣传情况进行了调研，统计数据见下表：

茌平县人大系统2014年度宣传情况统计表

机构名称	投稿数	报道刊登数	人民权利报	上党报数
办公室	30	28	4	4
机关各委室	8	2	1	0
14个乡镇	14	5	3	1
宣传部	2	1	0	0
广播局	14	14	0	0

以上数据统计凸显了一个显著的特点，人大宣传工作中存着“王婆卖瓜自卖自夸”的现象，从事人大工作的同志宣传人大的多，人大以外的新闻、文化等部门的同志宣传人大工作较少，也很少看到人大以外的报刊等宣传阵地宣传人大及其工作，人大宣传就像一个封闭的圆圈，只在其内部循环。同时还存在另一个问题就是乡镇人大普遍存在对信息、宣传工作不够重视的问题。由于缺乏相应的责任制和激励机制，从而导致了乡镇人大宣传工作基本处于缺乏管理、缺乏激励、缺乏约束的“撂荒”状态。有的只顾埋头开展工作，不注意进行总结，信息、宣传稿件报送滞后；有的虽然报送了信息、宣传稿件，但数量不多、质量不高，抓不住要害和重点，实际参考价值不大。

（二）宣传缺乏广泛性，载体单一，难以突破“四自”困局

人大制度的性质决定了人大宣传工作必须面向社会、面向基层、面向群众。然而，由于人大宣传渠道狭窄，宣传工作滞后，致使信息传递不到位，群众对人大知识，对人大制度了解不多，人大到底是干什么的，很多人说不清。笔者就这一问题，在社会上进行了问卷调查，随机挑选了100名群众进行现场问卷填写，结果显示（如图1所示）：群众对人大制度及职能的认识还是在少数，不了解的占到一半以上，这充分说明了人大宣传还不到位，并未使广大群众充分了解到人大制度及职能。很大的原因就是宣传载体单一，而有关人大的新闻信息和知识也大都是通过人大系统自办的报刊进行宣传，人大宣传从上到下出于一种“自产自销”的状态，从而影响了人大制度的宣传效果。

人大宣传工作平台主要是人大自办刊物和人大网站，笔者就人们对这两大载体的认识程度进行了问卷调查，参加问卷调查的有150名人员，包括人大常委15名、市人大代表30名、县人大代表70名、人大机关及乡镇人大工作人员35人。结果显示（如图2、图3所示）：经常阅读人大自办刊物的占少数，没有阅读过的反而占到多数，比例甚至接近一半；经常浏览人大网站的占少数，知道网站但从没浏览过的占多数。这充分说明两大载体根本没有充分利用起来，宣传不到位。究其原因，人大网络栏目设置不够生动，信息更新不够，吸引“眼球”的东西少，“看客”的点击率低。而人大自办刊物多为“双月刊”、“半年刊”或“全年汇刊”发行频率低，传播的信息量非常局限。经过仔细调查，无论人大网络还是人大自办刊物，“看客”大多为党政机关领导同志、人大常委和人大代表等人大系统“自己人”。人大宣传工作信息量少，“看客”少，指导编写人大工作信息的人员更少，也是人大系统“自己人”，因此，出现了人大宣传工作的自

编信息、自我发行，人大系统内部参阅的现象，我们称之为“自编、自导、自演、自我欣赏”的“四自”现象。

图1：对人大制度及人大职能的认识

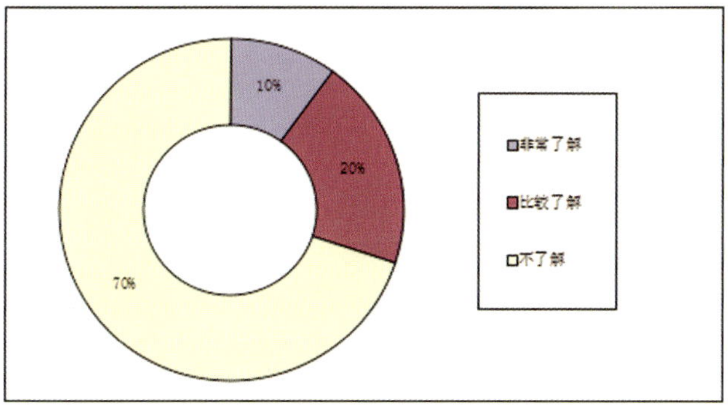

图2：对人大自办刊物的运用

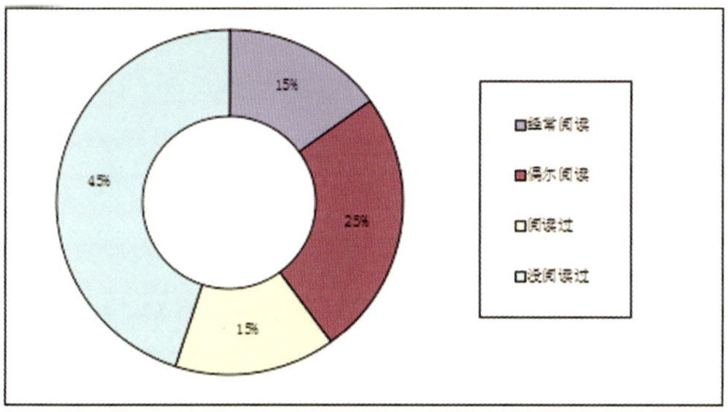

图3：对人大网站的运用

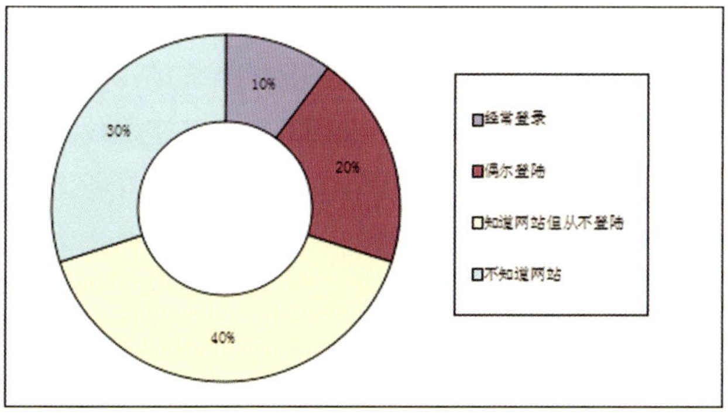

（三）思想认识有偏差，“热点”问题难以被发现

人大宣传工作具有较强政治性和程序性的特点。部分同志对人民代表大会及其常委会在我国政治生活中的地位还缺乏足够的认识。有的认为人大工作无关紧要，无非是发发言、举举手、走走形式；有的把国家权力机关当成一个工作部门或群团组织看待，把依法召开的人大常委会会议与一般的业务会议混为一谈。部分新闻记者和通讯员的人大知识缺乏，对一些会议报道还没有完全摆脱程序化和一般化，缺乏一定的深度和力度。部分从事宣传信息工作的同志缺乏创新意识，采写的宣传信息稿件数量较少，质量不高。部分宣传信息工作者认识不到宣传信息工作的作用，总认为人大工作缺乏“热点”和“看点”，思想上存在“无用论”，就是有“热点”，也往往被大家忽视，因此，外界媒体很少关注人大新闻。

（四）宣传工作机制不健全，宣传人员参与度不高

完善的工作机制可以增强宣传人员的目标意识、责任意识，调动其工作的积极性。然而机制不够健全，就直接影响了宣传工作的状态。笔者就这一方面问题进行详细调研，发现规章制度有，但是，有些制度没有完全落实到位，缺乏相应的责任机制和激励机制，从而导致人大宣传工作基本处于缺乏管理、缺乏激励、缺乏约束的状态，宣传人员没有目标和方向感，缺乏主动参与宣传的积极性。

二、做好人大宣传工作的对策

新常态下，人大宣传工作有了新的要求，提升人大宣传工作高度，挖掘人大宣传工作深度，着眼社会对人大工作的热度，多出精品、新品。走出“四自”困局是当前人大宣传工作的首要课题。

（一）坚持人大宣传工作导向，准确把握“三个关系”

着力提升舆论引导能力。导向是方向，是原则。在当前我国民主政治建设加快推进的过程中，正确把握好舆论导向至关重要。人大宣传工作具有鲜明的政治性、广泛的民主性和严格的程序性，更要坚持正确的政治方向。人大宣传工作是党的宣传工作的重要组成部分，坚持党的宣传方针，传递正能量是人大宣传工作的根本。坚持党的宣传方针，人大宣传工作中应把握好“三个关系”，即把握党的领导，发扬民主和依法办事之间的关系，把握人大和“一府两院”的关系，把握人大与人大代表和人民群众的关系，主动适

应人大宣传工作的新形势，科学研究人大宣传工作的新特点，积极回应广大人民群众对人大工作的新要求，积极应对全媒体时代对人大工作的新挑战。实践中，应把好关、把好度，确保正确的舆论导向。

（二）扩大创新人大宣传工作平台，充分发挥“五个优势”

做好新时期地方人大宣传工作，需要以创新的精神，加强阵地建设，积极扩大宣传载体，努力拓展人大宣传渠道，扩大人大宣传工作平台，改变目前存在的载体单一、路子狭窄等问题。

笔者认为，人大工作宣传的受众面取决于宣传平台，因此大力推进宣传阵地建设和管理，做大做强主阵地，在传统媒体和新兴媒体融合发展上下功夫，积极营造立体式、全方位的宣传效应。用足用好新阵地，适应新常态，坚持传播好各级党委、人大好声音，增加人大宣传工作的“看客”，充分发挥以下五个优势。一是充分发挥人大自身的宣传优势。办好人大网站、《人大公报》、《人大工作信息》、《人大汇刊》等自办网站和刊物，着重宣传党政机关、人大代表等受众面。二是充分发挥地方新闻媒体的主渠道优势。协调人大与宣传部门的关系，充分利用好地方报刊和党报平台，协调好人大与广电部门的关系，利用好电视台“群众利益挂心间”和“代表风采”栏目，扩大一般群众等“看客”，增加人大新闻的“亲切感”。三是充分利用国家、省高层次媒体平台优势。利用好党报和《人民权利报》、《山东人大》等，提升人大工作的影响力，提升人大新闻信息的层次。四是充分发挥党校和学校的优势，使人民代表大会制度的宣传进学校、进课堂。五是充分发挥创新优势，突破现有的主要靠新闻媒体进行图文宣传的单一模式，通过组织举办人大知识竞赛、文艺汇演、演讲比赛等活动，吸引更多群众亲身参与并真切感受人大工作和人大制度，变“被动灌输”为“参与融合”。通过这种形式，来扩大载体，拓展渠道，解决制约人大宣传的瓶颈，提高人大宣传的覆盖面，增强人大宣传的密度和力度，提高人大工作的透明度。

壮大宣传工作队伍，借力“三个方面”人员

宣传工作队伍是做好人大宣传工作的重点要素，实践证明，宣传队伍的强弱很大程度上影响了宣传工作的力度。首先充分调动“三个方面”人员的积极性，激活宣传工作活力。一是充分调动人大系统内部工作人员的积极性，强化其责任意识和担当意识，发挥其业务熟的优势，找准视角进行宣传。二是充分调动宣传部门的新闻工作者的积极性，发挥其新闻专业性强的优势，出精品，上大报，上党报。三是充分调动人大代表的优势，使其成为人大宣传工作的“播种机”、“传声筒”，将党的好政策、人民群众的呼声宣传好、传递好。其次，加强宣传人员的学习培训，不断提高宣传工作水平。将培育骨干与构建网络相结合，在县乡也建立了宣传队伍，形成了上下贯通、纵横连接、专兼结合的宣传体系。通过走出去、请进来，专题培训、交流研讨等形式，着力营造齐抓共管、共同做好地方人大宣传工作的良好局面。

（四）强化宣传工作，完善“四项机制”

完善宣传工作的“四项机制”，调动人大宣传工作人员的积极性，提升宣传质量。一是完善领导机制，人大宣传是一项系统工作，仅靠某一个部门单兵作战难有作为，必须协调好各方关系，调动多方积极性。主任会议应加强对人大宣传工作的领导，每年进行一次专题研究。常委会领导要重视、关心、支持人大宣传工作，身体力行地带动人大宣传工作的开展。成立人大常委会副主任分管，人大常委会办公室主任为组长的宣传工作领导机构，主抓宣传工作。二是完善目标责任制。人大常委会年初制定全年的宣传工作计划，将任务分解至每一个乡镇、每一个委室、每一位机关工作人员，明确完成时限，使每个单位、每个人在宣传工作中有目标、有任务、有压力。三是完善任务目标完成考核机制。在宣传工作任务具体责任到人的情况下，建立考评机制是抓落实的关键环节。首先，建立宣传工作登记制度，人大办公室专人负责登记新闻稿件、报刊登载信息、调研论文等计入每个乡镇、委室、人员的宣传工作实绩。其次，将宣传工作任务完成情况，以表格形式公开到各乡镇、委室，一月一通报，激励先进，鞭策后进。再次，建立定期调度制度，实行每季度召开一次调度会的方式，共同交流工作经验及方式，达到相互借鉴、相互促进的目的。四是完善表彰奖励机制。首先，建立宣传工作奖励制度，对被各级报刊、媒体使用的新闻稿件，分层次给予奖励，“大块头”精品头条重奖，“小豆腐块”信息也给予奖励。其次，建立宣传工作表彰机制，每年举行一次宣传工作总结表彰会，总结一年的宣传工作情况，学习借鉴好的工作经验和做法，弥补工作的不足，肯定成绩，指出缺点，为下一年宣传工作计划积累素材。

（五）瞄准“热点”和“看点”，着力宣传人民代表大会制度

首先，瞄准“两会”，着力宣传。人民代表大会、人大常委会是信息新闻资源分布最为密集的时期，此时，涉及国民经济发展计划、财政预决算、政府工作报告、人大工作报告、重大事项决策，其中党的政策的贯彻落实、全年主要工程、重大事项的安排部署都在其中，可谓新闻信息量大，宣传要突出会议审议主题的深度和民主决策的过程。根据会议的内容，采取程序性报道、实质性报道和专题性报道相结合的方式，既有全面报道，又有突出的主题，目的是将人民代表大会制度的深刻内涵生动真实地呈现出来。其次，瞄准人大代表的“典型”，着力宣传人大代表是国家权力机关的组成人员，是人大代表大会的主体，代表在会议期间及闭会期间的活动都是在执行职务。代表在联系群众、倾听民意和诉求，代表为群众解决困难、帮助其致富，代表监督视察活动。比如，代表视察食品安全工作活动等，在这些活动中有创新的、有特色的做法，都是人大宣传的素材，对代表联系选民自觉接受监督、模范遵守宪法法律和带头发家致富的典型事迹深入采访，适时报道，激励代表积极履职，增强群众的满意度。再次，瞄准人大工作“创新”，着力宣传随着经济社会的发展变化，新形势下人大工作无论从形式上、内容上还是程序上都在不断调整和完善。比如，向宪法宣誓、质询程序的启动。常委定期召开人大工作会议、法官检察官的履职评议、代表向参选单位述职等工作，这些工作都是从群众的客观需求出发，充分反应和跟踪社会热点，维护群众的知情权，使权力在阳光下运行。

做好新形势下的人大宣传工作，既是对党的主张的生动宣传，也是对人民心声的真实反映。人大及其常委会依法履行职能的过程，本身就是党的主张与人民意志有机统一的过程。我们从事人大宣传工作的同志，一定要坚持以邓小平理论和“三个代表”重要思想为指导，深入贯彻落实科学发展观，深入践行党的群众路线，密切联系群众，牢牢把握正确导向，把干部群众的力量凝聚到推动科学发展、促进社会和谐、全面建设小康社会上来，为学习宣传贯彻落实党的十八大、十八届三中、四中全会精神，实现中华民族伟大复兴的中国梦营造良好的氛围。

优化质询“软环境” 强化监督“硬手段”
县级人大行使质询权存在的问题与对策研究

（2014年度全省人大系统优秀调研论文二等奖、
全市人大系统优秀调研论文一等奖）

茌平县人大常委会代表联络工委副主任薛光灿

摘要：质询权作为人大常委会及其组成人员的一项重要权利，在人大的监督工作中发挥着不可替代的重要作用。然而，县级人大常委会的质询权却在很长的时期内被人们所忽略，质询案提起的情况寥寥无几，相关的法律规定也还存在着不完善、操作性不强之处，使得质询权难以全面正确行使，其作用也无法得到发挥。本文试从县级人大常委会的质询权入手，分析、论证其相对优势、存在的问题和原因，并试图以此为基础，就如何完善我国县级人大常委会的质询监督机制提出合理化建议。

关键词：县级　人大常委会　质询权　监督

质询权又称“质问权”。具有质问权者（如议员、人民代表）对国家行政机关及其公职人员提出质问和要求答复的权利，是国家代议机关对国家行政机关实行监督的一种形式。[1]在我国，询问和质询是宪法和法律赋予人大常委会组成人员的一项重要权利，是人大常委会行使对政府、法院、检察院监督职权的一种重要形式，对于加强人大常委会监督工作，促进“一府两院”依法行政、公正司法，克服形式主义和官僚主义，具有重要意义。[2]对于县级人大常委会组成人员而言，质询权是其履行县级监督职责，传递人民意志的重要监督权。

一、县级人大常委会行使质询权的优势

相比县级以上各级人大常委会，县级人大常委会组成人员行使质询权在时间跨度、发起门槛、执行实效和行政成本上都有其独特的优势。

质询权行使时间充裕

质询权的行使一直受困于时间的紧张与不足，县级以上的人大常委会虽然至少两个月就召开一次全体会议，但由于管辖范围较广，仍面临着事务繁重，会期紧张的局面；而县级人大常委会在人大闭会期间代行相关权力，管辖范围相对较小，即使发生可质询的事项，在时间和空间的范围上也会相对分散，不易出现过于密集的现象，在会期不变的情况下使得质询的时间有所延长，有利于质询权的行使。[3]

质询权行使门槛较低

最显著的方面是提起质询案所需的人数要求较低。质询案的提起，全国人大常委会需要十名以上委员联名，而省、自治区、直辖市、自治州和设区的市的人大常委会则需要五名以上委员联名才有权提起。县级人大常委会的组成人员人数较少，一般为十五人到二十七人，只要三人以上联名，便可向常委会提起质询案。这样的规定和设计不仅符合实际情况，也使得基层人大常委会质询权的实现和行使更为便利。

质询权行使更有实效

县级人大常委会的组成人员基本来自于本县，对该地的民生经济应是更加了解，对于政府政策、方针所引发的社会问题、社会影响感受也更为深刻。因此，对于所质询的特定问题，县级人大可以作出较为及时和深入的调查，提起的质询也更为中肯，更有力度。受到质询的机关也能在较快时间内收到相关问题的反馈信息，作出负责的答复，或采取相应的措施，从而使质询权能更及时更有效的发挥其监督职能。

1.邹瑜，顾明;高扬瑜，郑杨.法学大辞典[M].中国政法大学出版社

2.陈斯喜.询问和质询[N].中国人大网.2006.11

3.卓越.地方人大监督机制研究[M].北京人民出版社，2002.48页

质询权行使成本更少

一方面，县级人大常委会组成人员的质询权行使的对象是县级“一府两院”，质询问题一般是本县行政工作中所存在的问题和缺陷，在县辖区内就能得到解决。另一方面，针对县级常委会质询案进行的调查，调查范围不会太大，一般不用千里迢迢联系专家，或组织各地方联合调查，大大节约了调查的成本。

二、县级人大常委会行使质询权的现状

遗憾的是，作为县级人大常委会监督工作的典型形式和重要手段，质询权的行使现状却令人担忧。据相关数据统计，县级人大常委会提起的质询案寥寥无几，从1980年到2005年的25年间，有不少于80%的县级人大或常委会没有发生过一起质询案。[4]

2006年《监督法》颁布后，县级人大常委会组成人员质询权“万马齐喑”的行使情况有了一定的改善，不少县级人大常委会组成人员对行政机关、司法机关提起质询的新闻逐渐见诸于各类媒体。2010年全国人大提出“将依法开展专题询问和质询”，[5]但是4年过去了，各地专题询问的开展略有起色，比如我省济南市天桥区人大常委会于2011年3月31日，对区政府农业经济发展、整顿规范医疗市场两项工作进行了专题询问，开创了全省先河，可真正意义上的质询案，在全国范围依然波澜不惊，逐渐成为一项被“休眠”的监督权力。[6]

2012年10月，笔者所在的茌平县人大常委会针对社会上反映强烈的校车安全问题首次进行了尝试，对问题所涉及的县政府办公室、公安局、交通局、交警大队以及教育局进行了质询性质的检查监督，并下发了督办函。虽然此次尝试不能算作严格意义上的质询案，但是也打开了茌平县人大监督的崭新局面，不仅圆满地解决了校车安全问题，更得到了各级领导和人民群众的认可，实为“破冰”的一次成功尝试。

三、县级人大常委会行使质询权存在的问题

质询权能否得到良好的、有效的行使，并非是靠一两个质询案作为标榜、以儆效尤，而是应将质询化为一种常态的、长期的、连续的监督手段。可惜各个地方的质询案往往惊鸿一瞥，情形不容乐观，存在的问题主要表现在以下四个方面：

（一）认识不到位，不愿质询

不少常委会组成人员只知道质询是一种较为严厉的刚性监督手段，而没有认识到质询更是一种质疑答询活动，开展好了不仅有助于促进“一府两院”的依法行政、公正司法，而且有助丁常委会组成人员同“一府两院”的理解和沟通。由于认识上的偏差致使有的县级人大常委会对质询存在“三怕”：一怕引来地方机关之间的矛盾，影响人大和政府的团结；二怕家丑外扬，暴露政府行政的薄弱环节，不利于行政和民心的稳定；[7]三怕引火烧身，损害同利害关系人的关系，引来许多不必要的麻烦。

（二）履职不到位，不想质询

部分常委会组成人员不能全面、正确履职尽责，担心搞质询程序繁杂又牵扯精力，不愿受理质询案。另外，兼职的委员一般都有繁重的本职工作，往往请假的多，参加活动的少，有的甚至很少发表意见，很难想象这些兼职的委员们还会花费大量的精力行使质询权并对质询的问题进行细致的调研。而且，很多兼职委员兼任的是政府行政机关的职位，如果相关机关出现需要受到质询的问题，无异于自己质询自己，难度之大，可想而知。

（三）立法不到位，不便质询

主要是与质询权有关的法律、法规原则性太强，可操作性不高。[8]如质询内容不够详细，质询案提起和答复的时间限制没有明确规定，收到被

4.田必耀.告别“质询恐惧症”[J].浙江人大，2005（8）

5.全国人大常委会工作报告[R].2010

6.魏文彪.质询权不应成为一项被“休眠”的权力[J].《上海人大》2010（04）

7.杨晓.对质询权行使状况的分析和思考[J].中国选举与治理网.2003（03）

8.谌勇.试论我国县级人大常委会组成人员的质询权[D].贵州大学.2009.05

质询部门答复后的后续程序不尽明晰，等等。由于大多数地方还没有认真行使过质询权，也就没有足够的“个案”经验供各地参照，因此县级人大常委会及其组成人员还缺乏驾驭这种监督方式的能力，只能摸着石头过河，边走边看，加上缺乏上级部门的规范性指导，也不知如何细化地方政策，更不便开展质询活动。

（四）学识不到位，不会质询

如上所述，由于涉及人大质询方面的有关法律、法规本来就不多不细，加上县级地方宣传不够，特别是组织人大代表和常委会组成人员系统地学习有关法律、法规不够，致使多数人对人大质询的法律地位、质询的意义、目的、程序、方式及相关知识了解甚少或根本不了解。另外，大部分县级人大职业委员的人数不足两位数，在比例上常常不超过百分之三十，[9]对质询所涉及领域的专业知识和阅历不够，也难以提出高质量的质询案。

四、县级人大常委会行使质询权的对策研究

拥有相比更高级别常委会行使质询权的种种优势，却依然出现了上述四个方面的问题，笔者认为究其原因，在于行使质询权的软环境不够优化，导致常委会组成人员主观上难以跟进，“不愿”、“不想”；客观上困难多多，“不便”、“不会”。质询权得不到充分行使，其作用也无法得到发挥，特别是县一级人大常委会更加缺少了一项权威性强、实效性高的监督手段。因此，大力优化县级人大行使质询权的“软环境”，强化质询监督的“硬手段”，充分利用好县级人大质询优势，显得格外重要。

（一）加强县级人大质询立法调研，完善法治环境

《组织法》、《代表法》和《监督法》等对各级人大及其常委会如何行使质询权作出了一般规定，但在具体操作上个别地方又略有不同。[10]笔者认为，这并不完全是立法者的疏忽，而是体现了立法与时俱进的原则，也正是因为这样，才为各级人大常委会质询方式的细化和创新留下了空间。[11]

由于县级人大常委会并没有立法权限，所以一方面应该在呼吁“顶层设计”的同时，[12]积极寻求上级人大，比如省、市人大常委会关于行使质询权领域的法制指导，研究其相关立法文件，指导本地实际工作。另一方面应该开展深入的立法调研，本着实事求是的态度，建立健全配套的、切实可行的质询机制，适时出台本地人大的质询规范性文件，要特别在行权的合法性和程序性上，在行权的条件、对象、内容、方式和标准上下功夫，[13]使这一监督方式更加易行、有效。

与此同时，还要重视提升质询监督的严肃性和权威性。“一府两院”及其组成部门要主动执行县人大及其常委会的决定，主动接受提质询案人对有关方面工作的专题质询，自觉接受人大常委会和人民群众对质询案办理情况的实时监督，从而优化县级人大行使质询权的法治环境。

（二）提升县级人大质询工作水平，培育履职土壤

要提升县级人大质询工作水平，让质询权得到有效行使，必须首先解决认识问题。如果各级人大常委会对质询的意义、目的不明确，认识不深化，质询活动就根本开展不起来。作为民意代表机关的“重要角色”，常委会组成人员要清楚自己的权利和职责，要敢于为人民发声，勤于为人民请愿，要摆脱官僚思想的壁垒和人情世故的禁锢，践行群众路线，要敢于质询、乐于监督，将质询作为自己应尽的职责来看待。

除了解决思想认识问题，也应该加大对县级人大常委会组成人员行使质询权的培训力度。如果说质询的前期调研和情况收集是代表责任意识

9.高建国.优化人大常委会组成人员结构的思考[J].燕赵人民代表网.2006（06）

10.毛放.关于人大及其常委会行使质询权的几个问题研究[J].《上海人大》.2010（04）

11.孟繁有.浅谈现阶段县级人大常委会行使质询权存在的问题及对策[J].工作研究.2011（01）

12.激活地方人大质询权需要顶层设计[N].《检察日报》.2013.09

13.王崇荣.县级人大行使质询权需把握的问题[J].《人民论坛》.2010（09）

的体现，那么质询中的交锋则是对代表综合学识水平的检验。为此要加强对常委会组成人员的质询专题培训，从法律法规、程序章法层面提高其履职尽责和开展质询业务的能力；从经济学、社会学、管理学等学科层面，提高其驾驭所质询问题的能力。努力使常委会组成人员不仅能质询，而且会质询；不仅会质询，而且善质询，从而达到“依法质询、有理有据，开展质询、深入专业，推进质询、效果明显”的成效。

另外，还应该优化常委会组成人员的年龄结构和和专业层次。许多县级人大常委会组成人员是从党政部门转岗到人大任职的，人员老化现象严重，没有形成老中青有机结合的局面，容易使人大工作缺乏活力。因此应该吸收更多的中青年干部进入常委会之中，并适当增加能够任满两届甚至三届的年轻委员，保证常委会工作的延续性和稳定性，从而形成有经验、有能力、有干劲的稳定的干部队伍。同时，多吸纳高学历、高素质、有专业领域工作经验的人才出任专职委员，优化常委会组成人员的知识结构和专业层次，也是很值得采取的措施。

（三）强化县级人大质询宣传工作，营造浓厚氛围

相对于许多人大常委会组成人员对质询权的“略知一二”，接受质询监督的“一府两院”及其组成部门对质询权的了解则可以说是“一知半解”，更不用说广大社会群众了。因此加大对县级人大质询监督的宣传引导工作极为重要。一是要在人大常委会内部加强宣传，努力实现常委会组成人员从不愿质询、不想质询到善于质询、勇于质询的转变；二是加强对“一府两院”及其组成部门的宣传，努力实现其对接受质询从谈虎色变到闻过则喜的转变；[14]三是要加强对社会群众的宣传，努力实现其从事不关已到广泛参与的转变。

具体操作方面，可以组织举办专门的监督法讲座，向“一府两院”及其组成部门宣传质询权的基本精神和具体内容；利用相关普法日向广大市民群众普及质询权知识，制定专门的质询权宣传手册；完善地方人大常委会网站，并设立“质询权知识”、“质询线索信箱”、“质询案进展情况”等专栏；积极利用新闻媒体和各类舆论载体宣传各地人大质询案的具体做法和现实效果，促进各阶层、各部门、各领域进一步理解质询权的作用、意义和具体操作，向社会发出人大要着手启用质询监督权的信号，着力营造全社会普及和呼吁质询权的浓厚氛围。

（四）重视质询案涉及部门的协调，提高办案效率

为了达到质询目的，切实取得监督实效，在质询时，必须结合实际情况，讲求艺术方式，善于沟通协调。为此，应当做到以下三点：

一是应把质询的出发点和落脚点放在切实解决实际问题上。要明确一点，行使质询权是一种法定的监督方式，绝不是给被质询部门找茬或者添麻烦，也更不会毫无理由地给被质询部门添加罪名。因此，应该在搞清事实的基础上，有有备而“战”，以理服人，[15]并一起寻求解决问题的办法和措施，确保让人民群众满意。二是应加强与被质询部门的沟通交流。通过沟通交流，讲清质询的性质、目的，使被质询部门认识到，质询作为一种相对严厉的监督手段，更重要的作用是促进实际问题的解决和改进其工作。只有这样，才能使被质询部门消除抵触情绪，配合质询活动，减少质询障碍。三是加强对质询案其他相关部门的协调工作。质询案除了涉及质询人和被质询部门之外，在执行过程中也不可避免地会借助其他相关部门的力量。因此，通过统筹协调，得到质询案其他相关部门的配合和支持也对提高办案效率大有帮助。

行使质询权，是检验县级人大常委会监督工作的“试金石”，是增强县级人大常委会监督能力的“新武器”，更是县级人大常委会及组其成人员践行党的群众路线教育实践活动的“天然优

14.董岩.谈人大质询的现状和发展[N].人民代表网.2010.05

15.刘涛.不应“休眠”的人大质询权[N].山东人大信息网.2013.12

势”。我们期待，通过在立法、履职、宣传和协调四个层面上的不懈努力，县级人大常委会必将进一步强化其行使质询权这一“硬手段”的固有优势，也必将提供其更优越的行权“软环境”，真正告别“休眠”，实现“破冰”。

浅析乡镇人大工作存在的问题与对策

（2014年度全市人大系统优秀调研论文三等奖）

茌平人大代表联络工委科员孙国立

近年来的乡镇和街道人大工作，从总体上看，有了明显改进和加强，基层人大的职能作用得到了进一步的发挥，为监督促进政府工作，推进民主法制建设作出了应有贡献。对此，应予以充分肯定。但是，由于诸多主客观因素的影响，有的乡镇人大定位不准，还存在不少差距和不足，在工作中还有一些困惑，难以充分发挥其作用，有时甚至陷入比较尴尬的境地，影响了人大工作质量。在新的形势下，乡镇人大如何积极有效地发挥作用，对有关部门如何实施有效的监督，这些亟待解决的问题，需要我们加以研究解决。

一、目前乡镇人大普遍存在的问题

1、对乡镇人大工作的认识不足。县委曾经强调乡镇人大工作是乡镇工作的重要组织部分，各级各部门要齐心协力抓好人大工作，但目前各级各部门对乡镇人大工作的认识有差异，因而工作绩效不平衡。个别党委书记对重大事项、重要会议，不提交人大主席团讨论。如人大主席团会议有1个乡镇一年只开1次、2个乡镇一年只开2次，达不到1季度至少召开1次的依法规定。对人大工作的安排有的往往打擦边球，利用党政会议提一句点一下就算交差。在现实生活中，乡镇人大的地位和作用尚未得到充分认识和重视，是影响乡镇人大工作的一个根本原因。

没有常设机构。乡镇人大主席团主要负责主持召集、召开乡镇人代会。而闭会期间大量的、经常性的工作，如监督乡镇政府工作、组织代表开展活动、反映代表和人民群众的意见要求等，法律上并没有明确规定由乡镇人大主席团负责，实际上主要由人大主席、副主席组织实施。因没有常设机构，法律赋予乡镇人大的不少职权在实际工作中难以操作，无法真正行使。同时，专职人员少，并且还要用大部分的时间和精力去做党委、政府的某些具体工作，以至于“专职不专干，兼职不沾边”，有的工作只能处于应付状态。部分乡镇党委书记、乡镇长的人大意识不强，对人大工作重视、支持不够，习惯于用个人意志代替集体意志，人大难以完全坚持依法办事。

乡镇党委重视不够。乡镇人大因其特殊的地位，其作用的发挥离不开乡镇党委的有力支持。但在实际工作中，不少乡镇党委由于对人大的性质、地位和作用认识不够，没有将其摆上应有的位置。有的对人大工作不闻不问，有的将其等同于一个政府部门来看待和使用。在职务的排序上，书记、乡长、党务副书记、人大主席。这样的排位，在目前的传统思维下，不利于树立乡镇人大的权威，不利于依法开展工作，不利于充分发挥基层人大在反映民意、集中民智、化解矛盾等方面的职能作用。这无疑削弱了乡镇人大的法定职能，影响了其工作的开展。

活动经费难以落实。代表法虽然明确规定了人大代表的活动经费要列入本级财政预算，但不少地方对人大代表的活动经费实际上采用实报实销的办法，乡镇人大开展工作所需的每一项支出，都要经过层层请示。有的乡镇甚至为代表订阅人大报刊都要由人大主席挨村收取报刊费。这不仅影响了人大主席工作的积极性，也进一步增加了人大主席的工作量。

乡镇人大的自身建设尚有不少差距。一方面，在乡镇人大干部的配备上，多数地方将一些年龄偏大的同志安排到人大，再加上近年来乡镇人大干部的交流几乎停滞，基本上是“最后一站”，形成了事实上的只进不出，致使乡镇人大干部队伍年龄结构、知识结构很不合理。另一方面，部分乡乡人大主席团主席的自身素质还不够高，对人大工作的重要性认识不足，有的存有消极思想，工作被动应付；有的在开展监督活动时不理直气壮，不敢监督，即使进行监督也显得无力，致使人大工作与法律的规定和人民群众的期望相比差距很大，影响了乡镇人大工作的有效开展。

二、乡镇人大工作未能充分发挥作用的原因

1. 重视不够，素质不高。有的领导认为乡镇班子成员应用百分之八十的精力抓经济，分工不要太明确，人大工作应付一下就行了；有的人认为人大只是一些象征性的，是可有可无的机构；有的人认为乡镇人大不开展工作也罢，开展工作倒反能制造许多麻烦，人大做的事越多，我们的矛盾就越多，工作阻力就越多；有的说乡镇人大一年只开一次会换届选举会就行了。有的镇有些人大代表由于文化较低，甚至缺乏最基本的组织能力及口头表达能力，很难胜任代表工作。有些代表的政治活动能力较差，不能将选民的利益要求，通过自已的代表活动与其他代表形成共识，缺乏政治魄力。

2. 指导不够，内容务虚。县级人大的作用也发挥不够明显，对乡镇人大工作指导很少，工作不能正常化、规范化、制度化。一年下来，对提案工作不作要求，对基层人大代表的工作缺乏要求和督促检查，有的人大代表一年提不到一个议案，有的人大代表只有开会参加一下，平时不关注民生，不提合理化建议，有的人大代表说，上面没有这个要求，我们也没必要。有的县领导下乡，只是听听汇报，看看情况，没能深入基层，没对一些问题进行调研，从而不能对政府工作提出要求。有的领导也是蜻蜓点水，对人大的具体化工作安排不够。内容都是一年组织一两次调研，一二次视察，到每个单位也是听听汇报，多属形式而已，起不到多大效果。没有定期的议事质询制度，没有定期的监督机制，对政府的一些事务没有一个操作程序规定，所以有时叫基层人大没有充分的理由，主动承担监督政府政务、履行监督的职责。

3. 机构设置不科学，职能定位不准。现在人大代表都兼职，虽然涵盖多个方面，但都是兼职临时工，平时不做人大工作。而且，人大的人财物都受党委政府调控，难以独立工作。这种设置必然导致党委政府叫人大做什么人大就做什么，叫它不做什么它就不做什么。人大代表的产生程序也是党委政府领导基本内定，到时做个选举形式，有许多人看重人大代表并不是想为群众多办实事，而是看重人大代表的光环，所以有许多企业老板通过不正当的方式获得人大代表的现象很普遍。按常理讲，乡镇的重大决策经过人大审议通过后才合法，才能付诸实施。在调查中，我们了解到，乡镇重大问题均是由乡镇党委会议或党政联席会议作出。

三、目前人大工作被动的危害

人大的权力是至高无上的，它完全是一个集体决策的领导机构，乡镇人大应专职做好人大工作，每时每刻都要充分发动群众参政议政，全方位监督政府工作，使政府工作始终保证在规范程序下运行。乡镇人大工作被动的危害有：

1. 依法行政不够。没有监督的权力必然是腐败的权力。乡镇人大不能发挥作用，导致政府不能依法行政。目前乡镇不依法行政的情况非常严重，就是因为人大缺乏监督，不监督，甚至为虎作伥，政府不依法行政，导致很多害民扰民事件发生，导致许多民怨，矛盾尖锐激化。现在越来越多的行政诉讼案件，越来越多的行政违法案件的曝光，正说明现在许多地方政府，有法不依，执法不严，违法不究。法律社会必须建立法制政府，如果缺少各级人大和人大代表的有效监督，那构建法律政府还有很长的路要走。

2. 人民民主权利发挥不够。乡镇人大工作作用难以发挥，这将使人民民主权利发挥不够。人民群众有困难得不到及时解决，特别是人民民主权利不能正常行使。通过调查我发现在很多村，几乎没有几个老百姓知道，在他们周围有哪些人大代表，这些人大代表是什么职责。据了解，很少群众知道和注重把群众的问题通报人大代表，通过人大这个途径来解决问题。乡镇人大几乎收不到人大代表提案，更收不到群众的提案。所以现在由于基层人大的工作职能发挥不够，导致人民的民主权利不能得到正常行使。

3.约束力不够，加剧腐败。由于人大的作用发挥不够，有的乡镇政府为了眼前利益和表面政绩，而不惜违规违法。基层干部腐败问题，在一些地方已形成气候和市场，个别基层干部为所欲为，以权谋私，吃喝玩乐，挥霍浪费，权钱交易很普遍。

四、改进乡镇人大工作的对策

1、要加强人大宣传工作，进一步增强全社会的人大意识。要采取专栏、板报、广播电视、报刊宣传和专题培训等形式，广泛深入地开展人大制度和人大工作的宣传，努力营造一个有利于乡镇人大依法行使职权的舆论氛围。党校培训乡镇领导要上人大知识课，进行民主法制教育，不断增强乡镇领导坚持依法办事的自觉性，尊重和支持人大依法行使职权。

2、要进一步加强基层人大建设，搞好人大干部的培训。乡镇人大要做到“四有”，即有牌子、有办事机构、有人员（人大主席团成员兼职的不能超过三分之一）、有制度。要加强人大办事机构人员的培训和街道人大工作的法制建设，以适应基层人大工作的需要。

3、要坚持做到人大干部与党政干部一视同仁，平等对待。在政治地位和经济待遇上，人大干部与党政干部要同级同待遇，特别是在排位上要按党委、人大、政府的顺序予以规范。各级党委要加强对人大工作的领导，积极创造条件解决人大工作中遇到的困难。要不断增强人大意识，努力转变领导方式，尊重和支持人大依法行使职权。

4、准确定位，积极履职。地方组织法和乡镇人大工作条例对乡镇人大工作的职权和人大主席的职责都作了明确规定，乡镇人大要找准位置，明确法定职责，努力发挥好三个作用。一是在决定重大事项中发挥主体作用。乡镇人大要围绕经济工作方面的重大事项，行使好职权，促进本辖区经济社会又好又快发展。二是在推进依法治乡镇中发挥主导作用。乡镇人大要积极开展法律宣传，有针对性地开展执法检查，实施法律监督，促进政府依法行政，确保法律法规在本乡镇贯彻实施。三是在保障和维护国家、集体及人民群众合法权益方面发挥职能作用。政府工作中的难点问题、群众关注的热点问题，多是涉及人民群众切身利益的大事。乡镇人大要依法按政策充分行使监督职权，代表人民说话，监督政府解决好影响经济社会发展和损害国家、集体及群众权益的各类问题。

5、加强干部队伍建设。在配备乡镇人大干部时，对主席、副主席要注意梯次结构，既要有经验丰富的老同志，又要有德才兼备的年轻同志。人大办应设置专职秘书岗位，以确保乡镇人大机构办事效率。在工作中成绩突出的，要大胆提拔，交流到党委、政府部门任职，以逐渐树立起乡镇人大的权威性。

6、加强自身建设。一要加强学习。认真学习邓小平理论和“三个代表”重要思想，学习实践科学发展观和党的十八届三中全会精神，不断提高政治觉悟。同时要加强法律法规和业务知识的学习，提升做好人大工作能力和水平；二要进一步加强制度建设。根据有关法律法规和乡镇人大工作职责要求，结合实际，制定出台切实可行的相关工作制度，并在工作实践中加以完善；三要改善工作条件，如：人代会经费和人大办公经费，尽力按标准列入财政预算，确保乡镇人大工作正常开展。

论角色的回归
人大代表的代表性分析

（2015年度全省人大系统优秀调研论文一等奖、

全市人大系统优秀调研论文一等奖）

茌平县人大常委会代表联络工委副主任薛光灿

【摘要】：角色理论视角下的中国人民代表大会制度存在人大代表“角色冲突”的现象。本文总结了我国现实生活中的四种典型的“角色冲突”现象：职务影响冲突型、政治身份冲突型、利益界定冲突型和时空配置冲突型。以此为出发点，引发了对其背后人大代表代表性的思考。进而对人人代表代表性的内涵、代表性下降的表现及原因进行了系统分析。认为应该从优化代表结构、健全履职保障和强化履职监督三个方面采取措施，促进代表性的提升，引导代表角色的回归，从而助力人民根本利益的实现。

【关键词】：人大代表　角色冲突　代表性回归

角色理论兴起于20世纪20至30年代的美国，其创始人是美国著名社会学家G. H. Mead，理论借用戏剧中的“角色”这一专门术语用以描述社会生活中的行动者。有不少学者将之应用于我国人民代表大会制度的研究，特别是针对人大代表的政治行为分析，取得了很多新鲜的理论成果。角色理论会为我们提供一个可行的视角：人民代表大会制度的功能最终要通过人大代表角色承担者的行为来兑现，但是角色扮演者并不是完全按照角色期望要求去行动，角色承担者的行为因互动过程中诸种因素的影响会在一定程度上偏离“剧本”[16]。人大代表“角色冲突”的概念，就是在这种视角的透视下产生的[17]。

笔者研究发现，目前对于人大代表“角色冲突”方面的研究多停留在描述层面，没有形成过统一的理论，也缺少相应的实例支持，特别是对于其背后的本质代表性问题上，没有予以足够的重视。本文将从人大代表“角色冲突”的几种外在表现入手，结合自己的理解和经历，对人大代表的代表性进行系统分析，并怀着登高望远和拨云见日的心态，希望得到些感悟和启发，促进人大代表的“角色回归”。

一、人大代表“角色冲突”的几种类型

一般而言，谈到“角色冲突”，人们多是顾名思义去理解，因为一个人担当的社会角色多了，角色本身之间，或影响角色属性的外在环境之间难免会产生碰撞。人大代表集多重角色于一身，是带有国家属性的典型政治载体，其“角色冲突”也就表现得越明显。这不仅是一种理论上的分析，而且也是政治生活中的一种现实，随着人大地位和作用的提升，人大代表的角色冲突问题会越来越突出[18]。在这里，笔者尝试总结了几种现实中有意思的人大代表“角色冲突”类型，不求精准以树权威，但求传神以发深思。

（一）职务影响冲突

人大代表受其职务影响导致的“角色冲突”较为常见，一个有意思的案例就是时任世界银行首席经济学家兼副行长的全国人大代表林毅夫自2009至2012年连续4年缺席全国两会。记者在采访其夫人，同样也是全国人大代表的时任中央教育科学研究所所长陈云英女士时，得到了这样的答案：林先生认为自己出席人大会议，只要一开口

16.任宝玉　《论人民代表大会制度的功能：以角色理论为分析视角》[J] 社会主义研究　2015年 220期

17.较早就中国人大代表的身份和作用问题提出“角色冲突”概念的，是美国的中国政治研究专家Kevin J O'Brien，他在1994年的一篇分析中国人大代表角色积累的文章中第一次以学术词语的方式概况了这种现象，这篇文章被收录在当年的《中国季刊》中。《Agents and Remonstrators: Role Accumulation by Chinese People's Congress Deputies》China Quarterly，No. 138，pp. 359-80，June 1994

18.龙太江　龚宏龄　《论人大代表的利益冲突》[J] 同济大学学报 2010年第6期

讲话，就会代表世界银行[19]。而当时见诸媒体的措辞为：全国人大代表林毅夫因工作原因连续第4年告假[20]。

在这个案例中，先不论这种“角色冲突”的社会认同感有多少，至少林毅夫个人主观上面临了两难抉择。那么除去其个人意志的动机，导致其缺席背后的深层次原因或许更值得我们思考。

相对于代表选区人民的利益，代表自身职务的优先权往往更高。现实中还有一个惯例，可以来解释这种冲突的存在，那就是当报道或介绍一名人大代表时，总是先描述其职务，而把人大代表放在最后。那么人大代表的头衔什么时候才比职务更重要呢？答案或许有些讽刺，但不容回避。比如某人大代表严重违纪违法，公安机关或者检察机关准备对其采取强制措施的时候，人大代表的头衔反而成了“缓兵之计”甚至“救命稻草”。

（二）政治身份冲突

政治身份冲突主要是指党派身份和人大代表身份形成的角色冲突。这里仅以代表中的中共党员为例来说明一二。

表1：历届全国人大代表中共党员情况

项目	一届	二届	三届	四届	五届	六届	七届	八届	九届	十届	十一	十二
总数	1226	1226	3040	2885	3497	2978	2970	2978	2979	2985	2987	2987
党员	688	708	1667	2217	2545	1861	1986	2037	2130	2178	2099	2157
占比	22.40	57.80	54.90	76.30	72.80	62.00	66.80	68.40	71.50	72.99	70.27	72.21

如表1所示[21]，历届全国人大代表中，除第一届以外，中共党员所占比例普遍较高，在70%左右。省级人大代表中，党员比例也呈现较高状态，一般在60%以上。市、县、乡镇人大代表中党员所占比例往往更高，有的达到80%～85%甚至以上[22]。笔者所在的山东省茌平县，第十七届县级人大代表共226人，中共党员人数为192，比例高达84.96%[23]。

相对较高的比例，必然会引来讨论，甚至质疑。依照党章党员必须服从党的领导，依照宪法代表必须对人民负责，党员代表则既要对党负责又要对人民负责。那么在新时期、新常态下的改革深水期，两者之间是否能够达到理论性与实践性的双统一[24]？多数情况下，这种“角色冲突”的表现隐蔽而又敏感，需要引起注意。

（三）利益界定冲突

利益界定不清晰造成的“角色冲突”，我们从一个私人性质的人大代表工作室案例说起。2003年10月，全国人大代表周晓光在义乌市设立了全国第一个选民联络工作室。在当地人大的支持下，她自费8000元在电视台公开征集议案，聘请了5名理论水平高的退休老同志，出资50万元成立了一个人大代表联系点，前后为调研开支约2万元。经过认真调研和仔细整理，共提交给全国人大议案13个、建议和意见25个，不仅专业性强，更具有现实意义。

“周晓光现象”很快成了时代话题，继此之后，全国相继出现不少由个人出资设立的个人人大代表工作室[25]。有人认为这是人大制度的一个进

19.人民网 http://bbs1.people.com.cn/postDetail.do?id=107937746 2011-03-13

20.财经网 http://politics.caijing.com.cn/2012-03-03/111723173.html 2012-03-03

21.参考数字源自韩大元，《宪法学基础理论》[M]，中国政法大学出版社，2008年 358期；广东培正学院管理学院、广州市档案局《浅谈党员人大代表的身份问题》[J]《人大研究》 2015年 281期

22.同注解[3]

23.《茌平县人大常委会公告》[J] 茌平县第十七届人大常委会公报 2012年 1期

24.孙忠辉《对党员在人大中双重身份的一点思考》天津党建网 http://www.tjdjw.cn/system/2007/05/14/000177970.shtml 2007-05-14

25.如2004年3月，温州市十届人大代表周德文在全国首推以个人名义命名的“人大代表工作室”，2008年2月，第十一届全国人大代表刘晓武在湖南株洲成立刘晓武代表工作办公室，等等。

步，是人大代表权利意识的回归，应为之喝彩，不过也有人认为这只是一种暂时性的弥补方式而不应该是一种常态，甚至有人怀疑有为自己的企业做广告的嫌疑[26]。

在这个案例中，从自掏腰包履职尽责，到最后的名利双收却备受质疑，周晓光是得是失？说到底，她是代表人民利益多些，还是盘活了更多自身利益？若人民群众肯定是最终的受益者，那么对这种利益进行界定会不会略显尴尬？

（四）时空配置冲突

这里所说的时空配置冲突有两种情况。一种是初始配置不合理，主要表现为间接选举出的代表与原选区在时间空间上并不完全重叠，很多时候无法充分履行代表职责。以笔者的亲身体验为例，区县选区间接选出的许多市级人大代表来原选区调研视察征求意见的次数比较少，来了也就是听听当地经济社会总体发展情况的汇报，没有专门为了“两会”，针对某一领域或某个专题做深入系统的调查研究，深入性和专业性欠佳。

另一种是期中变动不合理。比如直选代表任职期间由于个人原因，暂时不在原选区生活和工作，这种情况比较少见，但是确实存在。举一个例子，笔者所在的茌平县一名人大代表，竞争选拔为副县长后到青海某县挂职，可是代表任期未满，每年依然要正常参加本县人代会，如此履职尽责也是“蛮拼的”。这种“角色冲突”无疑增加了其来回奔波的时间成本和物质成本。相应的，由于时空的错接，选区人民若要对其抱有过高的民意期望也难免有些不切实际。

二、人大代表的代表性分析

有学者认为，我们既要认识人民代表大会制度的理论功能或宪法、法律意义上的功能，也要认识其在实际政治生活中的功能，还要了解其理论功能与实际功能的一致性程度及其制约因素[27]。因此正视人大代表“角色冲突”的历史存在性和现实复杂性，并勇于探索和分析其背后的运行机制是至关重要的。那么这个运行机制是什么呢？笔者坚信，其本质还是人大代表的代表性下降问题。下文将从代表性的内涵、代表性下降的表现及原因方面进行分析，以此来印证和深化对人大代表“角色冲突”的理解。

（一）代表性内涵

关于代表理论，国内外学者进行了很多的研究和总结，目前比较盛行的主要有三种：“强制委托论”、“代表责任论”和“集中代表论”。但无论哪一种理论，都是用来指导实践的，国外某些用单一的视角来概括复杂的中国政治现象，可能会以偏概全；用西方的民主观来解释中国的政治现象，也难免会出现误读[28]。

笔者认为，在中国语境下，人大制度集权力性、群众性、代表性、权威性和监督性于一身，其中代表性是其核心。人大代表的代表性是指人大代表应具有代表广大人民利益的性质，即人大代表成员的广泛性和其代表人民的有效性[29]。换句话说，既包括代表队伍的构成，即代表结构，也体现在代表职责的履行中，即履职实效。前者是代表性的静态结构，后者是代表性的动态内容，二者缺一不可，相互依存而又水乳交融。撇开动态职责的履行来谈代表性，关注的只会是表面的代表性，是丧失了本质内涵的虚假民主；

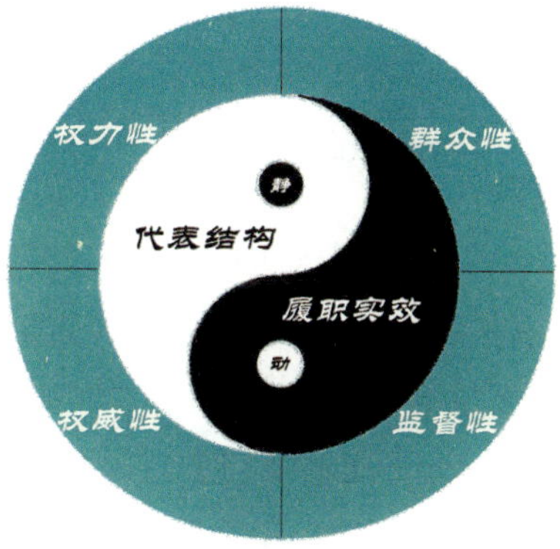

图1：中国语境下的人大制度性质及代表性内涵

26.《人大代表“打广告”之弊与“联络处”之利》人民网 http://www.people.com.cn/GB/14576/15217/2320106.html 2004-02-04

27.同注解[1]

28.《中国县级人大制度模式研究》[M] 何俊志，重庆出版社，2005年版

29.张惠敏《人大代表代表性研究》[D] 中共中央党校硕士学位论文 2006-05-01

忽视静态构成来强调代表职责的履行无异于无本之木，如果代表在构成上不能体现广泛、合理的代表性，则会从制度上影响代表作用的发挥。笔者总结的中国语境下的人大制度性质及代表性内涵，如图1所示：

中国从1954年第一届全国人民代表大会的召开到今天，人大制度显示了顽强的生命力，并深刻影响着中国的政治现代化，人大代表的代表性也在中国特色社会主义道路上，与时俱进、不断完善，更加趋于合理、高效。

（二）代表性下降的表现及原因

然而，这还远远没有达到尽善尽美的地步。相反，新时期、新常态下人大制度及人大代表被赋予了更神圣的使命和更厚重的期待，其面临的形势也更加复杂，人大代表的代表性在现实生活中出现了下降的情况。即使只是极少数人、在极少数方面，对大环境也不足以造成决定性影响，但依然不容我们忽视。

一是代表缺乏责任感。这是代表性不足的主观方面。主要表现为代表对代表职责认识肤浅，履职意识和热情不高。有的人把人大代表当作一种荣誉和象征，看成是对自己所获成就和社会地位的认可与奖励。有的人认为代表行为和代表活动只不过是落实党委意图的例行公事，低调做“哑巴”代表，乐于当“举手”代表，无聊当“磕睡”代表。有的人当选后就完全脱离了选民，从不深入基层与选民进行联系，关于这一点，在北京社科院坚持做的一个权威的社会抽样调查中可以看出，如表2所示：

表2：关于选民的社会抽样调查[30]

调查问题	1998年	2003年	2006年
没见过代表	66%	77%	87.30%
不知道代表为本选区做了什么事，提了什么议案	65%	73.20%	88.2%%

还有的对人民赋予的权力和宪法法律赋予的职责认识肤浅，强调个人意志，无组织无纪律，当代表职务与本职工作发生冲突时，优先后者，这种责任感的反差，在第一种“角色冲突”类型中的林毅夫和第四种类型中的挂职副县长之间体现的很明显[31]。至于那些把代表身份当作违法违纪“保护伞”的人更是对人民利益造成了极大侮辱，责任感极差。

二是代表结构不尽合理。这点和代表的广泛性关系密切。即便在广大人民的根本利益一致的前提下，各阶层、各民族、各地区、各行各业都可能存在着不一致的利益。第二种“角色冲突”中体现的只是冰山一角。有学者进行过研究，这些问题可以概括为“四多四少”：官多民少、男多女少、党员多非党员少、代表部门利益的多而乐于善于负社会责任和谋取公众利益的少[32]。近两年还出现了经营管理者多、普通职工少，个体业主多、社会弱势群体少的新“两多两少”趋势[33]。

30.北京社科院研究员雷强教授一直在从事关于选民的社会抽样调查，从1993年开始，经1998年、2003年，到 2006年。主要询问被访者两个问题：1、在上届人大代表的履职期间，你是否见过本选区人大代表；2、你是否知 道本选区代表为本选区做了什么事、提过什么议案。表2中这两个直线上升的数字，显示了代表与选民的关系是 越来越疏离的。

31.代表法总则第五条规定，代表出席本级人民代表大会会议，参加闭会期间统一组织的履职活动，应当安排好本人的生产和工作，优先执行代表职务。笔者认为，案例中林毅夫既然已经当选人大代表，就应该按照代表法规定妥善处理好工作与代表职务的关系，优先履行代表职责。但不能否认的是，笔者对其敢于质疑自身代表性的勇气还是持积极看法的，仔细想来，这何尝不是体现了一种民主意识下的对人民负责的精神呢？

32.张建民 《完善人民代表大会制度要从改善代表结构做起——关于人大代表结构问题的调查与思考》[J] 湖湘论坛 2003年 2期

33.张惠敏 《我国人大代表代表性缺失分析》[J] 科学社会主义 2006年2期

综合看来，笔者认为比例失衡问题主要在于兼职代表数量偏多、比例偏大，党员、领导干部偏多、一线工人农民代表偏少，弱势群体和新兴阶层利益诉求得不到充分反映等方面。

还存在一个问题，就是随着经济社会发展和职业流动的便利，人们的身份更趋于多样性和复杂化，很难将一个人简单地划归为某一阶层。这里再以第一种“角色冲突”中的林毅夫为例，其参选身份应是台胞。与此同时，他是世行领导，但不是我国的党员领导干部，其政治信仰可以将其划分在民主党派人士之列，知名经济学家的身份又可以归为知识分子行列。由此可见，在保障代表的广泛性过程中，具体操作和落实起来的话，存在很多的不确定性和模糊性，还有可能会因操作者不同而结果相差甚远，带着较为浓厚的“人治”色彩，而这又是法治国家应极力避免的[34]。

三是履职保障不尽完善。主要表现为提供给人大代表履职尽责的便利条件不多。像第三种“角色冲突”案例中的周晓光那样能自掏腰包、自找场地、自己宣传、筹备运作代表活动的毕竟在少数，绝大部分的代表还得依托当地人大的安排来进行代表活动。当社会对周晓光现象的动机产生质疑的时候，更没有人自发去做这样的“慈善”了。还有一个例子，全国第一个农民工代表胡小燕，当选后主动公布了自己的手机号，这原本是一件鼓舞人心的事情，但是心有余而力不足，每天上千个求助电话迫使她不得不关机，从而招致骂声一片。由此可见，代表的履职保障机制还不够完善。

另一方面，代表活动的经费有限。我国人大代表实行兼职制，这就决定了人大代表的主要收入并不是来源于其代表身份。因此专门的代表活动经费就显得尤为重要，比如进行代表的业务培训，为代表履职配备专用的设备、工具等等都需要用到。以笔者所在的地区为例，14个乡镇中，设有专门的代表活动场所的只有2个，其他的或者跟人大办公室共用，或者根本没有设立。至于代表活动经费，据笔者了解数额略少，“八项规定”之前能否百分百专款专用也不尽详知。

四是对代表缺乏有效监督。主要表现为代表约束制度不健全、履职信息不透明、履职评估机制不完善。人大代表是由人民群众选举产生的，当然要接受人民群众的监督。但现实生活中人民群众直接监督人大代表的条件并不成熟，需要由所在选区的选民或者当地人大机构进行监督。虽然代表法和各级人大的代表守则对人大代表的职责和约束都有着严格的规定，但在现实操作中，受多方面因素的影响，实际执行和落实的情况并不乐观。特别是对第四种“角色冲突”中的时空配置不合理的代表不容易监督，许多代表“慵、懒、散”的现象还普遍存在。

监督机制的有效运行是以代表信息公开为前提和基础的，除了代表自身信息包括联系方式、社会兼职等信息的透明化以外，代表的履职过程信息并没有“在阳光下运行”，社会各界对于代表的履职动态并不了解（表2中的数据也能反映这一点），代表履职信息公开制度还没有完全建立。另外，对应代表履职实效的履职评估机制也尚未健全，该怎样对代表的履职行为进行绩效评估，从而明确相应的奖惩办法，以此来激发代表的履职热情，提升代表的履职能力也还只是一个理论性的课题。总体来说，许多针对代表的约束性文件还需要进一步的研究、细化和推广，以适应新时期、新形势下的代表履职要求。

三、提升人大代表代表性的路径探索

代表性是我国人大制度和民主政治的核心内容，提升人大代表的代表性，就是呼吁人大代表的“角色回归”。这不仅需要革新代表理论，明确人大代表的角色定位，还需要对代表队伍的构成、代表素质和履职能力、履职保障等做出系统修缮[35]。

34.章义达《门与开窗：人大代表工作室的宪法学透视》[D]浙江大学硕士学位论文 2012-05-04

35.龚宏龄《人大代表的代表性研究》[D]湖南大学硕士学位论文 2010-06-02

（一）优化代表结构

代表结构是一个基础性问题，根基不牢，这座人民代表大会制度的险峰必会地动山摇。

一是修正结构比例。至于精确的各阶层、各领域代表名额分配数量，笔者不敢妄下定论。但是在保证合理的广泛性的的大前提下，进一步降低党员、干部代表的比例，提升妇女、弱势群体和新兴阶层代表的比例是大势所趋。诸多省份已经明确了“两升一降一保证”[36]的标准，山东省还就党员代表和妇女代表进行了量化要求：县、乡两级代表中，中共党员代表一般不超过65%，妇女代表候选人一般不低于提名人数的30%。在修正代表结构比例的过程中，还要辩证地认清一点，那就是不能因为过分考虑广泛性就忽略了对代表自身素质和履职能力的重视。

二是规范选举过程。首先要严格按照城乡以相同人口比例选举人大代表的要求进行选举，体现人人平等、地区平等和民族平等，即“实行一个相同”、“体现三个平等”。其次要适当引入竞争性机制，2010年人大会议审议通过的选举法修正案修改了相关规定，明确“选举委员会根据选民或者代表候选人的要求，应当组织代表候选人与选民见面，介绍本人的情况，回答选民的问题”，这对于代表选举的竞争机制起到了规范性作用。最后还有一道底线，那就是坚决抵制贿选，保证代表质量。2014年爆出的湖南衡阳人大贿选案，涉案人员多，涉案金额大，性质严重，影响恶劣，是对人民代表大会制度的挑战，更是对人大代表代表性的践踏。

三是探索专业化途径。专业化不一定意味着专职化，代表法虽然明确规定了我国的人大代表实行兼职制度，但不意味着不能想办法提升代表队伍的专业化水平。除了对代表自身进行业务培训，我们还可以尝试聘请兼职咨询员。笔者所在的茌平县人大常委会开展2015年度《食品安全法》执法检查时，为了提高检查的深度和专业性，专门聘请了两名《食品安全法》方面的专家咨询员，为参与检查的人大代表和工作人员提供思路和法律咨询，取得了很好的效果。

（二）健全履职保障

角色理论的出发点就是把人大代表当成一个集各种角色于一身的载体，遵循着“以人为本”的思想，因此也要“设身处地”地为代表着想。

一是完善履职平台。代表不是牛马，也希望有相对舒适的条件来履职尽责。首先是实体平台，就是代表活动场所。比如人大代表工作室、工作站等。国家、省、市、县各级党委《关于进一步加强和改进人大工作的意见》都明确指出，各级人大及其常委会要加强对人代会闭会期间代表活动的指导，规范代表小组、代表活动室等阵地建设，推进代表活动的经常化、制度化。其次是虚拟平台。比如常委会和各专门委员会可以利用公共行政资源，为代表和企业、农户牵线搭桥，或者推荐代表担任“一府两院”行风监督员、人民陪审员和人民监督员。再如，可以通过网络载体，加大对人大代表的支持和服务。人大常委会网站、微博、微信公众平台以及电视台专题栏目都是新媒体时代保障代表履职的有效途径。茌平人大网站自上线以来，开设的代表风采和意见建议办理情况栏目有效地宣传和提高了代表履职的效果。

二是平衡代表利益。首先是物质利益。代表行权虽是无偿服务，但由此产生的差旅、行政费用不能全部算在其个人头上。笔者认为应该给予实报实销或者一定的物质补助。同时可以设立一定数额的“优秀人大代表”称号和奖金，对任期内贡献较大、选民满意度较高的代表予以补充性奖励，肯定和激发其履职的积极性。以上两种建议的实现若是有自上而下的示范和引导将会更有效果，这样也可以从不同程度上减少周晓光和胡小燕现象的尴尬。其次是精神利益。笔者认为，人大代表也需要被关怀，尤其是新常态、新时期的舆论语境下，很多人大代表承载着更多人民期望的同时，也往往背负着更多的社会压力，因此

36.“两升一降一保证”，即一线工人、农民和妇女的比例有所上升，党政领导干部的比例有所降低，少数民族、归侨的比例得到保证

组织一些诸如常委会领导定期、分批地看望和慰问人大代表的活动应该会有不错的效果。至少在逢年过节时，群发个慰问短信，传递一份组织的关怀，表达一种同事的敬意，应该不会是个矫情的问题。

（三）强化履职监督

人大代表履职的实效性是将其代表性付诸实践的现实成果，加强对人大代表的履职监督将有利于代表性的科学、充分和规范化发挥。

一是加强制度约束。无规矩不成方圆，首先是要加强基础性约束。要制定和完善代表视察调研、学习培训、报告工作、档案管理等相关办法。在这个基础上，2014年，茌平县人大常委会出台了《人大代表守则》，对代表履职尽责的标准进行了规范。其次是建立代表联系选民制度。人大代表代民行权，联系选民责无旁贷。茌平县人大常委会近年来开展代表联系选民“五个一”活动，即每个乡镇每年召开一次县级代表座谈会，召开一次代表与选民见面会，撰写一篇有深度的调研报告，推出一名优秀的代表典型，提出一份有价值的意见建议，全方位保证了代表性的落实。再次是完善代表退出机制。比如规定代表因职务、工作岗位发生变化，失去代表性，或者长期患病不能坚持工作，难以继续履行代表职责的，本人应当向本级人大常委会提出辞去代表职务。第四种“角色冲突”适用于这项规定。

二是全程动态监督。对代表的监督不应是静止不变的，而应该是动态的、连续的、透明的。要将监督的视角扩散到代表履职尽责的每时每刻。首先要尝试建立代表履职信息公开制度，特别要把代表参加选举、出席人代会情况的信息公开，把代表联系选民、征求群众意见、提出议案和意见建议情况进行公开。2014年，笔者有幸赴夏津县考察学习其代表工作，受益匪浅。夏津县人大创新性地建立了记录代表整个履职活动的“一册四薄五档”，很值得学习和推广。特别是“代表履职手册”，人大代表人手一册，集代表证、代表守则和履职记录于一身，全方位地记录每位代表在什么时间、什么地点、征求了那些意见，提出了那些议案和意见建议，等等。

三是完善绩效考评。对代表进行绩效考评是时代发展的需要，代表履职好不好、选民说了算。茌平县人大常委会计划于2015年底，开展代表向原选区选民年度述职活动，这是代表总结履职工作，接受选民监督的有效形式。目前正紧密结合实际，计划以推行试点的方式，在代表中有步骤、有组织、有目标地开展，由群众对代表进行评议，对于群众评议为不满意的人大代表进行通报批评；群众评议履职较差或失去选民信任的代表，原选区选民可依法提出对该代表的罢免案。笔者认为，述职活动将使人大代表感到危机感和紧迫感，从而有助于提高了其履职的积极性。

当然，完善人大代表的代表性并不能彻底解决社会矛盾，它所起的作用主要是为社会矛盾的缓和与消解提供一个制度平台和公开场所，通过不同利益和阶层的代言人角色，在人民代表大会中的辩论与“讨价还价”中来实现人民利益的回归。因此，基于代表身份上的重叠性以及利益上的多元性，对人大代表的角色进行分析，并对其进行合理定位，在理清代表性内涵，提升代表性和促进人民根本利益的实现方面具有重要意义。笔者相信，随着我国人大制度的日趋完善和人民民主意识的增强，人大代表角色的回归是一种趋势，更是一种潮流，人大代表的代表性也必将更加科学、合理。

增强监督实效　提高人大工作水平

（2011年发表于《山东人大工作》第7期）

人大办公室科员贾清振 人大办公室科员初秋晖

随着茌平县社会经济的快速发展和人民生活水平的不断提高，相关人民群众的的问题越来越多的被关注也越来越跟人民群众的生活密切相关。茌平县人大针对这种情况，关注与民生，切实加强人大监督实效，解决这些关系发展，关系民生的重点、难点、热点问题，从而将人大工作提高到一个新的水平。

督办议案：人民群众看病就医更加方便

近年来，茌平县在发展卫生事业的过程中，由于城区建设力度越来越大医疗卫生设施建设速度跟不上城市建设速度，使得部分城区人民在相当范围内没有足够规范的医疗设施，而且乡镇医院建设力度也不足。因人才匮乏、技术落后；设备简陋、效率低下；网点散乱、就医困难等原因造成农民“看病难、就医难”的突出问题。群众意见较大，反映强烈。

在县十六届人大三次会议期间，韩集代表团提出《关于发展卫生事业，增加卫生网点的议案》，被人大主席团列为第2号议案。议案提出以后，县人大常委会先后7次进行了督办。县卫生局在承办过程中，在落实上下功夫，破常规，辟新径，创出了发展卫生事业，推动卫生设施建设的新路子。一是切实加强卫生医卫人员的培训，提高医生的医疗水平。从09年7月份开始，对全县卫生院、社区医疗中心通过不同形式的培训，提高了医生的医疗水平。二是提高各项待遇，提高医疗卫生队伍人员配备。如设立进修专项经费，增加特殊经费补贴、职称优先评定等提高从医人员数量和医疗水平。三是多渠道融资，加强乡卫生院和社区医疗中心设备配套建设。除每年将县财政拨付的80万元资金用在刀刃上外，积极跑项争资，去年县卫生跑项争资达300多万元，仅19所乡镇卫生院建设项目争资达150万元，为乡镇卫生院增添器械设备64万元。四是积极调整医疗卫生网点布局。县卫生局对全县各级各类医疗机构进行了比较科学合理的规划布局，确定了贾寨、杜郎口、乐平、韩屯4所乡镇卫生院为中心卫生院，其他15所乡镇卫生院为一般性卫生院，新建3处社区医疗中心。

审议监督：增加城区学校设施，提高教育水平

近年来，茌平县城区面积不断增大，城区人口不断增多，给城区中小学校以及幼儿园带来了一定的压力，中小学生入学困难；幼儿教育设施不足，幼儿教育成为问题，城区群众反应比较强烈。

在县人大常委会第十四次会议上，县人大常委会听取了县人民政府的相关汇报，并进行了认真的审议。会后，县人大常委会就委员审议的意见向县人民政府下发了交办函，交县人民政府整改。县人民政府对交办函高度重视，切实加强领导。组织由县教育局、县建设局等部门组成调研小组，进行详细调研。并汇总形成了专题调研报告。县政府先后召开了多次县长办公会和常务会议，讨论通过了办理途径。现已建成了占地330亩，能容纳3000多名学生了茌平一中分校，而且培养了大批了优秀毕业生；实验高中扩建工程、实验小学新校建设等现已经建设完毕正在使用中；5所与社区配套的幼儿园现在也已经在使用中。通过这一系列有效措施，彻底改变了过去学校班平均学生过多，适龄儿童无法接受教育的历史，人民群众由衷地感叹“人大监督，给人民解决了大问题”。

代表评议：进行单位评议活动，增强监督实效

为增强民主监督效果，提高民主监督水平茌平县人大每年年终都组织大量的市、县人大代表对县直各部门以及中央省属驻茌单位及医院学校进行评议评分。并且茌平县人大根据每

年评议的情况都进行总结并根据总结的情况进行改进，不断增强评议的广度和力度增强评议对被评议部门的促进作用，促进全县各方面的有序快速发展。

参加评议的代表根据一年内参加的监督检查了解到的情况和对自身周边人民群众普遍反映情况进行综合来对被评议部门进行评分，根据评分评选出“人民满意单位”。同时代表对了解到的情况可以及时进行反应，人大常委会将综合所有参评代表的评分和反映的情况作为来年监督调研的考量因素。此方法提高了民主监督的针对性，增强了评议的效果。人大常委会针对评议结果对获得“人民满意单位”称号的单位颁发荣誉称号，并对获得满意单位的上级部门邮寄函告知此单位上级部门。通过年终评议被评议部门的工作效率获得了提高，工作中的问题得到了改正，县人大的民主监督起到了最大的效果。

去年以来县人大常委会组织市县人大代表针对全县的建设、交通、安全、食品、卫生、教育、等社会民生的多个方面涉及建设局、交通局、公路局、公安局、工商局、卫生局、教育局等10多个政府部门进行了视察调研和监督检查。通过调研人大代表们充分了解了我县社会民生各个方面的发展状况，对社会中出现的问题和人民群众关心的问题有了更全面的了解，更加有助于人大代表提出切实有效提案来解决人民群众的问题。

《茌平县人民代表大会志》编纂工作实施方案

为做好《茌平县人大志》的编纂工作，确保志书优质高效的编纂、印刷和出版，充分发挥其存史资政的作用，特制定本方案。

一、指导思想

坚持以中国特色社会主义理论体系为指导，运用辩证唯物主义和历史唯物主义的立场、观点和方法，如实地记述茌平县人民代表大会制度发展的历史；全面总结茌平县人大及其常委会认真行使宪法和法律赋予的职权，努力推进社会主义民主法制建设，促进经济发展和社会进步的历程；详细记录历届人大工作者依法履职、辛勤工作的成就；以史为鉴，存史资政，促进新时期茌平县人大工作不断开创新局面。

二、编纂原则

《人大志》的编纂要遵循志书特定的体例和手法，力求做到政治性和科学性的统一，资料性和著述性的统一，横排纵书，以类叙事，述而不论，尊重事实，不拘褒贬，重在记述。坚持观点与材料的统一，资料、数据力求真实可信。《人大志》时间跨度始于1949年，止于2016年。志书结构分为篇、章、节三个层次；记述“略古详今”、“略远详近”。在行政体制和区划调整记述上，做到时空统一。

三、篇目设置

《人大志》由卷首（序言、凡例、概述、大事记、茌平县情）、篇章(一至五)、卷尾（附录）三部分组成。章为最高层次，章下设节，节下设目。以时为序，直述其事，横分门类，竖写史实。设概述总览全书，概括记述茌平县人大沿革与现状。

四、工作步骤

（一）前期筹备阶段（2015年3月至5月）

1、安排人员赴有关区、县学习编纂工作经验和做法。

2、成立《大会志》编纂委员会和编辑部。

3、制定《大会志》编纂工作实施方案。

4、召开《人大志》编纂工作会议，根据修志原则和有关规定，结合人大常委会工作实际拟定《人大志》编修篇目、凡例、资料搜集内容提纲等，报《人大志》编纂委员会审定。根据审定内容部署编纂工作，安排资料收集和志稿撰写任务。

（二）资料收集阶段（2015年6月至2015年12月）

1、资料收集的范围：1949年11月至2016年12月茌平县人大工作的各类资料。

2、资料收集的类别：主要是照片资料、档案资料、工作笔记、口碑资料及影像资料等。

3、资料收集的来源：县人大常委会各委室和档案室，县档案馆，市、县已出版（包括即将出版）的与县人大常委会工作有关的史志图书、报刊、杂志；市档案馆和市人大常委会档案室等。

4、资料收集的内容：以《人大志》编纂目录和篇目要求为主；搜集资料要真实、详细全面、系统。（详细资料搜集清单附后）

收集到的资料（包括图片及说明）务于2015年12月底前交编纂办公室，须同时提交纸质和电子文本。

（三）撰写初稿阶段（2016年1月至6月）

编纂办公室根据篇目和时间要求，安排6～8个编纂小组，分别由人大常委会办公室、各委室和各乡镇（街道）人大负责各章节稿件撰写，并选定1至2名有编纂经验、能力、水平和爱好的写作人员作为主笔（执行主编），安排两名打印专职人员配合形成初稿。

（四）征求意见、修改完善阶段（2016年7月至9月）

1、征求县人大常委会领导、有关原人大常委会老领导、老同志、市、县有关老领导、老同志、县人大各委室负责人意见并修改完善。

2、全书修订后于2016年11月份召开评审会，并进一步修改完善，审定后印刷20册《茌平县人民代表大会志》资料本。

（五）终审定稿阶段（2016年10月至11月）

1、邀请市、县史志办公室有关同志召开终审会，根据终审意见修改定稿。

2、向市文广新局申请办理内部图书书号。

（六）出版印刷阶段（2016年12月）

确定印刷厂家、搞好校对，印刷完毕，建议择日举行首发仪式。

工作分工及任务分解

为切实加强对编纂工作的领导和指导，及时解决修志工作中的有关问题和困难，编纂工作设立综合协调组、资料搜集组和文稿撰写组3个工作组，其中资料组又分为5个小组。

（一）综合协调组

主管领导：赵希亮

组　　长：邵　益

副 组 长：王　琳　郦洪山　邹翠平　项玉强　肖秋恩

成　　员：初秋晖　贾清振　薛光灿

职　　责：主要负责实施方案的制定、编纂工作的综合协调以及出版等工作。

（二）资料搜集组

资料组按须搜集材料的届别和副主任联系乡镇的分工，细化为5个工作小组：

1组：

主管领导：张丽华

组　　长：乌艳昕

副 组 长：刘　勇　王同军　陶维琴

成　　员：刘　山　姜云强

职　　责：负责我县建国初至第二届人大资料的搜集整理及初稿的征求意见工作；负责胡屯镇、韩屯镇、杜郎口镇人大资料的搜集整理及初稿的征求意见工作。

2组：

主管领导：赵希亮

组　　长：张树刚

副 组 长：臧克义　武治江　娄存宾

成　　员：贾清振　韩尚杰

职　　责：负责茌平县人大第三届至第五届资料的搜集整理及初稿的征求意见工作；负责肖庄镇、菜屯镇和贾寨镇人大资料的搜集整理及初稿的征求意见工作。

3组：

主管领导：丁洁卉

组　　长：孙纳新

副 组 长：杨　军　薛雁飞　白维生

成　　员：丁　勇　郭　霞

职　　责：负责茌平县人大第六届至第九届资料的搜集整理及初稿的征求意见工作；负责温陈街道、冯屯镇和洪屯镇人大资料的搜集整理及初稿的征求意见工作。

4组：

主管领导：靳明华

组　　长：杨　敏

副 组 长：张成宪　赵本祥　张金迎

成　　员：贾继忠　孙国立

职　　责：负责茌平县人大第十届至第十三届资料的搜集整理及初稿的征求意见工作；负责信发街道、振兴街道和杨屯乡人大资料的搜集整理及初稿的征求意见工作。

5组：

主管领导：邵　益

组　　长：王海杰

副 组 长：张殿鳌　侯守仁

成　　员：初秋晖　薛光灿

职　　责：负责茌平县人大第十四届至第十七届资料的搜集整理及初稿的征求意见工作；负责博平镇和乐平镇人大资料的搜集整理及初稿的征求意见工作。

（三）文稿撰写组

主管领导：丁洁卉

组　　长：王建国

成　　员：项玉强　梁　蕾　宋题铭　商　可

职　　责：主要负责编辑、修订、申请书号等工作。

组织领导

《人大志》的编纂工作得到了县委主要领导和社会各界的高度关注，必须坚持高起点开局、高标准开展、高质量推进，切实加强组织领导，扎实做好每个环节、每个步骤的工作，确保编纂工作高效进行。

（一）成立专门机构

各乡镇（街道）人大要成立《人大志》编委会，各委室、有关部门也要明确专人负责与执行，落实活动经费。

（二）落实分工责任

各委室、有关部门、乡镇（街道）人大要按照工作分工和任务分解的要求，责任到人，确保责任落实、工作到位。

（三）强化时间观念

各委室、有关部门、乡镇（街道）人大要把编纂工作与做好日常工作结合起来，统筹安排，准确把握工作进度和节奏，确保各项任务在规定的截止日期内完成。

茌平县人大常委会

2015年5月22日

编 后 记

《茌平县人民代表大会志》全书90余万字，是一部全面记述茌平县人民代表大会及其常务委员会，在中国共产党的领导下，依法行使人民当家作主权力的实践活动和历史沿革情况的志书，实事求是地反映了茌平县人民代表大会及其常务委员会的工作全貌。

2015年1月茌平县人民代表大会第四次会议决定编纂《茌平县人民代表大会志》。3月份由副主任带队到东昌府区人大等相关县市考察，并多次召开主任办公会，研究制定编纂工作方案，成立编纂工作委员会和编审机构。5月22日举行编纂工作启动仪式。人大机关全体人员、相关部门分管负责人和乡镇人大主席全程参与了该志书的资料搜集整理与编纂工作，主任亲自督导，各位副主任牵头，各组长抓具体，一级抓一级，通力协作，加快该志书的编纂进展。

该志书编纂内容时间跨度为1949年10月至2016年12月，围绕茌平县人民代表大会制度发展沿革的过渡期、雏形期、暂停期、恢复期和完善期五个阶段，编纂架构共设六大板块，分别是大事记、各界人民代表会议、历届人民代表大会、历届人大常委会、乡镇人民代表大会和人物。编纂过程设置搜集整理、初步审核、再次审核、互相审核、专家审核和终极审核六个工作步骤，采用分工负责、分工协作、质量与速度兼顾等工作方法。该志书历经架构设置、篇目调整、全部资料的搜集、整理修改、合成等环节，于2016年6月形成志书草稿，9月份编纂出志书的初稿。期间，召开编纂工作调度会16次，下发“书面通知”21份，通稿审核修改完善6次，于2016年12月23日完成征求意见稿。分送县有关领导、编委会成员、人大离退休县级领导干部、机关委室负责人及有关方面征求意见，在广泛征求意见的基础上，进一步修改加工，于2016年12月全书定稿，交付印刷。

《茌平县人民代表大会志》的出版，是集体智慧的结晶，是团结协作相互支持的结果。编纂过程中，县人大常委会领导高度重视，历届人大领导大力支持和关心，提出了许多指导性意见。机关委室通力合作，全体编纂人员高度负责，在完成本职工作的前提下，加班加点，不记报酬，如期完成安排的编辑任务。县档案局、县政府史志办、县党史研究室等县直有关部门及各乡镇（街道）人大（工作办公室）给予了支持和协助，提供了宝贵资料。部分人大代表也给志书的出版提供了支持和帮助。在本书出版发行之际，一并向所有关心支持和协助编纂出版的单位和个人表示衷心感谢！

《茌平县人民代表大会志》的编纂出版，在我县人大工作史上尚属首次，编纂本志我们尽了最大努力，但由于经验不足、个别资料缺失等原因，志书难免存在表述不妥，甚至疏漏之处，恳请各位领导、人大代表和广大读者批评指正。

《茌平县人民代表大会志》编纂委员会办公室

2016年12月